Ellen G. White

Die Geschichte der Hoffnung

DER SIEG DER LIEBE
DAS LEBEN VON JESUS CHRISTUS

DIE GESCHICHTE DER HOFFNUNG

DER
SIEG
DER
LIEBE

DAS LEBEN
VON JESUS CHRISTUS

Titel der englischen Originalausgabe
»The Desire of Ages«
© 1898 by Pacific Press Publishing Association
Vollständig revidierte Ausgabe

Projektleitung: Christian Alt, Dominik Maurer, Franz Mössner
Übersetzung und Lektorat: Hans Peter Pavlik, Josef Foschum, Bruno Ulrich,
 Ulrike Pelczar, Werner Lange, Irma Bauder, Vreni Tanner, Christian und Claudia Alt,
 Martin Pröbstle, Gunther Klenk
Satz: Pierre Intering
Layout: Simon Eitzenberger
Titelfoto: shutterstock/Triff
Druck: GGP Media GmbH, Karl-Marx-Straße 24, D-07381 Pößneck

Zusätzlich zu den genannten Personen haben einige ehrenamtliche Helfer einen beachtlichen Einsatz zur Realisierung dieses Projektes geleistet.

Zwischenüberschriften und Anhänge enstammen nicht der Feder der Autorin, sondern wurden von den Redaktionen der herausgebenden Verlage erstellt.

Aufgrund des unterschiedlichen Seitenumbruchs bei der Premium-Ausgabe dieses Werkes wird beim Zitieren aus diesem Buch empfohlen, neben dem Titel »Der Sieg der Liebe« auch die Bezeichnung »Textausgabe« hinzuzufügen (abgekürzt: SDL-T).

5. Auflage 2023
© 2016 by Advent-Verlag Schweiz
www.advent-verlag.ch
CH-3704 Krattigen, Leissigenstraße 17
Verlagsarchivnummer 5120523
ISBN 978-3-906309-11-8

© 2016 by TOP LIFE Wegweiser-Verlag GmbH, Wien
www.toplife-center.com
A-1210 Wien, Prager Straße 287
Verlagsarchivnummer 100523
ISBN 978-3-903002-31-9

Das Werk einschließlich aller seiner Teile ist urheberrechtlich geschützt. Jede Verwertung außerhalb der engen Grenzen des Urheberrechtsgesetzes ist ohne Zustimmung der Verlage unzulässig und strafbar. Das gilt insbesondere für Vervielfältigungen, Übersetzungen, Mikroverfilmungen und die Verarbeitung in elektronischen Systemen.

Alle Rechte vorbehalten.

Printed in Germany.

VORWORT

Es gibt keine andere historische Persönlichkeit, über die so viel geschrieben und berichtet wurde wie über Jesus von Nazareth. Schon am Ende des ersten Jahrhunderts schließt eine seiner frühen »Biografien« – bekannt als das Johannes-Evangelium – mit den Worten: »Es gibt noch vieles andere, was Jesus getan hat. Wenn alles einzeln aufgeschrieben würde – ich denke, die ganze Welt könnte die Bücher nicht fassen, die dann geschrieben werden müssten« (Johannes 21,25 GNB). Wenn wir bedenken, wie viel in den letzten 2000 Jahren über Christus geschrieben worden ist, wirkt diese enthusiastisch orientalische Überzeichnung gar nicht mehr so übertrieben. Es gibt keinen Tag, an dem nicht irgendeine neue Veröffentlichung über Jesus erscheint. Keine andere Gestalt unserer Geschichte wurde wie er in so vielen Tausenden von Büchern und Aufsätzen gewürdigt. Die Liste der Publikationen über den Mann aus Nazareth ist unüberschaubar. Darüber hinaus hat kein anderer Mensch die Entstehung von so vielen Skulpturen und Gemälden angeregt. Die Anzahl der Kunstwerke über Christus ist so groß, dass diese in keinem Museum und in keiner Gemäldegalerie der Welt Platz hätten. Weitaus bedeutender jedoch ist der nachhaltige Einfluss, den Jesus – wie keine andere Persönlichkeit – auf das Denken und Verhalten von Menschen ausgeübt hat.

Weshalb soll ihm hier ein weiteres Buch gewidmet werden? Die Frage hätte in der Tat ihre Berechtigung, wenn das vorliegende Werk lediglich »eine weitere Biografie« über ihn wäre. Seit über 40 Jahren bin ich Dozent des Neuen Testaments, und obwohl ich mich immer darum bemüht habe, meine Kenntnisse über die Veröffentlichungen um die Person und das Leben von Christus auf dem neusten Stand zu halten, ist mir dies nicht lückenlos gelungen. Viele Werke sind ausgezeichnet. Doch müsste ich mich von allen mir bekannten Publikationen für eine entscheiden, würde ich zweifellos das vorliegende Buch wählen. Neben dem Buch »The Desire of Ages«, dessen deutschsprachige Ausgabe ich mit dem treffenden Titel »Der Sieg der Liebe« vorstellen darf, ist mir kein anderes Werk bekannt, das es mit diesem in seiner einmalig inspirierten und inspirierenden Art aufnehmen könnte.

Es gibt historische Persönlichkeiten, die uns trotz längst vergangener Zeit in Erinnerung bleiben. Zum einen ist es der überragende militärische

Erfolg wie bei Julius Cäsar, zum anderen sind es Heldentaten von draufgängerischem und ehrgeizigem Verhalten wie im Fall von Alexander dem Großen (freilich immer getrübt durch widerwärtige Machtgier und Rücksichtslosigkeit gegenüber menschlichen Ansprüchen). Oder es ist der Sieg der Gewaltlosigkeit, wie es die Erfahrung von Mahatma Gandhi beweist. Jesus Christus aber steht für den Sieg der Liebe. Kein anderer Mensch vermochte ihn durch sein Andenken in den Schatten zu stellen – ihn, der unermüdlich »umherzog und Gutes tat« und dessen Beispiel nie aufgehört hat, Tausende anzuspornen, ihr Leben ganz in den Dienst ihrer Mitmenschen zu stellen. Obwohl durch diesen einmaligen Mann die ganze Zeitrechnung der Menschheitsgeschichte in zwei ungleiche Hälften geteilt wurde – in eine »vor« und eine »nach« Christus –, benötigte er kaum mehr als drei Jahre, bis man von ihm sagte: »Noch nie hat ein Mensch so geredet.« Jesus ist einzigartig, weil er lebte, was er lehrte, und weil er uns das größte Vermächtnis der Geschichte hinterlassen hat: vorbehaltlos zu lieben. Sein größter Triumph ist damit zweifellos der Sieg der Liebe.

Roberto Badenas Th.D.

INHALT

Vorwort | 6
Inhalt | 8

Teil 1 GEBURT, KINDHEIT UND JUGEND

1 »Gott mit uns« | 12
2 Das auserwählte Volk | 20
3 Als die Zeit gekommen war | 25
4 Der Erlöser wird geboren | 32
5 Jesus wird Gott geweiht | 37
6 »Wir haben seinen Stern gesehen« | 45
7 Die Kindheit von Jesus | 53
8 Auf dem Passafest | 60
9 Konfliktreiche Tage | 68

Teil 2 JESUS BEGINNT SEINEN DIENST

10 Die Stimme in der Wüste | 78
11 Jesus lässt sich taufen | 91
12 Die Versuchung | 96
13 Der Sieg | 107
14 »Wir haben den Messias gefunden!« | 113
15 Auf der Hochzeit zu Kana | 125

Teil 3 ERSTES WIRKEN IN JUDÄA

16 In seinem Tempel | 138
17 Nikodemus | 150
18 »Er muss wachsen …« | 160
19 Am Jakobsbrunnen | 165
20 »Wenn ihr nicht Zeichen und Wunder seht …« | 177
21 Betesda und der Hohe Rat | 182
22 Gefangenschaft und Tod des Johannes | 197

Teil 4 DER DIENST IN GALILÄA

23 »Das Reich Gottes ist herbeigekommen« | 212
24 »Ist er nicht der Sohn des Zimmermanns?« | 218
25 Die Berufung am See | 226
26 In Kapernaum | 232
27 »Wenn du willst, kannst du mich reinigen …« | 242
28 Levi-Matthäus | 253
29 Der Sabbat | 263
30 Die Erwählung der zwölf Apostel | 272
31 Die Bergpredigt | 280
32 Der römische Hauptmann | 297
33 »Wer sind meine Geschwister?« | 303
34 Die Einladung | 310

Teil 5 GLAUBE UND UNGLAUBE IN GALILÄA

35 »Schweig! Sei still!« | 318
36 Lebendiger Glaube | 327
37 Die ersten Evangelisten | 332
38 »Ruht ein wenig!« | 343
39 »Gebt ihr ihnen zu essen!« | 349
40 Eine Nacht auf dem See | 357
41 Die Entscheidung in Galiläa | 364
42 Die Überlieferungen | 377

Teil 6   WACHSENDER WIDERSTAND

43   Schranken werden niedergerissen | 384
44   Das wahre Zeichen | 390
45   Im Schatten des Kreuzes | 397
46   Die Verklärung | 407
47   Zum Dienen berufen | 412
48   Wer ist der Größte? | 418
49   Auf dem Laubhüttenfest | 430
50   Von Feinden umgeben | 438
51   Das Licht des Lebens | 447
52   Der gute Hirte | 461
53   Die Reise nach Jerusalem | 468

Teil 7   LETZTE BEGEGNUNGEN

54   Der barmherzige Samariter | 482
55   Ohne äußere Anzeichen | 489
56   Jesus segnet die Kinder | 495
57   »Eines fehlt dir« | 501
58   »Lazarus, komm heraus!« | 506
59   Die Verschwörung der Priester | 518
60   Das Gesetz des neuen Königreichs | 524
61   Zachäus | 530
62   Das Fest in Simons Haus | 535

Teil 8   HÖHEPUNKTE IN JERUSALEM

63   »Dein König kommt!« | 550
64   Ein Volk steht vor dem Untergang | 560
65   Der Tempel wird erneut gereinigt | 568
66   Auseinandersetzungen | 581
67   »Weh euch Schriftgelehrten und Pharisäern ...« | 590
68   Im Vorhof des Tempels | 602
69   Auf dem Ölberg | 609
70   Der Geringste dieser meiner Brüder | 620
71   Wie Jesus dienen | 626
72   »Zur Erinnerung an mich« | 636
73   »Euer Herz erschrecke nicht!« | 646

Teil 9   DIE PASSION

74   Gethsemane | 668
75   Jesus vor Hannas und Kaiphas | 679
76   Judas | 695
77   Vor Pilatus | 703
78   Golgatha | 722
79   »Es ist vollbracht!« | 739

Teil 10   ER IST AUFERSTANDEN

80   In Josefs Grab | 750
81   Der Herr ist auferstanden! | 761
82   »Was weinst du?« | 768
83   Auf dem Weg nach Emmaus | 774
84   »Friede sei mit euch!« | 779
85   Noch einmal am See Genezareth | 786
86   »Geht hin und lehrt alle Völker!« | 794
87   »Zu meinem Vater und zu eurem Vater« | 807

Erklärungen | 814
Ellen G. White
– Leben und Werk (1827–1915) | 822

TEIL 1

GEBURT, KINDHEIT UND JUGEND

»Und sie wird einen Sohn gebären, dem sollst du den Namen Jesus geben, denn er wird sein Volk retten von ihren Sünden.«

Matthäus 1,21

KAPITEL 1

»GOTT MIT UNS«

*Matthäus 1,18-23; Johannes 1,1-5.14;
Philipper 2,5-8*

»Sie werden ihm den Namen Immanuel geben, das heißt übersetzt: Gott mit uns.« (Matthäus 1,23) »Gott ... hat es auch in unserem Herzen hell werden lassen, sodass wir in der Person von Jesus Christus den vollen Glanz von Gottes Herrlichkeit erkennen.« (2. Korinther 4,6 NLB) Von Ewigkeit her war der Sohn Gottes eins mit dem Vater; er war »das Ebenbild Gottes« (2. Korinther 4,4), das Abbild seiner Größe und Majestät, »der Abglanz seiner Herrlichkeit« (Hebräer 1,3). Er kam in der Person von Jesus auf die Erde, um diese Herrlichkeit offenkundig zu machen. Er kam in diese von Sünden verdunkelte Welt, um das Licht der Liebe Gottes zu offenbaren – um »Gott mit uns« zu sein. Deshalb wurde von ihm vorhergesagt: »Sie werden ihm den Namen Immanuel geben.« (Matthäus 1,23)

Durch sein Leben mitten unter uns machte Jesus das Wesen Gottes uns Menschen und den Engeln bekannt. Er war das Wort Gottes – durch ihn wurden Gottes Gedanken hörbar. In seinem Gebet für seine Jünger sagte Jesus: »Ich habe ihnen gezeigt, wer du bist« – »barmherzig und gnädig und geduldig und von großer Gnade und Treue«. »So wird die Liebe, die du zu mir hast, auch sie erfüllen, und ich werde in ihnen leben.« (Johannes 17,26 GNB; 2. Mose 34,6) Doch diese Offenbarung galt nicht nur uns Menschen, vielmehr ist unsere kleine Welt das Lehrbuch für das Universum. Das Ziel der erstaunlichen Gnade Gottes, das Geheimnis seiner erlösenden Liebe, ist das Thema, von dem »selbst die Engel gern mehr ... erfahren würden« (1. Petrus 1,12c NLB). Sie werden sich damit die ganze Ewigkeit hindurch beschäftigen. Für die Erlösten und die nicht in Sünde gefallenen Geschöpfe wird die Kreuzigung von Christus der Gegenstand ihres Forschens und ihrer Lieder sein. Dann werden sie verstehen, dass die Herrlichkeit im Angesicht von Jesus der Glanz aufopfernder Liebe ist. Im Licht von Golgatha wird ihnen deutlich, dass die selbstlose Liebe das Lebensprinzip auf der Erde und im Himmel ist. Diese Liebe »sucht nicht den eigenen Vorteil« (1. Korinther 13,5b GNB); sie entspringt dem Herzen Gottes. Es wird ihnen deutlich werden, dass sich in Jesus, der »sanftmütig und von Herzen demütig« war (Matthäus 11,29b), das

Wesen Gottes gezeigt hat, »der da wohnt in einem Licht, zu dem niemand kommen kann« (1. Timotheus 6,16b).

GESCHAFFEN, UM ZU DIENEN

Am Anfang offenbarte sich Gott in allem, was er geschaffen hatte. Christus[1] selbst war es, »der den Himmel ausgespannt hat und die Erde schuf« (Jesaja 51,13). Mit seiner Hand wies er den Welten im Universum ihren Platz zu und formte die Blumen auf dem Feld. Er hat die Berge durch seine Macht gebildet (Psalm 65,7a NLB). »Ihm gehört das Meer, er hat es ja gemacht, seine Hände haben das Festland geformt« (Psalm 95,5 Hfa). Er füllte die Erde mit Schönheit und die Luft mit Gesang; und auf jedes seiner Werke auf der Erde, in der Luft und am Himmel schrieb er die Botschaft von der Liebe des Vaters.

Die Sünde hat zwar das vollkommene Werk Gottes verdorben, aber die göttliche Handschrift ist erhalten geblieben. Selbst heute noch kann man in den geschaffenen Werken Gottes seine erhabene Herrlichkeit erkennen. Nichts, abgesehen von egoistischen Menschen, lebt für sich selbst: Jeder Vogel in der Luft, jedes Tier auf der Erde dient einem anderen Lebewesen. Jedes Blatt im Wald, jeder bescheidene Grashalm erfüllt seinen Dienst. Jeder Baum und Strauch und jedes Blatt gibt jenes Lebenselement ab, ohne welches weder Mensch noch Tier leben könnten. Und diese ihrerseits dienen dem Leben von Bäumen, Sträuchern und Blättern. Die Blumen verschönern durch ihren Duft und ihre Farben die Welt. Die Sonne verströmt ihr Licht, um tausend Welten zu erfreuen. Der Ozean, selbst Ursprung aller Quellen und Brunnen, nimmt die Flüsse aller Länder wieder in sich auf; doch auch er nimmt nur, um erneut zu schenken. Das verdunstende Wasser, das von ihm aufsteigt, fällt als Regen auf die Erde nieder, damit sie aufsprießen und blühen kann.

Die herrlichen Engel haben ihre Freude am Geben, indem sie sündige Menschen unermüdlich in Liebe umsorgen. Sie ziehen die Herzen der Menschen zu Gott und bringen himmlisches Licht in diese dunkle Welt. Durch geduldiges und sanftes Wirken beeinflussen sie den menschlichen Verstand, um verlorene Menschen in eine Gemeinschaft mit Christus zu führen, die viel enger ist, als sie selbst es verstehen können.

Wenn auch in der Schöpfung noch etwas von der Liebe Gottes durchschimmert, erkennen wir Gott doch am deutlichsten in Jesus. Wenn wir auf ihn blicken, erkennen wir, dass die Herrlichkeit Gottes im Geben besteht. Jesus sagte von sich: »Der Sohn kann nichts von sich aus tun« (Johannes 5,19a).

---

1   Siehe Erklärungen »Christus«, S. 814 f.

»Der Vater, von dem alles Leben kommt, hat mich gesandt, und ich lebe durch ihn.« (Johannes 6,57 GNB) »Ich suche nicht meine Ehre«, sondern »die Ehre dessen«, der mich »gesandt hat« (Johannes 8,50; 7,18). Diese Worte enthalten das Grundprinzip, das für alles Leben im Universum gilt. Jesus erhielt alle Dinge von Gott, aber er nahm sie nur, um seinerseits wieder zu geben. So ist es auch in seinem Dienst im Himmel für alle Lebewesen: Durch Gottes geliebten Sohn fließt Leben vom Vater zu allen Geschöpfen; durch den Sohn fließt es in Lobpreis und freudigem Dienst wie eine Welle der Liebe zur großen Quelle allen Seins zurück. So wird durch Christus der Segenskreis geschlossen, der das Wesen des großen Lebensspenders und das Gesetz des Lebens verkörpert.

SATAN ENTSTELLT GOTTES WESEN

Ausgerechnet im Himmel wurde dieses Gesetz gebrochen. Die Sünde entstand durch Selbstsucht, denn Luzifer, der »schirmende Cherub«[2] (Hesekiel 28,14a), wollte der Erste im Himmel sein. Er strebte danach, die Vorherrschaft über die Engel zu erlangen, sie ihrem Schöpfer abspenstig zu machen und ihre Ehrerbietung für sich zu gewinnen. Er verleumdete deshalb Gott und bezichtigte ihn des Verlangens nach Selbsterhöhung. Die eigenen schlechten Charakterzüge unterstellte er dem liebevollen Schöpfer. So täuschte er die Engel und so verführte er auch die Menschen. Er verleitete sie, an Gottes Wort zu zweifeln und Gottes Güte zu misstrauen. Weil Gott ein Gott der Gerechtigkeit und von ehrfurchtgebietender Majestät ist, veranlasste Satan die Menschen, Gott für hartherzig und nachtragend zu halten. Dadurch verführte er sie, sich seiner Rebellion gegen Gott anzuschließen. Die Nacht der Leiden brach über die Erde herein.

Wegen dieser falschen Auffassung über Gott wurde es auf der Erde finster. Damit die düsteren Schatten dem Licht weichen und die Welt zu Gott zurückgeführt werden konnte, musste Satans betrügerische Macht gebrochen werden. Dies aber konnte nicht durch Gewalt geschehen. Gewaltanwendung steht in deutlichem Gegensatz zu den Grundsätzen der Herrschaft Gottes, denn bei ihm gilt nur das Dienen aus Liebe. Liebe kann weder erzwungen, noch durch Macht oder Autorität befohlen werden. Nur durch Liebe kann Liebe geweckt werden. Gott kennen heißt, ihn zu lieben. Sein Charakter musste im Vergleich zu jenem Satans offenbar werden. Nur einer im ganzen Universum war in der Lage, dies zu tun; nur er, der die Höhe und Tiefe der Liebe Gottes kannte, konnte sie auch bekanntmachen. Über der finstern

---

2 Siehe Erklärungen »Cherub/Cherubim«, S. 814.

Nacht dieser Welt sollte die »Sonne der Gerechtigkeit« aufgehen mit »Heil unter ihren Flügeln« (Maleachi 3,20).

DER PLAN ZUR ERLÖSUNG

Der Erlösungsplan wurde nicht nachträglich erdacht. Er wurde nicht erst nach Adams Sündenfall formuliert. Er war vielmehr die »Offenbarung des Geheimnisses, das ewige Zeiten hindurch verschwiegen« worden war (Römer 16,25 Elb.), die Entfaltung der Grundsätze, auf denen Gottes Herrschaft seit jeher beruht. Von Anfang an wussten Gott und Christus, dass Satan abfallen und der Mensch durch dessen betrügerische Macht sündigen würde. Gott hat die Sünde nicht gewollt, aber er hatte sie kommen sehen und für diesen schrecklichen Notfall Vorkehrungen getroffen. Denn Gott hat die Welt so sehr geliebt, dass er sich durch einen Bund verpflichtete, seinen einzigartigen Sohn dahinzugeben, »damit jeder, der an ihn glaubt, nicht verlorengeht, sondern das ewige Leben hat« (Johannes 3,16 NLB).

Luzifer hatte gesagt: »Ich will ... meinen Thron über die Sterne Gottes erhöhen ... und gleich sein dem Allerhöchsten.« (Jesaja 14,13b.14b) Von Christus heißt es dagegen: »Er, der doch von göttlichem Wesen war, hielt nicht wie an einer Beute daran fest, Gott gleich zu sein, sondern gab es preis und nahm auf sich das Dasein eines Sklaven, wurde den Menschen ähnlich, in seiner Erscheinung wie ein Mensch.« (Philipper 2,6.7 ZÜ)

Dies war ein freiwilliges Opfer. Der Sohn hätte an der Seite des Vaters bleiben und an der Herrlichkeit des Himmels und der Ehrerbietung der Engel festhalten können. Doch er gab die Herrschaft freiwillig in die Hände des Vaters zurück und stieg vom Thron des Universums herab, damit er denen Licht bringen konnte, die im Dunkeln wandeln, und denen Leben schenken konnte, die der Verdammnis geweiht sind.

Vor 2000 Jahren wurde vom Thron Gottes im Himmel eine Stimme von geheimnisvoller Bedeutung vernommen: »Siehe, ich komme!« »Opfer und Gaben hast du nicht gewollt; einen Leib aber hast du mir geschaffen ... Siehe, ich komme – im Buch steht von mir geschrieben –, dass ich tue, Gott, deinen Willen.« (Hebräer 10,5.7) Diese Worte verkündeten die Erfüllung des Plans, der seit ewigen Zeiten verborgen war. Der Sohn Gottes stand im Begriff, als Mensch auf unsere Erde zu kommen. Deshalb sagte er auch: »... einen Leib ... hast du mir geschaffen.« Wäre er in der Herrlichkeit erschienen, die er vor der Schöpfung der Welt beim Vater besessen hatte, hätten wir das Licht seiner Gegenwart nicht ertragen können. Seine göttliche Herrlichkeit war verhüllt, damit wir ihn sehen konnten, ohne vernichtet zu werden; seine Göttlichkeit war unter dem Schleier der menschlichen Natur verborgen – die unsichtbare Herrlichkeit in der sichtbaren menschlichen Gestalt.

Dieser großartige Plan wurde durch Bilder und Symbole im Voraus veranschaulicht. Der brennende Busch, in dem Christus Mose erschien (vgl. 2. Mose 3,2-4), offenbarte Gott. Ein gewöhnlicher Busch, der nichts Auffälliges an sich hatte, wurde als Darstellung Gottes gewählt und umhüllte nun den Unendlichen. Der barmherzige Gott verbarg seine Herrlichkeit unter einer bescheidenen Erscheinungsform, damit Mose ihn sehen und dennoch weiterleben konnte. Später zeigte sich Gott den Israeliten am Tag in der Wolken- und bei Nacht in der Feuersäule. Er offenbarte dem Volk seinen Willen und ließ ihm seine Gnade zuteilwerden. Gottes Herrlichkeit wurde eingeschränkt und seine Majestät verhüllt, damit die geringe Sehkraft begrenzter Menschen sie wahrnehmen konnte. Ebenso sollte Christus in unserem »nichtigen Leib« und »der Erscheinung nach als Mensch« in die Welt kommen (Philipper 3,21a; 2,7b). In den Augen der Welt verfügte er über keine Schönheit, die ein Verlangen nach ihm geweckt hätte (vgl. Jesaja 53,2). Dennoch war er der Mensch gewordene Gott, das Licht des Himmels und der Erde. Seine Herrlichkeit war verhüllt, seine Erhabenheit und Majestät waren verborgen, damit er den leidenden und versuchten Menschen nahekommen konnte.

GOTT WOHNT UNTER DEN MENSCHEN

Durch Mose befahl Gott den Israeliten: »Sie sollen mir ein Heiligtum machen, damit ich in ihrer Mitte wohne.« (2. Mose 25,8 Elb.) In diesem Heiligtum weilte er mitten unter seinem Volk. Während der gesamten beschwerlichen Wüstenwanderung war das Sinnbild seiner Gegenwart stets bei ihnen. Ebenso schlug Christus sein Zelt gleichsam mitten im Lager der Menschen auf, neben unseren Zelten, um unter uns zu wohnen und uns mit seinem göttlichen Charakter und Leben vertraut zu machen. »Er, der das Wort ist, wurde Mensch und lebte unter uns. Er war voll Gnade und Wahrheit, und wir wurden Zeugen seiner Herrlichkeit, der Herrlichkeit, die der Vater ihm, seinem einzigen Sohn, gegeben hat.« (Johannes 1,14 NLB; vgl. Vers 1)

Seitdem Jesus unter uns lebte, wissen wir, dass Gott mit unseren Versuchungen vertraut ist und unser Leiden mitempfindet. Jeder Nachkomme Adams kann nun begreifen, dass unser Schöpfer der Freund der Sünder ist. In jeder Belehrung über die Gnade, in jedem Versprechen der Freude, in jeder Tat der Liebe, in jeder besonderen Anziehungskraft, die vom Erlöser während seines Lebens auf der Erde ausging, erkennen wir den »Gott mit uns«.

JESUS UNSER DIENER

Satan stellt Gottes Gesetz der Liebe als ein selbstsüchtiges Gesetz dar. Er behauptet, es sei für uns unmöglich, den Vorschriften zu gehorchen. Er lastet den Sündenfall mit all den folgenden Leiden dem Schöpfer an und führt die Menschen dazu, Gott als den Urheber der Sünde, des Leides und des Todes anzusehen. Jesus sollte diesen Betrug aufdecken, indem er als einer von uns ein Beispiel des Gehorsams wurde. Er nahm unsere menschliche Natur an und machte die gleichen Erfahrungen wie wir. Er wurde »in allem seinen Brüdern gleich« (Hebräer 2,17a). Falls wir etwas erdulden müssten, was Jesus nicht zu erdulden hatte, würde Satan dies so deuten, als reiche die Kraft Gottes nicht für uns aus. Deshalb sind »ihm dieselben Versuchungen begegnet ... wie uns« (Hebräer 4,15b NLB). Er ertrug jede Versuchung, der auch wir ausgesetzt sind, und benutzte für sich keine Kraft, die nicht auch uns uneingeschränkt angeboten wird. Er trat der Versuchung als Mensch entgegen und überwand sie mit der Stärke, die ihm Gott verliehen hatte. Er sagte: »Deinen Willen, mein Gott, tue ich gern, und dein Gesetz habe ich in meinem Herzen.« (Psalm 40,9; vgl. Hebräer 10,5-7) Als er umherzog und Gutes tat und alle Menschen heilte, die von Satan geplagt wurden, machte er den Menschen das Wesen seines Dienstes und den Charakter des göttlichen Gesetzes deutlich. Sein Leben bezeugt, dass es auch uns möglich ist, das Gesetz Gottes zu befolgen.

Durch sein Menschsein berührte Christus die Menschheit, durch seine Göttlichkeit blieb er mit dem Thron Gottes verbunden. Als »Menschensohn« (Matthäus 20,28 u. v. m.) gab er uns ein Beispiel des Gehorsams, als Sohn Gottes schenkt er uns die Kraft zu gehorchen. Es war Christus, der aus dem Busch auf dem Berg Sinai zu Mose sprach: »Ich bin, der ich bin ... So sollst du zu den Söhnen Israel sagen: ›Ich bin‹ hat mich zu euch gesandt.« (2. Mose 3,14 Elb.) Das war die Zusage für die Befreiung Israels. Als er dann in menschlicher Gestalt zu uns kam, bezeichnete er sich als den »Ich bin«. Das Kind von Bethlehem, der bescheidene und demütige Erlöser, ist Gott, »offenbart im Fleisch« (1. Timotheus 3,16). Zu uns sagt er: »Ich bin der gute Hirte.« »Ich bin das lebendige Brot.« »Ich bin der Weg und die Wahrheit und das Leben.« (Johannes 10,11a; 6,51a; 14,6) »Gott hat mir unbeschränkte Vollmacht im Himmel und auf der Erde gegeben.« (Matthäus 28,18 GNB) Ich bin die Gewissheit, dass jedes Versprechen erfüllt wird. Ich bin; fürchte dich nicht. Der »Gott mit uns« ist Bürge für die Befreiung von Sünde und die Zusicherung unserer Kraft, dem Gesetz Gottes zu gehorchen.

Als sich der Sohn Gottes demütigte und menschliche Gestalt annahm, offenbarte er einen Charakter, der dem von Satan völlig entgegengesetzt ist. Ja, er ging den Weg der Demütigung sogar noch weiter: »Er nahm menschliche Gestalt an und ... erniedrigte sich selbst und war Gott gehorsam bis zum Tod, ja, bis zum schändlichen Tod am Kreuz.« (Philipper 2,7b.8 Hfa) Wie der Hohepriester seine prächtigen Gewänder ablegte und im weißen Leinenkleid des einfachen Priesters seinen Dienst versah, so nahm Christus die Gestalt eines Dieners an und brachte das Opfer dar: Er war selbst der Priester und selbst das Opfer. »Doch wegen unserer Vergehen wurde er durchbohrt, wegen unserer Übertretungen zerschlagen. Er wurde gestraft, damit wir Frieden haben.« (Jesaja 53,5a NLB)

Christus wurde so behandelt, wie wir es verdient haben, damit wir so behandelt werden können, wie er es verdient hat. Er wurde um unserer Sünde willen verdammt, an der er keinen Anteil hatte, damit wir durch seine Gerechtigkeit, an der wir keinen Anteil haben, freigesprochen werden können. Er erlitt den Tod, den wir erleiden müssten, damit wir das Leben empfangen können, das ihm gehört. »Durch seine Wunden sind wir geheilt.« (Jesaja 53,5b)

DIE WEITREICHENDEN FOLGEN DER ERLÖSUNG DURCH CHRISTUS

Durch sein Leben und seinen Tod hat Christus mehr erreicht als die Rettung vor dem Untergang, den die Sünde verursacht hat. Satan wollte eine ewige Trennung zwischen Gott und den Menschen herbeiführen; aber durch Christus werden wir noch enger mit Gott verbunden, als wenn wir nie in Sünde gefallen wären. Indem der Erlöser unsere Natur annahm, hat er sich durch ein Band mit der Menschheit verbunden, das nie zerreißen wird. Für alle Ewigkeit bleibt diese Verbindung bestehen. »Gott hat die Welt so sehr geliebt, dass er seinen einzigen Sohn hingab.« (Johannes 3,16a NLB) Er gab ihn nicht nur hin, weil er unsere Sünden tragen und für uns als Opfer sterben sollte; er schenkte ihn der gefallenen Menschheit. Um uns seinen unveränderlichen Friedensschluss zuzusichern, gab der Vater seinen einzigartigen Sohn hin, um ein Mitglied der Menschenfamilie zu werden und die menschliche Natur für immer zu behalten. Das ist die Garantie dafür, dass Gott seine Zusage erfüllen wird. »Uns ist ein Kind geboren, ein Sohn ist uns gegeben, und die Herrschaft ruht auf seiner Schulter.« (Jesaja 9,5a)

In der Person seines Sohnes hat Gott selbst die menschliche Natur angenommen und diese in den höchsten Himmel aufgenommen. Jesus ist der »Menschensohn«, der Anteil an der Herrschaft über das Universum hat (vgl. Daniel 7,13.14). Als »Menschensohn« heißt er »wunderbarer Ratgeber, starker Gott, Vater der Ewigkeit, Fürst des Friedens« (Jesaja 9,5b Elb). Der »Ich bin« ist der Mittler zwischen Gott und den Menschen, der beiden seine Hände reicht. Er, »der heilig ist, unschuldig, makellos, abgesondert von den Sündern«, schämt sich nicht, uns »seine Brüder zu nennen« (Hebräer 7,26; 2,11 EÜ). Durch Christus ist die Familie auf der Erde mit der Familie im Himmel verbunden. Der verherrlichte Christus ist unser Bruder. Durch ihn ist sowohl der Himmel in die Menschheit wie in einem Schrein eingeschlossen als auch die Menschheit im Schoß der unendlichen Liebe Gottes eingebettet. Gott sagt über sein Volk: »Wie funkelnde Edelsteine werden sie das Land zieren. Wie herrlich wird das sein!« (Sacharja 9,16b.17a NLB) Die erhöhte Stellung der Erlösten wird ein ewiges Zeugnis der Gnade Gottes sein. »In den kommenden Zeiten soll ... der unendliche Reichtum seiner Gnade sichtbar werden: Die Liebe, die Gott uns durch Jesus Christus erwiesen hat ... Jetzt macht er ihn den Mächten und Gewalten in der himmlischen Welt ... bekannt ... sie sollen seine Weisheit in ihrem ganzen Reichtum erkennen. So entspricht es Gottes ewigem Plan, den er durch Jesus Christus, unseren Herrn, ausgeführt hat.« (Epheser 2,7; 3,10.11 GNB)

Durch das Erlösungswerk in Christus steht Gottes Herrschaft gerechtfertigt da. Der Allmächtige wird als Gott der Liebe bekannt. Satans Anschuldigungen sind widerlegt, sein Charakter ist entlarvt. Niemals wieder kann es zu einer Rebellion kommen, nie wieder wird die Sünde Eingang ins Universum finden. Für alle Ewigkeit sind die Geschöpfe vor einem erneuten Abfall bewahrt. Durch die selbstaufopfernde Liebe wurden die Bewohner der Erde und des Himmels unauflöslich mit ihrem Schöpfer verbunden.

Das Erlösungswerk wird vollständig sein. Dort, wo einst die Sünde herrschte, wird die Gnade Gottes im Überfluss vorhanden sein (vgl. Römer 5,20b). Die Erde, die Satan als sein Eigentum beansprucht, soll nicht nur losgekauft, sondern sogar erhöht werden. Unserer kleinen Welt, die unter dem Fluch der Sünde der einzige dunkle Fleck in Gottes großartiger Schöpfung ist, soll mehr als allen anderen Welten im Universum Gottes Ehre erwiesen werden. Hier, wo einst der Sohn Gottes unter den Menschen Wohnung nahm (vgl. Johannes 1,14b), wo der König der Herrlichkeit lebte, litt und starb, soll die »Hütte Gottes bei den Menschen« stehen, wenn er alles neu gemacht hat. »Und er wird bei ihnen wohnen, und sie werden sein Volk sein, und er selbst, Gott mit ihnen, wird ihr Gott sein.« (Offenbarung 21,3) Und durch endlose Zeitalter, in denen die Erlösten in der Gegenwart Gottes leben, werden sie ihn für seine unbeschreibliche Gabe preisen:

Immanuel – »Gott ist mit uns«.

KAPITEL 2

DAS AUSERWÄHLTE VOLK

Johannes 1,10-12

Mehr als tausend Jahre lang hatte das jüdische Volk auf die Ankunft des Erlösers gewartet. Auf dieses Ereignis hatten sich ihre größten Hoffnungen gerichtet. In Liedern und Prophezeiungen, in Tempelriten und im täglichen Gebet war sein Name verehrt worden. Doch als er zu ihnen kam, erkannten sie ihn nicht. Der Geliebte des Himmels war für sie nur »wie ein kümmerlicher Spross aus dürrem Boden«, sie »fanden nichts Anziehendes an ihm« (Jesaja 53,2 GNB). »Er kam in sein Eigentum; und die Seinen nahmen ihn nicht auf.« (Johannes 1,11)

DIE ERWÄHLUNG ISRAELS

Doch Gott hatte Israel erwählt. Er hatte sein Volk berufen, die Kenntnis seines Gesetzes, der Sinnbilder und Weissagungen, die auf den Erlöser hinwiesen, unter den Menschen zu bewahren. Gott wünschte sich, dass die Israeliten zu Quellen des Heils für die Welt würden. Was Abraham im Land seiner Wanderung war, Josef in Ägypten und Daniel am Hof in Babylon, das sollte das Volk der Hebräer unter den Nationen sein. Sie sollten den Menschen Gott offenbaren.

Als Gott, der Herr, Abraham berief, sagte er: »Ich will dich segnen ... Ich will dich zum Segen für andere machen ... Alle Völker der Erde werden durch dich gesegnet werden.« (1. Mose 12,2.3b NLB) Die gleiche Botschaft wurde von den Propheten[3] wiederholt. Selbst als Israel durch Krieg und Gefangenschaft verwüstet war, galt ihnen diese Verheißung: »Dann ist der Rest Jakobs inmitten vieler Völker wie der Tau, der vom Herrn kommt, wie der Regen, der auf die Pflanzen fällt, der auf niemand angewiesen ist und auf keinen Menschen zu warten braucht.« (Micha 5,6 EÜ) Über den Tempel in Jerusalem

---

3 Siehe Erklärungen »Prophet«, S. 818 f.

kündigte der Herr durch Jesaja an: »Mein Haus wird ein Bethaus heißen für alle Völker.« (Jesaja 56,7c)

Doch die Israeliten richteten ihre Hoffnungen auf weltliche Größe. Seitdem sie das Land Kanaan betreten hatten, wichen sie von den Geboten Gottes ab und folgten den Gepflogenheiten der Heiden. Vergeblich warnte sie Gott durch seine Propheten; vergebens litten sie unter der Bestrafung durch heidnische Unterdrückung. Jeder Reform folgte ein umso tieferer Abfall.

Wenn Israel Gott treu geblieben wäre, hätte Gott sein Ziel durch die Ehre und Erhöhung des Volkes erreichen können. Wären sie gehorsam geblieben, hätte er sie »zum höchsten über alle Völker« gemacht, »die er geschaffen hat«, und sie wären »gerühmt, gepriesen und geehrt« worden (5. Mose 26,19). Mose sagte: »Dann werden alle Völker der Welt sehen, dass ihr das Volk des Herrn seid, und werden sich vor euch fürchten.« (5. Mose 28,10 NLB) »Denn wenn die anderen Völker hören, nach was für Geboten ihr lebt, werden sie voll Achtung auf euch blicken und sagen: ›Wie klug und einsichtig ist doch dieses große Volk!‹« (5. Mose 4,6 GNB) Weil sie aber treulos waren, konnte Gottes Absicht nur durch anhaltende Not und durch Demütigung erreicht werden.

DAS EXIL IN BABYLON

Das Volk Israel wurde von Babylon unterworfen und in heidnische Länder zerstreut. Im Elend erneuerten viele ihre Treue dem Bund Gottes gegenüber. Als sie ihre Harfen an die Weiden hängten und um den heiligen Tempel, der verwüstet war, trauerten (vgl. Psalm 137,1-3), ging von ihnen das Licht der Wahrheit aus, und sie verbreiteten die Erkenntnis Gottes unter den Völkern. Die heidnischen Opferbräuche waren eine Verzerrung des Opferdienstes, den Gott eingesetzt hatte. Manche Heiden aber, die ernsthafte Anbeter waren, erfuhren durch die Israeliten, was der von Gott vorgeschriebene Dienst bedeutete, und nahmen im Glauben die Verheißung eines Erlösers an.

Viele der Verbannten erduldeten Verfolgung; nicht wenige büßten ihr Leben ein, weil sie sich weigerten, den Sabbat zu missachten und an heidnischen Festen teilzunehmen. Als die Götzendiener angestachelt wurden, die Wahrheit auszulöschen, stellte der Herr seine Diener vor Könige und Herrscher, damit diese und ihre Völker zur wahren Erkenntnis gelangen konnten. Immer wieder wurden die mächtigsten Monarchen dazu gebracht, die Überlegenheit jenes Gottes zu verkünden, den ihre hebräischen Gefangenen anbeteten.

TEIL 1 | DER SIEG DER LIEBE

DIE ISRAELITEN SONDERN SICH AB

Durch die babylonische Gefangenschaft wurden die Israeliten wirksam von der Verehrung von Götzenbildern geheilt. In den darauf folgenden Jahrhunderten litten sie unter den Angriffen heidnischer Völker, bis sie zur Überzeugung kamen, dass sie nur dann zu Wohlstand gelangen könnten, wenn sie das Gesetz Gottes treu befolgen. Bei allzu vielen Juden beruhte dieser Gehorsam jedoch nicht auf Liebe, sondern auf eigennützigen Beweggründen. Sie dienten Gott nur äußerlich, um dadurch nationale Größe zu erlangen. Sie wurden nicht zu Lichtträgern für die Welt, sondern schotteten sich aus Angst vor der Versuchung, wieder dem Götzendienst zu verfallen, ab.

Durch Mose hatte ihnen Gott einst Auflagen für den Umgang mit Götzenanbetern erteilt, doch diese Lehre wurde falsch ausgelegt. Gott wollte sie zwar davon abhalten, die Praktiken der Heiden anzunehmen, doch nun errichteten sie eine Mauer zwischen sich und allen anderen Völkern. Die Juden betrachteten Jerusalem als ihren Himmel und waren besorgt, dass Gott auch den Heiden seine Gnade erweisen könnte.

Nach ihrer Rückkehr aus Babylon schenkten die Juden der religiösen Unterweisung große Aufmerksamkeit. Überall im Land errichteten sie Synagogen, in denen Priester und Schriftgelehrte das Gesetz auslegten. Sie gründeten auch Schulen, auf denen neben den Künsten und Wissenschaften auch die Grundsätze wahrer Frömmigkeit gelehrt wurden. Diese Einrichtungen gerieten jedoch auf Abwege. Während der Gefangenschaft hatten viele Israeliten heidnische Vorstellungen und Bräuche übernommen, die sie nun in den Gottesdienst einbrachten. In vielen Dingen passten sie sich den Gewohnheiten der Götzendiener an.

DIE ENTWICKLUNG ZUR GESETZLICHKEIT

Als sich die Juden von Gott abwandten, verloren sie weitgehend das Verständnis für die Bedeutung des Opferdienstes, der von Christus selbst eingeführt worden war. Dieser Dienst war in allen Teilen ein Symbol für den Messias, erfüllt von Lebenskraft und geistlicher Schönheit. Das geistliche Leben verschwand aus ihren Zeremonien, und die Juden klammerten sich stattdessen an tote Formen. Sie setzten ihr Vertrauen auf die Ausführung der Opfer und Bräuche, statt auf denjenigen, auf den diese hinwiesen. Um zu ersetzen, was sie verloren hatten, fügten die Priester und Rabbiner eigene Anforderungen hinzu. Je strenger diese wurden, desto weniger war die Liebe Gottes erkennbar. Der Gradmesser ihrer Frömmigkeit war die Vielzahl ihrer kultischen Handlungen, während ihre Herzen voller Stolz und Heuchelei waren.

Bei all diesen überaus genauen und beschwerlichen Vorschriften war es unmöglich, das Gesetz zu halten. Wer Gott dienen und dabei den Regeln der Rabbiner gehorchen wollte, mühte sich unter einer schweren Last ab. Er konnte vor den Anklagen seines beunruhigten Gewissens nicht zur Ruhe kommen. Auf diese Weise versuchte Satan, das Volk zu entmutigen, die Vorstellung vom Charakter Gottes herabzuwürdigen und den Glauben Israels in Verruf zu bringen. Er hoffte, beweisen zu können, was er bei seinem Aufruhr im Himmel behauptet hatte: dass Gottes Gebote ungerecht seien und man ihnen nicht gehorchen könne. Selbst Israel, erklärte er, halte das Gesetz nicht.

DIE LAGE DER JUDEN

Die Juden sehnten zwar die Ankunft des Messias herbei, hatten aber keine richtige Vorstellung von seiner Mission. Sie sehnten sich nicht nach Erlösung von ihren Sünden, sondern nach Befreiung von den Römern. Sie erwarteten als Messias einen Eroberer, der das Joch der Unterdrückung zerbrechen und Israel zur Weltherrschaft verhelfen werde. Dadurch wurde der Weg geebnet, den Erlöser abzulehnen.

Als Jesus geboren wurde, litt das Volk unter der Macht seiner fremden Herren, und es war von inneren Streitigkeiten geplagt. Den Juden war es erlaubt, der Form nach ihre eigene Regierung beizubehalten. Trotzdem war niemandem verborgen, dass sie sich unter römischem Joch befanden. Mit dieser Einschränkung ihrer Macht konnten sie sich nicht abfinden. Die Römer nahmen das Recht für sich in Anspruch, den Hohenpriester zu ernennen und abzusetzen. Dieses Amt wurde oft durch Betrug, Bestechung oder gar Mord erlangt. Die Priester wurden immer korrupter. Diese übten jedoch immer noch eine große Macht aus, die sie für selbst- und gewinnsüchtige Ziele einsetzten. Das Volk war ihren erbarmungslosen Forderungen ausgeliefert und musste auch noch hohe Steuern an die Römer entrichten. Dieser Zustand löste überall Unzufriedenheit aus. Häufig kam es zu Volksaufständen. Gier und Gewalt, Misstrauen und geistliche Gleichgültigkeit zehrten am Herzen der Nation.

Der Hass auf die Römer und der nationale und geistliche Stolz ließen die Juden streng an ihren religiösen Formen festhalten. Die Priester versuchten den Schein der Heiligkeit durch eine übergenaue Einhaltung religiöser Zeremonien aufrechtzuerhalten. Das einfache Volk in seiner Finsternis und Unterdrückung und ihre machthungrigen Regenten sehnten den Einen herbei, der ihre Feinde überwinden und das Königreich Israel wiederherstellen würde. Die Vorhersagen über den Messias hatten sie zwar studiert, aber ohne geistliche Einsicht. Sie übersahen daher jene Stellen der heiligen Schriften, die auf die niedrige Herkunft bei seinem ersten Kommen hinwiesen, und sie wendeten jene Texte falsch an, die von der Herrlichkeit seines zweiten Kommens sprachen. Stolz verdunkelte ihre Sichtweise, und die Weissagungen legten sie nach ihren eigenen selbstsüchtigen Wünschen aus.

KAPITEL 3

ALS DIE ZEIT GEKOMMEN WAR

»Als aber die Zeit gekommen war, sandte Gott seinen Sohn. Der wurde als Mensch geboren ... um alle zu befreien, die unter der Herrschaft des Gesetzes standen. Durch ihn wollte Gott uns als seine mündigen Söhne und Töchter annehmen.« (Galater 4,4.5 GNB)

Das Kommen des Erlösers wurde bereits im Garten Eden vorhergesagt (vgl. 1. Mose 3,15). Als Adam und Eva zum ersten Mal diese Verheißung hörten, warteten sie auf deren rasche Erfüllung. Voller Freude begrüßten sie ihren erstgeborenen Sohn in der Hoffnung, dass er der Befreier sei. Doch die Erfüllung des Versprechens ließ auf sich warten. Diejenigen, die es zuerst erhalten hatten, starben, ohne die Erfüllung erlebt zu haben. Seit den Tagen Henochs wurde die Verheißung durch Patriarchen und Propheten wiederholt und so die Hoffnung auf das Erscheinen des Messias wach gehalten. Doch er kam nicht. Die Weissagung Daniels offenbarte die Zeit seines Kommens (vgl. Daniel 9,24-27)[4], aber nicht alle deuteten diese Botschaft richtig. Jahrhundert um Jahrhundert verging. Schließlich verstummten die Stimmen der Propheten. Die Hand des Unterdrückers lastete schwer auf Israel, und viele waren bereit aufzuschreien: »Die Zeit vergeht, und es wird nichts aus allen Weissagungen.« (Hesekiel 12,22 NLB)

Aber wie die Gestirne auf ihrer riesigen, festgelegten Bahn, kennen Gottes Absichten weder Eile noch Verzögerung. Gott hatte Abraham die Sklaverei Israels in Ägypten durch die Sinnbilder einer großen Finsternis und eines rauchenden Ofens angekündigt (vgl. 1. Mose 15,12-17). Er erklärte ihm, dass ihr Aufenthalt dort 400 Jahre dauern werde. »Am Ende werden sie mit großen Reichtümern von dort wegziehen.« (1. Mose 15,14b NLB) Die ganze Macht des stolzen Pharaonenreichs kämpfte vergebens gegen diese Zusage an. Als die Zeit der Erfüllung der göttlichen Verheißung kam, »an dem genannten Tag, zog das Volk des HERRN in geordneten Scharen aus Ägypten

---

4   Vergleiche in diesem Buch den Abschnitt »Der Ablauf der prophetischen Zeit«, Seite 214 f.

TEIL 1 | DER SIEG DER LIEBE

aus« (2. Mose 12,41 GNB). Auch die Stunde des Erscheinens von Jesus Christus war im himmlischen Rat festgelegt worden. Als die große Weltenuhr diese Stunde anzeigte, wurde er in Bethlehem geboren. »Als aber die Zeit gekommen war, sandte Gott seinen Sohn.« (Galater 4,4a GNB) In seiner Vorsehung hatte er die Entwicklung der Völker und das Auf und Ab menschlicher Antriebe und Einflüsse gelenkt, bis die Welt für das Kommen des Erlösers reif war. Die Völker waren weitgehend unter einer einzigen Herrschaft vereint. Eine Sprache wurde damals überall verstanden und war als Schriftsprache anerkannt. Von allen Ländern, in die sie zerstreut waren, versammelten sich Juden in Jerusalem zu den jährlichen Festen.[5] Bei ihrer Heimkehr konnten sie darum die Nachricht vom Kommen des Messias in aller Welt verbreiten.

DIE ZUSTÄNDE UNTER HEIDEN UND JUDEN

In jener Zeit verlor das Heidentum seinen Einfluss auf die Menschen. Sie waren der Festzüge und der Mythen überdrüssig und sehnten sich nach einer Religion, die ihr Innerstes befriedigte. Obwohl es schien, dass das Licht der Wahrheit von den Menschen gewichen war, gab es immer noch solche, die nach Licht suchten, denn sie waren voller Verwirrung und Kummer. Sie sehnten sich nach der Erkenntnis des lebendigen Gottes und nach der Gewissheit eines Lebens nach dem Tod.

Weil sich die Juden von Gott abgewandt hatten, war der Glaube verblasst, und es gab praktisch keine Hoffnung mehr, die die Zukunft erhellt hätte. Die Worte der Propheten verstand man nicht. Für den größten Teil des Volkes war der Tod ein gefürchtetes Geheimnis. Die Vorstellungen über das Jenseits waren düster und ungewiss. Man hörte nicht nur das Jammern der Mütter von Bethlehem, sondern es war geradezu ein Schrei aus dem Herzen der ganzen Menschheit, der über die Jahrhunderte hinweg zum Propheten erscholl – zu jener Stimme, die man in Rama hörte: »Klagerufe und bitteres Weinen: Rahel[6] weint um ihre Kinder und will sich nicht trösten lassen; denn sie sind nicht mehr da.« (Matthäus 2,18 GNB) Ohne Trost saßen die Menschen »in einem vom Tod überschatteten Land« (Matthäus 4,16b NLB). Sehnsuchtsvoll hielten sie Ausschau nach dem Erlöser, dessen Erscheinen die Dunkelheit vertreiben und das Geheimnis der Zukunft lüften sollte.

---

5   Siehe Erklärungen »Festtage Israels«, S. 815.
6   Rahel ist die Mutter Josefs, des Lieblingssohnes Jakobs, des Stammvaters der Israeliten (vgl. 1. Mose 30,22-24; 37,3).

HEIDEN SUCHEN NACH WAHRHEIT

Außerhalb des jüdischen Volkes gab es Menschen, die das Erscheinen eines göttlichen Lehrmeisters voraussagten. Sie suchten nach der Wahrheit und wurden vom Heiligen Geist geleitet. Wie Sterne am Nachthimmel tauchten solche Lehrer einer nach dem anderen auf. Ihre prophetischen Aussagen entfachten Hoffnung in den Herzen von Tausenden in der heidnischen Welt.

Bereits Jahrhunderte zuvor waren die heiligen Schriften in die griechische Sprache übersetzt worden, die damals überall im Römischen Reich gesprochen wurde. Die Juden lebten zerstreut im ganzen Reich, und ihre Erwartung vom Kommen des Messias wurde bis zu einem gewissen Grad von den Nichtjuden geteilt. Unter diesen Heiden, wie die Juden sie nannten, gab es solche, die von den biblischen Weissagungen bezüglich des Messias ein besseres Verständnis hatten als die Schriftgelehrten in Israel. Einige hofften, dass der Messias als Erretter aus der Sünde kommen werde. Philosophen bemühten sich, das Geheimnis der hebräischen Heilsordnung zu erforschen. Aber die Engstirnigkeit der Juden verhinderte die Ausbreitung des Lichts der Erkenntnis. Sie waren fest entschlossen, die Trennung zwischen ihnen und anderen Völkern aufrechtzuerhalten. Sie waren nicht gewillt, das noch vorhandene Wissen über den Opferdienst an andere weiterzugeben. Der wahre Lehrer musste kommen, um die Bedeutung der Symbole zu erklären, die auf ihn hingewiesen hatten.

Durch die Natur, durch Bilder und Gleichnisse, durch Patriarchen und Propheten hatte Gott zur Welt gesprochen. Die Menschheit musste in menschlicher Sprache belehrt werden. Der »Engel des Bundes« musste nun sprechen, seine Stimme sollte in seinem eigenen Tempel gehört werden (Mal 3,1). Christus musste kommen, um Worte zu sprechen, die klar und deutlich verstanden werden konnten. Er, der Urheber der Wahrheit, musste diese von der Spreu menschlicher Worte trennen, welche die Wahrheit wirkungslos gemacht hatten. Die Grundsätze der Herrschaft Gottes und des Erlösungsplans mussten deutlich erklärt und die Lehren des Alten Testaments den Menschen ausführlich dargelegt werden.

JUDEN, DIE NACH GOTT SUCHEN

Unter den Juden gab es noch standhafte Gläubige, Nachkommen der Linie, welche die wahre Gotteserkenntnis bewahrt hatte. Sie blickten noch immer mit Hoffnung auf die Erfüllung der Verheißung, die ihren Vätern gegeben worden war. Diese Juden stärkten ihren Glauben, indem sie immer wieder die Zusage durch Mose bedachten: »Einen Propheten wie mich wird euch der Herr, euer Gott, erwecken aus euren Brüdern; den sollt ihr hören in allem, was er zu euch sagen wird.« (Apostelgeschichte 3,22; vgl. 5. Mose 18,15.19) Oder sie lasen von dem Einen, den Gott salben werde, um »den Elenden gute Botschaft zu bringen, die zerbrochenen Herzen zu verbinden, zu verkündigen den Gefangenen die Freiheit ... zu verkündigen ein gnädiges Jahr des Herrn« (Jesaja 61,1b.2a). Sie lasen, dass er »unter den Völkern [Gottes] Rechtsordnung« aufrichtet und man »noch an den fernsten Küsten ... auf seine Weisung« wartet (Jesaja 42,4b GNB), und dass »andere Völker von diesem Licht angezogen« werden: »Ihre Könige eilen herbei, um den strahlenden Glanz zu sehen, der über dir aufgegangen ist« (Jesaja 60,3 Hfa).

Die Worte des sterbenden Jakob erfüllten sie mit Hoffnung: »Das Zepter wird immer Juda gehören und der Herrscherstab deinen Nachkommen, bis zum Kommen des Schilo[7], dem alle Völker gehorchen werden.« (1. Mose 49,10 NLB) Die abnehmende Macht Israels zeigte deutlich, dass das Kommen des Messias nahe war. Die Weissagung Daniels schilderte die Herrlichkeit seiner Herrschaft über ein Weltreich, das allen irdischen Reichen folgen sollte und »in alle Ewigkeit bestehen« werde (Daniel 2,44 EÜ). Während nur wenige das Wesen der Sendung des Messias verstanden, war die Erwartung weit verbreitet, dass ein mächtiger Fürst kommen werde, um in Israel sein Reich aufzurichten und ein Befreier für die Völker zu sein.

DIE VORGEHENSWEISE SATANS

Die Zeit war gekommen. Die Menschheit, durch Jahrhunderte der Übertretung immer mehr erniedrigt, sehnte sich nach dem Erlöser. Satan hatte alles getan, um die Kluft zwischen Himmel und Erde tief und unüberbrückbar zu machen. Durch seine Lügen hatte er die Menschen zur Sünde ermutigt. Seine Absicht war es, die Langmut Gottes zu erschöpfen und dessen Liebe zu den Menschen auszulöschen, sodass dieser letztlich die Welt der Herrschaft Satans preisgibt.

Satan wollte die Menschen von der Erkenntnis Gottes ausschließen, ihre Aufmerksamkeit vom Tempel Gottes abwenden und sein eigenes Reich aufrichten. Sein Streben nach der Vorherrschaft schien beinahe erfolgreich zu sein. Gott hatte jedoch in jeder Generation seine Vertreter. Selbst unter den Heiden gab es welche, durch die Christus wirken konnte, um ihr Volk aus Sünde und Erniedrigung herauszuführen. Doch diese Menschen wurden verachtet und gehasst, viele von ihnen starben einen gewaltsamen Tod. Der Schatten, den Satan über die Welt geworfen hatte, wurde immer dunkler.

---

7   Siehe Erklärungen »Schilo« S. 820 f.

Zu allen Zeiten hatte Satan das Heidentum benutzt, damit sich Menschen von Gott abwenden. Doch seinen großen Triumph feierte er, als es ihm gelang, den Glauben in Israel zu verfälschen. Indem die Heiden Götter nach eigenen Vorstellungen anbeteten und über sie nachdachten, verloren sie die rechte Gotteserkenntnis und wurden immer verderbter. Und so erging es auch Israel. Das Konzept, dass sich der Mensch durch seine eigenen Werke erlösen könne, ist die Grundlage jeder heidnischen Religion. Auch in Israel war dies zum Fundament der jüdischen Religion geworden. Satan hatte dieses Konzept eingepflanzt. Wo immer man es befolgt, verfügen die Menschen über keine Schranke gegen die Sünde.

Die Erlösungsbotschaft wird durch Menschen übermittelt. Doch die Juden wollten das ausschließliche Recht auf die religiöse Wahrheit besitzen, die zum ewigen Leben führt. Sie hatten das lebendige Manna (vgl. Johannes 6,48-51) für sich behalten, doch es verdarb bei ihnen. Die Religion, die sie nur für sich selbst behalten wollten, verkam zum Ärgernis. Sie beraubten Gott seiner Herrlichkeit und betrogen die Welt mit einem verfälschten Evangelium. Die Juden hatten ihre Hingabe an Gott für die Rettung der Welt verloren und wurden auf diese Weise zu Werkzeugen Satans, der die Welt zerstören möchte.

Das Volk, das Gott als Pfeiler und Fundament der Wahrheit berufen hatte, war zu einem Vertreter Satans geworden. Die Juden handelten nach dessen Willen, entschieden sich für Wege, die Gottes Charakter falsch darstellten, und veranlassten so die Welt, ihn als einen Tyrannen zu betrachten. Sogar die Priester hatten die Wichtigkeit des Dienstes, den sie am Tempel verrichteten, aus den Augen verloren. Sie hatten aufgehört, hinter den Sinnbildern das zu sehen, was sie bedeuteten. Bei den Opferhandlungen waren sie zu Schauspielern geworden. Die religiösen Dienste, die Gott selbst eingesetzt hatte, wurden als Mittel benutzt, um den Verstand zu verblenden und das Herz zu verhärten. Daher konnte Gott auf diesem Weg nichts mehr für die Menschheit tun. Dieses ganze System musste beseitigt werden.

DER ZUSTAND DER MENSCHEN

Die Täuschung durch die Sünde hatte ihren Höhepunkt erreicht. Alle Mittel waren eingesetzt worden, um die Menschen zu verderben. Der Sohn Gottes blickte auf die Welt und sah Leid und Elend. Mit tiefem Erbarmen sah er, wie die Menschen Opfer satanischer Grausamkeit geworden waren. Er blickte voller Mitgefühl auf jene, die man verführte, tötete und die verlorengingen. Sie hatten sich einem Herrscher unterstellt, der sie wie Gefangene vor seinen Karren spannte. Irregeleitet und betrogen schleppten sie sich in einem traurigen Menschenzug ihrem ewigen Untergang entgegen – zu dem Tod hin, wo es keine Hoffnung auf Leben gibt – der Nacht entgegen, die keinen Morgen kennt. Satanische Werkzeuge wirkten durch die Menschheit. Der menschliche Körper, dazu geschaffen, dass Gott darin wohnt, war zu einer Behausung von Dämonen geworden. Auf Sinne, Nerven, Triebe und Organe des Menschen übten übernatürliche Kräfte ihren Einfluss aus, sodass sie sich den niedrigsten Begierden hingaben. Dem Angesicht der Menschen war der Stempel der Dämonen aufgedrückt worden. Menschliche Gesichter spiegelten den Ausdruck der Legionen des Bösen wider, von denen sie besessen waren. Das war der Anblick, der sich dem Erlöser der Welt bot. Was für ein schreckliches Schauspiel, das der unendlich Reine mit ansehen musste!

Die Sünde war zu einer Wissenschaft geworden, und die Laster wurden als Teil der Religion betrachtet. Die Rebellion gegen Gott war tief im Herzen verwurzelt, und die Feindschaft der Menschen gegen den Himmel war äußerst heftig. Vor dem ganzen Weltall wurde deutlich, dass die Menschheit – getrennt von Gott – nicht wieder aufgerichtet werden konnte. Ein neues Element des Lebens und der Kraft musste durch den Einen, der die Welt erschaffen hatte, verliehen werden.

Voller Spannung hatten die nicht in Sünde gefallenen Welten darauf gewartet, dass sich der Herr aufmachen werde, um die Bewohner der Erde zu vernichten. Hätte Gott dies getan, wäre Satan bereit gewesen, seinen Plan, sich die Gefolgschaft der Engelwelt zu sichern, auszuführen. Er hatte ja erklärt, dass die Grundsätze der göttlichen Herrschaft eine Vergebung unmöglich machten. Hätte Gott die Welt vernichtet, hätte Satan behauptet, seine Anklagen gegen Gott seien wahr. Er lauerte nur darauf, Gott die Schuld anzulasten und seinen Aufruhr in anderen Welten zu verbreiten.

CHRISTUS BRINGT DIE FÜLLE DER GNADE

Aber statt die Welt zu vernichten, sandte Gott seinen Sohn, um sie zu retten. Obwohl überall auf diesem feindlichen Planeten Sittenverfall und offener Ungehorsam vorherrschten, war ein Weg zur Errettung vorbereitet. Im entscheidenden Augenblick – gerade als Satan zu triumphieren schien – kam der Sohn Gottes mit der Botschaft der göttlichen Gnade. Zu allen Zeiten, zu jeder Stunde war die Liebe Gottes der gefallenen Menschheit nachgegangen. Trotz der Verdorbenheit der Menschen hatten sich die Zeichen der Gnade ununterbrochen offenbart. Und als die Zeit erfüllt war, wurde die Gottheit verherrlicht, indem sie eine Fülle von heilender Gnade über die Welt ausgoss.

Diese Gnade sollte bis zur Erfüllung des Erlösungsplans weder aufgehalten noch zurückgezogen werden.

Satan triumphierte, weil es ihm gelungen war, das Bild Gottes im Menschen zu entstellen. Dann aber kam Jesus und stellte das Bild des Schöpfers im Menschen wieder her. Niemand außer Christus kann den Charakter erneuern, den die Sünde zugrunde gerichtet hat. Er kam, um die Dämonen zu vertreiben, die den Willen beherrscht hatten. Er kam, um uns aus dem Staub emporzuheben, unseren entstellten Charakter nach dem Vorbild seines göttlichen Wesens neu zu formen und ihn mit seiner eigenen Herrlichkeit zu schmücken.

KAPITEL 4

DER ERLÖSER WIRD GEBOREN

Lukas 2,1-20

Der König der Herrlichkeit ließ sich tief herab, um Mensch zu werden und unter harten und widrigen Umständen auf der Erde zu leben. Seine Herrlichkeit war verhüllt, damit die Majestät seiner äußeren Erscheinung keine Aufmerksamkeit erregte. Er vermied alle äußere Zurschaustellung, denn Reichtum, weltliche Ehre oder menschliche Größe können keinen Menschen vom Tod erretten. Jesus wollte nicht, dass Menschen sich aufgrund irdischer Anreize auf seine Seite stellten. Nur die Schönheit himmlischer Wahrheit durfte die Menschen zu ihm hinziehen. Der Charakter des Messias war lange zuvor in den Prophezeiungen vorausgesagt worden, und Jesus wünschte sich, dass ihn die Menschen aufgrund des Zeugnisses des Wortes Gottes annehmen.

Die Engel waren über den herrlichen Erlösungsplan verwundert gewesen. Sie beobachteten Gottes Volk, um zu sehen, wie es den Sohn Gottes in menschlicher Gestalt aufnimmt. Engel begaben sich in das Land des auserwählten Volkes. Andere Völker glaubten an Fabeln und beteten falsche Götter an. Die Engel aber kamen in das Land, in dem sich die Herrlichkeit Gottes offenbart hatte und das vom Licht der Prophetie erleuchtet worden war. Sie kamen ungesehen nach Jerusalem zu den berufenen Auslegern der heiligen Schriften und zu den Dienern am Haus Gottes.

DIE GLEICHGÜLTIGKEIT IM VOLK GOTTES

Dem Priester Zacharias war bereits das baldige Kommen des Messias angekündigt worden, als er seinen Dienst am Altar im Tempel verrichtete. Der Wegbereiter des Messias war schon geboren und seine Aufgabe durch Wunder und Weissagungen bestätigt worden (vgl. Lukas 1,5-25.52-80). Die Nachricht seiner Geburt und die wunderbare Bedeutung seiner Aufgabe waren weit verbreitet worden. Und dennoch bereitete sich Jerusalem nicht darauf vor, seinen Erlöser willkommen zu heißen.

Mit Erstaunen nahmen die Boten des Himmels die Gleichgültigkeit jenes Volkes wahr, das Gott dazu berufen hatte, der Welt das Licht der heiligen Wahrheit zu vermitteln. Die jüdische Nation war bewahrt worden, um zu bezeugen, dass der Christus als Nachkomme Abrahams und aus der Linie Davids geboren werde. Dennoch wusste es nicht, dass dessen Ankunft jetzt unmittelbar bevorstand. Selbst im Tempel, wo die Morgen- und Abendopfer täglich auf das Lamm Gottes hinwiesen, traf man keine Vorbereitungen, um ihn zu empfangen. Auch die Priester und Lehrer des Volkes wussten nicht, dass in Kürze das größte und wichtigste Ereignis aller Zeiten eintreten sollte. Gedankenlos leierten sie ihre Gebete herunter und führten die vorgeschriebenen Riten der Verehrung Gottes aus, um von den Menschen gesehen zu werden. In ihrem Streben nach Reichtum und weltlichem Ansehen waren sie jedoch nicht auf das Erscheinen des Messias vorbereitet. Dieselbe Gleichgültigkeit durchdrang das ganze Land Israel. Die ichbezogenen, von weltlichen Dingen erfüllten Herzen blieben von der Freude unberührt, die den ganzen Himmel in Begeisterung versetzte. Nur einige wenige sehnten sich danach, den Unsichtbaren zu erblicken, und zu diesen wurden die himmlischen Botschafter gesandt.

GEBOREN IN BETHLEHEM

Engel begleiteten Josef und Maria auf ihrer Reise von ihrem Heim in Nazareth zur Stadt Davids. Das Gebot des Kaisers in Rom, dass sich die gesamte Bevölkerung seines riesigen Imperiums in Steuerlisten eintragen lassen sollte, erstreckte sich auch auf die Bewohner der Hügel Galiläas. Wie einst Kyrus zur Weltherrschaft berufen wurde, um die Gefangenen des Herrn zu befreien, sollte nun Kaiser Augustus[8] Gottes Plan erfüllen und Anlass dafür sein, dass sich die Mutter von Jesus nach Bethlehem begab. Sie stammte aus der Linie Davids, und der Messias, der Sohn Davids, musste in Davids Stadt geboren werden. Aus Bethlehem, so hatte der Prophet Micha vorhergesagt, »soll mir der kommen, der in Israel Herr sei, dessen Ausgang von Anfang und von Ewigkeit her gewesen ist« (Micha 5,1).

Doch in der Stadt ihrer königlichen Vorfahren kannte und ehrte man Josef und Maria nicht. Müde und ohne Bleibe zogen sie durch die lange, enge Straße, vom Stadttor bis zum östlichen Ende der Stadt, und suchten vergebens eine Unterkunft für die Nacht. In der überfüllten Herberge der Stadt gab es für sie keinen Platz mehr. In einem dürftigen Gebäude, wo Tiere untergebracht wurden, fanden sie schließlich ein Obdach, und hier wurde der Erlöser der Welt geboren.

---

8   Siehe Erklärungen »Geburt von Jesus, Zeitpunkt«, S. 815 f.

DIE BEGEISTERUNG IM HIMMEL

Obwohl die Menschen nichts davon wussten, erfüllte diese Nachricht den Himmel mit Jubel. In tiefer, immer inniger werdender Anteilnahme fühlten sich die himmlischen Wesen zur Erde hingezogen. Die ganze Welt war wegen der Gegenwart des Messias heller. Über den Hügeln von Bethlehem versammelte sich eine unzählbare Schar von Engeln. Sie warteten auf das Zeichen, um der Welt die gute Nachricht mitzuteilen. Wären die Obersten Israels ihrer Berufung treu gewesen, hätten sie an der großen Freude teilhaben dürfen, die Geburt des Erlösers zu verkündigen. So wurden sie jedoch übergangen.

Gott hatte gesagt: »Über den Durstigen werde ich Wasser gießen und Bäche über die Trockenheit.« (Jesaja 44,3 ZÜ) »In der Finsternis erstrahlt den Aufrichtigen ein Licht.« (Psalm 112,4 ZÜ) So werden denen, die Licht suchen und es freudig annehmen, helle Strahlen vom Thron Gottes her leuchten.

DEN HIRTEN WIRD DIE GEBURT VERKÜNDIGT

Auf den Feldern, auf denen einst der junge David seine Schafe geweidet hatte, hüteten auch jetzt Hirten nachts ihre Herden. In den stillen Stunden sprachen sie miteinander über den versprochenen Erlöser und beteten für das Kommen dieses Königs, der Davids Thron besteigen sollte. »Da trat der Engel des Herrn zu ihnen, und die Herrlichkeit des Herrn umstrahlte sie, und sie fürchteten sich sehr. Aber der Engel sagte zu ihnen: »Habt keine Angst! Ich habe eine große Freudenbotschaft für euch und für das ganze Volk. Heute ist euch der Retter geboren worden, in der Stadt Davids: Christus, der Herr!« (Lukas 2,9-11 GNB)

Bei diesen Worten zogen Bilder von großer Herrlichkeit am inneren Auge der Hirten vorüber. Der Erlöser war nach Israel gekommen! Macht, Verherrlichung und Sieg wurden mit seinem Kommen verknüpft. Aber der Engel musste sie darauf vorbereiten, ihren Retter auch in Armut und Bescheidenheit zu erkennen. »Und dies ist das Zeichen, an dem ihr ihn erkennt: Ihr werdet ein neugeborenes Kind finden, das liegt in Windeln gewickelt in einer Futterkrippe.« (Lukas 2,12 GNB)

Der Himmelsbote hatte ihre Ängste besänftigt. Er hatte ihnen gesagt, wie sie Jesus finden könnten. In liebevoller Rücksicht auf die Schwäche ihrer menschlichen Natur gab er ihnen Zeit, sich an den göttlichen Glanz zu gewöhnen. Dann aber ließen sich die Freude und die Herrlichkeit nicht länger zurückhalten. Die Engelscharen erhellten die ganze Ebene mit ihrem strahlenden Glanz. Die Erde war in nächtliches Schweigen gehüllt, und der Himmel beugte sich herab, um den Jubelgesang zu vernehmen: »Ehre sei Gott im höchsten Himmel und Frieden auf Erden für alle Menschen, an denen Gott Gefallen hat.« (Lukas 2,14 NLB) Wenn doch die Menschheit heute dieses Lied erkennen könnte! Die Ankündigung von damals, das einst angestimmte Lied, wird zum Ende der Weltzeit hin immer lauter werden und bis ans Ende der Erde erklingen. Und wenn dann »die Sonne der Gerechtigkeit« aufgehen wird »mit Heil unter ihren Flügeln« (Maleachi 3,20), wird dieser Gesang von einer großen Schar widerhallen, gleich dem Rauschen großer Wasser: »Halleluja! Denn der Herr, unser Gott, der Allmächtige, hat die Herrschaft angetreten.« (Offenbarung 19,6 Elb.)

Als sich die Engel entfernten, verschwand auch das Licht, und die Schatten der Nacht legten sich wieder über die Hügel von Bethlehem. Aber das prächtigste Bild, das Menschenaugen je betrachtet hatten, blieb im Gedächtnis der Hirten zurück. »Als die Engel in den Himmel zurückgekehrt waren, sagten die Hirten zueinander: ›Kommt, wir gehen nach Bethlehem und sehen uns an, was da geschehen ist, was Gott uns bekanntgemacht hat!‹ Sie liefen hin, kamen zum Stall und fanden Maria und Josef und bei ihnen das Kind in der Futterkrippe.« (Lukas 2,15.16 GNB)

Mit großer Freude im Herzen gingen sie wieder fort und erzählten, was sie gesehen und gehört hatten. »Alle Leute, die den Bericht der Hirten hörten, waren voller Staunen. Maria aber bewahrte alle diese Dinge in ihrem Herzen und dachte oft darüber nach. Die Hirten kehrten zu ihren Herden auf den Feldern zurück; sie priesen und lobten Gott.« (Lukas 2,18-20a NLB)

Himmel und Erde sind heute nicht weiter voneinander entfernt als damals, als die Hirten dem Lied der Engel zuhörten. Die Menschheit ist immer noch genauso das Ziel der himmlischen Fürsorge wie damals, als gewöhnliche Leute bei ihrer alltäglichen Beschäftigung zur Mittagszeit Engeln begegneten und in den Weingärten und auf den Feldern mit den Boten Gottes redeten (vgl. Ri 6,11-13; 13,8-16). Auch uns kann der Himmel in unserem gewöhnlichen Alltag sehr nahe sein. Die Engel werden die Schritte jener begleiten, die unter Gottes Anweisung wandeln.

DIE UNFASSBARE ERNIEDRIGUNG DES SOHNES GOTTES

Die Geschichte von Bethlehem ist ein unerschöpfliches Thema. Darin verborgen liegt die »Tiefe des Reichtums, beides, der Weisheit und der Erkenntnis Gottes« (Römer 11,33). Wir staunen über die Opferbereitschaft des

Erlösers, der den Himmelsthron mit einer Futterkrippe und die Gesellschaft der anbetenden Engel mit jener der Tiere in einem Stall vertauschte. Menschlicher Stolz und Selbstzufriedenheit werden in seiner Gegenwart zurechtgewiesen. Dies war jedoch erst der Anfang seiner außerordentlichen Erniedrigung. Es wäre schon eine fast grenzenlose Demütigung gewesen, wäre der Sohn Gottes Mensch geworden, als Adam noch unschuldig im Paradies lebte. Nun aber nahm Christus die menschliche Natur an, nachdem das Menschengeschlecht bereits während vier Jahrtausenden[9] durch die Sünde geschwächt worden war. Wie jeder andere Nachkomme Adams nahm er die Folgen des Gesetzes der Vererbung auf sich. Welche Folgen das waren, zeigt uns die Geschichte seiner irdischen Vorfahren. Mit einer solchen Vererbung belastet erschien er, um an unseren Leiden und Versuchungen teilzuhaben und uns das Beispiel eines sündlosen Lebens zu vermitteln.

Satan hatte den Sohn Gottes im Himmel wegen dessen Stellung vor Gott gehasst. Dieser Hass steigerte sich noch, als Satan seinen hohen Rang im Himmel verlor[10]. Er hasste Christus, der sich verpflichtet hatte, ein Geschlecht von Sündern zu erlösen. Dennoch ließ Gott seinen Sohn in diese Welt kommen, die Satan als seinen eigenen Herrschaftsbereich beanspruchte – als einen hilflosen, der menschlichen Schwachheit unterworfenen Säugling. Er ließ es zu, dass Christus wie jeder andere Mensch den Gefahren des Lebens ausgesetzt war und den Lebenskampf führen musste – mit dem Risiko, zu versagen und auf ewig verlorenzugehen.

Ein menschlicher Vater kümmert sich herzlich um seinen Sohn. Wenn er sein kleines Kind betrachtet, sorgt er sich beim Gedanken an die Gefahren, die das Leben mit sich bringt. Er möchte sein geliebtes Kind vor der Macht Satans bewahren und Versuchungen und Konflikte von ihm fernhalten. Gott aber sandte seinen einzigen Sohn in einen viel heftigeren Kampf und setzte ihn einem weitaus größeren Risiko aus, um den Lebensweg unserer Kinder zu sichern. »Das ist die wahre Liebe: Nicht wir haben Gott geliebt, sondern er hat uns zuerst geliebt und hat seinen Sohn gesandt, damit er uns von unserer Schuld befreit.« (1. Johannes 4,10 NLB) Darüber wundert euch, ihr Himmel, und du, Erde, staune!

---

9 Die Autorin ging von einer 6000-jährigen Menschheitsgeschichte aus. Diese Zeitangabe wurde damals in den Anmerkungen der King-James-Bibelausgaben gemacht.
10 Ausführlich dazu siehe im ersten Band dieser Buchserie »Wie alles begann«, Kap. 1.

KAPITEL 5

JESUS WIRD GOTT GEWEIHT

Lukas 2,21-38

Josef und Maria brachten Christus etwa vierzig Tage nach seiner Geburt nach Jerusalem, um ihn dem Herrn zu weihen und Opfer darzubringen. So entsprach es dem jüdischen Gesetz, und als Stellvertreter der Menschen musste Christus in jeder Hinsicht dem Gesetz nachkommen. Er war bereits dem Ritual der Beschneidung unterzogen worden – als ein Versprechen seines Gehorsams gegenüber dem Gesetz.

Als Opfergabe der Mutter verlangte das Gesetz ein einjähriges Lamm als Brandopfer und eine junge Taube oder Turteltaube als Sündopfer. Doch für den Fall, dass die Eltern zu arm waren, um ein Lamm zu opfern, sah das Gesetz ein Paar Turteltauben oder zwei junge Tauben vor – die eine als Brandopfer und die andere als Sündopfer (vgl. 3. Mose 12,6-8).

Die Opfer, die dem Herrn dargebracht wurden, mussten makellos sein (vgl. 3. Mose 1,3.10; 3,1.6), denn sie versinnbildlichten den Messias. Daran wird deutlich, dass Jesus von körperlichen Missbildungen frei war. Er war »wie ein unschuldiges, fehlerloses Lamm« (1. Petrus 1,19b Hfa). Sein Körper war durch kein Gebrechen beeinträchtigt, sondern stark und gesund. Sein ganzes Leben hindurch lebte er in Übereinstimmung mit den Naturgesetzen. Körperlich wie auch geistlich war Jesus ein Beispiel dafür, wie die ganze Menschheit nach dem Willen Gottes durch Gehorsam gegenüber seinen Geboten sein sollte.

DIE ERSTGEBORENEN – EIN SYMBOL DER BEFREIUNG

Die Weihe des erstgeborenen Sohnes hatte ihren Ursprung in frühester Zeit. Gott hatte versprochen, den Erstgeborenen des Himmels für die Rettung der Sünder hinzugeben. Diese Gabe sollte von jeder Familie durch die Weihe des erstgeborenen Sohnes anerkannt werden. Er wurde zum priesterlichen Dienst bestimmt, um Christus unter den Menschen darzustellen.

TEIL 1 | DER SIEG DER LIEBE

Bei der Befreiung Israels aus Ägypten wurde die Weihe der Erstgeborenen aufs Neue verordnet. Während sich das Volk Israel in der Sklaverei der Ägypter befand, bekam Mose vom Herrn den Auftrag, zum ägyptischen König, dem Pharao, zu gehen und ihm zu sagen: »Israel ist mein erstgeborener Sohn. Ich befehle dir: Lass ihn ziehen, damit er mir dienen kann. Wenn du dich aber weigerst, ihn ziehen zu lassen, werde ich deinen erstgeborenen Sohn töten!« (2. Mose 4,22.23 NLB)

Mose überbrachte die Botschaft, erhielt jedoch vom stolzen König die Antwort: »Wer ist denn dieser ›Herr‹? Weshalb sollte ich ihm gehorchen und Israel gehen lassen? Ich kenne den Herrn nicht und lasse sein Volk nicht frei!« (2. Mose 5,2 Hfa) Daraufhin trat der Herr mit Zeichen und Wundern für sein Volk ein und verhängte schreckliche Gerichte über Pharao. Schließlich wurde dem vollstreckenden Engel befohlen, alle Erstgeborenen der Ägypter – Menschen und Tiere – umzubringen. Damit die Israeliten dabei verschont blieben, wurden sie angewiesen, ihre Türpfosten mit dem Blut eines geschlachteten Lammes zu bestreichen. Jedes Haus musste gekennzeichnet sein, dann würde der Engel auf seiner Todesmission an den Häusern der Israeliten vorübergehen (vgl. 2. Mose 12,12.13).

Nachdem der Herr dieses Gericht an Ägypten vollzogen hatte, sagte er zu Mose: »Weihe mir alle Erstgeburten! Jedes männliche Kind, das als Erstes von einer Frau geboren wird, und jedes männliche Tier ... gehört mir.« (2. Mose 13,2 GNB) »Seit dem Tag, an dem ich alle Erstgeburten in Ägypten tötete, habe ich alle Erstgeborenen in Israel, Menschen wie Tiere, mir geweiht. Sie gehören mir. Ich bin der HERR.« (4. Mose 3,13 NLB) Als aber der Dienst im Heiligtum eingesetzt wurde, erwählte sich Gott den Stamm Levi, damit dieser an Stelle der erstgeborenen Söhne der Israeliten den Dienst im Heiligtum versah (vgl. 4. Mose 3,12). Dennoch sollte der Erstgeborene weiterhin als das Eigentum des Herrn gelten und deshalb durch ein Lösegeld zurückgekauft werden.

Deshalb war das Gesetz der Darstellung des Erstgeborenen besonders bedeutungsvoll. Diese Handlung erinnerte einerseits an die wunderbare Befreiung der Israeliten durch Gott, andererseits zeigte sie prophetisch die noch wichtigere Erlösung durch den einzigartigen Sohn Gottes an. Wie das an die Türpfosten gesprengte Blut alle Erstgeborenen Israels vor dem Tod bewahrte, so hat das Blut von Christus die Macht, die Welt zu erretten.

DIE DARSTELLUNG VON JESUS IM TEMPEL

Welch wichtige Bedeutung hatte daher die Darstellung von Jesus! Doch der Blick des Priesters vermochte den Schleier nicht zu durchdringen und er verstand das dahinter liegende Geheimnis nicht. Die Weihe der Säuglinge im Tempel war ein vertrauter Vorgang. Tag für Tag nahm der Priester das Lösegeld entgegen, wenn man die Kinder dem Herrn weihte. Gewohnheitsmäßig waltete er jeden Tag seines Amtes, ohne dabei besonders auf die Eltern oder Kinder zu achten – es sei denn, äußere Anzeichen ließen auf Wohlstand oder eine hohe Stellung der Eltern schließen. Maria und Josef aber waren arm. Als sie mit ihrem Kind kamen, sah der Priester nur einen Mann und eine Frau aus Galiläa, die sehr einfach gekleidet waren. Nichts an ihrer äußeren Erscheinung erweckte besondere Aufmerksamkeit, und sie brachten auch nur die Opfergabe, die für arme Leute vorgesehen war.

Der Priester vollzog die Zeremonie, die ihm sein Amt vorschrieb. Er nahm das Kind in seine Arme und hielt es vor dem Altar hoch. Dann gab er es seiner Mutter zurück und trug den Namen »Jesus« in die Liste der Erstgeborenen ein. Er ahnte nicht, dass der Säugling, den er eben noch in seinen Armen gehalten hatte, die Majestät des Himmels, der König der Herrlichkeit war. Noch weniger kam ihm der Gedanke, dass es gerade dieses Kind war, von dem Mose geschrieben hatte: »Einen Propheten wie mich wird euch der Herr, euer Gott, erwecken aus euren Brüdern; den sollt ihr hören in allem, was er zu euch sagen wird.« (Apostelgeschichte 3,22; vgl. 5. Mose 18,15.19) Er ahnte nicht, dass dieses Kind der war, dessen Herrlichkeit zu sehen sich Mose gewünscht hatte. Ein Größerer als Mose lag jedoch in den Armen des Priesters, und als er den Namen des Kindes in die Liste eintrug, schrieb er den Namen des Einen nieder, der die Grundlage des ganzen jüdischen Opferwesens war. Dieser Name sollte das Todesurteil für den Opferdienst bedeuten, denn dieser stand nun kurz vor seinem Ende: Der Typus (Vorbild) sollte bald durch den Antitypus (Gegenbild) ersetzt werden und der Schatten der Wirklichkeit weichen[11].

Die Herrlichkeit Gottes war vom Tempel gewichen, aber im Kind von Bethlehem war nun die Herrlichkeit verhüllt, vor der sich Engel verbeugen. Dieser nichtsahnende Säugling war der verheißene Nachkomme (vgl. 1. Mose 3,15), auf den der erste Altar am Tor zum Paradies hingewiesen hatte. Er war »Schilo«[12], der Friedensstifter (1. Mose 49,10 Elb.). Er hatte sich einst Mose als der »Ich bin« zu erkennen gegeben (vgl. 2. Mose 3,14.15), und er war es, der in der Wolken- und Feuersäule das Volk Israel geführt hatte (vgl. 2. Mose 13,21.22). Längst war er von den Propheten angekündigt worden: als »das Ersehnte aller Nationen« (Haggai 2,7 Elb., Fußnote), als »die Wurzel und das Geschlecht Davids, der glänzende Morgenstern« (Offb 22,16c Elb.).

---

11 Siehe Erklärungen »Typologie«, S. 821.
12 Siehe Erklärungen »Schilo«, S. 820 f.

Der Name dieses hilflosen Säuglings, eingetragen in die Stammesliste Israels – was ihn zu unserem Bruder erklärte – war die Hoffnung der gefallenen Menschheit. Der Säugling, für den das Lösegeld bezahlt wurde, sollte später das Lösegeld für die Sünden der ganzen Welt entrichten. Er war der wahre »Hohepriester über das Haus Gottes« (Hebräer 10,21), das Oberhaupt eines »unvergänglichen Priestertums« (Hebräer 7,24), der Fürsprecher »zur Rechten der Majestät in der Höhe« (Hebräer 1,3).

SIMEON UND HANNA ERKENNEN DEN MESSIAS

Geistliches muss geistlich erkannt werden. Im Tempel war der Sohn Gottes für die Aufgabe geweiht worden, für die er gekommen war. Der Priester allerdings betrachtete ihn wie jedes andere Kind. Obwohl er weder etwas Besonderes sah noch fühlte, wurde die Tatsache, dass Gott seinen Sohn in die Welt gesandt hatte, dennoch wahrgenommen. Diese Gelegenheit ging nicht unbemerkt vorüber. »In Jerusalem lebte ein Mann namens Simeon. Er war gerecht und gottesfürchtig. Simeon war vom Heiligen Geist erfüllt und wartete sehnsüchtig auf die Ankunft des Christus, der Israel Trost und Rettung bringen sollte. Der Heilige Geist hatte ihm offenbart, dass er nicht sterben würde, bevor er den vom Herrn gesandten Christus gesehen hätte.« (Lukas 2,25.26 NLB)

Als Simeon den Tempel betrat, sah er, wie ein Elternpaar seinen erstgeborenen Sohn zum Priester brachte. Ihr Aussehen verriet Armut. Aber Simeon verstand die Hinweise des Geistes Gottes und war tief ergriffen, als er erkannte, dass dieser Säugling, der gerade dem Herrn geweiht wurde, der Trost Israels war, den zu sehen er sich so sehr gewünscht hatte. Dem erstaunten Priester erschien Simeon entrückt zu sein. Maria hatte das Kind zurückgehalten. Nun nahm es Simeon in seine Arme und stellte es Gott dar. Dabei überkam ihn eine Freude, wie er sie noch nie zuvor empfunden hatte. Er hielt den kindlichen Erlöser hoch und sagte: »Herr, nun kann ich in Frieden sterben! Wie du es mir versprochen hast, habe ich den Retter gesehen, den du allen Menschen geschenkt hast. Er ist ein Licht, das den Völkern Gott offenbaren wird, und er ist die Herrlichkeit deines Volkes Israel!« (Lukas 2,29-32)

Der Geist der Weissagung erfüllte diesen Mann Gottes, und während Josef und Maria dabeistanden und sich über seine Worte wunderten, segnete er sie und sagte zu Maria: »Dieses Kind ist von Gott dazu bestimmt, viele in Israel zu Fall zu bringen und viele aufzurichten. Es wird ein Zeichen Gottes sein, gegen das sich viele auflehnen werden. So sollen ihre innersten

Gedanken an den Tag kommen. Du aber wirst um dieses Kind viele Schmerzen leiden müssen; wie ein scharfes Schwert werden sie dir ins Herz schneiden.« (Lukas 2,34.35 GNB)

Auch die Prophetin Hanna kam dazu und bestätigte, was Simeon über Christus bezeugt hatte. Während Simeon redete, erstrahlte ihr Angesicht vom Glanz der Herrlichkeit Gottes, und sie dankte aus vollem Herzen dafür, dass sie Christus, den Herrn, hatte sehen dürfen.

Diese demütigen Anbeter hatten die Prophezeiungen nicht vergeblich studiert. Die Leiter und Priester in Israel folgten jedoch nicht den Wegen des Herrn, obschon auch sie die kostbaren Weissagungen vor sich hatten. Ihre Augen waren nicht offen, um das Licht des Lebens zu erkennen.

Genauso ist es auch heute: Ereignisse, auf die der ganze Himmel seine Aufmerksamkeit richtet, finden bei geistlichen Leitern und den Anbetenden in den Kirchen keine Beachtung – nicht einmal ihr Eintritt wird bemerkt. Man lässt wohl den historischen Jesus gelten, wendet sich aber vom lebendigen Christus ab. Dieser Erlöser, der in seinem Wort zu Selbstaufopferung aufruft, in Gestalt der Armen und Leidenden um Hilfe fleht oder zum Eintreten für die gerechte Sache wirbt, was oft Anstrengungen, Ablehnung und Armut mit sich bringt, wird heute ebenso wenig aufgenommen wie vor 1800 Jahren.[13]

MARIA VERSTEHT DIE MISSION VON JESUS NICHT

Maria dachte über die vielsagende und weitreichende Vorhersage Simeons nach. Als sie auf das Kind in ihren Armen blickte und sich an die Worte der Hirten in Bethlehem erinnerte, erfüllte sie dankbare Freude und frohe Hoffnung. Simeons Worte riefen ihr die Vorhersagen Jesajas ins Gedächtnis: »Ein Spross wächst aus dem Baumstumpf Isai[14], ein neuer Trieb schießt hervor aus seinen Wurzeln. Ihn wird der HERR mit seinem Geist erfüllen, dem Geist, der Weisheit und Einsicht gibt, der sich zeigt in kluger Planung und in Stärke, in Erkenntnis und Ehrfurcht vor dem HERRN ... Gerechtigkeit und Treue umgeben ihn wie der Gürtel, der seine Hüften umschließt.« (Jesaja 11,1.2.5 GNB) »Denn das Volk, das in der Dunkelheit lebt, sieht ein helles Licht. Und über den Menschen in einem vom Tod überschatteten Land strahlt ein heller Schein ... Denn uns wurde ein Kind geboren, uns wurde ein Sohn geschenkt.

---

13 Die Autorin verfasste dieses Buch Ende des 19. Jahrhunderts.
14 Isai war der Vater Davids, aus dessen Geschlecht der Erlöser kommen sollte (vgl. Jes 11,1 mit Rut 4,22; 1. Samuel 16 und Matthäus 1,5.6.16.17).

Auf seinen Schultern ruht die Herrschaft. Er heißt: wunderbarer Ratgeber, starker Gott, ewiger Vater, Friedensfürst.« (Jesaja 9,1.5 NLB) Und doch begriff Maria die Mission von Jesus nicht. Simeon hatte von ihm vorhergesagt, dass er ein Licht für die nichtjüdischen Völker und auch die Herrlichkeit des Volkes Israel sein werde. In diesem Sinn hatten die Engel die Geburt des Erlösers als eine Freudenbotschaft für alle Völker verkündigt (vgl. Lukas 2,10.11). Gott wollte die Juden von der engstirnigen Vorstellung abbringen, die sie sich von der Aufgabe des Messias gemacht hatten. Sie sollten ihn nicht bloß als Befreier Israels, sondern als Erlöser der Welt sehen. Doch viele Jahre mussten erst noch vergehen, ehe selbst die Mutter von Jesus seine Mission verstand.

Maria freute sich auf die Herrschaft des Messias auf dem Thron Davids, aber sie erkannte nicht, dass diese Herrschaft erst durch die Leidenstaufe errungen werden musste. Es war durch Simeon offenbart worden, dass der Messias einen beschwerlichen Lebensweg vor sich hatte. In den Worten an Maria: »Auch durch deine Seele wird ein Schwert dringen« (Lukas 2,35a) gab Gott der Mutter von Jesus in seiner Barmherzigkeit eine Andeutung der seelischen Schmerzen, die sie seinetwegen bereits zu tragen begonnen hatte.

JESUS OFFENBART GOTTES LIEBE UND GERECHTIGKEIT

Simeon hatte wörtlich gesagt: »Dieser ist gesetzt zum Fall und zum Aufstehen für viele in Israel und zu einem Zeichen, dem widersprochen wird.« (Lukas 2,34) Man muss zuerst fallen, ehe man wieder aufstehen kann. Wir müssen auf den Fels (Christus) fallen und zerbrechen (vgl. Matthäus 21,44a), bevor wir in ihm aufgerichtet werden können. Das Ich muss entthront und der Stolz gedemütigt werden, wenn wir die Herrlichkeit des geistlichen Königreichs erfahren wollen. Die Juden wollten die Ehre nicht anerkennen, die man durch Demut erlangt. Deshalb wollten sie auch ihren Erlöser nicht annehmen. Er war ein »Zeichen, dem widersprochen« wurde.

»Auf diese Weise wird an den Tag kommen, was viele im Innersten bewegt.« (Lukas 2,35a NLB) Im Licht des Lebens des Erlösers wird das Innerste aller – vom Schöpfer bis zum Fürsten der Finsternis – offenbar. Satan hat Gott als selbstsüchtig und als Unterdrücker hingestellt – als einen Herrn, der alles für sich verlangt und nichts gibt; der den Dienst seiner Geschöpfe zu seiner eigenen Verherrlichung beansprucht, aber selbst nichts für ihr Bestes opfert. Doch das Herz des Vaters wird durch seine Gabe – seinen eigenen Sohn – offenbart. Sie bezeugt, dass Gott für uns »Gedanken des Friedens und nicht des

Leides« hat (Jeremia 29,11); sie verkündet, dass Gottes Abscheu gegenüber der Sünde zwar stark ist wie der Tod, aber seine Liebe zum Sünder die Stärke des Todes übertrifft. Nachdem er unsere Erlösung in Angriff genommen hat, wird er keine Mühe scheuen – und mag sie ihn noch so viel kosten –, um sein Werk zu vollenden. Keine Wahrheit, die für unsere Erlösung notwendig ist, wird zurückgehalten, kein Wunder der Barmherzigkeit wird unterlassen und kein göttliches Mittel bleibt ungenutzt. Wohltat reiht sich an Wohltat, Geschenk an Geschenk. Die ganze Schatzkammer des Himmels steht denen offen, die Gott erretten will. Allen Reichtum des Universums und die Quellen seiner unendlichen Macht hat Gott in die Hände von Christus gelegt und zu ihm gesagt: Das alles ist für die Menschen. Nutze diese Gaben, um sie davon zu überzeugen, dass es keine größere Liebe auf Erden und im Himmel gibt als meine. Ein Mensch wird sein größtes Glück darin finden, mich zu lieben.

Am Kreuz von Golgatha standen sich Liebe und Egoismus gegenüber; dort geschah ihre krönende Offenlegung. Jesus Christus hatte nur gelebt, um zu trösten und zu segnen; Satan dagegen enthüllte die ganze Bosheit seines Hasses gegen Gott, indem er Jesus töten ließ. Satan machte damit deutlich, dass der von ihm angestiftete Aufruhr nur das Ziel hatte, Gott zu entthronen und den zu vernichten, durch den die Liebe Gottes sichtbar wurde.

Durch das Leben und den Tod von Christus werden auch die Gedanken der Menschen ans Tageslicht gebracht. Von der Krippe bis zum Kreuz war das Leben von Jesus eine beständige Aufforderung zur Hingabe und zur Gemeinschaft im Leiden. Daran wurden die Absichten der Menschen deutlich. Jesus kam mit der Wahrheit des Himmels, und alle, die auf die Stimme des Heiligen Geistes hörten, wurden zu ihm hingezogen. Die Anbeter des eigenen Ichs gehörten zum Reich Satans. In ihrer Haltung Christus gegenüber zeigten somit alle, auf welcher Seite sie standen. Und somit fällt jeder über sich selbst das Urteil (vgl. Johannes 3,18.19).

Am Tag des letzten Gerichts wird sich jeder verlorene Mensch über die Art und Weise seiner eigenen Ablehnung der Wahrheit im Klaren sein. Das Kreuz wird vor Augen geführt und seine wirkliche Tragweite von jedem, dessen Verstand durch Gesetzesübertretung verblendet war, verstanden werden. Im Angesicht Golgathas mit seinem unbegreiflichen Opferlamm stehen alle Sünder verurteilt da. Jede lügenhafte Ausrede wird hinweggefegt; die Abtrünnigkeit der Menschen erscheint in ihrer ganzen Abscheulichkeit. Jeder wird erkennen, welche Wahl er getroffen hat. Jede Frage nach Wahrheit und Irrtum aus der lang andauernden [Zeit der] Auseinandersetzung wird dann geklärt sein. Im Weltengericht wird Gott davon freigesprochen, an der Existenz oder am Fortbestand des Bösen Schuld zu tragen. Es wird klar herausgestellt werden, dass die göttlichen Gebote keinen Anlass zur Sünde bieten. Der Herrschaft Gottes haftete kein Makel an, und es gab keinen Grund für Unzufriedenheit. Wenn die innersten Gedanken aller Menschen offenbart worden sind, werden die Treuen und die Abgefallenen gemeinsam erklären: »Herr, unser Gott, du Herrscher der ganzen Welt, wie groß und wunderbar sind deine Taten! In allem, was du planst und ausführst, bist du vollkommen und gerecht, du König über alle Völker! Wer wollte dich, Herr, nicht fürchten und deinem Namen keine Ehre erweisen? ... Denn deine gerechten Taten sind nun für alle offenbar geworden.« (Offenbarung 15,3.4 GNB)

KAPITEL 6

»WIR HABEN SEINEN STERN GESEHEN«

Matthäus 2

»Jesus wurde zur Zeit des Königs Herodes in Bethlehem, einer Stadt in Judäa, geboren. Bald darauf kamen Sterndeuter[15] aus einem Land im Osten nach Jerusalem. ›Wo ist der König der Juden, der kürzlich geboren wurde?‹, fragten sie. ›Wir haben seinen Stern aufgehen sehen und sind gekommen, um ihm Ehre zu erweisen.‹« (Matthäus 2,1.2 NGÜ)
Diese weisen Männer aus dem Osten waren Gelehrte. Sie gehörten einer großen und einflussreichen Gesellschaftsschicht von edler Abstammung an, die über den Großteil des Reichtums und der Bildung ihrer Nation verfügten. Viele von ihnen nutzten die Leichtgläubigkeit des Volkes aus. Andere dagegen waren aufrichtige Männer, die auf Anzeichen der göttlichen Vorsehung in der Natur achteten und wegen ihrer Rechtschaffenheit und Weisheit großes Ansehen genossen. Zu diesen gehörten die Weisen, die zu Jesus kamen.

HEIDEN EMPFANGEN LICHT VON GOTT

Zu allen Zeiten ließ Gott sein Licht auch in die Finsternis des Heidentums leuchten. Als diese Weisen den Sternenhimmel beobachteten und das Geheimnis der leuchtenden Bahnen zu ergründen suchten, erblickten sie die Herrlichkeit des Schöpfers. Auf der Suche nach größerer Erkenntnis wandten sie sich den hebräischen Schriften zu. In ihrem eigenen Land gab es in Ehren gehaltene prophetische Schriften, die das Auftreten eines göttlichen Lehrers vorhersagten. Bileam[16], ein Magier, der zu einer gewissen Zeit einmal ein Prophet Gottes war, hatte durch den Heiligen Geist den Wohlstand Israels und das Erscheinen des Messias vorhergesagt, und seine Prophezeiungen waren durch Überlieferung von Jahrhundert zu Jahrhundert weitergegeben worden. Aber im Alten Testament wurde das Kommen des Erlösers

---

15 Siehe Erklärungen »Weise aus dem Morgenland«, S. 821.
16 Siehe Erklärungen, »Bileam«, S. 814.

noch deutlicher angekündigt. So erfuhren die Weisen mit Freude, dass seine Ankunft nahe bevorstand und die ganze Welt von der Erkenntnis der Herrlichkeit des Herrn erfüllt werden sollte.

In jener Nacht, als die Herrlichkeit Gottes die Höhen von Bethlehem überflutete, erblickten die Weisen ein geheimnisvolles Licht am Himmel. Als es verblasste, erschien ein leuchtender Stern und blieb am Himmel stehen. Es war weder ein Fixstern noch ein Planet; deshalb weckte diese Erscheinung großes Interesse in ihnen. Jener Stern war eine weit entfernte Gruppe strahlender Engel, aber das wussten die Weisen nicht. Doch sie gewannen den Eindruck, dieser Stern sei für sie von besonderer Bedeutung. Sie befragten Priester und Gelehrte und durchforschten die alten Schriftrollen. Die Prophezeiung Bileams lautete: »Es wird ein Stern aus Jakob aufgehen und ein Zepter aus Israel aufkommen.« (4. Mose 24,17) Sollte dieser seltsame Stern etwa der Vorbote des Verheißenen sein? Die Weisen hatten das Licht der himmlischen Wahrheit gerne angenommen. Nun erhielten sie es in noch größerem Maß. Sie wurden durch Träume angewiesen, den neugeborenen Prinzen zu suchen.

Wie Abraham einst auf den Ruf Gottes hin im Glauben auszog, »ohne zu wissen, wohin er kommen würde« (Hebräer 11,8 EÜ), und wie Israel vertrauensvoll der Wolkensäule in das verheißene Land folgte, zogen auch diese Heiden aus, um den verheißenen Erlöser zu suchen. Das Land des Ostens war reich an Kostbarkeiten. Darum traten die Weisen ihre Reise nicht mit leeren Händen an. Es war Sitte, Prinzen und anderen ranghohen Persönlichkeiten Geschenke als Ehrerbietung zu überreichen. Auf diese Weise wurden die kostbarsten Geschenke, welche das Land zu bieten hatte, demjenigen als Opfergabe gebracht, in dem alle Geschlechter dieser Erde gesegnet werden sollten. Um den Stern im Auge behalten zu können, mussten die Weisen nachts reisen. Sie verkürzten sich die Zeit, indem sie sich die überlieferten Aussagen und prophetischen Worte über den Einen, den sie suchten, vorsagten. Während jeder Rast forschten sie in den Prophezeiungen und kamen immer mehr zur Überzeugung, dass sie unter göttlicher Leitung standen. Sie hatten den Stern als äußeres Zeichen vor sich und auch den inneren Beweis des Heiligen Geistes, der ihre Herzen beeindruckte und sie mit Hoffnung erfüllte. Obwohl die Reise lang war, wurde sie zu einem frohen Erlebnis.

DIE WEISEN KOMMEN NACH JERUSALEM

Als sie das Land Israel erreichten, gingen sie den Ölberg hinab, den Blick auf Jerusalem gerichtet. Der Stern, der auf dem beschwerlichen Weg vor ihnen hergezogen war, verweilte über dem Tempel und entschwand nach einiger

Zeit ihren Blicken. Erwartungsvoll eilten sie vorwärts, überzeugt davon, dass die Geburt des Messias überall Begeisterung ausgelöst hatte. Aber ihre Nachforschungen blieben ohne Erfolg. Nachdem sie die Stadt betreten hatten, begaben sie sich zum Tempel. Doch zu ihrem Erstaunen fanden sie niemanden, der etwas von dem neugeborenen König wusste. Ihre Fragen lösten keine Freude aus, sondern Überraschung und Furcht, durchmischt von Verachtung. Die Priester trugen ihre Traditionen vor. Sie rühmten ihre Religion und ihre eigene Frömmigkeit, während sie die Griechen und Römer als Heiden und größte Sünder verurteilten. Die Weisen waren keine Götzenanbeter und in den Augen Gottes weit höher geachtet als diese angeblichen Diener Gottes. Dennoch wurden sie von den Juden als Heiden betrachtet. Selbst bei den verantwortlichen Hütern der Heiligen Schriften löste ihr eifriges Fragen keine Anteilnahme aus.

Die Ankunft der Weisen war in ganz Jerusalem schnell bekannt. Ihr außergewöhnliches Vorhaben verursachte eine große Erregung im Volk, die bis in den Palast des Königs Herodes drang. Der listige Edomiter erschrak beim bloßen Gedanken an einen möglichen Rivalen. Sein Weg zum Thron war mit unzähligen Mordtaten besudelt. Als Ausländer war er beim Volk, das er regierte, verhasst. Seine einzige Sicherheit war die Gunst Roms. Aber dieser neue Prinz konnte einen höheren Anspruch geltend machen, denn er war der Erbe des Königreichs.

Herodes verdächtigte die Priester, mit den Weisen gemeinsame Sache zu machen, um einen Volksaufstand in Gang zu setzen und ihn vom Thron zu stürzen. Zwar verbarg er sein Misstrauen, doch er beschloss, sie bei der Ausführung ihrer Pläne zu überlisten. Er ließ die Hohenpriester und Schriftgelehrten zu sich rufen und erkundigte sich bei ihnen, was ihre heiligen Bücher über den Ort lehrten, wo der Messias geboren werden sollte.

Dass diese Auskünfte von einem Thronräuber und dazu noch auf Ersuchen von Fremden eingeholt wurden, verletzte den Stolz der jüdischen Gelehrten. Die Gleichgültigkeit, mit der sie sich den prophetischen Schriften zuwandten, erregte den Zorn des eifersüchtigen Herrschers. Er glaubte, sie wollten vor ihm verheimlichen, was sie von dieser Sache wussten. Mit einer Bestimmtheit, über die sie sich nicht hinwegzusetzen wagten, befahl er ihnen deshalb, genaue Nachforschungen anzustellen und ihm den Geburtsort des von ihnen erwarteten Königs zu nennen.»In Bethlehem in Judäa‹, antworteten sie, ›denn so ist es in der Schrift durch den Propheten vorausgesagt: Und du, Bethlehem im Land Juda, du bist keineswegs die unbedeutendste unter den Städten Judas; denn aus dir wird ein Fürst hervorgehen, der mein Volk Israel führen wird wie ein Hirte seine Herde.‹« (Matthäus 2,5.6 NGÜ)

Daraufhin lud Herodes die Weisen zu einem vertraulichen Gespräch ein. Angst und Zorn erfüllten sein Herz, doch äußerlich bewahrte er Ruhe und empfing die Fremden höflich. Er erkundigte sich, zu welcher Zeit ihnen der Stern erschienen sei, und tat so, als würde er die Nachricht von der Geburt des Kindes freudig begrüßen. Er bat die Weisen: »Geht und erkundigt euch genau nach dem Kind ... und gebt mir Bescheid, sobald ihr es gefunden habt. Dann kann auch ich hingehen und ihm Ehre erweisen.« (Matthäus 2,8 NGÜ) Mit diesen Worten entließ er sie auf ihren Weg nach Bethlehem.

ABLEHNUNG DER GELEHRTEN

Die Priester und Ältesten von Jerusalem waren hinsichtlich der Geburt von Christus nicht so unwissend, wie sie vorgaben. Als die Nachricht nach Jerusalem drang, dass Engel den Hirten erschienen waren, fanden die Rabbiner, dass sie ihrer Beachtung nicht wert sei. Sie selbst hätten Jesus suchen und die Weisen zu seinem Geburtsort führen können; stattdessen kamen diese Weisen, um sie auf die Geburt des Messias aufmerksam zu machen. »Wo ist der König der Juden, der kürzlich geboren wurde?«, fragten sie. »Wir haben seinen Stern aufgehen sehen und sind gekommen, um ihm Ehre zu erweisen.« (Matthäus 2,2 NGÜ)

Nun verschlossen Stolz und Neid dem Licht die Tür. Wäre den Berichten, die die Hirten und Weisen vorbrachten, geglaubt worden, hätten diese die Priester und Rabbiner in eine äußerst unangenehme Lage gebracht, denn dadurch wäre ihr Anspruch, die Vertreter der Wahrheit Gottes zu sein, widerlegt worden. Diese Gelehrten ließen sich nicht dazu herab, von Leuten belehrt zu werden, die sie als Heiden bezeichneten. Es konnte nicht sein, so sagten sie, dass Gott sie übergangen habe, um sich unwissenden Hirten oder unbeschnittenen Heiden mitzuteilen. Darum beschlossen sie, die Nachrichten zu übergehen, die Herodes und ganz Jerusalem in Aufregung versetzten. Sie begaben sich nicht einmal nach Bethlehem, um zu überprüfen, ob sich die Dinge so ereignet hatten. Gleichzeitig brachten sie das Volk dazu, das Interesse an Jesus als fanatische Erregung anzusehen. Hier nahm die Ablehnung von Christus durch Priester und Rabbiner ihren Anfang. Von nun an wuchsen ihr Stolz und ihre Verstockung hin zu bitterem Hass gegen den Erlöser. Während Gott die Tür zu den Heiden öffnete, verschlossen sich die jüdischen Führer.

Die Weisen zogen allein von Jerusalem fort. Als sie die Tore der Stadt hinter sich ließen, brach die Dunkelheit der Nacht herein, doch zu ihrer großen Freude sahen sie den Stern erneut und wurden nach Bethlehem geleitet.

Niemand hatte ihnen einen Hinweis darauf gegeben – wie die Hirten ihn erhalten hatten –, in welch ärmlichen Verhältnissen sie Jesus finden würden. Nach der langen Reise waren sie von der Gleichgültigkeit der jüdischen Obersten sehr enttäuscht und hatten deshalb Jerusalem weniger zuversichtlich verlassen, als sie es betreten hatten. In Bethlehem fanden sie keine königliche Wache, die den neugeborenen König schützte, und keiner von den hohen Herren machte ihm seine Aufwartung. Jesus war in eine Futterkrippe gebettet. Seine Eltern, einfache Landleute, waren seine einzigen Beschützer. Konnte das wirklich der sein, von dem geschrieben stand, er sei dazu bestimmt, »die Stämme Jakobs aufzurichten und die Zerstreuten Israels wiederzubringen«, ein »Licht der Heiden« zum »Heil bis an die Enden der Erde« (Jesaja 49,6)?

DIE WEISEN FINDEN DAS KIND

»Sie gingen in das Haus und fanden dort das Kind und seine Mutter Maria. Da warfen sie sich vor ihm nieder und erwiesen ihm Ehre.« (Matthäus 2,11 NGÜ) In der bescheidenen Gestalt von Jesus erkannten sie die Gegenwart Gottes. Sie weihten sich ihm als ihrem Erlöser und »holten die Schätze hervor ... Gold, Weihrauch und Myrrhe« (Matthäus 2,11 NGÜ). Was für ein großer Glaube! Auch von diesen weisen Männern aus dem Osten hätte man sagen können, wie es später vom römischen Hauptmann hieß: »Solchen Glauben habe ich in Israel bei keinem gefunden!« (Matthäus 8,10)

Die Weisen hatten die wahre Absicht von Herodes gegen Jesus nicht erkannt. Als sie das Ziel ihrer Reise erreicht hatten, machten sie sich bereit, nach Jerusalem zurückzukehren, um Herodes über den Erfolg ihrer Mission zu informieren. Doch in einem Traum erhielten sie eine göttliche Botschaft, dass sie zu Herodes keinen weiteren Kontakt aufnehmen sollten. So mieden sie Jerusalem und traten auf einem anderen Weg die Rückreise in ihre Heimat an.

Auf die gleiche Weise wurde Josef aufgefordert, mit Maria und dem Kind nach Ägypten zu fliehen. Ein Engel sagte ihm: »Bleib dort, bis ich dir neue Anweisungen gebe. Denn Herodes wird das Kind suchen lassen, weil er es umbringen will.« (Matthäus 2,13 NGÜ) Josef gehorchte unverzüglich und machte sich nachts auf den Weg, weil dies sicherer war.

Durch die weisen Männer hatte Gott die Aufmerksamkeit des jüdischen Volkes auf die Geburt seines Sohnes gelenkt. Ihre Nachforschungen in Jerusalem, das entstandene öffentliche Interesse und sogar die Eifersucht des Herodes, welche die Aufmerksamkeit der Priester und Rabbiner erregt hatte, veranlassten viele, den Weissagungen über den Messias und dem großen Ereignis, das soeben stattgefunden hatte, Beachtung zu schenken.

Satan aber war fest entschlossen, das göttliche Licht aus der Welt zu schaffen und unter Anwendung äußerster Heimtücke den Erlöser zu vernichten. Aber derjenige, der niemals schlummert oder schläft (vgl. Psalm 121,4), wachte über seinen geliebten Sohn. Er hatte einst Israel mit Manna vom Himmel versorgt und Elia zur Zeit der Hungersnot ernährt. Nun hatte Gott für Maria und das Kind Jesus in einem heidnischen Land einen Zufluchtsort vorbereitet. Durch die Geschenke der Weisen, die aus einer heidnischen Gegend gekommen waren, hatte ihnen der Herr die Reise nach Ägypten und den Aufenthalt in der Fremde ermöglicht.

Die Weisen hatten zu den Ersten gehört, die den Erlöser willkommen hießen. Ihre Gabe war die erste, die ihm zu Füßen gelegt wurde. Welch ein unvergleichliches Vorrecht hatten sie, ihm mit diesen Geschenken zu dienen! Gott freut sich über ein Geschenk, das aus einem liebenden Herzen kommt, und lässt es im Dienst für ihn höchste Wirksamkeit finden. Wenn wir Jesus unser Herz gegeben haben, werden wir ihm auch unsere Gaben bringen. Bereitwillig werden wir ihm, der uns liebt und sich selbst für uns hingegeben hat, unser Gold und Silber, unsere wertvollsten irdischen Güter, unsere besten geistigen und geistlichen Fähigkeiten weihen.

Herodes wartete in Jerusalem ungeduldig auf die Rückkehr der Weisen. Als die Zeit verstrich, ohne dass sie erschienen, schöpfte er Verdacht. Der Widerwille der Rabbiner, ihm den Geburtsort des Messias zu nennen, schien darauf hinzudeuten, dass sie seine Pläne durchschaut und die Weisen ihn absichtlich gemieden hatten. Bei diesem Gedanken geriet er außer sich vor Wut. Weil seine List missglückt war, blieb ihm nur noch die Gewalt. Er wollte an diesem neugeborenen König ein Exempel statuieren! Diese hochmütigen Juden sollten sehen, was sie zu erwarten hätten, wenn sie versuchten, einen anderen Herrscher einzusetzen!

TOD IN BETHLEHEM

Sofort sandte Herodes Soldaten nach Bethlehem mit dem Befehl, alle Kinder im Alter von zwei Jahren und jünger zu töten. Die beschaulichen Häuser der Stadt Davids wurden zum Schauplatz jener schrecklichen Ereignisse, die 600 Jahre zuvor dem Propheten offenbart worden waren: »Man hört Klagegeschrei und bitteres Weinen in Rama: Rahel weint über ihre Kinder und will sich nicht trösten lassen über ihre Kinder; denn es ist aus mit ihnen.« (Jeremia 31,15)

Dieses Unheil hatten die Juden selbst über sich gebracht. Wären sie treu und demütig vor Gott gewesen, hätte er auf sehr eindrückliche Weise dem Zorn des Königs Einhalt geboten. Doch sie hatten sich durch ihre Sünden von Gott getrennt und den Heiligen Geist verworfen, ihren einzigen Schutz. Sie hatten die heiligen Schriften nicht mit dem Verlangen studiert, dem Willen Gottes zu entsprechen. Sie hatten nach Weissagungen gesucht, die ausgelegt werden konnten, um sich selbst zu erhöhen und um zu zeigen, dass Gott alle anderen Völker verachtete. Sie hatten damit geprahlt, dass der Messias als König kommen, seine Feinde besiegen und in seinem Zorn die Heiden zertreten würde. Dadurch hatten sie den Hass ihrer Herrscher erregt. Durch ihre falsche Darstellung der Aufgabe des Messias wollte Satan die Vernichtung des Erlösers herbeiführen. Doch nun fiel das Unheil auf sie selbst zurück.

Diese grausame Tat sollte eine der letzten sein, welche die Herrschaft von Herodes verfinsterte. Nicht lange nach dem Gemetzel an den Unschuldigen wurde er selbst mit dem Schicksal konfrontiert, dem niemand entrinnen kann. Er starb einen furchtbaren Tod.

ZURÜCK NACH NAZARETH

Josef, der noch in Ägypten lebte, erhielt nun von einem Engel Gottes die Aufforderung, nach Israel zurückzukehren. Im Wissen, dass Jesus der Erbe des Thrones von David war, wollte Josef in Bethlehem wohnen. Als er aber erfuhr, dass Archelaus anstelle seines Vaters über Judäa herrschte, fürchtete er, nun könnte der Sohn die Absichten des Vaters gegen Jesus ausführen. Von allen Söhnen des Herodes glich Archelaus seinem Vater charakterlich am meisten. Schon seine Thronbesteigung hatte in Jerusalem einen Tumult ausgelöst und zur Niedermetzelung Tausender von Juden durch römische Soldaten geführt.

Erneut wurde Josef an einen sicheren Ort geführt. Er kehrte nach Nazareth zurück, seinem früheren Wohnort. Dort verbrachte Jesus fast 30 Jahre seines Lebens. »Auf diese Weise erfüllte sich, was durch die Propheten vorausgesagt worden war: Er sollte Nazarener genannt werden.« (Matthäus 2,23 NGÜ) Galiläa wurde auch von einem Sohn des Herodes[17] regiert, hatte aber im Vergleich zu Judäa einen viel höheren Ausländeranteil. Deshalb stießen Angelegenheiten, welche die Juden betrafen, auf weniger großes Interesse, und es war eher unwahrscheinlich, dass die Ansprüche von Jesus den Neid der Mächtigen hervorrufen würden.

---

17 Es war Herodes Antipas. Siehe dazu auch Erklärungen »Herodes Antipas«, S. 817.

So wurde der Erlöser aufgenommen, als er auf die Erde kam. Anscheinend gab es für ihn in seinen ersten Lebensjahren keinen Ort der Ruhe oder Sicherheit. Gott konnte seinen geliebten Sohn nicht den Menschen anvertrauen, obwohl er sich doch für ihre Rettung einsetzte. Deshalb beauftragte er Engel damit, sich um Jesus zu kümmern und ihn zu beschützen, bis seine Aufgabe auf dieser Erde vollbracht war und er durch die Hände derer sterben würde, die zu retten er gekommen war.

KAPITEL 7

DIE KINDHEIT VON JESUS

Lukas 2,39.40.52

Jesus verbrachte seine Kindheit und Jugend in einem kleinen Dorf in den Bergen. Es hätte keinen Ort auf dieser Erde gegeben, der durch die Gegenwart von Jesus nicht geehrt worden wäre. Selbst für Königshäuser wäre es ein Vorrecht gewesen, ihn als Gast zu beherbergen. Er aber ging an den Häusern der Reichen, an den Höfen der Könige und an den berühmten Stätten der Gelehrten vorüber, um im unbedeutenden und verachteten Nazareth zu leben.

SEIN BESONDERER CHARAKTER

Der kurze Bericht über die ersten Lebensjahre von Jesus ist von großer Bedeutung: »Das Kind aber wuchs und wurde stark, voller Weisheit, und Gottes Gnade war bei ihm.« (Lukas 2,40) Unter dem Einfluss seines himmlischen Vaters nahm Jesus zu »an Weisheit, Alter und Gnade bei Gott und den Menschen« (Lukas 2,52). Sein Verstand war lebhaft und scharfsinnig, mit einer Gedankenfülle und einer Weisheit, die seinem Alter weit voraus waren. Dazu hatte er einen wunderbar ausgeglichenen Charakter. Sein Verstand und sein Körper entwickelten sich nach und nach, dem Alter entsprechend.

Schon als Kind zeigte Jesus eine besonders edle Gesinnung. Stets war er gern bereit, anderen zu helfen. Er besaß eine unerschütterliche Geduld und eine Aufrichtigkeit, die sich unbestechlich für das Rechte einsetzte. Jesus lebte nach festen Grundsätzen, und sein Leben strahlte selbstlose Liebenswürdigkeit aus.

Mit großem Ernst beobachtete seine Mutter die Entfaltung seiner Fähigkeiten und sah, wie sein Charakter von Vollkommenheit geprägt war. Mit großer Freude war sie darum bemüht, seinen wachen und empfänglichen Geist zu fördern. Durch den Heiligen Geist erhielt sie Weisheit, um mit himmlischer Hilfe zur Entwicklung dieses Kindes beizutragen, dessen Vater allein Gott war.

JESUS LERNT AUS DEN HEILIGEN SCHRIFTEN

Von jeher hatten treue Israeliten großen Wert auf die Erziehung ihrer Jugend gelegt. Gott hatte ihnen aufgetragen, ihre Kinder schon von klein auf über seine Güte und Größe zu unterrichten, vor allem wie sie in seinem Gesetz und in der Geschichte Israels offenbart sind. Lieder, Gebete und Lehren aus den heiligen Schriften sollten für die offenen Kinderherzen verständlich gemacht werden. Väter und Mütter sollten ihre Kinder lehren, dass das Gesetz Gottes ein Ausdruck seines Wesens ist. Durch die Aufnahme seiner Grundsätze in ihre Herzen wird das Bild Gottes in Geist und Seele eingeprägt.

Der Unterricht wurde häufig mündlich erteilt, aber die Jugendlichen lernten auch die hebräischen Schriften lesen und hatten Zugang zu den Pergamentrollen des Alten Testaments.

In der damaligen Zeit galt eine Stadt in Israel, die keine religiöse Schulung für die Jugend anbot, als von Gott verflucht. Doch der Unterricht war zu einer Formsache geworden, denn die Traditionen hatten die Aussagen der heiligen Schriften weitgehend verdrängt. Wahre Erziehung führt die Jugendlichen dazu, dass »sie Gott suchen, indem sie sich fragen, ob er denn nicht zu spüren und zu finden sei« (Apostelgeschichte 17,27 ZÜ). Die jüdischen Lehrer jedoch richteten ihre Aufmerksamkeit auf die vielen Zeremonien. Der Verstand wurde mit Dingen überfrachtet, die für den Lernenden wertlos waren und in der höheren Schule des Himmels nicht anerkannt wurden. Die Erfahrung, die man durch eine persönliche Annahme des Wortes Gottes erlangt, hatte in ihrem Erziehungswesen keinen Platz. Vor lauter Äußerlichkeiten fanden die Schüler keine Gelegenheit, eine stille Zeit mit Gott zu verbringen. Sie hörten seine Stimme nicht zu ihren Herzen sprechen. Auf ihrer Suche nach Erkenntnis wandten sie sich von Gott, der Quelle der Weisheit, ab. Die wesentlichen Grundsätze im Dienst für Gott wurden vernachlässigt und die Prinzipien seines Gesetzes waren nicht mehr zu erkennen. Was man als höhere Bildung ansah, war zum größten Hindernis echter Entfaltung geworden. Die Unterweisung der Rabbiner hemmte die Leistungsfähigkeit der Jugend; ihr Denken wurde eingeengt und begrenzt.

Jesus wurde als Kind nicht in den Schulen der Synagogen unterrichtet. Seine Mutter war seine erste Lehrerin. Durch sie und aus den Schriften der Propheten lernte er von den himmlischen Dingen. Genau jene Worte, die er selber für die Israeliten zu Mose gesprochen hatte, wurden ihm nun auf dem Schoß seiner Mutter beigebracht. Jesus besuchte keine Schule der Rabbiner, als er zum Jugendlichen heranwuchs. Solche Quellen brauchte er nicht für seine Bildung, denn Gott war sein Lehrer.

Die Frage, die ihm während seines Dienstes als Erlöser gestellt wurde: »Wie kann dieser die Schrift verstehen, wenn er es doch nicht gelernt hat?« (Johannes 7,15), ist kein Hinweis darauf, dass Jesus nicht lesen konnte, sondern dass er keine Ausbildung durch Rabbiner erhalten hatte. Er erlangte sein Wissen auf die gleiche Weise wie wir, und seine innige Vertrautheit mit den heiligen Schriften zeigt, wie fleißig er sich bereits in jungen Jahren mit dem Studium des Wortes Gottes befasste.

JESUS LERNT AUS DER NATUR

Dazu kam das große Buch der Natur, das mit all den von Gott geschaffenen Werken offen vor ihm lag. Er, der alle Dinge geschaffen hatte, vertiefte sich nun selbst in die Lehren, die er mit eigener Hand auf Himmel, Erde und Meer geschrieben hatte. Abseits der gottlosen Wege dieser Welt sammelte er eine Fülle wissenschaftlicher Erkenntnisse aus der Natur. Er studierte das Leben der Pflanzen, der Tiere und das der Menschen. Von frühester Kindheit an war er von einem Gedanken ergriffen: Er wollte leben, um andere zu segnen! Dazu fand er in der Natur guten Anschauungsunterricht. Durch das Studium von Pflanzen und Tieren erschlossen sich ihm neue Mittel und Wege. Ständig war er darum bemüht, Gottes lebendiges Wort durch Bilder aus der Natur zu veranschaulichen. Er liebte es, während seines Wirkens die Wahrheit durch Gleichnisse zu lehren. Diese machten deutlich, in welch hohem Maß sein Verstand für die Einflüsse der Natur empfänglich war und wie er geistliche Lehren aus seinem alltäglichen Umfeld zog.

Indem er versuchte, die Ursache der Dinge zu ergründen, wurde ihm die Bedeutung des Wortes und der Werke Gottes immer klarer. Himmlische Wesen waren seine Begleiter, und er pflegte im Austausch mit ihnen erhabene Gedanken. Seit dem ersten Erwachen seines Intellekts nahm er ständig an geistlicher Größe zu und wuchs in der Erkenntnis der Wahrheit (vgl. Lukas 2,40).

JESUS SÜNDIGT NICHT

Jedes Kind kann so wie Jesus Wissen erlangen. Wenn wir uns bemühen, unseren himmlischen Vater durch sein Wort kennen zu lernen, werden uns Engel nahe sein. Unser Verstand wird gestärkt, unser Charakter erbaut und veredelt. Dadurch werden wir unserem Erlöser ähnlicher. Im gleichen Maß, wie wir die Erhabenheit und Schönheit der Natur betrachten, wächst unsere Liebe zu Gott. Wenn wir mit dem Unendlichen durch seine Werke in

Berührung kommen, staunen wir voller Ehrfurcht. Unser Inneres wird dadurch gestärkt. Wenn wir im Gebet mit Gott verbunden sind, entfalten sich die geistigen und moralischen Fähigkeiten. Die geistlichen Kräfte werden gestärkt, wenn wir uns Gedanken über Geistliches machen.

Das Leben von Jesus verlief im Einklang mit Gott. Solange er Kind war, dachte und redete er wie ein Kind, aber keine Spur von Sünde entstellte das Bild Gottes in ihm. Doch er blieb nicht von der Versuchung verschont. Die Gottlosigkeit der Einwohner von Nazareth war geradezu sprichwörtlich. Wie wenig man im Allgemeinen von ihnen hielt, zeigte sich deutlich in Nathanaels Frage: »Kann denn aus Nazareth etwas Gutes kommen?« (Johannes 1,46 NLB) Jesus befand sich dort, wo sein Charakter auf die Probe gestellt wurde. Um seine Reinheit zu bewahren, musste er ständig wachsam sein. Er war allen Auseinandersetzungen ausgesetzt, denen auch wir begegnen. So konnte er uns in seiner Kindheit, in seiner Jugend und als Erwachsener zum Vorbild werden.

Satan war unermüdlich in seinen Anstrengungen, das Kind von Nazareth zu besiegen. Von frühester Kindheit an wurde Jesus von Engeln behütet, und dennoch war sein Leben ein einziger langer Kampf gegen die Mächte der Finsternis. Dass jemand auf dieser Erde leben sollte, ohne vom Bösen verunreinigt zu sein, war für Satan, den Fürsten der Finsternis, sowohl verblüffend als auch ein Grund zum Ärgernis. Er ließ darum nichts unversucht, Jesus zu verführen. Von keinem Menschen wird jemals verlangt werden, in einem so erbitterten Konflikt ein heiliges Leben zu führen, wie dies von unserem Erlöser gefordert wurde.

Die Eltern von Jesus waren arm und auf den täglichen Verdienst angewiesen, den das Handwerk einbrachte. Somit war Jesus mit Armut, Selbstverleugnung und Entbehrung vertraut. Diese Erfahrung diente ihm zum Schutz. In seinem arbeitsamen Leben gab es keine untätigen Zeiten, die ihn in Versuchung hätten führen können. Für schlechte Gesellschaft blieb keine Zeit. So weit wie möglich verschloss er dem Versucher die Tür. Weder Vorteil noch Vergnügen, weder Beifall noch Tadel konnten ihn dazu bewegen, einer falschen Tat zuzustimmen. Er war weise, das Böse zu erkennen, und stark, ihm zu widerstehen.

Jesus war der einzige sündlose Mensch, der je auf Erden lebte, obwohl er fast 30 Jahre lang unter den gottlosen Einwohnern von Nazareth wohnte. Diese Tatsache muss all diejenigen beschämen, die meinen, ein reines Leben führen zu können, sei abhängig von Ort, Schicksal oder Wohlstand. Doch Versuchung, Armut und Not sind genau die Umstände, unter denen sich Reinheit und Standhaftigkeit entwickeln.

JESUS ERLERNT EIN HANDWERK

Jesus lebte in einem ländlichen Zuhause und nahm treu und freudig seinen Teil der häuslichen Pflichten auf sich. Er war der Befehlshaber im Himmel gewesen, und die Engel hatten sein Wort mit Freuden befolgt. Doch nun war er ein williger Diener, ein liebevoller und gehorsamer Sohn. Er erlernte ein Handwerk und arbeitete mit Josef zusammen in dessen Zimmermannswerkstatt. In der einfachen Kleidung eines gewöhnlichen Arbeiters ging er durch die Straßen der kleinen Stadt zu seiner bescheidenen Arbeit oder kehrte von dort nach Hause zurück. Nie benutzte er seine göttliche Kraft, um seine Last zu verringern oder sich seine Arbeit zu erleichtern.

In dem Maß, wie Jesus in seiner Kindheit und Jugend arbeitete, entwickelten sich auch sein Körper und sein Verstand. Er gebrauchte seine körperlichen Kräfte nicht leichtsinnig, sondern setzte sie so ein, dass er gesund blieb und auf jeder Ebene das Beste leisten konnte. Er war nicht bereit, als Handwerker ein fehlerhaftes Werkstück abzuliefern. So vollkommen wie sein Charakter, so vollkommen war er auch bei seiner Arbeit. Durch sein eigenes Beispiel lehrte er uns, dass es unsere Pflicht ist, fleißig zu sein und unsere Arbeit genau und sorgfältig auszuführen, und dass solche Arbeit ehrbar ist. Eine Aufgabe, wo nützlich Hand angelegt wird und die Jugendlichen lernen, ihren Anteil an den Lasten des Lebens zu tragen, kräftigt den Körper und fördert alle Fähigkeiten. Jeder sollte sich mit etwas beschäftigen, was ihm selbst und anderen nützt. Gott hat uns die Arbeit zum Segen gegeben, und nur der fleißige Arbeiter findet echte Lebensfreude. Gottes Anerkennung ruht liebevoll auf Kindern und Jugendlichen, die freudig ihren Teil der häuslichen Aufgaben übernehmen und so die Lasten von Vater und Mutter tragen helfen. Solche Kinder werden beim Verlassen des Elternhauses nützliche Mitglieder der Gesellschaft sein.

Während seines ganzen Erdenlebens war Jesus eifrig und beständig am Wirken. Weil er viel erwartete, nahm er selbst viel in Angriff. Nachdem er seinen öffentlichen Dienst begonnen hatte, erklärte er: »Wir müssen, solange es Tag ist, die Werke dessen vollbringen, der mich gesandt hat; es kommt die Nacht, in der niemand mehr etwas tun kann.« (Johannes 9,4 EÜ) Jesus scheute weder Sorge noch Verantwortung – ganz im Gegensatz zu vielen, die behaupten, seine Nachfolger zu sein. Viele wollen sich einer solchen Verpflichtung entziehen und sind deshalb schwach und erfolglos. Mögen sie auch gute und liebenswerte Charakterzüge aufweisen, so sind sie doch kraftlos und nahezu unbrauchbar, wenn es darum geht, Schwierigkeiten entgegenzutreten oder Hindernisse zu überwinden. Ausdauer und Tatkraft, Festigkeit und Charakterstärke, wie sie Christus auszeichneten, müssen auch von uns auf gleiche Weise entwickelt werden. Dann wird die Gnade, die er empfing, auch die unsere sein.

JESUS UNSER VORBILD

Solange der Sohn Gottes unter den Menschen weilte, teilte er das Los der Armen. Er kannte ihre Sorgen und Nöte aus eigener Erfahrung und konnte alle Arbeiter von einfacher Herkunft trösten und ermutigen. Wer wirklich begriffen hat, was uns das Leben von Jesus lehrt, wird keine Klassenunterschiede machen oder Reiche höher achten als die Armen.[18] Jesus verrichtete seine Arbeit mit Freundlichkeit und Taktgefühl. Es braucht viel Geduld und eine geistliche Gesinnung, um zu Hause und am Arbeitsplatz biblische Grundsätze umzusetzen, um den Druck des weltlichen Geschäftslebens auszuhalten und gleichzeitig Gottes Ehre im Auge zu behalten. Darin wurde uns Jesus eine Hilfe. Er ließ sich nie von weltlichen Sorgen so weit in Beschlag nehmen, dass er keine Zeit mehr hatte, über ewige Dinge nachzudenken. Oft brachte er seine innere Freude dadurch zum Ausdruck, dass er Psalmen und geistliche Lieder sang. Oft hörten die Einwohner von Nazareth, wie er seine Stimme mit Lob und Dank zu Gott erhob. Er hielt seine Verbindung mit dem Himmel durch Singen aufrecht, und wenn sich seine Kameraden über Müdigkeit bei der Arbeit beklagten, ermunterte er sie mit seinen schönen Liedern. Sein Lobpreis vertrieb offensichtlich die bösen Engel und erfüllte seine Umgebung wie Weihrauch mit wohlriechendem Duft. Dadurch wurden die Gedanken seiner Zuhörer fort von der irdischen Verbannung in die himmlische Heimat getragen.

Jesus bedeutete für die Welt die Quelle der heilenden Gnade. Auch während der Zeit der Zurückgezogenheit in Nazareth strahlte er Wärme und Mitgefühl aus. Die Betagten, die Bekümmerten, die Schuldbeladenen, die spielenden Kinder in ihrer sorglosen Fröhlichkeit, die kleinen Tiere im Gehölz, die geduldigen Lasttiere – alle waren sie durch seine Gegenwart glücklicher. Er, der durch sein machtvolles Wort die Welten trug, beugte sich nieder, um einem verletzten Vogel zu helfen. Es gab nichts, was seiner Aufmerksamkeit entging oder seines Dienstes nicht würdig gewesen wäre.

So wie er an Weisheit und Größe zunahm, gewann er auch an Wohlwollen bei Gott und den Menschen (vgl. Lukas 2,52). Er gewann die Sympathien aller, weil er ihnen zeigte, dass er mit allen mitfühlen konnte. Die Atmosphäre

---

18 Die Autorin gebraucht hier einen Begriff »worthy poor«, der im 19. Jahrhundert die Witwen, Waisen, Alten und Behinderten bezeichnete, Menschen, die zwar arbeiten wollten, aber aus verschiedenen Gründen nicht konnten. Im Gegensatz dazu gab es die »unworthy poor«, diejenigen, die nicht arbeiten wollten und deshalb ihre Armut selbst verschuldet hatten.

von Hoffnung und Mut, die ihn umgab, ließ ihn in jedem Haus zum Segen werden. Oft forderte man ihn auf, am Sabbat in der Synagoge einen Abschnitt aus den Propheten vorzulesen. Die Zuhörer waren von dem neuen Licht begeistert, das ihnen aus den vertrauten Worten dieser heiligen Texte entgegenleuchtete. Doch Jesus vermied es, Aufsehen zu erregen. Während der vielen Jahre seines Aufenthalts in Nazareth ließ er nichts von seiner Wunder wirkenden Kraft merken. Er legte weder Wert auf eine angesehene Stellung, noch erhob er Anspruch auf wohlklingende Titel. Sein stilles und bescheidenes Leben, und auch das Schweigen der Bibel über seine Kindheit, erteilen uns eine wichtige Lehre. Je ruhiger und einfacher das Leben eines Kindes verläuft, je weniger es künstlichen Reizen ausgesetzt ist und je mehr es im Einklang mit der Natur lebt, desto besser entwickeln sich seine körperlichen, geistigen und geistlichen Kräfte.

Jesus ist unser Vorbild. Viele Menschen befassen sich gern mit der Zeit seines öffentlichen Wirkens, während sie die Lehren seiner Jugendjahre unbeachtet lassen. Aber gerade durch das Verhalten in seiner Familie ist er für alle Kinder und Jugendlichen ein Beispiel. Der Erlöser begab sich in die Armut dieser Welt, um uns zu lehren, wie auch wir unter bescheidenen Verhältnissen ein Leben inniger Gemeinschaft mit Gott führen können. Er lebte, um seinen Vater im Himmel in den alltäglichen Dingen des Lebens zu erfreuen, zu ehren und zu verherrlichen. Zu Beginn seines Dienstes widmete er sich dem einfachen Beruf der Handwerker, die unter großen Mühen ihr tägliches Brot verdienten. Jesus diente Gott ebenso sehr bei der Arbeit an der Hobelbank wie durch die Wunder, die er zugunsten vieler Menschen vollbrachte. Jeder Jugendliche, der dem Beispiel des Gehorsams und der Treue von Jesus in dessen einfachem Zuhause folgt, kann für sich die Worte in Anspruch nehmen, die der himmlische Vater durch den Heiligen Geist über ihn ausgesprochen hat: »Schaut her, das ist mein Knecht, den ich festhalte. Er ist mein Auserwählter und macht mir Freude.« (Jesaja 42,1 NLB)

KAPITEL 8

AUF DEM PASSAFEST

Lukas 2,41-51

Die Juden betrachteten das zwölfte Lebensjahr als Übergang von der Kindheit ins Jugendalter. Nach Vollendung dieses Lebensjahres wurde ein hebräischer Junge ein »Sohn des Gesetzes«, aber auch ein »Sohn Gottes« genannt. Ihm standen nun neue Möglichkeiten zur religiösen Bildung offen. Es wurde erwartet, dass er an den heiligen Festen und Feierlichkeiten teilnahm. Entsprechend dieser Tradition besuchte Jesus als Jugendlicher das Passafest in Jerusalem. Wie alle frommen Israeliten gingen auch Josef und Maria jedes Jahr dorthin. Als Jesus das erforderliche Alter erreicht hatte, nahmen sie ihn mit.

Es gab jedes Jahr drei Pilgerfeste[19] – das Passafest, das Pfingstfest und das Laubhüttenfest –, zu denen alle Männer aus Israel in Jerusalem vor dem Herrn erscheinen mussten. Von diesen Festen wurde das Passafest am meisten besucht. Viele kamen dann aus all den Ländern, wo die Juden in der Zerstreuung lebten. Auch aus jedem Teil Israels fanden sich viele Besucher ein, um anzubeten. Die Reise von Galiläa dauerte mehrere Tage. Um miteinander Gemeinschaft pflegen zu können, aber auch aus Sicherheitsgründen, bildeten die Reisenden unterwegs größere Gruppen. Frauen und Greise legten den oft steilen und steinigen Weg auf Ochsen oder Eseln zurück. Die kräftigeren Männer und die jungen Leute gingen zu Fuß. Die Zeit des Passafestes fiel in die Zeit zwischen Ende März und Anfang April. Überall blühte es, und der Gesang der Vögel erfüllte die Luft. Den ganzen Weg entlang kam man an unvergesslichen Stellen aus der Geschichte Israels vorbei, und die Eltern erzählten ihren Kindern von den Wundern, die Gott für sein Volk in alter Zeit gewirkt hatte. Sie verkürzten sich ihre Reise mit Musik und Gesang. Wenn dann endlich die Türme von Jerusalem in der Ferne zu sehen waren, stimmten alle in das Loblied ein: »Nun stehen unsere Füße in deinen Toren, Jerusalem ... Es möge Friede sein in deinen Mauern und Glück in deinen Palästen!« (Psalm 122,2.7)

---

19 Siehe Erklärungen »Festtage Israels«, S. 815.

DIE GEBURTSSTUNDE DES PASSAFESTES

Die Beachtung des Passafestes begann mit der Geburtsstunde der israelitischen Nation. In der letzten Nacht ihrer Gefangenschaft in Ägypten, als nichts auf eine Befreiung hindeutete, gebot ihnen Gott, sich auf ihre unmittelbare Freilassung vorzubereiten. Er hatte den Pharao vor dem letzten Strafgericht gewarnt, das über die Ägypter kommen sollte, und die Israeliten angewiesen, sich in ihren Häusern zu versammeln. Sie hatten ihre Türpfosten mit dem Blut des geschlachteten Lammes besprengt und sollten nun das gebratene Fleisch mit ungesäuertem Brot und bitteren Kräutern essen.»Beim Essen sollt ihr reisefertig gekleidet sein, die Sandalen an den Füßen und den Wanderstab in der Hand. In Hast und Eile sollt ihr essen. Dies ist das Passafest für mich, den Herrn.« (2. Mose 12,11 GNB) Um Mitternacht wurden alle Erstgeborenen in Ägypten getötet. Da sandte der Pharao folgende Botschaft an Israel:»Macht euch auf, zieht weg aus meinem Volk ... geht, dient dem Herrn, wie ihr gesagt habt.« (2. Mose 12,31 ZÜ) Die Israeliten verließen Ägypten als unabhängiges Volk, und der Herr gebot ihnen, jedes Jahr das Passafest zu feiern.»Wenn eure Kinder zu euch sagen werden: Was habt ihr da für einen Brauch?, sollt ihr sagen: Es ist das Passaopfer des Herrn, der an den Israeliten vorüberging in Ägypten, als er die Ägypter schlug und unsere Häuser errettete.« (2. Mose 12,26.27) So sollte die Geschichte dieser wunderbaren Befreiung von Generation zu Generation weitergegeben werden.

Auf das Passafest folgte das sieben Tage dauernde Fest der ungesäuerten Brote. Am zweiten Tag dieses Festes wurde dem Herrn der erste Ertrag der neuen Ernte dargebracht: eine Garbe Gerste. Alle Zeremonien des Festes dienten als Sinnbilder für das Erlösungswerk von Christus. Die Befreiung Israels aus Ägypten wurde zum Anschauungsunterricht für die Erlösung, an die das Passafest erinnern sollte. Das geopferte Lamm, das ungesäuerte Brot und die Erstlingsgabe waren allesamt Symbole, die auf den Erlöser hinwiesen.

JESUS IM TEMPEL

Zur Zeit, als Jesus auf der Erde lebte, war die Feier des Passafestes bei den meisten Juden zu einer bloßen Form verkommen. Wie groß aber war die Bedeutung dieses Festes für den Sohn Gottes!

Zum ersten Mal erblickte Jesus den Tempel. Er sah, wie die weiß gekleideten Priester ihren feierlichen Dienst verrichteten. Er betrachtete das blutende Opfer auf dem Altar und beugte sich mit den Gläubigen im Gebet, während der Weihrauch zu Gott emporstieg. Jesus erlebte die beeindruckenden Rituale des Passafestes mit, und ihre Bedeutung wurde ihm von Tag zu

Tag klarer. Jede Handlung schien mit seinem eigenen Leben in einem engen Zusammenhang zu stehen. Das alles weckte neue Gedanken in ihm. Still und in sich gekehrt dachte er anscheinend über ein großes Problem nach. Das Geheimnis seiner eigenen Mission begann sich dem Erlöser zu erschließen.

Überwältigt von den Ereignissen, die er sah, blieb Jesus nicht an der Seite seiner Eltern. Er wollte allein sein. Das Passafest war zu Ende, doch er hielt sich noch immer in den Vorhöfen des Tempels auf. Als die Festbesucher Jerusalem verließen, blieb er in der Stadt zurück.

Die Eltern von Jesus wünschten sich, ihn bei diesem Besuch in Jerusalem mit den großen Gelehrten in Israel bekanntzumachen. Jesus war dem Wort Gottes bis in jede Einzelheit treu, passte sich jedoch nicht den Bräuchen und Gewohnheiten der Schriftgelehrten an. Josef und Maria hofften, dass er die gelehrten Rabbiner verehren und ihre Anordnungen eifriger beachten würde. Doch Jesus war im Tempel durch Gott unterrichtet worden. Was er empfangen hatte, begann er sogleich weiterzugeben.

Nach dem Vorbild der Prophetenschulen verwendete man in jener Zeit Räumlichkeiten, die mit dem Tempel verbunden waren, als theologische Schule. Hier versammelten sich die führenden Rabbiner mit ihren Schülern. Auch der junge Jesus kam dazu. Er setzte sich zu Füßen dieser ehrwürdigen Gelehrten und hörte ihren Unterweisungen zu. Als einer, der nach Weisheit suchte, fragte er die Rabbiner nach den Prophezeiungen und den gegenwärtigen Ereignissen, die auf die Ankunft des Messias hinwiesen.

DIE SCHRIFTGELEHRTEN STAUNEN

Jesus zeigte großes Verlangen, Gott kennen zu lernen. Seine Fragen wiesen auf tiefe Wahrheiten hin, die seit langem vergessen und doch für die Rettung der Menschen von so großer Bedeutung waren. Er machte deutlich, wie einengend und oberflächlich die Weisheit der Schriftgelehrten war. Jede Frage, die er stellte, enthielt eine göttliche Lehre und ließ die Wahrheit in einem neuen Licht erscheinen. Die Rabbiner sprachen über die wunderbare Erhöhung der jüdischen Nation, die das Kommen des Messias mit sich bringen würde. Jesus aber wies auf die Weissagungen Jesajas hin und fragte sie nach der Bedeutung jener Schriftstellen, die über das Leiden und Sterben des Lammes Gottes berichteten.

Die Gelehrten stellten ihm Gegenfragen und waren über seine Antworten erstaunt. In kindlicher Demut zitierte Jesus die Worte der Schrift und verlieh ihnen damit eine solch tiefe Bedeutung, wie sie die Gelehrten bisher nie wahrgenommen hatten. Wären die Wahrheiten, die Jesus hier aufzeigte, befolgt worden, hätten sie zu einer Erneuerung des damaligen religiösen Lebens geführt. Ein tiefes Interesse an geistlichen Dingen wäre geweckt worden. Als Jesus später seinen öffentlichen Dienst begann, wären viele bereit gewesen, ihn anzunehmen.

Die Rabbiner wussten, dass Jesus nicht in ihren Schulen unterrichtet worden war. Trotzdem übertraf sein Verständnis der Prophezeiungen das ihre bei weitem. Dieser aufmerksame galiläische Junge gab ihnen Anlass zu großer Hoffnung. Sie wollten ihn als ihren Schüler gewinnen und hofften, aus ihm einen Gelehrten in Israel zu machen. Sie wollten die Verantwortung für seine Erziehung übernehmen, weil sie glaubten, ein solch außergewöhnlicher Verstand müsste von ihnen geformt werden.

Die Worte von Jesus hatten die Herzen der Rabbiner tief bewegt. Noch nie zuvor hatten die Worte eines Menschen eine solch große Wirkung auf sie ausgeübt. Gott wollte diesen Führern Israels Licht schenken und nutzte dazu das einzige Mittel, durch das sie erreicht werden konnten. In ihrem Stolz hätten sie es abgelehnt, von irgendjemandem unterwiesen zu werden. Hätten die Worte von Jesus den Anschein erweckt, sie belehren zu wollen, hätten sie ihm erst gar nicht zugehört. So aber bildeten sie sich ein, ihm etwas beizubringen oder zumindest seine Kenntnisse der Schrift zu prüfen. Die Bescheidenheit und Anmut des jungen Jesus nahmen ihnen jegliche Vorurteile. Auf diese Weise wurde ihr Verständnis unbewusst für das Wort Gottes geöffnet, und der Heilige Geist sprach zu ihren Herzen.

Die Schriftgelehrten mussten sich eingestehen, dass ihre Messias-Erwartung nicht von den Vorhersagen ihrer Schriften gestützt wurde. Doch sie wollten die Lehrmeinungen, die ihrem Ehrgeiz schmeichelten, nicht aufgeben. Sie wollten auch nicht zugeben, dass sie die heiligen Schriften, als deren Lehrer sie sich ausgaben, falsch verstanden hatten. Sie fragten sich, woher dieser Junge so viel wusste, da er doch keine ihrer Schulen besucht hatte. Ja, das Licht schien in der Finsternis, aber »die Finsternis hat es nicht erfasst« (Johannes 1,5 Elb.).

DIE ELTERN SORGEN SICH

Unterdessen waren Josef und Maria in großer Unruhe und Sorge. Als sie Jerusalem verließen, hatten sie Jesus aus den Augen verloren und wussten nicht, dass er in der Stadt zurückgeblieben war. Das Land war damals dicht besiedelt, und die Karawanen aus Galiläa waren sehr lang. Es herrschte ein großes Durcheinander, als sie die Stadt verließen. Die Freude darüber, mit Freunden und Bekannten reisen zu dürfen, nahm ihre ganze Aufmerksamkeit

TEIL 1 | DER SIEG DER LIEBE

in Anspruch. Erst bei Einbruch der Dunkelheit bemerkten sie seine Abwesenheit. Als sie Rast machten, vermissten sie die Hilfe ihres Jungen. Weil sie ihn in ihrer Reisegesellschaft vermutet hatten, waren sie unbesorgt gewesen. Obwohl er noch jung war, hatten sie ihm vorbehaltlos vertraut und erwartet, dass er ihnen nötigenfalls helfen würde, denn er war ihren Wünschen immer entgegengekommen. Doch nun kam Angst in ihnen auf. Sie suchten ihn überall unter den Reisenden, jedoch vergeblich. Der Gedanke an Herodes, der versucht hatte, ihn schon als Kleinkind zu töten, ließ sie erschaudern. Dunkle Vorahnungen erfüllten sie, und sie machten sich bittere Vorwürfe.

Sie kehrten nach Jerusalem zurück und setzten dort ihre Suche fort. Als sie am folgenden Tag mit anderen Gläubigen den Tempel betraten, fesselte eine bekannte Stimme ihre Aufmerksamkeit. Sie irrten sich nicht, denn keine andere Stimme war wie seine, so bestimmt und ernst und doch so wohlklingend.

Sie fanden Jesus in der Schule der Rabbiner. Trotz ihrer großen Freude konnten sie ihre Angst und Sorge nicht einfach vergessen. Als er wieder bei ihnen war, sprach die Mutter mit dem Jungen, und ein leiser Tadel lag in ihren Worten: »Kind, wie konntest du uns das antun? Dein Vater und ich haben dich voll Angst gesucht.« (Lukas 2,48 EÜ)

DIE WORTE DES ZWÖLFJÄHRIGEN JESUS

»Warum habt ihr mich gesucht?«, erwiderte Jesus. »Wusstet ihr nicht, dass ich in dem sein muss, was meinem Vater gehört?« (Lukas 2,49 EÜ) Dabei zeigte er nach oben, weil er merkte, dass sie seine Worte nicht verstanden. Sein Angesicht leuchtete, sodass sich seine Eltern darüber wunderten. Göttlichkeit leuchtete in seiner menschlichen Natur auf. Als sie ihn im Tempel fanden, hörten sie aufmerksam zu, was sich zwischen ihm und den Schriftgelehrten abspielte. Sie staunten über seine Fragen und Antworten. Seine Worte lösten Gedankengänge aus, die niemals vergessen werden konnten.

Mit der Frage, die Jesus seinen Eltern stellte, erteilte er ihnen eine Lehre: »Wusstet ihr nicht, dass ich in dem sein muss, was meinem Vater gehört?« (Lukas 2,49 EÜ) Jesus war davon erfüllt, die Aufgabe zu vollbringen, für die er in die Welt gekommen war. Josef und Maria hingegen hatten ihre Aufgabe vernachlässigt. Gott hatte ihnen große Ehre erwiesen, als er ihnen seinen Sohn anvertraute. Heilige Engel hatten die Schritte Josefs gelenkt, um das Leben von Jesus zu schützen. Doch nun hatten ihn seine Eltern einen ganzen Tag lang aus den Augen verloren, obwohl sie ihn nicht einen Moment hätten vergessen dürfen. Als sie von ihrer großen Sorge befreit waren, suchten sie den Fehler nicht bei sich, sondern machten Jesus dafür verantwortlich.

Es war ganz natürlich, dass Josef und Maria ihn als ihr eigenes Kind betrachteten. Er war täglich bei ihnen. Sein Leben glich in vieler Hinsicht dem anderer Kinder, sodass es ihnen schwerfiel, in ihm den Sohn Gottes zu sehen. Sie standen in der Gefahr, den Segen gering zu schätzen, der ihnen durch die Gegenwart des Welterlösers geschenkt worden war. Der Schmerz, von Jesus getrennt zu sein, sowie der sanfte Tadel in seinen Worten sollten ihnen die Heiligkeit ihrer Verantwortung bewusst machen.

In der Antwort an seine Mutter zeigte Jesus zum ersten Mal, dass er seine Beziehung zu Gott verstand. Vor seiner Geburt hatte der Engel zu Maria gesagt: »Der wird groß sein und ein Sohn des Höchsten genannt werden; und Gott, der Herr, wird ihm den Thron seines Vaters David geben, und er wird König sein über das Haus Jakob ewiglich.« (Lukas 1,32.33) Über diese Worte hatte Maria oft nachgedacht. Sie glaubte daran, dass ihr Kind der Messias Israels sein werde. Dennoch verstand sie seine Aufgabe nicht. Auch jetzt begriff sie seine Worte nicht, doch sie erkannte, dass er eine Verwandtschaft mit Josef von sich wies und sich als Sohn Gottes bezeichnete.

JESUS EHRT SEINE ELTERN

Jesus ließ die Beziehung zu seinen irdischen Eltern nicht außer Acht. Von Jerusalem kehrte er mit ihnen nach Hause zurück und half ihnen in ihrem mühevollen Alltag. Er behielt das Geheimnis seines Auftrags in seinem Herzen und wartete gehorsam auf den vorgesehenen Zeitpunkt, an dem er mit seiner Aufgabe beginnen sollte. Nachdem er erkannt hatte, dass er der Sohn Gottes war, anerkannte er für weitere 18 Jahre die Bindung an sein Zuhause in Nazareth und erfüllte treu die Pflichten eines Sohnes, Bruders, Freundes und Mitbürgers.

Nachdem sich Jesus im Tempel seiner Aufgabe bewusst geworden war, schreckte er vor der Begegnung mit der Menge zurück. Er wünschte sich, in aller Stille mit jenen nach Hause zurückzukehren, die das Geheimnis seines Lebens kannten. Durch das Passafest wollte Gott sein Volk von den Alltagssorgen wegholen und sie an seine wunderbare Befreiung aus Ägypten erinnern. Er wünschte sich, dass sie darin eine Verheißung zur Befreiung der Sünde erkennen. Wie das Blut des getöteten Lammes die Häuser Israels geschützt hatte, sollte das Blut von Christus auch ihr Leben retten. Sie konnten aber nur dann durch Christus gerettet werden, wenn sie im Glauben sein Leben zu ihrem eigenen machten. Die symbolischen Zeremonien hatten nur dann einen Wert, wenn sie die Gottesdienstbesucher auf den Messias als ihren persönlichen Erlöser hinwiesen. Gott wünschte sich, dass sie dadurch zu gläubigem Studium und Nachsinnen über dessen Aufgabe geführt würden. Doch als die vielen Menschen Jerusalem verließen, nahmen die Aufregung der Reise und die vielen Begegnungen ihre ganze Aufmerksamkeit in Anspruch. Der Gottesdienst, den sie erlebt hatten, war schnell vergessen. Der Erlöser fühlte sich von einer solchen Gesellschaft nicht angezogen.

Jesus hoffte, dass er die Gedanken von Josef und Maria auf die Vorhersagen vom leidenden Erlöser lenken könnte, wenn sie auf der Heimreise von Jerusalem mit ihm allein sein würden. Auf Golgatha würde er sich bemühen, den Schmerz seiner Mutter zu lindern. Jetzt dachte er besonders an sie, denn Maria würde seinen Todeskampf miterleben. Jesus wünschte sich, dass sie seinen Auftrag verstehen könnte, damit sie später, wenn das Schwert durch ihre Seele dringen würde (vgl. Lukas 2,35), stark genug wäre, dies zu ertragen. So wie er jetzt von ihr getrennt war und sie ihn schmerzerfüllt drei Tage lang suchen musste, sollte er – wenn er für die Sünden der Welt geopfert würde – für sie wieder während dreier Tage verloren sein. Wenn er dann aus dem Grab hervorkäme, würde sich ihre Trauer erneut in Freude verwandeln. Wie viel besser würde sie den Schmerz über seinen Tod ertragen können, wenn sie die Schriftstellen, auf die er jetzt ihre Gedanken lenken wollte, verstanden hätte!

ÜBER JESUS NACHDENKEN

Hätten Josef und Maria ihre Gedanken durch Gebet und Andacht auf Gott ausgerichtet, wäre ihnen die Heiligkeit ihrer Verantwortung bewusst geworden, und sie hätten Jesus nicht aus den Augen verloren. Durch einen Tag der Unachtsamkeit verloren sie den Erlöser. Um ihn wieder zu finden, mussten sie drei bange Tage lang suchen. So kann es auch uns ergehen: Durch unnützes Geschwätz, üble Nachrede oder Vernachlässigung des Gebets können wir in einem Tag der Gegenwart des Erlösers verlustig gehen. Dann kann es sein, dass wir viele Tage bekümmert suchen müssen, bis wir ihn wieder finden und den Frieden, den wir verloren haben, zurückerlangen.

Im Umgang miteinander sollten wir darauf achten, dass wir Jesus nicht vergessen und nicht sorglos weitergehen, ohne dass er bei uns ist. Wenn wir uns von weltlichen Dingen fesseln lassen und Jesus, der unsere Hoffnung auf das ewige Leben ist, in unseren Gedanken keinen Platz mehr hat, trennen wir uns von ihm und seinen Engeln. Diese heiligen Wesen können nicht bleiben, wo die Gegenwart des Erlösers unerwünscht ist und seine Abwesenheit unbemerkt bleibt. Aus diesem Grund gibt es unter bekennenden Christen so viel Entmutigung. Viele besuchen Gottesdienste und werden durch das Wort Gottes gestärkt und getröstet. Weil sie es aber versäumen, darüber nachzudenken, wachsam zu sein und zu beten, verlieren sie den Segen und fühlen sich noch hilfloser als zuvor. Oft empfinden sie dann, Gott sei hart mit ihnen umgegangen. Sie sehen nicht, dass der Fehler bei ihnen liegt. Durch ihre Trennung von Jesus haben sie das Licht seiner Gegenwart verdrängt.

Es würde uns gut tun, jeden Tag eine stille Stunde über das Leben von Jesus nachzudenken. Punkt für Punkt sollten wir uns jede Begebenheit vergegenwärtigen, besonders die Ereignisse seiner letzten Tage. Wenn wir so über das große Opfer nachsinnen, das Jesus für uns gebracht hat, wird unser Vertrauen zu ihm beständiger werden. Unsere Liebe wird eine Stärkung erfahren, und wir werden mehr von seinem Geist erfüllt sein. Wenn wir gerettet werden möchten, müssen wir am Fuß des Kreuzes Reue und Demut lernen.

Im Umgang miteinander können wir uns gegenseitig ein Segen sein. Wenn wir Christus angehören, werden unsere Gedanken gern bei ihm verweilen. Wir werden häufig von ihm reden, und indem wir einander von seiner Liebe erzählen, wird der göttliche Einfluss unsere Herzen besänftigen. Durch das Betrachten der Schönheit seines Wesens werden wir »in sein eigenes Bild verwandelt, von Herrlichkeit zu Herrlichkeit« (2. Korinther 3,18 EÜ).

KAPITEL 9

KONFLIKTREICHE TAGE

Von klein auf war ein jüdisches Kind von rabbinischen Vorschriften umgeben. Strenge Gesetze waren für jede Handlung vorgeschrieben, und das Leben war bis ins kleinste Detail geregelt. Die Jugendlichen wurden von den Lehrern der Synagoge in unzähligen Vorschriften unterwiesen. Man erwartete von ihnen, dass sie diese als rechtgläubige Israeliten auch einhielten. Doch Jesus war nicht daran interessiert. Von Kindheit an handelte er unabhängig von den Gesetzen der Rabbiner. Sein regelmäßiges Studium galt den Schriften des Alten Testaments. Die Worte »So spricht der Herr« verwendete er sehr häufig.

ECHTE FRÖMMIGKEIT UND MENSCHLICHE ÜBERLIEFERUNGEN

Als sich Jesus der Lage des Volkes immer mehr bewusst wurde, stellte er fest, dass die Bestimmungen der Gesellschaft und Gottes Anweisungen in ständigem Widerspruch zueinander standen. Die Menschen wandten sich von Gottes Wort ab und errichteten sich ihr eigenes Gedankengebäude. Sie befolgten die herkömmlichen Rituale, die wertlos waren. Ihr Gottesdienst war nichts als eine Aneinanderreihung von Zeremonien. Die heiligen Wahrheiten, die er vermitteln sollte, blieben den Gottesdienstbesuchern verborgen. Jesus sah, dass sie in dieser formellen Anbetung keinen Frieden fanden. Sie kannten die geistliche Freiheit nicht, die sich dadurch ergibt, dass man Gott wahrhaftig dient. Jesus war gekommen, um die Menschen zu lehren, was wahre Anbetung Gottes bedeutet. Darum konnte er der Vermischung von menschlichen Vorschriften und göttlichen Geboten nicht zustimmen. Er griff die Vorschriften und Bräuche der Gelehrten nicht an, aber wenn er wegen seiner eigenen schlichten Gewohnheiten getadelt wurde, rechtfertigte er sein Verhalten mit dem Wort Gottes.

Mit seiner stets liebenswürdigen und demütigen Art versuchte Jesus jene zu erfreuen, denen er begegnete. Gerade weil er so freundlich und unaufdringlich war, glaubten die Schriftgelehrten und Ältesten, ihn leicht durch ihre Lehren beeinflussen zu können. Sie drängten ihn, die Regeln und Überlieferungen anzunehmen, die von den Schriftgelehrten schon seit langer Zeit beachtet worden waren. Aber er verlangte deren Bestätigung aus den heiligen Schriften. Er war bereit, auf jedes Wort zu hören, das aus dem Mund Gottes kam, aber menschlichen Erfindungen konnte er nicht gehorchen. Jesus kannte die Schrift offenbar vom Anfang bis zum Ende und legte sie in ihrer wahren Bedeutung aus. Die Rabbiner waren beschämt darüber, von einem Kind unterrichtet zu werden. Sie behaupteten, es sei ihre Aufgabe, die Schrift auszulegen, und es sei seine Pflicht, ihr Verständnis davon anzunehmen. Sie waren ungehalten darüber, dass er sich ihrem Wort entgegenstellte.

Die Gelehrten wussten, dass sie in den heiligen Schriften keine Bestätigung für ihre Traditionen finden konnten. Sie erkannten auch, dass Jesus ihnen in seinem geistlichen Verständnis weit voraus war. Dennoch waren sie verärgert, weil er ihren Vorschriften nicht gehorchte. Als es ihnen nicht gelang, ihn davon zu überzeugen, suchten sie Josef und Maria auf. Sie beklagten sich bei ihnen über seine Verweigerung, was ihm Tadel und Zurechtweisung einbrachte.

Schon sehr früh hatte Jesus begonnen, selbstständig zu handeln, wenn es um die Bildung seines Charakters ging. Nicht einmal die Liebe zu seinen Eltern und die Achtung vor ihnen konnten ihn davon abhalten, dem Wort Gottes zu gehorchen. Mit den Worten: »Es steht geschrieben« begründete er jede seiner Handlungen, die von den familiären Gewohnheiten abwich. Doch der Einfluss der Rabbiner machte ihm das Leben schwer. Schon in jungen Jahren musste er die schwierige Lektion vom Schweigen und geduldigen Ausharren lernen.

Seine »Brüder«, wie man Josefs andere Söhne[20] nannte, stellten sich auf die Seite der Rabbiner. Sie bestanden darauf, deren Vorschriften so zu befolgen, als wären es Forderungen von Gott. Sie schätzten diese menschlichen Gebote sogar höher als das Wort Gottes ein und ärgerten sich maßlos über den klaren Durchblick von Jesus, mit dem er Wahres von Falschem unterscheiden konnte. Seinen entschiedenen Gehorsam gegenüber Gottes Gesetz verurteilten seine Brüder als Sturheit. Sie waren von seiner Erkenntnis und Weisheit überrascht, mit der er den Rabbinern antwortete. Sie wussten, dass Jesus nicht in eine ihrer Schulen gegangen war, mussten aber anerkennen, dass diese von ihm belehrt wurden. Sie merkten, dass seine Ausbildung höher war als ihre eigene. Doch sie erkannten nicht, dass er Zugang zum »Baum des Lebens« hatte, einer Quelle der Erkenntnis, die ihnen unbekannt war.

20　Siehe Erklärungen »Geschwister von Jesus«, S. 816.

TEIL 1 | DER SIEG DER LIEBE

Christus sonderte sich nicht ab, was die Pharisäer besonders ärgerte, weil er damit von ihren strengen Regeln abwich. Er empfand, dass das religiöse Leben von hohen Mauern umschlossen war, als wäre es für den Alltag zu heilig. Solche Trennmauern riss Jesus nieder. Im Umgang mit Menschen fragte er nicht: Welches Glaubensbekenntnis vertrittst du oder zu welcher Kirche gehörst du? Er half allen, die Hilfe benötigten. Anstatt sich als Einsiedler zurückzuziehen, um dadurch seinen göttlichen Charakter hervorzukehren, bemühte er sich aufrichtig um das Wohl der Menschen. Er schärfte ihnen ein, dass der biblische Glaube nicht darin besteht, den Körper zu kasteien. Er lehrte, dass reine und unverdorbene Frömmigkeit nicht nur für bestimmte Zeiten und besondere Anlässe gedacht ist. Immer und überall bekundete er ein liebevolles Interesse an Menschen und verbreitete eine Atmosphäre heiterer Frömmigkeit. All das war ein Vorwurf an die Pharisäer. Es wurde deutlich, dass Religion nicht aus Selbstsucht besteht und dass ihr krankhaftes Streben nach persönlichem Vorteil von wahrer Frömmigkeit weit entfernt war. Dies weckte ihre Feindschaft gegen Jesus, und sie versuchten, ihn zum Einhalten ihrer Vorschriften zu zwingen.

Jedes Leid, das Jesus sah, versuchte er zu lindern. Er konnte nur wenig Geld geben, aber er verzichtete häufig auf sein Essen, um denen zu helfen, die es nötiger hatten als er. Seine Brüder spürten, dass sein Einfluss ihren bei weitem übertraf. Er hatte ein Taktgefühl, das keiner von ihnen besaß oder zu haben wünschte. Wenn sie arme, erniedrigte Menschen unfreundlich anfuhren, bemühte sich Jesus genau um diese Leute und sprach ihnen Mut zu. Den Notleidenden reichte er einen Becher mit kühlem Wasser und legte sein eigenes Essen stillschweigend in ihre Hände. Indem er ihre Leiden linderte, wurden die Wahrheiten, die er sie lehrte, mit seinen Liebestaten in Verbindung gebracht und auf diese Weise fest ins Gedächtnis eingeprägt.

VON SEINEN BRÜDERN MISSVERSTANDEN

All dies missfiel seinen Brüdern. Weil sie älter waren als Jesus, wollten sie ihn bevormunden. Sie warfen ihm vor, er bilde sich ein, ihnen überlegen zu sein. Sie tadelten ihn, weil er sich über ihre Lehrer, die Priester und die Obersten des Volkes stellte. Oft drohten sie ihm und versuchten ihn einzuschüchtern, aber er blieb dabei: Die heiligen Schriften waren seine Richtschnur.

Jesus liebte seine Brüder und behandelte sie mit unermüdlicher Freundlichkeit. Doch sie waren eifersüchtig auf ihn und bekundeten entschiedenen Unglauben und Verachtung ihm gegenüber. Sie konnten das Verhalten von Jesus nicht verstehen und sahen große Gegensätze in seinem Leben. Einerseits war er der göttliche Sohn des Höchsten, andererseits ein hilfloses Kind. Einerseits gehörte ihm als Schöpfer die Erde, andererseits begleitete ihn die Armut auf Schritt und Tritt. Seine würdevolle Ausstrahlung und seine Persönlichkeit hatten nichts mit irdischem Stolz und Hochmut zu tun. Er strebte nicht nach weltlicher Größe, und selbst mit der niedrigsten Stellung war er zufrieden. Dies ärgerte seine Brüder. Seine ständige Gelassenheit, auch unter Anfechtungen und Entbehrungen, konnten sie nicht nachvollziehen. Sie wussten nicht, dass er für uns arm geworden war, damit wir »durch seine Armut reich« würden (2. Korinther 8,9). Sie konnten das Geheimnis seiner Mission genauso wenig erfassen, wie einst die Freunde Hiobs dessen Leiden und Demütigung.

Jesus wurde von seinen Brüdern missverstanden, weil er nicht so war wie sie. Sein Maßstab war nicht der ihre. Indem sie auf Menschen schauten, hatten sie sich von Gott abgewandt und deshalb fehlte Gottes Kraft in ihrem Leben. Die religiösen Zeremonien, die sie beachteten, vermochten den Charakter nicht zu verändern. Zwar gaben sie den Zehnten von »Minze, Dill und Kümmel«, ließen aber »das Wichtigste im Gesetz beiseite, nämlich das Recht, die Barmherzigkeit und den Glauben« (Matthäus 23,23). Das Beispiel von Jesus war für sie ein ständiges Ärgernis. Jesus hasste nur eines auf der Welt – die Sünde. Wurde er Zeuge eines Unrechts, konnte er den Schmerz nicht verbergen, den er darüber empfand. Unübersehbar war der Gegensatz zwischen den Frommen, die hinter dem Schein der Heiligkeit ihre Liebe zur Sünde versteckten, und dem Charakter von Jesus, dem der Eifer um die Ehre Gottes über alles ging. Weil Jesus durch sein Leben das Böse verurteilte, stieß er innerhalb und außerhalb seiner Familie auf Widerstand. Er wurde wegen seiner Selbstlosigkeit und Rechtschaffenheit verhöhnt. Seine Nachsicht und Freundlichkeit wurden als Feigheit bezeichnet.

ANDERS ALS ALLE ANDEREN JUNGEN

Vom bitteren Los, das Menschen treffen kann, blieb auch Christus nicht verschont. Es gab manche, die ihn wegen seiner Herkunft verurteilten. Schon als Kind lernte er ihre verächtlichen Blicke und ihre üble Nachrede kennen. Hätte er auch nur mit einem ungeduldigen Wort oder Blick darauf reagiert oder hätte er gegenüber seinen Brüdern durch eine unbedachte Tat nachgegeben, wäre er nicht mehr ein vollkommenes Vorbild gewesen. Dadurch hätte er den Plan zu unserer Erlösung nicht ausführen können. Hätte er zugestanden, dass es für die Sünde eine Entschuldigung gibt, hätte Satan triumphiert und die Welt wäre verloren gegangen. Deshalb machte der Verführer Jesus das Leben so schwer wie nur möglich, um ihn zur Sünde zu verleiten.

Doch auf jede Versuchung gab Jesus dieselbe Antwort: »Es steht geschrieben!« Selten tadelte er das Unrecht seiner Brüder, außer dann, wenn er ein Wort von Gott an sie auszurichten hatte. Oft beschuldigten sie ihn, feige zu sein, wenn er sich weigerte, gemeinsam mit ihnen etwas Verbotenes zu tun. Auch dann lautete seine Antwort: Es steht geschrieben! »Seht, die Furcht vor dem Herrn, das ist Weisheit, das Meiden des Bösen ist Einsicht.« (Hiob 28,28 EÜ)

Manche suchten seine Gesellschaft, weil sie sich bei ihm geborgen fühlten. Viele aber gingen ihm aus dem Weg, weil sie durch sein makelloses Leben zurechtgewiesen wurden. Seine jugendlichen Kameraden drängten ihn, so zu leben wie sie. Sie hielten sich gern in seiner Nähe auf, weil er heiter und fröhlich war, und freuten sich über seine guten Ratschläge. Von ihm geäußerte Bedenken wiesen sie jedoch ungeduldig zurück und bezeichneten ihn als engherzig und streng. Auch darauf lautete die Antwort von Jesus: Es steht geschrieben: »Wie kann ein junger Mensch in seinem Leben rein von Schuld bleiben? Indem er sich an dein Wort hält und es befolgt ... Ich habe dein Wort in meinem Herzen bewahrt, damit ich nicht gegen dich sündige.« (Psalm 119,9.11 NLB)

Oft fragte man ihn: »Warum bist du so eigenartig, so anders als wir alle?« »Es steht geschrieben«, entgegnete er, »glücklich sind die Menschen, die ihr Leben aufrichtig leben, die das Gesetz des Herrn befolgen! Glücklich sind die, die sich an seine Weisungen halten und ihn von ganzem Herzen suchen. Sie tun nichts Böses, sondern gehen auf den Wegen Gottes.« (Psalm 119,1-3 NLB)

Fragte man ihn, weshalb er nicht an den Vergnügungen der jungen Leute von Nazareth teilnahm, antwortete er: »Es steht geschrieben.« »Ich habe mich über deine Weisungen mehr als über großen Reichtum gefreut. Ich will über deine Gebote nachdenken und mich an deine Wege halten. Ich will mich an deinen Ordnungen freuen und dein Wort nicht vergessen.« (Psalm 119,14-16 NLB)

Jesus kämpfte nicht für seine Rechte. Oft wurde ihm seine Arbeit unnötigerweise erschwert, weil er fleißig war und sich nicht beklagte. Er gab aber nie auf, noch ließ er sich entmutigen. Über solche Schwierigkeiten war er erhaben, so, als lebte er im Licht von Gottes Angesicht. Wenn man grob mit ihm umging, zahlte er es niemandem heim. Beleidigungen ertrug er mit Geduld.

Immer wieder wollte man von ihm wissen, warum er sich sogar von seinen Brüdern so schlecht behandeln ließ. Er antwortete: »Es steht geschrieben.« »Mein Sohn, vergiss meine Weisung nicht, und dein Herz behalte meine Gebote, denn sie werden dir langes Leben bringen und gute Jahre und Frieden;

Gnade und Treue sollen dich nicht verlassen. Hänge meine Gebote an deinen Hals und schreibe sie auf die Tafel deines Herzens, so wirst du Freundlichkeit und Klugheit erlangen, die Gott und den Menschen gefallen.« (Sprüche 3,1-4)

DAS VERHÄLTNIS ZU SEINER MUTTER

Seit seine Eltern Jesus im Tempel gefunden hatten, rätselten sie über sein Verhalten. Er ließ sich nicht auf Auseinandersetzungen ein. Sein Verhalten aber war eine ständige Belehrung. Er trat auf, als hätte er eine besondere Bestimmung. Glückliche Stunden erlebte er, wenn er in der Natur und mit Gott allein war. Wann immer es möglich war, verließ er seine Arbeit, um durch die Felder zu streifen, in grünen Tälern tiefen Gedanken nachzuhängen oder am Berghang, im Wald unter Bäumen, Gemeinschaft mit Gott zu pflegen. Oft ging er am frühen Morgen an einen abgeschiedenen Ort, um nachzudenken, die Schrift zu studieren oder um zu beten. Nach solch stillen Stunden kehrte er nach Hause zurück, um wieder seinen Pflichten nachzukommen. Beispielhaft war sein geduldiges und hartes Arbeiten.

Das Leben von Jesus war von Respekt und Liebe gegenüber seiner Mutter geprägt. Maria glaubte daran, dass das heilige Kind, das sie geboren hatte, der lang verheißene Messias war, doch sie wagte nicht, darüber zu sprechen. Sein ganzes Leben lang nahm sie Anteil an seinen Leiden. Mit Sorge verfolgte sie die seelischen Prüfungen, denen er während seiner Kindheit und Jugend ausgesetzt war. Indem sie sein Verhalten verteidigte, von dem sie wusste, dass es richtig war, brachte sie sich selbst in schwierige Situationen. Für Maria waren die häusliche Gemeinschaft und die warmherzige Fürsorge einer Mutter ihren Kindern gegenüber die wichtigsten Elemente zur Charakterbildung. Die Söhne und Töchter von Josef wussten dies und benutzten die mütterliche Sorge, um zu versuchen, das Handeln von Jesus nach ihren eigenen Maßstäben zu korrigieren.

Maria machte Jesus oft Vorhaltungen und drängte ihn, sich den Gepflogenheiten der Rabbiner anzupassen. Aber er konnte nicht dazu überredet werden, seine Gewohnheiten aufzugeben. Diese bestanden darin, über die Werke Gottes nachzudenken und das Leiden der Menschen und selbst der Tiere zu lindern. Als die Priester und Lehrer von Maria verlangten, ihnen dabei zu helfen, Jesus zu beaufsichtigen, war sie sehr aufgewühlt. Als er ihr aber die Schriftstellen zeigte, die seine Handlungsweise unterstützten, kehrte Friede in ihr Herz zurück.

Manchmal schwankte Maria zwischen Jesus und seinen Brüdern, die nicht glaubten, dass er der Gesandte Gottes war. Doch es gab reichlich Beweise dafür, dass er einen göttlichen Charakter besaß. Sie sah, dass er sich für das Wohl anderer aufopferte. Seine Anwesenheit brachte eine bessere Atmosphäre ins Haus, und sein Leben wirkte wie Sauerteig[21] in den verschiedensten Bereichen der Gesellschaft. Bescheiden und schuldlos lebte er inmitten von Rücksichtslosen, Ungesitteten und Unfreundlichen, inmitten von ungerechten Zöllnern, leichtsinnigen Verschwendern, gottlosen Samaritern, heidnischen Soldaten, rauen Bauern und der zusammengewürfelten Menschenmenge. Immer wieder äußerte er ein Wort des Mitgefühls, wenn er sah, wie die Menschen trotz Erschöpfung ihre schweren Lasten weitertragen mussten. Er teilte ihre Bürden und erzählte ihnen von seiner Erkenntnis über die Liebe, Freundlichkeit und Güte Gottes, die er in der Natur gefunden hatte.

DAS LICHT DER MENSCHHEIT

Er lehrte alle, sich als Menschen zu betrachten, die mit kostbaren Gaben ausgestattet worden sind. Durch den richtigen Einsatz dieser Gaben würde ihnen ewiger Reichtum gewiss sein. Er verbannte alle Eitelkeit aus dem Leben und lehrte sie durch sein eigenes Beispiel, dass jeder Augenblick Auswirkungen auf die Ewigkeit hat. Deshalb sollte jeder Moment wie ein kostbarer Schatz behandelt und für heilige Ziele eingesetzt werden. Jesus ging an keinem Menschen achtlos vorbei, sondern versuchte, allen erlösende Heilmittel zu bringen. In welcher Gesellschaft er sich auch befand, stets hielt er eine Lektion bereit, die der Zeit und den Umständen entsprach. Er versuchte, den gröbsten und aussichtslosesten Menschen neue Hoffnung zu schenken. Er versicherte ihnen, dass sie von ihrer Schuld frei und rein werden und einen Charakter erlangen können, der sie als Kinder Gottes ausweist. Oft begegnete er Menschen, die unter die Kontrolle Satans geraten waren und keine Kraft mehr hatten, sich aus seinen Schlingen zu befreien. Diesen entmutigten, kranken, geprüften und heruntergekommenen Menschen begegnete Jesus mit liebevollen Worten des Erbarmens – mit Worten, die nötig waren und verstanden werden konnten. Andere traf er, die in einer unmittelbaren Auseinandersetzung mit dem Widersacher standen. Solche ermutigte Jesus durchzuhalten, und er versicherte ihnen, sie könnten den Kampf gewinnen, weil Gottes Engel auf ihrer Seite kämpfen und ihnen den Sieg verleihen würden. Menschen, denen auf diese Weise geholfen wurde, kamen zur Überzeugung, dass einer da war, dem sie voll und ganz vertrauen konnten. Er würde keines der Geheimnisse preisgeben, für die er ein offenes Ohr gehabt hatte.

---

21 Das Bild vom Sauerteig stammt offensichtlich von einem Sprichwort der neutestamentlichen Zeit: »Ein wenig Sauerteig durchsäuert den ganzen Teig.« (1. Korinther 5,6; Galater 5,9) So durchdrang das Leben und Wirken von Jesus die gesamte damalige Gesellschaft (vgl. Lukas 13,20.21).

Jesus heilte Körper und Seele. An jedem Leid, das er bemerkte, nahm er Anteil, jedem Leidenden brachte er Linderung, und seine freundlichen Worte wirkten wie wohltuender Balsam. Niemand vermochte zu sagen, Jesus habe ein Wunder vollbracht; doch die Kraft der Liebe, die von ihm ausging, heilte die Kranken und Geplagten. So wirkte er für die Menschen in bescheidener Weise von Kindheit an. Darum hörten ihm so viele gerne zu, als er öffentlich zu wirken begann.

Als Kind, als Jugendlicher und auch als Mann war Jesus allein auf seinem Weg. In seiner Reinheit und Treue hat er »ganz allein die Weinpresse getreten«[22] und »niemand« war bei ihm (Jesaja 63,3). Auf ihm lastete die schwere Verantwortung, die Menschheit zu retten. Er wusste, dass alle Menschen für immer verloren wären, wenn sie ihre Grundsätze und Absichten nicht entschieden ändern würden. Diese Last lag auf seiner Seele, doch niemand konnte ermessen, wie schwer er daran trug. Er war von der festen Absicht erfüllt, der Bestimmung seines Lebens nachzukommen und das Licht der Menschen zu sein.

---

22 Das Bild vom Treten der Weinkelter stammt aus der damaligen Art der Traubenlese: In den Weingärten wurden die reifen Trauben gesammelt und in die dort ausgehauene Kelter geleert (vgl. Jesaja 5,2; Matthäus 21,33). Die Helfer zerstampften darin die Trauben mit ihren nackten Füßen. Der Traubensaft floss in ein Auffangbecken. Man füllte ihn in Tonkrüge oder Lederschläuche ab.

TEIL 2

JESUS BEGINNT SEINEN DIENST

*»Dies ist mein lieber Sohn,
an dem ich Wohlgefallen habe.«*

Matthäus 3,17

KAPITEL 10

DIE STIMME IN DER WÜSTE

Lukas 1,5-23, 57-80; 3,1-18; Matthäus 3,1-12; Markus 1,1-8

Aus der Mitte der treuen Gläubigen in Israel, die lange auf das Kommen des Messias gewartet hatten, ging der Vorläufer von Christus hervor. Zacharias, ein betagter Priester, und seine Frau Elisabeth waren »beide fromm vor Gott« (Lukas 1,6). Aus ihrem stillen und frommen Leben leuchtete das Licht des Glaubens wie ein Stern inmitten der Dunkelheit jener bösen Tage. Diesem gottesfürchtigen Paar war ein Sohn verheißen worden. Er sollte »vor dem Herrn hergehen und ihm den Weg bereiten« (Lukas 1,76 NGÜ).

JOHANNES WIRD ANGEKÜNDIGT

Zacharias wohnte im »Bergland von Juda« (Lukas 1,39 NGÜ), aber er war nach Jerusalem hinaufgegangen, um eine Woche lang im Tempel zu dienen. Dieser Dienst wurde von den Priestern jeder Abteilung zweimal im Jahr verlangt. »Es geschah aber, als er in der Ordnung seiner Abteilung den priesterlichen Dienst vor Gott verrichtete, traf ihn nach der Gewohnheit des Priestertums das Los, in den Tempel des Herrn zu gehen, um zu räuchern.« (Lukas 1,8.9 Elb.)

Er stand vor dem goldenen Altar im vorderen Innenraum des Tempels, dem »Heiligen«. Der Weihrauch stieg mit den Gebeten Israels zu Gott empor. Plötzlich wurde er sich der Gegenwart eines himmlischen Wesens bewusst. »Ein Engel des Herrn ... stand zur Rechten des Räucheraltars.« (Lukas 1,11 Elb.) Dass der Engel an dieser Stelle erschien, war ein Zeichen des Wohlwollens, doch Zacharias nahm dies nicht wahr. Seit vielen Jahren hatte er für das Kommen des Erlösers gebetet. Jetzt sandte der Himmel einen Boten, um zu verkünden, dass diese Gebete bald erhört würden. Aber das Erbarmen Gottes erschien Zacharias zu groß, um daran glauben zu können. Stattdessen war er mit Angst erfüllt und sich seiner Schuld bewusst.

Er wurde jedoch mit der freudigen Zusage begrüßt: »›Du brauchst dich nicht zu fürchten, Zacharias! Dein Gebet ist erhört worden. Deine Frau Elisabeth wird dir einen Sohn schenken; dem sollst du den Namen Johannes geben. Du wirst voller Freude und Jubel sein, und auch viele andere werden sich über seine Geburt freuen. Denn er wird groß sein in den Augen des Herrn. Er wird keinen Wein und keine starken Getränke zu sich nehmen, und er [wird] mit dem Heiligen Geist erfüllt sein. Viele Israeliten wird er zum Herrn, ihrem Gott, zurückführen. Erfüllt mit dem Geist und der Kraft des Elia, wird er vor dem Herrn hergehen. Durch ihn werden sich die Herzen der Väter den Kindern zuwenden, und die Ungehorsamen werden ihre Gesinnung ändern und sich nach denen richten, die so leben, wie es Gott gefällt. So wird er dem Herrn ein Volk zuführen, das für ihn bereit ist.‹ Zacharias sagte zu dem Engel: ›Woran soll ich erkennen, dass das alles geschehen wird? Ich bin doch ein alter Mann, und meine Frau ist auch nicht mehr jung.‹« (Lukas 1,13-18 NLB)

Zacharias wusste genau, dass Abraham noch im hohen Alter ein Kind geschenkt worden war, weil er seinem Gott, der es ihm versprochen hatte, vertrauensvoll glaubte. Doch für einen Augenblick schweiften die Gedanken des alten Priesters ab, und er dachte an die Schwachheit der menschlichen Natur. Er vergaß, dass Gott das, was er verheißen hat, auch erfüllen kann. Welch ein Unterschied zwischen dem Unglauben des Zacharias und dem tiefen, kindlichen Glauben von Maria, der jungen Frau aus Nazareth, die dem Engel auf seine wunderbare Ankündigung antwortete: »Siehe, ich bin des Herrn Magd; mir geschehe, wie du gesagt hast.« (Lukas 1,38)

Die Geburt der Söhne von Zacharias, Abraham und Maria lehren uns eine tiefe geistliche Wahrheit – eine Wahrheit, die wir nur langsam lernen und schnell wieder vergessen: Wir sind nicht in der Lage, irgendeine gute Tat aus uns selbst heraus zu vollbringen; aber das, was wir nicht von uns aus tun können, wird durch die Macht Gottes in jedem demütigen Gläubigen gewirkt. Durch den Glauben wurde das Kind der Verheißung gegeben; durch den Glauben wird auch geistliches Leben geboren und werden wir befähigt, Werke der Gerechtigkeit zu tun.

Auf die Frage von Zacharias erwiderte der Engel: »Ich bin Gabriel, der vor Gott steht, und ich bin gesandt worden, zu dir zu reden und dir diese gute Botschaft zu verkündigen.« (Lukas 1,19 Elb.) 500 Jahre zuvor ließ Gabriel den Propheten Daniel wissen, wie lange der Zeitabschnitt bis zum Kommen des Messias sein werde (vgl. Daniel 9,24-27). Das Wissen um das nahe Ende dieser prophetischen Zeitspanne veranlasste Zacharias, für die Ankunft des Messias zu beten. Nun kam genau derselbe Bote, durch den damals diese Weissagung gegeben worden war, und kündigte deren Erfüllung an.

Die Worte des Engels »Ich bin Gabriel, der vor Gott steht« zeigen, dass er in den himmlischen Höfen eine hohe Stellung innehat. Als er damals mit der Botschaft zu Daniel kam, sagte er: »Es ist keiner, der mir hilft gegen jene, außer eurem Engelfürsten Michael [Christus]« (Daniel 10,21). Von Gabriel sprach Christus in der Offenbarung, als er sagte: »Er hat sie durch seinen Engel gesandt und seinem Knecht Johannes kundgetan.« (Offenbarung 1,1) Und zu Johannes sagte der Engel: »Ich bin ein Diener Gottes wie du und deine Brüder, die Propheten.« (Offenbarung 22,9 GNB) Welch ein wunderbarer Gedanke – gerade der Engel, der dem Sohn Gottes vom Ansehen her am nächsten stand, wurde dazu berufen, der sündigen Menschheit Gottes Absichten zu offenbaren!

ZACHARIAS VERLIERT SEINE SPRACHE

Zacharias zweifelte an den Worten des Engels. Nun sollte er nicht mehr reden können, bis sich diese Worte erfüllten. »Und siehe«, sagte der Engel, »du wirst stumm werden … bis zu dem Tag, an dem dies geschehen wird, weil du meinen Worten nicht geglaubt hast, die erfüllt werden sollen zu ihrer Zeit.« (Lukas 1,20) In diesem Gottesdienst war es die Aufgabe des Priesters, um die Vergebung öffentlicher und nationaler Sünden zu bitten, sowie für das Kommen des Messias zu beten. Doch als Zacharias dies tun wollte, brachte er kein Wort heraus.

Er trat aus dem Tempel, um das Volk zu segnen, »und er winkte ihnen und blieb stumm« (Lukas 1,22). Sie hatten lange gewartet und fürchteten nun, er sei durch ein göttliches Gericht umgekommen. Doch als er aus dem vorderen Raum des Heiligtums trat, leuchtete sein Gesicht von der Herrlichkeit Gottes, »und sie erkannten, dass er im Tempel ein Gesicht gesehen hatte« (Lukas 1,22 Elb.). Zacharias vermittelte ihnen, was er gesehen und gehört hatte, und »als die Zeit seines Dienstes um war, ging er heim in sein Haus« (Lukas 1,23).

JOHANNES WIRD GEBOREN

Kaum war das verheißene Kind geboren, konnte Zacharias wieder reden, »und er pries Gott. Furcht und Staunen ergriff alle, die in jener Gegend wohnten, und im ganzen Bergland von Judäa sprach sich herum, was geschehen war. Alle, die davon hörten, wurden nachdenklich und fragten sich: Was wird wohl aus diesem Kind einmal werden?« (Lukas 1,64-66 NGÜ) Durch all diese Ereignisse wurde die Aufmerksamkeit auf das Kommen des Messias gelenkt, dessen Wegbereiter Johannes sein würde.

Der Heilige Geist ruhte auf Zacharias. Mit diesen wunderbaren Worten sagte er die Aufgabe seines Sohnes voraus: »Und du, Kind, wirst Prophet des Höchsten genannt werden. Denn du wirst vor dem Herrn hergehen und ihm den Weg bereiten. Du wirst sein Volk zu der Erkenntnis führen, dass es durch die Vergebung seiner Sünden gerettet wird; denn unser Gott ist voll Erbarmen. Darum wird auch der helle Morgenglanz aus der Höhe zu uns kommen, um denen Licht zu bringen, die in der Finsternis und im Schatten des Todes leben, und um unsere Schritte auf den Weg des Friedens zu lenken.« (Lukas 1,76-79 NGÜ) »Johannes wuchs heran und wurde stark im Geist. Er lebte in der Wüste bis zu dem Tag, an dem er öffentlich in Israel auftrat.« (Lukas 1,80 NGÜ) Vor der Geburt des Johannes hatte der Engel gesagt: »Denn er wird groß sein vor dem Herrn. Wein und andere berauschende Getränke wird er nicht trinken und ... vom Heiligen Geist erfüllt sein.« (Lukas 1,15 EÜ) Gott hatte den Sohn von Zacharias zu einer großen Aufgabe berufen, zur größten, die je einem Menschen anvertraut wurde. Für deren Erfüllung war er auf die Hilfe des Herrn angewiesen. Gottes Geist würde bei ihm sein, wenn er die Anweisungen des Engels beachtete.

DER WEGBEREITER DES HERRN

Johannes hatte die Aufgabe, als Bote Gottes das göttliche Licht zu den Menschen zu bringen. Es galt, ihren Gedanken eine neue Ausrichtung zu geben. Er sollte ihnen die Heiligkeit der Gebote Gottes einprägen und ihnen bewusst machen, wie nötig sie die vollkommene Gerechtigkeit Gottes hatten. Ein solcher Bote musste selbst heilig und ein Tempel des Heiligen Geistes sein. Um seinen Auftrag erfüllen zu können, brauchte er einen starken, gesunden Körper und große geistige und seelische Stärke. Deshalb war es für ihn wichtig, seinen Appetit und seine Leidenschaften unter Kontrolle zu halten. Er musste in der Lage sein, alle seine Kräfte so zu beherrschen, dass er unter den Menschen standhaft bleiben konnte – unverrückbar durch äußere Umstände wie die Felsen und Berge der Wüste.

Zur Zeit Johannes des Täufers waren Gier nach Reichtum und die Liebe zu Luxus und Prunk weit verbreitet. Sinnliche Vergnügungen, Ausschweifungen und Trinkgelage verursachten körperliche Krankheiten und Entartung, trübten die geistliche Wahrnehmung und verminderten das Empfindungsvermögen gegenüber der Sünde. Johannes sollte als Reformer auftreten. Durch sein bescheidenes Leben und seine schlichte Kleidung tadelte er die Ausschweifungen seiner Zeit. Deshalb wurden die Eltern von Johannes diese

Anordnungen gegeben – eine Lektion über Mäßigkeit, übermittelt durch einen Engel vom Thron des Himmels.

Während der Kindheit und der Jugendzeit ist der Charakter am empfänglichsten. Die Fähigkeit zur Selbstbeherrschung sollte da erlernt werden. Der Einfluss, der vom Zuhause und vom Familientisch ausgeht, zeigt Auswirkungen, die bis in die Ewigkeit reichen. Mehr als jede natürliche Begabung entscheiden die in der frühen Kindheit angenommenen Gewohnheiten darüber, ob ein Mensch im Lebenskampf siegen oder unterliegen wird. Die Jugendzeit ist die Zeit der Saat. Sie entscheidet darüber, wie die Ernte für dieses und das zukünftige Leben aussehen wird.

Als Prophet sollte Johannes »mit der Kraft des Elia dem Herrn vorangehen, um das Herz der Väter wieder den Kindern zuzuwenden und die Ungehorsamen zur Gerechtigkeit zu führen und so das Volk für den Herrn bereit zu machen« (Lukas 1,17 EÜ). Dadurch, dass Johannes den Weg für das erste Kommen von Christus ebnete, wurde er für all jene zum Vorbild, die die Menschen auf das zweite Kommen unseres Herrn vorbereiten. Die Welt verliert sich in Maßlosigkeit; Irrtümer und Unwahrheiten sind weit verbreitet. Satans Täuschungen, mit denen er Menschen zugrunde richten will, sind vielfältig. Alle Menschen, die ihre Heiligkeit in der Furcht Gottes vervollkommnen möchten, müssen Mäßigkeit und Selbstbeherrschung lernen (vgl. 2. Korinther 7,1). Die Begierden und die Leidenschaften müssen den höheren Kräften des Geistes untergeordnet werden. Diese Selbstdisziplin ist unentbehrlich für die geistige Kraft und die geistliche Erkenntnis, die wir benötigen, um die heiligen Wahrheiten des Wortes Gottes zu verstehen und in die Tat umzusetzen. Aus diesem Grund ist die Mäßigkeit ein Teil der Vorbereitung auf die Wiederkunft von Christus.

Eigentlich wäre der Sohn von Zacharias als Priester ausgebildet worden. Aber die Erziehung in den rabbinischen Schulen hätte ihn für seine Aufgabe untauglich gemacht. Gott sandte ihn nicht zu den Theologen, um zu lernen, wie man die heiligen Schriften auslegt. Er rief ihn in die Wüste, um von der Natur und ihrem Schöpfer zu lernen.

In einer einsamen Gegend inmitten von kahlen Hügeln, wilden Schluchten und felsigen Höhlen fand Johannes sein Zuhause. Es war seine Entscheidung, die Freuden und den Luxus des Lebens aufzugeben und gegen die harte Schule in der Wüste einzutauschen. Dort begünstigte die Umgebung das einfache Leben und die Selbstverleugnung. Ungestört vom Lärm der Welt konnte er hier über die Lehren der Natur, der Offenbarung und der göttlichen Vorsehung nachdenken. Die Worte des Engels an Zacharias waren von den gottesfürchtigen Eltern des Johannes oft wiederholt worden. Von

Kindheit an war er sich seiner Sendung bewusst gewesen und hatte den heiligen Auftrag angenommen. Die Abgeschiedenheit der Wüste war für ihn eine Zuflucht vor einer Gesellschaft, die fast gänzlich von Misstrauen, Unglauben und Unmoral beherrscht war. Er vertraute nicht auf seine eigene Kraft, der Versuchung widerstehen zu können, und schreckte deshalb vom ständigen Umgang mit der Sünde zurück, um nicht das Empfinden für ihr überaus großes Unrecht zu verlieren.

Johannes war von Geburt an ein gottgeweihter »Nasiräer«[23] und nahm diese Berufung durch ein Leben der Hingabe persönlich an. Seine Kleidung war wie die eines Propheten aus alter Zeit: ein Gewand aus Kamelhaar, das von einem Ledergürtel zusammengehalten wurde. »Er ernährte sich von Heuschrecken[24] und wildem Honig« (Matthäus 3,4 NLB), die er in der Wildnis fand. Dazu trank er das klare Wasser von den Hügeln.

JOHANNES WIRD AUF SEINE AUFGABE VORBEREITET

Doch Johannes war nicht untätig und führte kein Leben in asketischer Schwermut oder egoistischer Abschottung. Von Zeit zu Zeit ging er hinaus, um sich mit Menschen zu treffen. Stets war er ein aufmerksamer Beobachter dessen, was in der Welt vor sich ging. Von seinem stillen Zufluchtsort aus beobachtete er, wie sich die Ereignisse entwickelten. Vom Heiligen Geist erleuchtet, studierte er den Charakter der Menschen. Er wollte verstehen, wie ihr Herz mit der Botschaft des Himmels erreicht werden konnte. Er spürte die Last seines Auftrags und wollte sich in der Abgeschiedenheit durch Andacht und Gebet auf sein zukünftiges Lebenswerk vorbereiten.

Obwohl er in der Wüste lebte, blieb er nicht frei von Versuchungen. So weit wie möglich verwehrte er Satan jeden Zugang; dennoch wurde er vom Versucher angegriffen, doch seine geistliche Wahrnehmung war klar. Er hatte Charakterstärke und Entscheidungskraft gelernt und war imstande, mit Hilfe des Heiligen Geistes die Annäherungsversuche Satans zu durchschauen und dessen Macht zu widerstehen.

Die Wüste war für Johannes zur Schule und zum Heiligtum geworden. Wie einst Mose inmitten der Hügel von Midian war Johannes von Gottes

---

23 Siehe Erklärungen »Nasiräer«, S. 818.
24 Das englische Wort »locust« kann sowohl Heuschrecke als auch Johannisbrot bedeuten. Der griechische Begriff »akrides«, der in Matthäus 3,4 und Markus 1,6 steht, wird in der Bibel nur für Heuschrecken verwendet, die als reine Tiere galten und verzehrt werden konnten (3. Mose 11,22). Andererseits wird seit früher Christenheit wiederholt die Meinung vertreten, dass Johannes die Frucht des Johannisbrotbaums gegessen habe.

Gegenwart und den Beweisen seiner Macht umgeben. Er konnte zwar nicht wie Israels großer Führer in der Einsamkeit majestätischer Berge wohnen. Doch vor Johannes lagen die Höhen Moabs jenseits des Jordan, die von jenem Gott erzählten, der die Berge fest gegründet und mit Kraft umgürtet hatte. Die düsteren und schrecklichen Seiten seiner Wüstenheimat veranschaulichten auf lebendige Weise den Zustand Israels. Der fruchtbare Weinberg des Herrn war zu einer trostlosen Einöde verkommen. Aber über der Wüste breitete sich der herrlich leuchtende Himmel aus. So wie sich über die dunklen zusammengeballten Gewitterwolken der Bogen der Verheißung wölbte, so leuchtete über dem zerfallenen Israel die versprochene Herrlichkeit der Herrschaft des Messias auf. Über die Wolken des Zorns spannte sich der Regenbogen seiner Bundesgnade.

Ganz allein in der Stille der Nacht las Johannes die Verheißung Gottes an Abraham, dass dessen Nachkommen so zahlreich sein sollten wie die Sterne (vgl. 1. Mose 15,5; 22,17). Und wenn das Licht des anbrechenden Morgens das Gebirge Moabs vergoldete, erzählte es von dem, der »wie das Licht des Morgens [ist], wenn die Sonne aufgeht am Morgen ohne Wolken« (2. Samuel 23,4). Der helle Mittag verkündigte ihm den Glanz der Offenbarung Gottes, »denn die Herrlichkeit des Herrn soll offenbart werden, und alles Fleisch miteinander wird es sehen« (Jesaja 40,5).

In ehrfurchtsvoller, aber doch froher Stimmung suchte er in den prophetischen Schriften nach den Offenbarungen über das Kommen des Messias, dieses verheißenen Nachkommens, welcher der Schlange den Kopf zertreten sollte (vgl. 1. Mose 3,15). Dieser »Schilo, ›der Ruhebringer‹« (1. Mose 49,10 Schl.),[25] sollte auftreten, bevor ein König aufhört, auf dem Thron Davids zu sitzen. Jetzt war diese Zeit gekommen. Im Palast auf dem Berg Zion regierte ein römischer Herrscher.[26] Durch das zuverlässige Wort des Herrn wusste er, dass Christus bereits geboren war.

Johannes studierte die spannenden Schilderungen Jesajas von der Herrlichkeit des Messias Tag und Nacht. Er las von diesem »Spross ... aus dem Baumstumpf Isai« (Jesaja 11,1 GNB), vom König, der in Gerechtigkeit regieren und ein »rechtes Urteil den Elenden im Lande« sprechen würde (Jesaja 11,4), der »wie ein schützender Raum vor dem Sturm ... oder wie der Schatten eines gigantischen Felsens in einem vom Durst erschlafften Land« (Jesaja 32,2 NLB) sein würde. Israel sollte nicht länger »Verlassene« heißen, noch sein Land »Einsame«, sondern es sollte vom Herrn genannt werden »meine

---

25 Siehe Erklärungen »Schilo«, S. 820 f.
26 Im Jahr 6 n.Chr. wurde der Ethnarch Herodes Archelaus (ein Sohn Herodes des Großen) von Kaiser Augustus abgesetzt und sein Herrschaftsgebiet zur römischen Provinz Judäa.

Lust« und sein Land »liebe Frau« (Jesaja 62,4). Das Herz des einsamen Johannes war von dieser herrlichen Vorstellung erfüllt.

Er blickte auf diesen König in seiner Pracht und vergaß sich dabei selbst. Er sah die majestätische Heiligkeit und fühlte sich selbst schwach und unwürdig. Er war bereit, als Bote des Himmels hinauszugehen, ohne Scheu vor den Menschen, denn er hatte den Göttlichen geschaut. Mit erhobenem Haupt und furchtlos konnte er vor weltlichen Herrschern stehen, denn er hatte sich völlig dem König aller Könige unterworfen.

VERLANGEN NACH BEFREIUNG

Johannes verstand das Wesen des messianischen Reiches nicht völlig. Er erwartete, dass Israel als Nation von seinen Feinden befreit würde. Doch das große Ziel seiner Hoffnung war das Kommen eines Königs, der mit Gerechtigkeit regieren und Israel als heiliges Volk aufrichten würde. Er glaubte, dass auf diese Weise die Prophezeiung, die bei seiner Geburt gegeben worden war, Erfüllung fände: »Er vergisst seinen heiligen Bund nicht; er denkt an den Eid ... dass er uns aus den Händen unserer Feinde befreien wird und wir ihm unser ganzes Leben lang ohne Furcht in Heiligkeit und Gerechtigkeit in seiner Gegenwart dienen werden.« (Lukas 1,68-75 NGÜ)

Johannes sah sein Volk betrogen, selbstzufrieden und durch seine Sünden gelähmt. Er sehnte sich danach, es zu einem heiligeren Leben zu ermutigen. Die Botschaft, die ihm Gott aufgetragen hatte, sollte die Israeliten aus ihrer Trägheit aufrütteln und sie wegen ihrer großen Bosheit erzittern lassen. Bevor der Same des Evangeliums ausgestreut werden konnte, musste der Herzensboden aufgebrochen werden. Bevor sie bei Jesus Heilung suchten, musste ihnen bewusst werden, wie gefährlich für sie die Verletzungen der Sünde waren. Gott sendet seine Boten nicht, um dem Sünder zu schmeicheln. Er überbringt keine Friedensbotschaft, um Unheilige in falscher Sicherheit zu wiegen. Er legt schwere Lasten auf das Gewissen des Übeltäters und durchdringt die Seele mit Pfeilen der Selbsterkenntnis. Die dienstbereiten Engel weisen ihn auf die furchterregenden Urteile Gottes hin, um ihm seine Hilflosigkeit bewusst zu machen, damit er ausruft: »Was muss ich tun, um gerettet zu werden?« (Apostelgeschichte 16,30) Dann wird ihn die Hand aufrichten, die ihn tief gedemütigt hat. Dieselbe Stimme, die die Sünde gerügt und Stolz und Ehrgeiz an den Pranger gestellt hat, fragt mit liebevollster Anteilnahme: »Was willst du, dass ich dir tun soll?« (Lukas 18,41)

Als Johannes seinen Dienst begann, war die Nation unzufrieden, aufgewühlt und einem Aufstand nahe. Mit der Amtsenthebung von Archelaus war

Judäa unmittelbar der Herrschaft Roms unterstellt worden. Die Tyrannei und Erpressung vonseiten der römischen Statthalter und deren feste Entschlossenheit, dem Volk heidnische Symbole und Sitten aufzuzwingen, lösten Revolten aus. Diese wurden blutig niedergeschlagen. Dabei fanden Tausende der tapfersten Israeliten den Tod. All dies schürte den Hass des Volkes Rom gegenüber, und das Verlangen wuchs, von der Gewalt der Römer befreit zu werden.

AUFRUF ZUR UMKEHR

Inmitten von Kampf und Streit vernahm man eine Stimme aus der Wüste. Sie klang ernst und aufrüttelnd, aber doch hoffnungsfroh: »Kehrt um und wendet euch Gott zu, denn das Himmelreich ist nahe!« (Matthäus 3,2 NLB) Mit einer neuen, außergewöhnlichen Kraft bewegte sie die Menschen. Propheten[27] hatten das Kommen des Messias als ein Ereignis in ferner Zukunft angekündigt. Nun aber hörte man, dass das große Ereignis nahe bevorstand. Die ungewöhnliche Erscheinung von Johannes erinnerte seine Zuhörer an die alten Seher. Sein Auftreten und seine Kleidung ähnelten denen des Propheten Elia. Im Geist und in der Kraft Elias verurteilte er den sittlichen Niedergang der Nation und tadelte die weitverbreiteten Sünden. Seine Worte waren deutlich, gezielt und überzeugend. Viele glaubten, er sei ein vom Tod auferstandener Prophet. Das ganze Volk war tief berührt. Scharenweise zogen die Menschen hinaus in die Wüste.

Johannes verkündete das Kommen des Messias und rief die Menschen zur Sinnesänderung auf. Als Zeichen für die Reinigung von der Sünde taufte er sie im Wasser des Jordan. Auf diese Weise machte er durch eine bedeutsame und anschauliche Handlung klar, dass diejenigen, die sich Gottes auserwähltes Volk nannten, mit Sünde verunreinigt waren. Ohne Reinigung ihres Herzens und ohne Umkehr in ihrem Leben würden sie keinen Teil am Königreich des Messias haben.

Fürsten und Rabbiner, Soldaten, Zöllner und Bauern kamen, um den Propheten zu hören. Eine Zeitlang waren sie durch die ernste Warnungsbotschaft Gottes aufgerüttelt. Viele bereuten ihre Sünden und ließen sich taufen. Menschen aus allen Schichten folgten den Anweisungen des Täufers, um am Königreich, das er ankündigte, teilzuhaben.

Viele Pharisäer und Schriftgelehrte bekannten ihre Sünden und wollten getauft werden. Sie hatten sich für besser gehalten als andere Menschen und das Volk dazu gebracht, eine hohe Meinung von ihrer Frömmigkeit zu

---

27 Siehe Erklärungen »Prophet«, S. 818 f.

haben. Jetzt aber wurde die geheime Schuld ihres Lebens aufgedeckt. Der Heilige Geist zeigte Johannes, dass viele von diesen Männern ihre Sünden nicht wirklich bereuten. Sie waren nur Mitläufer, die hofften, als Freunde des Propheten beim kommenden Fürsten gut dazustehen. Und sie dachten, sie würden ihren Einfluss auf das Volk verstärken, wenn sie sich von diesem beliebten jungen Lehrer taufen ließen.

Johannes empfing sie mit der schonungslosen Frage: »Ihr Schlangenbrut! Wer hat euch auf den Gedanken gebracht, ihr könntet dem kommenden Gericht entgehen? Bringt Frucht, die zeigt, dass es euch mit der Umkehr ernst ist, und meint nicht, ihr könntet euch darauf berufen, dass ihr Abraham zum Vater habt. Ich sage euch: Gott kann Abraham aus diesen Steinen hier Kinder erwecken.« (Matthäus 3,7-9 NGÜ)

DAS GERICHT ÜBER ISRAEL

Die Juden hatten Gottes Verheißung der ewigen Gunst für Israel missverstanden: »So spricht der Herr, der die Sonne gesetzt hat zum Licht für den Tag, die Ordnungen des Mondes und der Sterne zum Licht für die Nacht, der das Meer erregt, dass seine Wogen brausen, Herr der Heerscharen ist sein Name: Wenn diese Ordnungen vor meinem Angesicht weichen, spricht der Herr, dann soll auch die Nachkommenschaft Israels aufhören, eine Nation zu sein vor meinem Angesicht alle Tage. So spricht der Herr: Wenn der Himmel oben gemessen werden kann und die Grundfesten der Erde unten erforscht werden können, dann will ich auch die ganze Nachkommenschaft Israels verwerfen wegen all dessen, was sie getan haben, spricht der Herr.« (Jeremia 31,35-37 Elb.) Die Juden betrachteten ihre natürliche Abstammung von Abraham als Anrecht auf diese Verheißung. Doch sie übersahen die Bedingungen, die Gott gestellt hatte. Bevor er ihnen die Verheißung gab, hatte er gesagt: »Ich will mein Gesetz in ihr Herz geben und in ihren Sinn schreiben, und sie sollen mein Volk sein, und ich will ihr Gott sein ... Ich will ihnen ihre Missetat vergeben und ihrer Sünde nimmermehr gedenken.« (Jeremia 31,33.34)

Die Menschen, denen das göttliche Gesetz ins Herz geschrieben ist (vgl. Römer 2,15), dürfen sich der Gunst Gottes sicher sein. Sie sind eins mit ihm. Die Juden aber hatten sich von Gott getrennt und litten wegen ihrer Sünden unter dem göttlichen Gericht. Deshalb befanden sie sich unter der Herrschaft einer heidnischen Nation. Ihr Verstand war durch die Sünde getrübt, und weil ihnen der Herr in der Vergangenheit so große Gunst erwiesen hatte, entschuldigten sie ihre Verfehlungen. Sie bildeten sich ein, besser zu sein als andere Menschen, und erhoben Anspruch auf Gottes Segnungen.

»Uns zur Warnung wurde es aufgeschrieben, uns, die das Ende der Zeiten erreicht hat.« (1. Korinther 10,11 EÜ). Wie oft legen wir die Segnungen Gottes falsch aus und bilden uns ein, dass wir wegen einer unserer Tugenden bevorzugt würden! Gott kann für uns nicht das tun, was er gerne tun möchte. Seine Gaben würden unsere Selbstgefälligkeit steigern und unsere Herzen durch Unglauben und Sünde verhärten.

Johannes erklärte den Lehrern Israels, dass ihr Stolz, ihre Selbstsucht und ihre Grausamkeit sie als Schlangenbrut ausweisen würden und dass sie – anstatt Kinder des gerechten und gehorsamen Abrahams zu sein – zum tödlichen Fluch für das Volk geworden seien. Gemessen an der Erkenntnis, die sie von Gott empfangen hatten, waren sie noch schlimmer als die Heiden, über die sie sich so erhaben fühlten. Sie hatten vergessen, auf den Felsen zu schauen, aus dem sie gehauen waren, und auf den Brunnenschacht, aus dem sie gegraben wurden (vgl. Jesaja 51,1). Gott war nicht auf sie angewiesen, um seine Pläne zu verwirklichen. Wie er Abraham aus einem heidnischen Volk herausgerufen hatte, so konnte er auch andere zu seinem Dienst berufen. Deren Herzen mochten jetzt noch so leblos erscheinen wie die Steine in der Wüste, aber Gottes Geist konnte sie dazu befähigen, seinen Willen zu tun und die Erfüllung seiner Verheißung zu empfangen.

»Die Axt ist schon angelegt, um die Bäume an der Wurzel abzuschlagen«, sagte Johannes, der Prophet. »Jeder Baum, der keine guten Früchte bringt, wird umgehauen und ins Feuer geworfen.« (Matthäus 3,10 GNB) Der Wert eines Baumes wird nicht nach seinem Namen bestimmt, sondern nach seinen Früchten. Wenn die Früchte nichts wert sind, kann ihn der Name des Baumes nicht davor bewahren, gefällt zu werden. Johannes machte den Juden klar, dass ihr Charakter und ihr Leben darüber entscheiden werden, ob sie vor Gott bestehen können. Nur ein Lippenbekenntnis ist wertlos. Wenn ihr Leben und ihr Charakter nicht mit Gottes Gesetz übereinstimmten, würden sie nicht mehr sein Volk sein.

VIELE LASSEN SICH TAUFEN

Die eindringlichen Worte von Johannes überzeugten seine Zuhörer. Sie kamen zu ihm und fragten: »Was sollen wir denn tun?« (Lukas 3,10) Er antwortete: »Wer zwei Hemden hat, der gebe dem, der keines hat; und wer zu essen hat, tue ebenso.« (Lukas 3,10.11) Und er warnte die Zöllner davor, ungerecht zu handeln, und die Soldaten, gewalttätig zu sein.

Johannes erklärte, dass alle, die Untertanen des messianischen Königreichs werden wollten, sich durch Glauben und Reue ausweisen müssten.

Güte, Aufrichtigkeit und Treue würden in ihrem Leben sichtbar. Sie helfen den Bedürftigen und bringen Gott ihre Gaben dar. Sie beschützen die Wehrlosen und sind ein lebendiges Beispiel für Tugend und Mitgefühl. Die Nachfolger von Christus geben so Zeugnis von der verändernden Macht des Heiligen Geistes. In ihrem täglichen Leben zeigen sich Gerechtigkeit, Barmherzigkeit und Gottes Liebe. Andernfalls glichen sie der Spreu, die im Feuer verbrannt wird.

Johannes sagte: »Ich taufe euch mit Wasser ›als Bestätigung‹ für eure Umkehr. Der aber, der nach mir kommt, ist stärker als ich; ich bin es nicht einmal wert, ihm die Sandalen auszuziehen. Er wird euch mit dem Heiligen Geist und mit Feuer taufen.« (Matthäus 3,11 NGÜ) Der Prophet Jesaja hatte erklärt, der Herr werde sein Volk »durch den Geist des Gerichts und durch den Geist des Niederbrennens« (Jesaja 4,4 Elb. Fußnote) von den Übertretungen reinigen. Das Wort des Herrn an Israel lautete: »Ich werde meine Hand gegen dich erheben. Ich werde alle Schlacke wie mit Lauge aus dir ausschmelzen und alles Blei aus dir entfernen.« (Jesaja 1,25 NLB) Für die Sünde ist »unser Gott ... ein verzehrendes Feuer« (Hebräer 12,29), ganz gleich, wo sie gefunden wird. In allen Menschen, die sich der Macht Gottes unterordnen, wird der Heilige Geist die Sünde verzehren. Doch wer an der Sünde festhält, bekennt sich zu ihr. Dann wird die Herrlichkeit Gottes, welche die Sünde vernichtet, auch sie vernichten müssen. Nachdem Jakob eine ganze Nacht mit dem Engel des Herrn gerungen hatte, rief er aus: »Ich habe Gott von Angesicht gesehen, und doch wurde mein Leben gerettet.« (1. Mose 32,31) Jakob hatte sich an Esau schwer versündigt, doch er bereute es. Seine Übertretung wurde ihm vergeben, und von seiner Sünde war er rein geworden. Darum konnte er die Offenbarung der Gegenwart Gottes ertragen. Aber immer, wenn Menschen vor Gott traten und bewusst am Bösen festhielten, mussten sie sterben. Wenn Christus wiederkommt, werden diese sündigen Menschen »mit dem Hauch seines Mundes« vernichtet werden, und Jesus wird ihnen »ein Ende machen durch seine Erscheinung, wenn er kommt« (2. Thessalonicher 2,8). Das Licht der göttlichen Herrlichkeit, das den Gerechten ewiges Leben gibt, wird die Boshaften umbringen.

Zur Zeit Johannes des Täufers stand Christus kurz davor, als der zu erscheinen, der das Wesen Gottes offenbart. Schon allein seine Gegenwart machte den Menschen ihre Sünde bewusst. Aber nur wer bereit war, sich von den Sünden reinigen zu lassen, konnte in die Gemeinschaft mit ihm aufgenommen werden. Nur wer reinen Herzens war, konnte in seiner Gegenwart bleiben.

So verkündigte der Täufer die Botschaft Gottes an Israel. Viele nahmen sich seine Lehren zu Herzen und gaben alles auf, um gehorsam zu sein. In

TEIL 2 | DER SIEG DER LIEBE

Scharen folgten sie diesem neuen Lehrer von Ort zu Ort. Es waren nicht wenige unter ihnen, die hofften, dass er der Messias sei. Als Johannes aber merkte, dass sich seine Zuhörer ihm zuwandten, nutzte er jede Gelegenheit, um ihren Glauben auf den zu lenken, der kommen sollte.

KAPITEL 11

JESUS LÄSST SICH TAUFEN

Matthäus 3,13-17; Markus 1,9-11; Lukas 3,21,22

Die Nachricht über den Propheten in der Wüste und seine wunderbare Ankündigung verbreiteten sich in ganz Galiläa. Sie erreichte die Bauern in den entlegensten Bergdörfern, drang zu den Fischern am See Genezareth und fiel bei den aufrichtigen Herzen dieser einfachen Menschen auf fruchtbaren Boden. Auch in Nazareth, in der Werkstatt, die einst Josef gehört hatte, wurde darüber gesprochen. Und der Eine, dem dieser Ruf galt, erkannte ihn. Nun war der Zeitpunkt für Jesus gekommen. Er verließ seine tägliche Arbeit, nahm Abschied von seiner Mutter und folgte seinen Landsleuten, die zum Jordan strömten.

Jesus und Johannes der Täufer waren Cousins und durch die Umstände ihrer Geburten eng miteinander verbunden. Dennoch waren sie sich nie persönlich begegnet. Jesus hatte bis dahin in Nazareth, in Galiläa gelebt, Johannes in der Wüste von Judäa. Beide lebten abgeschieden in einer ganz anderen Umgebung und hatten keine Verbindung zueinander. Dies war Gottes Vorsehung, denn es sollte nicht der Eindruck entstehen, die beiden hätten sich zusammengetan, um sich gegenseitig zu bestätigen und in ihrem Anspruch zu unterstützen.

Johannes wusste um die Ereignisse, welche die Geburt von Christus begleitet hatten. Er hatte vom Besuch des jungen Jesus in Jerusalem gehört und darüber, was sich in der Schule der Rabbiner zugetragen hatte. Er wusste um das sündlose Leben von Jesus und glaubte, dass dieser der Messias sei, aber es fehlte ihm die letzte Gewissheit. Dass Jesus so viele Jahre im Verborgenen gelebt hatte, ohne einen besonderen Hinweis auf seine Bestimmung zu geben, hatte Zweifel aufkommen lassen, ob er wirklich der Verheißene sein konnte. Der Täufer aber wartete im Glauben geduldig darauf, dass Gott alles zu seiner Zeit klären werde. Es war ihm offenbart worden, dass sich der

Messias von ihm taufen lassen werde. Dabei sollte ein Zeichen seines göttlichen Wesens gegeben werden, das Johannes ermöglichen würde, den Messias dem Volk bekanntzumachen.

JESUS BITTET UM DIE TAUFE

Als Jesus kam, um sich taufen zu lassen, erkannte Johannes bei ihm eine charakterliche Reinheit, wie er sie bisher noch bei keinem Menschen wahrgenommen hatte. Die Ausstrahlung von Jesus war heilig und Ehrfurcht gebietend. Aus der Menschenmenge, die sich am Jordan um ihn versammelt hatte, hörte Johannes Berichte über schreckliche Verbrechen. Ihm begegneten Menschen, die von der Last ihrer zahllosen Sünden niedergedrückt waren. Doch noch nie war er einem Menschen begegnet, von dem ein solch göttlicher Einfluss ausging. All das war in Übereinstimmung mit dem, was ihm über den Messias offenbart worden war. Und dennoch zögerte Johannes, der Bitte von Jesus nachzukommen. Wie konnte er als sündiger Mensch den Sündlosen taufen? Und warum sollte er, der keine Umkehr nötig hatte, sich einer Handlung unterziehen, die ein Eingeständnis von Schuld war, die abgewaschen werden musste?

Als Jesus um die Taufe bat, schreckte Johannes zurück und rief aus: »Ich bedarf dessen, dass ich von dir getauft werde, und du kommst zu mir?« Jesus antwortete ihm freundlich, aber mit Nachdruck: »Lass es jetzt geschehen! Denn so gebührt es uns, alle Gerechtigkeit zu erfüllen.« Da gab Johannes nach, führte den Erlöser hinein in den Jordan und tauchte ihn unter. Als Jesus heraufstieg »aus dem Wasser ... siehe, da tat sich ihm der Himmel auf, und er sah den Geist Gottes wie eine Taube herabfahren und über sich kommen« (Matthäus 3,14-16).

Jesus empfing die Taufe nicht als Zeichen eines persönlichen Schuldbekenntnisses. Er stellte sich jedoch mit den Sündern auf eine Stufe, ging denselben Weg und tat dasselbe Werk, das auch wir tun müssen. Auch sein Leben nach der Taufe, das von Leiden und geduldiger Ausdauer geprägt war, ist für uns beispielhaft.

JESUS BEGINNT SEINEN DIENST

Nachdem Jesus aus dem Wasser gestiegen war, beugte er sich am Ufer des Flusses nieder zum Gebet. Ein neuer und wichtiger Lebensabschnitt lag vor ihm. Er trat nun auf einer größeren Bühne seinem Lebenskampf entgegen. Wohl war er der »Fürst des Friedens«, doch sein Kommen glich mehr einer

Kampfansage. Das Reich, das zu errichten er gekommen war, stand in völligem Gegensatz zu dem, was sich die Juden wünschten. Jesus, der das Fundament aller Rituale und gottesdienstlichen Handlungen Israels war, wurde hernach als deren Feind und Zerstörer angesehen. Er, der das Gesetz auf dem Sinai verkündigt hatte, wurde letztlich als Gesetzesübertreter verurteilt. Und er, der gekommen war, um die Macht Satans zu brechen, wurde als Beelzebub[28] verleumdet.

Kein Mensch auf der Erde verstand ihn, und während seines Dienstes war er auf sich allein gestellt. Sein ganzes Leben lang konnten seine Mutter und seine Brüder seinen Auftrag nicht nachvollziehen. Selbst seine Jünger verstanden ihn nicht. Er hatte im ewigen Licht gewohnt, eins mit Gott, aber sein Leben auf dieser Erde musste er allein meistern.

Als einer von uns musste er die Last unserer Schuld und unseres Leides tragen. Der Sündlose musste die Schande der Sünde verspüren. Der Friedliebende musste den Streit aushalten. Die Wahrheit musste die Lüge und die Reinheit die Schändlichkeit ertragen. Jede Sünde, jeder Streit, jedes unreine Verlangen, welches die Übertretung mit sich brachte, war für seine Seele eine Qual.

Diesen Weg musste er allein gehen und die schwere Last allein tragen. Auf ihm, der seine Herrlichkeit abgelegt und die geschwächte menschliche Natur angenommen hatte, lag die Verantwortung für die Erlösung der Welt. Das alles erkannte und spürte er, aber er blieb seinem Vorsatz treu. Auf seiner Schulter lag die Bürde der Erlösung für die in Sünde gefallene Menschheit, und er streckte seine Hand aus, um die liebende Hand des Allmächtigen zu ergreifen.

Während Jesus im Gebet sein Herz ausschüttete, schien es, als könne er in den Himmel blicken. Er wusste wohl, wie sehr die Sünde die Menschen verhärtet hatte und wie schwer es für sie sein würde, seinen Auftrag zu erkennen und das Geschenk der Erlösung anzunehmen. Er flehte zum Vater, ihm Kraft zur Überwindung ihres Unglaubens zu verleihen, die Fesseln, die ihnen Satan angelegt hatte, zu sprengen und den Verderber um ihretwillen zu besiegen. Er bat um die Bestätigung, dass Gott die ganze Menschheit in seinem Sohn annehmen werde.

Nie zuvor hatten die Engel ein solches Gebet gehört. In ihnen wuchs das Verlangen, ihrem geliebten Herrn eine Nachricht der Ermutigung und des Trostes zu überbringen. Aber der Vater selbst wollte auf die Bitte seines Sohnes antworten. Direkt vom göttlichen Thron aus erschienen die Strahlen

---

28 Beelzebul (griechisch) oder Beelzebub (semitisch) ist eine Bezeichnung für den Obersten der Dämonen (vgl. Matthäus 12,24; Markus 3,22; Lukas 11,15).

seiner Herrlichkeit. Der Himmel öffnete sich, und auf das Haupt des Erlösers ließ sich eine taubenähnliche Gestalt aus reinem Licht herab, ein treffendes Sinnbild für den gottergebenen und demütigen Jesus.

Nur Johannes und ein paar wenige nahmen in diesem großen Gedränge am Jordan die himmlische Erscheinung wahr. Dennoch ruhte die Gegenwart Gottes feierlich auf den Anwesenden. Sie standen schweigend da und blickten auf Christus. Seine Gestalt war von Licht überströmt. Es war dasselbe Licht, das den Thron Gottes ständig umgibt. Sein nach oben gewandtes Angesicht strahlte in einer Herrlichkeit, wie sie es noch nie auf dem Gesicht eines Menschen gesehen hatten. Aus dem offenen Himmel hörten sie eine Stimme sagen: »Dies ist mein lieber Sohn, an dem ich Wohlgefallen habe.« (Matthäus 3,17)

Diese Worte der Bestätigung wurden ausgesprochen, um bei den Anwesenden Glauben zu erwecken und den Erlöser für seinen Auftrag zu stärken. Obwohl die Sünden einer schuldigen Welt auf Christus gelegt wurden und er unsere gefallene Natur angenommen hatte, erklärte ihn die Stimme vom Himmel zum Sohn des Ewigen.

»SIEHE, DAS IST GOTTES LAMM«

Johannes war tief bewegt, als er sah, wie sich Jesus als Bittender beugte und unter Tränen um die Anerkennung des Vaters flehte. Als die Herrlichkeit Gottes Jesus umgab und die Stimme vom Himmel zu hören war, erkannte Johannes das von Gott versprochene Zeichen. Jetzt wusste er, dass er den Erlöser der Welt getauft hatte. Der Heilige Geist ruhte auch auf ihm, und mit ausgestreckter Hand zeigte er auf Jesus und rief: »Siehe, das ist Gottes Lamm, das der Welt Sünde trägt!« (Johannes 1,29)

Keiner der Zuhörer, nicht einmal der Verkündiger selbst, erkannte die Tragweite dieser Worte: »Das ist Gottes Lamm.« Auf dem Berg Morija hatte der Sohn seinem Vater Abraham die Frage gestellt: »Vater ... wo aber ist das Lamm für das Brandopfer? Abraham entgegnete: Gott wird sich das Opferlamm aussuchen, mein Sohn.« (1. Mose 22,7.8 EÜ) Abraham erkannte im Widder, den Gott an Isaaks Stelle vorbereitet hatte, ein Sinnbild für den, der für die Sünden der Menschen sterben sollte. Der Heilige Geist hatte durch Jesaja dieses Bild aufgegriffen und über den Erlöser vorhergesagt: »Wie ein Lamm, das zur Schlachtbank geführt wird ... der Herr warf unser aller Sünde auf ihn.« (Jesaja 53,7.6) Aber das Volk Israel hatte die Lehre nicht verstanden. Viele betrachteten die Opfergaben nicht anders als die Heiden ihre Opfer, nämlich als Geschenke, durch die sie selbst die Gottheit gnädig stimmen könnten. Doch es war Gottes Absicht, ihnen zu zeigen, dass das Geschenk, das sie mit ihm versöhnen sollte, seiner eigenen Liebe entsprang.

Die Worte, die am Jordan zu Jesus gesprochen wurden – »Dies ist mein lieber Sohn, an dem ich Wohlgefallen habe« (Matthäus 3,17) – schließen die ganze Menschheit ein. Gott sprach zu Jesus, der unser Stellvertreter ist. Wir werden trotz all unserer Sünden und Schwächen nicht von Gott als wertlos beiseitegeschoben, da »er uns begnadigt hat in dem Geliebten« (Epheser 1,6 Elb.). Die Herrlichkeit, die auf Jesus ruhte, ist ein Versprechen der Liebe Gottes an uns. Sie zeigt uns die Macht des Gebets, wie unsere Stimme Gottes Ohr erreichen kann und wie unsere Bitten im Himmel Erhörung finden. Durch die Sünde wurde die Erde vom Himmel getrennt, und die Menschen wurden der himmlischen Gemeinschaft entfremdet. Doch Jesus hat die Erde wieder mit dem Reich der Herrlichkeit verbunden. Seine Liebe umschloss alle Menschen und reichte bis in die Höhen des Himmels. Das Licht, das aus den offenen Toren des Himmels auf das Haupt unseres Erlösers fiel, wird auch auf uns fallen, wenn wir um Hilfe bitten, um einer Versuchung zu widerstehen. Die Stimme, die damals zu Jesus sprach, sagt auch zu jedem gläubigen Menschen: Du bist mein geliebtes Kind, an dem ich Wohlgefallen habe!

»Jetzt sind wir Kinder Gottes. Aber was wir sein werden, ist noch nicht offenbar geworden. Wir wissen, dass wir ihm ähnlich sein werden, wenn er offenbar wird; denn wir werden ihn sehen, wie er ist.« (1. Johannes 3,2 EÜ) Unser Erlöser hat den Weg gebahnt, damit auch der größte Sünder, der Hilfsbedürftigste, der am meisten Unterdrückte und Verachtete den Zugang zum himmlischen Vater finden kann. Allen wird ein Zuhause in den Wohnungen angeboten, zu deren Vorbereitung Jesus hingegangen ist (vgl. Johannes 14,1-3). »Das sagt der Heilige, der Wahrhaftige, der da hat den Schlüssel Davids, der auftut, und niemand schließt zu, der zuschließt, und niemand tut auf: ... Siehe, ich habe vor dir eine Tür aufgetan, und niemand kann sie zuschließen.« (Offenbarung 3,7.8)

KAPITEL 12

DIE VERSUCHUNG

Matthäus 4,1-4; Markus 1,12,13; Lukas 4,1-4

»Jesus aber, voll Heiligen Geistes, kam zurück vom Jordan und wurde vom Geist in die Wüste geführt ... und er aß nichts in diesen Tagen.« (Lukas 4,1.2) Die Worte im Markusevangelium sind noch bedeutsamer. Es heißt dort: »Alsbald trieb ihn der Geist in die Wüste; und er war in der Wüste vierzig Tage und wurde versucht von dem Satan und war bei den Tieren.« (Markus (1,12.13)

DER FÜRST DER FINSTERNIS MACHT SICH AUF

Als Jesus in die Wüste geführt wurde, um dort versucht zu werden, leitete ihn der Geist Gottes. Jesus hatte die Versuchung nicht gesucht. Er begab sich in die Wüste, um allein zu sein und über seine Aufgabe nachzudenken. Durch Fasten und Beten stärkte er sich für den blutbefleckten Weg, der nun vor ihm lag. Satan wusste, dass der Erlöser in die Wüste gegangen war, und er hielt es für den besten Moment, sich ihm jetzt zu nähern.

Im Kampf zwischen dem Fürsten des Lichts und dem Anführer des Reiches der Finsternis stand für die Welt Gewaltiges auf dem Spiel. Nachdem Satan die Menschen zur Sünde verleitet hatte, erklärte er die Erde zu seinem Eigentum und ernannte sich selbst zum Fürsten dieser Welt. Nachdem er das erste Elternpaar seinem eigenen Charakter angeglichen hatte, wollte er auf dieser Welt sein Reich aufbauen. Er erklärte, die Menschen hätten ihn zu ihrem Anführer gewählt. Durch seinen Einfluss, den er auf die Menschen ausübte, verfügte er über die Herrschaft dieser Welt. Christus war gekommen, um diesen Anspruch Satans zu widerlegen. Als Menschensohn würde er Gott treu bleiben und dadurch beweisen, dass Satan nicht die vollständige Kontrolle über die Menschheit gewonnen hatte und sein Herrschaftsanspruch auf die Welt ungültig war. Alle, die sich Befreiung von Satans Macht wünschten, würden frei werden. Die Herrschaft, die Adam durch die Sünde verloren hatte, würde wiederhergestellt werden.

Vom Zeitpunkt an, als Gott im Garten Eden zur Schlange sagte: »Ich will Feindschaft setzen zwischen dir und der Frau und zwischen deinem Nachkommen und ihrem Nachkommen« (1. Mose 3,15), wusste Satan, dass er keine uneingeschränkte Macht über die Welt besaß. Im Menschen war das Wirken einer Kraft spürbar, die der Herrschaft Satans widerstand. Mit großem Interesse beobachtete er, wie Adam und seine Söhne Opfer darbrachten. In diesen Handlungen erkannte er ein Zeichen der Verbindung zwischen Himmel und Erde und nahm sich vor, diese Gemeinschaft zu stören. Er stellte Gott und den Opferdienst, der auf den Erlöser hinwies, in ein falsches Licht. Die Menschen wurden verleitet, Gott als einen zu fürchten, der Freude an ihrer Vernichtung hat. Die Opfergaben, die Gottes Liebe hätten offenbaren sollen, wurden nur noch dargebracht, um Gottes Zorn zu besänftigen. Um seine Herrschaft über die Menschen zu festigen, weckte Satan in ihnen sündhafte Leidenschaften. Sobald das von Gott geschriebene Wort gegeben wurde, erforschte Satan die Prophezeiungen vom Kommen des Erlösers. Von Generation zu Generation arbeitete er daran, die Menschen für diese Vorhersagen blind zu machen, damit sie den Messias bei seinem Kommen ablehnen würden.

Bei der Geburt von Jesus wusste Satan, dass der Eine mit dem göttlichen Auftrag gekommen war, um ihm seine Herrschaft streitig zu machen. Satan zitterte bei der Ankündigung des Engels, der den Machtanspruch des neugeborenen Königs bezeugte. Ihm war wohl bekannt, welche Stellung Jesus als der geliebte Sohn des Vaters im Himmel eingenommen hatte. Dass der Sohn Gottes als Mensch auf diese Erde gekommen war, erfüllte ihn mit Erstaunen und Besorgnis. Er konnte das Geheimnis dieses großen Opfers nicht begreifen. Sein selbstsüchtiges Herz konnte eine solche Liebe zu den betrogenen Menschen nicht verstehen. Die Herrlichkeit und den Frieden des Himmels und die Freude der Gemeinschaft mit Gott konnten die Menschen nur schwach nachvollziehen. Doch Luzifer, dem »schirmenden Cherub«[29] (vgl. Hesekiel 28,14), war dies alles bestens bekannt. Weil er den Himmel verloren hatte, war er fest entschlossen, sich zu rächen, indem er andere mit sich ins Verderben riss. Um dies zu erreichen, beeinflusste er die Menschen, himmlische Dinge gering zu schätzen und ihre Herzen an Irdisches zu hängen.

Der Herr des Himmels sollte die Menschen nicht ohne Hindernisse für sein Reich gewinnen können. Seit seiner Geburt in Bethlehem stellte ihm Satan unaufhörlich nach. Das Bild Gottes war in Christus deutlich erkennbar, und in den Versammlungen der satanischen Mächte wurde beschlossen, ihn zu überwältigen. Noch kein Mensch auf dieser Erde war der Macht des

---

29 Siehe Erklärungen »Cherub/Cherubim«, S. 814.

Verführers entkommen. Das Heer der Verbündeten Satans wurde auf Jesus angesetzt, um im Kampf gegen ihn nach Möglichkeit die Oberhand zu gewinnen.

JESUS WIRD VERSUCHT WIE WIR

Bei der Taufe von Jesus war auch Satan unter den Augenzeugen. Er sah, wie die Herrlichkeit Gottes den Sohn umgab. Er hörte, wie die Stimme des Herrn die Göttlichkeit von Jesus bezeugte. Seitdem Adam gesündigt hatte, war die direkte Gemeinschaft des Menschen mit Gott unterbrochen. Eine Verbindung zwischen Himmel und Erde hatte nur durch Christus bestanden. Aber nun, da Jesus »in der Gestalt des sündigen Fleisches« (Römer 8,3) gekommen war, sprach der Vater selbst. Bislang hatte er durch Christus mit den Menschen geredet, jetzt sprach er in Christus zu ihnen. Satan hatte gehofft, dass Gottes Abscheu vor der Sünde eine ewige Trennung zwischen Himmel und Erde bewirken würde. Aber nun wurde deutlich, dass die Verbindung zwischen Gott und Mensch wiederhergestellt war.

Satan wusste: Entweder würde er siegen oder besiegt werden. Vom Ausgang des Kampfes hing zu viel ab, um ihn den mit ihm verbündeten Engeln zu überlassen. Er selbst musste die Führung dieses Kampfes übernehmen. Alle rebellischen Kräfte wurden gegen den Sohn Gottes aufgeboten. Jesus wurde zur Zielscheibe aller teuflischen Waffen.

Viele betrachten diesen Kampf zwischen Christus und Satan so, als hätte er keine besondere Bedeutung für ihr eigenes Leben. Sie schenken ihm darum auch wenig Beachtung. Und doch wiederholt sich dieser Kampf in jedem Menschen. Keiner verlässt die Reihen Satans, um in den Dienst Gottes zu treten, ohne den Angriffen des Bösen zu begegnen. Christus hielt den Versuchungen stand, von denen wir denken, ihnen sei schwer zu widerstehen. Sie wurden ihm in so viel stärkerem Maß aufgezwungen, wie sein Charakter dem unsrigen überlegen ist. Belastet mit den schrecklichen Sünden der Welt, bestand Christus die Versuchungen des Appetits, der Liebe zur Welt und des Dranges, sich zur Schau zu stellen, was zur Überheblichkeit führt. Dies waren die Versuchungen, denen Adam und Eva unterlagen und denen auch wir so leicht unterliegen.

Satan hatte auf die Sünde Adams als Beweis dafür hingewiesen, dass Gottes Gesetz ungerecht sei und nicht gehalten werden könne. In unserer menschlichen Natur sollte Christus Adams Versagen wiedergutmachen. Aber als Adam vom Versucher angegriffen wurde, trug er noch keine Folgen der Sünde in sich. Er besaß die menschliche Natur in ihrer vollkommenen körperlichen und geistigen Kraft. Er war von der Herrlichkeit des Gartens Eden umgeben und hatte täglich Gemeinschaft mit den himmlischen Wesen. Unter ganz anderen Umständen ging Jesus in die Wüste, um dort Satan gegenüberzutreten: Während 4000 Jahren hatte die Menschheit an Körperkraft, Geistesschärfe und moralischen Werten verloren. Christus nahm die Schwächen dieser degenerierten menschlichen Natur auf sich. Nur so konnte er die Menschen aus ihrer abgrundtiefen Erniedrigung erretten.

Viele behaupten, dass es für den Erlöser unmöglich gewesen wäre, der Versuchung zu erliegen. Wäre das so gewesen, hätte Jesus nicht an Adams Stelle treten und den Sieg erringen können, den Adam verfehlt hatte. Wenn wir auf irgendeine Weise einen schwierigeren Kampf als Christus zu bestehen hätten, wäre er nicht imstande, uns zu helfen. Doch unser Erlöser nahm das Menschsein mit all seinen durch die Sünde entstandenen Belastungen auf sich. Er nahm die menschliche Natur mit der Möglichkeit an, der Versuchung nachzugeben. Wir haben nichts zu tragen, was er nicht auch erduldet hat.

SELBSTBEHERRSCHUNG

Sowohl bei Christus als auch beim ersten Menschenpaar in Eden war der Appetit der Ansatzpunkt für die erste große Versuchung. Genau dort, wo das Verderben seinen Anfang genommen hatte, musste auch unsere Erlösung beginnen. Wie Adam seinem Appetit nachgab und versagte, so musste Christus durch die Beherrschung seines Hungers zum Überwinder werden. »Und da er 40 Tage und 40 Nächte gefastet hatte, hungerte ihn. Und der Versucher trat zu ihm und sprach: Bist du Gottes Sohn, so sprich, dass diese Steine Brot werden. Er aber antwortete und sprach: Es steht geschrieben: Der Mensch lebt nicht vom Brot allein, sondern von einem jeden Wort, das aus dem Mund Gottes geht.« (Matthäus 4,2-4)

Von der Zeit Adams bis zur Zeit von Christus hatte Maßlosigkeit die Macht des Appetits und anderer Leidenschaften derart verstärkt, dass diese fast uneingeschränkte Kontrolle ausübten. Die Menschen wurden dadurch erniedrigt und krank. Es war ihnen unmöglich, diese Leidenschaften aus eigener Kraft zu überwinden. Christus siegte anstelle der Menschen, indem er die härteste Probe bestand. Um unseretwillen übte er sich in Selbstbeherrschung, die stärker war als Hunger und Tod. Dieser erste Sieg umfasste noch andere Bereiche, die in unserem Kampf gegen die Mächte der Finsternis von Bedeutung sind.

Als Jesus in die Wüste zog, umhüllte ihn die Herrlichkeit des Vaters. In enger Gemeinschaft mit Gott verspürte er keine menschliche Schwäche.

Doch die Herrlichkeit des Vaters wich von ihm, und der Kampf gegen die Versuchung begann. Ununterbrochen bedrängte ihn diese. Seine menschliche Natur schreckte vor dem Kampf zurück, der ihn erwartete. 40 Tage lang fastete und betete er. Schwach vor Hunger und abgemagert, erschöpft und ausgezehrt von diesem geistigen Kampf, war sein Aussehen entstellt,»mehr als das irgendeines Mannes, und seine Gestalt mehr als die der Menschenkinder« (Jesaja 52,14 Elb.). Jetzt bot sich Satan die Gelegenheit. Er glaubte, Christus überwinden zu können.

DIE ERSTE VERSUCHUNG

Wie als Antwort auf seine Gebete erschien dem Erlöser eine Gestalt, die wie ein himmlischer Engel aussah. Sie gab vor, im Auftrag Gottes zu kommen, um Christus das Ende seines Fastens mitzuteilen. Die Botschaft an Jesus lautete: Wie Gott einst einen Engel gesandt hatte, um die Hand Abrahams von der Opferung Isaaks zurückzuhalten, habe Gott, zufrieden mit der Bereitwilligkeit von Christus, den blutbefleckten Leidensweg zu gehen, einen Engel geschickt, um ihn zu befreien. Christus war kraftlos vor Hunger und sehnte sich danach, etwas zu essen, als ihn Satan plötzlich angriff. Der Versucher zeigte auf herumliegende Steine, die Brotlaiben ähnelten, und sagte:»Wenn du Gottes Sohn bist, so befiehl, dass aus diesen Steinen Brot wird.« (Matthäus 4,3 EÜ)

Obwohl der Versucher als ein Engel des Lichts erschien, verriet er mit diesen ersten Worten seinen wahren Charakter.»Wenn du Gottes Sohn bist«, sagte er. Darin lag eine versteckte Andeutung von Zweifel. Hätte Jesus getan, was ihm Satan vorgeschlagen hatte, hätte er diesem Zweifel zugestimmt. Der Versucher wollte Christus mit denselben Mitteln zu Fall bringen, mit denen er am Anfang der Menschheitsgeschichte so großen Erfolg gehabt hatte. Wie listig hatte doch Satan im Paradies Eva angesprochen!»Ja, sollte Gott gesagt haben: Ihr sollt nicht essen von allen Bäumen im Garten?« (1. Mose 3,1) Bis dahin hatte der Versucher die Wahrheit gesagt, aber in der Art und Weise, wie er es sagte, lag eine fast unmerkliche Verachtung dieser Worte Gottes. Es war eine versteckte Kritik, ein Zweifel an der göttlichen Wahrhaftigkeit. Satan versuchte Eva glauben zu machen, dass Gott nicht das tun werde, was er gesagt hatte. Das Vorenthalten solch wunderbarer Früchte stehe ganz im Widerspruch zur Liebe und Güte Gottes den Menschen gegenüber. Satan bemühte sich nun, auf dieselbe Weise dem Erlöser seine eigenen Gedanken einzuflüstern.»Wenn du Gottes Sohn bist ...« (Matthäus 4,3 EÜ) Diese Worte nagten voller Bitterkeit in Satans Herzen. Der Klang seiner Stimme war ein

Ausdruck tiefen Unglaubens. Würde Gott seinen eigenen Sohn so behandeln? Würde er ihn in der Wüste mit wilden Tieren, ohne Nahrung, ohne Begleiter und ohne Trost zurücklassen? Satan deutete an, dass es nie Gottes Absicht gewesen sei, dass sich sein Sohn in solch einer Lage befinden sollte. »Wenn du Gottes Sohn bist«, dann zeige deine Macht und befreie dich selbst von diesem quälenden Hunger! Gebiete diesen Steinen, dass sie zu Brot werden!

»ES STEHT GESCHRIEBEN«

Die Worte aus dem Himmel: »Dies ist mein lieber Sohn, an dem ich Wohlgefallen habe« (Matthäus 3,17), klangen Satan noch immer im Ohr. Doch er war fest entschlossen, Jesus dahin zu bringen, dieses Zeugnis Gottes anzuzweifeln. Im Wort Gottes fand Christus die Zusicherung für seinen göttlichen Auftrag. Er war gekommen, um als Mensch unter Menschen zu leben, und es war Gottes Wort, das ihm seine Verbindung mit dem Himmel bezeugte. Satan beabsichtigte, Jesus mit Zweifeln an diesem Wort zu erfüllen. Er wusste, dass der Sieg in diesem großen Kampf ihm gehören würde, wenn es ihm gelänge, das Vertrauen von Christus in Gott zu erschüttern. Dann könnte er ihn überwinden. Und so hoffte Satan, dass Jesus unter dem Einfluss von Mutlosigkeit und quälendem Hunger das Vertrauen zu seinem Vater verlieren und zu seinem eigenen Nutzen ein Wunder wirken würde. Hätte Christus dies getan, wäre der ganze Erlösungsplan gescheitert.

Als Satan und der Sohn Gottes zum ersten Mal als Gegner aufeinander trafen, war Christus der Befehlshaber der himmlischen Heerscharen. Satan hingegen, der Auslöser der Rebellion, wurde aus dem Himmel ausgestoßen. Jetzt aber schienen die Verhältnisse umgekehrt zu sein, und Satan versuchte, aus seinem vermeintlichen Vorteil den größten Nutzen zu ziehen. Er sagte zu Jesus, einer der mächtigsten Engel sei aus dem Himmel verbannt worden, und das äußere Erscheinungsbild von Jesus deute darauf hin, dass er dieser gefallene Engel sei, von Gott und Menschen verlassen. Einem göttlichen Wesen aber sei es möglich, seinen Anspruch durch ein Wunder zu beweisen. »Wenn du Gottes Sohn bist, so befiehl, dass aus diesen Steinen Brot wird.« (Matthäus 4,3 EÜ) Eine solch schöpferische Tat, sagte der Versucher fordernd, wäre ein eindeutiger Beweis der Göttlichkeit und würde den Streit beenden.

Nicht ohne inneres Ringen hörte Jesus dem Erzbetrüger schweigend zu. Aber es war nicht die Aufgabe des Sohnes Gottes, seine Göttlichkeit gegenüber Satan zu beweisen oder ihm den Grund für seine Erniedrigung zu erklären. Er wusste, dass es weder zur Ehre Gottes noch zum Besten der

TEIL 2 | DER SIEG DER LIEBE

Menschen wäre, wenn er der Forderung des Aufrührers nachgeben würde. Wäre er auf die Vorschläge des Feindes eingegangen, hätte Satan trotzdem gesagt:»Gib mir ein Zeichen, damit ich glauben kann, dass du der Sohn Gottes bist!« Jeder Beweis wäre wertlos gewesen und hätte die aufrührerische Macht in Satans Herzen nicht besiegt. Außerdem durfte Christus seine göttliche Kraft nicht zu seinem eigenen Vorteil einsetzen. Er war gekommen, um Prüfungen zu bestehen wie wir und um ein Beispiel von Vertrauen und Gehorsam zu geben. Weder jetzt noch irgendwann in seinem irdischen Leben tat er ein Wunder, um sich einen persönlichen Vorteil zu verschaffen. Seine wunderbaren Taten geschahen alle zum Wohl anderer. Obwohl Jesus Satan von Anfang an erkannt hatte, ließ er sich von ihm nicht zum Streit herausfordern. Gestärkt durch die Erinnerung an die himmlische Stimme ruhte er in der Liebe seines Vaters und ließ sich nicht auf Verhandlungen mit dem Versucher ein.

Jesus begegnete Satan mit den Worten der Heiligen Schrift:»Es steht geschrieben.« (Matthäus 4,4) In jeder Versuchung war das Wort Gottes die Waffe seiner Verteidigung. Satan hatte von Christus ein Wunder als Zeichen seiner Göttlichkeit verlangt. Größer aber als alle Wunder ist das feste Vertrauen auf ein»So spricht der Herr«. Das war ein Zeichen, das nicht angefochten werden konnte. Solange Christus diese Haltung einnahm, konnte ihm der Versucher nichts anhaben.

In der Zeit größter Schwäche wurde Christus mit den schwersten Versuchungen bedrängt. Satan dachte, dass er auf diese Weise Erfolg habe. Mit der gleichen Vorgehensweise hatte er schon die Menschen besiegt. Wenn die Kräfte versagten, der Wille schwach wurde und der Glaube nicht mehr in Gott ruhte, wurden selbst diejenigen überwältigt, die lange und tapfer für das Richtige eingestanden waren. Mose war von der fast 40-jährigen Wanderschaft mit dem Volk Israel müde, als sein Glaube für einen Augenblick die Verbindung mit der unendlichen Macht Gottes verlor. Er versagte unmittelbar an der Grenze zum verheißenen Land. So erging es auch Elia, der unerschrocken vor König Ahab gestanden hatte und dem ganzen Volk Israel, mit seinen 450 Baalspropheten an der Spitze, gegenübertrat. Nach diesem schrecklichen Tag auf dem Berg Karmel, an dem die falschen Propheten getötet wurden und sich das Volk zu seinem Bund mit Gott bekannte, fürchtete Elia um sein Leben und floh vor den Drohungen der Königin Isebel. So hat Satan aus der menschlichen Schwäche Vorteile gezogen. Daran hat sich bis heute nichts geändert. Befindet sich jemand in Schwierigkeiten oder ist er von Armut und Not betroffen, ist Satan sofort da, um ihn zu belästigen und zu versuchen. Satan greift uns dort an, wo unsere Charakterschwächen sind.

Er versucht, unser Vertrauen in einen Gott, der solche Zustände duldet, zu erschüttern. Wir stehen in der Versuchung, Gott zu misstrauen und seine Liebe in Frage zu stellen. Oft tritt der Versucher an uns heran, wie er es auch bei Jesus getan hat, und hält uns unsere Schwächen und Fehler vor. Er hofft, dass wir dadurch entmutigt werden und unsere Verbindung mit Gott unterbrochen wird. Dann ist er sich seiner Beute sicher. Würden wir ihm entgegentreten, wie Jesus es tat, blieben wir vor mancher Niederlage bewahrt. Wenn wir uns aber auf Verhandlungen mit dem Feind einlassen, verschaffen wir ihm einen Vorteil.

Als Christus zum Versucher sagte: »Der Mensch lebt nicht vom Brot allein, sondern von einem jeden Wort, das aus dem Mund Gottes geht« (Matthäus 4,4), wiederholte er die Worte, die er mehr als 1400 Jahre zuvor zu Israel gesprochen hatte. »Gedenke des ganzen Weges, den dich der Herr, dein Gott, geleitet hat diese vierzig Jahre in der Wüste ... Er demütigte dich und ließ dich hungern und speiste dich mit Manna, das du und deine Väter nie gekannt hatten, auf dass er dir kundtäte, dass der Mensch nicht lebt vom Brot allein, sondern von allem, was aus dem Mund des Herrn geht.« (5. Mose 8,2.3) Als die Israeliten in der Wüste keine Möglichkeit hatten, Nahrung zu finden, gab ihnen Gott Manna vom Himmel. Sie erhielten auf diese Weise ausreichend und regelmäßig zu essen. Diese Fürsorge sollte sie lehren, dass Gott niemanden im Stich lässt, der ihm vertraut und nach seinem Wort lebt. Der Erlöser setzte nun selbst in die Tat um, was er Israel damals gelehrt hatte. Durch Gottes Wort hatten die Israeliten in der Wüste Hilfe bekommen, und durch dasselbe Wort würde nun auch Jesus Unterstützung erhalten. Er wartete darauf, dass Gott ihm zur rechten Zeit helfen werde. Aus Gehorsam Gott gegenüber hielt er sich in dieser verlassenen Gegend auf. Er war entschlossen, nicht um der Nahrung willen den Einflüsterungen Satans zu folgen. In der Gegenwart des ganzen Universums bezeugte er, dass ein Leid zu ertragen ein weniger großes Unglück ist, als auch nur im Geringsten vom Willen Gottes abzuweichen.

»Der Mensch lebt nicht vom Brot allein, sondern von einem jeden Wort ... Gottes.« (Matthäus 4,4) Oft kommt ein Christ in Situationen, in denen er nicht gleichzeitig Gott dienen und seinen weltlichen Geschäften nachgehen kann. Es scheint mitunter, als könnte ein Mensch durch den Gehorsam gegenüber einem klaren Gebot Gottes seinen Lebensunterhalt verlieren. Satan versucht ihm dann einzureden, er müsse nun seine Gewissensüberzeugung opfern. Doch das Einzige, worauf wir uns in dieser Welt verlassen können, ist das Wort Gottes. »Trachtet zuerst nach dem Reich Gottes und nach seiner Gerechtigkeit, so wird euch das alles zufallen.« (Matthäus 6,33) Für unser irdisches Leben ist es nicht gut, wenn wir vom Willen unseres himmlischen Vaters abweichen. Wenn wir die Kraft seines Wortes erfahren, werden wir Satans Einflüsterungen nicht folgen, um satt zu werden oder um unser Leben zu retten. Unsere einzigen Fragen werden sein: Was ist Gottes Wille und was ist seine Verheißung? Wenn wir die Antworten kennen, werden wir seinem Willen gehorchen und seiner Verheißung vertrauen.

Im letzten großen Kampf in der Auseinandersetzung mit Satan werden die treuen Nachfolger Gottes jede irdische Hilfe verlieren. Weil sie sich weigern, Gottes Gesetz zu brechen, um weltlichen Mächten zu gehorchen, wird ihnen das Kaufen oder Verkaufen verboten werden. Schließlich wird eine Verordnung erlassen, dass sie getötet werden sollen (vgl. Offenbarung 13,11-17). Doch den Gehorsamen ist das Versprechen gegeben: »Der wird in der Höhe wohnen, und Felsen werden seine Feste und sein Schutz sein. Sein Brot wird ihm gegeben, sein Wasser hat er gewiss.« (Jesaja 33,16) Gemäß dieser Zusage werden die Gläubigen am Leben bleiben. Wenn die Erde von einer Hungersnot heimgesucht wird, werden sie ernährt werden. »Sie werden nicht zuschanden in böser Zeit, und in der Hungersnot werden sie genug haben.« (Psalm 37,19) Der Prophet Habakuk blickte auf jene Zeit der Not voraus. Seine Worte drücken den Glauben der Gemeinde aus: »Da wird der Feigenbaum nicht grünen, und es wird kein Gewächs sein an den Weinstöcken. Der Ertrag des Ölbaums bleibt aus, und die Äcker bringen keine Nahrung; Schafe werden aus den Hürden gerissen, und in den Ställen werden keine Rinder sein. Aber ich will mich freuen des Herrn und fröhlich sein in Gott, meinem Heil.« (Habakuk 3,17.18)

SEIN SIEG IST UNSER SIEG

Von all den Lehren, die wir aus der ersten großen Versuchung unseres Herrn ziehen können, ist keine wichtiger als die Beherrschung der menschlichen Begierden und Leidenschaften. Zu allen Zeiten waren Versuchungen, die auf den menschlichen Körper abzielten, höchst erfolgreich, um die Menschheit zu erniedrigen und zu schwächen. Mittels Zügellosigkeit arbeitet Satan darauf hin, die geistlichen und moralischen Kräfte, die Gott den Menschen als unschätzbares Gut verliehen hat, zu zerstören. Dadurch wird es dem Menschen unmöglich, Dinge mit Ewigkeitswert zu schätzen. Durch sinnliche Genusssucht versucht Satan, jede Spur vom Bild Gottes im Menschen auszulöschen.

Schwelgerei und die daraus entstandenen Krankheiten und Entartungen, die beim ersten Kommen von Christus weit verbreitet waren, werden in noch größerem Ausmaß vor seinem zweiten Kommen sichtbar sein. Christus wies darauf hin, dass der Zustand der Welt dann so sein wird wie in den Tagen der Sintflut und zur Zeit Sodoms und Gomorras. Die Bosheit des Menschen war groß und »alles Sinnen der Gedanken seines Herzens nur böse den ganzen Tag« (1. Mose 6,5 Elb.). Wir leben heute unmittelbar vor dieser gefahrvollen Zeit und sollten das Beispiel von Jesus beherzigen, das er uns durch sein Fasten gab. Nur durch das unbeschreibliche Leid, das Jesus ertrug, können wir die Sündhaftigkeit der Schwelgerei erahnen. Sein Beispiel lehrt uns, dass wir nur dann auf ewiges Leben hoffen können, wenn wir unsere Begierden und Leidenschaften dem Willen Gottes unterordnen.

Aus eigener Kraft können wir unmöglich dem Verlangen unserer gefallenen Natur widerstehen. Satan wird diese Schwäche nutzen, um uns in Versuchung zu führen. Christus wusste, dass der Feind zu jedem Menschen kommen wird, um dessen angeborene Schwächen auszunutzen. Alle, die nicht auf Gott vertrauen, versucht er durch seine Einflüsterungen zu verführen. Indem uns der Herr vorausgegangen ist, hat er den Weg vorbereitet, damit wir überwinden können. Es ist nicht sein Wille, dass wir im Kampf mit Satan benachteiligt sind. Er möchte, dass wir uns durch die Angriffe der Schlange nicht einschüchtern oder entmutigen lassen. »Seid getrost«, sagte er, «ich habe die Welt überwunden.« (Johannes 16,33)

Wer gegen die Macht des Appetits anzukämpfen hat, schaue auf den Erlöser in der Wüste der Versuchung. Blicke auf ihn, wie er am Kreuz Todesqualen litt und ausrief: »Mich dürstet!« (Johannes 19,28) Jesus hat alles erduldet, was Menschen je auferlegt werden konnte. Sein Sieg ist unser Sieg.

JESUS WIDERSTEHT DER VERSUCHUNG

Jesus stützte sich auf die Weisheit und Kraft seines himmlischen Vaters. Er sagte: »Gott, der Herr, wird mir helfen; darum werde ich nicht in Schande enden ... ich weiß, dass ich nicht in Schande gerate. Er, der mich freispricht, ist nahe ... Seht her, Gott, der Herr, wird mir helfen.« (Jesaja 50,7-9 EÜ) Jesus weist auf sein eigenes Beispiel hin und sagt zu uns: »Wer von euch den Herrn fürchtet ... Wer im Dunkeln lebt und wem kein Licht leuchtet, der vertraue auf den Namen des Herrn und verlasse sich auf seinen Gott.« (Jesaja 50,10 EÜ)

Jesus sagte: »Der Fürst der Welt kommt; und in mir hat er gar nichts.« (Johannes 14,30 Elb.) In ihm fand sich nichts, was auf Satans Spitzfindigkeiten reagiert hätte. Jesus willigte nicht in die Sünde ein. Nicht einmal mit einem Gedanken gab er der Versuchung nach. So kann es auch bei uns sein.

Die menschliche Natur von Christus war mit Gott vereint. Der Heilige Geist, der in ihm wohnte, hatte ihn für den Kampf ausgerüstet. Und Jesus war gekommen, um uns zu Teilhabern der göttlichen Natur zu machen. Solange wir durch den Glauben mit ihm verbunden sind, hat die Sünde keine Gewalt mehr über uns. Gott fasst unsere Hand des Glaubens und führt sie, damit wir uns an der Göttlichkeit von Christus festhalten und auf diese Weise einen vollkommenen Charakter erlangen können.

Christus hat uns gezeigt, wie dies geschehen kann. Wodurch ging er im Kampf gegen Satan als Sieger hervor? Durch das Wort Gottes! Nur dadurch konnte er der Versuchung widerstehen. »Es steht geschrieben«, sagte er. Und uns sind »die teuren und allergrößten Verheißungen geschenkt, damit ihr dadurch Anteil bekommt an der göttlichen Natur, die ihr entronnen seid der verderblichen Begierde in der Welt« (2. Petrus 1,4). Jede Zusage in Gottes Wort gilt uns. »Von einem jeden Wort, das aus dem Mund Gottes geht« (Matthäus 4,4), sollen wir leben. Wenn Versuchungen an dich herantreten, dann schau nicht auf die äußeren Umstände oder auf deine Schwäche, sondern richte dein Augenmerk auf die Macht des Wortes. Seine ganze Kraft steht dir zur Verfügung. Der Psalmist sagt: »Ich behalte dein Wort in meinem Herzen, damit ich nicht wider dich sündige.« (Psalm 119,11) »Ich habe mich an deine Gebote gehalten, und das hat mich davor bewahrt, auf bösen Wegen zu gehen.« (Psalm 17,4 NLB)

KAPITEL 13

DER SIEG

Matthäus 4,5-11; Lukas 4,5-13

»Darauf nahm ihn der Teufel mit nach Jerusalem, auf den höchsten Punkt der Tempelmauer. Dort sagte er: Wenn du der Sohn Gottes bist, dann spring hinunter! Denn die Schrift sagt: Er befiehlt seinen Engeln, dich zu beschützen. Sie werden dich auf ihren Händen tragen, damit deine Füße niemals stolpern.« (Matthäus 4,5.6 NLB)
Satan glaubte nun, er könne Jesus mit dessen eigener Waffe schlagen. Der listige Feind zitierte deshalb Worte, die aus Gottes Mund stammten. Immer noch erschien er als Engel des Lichts und zeigte deutlich, dass er mit den heiligen Schriften vertraut war und deren Bedeutung verstand. So wie Jesus zuvor Gottes Wort verwendet hatte, um seinen Glauben zu stärken, so gebrauchte es nun der Verführer, um seine Täuschung zu bekräftigen. Er behauptete, er habe nur die Treue von Jesus auf die Probe stellen wollen, und lobte dessen Standhaftigkeit. Weil der Erlöser gezeigt hatte, dass er Gott vertraute, drängte ihn Satan zu einem erneuten Beweis seines Glaubens.

Und wieder wurde die Versuchung mit einem Wort des Misstrauens eingeleitet. »Wenn du der Sohn Gottes bist ...« (Matthäus 4,6 NLB) Christus war versucht, auf dieses »Wenn« zu antworten, aber er weigerte sich, dem leisesten Zweifel Raum zu geben. Er wollte sein Leben nicht aufs Spiel setzen, um sich vor Satan zu beweisen.

SATAN STELLT GOTTES HANDELN IN FRAGE

Der Versucher hatte geglaubt, die menschliche Natur von Christus ausnützen zu können, um ihn zur Vermessenheit zu verführen. Auch wenn Satan zur Sünde verleiten kann, kann er doch niemanden zur Sünde zwingen. Als er zu Jesus sagte: »Spring hinunter!« (Matthäus 4,6 NLB), wusste er genau, dass er ihn nicht hinunterstoßen konnte, weil Gott es nicht zugelassen hätte. Auch konnte Satan Jesus nicht dazu zwingen, sich selbst hinunterzustürzen. Christus konnte nicht besiegt werden, außer wenn er in die Versuchung eingewilligt hätte. Keine irdischen oder teuflischen Mächte konnten Christus zwingen, auch nur im Geringsten vom Willen seines Vaters abzuweichen. Der Versucher kann uns nie zu einer Sünde zwingen. Er kann die Gedanken nicht kontrollieren, außer wenn wir uns seiner Macht unterordnen. Erst wenn wir zustimmen und die Hand von Christus loslassen, die wir im Glauben erfasst haben, kann Satan mit seiner Macht über uns herrschen. Doch mit jedem sündhaften Verlangen, das wir hegen, geben wir Satan Raum. Jedes Mal, wenn wir dem göttlichen Maßstab nicht entsprechen, öffnen wir Satan eine Tür. Durch diese kann er eindringen, um uns zu versuchen und zu verderben. Jedes Scheitern und jede Niederlage unsererseits gibt ihm Gelegenheit, Christus zu tadeln.

Als Satan die Verheißung zitierte: »Er befiehlt seinen Engeln, dich zu beschützen« und »sie werden dich auf ihren Händen tragen« (Matthäus 4,6 NLB), ließ er die Worte aus »dich zu behüten auf all deinen Wegen« (Psalm 91,11 EÜ), auf allen Wegen nämlich, die Gott vorgesehen hatte. Jesus weigerte sich, den Weg des Gehorsams zu verlassen. Obwohl er völliges Vertrauen zu seinem Vater hatte, wollte er sich nicht unaufgefordert in eine Lage bringen, die das Eingreifen des Vaters nötig gemacht hätte, um ihn vor dem Tod zu bewahren. Er wollte Gottes Fürsorge nicht für seine eigene Rettung erzwingen, denn dies wäre für die Menschen kein Beispiel für Vertrauen und Gehorsam gewesen.

Jesus erwiderte Satan: »Die Schrift sagt aber auch: Fordere den Herrn, deinen Gott, nicht heraus.« (Matthäus 4,7 NLB; vgl. 5. Mose 6,16) Diese Worte sprach einst Mose zu den Israeliten, als sie in der Wüste Durst hatten und verlangten, dass Mose ihnen zu trinken gebe. Sie riefen damals: »Ist der Herr unter uns oder nicht?« (2. Mose 17,7) Gott hatte wunderbar für sie gesorgt. Gleichwohl zweifelten sie an ihm, wenn es Schwierigkeiten gab. Dann verlangten sie nach Beweisen dafür, dass Gott bei ihnen war. In ihrem Unglauben wollten sie ihn auf die Probe stellen. Und nun drängte Satan Christus dazu, dasselbe zu tun. Gott hatte bereits bezeugt, dass Jesus sein Sohn war. Nun nochmals einen diesbezüglichen Beweis zu fordern, hätte Gottes Wort in Frage gestellt, ja, Jesus hätte dadurch Gott versucht. Es wäre dasselbe, wie wenn man Gott um etwas bitten würde, was er nicht versprochen hat. Dies würde Misstrauen bekunden und letztlich Gott in Frage stellen oder ihn herausfordern. Wir sollten unsere Anliegen nicht vor Gott bringen, um zu prüfen, ob er sein Wort erfüllt, sondern weil er es erfüllen wird – auch nicht um zu beweisen, dass er uns liebt, sondern weil er uns liebt. »Ohne Glauben ist's unmöglich, Gott zu gefallen; denn wer zu Gott kommen will, der muss glauben, dass er ist und dass er denen, die ihn suchen, ihren Lohn gibt.« (Hebräer 11,6)

GLAUBEN HEISST VERTRAUEN

Glaube hat in keiner Weise etwas mit Vermessenheit zu tun. Nur wer wahren Glauben übt, ist vor Vermessenheit sicher, denn diese ist eine satanische Nachahmung des Glaubens. Wahrer Glaube nimmt Gottes Verheißungen in Anspruch und bringt Früchte des Gehorsams hervor. Vermessenheit beansprucht ebenfalls Gottes Zusagen, gebraucht sie aber wie Satan, um Übertretungen zu entschuldigen. Wahrer Glaube hätte das erste Elternpaar im Garten Eden veranlasst, der Liebe Gottes zu vertrauen und seinen Geboten zu gehorchen. Ihre Vermessenheit führte sie dazu, sein Gesetz zu übertreten – in der Annahme, seine große Liebe werde sie vor den Folgen ihrer Sünde bewahren. Es ist nicht Glaube, sondern Anmaßung, wenn man die Gunst des Himmels fordert, ohne die Bedingungen zu erfüllen, unter denen Gnade gewährt wird. Aufrichtiger Glaube beruht auf den Verheißungen und Verordnungen der Heiligen Schrift.

Wenn es Satan nicht gelingt, unser Misstrauen zu wecken, erreicht er sein Ziel oft dadurch, dass er uns zur Vermessenheit verleitet. Wenn er uns dazu bringen kann, dass wir uns selbst unnötigerweise einer Versuchung aussetzen, ist er sich seines Sieges sicher. Gott wird alle bewahren, die auf dem Weg des Gehorsams gehen. Davon abzuweichen würde bedeuten, sich auf Satans Gebiet zu begeben. Dort würden wir mit Sicherheit fallen. Jesus hat uns aufgefordert: »Wachet und betet, damit ihr nicht in Versuchung kommt!« (Markus 14,38 Elb.) Ernsthaftes Nachdenken und Beten bewahren uns davor, ungewollt auf gefährliche Wege zu geraten. Auf diese Weise entgehen wir mancher Niederlage.

Wenn wir angefochten werden, dürfen wir den Mut nicht verlieren. Wenn wir uns in einer schwierigen Lage befinden, zweifeln wir oft daran, ob uns der Geist Gottes wirklich geführt hat. Aber es war auch Gottes Geist, der Jesus in die Wüste leitete, wo er von Satan angefochten wurde. Wenn uns Gott prüft, will er, dass dies zu unserem Besten dient. Jesus missbrauchte Gottes Verheißungen nicht, indem er sich unnötig in Versuchung begab, noch gab er sich der Verzweiflung hin, als die Versuchung über ihn kam. Genauso wenig sollten wir das tun. »Gott ist treu, der euch nicht versuchen lässt über eure Kraft, sondern macht, dass die Versuchung so ein Ende nimmt, dass ihr's ertragen könnt.« (1. Korinther 10,13) Darum: »Opfere Gott Dank und erfülle dem Höchsten deine Gelübde, und rufe mich an in der Not, so will ich dich erretten und du sollst mich preisen.« (Psalm 50,14.15)

JESUS BLEIBT STANDHAFT

Nachdem Jesus aus der zweiten Versuchung als Sieger hervorgegangen war, zeigte Satan sein wahres Gesicht. Er erschien nicht als abscheuliches Ungeheuer mit gespaltenen Hufen und Fledermausflügeln. Obwohl gefallen, war er ein mächtiger Engel. Er bekannte sich nun offen als Anführer der Rebellion und als Gott dieser Welt.

Satan führte Jesus auf einen hohen Berg und ließ die Reiche dieser Welt in ihrer ganzen Pracht vor seinen Augen vorüberziehen. Das Sonnenlicht schien auf die mit Tempeln und Marmorpalästen geschmückten Städte, auf fruchtbare Felder und auf Weinberge voller Rebstöcke. Die Spuren der Sünde waren verborgen. Eben noch bot sich Jesus der Anblick von Dunkelheit und Trostlosigkeit. Nun fesselte das Bild von unübertroffener Schönheit und großem Reichtum seine Aufmerksamkeit. Dann erklang die Stimme des Versuchers: »Ich will dir Macht über diese Länder und all ihre Reichtümer geben, denn ich verfüge über sie und kann sie geben, wem ich will. Das alles werde ich dir schenken, wenn du niederkniest und mich anbetest.« (Lukas 4,6.7 NLB)

Der Auftrag von Christus konnte nur durch Leiden erfüllt werden. Vor ihm lag ein Leben voller Kummer, Entbehrungen und Auseinandersetzungen sowie ein schmachvoller Tod. Er sollte die Sünden der ganzen Welt tragen und die Trennung von der Liebe seines Vaters erdulden. Jetzt bot Satan Jesus an, auf die ganze Macht, die er an sich gerissen hatte, zu dessen Gunsten zu verzichten. Christus hatte durch eine Anerkennung von Satans Herrschaft die Möglichkeit, seiner schrecklichen Zukunft zu entgehen. Damit hätte er jedoch den Sieg in der großen Auseinandersetzung verspielt. Satans Sünde im Himmel bestand gerade darin, dass er sich über den Sohn Gottes erheben wollte. Würde er jetzt die Oberhand gewinnen, wäre das der Sieg der Rebellion.

Um seinem Ziel der Täuschung näherzukommen, sagte Satan nur die halbe Wahrheit, als er behauptete, das Königreich und die Herrlichkeit der Welt seien ihm übertragen worden und er könne sie geben, wem er wolle. Sein Herrschaftsgebiet gehörte einst Adam. Satan entriss es ihm, der als Statthalter des Schöpfers auf Erden eingesetzt war. Adam war also kein unabhängiger Herrscher. Die Erde gehört Gott, und er hat alle Dinge seinem Sohn übergeben. Unter der Herrschaft von Christus sollte Adam die Welt regieren. Als Adam durch seinen Treuebruch die Herrschaft an Satan abtreten musste, blieb Christus dennoch der rechtmäßige König. So hatte der Herr auch König Nebukadnezar gesagt, dass »der Höchste Gewalt hat über die Königreiche der Menschen und sie geben kann, wem er will« (Daniel 4,14). Satan kann seine angemaßte Macht nur so weit ausüben, wie Gott es zulässt.

Als der Versucher das Königreich und die Herrlichkeit der Welt Christus anbot, schlug er vor, dass Christus seine Herrschaft als wahrer König der Welt aufgeben und diese nun unter Satans Leitung ausüben solle. Auf eine solche Herrschaft richtete sich auch die Hoffnung der Juden. Sie wünschten sich das Reich dieser Welt. Wenn Christus eingewilligt hätte, ihnen ein solches Reich zu verschaffen, wäre er von ihnen mit Freuden empfangen worden. Aber der Fluch der Sünde mit allem Leid haftete daran. Christus befahl dem Versucher: »Weg mit dir, Satan! Denn es steht geschrieben: Du sollst anbeten den Herrn, deinen Gott, und ihm allein dienen.« (Matthäus 4,10; vgl. 5. Mose 6,13)

Ausgerechnet Satan, der im Himmel rebelliert hatte, bot nun Christus die Reiche dieser Welt an, um sich dessen Beifall für die Prinzipien des Bösen zu erkaufen. Aber Jesus ließ sich nicht darauf ein. Er war gekommen, um ein Reich der Gerechtigkeit aufzurichten. Von diesem Vorsatz ließ er sich nicht abbringen. Mit der gleichen Versuchung nähert sich Satan den Menschen, und bei ihnen ist er erfolgreicher als bei Christus. Den Menschen bietet er das Reich dieser Welt unter der Bedingung an, dass sie seine Vorherrschaft anerkennen. Er verlangt von ihnen, ihre Rechtschaffenheit zu opfern, das Gewissen zu missachten und sich der Selbstsucht hinzugeben. Christus hingegen lädt dazu ein, zuerst nach dem Reich Gottes und seiner Gerechtigkeit zu trachten (vgl. Matthäus 6,33). Doch Satan geht neben den Menschen her und flüstert ihnen zu: »Ganz gleich, was hinsichtlich des ewigen Lebens wahr ist. Wenn ihr in dieser Welt Erfolg haben wollt, müsst ihr mir dienen. Euer Wohlergehen liegt in meiner Hand. Ich kann euch Reichtum, Vergnügen, Ehre und Glück geben. Hört auf meinen Rat! Lasst euch nicht durch ungewöhnliche Vorstellungen von Ehrlichkeit und Selbstverleugnung verunsichern! Ich werde euch den Weg bahnen.« Durch solche Einflüsterungen werden viele Menschen verführt. Sie stimmen einem selbstsüchtigen Leben zu, und Satan ist damit zufrieden. Indem er sie mit der Hoffnung auf weltliche Macht lockt, gewinnt er die Herrschaft über sie. Er bietet ihnen etwas an, was ihm gar nicht gehört und ihm bald genommen werden wird. Im Gegenzug bringt er die Menschen um ihr Erbe, auf das sie als Kinder Gottes ein Anrecht hätten.

Satan hatte in Frage gestellt, ob Jesus Gottes Sohn ist. Durch den knappen Befehl »Weg mit dir, Satan!« (Matthäus 4,10) hatte er einen Beweis, den er nicht abstreiten konnte. Die göttliche Natur blitzte durch die leidgeprüfte, menschliche Gestalt von Jesus. Satan konnte sich dem Befehl nicht widersetzen. Tief gedemütigt und rasend vor Wut war er gezwungen, sich aus der

Gegenwart des Erlösers zu entfernen. Der Sieg von Christus war ebenso vollständig wie einst die Niederlage von Adam.

DER FEIND WIRD BESIEGT

So können auch wir der Versuchung widerstehen und Satan zwingen, dass er von uns weicht. Jesus errang den Sieg durch seinen Gehorsam und sein Vertrauen auf Gott. Durch den Apostel Jakobus sagt er zu uns: »So seid nun Gott untertan. Widersteht dem Teufel, so flieht er von euch. Naht euch zu Gott, so naht er sich zu euch.« (Jakobus 4,7.8) Wir können uns nicht selbst vor der Macht des Versuchers retten, er ist Herr über die Menschheit. Wenn wir versuchen, ihm aus eigener Kraft entgegenzutreten, werden wir eine Beute seiner Verführungskünste. Aber »der Name des Herrn ist eine feste Burg; der Gerechte läuft dorthin und wird beschirmt« (Sprüche 18,10). Satan zittert und flieht vor dem schwächsten Menschen, der seine Zuflucht im mächtigen Namen des Herrn findet.

Nachdem sich der Feind entfernt hatte, fiel Jesus erschöpft zu Boden. Todesblässe lag auf seinem Gesicht. Die Engel des Himmels hatten den Kampf mitverfolgt und gesehen, wie ihr geliebter Herr unbeschreiblich leiden musste, um für uns Menschen einen Ausweg zu schaffen. Er ertrug Prüfungen, viel härter, als wir sie je zu ertragen haben. Jetzt kamen die Engel und dienten dem Sohn Gottes, der wie ein Sterbender dalag. Sie stärkten ihn mit Nahrung und trösteten ihn mit der Nachricht, dass ihn sein Vater im Himmel liebe. Sie versicherten ihm, dass der ganze Himmel über seinen Sieg juble. Nachdem Jesus zu Kräften gekommen war, neigte sich sein großes Herz voller Mitleid den Menschen zu. Er stand auf, um sein begonnenes Werk zu vollenden und nicht zu ruhen, bis der Feind besiegt und die in Sünde gefallene Menschheit erlöst ist.

Niemand kann den Preis für unsere Erlösung wirklich ermessen, bevor nicht die Erlösten mit ihrem Erretter vor dem Thron Gottes stehen werden. Dann aber, wenn die Herrlichkeit der ewigen Heimat über uns aufgehen wird, werden wir uns daran erinnern, dass Jesus all das für uns verlassen hatte. Er hatte keinen Zugang mehr zu den himmlischen Höfen und ging für uns das Risiko ein, im Kampf gegen das Böse zu scheitern und für immer verloren zu sein. Dann werden wir unsere Kronen zu seinen Füßen niederlegen und in das Lied einstimmen: »Das Lamm, das geschlachtet ist, ist würdig, zu nehmen Kraft und Reichtum und Weisheit und Stärke und Ehre und Preis und Lob.« (Offenbarung 5,12)

KAPITEL 14

»WIR HABEN DEN MESSIAS GEFUNDEN!«

Johannes 1,19-51

Johannes der Täufer predigte und taufte in der Nähe von »Betanien[30], einem Dorf am Ostufer des Jordan« (Johannes 1,28 NLB). Nicht weit von dieser Stelle entfernt hatte Gott einst den Lauf des Flusses aufgehalten, bis das Volk Israel hindurchgegangen war. Ganz in der Nähe war die Festung Jericho durch die himmlischen Heere gestürzt worden. Die Erinnerung an diese Ereignisse wurde zu jener Zeit wieder wachgerufen und erzeugte ein großes Interesse an der Botschaft des Täufers. Würde er, der in der Vergangenheit auf so wunderbare Weise gewirkt hatte, erneut seine Macht offenbaren und Israel befreien? Diese Gedanken bewegten die Herzen der Menschen, die sich täglich in Scharen an den Ufern des Jordan versammelten.

GROSSE ERWARTUNGEN

Die Predigten von Johannes machten einen solch tiefen Eindruck auf die Nation, dass sich die religiösen Würdenträger damit auseinandersetzen mussten. Wegen der Gefahr eines Aufstandes betrachteten die Römer jede öffentliche Versammlung mit großem Misstrauen. Was immer auf eine Volkserhebung hindeutete, löste bei der jüdischen Obrigkeit Angst aus. Johannes hatte beim Hohen Rat keine Bewilligung für sein Wirken eingeholt und damit dessen Autorität nicht anerkannt. Und er hatte das Volk, Oberste, Pharisäer und Sadduzäer[31] gleichermaßen getadelt. Dennoch folgte ihm das Volk voller Erwartung. Das Interesse an seinem Wirken schien beständig zuzunehmen. Obwohl er sich dem Hohen Rat nicht unterstellt hatte, betrachteten ihn die

---

30 Die genaue Lage des Ortes Betanien ist unklar und darf nicht mit dem gleichnamigen Dorf bei Jerusalem verwechselt werden. Seit dem dritten Jahrhundert n. Chr. wurde Betanien oft mit »Betabara« gleichgesetzt (so auch in älteren Bibelübersetzungen), eine Jordanfurt nahe der Taufstelle von Jesus.
31 Siehe Erklärungen »Religionsparteien, jüdische«, S. 819 f.

jüdischen Führer als einen öffentlichen Lehrer, womit Johannes in ihren Zuständigkeitsbereich fiel.

Der Hohe Rat[32] bestand aus ausgewählten Mitgliedern der Priesterschaft und aus obersten Führern und Lehrern der Nation. Der Hohepriester war gewöhnlich der Vorsitzende. Alle Mitglieder mussten Männer reiferen Alters sein, aber noch nicht betagt. Es mussten Gelehrte sein, die nicht nur in der jüdischen Religion und Geschichte bewandert waren, sondern auch ein großes Allgemeinwissen besaßen. Sie durften keine körperlichen Gebrechen aufweisen, mussten verheiratet sein und Kinder haben, weil sie als solche – eher als andere – menschlicher und rücksichtsvoller sein würden. Ihr Versammlungsort war ein mit dem Tempel verbundener Raum in Jerusalem. Zur Zeit der jüdischen Unabhängigkeit war der Hohe Rat das oberste Gericht der Nation und besaß sowohl weltliche als auch geistliche Vollmachten. Obwohl er jetzt den römischen Statthaltern untergeordnet war, übte er doch großen Einfluss auf der bürgerlichen und religiösen Ebene aus.

Der Hohe Rat konnte eine Untersuchung über das Wirken des Johannes nicht länger aufschieben. Einige erinnerten sich an die Offenbarung, die sein Vater Zacharias im Tempel erhalten hatte, und an dessen Weissagung, die auf seinen Sohn als Vorläufer des Messias hinwies. Durch die Unruhen und Veränderungen der letzten 30 Jahre waren diese Hinweise beinahe in Vergessenheit geraten. Nun aber, aufgewühlt durch das Wirken des Täufers, erinnerte man sich wieder daran.

Lange war es her, seit Israel das letzte Mal einen Propheten gehabt und eine derartige Reformation erlebt hatte, wie sie jetzt im Gang war. Die Aufforderung zum Sündenbekenntnis erschien ihnen fremd und war aufsehenerregend. Viele der führenden Männer wollten sich die Aufrufe und Anklagen des Täufers nicht anhören. Sie fürchteten, dazu gebracht zu werden, Geheimnisse ihres eigenen Lebens preiszugeben. Doch seine Predigt war eine klare Ankündigung des Messias. Es war wohl bekannt, dass die 70 Jahrwochen[33] aus der Prophezeiung Daniels, die sich auf das Kommen und Wirken des Messias bezogen (vgl. Daniel 9,24-26), beinahe abgelaufen waren. Alle waren begierig darauf, an dieser Ära nationaler Herrlichkeit, die anschließend erwartet wurde, teilzuhaben. Die Begeisterung des Volkes war so groß, dass der Hohe Rat bald gezwungen war, den Dienst des Johannes entweder gutzuheißen oder abzulehnen. Die Macht des Rates über das Volk war bereits am Schwinden, und es stellte sich die ernste Frage, wie seine Autorität aufrechterhalten werden konnte. In der Hoffnung, eine Lösung zu finden, schickten

---

32 Siehe Erklärungen »Hoher Rat«, S. 817.
33 Siehe »Der Ablauf der prophetischen Zeit«, S. 214/215 sowie auch Erklärungen »Prophetischer Schlüssel«, S. 819.

die Obersten eine Abordnung von Priestern und Leviten zum Jordan, um mit dem neuen Lehrer zu verhandeln.

DIE STIMME IN DER WÜSTE

Eine große Volksmenge hörte den Worten des Johannes zu, als sich die Abgeordneten des Hohen Rates dem Jordan näherten. Die hochmütigen Rabbiner trugen ein betont vornehmes Wesen zur Schau, um das Volk mit ihrer angeblichen Autorität zu beeindrucken und den Propheten fügsam zu machen. Mit großem Respekt, beinahe ängstlich, teilte sich die Menge und ließ die Rabbiner durch die Reihen schreiten. Die hohen Männer in ihren prächtigen Gewändern, stolz auf ihren Rang und ihre Macht, standen jetzt vor dem Prediger aus der Wüste.

»Wer bist du eigentlich?«, wollten sie wissen.

Johannes, der ihre Gedanken erriet, erwiderte: »Ich bin nicht der Christus.«

Und sie fragten ihn: »Wer bist du dann? Bist du Elia?«

Er sprach: »Nein.«

»Bist du der Prophet?«

»Nein.«

»Wer bist du dann? Sag es uns, damit wir die Antwort denen überbringen können, die uns geschickt haben. Was sagst du selbst, wer du bist?«

Johannes antwortete mit den Worten des Propheten Jesaja: »Ich bin eine Stimme, die in der Wüste ruft: ›Ebnet den Weg für das Kommen des Herrn!‹« (vgl. Johannes 1,23 NLB)

Die Schriftstelle, die Johannes hier anführte, war die großartige Prophezeiung Jesajas: »Tröstet, tröstet mein Volk!, spricht euer Gott. Redet mit Jerusalem freundlich und predigt ihr, dass ihre Knechtschaft ein Ende hat, dass ihre Schuld vergeben ist ... Es ruft eine Stimme: In der Wüste bereitet dem Herrn den Weg, macht in der Steppe eine ebene Bahn unserem Gott! Alle Täler sollen erhöht werden, und alle Berge und Hügel sollen erniedrigt werden, und was uneben ist, soll gerade, und was hügelig ist, soll eben werden; denn die Herrlichkeit des Herrn soll offenbart werden, und alles Fleisch miteinander wird es sehen.« (Jesaja 40,1-5)

Wenn im Altertum ein König durch ein spärlich besiedeltes Gebiet seines Reiches zog, wurden Männer dem königlichen Wagen vorausgeschickt, um unebene Wegstellen auszubessern, damit der König sicher und ungehindert durchfahren konnte. Mit dieser Gepflogenheit wollte der Prophet die Arbeit des Evangeliums darstellen. »Alle Täler sollen erhöht werden, und alle Berge und Hügel sollen erniedrigt werden.« (Jesaja 40,4) Wenn der Geist Gottes mit seiner wunderbar belebenden Kraft den Menschen berührt, wird sein Stolz gedemütigt und weltliche Vergnügungen, Stellung und Macht werden als wertlos erkannt. »Falsche Gedankengebäude« und der »Hochmut ... der sich der wahren Gotteserkenntnis entgegenstellt«, werden niedergerissen, und jeder Gedanke, der sich gegen Gott auflehnt, wird gefangen genommen und »dem Befehl von Christus« unterstellt (2. Korinther 10,5 GNB). Demut und selbstlose Liebe, die von den Menschen so wenig geschätzt werden, gelten dann als hohe Werte. Diese Veränderung bewirkt das Evangelium, und die Botschaft des Täufers war ein Teil davon.

Die Schriftgelehrten setzten ihre Befragung fort: »Warum taufst du denn, wenn du nicht der Christus bist, noch Elia noch der Prophet?« (Johannes 1,25) Das Wort »Prophet« bezogen die Juden auf Mose. Sie nahmen an, Mose würde eines Tages von den Toten auferstehen und dann zum Himmel auffahren. Sie wussten nicht, dass er längst dort war. Als der Täufer seinen Dienst aufnahm, dachten viele, er sei der von den Toten auferstandene Mose, denn er wusste sehr genau über die Prophezeiungen und die Geschichte Israels Bescheid.

Man glaubte auch, dass vor dem Kommen des Messias Elia persönlich erscheinen würde. Dieser Erwartung widersprach Johannes, indem er ihre Frage verneinte. Allerdings hatten seine Worte noch einen tieferen Sinn. Jesus sagte später, indem er auf Johannes hinwies: »Und wenn ihr es annehmen wollt: Er ist Elia, der kommen soll.« (Matthäus 11,14 Elb.) Johannes kam im Geist und in der Kraft des Elia, um die Werke zu tun, die auch Elia getan hatte. Hätten die Juden Johannes angenommen, hätte er dessen Werke für sie vollbracht. Doch sie lehnten seine Botschaft ab, denn für sie war er nicht der Elia. So konnte Johannes für sie nicht die Aufgabe erfüllen, die zu vollbringen er gekommen war.

Viele von denen, die am Jordan standen, waren bei der Taufe von Jesus dabei gewesen. Doch das dort gegebene Zeichen war nur wenigen in seiner Bedeutung bewusst geworden. In den vergangenen Monaten, während der Täufer wirkte, hatten es viele abgelehnt, dem Aufruf zur Umkehr zu folgen. Dadurch waren ihre Herzen verhärtet und ihr Verstand getrübt worden. Als der Himmel dann bei der Taufe von Jesus dessen Gottessohnschaft bezeugte, verstanden sie es nicht. Den Augen, die sich niemals voller Vertrauen dem unsichtbaren Gott zugewandt hatten, blieb die Offenbarung seiner Herrlichkeit verborgen. Ohren, die nie auf seine Stimme gehört hatten, vernahmen auch die Worte vom Himmel nicht. So ist es auch heute. Wie oft ist in Versammlungen die Anwesenheit von Christus und seiner Engel deutlich spürbar, und trotzdem wissen es viele nicht! Sie stellen nichts Außergewöhnliches fest. Doch einigen ist die Gegenwart des Erlösers bewusst. Friede und Freude erfüllt ihre Herzen. Sie werden getröstet, ermutigt und gesegnet.

»SIEHE, DAS IST GOTTES LAMM!«

Die Abgeordneten von Jerusalem hatten Johannes gefragt: »Warum taufst du denn?« (Johannes 1,25) Sie warteten nun auf seine Antwort. Als sein Blick über die Menge schweifte, begannen seine Augen plötzlich zu leuchten. Sein Gesicht strahlte, und er war tief ergriffen. Mit ausgestreckten Händen rief er aus: »Ich taufe mit Wasser; aber er ist mitten unter euch getreten, den ihr nicht kennt. Der wird nach mir kommen, und ich bin nicht wert, dass ich seine Schuhriemen löse.« (Johannes 1,26.27)

Die Botschaft war klar und unmissverständlich, die dem Hohen Rat zu überbringen war. Die Worte von Johannes konnten sich auf keinen anderen beziehen als auf den schon lange Verheißenen. Der Messias befand sich mitten unter ihnen! Verblüfft blickten die Priester und Obersten um sich, in der Hoffnung den zu entdecken, von dem Johannes gesprochen hatte. Aber in der großen Menschenmenge war er nicht zu erkennen.

Als Johannes bei der Taufe von Jesus auf ihn als das Lamm Gottes zeigte, fiel neues Licht auf den Auftrag des Messias. Die Gedanken des Propheten wurden auf die Worte Jesajas gelenkt: Er war »wie ein Lamm, das zur Schlachtbank geführt wird« (Jesaja 53,7). In den folgenden Wochen studierte Johannes mit neuem Eifer die Weissagungen und die Lehren des Opferdienstes. Er konnte zwar die beiden Phasen des Dienstes von Christus nicht klar voneinander unterscheiden – einmal als leidendes Opfer, zum anderen als triumphierender König – doch er verstand, dass sein Kommen eine tiefere Bedeutung besaß, als die Priester und das Volk dachten. Als er Jesus bei dessen Rückkehr aus der Wüste in der Menge erblickte, war er überzeugt, dass dieser dem Volk ein Zeichen seines wahren Wesens geben würde. Fast ungeduldig wartete er darauf, wie der Erlöser seine Aufgabe bekanntmachen wird. Doch dieser sagte kein Wort und gab auch kein Zeichen. Jesus ging überhaupt nicht auf die Ankündigung des Täufers ein, sondern mischte sich unter dessen Anhänger. Er gab weder einen sichtbaren Hinweis auf seine besondere Aufgabe, noch unternahm er etwas, um die Aufmerksamkeit auf sich zu lenken.

Am nächsten Tag sah der Täufer, dass Jesus ihm entgegenkam. Während die Herrlichkeit Gottes auf dem Propheten ruhte, streckte er seine Hände aus und rief: »Siehe, das ist Gottes Lamm, das der Welt Sünde trägt! Dieser ist's, von dem ich gesagt habe: Nach mir kommt ein Mann, der vor mir gewesen ist ... Und ich kannte ihn nicht. Aber damit er Israel offenbart werde, darum bin ich gekommen, zu taufen mit Wasser ... Ich sah, dass der Geist herabfuhr wie eine Taube vom Himmel und blieb auf ihm. Und ich kannte ihn nicht. Aber der mich sandte, zu taufen mit Wasser, der sprach zu mir: Auf wen du siehst den Geist herabfahren und auf ihm bleiben, der ist's, der mit dem Heiligen Geist tauft. Und ich habe es gesehen und bezeugt: Dieser ist Gottes Sohn.« (Johannes 1,29-34)

WER IST DER MESSIAS?

War dieser Mann der Messias? Mit Scheu und Verwunderung sahen die Menschen auf den Einen, der soeben als Sohn Gottes bezeichnet worden war. Sie waren von den Worten des Johannes tief beeindruckt, denn er hatte im Namen Gottes zu ihnen geredet. Tag für Tag hatten sie ihm zugehört, wenn er ihre Sünden tadelte. Und die Überzeugung, dass er vom Himmel gesandt war, wurde jeden Tag stärker. Wer aber war der Eine, der größer als der Täufer sein sollte? An seiner Kleidung und Haltung fanden sie nichts, was seinen besonderen Rang angedeutet hätte. Er schien ein gewöhnlicher Mensch zu sein und war gekleidet wie sie selbst – mit dem einfachen Gewand der Armen.

In der Menge waren etliche, die bei der Taufe von Christus die göttliche Herrlichkeit gesehen und Gottes Stimme gehört hatten. Aber seit jener Zeit hatte sich das Aussehen des Erlösers stark verändert. Bei der Taufe war sein Gesicht durch das Licht vom Himmel verklärt, jetzt war es bleich, matt und abgezehrt, sodass ihn nur der Prophet Johannes erkannte.

Doch die Menschen sahen in seinem Blick göttliches Erbarmen, gemischt mit innerer Stärke. Jeder kurze Blick, jeder Gesichtszug war von Demut und unbeschreiblicher Liebe gezeichnet. Er schien von einem geistlichen Einfluss umgeben zu sein. Obwohl sein Umgang behutsam und unaufdringlich war, beeindruckte er die Menschen mit einer unsichtbaren Stärke, die nicht ganz verborgen blieb. War dies der Verheißene, auf den Israel so lange gewartet hatte?

Jesus kam in Armut und Erniedrigung, damit er unser Vorbild, aber auch unser Erlöser sein konnte. Wie hätte er Demut lehren können, wenn er in königlicher Pracht erschienen wäre? Wie hätte er solch einschneidende Wahrheiten darlegen können, wie er es in der Bergpredigt tat? Wo hätte es Hoffnung für die Geringsten gegeben, wenn Jesus gekommen wäre, um als König unter den Menschen zu leben?

Der Menge war es offenbar unmöglich, den von Johannes Angekündigten mit ihren hohen Erwartungen in Verbindung zu bringen. Darum waren viele enttäuscht und zutiefst verunsichert.

Die Worte, welche die Priester und Rabbiner zu hören gehofft hatten, dass nämlich Jesus die Königsherrschaft in Israel wieder aufrichten werde, blieben unausgesprochen. Auf einen solchen König hatten sie gewartet und nach ihm Ausschau gehalten. Einen solchen König waren sie bereit zu empfangen. Aber einen, der in ihren Herzen ein Königreich der Gerechtigkeit und des Friedens zu errichten beabsichtigte, wollten sie nicht akzeptieren.

ANDREAS UND JOHANNES

Am nächsten Tag, als zwei Jünger neben ihm standen, sah Johannes Jesus erneut in der Menge. Wieder leuchtete aus dem Angesicht des Propheten die Herrlichkeit Gottes, und er rief:»Siehe, das ist Gottes Lamm!« (Johannes 1,36) Diese Worte durchdrangen die Herzen der Jünger; deren Sinn verstanden sie aber nicht ganz. Was bedeutete der Name, den ihm Johannes gegeben hatte:»Gottes Lamm«? Johannes selbst gab keine Erklärung dazu.

Die beiden Jünger verließen den Täufer, um Jesus zu suchen. Der eine war Andreas, der Bruder des Simon Petrus; der andere war Johannes, der später eines der Evangelien schrieb. Sie wurden die ersten Jünger von Jesus. Aus einem inneren unwiderstehlichen Antrieb heraus folgten sie Jesus – gespannt darauf, mit ihm zu reden, dennoch schüchtern und still, ganz überwältigt von dem einen Gedanken: Ist dies der Messias?

Jesus wusste, dass ihm die beiden Jünger folgten. Sie waren die ersten Früchte seines Wirkens. Das Herz des göttlichen Lehrers war voller Freude, dass sich diese beiden von seiner Gnade ansprechen ließen. Da drehte er sich um und fragte sie nur:»Was sucht ihr?« (Johannes 1,38) Er ließ ihnen die Freiheit, umzukehren oder ihr Anliegen vorzubringen.

Doch sie hatten nur eine Absicht, und ihre Gedanken drehten sich nur um seine Anwesenheit. Sie fragten:»Rabbi ... wo wohnst du?« (Johannes 1,38 EÜ) Während einer kurzen Unterhaltung am Wegrand konnten sie nicht das erfahren, wonach sie sich sehnten. Sie wollten mit Jesus allein sein, ihm zu Füßen sitzen und ihm zuhören.

Da sagte Jesus zu ihnen:»Kommt und seht!« Da gingen sie mit und sahen, wo er wohnte, und blieben jenen Tag bei ihm.« (Johannes 1,39 EÜ)

Wären Johannes und Andreas auch so ungläubig gewesen wie die Priester und Obersten, hätten sie sich nicht als Lernende zu Jesus gesetzt. Sie wären als Zweifler gekommen, um über seine Worte zu urteilen. Auf diese Weise verschließen sich viele die Tür zu den kostbarsten Gelegenheiten. Doch diese beiden ersten Jünger handelten anders. Sie erwiderten den Ruf des Heiligen Geistes, den sie in der Predigt von Johannes dem Täufer gehört hatten. Und jetzt erkannten sie die Stimme des himmlischen Lehrers. Die Worte von Jesus waren für sie voller Frische, Wahrheit und Schönheit. Göttliches Licht erhellte die Lehren der alttestamentlichen Schriften. Die vielseitigen Themen der Wahrheit wurden ihnen klarer verständlich.

Reue, Glaube und Liebe befähigen uns, himmlische Weisheit zu erlangen. Der Glaube, der durch die Liebe zur Tat wird, ist der Schlüssel zur Erkenntnis »und wer liebt ... kennt Gott« (1. Johannes 4,7).

Der Jünger Johannes war ein Mann von ernster und tiefer Zuneigung, leidenschaftlich und doch nachdenklich. Er hatte begonnen, die Herrlichkeit des Messias zu erkennen – nicht den weltlichen Prunk und die Macht, auf die zu hoffen er gelehrt worden war – sondern »die Herrlichkeit des einzigen Sohnes vom Vater, voll Gnade und Wahrheit« (Johannes 1,14 EÜ). Diese wundersamen Dinge nahmen alle seine Gedanken in Anspruch.

PETRUS, PHILIPPUS UND NATHANAEL

Andreas wollte die Freude weitergeben, die sein Herz erfüllte. Er machte sich auf die Suche nach seinem Bruder Simon und rief ihm zu: »Wir haben den Messias gefunden!« (Johannes 1,41) Simon brauchte keine weitere Aufforderung. Auch er hatte die Predigten des Täufers gehört und machte sich sofort auf den Weg zum Erlöser. Jesus blickte ihn lange an. Er erkannte seinen Charakter und sah den Verlauf seines Lebens. Seine ungestüme Natur, sein liebevolles, mitfühlendes Herz, sein Ehrgeiz und sein Selbstbewusstsein, die Geschichte seines Versagens, seine Reue, sein Einsatz und sein Märtyrertod – all das lag wie ein aufgeschlagenes Buch vor Jesus, und er sagte zu ihm: »Du bist Simon, Jonas Sohn, du sollst Kephas heißen (das heißt übersetzt: ›ein Stein‹)« (Johannes 1,42 Schl.)

»Am nächsten Tag wollte Jesus nach Galiläa gehen und findet Philippus und spricht zu ihm: Folge mir nach!« (Johannes 1,43) Philippus gehorchte dieser Aufforderung und wurde sogleich ein Nachfolger von Christus.

Philippus rief Nathanael. Dieser war in der Menge gewesen, als der Täufer Jesus als das Lamm Gottes bezeichnet hatte. Als Nathanael ihn sah, war er enttäuscht. Konnte dieser Mann, der die Spuren von Arbeit und Armut an sich trug, der Messias sein? Trotzdem konnte sich Nathanael nicht dazu entschließen, Jesus zurückzuweisen, denn die Botschaft des Johannes hatte ihn überzeugt.

Als Philippus Nathanael suchte, hatte sich dieser draußen an einen ruhigen Ort zurückgezogen. Nathanael dachte über die Aussage des Johannes und über die Weissagungen nach, die den Messias betrafen. Er betete zu Gott, er möge ihn doch wissen lassen, ob derjenige, auf den Johannes gezeigt hatte, der Erlöser war. Da kam der Heilige Geist über ihn, und er erhielt die Zusicherung, dass Gott »zu seinem Volk gekommen« war und einen »mächtigen Retter« gesandt hatte (Lukas 1,68.69 NLB). Philippus wusste, dass sein Freund die alten Prophezeiungen studierte. Während Nathanael gerade unter einem Feigenbaum betete, entdeckte ihn Philippus. Oft hatten sie an diesem einsamen Ort im Schutz der Blätter miteinander gebetet.

Die Botschaft »Wir haben den gefunden, von dem Mose im Gesetz und die Propheten geschrieben haben« (Johannes 1,45), erschien Nathanael wie eine sofortige Antwort auf sein Gebet. Der Glaube von Philippus war aber noch schwach, und er fügte deshalb mit leisem Zweifel hinzu: »Jesus, Josefs Sohn, aus Nazareth.« Da wurde Nathanaels Vorurteil erneut wach, und er rief aus: »Was kann aus Nazareth Gutes kommen!« (Johannes 1,45.46)

Philippus ließ sich auf keine Auseinandersetzung ein und sagte: »Komm und sieh es!« (Johannes 1,46) »Als Jesus Nathanael auf sich zukommen sah, sagte er: ›Da kommt ein aufrechter Mann – ein wahrer Sohn Israels.‹« Höchst erstaunt erwiderte Nathanael: »Woher kennst du mich?‹ Jesus antwortete: ›Ich sah dich unter dem Feigenbaum, noch bevor Philippus dich rief.‹« (Johannes 1,47.48 NLB)

Das genügte ihm. Gottes Geist, der Nathanael bei seinem Gebet unter dem Feigenbaum Gewissheit gegeben hatte, sprach jetzt zu ihm in den Worten von Jesus. Obwohl Nathanael von Vorurteilen und Zweifeln noch nicht frei gewesen war, hatte ihn das aufrichtige Verlangen nach Wahrheit zu Jesus hingeführt, und nun wurde es gestillt. Sein Glaube übertraf den Glauben dessen, der ihn zu Jesus gebracht hatte. Er antwortete Jesus: »Rabbi, du bist Gottes Sohn, du bist der König von Israel!« (Johannes 1,49)

Wenn sich Nathanael der Führung der Rabbiner anvertraut hätte, dann hätte er Jesus nie gefunden. Aus eigener Erfahrung und Überzeugung wurde er zu einem Jünger von Jesus. Noch heute lassen sich viele Menschen durch Vorurteile vom Guten fernhalten. Wie ganz anders würde sich ihr Leben gestalten, wenn sie wie einst Nathanael kommen und sehen würden!

Keiner, der auf die Führung menschlicher Autoritäten vertraut, wird zur rettenden Erkenntnis der Wahrheit finden. Wir müssen wie Nathanael das Wort Gottes selbst prüfen und um die Erleuchtung durch den Heiligen Geist bitten. Der Eine, der Nathanael unter dem Feigenbaum sah, sieht auch uns im Verborgenen beten. Engel Gottes sind denen nahe, die in Demut nach göttlicher Führung verlangen.

DEN SEGEN WEITERGEBEN

Mit der Berufung von Johannes, Andreas, Simon, Philippus und Nathanael wurde das Fundament für die christliche Gemeinde gelegt. Johannes der Täufer führte zwei seiner Jünger zu Jesus. Daraufhin suchte der eine, Andreas, seinen Bruder auf und brachte ihn zum Erlöser. Dann wurde Philippus berufen, und dieser fand Nathanael. Diese Beispiele zeigen uns die Wichtigkeit der Bemühungen, unsere Verwandten, Freunde und Nachbarn persönlich anzusprechen. Es gibt viele, die sich ihr Leben lang zu Christus bekennen, sich aber niemals darum bemühen, auch nur einen Menschen zum Erlöser zu bringen. Sie überlassen die ganze Arbeit dem Pastor. Er mag für diese Aufgabe wohl befähigt sein, aber er kann nicht das tun, was Gott den Gliedern der Gemeinde aufgetragen hat.

Es gibt viele, welche die Zuwendung und Unterstützung liebevoller Christen brauchen. Schon manche, die ins Verderben gerannt sind, hätten gerettet werden können, wenn sich ihre Nachbarn – gewöhnliche Männer und Frauen – um sie gekümmert hätten. Viele warten darauf, dass sie persönlich angesprochen werden. Besonders in der Familie, in der Nachbarschaft und in der Stadt, wo wir leben, gibt es für uns als Gesandte von Christus viel zu tun. Wenn wir Christen sind, erfüllen wir diesen Dienst gern. Sobald jemand bekehrt ist, kommt in ihm der Wunsch auf, anderen mitzuteilen, welch einen wunderbaren Freund er in Jesus gefunden hat. Die rettende und heiligende Wahrheit lässt sich nicht im Herzen verschließen.

Durch alle, die sich dem Herrn weihen, wird das göttliche Licht weitergegeben. Gott macht sie zu seinen Mitarbeitern, um anderen den Reichtum seiner Gnade mitzuteilen. Seine Zusage lautet: »Ich werde sie und die Umgebungen meines Hügels zum Segen machen; und ich werde den Regen fallen lassen zu seiner Zeit, Regengüsse des Segens werden es sein.« (Hesekiel 34,26 Elb.)

Philippus sagte zu Nathanael: »Komm und sieh es!« (Johannes 1,46) Er bat ihn nicht einfach, dem Wort eines anderen zu glauben, sondern Christus mit eigenen Augen zu betrachten. Seit Jesus aber zum Himmel aufgefahren ist, hat er seine Nachfolger dazu bestimmt, seine Beauftragten zu sein. Eine der wirksamsten Möglichkeiten, Menschen für Jesus zu gewinnen, besteht darin, dass wir im Alltag nach seinem Vorbild leben. Unser Einfluss auf andere hängt nicht so sehr von dem ab, was wir sagen, sondern vielmehr von dem, was wir sind. Menschen mögen unsere Logik bekämpfen und sich über sie hinwegsetzen; sie mögen unsere Bitten ablehnen, doch ein Leben voll selbstloser Liebe ist ein Argument, dem sie nicht widersprechen können. Ein konsequentes Leben, geprägt von der Sanftmut, die Christus wirkt, ist in der Welt eine Macht.

Die Lehren von Christus waren Ausdruck einer tiefen, inneren Überzeugung und Erfahrung. Diejenigen, die von ihm lernen, werden zu Lehrern nach seinem göttlichen Vorbild. Das Wort Gottes, verkündigt durch jemanden, der selbst durch dieses Wort verändert worden ist, besitzt eine lebenspendende Kraft. Es fesselt die Zuhörer und überzeugt sie davon, dass es eine lebendige Wirklichkeit ist. Wenn jemand die Wahrheit angenommen und liebgewonnen hat, wird sich dies deutlich in der Art und Weise zeigen, wie er handelt und spricht. Er gibt das weiter, was er selbst gehört, gesehen und was ihn aus dem Wort des Lebens berührt hat. So werden andere aufgrund seiner Erkenntnis über Christus Gemeinschaft mit ihm pflegen. Durch sein Zeugnis, das von Lippen kommt, die mit feuriger Kohle vom Altar berührt und gereinigt sind (vgl. Jesaja 6,6.7), erkennt der aufgeschlossene Zuhörer, dass dies die Wahrheit ist. Sie wird einen heiligenden Einfluss auf den Charakter ausüben.

Wer sich bemüht, anderen Menschen Licht zu vermitteln, wird selbst gesegnet. »Regengüsse des Segens werden es sein.« (Hesekiel 34,26 Elb.) »Wer reichlich tränkt, der wird auch getränkt werden.« (Sprüche 11,25) Gott könnte sein Ziel, Menschen zu retten, auch ohne unsere Mithilfe erreichen. Damit unser Charakter aber dem von Jesus immer ähnlicher wird, müssen wir an seinem Werk mitarbeiten. Damit auch wir an seiner Freude teilhaben können – zu erleben, wie Menschen durch sein Opfer gerettet werden –, müssen wir uns an seinem Wirken zu ihrer Erlösung beteiligen.

DER HIMMEL STEHT UNS OFFEN

Nathanaels erstes Bekenntnis seines Glaubens war so tiefgründig, ernst und aufrichtig, dass es sich in den Ohren von Jesus wie Musik anhörte. Und er »antwortete und sprach zu ihm: Du glaubst, weil ich dir gesagt habe, dass ich dich gesehen habe unter dem Feigenbaum. Du wirst noch Größeres als das sehen« (Johannes 1,50). Der Erlöser blickte mit Freuden auf die vor ihm liegende Aufgabe, den Armen das Evangelium zu predigen, die zerbrochenen Herzen zu heilen und den Gefangenen Satans die Freiheit zu verkündigen (vgl. Lukas 4,18). Angesichts der überaus wohltuenden Segnungen, die er den Menschen brachte, fügte er hinzu: »Wahrlich, wahrlich, ich sage euch: Ihr werdet den Himmel offen sehen und die Engel Gottes hinauf- und herabfahren über dem Menschensohn.« (Johannes 1,51)

Dem Sinn nach sagte Christus: Am Ufer des Jordan öffnete sich der Himmel, und der Heilige Geist kam wie eine Taube auf mich herab. Dies war das Zeichen, dass ich Gottes Sohn bin. Und wer dies glaubt, dessen Glaube wird lebendig sein, und er wird sehen, dass der Himmel offen ist und sich nie wieder schließen wird, denn ich habe ihn für euch geöffnet. Die Engel Gottes steigen hinauf und tragen die Gebete der Notleidenden und Bedrückten zum Vater im Himmel. Sie kommen herab und bringen den Menschen Segen und Hoffnung, Mut, Hilfe und Leben. Unaufhörlich bewegen sich die Engel Gottes von der Erde zum Himmel und vom Himmel zur Erde. Die Wunder, die Christus an den Niedergeschlagenen, Kranken und Leidenden vollbrachte, wurden alle durch die Macht Gottes und den Dienst der Engel gewirkt. So erreichen uns auch alle Segnungen Gottes durch Jesus Christus und den Dienst seiner himmlischen Boten. Indem Christus die menschliche Natur annahm und zugleich durch seine Göttlichkeit den Thron Gottes umfasste, vereinte er sein Anliegen mit dem der in Sünde gefallenen Söhne und Töchter Adams. Dadurch ist Jesus Christus der Vermittler zwischen den Menschen und Gott und zwischen Gott und den Menschen geworden.

KAPITEL 15

AUF DER HOCHZEIT ZU KANA

Johannes 2,1-11

Jesus begann seinen Dienst nicht in Jerusalem mit einem großen Auftritt vor dem Hohen Rat. An einem Familienfest in einem kleinen galiläischen Dorf offenbarte er seine Macht, indem er zur Freude einer Hochzeitsfeier beitrug. Dadurch zeigte er sein Mitgefühl für die Menschen und sein Verlangen, ihr Leben glücklich zu machen. In der Wüste, wo er versucht worden war, hatte er den Leidenskelch selbst getrunken. Und nun kam er, um den Menschen den Kelch des Segens zu reichen, wobei er durch diesen Segen die Beziehungen unter den Menschen heiligte.

Vom Jordan war Jesus nach Galiläa zurückgekehrt. In Kana, einer kleinen Stadt unweit von Nazareth, sollte bei Verwandten seiner Eltern Josef und Maria eine Hochzeit stattfinden. Jesus wusste von diesem Familienfest, ging nach Kana und wurde mit seinen Jüngern zum Fest eingeladen.

MARIAS GEDANKEN ÜBER JESUS

Hier traf er nach längerer Zeit seine Mutter wieder. Maria hatte von den Ereignissen bei seiner Taufe am Jordan gehört. Die Neuigkeiten waren bis nach Nazareth gedrungen und hatten in ihr Erinnerungen geweckt, die so viele Jahre in ihrem Herzen verborgen geblieben waren. Auch sie war, wie alle anderen in Israel, vom Auftreten des Täufers tief bewegt worden. Sie konnte sich gut an die Vorhersagen bei seiner Geburt erinnern. Seine Beziehung zu Jesus weckte neue Hoffnungen in ihr. Aber die Nachricht über das geheimnisvolle Verschwinden von Jesus in die Wüste hatte sie ebenfalls erreicht und mit beunruhigenden Vorahnungen erfüllt.

Von dem Tag an, als sie die Ankündigung des Engels in ihrem Heim in Nazareth gehört hatte, bewahrte Maria jeden Hinweis darauf, dass Jesus der Messias war, in ihrem Herzen. Sein reines, selbstloses Leben gab ihr die Gewissheit, dass er der von Gott Gesandte war. Trotzdem wurde sie manchmal von Zweifeln und Enttäuschungen geplagt und sehnte sich danach, dass Jesus seine Herrlichkeit offenbar machen würde. Josef, der mit ihr um das Geheimnis der Geburt von Jesus wusste, war gestorben. Maria hatte niemanden, mit dem sie über ihre Hoffnungen und Ängste reden konnte. Die letzten zwei Monate waren für sie sehr sorgenvoll gewesen. Jesus, dessen Mitgefühl ihr stets ein Trost war, hatte sein Zuhause verlassen. Sie hatte viel über die Worte Simeons nachgedacht: »Auch durch deine Seele wird ein Schwert dringen« (Lukas 2,35). Sie erinnerte sich auch an die drei Tage ihrer Seelenangst, als sie glaubte, Jesus für immer verloren zu haben. So wartete sie jetzt mit besorgtem Herzen auf seine Rückkehr.

Auf der Hochzeit traf sie Jesus wieder – denselben liebevollen, pflichtbewussten Sohn. Und doch war er anders. Sein Aussehen hatte sich verändert. Er war von den Spuren seines Kampfes in der Wüste gezeichnet. Ein Ausdruck von Würde und Kraft zeugte nun von seiner göttlichen Sendung. Er wurde von einer Gruppe junger Männer begleitet, deren Augen ehrfürchtig auf ihn gerichtet waren und die ihn Meister nannten. Diese Begleiter berichteten Maria, was sie bei der Taufe von Jesus und bei anderen Gelegenheiten gehört und gesehen hatten. Sie schlossen mit den Worten: »Wir haben den gefunden, von dem Mose im Gesetz und die Propheten geschrieben haben.« (Johannes 1,45)

Als sich die Gäste versammelten, schienen sich viele für ein besonderes Gesprächsthema zu interessieren. Es herrschte eine gespannte Zurückhaltung. Sie standen in kleinen Gruppen zusammen und sprachen angeregt und leise miteinander. Verwunderte Blicke waren auf Marias Sohn gerichtet. Nachdem Maria die Worte der Jünger über Jesus gehört hatte, wurde sie von der freudigen Gewissheit erfüllt, dass ihre lang gehegten Hoffnungen nicht vergebens waren. Maria wäre nicht ein Mensch gewesen, hätte sich die heilige Freude nicht mit ihrem natürlichen Mutterstolz vermischt. Als sie die vielen Blicke sah, die auf Jesus gerichtet waren, wünschte sie sich sehnlichst, er würde der Hochzeitsgesellschaft beweisen, dass er wirklich der Geehrte Gottes war. Sie hoffte auf eine Gelegenheit, bei der er öffentlich ein Wunder vollbringen würde.

JESUS UND SEINE MUTTER

In jener Zeit war es üblich, dass die Feierlichkeiten einer Hochzeit mehrere Tage dauerten. Bevor das Fest zu Ende war, stellte sich heraus, dass der Vorrat an Wein nicht ausreichen würde, was Bestürzung und Sorge auslöste. Es war ungewöhnlich, an Festen auf Wein zu verzichten. Das Fehlen von

Wein wäre als mangelnde Gastfreundschaft angesehen worden. Maria hatte als Verwandte des Brautpaares bei den Vorbereitungen zum Fest mitgeholfen und sagte jetzt zu Jesus: »Sie haben keinen Wein mehr.« (Johannes 2,3) Diese Worte waren ein Wink, dass er sie mit dem Nötigsten versorgen könnte. Aber Jesus antwortete: »Was geht's dich an, Frau,[34] was ich tue? Meine Stunde ist noch nicht gekommen.« (Johannes 2,4) Diese uns schroff erscheinende Antwort drückte keine Kälte oder Unhöflichkeit aus. Die Art, wie der Erlöser seine Mutter anredete, entsprach durchaus der damaligen orientalischen Gepflogenheit. Man bediente sich dieser Anrede bei Personen, denen man Achtung erweisen wollte. Jede Handlung von Christus auf dieser Erde entsprach dem von ihm selbst erlassenen Gebot: »Du sollst deinen Vater und deine Mutter ehren.« (2. Mose 20,12) Als Jesus am Kreuz seiner Mutter zum letzten Mal seine liebevolle Aufmerksamkeit schenkte, sprach er sie wieder in der gleichen Weise an und übergab sie dann der Fürsorge seines Lieblingsjüngers (vgl. Johannes 19,26). Sowohl bei der Hochzeit als auch am Kreuz erklärte die in seiner Stimme, seinem Blick und seinem Verhalten zum Ausdruck kommende Liebe die Bedeutung seiner Worte.

Bei seinem Besuch als Junge im Tempel, als ihm das Geheimnis seiner Lebensaufgabe bewusst wurde, hatte Christus zu Maria gesagt: »Wisst ihr nicht, dass ich sein muss in dem, was meines Vaters ist?« (Lukas 2,49) Diese Worte umschrieben das Leitmotiv seines ganzen Lebens und Wirkens sehr treffend. Alles musste sich seinem großen Erlösungswerk unterordnen, das zu erfüllen er gekommen war. Nun wiederholte er diese Lehre. Weil Maria mit Jesus verwandt war, stand sie in der Gefahr, anzunehmen, dass sie ein besonderes Anrecht auf ihn hätte oder ihm gewissermaßen Anweisungen für seinen Dienst erteilen könnte. 30 Jahre lang war er ihr ein liebevoller und gehorsamer Sohn gewesen, und seine Liebe war unverändert geblieben. Doch nun musste er mit dem Werk seines himmlischen Vaters beginnen. Als Sohn des Allerhöchsten und als Erlöser der Welt durften ihn keine irdischen Bindungen von der Erfüllung seiner Aufgabe abhalten oder sein Verhalten beeinflussen. Er musste frei sein, um den Willen Gottes erfüllen zu können. Darin liegt auch eine Lehre für uns: Gottes Ansprüche stehen höher als die Bindungen menschlicher Beziehungen. Wir sollen uns durch keine irdischen Verlockungen vom Weg, den Gott uns zu gehen heißt, abbringen lassen.

Die einzige Hoffnung auf Erlösung für unser gefallenes Menschengeschlecht liegt in Christus. Auch Maria konnte nur durch das Lamm Gottes Erlösung finden, denn sie selbst besaß keine eigenen Verdienste. Ihre Beziehung zu Jesus setzte sie in kein anderes geistliches Verhältnis ihm gegenüber

---

34   Wörtlich: »Was (ist zwischen) mir und dir, Frau?«

als andere Menschen. Dies gab der Erlöser mit seinen Worten zu verstehen. Jesus machte eine klare Unterscheidung in seinem Verhältnis zu ihr als Menschensohn und als Gottessohn. Ihre verwandtschaftliche Beziehung stellte Maria in keiner Weise auf die gleiche Stufe mit ihm.

Die Worte »Meine Stunde ist noch nicht gekommen« (Johannes 2,4) wiesen auf die Tatsache hin, dass jede Handlung von Christus in seinem irdischen Leben eine Erfüllung des Plans war, der schon seit ewigen Zeiten bestanden hatte. Bevor Jesus auf diese Erde kam, lag ihm der Plan in allen Einzelheiten vor. Als er aber unter uns Menschen weilte, wurde er Schritt für Schritt vom Willen seines Vaters geleitet. Er zögerte nicht, zu der für ihn bestimmten Zeit zu handeln. Der gleiche Gehorsam ließ ihn aber auch warten, bis seine Zeit gekommen war.

Als er zu Maria sagte, dass seine Stunde noch nicht gekommen sei, reagierte Jesus auf ihren unausgesprochenen Gedanken – auf die Messiaserwartung, die Maria gemeinsam mit den anderen hegte. Sie hoffte, er würde sich als Messias offenbaren und den Thron Israels besteigen. Doch die Zeit dafür war noch nicht reif. Jesus hatte das Los der Menschheit nicht als König auf sich genommen, sondern als »ein Mann der Schmerzen und mit Leiden vertraut« (Jesaja 53,3 Elb.).

»TUT, WAS ER EUCH SAGT!«

Obwohl Maria nicht das richtige Verständnis vom Auftrag ihres Sohnes hatte, vertraute sie ihm vorbehaltlos. Auf diesen Glauben antwortete Jesus. Das erste Wunder vollbrachte er, um Marias Vertrauen zu ehren und den Glauben seiner Jünger zu stärken. Die Jünger würden vielen großen Versuchungen begegnen, die ihren Glauben erschüttern. Die Prophezeiungen hatten ihnen über alle Meinungsverschiedenheiten hinweg klargemacht, dass Jesus der Messias war. Sie erwarteten, dass ihn die religiösen Führer mit noch größerem Vertrauen aufnehmen als sie selbst. Die Jünger erzählten dem Volk von seinen wunderbaren Taten und bezeugten damit ihr eigenes Vertrauen in seinen Dienst. Allerdings waren sie erstaunt und von der Tatsache bitter enttäuscht, mit wie viel Unglauben, großen Vorurteilen und Feindseligkeiten die Priester und Rabbiner Jesus begegneten. Die ersten Wunder des Erlösers bestärkten die Jünger darin, diesem Widerstand entgegenzutreten.

Maria fühlte sich durch die Worte von Jesus in keiner Weise beunruhigt und sagte zu den Bediensteten am Tisch: »Was er euch sagt, das tut.« (Johannes 2,5) So tat sie das, was sie konnte, um den Weg für das Wirken von Christus vorzubereiten.

Beim Eingang standen sechs große, steinerne Wasserkrüge.[35] Jesus bat die Diener, sie mit Wasser zu füllen. So geschah es. Da der Wein dringend gebraucht wurde, sagte Jesus: »Schöpft nun und bringt's dem Speisemeister!« (Johannes 2,8) Statt des Wassers, mit dem die Krüge gefüllt worden waren, floss Wein heraus. Weder der Speisemeister noch die Gäste hatten den Mangel an Wein bemerkt. Als aber der Speisemeister den Wein kostete, den die Diener ihm brachten, fand er ihn bedeutend besser als jeden Wein, den er jemals zuvor getrunken hatte. Auch war er ganz anders als der Wein, der zu Beginn des Festes ausgeschenkt worden war. Er wandte sich an den Bräutigam und sagte: »Jeder bringt doch zuerst den guten Wein auf den Tisch, und wenn die Gäste schon reichlich getrunken haben, folgt der schlechtere. Aber du hast den guten Wein bis zuletzt aufgehoben!« (Johannes 2,10 GNB)

So wie die Menschen zuerst den besten Wein auftragen und nachher den geringeren, so macht es die Welt mit ihren Gaben. Was sie anbietet, mag dem Auge gefallen und die Sinne fesseln, doch im Nachhinein erweist es sich als unbefriedigend. Der Wein verwandelt sich in Bitternis und die Fröhlichkeit in Schwermut. Was mit Gesang und Heiterkeit begonnen hat, endet mit Ernüchterung und Abscheu. Aber die Gaben, die Jesus verleiht, sind immer frisch und neu. Das Fest, das er für die Menschen zubereitet, schenkt immer Erfüllung und Freude. Jede neue Gabe, die wir empfangen, macht uns fähiger, die Segnungen Gottes zu schätzen und uns darüber zu freuen. Er schenkt Gnade um Gnade. Sein Vorrat ist unerschöpflich. Die Tatsache, dass du heute eine reiche Gabe erhältst, ist die Garantie dafür, dass du morgen, wenn du an ihm festhältst, ein noch kostbareres Geschenk erhalten wirst. Die Worte von Jesus an Nathanael enthalten die Regel, nach der Gott an gläubigen Menschen handelt. Mit jedem neuen Beweis seiner Liebe verspricht er dem offenen Herzen: »Glaubst du ...? Du wirst noch viel größere Dinge erleben.« (Johannes 1,50 GNB)

UNVERGORENER WEIN

Das Geschenk von Christus für das Hochzeitsfest war ein Sinnbild. Das Wasser stellte die Taufe in seinen Tod dar, der Wein das Vergießen seines Blutes für die Sünden der Welt. Das Wasser wurde durch menschliche Hände in die Krüge gefüllt. Doch die lebenspendende Kraft konnte dem Wasser allein durch das Wort von Christus verliehen werden. So ist es auch mit den Zeremonien, die auf den Tod des Erlösers hinweisen. Allein durch die Kraft

---

35 Jeder Krug fasste etwa »zwei oder drei Maß«, was zwischen 80 und 120 Liter sind. Die Krüge enthielten also insgesamt etwa 600 Liter.

von Christus, die durch den Glauben wirkt, können diese Handlungen den Menschen zur Stärkung dienen.

Auf das Wort von Christus hin wurden die Hochzeitsgäste großzügig versorgt. Ebenso reichlich schenkt er seine Gnade, um alle Sünden der Menschheit zu tilgen und die Herzen zu erneuern und zu erhalten.

Beim ersten Fest, das Christus mit seinen Jüngern besuchte, reichte er ihnen den Kelch, der sein Werk für ihre Errettung symbolisierte. Beim letzten Abendmahl gab er ihnen den Kelch erneut und setzte damit die heilige Handlung ein, die seinen Tod verkündigen soll, »bis er kommt« (1. Korinther 11,26). Beim Weggang ihres Herrn wurden die traurigen Jünger mit der Verheißung des Wiedersehens getröstet. Jesus sagte: »Ich werde von nun an nicht mehr von diesem Gewächs des Weinstocks trinken bis an den Tag, an dem ich von Neuem davon trinken werde mit euch in meines Vaters Reich.« (Matthäus 26,29)

Der Wein, den Christus für die Gäste zubereitet hatte, und jener, den er den Jüngern als Sinnbild für sein Blut gab, war der reine Saft der Beeren. Darauf bezieht sich der Prophet Jesaja, wenn er vom neuen Wein, vom »Saft in der Traube« spricht und sagt: »Verdirb es nicht, denn es ist ein Segen darin!« (Jesaja 65,8)

Es war Christus, der im Alten Testament das Volk Israel warnte: »Der Wein macht zum Spötter, das starke Getränk macht wild, und keiner, der sich damit berauscht, wird weise.« (Sprüche 20,1 Schl.) Und er selbst stellte kein solches Getränk bereit. Satan verführt die Menschen zu Genüssen, die den Verstand trüben und das geistliche Wahrnehmungsvermögen lähmen.

Doch Christus lehrt uns, die niederen Triebe zu beherrschen. Sein ganzes Leben war ein Beispiel der Selbstverleugnung. Um die Macht der Begierden zu brechen, bestand er an unserer Stelle die schwerste Prüfung, welche die menschliche Natur ertragen konnte. Es war Christus, der Johannes den Täufer anwies, weder Wein noch starkes Getränk zu trinken (vgl. Lukas 1,15). Auch der Frau von Manoah schrieb er vor, enthaltsam zu sein (vgl. Richter 13,4). Er sprach einen Fluch über den Menschen aus, der seinen Nächsten betrunken macht (vgl. Habakuk 2,15). Christus widersprach seiner eigenen Lehre nicht. Der unvergorene Wein, den er für die Hochzeitsgäste bereitete, war ein gesundes und erfrischendes Getränk. Dessen Wirkung sollte den Geschmack mit einem gesunden Appetit in Einklang bringen.

Als sich die Gäste auf dem Fest über die Güte des Weines äußerten, wurden Nachforschungen angestellt, was bewirkte, dass die Diener über das Wunder berichteten. Die Gäste waren für einen Augenblick so überrascht, dass sie gar nicht an den dachten, der das wunderbare Werk vollbracht hatte.

Als sie ihn dann überall suchten, stellte sich heraus, dass er sich ganz unauffällig zurückgezogen hatte. Nicht einmal seine Jünger hatten es bemerkt. Die Aufmerksamkeit der Gesellschaft richtete sich nun auf die Jünger. Zum ersten Mal hatten sie die Gelegenheit, ihren Glauben an Jesus zu bekennen. Sie berichteten, was sie am Jordan gesehen und gehört hatten. In vielen Zuhörern wurde die Hoffnung wach, dass Gott seinem Volk einen Befreier gesandt hatte. Die Nachricht vom Wunder auf dem Fest verbreitete sich in der ganzen Gegend bis nach Jerusalem. Mit neuem Eifer erforschten die Priester und Ältesten die Weissagungen, die auf das Kommen von Christus hinwiesen. Man war sehr daran interessiert, Näheres über das Wirken dieses neuen Lehrers zu erfahren, der so bescheiden unter dem Volk auftrat.

DAS WERK DER ERNEUERUNG

Der Dienst von Christus stand in deutlichem Gegensatz zu jenem der jüdischen Ältesten. Weil sie den Überlieferungen und dem Formenwesen so viel Beachtung schenkten, zerstörten sie die wahre Freiheit des Denkens und Handelns. Sie lebten in ständiger Angst, sich zu verunreinigen. Um die Berührung mit den »Unreinen« zu vermeiden, hielten sie sich nicht nur von den Heiden fern, sondern auch von den meisten Angehörigen ihres eigenen Volkes. Sie versuchten nicht, ihnen zum Segen zu sein oder sie als Freunde zu gewinnen. Indem sie sich ständig mit diesen Dingen befassten, ließen sie ihren Geist verkümmern und engten ihren Lebensbereich ein. Ihr Beispiel förderte Egoismus und Intoleranz in allen Volksschichten.

Jesus begann sein Reformationswerk mit großer Anteilnahme für die Menschheit. Während er Gottes Gesetz höchste Ehrerbietung entgegenbrachte, tadelte er die überhebliche Frömmigkeit der Pharisäer und versuchte, das Volk von den sinnlosen und einengenden Vorschriften zu befreien. Er wollte die trennenden Schranken der verschiedenen Gesellschaftsklassen niederreißen und alle Menschen als Kinder einer einzigen Familie zusammenbringen. Seine Anwesenheit auf dem Hochzeitsfest sollte ein Schritt in diese Richtung sein.

Gott hatte Johannes den Täufer in die Wüste geführt, um ihn vor dem Einfluss der Priester und Rabbiner zu bewahren und ihn auf seine besondere Aufgabe vorzubereiten. Aber die Einsamkeit und Entbehrung in seinem Leben waren nicht als Beispiel für das Volk gedacht. Johannes selbst hatte seine Zuhörer nicht angewiesen, ihre bisherige Tätigkeit aufzugeben. Er forderte sie dazu auf, ihre Sinnesänderung zu bekunden, indem sie Gott an jenem Platz treu dienten, an den er sie gerufen hatte.

Jesus tadelte die Genusssucht in jeder Form, und doch war er von Natur aus gesellig. Er nahm die Gastfreundschaft von Menschen aller Volksschichten an und war in den Häusern der Armen ebenso zu Gast wie in den Villen der Reichen. Er verkehrte mit Gelehrten und Ungebildeten und versuchte, ihre Gedanken von alltäglichen Dingen auf Fragen des geistlichen und ewigen Lebens zu lenken. Er erteilte keinen Freibrief für Ausschweifungen, und kein Schatten von weltlichem Leichtsinn fiel auf sein Benehmen. Er fand Gefallen an natürlicher Fröhlichkeit und hieß geselliges Beisammensein durch seine Anwesenheit gut. Eine jüdische Hochzeit war ein eindrückliches Ereignis. Die Fröhlichkeit auf dem Fest missfiel dem Menschensohn nicht. Durch seine Teilnahme bekräftigte Jesus die Ehe als eine göttliche Einrichtung.

Sowohl im Alten als auch im Neuen Testament stellt das Ehebündnis die liebevolle und heilige Beziehung zwischen Christus und seiner Gemeinde dar. Die frohe Hochzeitsfeier ließ die Gedanken von Jesus in die Zukunft schweifen, auf den freudigen Tag, an dem er seine Braut in das Haus seines Vaters heimführen wird – an dem Tag, an dem die Erlösten, zusammen mit ihrem Erlöser, am Hochzeitsmahl des Lammes teilnehmen werden. Er sagte: »Wie sich ein Bräutigam freut über die Braut, so wird sich dein Gott über dich freuen.« »Man soll dich nicht mehr nennen ›Verlassene‹ ... sondern du sollst heißen ›Meine Lust‹ ... denn der Herr hat Lust an dir.« (Jesaja 62,5.4) »Er wird sich über dich freuen und dir freundlich sein, er wird dir vergeben in seiner Liebe und wird über dich mit Jauchzen fröhlich sein.« (Zefanja 3,17) Als dem Apostel Johannes in einer Vision das Geschehen im Himmel gezeigt wurde, schrieb er: »Und ich hörte etwas wie eine Stimme einer großen Schar und wie eine Stimme großer Wasser und wie eine Stimme starker Donner, die sprachen: Halleluja! Denn der Herr, unser Gott, der Allmächtige, hat das Reich eingenommen! Lasst uns freuen und fröhlich sein und ihm die Ehre geben; denn die Hochzeit des Lammes ist gekommen, und seine Braut hat sich bereitet! ... Selig sind, die zum Hochzeitsmahl des Lammes berufen sind.« (Offenbarung 19,6.7.9)

Es war die Absicht von Jesus, jeden einzelnen Menschen in sein Reich einzuladen. Er erreichte die Herzen der Menschen, indem er zu ihnen ging und sich um ihr Wohl bemühte. Er besuchte sie auf den Straßen, in ihren Häusern, auf den Booten, in der Synagoge, am Seeufer und auf dem Hochzeitsfest. Er traf sie bei ihrer täglichen Arbeit und zeigte Interesse an ihren weltlichen Geschäften. Er unterwies sie in ihren Wohnungen, und die Familien wurden in ihren eigenen Heimen von seiner göttlichen Gegenwart beeinflusst. Durch seine große und persönliche Anteilnahme gewann er die Herzen der Menschen. Er zog sich oft ins Gebirge zurück, um allein zu beten, denn dies war eine Vorbereitung auf seinen Dienst unter den Menschen, die im Alltagsleben standen. Von diesen stillen Zeiten des Gebets kehrte er zurück, um den Kranken Linderung zu bringen, die Unwissenden zu unterweisen und die Ketten derer zu sprengen, die Satan gefangen hielt (vgl. Lukas 4,18). Jesus bildete seine Jünger aus, indem er persönlichen Kontakt zu ihnen pflegte, aber auch in der Gemeinschaft untereinander. Manchmal lehrte er sie, wenn sie zusammen am Hang eines Berges oder am Seeufer saßen; oder er offenbarte ihnen die Geheimnisse des Reiches Gottes, während sie auf Wanderschaft waren. Er predigte nicht wie die Menschen heute. Wo immer er Menschenherzen fand, die für die göttliche Botschaft offen waren, legte er die Wahrheiten des Erlösungsweges dar. Er verlangte von seinen Jüngern nicht, dies oder jenes zu tun, sondern sagte nur: »Folgt mir nach!« Wenn er durch das Land zog oder Städte durchquerte, nahm er sie mit, damit sie sehen konnten, wie er das Volk lehrte. Er verband ihre Interessen mit den seinen, und sie schlossen sich ihm in seinem Dienst an.

EIN VORBILD IM UMGANG MIT ANDEREN

Das Beispiel von Christus, die Anliegen der Menschen zu seinen eigenen zu machen, sollte von allen beherzigt werden, die sein Wort predigen und die frohe Botschaft von seiner Gnade empfangen haben. Wir dürfen nicht auf den geselligen Umgang mit Menschen verzichten. Wir sollen uns nicht von ihnen absondern. Um alle Gruppen von Menschen zu erreichen, müssen wir ihnen dort begegnen, wo sie sich befinden. Selten kommen Menschen aus eigenem Antrieb zu uns. Nicht nur von der Kanzel werden die Herzen der Menschen von der göttlichen Wahrheit berührt. Es gibt ein anderes Arbeitsfeld, das vielleicht bescheidener, aber ebenso vielversprechend ist. Man findet es in den Hütten der Armen und in den Villen der Reichen, an der einladenden Tafel und beim geselligen Zusammensein.

Als Jünger von Christus werden wir uns nicht aus Liebe zum Vergnügen mit den Menschen treffen, um an ihren Torheiten teilzuhaben. Solche Gesellschaft würde uns nur schaden. Wir sollen die Sünde niemals durch unsere Worte oder Taten, durch unser Schweigen oder unsere Gegenwart gutheißen. Wohin wir auch gehen, wir sollen Jesus mit uns nehmen, damit die anderen sehen, wie kostbar unser Erlöser ist. Wer aber versucht, seinen Glauben zu bewahren, indem er ihn hinter Steinmauern versteckt, verliert wertvolle Gelegenheiten, um Gutes zu tun. Durch gesellschaftliche Beziehungen kommt das Christentum mit der Welt in Berührung. Jeder, der vom göttlichen Licht erleuchtet worden ist, soll den Weg derer erhellen, die das Licht des Lebens nicht kennen.

Wir alle sollen Zeugen für Jesus werden. Unser Einfluss in der Gesellschaft – geheiligt durch seine Gnade – soll gestärkt werden, um Menschen für den Erlöser zu gewinnen. Lasst die Welt sehen, dass wir uns nicht selbstsüchtig mit unseren eigenen Interessen beschäftigen, sondern dass wir uns wünschen, dass auch andere unsere Segnungen und Vorrechte teilen. Lasst sie sehen, dass uns der Glaube nicht teilnahmslos oder streng macht. Mögen alle, die bekennen, Christus gefunden zu haben, dem Wohl der Menschen dienen, wie er es tat!

Wir sollten unseren Mitmenschen nie den Eindruck vermitteln, Christen seien verdrießliche und unglückliche Menschen. Sind unsere Augen auf Jesus gerichtet, erblicken wir einen mitfühlenden Erlöser und empfangen das Licht von seinem Angesicht. Wo immer sein Geist herrscht, ist Friede. Und dort wird auch Freude sein, verbunden mit einem tiefen, heiligen Vertrauen auf Gott.

Christus freut sich über seine Nachfolger, wenn sie zeigen, dass sie – wenn auch als Menschen – an der göttlichen Natur teilhaben. Sie sind keine Statuen, sondern lebendige Männer und Frauen. Ihre Herzen, erfrischt durch den Tau göttlicher Gnade, sind für die Sonne der Gerechtigkeit weit geöffnet. Das Licht, das auf sie scheint, übertragen sie durch Werke, die von der Liebe zu Christus zeugen, auf andere.

TEIL 3

ERSTES WIRKEN IN JUDÄA

»*Wir selber haben ihn gehört und wissen, dass dieser wirklich der Retter der Welt ist.*«

Johannes 4,42 ZÜ

KAPITEL 16

IN SEINEM TEMPEL

Johannes 2,12-22

»Danach ging Jesus nach Kapernaum, er, seine Mutter, seine Brüder und seine Jünger, und sie blieben nicht lange da. Und das Passafest der Juden war nahe, und Jesus zog hinauf nach Jerusalem.« (Johannes 2,12.13)

Auf dieser Reise schloss sich Jesus einer der großen Gruppen an, die sich auf dem Weg in die Hauptstadt befanden. Er hatte seinen Auftrag noch nicht öffentlich bekanntgemacht und mischte sich nun unbemerkt unter die Menge. Bei solchen Anlässen war das Kommen des Messias, das durch den Dienst des Täufers so an Bedeutung gewonnen hatte, oft Gegenstand der Unterhaltung. Mit wachsender Begeisterung verweilte man bei der Hoffnung auf nationale Größe. Jesus wusste, dass diese Hoffnung enttäuscht werden würde, denn sie beruhte auf einer falschen Auslegung der Schriften. Mit tiefem Ernst erklärte er die Weissagungen und versuchte die Menschen dazu anzuregen, Gottes Wort gründlicher zu studieren.

DER HANDEL IM TEMPEL GOTTES

Die jüdischen Führer hatten dem Volk beigebracht, dass es in Jerusalem lerne, Gott anzubeten. Hier versammelten sich während der Passawoche Scharen von Menschen aus allen Teilen Israels und sogar aus fernen Ländern. Die Tempelhöfe füllten sich mit einer bunt zusammengewürfelten Menge. Vielen war es nicht möglich, ihre Opfergaben mitzubringen, die als Symbol für das eine große Opfer dargebracht werden sollten. Um es diesen Pilgern einfacher zu machen, wurden Opfertiere im äußeren Vorhof des Tempels gekauft und verkauft. Hier kamen Angehörige aller Gesellschaftsschichten zusammen, um ihre Opfergaben zu erwerben und alles ausländische Geld in Tempelmünzen umzuwechseln.

Jeder Jude musste jährlich einen halben Schekel[36] »als Lösegeld für sein Leben« bezahlen. Der auf diese Weise gesammelte Betrag diente für den

---

36 Ein halber Schekel entspricht zu alttestamentlichen Zeiten etwa sechs Gramm Silber, zu neutestamentlichen Zeiten etwa acht Gramm. Zur Zeit von Jesus verlangte man als jährliche Kopfsteuer für den Tempel die »Doppeldrachme« (Matthäus 17,24 Elb.), was einem halben Schekel entsprach.

Unterhalt des Tempels (vgl. 2. Mose 30,12-16). Außerdem wurden freiwillig große Summen gespendet, die in die Schatzkammer des Tempels flossen. Es wurde erwartet, dass alles andere Geld in Münzen, in sogenannte Tempelschekel, gewechselt wurde. Diese wurden dann für den Dienst im Heiligtum entgegengenommen. Der Geldwechsel bot Gelegenheit zu Betrug und Wucher und war zu einem ruchlosen Gewerbe verkommen, das für die Priester eine Einnahmequelle bedeutete.

Die Händler verlangten für die Opfertiere ungewöhnlich hohe Preise und teilten ihren Gewinn mit den Priestern und Obersten, die sich dadurch auf Kosten des Volkes bereicherten. Die Festbesucher machte man glauben, Gottes Segen würde nicht auf ihren Kindern und ihrem Acker ruhen, wenn sie keine Opfer brächten. Auf diese Weise konnte ein hoher Preis gefordert werden. Denn wer von so weit gekommen war, wollte nicht in die Heimat zurückkehren, ohne das Zeichen der Hingabe, für das sie gekommen waren.

Zur Zeit des Passafestes wurden viele Opfer dargebracht, und das Geschäft im Vorhof des Tempels florierte. Die dadurch entstandene Unruhe ließ eher auf einen lärmenden Viehmarkt als auf den heiligen Tempel Gottes schließen. Man hörte hektisches Feilschen, das Brüllen der Rinder, das Blöken der Schafe und das Gurren der Tauben, vermischt mit dem Geräusch klingender Münzen und dem Lärm ärgerlicher Wortgefechte. Das Durcheinander war so groß, dass es die Andächtigen störte. Deren Gebete zum Allerhöchsten wurden vom Tumult übertönt, der bis in den Tempel drang. Die Juden waren außerordentlich stolz auf ihre Frömmigkeit. Sie freuten sich über ihren Tempel und empfanden jedes Wort der Missbilligung ihm gegenüber als Gotteslästerung. Sie waren peinlich genau in der Durchführung der Zeremonien, die in Verbindung mit dem Tempel standen. Aber die Liebe zum Geld hatte sie skrupellos gemacht. Sie waren sich kaum bewusst, wie weit sie von der ursprünglichen Bedeutung ihres Gottesdienstes, den Gott selbst eingesetzt hatte, abgewichen waren.

EIN HEILIGER ORT

Als der Herr einst auf den Berg Sinai herabkam, wurde dieser Ort durch seine Gegenwart geheiligt. Mose erhielt den Auftrag, den Berg einzuzäunen und ihn zu heiligen. Gott erhob warnend seine Stimme und sagte: »Hütet euch, auf den Berg zu steigen oder auch nur seinen Fuß zu berühren. Jeder, der den Berg berührt, wird mit dem Tod bestraft. Keine Hand soll den Berg berühren. Wer es aber tut, soll gesteinigt oder mit Pfeilen erschossen werden; ob Tier oder Mensch, niemand soll am Leben bleiben.« (2. Mose 19,12.13 EÜ)

So lernten sie, dass jeder Ort, an dem Gott seine Gegenwart offenbart, ein heiliger Ort ist. Die Vorhöfe des Tempels hätten genauso als heilig angesehen werden sollen. Aber im Kampf um den Gewinn hatte man den Blick dafür verloren.

Die Priester und Obersten waren dazu berufen, Gottes Stellvertreter für die Nation zu sein. Sie hätten gegen die Missstände im Tempelhof einschreiten müssen und dem Volk ein Vorbild in Rechtschaffenheit und Barmherzigkeit sein sollen. Anstatt ihrem eigenen Vorteil nachzusinnen, hätten sie die Umstände und Bedürfnisse der Gläubigen beachten und denen behilflich sein sollen, die keine der vorgeschriebenen Opfergaben kaufen konnten. Aber das taten sie nicht. Habsucht hatte ihre Herzen verhärtet.

Zum Fest kamen Leidende, Bedürftige und Bedrückte, Blinde, Lahme und Taube. Einige wurden auf Betten gebracht. Es kamen viele, die zu arm waren, um auch nur die bescheidenste Opfergabe für Gott zu kaufen oder sich Nahrung zu besorgen, um den eigenen Hunger zu stillen. Sie waren durch die Aussagen der Priester tief bekümmert. Diese prahlten mit ihrer Frömmigkeit und behaupteten, die Beschützer des Volkes zu sein. In Wirklichkeit aber hatten sie weder Mitgefühl noch Erbarmen. Die Armen, die Kranken und die Sterbenden flehten vergeblich um ihre Gunst. Ihr Leid weckte kein Mitgefühl in den Herzen der Priester.

DIE REINIGUNG DES TEMPELS

Als Jesus den Tempel betrat, überblickte er den ganzen Schauplatz. Er sah die unredlichen Geschäfte und das Elend der Armen, die glaubten, ohne Blutvergießen keine Vergebung ihrer Sünden erlangen zu können. Er sah den äußeren Vorhof seines Tempels in einen gottlosen Handelsplatz verwandelt. Die heilige Stätte war zu einer riesigen Wechselstube geworden.

Christus erkannte, dass hier etwas getan werden musste! Unzählige Zeremonien waren dem Volk auferlegt worden, ohne dass ihnen deren genaue Bedeutung erklärt worden war. Die Gläubigen brachten ihre Opfer dar, ohne zu verstehen, dass diese nur ein Sinnbild für das eine vollkommene Opfer waren. Und jetzt stand er, auf den der ganze jüdische Opferdienst hinwies, unerkannt und unbeachtet mitten unter ihnen. Christus selbst hatte die vielfältigen Opfer angeordnet. Er kannte ihren symbolischen Wert und sah, dass sie nun verfälscht waren und missverstanden wurden. Geistliche Anbetung war kaum noch vorhanden. Die Priester und Obersten hatten keine Beziehung zu Gott. Nun war es die Aufgabe von Christus, einen völlig anderen Gottesdienst einzuführen.

Von den Stufen des Tempelhofes aus schaute Jesus mit durchdringendem Blick auf das Bild, das sich ihm bot. Seine Augen sahen vorherwissend in die Zukunft und überblickten nicht nur Jahre, sondern ganze Jahrhunderte und Zeitalter. Er sah, wie die Priester und Obersten des Volkes den Bedürftigen ihr Recht vorenthalten und verbieten würden, den Armen das Evangelium zu predigen. Er sah, wie Gottes Liebe vor den Sündern verheimlicht wurde und wie Menschen seine Gnade zu einer Handelsware machten. Während er das Geschehen betrachtete, lag ein Ausdruck von Empörung, Autorität und Macht auf seinem Angesicht. Inzwischen wurden die Menschen auf ihn aufmerksam. Die Augen derer, die den unheiligen Handel trieben, blickten gebannt auf den Herrn. Sie konnten ihren Blick nicht abwenden. Es wurde ihnen bewusst, dass dieser Mann ihre innersten Gedanken las und ihre versteckten Absichten durchschaute. Einige versuchten, ihre Gesichter zu verbergen, so, als stünden ihre bösen Taten darin geschrieben, um von jenen durchdringenden Augen gelesen zu werden.

Der Lärm verebbte. Die Stimmen der Händler und Käufer verstummten. Eine qualvolle Stille trat ein. Ein Gefühl des Schreckens packte die Anwesenden. Es war, als würden alle vor dem Richterstuhl Gottes stehen, um über ihre Taten Rechenschaft abzulegen. Sie schauten auf Christus und sahen Göttlichkeit durch seine menschliche Gestalt leuchten. Der König des Himmels stand vor ihnen wie der Richter am Jüngsten Tag – zwar nicht umgeben von der Herrlichkeit, die ihn dann bekleiden wird, aber mit derselben Macht, die das Innerste durchschaut. Jesus blickte über die Menge und erfasste dabei jeden Einzelnen. Seine Gestalt schien sich in gebietender Würde über alle Anwesenden zu erheben, und göttliches Licht erhellte sein Antlitz. Er sprach, und seine klare, klangvolle Stimme – dieselbe Stimme, die einst auf dem Sinai das Gesetz verkündigt hatte, das die Priester und Obersten jetzt übertraten – hallte durch den Tempel: »Tragt das weg und macht nicht meines Vaters Haus zum Kaufhaus!« (Johannes 2,16)

Dann stieg er langsam die Stufen hinab, erhob eine Peitsche aus Stricken, die er bei seinem Eintritt in den Hof genommen hatte, und gebot den Händlern, den Tempelbezirk zu verlassen. Voller Eifer und Ernst, wie er dies zuvor noch nie offenbart hatte, stieß er die Tische der Geldwechsler um. Mit hellem Klimpern fielen die Münzen auf den Marmorboden. Niemand wagte es, die Autorität von Jesus in Frage zu stellen; niemand hatte den Mut, seinen durch Wucher erwirtschafteten Gewinn vom Boden aufzuheben. Jesus schlug sie nicht mit der Peitsche, dennoch wirkte dieses einfache Instrument in seiner hoch erhobenen Hand so furchterregend wie ein flammendes Schwert. Tempeldiener, feilschende Priester, Geldwechsler und Viehhändler mit ihren

Schafen und Ochsen verließen, getrieben von dem einen Gedanken, dem Verdammungsurteil seiner Gegenwart zu entfliehen, überstürzt ihre Plätze. Die Menge, die die Göttlichkeit in Jesus spürte, wurde von Panik erfasst. Schreckensrufe kamen über Hunderte von bleichen Lippen. Selbst die Jünger zitterten. Die Worte und das Handeln von Jesus versetzten sie in Angst und Schrecken. Sein Verhalten war so ganz anders als sonst. Sie erinnerten sich, dass von ihm geschrieben stand: »Der Eifer um dein Haus hat mich verzehrt.« (Psalm 69,10 Elb.) Bald war die lärmende Menge mit ihrer Handelsware aus dem Tempel verschwunden. Die Höfe waren nun frei von unheiligen Geschäften, und eine tiefe, feierliche Stille legte sich über den Ort, an dem eben noch das größte Stimmengewirr geherrscht hatte. Der Herr, der vor langer Zeit durch seine Gegenwart den Berg geheiligt hatte, heiligte nun den Tempel, der zu seiner Ehre errichtet worden war.

Mit der Reinigung des Tempels machte Jesus seine Aufgabe als Messias öffentlich bekannt und begann so seinen Dienst. Der Tempel, errichtet als Wohnstätte der göttlichen Gegenwart, sollte Israel und der ganzen Welt als Anschauungsunterricht dienen. Von Ewigkeit her war es die Absicht Gottes, dass jedes geschaffene Wesen – vom glänzenden und heiligen Seraph[37] bis zum Menschen – ein Tempel Gottes sein sollte, in dem der Schöpfer wohnt. Infolge der Sünde verlor der Mensch diese hohe Bestimmung. Das Innerste des Menschen, durch das Böse verfinstert und entweiht, konnte die Herrlichkeit des Schöpfers nicht mehr offenbaren. Doch indem der Sohn Gottes die menschliche Natur annahm, wurde die ursprüngliche Absicht des Himmels erfüllt. Gott wohnt im Menschen, und durch seine rettende Gnade wird das Innerste des Menschen wieder zu seinem Tempel. Es war Gottes Plan, dass der Tempel in Jerusalem ein ständiges Zeugnis für die hohe Bestimmung sein sollte, zu der jeder Mensch berufen ist. Aber die Juden hatten die Bedeutung des Gebäudes, auf das sie so stolz waren, nicht verstanden. Sie stellten sich nicht dem Geist Gottes als heilige Tempel zur Verfügung. Die Tempelhöfe in Jerusalem, vom Lärm unheiliger Geschäfte erfüllt, waren ein treffendes Bild für ihre eigenen Herzenstempel, die durch sinnliche Begierden und böse Gedanken verunreinigt waren. Durch die Säuberung des Tempels von weltlichen Käufern und Händlern kündigte Jesus seine Mission an, das menschliche Herz vom Schmutz der Sünde zu reinigen – von den irdischen Wünschen, den selbstsüchtigen Begierden und den schlechten Gewohnheiten.»Bald wird kommen zu seinem Tempel der Herr, den ihr sucht; und der Engel des Bundes, den ihr begehrt, siehe, er kommt! spricht der Herr Zebaoth. Wer wird aber den Tag

---

37   Ein Seraph ist ein mächtiger Engel am Thron Gottes, der damit in unmittelbarer Nähe zur Heiligkeit Gottes steht (Jesaja 6,2.6).

seines Kommens ertragen können und wer wird bestehen, wenn er erscheint? Denn er ist wie das Feuer eines Schmelzers und wie die Lauge der Wäscher. Er wird sitzen und schmelzen und das Silber reinigen, er wird die Söhne Levi reinigen und läutern wie Gold und Silber.« (Maleachi 3,1-3) »Wisst ihr nicht, dass ihr Gottes Tempel seid und der Geist Gottes in euch wohnt? Wenn jemand den Tempel Gottes verdirbt, den wird Gott verderben, denn der Tempel Gottes ist heilig; der seid ihr.« (1. Korinther 3,16.17) Kein Mensch kann sich aus eigener Kraft von all dem Bösen trennen, das sich in seinem Inneren eingenistet hat. Nur Christus vermag den Tempel der Seele zu reinigen. Aber er will sich den Zutritt nicht erzwingen. Er dringt nicht in das Herz ein wie damals in den Tempel, sondern er sagt: »Siehe, ich stehe vor der Tür und klopfe an. Wenn jemand meine Stimme hören wird und die Tür auftun, zu dem werde ich hineingehen.« (Offenbarung 3,20) Er will nicht nur für einen Tag kommen; denn er sagt: »Ich will unter ihnen wohnen und wandeln ... und sie sollen mein Volk sein.« (2. Korinther 6,16) Er wird »unsere Schuld unter die Füße treten und alle unsere Sünden in die Tiefen des Meeres werfen« (Micha 7,19). Seine Gegenwart will das Innerste eines Menschen reinigen und heiligen, damit er »ein heiliger Tempel« und eine »Wohnung Gottes im Geist« (Epheser 2,21.22) sein kann.

DIE VERTRIEBENEN

Überwältigt von Angst vor dem durchdringenden Blick, der ihre geheimsten Gedanken lesen konnte, waren die Priester und Obersten aus dem Tempel geflohen. Auf ihrer Flucht begegneten ihnen andere, die zum Tempel wollten. Denen befahlen sie umzukehren und berichteten, was sie gehört und gesehen hatten. Christus schaute den davonhastenden Menschen nach. Er hatte großes Erbarmen mit ihnen, weil sie sich fürchteten und nicht wussten, was wahrer Gottesdienst ist. In diesem Vorfall sah er symbolisch die Zerstreuung der gesamten jüdischen Nation – um ihrer Boshaftigkeit und Unbußfertigkeit willen.

Warum flohen die Priester aus dem Tempel? Warum waren sie nicht standhaft geblieben? Derjenige, der ihnen befohlen hatte zu gehen, war der Sohn eines Zimmermanns, ein armer Galiläer ohne irdische Stellung und Macht. Warum leisteten sie keinen Widerstand? Warum verließen sie ihren Besitz, den sie auf so üble Weise erworben hatten, und rannten auf die Anweisung des Einen davon, dessen äußere Erscheinung so bescheiden war?

Christus sprach mit der Vollmacht eines Königs. In seinem Auftreten und im Klang seiner Stimme lag etwas, dem sie nicht widerstehen konnten. Seine befehlenden Worte machten ihnen bewusst, dass sie in Wirklichkeit Heuchler und Diebe waren. Als die Göttlichkeit von Jesus durch seine Menschlichkeit hindurchleuchtete, sahen sie nicht nur Empörung auf seinem Antlitz. Sie erkannten auch die Tragweite seiner Worte. Es schien ihnen, als würden sie vor dem Thron des ewigen Richters stehen, um ihr Urteil für Zeit und Ewigkeit zu empfangen. Eine Zeitlang waren sie überzeugt, dass Jesus ein Prophet war, und viele hielten ihn sogar für den Messias. Der Heilige Geist erinnerte sie an die Aussagen der Propheten über den Erlöser. Würden sie dieser Überzeugung nachgeben?

Doch bereuen wollten sie nicht. Sie wussten, dass Jesus Mitleid mit den Armen hatte. Ihnen war klar, dass sie in ihren Geschäften mit dem Volk Wucher getrieben und sich daher schuldig gemacht hatten. Und weil Christus ihre Gedanken erkannte, hassten sie ihn. Sein öffentlicher Tadel demütigte ihren Stolz, und wegen seines wachsenden Einflusses beim Volk wurden sie eifersüchtig. Sie entschlossen sich, ihn über seine Macht zu befragen, mit der er sie hinausgetrieben hatte, und darüber, wer ihm diese Kraft gegeben hatte.

DIE ZURÜCKGEBLIEBENEN

Langsam und nachdenklich, aber mit Hass im Herzen, kehrten sie zum Tempel zurück. Doch welch eine Veränderung hatte während ihrer Abwesenheit stattgefunden! Als sie flüchteten, waren die Armen zurückgeblieben. Diese blickten jetzt auf Jesus, dessen Antlitz Liebe und Mitgefühl ausdrückte. Mit Tränen in den Augen sagte er zu denen, die zitternd um ihn standen: »Fürchtet euch nicht! Ich will euch erlösen, und ihr sollt mich preisen. Denn dazu bin ich in die Welt gekommen.«

Die Menschen drängten sich immer näher um Jesus und baten: »Meister, segne uns!« Und Jesus vernahm jede Bitte. Mit tiefem Erbarmen, stärker als das einer liebevollen Mutter, beugte er sich über die leidenden Kleinen. Allen schenkte er seine Aufmerksamkeit. Jeder wurde geheilt, was immer seine Krankheit war. Die Stummen öffneten ihren Mund zum Lob, die Blinden sahen das Gesicht dessen, der sie geheilt hatte. Die Herzen der Leidenden wurden froh.

Was für eine Entdeckung war es für die Priester und Tempeldiener, als sie die Stimmen der Freude hörten! Die Versammelten erzählten von ihren Schmerzen, unter denen sie gelitten hatten, von ihren enttäuschten Hoffnungen, von kummervollen Tagen und schlaflosen Nächten. Ehe aber ihr letzter Hoffnungsfunke zu verlöschen drohte, hatte sie Jesus geheilt. »Die Last war so schwer«, sagte einer, »aber ich habe einen gefunden, der mir half. Er ist der Messias, den Gott gesandt hat, und ich will mein Leben seinem Dienst weihen.« Eltern sagten zu ihren Kindern: »Er hat euer Leben gerettet. Erhebt eure Stimmen und preist ihn!« Die Stimmen der Kinder und Jugendlichen, der Väter und Mütter, der Freunde und Zuschauer vereinten sich in Lob- und Dankesliedern. Hoffnung und Freude erfüllte ihre Herzen, und ihr Innerstes fand Frieden. Wiederhergestellt an Leib und Seele, kehrten sie heim und erzählten überall von der unvergleichlichen Liebe, die Jesus ausstrahlte.

Als Christus gekreuzigt wurde, schlossen sich die Menschen, die auf diese Weise geheilt worden waren, nicht der pöbelnden Menge an, die schrie: »Kreuzige, kreuzige ihn!« (Lukas 23,21) Ihre Anteilnahme galt Jesus, weil sie selbst seine große Barmherzigkeit und wunderbare Kraft erfahren hatten. Sie betrachteten ihn als ihren Retter, weil er sie an Leib und Seele gesund gemacht hatte. Später erst, als sie die Verkündigung der Apostel hörten und Gottes Wort in ihre Herzen drang, erkannten sie ihren wahren Erlöser. So wurden sie zu Vertretern der Barmherzigkeit Gottes und zu Zeugen seiner Erlösung.

Die Menge, die aus dem Tempelhof geflohen war, kam nach einiger Zeit zögernd zurück. Die meisten hatten sich vom Schrecken erholt, aber auf ihren Gesichtern lag ein Ausdruck von Unentschlossenheit und Angst. Sie sahen mit Erstaunen, was Jesus vollbracht hatte, und waren überzeugt, dass sich mit ihm die Weissagungen über den Messias erfüllt hatten. Die Verantwortung für die Sünde der Tempelentweihung lag größtenteils bei den Priestern. Auf ihre Anordnung hin war der Tempelhof in einen Marktplatz verwandelt worden. Im Vergleich dazu war das Volk unschuldig. Die Menschen waren von der göttlichen Autorität von Jesus beeindruckt, dennoch erwies sich der Einfluss der Priester und Obersten als größer. Sie betrachteten das Handeln von Christus als Neuheit und hinterfragten sein Recht, sich in das einzumischen, was die Verantwortlichen des Tempels erlaubt hatten. Sie fühlten sich angegriffen, weil ihre Geschäfte unterbrochen worden waren, und verschlossen sich den Mahnungen des Heiligen Geistes.

WORTE FÜR SPÄTERE GENERATIONEN

Vor allem die Priester und Obersten hätten in Jesus den Gesalbten des Herrn erkennen müssen, weil sie die heiligen Schriften, die sein Wirken beschrieben, besaßen. Sie wussten auch, dass sich in der Reinigung des Tempels eine übermenschliche Macht offenbart hatte. So sehr sie diesen Mann auch hassten, wurden sie doch den Gedanken nicht los, dass er ein Prophet sein könnte, der von Gott beauftragt war, die Heiligkeit des Tempels wiederherzustellen. Mit einer Ehrerbietung, die aus dieser Angst erwuchs, wandten sie sich an ihn mit der Frage: »Was zeigst du uns für ein Zeichen, dass du dies tun darfst?« (Johannes 2,18) Jesus hatte ihnen ein Zeichen gegeben. Indem er ihren Verstand erleuchtete und vor ihren Augen die Werke vollbrachte, die vom Messias erwartet wurden, hatte er bereits den überzeugenden Nachweis seines Wesens erbracht. Als sie nun nach einem Zeichen fragten, antwortete er mit einem Gleichnis, um ihnen zu zeigen, dass er ihre Bosheit erkannt hatte und sah, wohin sie diese Einstellung führen würde. »Brecht diesen Tempel ab«, sagte er, »und in drei Tagen will ich ihn aufrichten.« (Johannes 2,19)

Diese Worte hatten eine zweifache Bedeutung. Jesus bezog sich damit nicht nur auf die Zerstörung des jüdischen Tempels und des Gottesdienstes, sondern auch auf seinen eigenen Tod – die Zerstörung des Tempels seines Leibes. Das aber planten die Leiter der Juden bereits. Als nämlich die Priester und Obersten zum Tempel zurückkehrten, hatten sie sich entschlossen, Jesus umzubringen, um so den Unruhestifter los zu werden. Als er ihnen jedoch ihre Absicht vor Augen führte, begriffen sie ihn nicht. Sie fassten seine Worte so auf, als bezögen sie sich allein auf den Tempel in Jerusalem. Darum erklärten sie unwillig: »Dieser Tempel ist in 46 Jahren erbaut worden, und du willst ihn in drei Tagen aufrichten?« (Johannes 2,20) Sie meinten nun, Jesus habe ihren Unglauben gerechtfertigt. Sie fühlten sich in ihrer Ablehnung ihm gegenüber bestätigt.

Es war nicht die Absicht von Christus, dass die ungläubigen Juden oder sogar seine Jünger seine Worte zu diesem Zeitpunkt verstehen sollten. Er wusste, dass seine Feinde diese Worte falsch auslegen und gegen ihn verwenden würden. Während seines Verhörs würden sie seine Worte als Anklage gegen ihn vorbringen und ihn auf Golgatha damit verhöhnen. Doch diese jetzt darzulegen hätte bedeutet, die Jünger über seine Leiden aufzuklären und sie mit Sorgen zu belasten, die sie zu diesem Zeitpunkt noch nicht ertragen konnten. Gleichzeitig hätte eine Erklärung den Juden vorzeitig verraten, welche Auswirkungen ihre Vorurteile und ihr Unglaube einmal haben würden. Den Weg, den sie bereits eingeschlagen hatten, würden sie stetig weiterverfolgen, bis sie ihn als Lamm zur Schlachtbank geführt hätten.

Christus sprach diese Worte zum Wohl derer, die einmal zum Glauben an ihn finden würden. Er wusste nämlich, dass sie eine weite Verbreitung finden würden, denn sie waren während des Passafestes gesprochen worden und würden so Tausenden zu Ohren kommen und in alle Teile der Welt getragen werden. Nach seiner Auferstehung von den Toten würde ihre Bedeutung verstanden werden und für viele der überzeugende Beweis seiner Göttlichkeit sein.

Selbst die Jünger von Jesus lebten in großer geistlicher Finsternis, sodass sie seine Unterweisungen oft nicht begriffen. Viele dieser Aussagen verstanden sie erst durch die nachfolgenden Ereignisse. Als er nicht mehr bei ihnen war, fanden ihre Herzen in seinen Worten Halt.

DER ALTE UND DER NEUE TEMPELDIENST

In Bezug auf den Tempel in Jerusalem hatten die Worte »Brecht diesen Tempel ab, und in drei Tagen will ich ihn aufrichten« (Johannes 2,19) eine tiefere Bedeutung, als die Zuhörer erfassen konnten. Christus war das Fundament und das Leben des Tempels. Der Tempeldienst war ein Symbol für das Opfer des Sohnes Gottes. Das Priesteramt wurde eingesetzt, um zu zeigen, dass Christus eine Vermittlerrolle zwischen Gott und Mensch zu erfüllen hatte. Das ganze Opferwesen hatte den Zweck, im Voraus den Tod von Christus zur Erlösung der Welt darzustellen. Die Opfer würden ihre Wirksamkeit verlieren, sobald das große Ereignis stattgefunden hätte, auf das jahrhundertelang hingewiesen worden war.

Da der ganze Tempeldienst ein Hinweis auf den Erlöser war, hatte er getrennt von ihm keinen Wert. Als die Juden ihre Ablehnung Christus gegenüber besiegelten und ihn dem Tod auslieferten, verwarfen sie damit alles, was dem Tempel und seinem Dienst Bedeutung verlieh. Seine Heiligkeit war von ihm gewichen, und er war dem Untergang geweiht. Von jenem Tag an waren die Opfer und die damit verbundenen Zeremonien bedeutungslos. Wie das Opfer Kains brachten auch jene Opfer keinen Glauben an den Erlöser zum Ausdruck. Indem die Juden Christus töteten, zerstörten sie gewissermaßen ihren eigenen Tempel. Und als er gekreuzigt wurde, riss der innere Vorhang des Tempels von oben bis unten entzwei – ein Zeichen dafür, dass das große endgültige Opfer gebracht worden war und das ganze System der Tieropfer für immer ein Ende gefunden hatte.

»In drei Tagen will ich ihn aufrichten.« (Johannes 2,19) Mit dem Tod des Erlösers schienen die Mächte der Finsternis die Oberhand gewonnen zu haben. Sie jubelten über ihren Triumph. Jesus aber ging aus dem Grab, das ihm Josef von Arimathäa überlassen hatte, als Sieger hervor. »Er hat die Mächte und Gewalten ihrer Macht entkleidet und sie öffentlich zur Schau gestellt und hat einen Triumph aus ihnen gemacht.« (Kolosser 2,15) Durch seinen Tod und seine Auferstehung wurde Christus ein »Diener am Heiligtum und an der wahren Stiftshütte, die Gott aufgerichtet hat und nicht ein Mensch« (Hebräer 8,2). Menschen errichteten das israelitische Heiligtum, sie bauten auch den jüdischen Tempel, doch das Heiligtum im Himmel, dessen Abbild das irdische war, wurde von keinem irdischen Baumeister erbaut. »Siehe, ein Mann, dessen Name ›Spross‹ ist, denn er wird ... den Tempel des Herrn bauen ... und er wird Herrlichkeit [als Schmuck] tragen und auf seinem Thron sitzen und herrschen, und er wird Priester sein auf seinem Thron« (Sacharja 6,12.13 Schl.).

Der Opferdienst, der auf Christus hinwies, verlor seine Bedeutung. Stattdessen wurden die Augen der Menschen auf das wahre Opfer gelenkt, das für die Sünden der Welt dargebracht worden war. Das irdische Priestertum wurde ebenfalls bedeutungslos. Aber wir schauen auf Jesus, den Mittler des Neuen Bundes, und auf das »Blut der Besprengung, das besser redet als Abels Blut« (Hebräer 12,24). »Der Weg ins ›himmlische‹ Heiligtum« war noch »nicht offen ... solange die Bestimmungen des irdischen Zeltes in Kraft sind ... ›Jetzt aber ist diese Zeit angebrochen, denn jetzt‹ ist Christus gekommen, der Hohepriester, der uns die wahren Güter gebracht hat. Er hat ein größeres und vollkommeneres Zelt durchschritten, ein Zelt, das nicht von Menschen gemacht wurde ... Und was ihm den Weg ins Heiligtum öffnete, war nicht das Blut von Böcken und Kälbern, sondern sein eigenes Blut. Ein einziges Mal ist er hineingegangen, und die Erlösung, die er bewirkt hat, gilt für immer und ewig.« (Hebräer 9,8.11.12 NGÜ)

»Und das ist auch der Grund dafür, dass er alle vollkommen retten kann, die durch ihn zu Gott kommen. Er, der ewig lebt, wird nie aufhören, für sie einzutreten.« (Hebräer 7,25 NGÜ) Obwohl der Mittlerdienst vom irdischen auf den himmlischen Tempel übertragen wurde und das Heiligtum und der große Hohepriester dem menschlichen Auge verborgen sind, haben die Nachfolger von Christus dadurch keinen Nachteil. Ihre Gemeinschaft mit ihm ist nicht unterbrochen und ihre Kraft nicht geringer – trotz der Abwesenheit von Jesus. Während Christus im himmlischen Heiligtum dient, ist er durch den Heiligen Geist gleichzeitig auch ein Diener der Gemeinde auf Erden. Er ist zwar für unsere Augen unsichtbar, hat aber sein Versprechen eingelöst, das er bei seinem Abschied gegeben hat: »Siehe, ich bin bei euch alle Tage bis an der Welt Ende« (Matthäus 28,20). Während er untergebene Diener mit seiner Kraft bevollmächtigt, ist seine belebende Gegenwart immer noch in seiner Gemeinde spürbar.

»Weil wir nun aber einen großen Hohenpriester haben ... Jesus, den Sohn Gottes ... wollen wir entschlossen an unserem Bekenntnis zu ihm festhalten. Jesus ist ja nicht ein Hoherpriester, der uns in unserer Schwachheit nicht verstehen könnte. Vielmehr war er – genau wie wir – Versuchungen aller Art ausgesetzt, allerdings mit dem entscheidenden Unterschied, dass er ohne Sünde blieb. Wir wollen also voll Zuversicht vor den Thron unseres gnädigen

Gottes treten, damit er uns sein Erbarmen schenkt und uns seine Gnade erfahren lässt und wir zur rechten Zeit die Hilfe bekommen, die wir brauchen.« (Hebräer 4,14-16 NGÜ)

KAPITEL 17

NIKODEMUS

Johannes 3,1-17

Nikodemus bekleidete ein hohes Amt im jüdischen Volk. Er war sehr gebildet, außergewöhnlich begabt und ein angesehenes Mitglied des Hohen Rates. Auch ihn hatten die Lehren von Jesus aufgewühlt. Obwohl er reich, gescheit und anerkannt war, fühlte er sich in seltsamer Weise zu dem einfachen Mann aus Nazareth hingezogen. Die Lehren, die er aus dem Mund des Erlösers hörte, hatten ihn tief beeindruckt. Er wünschte sich, mehr über diese großartigen Wahrheiten zu erfahren.

DER HASS DER PRIESTER UND OBERSTEN

Die Tatsache, dass Christus mit Vollmacht den Tempel gereinigt hatte, weckte den unbändigen Hass der Priester und Obersten. Sie fürchteten die Macht dieses Fremden. Eine solche Kühnheit vonseiten eines unbekannten Galiläers durfte nicht geduldet werden. Deshalb waren sie entschlossen, seinem Wirken ein Ende zu setzen. Aber nicht alle waren mit diesem Vorhaben einverstanden. Einige fürchteten sich, den Einen, der so offensichtlich von Gottes Geist geleitet wurde, zu bekämpfen. Sie erinnerten sich, wie Propheten getötet wurden, weil sie die Sünden der Führer Israels getadelt hatten. Sie wussten, dass die Knechtschaft der Juden unter einer heidnischen Nation eine Folge der Verstockung ihrer Vorfahren war, welche die Ermahnungen Gottes verworfen hatten. Sie befürchteten, neues Unheil könnte über ihre Nation kommen, wenn die Priester und Obersten in die Fußstapfen ihrer Väter treten und sich gegen Jesus verschwören würden. Nikodemus teilte diese Bedenken. Als bei einer Ratssitzung das Vorgehen gegen Jesus besprochen wurde, mahnte Nikodemus deshalb zu Vorsicht und Mäßigung. Mit Nachdruck wies er darauf hin, dass es gefährlich sei, diese Warnungen in den Wind zu schlagen, falls dieser Jesus tatsächlich göttliche Vollmacht besäße. Die Priester wagten es nicht, diesen Rat zu missachten, und unternahmen einstweilen nichts gegen Jesus.

HEIMLICH IN DER NACHT

Seitdem er Jesus reden gehörte hatte, studierte Nikodemus beunruhigt jene Prophezeiungen, die im Zusammenhang mit dem Messias standen. Je mehr er darin forschte, desto fester wurde seine Überzeugung, dass dieser der Eine war, der kommen sollte. Wie viele andere in Israel war auch er über die Entweihung des Tempels sehr betrübt. Dann aber wurde er Zeuge, wie Jesus die Käufer und Verkäufer hinaustrieb. Er erlebte die großartige Bekundung der göttlichen Macht. Er war dabei, als Jesus die Armen aufnahm und die Kranken heilte. Er sah deren frohe Blicke und hörte ihre jubelnden Dankesworte. Es gab keinen Zweifel: Dieser Jesus von Nazareth war der Gesandte Gottes.

Nikodemus wünschte sich sehnlichst, mit Jesus sprechen zu können, hatte aber Angst, in der Öffentlichkeit gesehen zu werden. Für einen jüdischen Obersten wäre es zu demütigend gewesen, einem solch unbekannten Lehrer öffentlich sein Wohlwollen zu bekunden. Und hätte der Hohe Rat von einem solchen Besuch erfahren, wäre Nikodemus verachtet und angegriffen worden. So entschloss er sich, Jesus heimlich zu treffen. Er entschuldigte sich damit, andere könnten seinem Beispiel folgen, wenn er in aller Öffentlichkeit zu ihm ginge. Er hatte extra nachgefragt und erfahren, dass Jesus einen Platz am Ölberg hatte, wohin er sich oft zurückzog. Nun wartete er, bis es in der Stadt still wurde. Dann suchte er ihn auf.

In der Gegenwart von Jesus befiel den großen jüdischen Lehrer eine seltsame Schüchternheit, die er durch ein gelassenes und würdevolles Auftreten zu verbergen suchte. »Meister«, sprach er Jesus an, »wir wissen, du bist ein Lehrer, von Gott gekommen; denn niemand kann die Zeichen tun, die du tust; es sei denn Gott mit ihm.« (Johannes 3,2) Indem er von der einzigartigen Begabung von Jesus als Lehrer sprach und seiner großartigen Kraft, Wunder zu wirken, versuchte Nikodemus ein Gespräch in Gang zu bringen. Seine Worte, die eigentlich Vertrauen erwecken sollten, offenbarten in Wirklichkeit seinen Unglauben. Er erkannte Jesus nicht als Messias an, sondern nur als einen von Gott gesandten Lehrer.

Anstatt den Gruß zu erwidern, schaute Jesus Nikodemus in die Augen, so als wollte er seine Gedanken im tiefsten Inneren lesen. In seiner unendlichen Weisheit erkannte er in ihm einen nach Wahrheit suchenden Menschen. Er wusste um den Grund seines Kommens und sehnte sich danach, die Überzeugung zu vertiefen, die der Besucher bereits gewonnen hatte. So kam er gleich zum Punkt und sagte mit ernster, aber freundlicher Stimme: »Wahrlich, wahrlich, ich sage dir: Wenn jemand nicht von Neuem[38] geboren wird, kann er das Reich Gottes nicht sehen.« (Johannes 3,3 Elb.)

---

38   Das griechische Wort für »von Neuem« bedeutet auch »von oben her«.

Nikodemus war in der Erwartung zu Jesus gekommen, eine angeregte Diskussion mit ihm führen zu können. Jesus aber enthüllte vor ihm die Grundlagen der Wahrheit. Er sagte zu Nikodemus, es sei nicht theoretisches Wissen, was er brauche, sondern eine geistliche Erneuerung. Es müsse nicht sein Wissensdurst gestillt werden, sondern er brauche ein neues Herz. Er müsse ein neues Leben von oben her empfangen, bevor er himmlische Dinge wertschätzen könne. Solange diese alles erneuernde Wandlung nicht stattgefunden habe, würde es ihm nichts nützen, mit Jesus über dessen Vollmacht und Aufgabe zu reden.

Nikodemus hatte die Botschaft von Johannes dem Täufer über Umkehr und Taufe gehört. Er hatte auch vernommen, wie Johannes die Leute auf den Einen hinwies, der mit dem Heiligen Geist taufen werde. Er selbst fand, dass es den Juden an geistlicher Gesinnung mangelte und sie stark von Engstirnigkeit und weltlichem Ehrgeiz beseelt waren. Er hatte gehofft, dass sich all dies mit dem Kommen des Messias zum Guten wenden würde. Dennoch hatte ihn die eindringliche Botschaft des Täufers nicht von seiner eigenen Sündhaftigkeit überzeugen können. Er war ein strenggläubiger Pharisäer und stolz auf seine guten Werke. Wegen seiner Freundlichkeit und seiner Großzügigkeit bei der Unterstützung des Tempeldienstes war Nikodemus sehr angesehen und fühlte sich der Gunst Gottes sicher. Der Gedanke, dass ein Königreich für ihn in seinem jetzigen Zustand zu rein sein könnte, erfüllte ihn mit Bestürzung.

NEU GEBOREN

Das Bild von der Wiedergeburt, das Jesus gebraucht hatte, war Nikodemus nicht ganz unbekannt. Menschen, die sich vom Heidentum zum Glauben Israels bekehrten, wurden oft mit neugeborenen Kindern verglichen. Darum musste Nikodemus auch erkannt haben, dass die Worte von Jesus nicht buchstäblich gemeint sein konnten. Doch aufgrund seiner Herkunft als Israelit glaubte er, einen sicheren Platz im Reich Gottes zu haben. Er war überzeugt, dass er keine Veränderung brauchte. Darum war er von den Worten des Erlösers so überrascht und die unmittelbare Anwendung auf sich selbst verunsicherte ihn. In seinem Inneren kämpfte der Stolz des Pharisäers gegen das aufrichtige Verlangen nach Wahrheit. Er wunderte sich, dass Jesus so mit ihm sprach, ohne Rücksicht auf seine Stellung als Oberster in Israel.

Verwundert und aus seiner Selbstbeherrschung aufgeschreckt, antwortete er Jesus mit verstecktem Spott: »Wie kann ein Mensch geboren werden, wenn er alt ist?« (Johannes 3,4) Wie bei vielen anderen, deren Gewissen mit der alles durchdringenden Wahrheit in Berührung kommt, offenbarte er, dass der natürliche Mensch[39] nichts vom Geist Gottes vernimmt. In ihm ist nichts, was auf geistliche Dinge anspricht, denn geistliche Dinge können nur mit Hilfe des Geistes erkannt werden (vgl. 1. Korinther 2,13.14). Doch der Erlöser ließ sich nicht auf eine Diskussion ein. Mit Ernst und Würde erhob er seine Hand und wiederholte die Wahrheit mit Nachdruck: »Wahrlich, wahrlich, ich sage dir: Wenn jemand nicht aus Wasser und Geist geboren wird, kann er nicht in das Reich Gottes hineingehen.« (Johannes 3,5 Elb.) Nikodemus verstand, dass sich Christus hier auf die Wassertaufe und auf die Erneuerung der Gesinnung durch den Geist Gottes bezog. Er war überzeugt, dass er sich in der Gegenwart dessen befand, den Johannes der Täufer vorausgesagt hatte.

Jesus fuhr fort: »Was vom Fleisch geboren ist, das ist Fleisch; und was vom Geist geboren ist, das ist Geist.« (Johannes 3,6) Von Natur aus ist alles menschliche Sinnen und Trachten böse. »Kann wohl ein Reiner kommen von Unreinen? Auch nicht einer!« (Hiob 14,4) Keine menschliche Erfindung kann einen mit Sünden beladenen Menschen retten. »Denn die menschliche Natur steht Gott grundsätzlich feindlich gegenüber. Sie hat sich nicht dem Gesetz Gottes unterstellt und wird es auch nicht können.« (Römer 8,7 NLB) »Aus dem Herzen kommen böse Gedanken, Mord, Ehebruch, Unzucht, Diebstahl, falsches Zeugnis, Lästerung.« (Matthäus 15,19) Die Quelle des Herzens muss gereinigt werden, bevor klares Wasser herausfließen kann. Wer versucht, durch seine eigenen Werke in den Himmel zu kommen, indem er die Gebote hält, versucht Unmögliches. Es gibt keine Sicherheit für den, der nur eine gesetzliche Religion und »einen frommen Anschein« besitzt (2. Timotheus 3,5). Christliches Leben bedeutet nicht eine Veränderung oder Verbesserung des alten Wesens; es ist eine grundlegende Umwandlung der Natur des Menschen. Der Egoismus und die Sünde sterben, und es beginnt ein ganz neues Leben. Dieser Wandel kann nur durch das mächtige Wirken des Heiligen Geistes vollbracht werden.

GOTTES GEIST WIRKT

Nikodemus war noch immer verwirrt. Jesus benutzte nun das Bild vom Wind[40], um den Sinn noch deutlicher zu machen: »Der Wind bläst, wo er will, und du hörst sein Sausen wohl; aber du weißt nicht, woher er kommt

---

39 Ein Mensch, der nicht vom Heiligen Geist neu geboren wurde.
40 In der hebräischen und griechischen Sprache gibt es nur ein Wort für Atem, Hauch, Wind und Geist (ruach bzw. pneuma).

und wohin er fährt. So ist es bei jedem, der aus dem Geist geboren ist.« (Johannes 3,8) Man hört den Wind in den Zweigen der Bäume, im Rascheln der Blätter und Blüten, und doch sieht man ihn nicht. Niemand weiß, woher er kommt und wohin er geht. So geschieht auch das Wirken des Heiligen Geistes am Herzen des Menschen. Dies kann ebenso wenig erklärt werden wie das Wehen des Windes. Es mag jemand weder die genaue Zeit noch den Ort oder die einzelnen Umstände seiner Bekehrung angeben können, was aber nicht heißt, dass er unbekehrt ist. Durch eine Kraft, die so unsichtbar ist wie der Wind, wirkt Christus unaufhörlich am menschlichen Herzen. Nach und nach, vielleicht ohne dass es der Empfänger merkt, werden Eindrücke vermittelt, die den Menschen immer mehr zu Christus ziehen. Dies kann geschehen, wenn man über Jesus nachdenkt, in der Heiligen Schrift liest oder dem Wort eines lebendigen Verkündigers zuhört. Ganz plötzlich, wenn der Heilige Geist mit einem eindrücklichen Aufruf kommt, übergibt sich der Mensch freudig Jesus. Viele nennen dies eine überraschende Bekehrung. Aber es ist die Folge eines langen Werbens des Geistes Gottes – ein geduldiger, langwieriger Prozess.

Während der Wind selbst unsichtbar ist, erzeugt er Wirkungen, die man sieht und fühlt. So offenbart sich auch das Wirken des Heiligen Geistes in jeder Handlung eines Menschen, der seine rettende Macht verspürt hat. Wenn der Geist Gottes im menschlichen Herzen eingekehrt ist, gestaltet er das Leben neu. Sündhafte Gedanken werden vertrieben, böse Taten aufgegeben, Liebe, Demut und Frieden treten an die Stelle von Ärger, Neid und Streitsucht. Freude verdrängt die Traurigkeit, und auf dem Gesicht widerspiegelt sich das Licht des Himmels. Niemand sieht die Hand, die die Last wegnimmt, oder beobachtet, wie das Licht vom Himmel herabscheint. Der Segen kommt, wenn sich ein Mensch im Glauben Gott übergibt. Dann schafft die Kraft, die kein menschliches Auge sehen kann, einen neuen Menschen nach dem Bild Gottes.

Unserem begrenzten Verstand ist es unmöglich, das Werk der Erlösung zu verstehen. Dieses Geheimnis übersteigt die menschliche Erkenntnis. Wer jedoch vom geistlichen Tod ins neue Leben tritt, begreift, dass es sich um eine göttliche Realität handelt. Den Anfang der Erlösung können wir hier aufgrund persönlicher Erfahrungen erkennen. Ihre Auswirkungen aber reichen bis in die Ewigkeit.

Während Jesus sprach, durchdrangen einige Strahlen der göttlichen Wahrheit die Gedanken des Gelehrten. Der mitfühlende, besänftigende Einfluss des Heiligen Geistes ergriff sein Herz. Und dennoch verstand

Nikodemus die Worte des Erlösers nicht ganz. Er war nicht sonderlich von der Notwendigkeit einer Wiedergeburt beeindruckt. Vielmehr interessierte ihn deren Durchführung. Darum fragte er ganz verwundert: »Wie kann dies geschehen?« (Johannes 3,9)

»Jesus antwortete und sprach zu ihm: Bist du ein Lehrer in Israel und weißt das nicht?« (Johannes 3,10) Wem die geistliche Unterweisung des Volkes anvertraut war, der sollte eigentlich über so wichtige Wahrheiten Bescheid wissen. Mit diesen Worten wollte Jesus deutlich machen, dass Nikodemus, statt sich über die einfache Wahrheit zu ärgern, eher eine etwas bescheidenere Meinung von sich selbst haben sollte – wegen seiner Unwissenheit in geistlichen Dingen. Doch Christus sprach mit solch feierlicher Würde und sein Blick und seine Stimme drückten eine so tiefe Liebe aus, dass sich Nikodemus nicht verletzt fühlte, als er seinen beschämenden Zustand erkannte.

Als Jesus Nikodemus erklärte, dass seine Aufgabe auf Erden nicht darin bestehe, ein zeitliches, sondern ein geistliches Reich zu errichten, war dieser sehr beunruhigt. Jesus spürte das und fügte hinzu: »Glaubt ihr nicht, wenn ich euch von irdischen Dingen sage, wie werdet ihr glauben, wenn ich euch von himmlischen Dingen sage?« (Johannes 3,12) Wenn Nikodemus nicht verstehen konnte, was Jesus anhand eines Bildes über das Wirken der Gnade Gottes am Menschen vermitteln wollte, wie konnte er dann den Sinn des herrlichen, himmlischen Reiches begreifen? Weil er das Werk von Christus auf Erden nicht erkannte, konnte er sein Werk im Himmel nicht verstehen.

DIE GEISTLICHE ERNEUERUNG

Die Juden, die von Jesus aus dem Tempel getrieben wurden, beanspruchten für sich, Kinder Abrahams zu sein. Als der Erlöser erschien, flohen sie aus seiner Gegenwart, weil sie die Herrlichkeit Gottes, die sich in ihm offenbarte, nicht ertragen konnten. Dadurch bewiesen sie, dass sie nicht geeignet waren, durch Gottes Gnade an den heiligen Handlungen im Tempel teilzunehmen. Sie waren eifrig darum bemüht, stets den Anschein von Frömmigkeit zu wahren, vernachlässigten dabei aber die Heiligkeit ihres Herzens. Während sie den Buchstaben des Gesetzes verfochten, verstießen sie ständig gegen dessen Geist. Was sie am dringendsten brauchten, war genau die Erneuerung, wie sie Christus Nikodemus erklärt hatte. Dies bedeutete eine geistliche Neugeburt, die Reinigung von ihren Sünden und eine neue Erkenntnis und Heiligkeit.

Im Hinblick auf diese Erneuerung gab es für Israels Blindheit keine Entschuldigung. Unter dem Einfluss des Heiligen Geistes hatte Jesaja geschrieben: »Wir alle sind von Unrecht befleckt; selbst unsere allerbesten Taten sind unrein wie ein schmutziges Kleid.« (Jesaja 64,5 GNB) David hatte gebetet: »Gott, schaffe mich neu: Gib mir ein Herz, das dir völlig gehört, und einen Geist, der beständig zu dir hält.« (Psalm 51,12 GNB) Und durch Hesekiel wurde die Verheißung gegeben: »Ich gebe euch ein neues Herz und einen neuen Geist. Ich nehme das versteinerte Herz aus eurer Brust und schenke euch ein Herz, das lebt. Ich erfülle euch mit meinem Geist und mache aus euch Menschen, die nach meinen Ordnungen leben, die auf meine Gebote achten und sie befolgen.« (Hesekiel 36,26.27 GNB)

Nikodemus hatte diese Schriftstellen mit einem getrübten Verstand gelesen. Doch nun begann er ihre Bedeutung zu begreifen. Es wurde ihm klar, dass selbst der strengste Gehorsam gegenüber dem bloßen Buchstaben des Gesetzes, wie er im Leben nach außen hin geübt wurde, niemanden dazu berechtigt, ins himmlische Reich einzutreten. Nach menschlichem Ermessen war sein Leben ehrenhaft und gerecht, aber in der Gegenwart von Christus spürte er, dass er ein unreines Herz hatte und ein sündhaftes Leben führte.

AUFBLICKEN UND LEBEN

Nikodemus fühlte sich zu Christus hingezogen. Als dieser mit ihm über die Wiedergeburt sprach, hatte er das Verlangen, diese Veränderung an sich selbst zu erfahren. Wie konnte dies geschehen? Jesus beantwortete die unausgesprochene Frage mit den Worten: »Wie Mose in der Wüste die Schlange erhöht hat, so muss der Menschensohn erhöht werden, damit alle, die an ihn glauben, das ewige Leben haben.« (Johannes 3,14.15)

Mit diesem geschichtlichen Hintergrund war Nikodemus vertraut. Das Bild der erhöhten Schlange machte ihm die Aufgabe des Erlösers auf Erden deutlich. Als die Israeliten damals an den Bissen der feurigen Schlangen starben, befahl Gott Mose, eine bronzene Schlange zu gießen und sie mitten im Volk für alle sichtbar aufzurichten. Dann wurde im ganzen Lager verkündet, dass alle, die auf diese Schlange schauen würden, nicht sterben müssten. Das Volk wusste wohl, dass die Schlange selbst keine Macht besaß, ihnen zu helfen. Sie war nur ein Sinnbild auf den Erlöser. So wie dieses Ebenbild der todbringenden Schlange zu ihrem Heil aufgerichtet wurde, sollte der Eine »in der Gestalt des sündigen Fleisches« (Römer 8,3) ihr Retter sein. Viele Israeliten dachten, dass sie durch den Opferdienst an sich von ihren Sünden befreit würden. Gott wollte sie lehren, dass dieser Dienst keinen größeren Wert hatte als die bronzene Schlange. Diese Sinnbilder sollten ihre Gedanken auf Christus lenken. Ob es um die Heilung ihrer Wunden oder die Vergebung ihrer Sünden ging, sie selbst konnten nichts für ihre Rettung tun, außer ihren

Glauben dadurch zu beweisen, dass sie das Geschenk Gottes – nämlich Christus – annahmen. Sie sollten aufblicken und leben!

Jene Israeliten, die von den Schlangen gebissen wurden, hätten zögern können aufzublicken. Sie hätten fragen können, wie ein solch bronzenes Symbol Wirksamkeit haben sollte. Sie hätten eine wissenschaftliche Begründung verlangen können. Aber es wurde keine Erklärung gegeben. Sie mussten das Wort Gottes annehmen, das er ihnen durch Mose gegeben hatte. Wer sich weigerte aufzuschauen, musste sterben.

Weder Auseinandersetzungen noch Diskussionen erleuchten den Menschen. Wir sollen zu Jesus aufblicken, dann werden wir leben! Nikodemus verstand diese Lehre und behielt sie in seinem Herzen. Er erforschte die heiligen Schriften auf eine neue Art und Weise, nicht um über eine Theorie zu grübeln, sondern um Leben für seine Seele zu erlangen. Er begann das Königreich des Himmels zu erkennen, als er sich der Leitung des Heiligen Geistes unterwarf.

GOTTES GESCHENK DER ERLÖSUNG

Es gibt heute Tausende von Menschen, die es nötig hätten, dieselbe Wahrheit zu verstehen, die Nikodemus anhand der erhöhten Schlange vermittelt wurde. Sie verlassen sich auf ihren Gehorsam gegenüber Gottes Gesetz und glauben, dadurch Gnade bei Gott zu finden. Wenn sie aufgefordert werden, auf Jesus zu schauen und zu glauben, dass er sie allein durch seine Gnade errettet hat, rufen sie erstaunt aus: »Wie kann dies geschehen?« (Johannes 3,9)

Wir müssen wie Nikodemus bereit sein, unter den gleichen Bedingungen ins Leben einzugehen, wie der größte Sünder es tut. Denn außer Christus ist »uns Menschen kein anderer Name unter dem Himmel gegeben, durch den wir gerettet werden sollen« (Apostelgeschichte 4,12 ZÜ). Im Glauben empfangen wir die Gnade Gottes. Der Glaube selbst aber ist nicht unser Heil. Er bringt uns nichts ein. Er ist die Hand, mit der wir Christus ergreifen und uns seine Verdienste, das Heilmittel gegen die Sünde, aneignen. Wir können ohne die Hilfe des Geistes Gottes nicht einmal Sünden echt bereuen. Über Christus sagt die Bibel: »Gott hat ihn zu seiner Rechten erhöht und zum Fürsten und Retter gemacht, um Israel Umkehr zu schenken und Vergebung der Sünden.« (Apostelgeschichte 5,31 ZÜ) So gewiss, wie Reue durch Christus kommt, so gewiss kommt auch Vergebung durch ihn.

Wie werden wir also errettet werden? »Wie Mose in der Wüste die Schlange erhöht hat« (Johannes 3,14), so ist der Menschensohn erhöht worden, und wer von der Schlange, nämlich Satan, betrogen und gebissen wurde, kann aufschauen und leben. »Siehe, das ist Gottes Lamm, das der Welt Sünde trägt!« (Johannes 1,29) Das Licht, das uns vom Kreuz entgegenstrahlt, offenbart Gottes Liebe. Durch seine Liebe werden wir zu ihm hingezogen. Wenn wir uns dieser Liebe nicht widersetzen, werden wir zum Fuß des Kreuzes geführt und werden dort die Sünden bereuen, die den Erlöser ans Kreuz gebracht haben. Dann bewirkt der Heilige Geist durch den Glauben ein neues Leben in uns. Die Gedanken und Wünsche gehorchen dem Willen von Christus. Herz und Sinn werden neu zum Bilde dessen geschaffen, der in uns wirkt, um sich alle Dinge untertan zu machen. Dann ist Gottes Gesetz in Herz und Sinn geschrieben, und wir können mit Christus bekennen: »Deinen Willen, mein Gott, tue ich gern.« (Psalm 40,9)

In seinem Gespräch mit Nikodemus enthüllte Jesus den Erlösungsplan und seinen Auftrag in dieser Welt. In keiner seiner späteren Reden erklärte Jesus so ausführlich und Schritt für Schritt, was in den Herzen der Menschen, die das Himmelreich ererben möchten, geschehen muss. Ganz zu Beginn seines Dienstes eröffnete Jesus einem Mitglied des Hohen Rates die Wahrheit – jenem Mann, der dafür am empfänglichsten und ein beauftragter Lehrer des Volkes war. Aber die Führer Israels hießen das Licht nicht willkommen. Nikodemus verbarg diese Wahrheit in seinem Herzen. Drei Jahre lang schien sie wenig Frucht zu bringen.

DIE SAAT GEHT AUF

Aber Jesus kannte den Boden, auf den er den Samen gestreut hatte. Die Worte, die er nachts an einen einzigen Zuhörer auf einem abgelegenen Berg gerichtet hatte, gingen nicht verloren. Eine Zeitlang bekannte sich Nikodemus nicht öffentlich zu Jesus, aber er beobachtete dessen Leben und dachte über dessen Lehren nach. Im Hohen Rat vereitelte er wiederholt Pläne der Priester, die Jesus nach dem Leben trachteten. Als Jesus schließlich am Kreuz erhöht wurde, erinnerte sich Nikodemus der Worte auf dem Ölberg: »Wie Mose in der Wüste die Schlange erhöht hat, so muss der Menschensohn erhöht werden, damit alle, die an ihn glauben, das ewige Leben haben.« (Johannes 3,14.15) Das Licht jener heimlichen Unterredung schien auf das Kreuz von Golgatha, und Nikodemus sah in Jesus den Erlöser der Welt.

Nach der Himmelfahrt von Jesus, als die Jünger durch die Verfolgung zerstreut wurden, trat Nikodemus mutig in den Vordergrund. Er setzte sein ganzes Vermögen zur Unterstützung der jungen Gemeinde ein, von der die jüdischen Leiter dachten, dass sie mit dem Tod von Christus zusammenbrechen würde. In den gefahrvollen Zeiten stand er, der sich vorher so überaus vorsichtig und abwartend verhalten hatte, fest und unerschütterlich wie ein Fels. Er ermutigte die Jünger in ihrem Glauben und stellte finanzielle Mittel zur Verbreitung des Evangeliums zur Verfügung. Deshalb wurde er von denen verhöhnt und verfolgt, die ihn in früheren Jahren geehrt und geachtet hatten. Er verlor sein irdisches Hab und Gut. Doch sein Glaube, der in jener nächtlichen Unterredung mit Jesus begonnen hatte, geriet nicht ins Wanken.

Nikodemus erzählte dem Evangelisten Johannes die Geschichte jenes Gesprächs, und dieser schrieb sie zur Lehre aller Menschen nieder. Die Wahrheiten, die auf diesem nächtlichen Berg so ernst vorgebracht wurden, sind heute noch genauso wichtig wie in jener bedeutsamen Nacht, als der jüdische Leiter den einfachen Lehrer aus Galiläa aufsuchte, um den Weg des Lebens kennen zu lernen.

KAPITEL 18

»ER MUSS WACHSEN ...«

Johannes 3,22-36; 4,1-3

Der Einfluss des Täufers auf das Volk war eine Zeitlang größer als derjenige der Herrscher, Priester oder Fürsten. Hätte er sich als Messias ausgegeben und einen Aufstand gegen Rom angezettelt, wären die Priester und das Volk seinem Ruf in Scharen gefolgt. Satan war bereit, Johannes den Täufer mit allen möglichen Aufmerksamkeiten zu bedrängen, die den Ehrgeiz eines Welteroberers wachgerufen hätten. Aber seiner Vollmacht gewiss, hatte Johannes allen Bestechungsversuchen entschlossen Widerstand geleistet. Die ganze Aufmerksamkeit, die auf ihn gerichtet war, hatte er auf einen anderen gelenkt.

Nun sah er, wie seine Beliebtheit im Volk langsam schwand und auf Jesus überging. Die Menschenmenge, die sich um Johannes scharte, wurde von Tag zu Tag kleiner. Als Jesus von Jerusalem in die Gegend am Jordan kam, versammelten sich viele Menschen, um ihn zu hören. Die Anzahl seiner Nachfolger wuchs täglich. Viele kamen, um sich taufen zu lassen. Da Christus selbst nicht taufte, beauftragte er seine Jünger damit. Dadurch bestätigte er die göttliche Sendung seines Vorläufers. Aber die Jünger des Johannes waren eifersüchtig auf die wachsende Beliebtheit von Jesus. Sie warteten nur darauf, dessen Wirken zu bemängeln, und es dauerte nicht lange, bis sich die Gelegenheit dazu bot. Im Gespräch mit den jüdischen Leitern kam die Frage auf, ob die Taufe nützlich sei, um den Menschen von Sünden zu reinigen. Sie behaupteten, dass sich die Jesustaufe erheblich von der des Johannes unterscheide. Schon bald stritten sie mit den Jüngern von Jesus darüber, welche Worte man bei einer Taufe zu verwenden habe. Und schließlich ging es darum, ob die Jünger von Jesus überhaupt das Recht hätten zu taufen.

»ICH ABER MUSS ABNEHMEN«

Die Jünger des Johannes kamen zu ihm und klagten: »Meister, der bei dir war jenseits des Jordan, von dem du Zeugnis gegeben hast, siehe, der tauft, und jedermann kommt zu ihm.« (Johannes 3,26) Mit diesen Worten brachte Satan Johannes in Versuchung. Obwohl die Aufgabe des Johannes fast beendet schien, wäre es ihm doch noch möglich gewesen, das Wirken von Christus zu behindern. Hätte er sich selbst bemitleidet und wäre betrübt und enttäuscht darüber gewesen, dass er allmählich abgelöst wurde, hätte er Zwietracht gesät. Neid und Eifersucht wären die Folge gewesen, und der Fortschritt des Evangeliums wäre ernsthaft behindert worden.

Johannes hatte von Natur aus dieselben Fehler und Schwächen wie alle anderen Menschen auch. Als er aber von der göttlichen Liebe berührt wurde, veränderte sie ihn. Er lebte in einer Atmosphäre, die frei von Selbstsucht und Ehrgeiz war, erhaben über die ansteckende Eifersucht. Er hatte kein Verständnis für die Unzufriedenheit seiner Jünger und zeigte ihnen, wie klar er seine Beziehung zum Messias verstand. Er machte ihnen deutlich, wie freudig er den Einen willkommen hieß, für den er den Weg bereitet hatte.

Er sagte: »Ein Mensch kann nichts nehmen, wenn es ihm nicht vom Himmel gegeben ist. Ihr selbst seid meine Zeugen, dass ich gesagt habe: Ich bin nicht der Christus, sondern vor ihm her gesandt. Wer die Braut hat, der ist der Bräutigam; der Freund des Bräutigams aber, der dabeisteht und ihm zuhört, freut sich sehr über die Stimme des Bräutigams.« (Johannes 3,27-29) Johannes stellte sich selbst als Freund dar, der – wie damals üblich – ein Bote zwischen den Verlobten war, um den Weg für die Hochzeit vorzubereiten. Sobald der Freund die Braut zum Bräutigam geführt hatte, war seine Aufgabe erfüllt. Er freute sich über das Glück derer, die er auf dem Weg zur Hochzeit unterstützt hatte. So war Johannes dazu berufen worden, das Volk auf Jesus hinzuweisen, und er freute sich mitzuerleben, wie erfolgreich das Wirken des Erlösers war. Er sagte: »Diese meine Freude ist nun erfüllt. Er muss wachsen, ich aber muss abnehmen!« (Johannes 3,29.30)

Während Johannes im Glauben auf den Erlöser blickte, erreichte er den Gipfel der Selbstlosigkeit. Er wollte die Menschen nicht für sich gewinnen, sondern ihre Gedanken immer höher lenken, bis sie auf dem Lamm Gottes ruhten. Er selbst war nur eine Stimme, ein lauter Rufer in der Wüste (vgl. Johannes 1,23; Jesaja 40,3). Nun akzeptierte er freudig, dass es still und dunkel um ihn wurde, damit aller Augen auf das Licht des Lebens gelenkt würden.

Boten Gottes, die treu zu ihrer Berufung stehen, suchen nicht die eigene Ehre. Die Selbstsucht macht der Liebe zu Christus Platz. Keine Rivalität wird die kostbare Sache des Evangeliums behindern. Solche Boten werden erkennen, dass es ihre Aufgabe ist, das Evangelium so zu verkünden, wie es Johannes der Täufer tat: »Siehe, das ist Gottes Lamm, das der Welt Sünde trägt!« (Johannes 1,29) Sie werden Jesus erhöhen und mit ihm die ganze

Menschheit. »Denn so spricht der Hohe und Erhabene, der ewig wohnt, dessen Name heilig ist: Ich wohne in der Höhe und im Heiligtum und bei denen, die zerschlagenen und demütigen Geistes sind, auf dass ich erquicke den Geist der Gedemütigten und das Herz der Zerschlagenen.« (Jesaja 57,15) Das Herz des Propheten, vom Egoismus befreit, war mit Licht von Gott erfüllt. Wenn er von der Herrlichkeit des Erlösers Zeugnis ablegte, waren seine Worte fast denen gleich, die Christus im Gespräch mit Nikodemus geäußert hatte. Johannes sagte: »Der von oben her kommt, ist über allen. Wer von der Erde ist, der ist von der Erde und redet von der Erde. Der vom Himmel kommt, der ist über allen ... Denn der, den Gott gesandt hat, redet Gottes Worte; denn Gott gibt den Geist ohne Maß.« (Johannes 3,31.34) Christus konnte von sich sagen: »Ich suche nicht meinen Willen, sondern den Willen dessen, der mich gesandt hat.« (Johannes 5,30) Von ihm heißt es: »Du liebst das Recht und hasst das Unrecht. Deshalb, o Gott, hat dein Gott dich gesalbt und das Öl der Freude über dich ausgegossen, reichlicher als über alle anderen.« (Hebräer 1,9 NLB) Der Vater »gibt ihm seinen Geist ohne jede Einschränkung« (Johannes 3,34 NLB).

Genauso verhält es sich mit den Nachfolgern von Christus. Wir können das Licht des Himmels nur in dem Maß empfangen, wie wir bereit sind, unseren Egoismus aufzugeben. Wir können weder das Wesen Gottes erkennen, noch Christus im Glauben annehmen, es sei denn, wir »nehmen alles Denken gefangen, sodass es Christus gehorcht« (2. Korinther 10,5 EÜ). Wer dies tut, erhält den Heiligen Geist ohne Einschränkung. Es ist »Christus, in dem die ganze Fülle von Gottes Wesen in leiblicher Gestalt wohnt. Und ihr habt an dieser Fülle teil, weil ihr mit Christus verbunden seid« (Kolosser 2,9.10 NGÜ).

Die Jünger des Johannes hatten berichtet, das ganze Volk komme zu Jesus. Johannes aber hatte ein tieferes Verständnis, als er sagte: »Sein Zeugnis nimmt niemand an.« (Johannes 3,32) Nur wenige seien also bereit, Jesus als ihren Erlöser aus der Sünde anzunehmen. »Wer es [sein Zeugnis] aber annimmt, der besiegelt, dass Gott wahrhaftig ist.« (Johannes 3,33) »Wer an den Sohn glaubt, der hat das ewige Leben.« (Johannes 3,36a) Es macht also keinen Sinn, darüber zu streiten, ob die Christus- oder die Johannestaufe von Sünden reinigt. Allein die Gnade verleiht dem Menschen Leben. Ohne Christus ist die Taufe, wie jede andere religiöse Handlung, wertlos. »Wer aber dem Sohn nicht gehorsam ist, der wird das Leben nicht sehen.« (Johannes 3,36b)

Das erfolgreiche Wirken von Christus, das Johannes mit solcher Freude zur Kenntnis nahm, wurde auch der Obrigkeit in Jerusalem bekannt. Priester und Rabbiner waren auf den Einfluss des Täufers eifersüchtig gewesen, denn sie mussten mit ansehen, wie das Volk die Synagogen verließ und in die Wüste strömte. Aber hier war einer, der mit noch größerer Macht die Massen anzog. Die Oberhäupter Israels wollten nicht wie Johannes sagen: »Er muss wachsen, ich aber muss abnehmen.« (Johannes 3,30) Mit neuer Entschlossenheit standen sie auf, um diesen Dienst, der ihnen das Volk abspenstig machte, zu beenden.

GOTTES WERK WEITERFÜHREN

Jesus wusste, dass die Obersten des Volkes keine Anstrengung scheuen würden, um eine Spaltung zwischen seinen eigenen und den Jüngern des Johannes herbeizuführen. Er wusste, dass sich das Unwetter bereits nahte, welches einen der größten Propheten, die je in diese Welt gesandt worden waren, hinwegraffen würde. Um mögliche Missverständnisse oder Meinungsverschiedenheiten zu vermeiden, beendete er still seine Arbeit und zog sich nach Galiläa zurück. Auch wir sollten, treu der Wahrheit ergeben, alles vermeiden, was zu Zwietracht und Streit führen könnte. Immer, wenn solches geschieht, gehen Menschen verloren. Immer, wenn Dinge vorfallen, die zu Spaltungen führen könnten, sollten wir dem Beispiel von Jesus und von Johannes dem Täufer folgen.

Johannes war dazu berufen worden, eine Reformation anzuführen. Seine Jünger standen deshalb in der Gefahr, ihre Aufmerksamkeit auf ihn zu richten. Sie waren der Meinung, der Erfolg dieser Aufgabe hänge von seinen Bemühungen ab. Dabei übersahen sie, dass er lediglich ein Werkzeug war, durch das Gott wirkte. Doch die Tätigkeit des Johannes reichte für die Gründung der christlichen Gemeinde nicht aus. Nachdem er seinen Auftrag ausgeführt hatte, musste ein anderes Werk vollbracht werden, das seine Botschaft nicht bewirken konnte. Das begriffen seine Jünger nicht. Als sie sahen, wie Jesus auftrat und die Aufgabe übernahm, reagierten sie darauf eifersüchtig und unzufrieden.

Die gleiche Gefahr besteht noch heute. Gott beruft jemanden, eine bestimmte Aufgabe zu übernehmen. Wenn dieser sie so ausgeführt hat, wie es ihm seine Begabung möglich machte, beauftragt der Herr andere, um sie weiterzuführen. Aber wie die Jünger des Johannes meinen viele, dass der Erfolg des Ganzen vom ersten Arbeiter abhängt. Die Aufmerksamkeit ist nur auf das Menschliche statt auf das Göttliche gerichtet. Eifersucht wird geweckt, und Gottes Sache nimmt Schaden. Wem auf diese Weise unverdiente Ehre zuteilwird, steht in der Versuchung, zu selbstsicher zu werden. Er ist sich seiner Abhängigkeit von Gott nicht bewusst. Das Volk wird gelehrt, sich auf

Weisungen von Menschen zu verlassen. Doch daraus erwächst Irrtum, und die Menschen werden Gott entfremdet. Das Werk Gottes soll weder das Bild noch die Handschrift von Menschen tragen. Von Zeit zu Zeit beauftragt der Herr deshalb neue Kräfte, damit seine Absichten bestens verwirklicht werden können. Glücklich sind alle, die willig sind, sich demütig zu beugen und mit Johannes dem Täufer zu sagen: »Er muss wachsen, ich aber muss abnehmen.« (Johannes 3,30)

KAPITEL 19

AM JAKOBSBRUNNEN

Johannes 4,3-42

Auf dem Weg nach Galiläa zog Jesus durch Samarien. Es war Mittag, als er das wunderschöne Tal von Sichem erreichte. Dort, wo sich das Tal öffnete, war der Jakobsbrunnen. Erschöpft vom langen Fußmarsch, ließ sich Jesus nieder, um Rast zu machen, während seine Jünger weggingen, um etwas zu essen zu kaufen.

DIE BEGEGNUNG

Juden und Samariter[41] waren erbitterte Feinde und versuchten, möglichst wenig miteinander zu tun zu haben. Wenn es allerdings notwendig war, erlaubten die Rabbiner den Handel mit den Samaritern. Alle gesellschaftlichen Beziehungen hingegen waren streng verboten. Ein Jude lieh nichts von einem Samariter aus, noch nahm er eine Gefälligkeit an, nicht einmal ein Stück Brot oder einen Becher Wasser. Als die Jünger Nahrungsmittel kauften, bewegten sie sich innerhalb der vorgeschriebenen Sitten ihres Volkes. Darüber hinaus gingen sie aber nicht. Niemand hätte daran gedacht, einen Samariter um einen Gefallen zu bitten oder ihm etwas Gutes zu tun – auch die Jünger nicht.

Von Hunger und Durst geschwächt saß Jesus am Brunnen. Die Reise, die am frühen Morgen begonnen hatte, war lang, und nun brannte die heiße Mittagssonne auf ihn nieder. Der Gedanke an das kühle, erfrischende Wasser, das so nahe war, verschlimmerte seinen Durst. Doch es war für ihn unerreichbar. Der Brunnen war tief, und er hatte weder ein Seil noch einen Wasserkrug zur Verfügung. Er teilte das menschliche Los und wartete, bis jemand herzutrat, um Wasser zu schöpfen.

Da kam eine Frau aus Samarien des Weges und füllte ihren Krug. Es schien, als hätte sie die Anwesenheit von Jesus gar nicht bemerkt. Als sie sich umdrehte, um wegzugehen, bat Jesus sie um etwas Wasser. Eine solche Bitte würde ein Orientale niemals abschlagen. Im Morgenland galt das Wasser als Gabe Gottes. Dem durstigen Wanderer etwas zu trinken anzubieten, wurde als eine solch heilige Pflicht angesehen, dass die Araber, die in der Wüste

---

41 Siehe Erklärungen »Samarien/Samariter«, S. 820.

lebten, keine Mühe scheuten, sie zu erfüllen. Die Feindschaft, die zwischen den Juden und den Samaritern bestand, hielt die Frau jedoch davon ab, Jesus diesen Gefallen anzubieten. Aber der Erlöser wollte Zugang zu ihrem Herzen finden. Mit einem Feingefühl, das der göttlichen Liebe entspringt, bat er sie zuerst um einen Gefallen, statt ihr einen solchen anzubieten. Das Angebot einer Liebestat hätte sie ausschlagen können, doch Vertrauen weckt Vertrauen. Der König des Himmels kam zu dieser von den Juden verachteten Frau und erbat ihre Hilfe. Er, der den Ozean schuf, der Gewalt über die tiefsten Fluten hatte, der die Quellen entspringen ließ und den Flüssen ihren Weg bahnte, ruhte sich erschöpft am Jakobsbrunnen aus und war sogar auf die Hilfsbereitschaft einer Fremden angewiesen, um etwas trinken zu können.

Die Frau sah, dass Jesus Jude war. In ihrer Überraschung vergaß sie, seinen Wunsch zu erfüllen, und versuchte, den Grund für seine Bitte zu erfahren. »Du bist ein Jude und ich bin eine Samariterin. Wie kannst du mich da um etwas zu trinken bitten?« (Johannes 4,9 GNB)

Jesus antwortete: »Wenn du wüsstest, was Gott den Menschen schenken will und wer es ist, der dich jetzt um Wasser bittet, dann hättest du ihn um Wasser gebeten und er hätte dir lebendiges Wasser gegeben.« (Johannes 4,10 GNB) Du wunderst dich, dass ich dich um einen so geringen Gefallen bitte? Um einen Schluck Wasser aus diesem Brunnen? Hättest du mich darum gebeten, ich hätte dir vom Wasser des ewigen Lebens gegeben.

Die Frau verstand die Worte von Jesus nicht, spürte aber deren ernste Bedeutung. Ihre leicht scherzende Art begann sich zu ändern. Da sie annahm, dass Jesus von diesem Brunnen sprach, entgegnete sie: »Aber, Herr, du hast weder ein Seil noch einen Eimer ... und dieser Brunnen ist sehr tief. Woher willst du denn dieses lebendige Wasser nehmen? Bist du etwa größer als unser Vater Jakob, der uns diesen Brunnen hinterließ? Wie kannst du besseres Wasser versprechen, als er und seine Söhne und sein Vieh hatten?« (Johannes 4,11.12 NLB) Vor sich sah sie nur einen durstigen Wanderer, der müde und staubig war. In Gedanken verglich sie ihn mit dem hochverehrten Stammesvater Jakob. Sie war überzeugt, dass kein anderer Brunnen jenem ihrer Väter ebenbürtig sein konnte. Sie schaute zurück in die Zeit ihrer Vorfahren und voraus auf das Kommen des Messias, während die Hoffnung der Väter – der Messias selbst – neben ihr stand. Doch sie erkannte ihn nicht. Wie viele durstige Menschen sind heute in unmittelbarer Nähe des lebendigen Brunnens, suchen aber die Lebensquelle in weiter Ferne! »Ihr braucht nicht zu fragen: ›Wer steigt für uns in den Himmel hinauf?‹ – als müsste man Christus erst von dort herabholen. Auch nicht: ›Wer steigt für uns in die Totenwelt hinab?‹ – als müsste man Christus aus dem Tod zurückholen. Nein, die Stimme sagt:

›Das Wort, das von Gott kommt, ist euch ganz nahe; es ist in eurem Mund und in eurem Herzen.‹ ... Wenn ihr also mit dem Mund bekennt: ›Jesus ist der Herr‹, und im Herzen glaubt, dass Gott ihn vom Tod auferweckt hat, werdet ihr gerettet.« (Römer 10,6-9 GNB)
Jesus beantwortete die Frage in Bezug auf seine Person nicht sofort, sondern sagte mit feierlichem Ernst: »Wenn die Menschen dieses Wasser getrunken haben, werden sie schon nach kurzer Zeit wieder durstig. Wer aber von dem Wasser trinkt, das ich ihm geben werde, der wird niemals mehr Durst haben. Das Wasser, das ich ihm gebe, wird in ihm zu einer nie versiegenden Quelle, die unaufhörlich bis ins ewige Leben fließt.« (Johannes 4,13.14 NLB)

WASSER DES LEBENS

Wer versucht, seinen Durst an den Quellen dieser Welt zu stillen, wird immer wieder durstig werden. Überall sind die Menschen unzufrieden. Sie sehnen sich nach etwas, um das Verlangen ihrer Seele zu stillen. Nur einer kann diesen Wunsch erfüllen: Jesus Christus, der »Ersehnte aller Nationen« (Haggai 2,7 Elb. Anm.). Die göttliche Gnade, die nur er allein gewähren kann, ist wie lebendiges Wasser, das den Menschen innerlich reinigt, erfrischt und belebt.

Jesus vermittelte dadurch nicht den Gedanken, dass ein einziger Schluck vom Lebenswasser ausreicht. Wer von der Liebe von Christus kostet, verlangt stets nach mehr, ohne nach etwas anderem zu suchen. Reichtum, Ruhm und Vergnügen dieser Welt ziehen ihn nicht mehr an. Der ständige Ruf seines Herzens lautet: Mehr von dir! Und er, der dem Menschen die Not offenbart, wartet darauf, dessen Hunger und Durst zu stillen, denn menschliche Mittel und Wege vermögen dies nicht. Brunnen können leer geschöpft werden, Teiche können austrocknen, aber unser Erlöser ist eine unversiegbare Quelle. Wir können trinken und immer wieder schöpfen und finden beständig frisches Wasser. Wer in Christus wohnt, hat die Quelle des Segens in sich, eine »nie versiegende Quelle, die unaufhörlich bis ins ewige Leben fließt« (Johannes 4,14). Aus dieser Quelle kann er so viel Kraft und Gnade schöpfen, wie er braucht.

Als Jesus vom lebendigen Wasser sprach, sah ihn die Frau aufmerksam und verwundert an. Er hatte in ihr ein Interesse und ein Verlangen nach jener Gabe geweckt, von der er sprach. Sie verstand, dass er nicht das Wasser des Jakobsbrunnens meinte, denn davon trank sie täglich und wurde doch immer wieder durstig. »Bitte, Herr«, sagte sie zu ihm, »gib mir von diesem Wasser! Dann werde ich nie wieder durstig und brauche nicht mehr herzukommen, um Wasser zu schöpfen.« (Johannes 4,15 NLB)

Plötzlich wechselte Jesus das Gesprächsthema. Er sehnte sich sehr danach, den Wunsch dieser Frau zu erfüllen. Doch bevor sie diese Gabe empfangen konnte, musste sie ihre Sünde und ihren Erlöser erkennen. Er sagte zu ihr: »Geh hin, ruf deinen Mann und komm wieder her! Die Frau antwortete und sprach zu ihm: Ich habe keinen Mann.« (Johannes 4,16.17) Mit dieser Antwort hoffte sie, weitere Fragen in diese Richtung zu vermeiden. Doch Jesus fuhr fort: »Du hast recht geantwortet: Ich habe keinen Mann. Fünf Männer hast du gehabt, und der, den du jetzt hast, ist nicht dein Mann; das hast du recht gesagt.« (Johannes 4,17.18)

Die Samariterin erschrak. Eine geheimnisvolle Hand blätterte in ihrer Lebensgeschichte und machte sichtbar, was sie für immer zu verbergen gehofft hatte. Wer war dieser Mann, der die Geheimnisse ihres Lebens so genau kannte? Sie musste an die Ewigkeit und an das zukünftige Gericht denken, wenn alles Verborgene offenbar wird. In diesem Licht erwachte ihr Gewissen.

Sie konnte nichts leugnen, versuchte aber, diesem unliebsamen Thema auszuweichen. Geradezu ehrfurchtsvoll sagte sie: »Herr, ich sehe, dass du ein Prophet bist.« (Johannes 4,19) In der Hoffnung, das Bewusstsein ihrer Schuld zu dämpfen, lenkte sie das Gespräch auf religiöse Streitfragen. Wenn er wirklich ein Prophet wäre, könnte er ihr bestimmt alles erklären, worüber man sich schon so lange stritt.

WAHRE ANBETUNG

Geduldig überließ ihr Jesus die Führung des Gesprächs und wartete auf eine Gelegenheit, ihr die Wahrheit aufs Neue nahezubringen. »Unsere Väter haben auf diesem Berg angebetet«, sagte die samaritische Frau, »und ihr sagt, in Jerusalem sei die Stätte, wo man anbeten soll« (Johannes 4,20). Vor ihren Blicken erhob sich der Berg Garizim. Der dortige Tempel lag verwüstet da, nur der Altar war übrig geblieben. Um diesen Ort der Anbetung hatte es zwischen Juden und Samaritern Streit gegeben. Deren Vorfahren gehörten einst zum Volk Israel. Aber wegen ihrer Sünden ließ sie Gott unter die Herrschaft einer abgöttischen Nation kommen. Schon seit vielen Generationen lebten sie unter Götzendienern, durch deren Religion ihre eigene allmählich entstellt wurde. Sie behaupteten zwar, ihre Götzen würden sie nur an den lebendigen Gott, den Herrscher des Universums, erinnern, dennoch wurden sie dazu verführt, Götzenbilder zu verehren (vgl. 2. Könige 17,24-41).

Als zur Zeit Esras der Tempel in Jerusalem wieder aufgebaut wurde, wollten die Samariter den Juden beim Aufbau helfen. Dieses Vorrecht wurde ihnen verweigert, wodurch eine erbitterte Feindschaft zwischen den beiden

Völkern entstand (vgl. Esra 4,1-3). Aus Abneigung gegenüber den Juden bauten sich die Samariter deshalb ihren eigenen Tempel auf dem Berg Garizim. Hier hielten sie nach den mosaischen Opfervorschriften ihre Gottesdienste ab, obwohl sie den Götzendienst nicht völlig aufgaben. Aber Unheil kam über sie. Ihr Tempel wurde von Feinden zerstört, und es schien, als würden sie unter einem Fluch stehen. Dennoch hielten sie an ihren Gepflogenheiten und Anbetungsriten fest. Den Tempel in Jerusalem erkannten sie nicht als Gottes Haus an. Sie gaben auch nicht zu, dass die jüdische Religion ihrer eigenen überlegen war.

Auf die Frage der Samariterin antwortete Jesus: »Glaube mir, Frau, es kommt die Zeit, da werdet ihr den Vater weder auf diesem Berg noch in Jerusalem anbeten. Ihr Samariter betet zu Gott, aber ihr kennt ihn nicht; doch wir kennen ihn, denn die Rettung für alle Menschen kommt von den Juden.« (Johannes 4,21.22 GNB) Jesus hatte damit bewiesen, dass er frei vom jüdischen Vorurteil gegenüber den Samaritern war. Nun wollte er auch das Vorurteil dieser Frau gegen die Juden abbauen. Während er darauf hinwies, dass der Glaube der Samariter durch den Götzendienst verfälscht worden war, machte er deutlich, dass die großen Wahrheiten über die Erlösung den Juden anvertraut worden waren. Aus ihrer Mitte würde der Messias kommen. In den heiligen Schriften hatten die Juden eine klare Darstellung vom Wesen Gottes und von den Grundsätzen seiner Regierung. Jesus reihte sich damit in das Volk der Juden ein und bestätigte, dass Gott ihnen Erkenntnis über sich selbst anvertraut hatte.

Er wollte die Gedanken seiner Zuhörerin dahin lenken, dass sie mehr als nur über Formen, Zeremonien und Streitfragen nachdachte. »Aber die Zeit kommt, ja sie ist schon da, in der die wahren Anbeter den Vater im Geist und in der Wahrheit anbeten. Der Vater sucht Menschen, die ihn so anbeten. Denn Gott ist Geist; deshalb müssen die, die ihn anbeten wollen, ihn im Geist und in der Wahrheit anbeten.« (Johannes 4,23.24 NLB)

Diese Worte enthalten dieselbe Wahrheit, die Jesus bereits Nikodemus offenbart hatte, als er sagte: »Wenn jemand nicht von Neuem geboren wird, kann er das Reich Gottes nicht sehen.« (Johannes 3,3 Elb.) Menschen finden nicht zur Gemeinschaft mit Gott, indem sie einen heiligen Berg oder einen geweihten Tempel aufsuchen. Religion darf sich nicht auf äußere Formen und Zeremonien beschränken. Die Religion, die von Gott kommt, ist die einzige, die zu Gott führt. Um ihm wirklich dienen zu können, müssen wir aus Gottes Geist neu geboren sein. Dieser wird unsere Herzen reinigen, unsere Gedanken erneuern und uns eine neue Fähigkeit schenken, Gott zu erkennen und zu lieben. Er wird uns die willige Bereitschaft verleihen, allen seinen

Forderungen gehorsam zu sein. Das ist wahre Anbetung und die Frucht des Heiligen Geistes. Jedes aufrichtige Gebet wird durch Gottes Geist gewirkt. Ein solches Gebet ist Gott angenehm. Wo immer sich ein Mensch Gott zuwendet, zeigt sich das Wirken des Geistes, und Gott wird sich ihm offenbaren. Nach solchen Betern sucht Gott. Er wartet darauf, sie zu empfangen und zu seinen Söhnen und Töchtern zu machen.

EIN OFFENES HERZ

Als die Frau mit Jesus redete, wurde sie von seinen Worten beeindruckt. Nie zuvor hatte sie solche Gedanken gehört, weder bei den Priestern ihres Volkes noch bei den Juden. Nachdem Jesus ihr vergangenes Leben vor ihr ausgebreitet hatte, wurde sie sich ihrer großen Not bewusst. Sie spürte einen großen Durst, den das Wasser des Brunnens von Sychar niemals stillen konnte. Nichts von dem, was ihr bislang begegnet war, weckte ein so tiefes Verlangen nach Höherem in ihr. Jesus hatte sie davon überzeugt, dass er die geheimen Seiten ihres Lebens genau kannte. Trotzdem spürte sie, dass er ihr Freund war, der Mitleid mit ihr hatte und sie liebte. Obwohl die Reinheit seiner Gegenwart ihre Sünden verurteilte, klagte er sie mit keinem Wort an, sondern sprach mit ihr über seine Gnade, die jedes Herz erneuern kann. Immer mehr wurde sie von seinem Wesen überzeugt und fragte sich, ob dieser Mann nicht der lang ersehnte Messias sein könnte. Sie sagte zu ihm: »Ich weiß, dass der Messias kommen wird – der, den man den Christus nennt. Wenn er kommt, wird er uns alle diese Dinge erklären.‹ Da sagte Jesus zu ihr: ›Ich bin es, der mit dir spricht!‹« (Johannes 4,25.26 NLB)

Als die Frau diese Worte hörte, wurde in ihrem Herzen ein neuer Glaube wach und sie nahm die wunderbare Botschaft aus dem Mund des göttlichen Lehrers an.

Diese Frau hatte ein offenes Herz und war bereit, die kostbarste Offenbarung zu empfangen. Weil sie Interesse an den heiligen Schriften hatte und der Heilige Geist sie darauf vorbereitete, erhielt sie mehr Licht. Sie hatte die Verheißung aus dem Alten Testament studiert: »Einen Propheten wie mich wird dir der Herr, dein Gott, erwecken aus dir und aus deinen Brüdern; dem sollt ihr gehorchen.« (5. Mose 18,15) Sie sehnte sich danach, diese Weissagung zu verstehen. Und nun wurde ihr Verstand erleuchtet. Das geistliche Leben, verglichen mit dem Wasser des Lebens, das Christus jedem gibt, dessen Seele danach dürstet, bahnte sich einen Weg in ihr Herz. Gottes Geist wirkte an ihr.

Diese einfach verständliche Erklärung, die Jesus dieser Frau gab, konnte er vor den selbstgerechten Juden nicht äußern. Christus war viel zurückhaltender, wenn er mit ihnen sprach. Was den Juden vorenthalten wurde und die Jünger später auf ausdrücklichen Befehl von Jesus geheim halten mussten, offenbarte er dieser Samariterin. Jesus wusste, dass sie die neugewonnene Erkenntnis an andere weitergeben würde, damit auch sie an seiner Gnade teilhaben könnten.

Als die Jünger von ihren Besorgungen zurückkamen, waren sie überrascht, ihren Meister im Gespräch mit dieser Frau vorzufinden. Er hatte nichts vom erfrischenden Wasser, nach dem ihn so dürstete, getrunken. Auch durch das Essen, das ihm seine Jünger brachten, ließ er sich nicht unterbrechen. Als die Frau gegangen war, drängten ihn die Jünger, etwas zu sich zu nehmen. Sie stellten fest, dass er still und tief in Gedanken versunken dasaß. Auf seinem Gesicht lag ein Glanz, und sie fürchteten, sie könnten seine Gemeinschaft mit dem Himmel stören. Sie wussten aber, dass er hungrig und müde war. Sie fühlten sich verpflichtet, ihn an seine leiblichen Bedürfnisse zu erinnern. Jesus erkannte ihre liebevolle Fürsorge und sagte: »Ich habe eine Speise zu essen, von der ihr nicht wisst.« (Johannes 4,32)

Verwundert fragten sich die Jünger, wer ihm das Essen gebracht haben könnte. Doch der Herr erklärte ihnen: »Meine Speise ist die, dass ich tue den Willen dessen, der mich gesandt hat, und vollende sein Werk.« (Johannes 4,34) Jesus freute sich, dass seine Worte das Gewissen der Samariterin berührt hatten. Er sah, wie sie vom Wasser des Lebens trank. Dadurch wurden sein eigener Hunger und sein eigener Durst gestillt. Die Erfüllung seiner Aufgabe, für die er den Himmel verlassen hatte, verlieh ihm Kraft für sein Wirken und ließ die Bedürfnisse der menschlichen Natur in den Hintergrund treten. Sich um einen Menschen zu kümmern, der großen Hunger und Durst nach Wahrheit hatte, war für Jesus wohltuender als selbst zu essen und zu trinken. Das war ihm Trost und Stärkung. Sein Leben war lauter Güte.

Unser Erlöser dürstet danach, erkannt zu werden. Er hungert nach der Zustimmung und Liebe derer, die er mit seinem eigenen Blut erkauft hat. Mit unaussprechlichem Verlangen sehnt er sich danach, dass sie zu ihm kommen und das Leben empfangen. Wie die Mutter auf das anerkennende Lächeln ihres kleinen Kindes wartet, das vom Erwachen der Intelligenz zeugt, so wartet Christus auf den Ausdruck dankbarer Liebe, der zeigt, dass geistliches Leben in der Seele begonnen hat.

Die Worte von Jesus hatten die Samariterin mit Freude erfüllt. Die wunderbare Offenbarung war geradezu überwältigend. Sie ließ ihren Krug stehen und eilte in die Stadt, um anderen diese Botschaft zu überbringen. Jesus wusste, warum sie gegangen war. Die Tatsache, dass sie ihren Wasserkrug zurückließ, zeigte unmissverständlich, welche Wirkung seine Worte auf sie gehabt hatten. Sie hegte den aufrichtigen Wunsch, lebendiges Wasser zu bekommen. Die Frau vergaß den Grund ihres Kommens, vergaß auch den Durst von Jesus, den sie zu stillen beabsichtigt hatte. Sie eilte mit freudigem Herzen in die Stadt zurück, um anderen Menschen die kostbare Erkenntnis mitzuteilen, die sie empfangen hatte.

»Kommt her, seht, da ist ein Mann, der mir alles gesagt hat, was ich getan habe: Ist er vielleicht der Messias?« (Johannes 4,29 EÜ) So rief sie den Leuten in der Stadt zu. Diese Worte berührten ihre Herzen. Auf dem Gesicht der Frau lag ein neuer Ausdruck, und ihre ganze Erscheinung hatte sich verändert. Die Leute wollten Jesus auch sehen. Sie gingen »aus der Stadt heraus und kamen zu ihm« (Johannes 4,30).

DIE GROSSE ERNTE

Jesus saß noch immer am Brunnenrand und ließ seinen Blick über die vor ihm liegenden Getreidefelder schweifen, auf deren zartes Grün das goldene Licht der Sonne fiel. Er lenkte die Aufmerksamkeit seiner Jünger auf diese Felder und verwendete sie als ein Sinnbild: »Sagt ihr nicht selber: Es sind noch vier Monate, dann kommt die Ernte? Siehe, ich sage euch: Hebt eure Augen auf und seht auf die Felder, denn sie sind reif zur Ernte.« (Johannes 4,35) Während er so sprach, blickte er auf die Menschen, die sich dem Brunnen näherten. Es waren noch vier Monate bis zur Getreideernte, doch hier sah er eine Ernte, die schon für den Schnitter bereit war.

»Wer erntet«, sagte er, »empfängt schon seinen Lohn und sammelt Frucht zum ewigen Leben, damit sich miteinander freuen, der da sät und der da erntet. Denn hier ist der Spruch wahr: Der eine sät, der andere erntet.« (Johannes 4,36.37) Damit wies Christus auf den heiligen Dienst hin, den alle, die das Evangelium angenommen haben, Gott schulden. Sie sollen seine lebendigen Werkzeuge sein. Gott erwartet ihren persönlichen Dienst. Ob wir nun säen oder ernten, wir arbeiten für den Herrn. Einer streut den Samen aus, der andere bringt die Ernte ein: Beide empfangen ihren Lohn. Sie freuen sich gemeinsam über den Erfolg ihrer Arbeit.

Jesus sagte zu den Jüngern: »Ich habe euch gesandt zu ernten, wo ihr nicht gearbeitet habt; andere haben gearbeitet, und euch ist ihre Arbeit zugutegekommen.« (Johannes 4,38) Der Erlöser hatte hier die spätere große Ernte am Pfingstfest vor Augen. Die Jünger sollten diese nicht als Ergebnis ihrer eigenen Bemühungen betrachten. Sie sollten nur das weiterführen, was andere begonnen hatten. Seitdem Adam gesündigt hatte, gab Christus die Saat seines Wortes an seine auserwählten Diener weiter, damit diese sie in die

Herzen der Menschen streuen konnten. Eine unsichtbare, aber allmächtige Kraft hatte in aller Stille erfolgreich gewirkt, um die Ernte hervorzubringen. Gott schickte den Tau, den Regen und den Sonnenschein seiner Gnade und hegte und pflegte den ausgestreuten Samen der Wahrheit. Christus war nun da, um den Samen mit seinem eigenen Blut zu begießen. Seine Jünger hatten das große Vorrecht, mit Gott zusammenzuarbeiten. Sie waren Mitarbeiter von Christus und standen in derselben Nachfolge wie gläubige Menschen in früheren Zeiten. Durch die Ausgießung des Heiligen Geistes zu Pfingsten bekehrten sich dann Tausende an einem Tag. Das war das Ergebnis der Aussaat von Christus, die Ernte seines Dienstes.

Durch die Worte, die Jesus beim Brunnen zur Samariterin gesagt hatte, war guter Same ausgesät worden. Wie schnell konnte die Ernte eingebracht werden! Die Samariter kamen, hörten Jesus und glaubten an ihn. Sie scharten sich am Brunnen um ihn, überhäuften ihn mit Fragen und nahmen seine Erklärungen begierig auf. Vieles, was ihnen bislang unverständlich war, wurde ihnen klar. Während sie ihm zuhörten, begann ihre Ratlosigkeit zu schwinden. Sie waren wie Menschen, die in großer Dunkelheit einem plötzlich aufleuchtenden Lichtstrahl folgten, bis sie ans Tageslicht kamen. Aber sie waren mit dieser kurzen Begegnung nicht zufrieden. Sie wurden nicht müde, Jesus zuzuhören, und wollten, dass auch ihre Freunde diesen großartigen Lehrer hören konnten. So luden sie ihn ein, mit ihnen zu kommen und in ihrer Stadt zu bleiben. Zwei Tage hielt er sich in Samarien auf, und viele Samariter wurden gläubig.

Die Pharisäer verachteten die Einfachheit von Jesus. Sie leugneten seine Wunder, forderten aber ein Zeichen, dass er der Sohn Gottes sei. Die Samariter dagegen forderten kein Zeichen. Jesus wirkte auch keine Wunder unter ihnen, außer dem einen, als er der Samariterin am Brunnen die Geheimnisse ihres Lebens offenbarte. Und doch nahmen ihn viele als ihren Erlöser an. Freudig sagten sie zur Frau: »Nicht mehr aufgrund deiner Aussage glauben wir, sondern weil wir ihn selbst gehört haben und nun wissen: Er ist wirklich der Retter der Welt.« (Johannes 4,42 EÜ)

Die Samariter glaubten, dass der Messias als Erlöser nicht nur für die Juden, sondern für die ganze Welt kommen würde. Durch Mose hatte der Heilige Geist ihn als einen von Gott gesandten Propheten angekündigt (vgl. 5. Mose 18,15). Durch Jakob wurde vorausgesagt, dass ihm alle Völker anhangen würden (vgl. 1. Mose 49,10), und durch Abraham ließ er die Menschen wissen, dass in dem Einen alle Völker der Erde gesegnet werden sollten (vgl. 1. Mose 12,3). Auf diese Schriftstellen gründeten die Samariter ihren Glauben an den Messias. Die Tatsache, dass die Juden die späteren

Propheten falsch ausgelegt hatten, indem sie dem ersten Kommen von Jesus den Glanz seines zweiten Kommens zuschrieben, veranlasste die Samariter, alle heiligen Schriften mit Ausnahme der Bücher Mose zu verwerfen. Doch als der Erlöser diese falschen Darstellungen widerlegte, glaubten viele den späteren Weissagungen und besonders den Worten von Christus, die sich auf das Reich Gottes bezogen.

ALLE SIND EINGELADEN

Jesus hatte damit begonnen, die trennende Mauer zwischen Juden und Heiden niederzureißen und der ganzen Welt die Heilsbotschaft zu verkünden. Obwohl er Jude war, pflegte er einen freien Umgang mit den Samaritern und missachtete damit die pharisäischen Bräuche seines Volkes. Trotz der Vorurteile der Pharisäer nahm er die Gastfreundschaft dieser verachteten Menschen an. Er schlief unter ihrem Dach, saß mit ihnen am Tisch und aß von ihren Speisen, die ihre Hände zubereitet und aufgetragen hatten. Er lehrte in ihren Straßen und behandelte sie äußerst freundlich und höflich.

Im Tempel in Jerusalem trennte eine niedrige Mauer den äußeren Vorhof von allen anderen Bereichen des heiligen Gebäudes. An dieser Mauer stand in verschiedenen Sprachen zu lesen, dass es nur den Juden erlaubt war, diese Abgrenzung zu überschreiten. Würde es ein Nichtjude gewagt haben, den inneren Bezirk zu betreten, hätte er den Tempel entweiht und diesen Verstoß mit seinem Leben bezahlt. Doch Jesus, der Gründer des Tempels und Urheber aller dort stattfindenden Zeremonien, zog die Heiden durch das Band menschlicher Zuneigung zu sich. Seine göttliche Gnade brachte ihnen das Heil, das die Juden ablehnten.

Der Aufenthalt von Jesus in Samarien sollte für seine Jünger ein Segen sein. Sie standen noch immer unter dem Einfluss der jüdischen Eiferer und meinten, die Treue zu ihrer eigenen Nation bedeute Feindschaft gegen die Samariter. Darum wunderten sie sich über das Verhalten von Jesus, folgten aber seinem Beispiel. Während des zweitägigen Aufenthalts in Samarien hielt die Treue zu ihrem Meister die Vorurteile gegen die Samariter unter Kontrolle, doch im Herzen blieben sie unversöhnlich. Nur langsam begriffen sie, dass ihre Verachtung und ihr Hass der Barmherzigkeit und dem Mitgefühl weichen mussten. Aber nach der Himmelfahrt von Jesus bekamen seine Lehren für sie eine völlig neue Bedeutung. Nach der Ausgießung des Heiligen Geistes erinnerten sie sich daran, wie Jesus diese verachteten Menschen betrachtet und mit ihnen gesprochen hatte. Sie dachten auch an die Wertschätzung und Freundlichkeit, die er ihnen entgegengebracht hatte. Als Petrus später nach Samarien ging, um dort zu predigen, war sein Wirken von demselben Geist erfüllt. Als Johannes nach Ephesus und Smyrna gerufen wurde, erinnerte er sich an die Begebenheiten in Sichem. Sein Herz wurde mit großer Dankbarkeit seinem göttlichen Lehrer gegenüber erfüllt. In Voraussicht der unumgänglichen Schwierigkeiten, die ihnen begegnen würden, hatte er ihnen durch sein eigenes Beispiel geholfen.

Der Erlöser wirkt heute noch wie damals, als er der Samariterin das Wasser des Lebens anbot. Jene, die sich als Nachfolger von Jesus ausgeben, mögen die Verstoßenen verachten und meiden. Doch weder Herkunft noch Staatszugehörigkeit, noch irgendwelche Umstände können seine Liebe von den Menschen abwenden. Zu allen, wie sündig sie auch sein mögen, sagt er: »Hättest du mich gebeten, ich hätte dir lebendiges Wasser gegeben.«

Die Einladung des Evangeliums darf nicht beschränkt, nur wenigen Ausgewählten überbracht werden, von denen wir annehmen, ihre Bekehrung würde uns zur Ehre gereichen. Die Botschaft soll allen Menschen angeboten werden. Wo immer Menschen offen sind, die Wahrheit anzunehmen, ist Christus bereit, sie zu unterweisen. Er offenbart ihnen den Vater, der die Herzen kennt, und zeigt, welche Anbetung ihm gebührt. Zu ihnen spricht er nicht in Gleichnissen. Wie damals bei der Frau am Brunnen sagt er zu ihnen: »Ich bin es, der mit dir spricht!« (Johannes 4,26 NLB)

EIN EVANGELIUM FÜR ALLE

Als sich Jesus am Jakobsbrunnen niederließ, um sich auszuruhen, kam er aus Judäa, wo sein Dienst nur wenig ausgerichtet hatte. Er war von den Priestern und Rabbinern abgelehnt worden, und selbst die Männer, die angeblich seine Jünger waren, hatten sein göttliches Wesen nicht erkannt. Obwohl er müde und matt war, versäumte es Jesus nicht, mit einer Frau zu reden, die dabei noch eine Fremde, eine Nichtisraelitin, war und in offener Sünde lebte.

Der Erlöser wartete nicht, bis sich viele versammelt hatten. Oft begann er mit seinen Unterweisungen, auch wenn nur wenige um ihn herumstanden. Aber die Vorübergehenden blieben einer nach dem anderen stehen und hörten zu. Schließlich lauschte eine große Menge verwundert und ehrfürchtig den Worten des vom Himmel gesandten Lehrers. Wer im Dienst von Christus steht, soll zu wenigen Menschen mit derselben Ernsthaftigkeit reden wie zu einer großen Versammlung. Es könnte sein, dass nur ein einziger Mensch die Botschaft hört, doch wer kann sagen, wie weitreichend sein Einfluss sein wird? Sogar den Jüngern, schien es eine unbedeutende Angelegenheit zu sein, als Jesus seine Zeit mit einer Frau aus Samarien verbrachte. Jesus aber redete ernster und gewandter mit ihr, als er es mit Königen, Ratsmitgliedern oder Hohenpriestern getan hätte. Was er jener Frau vermittelte, wurde bis an die entlegensten Orte der Erde getragen.

Sobald die Samariterin den Erlöser gefunden hatte, brachte sie andere zu ihm. Sie bewies, dass sie als Glaubensbotin erfolgreicher war als die Jünger von Jesus. Diese konnten in Samarien nichts entdecken, was auf ein vielversprechendes Arbeitsfeld hingewiesen hätte. Ihre Gedanken richteten sich auf eine große Aufgabe, die in der Zukunft getan werden musste. Sie sahen nicht, dass das Feld, das vor ihnen lag, für die Ernte bereit war. Aber durch diese Frau, die sie verachteten, kamen die Einwohner einer ganzen Stadt, um den Erlöser zu hören. Sie hatte die gute Nachricht des Evangeliums unverzüglich ihren Landsleuten überbracht.

Diese Frau ist ein Beispiel für die Auswirkung eines praktischen Glaubens. Jeder wahre Nachfolger wird als ein Missionar in das Reich Gottes hineingeboren. Wer von dem lebendigen Wasser trinkt, wird selbst zu einer Quelle des Lebens. So wird der Empfänger zum Geber. Die Gnade von Christus im Herzen des Menschen gleicht einer Quelle in der Wüste, die alle erfrischt und im Sterbenden das Verlangen weckt, vom Wasser des Lebens zu trinken.

KAPITEL 20

»WENN IHR NICHT ZEICHEN UND WUNDER SEHT ...«

Johannes 4,43-54

Die Galiläer, die vom Passafest zurückkehrten, berichteten über das wunderbare Wirken von Jesus. Die Ablehnung, die die Würdenträger von Jerusalem den Taten von Jesus entgegenbrachten, bahnte ihm den Weg in Galiläa. Viele Menschen beklagten sich über die Missstände im Tempel sowie über die Habgier und Überheblichkeit der Priester. Sie hofften, dass dieser Mann, der die Obersten aus dem Tempel getrieben hatte, der erwartete Befreier sein werde. Nun gab es Neuigkeiten, die ihre höchsten Erwartungen zu bestätigen schienen. Es wurde berichtet, der Prophet habe sich selbst als Messias ausgegeben.

Aber die Einwohner von Nazareth glaubten nicht an ihn. Darum ging Jesus auf dem Weg nach Kana an dieser Stadt vorbei. Er erklärte seinen Jüngern, dass ein Prophet in seiner Heimat nichts gelte. Viele beurteilen den Charakter eines Menschen nach dem, was sie selbst wahrnehmen können. Die Engstirnigen und weltlich Gesinnten beurteilten Jesus nach seiner niedrigen Herkunft, seinen einfachen Kleidern und seiner täglichen Arbeit. Sie konnten die Reinheit seines Wesens, das keinen Makel von Sünde aufwies, nicht erkennen.

DER KÖNIGLICHE BEAMTE

Die Nachricht von der Rückkehr von Jesus nach Kana verbreitete sich bald in ganz Galiläa und brachte den Leidenden und Bedrückten neue Hoffnung. Diese Neuigkeiten machten einen jüdischen Beamten, der in Kapernaum im königlichen Dienst stand, hellhörig. Der Sohn des Beamten litt an einer scheinbar unheilbaren Krankheit. Die Ärzte erwarteten schon seinen Tod. Als der Vater aber von Jesus hörte, entschloss er sich, ihn um Hilfe zu bitten. Das Kind war sehr schwach. Man befürchtete, dass es die Rückkehr des Vaters nicht mehr erleben würde. Trotzdem wollte der vornehme Mann persönlich zu Jesus gehen, um seine Sache vorzubringen. Er hoffte, die Bitten eines Vaters würden das Mitgefühl des großen Arztes wecken.

Als er Kana erreichte, fand er Jesus inmitten einer großen Menschenmenge. Tief besorgt drängte er sich durch sie hindurch, bis er vor Jesus stand. Sein Glaube geriet ins Wanken, als er den schlicht gekleideten Mann, vom langen Fußmarsch erschöpft und staubbedeckt, vor sich sah. Er zweifelte, dass dieser Mann das tun konnte, worum er ihn bitten wollte. Dennoch wollte er mit Jesus reden und sein Anliegen vorbringen. Er flehte den Erlöser an, mit ihm nach Hause zu kommen. Doch Jesus kannte seinen Kummer bereits. Schon bevor der Beamte sein Haus verlassen hatte, hatte Jesus seine Not gesehen.

Jesus wusste aber auch, dass der Vater seinen Glauben an ihn gedanklich von gewissen Bedingungen abhängig machte. Sollte Jesus seiner Bitte nicht entsprechen, würde er ihn nicht als Messias anerkennen. Während der Beamte durch die quälende Ungewissheit angespannt wartete, sagte Jesus: »Wenn ihr nicht Zeichen und Wunder seht, so glaubt ihr nicht.« (Johannes 4,48)

Ungeachtet aller Beweise, dass Jesus der Messias war, hatte sich der Beamte entschlossen, seinen Glauben an Jesus von der Erfüllung seiner Bitte abhängig zu machen. Der Erlöser verglich diesen kritischen Unglauben mit dem einfachen Glauben der Samariter, die kein Wunder oder Zeichen erbeten hatten. Sein Wort – das allgegenwärtige Zeugnis seiner Göttlichkeit – hatte eine Überzeugungskraft, die ihre Herzen erreichte. Jesus schmerzte es, dass sein eigenes Volk, dem die heiligen Schriften anvertraut worden waren, nicht auf die Stimme Gottes hörte, die durch seinen Sohn zu ihnen sprach.

Gleichwohl besaß der königliche Beamte ein gewisses Maß an Glauben, denn er war gekommen, um Jesus um das zu bitten, was ihm als die wertvollste aller Segnungen erschien. Jesus aber hielt ein noch größeres Geschenk für ihn bereit. Er wollte nicht nur das Kind heilen, sondern den Beamten und dessen Familie an den Segnungen der Erlösung teilhaben lassen. In Kapernaum, wo er selbst bald wirken würde, sollte ein Licht entfacht werden. Doch der Beamte musste sich zuerst seiner eigenen Not bewusst werden, bevor er sich nach Gnade sehnte. Dieser Hofbeamte stand stellvertretend für viele in seinem Land. Sie interessierten sich aus selbstsüchtigen Beweggründen für Jesus. Sie hofften, durch seine Macht besondere Vorteile zu erlangen, und machten ihren Glauben von diesem momentanen Vorteil abhängig. Sie waren sich ihrer geistlichen Krankheit nicht bewusst und erkannten nicht, dass sie der göttlichen Gnade bedurften.

VON JESUS GEHEILT

Wie ein Blitz trafen die Worte von Jesus das Herz des königlichen Beamten. Er erkannte, dass er Jesus aus eigensüchtigen Beweggründen aufgesucht hatte. Das wahre Wesen seines schwankenden Glaubens stand ihm plötzlich vor Augen. Es wurde ihm schmerzlich bewusst, dass sein Zweifel das Leben seines Sohnes kosten könnte. Er wusste, dass er sich in der Gegenwart dessen befand, der Gedanken lesen konnte und dem alle Dinge möglich waren. In seiner großen Not flehte er: »Herr, komm herab, ehe mein Kind stirbt!« (Johannes 4,49) Sein Glaube klammerte sich an Christus, wie es einst Jakob tat, als er mit dem Engel rang und rief: »Ich lasse dich nicht, es sei denn, du segnest mich.« (1. Mose 32,27 ZÜ)

Wie Jakob erlangte auch dieser Beamte den Sieg. Der Retter kann sich dem Menschen, der sich an ihn klammert und ihn in seiner Not anfleht, nicht entziehen. »Geh hin«, sagte Jesus, »dein Sohn lebt!« (Johannes 4,50) Der Beamte verließ den Erlöser mit einem Frieden und einer Freude, die er noch nie zuvor erlebt hatte. Er glaubte, dass sein Sohn gesund werden wird. Voller Zuversicht vertraute er Christus, dem Erlöser.

Um dieselbe Zeit erlebten alle, die in Kapernaum am Bett des sterbenden Kindes wachten, eine überraschende und unerklärliche Veränderung. Die Todesschatten wichen vom Gesicht des leidenden Kindes, das Fieber ließ nach, und die ersten Anzeichen einer beginnenden Genesung machten sich bemerkbar. Die trüben Augen hellten sich auf und blickten wieder verständig. Der schwache, abgemagerte Körper wurde mit neuer Kraft erfüllt. Das Kind wies keinerlei Anzeichen einer Krankheit mehr auf. Sein erhitzter Körper sah wieder frisch aus. Nun schlief es ruhig. Das Fieber hatte den Jungen zur heißesten Tageszeit verlassen. Die Familie wunderte sich sehr. Ihre Freude war groß.

Kana lag nicht sehr weit von Kapernaum entfernt. Der jüdische Beamte hätte noch am selben Abend nach der Unterredung mit Jesus sein Zuhause erreichen können. Doch er beeilte sich nicht auf seinem Heimweg und erreichte Kapernaum erst am nächsten Morgen. Welch eine Heimkehr! Als er losgezogen war, um Jesus zu suchen, bedrückten schwere Sorgen sein Herz. Die Sonne erschien ihm als unbarmherzig und der Gesang der Vögel als Gespött. Wie ganz anders war ihm jetzt zumute! Die Natur zeigte sich ihm wie verwandelt, denn er sah alles mit anderen Augen. Unterwegs, in der Stille des frühen Morgens, schien es, als würde die ganze Schöpfung mit ihm Gott loben. Noch ein Stück von seinem Haus entfernt kamen ihm einige seiner Diener entgegen, die nicht erwarten konnten, ihm die gute Nachricht zu überbringen. Doch er zeigte sich von dieser Neuigkeit nicht überrascht. Mit großem Interesse, das sie nicht verstehen konnten, fragte er, in welcher Stunde die Genesung des Kindes eingetreten sei. Sie antworteten: »Gestern Mittag um ein Uhr hat das Fieber aufgehört.« (Johannes 4,52 GNB) Genau in der Stunde, in der er der Zusicherung von Jesus: »Dein Sohn lebt« glaubte, berührte die göttliche Liebe das sterbende Kind.

Nun eilte der Vater nach Hause, um seinen Sohn zu begrüßen. Er drückte ihn an sich, als ob er von den Toten auferstanden wäre, und dankte Gott immer wieder für diese wunderbare Genesung.

Der Beamte wollte unbedingt mehr von Jesus erfahren. Als er Christus später lehren hörte, wurden er und alle, die in seinem Haus wohnten, zu seinen Jüngern. Ihre Not diente dazu, dass sich die ganze Familie bekehrte. Die Nachricht über das Wunder breitete sich rasch aus. In Kapernaum, wo Jesus später so viele große Taten vollbrachte, war nun der Boden für sein persönliches Wirken vorbereitet.

GLAUBEN UND VERTRAUEN

Er, der den königlichen Beamten aus Kapernaum segnete, möchte auch uns gerne helfen. Aber so wie der leidgeprüfte Vater lassen auch wir uns oft dazu verleiten, Jesus nur um unserer irdischen Wünsche willen zu suchen. Erst wenn er unserer Bitte entspricht, vertrauen wir seiner Liebe. Der Erlöser würde uns gerne mehr segnen, als wir von ihm erbitten. Oft beantwortet er unsere Bitten nicht sofort, damit er uns das Böse unseres eigenen Herzens zeigen kann und wir spüren, wie sehr wir seiner Gnade bedürfen. Er möchte, dass wir unsere selbstsüchtigen Motive aufgeben, die uns veranlassen, ihn zu suchen. Indem wir unsere Hilflosigkeit und unsere große Not bekennen, sollen wir uns ganz auf seine Liebe verlassen.

Der königliche Beamte wollte die Erfüllung seiner Bitte sehen, bevor er glaubte. Doch zuerst musste er die Worte von Jesus annehmen, dass seine Bitte erhört und der Segen gewährt sei. Diese Lektion müssen auch wir lernen. Nicht weil wir sehen oder spüren, dass Gott uns hört, sollen wir glauben. Wir sollen seinen Verheißungen vertrauen. Wenn wir im Glauben zu ihm kommen, findet jede Bitte Eingang in sein Herz. Wenn wir ihn um seinen Segen gebetet haben, sollen wir auch glauben, dass wir ihn empfangen werden, und ihm dafür danken, dass wir ihn bereits empfangen haben. Dann sollen wir unseren Verpflichtungen in der Gewissheit nachgehen, dass wir den Segen dann erhalten, wenn wir ihn am meisten brauchen. Wenn wir gelernt haben, dies zu tun, dürfen wir erfahren, dass unsere Gebete erhört werden. Gott wird für uns »unendlich viel mehr tun« nach dem »Reichtum seiner Herrlichkeit« und nach dem »Wirken seiner Kraft und Stärke«. (Epheser 3,20.16; 1,19 EÜ)

KAPITEL 21

BETESDA UND DER HOHE RAT

Johannes 5

»Es ist aber in Jerusalem beim Schaftor ein Teich, der heißt auf Hebräisch Betesda. Dort sind fünf Hallen; in denen lagen viele Kranke, Blinde, Lahme, Ausgezehrte. Sie warteten darauf, dass sich das Wasser bewegte.« (Johannes 5,2.3)

Zu bestimmten Zeiten wurde das Wasser dieses Teiches bewegt. Es wurde allgemein angenommen, dies sei das Wirken einer übernatürlichen Kraft. Man glaubte, dass derjenige, der nach dem Aufwallen des Wassers als Erster in den Teich stieg, geheilt werde – welche Krankheit er auch immer hatte. Hunderte von Leidenden suchten diesen Ort auf. Die Menge war groß, und wenn sich das Wasser bewegte, stürzten sich diese Menschen nach vorn. Jeder wollte zuerst im Wasser sein. Dabei überrannten sie Männer, Frauen und Kinder, die schwächer waren als sie, und trampelten sie zu Boden. Viele kamen nicht einmal in die Nähe des Teiches. Andere, die ihn noch erreicht hatten, starben am Rand. Man hatte Hallen um den Teich errichtet, damit sich die Kranken vor der Hitze des Tages und der Kälte der Nacht schützen konnten. So mancher verbrachte die Nacht in diesen Hallen, schleppte sich Tag für Tag an den Rand des Teiches und hoffte vergeblich auf Hilfe.

DIE HEILUNG AM SABBAT

Jesus war erneut in Jerusalem. Allein und anscheinend in Gedanken und im Gebet versunken, kam er zum Teich. Er sah die armen Leidenden, die auf das warteten, was sie für ihre einzige Heilungschance hielten. Er hätte seine heilende Kraft gerne eingesetzt, um jeden Kranken gesund zu machen, aber es war Sabbat. Unzählige Menschen strömten in den Tempel, um Gottesdienst zu feiern. Jesus wusste, dass solch eine Heilungstat die Feindseligkeit der jüdischen Führer ihm gegenüber so sehr erregen würde, dass sein Wirken ein vorzeitiges Ende fände.

Doch dann erblickte Jesus einen Menschen in tiefstem Elend. Da lag ein Mann, der seit 38 Jahren ein hilfloser Krüppel war. Seine Krankheit war zum größten Teil die Folge seiner Sünde und wurde deshalb als Strafe Gottes angesehen. Allein und von Freunden verlassen, mit dem Gefühl, von der Gnade Gottes ausgeschlossen zu sein, durchlebte der Leidende lange Jahre tiefster Not. Wenn Menschen, die ihn in seiner Hilflosigkeit bemitleideten, dachten, das Wasser würde sich demnächst bewegen, schleppten sie ihn zu den Hallen. Im entscheidenden Augenblick jedoch hatte er niemanden, der ihm ins Wasser half. Stets sah er, wie sich das Wasser bewegte, aber es gelang ihm nie, weiter zu kommen als bis zum Rand des Teiches. Andere, die stärker waren als er, stürzten sich vor ihm hinein. Er konnte unmöglich gegen eine selbstsüchtig drängende Menge ankommen. Die ständigen Versuche, dieses eine Ziel zu erreichen, seine Angst und die stets wiederkehrenden Enttäuschungen raubten ihm seine letzte Kraft.

Während der kranke Mann auf seiner Matte lag und ab und zu sein Haupt erhob, um auf den Teich zu blicken, beugte sich ein gütiges, mitleidsvolles Gesicht über ihn. Die Worte »Willst du gesund werden?« (Johannes 5,6) erregten seine Aufmerksamkeit. Hoffnung erfüllte sein Herz. Er spürte, dass er irgendwie Hilfe bekommen würde. Aber der Hoffnungsschimmer erlosch bald wieder. Er dachte daran, wie oft er vergebens versucht hatte, den Teich zu erreichen. Die Aussichten, dass er noch leben würde, wenn sich das Wasser das nächste Mal bewegte, standen schlecht. Erschöpft wandte er sich ab. »Herr, ich kann nicht ... denn ich habe niemanden, der mich in den Teich trägt, wenn sich das Wasser bewegt. Während ich noch versuche hinzugelangen, steigt immer schon ein anderer vor mir hinein.« (Johannes 5,7 NLB)

Jesus forderte diesen Leidenden nicht auf, an ihn zu glauben, sondern sagte einfach: »Steh auf, nimm deine Matte und geh!« (Johannes 5,8 NLB) Der Mann klammerte sich im Glauben an diese Worte. Neues Leben durchdrang jeden Nerv und jeden Muskel, und eine heilsame Bewegung fuhr durch seine verkrüppelten Glieder. Ohne lange zu fragen, entschloss er sich, der Aufforderung von Christus zu folgen. Alle seine Muskeln gehorchten seinem Willen. Er sprang auf seine Füße und merkte, dass er sich wieder bewegen konnte.

Jesus hatte ihm keine göttliche Hilfe zugesichert. Der Mann hätte dem Zweifel nachgeben und damit seine einzige Möglichkeit zur Heilung verlieren können. Doch er glaubte den Worten von Jesus. Sobald er danach handelte, erhielt er die notwendige Kraft.

Durch denselben Glauben können wir geistlich geheilt werden. Die Sünde hat uns vom göttlichen Leben getrennt. Unser Innerstes ist gelähmt. Aus uns selbst heraus können wir genauso wenig ein heiliges Leben führen, wie jener Gelähmte imstande war zu gehen. Viele Menschen werden sich ihrer Hilflosigkeit bewusst und sehnen sich nach einem geistlichen Leben, das sie in Einklang mit Gott bringt. Doch sie streben vergeblich danach. Verzweifelt rufen sie aus: »Was bin ich doch für ein elender Mensch! Wer wird mich von diesem Leben befreien, das von der Sünde beherrscht wird?« (Römer 7,24 NLB) Diese verzagten und sich abmühenden Menschen dürfen aufschauen. Der Erlöser neigt sich über den Menschen, den er mit seinem Blut erkauft hat, und fragt mit unaussprechlicher Güte und Mitleid: »Willst du gesund werden?« (Johannes 5,6) Er lädt dich ein, in Gesundheit und Frieden aufzustehen. Warte nicht, bis du spürst, dass du gesund bist! Glaube seinem Wort, und es wird erfüllt! Übergib deinen Willen an Christus! Entschließe dich, ihm zu dienen! Sobald du auf sein Wort hin handelst, wirst du Kraft erhalten. Welche Sünde oder beherrschende Leidenschaft die Seele und den Leib auch binden mag (weil ihr so lange nachgegeben wurde), Christus kann und möchte dich befreien! Er will dem Menschen, der durch Übertretungen und Sünden tot ist (vgl. Epheser 2,1), Leben verleihen. Er will den Gefangenen, der durch Schwachheit, Unglück und die Ketten der Sünde gebunden ist, frei machen.

Der Geheilte bückte sich und hob sein Bett auf, das nur aus einer Matte und einer Decke bestand. Er richtete sich mit Freuden auf und schaute sich nach dem Mann um, der ihn geheilt hatte. Doch Jesus war in der Menge verschwunden. Der Mann befürchtete, dass er ihn nicht wieder erkennen würde, sollte er ihm wieder begegnen. Nun machte er sich eiligst davon. Mit sicherem Schritt zog er seines Weges, lobte Gott und freute sich über seine neu gewonnene Kraft. Da begegnete er einigen Pharisäern und erzählte ihnen sofort von seiner Heilung. Doch er war überrascht, mit welcher Kälte sie seiner Geschichte zuhörten.

VON DEN PHARISÄERN VERACHTET

Mit düsteren Blicken unterbrachen sie ihn und fragten, warum er am Sabbat sein Bett herumtrage. Sie erinnerten ihn unfreundlich daran, dass es das Gesetz verbiete, am Tag des Herrn Lasten zu tragen. Vor lauter Freude hatte der Mann vergessen, dass es Sabbat war. Trotzdem empfand er keine Gewissensbisse, weil er ja nur der Aufforderung des Einen, der solch eine göttliche Kraft besaß, gehorcht hatte. Mutig antwortete er: »Der mich gesund gemacht hat, sprach zu mir: Nimm dein Bett und geh hin!« (Johannes 5,11) Sie fragten, wer es gewesen sei, doch er konnte es ihnen nicht sagen. Diese Pharisäer wussten genau, dass nur Einer allein sich als fähig erwiesen hatte, dieses

Wunder zu vollbringen. Doch sie suchten einen eindeutigen Beweis dafür, dass es Jesus war, damit sie ihn als Sabbatschänder verurteilen konnten. Ihrer Meinung nach hatte er das Gesetz nicht nur dadurch gebrochen, dass er den kranken Mann am Sabbat heilte, sondern auch weil er ihm gebot, sein Bett wegzutragen.

Die Juden hatten das Gesetz so entstellt, dass daraus ein knechtisches Joch geworden war. Ihre törichten Bestimmungen boten anderen Völkern Anlass zum Spott. Besonders der Sabbat war durch viele sinnlose Beschränkungen eingeengt worden. Dieser ehrwürdige und dem Herrn heilige Tag machte ihnen keine Freude. Die Schriftgelehrten und Pharisäer hatten den Sabbattag zu einer unerträglichen Last gemacht. Einem Juden war es nicht erlaubt, am Sabbat ein Feuer zu machen, nicht einmal eine Kerze durfte angezündet werden. Die Folge war, dass die Juden für so manche Dienste, die sie wegen ihrer selbst erlassenen Vorschriften nicht ausführen durften, auf die Hilfe der Heiden angewiesen waren. Sie hatten sich jedoch nicht überlegt, dass, falls diese Handlungen tatsächlich sündhaft waren und sie andere mit deren Erledigung beauftragten, sie genauso schuldig waren, als wenn sie die Arbeit selbst verrichtet hätten. Die Juden dachten, nur sie würden erlöst werden und die bereits hoffnungslose Lage aller anderen könne sich durch nichts verschlechtern. Aber Gott hat keine Gebote erlassen, die nicht von allen befolgt werden können. Seine Gebote unterstützen keine unsinnigen und eigennützigen Einschränkungen.

Im Tempel begegnete Jesus erneut dem Geheilten. Dieser war gekommen, um für die große Gnade, die ihm zuteilgeworden war, ein Sünd- und ein Dankopfer darzubringen. Als Jesus ihn unter den Gläubigen fand, gab er sich ihm zu erkennen und sagte mit warnender Stimme: »Siehe, du bist gesund geworden; sündige hinfort nicht mehr, dass dir nicht etwas Schlimmeres widerfahre.« (Johannes 5,14)

Der Geheilte war überglücklich, seinen Befreier zu treffen. Er wusste nichts von den Feindseligkeiten gegenüber Jesus und erzählte den Pharisäern, die ihn gefragt hatten, dass dieser es war, der ihn gesund gemacht hatte. »Von da an verfolgten die führenden Juden Jesus, weil er dies am Sabbat getan hatte.« (Johannes 5,16 NLB)

Weil er angeklagt wurde, den Sabbat gebrochen zu haben, wurde Jesus vor den Hohen Rat[42] gebracht, um sich dafür zu verantworten. Wären die Juden damals eine unabhängige Nation gewesen, hätte eine solche Anklage gereicht, ihn zum Tod zu verurteilen. Ihre Abhängigkeit von den Römern verhinderte dies jedoch. Den Juden war es nämlich untersagt, die Todesstrafe

---

42   Siehe Erklärungen »Hoher Rat«, S. 817.

zu verhängen. Die gegen Christus vorgebrachte Anklage wäre vor einem römischen Gericht bedeutungslos gewesen. Die Pharisäer hofften jedoch, andere Gründe zu finden. Trotz ihrer Bemühungen, sein Wirken zu behindern, wuchs sein Einfluss sogar in Jerusalem und wurde größer als der ihre. Viele, die kein Interesse an den langen Reden der Rabbiner hatten, wurden von seinen Lehren angezogen. Sie konnten seine Worte verstehen. Ihre Herzen wurden dadurch erwärmt und getröstet. Er sprach von Gott nicht als von einem rachsüchtigen Richter, sondern von einem liebevollen Vater. Jesus offenbarte Gottes Bild, indem er es selbst widerspiegelte. Seine Worte waren wie Balsam für den verwundeten Geist. Mit seinen barmherzigen Worten und Taten brach er die unterdrückende Macht alter Gepflogenheiten wie auch der von Menschen gemachten Gebote und offenbarte die Liebe Gottes in ihrer unerschöpflichen Fülle.

SATANS WERKZEUGE

In einer der frühesten Weissagungen, die auf Christus hinweisen, heißt es: »Es wird das Zepter nicht von Juda weichen, noch der Herrscherstab von seinen Füßen, bis der Schilo[43] kommt, und ihm werden die Völker gehorsam sein.« (1. Mose 49,10 Schl.) Die Menschen scharten sich um Christus. Die mitfühlenden Menschen in der Menge nahmen die Lehren der Liebe und des Wohlwollens lieber an als die starren Zeremonien, die von den Priestern verlangt wurden. Wären die Priester und Rabbiner nicht dazwischengetreten, hätten seine Lehren eine Erneuerung ausgelöst, wie sie die Welt noch nie erlebt hatte. Aber um ihre eigene Macht aufrechtzuerhalten, waren diese geistlichen Führer fest entschlossen, den Einfluss von Jesus zu unterbinden. Mit Hilfe einer Anklage des Hohen Rates und einer öffentlichen Verurteilung seiner Lehren versuchten sie, dies zu erreichen. Denn das Volk besaß noch große Hochachtung vor seinen religiösen Führern. Wer immer es wagte, die rabbinischen Forderungen zu verurteilen, oder sich bemühte, die dem Volk auferlegten Lasten zu erleichtern, wurde nicht nur wegen Gotteslästerung, sondern auch wegen Verrats für schuldig befunden. Unter diesen Umständen hofften die Rabbiner, das Misstrauen gegenüber Christus zu wecken. Sie warfen ihm vor, er wolle altbewährte Bräuche abschaffen. Damit aber würde die Gesellschaft gespalten und den Römern der Weg zur völligen Unterwerfung frei gemacht.

Doch die Pläne, die die Rabbiner so eifrig auszuführen versuchten, hatten einen anderen Urheber als den Hohen Rat. Nachdem Satan vergeblich

---

43 Siehe Erklärungen »Schilo«, S. 820 f.

versucht hatte, Jesus in der Wüste zu überwinden, sammelte er alle seine Kräfte, um dessen Wirken zu bekämpfen und – wenn möglich – zum Scheitern zu bringen. Er war fest entschlossen, das, was er nicht durch persönliches Bemühen erreicht hatte, mit List zu versuchen. Kaum hatte er sich vom Kampf in der Wüste zurückgezogen, beriet er sich mit seinen mit ihm verbündeten Engeln und feilte an seinen Plänen, wie man das jüdische Volk weiter verblenden konnte, damit es seinen Erlöser nicht erkennt. Dabei sollten ihm seine menschlichen Mitarbeiter aus der religiösen Welt behilflich sein. Er wollte ihnen seinen eigenen Hass, den er auf den Meister der Wahrheit hatte, einflößen und sie dazu anstiften, Christus abzulehnen. In der Hoffnung, ihn in seiner Aufgabe zu entmutigen, versuchte Satan, Jesus das Leben so unerträglich wie möglich zu machen. Auf diese Weise wurden die führenden Männer Israels Werkzeuge Satans im Kampf gegen den Erlöser.

JESUS – DER HERR DES SABBATS

Jesus war gekommen, »dass er sein Gesetz herrlich und groß mache« (Jesaja 42,21). Er sollte dessen kostbaren Wert nicht schmälern, sondern verherrlichen. Die Bibel sagt: »Er wird nicht verzagen noch zusammenbrechen, bis er das Recht auf Erden aufgerichtet hat« (Jesaja 42,4 Elb.). Er war gekommen, den Sabbat von diesen beschwerlichen Regeln, die diesen zu einem Fluch statt zu einem Segen gemacht hatten, zu befreien.

Aus diesem Grund hatte Jesus für das Heilungswunder am Teich Betesda den Sabbat ausgewählt. Er hätte den Kranken auch an einem anderen Wochentag heilen oder ihn gesund machen können, ohne ihm zu gebieten, sein Bett wegzutragen. Doch das hätte ihm nicht die erhoffte Gelegenheit verschafft. In jedem Handeln von Jesus während seines Erdenlebens lag eine weise Absicht. Alles, was er tat, war wichtig an sich und betraf seine Lehre. Unter den Leidenden am Teich wählte er den meist Betroffenen aus, um an ihm seine heilende Macht zu bezeugen. Damit die große, an ihm gewirkte Heilungstat öffentlich bekannt wurde, gebot er dem Mann, seine Matte durch die Stadt zu tragen. Dadurch würde die Frage aufkommen, was am Sabbat erlaubt sei. Jesus hatte so die Möglichkeit, die Einschränkungen der jüdischen Führer in Bezug auf den Tag des Herrn anzuprangern und ihre Satzungen für nichtig zu erklären.

Jesus machte ihnen deutlich, dass die Befreiung der Elenden mit dem Sabbatgebot in Einklang stand. Dieser Dienst stimmte auch mit dem Dienst der Engel Gottes überein, die sich ständig zwischen Himmel und Erde auf und ab bewegen, um der leidenden Menschheit beizustehen. Jesus erklärte:

»Mein Vater hat bis heute nicht aufgehört zu wirken, und deshalb wirke ich auch.« (Johannes 5,17 NLB) Jeder Tag gehört Gott, und an jedem Tag führt er seine Pläne zugunsten der Menschheit aus. Wenn die Rabbiner mit ihrer Auslegung des Gesetzes recht gehabt hätten, wäre der Allmächtige im Irrtum, der jedes Lebewesen seit Grundlegung der Erde belebt und erhalten hat. Dann hätte Gott, der sein Schöpfungswerk als gut bezeichnet und den Sabbat zum Gedenken an dessen Vollendung eingesetzt hat, mit seinem Wirken aufhören und den nie endenden Lauf des Universums anhalten müssen.

Sollte Gott der Sonne am Sabbat verbieten, ihre warmen Strahlen zu schicken, um die Erde zu erwärmen und die Pflanzenwelt zu erhalten? Muss das gesamte All während des heiligen Tages stillstehen? Sollte der Herr den Bächen gebieten, den Feldern und Wäldern kein Wasser zu spenden, und die Meere anweisen, ihren unaufhörlichen Wechsel zwischen Ebbe und Flut zu unterbrechen? Müssen Weizen und Mais zu wachsen aufhören, und soll die reifende Traube das Wachstum ihrer Purpurblüte aufschieben? Dürfen die Knospen und Blüten der Bäume und Blumen am Sabbat nicht treiben?

Wäre dies der Fall, würden dem Menschen die Früchte und Segnungen der Erde, die das Leben so lebenswert machen, entgehen. Die Natur muss deshalb in ihrem unwandelbaren Lauf fortfahren. Wollte Gott seine Hand auch nur für einen Augenblick zurückziehen, der Mensch würde zusammenbrechen und sterben. Auch der Mensch soll seine Pflicht an diesem Tag erfüllen. Die Bedürfnisse des Lebens sollen beachtet werden. Kranke sollen versorgt und den Armen und Bedürftigen muss geholfen werden. Wer es unterlässt, Leidenden am Sabbat zu helfen, macht sich schuldig. Gottes heiliger Ruhetag wurde für den Menschen geschaffen, und Werke der Barmherzigkeit stehen in voller Übereinstimmung mit der Zielsetzung dieses Tages. Gott möchte nicht, dass seine Geschöpfe auch nur eine Stunde lang Schmerzen leiden, wenn diese am Sabbat oder an irgendeinem anderen Tag gelindert werden können.

Die Erwartungen an Gott sind am Sabbat eher noch größer als an anderen Tagen. Sein Volk lässt dann alle gewöhnliche Arbeit ruhen und verbringt die Zeit in Andacht und Anbetung. Es erbittet von Gott am Sabbat mehr Gnadenerweise als an anderen Tagen, wünscht sich seine besondere Aufmerksamkeit und sehnt sich nach seinem überreichen Segen. Gott lässt den Sabbat nicht verstreichen, ohne diese Bitten erhört zu haben. Die Arbeit des Himmels hört nie auf. Auch der Mensch sollte nie aufhören, Gutes zu tun. Der Sabbat ist nicht eine Zeit der sinnlosen Trägheit. Das Gesetz Gottes erlaubt es nicht, am Ruhetag des Herrn weltlicher Arbeit nachzugehen. Jede mühevolle Arbeit, die dazu dient, den Lebensunterhalt zu verdienen, soll ruhen.

Eine Arbeit am Sabbat, die weltlichem Vergnügen oder dem eigenen Vorteil dient, entspricht nicht dem Gebot. So wie Gott sein Schöpfungswerk vollendete, am Sabbat ruhte und diesen Tag segnete (vgl. 1. Mose 2,2.3), soll der Mensch seine tägliche Arbeit verlassen und sich in diesen geweihten Stunden der heilsamen Ruhe, der Andacht und guten Taten widmen. Das Werk von Christus, den Kranken zu heilen, war in völligem Einklang mit dem Gesetz Gottes. Diese Heilung ehrte den Sabbat.

EINS MIT GOTT

Jesus nahm für sich dieselben Rechte in Anspruch wie Gott, indem er Taten vollbrachte, die gleichfalls heilig und von derselben Art waren wie die seines Vaters im Himmel. Aber die Pharisäer wurden noch wütender. Ihrer Meinung nach hatte Jesus nicht nur das Gesetz gebrochen, sondern auch sich selbst Gott gleichgesetzt, weil er Gott »seinen eigenen Vater« nannte (Johannes 5,18b Elb.).

Das ganze Volk der Juden nannte Gott seinen Vater. Hätte Jesus sein Verhältnis zu Gott in ähnlicher Weise beschrieben, wären sie nicht so aufgebracht gewesen. Doch nun beschuldigten sie ihn der Gotteslästerung und zeigten damit, dass sie ihn sehr wohl verstanden hatten, als er diesen Anspruch buchstäblich erhob.

Die Gegner von Christus konnten nichts gegen die Wahrheiten einwenden, mit denen er an ihr Gewissen appellierte. Sie konnten nur auf ihre Bräuche und Traditionen hinweisen. Doch im Vergleich zu den Beweisen, die Jesus aus dem Wort Gottes und aus dem unaufhörlichen Lauf der Natur erbracht hatte, erschienen diese schwach und nichtssagend. Hätten die Rabbiner ein Verlangen nach Licht gehabt, wären sie überzeugt worden, dass Jesus die Wahrheit sprach. Stattdessen wichen sie seinen Erklärungen über den Sabbat aus und versuchten, den Hass gegen ihn zu schüren, weil er behauptete, Gott gleich zu sein. Die Wut der geistlichen Führer kannte keine Grenzen. Hätten sie nicht das Volk gefürchtet, die Priester und Rabbiner hätten Jesus auf der Stelle umgebracht. Aber seine Beliebtheit im Volk war sehr groß. Viele sahen in Jesus den Freund, der ihre Krankheiten geheilt und sie in ihren Sorgen getröstet hatte. Nun verteidigten sie die Heilung des Kranken am Teich Betesda. Darum waren die geistlichen Führer gezwungen, ihren Hass vorläufig zu unterdrücken.

Jesus wies die Anschuldigung der Gotteslästerung zurück. Er sagte: Meine Vollmacht, das Werk zu tun, dessentwegen ihr mich anklagt, liegt darin, dass ich Gottes Sohn bin. Ich bin eins mit dem Vater in der Natur, im Willen und in der Zielsetzung. In all seinen Werken der Schöpfung und Vorsehung wirke ich mit ihm zusammen. »Der Sohn kann nichts aus sich heraus tun. Er tut nur, was er den Vater tun sieht.« (Johannes 5,19a NLB) Die Priester und Rabbiner tadelten den Sohn Gottes genau für dieses Handeln, für dessen Erfüllung er auf diese Welt gesandt worden war. Durch ihre Sünden hatten sie sich von Gott getrennt. In ihrem Stolz gingen sie unabhängig von ihm ihre eigenen Wege. Sie meinten, sich in allem selbst zu genügen, und sahen keine Notwendigkeit, sich in ihrem Handeln durch göttliche Weisheit leiten zu lassen. Der Sohn Gottes aber hatte sich dem Willen des Vaters verschrieben und war von dessen Kraft abhängig. Christus war so vollkommen frei von Eigennutz, dass er keine Pläne für sich selbst machte. Er nahm jene an, die Gott für ihn bereithielt. Tag für Tag enthüllte sie ihm der Vater. Genau so sollen auch wir von Gott abhängig sein, damit unser Leben die schlichte Umsetzung seines Willens ist.

NACH SEINEM VORBILD

Bevor Mose das Heiligtum als Wohnstätte Gottes bauen konnte, wurde er angewiesen, alles nach dem »Modell« anzufertigen, das ihm auf dem Berg Sinai gezeigt worden war (vgl. 2. Mose 25,9.40 GNB). Mose erfüllte Gottes Auftrag voller Eifer. Die begabtesten und geschicktesten Männer wurden herbeigerufen, um seine Anweisungen auszuführen. Doch er selbst durfte keine Schelle, keinen Granatapfel, keine Quaste, keinen Saum, keinen Vorhang, auch keines der Gefäße für das Heiligtum anfertigen lassen, wenn es nicht dem ihm gezeigten Modell entsprach. Der Herr rief Mose auf den Berg und ließ ihn die himmlischen Dinge sehen. Er bedeckte ihn mit seiner eigenen Herrlichkeit, sodass er das himmlische Vorbild sehen konnte. Diesem Muster entsprechend wurde dann alles angefertigt. So offenbarte Gott dem Volk Israel, bei dem er wohnen wollte, das wunderbare Ideal seines Wesens. Das Vorbild wurde ihnen am Berg gezeigt, als das Gesetz vom Sinai gegeben wurde und der Herr an Mose vorüberging und rief: »Der Herr, der Herr, ein barmherziger und gnädiger Gott, langmütig und von großer Gnade und Treue, der Gnade bewahrt Tausenden, der Schuld, Vergehen und Sünde vergibt.« (2. Mose 34,6.7 ZÜ)

Israel jedoch hatte seinen eigenen Weg gewählt und nicht nach Gottes Vorbild gebaut. Christus dagegen – der Tempel, in dem Gott wahrhaftig wohnte – formte jede Einzelheit seines irdischen Lebens im Einklang mit dem göttlichen Ideal. Er sagte: »Deinen Willen, mein Gott, tue ich gern, und dein Gesetz hab ich in meinem Herzen.« (Psalm 40,9) So soll auch unser Charakter »zu einer Wohnung Gottes im Geist« (Epheser 2,22) erbaut werden. Wir sollen »alles nach dem Vorbild« (Hebräer 8,5 ZÜ) und in Übereinstimmung mit

Jesus machen, denn er hat »für euch gelitten und euch ein Beispiel hinterlassen, damit ihr seinen Fußspuren nachfolgt« (1. Petrus 2,21 Elb.).
Die Worte von Christus lehren uns, dass wir uns selbst als untrennbar mit unserem himmlischen Vater verbunden sehen sollen. Welche Stellung wir auch innehaben, wir sind abhängig von Gott, der das Schicksal aller Menschen in seinen Händen hält. Er hat uns unsere Aufgabe zugewiesen und uns dafür mit Fähigkeiten und Möglichkeiten ausgestattet. Solange wir Gott unseren Willen übergeben und seiner Stärke und Weisheit vertrauen, werden wir auf sicheren Wegen geführt. So können wir unseren Auftrag innerhalb seines großen Plans erfüllen. Wer sich aber auf seine eigene Weisheit und Kraft verlässt, trennt sich selbst von Gott. Statt im Einklang mit Christus zu handeln, erfüllt er die Aufgabe des Feindes Gottes und der Menschen.

DIE AUFERSTEHUNG DER TOTEN

Jesus fuhr fort: »Was der Vater tut, genau das tut auch der Sohn. ... Denn wie der Vater die Toten auferweckt und ihnen das Leben gibt, so gibt auch der Sohn das Leben, wem er will.« (Johannes 5,19b.21 GNB) Die Sadduzäer meinten, es gebe keine Auferstehung des Leibes. Jesus aber versicherte ihnen, dass eine der größten Taten seines Vaters die Auferweckung der Toten sei und er selbst die Macht habe, diese Tat zu vollbringen. »Es kommt die Stunde und ist schon jetzt, dass die Toten hören werden die Stimme des Sohnes Gottes, und die sie hören werden, die werden leben.« (Johannes 5,25) Die Pharisäer glaubten an die Auferstehung der Toten. Christus machte ihnen klar, dass sich der Machthaber, der den Toten neues Leben verleihen kann, gerade jetzt unter ihnen befand und sie Zeugen von dessen Offenbarung werden sollten. Es ist der gleiche Machthaber, der einem Menschen, welcher in »Übertretungen und Sünden« tot ist (Epheser 2,1), neues Leben schenken kann. Dieser lebenspendende Geist in Christus Jesus, »die Kraft seiner Auferstehung« (Philipper 3,10), macht Menschen »frei ... von dem Gesetz der Sünde und des Todes« (Römer 8,2). Die Herrschaft des Bösen ist gebrochen, und durch den Glauben wird der Mensch vor der Sünde bewahrt. Wer sich dem Geist von Christus öffnet, wird Teilhaber jener mächtigen Kraft, die seinen Leib aus dem Grab hervorbringen wird.

RICHTER UND ERLÖSER

Der demütige Nazarener zeigte nun seine wahre Größe, indem er sich über die Menschheit erhob, den Deckmantel von Sünde und Schande abstreifte und sich als »Geehrter von den Engeln« offenbarte, als Sohn Gottes, eins mit dem Schöpfer des Universums. Seine Zuhörer waren hingerissen. Kein Mensch hat jemals solche Worte gesprochen wie er oder ist mit solch königlicher Würde und Majestät aufgetreten. Seine Äußerungen waren klar und deutlich, sein Auftrag und die Aufgabe der Welt unmissverständlich. »Und der Vater richtet niemanden, sondern das Gericht hat er ganz in die Hände seines Sohnes gegeben, damit alle den Sohn ebenso ehren, wie sie den Vater ehren. Doch wer den Sohn nicht ehrt, ehrt auch den Vater nicht, der ihn gesandt hat. ... Der Vater hat Leben aus sich selbst heraus, und er hat auch seinem Sohn die Vollmacht gegeben, aus sich selbst heraus Leben zu haben. Und er verlieh ihm die Vollmacht, die ganze Menschheit zu richten, weil er der Menschensohn ist.« (Johannes 5,22.23.26.27 NLB)

Die Priester und Obersten hatten sich selbst zu Richtern gemacht, um das Wirken von Christus zu verurteilen. Doch er erklärte sich selbst zum Richter über sie und über die ganze Welt. Die Welt wurde Christus übergeben, und durch ihn ist jeder Segen von Gott der gefallenen Menschheit zuteilgeworden. Sowohl vor als auch nach seiner Menschwerdung war er der Erlöser. Von dem Zeitpunkt an, als es Sünde gab, gab es einen Erlöser. Er hat allen Licht und Leben gegeben. Dem Maß des verliehenen Lichts entsprechend, wird ein jeder gerichtet werden. Und derselbe, der das Licht gegeben hat und jedem Menschen mit liebevollem Bitten nachgegangen ist, der sich bemüht hat, des Menschen Herz aus der Sünde zur Heiligkeit zu führen, ist sowohl unser Anwalt als auch unser Richter.[44] Seit Beginn des großen Kampfes im Himmel hat Satan seine Sache mit List und Betrug durchgeführt. Christus dagegen hat alles getan, um Satans Pläne aufzudecken und dessen Macht zu zerschlagen. Er, der selbst dem Betrüger entgegengetreten ist; er, der sich zu allen Zeiten eingesetzt hat, um die Gefangenen aus Satans Ketten zu befreien; er wird jeden Menschen richten.

Und Gott »verlieh ihm die Vollmacht, die ganze Menschheit zu richten, weil er der Menschensohn ist« (Johannes 5,27 NLB). Auch deshalb, weil er den Kelch aller menschlichen Leiden und Versuchungen bis zur Neige ausgetrunken hat und unsere Fehltritte und Sünden nachvollziehen kann. Er soll Gericht halten, weil er stellvertretend für uns den Versuchungen Satans siegreich widerstanden hat und mit den Menschen, für deren Rettung er sein eigenes Blut vergossen hat, gerecht und liebevoll umgehen wird. Aus diesen Gründen wurde der Menschensohn dazu bestimmt, das Gericht zu halten.

---

44 Dies entspricht dem israelitischen Rechtssystem, in dem es keine Verteidiger gab. Der Richter sollte dem Beschuldigten vor dem Ankläger Recht verschaffen (vgl. Lukas 18,3.7).

Doch die Sendung von Christus galt nicht dem Gericht, sondern der Erlösung. »Gott hat seinen Sohn nicht in die Welt gesandt, dass er die Welt richte, sondern dass die Welt durch ihn gerettet werde.« (Johannes 3,17) Vor dem Hohen Rat erklärte Jesus: »Wer meine Botschaft hört und an Gott glaubt, der mich gesandt hat, der hat das ewige Leben. Er wird nicht für seine Sünden verurteilt werden, sondern ist bereits den Schritt vom Tod ins Leben gegangen.« (Johannes 5,24 NLB)

Noch weiter vorausblickend, eröffnete Christus seinen Zuhörern das Geheimnis der Zukunft. Er gebot ihnen, sich nicht darüber zu wundern: »Es kommt die Stunde, in der alle, die in den Gräbern sind, seine Stimme hören werden und werden hervorgehen, die Gutes getan haben, zur Auferstehung des Lebens, die aber Böses getan haben, zur Auferstehung des Gerichts.« (Johannes 5,28.29)

Auf diese Zusicherung des künftigen Lebens hatte Israel schon lange gewartet in der Hoffnung, es beim Erscheinen des Messias zu empfangen. Das einzige Licht, welches das Dunkel des Grabes zu erleuchten vermochte, umstrahlte sie. Aber Eigensinn macht blind. Jesus hatte die Satzungen der Rabbiner übertreten und deren hohe Stellung missachtet. Darum wollten sie nicht an ihn glauben.

Der Zeitpunkt, der Ort, der Anlass, das Gefühl von innerer Anspannung, das die Versammlung durchdrang, all das machte die Worte von Jesus vor dem Hohen Rat noch eindrucksvoller. Die höchste religiöse Behörde der Nation versuchte den umzubringen, der sich selbst als Befreier Israels bezeichnete. Der Herr des Sabbats wurde vor ein irdisches Gericht gezerrt, um sich gegen die Anschuldigung zu verteidigen, das Sabbatgebot übertreten zu haben. Als Jesus so furchtlos seine Aufgabe erklärte, schauten ihn die Richter erstaunt und voller Zorn an. Seine Worte aber konnte man nicht widerlegen. Sie konnten ihn nicht verurteilen. Er verweigerte den Priestern und Rabbinern das Recht, ihn zu hinterfragen oder seine Arbeit zu behindern. Dazu waren sie nicht berechtigt. Derartige Ansprüche stützten sich nur auf ihren eigenen Stolz und ihre Überheblichkeit. Er wies deshalb ihre Forderung, sich als schuldig zu bekennen, zurück und ließ sich nicht von ihnen verhören.

Anstatt sich für das angebliche Vergehen zu entschuldigen oder seine damit verbundene Absicht zu erklären, wandte er sich an die Obersten. Nun wurde der Angeklagte zum Kläger. Er tadelte sie wegen ihrer Hartherzigkeit und ihrer Unkenntnis der Heiligen Schrift. Er warf ihnen vor, sie hätten das Wort Gottes verworfen, weil sie ihn, den Gesandten Gottes, ablehnten. »Ihr forscht in der Schrift, weil ihr glaubt, dass sie euch das ewige Leben geben kann. Doch die Schrift verweist auf mich!« (Johannes 5,39 NLB)

TEIL 3 | DER SIEG DER LIEBE

DER MESSIAS IN DEN HEILIGEN SCHRIFTEN

Auf jeder Seite des Alten Testaments, ob in den Geschichts-, den Lehr- oder den Prophetenbüchern – überall erstrahlt die Herrlichkeit des Sohnes Gottes. Die von Gott eingesetzte jüdische Ordnung war eine kurz zusammengefasste Prophezeiung auf Jesus Christus. Von ihm »geben alle Propheten Zeugnis« (Apostelgeschichte 10,43 Elb.). Von der Verheißung an Adam, über die Zeit der Patriarchen bis hin zur Gesetzgebung am Sinai erleuchtete das herrliche Licht des Himmels den Weg des Erlösers. Seher erblickten den »Stern« von Bethlehem (vgl. 4. Mose 24,17), das Kommen des »Schilo«[45], des verheißenen Helden (vgl. 1. Mose 49,10), während künftige Ereignisse geheimnisvoll an ihnen vorüberzogen. Jedes Opfer deutete auf den Tod von Christus hin. Mit jeder Wolke des Rauchopfers stieg seine Gerechtigkeit empor. Mit jeder Posaune des »Erlassjahres«[46] (vgl. 3. Mose 25,13) ertönte sein Name. Im Ehrfurcht gebietenden Geheimnis des Allerheiligsten im Tempel wohnte seine Herrlichkeit.

Die Juden besaßen die heiligen Schriften und meinten, allein durch die äußerliche Anerkennung des göttlichen Wortes hätten sie das ewige Leben. Doch Jesus sagte zu ihnen: »Sein Wort habt ihr nicht in euch wohnen.« (Johannes 5,38) Nachdem sie Christus in seinem Wort abgelehnt hatten, wiesen sie ihn nun auch als Person ab. »Aber ihr wollt nicht zu mir kommen«, erklärte er, »dass ihr das Leben hättet.« (Johannes 5,40)

Die jüdischen Obersten hatten wohl die Lehren der Propheten über das Reich des Messias studiert, aber sie taten es nicht mit dem aufrichtigen Wunsch, die Wahrheit zu erfahren, sondern in der Absicht, Beweise zu finden, die ihre ehrgeizigen Erwartungen stützten. Als Christus anders kam, als sie es erwartet hatten, wollten sie ihn nicht annehmen. Um sich zu rechtfertigen, versuchten sie nachzuweisen, dass er ein Betrüger sei. Nachdem sie sich einmal auf diesen Weg begeben hatten, fiel es Satan leicht, sie in ihrem Widerstand gegen Christus zu bestärken. Gerade die Worte, die sie als Beweis seiner Göttlichkeit hätten annehmen sollen, legten sie gegen ihn aus. Auf diese Weise machten sie aus Gottes Wahrheit eine Lüge. Je deutlicher Jesus durch seine Werke der Barmherzigkeit zu ihnen sprach, desto entschlossener widersetzten sie sich dem Licht.

SIE ERKENNEN IHN NICHT

Jesus sprach: »Ich suche nicht die Anerkennung von Menschen!« (Johannes 5,41 Hfa) Er suchte weder den Einfluss noch die Bestätigung des Hohen

---

45 Siehe Erklärungen »Schilo«, S. 820 f.
46 Siehe Erklärungen »Gnadenjahr/Erlassjahr«, S. 817.

Rates. Dessen Zustimmung konnte für ihn keine Ehre sein. Er war mit der Ehre und Vollmacht des Himmels ausgestattet. Hätte er es gewollt, wären Engel gekommen, um ihn anzubeten, und der Vater hätte die Göttlichkeit von Jesus erneut bezeugt. Aber um ihrer selbst und um der Nation willen, deren Führer sie waren, wünschte er, dass die jüdischen Oberen sein wahres Wesen erkennen und die Segnungen empfangen würden, die zu bringen er gekommen war.

»Ich bin gekommen in meines Vaters Namen, und ihr nehmt mich nicht an. Wenn ein anderer kommen wird in seinem eigenen Namen, den werdet ihr annehmen.« (Johannes 5,43) Jesus kam in der Autorität Gottes. Er trug dessen Ebenbild, erfüllte dessen Wort und suchte dessen Ehre. Doch er wurde von den religiösen Führern Israels nicht angenommen. Wenn aber andere kämen, die vorgeben würden, wie Christus zu sein, dabei aber nach ihrem eigenen Willen handelten und ihre eigene Ehre suchten, würde man diese aufnehmen. Warum? Weil derjenige, der seine eigene Ehre sucht, das Verlangen anderer nach Selbsterhöhung weckt. Dafür waren die Juden empfänglich. Einen falschen Lehrer, der die von ihnen in Ehren gehaltenen Meinungen und Gepflogenheiten unterstützte und damit ihrem Stolz schmeichelte, würden sie annehmen. Die Lehren von Christus dagegen stimmten nicht mit ihren Vorstellungen überein. Diese waren geistlich und verlangten Selbsthingabe. Aus diesem Grund wollten sie seine Lehre nicht annehmen. Sie waren nicht mit Gott vertraut, und als er durch Christus zu ihnen sprach, war seine Stimme für sie die eines Fremden.

Wiederholt sich dies nicht auch in unserer Zeit? Gibt es nicht viele, sogar religiöse Führer, die sich dem Heiligen Geist verschließen, sodass es ihnen unmöglich ist, die Stimme Gottes zu erkennen? Verwerfen sie nicht Gottes Wort, um an ihren eigenen Traditionen festzuhalten?

»Wenn ihr Mose glaubtet«, sagte Jesus zu ihnen, »so glaubt ihr auch mir; denn er hat von mir geschrieben. Wenn ihr aber seinen Schriften nicht glaubt, wie werdet ihr meinen Worten glauben?« (Johannes 5,46.47) Es war Christus, der durch Mose zu den Israeliten geredet hatte. Hätten sie auf die göttliche Stimme gehört, die durch ihren großen Führer zu ihnen sprach, dann hätten sie diese in den Lehren von Christus wiedererkannt. Hätten sie wirklich Mose geglaubt, hätten sie auch an den geglaubt, von dem Mose geschrieben hat.

Jesus wusste, dass die Priester und Rabbiner entschlossen waren, ihm das Leben zu nehmen. Trotzdem erklärte er ihnen in aller Deutlichkeit sein Einssein mit dem Vater und sein Verhältnis zur Welt. Ihnen wurde bewusst, dass es für ihren Widerstand ihm gegenüber keine Entschuldigung gab. Doch ihr mörderischer Hass verging nicht. Angst befiel sie, weil sie seine überwältigende Macht, die seinen Dienst begleitete, nicht leugnen konnten. Dessen ungeachtet widersetzten sie sich seinen Aufforderungen und verharrten in der Finsternis.

Sie waren kläglich bei dem Versuch gescheitert, die Autorität von Jesus zu untergraben oder ihm die Achtung und Aufmerksamkeit des Volkes zu entziehen, denn viele waren von seinen Worten überzeugt. Die Obersten selbst hatten schwere Gewissensbisse, als er ihnen ihre Schuld bewusst machte, doch ihre Verbitterung wurde nur noch größer. Sie waren fest entschlossen, ihn zu töten. Sie sandten Boten durch das ganze Land, die das Volk vor Jesus als einem Betrüger warnen sollten. Spione wurden beauftragt, ihn zu überwachen und zu melden, was er redete und tat. Der geliebte Erlöser stand nun deutlich im Schatten des Kreuzes.

KAPITEL 22

GEFANGENSCHAFT UND TOD DES JOHANNES

*Matthäus 11,1-11; 14,1-11; Markus 6,14-28;
Lukas 7,19-28*

Johannes der Täufer war der Erste, der das Reich von Christus verkündigte, und er war auch der Erste, der dafür leiden musste. Nach der Freiheit der Wüste und den riesigen Menschenmengen, die sich um ihn gedrängt hatten, um seine Worte zu hören, war er nun in einer Gefängniszelle eingesperrt – als Gefangener in der Festung des Herodes Antipas. Johannes hatte sehr oft im Gebiet östlich des Jordan gewirkt, das unter der Herrschaft von Antipas stand. Herodes selbst hatte den Predigten des Täufers zugehört. Der lasterhafte König hatte unter dem Aufruf zur Umkehr gezittert. »Herodes fürchtete Johannes, weil er wusste, dass er ein frommer und heiliger Mann war ... und wenn er ihn hörte, wurde er sehr unruhig; doch hörte er ihn gern.« (Markus 6,20) Johannes war ehrlich zu ihm und verurteilte dessen unrechtmäßige Verbindung mit Herodias, der Frau seines Bruders.[47] Eine Zeitlang unternahm Herodes den schwachen Versuch, sich von den Ketten der Begierde, die ihn fesselten, zu befreien, doch Herodias band ihn mit aller Kraft noch fester an sich. Sie rächte sich an Johannes dem Täufer, indem sie Herodes dazu bewog, ihn ins Gefängnis zu werfen.

MUTLOS UND VERZWEIFELT

Johannes war ein fleißiger Arbeiter gewesen, doch nun lasteten die Dunkelheit des Kerkers und die Untätigkeit seiner Gefangenschaft schwer auf ihm. Als Woche um Woche verstrich, ohne dass sich etwas änderte, beschlichen ihn Mutlosigkeit und Zweifel. Seine Jünger ließen ihn nicht im Stich.

---

47 Siehe Erklärungen »Herodes Antipas«, S. 817.

Sie durften ihn im Gefängnis besuchen und berichteten ihm von den Taten, die Jesus vollbrachte. Dabei erzählten sie ihm auch, wie sich das Volk um Jesus scharte. Aber sie fragten sich, warum dieser neue Lehrer, wenn er wirklich der Messias war, nichts unternahm, damit Johannes wieder freigelassen wurde. Wie konnte er es zulassen, dass sein treuer Wegbereiter die Freiheit und vielleicht sogar sein Leben verlor?

Diese Fragen blieben nicht ohne Wirkung. Zweifel, die sonst nie aufgekommen wären, wurden gegenüber Johannes geäußert. Satan freute sich sehr über die Worte der Johannesjünger und sah, wie sie das Innerste des Boten des Herrn verletzten. Wie oft erweisen sich jene, die sich für Freunde eines guten Menschen halten und ihm unbedingt ihre Treue zeigen wollen, als seine gefährlichsten Feinde! Wie oft sind ihre Worte entmutigend und bedrückend, statt glaubensstärkend.

Gleich den Jüngern von Jesus hatte auch Johannes der Täufer das Wesen des Reiches Gottes nicht verstanden. Er wartete darauf, dass Jesus den Thron Davids einnehmen werde. Als die Zeit aber verstrich und Jesus keinen Anspruch auf die königliche Würde geltend machte, war Johannes aufgewühlt und besorgt. Er hatte dem Volk verkündet, dass die Weissagung des Jesaja erfüllt werden müsse, damit dem Herrn der Weg bereitet werde (vgl. Jesaja 40,3). »Alle Berge und Hügel sollen erniedrigt werden, und was uneben ist, soll gerade, und was hügelig ist, soll eben werden.« (Jesaja 40,4) Er hatte Ausschau gehalten nach den Gipfeln menschlichen Hochmuts und menschlicher Macht, die erniedrigt werden mussten. Und er hatte auf den Messias als denjenigen hingewiesen, der »seine Worfschaufel in der Hand« hat; »er wird seine Tenne fegen und seinen Weizen in die Scheune sammeln; aber die Spreu wird er verbrennen mit unauslöschlichem Feuer« (Matthäus 3,12). Wie der Prophet Elia, in dessen Geist und Kraft er zu Israel gekommen war, erwartete Johannes, dass sich der Herr als ein Gott offenbaren würde, der mit Feuer antwortet.

Der Täufer hatte in seiner Mission das Unrecht vor Reichen und Armen furchtlos getadelt. Er hatte es gewagt, König Herodes entgegenzutreten und ihn wegen dessen Sünde zurechtzuweisen. Er hatte sein eigenes Leben nicht geschont, um den Auftrag, zu dem er berufen worden war, treu zu erfüllen. Und nun wartete er in seinem Verlies darauf, dass der »Löwe aus dem Stamm Juda« (Offenbarung 5,5; vgl. 1. Mose 49,8-10) den Hochmut des Unterdrückers demütigen und die Armen, die wie er selbst nach Hilfe schrien, befreien würde. Jesus dagegen schien sich damit zufrieden zu geben, Jünger um sich zu sammeln, zu lehren und Menschen zu heilen. Er aß an den Tischen der Zöllner, während das Joch der Römer jeden Tag schwerer auf dem Volk lastete. König Herodes und seine niederträchtige Geliebte taten, was ihnen gefiel, und die Schreie der Armen und Leidenden stiegen zum Himmel.

Dem verlassenen Propheten erschien dies alles als ein Geheimnis, das er nicht ergründen konnte. Es gab Stunden, in denen die Einflüsterungen satanischer Engel seinen Geist quälten und ihn der Schatten einer schrecklichen Angst beschlich. Könnte es sein, dass der lang ersehnte Erlöser noch gar nicht erschienen war? Doch was würde dann die Botschaft bedeuten, die er hatte ausrichten müssen? Johannes war vom Ergebnis seines Einsatzes bitter enttäuscht. Er hatte erwartet, dass Gottes Botschaft die gleiche Wirkung haben würde wie in den Tagen des Königs Josia und des Schriftgelehrten Esra, als das Gesetz des Mose vor dem versammelten Volk verlesen wurde (vgl. 2. Chronik 34,14-33; Nehemia 8 und 9). Er hoffte, dass es zu einer tiefgehenden Reue und einer Umkehr zum Herrn kommen würde. Sein ganzes Leben hatte er für das Gelingen dieses Auftrags geopfert. Sollte nun alles umsonst gewesen sein?

Johannes war bekümmert, als er sah, dass seine eigenen Jünger aus Liebe zu ihm Unglauben gegenüber Jesus hegten. War sein Wirken für sie vergeblich gewesen? War er in seiner Aufgabe untreu geworden, und wurde ihm deshalb der Auftrag entzogen? Wenn der verheißene Erlöser wirklich erschienen war und Johannes seinen Auftrag treu ausgeführt hatte, müsste Jesus dann nicht den Unterdrücker stürzen und seinen eigenen Wegbereiter befreien?

Doch der Täufer gab seinen Glauben an Christus nicht auf. Er erinnerte sich an die Stimme vom Himmel und an die herabkommende Taube, an die fleckenlose Reinheit von Jesus, an die Kraft des Heiligen Geistes, die Johannes erfüllt hatte, als er in die Nähe von Jesus kam, und an das Zeugnis der prophetischen Schriften (vgl. Matthäus 3,13-17). All dies bestätigte ihm, dass Jesus von Nazareth der Verheißene Gottes war.

»BIST DU WIRKLICH DER, DER KOMMEN SOLL?«

Johannes sprach mit seinen Jüngern nicht über seine Zweifel und Ängste. Er beschloss, Jesus eine Nachricht zu übermitteln und ihn selbst zu fragen. Er beauftragte damit zwei seiner Jünger und hoffte, dass ihr Gespräch mit Jesus ihren eigenen Glauben stärken und ihren Brüdern neue Gewissheit geben würde. Johannes sehnte sich nach einer persönlichen Nachricht von Jesus.

Die Jünger kamen zu Jesus mit der Frage: »Bist du wirklich der, der kommen soll, oder sollen wir auf einen anderen warten?« (Matthäus 11,3 NLB)

Es war noch nicht viel Zeit vergangen, seitdem der Täufer auf Jesus hingewiesen und ausgerufen hatte: »Siehe, das ist Gottes Lamm, das der Welt

Sünde trägt!« (Johannes 1,29) »Es ist der, der nach mir kommt. Ich bin nicht einmal würdig, ihm die Riemen seiner Sandalen zu öffnen.« (Johannes 1,27 NGÜ) Und jetzt stellte er die Frage: »Bist du wirklich der, der kommen soll?« Diese Frage war ein bitteres Armutszeugnis der menschlichen Natur. Wenn selbst Johannes, der treue Wegbereiter, nicht in der Lage war, die Mission von Christus richtig zu verstehen, was war dann von der eigensüchtigen Menge zu erwarten?

DIE SENDUNG VON JESUS WIRD OFFENBAR

Jesus beantwortete die Frage der Jünger nicht sofort. Während sie verwundert über sein Schweigen nachdachten, kamen Kranke und Leidende zu ihm, um geheilt zu werden. Blinde ertasteten sich ihren Weg durch die Menge. Kranke aus allen Schichten drängten sich zu Jesus, manche aus eigener Kraft, andere von Freunden getragen. Die Stimme des großen Arztes drang in das taube Ohr. Ein Wort oder eine Berührung mit seiner Hand öffnete blinde Augen, sodass sie das Licht des Tages, die Schönheit der Natur, die Gesichter ihrer Freunde und das Angesicht des Erlösers sehen konnten. Jesus gebot der Krankheit Einhalt und verbannte das Fieber. Seine Stimme drang an die Ohren der Sterbenden, und sie standen gesund und voller Lebenskraft von ihrem Krankenlager auf. Gelähmte Besessene gehorchten seinem Wort. Ihr Wahnsinn wich von ihnen, und sie beteten ihn an. Während er ihre Krankheiten heilte, lehrte er die Menschen. Die armen Bauern und Arbeiter, die von den Rabbinern als unrein gemieden wurden, drängten sich um ihn, und er richtete Worte des ewigen Lebens an sie.

So verging der Tag. Die Jünger des Johannes sahen zu und hörten alles. Schließlich rief Jesus sie zu sich und gebot ihnen, hinzugehen und Johannes zu berichten, was sie erlebt hatten. Dann fügte er hinzu: »Glückselig ist, wer sich nicht an mir ärgert.« (Lukas 7,23 Elb.) Der Beweis seiner Göttlichkeit lag darin, dass er sich der Bedürfnisse der leidenden Menschheit annahm. Seine Herrlichkeit wurde dadurch sichtbar, dass er sich auf die niedrige Stufe der Menschheit herabließ.

JOHANNES WIRD GESTÄRKT

Die Jünger überbrachten Johannes diese Botschaft, und das genügte ihm. Er erinnerte sich an die Vorhersage, die den Messias betraf: »Der Geist Gottes, des Herrn, ist auf mir, weil der Herr mich gesalbt hat. Er hat mich gesandt, den Elenden gute Botschaft zu bringen, die zerbrochenen Herzen zu verbinden, zu verkündigen den Gefangenen die Freiheit, den Gebundenen, dass sie frei und ledig sein sollen; zu verkündigen ein gnädiges Jahr des Herrn.« (Jesaja 61,1.2) Die Werke von Christus wiesen ihn nicht nur als den Messias aus, sie zeigten auch, auf welche Art sein Reich errichtet werden sollte. Gott offenbarte Johannes dieselbe Wahrheit wie einst dem Propheten Elia in der Wüste.»Ein großer, starker Wind, der die Berge zerriss und die Felsen zerbrach, kam vor dem Herrn her; der Herr aber war nicht im Wind. Nach dem Wind aber kam ein Erdbeben; aber der Herr war nicht im Erdbeben. Und nach dem Erdbeben kam ein Feuer; aber der Herr war nicht im Feuer.« (1. Könige 19,11.12a) Doch nach dem Feuer redete Gott zum Propheten durch »ein sanftes, leises Säuseln« (1. Könige 19,12b EÜ). Genauso sollte auch Jesus sein Werk vollbringen: Nicht durch Waffengewalt oder die Einnahme von Thronen und Königreichen, sondern durch ein Leben der Barmherzigkeit und Selbstaufopferung, das zu den Herzen der Menschen spricht.

Auf dem Prinzip der Selbstverleugnung, das das Leben des Täufers geprägt hatte, beruhte auch das Reich des Messias. Johannes wusste genau, in welchem Widerspruch dies zu den Grundsätzen und Erwartungen der jüdischen Führungsschicht stand. Das, was für ihn ein überzeugender Beweis der Göttlichkeit von Christus war, würde bei ihnen keine Anerkennung finden. Sie erwarteten einen Messias, der so nie verheißen worden war. Johannes sah, dass Jesus von ihnen für sein Wirken nur Hass und Verachtung ernten würde. Er, der Wegbereiter von Jesus, trank aus dem Leidenskelch, den der Messias selbst bis zur Neige leeren würde.

Die Worte von Jesus: »Glückselig ist, wer sich nicht an mir ärgert« (Lukas 7,23 Elb.) waren ein leiser Tadel an Johannes. Sie blieben nicht wirkungslos. Jetzt verstand er das Wesen der Aufgabe von Christus besser, beugte sich vor Gott und war bereit, zu leben oder zu sterben. Er war bereit, das hinzunehmen, was der Sache, die er liebte, am besten diente.

JOHANNES BLEIBT TREU

Nachdem die Boten des Johannes gegangen waren, sprach Jesus zur Menge über den Täufer. Das Herz des Erlösers wandte sich in tiefem Mitgefühl dem treuen Zeugen zu, der im Kerker des Herodes lebendig begraben war. Er wollte nicht, dass die Menschen dachten, Gott habe Johannes verlassen oder dieser sei am Tag der Prüfung im Glauben gescheitert. »Als ihr zu ihm in die Wüste hinausgezogen seid, was habt ihr da erwartet?«, fragte er. »Etwa ein Schilfrohr, das jedem Windzug nachgibt?« (Lukas 7,24 GNB)

TEIL 3 | DER SIEG DER LIEBE

Das hohe Schilf, das am Jordan wuchs und beim kleinsten Lufthauch schwankte, war ein treffendes Bild für die Rabbiner, die sich als Nörgler und Richter über den Dienst des Johannes erhoben hatten. Bei jedem Wind öffentlicher Meinungen schwankten sie bald in diese, bald in jene Richtung. Sie wollten sich nicht demütigen, um die gewissenerforschende Botschaft des Täufers zu empfangen. Dennoch wagten sie es aus Angst vor den Leuten nicht, sein Werk öffentlich zu bekämpfen. Aber der Bote Gottes war kein solcher Feigling. Die Volksmenge, die sich um Christus versammelt hatte, war Zeuge des Wirkens von Johannes gewesen. Sie hatten gehört, wie furchtlos er die Sünde getadelt hatte. Mit derselben Deutlichkeit hatte Johannes zu den selbstgerechten Pharisäern und priesterlichen Sadduzäern, zu König Herodes und zu dessen Hofstaat, zu den Fürsten und Soldaten, zu Zöllnern und Bauern gesprochen. Er glich nicht einem schwankenden Schilfrohr, das sich durch den Luftzug menschlichen Beifalls oder Vorurteils bewegen ließ. Sogar im Gefängnis war er in seiner Treue zu Gott und seinem Streben nach Gerechtigkeit derselbe geblieben, der er bei der Verkündigung der Botschaft Gottes in der Wüste gewesen war. In seiner Grundsatztreue stand er fest wie ein Fels.

Jesus fuhr fort: »Oder was seid ihr hinausgegangen zu sehen? Wolltet ihr einen Menschen sehen in weichen Kleidern? Seht, die herrliche Kleider tragen und üppig leben, die sind an den königlichen Höfen.« (Lukas 7,25) Johannes war berufen worden, die Sünden und Ausschweifungen seiner Zeit zu tadeln. Seine schlichte Kleidung und sein selbstloses Leben stimmten mit dem Wesen seiner Botschaft überein. Reiche Gewänder und ein luxuriöses Leben passen nicht zu Gottes Dienern, sondern zu denen, die »an den königlichen Höfen« leben. Sie passen zu den Herrschern dieser Welt, denen Macht und Reichtum gehören. Jesus hob bewusst den Gegensatz zwischen der Kleidung des Johannes und jener der Priester und Obersten hervor. Diese Würdenträger hüllten sich in prächtige Gewänder und trugen kostbaren Schmuck. Sie stellten sich gern zur Schau und hofften, das Volk zu beeindrucken, um mehr beachtet zu werden. Es ging ihnen eher darum, von den Menschen bewundert zu werden, als ein reines Herz zu erlangen, an dem Gott Wohlgefallen hat. Auf diese Weise zeigten sie, dass sie nicht Gott verehrten, sondern das Reich dieser Welt.

»Oder was seid ihr hinausgegangen zu sehen?«, sprach Jesus. »Wolltet ihr einen Propheten sehen? Ja, ich sage euch: Er ist mehr als ein Prophet. Er ist's, von dem geschrieben steht: ›Siehe, ich sende meinen Boten vor dir her, der deinen Weg vor dir bereiten soll.‹ Ich sage euch, dass unter denen, die von einer Frau geboren sind, keiner größer ist als Johannes.« (Lukas 7,26-28;

vgl. Maleachi 3,1) Bei der Ankündigung der Geburt des Johannes hatte der Engel dem Priester Zacharias erklärt: »Er wird groß sein vor dem Herrn.« (Lukas 1,15) Was aber macht wahre Größe nach himmlischer Beurteilung aus? Es ist nicht das, was vor der Welt als Größe gilt. Reichtum, Rang, vornehme Abstammung oder geistige Gaben: Dies allein zählt nicht. Wenn große geistige Fähigkeiten – ohne ein Blick auf andere Werte – an sich verehrenswert wären, müssten wir Satan verehren, dessen Intelligenz kein Mensch je erreicht hat. Je größer eine Gabe ist, desto größer kann der Fluch sein, der entsteht, wenn sie nur eigennützigen Zwecken dient. Es sind sittliche Werte, die bei Gott zählen. Liebe und Reinheit sind Eigenschaften, die er am höchsten wertet. In den Augen des Herrn war Johannes groß, als er vor den Boten des Hohen Rates, vor dem Volk und vor seinen Jüngern nicht seine eigene Ehre suchte, sondern auf Jesus als den von Gott Verheißenen hinwies. Sein freudiger, selbstloser Dienst für Christus stellt die höchste Ausdrucksform einer edlen Gesinnung dar, die sich jemals in einem Menschen zeigte.

WAHRE GRÖSSE

All jene, die das Zeugnis von Johannes über Jesus vernommen hatten, bestätigten nach seinem Tod: »Johannes hat kein Zeichen getan; aber alles, was Johannes von diesem gesagt hat, das ist wahr.« (Johannes 10,41) Es war ihm nicht gegeben, wie Elia Feuer vom Himmel fallen zu lassen oder Tote aufzuerwecken. Auch nicht wie Mose, im Namen Gottes den Stab der Macht zu erheben. Er war gesandt worden, um das Kommen des Erlösers anzukündigen und das Volk aufzurufen, sich darauf vorzubereiten. Er erfüllte seinen Auftrag so treu, dass das Volk, das sich an das erinnerte, was er über Jesus gelehrt hatte, bestätigen musste: »Alles, was Johannes von diesem gesagt hat, das ist wahr.« Jeder Nachfolger des Meisters ist dazu aufgerufen, ein solches Zeugnis über Jesus abzulegen.

Als Vorläufer des Messias war Johannes viel »mehr als ein Prophet« (Lukas 7,26). Die Propheten hatten das erste Kommen von Christus nur aus der Ferne sehen können; Johannes aber war es bestimmt, ihn zu schauen, die Bestätigung des Himmels, dass Jesus der Messias ist, zu hören und ihn Israel als den von Gott Gesandten vorzustellen. Dennoch erklärte Jesus: »Der aber der Kleinste ist im Reich Gottes, der ist größer als er.« (Lukas 7,28)

Der Prophet Johannes war das Bindeglied zwischen den beiden Heilsordnungen. Als Beauftragter Gottes sollte er die Beziehung zwischen dem Gesetz und den Propheten einerseits und der christlichen Heilsordnung andererseits deutlich machen. Er war das kleinere Licht, dem ein größeres folgen sollte. Der Verstand von Johannes war vom Heiligen Geist erleuchtet, damit er dieses Licht an sein Volk weitergeben konnte. Kein anderes Licht schien jemals oder wird jemals so klar über die gefallene Menschheit scheinen wie jenes, das von den Lehren und dem Beispiel von Jesus ausging. Christus und seine Mission, versinnbildet durch die Opfer und Zeremonien des Tempeldienstes, waren nur vage verstanden worden. Nicht einmal Johannes hatte ganz begriffen, was das zukünftige, unvergängliche Leben durch den Erlöser bedeutet.

Abgesehen von der Freude, die Johannes in seiner Aufgabe gefunden hatte, war sein Leben voller Sorgen. Außer in der Wüste wurde seine Stimme selten gehört. Sein Los war die Einsamkeit. Er durfte den Erfolg seiner eigenen Arbeit nicht sehen. Er hatte auch nicht das Vorrecht, Christus – das größere Licht – zu begleiten und Zeuge der Offenbarung göttlicher Macht zu sein. Er konnte nicht miterleben, wie Blinde ihr Augenlicht zurückerhielten, Kranke geheilt und Tote zum Leben erweckt wurden. Er sah das Licht nicht, das aus jedem Wort von Christus hervorleuchtete und die Verheißungen der Prophetie in hellem Glanz erstrahlen ließ. Der geringste Jünger, der die machtvollen Taten von Christus sah und seine Worte hörte, hatte in diesem Sinn das größere Vorrecht als Johannes der Täufer. Deshalb sagte Jesus, dass solch ein Jünger größer sei als Johannes.

Weil große Menschenmengen die Predigten von Johannes gehört hatten, war er im ganzen Land bekannt geworden. Man spürte ein großes Interesse daran, wie seine Gefangenschaft wohl ausgehen würde. Sein unbescholtenes Leben und die öffentliche Meinung, die zu seinen Gunsten ausfiel, ließen sie hoffen, dass man ihm keine Gewalt antun würde.

DAS FEST DES HERODES

Herodes hielt Johannes für einen Propheten Gottes und war fest entschlossen, ihn freizulassen. Doch aus Furcht vor Herodias schob er die Freilassung hinaus.

Herodias wusste, dass sie durch eine unmittelbare Einflussnahme ihren Mann niemals dazu bewegen konnte, einer Hinrichtung von Johannes zuzustimmen. Darum beschloss sie, ihr Ziel durch eine List zu erreichen. Am Geburtstag des Königs sollte für die Würdenträger des Staates und die Hofbeamten ein Fest veranstaltet werden. Man würde feiern und sich dabei betrinken. Dadurch würde Herodes unachtsam werden und könnte durch ihren Willen beeinflusst werden.

Als der große Tag kam und der König mit seinen Würdenträgern aß und trank, sandte Herodias ihre Tochter in den Festsaal, um zur Unterhaltung der Gäste zu tanzen. Salome war gerade daran, erwachsen zu werden. Ihre verlockende Schönheit fesselte die Sinne der vornehmen Herrschaften. Es war nicht üblich, dass die Damen des Hofes an solchen Festlichkeiten teilnahmen. Als nun diese Tochter aus priesterlichem und königlichem Geblüt zum Vergnügen der Gäste tanzte, machten sie Herodes schmeichelhafte Komplimente.

Der König war vom Wein benebelt. Die Leidenschaft beherrschte ihn, und die Vernunft war ausgeschaltet. Er sah nur den Festsaal mit den schwelgenden Gästen, die reich gedeckte Tafel, den funkelnden Wein, die blinkenden Lichter und das junge Mädchen, das vor ihm ihre Künste vortrug. In einem leichtsinnigen Moment wollte er mit einer Attraktion aufwarten, mit der er vor den Großen seines Reiches glänzen konnte. Mit einem Schwur gelobte er, Herodias Tochter zu geben, was immer sie von ihm erbitten würde, und sei es die Hälfte seines Königreichs (vgl. Markus 6,21-23).

Salome eilte zu ihrer Mutter, um zu erkunden, was sie sich wünschen sollte. Die Antwort kam schnell: den Kopf von Johannes dem Täufer. Salome wusste nichts vom Rachedurst ihrer Mutter und schrak davor zurück, diese Bitte vorzutragen. Doch die Entschiedenheit von Herodias siegte. Das Mädchen kehrte mit der grausamen Bitte in den Saal zurück: »Ich will den Kopf von Johannes dem Täufer, jetzt gleich, serviert auf einer Schale!« (Markus 6,25 NLB)

Herodes war überrascht, ja bestürzt. Die ausgelassene Fröhlichkeit wich, und unheilvolles Schweigen breitete sich über dem Gelage aus. Entsetzen packte den König bei dem Gedanken, Johannes zu töten. Aber sein Wort war ein Gelübde, und er wollte nicht wankelmütig oder unüberlegt wirken. Den Schwur hatte er zu Ehren seiner Gäste gemacht. Wenn auch nur einer von ihnen ein Wort gegen die Einlösung seines Versprechens gesagt hätte, wäre er gern bereit gewesen, den Propheten zu verschonen. Darum gab er ihnen Gelegenheit, zugunsten des Gefangenen zu sprechen. Sie waren von weit her gekommen, um Johannes predigen zu hören, und sie wussten, dass er kein Verbrechen begangen hatte und ein Diener Gottes war. Obgleich über die Bitte des Mädchens entsetzt, waren sie doch zu betrunken, um Einspruch zu erheben. Es war keine Stimme zu vernehmen, die zur Rettung des von Gott beauftragten Boten aufgerufen hätte. Die Männer bekleideten Vertrauenspositionen in der Nation. Auf ihnen ruhte große Verantwortung. Dennoch hatten sie gefeiert und getrunken, bis ihre Sinne getrübt waren. Durch die Musik und den Tanz war ihnen schwindlig geworden. Ihr Gewissen war stumpf.

TEIL 3 | DER SIEG DER LIEBE

Durch ihr Schweigen sprachen sie das Todesurteil über den Propheten Gottes aus und stillten den Rachedurst einer lasterhaften Frau. Herodes wartete vergeblich darauf, von seinem Eid entbunden zu werden. Dann erteilte er widerwillig den Befehl zur Hinrichtung des Propheten. Bald wurde der Kopf des Johannes vor den König und seine Gäste gebracht. Die Lippen, die Herodes eindringlich dazu aufgerufen hatten, sich von seinem sündhaften Leben abzuwenden, waren für immer verstummt. Nie wieder würde man hören, wie diese Stimme Menschen zur Umkehr aufruft. Das Gelage einer einzigen Nacht hatte einem der größten Propheten das Leben gekostet.

DIE STIMME DES GEWISSENS

Wie oft schon wurde das Leben von Unschuldigen durch die Unmäßigkeit jener geopfert, die eigentlich Wächter des Rechts hätten sein sollen! Wer sich betrinkt, ist für alles Unrecht verantwortlich, das er im Rausch begeht. Durch die Betäubung seiner Sinne beraubt er sich der Fähigkeit, besonnen zu urteilen sowie Recht und Unrecht voneinander zu unterscheiden. Er gibt Satan dadurch die Möglichkeit, Unschuldige zu unterdrücken und zu vernichten. »Der Wein macht Spötter, und starkes Getränk macht wild; wer davon taumelt, wird niemals weise.« (Sprüche 20,1) Dann kann man sagen:»Das Recht ist zurückgewichen ... und die Wahrheit ist dahin, und wer vom Bösen weicht, muss sich ausplündern lassen.« (Jesaja 59,14.15) Menschen, die einerseits über das Leben ihrer Mitmenschen zu Gericht sitzen, sich andererseits aber der Unmäßigkeit hingeben, sollten wie Verbrecher angeklagt werden. Alle, die andere nach dem Gesetz richten, sollten es auch halten. Sie sollten Männer mit Selbstbeherrschung sein und stets die Kontrolle über ihre körperlichen, geistigen und sittlichen Kräfte bewahren, damit sie immer im Besitz von geistiger Spannkraft sind und über einen hohen Gerechtigkeitssinn verfügen.

Der Kopf des Täufers wurde Herodias überbracht, die ihn mit teuflischer Genugtuung entgegennahm. Sie triumphierte in ihrer Rache und gab sich der irrigen Meinung hin, Herodes' Gewissen würde nun Ruhe finden. Doch ihre Sünde brachte ihr kein Glück. Sie geriet in Verruf, und man verabscheute sie. Herodes aber quälten nun noch größere Gewissensbisse als zu der Zeit, als ihn der Prophet gewarnt hatte. Dessen Einfluss war auch weiterhin spürbar. Seine Lehren sollten bis zum Ende der Zeit an jede Generation weitergegeben werden.

Herodes stand seine Sünde täglich vor Augen. Unaufhörlich versuchte er, sich von den Anklagen seines schuldigen Gewissens zu befreien. Sein

Vertrauen zu Johannes war noch immer ungebrochen. Wenn er sich dessen Leben der Selbstverleugnung, die ernsten und eindringlichen Ermahnungen sowie das gesunde Urteilsvermögen in Erinnerung rief und daran dachte, unter welchen Umständen er ihn hatte töten lassen, konnte Herodes keine Ruhe finden. Bei Staatsgeschäften oder wenn ihm Menschen Ehre erwiesen, trug er stets ein Lächeln auf seinem Gesicht oder machte eine würdevolle Miene. Aber dahinter verbargen sich ein verängstigtes Herz und die ständige Sorge, unter einem Fluch zu stehen.

Die Worte des Johannes, dass vor Gott nichts verborgen bleibt, hatten Herodes tief beeindruckt. Er war davon überzeugt, dass Gott an jedem Ort gegenwärtig ist, und dass er Zeuge der Ausgelassenheit beim großen Fest gewesen war. Gott hatte auch den Befehl zur Enthauptung des Johannes vernommen und das Frohlocken von Herodias gehört, sowie ihre beleidigenden Worte über den Kopf des Mannes, der sie zurechtgewiesen hatte. Vieles, was Herodes von dem Propheten gehört hatte, sprach nun weit deutlicher zu seinem Gewissen als bei dessen Predigt in der Wüste.

Als Herodes von den Werken hörte, die Jesus vollbrachte, war er äußerst beunruhigt. Er dachte, Gott habe Johannes von den Toten auferweckt und ihn ausgesandt, um mit noch größerer Macht die Sünde zu verurteilen. Er lebte in ständiger Angst, Johannes würde sich für seinen Tod rächen und ihn und sein Haus verfluchen. Herodes erntete genau das, was Gott als Folge eines sündigen Lebenswandels vorausgesagt hatte: »Ein banges Herz, erlöschende Augen und eine verzweifelnde Seele ... dein Leben wird in Gefahr schweben, und bei Nacht und bei Tag wirst du dich fürchten und dich deines Lebens nicht sicher fühlen. Am Morgen wirst du sagen: Wäre es doch Abend!, und am Abend wirst du sagen: Wäre es doch Morgen!, in der Angst deines Herzens, die dich überfällt, und bei dem, was deine Augen sehen.« (5. Mose 28,65-67 ZÜ) Den Sünder klagen seine eigenen Gedanken an. Nichts kann quälender sein als Schuldgefühle und ein schlechtes Gewissen, das ihm Tag und Nacht keine Ruhe lässt.

JOHANNES – EIN VORBILD

Für viele ist das Schicksal von Johannes dem Täufer ein Geheimnis. Sie fragen sich, warum er im Gefängnis schmachten und sterben musste. Diese unbegreifliche Fügung übersteigt unser Vorstellungsvermögen. Doch unser Vertrauen zu Gott kann nicht erschüttert werden, wenn wir uns vergegenwärtigen, dass Johannes damit an den Leiden von Christus teilhatte. Alle, die Christus nachfolgen, werden die Opfer-Krone tragen. Von selbstsüchtigen

Menschen werden sie sicher missverstanden werden, und Satan wird sie zum Ziel seiner heftigsten Angriffe machen. Sein Reich wurde gegründet, um genau diesen Grundsatz der Selbstaufopferung zu zerstören. Wo immer dieser sichtbar wird, kämpft Satan dagegen an.

Die Kindheit und Jugend von Johannes sowie sein Leben als Erwachsener waren von Festigkeit und moralischer Kraft geprägt. Als man seine Stimme in der Wüste hörte: »Bereitet den Weg des Herrn und macht gerade seine Pfade!« (Matthäus 3,3 Elb.), fürchtete Satan um die Sicherheit seines Reiches. Die Abscheulichkeit der Sünde wurde auf eine solche Weise offenbart, dass die Menschen zitterten. Satans Macht, mit der er über Viele geherrscht hatte, wurde gebrochen. Unermüdlich hatte er sich bemüht, den Täufer von seiner vorbehaltlosen Hingabe an Gott abzubringen, doch er scheiterte. Auch Jesus konnte er nicht überwinden. Bei dessen Versuchung in der Wüste war Satan besiegt worden. Deshalb war sein Zorn groß. Er war entschlossen, kummervollen Schmerz über Christus zu bringen, indem er Johannes schlug. Dem Einen, den er nicht zur Sünde verleiten konnte, wollte er nun Leid zufügen.

Jesus hatte nichts zur Befreiung seines Dieners unternommen. Er wusste, dass Johannes dieser Prüfung standhalten würde. Gern wäre er zu Johannes geeilt, um das Dunkel des Verlieses durch seine Gegenwart zu erhellen. Doch er durfte sich nicht in die Hand der Feinde begeben und dadurch seine eigene Mission gefährden. Mit Freuden hätte er seinen treuen Diener befreit. Doch um Tausender willen, die in späteren Jahren Gefängnis und Tod erleiden würden, musste Johannes diesen Leidenskelch trinken. Als die Nachfolger von Jesus – von Gott und Menschen scheinbar verlassen – in einsamen Zellen schmachteten oder durch Schwert, Folter und Scheiterhaufen umkamen, wurden sie bei dem Gedanken an Johannes den Täufer gestärkt. Er, dessen Treue Christus selbst bezeugte, hatte ein ähnliches Schicksal erlitten!

Es wurde Satan erlaubt, das irdische Leben des Boten Gottes zu verkürzen. Aber das Leben, welches »verborgen mit Christus in Gott« ist (Kolosser 3,3), konnte der Verderber nicht antasten. Er frohlockte, dass er Christus Leid zufügen konnte, aber es war ihm nicht gelungen, Johannes zu überwinden. Der Tod hatte den Propheten lediglich vor der Macht weiterer Versuchungen bewahrt. In dieser Auseinandersetzung hatte Satan seinen wahren Charakter offenbart. Nun war das ganze Universum Zeuge seiner Feindschaft gegen Gott und die Menschen geworden.

Obgleich nichts Übernatürliches geschah, um Johannes zu befreien, war er doch nicht verlassen. Stets waren Engel bei ihm, die ihm das Verständnis für die Prophezeiungen öffneten, die auf Christus hinwiesen. Er besaß die kostbaren Verheißungen der Heiligen Schrift. Diese waren ihm ein Halt, wie sie es auch dem Volk Gottes künftiger Jahrhunderte sein würden. Johannes dem Täufer wie auch allen, die nach ihm kamen, wurde zugesichert: »Siehe, ich bin bei euch alle Tage bis an der Welt Ende.« (Matthäus 28,20) Gott führt seine Kinder nie anders, als sie geführt werden möchten, könnten sie von Anfang an das Ende sehen und die herrliche Aufgabe erkennen, an der sie als Mitarbeiter Gottes teilhaben dürfen. Weder Henoch, der verwandelt in den Himmel aufgenommen wurde, noch Elia, der im Feuerwagen zum Himmel fuhr, waren größer oder wurden mehr geehrt als Johannes der Täufer, der einsam im Kerker umkam. »Ihr habt die Gnade empfangen, euch für Christus einzusetzen: nicht nur an ihn zu glauben, sondern auch für ihn zu leiden.« (Philipper 1,29 ZÜ) Von allen Geschenken, die der Himmel den Menschen anvertrauen kann, ist die Gemeinschaft mit Christus in seinen Leiden die größte Gabe und die höchste Auszeichnung.

TEIL 4

DER DIENST IN GALILÄA

»Folgt mir nach; ich will euch zu Menschenfischern machen!.«

Matthäus 4,19

KAPITEL 23

»DAS REICH GOTTES IST HERBEIGEKOMMEN«

Markus 1,14.15; Daniel 9,24-27

Jesus zog nach Galiläa, um dort das Evangelium Gottes zu verkündigen: »Jetzt ist die Zeit gekommen ... Das Reich Gottes ist nahe! Kehrt euch ab von euren Sünden und glaubt an diese gute Botschaft!« (Markus 1,15 NLB)
Die Ankunft des Messias war zuerst in Judäa verkündigt worden. Als Zacharias im Tempel von Jerusalem seinen Dienst am Altar versah, wurde ihm die Geburt des Wegbereiters von Jesus vorhergesagt. Auf den Hügeln von Bethlehem hatten die Engel die Geburt von Jesus verkündet. Die Weisen waren nach Jerusalem gekommen, um den neugeborenen König zu suchen. Im Tempel hatten Simeon und Hanna seine Göttlichkeit bezeugt. »Jerusalem und ganz Judäa« (Matthäus 3,5) hatten die Predigt von Johannes dem Täufer vernommen. Eine Abordnung des Hohen Rates und eine große Volksmenge hatten das Zeugnis des Johannes über Jesus gehört. Zu Beginn seines Wirkens verbrachte Jesus viel Zeit in Judäa. Dort wählte er auch seine ersten Jünger aus. Das Aufleuchten seiner Göttlichkeit bei der Reinigung des Tempels, seine Heilungswunder und die Predigt der göttlichen Wahrheit aus seinem Mund wiesen auf das hin, was er bereits nach der Heilung in Betesda vor dem Hohen Rat erklärt hatte – dass er der Sohn des Ewigen sei.

VON DEN JÜDISCHEN FÜHRERN VERWORFEN

Hätten die Führer Israels Jesus als Messias willkommen geheißen, wäre ihnen die Ehre zuteilgeworden, als seine Boten das Evangelium in die ganze Welt hinauszutragen. Sie hätten als Erste die Möglichkeit erhalten, Verkünder des Reiches und der Gnade Gottes zu werden. Aber Israel erkannte die Zeit nicht, in der es »heimgesucht« wurde (vgl. Lukas 19,44). Die Eifersucht und das Misstrauen der jüdischen Führer waren zu offenem Hass herangereift, und die Herzen der Menschen wurden von Jesus abgewendet.

Der Hohe Rat[48] hatte die Botschaft von Jesus zurückgewiesen und war nun fest entschlossen, ihn zu töten. Deshalb entfernte sich Jesus von Jerusalem, den Priestern, dem Tempel, den religiösen Führern und den im Gesetz geschulten Menschen und wandte sich einer anderen Gesellschaftsschicht zu. Diesen Menschen wollte er seine Botschaft verkünden. Aus ihnen sollten jene ausgesucht werden, die sein Evangelium der ganzen Welt bringen würden.

So wie damals das »Licht« und das »Leben« der Menschheit von den religiösen Führern zurückgewiesen wurde (vgl. Johannes 1,4.5), wurde es auch in jeder nachfolgenden Generation abgelehnt. Die Geschichte vom Rückzug von Christus aus Judäa wiederholte sich immer wieder. Als die Reformatoren das Wort Gottes predigten, wollten sie sich nicht von der alteingesessenen Kirche trennen. Doch die religiösen Führer wollten das Licht nicht dulden. Dadurch wurden alle, die das Licht verbreiten wollten, genötigt, sich nach Menschen umzusehen, die sich nach der Wahrheit sehnten. Heute lassen sich nur wenige sogenannte Nachfolger der Reformatoren von deren Geist leiten. Nur wenige hören auf Gottes Stimme und sind bereit, die Wahrheit anzunehmen, in welcher Form sie auch angeboten werden mag. Oft werden diejenigen, die in den Fußstapfen der Reformatoren gehen, gezwungen, sich von den Kirchen, die sie lieben, abzuwenden, um die klaren Lehren der Heiligen Schrift zu verkünden. Und oftmals sehen sich die, die nach geistlichem Licht suchen, durch dieselbe Lehre genötigt, die Kirche ihrer Väter zu verlassen, um Gott gehorchen zu können.

JESUS IN GALILÄA

Die Rabbiner in Jerusalem verachteten die Einwohner Galiläas als einfältig und ungebildet. Doch für den Erlöser war dies ein günstigeres Wirkungsfeld. Die Menschen waren ernsthafter und aufrichtiger, weniger scheinheilig und ihr Geist war für die Wahrheit empfänglicher. Jesus begab sich nicht nach Galiläa, weil er die Abgeschiedenheit oder Einsamkeit suchte. Das Land war damals dicht besiedelt und hatte einen viel höheren Anteil an Fremden als Judäa.

Als Jesus lehrend und heilend durch Galiläa zog, versammelten sich um ihn Scharen von Menschen, die aus den Städten und Dörfern herbeiströmten. Viele kamen sogar aus Judäa und den angrenzenden Provinzen. Oft musste er sich vor der Menge verbergen. Weil deren Begeisterung so groß

---

48 Siehe Erklärungen »Hoher Rat«, S. 817.

war, mussten Vorsichtsmaßnahmen ergriffen werden. Die römischen Behörden sollten nicht aufgeschreckt werden und einen Aufstand befürchten. Nie zuvor hatte die Welt solches erlebt. Der Himmel kam zu den Menschen. Hungernde und Dürstende, die lange auf das Heil Israels gewartet hatten, erfreuten sich jetzt der Gnade eines barmherzigen Erlösers.

DER ABLAUF DER PROPHETISCHEN ZEIT

Der Grundgedanke der Predigten von Christus war: »Jetzt ist die Zeit gekommen ... Das Reich Gottes ist nahe! Kehrt euch ab von euren Sünden und glaubt an diese gute Botschaft!« (Markus 1,15 NLB) Somit gründete sich die gute Nachricht, wie Jesus sie selbst verkündigte, auf die Prophetie. Die »Zeit«, die nach seinen Worten erfüllt war, umfasste den Abschnitt, den der Engel Gabriel dem Propheten Daniel genannt hatte: »70 Wochen sind verhängt über dein Volk und über deine heilige Stadt; dann wird dem Frevel ein Ende gemacht und die Sünde abgetan und die Schuld gesühnt, und es wird ewige Gerechtigkeit gebracht und Gesicht und Weissagung erfüllt und das Allerheiligste gesalbt werden.« (Daniel 9,24) Ein Tag in der Prophetie bedeutet ein Jahr (vgl. 4. Mose 14,34; Hesekiel 4,6). Die 70 Wochen oder 490 Tage

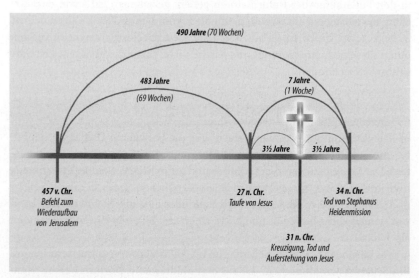

Der Mönch Dionysius Exiguus (etwa 470 – 540 n. Chr.) gilt als der Begründer der christlichen Zeitrechnung. Diese Zählung beginnt zwar mit der Geburt von Christus, aber sie deckt sich nicht exakt mit diesem Ereignis. Das Geburtsjahr von Jesus lässt sich nicht mit Sicherheit bestimmen. Es muss aber vor dem Jahr 4 v. Chr. liegen, weil Herodes, der für den Kindermord in Bethlehem verantwortlich war, erwiesenermaßen im März jenes Jahres starb. Jesus wird daher bei seiner Taufe im Jordan im Jahr 27 n. Chr. etwa 30 Jahre alt gewesen sein (vgl. Lukas 3,23). Eine alte Zeitweissagung des Propheten Daniel (Kap. 9) hatte schon seit Jahrhunderten die Zeit des Messias angekündigt. Zu genau dieser Zeit erschien Jesus in der Öffentlichkeit. Er erfüllte den prophezeiten Erlösungsplan mit erstaunlicher Genauigkeit.

stehen somit für 490 Jahre. Der Anfangspunkt dieses Zeitabschnitts wird folgendermaßen festgelegt: »So wisse und verstehe: Vom Erlass des Befehls zur Wiederherstellung und zum Aufbau Jerusalems bis zu dem Gesalbten, dem Fürsten, vergehen 7 Wochen und 62 Wochen« (Daniel 9,25a Schl.), insgesamt also 69 Jahrwochen oder 483 Jahre. Der Befehl zur Wiederherstellung und zum Aufbau Jerusalems wurde durch einen Erlass des persischen Königs Artaxerxes Longimanus erteilt und trat im Herbst des Jahres 457 v. Chr. in Kraft (vgl. Esra 6,14; 7,1.9).[49] Die 483 Jahre enden somit im Herbst des Jahres 27 n. Chr. Gemäß der Vorhersage sollte dieser Zeitabschnitt bis zum Auftreten des Messias, »des Gesalbten«, reichen. Im Jahre 27 n. Chr. empfing Jesus bei seiner Taufe die Salbung mit dem Heiligen Geist und begann kurze Zeit später seinen Dienst. Von nun an hieß es: »Die Zeit ist erfüllt.« (Markus 1,15a)

Der Engel fuhr fort und erklärte: »Er wird mit den vielen einen festen Bund schließen eine Woche [7 Jahre] lang.« (Daniel 9,27a Schl.) Nachdem Jesus seinen Dienst angetreten hatte, sollte das Evangelium sieben Jahre lang besonders den Juden verkündet werden: dreieinhalb Jahre durch Christus selbst und anschließend durch die Apostel. »In der Mitte der Woche wird er die Schlachtopfer und Speiseopfer abschaffen.« (Daniel 9,27b) Im Frühjahr des Jahres 31 n. Chr. wurde der Messias als das wahre Opfer auf Golgatha dargebracht. Der Vorhang im Tempel zerriss in zwei Teile (vgl. Matthäus 27,50.51), um anzuzeigen, dass alle Opferhandlungen ihre Heiligkeit sowie Sinn und Bedeutung verloren hatten. Die Zeit der irdischen Opfer und Gaben war vorbei.

Die letzte Woche (sieben Jahre) endete 34 n. Chr. Damals besiegelten die Juden durch die Steinigung des Stephanus ihre endgültige Ablehnung des Evangeliums. Die Jünger wurden durch die Verfolgung zerstreut und »zogen umher und predigten das Wort« (Apostelgeschichte 8,4). Kurz danach bekehrte sich Saulus, der Verfolger, und wurde zum Heidenapostel Paulus.

Die Zeit des Kommens von Christus, seine Salbung durch den Heiligen Geist, sein Tod und die Verbreitung des Evangeliums unter den Völkern – auf all diese Ereignisse war eindeutig hingewiesen worden. Die Juden hatten das Vorrecht, diese Weissagungen zu verstehen und durch das Wirken von Jesus ihre Erfüllung zu erkennen. Christus machte seinen Jüngern bewusst, wie wichtig das Studium der Prophezeiungen ist. Als er auf die Weissagungen Daniels und deren Bedeutung für ihre Zeit hinwies, sagte er: »Wer das liest, der merke auf!« (Matthäus 24,15b) Nach seiner Auferstehung erklärte er seinen Jüngern, was in »allen Propheten ... von ihm gesagt war« (Lukas 24,27).

---

49 Siehe Erklärungen »Artaxerxes I.«, S. 814.

Christus selbst hatte durch alle Propheten geredet. »Und der Geist wirkte in ihnen, und sie versuchten zu erkennen, auf welche Zeit er sie hinwies, als er ihnen die Leiden von Christus und seine Herrlichkeit bereits damals ankündigte.« (1. Petrus 1,11 NLB)

GOTTES ABSICHTEN OFFENBART

Der Engel Gabriel, der nach dem Sohn Gottes die höchste Stellung einnimmt, überbrachte einst Daniel die göttliche Botschaft. Gabriel, »seinen Engel«, würde Christus später zu seinem geliebten Jünger Johannes senden, um ihm die Zukunft zu zeigen. Und gesegnet ist, »der da liest und die da hören die Worte der Weissagung und behalten, was darin geschrieben ist« (Offenbarung 1,1-3).

»Gott, der Herr, tut nichts, er offenbare denn seinen Ratschluss den Propheten, seinen Knechten.« (Amos 3,7) »Was verborgen ist, ist des Herrn, unseres Gottes; was aber offenbart ist, das gilt uns und unseren Kindern ewiglich.« (5. Mose 29,28) Das, was offenbart ist, hat uns Gott gegeben. Sein Segen ist jedem zugesagt, der die prophetischen Schriften mit Ehrfurcht und unter Gebet studiert.

Wie die Nachricht vom ersten Kommen von Christus das Reich seiner Gnade ankündigte, so kündigt die Nachricht von seinem zweiten Kommen das Reich seiner Herrlichkeit an. Wie die erste Nachricht gründet sich auch die zweite auf die Prophezeiungen der Bibel. Was der Engel dem Propheten Daniel über die letzte Zeit mitteilte, sollte in der »Zeit des Endes« (Daniel 12,4.9) verstanden werden. Von dieser Zeit heißt es: »Viele werden darin forschen, und so wird die Erkenntnis zunehmen ... Diejenigen, die sich von Gott abgewandt haben, werden weiterhin Böses tun. Sie werden auch bis zum Schluss nichts begreifen, die Klugen aber werden dieses alles verstehen.« (Daniel 12,4.10 NLB) Jesus hat selbst Zeichen seines Kommens genannt und dann gesagt: »Wenn ihr seht, dass dies alles geschieht, so wisst, dass das Reich Gottes nahe ist ... Hütet euch aber, dass eure Herzen nicht beschwert werden mit Fressen und Saufen und mit täglichen Sorgen und dieser Tag nicht plötzlich über euch komme wie ein Fallstrick ... So seid allezeit wach und betet, dass ihr stark werdet, zu entfliehen diesem allen, was geschehen soll, und zu stehen vor dem Menschensohn.« (Lukas 21,31.34. 36)

Die von der Heiligen Schrift vorhergesagte Zeit ist nun da. Die Zeit des Endes ist angebrochen. Die Vorhersagen der Propheten sind entsiegelt, und deren ernste Warnungen weisen uns darauf hin, dass das Kommen unseres Herrn in Herrlichkeit nahe bevorsteht.

Die Juden hatten das Wort Gottes falsch gedeutet und falsch angewandt und erkannten darum die Zeit ihrer Heimsuchung nicht. Die wertvollen letzten Jahre der Gnade für das auserwählte Volk, die Jahre des Wirkens von Christus und der Apostel, verbrachte man damit, Pläne zur Vernichtung der Boten Gottes zu schmieden. Weltlicher Ehrgeiz zog sie völlig in den Bann. Das geistliche Königreich wurde ihnen vergeblich angeboten. So ist es auch heute. Das Reich dieser Welt nimmt die Gedanken der Menschen gefangen, die nichts von den sich schnell erfüllenden Weissagungen und den Zeichen des rasch näherkommenden Gottesreiches bemerken.

»Aber ihr, liebe Brüder, lebt nicht in der Finsternis und werdet nicht überrascht sein, wenn der Tag des Herrn kommt wie ein Dieb. Denn ihr seid alle Kinder des Lichts und des Tages; wir gehören nicht der Finsternis noch der Nacht.« (1. Thessalonicher 5,4.5 NLB) Wir brauchen zwar nicht zu wissen, zu welcher Stunde unser Herr wiederkommt, wohl aber, wann sein Kommen nahe ist. »So lasst uns nun nicht schlafen wie die anderen, sondern lasst uns wachen und nüchtern sein.« (1. Thessalonicher 5,6)

KAPITEL 24

»IST ER NICHT DER SOHN DES ZIMMERMANNS?«

*Matthäus 13,53-58; Markus 6,1-6;
Lukas 4,16-30*

Ü ber den frohen Tagen des Wirkens von Jesus in Galiläa lag ein Schatten. Die Bewohner Nazareths wiesen ihn ab und sagten: »Ist er nicht der Sohn des Zimmermanns?« (Matthäus 13,55)

In seiner Kindheit und Jugendzeit hatte Jesus gemeinsam mit seinen Brüdern an den Gottesdiensten in der Synagoge von Nazareth teilgenommen. Seit Beginn seines Wirkens war er nicht mehr bei ihnen gewesen. Doch sie wussten, was ihm widerfahren war. Als er nun wieder zu ihnen kam, steigerten sich ihr Interesse und ihre Erwartung ins schier Unermessliche. Dies war seine vertraute Umgebung. Hier sah er die Gesichter, die er seit seiner Kindheit kannte. Hier waren seine Mutter, seine Brüder und seine Schwestern. Als er am Sabbat die Synagoge betrat, um unter den Gottesdienstbesuchern Platz zu nehmen, richteten sich aller Augen auf ihn.

Gewöhnlich las der Synagogenälteste im Gottesdienst aus den Schriften der Propheten und ermahnte die Leute, weiterhin auf den Einen zu hoffen, der eine glorreiche Herrschaft aufrichten und aller Unterdrückung ein Ende bereiten würde. Er dachte, seine Zuhörer dadurch zu ermutigen, dass er mit ihnen die Hinweise auf das baldige Kommen des Messias studierte. Er schilderte die Herrlichkeit von dessen Ankunft und unterstrich besonders den Gedanken, dass der Messias als Heerführer auftreten und Israel befreien werde.

IN DER SYNAGOGE VON NAZARETH

Wenn ein Rabbiner in der Synagoge anwesend war, erwartete man von ihm, dass er die Ansprache hielt. Aus den Propheten hingegen durfte jeder Israelit vorlesen. An jenem Sabbat nun wurde Jesus gebeten, diesen Teil des Gottesdienstes zu übernehmen. Er »stand auf, um aus der Schrift vorzulesen. Man reichte ihm die Schriftrolle des Propheten Jesaja« (Lukas 4,16b.17a NLB). Den Schriftabschnitt, den er vorlas, verstand man allgemein als einen Hinweis auf den Messias: »Der Geist des Herrn ist auf mir, weil er mich gesalbt hat, zu verkündigen das Evangelium den Armen; er hat mich gesandt, zu predigen den Gefangenen, dass sie frei sein sollen, und den Blinden, dass sie sehen sollen, und den Zerschlagenen, dass sie frei und ledig sein sollen, zu verkündigen das Gnadenjahr des Herrn.« (Lukas 4,18.19; vgl. Jesaja 61,1.2)

»Jesus rollte das Buch wieder zusammen, gab es dem Synagogendiener zurück und setzte sich. Alle in der Synagoge blickten gespannt auf ihn ... Alle spendeten seiner Rede Beifall und staunten über die Botschaft von Gottes rettender Gnade. Aber sie wunderten sich, so etwas aus seinem Mund zu hören.« (Lukas 4,20.22a GNB)

Jesus stand als lebendiger Ausleger der Weissagungen, die ihn selbst betrafen, vor der Gemeinde und erklärte die Worte, die er soeben gelesen hatte. Er sprach vom Messias als einem, der die Unterdrückten tröstet, die Gefangenen befreit, die Leidenden heilt, den Blinden das Augenlicht wiedergibt und der Welt das Licht der Wahrheit offenbart. Sein eindrucksvolles Auftreten und die großartige Bedeutung seiner Worte fesselten die Zuhörer, wie sie dies zuvor noch nie erlebt hatten. Die Macht des göttlichen Einflusses brach alle Schranken nieder, und wie einst Mose sahen sie den Unsichtbaren. Während ihre Herzen vom Heiligen Geist ergriffen waren, antworteten sie mit inbrünstigem Amen und priesen Gott.

Doch als Jesus erklärte: »Heute ist dieses Wort vor euren Augen und Ohren Wirklichkeit geworden!« (Lukas 4,21 NLB), wurden sie plötzlich wieder in die Gegenwart zurückgerufen und dachten über die erstaunlichen Ansprüche nach, von denen er eben gesprochen hatte. Er hatte sie, die Israeliten und Nachkommen Abrahams, dargestellt, als würden sie in Knechtschaft leben. Er hatte sie als Gefangene bezeichnet, die von der Macht des Bösen erlöst werden müssten – als Menschen, die in der Finsternis lebten und das Licht der Wahrheit nötig hätten. Ihr Stolz war gekränkt, und ihre Ängste waren geweckt. Die Worte von Jesus zeigten, dass sein Wirken für sie ganz anders sein sollte als das, was sie sich gewünscht hatten. Ihre Taten könnten allzu genau untersucht werden. Trotz ihrer Genauigkeit in äußerlichen Zeremonien schreckten sie vor diesem klaren, forschenden Blick zurück.

TEIL 4 | DER SIEG DER LIEBE

JESUS DECKT DIE HERZENSHALTUNG AUF

Wer ist dieser Jesus, fragten sich die Versammelten. Er, der die Herrlichkeit des Messias für sich in Anspruch nahm, war der Sohn eines Zimmermanns und hatte gemeinsam mit seinem Vater Josef in diesem Beruf gearbeitet. Sie hatten gesehen, wie er hart arbeitete, sich bergauf und bergab abmühte. Sie waren mit seinen Brüdern und Schwestern bekannt und wussten um sein Leben und seine Arbeit. Sie hatten beobachtet, wie aus dem Kind ein Jugendlicher und aus dem Jugendlichen ein Mann geworden war. Obwohl er ein unbescholtenes Leben führte, glaubten sie nicht, dass er der Verheißene war.

In was für einem Gegensatz stand doch seine Lehre vom neuen Reich zur Lehre, die sie von ihren Ältesten gehört hatten! Jesus hatte nichts über ihre Befreiung von den Römern gesagt. Sie hatten von seinen Wundern gehört und gehofft, er würde seine Macht zu ihrem Vorteil geltend machen. Doch dafür gab es keine Anzeichen.

Als sie dem Zweifel die Tür öffneten, verhärteten sich ihre Herzen, die sich zuvor für einen Moment hatten erweichen lassen, umso mehr. Satan wollte unbedingt verhindern, dass an jenem Tag einem Blinden die Augen geöffnet oder versklavte Menschen befreit würden. Mit aller Kraft arbeitete er daran, sie in ihrem Unglauben zu bestärken. Sie maßen dem ihnen bereits gegebenen Zeichen keine Bedeutung bei. Ihr Gewissen hatte sie nämlich davon überzeugt, dass ihr Erlöser zu ihnen sprach.

Aber nun bewies ihnen Jesus seine Göttlichkeit, indem er ihnen ihre geheimen Gedanken offenbarte. »Und er sprach zu ihnen: Ihr werdet mir freilich dies Sprichwort sagen: Arzt, hilf dir selber! Denn wie große Dinge haben wir gehört, die in Kapernaum geschehen sind! Tu so auch hier in deiner Vaterstadt! Er sprach aber: Wahrlich, ich sage euch: Kein Prophet gilt etwas in seinem Vaterland. Aber wahrhaftig, ich sage euch: Es waren viele Witwen in Israel zur Zeit des Elia, als der Himmel verschlossen war drei Jahre und sechs Monate und eine große Hungersnot herrschte im ganzen Land, und zu keiner von ihnen wurde Elia gesandt als allein zu einer Witwe nach Sarepta im Gebiet von Sidon. Und viele Aussätzige waren in Israel zur Zeit des Propheten Elisa, und keiner von ihnen wurde rein als allein Naaman aus Syrien.« (Lukas 4,23-27)

Indem Jesus Ereignisse aus dem Leben der Propheten erzählte, ging er auf die Fragen seiner Zuhörer ein. Die Mitarbeiter, die Gott für eine besondere Aufgabe berief, durften nicht für ein hartherziges und ungläubiges Volk arbeiten. Wer aber ein empfängliches Herz und die Bereitschaft zum Glauben hatte, erhielt durch die Propheten besondere Beweise der Macht Gottes. In den Tagen des Elia hatten die Israeliten Gott den Rücken gekehrt. Sie hielten an ihren Sünden fest und verwarfen die Warnungen des Geistes, die ihnen die Boten des Herrn verkündeten. Auf diese Weise versperrten sie sich selbst den Weg, auf dem der Segen Gottes zu ihnen hätte gelangen können. Der Herr ging an den Häusern Israels vorbei und fand für seinen Diener Zuflucht in einem heidnischen Land bei einer Frau, die nicht zum auserwählten Volk gehörte. Aber diese Frau fand Gnade bei Gott, weil sie dem Licht, das sie empfangen hatte, gefolgt war. Ihr Herz war empfänglich für ein noch größeres Licht, das ihr Gott durch seinen Propheten sandte.

Aus demselben Grund wurden zur Zeit des Elisa die Aussätzigen in Israel übergangen. Aber Naaman, ein heidnischer Feldherr, blieb dem, was er erkannt hatte, treu und spürte seine große Hilflosigkeit. Darum war er für die Gaben der göttlichen Gnade empfänglich und wurde nicht nur vom Aussatz geheilt, sondern dadurch gesegnet, dass er den wahren Gott erkannte. Unser Ansehen bei Gott hängt nicht davon ab, wie viel Licht wir empfangen haben, sondern wie wir mit dem, was wir haben, umgehen. Deshalb stehen sogar Heiden, die nach bestem Wissen und Gewissen handeln, Gott näher als Menschen, die großes Licht empfangen haben und vorgeben, Gott zu dienen, dieses Licht aber nicht beachten und durch ihr tägliches Leben ihrem Bekenntnis widersprechen.

Die Worte von Jesus in der Synagoge trafen seine selbstgerechten Zuhörer im tiefsten Inneren. Er hielt ihnen die bittere Wahrheit vor Augen, dass sie sich von Gott abgewandt und das Anrecht, sein Volk zu sein, verwirkt hatten. Jedes Wort drang wie ein Messer in ihr Herz, als ihnen ihr wahrer Zustand vor Augen geführt wurde. Nun verachteten sie den Glauben, den Jesus in ihnen eben noch entfacht hatte. Sie wollten nicht zugeben, dass er, der aus armen und einfachen Verhältnissen stammte, etwas anderes war als ein gewöhnlicher Mensch.

Aus ihrem Unglauben erwuchs Hass. Satan beherrschte sie. Voller Zorn erhoben sie ihre Stimme gegen den Erlöser. Sie hatten sich von dem abgewandt, dessen Auftrag darin bestand, zu heilen und wiederherzustellen. Sie offenbarten nun die Wesenszüge des Zerstörers.

VON ENGELN UMGEBEN

Als Jesus von den Segnungen, die den Heiden zuteilgeworden waren, berichtete, entflammte in seinen Zuhörern leidenschaftlicher Nationalstolz, und seine Worte gingen im Lärm der vielen Stimmen unter. Diese Leute hatten sich selbst damit gebrüstet, das Gesetz Gottes zu befolgen. Aber als ihre vorgefasste Meinung angegriffen wurde, waren sie bereit, einen Mord zu begehen.

Die Versammlung wurde abgebrochen. Sie packten Jesus, warfen ihn aus der Synagoge und vertrieben ihn aus der Stadt. Es schien, als wären sie begierig darauf, ihn zu vernichten. Sie zerrten ihn an den Rand eines Abgrundes und wollten ihn kopfüber hinunterstoßen. Überall hörte man Menschen schreien und fluchen, und einige warfen Steine nach ihm. Da verschwand er plötzlich aus ihrer Mitte (vgl. Lukas 4,29.30). Die Engel, die in der Synagoge an seiner Seite gewesen waren, umgaben ihn auch hier, inmitten der rasenden Menge. Sie schützten ihn vor seinen Feinden und brachten ihn an einen sicheren Ort.

In gleicher Weise bewahrten die Engel auch Lot und führten ihn sicher aus Sodom hinaus (vgl. 1. Mose 19,10-16). Genauso behüteten sie Elisa in jenem kleinen Gebirgsdorf. Als sich die Pferde, Streitwagen und Truppen des syrischen Königs ringsum auf den Hügeln versammelten, sah Elisa, dass die näher gelegenen Hänge voll der Heere Gottes waren. Feurige Pferde und Streitwagen umgaben den Diener des Herrn (vgl. 2. Könige 6,15-20).

Zu allen Zeiten waren Engel den treuen Nachfolgern von Christus nahe. Eine gewaltige Verschwörung des Bösen ist gegen diejenigen angeordnet, die überwinden möchten. Doch Jesus, der uns retten möchte, ermutigt uns, auf das Unsichtbare zu schauen, nämlich auf die himmlischen Heere, die sich schützend um alle lagern, die Gott lieben. Vor welchen sichtbaren und unsichtbaren Gefahren wir durch das Eingreifen der Engel bewahrt worden sind, werden wir nie erfahren. Erst im Licht der Ewigkeit werden wir die Fürsorge Gottes erkennen. Dann wird uns bewusst werden, mit wie viel Interesse die himmlische Familie Anteil an der irdischen genommen hat und wie die Boten vom Thron Gottes Tag für Tag unsere Schritte begleitet haben.

Als Jesus in der Synagoge aus den Schriften der Propheten vorlas, hielt er kurz vor der letzten Aussage über das Werk des Messias inne. Nach den Worten »zu verkündigen ein gnädiges Jahr des Herrn« brach er ab und ließ die folgenden Worte »und einen Tag der Vergeltung unseres Gottes« aus (Jesaja 61,2). Diese letzte Aussage ist ebenso wahr wie der erste Teil der Prophetie. Durch sein Schweigen leugnete Jesus diese Wahrheit keineswegs. Doch diese letzten Worte waren gerade jene, bei denen seine Zuhörer so gern verweilten und deren Erfüllung sie herbeisehnten. Mit diesen Worten drohten sie den Heiden Gottes Gericht an, ohne zu bedenken, dass ihre eigene Schuld noch größer war als die der anderen. Die Barmherzigkeit, die sie den Heiden so gern verweigerten, hatten sie selbst am nötigsten. An jenem Tag in der Synagoge, als Jesus mitten unter ihnen war, hatten sie die Möglichkeit, den Ruf des Himmels anzunehmen. Er, der »sich freut, wenn er barmherzig sein kann« (Micha 7,18 NLB), hätte sie gern aus dem Verderben gerettet, das ihre Sünde nach sich zog.

ZUM LETZTEN MAL IN NAZARETH

Er konnte sie jedoch nicht aufgeben, ohne sie nochmals zur Reue und Umkehr aufzurufen. Kurz vor dem Ende seines Wirkens in Galiläa besuchte er erneut seine Heimatstadt, in der er aufgewachsen war. Seit man ihn damals abgewiesen hatte, war er durch seine Predigten und Wunder im ganzen Land bekannt geworden. Niemand konnte jetzt noch leugnen, dass er mehr als menschliche Macht besaß. Die Einwohner von Nazareth wussten, dass er überall Gutes tat und alle Menschen, die von Satan geknechtet waren, heilte. In ihrer Umgebung gab es ganze Dörfer, wo man kein Klagen mehr hörte. In diesen Häusern gab es keine Kranken mehr, weil Christus bei ihnen gewesen war und sie geheilt hatte. Sein Erbarmen, das sich in jeder Tat seines Lebens offenbarte, bewies seine göttliche Salbung.

Wieder hörten die Nazarener seinen Worten zu und wurden von Gottes Geist berührt. Doch sogar jetzt wollten sie nicht anerkennen, dass dieser Mann, der mitten unter ihnen aufgewachsen war, anders oder größer war als sie selbst. Sie waren noch immer darüber verbittert, dass er beansprucht hatte, der Verheißene Gottes zu sein, ihnen aber gleichzeitig die Zugehörigkeit zu Israel aberkannte. Er hatte ihnen gezeigt, dass die heidnischen Frauen und Männer der Gnade Gottes würdiger waren als sie. Obwohl sie sich fragten: »Woher hat dieser solche Weisheit und solche Taten?« (Matthäus 13,54), nahmen sie ihn doch nicht als den von Gott gesandten Messias an. Wegen ihres Unglaubens konnte Jesus unter ihnen nicht viele Wunder wirken. Nur wenige Nazarener waren für seine Segnungen offen. Schweren Herzens zog er fort und kehrte nie mehr zurück.

HARTNÄCKIGER UNGLAUBE

Der Unglaube Jesus gegenüber, den sie einst gehegt hatten, beherrschte die Menschen aus Nazareth weiterhin. Ebenso beherrschte er den Hohen Rat und die jüdische Nation. Als die Priester und das Volk zum ersten Mal die Bekundung der Macht des Heiligen Geistes zurückwiesen, war dies der Anfang vom Ende. Um zu beweisen, dass ihr erster Widerstand berechtigt gewesen war, nörgelten sie weiterhin an den Worten von Jesus herum. Ihre Ablehnung dem Geist Gottes gegenüber erreichte ihren Höhepunkt am Kreuz auf Golgatha, in der Zerstörung Jerusalems und in der Zerstreuung des Volkes über die ganze Erde.

Wie sehr hat sich Christus doch danach gesehnt, Israel die kostbaren Schätze der Wahrheit zu offenbaren! Aber ihre geistliche Blindheit war so groß, dass es unmöglich war, ihnen die Wahrheiten über sein Reich zu eröffnen. Sie klammerten sich an ihr Glaubensbekenntnis und an ihre sinnlos gewordenen Zeremonien, während die himmlische Wahrheit auf ihre Zustimmung wartete. Sie gaben ihr Geld für Spreu und Schalen von Getreide aus, während das Brot des Lebens in greifbarer Nähe war. Warum wandten sie sich nicht Gottes Wort zu, um sorgfältig zu überprüfen, ob sie sich irrten? Die heiligen Schriften des Alten Testaments machten genaue Angaben über jede Einzelheit des Wirkens des Messias. Immer wieder zitierte er aus den Schriften der Propheten mit dem Hinweis: »Heute ist dieses Wort der Schrift erfüllt vor euren Ohren.« (Lukas 4,21) Hätten sie diese Aussagen aufrichtig studiert und ihre eigene Meinung anhand des Wortes Gottes überprüft, hätte Jesus weder über ihre Verstocktheit weinen noch zu ihnen sagen müssen: »Seht, euer Haus soll euch wüst gelassen werden.« (Lukas 13,35) Die Beweise, dass er der gesandte Messias war, hätten sie erkennen und das Unheil, das ihre stolze Stadt in Trümmer legte, abwenden können. Aber das Denken der Juden wurde durch ihre unvernünftige Engstirnigkeit eingeschränkt. Die Lehren von Jesus legten ihre Charaktermängel bloß und forderten sie zur Umkehr auf. Wären sie seinen Lehren gefolgt, hätten sie ihr tägliches Verhalten ändern und die von ihnen gehegten Hoffnungen aufgeben müssen. Um im Himmel geehrt zu werden, muss man auf menschliche Ehre verzichten. Hätten sie den Worten dieses neuen Lehrers gehorcht, hätten sie sich gegen die Auffassungen der großen Denker und Lehrer ihrer Zeit stellen müssen.

In den Tagen von Jesus war die Wahrheit unbeliebt. So ist es auch heute. Seit Satan den ersten Menschen eine Abneigung gegen die Wahrheit einflößte und sie durch Lügen zur Selbstverherrlichung verführte, ist dies so. Begegnen wir nicht auch heute Theorien und Lehren, die ihr Fundament nicht im Wort Gottes haben? Die Menschen halten ebenso hartnäckig an ihnen fest wie damals die Juden an ihren Überlieferungen.

STOLZ UND VORURTEILE

Die jüdischen Führer waren von geistlichem Stolz erfüllt. Ihr Streben nach eigener Ehre zeigte sich sogar bei ihrem Dienst im Tempel. In der Synagoge beanspruchten sie die besten Plätze. Auf den Märkten wollten sie gegrüßt werden, und es tat ihnen wohl, ihre Titel aus dem Mund anderer zu hören. Weil die echte Frömmigkeit langsam verblasste, galt ihr Eifer immer mehr dem Formenwesen.

Da ihr Verständnis durch selbstsüchtige Vorurteile getrübt war, vermochten sie die Kraft der überzeugenden Worte von Christus nicht mit seiner demütigen Haltung in Einklang zu bringen. Sie konnten nicht begreifen, dass wirkliche Größe keine äußere Zurschaustellung braucht. Die Armut dieses Mannes schien im Widerspruch zu seinem messianischen Anspruch zu stehen. Sie fragten sich: Wenn er wirklich der war, der zu sein er behauptete, warum war er dann so anspruchslos? Wenn er auf Waffengewalt verzichten wollte, was würde dann aus ihrer Nation werden? Wie könnten Macht und Ruhm, auf die sie so lange gewartet hatten, die Völker veranlassen, sich dem jüdischen Volk zu beugen? Waren sie nicht von den Priestern gelehrt worden, dass Israel über die ganze Erde herrschen würde? Könnte es sein, dass sich ihre großen Theologen geirrt hatten?

Aber es war nicht nur das Fehlen der äußerlichen Herrlichkeit, das die Juden dazu veranlasste, Jesus abzulehnen. Er war die Reinheit in Person, sie aber waren unrein. Er lebte als Beispiel makelloser Rechtschaffenheit unter den Menschen. Sein untadeliges Leben brachte ihren Herzenszustand ans Licht. Seine Lauterkeit deckte ihre Unaufrichtigkeit auf. Sie offenbarte, wie leer ihre angebliche Frömmigkeit und wie abstoßend ihr böser Charakter war. Ein solches Licht war nicht erwünscht.

Hätte Jesus die Aufmerksamkeit auf die Pharisäer gelenkt und ihre Gelehrsamkeit und Frömmigkeit gerühmt, hätten sie ihn mit Freuden begrüßt. Als er aber vom Himmelreich als einem Reich der Barmherzigkeit für alle Menschen sprach, legte er ihnen einen religiösen Standpunkt dar, den sie nicht duldeten. Ihr eigenes Beispiel und ihre eigenen Lehren hatten nie vermocht, ein Leben für Gott als wünschenswert erscheinen zu lassen. Als sie sahen, dass Jesus ausgerechnet denen, die sie hassten und ausgrenzten, seine Aufmerksamkeit schenkte, wurden in ihren stolzen Herzen die schlimmsten Gefühle geweckt. Bei all ihrem Stolz darauf, dass Israel als »der Löwe aus dem Stamm Juda« (Offenbarung 5,5) zur Herrschaft über alle Völker erhöht werden würde, konnten sie die Enttäuschung ihrer ehrgeizigen Hoffnungen besser ertragen als den Tadel durch Christus wegen ihrer Sünden und den Vorwurf, den sie allein durch die Gegenwart seiner Reinheit verspürten.

KAPITEL 25

DIE BERUFUNG AM SEE

Matthäus 4,18-22; Markus 1,16-20; Lukas 5,1-11

Über dem See Genezareth dämmerte der Morgen. Die Jünger, erschöpft von der erfolglosen Arbeit der vergangenen Nacht, befanden sich mit ihren Fischerbooten noch auf dem See. Jesus war gekommen, um eine ruhige Stunde am Ufer des Sees zu verbringen. Er hoffte, früh am Morgen für eine Weile Ruhe vor der großen Menschenmenge zu finden, die ihm Tag für Tag folgte. Doch schon bald begannen die Menschen sich um ihn zu sammeln. Ihre Zahl wuchs schnell, sodass er von allen Seiten bedrängt wurde. Unterdessen hatten die Jünger mit ihren Booten das Land erreicht. Um dem Menschengedränge auszuweichen, stieg Jesus zu Petrus ins Boot und bat ihn, ein wenig vom Ufer abzustoßen. So konnte er von allen besser gesehen und gehört werden. Nun lehrte er die Menge am Strand vom Boot aus.

Welch ein Bild bot sich hier den Engeln! Ihr ruhmreicher Anführer saß in einem Fischerboot, das von den ständigen Wellen hin- und hergeschaukelt wurde, und verkündete den vielen Menschen, die dichtgedrängt am Ufer des Sees standen, die frohe Botschaft von der Erlösung. Der Geehrte des Himmels verkündete dem gewöhnlichen Volk unter freiem Himmel die großen Dinge seines Königreichs. Und doch hätte es keinen passenderen Ort für sein Wirken geben können. Der See, die Berge, die weiten Felder, das Sonnenlicht, das die Erde überflutete – dies alles waren Dinge, die seine Lehren veranschaulichten und sich dem Gedächtnis seiner Zuhörer einprägten. Keine dieser Lehren von Christus blieb ohne Erfolg. Jede Botschaft von seinen Lippen erreichte Menschen, die sie als Worte des ewigen Lebens aufnahmen.

Die Menge am Ufer wurde immer größer: betagte Männer, gestützt auf ihre Stöcke, abgehärtete Bergbauern, Fischer, die von ihrer harten Arbeit auf dem See zurückkehrten, Händler und Rabbiner, Reiche und Gelehrte, Alte und Junge. Sie brachten ihre Kranken und Leidenden und drängten sich nach vorn, um die Worte des göttlichen Lehrers zu hören. Bilder wie diese hatten die Propheten vor Augen gehabt, als sie schrieben: »Das Land Sebulon und das Land Naftali, das Land am Meer, das Land jenseits des Jordan, das heidnische Galiläa, das Volk, das in Finsternis saß, hat ein großes Licht gesehen; und denen, die saßen am Ort und im Schatten des Todes, ist ein Licht aufgegangen.« (Matthäus 4,15.16)

In seiner Predigt dachte Jesus nicht nur an die Menschenmenge am Ufer des Sees, sondern auch an eine andere Zuhörerschaft. Er überschaute die kommenden Zeitalter und sah seine Getreuen vor Gericht und in Gefängnissen, in Anfechtung, Einsamkeit und Bedrängnis. Jeden Augenblick der Freude, des Kampfes und der Ratlosigkeit sah er vor sich. Die Worte, die er zur Menge sprach, waren auch an die Menschen in der Zukunft gerichtet, damit sie in Zeiten der Prüfung Hoffnung, im Leiden Trost und in der Finsternis himmlisches Licht empfangen könnten. Die Stimme, die vom Fischerboot aus am See Genezareth sprach, sollte den Menschenherzen durch den Heiligen Geist bis ans Ende der Zeit Frieden zusprechen.

Nachdem Jesus zu Ende geredet hatte, wandte er sich an Petrus und bat ihn, auf den See hinauszufahren und das Netz zum Fang auszuwerfen. Aber Petrus war entmutigt, weil er die ganze Nacht nichts gefangen hatte. Während der stillen Stunden der Nacht hatte er an das Schicksal Johannes des Täufers gedacht, der einsam im Kerker schmachtete. Er hatte darüber nachgedacht, was Jesus und seine Nachfolger noch zu erwarten hätten. Auch an den Misserfolg in Judäa und an die bösartigen Priester und Rabbiner dachte er. Nun scheiterte er sogar in seinem eigenen Beruf. Als er die leeren Netze betrachtete, erschien ihm die Zukunft düster und entmutigend. »Meister«, sagte er, »wir haben die ganze Nacht gearbeitet und nichts gefangen; aber auf dein Wort will ich die Netze auswerfen.« (Lukas 5,5)

Nur Nachts war es günstig, mit Netzen im klaren Wasser des Sees zu fischen. Nachdem die Fischer aber die ganze Nacht erfolglos gearbeitet hatten, schien es aussichtslos, das Netz am Tag auszuwerfen. Doch Jesus hatte es geboten, und aus Liebe zu ihrem Meister gehorchten sie. Simon und sein Bruder warfen gemeinsam das Netz aus. Als sie es einholen wollten, waren so viele Fische darin, dass das Netz zu zerreißen begann. Sie mussten Johannes und Jakobus zu Hilfe rufen. Als der Fang eingeholt war, drohten die beiden Boote unter der schweren Last zu sinken.

MENSCHENFISCHER

Doch Petrus dachte jetzt nicht mehr an Boote oder Ladungen. Dieses Wunder war für ihn – mehr als alle anderen, die er bis jetzt miterlebt hatte – eine Offenbarung göttlicher Macht. In Jesus erkannte er den Einen, der die ganze Natur kontrollierte. Durch die göttliche Gegenwart wurde ihm bewusst, wie unheilig er war. Die Liebe zu seinem Herrn, die Scham über seinen eigenen Unglauben, die Dankbarkeit dafür, dass sich Jesus zu den Menschen herabgelassen hatte, und vor allem das Bewusstsein seiner eigenen Unreinheit in der Gegenwart der unendlichen Reinheit überwältigten ihn. Während seine Freunde den Inhalt der Netze in Sicherheit brachten, fiel Petrus dem Erlöser zu Füßen und rief: »Herr, geh weg von mir! Ich bin ein sündiger Mensch.« (Lukas 5,8)

Es war die Gegenwart derselben göttlichen Heiligkeit, die einst den Propheten Daniel wie tot vor dem Engel Gottes hatte niederfallen lassen. Er sagte: »Jede Farbe wich aus meinem Antlitz, und ich hatte keine Kraft mehr.« (Daniel 10,8) Als Jesaja die Herrlichkeit des Herrn schaute, rief er aus: »Wehe mir, denn ich bin verloren. Denn ein Mann mit unreinen Lippen bin ich, und mitten in einem Volk mit unreinen Lippen wohne ich. Denn meine Augen haben den König, den Herrn der Heerscharen, gesehen.« (Jesaja 6,5 Elb.) Die menschliche Natur in ihrer Schwachheit und Sünde wurde hier der Vollkommenheit des göttlichen Wesens gegenübergestellt. Jesaja fühlte sich unzulänglich und unheilig. So war es bei allen, denen ein Blick auf Gottes Größe und Majestät gewährt wurde.

Petrus rief zwar aus: »Herr, geh weg von mir! Ich bin ein sündiger Mensch«, aber zugleich umklammerte er die Füße von Jesus. Er spürte, dass er nicht von ihm getrennt sein konnte. Der Erlöser antwortete: »Fürchte dich nicht! Von nun an wirst du Menschen fangen.« (Lukas 5,8.10) Nachdem Jesaja Gottes Heiligkeit geschaut hatte und sich seiner Unwürdigkeit bewusst geworden war, wurde ihm die göttliche Botschaft anvertraut. So war es auch bei Petrus. Erst als er dazu geführt worden war, sich nicht mehr auf sich selbst, sondern auf die göttliche Macht zu verlassen, erhielt er den Ruf, für Christus zu arbeiten.

Bis zu jenem Zeitpunkt hatte sich noch keiner der Jünger[50] voll und ganz dem Dienst für Jesus angeschlossen. Sie hatten viele seiner Wunder miterlebt und zugehört, wie er lehrte, doch sie hatten ihre vorherige Beschäftigung noch nicht gänzlich aufgegeben. Die Einkerkerung von Johannes dem Täufer war für sie alle eine bittere Enttäuschung. Sollte dies das Ergebnis des Einsatzes von Johannes sein, dann bestand auch für ihren Meister nur wenig Hoffnung, da sich alle religiösen Führer gegen ihn vereint hatten. Unter diesen Voraussetzungen war es für sie eine Erleichterung gewesen, für kurze Zeit zu ihrem Fischerberuf zurückkehren zu können. Jetzt aber rief Jesus sie auf, ihr früheres Leben aufzugeben und ihre Anliegen mit den seinigen zu

---

50   Siehe Erklärungen »Jünger von Jesus«, S. 817 f.

DIE BERUFUNG AM SEE | 25

verbinden. Petrus hatte den Ruf angenommen. Als sie das Ufer erreichten, forderte Jesus auch die anderen drei Jünger auf: »Folgt mir nach; ich will euch zu Menschenfischern machen.« (Matthäus 4,19) Sofort verließen sie alles und »folgten ihm nach« (Matthäus 4,20).

Bevor Jesus sie aufforderte, ihre Netze und Boote zu verlassen, hatte er ihnen versichert, dass Gott sie mit dem Nötigsten versorgen werde. Dass Petrus sein Boot zur Verkündigung des Evangeliums zur Verfügung gestellt hatte, wurde ihm reichlich vergolten. Der Herr, »der seine Reichtümer großzügig allen schenkt, die ihn darum bitten« (Römer 10,12b NLB), hat gesagt: »Wenn ihr gebt, werdet ihr erhalten. Was ihr verschenkt, wird, zusammengepresst und gerüttelt, in einem vollen, ja überreichlichen Maß zu euch zurückfließen.« (Lukas 6,38a NLB) In diesem Maß hatte Jesus auch den Dienst von Petrus belohnt. Jedes Opfer im Dienst für Christus wird belohnt werden – nach dem »überschwänglichen Reichtum seiner Gnade« (Epheser 2,7b; vgl. 3,20).

In jener traurigen Nacht auf dem See, von Christus getrennt und von ihrer erfolglosen Arbeit erschöpft, wurden die Jünger hart von Unglauben geplagt. Aber die Gegenwart von Jesus fachte ihren Glauben erneut an und brachte ihnen Freude und Erfolg. So ist es auch mit uns! Getrennt von Christus bleibt unser Wirken erfolglos, und man fängt schnell an, misstrauisch zu werden und zu murren. Wenn er aber nahe bei uns ist und wir unter seiner Leitung arbeiten, freuen wir uns über die Beweise seiner Macht. Es ist Satan, der die Menschen entmutigt. Christus hingegen erfüllt uns mit Glauben und Hoffnung.

Die eigentliche Lehre, die das Wunder den Jüngern vermitteln sollte, gilt auch uns: Derjenige, auf dessen Wort hin sich die Fische des Sees sammelten, kann auch die Herzen der Menschen beeinflussen und sie durch das Band seiner Liebe an sich ziehen, sodass seine Diener »Menschenfischer« werden.

DER GRÖSSTE LEHRER

Sie waren einfache und ungelehrte Männer, diese Fischer aus Galiläa. Doch Christus, das Licht der Welt, besaß alle Macht, sie für die Aufgabe auszubilden, zu der er sie berufen hatte. Der Erlöser verachtete Bildung nicht. Denn ein wacher Geist, von Gottes Liebe geleitet und seinem Dienst geweiht, ist ein Segen. Jesus ging jedoch an den Weisen seiner Zeit vorüber, weil sie so selbstsicher waren, dass sie kein Mitgefühl für die leidende Menschheit aufbringen konnten. Mitarbeiter des Mannes aus Nazareth konnten sie so nicht werden. Weil sie sich selbst falsch einschätzten, verachteten sie es, durch Jesus belehrt zu werden. Der Herr sucht die Mitarbeit derer, die Werkzeuge für die Weitergabe seiner Gnade werden können. Wer Gottes Mitarbeiter sein will, muss zuerst lernen, sich selbst zu misstrauen. Erst dann ist er bereit, den Charakter von Christus anzunehmen. Dies kann man durch keine Ausbildung an den besten wissenschaftlichen Schulen erlangen. Es ist die Frucht der Weisheit, die allein vom göttlichen Lehrer kommt.

Jesus erwählte die einfachen Fischer, weil sie nicht in den Traditionen und falschen Bräuchen ihrer Zeit unterwiesen worden waren. Sie waren Männer mit natürlichen Begabungen, demütig und lernbereit; Männer, die Jesus für seinen Dienst ausbilden konnte. So manch ein einfacher Mensch müht sich geduldig mit seiner täglichen Arbeit ab, ohne sich seiner Fähigkeiten bewusst zu sein. Würde er seine Gaben einsetzen, stünde er auf der gleichen Ebene wie die höchstgeehrten Menschen der Welt. Es braucht etwas Fingerspitzengefühl, um diese schlummernden Begabungen zu wecken. Solche Männer berief Jesus zu seinen Mitarbeitern und gewährte ihnen das Vorrecht, in täglicher Gemeinschaft mit ihm zu leben. Keiner der bedeutenden Männer der Welt hatte jemals einen solchen Lehrer. Als die Jünger nach ihrer Ausbildung bei Jesus an die Öffentlichkeit traten, waren sie nicht mehr unwissend und ungebildet. Sie waren ihm im Geist und im Charakter ähnlich geworden. Die Leute merkten, dass sie mit ihm zusammen gewesen waren.

Es ist nicht die höchste Aufgabe der Erziehung, bloßes Wissen weiterzugeben, sondern die belebende Kraft zu vermitteln, die durch den Kontakt von Verstand zu Verstand und von Seele zu Seele empfangen wird. Nur Leben kann Leben hervorbringen. Welch ein Vorrecht war es für die Jünger, drei Jahre lang in täglicher Verbindung mit dem göttlichen Leben zu stehen, von dem jeder belebende Impuls ausgeht, der der Welt Segen bringt! Mehr als alle seine Gefährten öffnete sich Johannes, der geliebte Jünger, der Macht dieses wundersamen Lebens. Er sagte: »Denn das Leben ist offenbar geworden, und wir haben es gesehen; wir sind Zeugen dafür und verkünden euch das unvergängliche Leben, das beim Vater war und sich uns offenbart hat.« (1. Johannes 1,2 GNB) »Aus seinem Reichtum hat er uns beschenkt, uns alle mit grenzenloser Güte überschüttet.« (Johannes 1,16 GNB)

Die Apostel unseres Herrn zeichnete nichts aus, was ihnen Ruhm und Ehre hätte einbringen können. Es war offensichtlich, dass der Erfolg ihres Wirkens allein Gott zu verdanken war. Das Leben dieser Männer, der Charakter, den sie entwickelten, und das gewaltige Werk, das Gott durch sie vollbrachte, bezeugen, was Gott für Menschen tun will, die lernwillig und gehorsam sind.

Wer Christus am meisten liebt, wird auch am meisten Gutes tun. Wer das eigene Ich beiseite stellt, dem Wirken des Heiligen Geistes Raum gibt und ein völlig gottgeweihtes Leben führt, dessen Nützlichkeit ist keine Grenze gesetzt. Erdulden die Menschen die notwendige Erziehung, ohne dabei zu klagen oder zu verzagen, wird sie Gott Stunde um Stunde und Tag für Tag unterweisen. Gott sehnt sich danach, seine Gnade zu offenbaren. Entfernt sein Volk alle Hindernisse, wird er die Wasser des Heils in mächtigen Strömen durch die menschlichen Kanäle fließen lassen. Wenn Menschen aus einfachen und bescheidenen Verhältnissen ermutigt würden, all das Gute zu tun, das sie tun könnten, wenn ihr Eifer nicht eingedämmt würde, stünden 100 Mitarbeiter im Dienst für Jesus, wo jetzt nur einer ist.

Gott nimmt die Menschen an, wie sie sind. Wenn sie sich ihm unterordnen, bildet er sie für seinen Dienst aus. Nehmen wir Gottes Geist in uns auf, belebt er all unsere Fähigkeiten. Unter der Leitung des Heiligen Geistes wird sich der menschliche Verstand, der sich vorbehaltlos Gott hingegeben hat, harmonisch entwickeln. Er wird gestärkt, um Gottes Verordnungen verstehen und erfüllen zu können. Der schwache, schwankende Charakter wird stark und standhaft. Beständige Hingabe lässt eine so enge Beziehung zwischen Jesus und seinem Nachfolger entstehen, dass dieser ihm im Geist und im Charakter ähnlich wird. Die Verbindung mit Christus verhilft ihm zu einer klareren und weiteren Sicht. Seine Wahrnehmung wird schärfer und seine Urteilskraft ausgewogener. Wer sich danach sehnt, Christus zu dienen, wird durch die lebenspendende Kraft der »Sonne der Gerechtigkeit« (Maleachi 3,20) so gestärkt, dass er viel Frucht zur Ehre Gottes bringen kann.

Menschen mit höchster Bildung in Kunst und Wissenschaft haben von demütigen Christen, die vor der Welt als ungebildet galten, wertvolle Lektionen gelernt. Aber diese unbekannten Jünger waren in der höchsten und besten aller Schulen ausgebildet worden. Sie hatten zu den Füßen von Jesus gesessen, von dem es heißt: »Noch nie hat ein Mensch so geredet wie dieser.« (Johannes 7,46)

KAPITEL 26

IN KAPERNAUM

Matthäus 8,14-17; Markus 1,21-39; Lukas 4,31-43

Jesus weilte nach seinen Reisen immer wieder in Kapernaum. Daher wurde dieser Ort auch »seine Stadt« genannt (vgl. Matthäus 9,1). Sie lag am Galiläischen Meer, bei der wunderschönen Ebene von Genezareth.[51] Die tiefe Lage des Sees verlieh der angrenzenden Ebene ein angenehmes, südländisches Klima. In den Tagen von Christus gediehen hier Palmen und Olivenbäume, es gab Obstgärten und Weinberge, grüne Felder und leuchtend blühende Blumen in all ihrer Pracht. Alles wurde durch Wasserbäche bewässert, die sich über die umliegenden Felswände ergossen. An den Ufern des Sees und auf den Hügeln, die ihn in geringer Entfernung umgaben, lagen Siedlungen und Dörfer. Auf dem See gab es viele Fischerboote. Überall herrschte emsiges Treiben.

Kapernaum eignete sich sehr gut als Ausgangsort für das Wirken des Messias. Durch diese Stadt führte die Straße von Damaskus nach Jerusalem und Ägypten, und von hier aus gab es eine Verbindung zum Mittelmeer. Kapernaum war ein wichtiger Verkehrsknotenpunkt. Menschen aus vielen Ländern kamen hier vorbei oder machten auf ihren Reisen Halt. Hier konnte Jesus den reichen und berühmten, den einfachen und armen Menschen aus allen Völkern und Gesellschaftsschichten begegnen. Durch sie würden die Lehren des Messias in fremde Länder und zahlreiche Familien gebracht werden. Viele würden dazu angeregt werden, die Prophezeiungen zu studieren. Ihre Aufmerksamkeit würde so auf den Erlöser gelenkt und seine Botschaft in die Welt hinausgetragen werden.

Ungeachtet der Maßnahmen, die der Hohe Rat gegen Jesus ergriffen hatte, wartete das Volk gespannt darauf, wie sich sein Dienst entwickeln würde. Der ganze Himmel nahm regen Anteil daran. Engel waren dabei, die Wege für das Wirken von Jesus vorzubereiten. Sie berührten die Herzen der Menschen und zogen sie zum Erlöser hin.

In Kapernaum war der Sohn des königlichen Beamten, den Christus geheilt hatte, ein Beweis für seine Macht (vgl. Matthäus 8,5-13). Er und sein

---

51   Die fruchtbare Ebene von Genezareth lag südwestlich von Kapernaum und wurde einfach »Genezareth« genannt (vgl. Matthäus 14,34; Markus 6,53), genauso wie der See, der die Landschaft begrenzte (vgl. Lukas 5,1).

Haus bezeugten freudig ihren Glauben. Als nun bekannt wurde, dass der große Lehrer persönlich in ihrer Stadt weilte, gerieten die Bewohner in Aufregung. Scharen von Menschen strömten zu ihm. Am Sabbat war die Synagoge so überfüllt, dass viele umkehren mussten, weil sie nicht mehr eintreten konnten.

JESUS LEHRTE MIT VOLLMACHT

Alle, die Jesus hörten, »verwunderten sich über seine Lehre; denn er predigte mit Vollmacht« (Lukas 4,32). »Er lehrte sie mit Vollmacht und nicht wie ihre Schriftgelehrten.« (Matthäus 7,29) Der Unterricht der Schriftgelehrten und Ältesten war trocken und steif wie auswendig gelernte Floskeln. Für sie besaß das Wort Gottes keine Lebenskraft. In ihrem Unterricht ersetzten sie es durch ihre eigenen Vorstellungen und Überlieferungen. Sie versahen ihren Dienst in gewohnter Weise und gaben vor, das Gesetz Gottes auszulegen, aber keine göttliche Erleuchtung bewegte ihre Herzen oder die ihrer Zuhörer.

Jesus hatte nichts mit den verschiedenen Streitfragen der Juden zu tun. Seine Aufgabe war es, die Wahrheit zu verkünden. Seine Worte ließen die Lehren der Patriarchen und Propheten in neuem Licht erscheinen, und die heiligen Schriften kamen den Menschen wie eine neue Offenbarung vor. Nie zuvor hatten die Zuhörer von Jesus solch eine tiefe Bedeutung des Wortes Gottes wahrgenommen.

Jesus begegnete den Menschen in ihrer eigenen Welt, als einer, der ihre Nöte kannte. Er offenbarte ihnen die Schönheit der Wahrheit, indem er sie ihnen auf unmittelbare und einfache Weise darlegte. Seine Sprache war rein, edel und klar wie strömendes Wasser. Seine Stimme war wie Musik in den Ohren derer, die den eintönigen Reden der Rabbiner zugehört hatten. Seine Lehre war einfach, und doch redete er mit Vollmacht. Dies unterschied seine Lehrweise von allen anderen. Die Rabbiner hegten Zweifel und äußerten Bedenken, als ob man die heiligen Schriften unterschiedlich und sogar gegensätzlich auslegen könnte. Ihre Zuhörer wurden von Tag zu Tag mehr verunsichert. Jesus hingegen lehrte, dass die Heilige Schrift eine unbestrittene Autorität habe. Um welches Thema es auch ging, er sprach mit solcher Kraft, als könnte seinen Worten nicht widersprochen werden.

Er war jedoch eher ernst als leidenschaftlich. Er sprach wie jemand, der einen bestimmten Auftrag zu erfüllen hat. Jesus machte die Wirklichkeit der unsichtbaren, ewigen Welt für sie sichtbar. In jedem Thema offenbarte er Gott. Er wollte den Bann der Verblendung brechen, der die Menschen an irdische Dinge fesselte. Er rückte alle Angelegenheiten dieses Lebens ins richtige Verhältnis, indem er sie den ewigen Belangen unterordnete, ohne jedoch deren Wichtigkeit geringzuschätzen. Er lehrte, dass Himmel und Erde miteinander verbunden sind und das Erkennen der göttlichen Wahrheit uns Menschen hilft, die Alltagspflichten besser zu meistern. Er sprach wie jemand, der den Himmel kannte, sich seiner Beziehung zu Gott bewusst war und dennoch seine Verbundenheit mit jedem Mitglied der menschlichen Familie pflegte.

Die Gnadenbotschaften von Jesus waren unterschiedlich und immer so, dass sie sich für sein jeweiliges Publikum eigneten. Er wusste, wie »mit den Müden zu rechter Zeit zu reden« war (Jesaja 50,4). »Anmut ist ausgegossen« über seine Lippen (Psalm 45,3 Elb.), damit er den Menschen die Schätze der Wahrheit auf die ansprechendste Art und Weise vermitteln konnte. Er zeigte Feingefühl im Umgang mit Menschen, die Vorurteile hegten, und überraschte sie mit Vergleichen, durch die er ihre Aufmerksamkeit gewann. Über das Vorstellungsvermögen erreichte er ihre Herzen. Zur Veranschaulichung wählte er Gegenstände aus dem täglichen Leben; und obwohl sie einfach waren, lag darin ein erstaunlich tiefer Sinn. Er sprach von den Vögeln in der Luft, den Lilien auf dem Feld, der Saat, dem Hirten und den Schafen. Anhand dieser Dinge veranschaulichte Christus unvergängliche Wahrheiten. Immer wenn seine Zuhörer diesen Dingen später einmal zufällig in der Natur begegneten, erinnerten sie sich an seine Worte. Seine Bilder spiegelten stets seine Lehren wider.

Nie schmeichelte Christus den Menschen oder äußerte etwas, was ihre eigenen Fantasien und Vorstellungen verherrlicht hätte. Auch lobte er sie nicht für ihre klugen Erfindungen. Die tiefgründigen und unvoreingenommenen Denker verstanden seine Lehren und merkten, dass ihre Weisheit dadurch geprüft wurde. Sie staunten über die geistlichen Wahrheiten, die in einfachster Sprache ausgedrückt wurden. Die Gebildetsten waren von seinen Worten fasziniert, und immer hatten auch die Ungebildeten einen Gewinn davon. Er hatte selbst eine Botschaft für die Analphabeten. Sogar die Heiden ließ er wissen, dass er eine Botschaft für sie hatte.

Sein inniges Mitgefühl wirkte heilsam auf müde und beunruhigte Herzen. Selbst inmitten der Unruhe zorniger Feinde war er von einer Atmosphäre des Friedens umgeben. Die Schönheit seines Angesichts, sein freundliches Wesen und vor allem die Liebe, die sich in seinem Blick und seiner Stimme zeigte, zog all jene zu ihm hin, deren Herzen nicht durch Unglauben verhärtet waren. Hätte er nicht eine solch gütige und wohlwollende Ausstrahlung gehabt, die sich in jedem Blick und jedem Wort zeigte, wäre keine so große Menschenmenge angezogen worden. Die Leidenden, die zu ihm kamen, spürten, dass er als ein treuer, gütiger Freund ihre Anliegen zu den seinen machte. Sie hatten das starke Verlangen, mehr über die Wahrheiten zu erfahren, die er lehrte. Der Himmel war ihnen nahe gekommen. Sie sehnten sich danach, in der Gegenwart von Jesus mit seiner ständig tröstenden Liebe zu bleiben.

Jesus beobachtete mit tiefem Ernst, wie sich der Gesichtsausdruck seiner Zuhörer veränderte. Die Gesichter, die Interesse und Freude ausdrückten, erfüllten ihn mit großer Zufriedenheit. Wenn die Pfeile der Wahrheit in die Seele drangen, die Schranken der Selbstsucht durchbrachen, Reue und schließlich Dankbarkeit bewirkten, wurde Jesus froh. Wenn sein Blick über die Menge seiner Zuhörer schweifte und er Gesichter erkannte, die er zuvor schon gesehen hatte, strahlte sein Gesicht vor Freude. Er sah in ihnen Hoffnungsträger für sein Königreich. Berührte die klar ausgesprochene Wahrheit langgehegte Sünden, sah er, wie sich so manch ein Gesichtsausdruck veränderte. Dann begegnete ihm der kalte, abweisende Blick, der zeigte, dass das Licht nicht willkommen war. Wenn er sah, dass Menschen die Botschaft des Friedens nicht annehmen wollten, ging ihm ein Stich mitten durchs Herz.

DIE HEILUNG EINES BESESSENEN

In der Synagoge sprach Jesus davon, dass er gekommen war, Gottes Königreich aufzurichten. Er redete von seiner Aufgabe, die Menschen, die Satan gefangen hielt, zu befreien. Da wurde er durch einen grauenvollen Schrei unterbrochen. Ein Irrer stürmte aus der Menge und rief: »Was willst du von uns, Jesus von Nazareth? Du bist gekommen, uns zu vernichten. Ich weiß, wer du bist: der Heilige Gottes!« (Markus 1,24)

Die Leute waren bestürzt und ängstigten sich. Die Aufmerksamkeit der Zuhörer wurde von Christus abgelenkt. Seine Worte blieben ungehört. Dies war Satans Absicht, als er sein Opfer in die Synagoge führte. Aber Jesus bedrohte den Dämon und sprach: »›Verstumme und fahre aus von ihm!‹ Und der böse Geist warf ihn mitten unter sie und fuhr von ihm aus und tat ihm keinen Schaden.« (Lukas 4,35)

Der Verstand dieses jämmerlich Leidenden war von Satan verfinstert worden, aber in der Gegenwart des Erlösers hatte ein Lichtstrahl sein Dunkel durchbrochen. Im Kranken erwachte das Verlangen, von Satans Herrschaft frei zu werden, doch der Dämon widerstand der Macht von Christus. Als der Mann versuchte, Jesus um Hilfe zu bitten, legte ihm der böse Geist seine Worte in den Mund. Darum schrie er vor Seelenangst auf. Der von Dämonen Besessene ahnte, dass er sich in der Gegenwart des Einen befand, der ihn befreien konnte. Als er aber versuchte, sich der mächtigen Hand zu nähern, hielt ihn der Wille eines anderen zurück, und auch die Worte, die er sprach, waren nicht seine eigenen. Der Kampf zwischen Satans Macht und seinem eigenen Verlangen nach Freiheit war schrecklich.

Jesus, der Satan bei der Versuchung in der Wüste besiegt hatte, stand nun erneut seinem Feind gegenüber. Der Dämon bot all seine Kräfte auf, um die Herrschaft über sein Opfer zu behalten. Diesen Kampf zu verlieren, würde bedeuten, Jesus einen Sieg zu überlassen. Es schien, als müsste der gequälte Mann im Kampf mit dem Gegner, der ihm schon seine besten Kräfte geraubt hatte, sein Leben verlieren. Aber der Erlöser sprach mit Vollmacht und befreite den Gefangenen. Der eben noch Besessene stand nun freudig vor der verwunderten Menge. Er war frei und wieder Herr über sich selbst. Sogar der böse Geist hatte die göttliche Macht des Erlösers bestätigt.

Der Geheilte lobte Gott für seine Befreiung. Der Blick, eben noch von seinem Wahnsinn geprägt, war jetzt klar und vernünftig, und seine Augen füllten sich mit Tränen der Dankbarkeit. Die Anwesenden waren sprachlos vor Verwunderung. Als sie ihre Fassung wiedergefunden hatten, riefen sie aus: »Was ist das nur für eine Lehre? Und welche Macht dieser Jesus hat! Seinen Befehlen müssen sogar die bösen Geister gehorchen!« (Markus 1,27 Hfa)

VON FINSTEREN MÄCHTEN BEHERRSCHT

Der verborgene Grund für das Leid dieses Mannes, der für seine Freunde zu einem furchtbaren Anblick und sich selbst zur Last geworden war, lag in seinem eigenen Leben. Er war einst von den sündigen Vergnügungen fasziniert gewesen und wollte aus seinem Leben ein großes Fest machen. Er hätte nicht im Traum gedacht, dass er ein Schrecken für die Welt und eine Schande für seine Familie werden würde. Er glaubte, seine Zeit mit harmlosem Leichtsinn verbringen zu können. Aber einmal auf die schiefe Bahn geraten, sank er rasch immer tiefer. Unmäßigkeit und Leichtfertigkeit zerstörten seine guten Eigenschaften, und Satan erlangte ganz die Herrschaft über ihn.

Die Reue kam zu spät. Gerne wäre er nun bereit gewesen, seinen Wohlstand und seine Vergnügungen aufzugeben, um wiederzuerlangen, was er verloren hatte: sein Menschsein. Doch Satan hielt den Hilflosen fest im Griff. Er selbst hatte sich auf Satans Grund begeben, und jetzt nahm der Feind alle seine Fähigkeiten in Besitz. Der Verführer hatte ihn mit vielen anziehenden Dingen angelockt. Aber kaum hatte er den armseligen Mann in seiner Gewalt, wurde der Feind in seiner Grausamkeit erbarmungslos und in seinen Angriffen schrecklich. So ergeht es allen, die sich der Sünde hingeben. Das verlockende Vergnügen ihres früheren Lebens endet im Dunkel der Verzweiflung oder gar im Wahnsinn.

Derselbe böse Geist, der Jesus in der Wüste versuchte und vom Besessenen in Kapernaum Besitz ergriffen hatte, beherrschte auch die ungläubigen Juden. Doch bei ihnen nahm er ein frommes Aussehen an und versuchte, sie über ihre eigenen Beweggründe bezüglich der Verwerfung des Erlösers hinwegzutäuschen. Ihr Zustand war hoffnungsloser als der des Besessenen, weil sie kein Verlangen nach Christus hatten. So blieben sie fest in Satans Gewalt.

In der Zeit, als Christus persönlich unter den Menschen wirkte, waren die Mächte der Finsternis aktiv wie noch nie zuvor. Jahrhunderte lang hatten Satan und seine bösen Engel versucht, die Herrschaft über Leib und Seele der Menschen zu gewinnen und Sünde und Leid über sie zu bringen. Dann hatte er Gott für all das Elend verantwortlich gemacht. Christus offenbarte den Menschen Gottes Charakter. Er brach die Macht Satans und befreite dessen Gefangene. Neues Leben, Liebe und Kraft vom Himmel bewegten nun die Herzen der Menschen. Dies veranlasste den Fürsten der Finsternis, um die Alleinherrschaft seines Reiches zu kämpfen. Satan sammelte all seine Kräfte und bekämpfte das Werk von Christus auf Schritt und Tritt.

So wird es auch in der letzten großen Auseinandersetzung zwischen Gerechtigkeit und Sünde sein. Während die Nachfolger von Jesus mit neuem Leben, neuer Erkenntnis und neuer Kraft aus der Höhe ausgestattet werden, wird sich auch aus der Tiefe neues Leben erheben und die Werkzeuge Satans anspornen. Alle irdischen Bereiche werden immer stärker davon durchdrungen. Mit einer Raffinesse, die er sich durch jahrhundertelange Erfahrung im Kampf angeeignet hat, wirkt der Fürst des Bösen gut getarnt. Er erscheint als Engel des Lichts, und große Scharen von Menschen werden »verführerischen Geistern und teuflischen Lehren anhängen« (1. Timotheus 4,1).

ANGRIFFE AUF GOTTES WORT

Als Christus lebte, waren die politischen Führer und die Lehrer Israels zu schwach, um dem Wirken Satans zu widerstehen. Sie ließen das einzige Mittel außer Acht, mit dem sie die bösen Geister hätten abwehren können. Gottes Wort war es, mit dem Jesus den Bösen überwand. Die führenden Männer Israels behaupteten, Ausleger des Wortes Gottes zu sein. Doch sie hatten es nur studiert, um ihre Traditionen zu stützen und ihre selbstdachten Bräuche durchzusetzen. In ihrer Auslegung äußerten sie Ansichten, die Gott ihnen nie vermittelt hatte. Ihre geheimnisvollen Interpretationen ließen das, was

Gott so deutlich offenbart hatte, unklar erscheinen. Sie stritten über Spitzfindigkeiten und leugneten sehr wesentliche Wahrheiten. So wurde überall Unglaube gesät. Gottes Wort wurde seiner Kraft beraubt, und böse Geister wirkten frei nach ihrem Willen.

Die Geschichte wiederholt sich. Mit der aufgeschlagenen Bibel in der Hand und der Behauptung, ihren Lehren Ehre zu erweisen, zerstören viele Kirchenführer unserer Zeit den Glauben daran, dass die Bibel Gottes Wort ist. Sie sind eifrig damit beschäftigt, Gottes Wort zu zerpflücken, und setzen dabei ihre eigenen Ansichten über dessen klarste Aussagen. In ihren Händen verliert Gottes Wort seine erneuernde Kraft. Aus diesem Grund wuchert der Unglaube und verbreitet sich die Ungerechtigkeit.

Wenn Satan den Glauben an die Heilige Schrift geschwächt hat, lenkt er die Menschen zu anderen Licht- und Kraftquellen. Dabei schleicht er sich selbst ein. Wer sich von den klaren Lehren der Bibel und der mahnenden Stimme des Heiligen Geistes abwendet, lädt die Dämonen ein, die Kontrolle in seinem Leben zu übernehmen. Kritik und Mutmaßungen im Umgang mit der Heiligen Schrift ließen Spiritismus und Theosophie, diese modernen Formen des alten Heidentums, selbst in den Kirchen, die sich zu Christus bekennen, Fuß fassen.

Während das Evangelium verkündigt wird, sind Kräfte am Wirken, die nichts anderes sind als Werkzeuge lügenhafter Geister. Manch einer lässt sich nur aus Neugierde auf sie ein. Doch wird das Wirken übernatürlicher Kräfte einmal wahrgenommen, lässt man sich immer mehr davon anlocken, bis man von einem Willen beherrscht wird, der stärker ist als der eigene. Dann aber kann man der geheimnisvollen Macht nicht mehr entfliehen. Die Abwehrkräfte der menschlichen Seele sind zusammengebrochen. Gegen die Sünde gibt es keinen Schutz mehr. Niemand kennt die Tiefen der Erniedrigung und die Schande, in die man sinken kann, wenn einmal durch Ablehnung die Schranken, die Gottes Wort und sein Geist setzen, gefallen sind. Geheime Sünden oder beherrschende Leidenschaften machen uns zu hilflosen Gefangenen Satans, wie es der Besessene von Kapernaum beweist. Doch selbst dann ist die Lage nicht hoffnungslos.

Wir können Satan durch dasselbe Mittel überwinden, durch das auch Christus siegte: durch die Macht des Wortes! Gott lenkt unseren Verstand nicht ohne unsere Einwilligung. Wenn wir aber seinen Willen kennen lernen und befolgen möchten, gelten uns seine Verheißungen: Ihr »werdet die Wahrheit erkennen, und die Wahrheit wird euch frei machen« (Johannes 8,32). »Wenn jemand dessen Willen tun will, wird er innewerden, ob diese Lehre von Gott ist oder ob ich von mir selbst aus rede.« (Johannes 7,17) Durch den

Glauben an diese Verheißungen kann jeder aus den Schlingen des Irrtums und von der Herrschaft der Sünde befreit werden. Jeder Mensch kann frei wählen, welche Macht über ihn bestimmen soll. Keiner ist so tief gefallen und keiner ist so schlecht, dass er in Christus nicht Erlösung finden könnte. Der Besessene konnte statt eines Gebets nur die Worte Satans aussprechen; und doch wurde das stumme Flehen seines Herzens erhört. Kein Schrei aus der tiefen Not eines Menschen wird unbeachtet bleiben, selbst wenn die Stimme versagt. Jene, die in ein Bündnis mit dem Gott des Himmels einwilligen, werden nicht der Macht Satans oder der Schwäche ihrer eigenen Natur überlassen. Ihnen gilt die Einladung des Erlösers: »Sie suchen Zuflucht bei mir und machen Frieden mit mir, ja, Frieden mit mir.« (Jesaja 27,5) Die Geister der Finsternis kämpfen um jeden Menschen, der einmal unter ihrer Herrschaft stand, aber die Engel Gottes werden sich mit Erfolg für ihn einsetzen. Der Herr fragt: »Kann man auch einem Starken den Raub wegnehmen? Oder kann man einem Gewaltigen seine Gefangenen entreißen? So aber spricht der Herr: Nun sollen die Gefangenen dem Starken weggenommen werden, und der Raub soll dem Gewaltigen entrissen werden. Ich selbst will deinen Gegnern entgegentreten und deinen Söhnen helfen.« (Jesaja 49,24.25)

UNERMÜDLICHES WIRKEN

Während die Menge in der Synagoge noch sprachlos vor Erstaunen war, zog sich Jesus in das Haus des Petrus zurück, um etwas Ruhe zu finden. Aber auch über dieses Haus hatte sich ein Schatten gelegt. Die Schwiegermutter von Petrus war krank und »hatte hohes Fieber« (Lukas 4,38). Jesus heilte sie von ihrer Krankheit. Sie stand auf und bewirtete Jesus und seine Jünger.

Die Kunde von Jesus und seinem Wirken verbreitete sich schnell in ganz Kapernaum. Aus Furcht vor den Rabbinern wagte niemand, am Sabbat zu Jesus zu kommen, um geheilt zu werden. Aber kaum war die Sonne am Horizont untergegangen, gab es einen Tumult in der Stadt. Aus den Heimen, Geschäften und von den Märkten strömten die Einwohner zur bescheidenen Wohnung, die Jesus beherbergte. Die Kranken wurden auf ihren Betten gebracht, kamen auf Krücken gelehnt oder wankten mit kraftlosen Schritten, von ihren Freunden gestützt, zum Erlöser.

Es war ein ständiges Kommen und Gehen, denn niemand wusste, ob der Wundertäter am nächsten Tag noch unter ihnen weilen würde. Nie zuvor hatte Kapernaum einen solchen Tag erlebt. Die Menschen triumphierten und jubelten über ihre Befreiung, und der Erlöser erquickte sich an ihrer Freude, deren Grund er war. Als er die Leiden der Menschen sah, die zu ihm kamen, wurde sein Herz von Mitgefühl ergriffen. Es machte ihn glücklich, dass er ihnen durch seine Kraft ihre Gesundheit und ihre Fröhlichkeit zurückgeben konnte.

Jesus beendete seine Arbeit erst, als dem letzten Kranken geholfen worden war. Erst spät in der Nacht gingen die vielen Menschen weg, und in Simons Haus kehrte Ruhe ein. Der lange, aufregende Tag war vorüber und Jesus suchte die Stille. Doch während die Stadt noch schlummerte, »am Morgen, noch vor Tage, stand er auf und ging hinaus. Und er ging an eine einsame Stätte und betete dort« (Markus 1,35).

So verbrachte Jesus seine Tage hier auf Erden. Oft entließ er seine Jünger, damit sie ihre Familien aufsuchen und sich ausruhen konnten. Er selbst aber lehnte ihre Versuche, ihn von seinem Wirken abzuhalten, freundlich ab. Er arbeitete den ganzen Tag, belehrte die Ungelehrten, heilte die Kranken, machte Blinde sehend und gab der Menge zu essen. Doch in der Abendzeit oder am frühen Morgen ging er in die heilige Stille der Berge, um Gemeinschaft mit seinem himmlischen Vater zu pflegen. Oft verbrachte er die ganze Nacht in Andacht und Gebet und kehrte erst bei Tagesanbruch an seine Arbeit unter den Menschen zurück.

KEIN IRDISCHES REICH

Früh am Morgen kamen Petrus und seine Begleiter zu Jesus und berichteten ihm, dass ihn die Leute von Kapernaum bereits suchten. Die Jünger waren bitter enttäuscht darüber, wie Jesus bis jetzt empfangen worden war. Die Machthaber von Jerusalem wollten ihn töten, und sogar seine eigenen Landsleute in Nazareth hatten ihm nach dem Leben getrachtet. Doch in Kapernaum wurde er mit freudiger Begeisterung aufgenommen. Das erfüllte die Jünger mit neuer Hoffnung. Vielleicht würden sich unter den freiheitsliebenden Galiläern Anhänger für das neue Königreich finden lassen. Mit Erstaunen hörten sie deshalb die Worte von Jesus: »Ich muss auch den anderen Städten das Evangelium vom Reich Gottes predigen; denn dazu bin ich gesandt.« (Lukas 4,43)

Durch die Begeisterung in Kapernaum stand man in der Gefahr, das Ziel seiner Mission aus den Augen zu verlieren. Jesus genügte es nicht, die Aufmerksamkeit der Menschen nur als Wundertäter oder Heiler körperlicher Leiden auf sich zu ziehen. Er wollte ihnen als ihr Erlöser begegnen. Während das Volk fest daran glaubte, dass er als König gekommen sei, um ein irdisches

Reich aufzurichten, versuchte er ihre Gedanken vom Irdischen auf das Geistliche zu lenken. Ein rein weltlicher Erfolg hätte sein Wirken beeinträchtigt. Die Bewunderung der sorglosen Menge störte ihn. Sein Leben war frei von jedem Geltungsdrang. Die Ehrungen, welche die Welt den Bessergestellten, Reichen oder Begabten entgegenbringt, waren dem Menschensohn fremd. Jesus gebrauchte keines der Mittel, welche die Menschen nutzen, um Anhänger zu gewinnen oder Ehre zu erlangen. Jahrhunderte vor seiner Geburt war von ihm geweissagt worden: »Er wird nicht schreien noch rufen, und seine Stimme wird man nicht hören auf den Gassen. Das geknickte Rohr wird er nicht zerbrechen, und den glimmenden Docht wird er nicht auslöschen. In Treue trägt er das Recht hinaus. Er selbst wird nicht verlöschen und nicht zerbrechen, bis er auf Erden das Recht aufrichte.« (Jesaja 42,2-4)

Die Pharisäer versuchten, durch die peinlich genaue Einhaltung ihrer Zeremonien und die Zurschaustellung ihrer Frömmigkeit und ihrer Wohltaten Anerkennung zu finden. Sie bewiesen ihren Eifer für die Religion, indem sie diese Themen zum Gespräch machten. Auseinandersetzungen zwischen verfeindeten Religionsparteien waren laut und lang, und es war nicht ungewöhnlich, in den Straßen die Stimmen verschiedener Schriftgelehrter zu hören, die sich wütend stritten.

In deutlichem Gegensatz dazu stand das Leben von Jesus. Bei ihm gab es keine lauten Diskussionen, keine auffälligen Gebete und keine nach Beifall heischenden Taten. Christus war in Gott geborgen, und Gott wurde durch den Charakter seines Sohnes offenbart. Christus wollte die Gedanken der Menschen auf diese Offenbarung und auf die Verehrung lenken, die Gott gebührt.

Die »Sonne der Gerechtigkeit« ging nicht in großer Pracht über dieser Welt auf, um die Sinne der Menschen mit ihrer Herrlichkeit zu blenden. Von Christus steht geschrieben: »Wie die Morgenröte bricht er hervor.« (Hosea 6,3 ZÜ) Sanft und still ergießt sich das Tageslicht über die Erde, zerteilt die Schatten der Finsternis und erweckt die Welt zu neuem Leben. So ging auch die »Sonne der Gerechtigkeit« auf, und »ihre Strahlen werden Heilung bringen« (Maleachi 3,20 NLB).

KAPITEL 27

»WENN DU WILLST, KANNST DU MICH REINIGEN ...«

Matthäus 8,2-4; 9,1-8.32-34; Markus 1,40-45; 2,1-12; Lukas 5,12-26

Von allen Krankheiten, die man im Orient kannte, wurde der Aussatz am meisten gefürchtet. Weil er ansteckend und unheilbar war und schreckliche Folgen mit sich brachte, hatten sogar die Tapfersten davor Angst. Unter den Juden hielt man den Aussatz für ein durch Sünde verursachtes Strafgericht und bezeichnete ihn deshalb als »den Schlag« oder »den Finger Gottes«. Da der Aussatz hartnäckig und unheilbar war und mit dem Tod endete, wurde er als Symbol für die Sünde angesehen. Das Zeremonialgesetz erklärte einen Aussätzigen für unrein. Er wurde aus der menschlichen Gemeinschaft ausgeschlossen, als ob er bereits tot wäre. Was immer er berührte, war unrein. Selbst sein Atem verunreinigte die Luft. Wer verdächtigt wurde, an dieser Krankheit zu leiden, musste bei den Priestern vorstellig werden. Diese untersuchten den Fall und mussten darüber entscheiden. Erklärten sie den Menschen für aussätzig, wurde er von seiner Familie getrennt, aus der Volksgemeinschaft ausgeschlossen und dazu verurteilt, nur noch mit Leidensgenossen zusammenzuleben (vgl. 3. Mose 13; 4. Mose 5,2.3). Die Vorschriften dieses Gesetzes waren unumstößlich. Auch für Könige und Fürsten gab es keine Ausnahme. Ein Herrscher, der von dieser schrecklichen Krankheit angesteckt wurde, musste auf seine Regentschaft verzichten und sich aus der Gesellschaft zurückziehen.

Getrennt von seinen Freunden und seiner Verwandtschaft, musste der Aussätzige den Fluch seiner Krankheit ertragen. Er war verpflichtet, seinen Schicksalsschlag öffentlich bekanntzumachen, seine Gewänder zu zerreißen und laute Warnrufe von sich zu geben, damit sich jeder vor seiner ansteckenden

Gegenwart in Sicherheit bringen konnte. Der schwermütige Ruf »Unrein! Unrein!« der in die Einsamkeit Verbannten löste Furcht und Abscheu aus.

JESUS, DIE EINZIGE HOFFNUNG

In der Gegend, wo Jesus wirkte, gab es viele Aussätzige. Die Nachricht von seinen Taten weckte in ihnen Hoffnung. Aber seit der Zeit des Propheten Elisa war es nicht mehr vorgekommen, dass ein Aussätziger von dieser Krankheit geheilt wurde. Sie wagten nicht, etwas von Jesus zu erwarten, was er noch nie für einen Menschen getan hatte. Doch da war einer, in dessen Herz der Glaube aufzukeimen begann. Aber der Mann wusste nicht, wie er zu Jesus gelangen sollte. Wie konnte er, so ausgeschlossen von der Gesellschaft, dem großen Arzt gegenübertreten? Und er fragte sich, ob Christus ihn wohl heilen würde. Würde er sich herablassen und einem Menschen Beachtung schenken, von dem man glaubte, dass er unter dem Strafgericht Gottes litt? Würde Jesus nicht wie die Pharisäer und sogar wie die Ärzte einen Fluch über ihn aussprechen und ihn auffordern, von den öffentlichen Plätzen zu verschwinden? Er dachte an alles, was er von Jesus gehört hatte. Nicht einer, der diesen um Hilfe gebeten hatte, war abgewiesen worden. Da entschloss sich der bemitleidenswerte Mensch, Jesus zu suchen. Obwohl aus den Städten verbannt, könnte er ihm vielleicht auf einer abgelegenen Gebirgsstraße begegnen oder ihn außerhalb der Stadt finden, wenn er dort lehrte. Die Schwierigkeiten waren groß, doch dies war seine einzige Hoffnung.

Der Aussätzige wurde zu Jesus geführt. Jesus lehrte gerade am See, und das Volk hatte sich um ihn geschart. Aus der Ferne hörte der Aussätzige einige Worte aus dem Mund des Erlösers. Er sah, wie Jesus den Kranken seine Hände auflegte. Er sah die Gelähmten, die Blinden, die Krüppel und die Sterbenden, wie sie geheilt aufstanden und Gott für ihre Befreiung priesen. Das stärkte seinen Glauben. Schritt für Schritt näherte er sich der Menge. Die ihm auferlegten Einschränkungen, die Sicherheit der Umstehenden und die Angst, mit der ihn alle ansahen, waren vergessen. Er dachte nur noch an die selige Hoffnung, geheilt zu werden.

Sein Anblick war widerwärtig. Die Krankheit hatte verheerende Auswirkungen. Sein verfallener Körper war schrecklich anzusehen. Als ihn die Menschen sahen, wichen sie entsetzt zurück. Um ja nicht mit ihm in Berührung zu kommen, drängten sie sich weg von ihm und stießen sich gegenseitig. Einige wollten verhindern, dass er sich Jesus näherte, aber vergebens. Er sah und hörte sie nicht. Ihre Ausrufe, die voller Abscheu waren, blieben ungehört. Er sah allein den Sohn Gottes und hörte nur die eine Stimme, die den Sterbenden Leben zusprach. Als er zu Jesus vorgedrungen war, warf er sich ihm zu Füßen und rief: »Herr, wenn du willst, kannst du mich reinigen.« (Matthäus 8,2) Jesus erwiderte: »Ich will's tun; sei rein!« (Matthäus 8,3) Dabei legte er seine Hand auf den Kranken.

Im selben Augenblick geschah eine Veränderung an dem Aussätzigen. Sein Fleisch wurde gesund, seine Nerven wurden empfindsam und seine Muskeln fest. Die raue, schuppige Haut des Aussätzigen verschwand, und eine zarte, wie die eines gesunden Kindes, bildete sich an deren Stelle.

AUFTRAG UND WARNUNG

Jesus gebot dem Mann, das Wunder, das an ihm vollbracht worden war, nicht bekanntzumachen, sondern unverzüglich mit einer Opfergabe in den Tempel zu gehen. Eine solche wurde erst dann angenommen, wenn die Priester den Mann untersucht und für völlig gesund erklärt hatten. Auch wenn sie diesen Dienst nur widerwillig ausführten, konnten sie eine Untersuchung und Entscheidung in dem Fall nicht umgehen.

Der biblische Bericht zeigt, wie eindringlich Jesus den Geheilten aufforderte, zu schweigen und umgehend zu handeln. »Sofort schickte Jesus ihn weg und befahl ihm streng: ›Sag ja niemand ein Wort davon, sondern geh zum Priester, lass dir deine Heilung bestätigen und bring die Opfer, die Mose zur Wiederherstellung der Reinheit vorgeschrieben hat. Die Verantwortlichen sollen wissen, dass ich das Gesetz ernst nehme.‹« (Markus 1,43.44 GNB) Hätten die Priester gewusst, wie die Heilung des Aussätzigen vor sich gegangen war, hätte sie ihr Hass auf Christus vielleicht dazu verleitet, ein unehrliches Urteil zu fällen. Jesus wollte, dass sich der Geheilte im Tempel zeigte, bevor irgendwelche Gerüchte über das Wunder die Priester erreichten. Nur so war ein vorurteilsfreies Urteil sicher. Dem Geheilten würde dann erlaubt werden, zu seiner Familie und zu seinen Freunden zurückzukehren.

Christus dachte noch an etwas anderes, als er dem Mann zu schweigen gebot. Der Erlöser wusste, dass seine Feinde immer versuchten, sein Wirken zu behindern und die Menschen von ihm abzulenken. Wenn die Heilung des Aussätzigen überall bekannt würde, würden ihn auch andere bedrängen, die an dieser furchtbaren Krankheit litten. Kritik würde laut werden, dass sich die Gesunden durch den Kontakt mit diesen Kranken anstecken könnten. Auch würden viele Aussätzige das Geschenk der Gesundheit nicht so nutzen, dass es ihnen selbst und anderen zum Segen gereichte. Hätte er die Aussätzigen an sich gezogen, hätte Jesus beschuldigt werden können, die Vorschriften des

Zeremonialgesetzes zu missachten. Dadurch wäre sein Dienst der Evangeliumsverkündigung behindert worden.

Die nachfolgenden Ereignisse zeigten, wie berechtigt die Warnung von Jesus war. Sehr viele Menschen waren Zeugen der Heilung des Aussätzigen und warteten nun gespannt auf die Entscheidung der Priester. Als der Mann zu seinen Freunden zurückkehrte, war die Aufregung groß. Ungeachtet der Vorsicht, die ihm Jesus geboten hatte, bemühte sich der Mann nicht weiter, seine Heilung zu verbergen. Es wäre natürlich nicht möglich gewesen, diese Tat geheim zu halten. Aber der Geheilte machte sie überall nachdrücklich bekannt. Überzeugt davon, dass ihn Jesus nur aus falscher Bescheidenheit gewarnt hatte, ging er hin und pries an allen Orten die Macht des großen Heilers. Er hatte nicht verstanden, dass jede derartige Bekundung die Priester und Ältesten in ihrem Entschluss, Jesus umzubringen, bestärkte. Der Geheilte empfand die Gabe der Gesundheit als kostbar. Er freute sich über seine wiedergewonnene Lebenskraft und über die Rückkehr zu seiner Familie und zur Gesellschaft. Es war für ihn unmöglich, diesem Arzt, der ihn gesund gemacht hatte, keine Ehre zu erweisen. Dadurch aber, dass er es überall hinausposaunte, wurde das Wirken von Jesus behindert. Es veranlasste die Leute, in solchen Scharen zu ihm zu strömen, dass sich Jesus gezwungen sah, seine Arbeit eine Zeitlang zu unterbrechen.

DIE ABSICHT VON JESUS

Jede Tat, die Jesus vollbrachte, hatte ein weiteres Ziel vor Augen. Sie umfasste mehr, als es im ersten Augenblick schien. So war es auch im Fall des Aussätzigen. Während Jesus allen half, die zu ihm kamen, wünschte er sich sehnlichst, auch diejenigen zu segnen, die nicht gekommen waren. Während er die Zöllner, Heiden und Samariter anzog, wollte er unbedingt auch die Priester und Schriftgelehrten erreichen, die in Vorurteilen und Traditionen gefangen waren. Er ließ nichts unversucht, um sie zu gewinnen. Dass er den vom Aussatz Geheilten zu den Priestern schickte, war ein »Zeugnis« für sie, mit dem er ihre Vorurteile abbauen wollte (vgl. Markus 1,44).

Die Pharisäer behaupteten, die Lehren von Christus stünden im Gegensatz zum Gesetz, das Gott durch Mose gegeben hatte. Aber der Befehl an den geheilten Aussätzigen, dem Gesetz entsprechend ein Opfer darzubringen, widerlegte diese Anklage. Dies war ein ausreichender Beweis für alle, die willig waren, sich überzeugen zu lassen.

Die Obersten in Jerusalem hatten Spione ausgesandt, die irgendeinen Vorwand finden sollten, um Christus töten zu können. Jesus reagierte darauf mit einem Liebesbeweis für die Menschen, mit seiner Achtung vor dem Gesetz und mit seiner Macht, von Sünde und Tod zu befreien. Deshalb bezog er das Psalmwort auf sie: »Sie vergelten Gutes mit Bösem und erwidern meine Liebe mit Hass.« (Psalm 109,5 NLB) Derselbe, der auf dem Berg der Seligpreisungen die Weisung erteilt hatte: »Liebt eure Feinde« (Matthäus 5,44a), befolgte nun selbst auf beispielhafte Weise durch sein Handeln den Grundsatz: »Vergeltet Böses nicht mit Bösem. Werdet nicht zornig, wenn die Leute unfreundlich über euch reden, sondern wünscht ihnen Gutes und segnet sie.« (1. Petrus 3,9a NLB)

Dieselben Priester, die den Aussätzigen verbannt hatten, bestätigten nun seine Heilung. Dieses Urteil, das öffentlich bekanntgemacht und auch in ein Register eingetragen wurde, war ein schlagender Beweis für Christus. Der Geheilte, der durch die persönliche Bestätigung der Priester nun restlos gesund war und wieder in die Gesellschaft Israels aufgenommen wurde, war ein lebendiger Zeuge für seinen Wohltäter. Mit großer Freude brachte er sein Opfer und pries den Namen von Jesus. Die Priester waren von der göttlichen Macht des Erlösers überzeugt. Sie hatten Gelegenheit, die Wahrheit zu erkennen. Das Licht wäre für sie ein Gewinn gewesen. Verachteten sie dieses Licht, würde es von ihnen weichen und nie wieder zurückkehren. Viele wiesen es ab, und dennoch war es nicht vergeblich gegeben worden! Viele Herzen wurden bewegt, wenn auch im Verborgenen. Während des Erdenlebens von Christus schien es, als würde sein Einsatz bei den Priestern und Schriftgelehrten nur auf wenig Gegenliebe stoßen. Doch nach seiner Himmelfahrt wurde »eine große Zahl von Priestern dem Glauben gehorsam« (Apostelgeschichte 6,7b).

REINIGUNG VON SÜNDE

Das Wirken von Christus, wie es in der Reinigung des Aussätzigen von seiner schrecklichen Krankheit sichtbar wurde, gleicht seinem Wirken bei der Reinigung des Menschen von der Sünde. Der Mann, der zu Jesus kam, war »voller Aussatz« (vgl. Lukas 5,12), dessen tödliches Gift seinen ganzen Körper durchdrang. Die Jünger wollten ihren Meister davon abhalten, den Mann anzufassen, denn wer einen Aussätzigen berührte, wurde selbst unrein. Aber Jesus wurde nicht verunreinigt, als er seine Hand auf den Aussätzigen legte. Seine Berührung verlieh lebensspendende Kraft, und der Kranke wurde vom Aussatz geheilt. So ist es auch mit dem Aussatz der Sünde, der tief im Menschen verwurzelt ist und zum Tod führt. Er kann unmöglich durch menschliche Kraft gereinigt werden. »Das ganze Haupt ist krank, das ganze Herz ist matt. Von der Fußsohle bis zum Haupt ist nichts Gesundes an euch, sondern Beulen und Striemen und frische Wunden.« (Jesaja 1,5b.6a) Aber Jesus, der in die Welt kam, um unter uns zu leben, wird dadurch nicht befleckt oder verunreinigt. Seine Gegenwart verströmt heilende Kraft für den Sünder. Wer vor Jesus niederfällt und im Glauben sagt: »Herr, wenn du willst, kannst du mich reinigen«, wird die Antwort hören: »Ich will's tun; sei rein!« (Matthäus 8,2.3)

Bei einigen Heilungen gewährte Jesus nicht sogleich den erhofften Segen, doch im Fall von Aussatz erfüllte er die Bitte, sobald sie ausgesprochen wurde. Wenn wir um irdische Segnungen bitten, kann es sein, dass unser Gebet nicht sofort beantwortet wird. Gott gibt uns vielleicht etwas anderes als das Erbetene. Doch es ist nicht so, wenn wir um die Befreiung von Sünde bitten. Es ist sein Wille, uns von der Sünde zu reinigen, uns zu seinen Kindern zu machen und uns zu befähigen, ein heiliges Leben zu führen. Christus »hat sich selbst für uns geopfert und ist nach dem Willen Gottes, unseres Vaters, für unsere Sünden gestorben, um uns aus dieser bösen Welt, in der wir leben, zu retten« (Galater 1,4 NLB). »Und wir dürfen zuversichtlich sein, dass er uns erhört, wenn wir ihn um etwas bitten, was seinem Willen entspricht. Und wenn wir wissen, dass er unsere Bitten hört, dann können wir auch sicher sein, dass er uns gibt, worum wir ihn bitten.« (1. Johannes 5,14.15 NLB) »Wenn wir ihm unsere Sünden bekennen, ist er treu und gerecht, dass er uns vergibt und uns von allem Bösen reinigt.« (1. Johannes 1,9 NLB)

HOFFNUNG FÜR EINEN GELÄHMTEN

Mit der Heilung des Gelähmten in Kapernaum lehrte Christus nochmals dieselbe Wahrheit. Damit seine Vollmacht, Sünden zu vergeben, offenbar würde, vollbrachte er dieses Wunder. Aber es ist auch ein Bild für andere wertvolle Wahrheiten. Dieses Wunder ist voller Hoffnung und Ermutigung. Im Zusammenhang mit den nörgelnden Pharisäern enthält es auch eine ernste Warnung.

Der Gelähmte hatte so wie der Aussätzige jede Hoffnung auf Genesung verloren. Seine Krankheit war die Folge eines sündigen Lebens, und sein Leiden wurde zusätzlich durch Gewissensbisse verschlimmert. Lange zuvor hatte er sich an die Pharisäer und Ärzte gewandt, in der Hoffnung Erleichterung für sein seelisches Leiden und die körperlichen Schmerzen zu finden. Aber sie erklärten ihn erbarmungslos für unheilbar und überließen ihn dem Zorn Gottes. Die Pharisäer betrachteten Leiden als Beweis göttlichen Missfallens und hielten sich deshalb von Kranken und Notleidenden fern. Doch genau jene, die sich selbst erhoben und für besonders heilig hielten, waren oft schuldiger als die Leidenden, die sie verurteilten.

Weil der Gelähmte vollkommen hilflos war und von keiner Seite Unterstützung erwarten konnte, fiel er in eine tiefe Verzweiflung. Dann hörte er von den wunderbaren Taten von Jesus. Man sagte ihm, dass andere, die ebenso schuldbeladen und hilflos waren wie er, geheilt worden seien. Sogar Aussätzige seien gereinigt worden. Die Freunde, die ihm dies erzählten, ermutigten ihn zu glauben, dass auch er geheilt werden könne, wenn er zu Jesus gebracht würde. Doch der Gedanke, warum er überhaupt krank geworden war, ließ seinen Mut wieder sinken. Er fürchtete, der reine Arzt würde ihn in seiner Gegenwart nicht dulden.

Er wünschte sich jedoch nicht so sehr die körperliche Heilung, sondern die Befreiung von der Sündenlast. Könnte er nur Jesus sehen und die Gewissheit der Vergebung und den himmlischen Frieden erlangen, wäre er zufrieden. Ob er lebte oder starb, der Wille Gottes sollte geschehen. Der Schrei des sterbenden Mannes war: Oh, wenn ich nur bei Jesus sein könnte! Er hatte keine Zeit mehr zu verlieren, denn schon trug sein abgemagerter Körper Zeichen des Verfalls. Er bat seine Freunde inständig, ihn auf seinem Bett[52] zu Jesus zu tragen. Diesen Wunsch erfüllten sie ihm gern. Aber die Menge stand so dicht gedrängt im und vor dem Haus, in dem sich Jesus aufhielt, dass es für den Kranken und seine Freunde unmöglich war, zu Jesus zu gelangen. Sie kamen nicht einmal in seine Nähe, um wenigstens seine Stimme zu vernehmen.

Jesus lehrte im Haus von Petrus. Um ihn herum saßen nach ihrer Gewohnheit seine Jünger. Außerdem waren Pharisäer und Schriftgelehrte anwesend, »die gekommen waren aus allen Orten in Galiläa und Judäa und aus Jerusalem« (Lukas 5,17a). Sie waren als Spione gekommen, um irgendetwas zu finden, das sie Jesus vorwerfen konnten. Nebst diesen offiziellen Vertretern drängte sich eine bunt zusammengewürfelte Menge um Jesus. Da gab es Wissbegierige, Ehrfürchtige, Neugierige und Ungläubige. Verschiedenste Nationalitäten und Leute aus allen Gesellschaftsschichten waren vertreten. »Und die Kraft des Herrn war mit ihm, dass er heilen konnte.« (Lukas 5,17b) Der Geist des Lebens war in der Versammlung anwesend. Aber die Pharisäer und Gelehrten nahmen seine Gegenwart nicht wahr. Sie hatten gar kein Verlangen danach und die Heilung bedeutete ihnen nichts. »Die Hungrigen füllt er mit Gütern und lässt die Reichen leer ausgehen.« (Lukas 1,53)

---

52 Es handelt sich hierbei um eine Art Schlafmatte oder Matratze (vgl. Markus 2,4.9.11.12; 6,55; Johannes 5,8-11; Apostelgeschichte 5,15; 9,33) oder um eine Bahre, auf der Kranke getragen wurden (vgl. Matthäus 9,2.6; Lukas 5,18.19.24; 8,16).

DER SÜNDER ERHÄLT VERGEBUNG

Immer wieder versuchten die Träger des Gelähmten, sich einen Weg durch die Menge zu bahnen, doch vergeblich. Der Kranke blickte in unsagbarem Kummer um sich. Wie könnte er nun die Hoffnung aufgeben, da die langersehnte Hilfe doch so nahe war! Auf Wunsch des Kranken trugen ihn seine Freunde auf das Dach des Hauses. Sie brachen es auf und ließen ihn hinab vor die Füße von Jesus. Dadurch wurde dessen Rede unterbrochen. Er schaute in das traurige Gesicht des Kranken und sah die flehenden Augen, die auf ihn gerichtet waren. Jesus kannte die Situation des Kranken, hatte er doch selbst den zweifelnden und ratlosen Menschen zu sich gezogen. Der Gelähmte war noch zu Hause gewesen, als der Erlöser dessen Gewissen von seiner Schuld überzeugte. Als der Gelähmte seine Sünden bereute und an die heilende Macht von Jesus glaubte, wurde die Sehnsucht seines Herzens zum ersten Mal durch die lebenspendende Gnade gestillt. Jesus hatte gesehen, wie sich der erste Schimmer des Vertrauens in einen festen Glauben verwandelte – ein Glaube, der wusste, dass Jesus die einzige Hilfe für sein sündiges Leben war und der so stark wurde, dass der Gelähmte keinen Aufwand scheute, um in die Gegenwart von Jesus zu kommen.

Und nun sprach der Erlöser Worte, die wie Musik in den Ohren des Gelähmten klangen: »Sei getrost, mein Sohn, deine Sünden sind dir vergeben.« (Matthäus 9,2)

Die Last der Verzweiflung fiel von der Seele des Kranken. Der Friede der Vergebung kehrte in sein Herz ein und ließ sein Gesicht aufleuchten. Die körperlichen Schmerzen waren verschwunden, und sein ganzes Wesen war verändert. Der hilflose Gelähmte war geheilt! Dem schuldbeladenen Sünder war vergeben!

In einfachem Glauben nahm er die Worte von Jesus als Geschenk eines neuen Lebens an. Er äußerte keine weitere Bitte, sondern lag in zufriedenem Schweigen da. Vor lauter Glück fehlten ihm die Worte. Das Licht des Himmels erleuchtete sein Angesicht. Die Anwesenden schauten mit großer Ehrfurcht zu.

VOLLMACHT ODER GOTTESLÄSTERUNG?

Die Rabbiner hatten gespannt darauf gewartet, was Jesus in diesem Fall tun würde. Sie erinnerten sich an diesen Mann, der sie um Hilfe angefleht hatte. Sie hatten ihm keine Hoffnung gemacht, kein Mitgefühl entgegengebracht. Außerdem hatten sie ihm erklärt, dass er seiner Sünde wegen leiden müsse und unter dem Fluch Gottes stehe. All das kam ihnen wieder in den

Sinn, als sie den Gelähmten vor sich sahen. Sie bemerkten das große Interesse aller Anwesenden, die das Geschehen genau beobachteten. Da befiel sie die entsetzliche Angst, sie könnten ihren Einfluss auf das Volk verlieren. Diese Würdenträger sprachen nicht miteinander. Als sich aber ihre Blicke trafen, hatten sie denselben Gedanken: Es musste unbedingt etwas getan werden, um diese Flut der Gefühle aufzuhalten. Jesus hatte erklärt, dass die Sünden des Gelähmten vergeben seien. Die Pharisäer hielten dies für eine Gotteslästerung und dachten, sie könnten diese Aussage als eine Sünde darstellen, die mit dem Tod bestraft werden müsse. Darum sprachen sie in ihrem Herzen: »Er lästert Gott! Wer kann Sünden vergeben als Gott allein?« (Markus 2,7)

Jesus richtete seinen Blick direkt auf sie, sodass sie sich duckten und einen Schritt zurückwichen. Dann sagte er: »Warum denkt ihr so Böses in euren Herzen? Was ist denn leichter zu sagen: Dir sind deine Sünden vergeben, oder zu sagen: Steh auf und geh umher? Damit ihr aber wisst, dass der Menschensohn Vollmacht hat, auf Erden die Sünden zu vergeben, sprach er zu dem Gelähmten: ›Steh auf, hebe dein Bett auf und geh heim!‹« (Matthäus 9,4-6)

Da sprang der Mann, den man auf einer Trage zu Jesus gebracht hatte, in der Frische und Kraft eines Jugendlichen auf. Das lebenspendende Blut pulsierte durch seine Adern. Jedes Organ seines Körpers begann zu arbeiten. Ein gesundes und frisches Aussehen verdrängte die Blässe des herannahenden Todes. »Und er stand auf, nahm sein Bett und ging alsbald hinaus vor aller Augen, sodass sie sich alle entsetzten und Gott priesen und sprachen: ›Wir haben so etwas noch nie gesehen.‹« (Markus 2,12)

O wunderbare Liebe von Christus, die sich herabneigt, um die Schuldbeladenen und Kranken zu heilen! Die Gottheit ist besorgt und lindert die Not der leidenden Menschheit! O herrliche Macht, die sich so den Menschen offenbart! Wer kann noch an der Erlösungsbotschaft zweifeln? Wer kann die Gnadengeschenke des barmherzigen Erlösers geringachten?

GESUND AN LEIB UND SEELE

Nichts Geringeres als Schöpferkraft war notwendig, um diesen verfallenen Körper wieder gesund zu machen. Dieselbe Stimme, die einst den aus dem Staub der Erde erschaffenen Menschen ins Leben rief, verlieh dem Sterbenskranken neues Leben. Und dieselbe Kraft, die dem Körper das Leben gab, erneuerte auch sein Herz. Derselbe, von dem es im Schöpfungsbericht heißt: »Er sprach, und es geschah; er gebot, und es stand da« (Psalm 33,9 Elb.), gab diesem Menschen neues Leben, der durch »Übertretungen und Sünden« tot gewesen war (Epheser 2,1). Die Heilung des Körpers war ein Beweis für die Kraft, die sein Herz bereits erneuert hatte. Christus gebot dem Gelähmten, aufzustehen und zu gehen, damit wir wissen, »dass der Menschensohn Vollmacht hat, Sünden zu vergeben auf Erden« (Markus 2,10).

Der Gelähmte wurde durch Christus an Leib und Seele geheilt. Der geistlichen Genesung folgte die körperliche Wiederherstellung. Dieser Punkt sollte nicht übersehen werden. In unseren Tagen leiden Tausende an körperlichen Erkrankungen und sehnen sich wie der Gelähmte nach dieser Botschaft: »Deine Sünden sind dir vergeben.« (Markus 2,5) Die Last der Sünde mit ihrer Unruhe und ihren unbefriedigten Wünschen ist der Auslöser ihrer Krankheiten. Erst wenn sie zum großen Arzt, dem Heiler der Seele (vgl. Psalm 51,5), kommen, können sie Erleichterung finden. Nur er kann den Frieden schenken, der dem Geist Kraft und dem Körper Gesundheit verleiht.

SINNBILD DER ERLÖSUNG

Jesus kam, »um die Taten des Teufels zu vernichten« (1. Johannes 3,8b NLB). »In ihm war das Leben.« (Johannes 1,4a) Er selbst sagt: »Ich aber bin gekommen, um ihnen das Leben in ganzer Fülle zu schenken.« (Johannes 10,10b NLB) Er ist der »Geist, der lebendig macht« (1. Korinther 15,45b). Und er besitzt immer noch die gleiche lebenspendende Kraft, die er auf Erden besaß, als er Kranke heilte und Sündern Vergebung gewährte. Er vergibt »dir alle deine Sünde ... und heilet alle deine Gebrechen« (Psalm 103,3).

Die Heilung des Gelähmten beeindruckte die Umstehenden tief. Ihnen war, als hätte sich der Himmel geöffnet und die Herrlichkeit einer besseren Welt offenbart. Der Geheilte ging durch die Menge und lobte Gott. Er trug sein Bett, als wäre es federleicht. Die Menschen wichen zur Seite, starrten ihn mit ehrfurchtsvollen Blicken an und flüsterten einander zu: »Wir haben heute seltsame Dinge gesehen.« (Lukas 5,26)

Die Pharisäer waren vor Erstaunen sprachlos und von der Niederlage überwältigt. Sie sahen, dass sich ihnen hier keine Gelegenheit bot, mit ihrer Eifersucht das Volk aufzuwiegeln. Die wunderbare Heilung dieses Mannes, den sie einst dem Zorn Gottes übergeben hatten, machte einen so gewaltigen Eindruck auf die Leute, dass sie die Pharisäer für eine Weile vergaßen. Sie erkannten, dass Christus eine Macht besaß, die ihrer Ansicht nach allein Gott zukam. Und doch stand die bescheidene Würde seines Wesens in auffallendem Gegensatz zu ihrem hochmütigen Benehmen. Sie waren betroffen und beschämt. Sie empfanden wohl die Gegenwart eines höheren Wesens, aber sie gaben es nicht zu. Je stärker der Beweis war, dass Jesus auf Erden die Macht hatte, Sünden zu vergeben, desto mehr vergruben sie sich in ihrem Unglauben. Sie verließen das Haus des Petrus, wo auf das Wort von Jesus hin, der Gelähmte heil geworden war, und schmiedeten neue Pläne, wie sie den Sohn Gottes zum Schweigen bringen könnten.

Jede körperliche Krankheit, wie bösartig und tief verwurzelt sie auch war, wurde durch die Macht von Christus geheilt. Aber die Krankheit der Seele hatte jene noch fester im Griff, die ihre Augen vor dem Licht verschlossen. Aussatz und lähmende Gicht waren nicht so schrecklich wie Engstirnigkeit und Unglaube.

Als der Geheilte in sein Haus und zu seiner Familie zurückkehrte, herrschte große Freude. Mit Leichtigkeit trug er sein Bett, auf dem er kurz zuvor noch behutsam getragen worden war. Alle umringten ihn, weinten vor Freude und trauten ihren Augen kaum. Er stand vor ihnen in voller Lebenskraft. Seine Arme, die so leblos ausgesehen hatten, gehorchten nun augenblicklich seinem Willen. Die zuvor bleiche und schrumpelige Haut war nun frisch und rosig. Sein Schritt war fest und unbehindert. Freude und Hoffnung strahlten aus seinem Gesicht, und die Spuren von Sünde und Leid waren einem Ausdruck von Reinheit und Frieden gewichen. Frohe Danksagungen erklangen aus diesem Haus. Gott wurde durch seinen Sohn verherrlicht, der dem Mutlosen Hoffnung und dem Zerschlagenen neue Kraft gegeben hatte. Dieser Mann und seine Familie waren bereit, für Jesus ihr Leben zu lassen. Keine Zweifel dämpften ihr Vertrauen, und kein Unglaube stellte ihre Treue zu dem in Frage, der Licht in ihr düsteres Leben gebracht hatte.

KAPITEL 28

LEVI-MATTHÄUS

Matthäus 9,9-17; Markus 2,14-22; Lukas 5,27-39

Keine anderen römischen Beamten in Israel waren so verhasst wie die Zöllner (Steuereintreiber). Die Tatsache, dass die Steuern den Juden von einer fremden Macht auferlegt wurden, war für sie ein ständiges Ärgernis. Es erinnerte sie an den Verlust ihrer Unabhängigkeit. Die Steuerbeamten waren nicht nur Werkzeuge der römischen Unterdrückung, sie erpressten auch das Volk zu ihren Gunsten und bereicherten sich auf diese Weise. Ein Jude, der dieses Amt von den Römern annahm, galt als einer, der die Ehre seiner Nation verletzte. Er wurde als Abtrünniger betrachtet und zählte zum Abschaum der Gesellschaft.

Zu ihnen gehörte auch Levi-Matthäus, den Christus nach den vier Jüngern am See Genezareth als Nächsten in seinen Dienst berief. Die Pharisäer beurteilten Matthäus nach seinem Beruf, Jesus aber erkannte, dass sein Herz für die Wahrheit offen war. Matthäus hatte sich die Lehren des Erlösers angehört. Als ihm der Geist Gottes, der zur Erkenntnis der Sünde führt, seine Sündhaftigkeit offenbarte, wünschte er sich, Hilfe von Christus zu erhalten. Aber er hatte sich daran gewöhnt, dass die Rabbiner unnahbar waren. Darum dachte er, dass ihn dieser große Lehrer überhaupt nicht beachten würde.

VON GANZEM HERZEN NACHFOLGEN

Eines Tages saß der Zöllner bei seinem Zollhaus und sah Jesus kommen. Höchst verwundert vernahm er die an ihn gerichteten Worte: »Folge mir nach!« (Lukas 5,27)

Matthäus »verließ alles, stand auf und folgte ihm nach« (Lukas 5,28). Er zögerte nicht, stellte keine Fragen und machte sich keine Gedanken über Armut und Entbehrung, die an die Stelle seines einträglichen Geschäftes treten würden. Ihm genügte es, bei Jesus zu sein, seinen Worten zu lauschen und sich ihm in seinem Dienst anzuschließen.

So war es auch mit den Jüngern, die Jesus zuvor berufen hatte. Als er Petrus und dessen Kameraden aufforderte, ihm nachzufolgen, verließen sie unverzüglich ihre Boote und Netze. Einige dieser Jünger hatten Freunde, die auf ihre Unterstützung angewiesen waren. Doch als Jesus sie einlud, ihm nachzufolgen, zögerten sie nicht und fragten auch nicht: Wovon soll ich leben und meine Familie ernähren? Sie folgten einfach seinem Ruf. Als Jesus sie später fragte: »Als ich euch ausgesandt habe ohne Geldbeutel, ohne Tasche und ohne Schuhe, habt ihr da je Mangel gehabt?«, konnten sie antworten: »Niemals.« (Lukas 22,35)

Sowohl Matthäus in seinem Wohlstand als auch Andreas und Petrus in ihrer Armut standen vor derselben Prüfung. Jeder antwortete mit der gleichen Hingabe. Im Augenblick des Erfolgs, als die Netze prall gefüllt waren und das Verlangen, so weiterzuleben wie bisher, am stärksten war, forderte Jesus die Jünger am See auf, dies alles für die Verkündigung des Evangeliums zu verlassen. Ebenso wird jeder Mensch geprüft, ob sein Verlangen nach zeitlichen Werten oder die Gemeinschaft mit Christus an erster Stelle steht.

Grundsätzen treu zu sein, ist immer anspruchsvoll! Im Dienst Gottes kann niemand erfolgreich sein, der ihn nicht von ganzem Herzen verrichtet und alles andere als wertlos betrachtet »verglichen mit dem unschätzbaren Gewinn, Jesus Christus … zu kennen« (Philipper 3,8 NLB). Keiner, der Vorbehalte hat, kann ein Nachfolger von Jesus sein und erst recht nicht sein Mitarbeiter. Wenn Menschen das große Erlösungswerk wertschätzen, wird auch bei ihnen die Selbstaufopferung sichtbar werden, wie sie im Leben von Jesus zutage trat. Sie werden Jesus freudig folgen, wo immer er sie hinführt.

Die Berufung von Matthäus in die Jüngerschaft[53] löste große Entrüstung aus. Wenn ein geistlicher Lehrer einen Zöllner zu seinem engsten Nachfolger machte, war dies ein Verstoß gegen die religiösen, gesellschaftlichen und nationalen Bräuche. Indem die Pharisäer versuchten, die Vorurteile des Volkes zu schüren, hofften sie, die gegenwärtige Beliebtheit von Jesus ins Gegenteil zu kehren.

Unter den Zöllnern erwachte überall großes Interesse. Sie wurden vom göttlichen Lehrer angezogen. Voller Freude über seine neue Jüngerschaft sehnte sich Matthäus danach, seine früheren Kollegen zu Jesus zu bringen. Deshalb veranstaltete er in seinem eigenen Haus ein Fest und lud seine Verwandten und Freunde ein. Dazu gehörten nicht nur Zöllner, sondern auch viele andere Leute von zweifelhaftem Ruf, die von ihren gewissenhafteren Nachbarn geächtet wurden.

---

53   Siehe Erklärungen »Jünger von Jesus«, S. 817 f.

JESUS, EHRENGAST BEI MATTHÄUS

Das Gastmahl wurde Jesus zu Ehren gegeben. Er zögerte nicht, die freundliche Einladung anzunehmen. Er wusste genau, dass dies für die Partei der Pharisäer eine Beleidigung war und auch seinem eigenen Ansehen beim Volk schaden würde. Doch diplomatische Rücksichtnahme konnte sein Handeln nicht beeinflussen. Für ihn zählten äußerliche Unterschiede nicht. Was sein Herz berührte, war ein Mensch, der nach dem Wasser des Lebens dürstete. Jesus saß als Ehrengast an der Tafel der Zöllner. Durch seine Anteilnahme und seine gesellige Freundlichkeit zeigte er Achtung vor der Würde des Menschen. Diese Gäste sehnten sich danach, sich seines Vertrauens würdig zu erweisen. Seine Worte fielen wie erfrischender, lebenspendender Regen in ihre durstigen Seelen. Neue Hoffnungen erwachten, und die Möglichkeit auf ein neues Leben eröffnete sich diesen Menschen, die von der Gesellschaft ausgeschlossen waren.

Bei solchen Zusammenkünften wurden viele, die sich erst nach der Himmelfahrt zu Jesus bekannten, von seinen Lehren beeindruckt. Als der Heilige Geist zu Pfingsten ausgegossen wurde und sich an einem Tag 3000 Menschen bekehrten, waren viele unter ihnen, die die Wahrheit zum ersten Mal an der Tafel der Zöllner vernommen hatten. Einige von ihnen wurden Boten des Evangeliums. Das Beispiel von Jesus auf dem Fest wurde für Matthäus persönlich zu einer nachhaltigen Lehre. Der verachtete Zöllner wurde zu einem höchst hingebungsvollen Evangelisten, der treu den Spuren seines Meisters folgte.

DIE PHARISÄER VERSCHLIESSEN SICH DEM LICHT

Als die Rabbiner erfuhren, dass Jesus am Fest des Matthäus teilnahm, ergriffen sie die Gelegenheit, um ihn anzuklagen. Mit Hilfe der Jünger wollten sie ihr Ziel erreichen. In der Hoffnung, diese von Jesus abspenstig zu machen, weckten sie deren Vorurteile. Es war ihre Taktik, einerseits bei den Jüngern Vorwürfe über Christus zu äußern und andererseits die Jünger bei Christus anzuschwärzen. Ihre Angriffe waren absichtlich darauf ausgerichtet, dort zu verletzen, wo es am nachhaltigsten war. Dies ist die Art und Weise, wie Satan seit Beginn seiner Unzufriedenheit im Himmel gewirkt hat. Alle, die Uneinigkeit und Entfremdung verursachen, werden von Satans Geist getrieben.

Die neidischen Rabbiner fragten: »Warum isst euer Meister mit den Zöllnern und Sündern?« (Matthäus 9,11)

Jesus wartete nicht, bis die Jünger auf diesen Vorwurf antworteten, sondern erwiderte selbst: »Die Starken bedürfen des Arztes nicht, sondern die Kranken. Geht aber hin und lernt, was das heißt (Hosea 6,6): ›Ich habe Wohlgefallen an Barmherzigkeit und nicht am Opfer.‹ Ich bin gekommen, die Sünder zu rufen und nicht die Gerechten.« (Matthäus 9,12.13) Die Pharisäer behaupteten, geistlich gesund zu sein und keinen Arzt nötig zu haben. Die Zöllner und Heiden dagegen wurden von ihnen angesehen, als würden sie ihrer seelischen Erkrankungen wegen zugrunde gehen. War es dann nicht die Aufgabe von Jesus als Arzt, gerade diese Gesellschaftsschicht aufzusuchen, die seiner Hilfe bedurfte?

Obwohl die Pharisäer eine so hohe Meinung von sich selbst hatten, befanden sie sich in Wirklichkeit in einer misslicheren Lage als die Menschen, die sie verachteten. Die Zöllner waren weniger engstirnig und selbstzufrieden und dementsprechend offener für die Wahrheit. Jesus sagte zu den Rabbinern: »Geht aber hin und lernt, was das heißt: ›Ich habe Wohlgefallen an Barmherzigkeit und nicht am Opfer.‹« (Matthäus 9,13) Dadurch zeigte er ihnen, dass sie, während sie behaupteten, Gottes Wort auszulegen, dessen Geist völlig außer Acht ließen.

Für eine kurze Zeit brachte Jesus die Pharisäer zum Schweigen, aber in ihrer Feindschaft ihm gegenüber wurden sie umso entschlossener. Als Nächstes suchten sie nach den Jüngern des Täufers und wollten sie gegen den Erlöser aufhetzen. Diese Pharisäer hatten den Dienst des Johannes nicht angenommen. Mit Verachtung hatten sie auf sein bescheidenes Leben, seine schlichten Gewohnheiten und sein grobes Gewand gezeigt und ihn einen Fanatiker genannt. Weil er ihre Scheinheiligkeit getadelt hatte, widersetzten sie sich seinem Wort und versuchten, das Volk gegen ihn aufzuwiegeln. Der Geist Gottes hatte an den Herzen dieser Verächter gewirkt und ihnen ihre Sünden bewusst gemacht. Trotzdem hatten sie Gottes Rat abgelehnt und erklärt, Johannes sei vom Teufel besessen gewesen.

Als nun Jesus kam und den Umgang mit den Menschen pflegte, an deren Tischen aß und trank, beschuldigten sie ihn, ein »Vielfraß und Säufer« zu sein (Matthäus 11,19 GNB). Doch ausgerechnet sie, die ihn anklagten, waren selbst schuldig. So wie Satan Gott falsch darstellt und ihm seine eigenen Charaktereigenschaften unterstellt, behandelten diese bösen Männer die Boten von Jesus.

Die Pharisäer wollten nicht verstehen, dass Jesus mit Zöllnern und Sündern aß, um jenen, die in der Finsternis lebten, das Licht des Himmels zu bringen. Sie wollten nicht einsehen, dass jedes Wort aus dem Mund des göttlichen Lehrers einem lebendigen Samen glich, der zur Ehre Gottes aufkeimt und Frucht bringt. Sie hatten sich entschlossen, das Licht nicht anzunehmen. Obwohl die Pharisäer die Mission des Täufers zurückgewiesen hatten, bemühten sie sich nun um die Freundschaft seiner Jünger in der Hoffnung, sie für den Kampf gegen Jesus gewinnen zu können. Die Pharisäer behaupteten, Jesus setze sich über die alten Bräuche hinweg. Sie stellten die ernste Frömmigkeit des Täufers dem Verhalten von Jesus gegenüber, der mit den Zöllnern und Sündern zu Tisch saß.

Gerade zu dieser Zeit hatten die Jünger des Johannes großen Kummer. Das war noch, bevor Johannes sie mit einer Frage zu Jesus sandte. Ihr geliebter Lehrer schmachtete im Kerker, und sie verbrachten ihre Tage mit Klagen. Jesus unternahm nichts, um Johannes zu befreien. Es schien sogar, als würde er dessen Lehre verwerfen. Wenn Johannes von Gott gesandt worden war, warum schlugen dann Jesus und dessen Jünger einen Weg ein, der so ganz anders war?

DIE FRAGE NACH DEM FASTEN

Die Jünger des Johannes verstanden die Aufgabe von Jesus nicht ganz. Sie dachten, es müsse wohl einige Gründe für die Anklagen der Pharisäer geben. Auch sie hielten sich an viele Vorschriften der Rabbiner und hofften sogar, durch das Befolgen des Gesetzes vor Gott gerecht zu werden. Das Fasten wurde von den Juden als ein verdienstliches Werk praktiziert und die Strengsten unter ihnen fasteten zweimal die Woche. Die Jünger des Johannes fasteten gerade gemeinsam mit den Pharisäern, als diese sich mit der Frage an Jesus wandten: »Wie kommt es, dass die Jünger des Täufers und die Jünger der Pharisäer regelmäßig fasten, aber deine Jünger fasten nicht?« (Markus 2,18b GNB)

Jesus antwortete ihnen sehr einfühlsam. Er versuchte nicht, ihre falsche Auffassung bezüglich des Fastens zu berichtigen, sondern wollte ihnen nur in Bezug auf seine eigene Aufgabe Klarheit verschaffen. Er gebrauchte dazu dasselbe Bild, das auch der Täufer benutzt hatte, als er Jesus bezeugte. Johannes hatte gesagt: »Die Braut gehört schließlich zum Bräutigam! Der Freund des Bräutigams freut sich mit ihm, auch wenn er nur daneben steht. So geht es mir jetzt. Meine Freude ist grenzenlos.« (Johannes 3,29 Hfa) Die Jünger des Johannes erinnerten sich an die Worte ihres Lehrers, als Jesus dieses Bild aufgriff und erwiderte: »Fasten denn die Hochzeitsgäste, während sie mit dem Bräutigam feiern? Natürlich nicht. Sie können nicht fasten, solange sie mit dem Bräutigam zusammen sind.« (Markus 2,19 NLB)

Der Fürst des Himmels war mitten unter seinem Volk. Damit war der Welt die größte Gabe Gottes geschenkt worden. Wohl den Armen, denn Jesus war gekommen, sie zu Erben seines Reiches zu machen (vgl. Jakobus 2,5). Wohl den Reichen, denn Jesus wollte sie lehren, wie sie sich ewigen Reichtum sichern können. Wohl den Unwissenden, denn er wollte sie »weise machen, die Rettung anzunehmen« (2. Timotheus 3,15 NLB). Wohl den Gelehrten, denn Jesus wollte ihnen tiefere Geheimnisse eröffnen, als sie je hätten ergründen können. Wahrheiten, die seit Beginn der Welt verborgen lagen, würden nun durch das Wirken des Erlösers den Menschen offenbart werden.

Johannes der Täufer hatte sich gefreut, den Erlöser zu sehen. Doch welch ein Anlass zur Freude war es für die Jünger, die das Vorrecht hatten, mit der Hoheit des Himmels zu gehen und zu sprechen! Wie sollten sie da klagen und fasten! Sie sollten ihre Herzen öffnen, um das Licht seiner Herrlichkeit aufzunehmen, damit sie es an jene weitergeben könnten, die in der Finsternis und im Schatten des Todes saßen.

Das Bild, das Christus vor ihnen entstehen ließ, war hell und voller Hoffnung, aber darüber lag ein dunkler Schatten, den nur sein Auge erkannte. Er sagte: »Es wird aber die Zeit kommen, dass der Bräutigam von ihnen genommen wird; dann werden sie fasten, an jenem Tage.« (Markus 2,20) Wenn die Jünger sehen würden, wie ihr Herr verraten und gekreuzigt wird, würden sie trauern und fasten. In seinen letzten Worten, die er nach dem Abendmahl an sie richtete, sagte er: »Ich sagte, dass ich sehr bald fort sein werde und ihr mich nicht mehr sehen werdet. Dann, nach einer weiteren kurzen Zeit, werdet ihr mich wieder sehen. Ich versichere euch: Ihr werdet weinen und trauern über das, was mit mir geschehen wird, aber die Welt wird sich freuen. Ihr werdet trauern, doch eure Trauer wird sich von einem Augenblick zum anderen in große Freude verwandeln, wenn ihr mich wieder seht.« (Johannes 16,19b.20 NLB)

Bei der Auferstehung ihres Herrn würde sich ihre Traurigkeit in Freude verwandeln. Nach seiner Himmelfahrt würde er nicht mehr als Person anwesend sein, aber durch den Tröster, den Heiligen Geist, wäre er dennoch bei ihnen. Deshalb sollten sie ihre Zeit nicht mit Klagen verbringen. Aber genau das wünschte sich Satan. Er wollte, dass sie der Welt den Eindruck vermitteln, sie seien betrogen und enttäuscht worden. Stattdessen sollten sie im Glauben zum himmlischen Heiligtum aufsehen, wo Jesus für sie den priesterlichen Dienst versah. Sie sollten dem Heiligen Geist, dem Stellvertreter von Jesus, ihre Herzen öffnen und sich am Licht seiner Gegenwart erfreuen. Doch Tage der Anfechtung und Prüfung würden über sie kommen, wenn die Auseinandersetzung mit den Herrschern dieser Welt und den Anführern des Reiches der Finsternis anbricht. Wenn Christus dann nicht mehr persönlich bei ihnen wäre und es ihnen nicht gelänge, den Tröster zu erkennen, würde es für sie angebracht sein zu fasten.

WAHRES FASTEN

Durch striktes Einhalten religiöser Formen wollten die Pharisäer sich selbst erhöhen, doch ihre Herzen waren voller Zank und Streit. In der Heiligen Schrift heißt es: »Siehe, wenn ihr fastet, hadert und zankt ihr und schlagt mit gottloser Faust drein. Ihr sollt nicht so fasten, wie ihr jetzt tut, wenn eure Stimme in der Höhe gehört werden soll. Soll das ein Fasten sein, an dem ich Gefallen habe, ein Tag, an dem man sich kasteit, wenn ein Mensch seinen Kopf hängen lässt wie Schilf und in Sack und Asche sich bettet: Wollt ihr das ein Fasten nennen und einen Tag, an dem der Herr Wohlgefallen hat?« (Jesaja 58,4.5)

Wahres Fasten ist nicht eine bloße Formsache. Gott sagt: »Fasten, wie ich es liebe, sieht doch vielmehr so aus: Lasst die zu Unrecht Gefangenen frei und gebt die los, die ihr unterjocht habt. Lasst die Unterdrückten frei. Zerbrecht jedes Joch ... Öffne dem Hungrigen dein Herz und hilf dem, der in Not ist.« (Jesaja 58,6.10a NLB) Hier werden der wahre Geist und der Charakter des Wirkens von Christus beschrieben. Sein ganzes Leben war ein Opfer seiner selbst zur Rettung der Welt. Ob er wie damals in der Wüste vor den Versuchungen fastete oder mit den Zöllnern beim Fest des Matthäus aß, er tat es, um sein Leben für die Rettung der Verlorenen zu geben. Wahre Frömmigkeit zeigt sich nicht in nutzlosem Klagen, körperlicher Demütigung oder unzähligen Opfern, sondern in der Hingabe seiner selbst, im willigen Dienst für Gott und die Menschen.

PHARISÄISCHE ÜBERLIEFERUNGEN UND DIE LEHRE VON JESUS

Jesus fuhr mit der Antwort an die Jünger des Johannes fort und erzählte ein Gleichnis: »Niemand reißt einen Lappen von einem neuen Kleid und flickt ihn auf ein altes Kleid; sonst zerreißt man das neue und der Lappen vom neuen passt nicht auf das alte.« (Lukas 5,36) Die Botschaft von Johannes dem Täufer sollte nicht mit Bräuchen und Aberglauben vermischt werden. Ein Versuch, die Scheinheiligkeit der Pharisäer mit der Hingabe des Johannes zu verbinden, würde den markanten Unterschied zwischen ihnen nur noch offensichtlicher machen.

Auch konnten die Grundsätze, die Christus lehrte, nicht mit dem Formalismus der Pharisäer in Einklang gebracht werden. Christus sollte die Kluft, die sich durch die Lehren von Johannes aufgetan hatte, nicht schließen, sondern die Trennung zwischen dem Alten und dem Neuen noch deutlicher hervorheben. Er veranschaulichte diese Tatsache mit den Worten: »Niemand füllt neuen Wein in alte Weinschläuche. Der neue Wein würde die alten Weinschläuche platzen lassen, der Wein würde verschüttet und die Schläuche wären verdorben.« (Lukas 5,37 NLB) Die Lederschläuche, die man zur Aufbewahrung von neuem Wein verwendete, wurden nach einer gewissen Zeit trocken und brüchig und damit nicht mehr für diesen Zweck verwendbar. Mit diesem alltäglichen Beispiel beschrieb Jesus den Zustand der jüdischen Führer. Priester, Schriftgelehrte und politische Führer waren in ihren Zeremonien festgefahren. Ihre Herzen waren spröde geworden wie ausgedörrte Weinschläuche, mit denen Jesus sie verglich. Solange sie mit einer gesetzlichen Religion zufrieden waren, konnten sie unmöglich Hüter der lebendigen, himmlischen Wahrheit werden. Sie hielten ihre eigene Gerechtigkeit für völlig ausreichend und wollten ihrer Religion nichts Neues hinzufügen. Gottes Wohlwollen den Menschen gegenüber ließen sie nicht als etwas Unabhängiges von ihnen selbst gelten. Sie verbanden es mit ihrem eigenen Verdienst aufgrund ihrer guten Werke. Zwischen dem Glauben, der durch die Liebe wirksam ist und die Seele reinigt, und der Religion der Pharisäer, die aus Menschensatzungen und Zeremonien bestand, gab es keine Übereinstimmung. Alle Bemühungen, die Lehren von Jesus mit der herkömmlichen Religion zu vereinen, würden vergeblich sein. Gottes lebendige Wahrheit, verglichen mit dem gärenden Wein, würde die alten, spröden Schläuche pharisäischer Traditionen zum Bersten bringen.

Die Pharisäer hielten sich für zu weise, als dass sie Belehrung benötigten. Sie dachten, sie seien mehr als gerecht, um Rettung zu brauchen, mehr als erhaben, um der Ehre zu bedürfen, die von Jesus Christus kommt. Darum wandte sich der Erlöser von ihnen ab, um andere zu suchen, die bereit waren, die Botschaft des Himmels anzunehmen. In den ungebildeten Fischern, dem Zöllner auf dem Marktplatz, der Frau aus Samarien und im einfachen Volk, das ihm freudig zuhörte, fand er seine neuen Gefäße für den neuen Wein. Alle Menschen, die das gottgesandte Licht mit Freuden aufnehmen, sind brauchbare Werkzeuge im Dienst der Evangeliumsverkündigung. Diese sind seine Botschafter, die der Welt die Wahrheit mitteilen sollen. Wenn durch die Gnade von Christus die Gläubigen neue Gefäße werden, wird er diese mit neuem Wein füllen.

Die Lehre von Christus war keine neue Lehre, auch wenn sie mit dem neuen Wein verglichen wurde, sondern die Offenbarung dessen, was von Anfang an gelehrt worden war. Doch für die Pharisäer hatte Gottes Wahrheit ihre ursprüngliche Bedeutung und Schönheit verloren. Für sie war das, was Jesus lehrte, in fast jeder Hinsicht neu und wurde von ihnen weder anerkannt noch beherzigt.

GEISTLICHE ARMUT

Jesus wies auf die Macht der falschen Lehre hin, welche die Wertschätzung der Wahrheit und das Verlangen danach zerstören kann. Er sagte: »Aber keiner, der alten Wein trinkt, scheint neuen Wein zu wollen, denn er sagt: ›Der alte ist besser.‹« (Lukas 5,39 NLB) Jede Wahrheit, die der Welt durch die Erzväter und die Propheten gegeben worden war, leuchtete durch Christus in neuer Schönheit auf. Aber die Schriftgelehrten und Pharisäer hatten kein Verlangen nach dem neuen köstlichen Wein. Solange sie sich nicht von den alten Überlieferungen, Bräuchen und Gewohnheiten befreien ließen, hatten sie in ihrem Herzen und in ihrem Verstand keinen Platz für die Lehren von Christus. Sie klammerten sich an die toten Formen und wandten sich von der lebendigen Wahrheit und der Macht Gottes ab.

Dies war der Grund für den Untergang der jüdischen Nation. Es wird auch die Ursache für das Verderben vieler in der heutigen Zeit sein. Tausende machen denselben Fehler wie die Pharisäer, die von Christus auf dem Fest des Matthäus getadelt wurden. Anstatt eine gern gehegte Meinung aufzugeben oder sich von einer liebgewonnenen Anschauung zu trennen, lehnen viele die Wahrheit ab, die vom Vater des Lichts kommt. Sie vertrauen auf sich selbst, verlassen sich auf ihren eigenen Verstand und übersehen ihre geistliche Armut. Sie bestehen darauf, durch die eigene Leistung besondere Werke zu ihrer Errettung beitragen zu können. Wenn sie erkennen, dass es keine Möglichkeit gibt, sich selbst am Erlösungswerk zu beteiligen, weisen sie die angebotene Rettung zurück.

Eine gesetzliche Religion kann niemals Menschen zu Christus führen, weil sie lieblos und unchristlich ist. In Gottes Augen sind Fasten und Beten verabscheuungswürdig, wenn sie aus einer selbstgerechten Gesinnung erfolgen. Die feierliche Zusammenkunft beim Gottesdienst, der Ablauf religiöser Handlungen, die zur Schau gestellte Demut und die beeindruckenden Opfergaben weisen darauf hin, dass sich der Teilnehmer selbst für gerecht hält und sich seines Platzes im Himmel sicher ist. Aber dies ist alles eine Täuschung! Unsere eigenen Leistungen können niemals Erlösung kaufen.

Heute ist es genauso wie in den Tagen, als Jesus lebte. Die Pharisäer erkennen ihre geistliche Armut nicht. An sie richtet sich die Botschaft: »Du sprichst: Ich bin reich und habe genug und brauche nichts!, und weißt nicht, dass du elend und jämmerlich bist, arm, blind und bloß. Ich rate dir, dass du Gold von mir kaufst, das im Feuer geläutert ist, damit du reich werdest, und weiße Kleider, damit du sie anziehst und die Schande deiner Blöße nicht offenbar werde.« (Offenbarung 3,17.18) Glaube und Liebe sind das im Feuer geläuterte Gold. Bei vielen aber ist das Gold matt geworden, und der reiche

Schatz ist verloren gegangen. Die Gerechtigkeit von Christus ist für sie wie ein ungetragenes Kleid und eine unberührte Quelle. Ihnen wird gesagt: »Ich werfe dir aber vor, dass du deine erste Liebe verlassen hast. Bedenke, aus welcher Höhe du gefallen bist. Kehr zurück zu deinen ersten Werken! Wenn du nicht umkehrst, werde ich kommen und deinen Leuchter von seiner Stelle wegrücken.« (Offenbarung 2,4.5 EÜ)

»Das Opfer, das Gott gefällt, ist ein zerbrochener Geist. Ein zerbrochenes und zerschlagenes Herz wirst du, Gott, nicht verachten.« (Psalm 51,19 ZÜ) Der Mensch muss von seiner Selbstbezogenheit befreit sein, bevor er wirklich an Christus glauben kann. Wenn das Ich verleugnet wird, kann der Herr aus dem Menschen eine neue Kreatur schaffen. Neue Schläuche können mit neuem Wein gefüllt werden. Die Liebe von Christus wird den Gläubigen mit neuem Leben erfüllen. In jedem, der den Blick auf den Anfänger und Vollender unseres Glaubens gerichtet hält (vgl. Hebräer 12,2), wird der Charakter von Christus sichtbar werden.

KAPITEL 29

DER SABBAT

1. Mose 2,1-3; 2. Mose 20,8-11; 31,12-17; Matthäus 12,1-14

Der Sabbat wurde bei der Schöpfung geheiligt. Er wurde für den Menschen eingesetzt und hatte seinen Ursprung, »als die Morgensterne miteinander sangen und alle Engel vor Freude jubelten« (Hiob 38,7 NLB). Friede schwebte über der Welt, weil die Erde mit dem Himmel in Einklang war. »Gott sah an alles, was er gemacht hatte, und siehe, es war sehr gut.« (1. Mose 1,31). Er ruhte in der Freude seines vollendeten Werkes.

EIN ZEICHEN DES SCHÖPFERS

Weil er am Sabbat ruhte, segnete Gott »den siebenten Tag und heiligte ihn« (1. Mose 2,3). Damit bestimmte er ihn für einen heiligen Zweck. Er gab ihn Adam als einen Tag der Ruhe. Er war ein Andenken an sein Schöpfungswerk und ein Zeichen seiner Macht und Liebe. Die Heilige Schrift sagt: »Er hat ein Gedenken seiner Wunder gestiftet.« (Psalm 111,4 Schl.) »Gottes unsichtbares Wesen, das ist seine ewige Kraft und Gottheit, wird seit der Schöpfung der Welt ersehen aus seinen Werken.« (Römer 1,20)

Alle Dinge wurden durch den Sohn Gottes geschaffen. »Am Anfang war das Wort. Das Wort war bei Gott, und das Wort war Gott ... Durch ihn wurde alles geschaffen, was ist. Es gibt nichts, was er, das Wort, nicht geschaffen hat.« (Johannes 1,1-3 NLB) Und weil der Sabbat ein Andenken an das Schöpfungswerk ist, ist er ein Zeichen der Liebe und Macht von Christus.

Der Sabbat lenkt unsere Gedanken auf die Natur und schenkt uns die Gemeinschaft mit dem Schöpfer. Durch den Gesang der Vögel, das Säuseln der Bäume und das Rauschen des Meeres können wir noch immer die Stimme hören, die einst im Garten Eden in der Kühle des Tages zu Adam redete. Wenn wir seine Macht in der Natur betrachten, finden wir Trost, weil dasselbe Wort, das alles erschuf, auch dem Menschen Leben zuspricht. »Denn Gott, der sprach: ›Es werde Licht in der Finsternis‹, hat uns in unseren Herzen erkennen lassen, dass dieses Licht der Glanz der Herrlichkeit Gottes ist, die uns im Angesicht von Jesus Christus sichtbar wird.« (2. Korinther 4,6 NLB) Darum sang der Psalmist: »Denn, Herr, du lässt mich fröhlich singen von deinen Werken, und ich rühme die Taten deiner Hände. Herr, wie sind deine Werke so groß! Deine Gedanken sind sehr tief.« (Psalm 92,5.6)

Der Heilige Geist erklärt durch den Propheten Jesaja: »Mit wem wollt ihr denn Gott vergleichen? Oder was für ein Abbild wollt ihr von ihm machen? ... Wisst ihr denn nicht? Hört ihr denn nicht? Ist's euch nicht von Anfang an verkündigt? Habt ihr's nicht gelernt von Anbeginn der Erde? Er thront über dem Kreis der Erde, und die darauf wohnen, sind wie Heuschrecken; er spannt den Himmel aus wie einen Schleier und breitet ihn aus wie ein Zelt, in dem man wohnt ... Mit wem wollt ihr mich also vergleichen, dem ich gleich sei?, spricht der Heilige. Hebt eure Augen in die Höhe und seht! Wer hat dies geschaffen? Er führt ihr Heer vollzählig heraus und ruft sie alle mit Namen. Seine Macht und starke Kraft ist so groß, dass nicht eins von ihnen fehlt. Warum sprichst du denn, Jakob, und du, Israel, sagst: ›Mein Weg ist dem Herrn verborgen, und mein Recht geht vor meinem Gott vorüber‹? Weißt du nicht? Hast du nicht gehört? Der Herr, der ewige Gott, der die Enden der Erde geschaffen hat, wird nicht müde noch matt ... Er gibt dem Müden Kraft und Stärke genug dem Unvermögenden.« (Jesaja 40,18-29) »Fürchte dich nicht, ich bin mit dir; weiche nicht, denn ich bin dein Gott. Ich stärke dich, ich helfe dir auch, ich halte dich durch die rechte Hand meiner Gerechtigkeit.« (Jesaja 41,10) »Wendet euch zu mir und lasst euch retten, alle ihr Enden der Erde! Denn ich bin Gott und keiner sonst.« (Jesaja 45,22 Elb.) Die Natur trägt die Handschrift dieser Botschaft, und der Sabbat ist dazu eingesetzt, sie in Erinnerung zu behalten. Als der Herr Israel aufforderte, seinen Sabbat zu heiligen, sagte er: »Meine Sabbate sollt ihr heiligen, dass sie ein Zeichen seien zwischen mir und euch, damit ihr wisst, dass ich, der Herr, euer Gott bin.« (Hesekiel 20,20)

Der Sabbat war Bestandteil der am Sinai gegebenen Zehn Gebote, aber er wurde dort nicht zum ersten Mal als Tag der Ruhe bekanntgegeben. Das Volk Israel wusste davon, bevor es zum Sinai kam. Auf dem Weg dorthin hielten sie bereits den Sabbat. Als ihn einige entweihten, tadelte Gott sie und sagte: »Wie lange weigert ihr euch, meine Gebote und Weisungen zu halten?« (2. Mose 16,28)

Der Sabbat galt nicht nur Israel, sondern der ganzen Welt. Er wurde den Menschen schon im Paradies bekanntgemacht und hat wie die anderen der Zehn Gebote unvergängliche Gültigkeit. Von diesem Gesetz, zu dem das vierte Gebot gehört, erklärte Christus: »Ich versichere euch: Solange Himmel und Erde bestehen, wird kein i-Punkt und kein Komma im Gesetz gestrichen.« (Matthäus 5,18 GNB) Solange Himmel und Erde bestehen, wird der Sabbat stets ein Zeichen für die Macht des Schöpfers sein. Und wenn der Garten Eden wieder auf dieser Erde erblühen wird, werden alle, die unter der Sonne leben, Gottes heiligen Ruhetag ehren. »Einen Sabbat nach dem anderen« werden die Bewohner der herrlichen neuen Erde »kommen, um vor mir anzubeten, spricht der Herr« (Jesaja 66,23).

EIN ZEICHEN DER WAHREN ANBETER GOTTES

Keine andere Einrichtung, die den Israeliten anvertraut worden war, unterschied sie so sehr von den umliegenden Völkern wie der Sabbat. Es war Gottes Absicht, dass die Beachtung des Sabbats sie als seine Anbeter kennzeichnete. Der Sabbat sollte ein Zeichen ihrer Trennung vom Götzendienst und ein Beweis ihrer Verbindung zum wahren Gott sein. Um aber den Sabbat heiligen zu können, müssen die Menschen selbst heilig sein. Durch den Glauben müssen sie Teilhaber an der Gerechtigkeit von Christus werden. Als den Israeliten das Gebot gegeben wurde: »Denke an den Sabbattag, um ihn heilig zu halten« (2. Mose 20,8 Elb.), sagte der Herr auch zu ihnen: »Ihr sollt mir heilige Leute sein« (2. Mose 22,30a). Nur dadurch konnte der Sabbat die Israeliten als Anbeter Gottes auszeichnen.

Als sich die Juden von Gott entfernten und es versäumten, die Gerechtigkeit von Christus im Glauben anzunehmen, verlor der Sabbat seine Bedeutung. Satan versuchte, sich selbst zu erhöhen und die Menschen von Christus wegzuziehen. Er bemühte sich, den Sabbat zu verdrehen, weil dieser das Zeichen der Macht von Christus ist. Die geistlichen Führer der Juden führten Satans Willen aus, indem sie Gottes Ruhetag mit vielen mühsamen Vorschriften belegten. In den Tagen von Jesus war der Sabbat schon so verändert, dass seine Beachtung mehr den Charakter egoistischer und rücksichtsloser Menschen als das Wesen eines liebenden himmlischen Vaters widerspiegelte. Die Rabbiner stellten Gott im Grunde genommen als einen dar, der Gesetze gab, die von Menschen unmöglich eingehalten werden konnten. Sie brachten das Volk dazu, Gott als einen Tyrannen anzusehen und zu denken, dass das Einhalten des Sabbats, so wie es Gott von ihnen verlangte, die Menschen hartherzig und grausam macht. Es war die Aufgabe von Christus, diese irrigen Vorstellungen zu beseitigen. Obschon ihn die Rabbiner mit unerbittlicher Feindseligkeit verfolgten, tat er nicht einmal so, als würde er ihren Forderungen entsprechen, sondern ging entschlossen vorwärts und hielt den Sabbat in Übereinstimmung mit Gottes Gebot.

STREIT UM DIE SABBATHEILIGUNG

Als Jesus und seine Jünger eines Sabbats vom Gottesdienst zurückkehrten, gingen sie durch ein reifendes Kornfeld. Jesus hatte bis zum späten Nachmittag gewirkt. Während sie durch die Felder gingen, pflückten die Jünger einige Ähren, zerrieben sie zwischen ihren Fingern und aßen die Körner. An keinem anderen Tag hätte dies Aufsehen erregt, denn es war gestattet, beim Durchqueren eines Kornfeldes, eines Obstgartens oder Weinberges Früchte zu pflücken und zu essen (vgl. 5. Mose 23,25.26). Dies aber an einem Sabbat zu tun, galt als Entweihung des Ruhetages. Das Pflücken der Ähren wurde als eine Art Ernte angesehen, und auch das Zerreiben zwischen den Fingern betrachtete man gewissermaßen als Dreschen der Frucht. Darum war dies nach Ansicht der Rabbiner ein zweifacher Verstoß gegen das Sabbatgebot.

Die von den Rabbinern ausgesandten Spione beklagten sich sofort bei Jesus und sagten: »Siehe, deine Jünger tun, was am Sabbat nicht erlaubt ist.« (Matthäus 12,2b)

Als Jesus in Betesda beschuldigt wurde, den Sabbat entweiht zu haben, verteidigte er sich, indem er ihnen versicherte, dass er der Sohn Gottes sei und in Übereinstimmung mit dem himmlischen Vater handle (vgl. Johannes 5,16-18). Als nun seine Jünger angegriffen wurden, wies er seine Ankläger auf Beispiele aus dem Alten Testament hin, wo Menschen im Dienst für Gott ihre Aufgaben am Sabbat wahrgenommen hatten.

Die jüdischen Gelehrten bildeten sich viel auf ihre Kenntnis der heiligen Schriften ein. In der Antwort des Erlösers aber schwang ein Tadel an ihrer Unkenntnis mit. »Habt ihr denn nicht gelesen«, sagte er zu ihnen, »was David tat, als er und seine Männer hungrig waren? Er ging in das Haus Gottes, nahm die geweihten Brote, aß davon und gab auch seinen Begleitern zu essen, obwohl nach dem Gesetz nur Priester davon essen dürfen.« (Lukas 6,3.4 GNB) »Und er sprach zu ihnen: Der Sabbat ist um des Menschen willen gemacht und nicht der Mensch um des Sabbats willen.« (Markus 2,27) »Habt ihr nicht im Gesetz gelesen, dass die Priester auch am Sabbat im Tempel Dienst tun? Sie übertreten also die Sabbatvorschriften und werden trotzdem nicht schuldig. Und ich sage euch: Hier ist einer, der mehr ist als der Tempel! ... Denn der Menschensohn ist Herr über den Sabbat.« (Matthäus 12,5-8 NGÜ)

Wenn es David erlaubt war, seinen Hunger durch die Brote zu stillen, die doch für einen heiligen Zweck bestimmt waren, dann durften auch die Jünger satt werden, indem sie in den heiligen Stunden des Sabbats einige Ähren pflückten. Außerdem hatten die Priester am Sabbat mehr zu tun als an anderen Tagen. Hätten sie dieselbe Arbeit für weltliche Zwecke ausgeführt, wäre dies eine Sünde gewesen, doch die Priester standen im Dienst Gottes. Sie verrichteten jene Handlungen, die auf die Erlösermacht von Christus hinwiesen. Ihr Dienst stimmte mit dem Ziel und Zweck des Sabbats überein. Nun aber war Christus selbst gekommen. Indem die Jünger seinen Auftrag ausführten, standen sie im Dienst für Gott. Deshalb durfte alles, was zur Erfüllung dieser Aufgabe notwendig war, auch am Sabbat getan werden.

DIENST AUS LIEBE

Christus wollte seinen Jüngern und auch seinen Gegnern zeigen, dass der Dienst für Gott an erster Stelle steht. Das Ziel von Gottes Werk in dieser Welt ist die Erlösung des Menschen. Alles, was nötig ist, um dieses Werk zu erfüllen, stimmt daher mit dem Gebot des Ruhetages überein. Jesus krönte seine Schlussfolgerung damit, dass er sich selbst als »Herr des Sabbats« bezeichnete – der Eine, der über allen Fragen und allen Geboten steht. Dieser ewige Richter sprach die Jünger von jeder Anklage frei, indem er sich genau auf diejenigen Satzungen berief, deren Übertretung man ihnen vorwarf.

Jesus ließ diese Begebenheit nicht ohne eine Rüge an seine Feinde vorübergehen. Er machte ihnen deutlich, dass sie sich in ihrer Blindheit in der Bedeutung des Sabbats geirrt hatten. Er sagte: »Wenn ihr begriffen hättet, was das heißt: ›Barmherzigkeit will ich und nicht Opfer‹, dann hättet ihr nicht Unschuldige verurteilt.« (Matthäus 12,7 NGÜ; vgl. Hosea 6,6) Ihre vielen herzlosen Bräuche konnten den Mangel an wahrer Rechtschaffenheit und herzlicher Liebe, die einen wahren Anbeter Gottes stets auszeichnen, nicht ersetzen.

Christus betonte erneut die Tatsache, dass die Opfer an sich wertlos sind. Sie waren nur Mittel und nicht Ziel. Ihre Aufgabe war es, die Menschen zum Erlöser zu führen und sie dadurch in Einklang mit Gott zu bringen. Gott schätzt nur den Dienst, der aus Liebe getan wird. Fehlt aber diese Liebe, ist ihm das reine Zelebrieren von Feierlichkeiten ein Ärgernis. Genauso ist es auch mit dem Sabbat. Er wurde dazu bestimmt, den Menschen mit Gott in Gemeinschaft zu bringen. Als aber die Gemüter nur noch mit langweiligen Ritualen belastet wurden, ging der Sinn des Ruhetags verloren. Die rein äußerliche Beachtung des Sabbats war ein Hohn.

GUTES TUN AM SABBAT

An einem anderen Sabbat, als Jesus eine Synagoge betrat, sah er einen Mann mit einer verkrüppelten Hand. Die Pharisäer beobachteten ihn und warteten gespannt darauf, was er tun würde. Jesus wusste sehr wohl, dass er als Übertreter des Gesetzes angesehen würde, wenn er am Sabbat heilte. Dennoch zögerte er nicht, die Mauer der traditionellen Vorschriften, die den Sabbat umgaben, niederzureißen. Er ließ den leidenden Mann vortreten und fragte dann: »Soll man am Sabbat Gutes tun oder Böses tun, Leben erhalten oder töten?« (Markus 3,4a) Bei den Juden galt der Grundsatz, dass, wer die Möglichkeit zu einer guten Tat ungenutzt ließ, böse handelte. Das Versäumnis, ein Leben zu retten, galt als Mord. So schlug Jesus die Rabbiner mit ihren eigenen Waffen. »Er bekam keine Antwort. Da sah er sie zornig der Reihe nach an. Zugleich war er traurig, weil sie so engstirnig und hartherzig waren. Dann sagte er zu dem Mann: ›Streck deine Hand aus!‹ Er streckte sie aus, und sie wurde wieder gesund.« (Markus 3,4b.5 GNB)

Als Jesus gefragt wurde: »Ist's erlaubt, am Sabbat zu heilen?«, antwortete er: »Wer ist unter euch, der sein einziges Schaf, wenn es ihm am Sabbat in eine Grube fällt, nicht ergreift und ihm heraushilft? Wie viel mehr ist nun ein Mensch als ein Schaf! Darum darf man am Sabbat Gutes tun.« (Matthäus 12,10-12)

Die Pharisäer wagten es nicht, Jesus vor den vielen Anwesenden zu antworten. Sie hatten Angst, sich selbst in Schwierigkeiten zu bringen. Sie wussten genau, dass er die Wahrheit gesprochen hatte. Lieber würden sie einen Menschen leiden lassen, als ihre Vorschriften und Satzungen zu übertreten. Ein Tier aber würden sie aus seiner Notlage retten, um dem Eigentümer den Verlust zu ersparen. Also kümmerten sie sich mehr um ein einfaches Tier als um einen Menschen, der doch zum Bild Gottes geschaffen worden war. Dies veranschaulicht das Werk aller falschen Religionen. Sie entstehen aus dem menschlichen Wunsch heraus, sich über Gott zu erheben, und haben zur Folge, dass der Mensch erniedrigt und geringer geachtet wird als das Vieh. Jede Religion, die gegen die Herrschaft Gottes kämpft, raubt dem Menschen die Herrlichkeit, die er bei seiner Erschaffung besaß und ihm durch Christus wiedergegeben werden soll. Jede falsche Religion lehrt ihre Anhänger, mit menschlichen Bedürfnissen, Leiden und Rechten gleichgültig umzugehen. Das Evangelium verleiht dem Menschen einen hohen Wert, weil Gott ihn durch das Blut von Christus freigekauft hat. Es lehrt uns, sorgfältig auf die Bedürfnisse und Nöte der Menschen zu achten. Der Herr sagt, »dass ein Mann kostbarer sein soll als Feingold und ein Mensch wertvoller als Goldstücke aus Ophir« (Jesaja 13,12b).

Als sich Jesus mit der Frage an die Pharisäer wandte, ob es rechtmäßig sei, am Sabbat Gutes oder Böses zu tun, Leben zu retten oder zu töten, konfrontierte er sie mit ihren eigenen üblen Absichten. In bitterem Hass trachteten sie ihm nach dem Leben, während er dabei war, Leben zu retten und Unzähligen wahres Glück zu bringen. War es nun besser, am Sabbat zu töten, wie sie es planten, oder Leidende zu heilen, wie er es getan hatte? Was war gerechter: An Gottes heiligem Tag Mordgedanken zu hegen oder alle Menschen zu lieben und dies durch Taten der Barmherzigkeit auszudrücken?

Durch die Heilung der verkrüppelten Hand verurteilte Jesus die jüdischen Überlieferungen und ließ das vierte Gebot so stehen, wie Gott es einst gegeben hatte. Er erklärte: »Darum darf man am Sabbat Gutes tun.« (Matthäus 12,12b) Indem Christus die sinnlosen Einschränkungen der Pharisäer beiseiteschob, ehrte er den Sabbat, während seine Ankläger Gottes heiligen Tag entehrten.

CHRISTUS BESTÄTIGT DIE GEBOTE GOTTES

Jene, die glauben, Christus habe das Gesetz abgeschafft, lehren, dass er den Sabbat gebrochen und seine Jünger verteidigt habe, als sie das Gleiche taten. Solche Leute nehmen in Wirklichkeit die Haltung der kritiksüchtigen Pharisäer ein. Damit widersprechen sie dem Zeugnis von Christus, der sagte: »Auch ich richte mich nach den Geboten meines Vaters und lebe in seiner Liebe.« (Johannes 15,10b Hfa) Weder der Erlöser noch seine Jünger brachen das Sabbatgebot. Christus war ein lebendiger Repräsentant des Gesetzes, von dessen heiligen Geboten er in seinem Leben nicht ein einziges übertrat. Indem er auf ein Volk von Zeugen blickte, die auf eine Gelegenheit warteten, ihn zu verurteilen, konnte er ohne Widerspruch zu erwarten fragen: »Wer von euch kann mir zu Recht eine Sünde vorwerfen?« (Johannes 8,46a NLB)

Der Erlöser war nicht gekommen, um die Worte der Patriarchen und Propheten zu beseitigen, denn er selbst hatte durch sie geredet. Alle Wahrheiten aus dem Wort Gottes stammten von ihm. Aber all diese unbezahlbaren Edelsteine waren in falsche Fassungen gesetzt worden. Ihr kostbares Licht wurde benutzt, um dem Irrtum zu dienen. Gott wollte den ursprünglichen Zustand wiederherstellen. Die wertvollen Edelsteine sollten aus der Fassung des Irrtums herausgenommen und wieder in den Rahmen der Wahrheit eingesetzt werden. Dies aber konnte nur durch eine göttliche Hand geschehen. Durch ihre Verbindung mit dem Irrtum hatte die Wahrheit dem Feind Gottes und dem Feind des Menschen gedient. Nun war Christus gekommen, um sie wieder dorthin zu stellen, wo sie Gott verherrlichen und zur Errettung der Menschheit beitragen würde.

TEIL 4 | DER SIEG DER LIEBE

ZUM WOHL DES MENSCHEN GESCHAFFEN

»Der Sabbat ist um des Menschen willen gemacht und nicht der Mensch um des Sabbats willen« (Markus 2,27), lehrte Jesus. Die Einrichtungen, die Gott geschaffen hat, dienen dem Wohl der Menschheit. »Es geschieht alles um euretwillen.« (2. Korinther 4,15a) »Ob es nun Paulus ist oder Apollos oder Petrus; euch gehört die ganze Welt, das Leben und der Tod, die Gegenwart und die Zukunft. Alles gehört euch, ihr aber gehört Christus, und Christus gehört Gott.« (1. Korinther 3,22.23 GNB) Das Gesetzeswerk der Zehn Gebote, zu denen der Sabbat gehört, gab Gott seinem Volk zum Segen. Mose sagte: »Der Herr hat uns verpflichtet, alle diese Gesetze zu halten und den Herrn, unseren Gott, zu fürchten, damit es uns das ganze Leben lang gut geht und er uns Leben schenkt.« (5. Mose 6,24 Elb.) Und durch den Psalmisten erhielt Israel die Aufforderung: »Dient dem Herrn mit Freuden, kommt vor sein Angesicht mit Jubel. Erkennt, dass der Herr allein Gott ist. Er hat uns gemacht, und nicht wir selbst, sein Volk sind wir und die Schafe seiner Weide. Kommt zu seinen Toren mit Dank, in seine Vorhöfe mit Lobgesang, dankt ihm, preist seinen Namen.« (Psalm 100,2-4 ZÜ) Von allen, »die den Sabbat halten und ihn nicht entweihen«, sagt der Herr: »Sie bringe ich zu meinem heiligen Berg und erfülle sie in meinem Bethaus mit Freude.« (Jesaja 56,6b.7a EÜ)

»So ist der Menschensohn ein Herr auch über den Sabbat.« (Markus 2,28) Diese Worte sind voller Weisung und Trost. Weil der Sabbat »zum Wohl des Menschen gemacht« wurde (Markus 12,27 NLB), ist er der »Tag des Herrn« (vgl. Offenbarung 1,10). Er gehört Christus. »Durch ihn wurde alles geschaffen, was ist. Es gibt nichts, was er, das Wort, nicht geschaffen hat.« (Johannes 1,3 NLB) Da er alle Dinge schuf, setzte er auch den Sabbat ein. Er war es, der ihn zum Andenken an sein Schöpfungswerk bestimmte. Der Sabbat weist in zweierlei Weise auf Christus hin – er ist unser Schöpfer und er macht uns heilig. Der Sabbat besagt: Derselbe, der alle Dinge im Himmel und auf Erden geschaffen hat und der alles zusammenhält, ist das Haupt der Gemeinde; und durch seine Macht werden wir mit Gott versöhnt. Über Israel sagte Gott: »Ich gab ihnen meinen Sabbat als Bundeszeichen zwischen ihnen und mir. Daran sollte man erkennen, dass ich, der Herr, es bin, der sie heiligt.« (Hesekiel 20,12 NLB) Demnach ist der Sabbat ein Zeichen der Macht von Christus, uns zu heiligen; und er ist all denen gegeben, die Christus heiligt. Als Zeichen seiner heiligenden Macht ist der Sabbat allen gegeben worden, die durch Christus zum »Israel Gottes« gehören (vgl. Galater 6,16).

Der Herr sagt: »Wenn du deinen Fuß am Sabbat zurückhältst und nicht deinen Geschäften nachgehst an meinem heiligen Tag und den Sabbat ›Lust‹ nennst und den heiligen Tag des Herrn ›Geehrt‹ ... dann wirst du deine Lust haben am Herrn.« (Jesaja 58,13.14a) Allen, die den Sabbat als Zeichen der Schöpfungs- und Erlösungsmacht, die Christus besitzt, annehmen, wird er eine Lust sein. Weil sie in diesem Tag Christus erkennen, freuen sie sich über ihren Herrn. Der Sabbat deutet auf die Schöpfung hin, die ein Beweis der unermesslichen Erlösungskraft von Christus ist. Er erinnert an den im Paradies verlorenen Frieden und spricht zugleich von dem Frieden, den der Erlöser wiederherstellen wird. Alles in der Natur wiederholt seine Einladung: »Kommt alle her zu mir, die ihr müde seid und schwere Lasten tragt, ich will euch Ruhe schenken.« (Matthäus 11,28 NLB)

KAPITEL 30

DIE ERWÄHLUNG DER ZWÖLF APOSTEL

Markus 3,13-19; Lukas 6,12-16

»**S**päter stieg Jesus auf einen Berg und rief die zu sich, die er bei sich haben wollte. Sie traten zu ihm. Er wählte zwölf[54] von ihnen aus, die ihn ständig begleiten sollten, und nannte sie Apostel. Er wollte sie aussenden, damit sie predigen.« (Markus 3,13.14 NLB)

Unter den schützenden Bäumen am Berghang unweit des Sees Genezareth wurden die Zwölf zum Apostelamt berufen. Hier hielt Jesus auch die Bergpredigt. Felder und Hügel waren seine liebsten Aufenthaltsorte. Deshalb wurden viele seiner Lehren nicht im Tempelbezirk oder in den Synagogen verkündigt, sondern unter freiem Himmel. Kein Gotteshaus hätte die Volksmenge fassen können, die ihm folgte. Aber dies war nicht der einzige Grund, warum er auf den Feldern und unter Bäumen lehrte. Jesus liebte es, von der Natur umgeben zu sein. Jeder stille Zufluchtsort war für ihn ein heiliger Tempel.

BEGEGNUNGEN MIT JESUS IN DER NATUR

Unter den Bäumen im Garten Eden hatten sich die ersten Bewohner der Erde einen Platz als ihr Heiligtum ausgesucht. Dort hatte Christus mit Adam, dem Vater der Menschheit, Gemeinschaft gepflegt. Nachdem unsere ersten Eltern aus dem Paradies ausgewiesen worden waren, beteten sie Gott weiterhin auf den Feldern und in den Hainen an. Dort war es, wo ihnen Christus mit dem Evangelium seiner Gnade begegnete. Es war Christus, der mit Abraham unter den Eichen von Mamre sprach. Mit Isaak redete er, als dieser abends aufs Feld hinausging, um zu beten. Er sprach mit Jakob auf den Höhen bei Bethel, mit Mose auf den Bergen von Midian und mit dem jungen David, als dieser die Herden seines Vaters weidete. Während 15 Jahrhunderten verließen die Israeliten auf die Anordnung von Christus hin jedes Jahr eine Woche

---

54 Siehe Erklärungen »Jünger von Jesus«, S. 817f.

lang ihre Häuser und wohnten in Hütten, die sie aus grünen Zweigen »von schönen Bäumen, Palmwedeln und Zweigen von Laubbäumen und Bachweiden« bauten (3. Mose 23,40b).

Um seine Jünger auszubilden, zog sich Jesus gern aus dem Lärm der Stadt in die Stille der Felder und Hügel zurück. Diese Umgebung passte besser zur Lehre der Selbstverleugnung, die er ihnen nahebringen wollte. Während seines Dienstes hatte er es am liebsten, wenn sich die Menschen unter freiem Himmel, an grünen Hängen oder am Ufer des Sees um ihn versammelten. Umgeben von den Werken seiner eigenen Schöpfung konnte er die Gedanken seiner Zuhörer vom Künstlichen auf das Natürliche lenken. Im Wachstum und in der Entfaltung der Natur offenbarten sich die Grundsätze seines Königreichs. Wenn die Menschen zu den Höhen Gottes aufschauten und die Wunderwerke seiner Hände betrachteten, konnten sie Wertvolles über die göttliche Wahrheit lernen. Die Lehren von Christus wiederholten sich in dem, was in der Natur geschah. So geht es allen, die mit Christus in ihrem Herzen aufs Feld hinausgehen. Sie spüren, wie sie von einer heiligen Atmosphäre umgeben sind. Die Vorgänge in der Natur prägten die Gleichnisse von Jesus und vertieften seine Ratschläge. Durch die Gemeinschaft mit Gott in der Natur wird unser Geist emporgehoben, unser Herz findet Ruhe.

Es galt nun, den ersten Schritt zu tun, um eine Gemeinde zu gründen, die nach dem Weggang von Christus seine Stellvertreterin auf Erden sein sollte. Dafür stand ihr kein kostspieliger Tempel zur Verfügung. Der Erlöser führte seine Jünger stattdessen an den Zufluchtsort, den er liebte. Auf diese Weise wurden ihre Erinnerungen an die heiligen Erlebnisse jenes Tages für immer mit der Schönheit der Berge, des Tals und des Sees verknüpft.

ALS ZEUGEN IN DIE WELT GESANDT

Jesus hatte seine Jünger berufen, um sie später als seine Zeugen in die Welt auszusenden. Sie sollten verkünden, was sie von ihm gesehen und gehört hatten. Ihr Dienst war der wichtigste, zu dem Menschen jemals berufen wurden, und stand in seiner Bedeutung gleich hinter dem Dienst von Christus selbst. Sie sollten mit Gott für die Errettung der Welt zusammenarbeiten. So wie die zwölf Stammesväter in alttestamentlichen Zeiten die Vertreter Israels darstellten, so sollten nun die zwölf Apostel die Vertreter für die christliche Gemeinde sein.

Christus kannte den Charakter der Männer, die er auserwählt hatte. Er wusste alles über ihre Schwächen und Fehler, kannte die Gefahren, die sie zu überwinden hätten, und die Verantwortung, die auf ihnen liegen würde.

Deshalb bangte sein Herz um diese Auserwählten. Während sie am Fuß des Berges schliefen, verbrachte er die ganze Nacht allein auf einem Berg in der Nähe des Sees Genezareth und betete für sie. Bei Tagesanbruch rief er sie zu sich, denn er hatte ihnen etwas Wichtiges mitzuteilen.

Diese Jünger hatten Jesus nun schon einige Zeit in seinem Dienst begleitet und unterstützt. Johannes und Jakobus, Andreas und Petrus mit Philippus, Nathanael und Matthäus waren enger mit Jesus verbunden, denn sie hatten mehr von seinen Wundern gesehen als die anderen. Petrus, Jakobus und Johannes standen ihm am nächsten. Sie waren fast immer mit ihm zusammen, erlebten seine Wunder und hörten seine Worte. Johannes hatte ein besonders inniges Verhältnis zu seinem Herrn. Daher ist er als der Jünger bekannt,»den Jesus lieb hatte« (Johannes 21,20). Jesus liebte sie alle, doch Johannes war am empfänglichsten. Er war jünger als alle anderen. In kindlichem Vertrauen öffnete er Jesus sein Herz. Dadurch stand er ihm näher als die anderen. Durch ihn konnte der Erlöser seinem Volk die tiefsten geistlichen Lehren vermitteln.

Die Apostel waren in verschiedene Gruppen eingeteilt. Philippus war der Leiter einer solchen Gruppe. Er war der erste Jünger, zu dem Jesus ausdrücklich gesagt hatte:»Folge mir nach!« (Johannes 1,43) Philippus stammte aus Betsaida, der Stadt, aus der auch Andreas und Petrus kamen. Er hatte die Botschaft von Johannes dem Täufer gehört und war dabei, als dieser Christus als das Lamm Gottes bezeichnete. Philippus suchte aufrichtig nach der Wahrheit, aber es fiel ihm schwer zu glauben. Obwohl er sich Jesus angeschlossen hatte, bewies seine Aussage gegenüber Nathanael, dass er von der Göttlichkeit von Jesus noch nicht völlig überzeugt war. Auch wenn die Stimme vom Himmel Jesus als Sohn Gottes bezeichnet hatte, war er für Philippus doch »Jesus, Josefs Sohn aus Nazareth« (Johannes 1,45) geblieben. Auch bei der Speisung der Fünftausend zeigte sich sein mangelndes Vertrauen. Um ihn zu prüfen, fragte ihn Jesus:»Wo kaufen wir Brot, damit diese zu essen haben?« (Johannes 6,5) Die Antwort des Philippus verriet seinen Kleinglauben:»200 Silberstücke wären nicht genug, um so viel zu kaufen, dass jeder auch nur einen Brocken abbekommt.« (Johannes 6,7 GNB) Jesus war traurig. Obwohl Philippus die Taten von Jesus gesehen und seine Kraft verspürt hatte, glaubte er doch nicht. Als ihn die Griechen nach Jesus fragten, verpasste Philippus die Gelegenheit, sie mit dem Erlöser bekanntzumachen. Stattdessen ging er zu Andreas und erzählte ihm davon. Und auch in den letzten Stunden vor der Kreuzigung waren die Worte von Philippus so, dass sie nicht zum Glauben ermutigten. Als Thomas zu Jesus sagte:»Herr, wir wissen nicht, wo du hingehst; wie können wir den Weg wissen?«, erwiderte Jesus:»Ich bin der Weg und die Wahrheit und das Leben ... Wenn ihr mich erkannt habt, so werdet ihr auch meinen Vater erkennen.« Philippus antwortete in seinem Unglauben: »Herr, zeige uns den Vater und es genügt uns.« (Johannes 14,5-8) Dieser Jünger, der schon drei Jahre lang in der Gemeinschaft mit Jesus lebte, war halbherzig und schwach im Glauben.

Im wohltuenden Gegensatz zum Unglauben von Philippus stand das kindliche Vertrauen von Nathanael. Er war ein Mann mit einem äußerst ernsthaften Charakter, der an der unsichtbaren Wirklichkeit Halt fand. Philippus hingegen war noch ein Lernender in der Schule von Christus, und der göttliche Lehrer ertrug seinen Unglauben und seine Trägheit geduldig. Als der Heilige Geist am Pfingstfest auf die Jünger ausgegossen wurde, stand Philippus als von Gott beauftragter Lehrer auf. Nun wusste er, wovon er sprach. Er lehrte mit einer solchen Gewissheit, dass seine Hörer überzeugt wurden.

JUDAS ISCHARIOT

Während Jesus die Jünger auf ihren Dienst vorbereitete, drängte sich ihnen einer auf, der nicht dazu berufen worden war. Es war Judas Ischariot, ein Mann, der vorgab, ein Nachfolger von Jesus zu sein. Er drängte sich vor und bat um einen Platz im engsten Kreis der Jünger. Mit großem Ernst und scheinbarer Aufrichtigkeit erklärte er: »Meister, ich will dir folgen, wohin du gehst.« (Matthäus 8,19) Jesus wies ihn weder zurück, noch hieß er ihn willkommen, sondern äußerte die bedeutungsvollen Worte: »Die Füchse haben Gruben und die Vögel unter dem Himmel haben Nester; aber der Menschensohn hat nichts, wo er sein Haupt hinlege.« (Matthäus 8,20) Judas glaubte, dass Jesus der Messias war. Indem er sich den Jüngern anschloss, erhoffte er sich im neuen Königreich eine hohe Stellung. Mit dem Hinweis auf seine Armut versuchte Jesus, diese Hoffnung zu zerschlagen.

Die Jünger bemühten sich darum, dass auch Judas zu ihnen gehören sollte. Er hatte ein sicheres Auftreten, besaß Führungsqualitäten und ein scharfes Urteilsvermögen. Sie empfahlen ihn Jesus als einen, der ihn in seiner Aufgabe großartig unterstützen könnte. Doch sie wunderten sich, dass Jesus ihn so kühl empfing.

Die Jünger waren sehr enttäuscht, weil Jesus nicht versucht hatte, mit den führenden Männern Israels zusammenzuarbeiten. Sie betrachteten es als Fehler, dass er seine Sache nicht durch die Unterstützung dieser einflussreichen Männer aufwerten ließ. Hätte er Judas abgewiesen, hätten die Jünger insgeheim an der Weisheit ihres Meisters gezweifelt. Der spätere Verlauf von Judas' Geschichte zeigte ihnen jedoch, wie gefährlich es war, von weltlichen

Gesichtspunkten aus darüber zu entscheiden, ob sich ein Mensch dafür eignet, im Werk Gottes zu arbeiten. Solche Männer, um deren Mitarbeit sich die Jünger so sehr bemühten, hätten das Werk Gottes verraten und es den schlimmsten Feinden in die Hände gespielt.

Als sich Judas zu den Jüngern gesellte, war er nicht unempfänglich für die Schönheit des Charakters von Jesus. Er spürte den Einfluss der göttlichen Macht, welche die Herzen der Menschen zu Christus zog. Der Erlöser, der nicht gekommen war, das geknickte Rohr zu zerbrechen und den glimmenden Docht auszulöschen (vgl. Jesaja 42,3), wollte auch diesen Menschen nicht zurückweisen, solange er noch einen Wunsch nach Licht verspürte. Jesus kannte das Herz von Judas. Er wusste um die Tiefen der Bosheit, in die er versinken würde, wenn er sich nicht von der Gnade Gottes retten ließe. Mit der Aufnahme in seinen Jüngerkreis bot er Judas die Gelegenheit, Tag für Tag mit seiner überströmenden selbstlosen Liebe in Berührung zu kommen. Würde er Jesus sein Herz öffnen, könnte die göttliche Gnade den Dämon der Selbstsucht aus seinem Herzen vertreiben. So könnte sogar Judas ein Bürger des Reiches Gottes werden.

Gott nimmt die Menschen an, wie sie sind, mit all ihren menschlichen Charakterzügen. Er bereitet sie für seinen Dienst vor, wenn sie von ihm lernen und sich beeinflussen lassen wollen. Sie werden nicht berufen, weil sie vollkommen sind, sondern trotz ihrer Unvollkommenheit, damit sie durch das Erkennen und Ausleben der Wahrheit und durch die Gnade von Christus in sein Bild verwandelt werden.

Judas hatte dieselben Gelegenheiten wie die anderen Jünger auch. Er hörte dieselben wertvollen Unterweisungen. Die Umsetzung der Wahrheit aber, wie Christus es gebot, stand im Widerspruch zu seinen eigenen Wünschen und Absichten. Er war nicht bereit, seine eigenen Vorstellungen aufzugeben, um die Weisheit des Himmels zu empfangen.

Wie liebevoll verhielt sich Jesus doch dem gegenüber, der einmal sein Verräter werden würde! In seinen Unterweisungen verweilte Jesus bei den Grundlagen der Nächstenliebe, die das Übel der Habsucht an der Wurzel packt. Er zeigte Judas, wie abscheulich Habgier ist. Oft erkannte dieser Jünger, dass damit sein eigener Charakter und seine eigenen Sünden gemeint waren. Doch er wollte seine Ungerechtigkeit nicht einsehen und aufgeben. Er war selbstzufrieden. Statt der Versuchung zu widerstehen, setzte er seine unehrlichen Machenschaften fort. Christus war für ihn ein lebendiges Beispiel dafür, wie er werden musste, wenn er den Segen göttlicher Vermittlung und göttlichen Wirkens ernten wollte. Aber Lektion um Lektion ging vorbei, ohne dass Judas darauf gehört hätte.

Jesus machte Judas wegen seiner Habsucht keine schweren Vorwürfe, sondern ertrug diesen irrenden Mann in göttlicher Geduld. Er wies ihn sogar darauf hin, dass er in seinem Herzen wie in einem offenen Buch lesen könne. Judas erhielt durch Jesus die bestmögliche Motivation zum richtigen Handeln. Sollte er aber das Licht des Himmels ablehnen, hätte er dafür keine Entschuldigung.

Anstatt im Licht zu wandeln, entschloss sich Judas, sein Fehlverhalten nicht aufzugeben. Sündige Begierden, rachsüchtige Gefühle, düstere und missmutige Gedanken wurden gehegt, bis Satan diesen Mann völlig beherrschte. So wurde Judas zum Vertreter des Feindes von Christus.

Als Judas in die Gemeinschaft von Jesus aufgenommen wurde, besaß er einige bemerkenswerte Wesenszüge, die der Gemeinde zum Segen hätten gereichen können. Wäre er bereit gewesen, das Joch von Jesus zu tragen, hätte er einer der wichtigsten Apostel werden können. Aber er verhärtete sein Herz, wenn er auf seine Fehler hingewiesen wurde. Voller Stolz und Auflehnung entschied er sich für seine eigenen selbstsüchtigen Ziele und machte sich dadurch selbst für die Aufgabe untauglich, die Gott für ihn vorgesehen hatte.

NÖTIGE VERÄNDERUNG

Alle Jünger hatten große Schwächen, als Jesus sie in seinen Dienst berief. Sogar Johannes, der dem sanftmütigen und bescheidenen Herrn am nächsten stand, war von Natur aus überhaupt nicht demütig und ergeben. Er und sein Bruder wurden »Donnersöhne« genannt (vgl. Markus 3,17). Während sie mit Jesus zusammen waren, erregte jede Geringschätzung ihres Herrn ihren Zorn und ihre Kampfeslust. Jähzorn, Rachsucht und Kritikgeist waren Eigenschaften des geliebten Jüngers. Er war stolz und begierig darauf, der Erste im Reich Gottes zu sein. Aber als Gegenstück zu seinem eigenen ungestümen Wesen erlebte er Tag für Tag die Güte und Langmut von Jesus und hörte dessen Belehrungen über Demut und Geduld. Weil er sein Herz diesem göttlichen Einfluss öffnete, wurde er nicht nur ein Hörer, sondern auch ein Täter der Worte von Jesus. Sein altes Ich wurde in Christus verborgen. Er lernte das Joch von Jesus und dessen Lasten zu tragen.

Jesus tadelte seine Jünger, ermahnte und warnte sie. Doch Johannes und seine Brüder verließen ihn nicht. Sie hatten sich trotz seiner Belehrungen für Jesus entschieden. Der Erlöser zog sich wegen ihrer Schwächen und Mängel nicht von ihnen zurück. Bis zum Ende blieben sie bei ihm, nahmen Anteil an Kummer und Leid und lernten aus seinem Leben. Indem sie auf Christus schauten, wurde ihr Wesen verändert.

TEIL 4 | DER SIEG DER LIEBE

Die Apostel waren in ihren Gewohnheiten und Veranlagungen sehr verschieden. Da war Levi-Matthäus, der Zöllner, und der hitzige Zelot Simon mit seinem unversöhnlichen Hass auf die Herrschaft der Römer. Da war der großmütige, aber ungestüme Petrus und der hinterhältige Judas. Da war der treuherzige, schüchterne und furchtsame Thomas sowie der halbherzige Philippus mit seinem Hang zum Zweifel. Und dann gab es noch die ausgesprochen ehrgeizigen Söhne von Zebedäus mit ihren Brüdern. All diese Menschen waren hier zusammen, mit ihren verschiedenen Schwächen und ererbten und gehegten Neigungen zum Bösen. Aber durch Christus gehörten sie der göttlichen Familie an und lernten, eins zu werden im Glauben, in der Lehre und im Geist. Sie würden zwar Prüfungen und Schwierigkeiten erdulden sowie Meinungsverschiedenheiten austragen, aber solange Christus in ihren Herzen wohnte, würde es keinen Streit geben. Seine Liebe würde dazu führen, dass sie sich gegenseitig liebten. Die Unterweisungen des Meisters würden alle Unterschiede ausgleichen, bis die Jünger eins wären in Gedanken und im Urteil. Christus ist der große Mittelpunkt. Je näher sie diesem Mittelpunkt kämen, desto näher würden sie auch zueinander finden.

Nachdem Jesus seine Unterweisung an die Jünger beendet hatte, versammelte er die kleine Schar um sich. Sie knieten nieder. Jesus, der in ihrer Mitte war, legte seine Hände auf ihre Häupter und weihte sie mit einem Gebet für ihren heiligen Dienst. Auf diese Weise wurden die Jünger für den Verkündigungsdienst eingesegnet.

VON MENSCH ZU MENSCH

Christus erwählte als seine Repräsentanten auf Erden nicht sündlose Engel, sondern Menschen mit den gleichen Empfindungen, wie sie jene haben, die gerettet werden sollen. Er selbst nahm die menschliche Natur an, um die Menschheit erreichen zu können. Die göttliche Natur bedurfte der menschlichen, denn es erforderte sowohl das Göttliche als auch das Menschliche, um der Welt die Erlösung zu bringen. Die göttliche Natur bedurfte der menschlichen, um eine Kommunikation zwischen Gott und den Menschen zu ermöglichen. So ist es auch mit den Dienern und Boten von Christus. Der Mensch bedarf einer Macht, die außerhalb seiner selbst liegt, um in ihm das Bild Gottes wiederherzustellen und ihn zu befähigen, Gottes Werk zu verrichten. Aber dadurch wird das Handeln des Menschen nicht bedeutungslos. Die Menschlichkeit findet ihren Halt in der göttlichen Macht. Christus wohnt durch den Glauben im Herzen des Menschen. Durch die Zusammenarbeit mit Gott wird dieser zum Guten fähig.

Er, der die Fischer von Galiläa erwählte, ruft noch heute Menschen in seinen Dienst. Er möchte seine Macht durch uns offenbaren, genauso wie er dies durch die ersten Jünger getan hat. Wie unvollkommen und sündhaft wir auch sein mögen, der Herr streckt seine Hand aus und bietet uns an, seine Partner zu werden und uns von ihm ausbilden zu lassen. Er lädt uns ein, uns seiner göttlichen Weisung zu unterstellen, damit wir gemeinsam mit ihm Gottes Werk erfüllen können.

»Wir haben aber diesen Schatz in irdenen Gefäßen, damit die überschwängliche Kraft von Gott sei und nicht von uns.« (2. Korinther 4,7) Darum wurde die Verkündigung des Evangeliums den sündigen Menschen und nicht den Engeln anvertraut. Auf diese Weise wird offenbar, dass es Gottes Kraft ist, die durch die menschliche Schwachheit wirkt. Dadurch werden wir im Glauben bestärkt, dass diese Kraft, die anderen helfen kann, auch uns beistehen wird. Wer selbst mit Schwachheit behaftet ist, soll mit denen mitfühlen können, »die unwissend sind und irren« (Hebräer 5,2). Wer in Gefahr gewesen ist, kennt die Schwierigkeiten des Weges. Darum ist er aufgerufen, denen zu helfen, die sich in der gleichen Gefahr befinden. Es gibt Menschen, die von Zweifel geplagt, mit Problemen belastet und schwach im Glauben sind, unfähig, den noch unsichtbaren Erlöser zu erfassen. Aber ein Freund, den sie sehen können und der anstelle von Christus zu ihnen kommt, kann ein Bindeglied werden, um den schwankenden Glauben an Christus zu festigen.

Wir müssen mit den Engeln des Himmels zusammenwirken, um der Welt den Erlöser nahezubringen. Mit großer Ungeduld warten sie auf unsere Mitarbeit, denn die gute Nachricht soll von Mensch zu Mensch weitergegeben werden. Wenn wir uns mit ungeteiltem Herzen Christus übergeben, freuen sich die Engel, dass sie durch unseren Mund der Welt Gottes Liebe verkündigen können.

KAPITEL 31

DIE BERGPREDIGT

Matthäus, Kapitel 5 bis 7

Christus versammelte sich mit seinen Jüngern selten allein, um sie zu unterweisen. Er wählte nicht nur jene als seine Zuhörer aus, die den Weg zum ewigen Leben schon kannten. Es war seine Aufgabe, die Massen zu erreichen, die sich in Unwissenheit und im Irrtum befanden. Er lehrte die Wahrheit dort, wo der umnachtete Verstand erreicht werden konnte. Er selbst war die Wahrheit. Mit gegürteten Lenden[55] und mit ausgestreckten Händen, die stets zum Segnen bereit waren, stand er da und versuchte mit Worten der Ermahnung, der Ermutigung und mit eindringlichem Bitten, alle aufzurichten, die zu ihm kamen.

ISRAELS HOFFNUNG

Die Bergpredigt, vor allem für die Jünger gedacht, wurde von einer großen Menschenmenge gehört. Nachdem die Apostel für ihren Dienst geweiht worden waren, ging Jesus mit ihnen zum Ufer des Sees. Hier begannen sich die Menschen schon in den frühen Morgenstunden zu versammeln. Neben der üblichen Zuhörerschaft aus den Städten Galiläas kamen auch Leute aus Judäa und sogar aus Jerusalem, aber auch aus Peräa, aus der Dekapolis[56] und aus Idumäa, das südlich von Judäa lag, sowie aus Tyrus und Sidon, den phönizischen Städten am Mittelmeer (vgl. Markus 3,7.8a). »Die Nachricht von seinen Wundern hatte sich überall verbreitet, und die Menschen kamen scharenweise zu ihm.« (Markus 3,8b NLB) »Sie waren gekommen, um ihn predigen zu hören und geheilt zu werden ... weil eine heilende Kraft von ihm ausging, und alle wurden geheilt.« (Lukas 6,18.19 NLB)

Am schmalen Strand gab es, selbst wenn sie standen, zu wenig Platz für alle, die Jesus hören wollten. Darum führte er seine Zuhörer zurück an einen Berghang. Als sie einen flachen Platz, der sich als Versammlungsort für die große Menge eignete, erreicht hatten, ließ sich Jesus im Gras nieder. Die Jünger und das Volk taten es ihm gleich.

---

55 Ein Bild für die Bereitschaft zum Handeln (vgl. Lukas 12,35). Ein Gurt um die Hüfte raffte das lange Obergewand.
56 Siehe Erklärungen »Dekapolis«, S. 815.

Die Jünger saßen stets in nächster Nähe von Jesus. Die Menschen drängten sich ständig um ihn, doch die Jünger wussten, dass sie sich nicht von der Menge wegstoßen lassen durften. Darum saßen sie dicht neben ihm, um kein Wort seiner Unterweisung zu verpassen. Sie waren aufmerksame Zuhörer, eifrig darauf bedacht, die Wahrheiten zu verstehen, die sie allen Altersgruppen und in allen Ländern verkündigen sollten.

Die Jünger hatten das Empfinden, dass etwas Außergewöhnliches zu erwarten sei, und scharten sich um ihren Meister. Sie glaubten, dass das Reich Gottes bald errichtet werden würde. Durch die Ereignisse des Morgens waren sie zuversichtlicher geworden, dass er diesbezüglich etwas ankündigen werde. Die Erwartung der Menge war greifbar. Der wissbegierige Ausdruck auf ihren Gesichtern war der Beweis für ihr großes Interesse. Als sich die Menschen am grünen Berghang gelagert hatten und auf die Worte des göttlichen Lehrers warteten, waren ihre Herzen mit Gedanken der zukünftigen Herrlichkeit erfüllt. Da waren Schriftgelehrte und Pharisäer, die auf den Tag warteten, an dem sie die Herrschaft über die verhassten Römer übernehmen und die Reichtümer und den Prunk des größten Reiches der Welt besitzen würden. Die armen Bauern und Fischer hofften auf die Zusicherung, dass man ihre dürftigen Hütten, das kärgliche Essen, die mühevolle Arbeit und die Angst ums Überleben gegen bequeme Häuser und ein Leben im Überfluss eintauschen werde. Anstelle des einen rauen Gewandes, das sie tagsüber als Kleid und nachts als Decke verwendeten, würde ihnen Christus – so hofften sie – die teuren und prächtigen Gewänder ihrer Eroberer schenken. Alle fieberten der stolzen Hoffnung entgegen, dass Israel bald als das von Gott auserwählte Volk vor allen Nationen geehrt und Jerusalem als Hauptsitz eines Weltreiches gefeiert werde.

Christus enttäuschte die Hoffnung auf irdische Größe. In der Bergpredigt wollte Jesus die Folgen einer falschen Unterweisung rückgängig machen und seinen Zuhörern ein richtiges Verständnis seines Königreichs und seines eigenen Charakters vermitteln. Dennoch wies er die Menschen nicht gleich auf ihre Fehler hin. Er sah wohl, wie viel Elend durch die Sünde in die Welt gekommen war, vermied es jedoch, ihnen ihren erbärmlichen Zustand direkt vor Augen zu führen. Er lehrte sie etwas, das viel besser war als das, was sie kannten. Ohne ihre Vorstellungen über das Reich Gottes zu bekämpfen, zählte er ihnen die Bedingungen auf, um dorthin zu gelangen, und überließ es ihnen, sich ein Urteil über das Wesen dieses Reiches zu bilden. Die Wahrheiten, die er lehrte, sind für uns genauso wichtig wie damals für die Menge, die ihm nachfolgte. Genau wie sie haben auch wir es nötig, die Grundlagen des Reiches Gottes kennen zu lernen.

GLÜCKSELIG, DIE GEISTLICH ARM SIND

Die ersten Worte, die Christus auf dem Berg zu den Menschen sprach, waren Worte des Segens. Er pries alle glücklich, die ihre geistliche Armut erkennen und ein Bedürfnis nach Erlösung spüren (vgl. Matthäus 5,3), denn das Evangelium soll den Armen gepredigt werden. Nicht den geistlich Stolzen, die behaupten, reich zu sein und nichts zu bedürfen, wird es offenbart, sondern den Demütigen und Reumütigen. Es gibt nur eine Quelle, die heilsam gegen die Sünde ist – die Quelle für die geistlich Armen.

Das stolze Herz strebt danach, sich die Erlösung zu verdienen. Aber sowohl unser Anspruch auf den Himmel als auch unsere Eignung dafür finden wir allein in der Gerechtigkeit von Christus. Der Herr kann erst dann etwas für die Erneuerung eines Menschen tun, wenn dieser von seiner eigenen Schwachheit überzeugt ist, sich aller Selbstgefälligkeit entledigt und sich Gottes Führung übergibt. Dann kann er die Gabe empfangen, die ihm Gott schenken möchte. Dem Menschen, der seine Not spürt, wird nichts vorenthalten. Er hat ungehinderten Zugang zu dem, in dem »die ganze Fülle der Gottheit« wohnt (Kolosser 2,9). »Denn so spricht der Hohe und Erhabene, der in Ewigkeit wohnt und dessen Name der Heilige ist: In der Höhe und im Heiligen wohne ich und bei dem, der zerschlagenen und gebeugten Geistes ist, um zu beleben den Geist der Gebeugten und zu beleben das Herz der Zerschlagenen.« (Jesaja 57,15 Elb.)

TROST FÜR DIE TRAUERNDEN

»Glückselig die Trauernden, denn sie werden getröstet werden.« (Matthäus 5,4 Elb.) Mit diesen Worten sagte Jesus nicht, dass der Trauer an sich eine Kraft innewohnt, die die Schuld der Sünde wegnehmen kann. Christus duldet weder Scheinheiligkeit noch absichtliche Selbstabwertung. Das Trauern, von dem er sprach, besteht nicht aus Wehmut und Klagen. Auch wenn wir schwer an unserer Schuld tragen, sollen wir uns über das kostbare Vorrecht freuen, Kinder Gottes zu sein.

Oft bedauern wir unser sündiges Tun, weil es unangenehme Folgen nach sich zieht. Aber das ist keine Reue. Echte Traurigkeit über die Sünde entsteht erst durch das Wirken des Heiligen Geistes. Er offenbart die Undankbarkeit des Herzens, die den Erlöser beleidigt und betrübt hat, und führt uns reuevoll zum Fuß des Kreuzes. Durch jede Sünde wird Jesus aufs Neue verwundet. Wenn wir auf ihn blicken, den wir durchbohrt haben, trauern wir über die Sünden, die ihm Schmerzen zugefügt haben. Diese Art der Trauer führt uns dazu, die Sünde aufzugeben.

Der weltlich gesinnte Mensch mag dieses Leidtragen als Schwäche ansehen. In Wirklichkeit ist es eine Kraft, die den Reumütigen mit unzerreißbaren Banden an den Unendlichen bindet. Es zeigt, wie Engel Gottes den Menschen jene Gnadengaben zurückgeben, die sie durch Hartherzigkeit und Übertretung verloren haben. Die Tränen des Reumütigen sind nur die Regentropfen, die dem Sonnenschein der Heiligkeit vorausgehen. Dieses Trauern kündigt eine Freude an, die im Herzen zu einer sprudelnden Quelle wird. »Erkenne deine Schuld, dass du wider den Herrn, deinen Gott, gesündigt hast.« (Jeremia 3,13a) »So will ich nicht zornig auf euch blicken. Denn ich bin gnädig, spricht der Herr.« (Jeremia 3,12b) Den »Trauernden zu Zion« verspricht er, »dass ihnen Schmuck statt Asche, Freudenöl statt Trauerkleid, Lobgesang statt eines betrübten Geistes gegeben werden« (Jesaja 61,3a).

Für jene aber, die über Versuchung und Leid klagen, gibt es Trost. Die Bitterkeit von Kummer und Erniedrigung ist besser als das Dulden der Sünde. In der Anfechtung offenbart uns Gott die Schwachstellen unseres Charakters, damit wir durch seine Gnade unsere Fehler überwinden können. Unbekannte Tiefen unseres Wesens werden uns bewusst gemacht, und wir werden darin geprüft, ob wir Gottes Tadel und Ratschläge annehmen. Wenn wir auf die Probe gestellt werden, sollen wir nicht bekümmert sein und klagen. Wir sollen uns nicht dagegen auflehnen oder vor lauter Sorgen die Hand von Christus loslassen. Unser Herz soll vor Gott demütig sein. Die Wege des Herrn bleiben dem verborgen, der die Dinge nur in einem selbstgefälligen Licht sieht. Oft erscheinen sie unserer menschlichen Natur dunkel und freudlos. Aber Gottes Wege sind immer Wege der Gnade, und ihr Ziel ist unsere Rettung. Elia wusste nicht, was er tat, als er in der Wüste – seines Lebens überdrüssig – Gott bat, ihn sterben zu lassen. Der Herr nahm ihn in seinem tiefen Erbarmen nicht beim Wort, denn Elia hatte noch eine große Aufgabe zu erfüllen. Nachdem er sie vollendet hatte, sollte er nicht entmutigt und einsam in der Wüste umkommen. Er sollte nicht zum Staub der Erde zurückkehren, sondern in Begleitung himmlischer Streitwagen zum Thron der Herrlichkeit auffahren.

Dieses Wort Gottes gilt allen Trauernden: »Ihre Wege habe ich gesehen, aber ich will sie heilen und sie leiten und ihnen wieder Trost geben.« (Jesaja 57,18a) »Ich will ihre Trauer in Freude verwandeln und will sie trösten und erfreuen in ihrem Kummer.« (Jeremia 31,13b Elb.)

GLÜCKLICH SIND DIE SANFTMÜTIGEN

»Selig sind die Sanftmütigen.« (Matthäus 5,5a) Die Schwierigkeiten, denen wir begegnen, können dadurch verringert werden, dass wir uns von der

Sanftmut, die Christus besaß, bedecken lassen. Wenn wir die Demut unseres Meisters besitzen, stehen wir über den Kränkungen, Abweisungen und Belästigungen, denen wir täglich ausgesetzt sind. Dies alles wird keine dunklen Schatten mehr auf unser Gemüt werfen. Der höchste Beweis für die Würde eines Christen ist die Selbstbeherrschung. Wer unter Missbrauch und Unmenschlichkeit darin versagt, seine innere Ruhe und sein Gottvertrauen zu bewahren, bringt Gott um dessen Recht, seinen eigenen vollkommenen Charakter in uns zu offenbaren. Ein demütiges Herz ist die Stärke, welche die Nachfolger von Christus zum Erfolg führt. Es ist das Zeichen ihrer Verbindung mit den himmlischen Höfen.

»Der Herr ist hoch und sieht auf den Niedrigen.« (Psalm 138,6a) Gott gibt auf all jene liebevoll Acht, die den sanftmütigen und demütigen Geist, den Christus besitzt, offenbaren. Sie mögen von der Welt verachtet werden, aber in den Augen Gottes haben sie großen Wert. Nicht nur die Weisen, die Großen und die Wohltäter; nicht nur die fleißigen, zielstrebigen und rastlosen Arbeiter erhalten Zutritt zu den himmlischen Höfen. Nein, den geistlich Armen, die sich nach der Gegenwart eines treuen Erlösers sehnen, und den im Herzen Demütigen, deren größtes Verlangen es ist, Gottes Willen zu erfüllen, steht der Himmel weit offen! Sie werden zu jener Schar gehören, die ihre Kleider im Blut des Lammes gewaschen und hell gemacht hat (vgl. Offenbarung, 7,14). »Darum sind sie vor dem Thron Gottes und dienen ihm Tag und Nacht in seinem Tempel; und der auf dem Thron sitzt, wird über ihnen wohnen.« Offenbarung 7,15)

HUNGER UND DURST NACH GERECHTIGKEIT

»Selig sind, die da hungert und dürstet nach der Gerechtigkeit.« (Matthäus 5,6a) Das Gefühl der Unwürdigkeit wird dazu führen, dass das Herz nach Gerechtigkeit hungert und dürstet. Dieses Verlangen wird nicht enttäuscht werden. Wer Jesus einen Platz in seinem Herzen einräumt, wird seine Liebe erkennen. Alle, die danach verlangt, Gottes Charakter ähnlicher zu werden, sollen gesättigt werden. Der Heilige Geist unterstützt immer den Menschen, der auf Jesus schaut. Er wird ihm alles offenbaren, was er von Christus empfängt. Wenn wir den Blick auf Christus gerichtet halten, wirkt der Heilige Geist so lange, bis der Mensch dem Bild von Christus entspricht. Durch echte Liebe können sich die Menschen entfalten, Höheres erfassen und eine tiefere Erkenntnis der himmlischen Dinge erlangen, sodass sie nicht ruhen werden, bis sie die Fülle davon haben. »Selig sind, die da hungert und dürstet nach der Gerechtigkeit; denn sie sollen satt werden.« (Matthäus 5,6)

MIT REINEM HERZEN GOTT SEHEN

Die Barmherzigen werden Barmherzigkeit erlangen, und die reinen Herzens sind, werden Gott sehen (vgl. Matthäus 5,7.8). Jeder unreine Gedanke beschmutzt die Seele, schwächt das sittliche Empfinden und trägt dazu bei, die Eindrücke des Heiligen Geistes zu verwischen. Unreine Gedanken trüben die geistliche Sicht, sodass Menschen Gott nicht schauen können. Der Herr mag dem reumütigen Sünder vergeben, und er vergibt ihm auch. Aber trotz der Vergebung hat die Seele Schaden genommen. Wer ein klares Urteilsvermögen bezüglich der geistlichen Wahrheit haben will, muss alle unreinen Worte und Gedanken vermeiden.

Aber die Worte von Christus bedeuten mehr als nur das Freisein von sinnlicher Unreinheit, mehr als das Freisein von jener zeremoniellen Verunreinigung, welche die Juden so peinlich zu vermeiden suchten. Selbstsucht hindert uns daran, Gott zu sehen. Der selbstsüchtige Mensch betrachtet Gott ganz und gar als seinesgleichen. Solange wir uns davon nicht losgesagt haben, können wir ihn, der die Liebe ist, nicht verstehen. Nur ein selbstloses Herz, ein demütiger und vertrauensvoller Geist wird erkennen, dass Gott »barmherzig und gnädig und geduldig und von großer Gnade und Treue« ist (2. Mose 34,6b).

GLÜCKLICH SIND DIE FRIEDENSSTIFTER

»Selig, die Frieden stiften.« (Matthäus 5,9a EÜ) Der Friede von Christus entspringt der Wahrheit und steht in Einklang mit Gott. Die Welt steht Gottes Gesetz feindlich gegenüber. Sünder sind Feinde ihres Schöpfers, und darum sind sie auch untereinander Feinde. Der Psalmist aber sagt: »Großen Frieden haben, die dein Gesetz lieben; sie werden nicht straucheln.« (Psalm 119,165) Menschen können keinen Frieden schaffen. Menschliche Pläne zur Reinigung oder Veredelung des Einzelnen oder der Gesellschaft können keinen Frieden hervorbringen, weil sie das Herz nicht erreichen. Die einzige Macht, die wahren Frieden stiften oder erhalten kann, ist die Gnade, die von Christus kommt. Wenn diese Gnade im Herzen eingepflanzt ist, vertreibt sie alle bösen Leidenschaften, die Zank und Streit verursachen. »Es sollen Zypressen statt Dornen wachsen und Myrten statt Nesseln« (Jesaja 55,13a), und die Wüste des Lebens wird »jubeln und wird blühen wie die Lilien« (Jesaja 35,1b).

Die Menge wunderte sich über diese Lehre, die so sehr von den Regeln und dem Beispiel der Pharisäer abwich. Das Volk war zur Auffassung gelangt, Glück bestehe aus irdischen Gütern und irdischem Ruhm, und menschliche

Ehre sei erstrebenswert. Es war äußerst angenehm, als »Rabbi« angesprochen, für weise und fromm gehalten und in der Öffentlichkeit als tugendhaft gepriesen zu werden. Dies wurde als Krönung des Glücks angesehen. Aber in der Gegenwart dieser riesigen Menschenmenge machte Jesus deutlich, dass weltliche Ehre und irdischer Gewinn die einzige Belohnung solcher Menschen sind. Er sprach mit Bestimmtheit, und eine überzeugende Kraft begleitete seine Worte. Die Zuhörer wurden still. Ein Gefühl der Furcht überkam sie. Sie schauten einander zweifelnd an. Wer von ihnen würde gerettet werden, sollten die Lehren dieses Mannes wahr sein? Viele waren überzeugt, dass dieser außergewöhnliche Lehrer vom Geist Gottes getrieben wurde und dass die Gedanken, die er äußerte, von Gott waren.

VERFOLGUNG UM DER GERECHTIGKEIT WILLEN

Nachdem Jesus erklärt hatte, worin wahres Glück besteht und wie man es gewinnen kann, wies er seine Jünger genauer auf die Wichtigkeit ihrer Aufgabe hin. Sie waren von Gott als Lehrer erwählt, um andere auf den Pfad der Gerechtigkeit und auf den Weg zum ewigen Leben zu führen. Er wusste, dass sie oft Enttäuschungen und Entmutigungen ertragen müssten und auf entschiedenen Widerstand stoßen würden. Dazu käme, dass man sie beschimpfen und ihre Botschaft verwerfen würde. Jesus wusste genau, dass diese einfachen Männer, die so aufmerksam seinen Worten lauschten, bei der Erfüllung ihres Auftrags mit Verleumdung, Folter, Gefängnis und Tod zu rechnen hatten.

Darum sagte er weiter: »Selig sind, die um der Gerechtigkeit willen verfolgt werden; denn ihrer ist das Himmelreich. Selig seid ihr, wenn euch die Menschen um meinetwillen schmähen und verfolgen und reden allerlei Übles gegen euch, wenn sie damit lügen. Seid fröhlich und getrost; es wird euch im Himmel reichlich belohnt werden. Denn ebenso haben sie verfolgt die Propheten, die vor euch gewesen sind.« (Matthäus 5,10-12)

Die Welt liebt die Sünde und hasst die Gerechtigkeit. Deshalb steht sie Jesus feindlich gegenüber. Alle, die seine grenzenlose Liebe zurückweisen, werden das Christentum als störend empfinden. Das Licht von Christus vertreibt die Finsternis, die ihre Sünden zudeckt. Somit wird die Notwendigkeit einer Veränderung sichtbar. Während jene, die sich dem Einfluss des Heiligen Geistes unterstellen, gegen ihre Selbstsucht kämpfen, streiten die Anhänger der Sünde gegen die Wahrheit und ihre Vertreter.

Dadurch entstehen Konflikte. Die Nachfolger von Christus werden beschuldigt, unter den Leuten Unruhe zu stiften. Doch es ist ihre Verbundenheit mit Gott, die sie in der Welt verhasst macht. Sie ertragen die gleiche Schmach wie Christus und wandeln in den Fußstapfen des Edelsten dieser Erde. Nicht mit Klagen, sondern mit Freude sollten sie der Verfolgung begegnen. Durch jede Feuerprobe werden die Nachfolger von Jesus geläutert und für die Zusammenarbeit mit Gott immer besser zugerüstet. Jede Auseinandersetzung hat ihren Platz im großen Kampf um Gerechtigkeit, und jede bestandene Prüfung wird beim letzten Sieg zur Freude beitragen. Haben sie dies vor Augen, werden sie die Prüfung ihres Glaubens und ihrer Geduld freudig annehmen und sich nicht vor ihr fürchten oder ihr ausweichen. Eifrig darum bemüht, ihren Aufgaben in der Welt nachzukommen, und allein vom Wunsch erfüllt, von Gott anerkannt zu werden, sollen Gottes Diener jeden Auftrag ausführen, ohne Menschenfurcht, aber auch ohne die Gunst der Menschen zu suchen.

SALZ DER ERDE SEIN

»Ihr seid das Salz der Erde« (Matthäus 5,13a), sagte Jesus. Zieht euch nicht aus der Welt zurück, um der Verfolgung zu entgehen, sondern bleibt bei den Menschen. So kann der Wohlgeschmack der göttlichen Liebe wie Salz wirken, um die Welt vor dem Verderben zu bewahren.

Menschenherzen, die auf das Wirken des Heiligen Geistes eingehen, werden zu Kanälen, durch die Gottes Segen fließt. Wenn alle Diener Gottes von der Erde weggenommen würden und Gott seinen Geist von den Menschen zurückzöge, blieben der Welt nur Trostlosigkeit und Verwüstung – die Folge von Satans Herrschaft. Die Segnungen dieses Lebens verdanken die Gottlosen – auch wenn sie es nicht wissen – der Anwesenheit von Gottes Volk, das sie verachten und unterdrücken. Doch wenn Menschen nur dem Namen nach Christen sind, gleichen sie dem Salz, das seine Kraft verloren hat. Sie haben keinen Einfluss zum Guten in dieser Welt. Dadurch, dass sie Gott falsch darstellen, sind sie schlimmer als Ungläubige.

LICHT DER WELT SEIN

»Ihr seid das Licht der Welt.« (Matthäus 5,14a) Die Juden wollten den Segen der Erlösung auf ihr eigenes Volk begrenzen, aber Christus zeigte ihnen, dass es mit dem Heil wie mit dem Sonnenschein ist: Er gehört der ganzen Welt. Der biblische Glaube sollte nicht nur auf den Inhalt zwischen zwei Buchdeckeln oder den Raum innerhalb von Kirchenmauern beschränkt sein. Auch sollte die Bibel nicht nur gelegentlich zum eigenen Vorteil hervorgeholt und dann wieder sorgfältig beiseitegelegt werden. Sie sollte unser tägliches Leben heiligen und sich in all unseren geschäftlichen und gesellschaftlichen Beziehungen zeigen.

Ein edler Charakter wird nicht von außen geformt und dann übergestreift. Er strahlt von innen heraus. Wenn wir uns wünschen, anderen den Weg der Gerechtigkeit zu weisen, müssen die Prinzipien der Gerechtigkeit in unserem eigenen Herzen verwahrt sein. Unser Glaubensbekenntnis mag die Theorie des Glaubens verkünden, doch überzeugend wird das Wort der Wahrheit erst, wenn wir unsere Frömmigkeit in die Tat umsetzen. Ein beständiger Lebenswandel, edle Gespräche, unerschütterliche Rechtschaffenheit, eine engagierte und wohlwollende Einstellung und ein gutes Vorbild – das sind die Mittel, durch die Licht in das Dunkel der Welt gebracht wird.

JESUS LÖST DAS GESETZ NICHT AUF

Jesus ging nicht näher auf die Einzelheiten des Gesetzes ein. Dennoch ließ er seine Zuhörer nicht im Glauben, er sei gekommen, dessen Forderungen aufzuheben. Er wusste, dass Spione bereitstanden und jedes Wort aufgriffen, um es für ihre Zwecke zu verdrehen. Er wusste auch um die Vorurteile vieler seiner Zuhörer. Deshalb sagte er nichts, was ihren Glauben an die Religion und an die Einrichtungen, die Mose ihnen übergeben hatte, hätte verunsichern können. Christus selbst hatte ja beides gegeben, das Moralgesetz und das Zeremonialgesetz. Er war nicht gekommen, um das Vertrauen in seine eigenen Anweisungen zu zerstören. Weil er große Achtung vor dem Gesetz und den Propheten hatte, wollte er die Mauern der traditionsgebundenen Bestimmungen niederreißen, in denen die jüdischen Lehrer gefangen waren. Während er ihre falschen Auslegungen des Gesetzes beiseite setzte, achtete er sorgfältig darauf, dass seine Jünger die lebendigen Wahrheiten nicht aufgaben, die den Israeliten anvertraut worden waren.

Die Pharisäer brüsteten sich mit ihrem Gehorsam dem Gesetz gegenüber. Doch trotz der täglichen Erfüllung ihrer religiösen Ordnungen kannten sie deren Prinzipien kaum, sodass ihnen die Worte des Erlösers wie Irrlehren vorkamen. Als Jesus all die Nebensächlichkeiten beseitigte, unter welchen die Wahrheit verborgen lag, dachten sie, er würde auch die Wahrheit beseitigen. Sie flüsterten sich zu, er nehme das Gesetz nicht ernst. Doch Christus las ihre Gedanken und antwortete ihnen: »Ihr sollt nicht meinen, dass ich gekommen bin, das Gesetz oder die Propheten aufzulösen; ich bin nicht gekommen aufzulösen, sondern zu erfüllen.« (Matthäus 5,17) Damit widerlegte er den Vorwurf der Pharisäer. Sein Auftrag für die Welt war, die heiligen

Forderungen des Gesetzes – dessen Übertretung sie ihm vorwarfen – zu verteidigen. Hätte Gottes Gesetz verändert oder abgeschafft werden können, hätte Christus nicht wegen unserer Übertretung leiden müssen. Er kam, um das Verhältnis zwischen Mensch und Gesetz deutlich zu machen und dessen Vorschriften durch sein eigenes, gehorsames Leben zu veranschaulichen.

DER ZWECK DES GESETZES

Gott gab seine heiligen Gebote aus Liebe zu den Menschen. Um uns vor den Folgen der Übertretungen zu bewahren, offenbarte er die Prinzipien der Gerechtigkeit. Das Gesetz ist ein Ausdruck der Gedanken Gottes. Wenn wir es durch Christus annehmen, wird es auch Teil unseres Denkens. Es erhebt uns über die Macht der natürlichen Begierden, Neigungen und über Versuchungen, die zur Sünde führen. Gott wünscht, dass wir glücklich sind! Er gab uns die Gebote, damit wir im Gehorsam Freude erleben können. Als einst die Engel bei der Geburt von Jesus sangen:»Ehre sei Gott in der Höhe und Friede auf Erden bei den Menschen seines Wohlgefallens« (Lukas 2,14), verkündeten sie die Grundsätze des Gesetzes, das zu verherrlichen und zu ehren Jesus gekommen war.

Als das Gesetz am Berg Sinai verkündet wurde, machte Gott die Menschen mit der Heiligkeit seines Charakters bekannt, damit sie im Vergleich dazu ihre eigene Sündhaftigkeit erkennen können. Das Gesetz wurde gegeben, um sie von ihrer Schuld zu überzeugen und ihnen bewusst zu machen, dass sie einen Erlöser brauchen. Dies wird das Gesetz bewirken, wenn dessen Grundsätze durch den Heiligen Geist im Herzen eingeprägt sind. Diese Aufgabe hat das Gesetz auch heute noch zu erfüllen. Das Leben von Christus machte die Grundsätze des Gesetzes deutlich. Berührt der Heilige Geist unser Herz, offenbart das Licht von Christus unsere Bedürftigkeit, und wir erkennen, wie sehr wir sein reinigendes Blut und seine Gerechtigkeit nötig haben. Somit ist das Gesetz noch immer ein Werkzeug, das uns zu Christus führt, damit wir durch den Glauben gerechtfertigt werden.»Das Gesetz des Herrn ist vollkommen, es stärkt und erfrischt die Seele.« (Psalm 19,8a NGÜ)

»Bis Himmel und Erde vergehen«, sagte Jesus,»wird nicht vergehen der kleinste Buchstabe noch ein Tüpfelchen vom Gesetz, bis es alles geschieht.« (Matthäus 5,18) Die Sonne am Himmel und die Feste der Erde, auf der wir wohnen, sind Gottes Zeugen, dass sein Gesetz unveränderlich und ewig ist. Selbst wenn sie vergingen, würden die göttlichen Gebote dennoch bestehen bleiben.»Doch eher vergehen Himmel und Erde, als dass auch nur ein einziges Strichlein vom Gesetz hinfällig wird.« (Lukas 16,17 NGÜ) Das ganze

Opfersystem jedoch, das auf Jesus, das Lamm Gottes, hinwies, sollte bei seinem Tod aufgehoben werden. Die Zehn Gebote aber sind so unveränderlich wie Gottes Thron.

»Das Gesetz des Herrn ist vollkommen.« (Psalm 19,8a) Deshalb ist jede Abweichung davon Sünde. Wer Gottes Gebote übertritt und andere lehrt, dasselbe zu tun, wird von Christus verurteilt. Das gehorsame Leben des Erlösers entsprach den Forderungen des Gesetzes. Es erbrachte den Beweis, dass das Gesetz menschlich gehalten werden kann, und zeigte, wie sich ein Charakter durch den Gehorsam vortrefflich entfaltet. Alle, die wie Jesus gehorsam sind, verkündigen gleichermaßen, dass »das Gesetz ... heilig, gerecht und gut« ist (Römer 7,12b). Andererseits unterstützen alle, die Gottes Gebote übertreten, die Behauptung Satans, dass das Gesetz ungerecht sei und nicht befolgt werden könne. Damit befürworten sie die Irreführungen des großen Widersachers und entehren Gott. Sie sind Kinder des Bösen, der sich als Erster gegen Gottes Gesetz aufgelehnt hat. Diese Kinder in den Himmel aufzunehmen würde bedeuten, dass wieder Unfriede und Rebellion eingeführt werden und das Wohlergehen des Universums gefährdet ist. Kein Mensch, der absichtlich auch nur einen dieser Grundsätze missachtet, wird das himmlische Reich betreten.

Die Rabbiner betrachteten ihre eigene Gerechtigkeit als Eintrittskarte in den Himmel. Doch Jesus bezeichnete diese als unzureichend und wertlos. Die pharisäische Gerechtigkeit bestand aus äußerlichen Zeremonien und theoretischem Wissen über die Wahrheit. Die Rabbiner behaupteten, heilig zu sein, weil sie das Gesetz aus eigener Kraft hielten. Doch mit ihren Werken hatten sie die Gerechtigkeit vom Glauben abgetrennt. Während sie ihre Rituale peinlich genau einhielten, war ihr Leben unmoralisch und lasterhaft. Diese sogenannte Gerechtigkeit konnte sie niemals in den Himmel bringen.

DIE WAHRHEIT IN DIE PRAXIS UMSETZEN

In den Tagen von Christus bestand die größte Täuschung der Menschen im Irrglauben, dass die bloße Zustimmung zur Wahrheit bereits gerecht mache. Alle menschliche Erfahrung zeigt jedoch, dass es zur Rettung des Menschen nicht ausreicht, die Wahrheit theoretisch zu kennen. Das bringt keine Früchte der Gerechtigkeit hervor. Wer eifersüchtig über die sogenannte theologische Wahrheit wacht, hasst oftmals die echte Wahrheit, die sich im Leben zeigt. Die dunkelsten Kapitel der Weltgeschichte sind voll von Berichten über Verbrechen fanatischer Religionsanhänger. Die Pharisäer behaupteten, Abrahams Kinder zu sein, und sie prahlten, das prophetische Wort Gottes zu besitzen. Dennoch bewahrten diese Vorrechte sie nicht vor Selbstsucht, Bosheit, Geldgier und niederträchtiger Scheinheiligkeit. Sie hielten sich für die frömmsten Menschen der Welt, aber ihre sogenannte Rechtgläubigkeit brachte den Herrn der Herrlichkeit ans Kreuz.

Die gleiche Gefahr besteht noch heute. Viele halten sich für Christen, ganz einfach, weil sie einer gewissen Glaubenslehre zustimmen. Doch sie leben nicht nach dieser Wahrheit. Sie glauben und lieben sie nicht wirklich, und darum erhalten sie auch nicht die Kraft und die Gnade, die man empfängt, wenn man durch die Wahrheit geheiligt wird. Menschen mögen vorgeben, an die Wahrheit zu glauben. Werden sie dadurch jedoch nicht aufrichtig, freundlich, geduldig, langmütig und himmlisch gesinnt, ist es für sie selbst ein Fluch. Der Einfluss solcher Menschen ist für die ganze Welt ein Fluch.

Die Gerechtigkeit, die Christus lehrte, besteht in der Übereinstimmung des Herzens und des Lebens mit dem offenbarten Willen Gottes. Sündige Menschen können nur gerecht werden, wenn sie Gott vertrauen und eine lebendige Verbindung mit ihm pflegen. Dann wird wahre Frömmigkeit die Gedanken erheben und das Leben veredeln. Dann passen die äußerlichen Formen des Glaubens zur inneren Reinheit eines Christen. Die geforderten Handlungen im Dienst für Gott sind dann keine sinnlosen Riten mehr wie jene der heuchlerischen Pharisäer.

DIE BEDEUTUNG EINZELNER GEBOTE

Jesus ging auf einzelne Gebote ein und erklärte die Tiefe und Breite von deren Forderungen. Statt auch nur ein Tüpfelchen ihrer Bedeutung wegzunehmen, zeigte er, wie weitreichend ihre Prinzipien sind, und deckte den schwerwiegenden Fehler der Juden auf, die nur einen äußerlichen Gehorsam zur Schau trugen. Er erklärte, dass bereits durch einen sündigen Gedanken oder einen lüsternen Blick das Gesetz Gottes übertreten wird. Wer sich an der kleinsten Ungerechtigkeit beteiligt, bricht das Gesetz und erniedrigt dadurch seine moralische Einstellung. Ein Mord entsteht zuerst in den Gedanken. Wer Hass in seinem Herzen nährt, begibt sich auf den Pfad der Mörder, und seine Opfergaben sind Gott ein Gräuel (vgl. Matthäus 5,21-24).

Die Juden pflegten einen Geist der Vergeltung. In ihrem Hass gegen die Römer äußerten sie harte Anklagen und erfreuten damit Satan, weil sie seine Charakterzüge offenbarten. So übten sie sich selbst darin, die schrecklichen Taten zu begehen, zu denen er sie anstiftete. Im religiösen Leben der Pharisäer fand sich nichts, was ihre Frömmigkeit für die Heiden anziehend gemacht hätte. Jesus warnte sie davor, sich von dem Gedanken täuschen zu lassen, dass sie sich in ihren Herzen gegen ihre Unterdrücker erheben könnten und den Wunsch hegen dürften, sich wegen deren bösen Verhaltensweisen zu rächen.

Es ist wahr, dass es eine innere Empörung gibt, die selbst bei den Nachfolgern von Christus gerechtfertigt ist. Wenn sie sehen, dass Gott entehrt und sein Dienst in Verruf gebracht wird, oder wenn Unschuldige unterdrückt werden, kann eine gerechtfertigte Entrüstung aufkommen. Ein solcher Zorn, der einem feinen, moralischen Empfinden entspringt, ist keine Sünde. Aber diejenigen, die sich bei jeder vermeintlichen Herausforderung frei fühlen, ihrem Ärger Luft zu machen, öffnen Satan ihr Herz. Bitterkeit und Feindseligkeit müssen aus der Seele verbannt werden, wenn wir mit dem Himmel in Harmonie leben wollen.

Jesus ging aber noch weiter, als er sagte: »Wenn du deine Gabe auf dem Altar opferst und dort kommt dir in den Sinn, dass dein Bruder etwas gegen dich hat, so lass dort vor dem Altar deine Gabe und geh zuerst hin und versöhne dich mit deinem Bruder, und dann komm und opfere deine Gabe.« (Matthäus 5,23.24) Viele beteiligen sich eifrig an Gottesdiensten, und doch gibt es zwischen ihnen und ihren Mitgläubigen unschöne Auseinandersetzungen, die sie beilegen könnten. Gott fordert sie auf, alles in ihrer Macht Stehende zu tun, um die Einigkeit wiederherzustellen. Solange dies nicht geschehen ist, kann Gott ihren Dienst nicht annehmen. Die Pflicht des Christen ist in dieser Hinsicht klar aufgezeigt.

Gott schenkt allen seinen Segen. »Er lässt seine Sonne aufgehen über Böse und Gute und lässt regnen über Gerechte und Ungerechte.« (Matthäus 5,45b) »Er ist gütig gegen die Undankbaren und Bösen.« (Lukas 6,35b) Er fordert uns auf, ihm auch darin nachzufolgen. Jesus sagt: »Segnet, die euch fluchen, tut wohl denen, die euch hassen ... damit ihr Kinder seid eures Vaters im Himmel.« (Matthäus 5,44.45a) Dies sind die Grundsätze des Gesetzes und zugleich die Quelle des Lebens.

Gottes Ideal für seine Kinder übersteigt alles, was menschliches Denken zu erreichen vermag. »Darum sollt ihr vollkommen sein, wie euer Vater im Himmel vollkommen ist.« (Matthäus 5,48) Dieses Gebot ist eine Verheißung. Das Ziel des Erlösungsplans ist es, uns vollständig von der Macht Satans zu befreien. Christus macht immer einen Unterschied zwischen dem reumütigen Menschen und der Sünde. Denn »dazu ist erschienen der Sohn Gottes, dass er die Werke des Teufels zerstöre« (1. Johannes 3,8b). Er hat dafür gesorgt, dass der Heilige Geist in jedes reumütige Herz einkehren kann, um es vor der Sünde zu bewahren.

Nicht eine einzige falsche Tat kann mit der Verführungskunst des Teufels entschuldigt werden. Satan frohlockt, wenn er hört, dass bekennende

Nachfolger von Christus dies im Hinblick auf ihre Charakterschwächen tun. Diese Entschuldigungen führen zur Sünde. Doch Sünde kann nicht entschuldigt werden. Ein heiliges Wesen und ein christusähnliches Leben sind für jedes Gotteskind, das glaubt und seine Sünden bereut, erreichbar.

CHRISTUS ÄHNLICH WERDEN

Das Ideal eines christlichen Charakters besteht darin, Christus ähnlich zu sein. Wie der Menschensohn in seinem Leben vollkommen war, so sollen seine Nachfolger in ihrem Leben vollkommen sein. Jesus wurde »in allem seinen Brüdern gleich« (Hebräer 2,17a). Er wurde ein Mensch mit Fleisch und Blut wie wir. Er wurde hungrig, durstig und müde. Er war von Nahrung abhängig und brauchte Schlaf zur Erholung. Er trug das Los aller Menschen, und doch war er der sündlose Sohn Gottes. Er war Gott »offenbart im Fleisch« (1. Timotheus 3,16b). Sein Charakter soll der unsrige sein. Von denen, die an ihn glauben, sagt der Herr: »Ich will unter ihnen wohnen und wandeln und will ihr Gott sein, und sie sollen mein Volk sein.« (2. Korinther 6,16; vgl. 3. Mose 26,11.12)

Christus war die Leiter, die Jakob sah, deren Fuß auf der Erde stand und deren Spitze bis zum Himmel, zur Pforte der Herrlichkeit, reichte (vgl. 1. Mose 28,12; Johannes 1,51). Hätte diese Leiter wegen einer fehlenden Sprosse die Erde nicht erreicht, wären wir verloren gewesen. Aber Christus erreicht uns da, wo wir sind. Er nahm unsere Natur an und überwand, damit auch wir überwinden können, indem wir seine Natur annehmen. »In der Gestalt des sündigen Fleisches« (Römer 8,3b) führte er ein sündloses Leben. Durch seine Göttlichkeit ergreift er jetzt den himmlischen Thron, während er durch sein Menschsein uns erreicht. Er lädt uns ein, durch den Glauben an ihn die Herrlichkeit des göttlichen Charakters zu erlangen. Darum sollen wir vollkommen sein, wie unser »Vater im Himmel vollkommen ist« (Matthäus 5,48).

Jesus hatte gezeigt, worin Gerechtigkeit besteht, und auf Gott als deren Quelle hingewiesen. Nun wandte er sich den praktischen Pflichten zu. Er sagte, weder beim Geben von Almosen, noch beim Beten oder Fasten sollt ihr die Aufmerksamkeit anderer auf euch lenken oder Eigenlob suchen. Gebt mit aufrichtigem Herzen zum Wohl der leidenden Armen! Lasst die Seele im Gebet vertrauensvoll mit Gott reden! Geht beim Fasten nicht mit gesenktem Kopf und mit einem Herzen voller selbstsüchtiger Gedanken umher! Das Herz eines Pharisäers ist ein öder, unfruchtbarer Boden, in dem kein göttlicher Same sprießen kann. Wer sich Gott aber vorbehaltlos ausliefert, wird ihm den brauchbarsten Dienst erweisen. Denn durch die Verbundenheit mit Gott werden Menschen zu seinen Mitarbeitern, um seinen Charakter in menschlicher Gestalt darzustellen.

Ein Dienst, der aus einem aufrichtigen Herzen kommt, wird reich belohnt werden. »Dein Vater, der in das Verborgene sieht, wird dir's vergelten.« (Matthäus 6,6b) Ein durch die Gnade von Christus geführtes Leben formt den Charakter. Die ursprüngliche Schönheit der Seele beginnt, wiederhergestellt zu werden. Die Charaktereigenschaften von Christus werden uns verliehen, und das Bild Gottes beginnt aus uns hervorzuleuchten. Auf den Gesichtern der Männer und Frauen, die mit Gott leben und wirken, liegt der Ausdruck von himmlischem Frieden. Sie sind von einer himmlischen Atmosphäre umgeben. Für diese Menschen hat das Reich Gottes begonnen. Sie besitzen die Freude von Christus – die Freude darüber, der Menschheit zum Segen zu sein. Sie wurden für würdig befunden, Diener des Meisters zu sein. Gottes Werk in seinem Namen zu tun, wurde ihnen anvertraut.

»Niemand kann zwei Herren dienen.« (Matthäus 6,24a) Wir können Gott nicht mit einem geteilten Herzen dienen. Der biblische Glaube ist nicht ein Einfluss unter vielen anderen. Er sollte stärker, erfüllender und maßgeblicher sein als alle anderen. Er ist nicht wie die Farbtupfer, die hier und da auf einer Leinwand aufgetragen sind. Der Einfluss des biblischen Glaubens soll das ganze Leben erfassen – gleich einer Leinwand, die ganz in die Farbe eingetaucht wird, bis jede Faser des Stoffes mit der unvergänglichen Farbe durchtränkt ist.

»Wenn dein Auge gesund ist, dann wird dein ganzer Körper hell sein. Wenn aber dein Auge krank ist, dann wird dein ganzer Körper finster sein.« (Matthäus 6,22b.23a EÜ) Reinheit und Standhaftigkeit sind die Bedingungen, um Licht von Gott zu empfangen. Wer die Wahrheit erkennen will, muss bereit sein, alles anzunehmen, was sie offenbart. Es dürfen keine Kompromisse mit dem Irrtum eingegangen werden. Wer in seiner Treue der Wahrheit gegenüber unbeständig und halbherzig ist, wählt damit die Finsternis des Irrtums und die Täuschung Satans.

Weltliche Regeln und die unbeirrbaren Grundsätze der Gerechtigkeit gehen nicht unmerklich ineinander über wie die Farben des Regenbogens. Der ewige Gott hat zwischen den beiden eine breite, klare Linie gezogen. Zwischen Christus und Satan besteht keine Ähnlichkeit, genauso wenig wie zwischen dem hellen Mittag und der dunklen Mitternacht. Nur diejenigen, die ihr Leben mit Christus führen, sind seine Mitarbeiter. Wer eine Sünde im Herzen hegt oder an einer schlechten Gewohnheit festhält, dessen ganzer Charakter wird davon angesteckt. Dieser Mensch wird ein Werkzeug der Ungerechtigkeit.

SEINER FÜRSORGE GEWISS

Alle, die sich für Gottes Dienst entschieden haben, können in der Gewissheit seiner Fürsorge ruhen. Christus wies auf die Vögel unter dem Himmel und auf die Blumen der Felder hin und forderte seine Zuhörer auf, diese Geschöpfe Gottes zu betrachten. »Seid ihr denn nicht viel mehr als sie?« (Matthäus 6,26) Wie viel Aufmerksamkeit Gott einer Sache schenkt, hängt vom Rang im Wertmaß des Lebens ab. Der kleine braune Sperling steht unter dem Schutz Gottes. Unser himmlischer Vater beachtet die Blumen auf der Wiese und das Gras, das die Erde wie ein Teppich bedeckt, und sorgt für sie. Der große Meister aller Künste entwarf die Lilien und machte sie so schön, dass sie die Pracht Salomos übertrafen. Wie viel mehr sorgt er sich um den Menschen, der das Ebenbild der Herrlichkeit Gottes ist! Er wartet darauf, dass seine Kinder einen Charakter entwickeln, der dem seinen ähnlich ist. So wie der Sonnenstrahl die abwechslungsreichen und zarten Farbtöne der Blumen erstrahlen lässt, bringt Gott die Schönheit seines eigenen Charakters in uns zum Leuchten.

Alle, die das christliche Reich der Liebe, der Gerechtigkeit und des Friedens wählen und dessen Belangen den Vorrang einräumen, sind mit der himmlischen Welt verbunden. Jeder Segen, den sie in diesem Leben brauchen, gehört ihnen. Im Buch der göttlichen Vorsehung, dem Buch des Lebens, ist jedem von uns eine Seite zugeteilt. Auf jeder Seite sind die Einzelheiten unseres Lebens vermerkt. Selbst die Haare auf unserem Kopf sind gezählt (vgl. Matthäus 10,30). Gott vergisst seine Kinder zu keiner Zeit.

»Sorgt euch also nicht um den morgigen Tag.« (Matthäus 6,34a ZÜ) Wir sollen Christus Tag für Tag nachfolgen. Gott schenkt uns keine Hilfe für morgen. Er gibt seinen Kindern nicht alle Anweisungen für ihren Lebensweg auf einmal. Damit wären sie überfordert. Er sagt ihnen gerade so viel, wie sie sich merken können und auszuführen imstande sind. Für unvorhergesehene Ereignisse hat er ihnen Kraft und Weisheit verliehen. »Wenn aber jemand von euch« – heute – »Weisheit mangelt, so bitte er Gott, der allen willig gibt und keine Vorwürfe macht, und sie wird ihm gegeben werden.« (Jakobus 1,5 Elb.)

WERKE DER LIEBE

»Richtet nicht, damit ihr nicht gerichtet werdet.« (Matthäus 7,1) Haltet euch nicht für besser als andere, und erhebt euch nicht als Richter über sie. Weil ihr die Beweggründe nicht erkennen könnt, seid ihr nicht fähig, einander zu richten. Wer seinen Nächsten tadelt, verurteilt sich selbst, denn er zeigt, dass er mit dem Teufel, dem Verkläger der Brüder, gemeinsame Sache macht. Der Herr sagt durch Paulus: »Erforscht euch selbst, ob ihr im Glauben steht; prüft euch selbst!« (2. Korinther 13,5a) Das ist unsere Aufgabe. »Wenn wir uns selber richteten, so würden wir nicht gerichtet.« (1. Korinther 11,31) Ein guter Baum bringt gute Früchte! Ist eine Frucht ungenießbar und nutzlos, ist auch der Baum schlecht. So ist es mit den Früchten in unserem Leben. Sie geben Auskunft über den Zustand unseres Herzens und über den Wert unseres Charakters. Mit guten Taten können wir niemals unsere Erlösung erkaufen. Sie sind aber der Beweis für unseren Glauben, »der durch die Liebe tätig ist« (Galater 5,6b) und die Seele reinigt. Obgleich wir die himmlische Belohnung nicht aufgrund unserer Verdienste erhalten, wird sie doch im Verhältnis zu den Werken erteilt, die wir durch die Gnade von Christus getan haben.

So erklärte Christus die Grundsätze seines Reiches und zeigte seinen Zuhörern auf, wie wichtig diese als Richtschnur für ihr Leben sind. Um seiner Unterweisung Nachdruck zu verleihen, fügte er noch eine weitere Veranschaulichung hinzu. Es reicht nicht aus, sagte er, wenn ihr meine Worte nur hört. Durch den Gehorsam sollt ihr sie zur Grundlage eures Charakters machen. Das eigene Ich ist wie Treibsand. Baut ihr euer Haus auf menschliche Vorstellungen und Erfindungen, wird es einstürzen. Die Winde der Versuchung und die Stürme der Prüfungen werden es hinwegfegen. Aber die Grundlagen, die ich euch gegeben habe, bleiben bestehen. Darum nehmt mich an und hört auf mich! Baut auf meine Worte!

»Wer auf mich hört und danach handelt, ist klug und handelt wie ein Mann, der ein Haus auf massiven Fels baut. Auch wenn der Regen in Sturzbächen vom Himmel rauscht, das Wasser über die Ufer tritt und die Stürme an diesem Haus rütteln, wird es nicht einstürzen, weil es auf Fels gebaut ist.« (Matthäus 7,24.25 NLB)

KAPITEL 32

DER RÖMISCHE HAUPTMANN

Matthäus 8,5-13; Lukas 7,1-17

Christus sagte zum königlichen Beamten, dessen Sohn er geheilt hatte: »Wenn ihr nicht Zeichen und Wunder seht, so glaubt ihr nicht.« (Johannes 4,48)[57] Es betrübte ihn, dass sein eigenes Volk diese äußeren Zeichen seiner Messianität verlangte. Immer wieder wunderte er sich über ihren Unglauben. Deshalb war er sehr erstaunt über den Glauben des römischen Hauptmanns, der zu ihm kam. Dieser zweifelte nicht an der Macht von Jesus. Er bat ihn nicht einmal, persönlich zu ihm zu kommen, um das Wunder zu vollbringen. »Sprich nur ein Wort«, sagte er, »so wird mein Knecht gesund« (Matthäus 8,8b).

Der Knecht war gelähmt und lag im Sterben. Unter den Römern galten die Diener nur als Sklaven. Sie wurden auf den Märkten wie Ware gehandelt, und man beschimpfte und misshandelte sie. Dieser Hauptmann aber war seinem Knecht liebevoll verbunden und ging freundlich mit ihm um. Er wünschte sich sehr, dass sein Knecht wieder gesund würde. Er glaubte, dass ihn Jesus heilen konnte. Er hatte den Erlöser zwar noch nie gesehen, aber alles, was er über sein Wirken erfahren hatte, weckte in ihm den Glauben. Trotz der vielen jüdischen Bräuche war dieser Römer überzeugt, dass deren Religion seiner eigenen überlegen war. Die Hindernisse zwischen den Unterdrückern und den Unterdrückten, die von einem nationalen Vorurteil und von Hass geprägt waren, hatte er bereits überwunden. Er achtete ihren Gottesdienst und war freundlich zu den Juden, die ihren Gott verehrten. In den Lehren von Christus, von denen man ihm berichtet hatte, fand er das, was die Bedürfnisse seiner Seele stillte. Er fühlte sich im Innersten von den Worten des Erlösers angesprochen. Doch er fühlte sich unwürdig, selbst vor Jesus hinzutreten. Darum bat er die jüdischen Ältesten, sich bei Jesus für die Heilung seines Dieners einzusetzen. Er dachte, sie seien mit dem großen Lehrer bekannt und wüssten, wie man an ihn herantreten müsse, um sein Herz zu gewinnen.

---

57 Zur Begegnung mit dem königlichen Beamten vgl. Kapitel 20 in diesem Buch.

TEIL 4 | DER SIEG DER LIEBE

DER TIEFE GLAUBE DES HAUPTMANNS

Als Jesus nach Kapernaum kam, traf er auf eine Gesandtschaft der jüdischen Ältesten, die den Wunsch des Hauptmanns vorbrachten. Sie bedrängten ihn mit den Worten: »Er ist es wert, dass du ihm die Bitte erfüllst; denn er hat unser Volk lieb, und die Synagoge hat er uns erbaut.« (Lukas 7,4.5) Jesus machte sich sogleich auf den Weg zum Haus des Hauptmanns. Doch im dichten Gedränge der Menge kam er nur langsam voran. Die Nachricht über sein Kommen eilte ihm voraus, und der Hauptmann, in seinem Selbstzweifel, ließ Jesus ausrichten: »Ach, Herr, bemühe dich nicht; ich bin nicht wert, dass du unter mein Dach gehst.« (Lukas 7,6b) Doch der Erlöser setzte seinen Weg fort, und endlich wagte der Hauptmann, sich ihm zu nähern. Ergänzend zu seiner vorherigen Nachricht fügte er nun hinzu: »Darum habe ich auch mich selbst nicht für würdig geachtet, zu dir zu kommen; sondern sprich ein Wort, so wird mein Knecht gesund. Denn auch ich bin ein Mensch, der Obrigkeit untertan, und habe Soldaten unter mir; und wenn ich zu einem sage: Geh hin!, so geht er hin; und zu einem anderen: Komm her!, so kommt er; und zu meinem Knecht: Tu das!, so tut er's.« (Lukas 7,7.8) So wie ich die Macht Roms vertrete und mich meine Soldaten als höchste Befehlsgewalt anerkennen, vertrittst du die Macht des unendlichen Gottes. Alle Geschöpfe sind deinem Wort gehorsam. Du kannst der Krankheit gebieten, dass sie weichen soll, und sie wird dir gehorchen. Du kannst deine himmlischen Boten rufen, und sie werden die heilende Kraft weitergeben. Sprich nur ein Wort, so wird mein Knecht gesund!

»Als aber Jesus das hörte, wunderte er sich über ihn und wandte sich um und sprach zu dem Volk, das ihm nachfolgte: Ich sage euch: Solchen Glauben habe ich in Israel nicht gefunden.« (Lukas 7,9) Und zum Hauptmann sagte er: »Geh hin; dir geschehe, wie du geglaubt hast. Und sein Knecht wurde gesund zu derselben Stunde.« (Matthäus 8,13)

Die jüdischen Ältesten, die sich bei Christus für den Hauptmann einsetzten, hatten gezeigt, wie wenig sie vom Geist des Evangeliums besaßen. Sie erkannten nicht, dass der einzige Anspruch, den wir auf Gottes Gnade haben, unsere große Not ist. Sie empfahlen den Hauptmann aus ihrer Selbstgerechtigkeit heraus, weil er »unserem Volk« Gunst erwiesen hatte. Der Hauptmann aber sagte von sich selbst: »Ich bin es nicht wert.« (Lukas 7,5.6b) Die Gnade von Christus berührte sein Herz. Er wusste um seine eigene Unwürdigkeit und doch fürchtete er sich nicht, um Hilfe zu bitten. Er vertraute nicht auf sein eigenes Gutsein. Der Grund seiner Bitte war seine große Not. Sein Glaube fand Halt im wahren Wesen von Christus. Der Hauptmann glaubte nicht nur an ihn als Wundertäter, sondern als Freund und Retter der Menschheit.

So darf jeder Sünder zu Christus kommen. »Er rettete uns, nicht wegen unserer guten Taten, sondern aufgrund seiner Barmherzigkeit.« (Titus 3,5a NLB) Wenn Satan dir einflüstert, dass du ein Sünder bist und nicht mit Gottes Segen rechnen darfst, dann sage ihm, dass Christus in die Welt kam, um die Sünder zu retten. Es gibt nichts, womit wir uns vor Gott auszeichnen könnten. Der einzige Grund, der die erlösende Kraft von Jesus für uns notwendig macht und den wir immer zu unserer Verteidigung anführen können, ist unsere völlige Hilflosigkeit. Indem wir uns nicht mehr auf uns selbst verlassen, dürfen wir auf das Kreuz von Golgatha schauen und sagen: »Da ich denn nichts bringen kann, schmieg' ich an dein Kreuz mich an.«[58]

Die Juden waren von Kindheit an über die Aufgabe des Messias unterrichtet worden. Sie kannten die inspirierten Äußerungen der Patriarchen und Propheten und waren auch mit dem Wesen des Opferdienstes bestens bekannt. Aber sie hatten dem anvertrauten Licht keine Beachtung geschenkt und sahen nun in Jesus nichts Begehrenswertes. Dieser Hauptmann aber war im Heidentum geboren, im Götzendienst des kaiserlichen Rom erzogen und als heidnischer Soldat ausgebildet worden. Es schien, als wäre er aufgrund seiner Erziehung und Umgebung vom geistlichen Leben abgeschnitten worden. Wegen der heuchlerischen Frömmelei der Juden und der Verachtung, die die Römer den Juden entgegenbrachten, war der Abstand noch größer geworden. Doch dieser Mann erkannte die Wahrheit, für die Abrahams Kinder blind geworden waren. Er wartete nicht darauf, ob die Juden den Einen annehmen, der behauptete, ihr Messias zu sein. Als »das wahre Licht, das alle Menschen erleuchtet, die in diese Welt kommen« (Johannes 1,9), ihn erleuchtete, erkannte er in Jesus die Herrlichkeit des Sohnes Gottes, obwohl er noch weit von ihm entfernt war.

Für Jesus war dies ein Vorgeschmack auf das, was das Werk der Verkündigung des Evangeliums unter den Heiden vollbringen würde. Freudig sah er der Zeit entgegen, in der Menschen aus allen Nationen für sein Reich gesammelt werden. Doch tief betrübt schilderte er den Juden die Folgen, wenn sie seine Gnade verwerfen würden: »Aber ich sage euch: Viele werden kommen von Osten und von Westen und mit Abraham und Isaak und Jakob im Himmelreich zu Tisch sitzen; aber die Kinder des Reichs werden hinausgestoßen in die Finsternis; da wird sein Heulen und Zähneklappern.« (Matthäus 8,11.12) Doch wie viele steuern immer noch auf diese große Enttäuschung zu! Während Menschen in heidnischen Gebieten, die bisher in geistlicher Finsternis gelebt haben, die Gnade Gottes annehmen, verwerfen viele in christlichen Ländern das ihnen geschenkte Licht.

---

58 Diese Worte stammen aus dem geistlichen Lied »Rock of Ages« (Text: Augustus Montague Toplady, 1763/1775; deutsche Übersetzung, »Fels des Heils«: Ernst Heinrich Gebhardt, 1832-1899).

VOM TOD AUFERWECKT

Mehr als 35 Kilometer von Kapernaum entfernt lag auf einer Hochebene, von der aus man die weite und schöne Ebene von Jesreel überblicken konnte, das Dorf Nain. Dorthin begab sich Jesus nun. Viele seiner Jünger, aber auch andere Leute begleiteten ihn. Immer mehr Menschen schlossen sich ihnen an. Diese sehnten sich danach, seine Worte der Liebe und des Mitgefühls zu hören. Sie brachten ihre Kranken, damit diese geheilt würden. Sie hofften ständig, dass sich Jesus, der eine so erstaunliche Macht besaß, als König von Israel zu erkennen geben würde. Es war eine frohe, erwartungsvolle Schar, die sich um ihn drängte und ihn auf dem felsigen Pfad zum Tor des Bergdorfes begleitete.

Als sie näher kamen, sahen sie einen Leichenzug, der sich aus dem Dorf hinaus bewegte. Mit langsamen, traurigen Schritten ging es dem Friedhof entgegen. Voraus trugen sie eine Bahre, auf welcher der Tote lag, gefolgt von den Trauernden, die laut weinten. Es schien, als hätten sich alle Einwohner des Ortes versammelt, um dem Toten die letzte Ehre zu erweisen und den Hinterbliebenen ihre Anteilnahme zu entbieten.

Es war ein trauriger Anblick. Der Verstorbene war der einzige Sohn seiner Mutter, und diese war Witwe. Diese einsam Trauernde trug ihre einzige irdische Hoffnung und ihren einzigen Trost zu Grabe. »Als sie der Herr sah, jammerte sie ihn.« Sie schien seine Gegenwart nicht zu bemerken und ging weinend weiter, ohne sich umzuschauen. Da trat er nahe an sie heran und sagte sanft: »Weine nicht!« (Lukas 7,13) Jesus würde ihre Trauer bald in Freude verwandeln, dennoch unterließ er es nicht, ihr auf diese Weise liebevoll sein Beileid auszudrücken.

Er »trat hinzu und rührte die Bahre an« (Lukas 7,14a Elb.). Sogar die Berührung eines Toten konnte ihn nicht unrein machen. Die Träger standen still, und das Klagen der Trauernden verstummte. Diese drängten sich um die Totenbahre und hofften, obwohl es keine Hoffnung gab. Einer war anwesend, der Krankheiten besiegt und Dämonen überwältigt hatte. Könnte seine Macht auch den Tod überwinden?

Mit klarer, gebieterischer Stimme sprach Jesus die Worte: »Junger Mann, ich sage dir: Steh auf!« (Lukas 7,14b ZÜ) Diese Stimme drang an die Ohren des Toten und der öffnete die Augen. Jesus nahm seine Hand und half ihm auf. Sein Blick fiel auf die Frau, die weinend neben ihm stand. Überglücklich fielen sich Mutter und Sohn in die Arme und hielten sich lange fest. Wie gebannt und schweigend schaute die Menge zu. »Und Furcht ergriff sie alle.« (Lukas 7,16a) Für einen Augenblick blieben sie ruhig und andächtig, so als würden sie vor Gott stehen. »Und sie priesen Gott und sprachen: Es ist ein großer Prophet unter uns aufgestanden, und: Gott hat sein Volk besucht.« (Lukas 7,16b) Der Leichenzug kehrte als Triumphzug nach Nain zurück. »Berichte über diese Tat verbreiteten sich in ganz Judäa und bis über die Grenzen des Landes hinaus.« (Lukas 7,17 NLB)

ER HAT DEN TOD ÜBERWUNDEN

Er, der neben der trauernden Mutter am Dorfrand von Nain stand, nimmt auch heute Anteil am Kummer eines jeden, der um einen Toten trauert. Christus fühlt mit uns in unserem Leid. Sein Herz, das liebte und mitlitt, ist nach wie vor voller Zärtlichkeit. Sein Wort, das den Toten ins Leben zurückrief, ist heute genauso wirksam wie damals, als er den jungen Mann aus Nain ansprach. Er sagte: »Mir ist alle Macht gegeben im Himmel und auf Erden.« (Matthäus 28,18b Elb.) Diese Macht ist im Laufe der Zeit nicht schwächer geworden und ist durch das unaufhörliche Ausgießen seiner Gnade nicht erschöpft. Für alle, die an ihn glauben und ihm vertrauen, bleibt er der lebendige Erlöser.

Als Jesus der Mutter ihren Sohn zurückgab, verwandelte er ihre Trauer in Freude. Aber der junge Mann war nur in sein irdisches Leben zurückgerufen worden. Er musste aufs Neue alle Mühen, Sorgen und Gefahren ertragen und am Ende wieder sterben. Doch Jesus tröstet uns mit einer unendlich hoffnungsvollen Botschaft über das Leid des Todes hinweg: Ich bin »der Lebendige. Ich war tot, und siehe, ich bin lebendig von Ewigkeit zu Ewigkeit und habe die Schlüssel des Todes und der Hölle« (Offenbarung 1,18). »Da Gottes Kinder Menschen aus Fleisch und Blut sind, wurde auch Jesus als Mensch geboren. Denn nur so konnte er durch seinen Tod die Macht des Teufels brechen, der Macht über den Tod hatte. Nur so konnte er die befreien, die ihr Leben lang Sklaven ihrer Angst vor dem Tod waren.« (Hebräer 2,14.15 NLB)

Wenn der Sohn Gottes den Toten zu leben gebietet, kann Satan sie nicht in seiner Gewalt behalten. Der Teufel kann nicht einen einzigen Menschen im geistlichen Tod festhalten, der im Glauben das machtvolle Wort von Christus annimmt. Gott sagt zu allen, die in ihren Sünden tot sind: »Wach auf, der du schläfst, und steh auf von den Toten.« (Epheser 5,14b) Dieses Wort bedeutet ewiges Leben. Das göttliche Wort, das die ersten Menschen zum Leben erweckte, schenkt dieses Leben auch uns. Das Wort von Christus: »Junger Mann, ich sage dir: Steh auf!« (Lukas 7,14 ZÜ) machte diesen wieder lebendig. Dieses Wort bedeutet Leben für jeden, der es annimmt. Gott »hat uns der Macht der Finsternis entrissen und aufgenommen in das Reich seines geliebten Sohnes« (Kolosser 1,13 EÜ). Das alles wird uns in seinem Wort angeboten. Wenn wir das Wort annehmen, sind wir gerettet! »Wenn nun der Geist dessen, der Jesus von den Toten auferweckt hat, in euch wohnt, so wird er, der Christus von den Toten auferweckt hat, auch eure sterblichen Leiber lebendig machen durch seinen Geist, der in euch wohnt.« (Römer 8,11) »Der Herr selbst wird vom Himmel herabkommen, ein lauter Befehl wird ertönen, und auch die Stimme eines Engelfürsten und der Schall der Posaune Gottes werden zu hören sein. Daraufhin werden zuerst die Menschen auferstehen, die im Glauben an Christus gestorben sind. Danach werden wir – die Gläubigen, die zu diesem Zeitpunkt noch am Leben sind – mit ihnen zusammen in den Wolken emporgehoben, dem Herrn entgegen, und dann werden wir alle für immer bei ihm sein.« (1. Thessalonicher 4,16.17 NGÜ) Dies sind Worte des Trostes, mit denen wir uns gegenseitig trösten sollen.

KAPITEL 33

»WER SIND MEINE GESCHWISTER?«

Matthäus 12,22-50; Markus 3,20-35

Die Söhne Josefs waren weit davon entfernt, den Dienst von Jesus zu billigen. Was sie über sein Leben und Wirken hörten, erfüllte sie mit Verwunderung und Betroffenheit. Sie hörten, dass er ganze Nächte im Gebet verbrachte, sich tagsüber Scharen von Menschen um ihn versammelten und er sich nicht einmal Zeit zum Essen nahm. Seine Freunde dachten, er würde sich durch seine ununterbrochene Arbeit aufreiben. Für sein Verhalten den Pharisäern gegenüber hatten sie kein Verständnis. Einige befürchteten, er werde den Verstand verlieren.

Von all dem hörten seine Brüder.[59] Auch die Anschuldigung der Pharisäer, Jesus treibe die bösen Geister mit Satans Kraft aus, nahmen sie zur Kenntnis. Sie fühlten deutlich, dass man ihnen wegen ihrer Verwandtschaft zu Jesus Vorwürfe machen würde. Sie wussten um das Aufsehen, das seine Worte und Taten erregten. Sie waren darum nicht nur über seine gewagten Aussagen beunruhigt, sondern empörten sich über seine Angriffe gegen die Schriftgelehrten und Pharisäer. Sie kamen zum Schluss, dass er überzeugt oder gezwungen werden müsse, diese Art des Wirkens aufzugeben. Sie überredeten auch Maria, sich mit ihnen zu verbünden, denn sie dachten, seine Liebe zu ihr könnte ihn dazu bewegen, vorsichtiger zu sein.

DAS LICHT WIRD VERWORFEN

Kurz zuvor hatte Jesus zum zweiten Mal einen besessenen Mann, der zudem blind und stumm war, durch ein Wunder geheilt, und die Pharisäer hatten die Anschuldigung wiederholt: »Er treibt die Dämonen mit Hilfe des Obersten der Dämonen aus.« (Matthäus 9,34 NGÜ) Christus erklärte ihnen deutlich, dass sie sich selbst von der Quelle des Segens trennen würden, wenn sie das Wirken des Heiligen Geistes Satan zuschrieben. Wer sich gegen Jesus

---

[59] Siehe Erklärungen »Geschwister von Jesus«, S. 816f.

stellt, weil er dessen göttliches Wesen nicht erkannt hat, kann Vergebung erlangen. Der Heilige Geist kann ihn vielleicht dazu bringen, seinen Irrtum einzusehen und zu bereuen. Ganz gleich um welche Sünde es geht: Wenn der Sünder sie bereut und glaubt, wird die Schuld durch das Blut von Christus abgewaschen. Für denjenigen aber, der das Wirken des Heiligen Geistes von sich weist, gibt es weder Reue noch Glauben. Gott wirkt durch seinen Geist am menschlichen Herzen. Wer Gottes Geist bewusst ablehnt und behauptet, es sei Satans Geist, durchtrennt die Verbindung, durch welche sich Gott dem Menschen mitteilen kann. Für den, der den Heiligen Geist endgültig verwirft, kann Gott nichts mehr tun.

Die Pharisäer, an die Jesus diese Warnung richtete, glaubten selbst nicht an die Beschuldigungen, die sie gegen ihn vorbrachten. Unter diesen Würdenträgern gab es nicht einen, der sich nicht zum Erlöser hingezogen fühlte. Sie hatten die Stimme des Geistes in ihren Herzen vernommen, die ihnen beteuerte, Jesus sei der Gesalbte Israels. Diese Stimme drängte sie, sich als seine Jünger zu bekennen. Angesichts der Gegenwart von Jesus hatten sie ihre Sündhaftigkeit erkannt. Sie sehnten sich nach einer Gerechtigkeit, die sie selbst nicht erwirken konnten. Nachdem sie ihn aber verworfen hatten, wäre es für sie zu beschämend gewesen, ihn als Messias anzunehmen. Einmal auf dem Pfad des Unglaubens, waren sie zu stolz, ihren Irrtum einzugestehen. Damit sie die Wahrheit nicht anerkennen mussten, versuchten sie in einem erbitterten Kampf, die Lehren des Erlösers zu bestreiten. Die Beweise seiner Macht und seiner Barmherzigkeit erzürnten sie. Sie konnten ihn weder zum Schweigen bringen noch seine Wunder verhindern. Aber sie taten alles in ihrer Macht Stehende, um ihn falsch darzustellen und seine Worte zu verdrehen. Noch immer ging ihnen Gottes kraftvoller Geist nach. Sie mussten viele innere Schranken aufbauen, um seiner Kraft zu widerstehen. Die größte Macht, die auf das menschliche Herz einwirken kann, rang mit ihnen, um sie zu retten, aber sie gaben nicht nach.

Nicht Gott verblendet die Augen der Menschen oder verhärtet ihre Herzen. Vielmehr sendet er ihnen Licht, um ihre Fehler zu berichtigen und sie auf sicheren Wegen zu führen. Wer dieses Licht verschmäht, dessen Augen werden blind und dessen Herz verhärtet sich. Dies ist oft ein schleichender Vorgang und wird kaum wahrgenommen. Durch Gottes Wort, durch seine Diener oder durch das unmittelbare Einwirken des Heiligen Geistes kommt Licht in das Herz. Wenn aber ein Strahl unbeachtet bleibt, wird das geistliche Wahrnehmungsvermögen geschwächt und eine nächste Offenbarung des Lichts ist weniger deutlich erkennbar. Auf diese Weise nimmt die Finsternis zu, bis es im menschlichen Herzen dunkel wird. So erging es diesen jüdischen

Würdenträgern. Sie waren davon überzeugt, dass Jesus von einer göttlichen Kraft begleitet wurde. Aber um der Wahrheit widerstehen zu können, schrieben sie das Wirken des Heiligen Geistes Satan zu. Indem sie sich absichtlich für die Unehrlichkeit entschieden, fügten sie sich Satan und wurden fortan von seiner Macht beherrscht.

WARNUNG VOR HALBHERZIGEM GLAUBEN

Eng verbunden mit der Warnung von Christus bezüglich der Sünde wider den Heiligen Geist ist seine Warnung vor unnützen und bösen Worten. Die Worte sind ein Indikator dessen, was im Innersten vor sich geht. »Denn wovon das Herz voll ist, davon spricht der Mund.« (Matthäus 12,34b EÜ) Aber Worte sind mehr als ein Hinweis auf den Charakter. Sie haben die Kraft, auf den Charakter einzuwirken. Menschen beeinflussen sich durch ihre eigenen Worte. Oftmals äußert man in einer plötzlichen Gemütsaufwallung – von Satan angestachelt – Eifersucht oder böse Vermutungen und sagt Dinge, die man selbst gar nicht wirklich glaubt. Diese Äußerungen üben dann eine Wirkung auf die eigenen Gedanken aus. Diese Menschen werden durch ihre eigenen Worte betrogen und halten das, was sie auf Satans Anstiften hin geredet haben, letztlich für wahr. Haben sie erst einmal ihre Meinung zum Ausdruck gebracht oder eine Entscheidung getroffen, sind sie oft zu stolz, diese zurückzunehmen. Stattdessen versuchen sie zu beweisen, dass sie Recht hatten, bis sie schließlich selbst davon überzeugt sind. Es ist gefährlich, Zweifel zu äußern und das göttliche Licht in Frage zu stellen oder zu kritisieren. Die Gewohnheit, leichtfertig und respektlos Kritik zu üben, bleibt nicht ohne Wirkung auf den eigenen Charakter und fördert Respektlosigkeit und Unglauben. Schon viele, die diese Gewohnheit pflegten, waren sich der Gefahr nicht bewusst, bis sie schließlich das Wirken des Heiligen Geistes rügten und verwarfen. Jesus sagte diesbezüglich: »Über jedes unnütze Wort, das die Menschen reden, werden sie am Tag des Gerichts Rechenschaft ablegen müssen; denn aufgrund deiner Worte wirst du freigesprochen und aufgrund deiner Worte wirst du verurteilt werden.« (Matthäus 12,36.37 EÜ)

Danach richtete er eine Warnung an alle, die von seinen Worten zwar beeindruckt waren und ihm gern zuhörten, ihr Herz aber nicht für das Wirken des Heiligen Geistes geöffnet hatten. Nicht nur durch Widerstand, sondern auch durch Vernachlässigung kann ein Mensch zugrunde gerichtet werden. Jesus sagte: »Wenn ein böser Geist einen Menschen verlässt, geht er in die Wüste und sucht Ruhe, aber er findet keine. Da sagt er sich: ›Ich will lieber wieder in den Menschen fahren, aus dem ich gekommen bin.‹ Und er kehrt zurück und findet sein früheres Heim leer, gefegt und sauber vor. Danach findet der Dämon noch sieben weitere Dämonen, die noch schlimmer sind als er selbst, und sie alle ergreifen Besitz von dem Menschen und nisten sich in ihm ein.« (Matthäus 12,43-45a NLB)

Wie heute, so gab es auch in den Tagen von Christus viele Menschen, über die Satans Herrschaft eine Zeitlang gebrochen zu sein schien. Durch Gottes Gnade wurden sie von den bösen Geistern, die über sie herrschten, befreit. Sie freuten sich über die Liebe Gottes. Doch wie im Gleichnis vom Sämann die Saat auf felsigen Grund fiel und keine Wurzeln schlug, blieben diese Hörer des Wortes nicht in seiner Liebe. Sie übergaben sich nicht täglich Gott, damit Christus in ihren Herzen wohnen konnte. Als dann der böse Geist mit sieben anderen Geistern zurückkehrte, die noch schlimmer waren als er selbst, wurden diese Menschen völlig vom Bösen beherrscht.

Wenn sich der Mensch ganz Christus übergibt, nimmt eine neue Macht Besitz von seinem Herzen. Eine Veränderung findet statt, die der Mensch niemals von sich aus vollbringen kann. Es ist ein übernatürlicher Vorgang, bei dem ein übernatürliches Element in die menschliche Natur hineingelegt wird. Den Menschen, der sich ihm ergibt, macht Christus zu seiner Festung, die er mitten in einer rebellischen Welt verteidigt. Er möchte, dass in dieser Festung nur seine Autorität anerkannt wird. Wer so unter der himmlischen Herrschaft bleibt, kann durch Satans Angriffe nicht überwunden werden. Wenn wir uns aber nicht der Leitung von Christus unterstellen, werden wir vom Bösen beherrscht werden. Wir stehen unweigerlich unter der Führung der einen oder der anderen Macht, die um die Vorherrschaft auf dieser Welt kämpft. Wir müssen uns nicht bewusst für das Reich der Finsternis entscheiden, um unter dessen Herrschaft zu dienen. Es genügt schon, wenn wir es versäumen, uns mit dem Reich des Lichts zu verbinden. Wenn wir nicht mit den himmlischen Werkzeugen zusammenarbeiten, ergreift Satan von unserem Herzen Besitz und wohnt darin. Der einzige Schutz vor dem Bösen besteht darin, dass Christus durch unseren Glauben an seine Gerechtigkeit in unserem Herzen wohnt. Wenn wir keine lebendige Beziehung zu Gott pflegen, können wir den unheiligen Auswirkungen von Eigenliebe und Genusssucht sowie den Versuchungen zur Sünde nicht widerstehen. Wir mögen viele schlechte Gewohnheiten ablegen und uns für eine gewisse Zeit von Satan lossagen, aber ohne eine lebendige Verbindung mit Gott und ohne beständige Übergabe an ihn werden wir besiegt werden. Ohne persönliche Vertrautheit mit Christus und ohne ständige Gemeinschaft mit ihm bleiben wir im Einflussbereich des Feindes und werden am Ende seine Wünsche erfüllen.

Jesus sagte: »So ist dieser Mensch am Ende schlimmer dran als am Anfang. Genauso wird es auch dieser bösen Generation ergehen.« (Matthäus 12,45b GNB) Niemandes Herz wird so verhärtet wie das Herz dessen, der das Angebot der Gnade geringschätzt und den göttlichen Geist der Gnade verachtet. Am meisten zeigt sich die Sünde wider den Heiligen Geist darin, dass man die himmlische Einladung zur Umkehr beharrlich ausschlägt. Jeder ablehnende Schritt Christus gegenüber bringt uns einen Schritt näher dazu, die Erlösung zu verwerfen und die Sünde gegen den Heiligen Geist zu begehen.

Indem das jüdische Volk Christus verwarf, beging es die unvergebbare Sünde. Indem wir das Angebot seiner Gnade zurückweisen, begehen wir denselben Fehler. Wenn wir es ablehnen, seinen beauftragten Boten Gehör zu schenken, stattdessen aber Satans Werkzeugen, die uns von Christus wegziehen, unser Ohr leihen, beleidigen wir den Lebensfürsten und bereiten ihm Schande – vor Satan, dessen Anhängern und vor dem ganzen All. Solange sich jemand so verhält, findet er weder Hoffnung noch Vergebung. Schlussendlich wird er jedes Verlangen verlieren, mit Gott versöhnt zu werden.

DIE GESCHWISTER VON JESUS

Während Jesus noch das Volk lehrte, kamen seine Jünger zu ihm und teilten ihm mit, seine Mutter und seine Brüder seien draußen und wünschten ihn zu sehen. Er kannte ihr Herz und sprach zu dem, der ihm die Nachricht überbracht hatte: »›Wer ist meine Mutter? Und wer sind meine Brüder?‹ Und er zeigte auf seine Jünger und sagte: ›Diese Leute sind meine Mutter und meine Brüder. Wer den Willen meines Vaters im Himmel erfüllt, ist mein Bruder und meine Schwester und meine Mutter!‹« (Matthäus 12,48-50)

Alle, die Christus im Glauben annehmen, sind enger mit ihm verbunden als mit ihren irdischen Verwandten. Wie er auf Erden eins mit dem Vater war, werden wir mit ihm eins werden. Als ein Mensch, der dem Wort glaubte und danach lebte, war seine Mutter enger mit Jesus verbunden als durch ihre natürliche Verwandtschaftsbeziehung. Seine Brüder hatten durch die Verbindung zu ihm keinen Vorteil in Bezug auf das Heil. Auch sie mussten ihn als ihren persönlichen Erlöser annehmen.

Was für eine Unterstützung wäre es doch für Jesus gewesen, wenn seine irdischen Angehörigen an seine himmlische Herkunft geglaubt und mit ihm zusammen im Werk Gottes gearbeitet hätten! Ihr Unglaube warf einen Schatten auf das irdische Leben von Jesus. Dies war ein Teil des bitteren Leidenskelchs, den er für uns bis zur Neige trinken musste.

TEIL 4 | DER SIEG DER LIEBE

Die im menschlichen Herzen angefachte Feindschaft gegen das Evangelium bekam der Sohn Gottes deutlich zu spüren. Was ihn am meisten schmerzte, war die Ablehnung in seinem eigenen Heim. Er selbst war sehr freundlich, hatte ein Herz voller Liebe und schätzte es, wenn man sich in der Familie liebevoll und mit gegenseitiger Achtung begegnete. Seine Brüder wollten, dass er ihren Vorstellungen nachkam, auch wenn diese überhaupt nicht seiner göttlichen Aufgabe entsprachen. Sie waren der Meinung, Jesus hätte ihren Rat dringend nötig. Sie beurteilten ihn von ihrem menschlichen Standpunkt aus und meinten, dass er, wenn er nur über Dinge reden würde, welche die Schriftgelehrten und Pharisäer auch vertraten, die unangenehmen Auseinandersetzungen, die seine Worte hervorriefen, vermeiden könnte. Sie dachten, er sei von Sinnen, wenn er behauptete, in göttlicher Vollmacht aufzutreten, und die Rabbiner wegen ihrer Sünden tadelte. Sie wussten, dass die Pharisäer eine Gelegenheit suchten, um Jesus anzuklagen, und spürten, dass er ihnen genügend Anlass dazu gab.

In ihrer Beschränktheit konnten sie den Auftrag nicht verstehen, den Jesus ausführen musste. Darum konnten sie auch seine Anfechtungen nicht nachempfinden. Ihre kränkenden, ungebührlichen Worte zeigten, dass sie keine richtige Vorstellung von seinem Wesen hatten und nicht erkannten, dass sich in ihm das Göttliche mit dem Menschlichen verband. Oft sahen sie ihn, wenn er Kummer hatte. Aber anstatt zu trösten, verletzten ihr Verhalten und ihre Worte sein Herz. Sein empfindsames Wesen wurde gequält, seine Beweggründe verkannt, und sein Wirken blieb unverstanden.

Seine Brüder wiesen oft auf die althergebrachten und abgedroschenen Argumente der Pharisäer hin und dachten, sie könnten denjenigen belehren, der alle Wahrheit kannte und alle Geheimnisse ergründen konnte. Ohne Hemmungen verurteilten sie das, was sie nicht verstehen konnten. Ihre Vorwürfe verletzten Jesus zutiefst. Seine Seele war müde und betrübt. Sie bekannten zwar ihren Glauben an Gott und meinten ihn zu verteidigen. Dabei war Gott im Fleisch mitten unter ihnen, doch sie erkannten ihn nicht.

Solche Erlebnisse machten seinen Lebensweg dornig. Das Unverständnis, mit dem man ihm im eigenen Heim begegnete, schmerzte Jesus sehr. Darum war es für ihn eine Erleichterung, dorthin zu gehen, wo er auf Verständnis stieß. Es gab einen Ort, den er sehr gerne besuchte: das Heim von Lazarus, Maria und Marta, denn in der Atmosphäre der Liebe und des Vertrauens fand er innere Ruhe. Und doch gab es niemanden auf der Erde, der seinen göttlichen Auftrag wirklich verstehen und die Last erkennen konnte, die er zugunsten der Menschen trug. Darum fand er oftmals nur Trost, wenn er allein war und Gemeinschaft mit seinem himmlischen Vater pflegte.

JESUS UNSER BRUDER

Wer wegen Christus leiden muss und auf Verständnislosigkeit und Misstrauen stößt, sogar in seiner eigenen Familie, mag sich mit dem Gedanken trösten, dass Jesus das Gleiche erduldet hat. Jesus fühlt mit ihnen und bittet sie, mit ihm Gemeinschaft zu pflegen und dort Trost zu suchen, wo auch er ihn fand, nämlich in der Verbundenheit mit dem Vater.

Alle, die Christus als ihren persönlichen Erlöser annehmen, werden nicht als Waisen zurückgelassen, die alle Prüfungen des Lebens allein ertragen müssen. Er nimmt sie als Mitglieder in die himmlische Familie auf und bittet sie, seinen Vater auch den ihren zu nennen. Sie sind seine »Kleinen« (Matthäus 10,42 EÜ; vgl. 18,6.10.14), dem Herzen Gottes teuer und mit ihm durch sehr innige und feste Bande verbunden. Er begegnet ihnen mit überaus großer Zärtlichkeit, die das, was unsere Eltern für uns in unserer Hilflosigkeit fühlten, so weit übersteigt, wie das Göttliche alles Menschliche überragt.

In den Geboten an Israel gab es eine wunderbare Veranschaulichung für das Verhältnis zwischen Christus und seinem Volk. Wenn ein Israelit durch Armut gezwungen war, sich von seinem väterlichen Erbe zu trennen und sich als Leibeigener zu verkaufen, war es die Pflicht seines nächsten Verwandten, ihn und sein Erbe auszulösen (vgl. 3. Mose 25,25.47-49; Rut 2,20). Somit fallen das Werk unserer Erlösung und der Rückkauf unseres Erbes, das wir durch die Sünde verloren haben, auf den, der unser »nächster Verwandter« ist. Er wurde unser »Bruder«, um uns zu erlösen. Der Herr, unser Erlöser, steht uns näher als Vater, Mutter, Bruder, Freund oder Geliebter. Er spricht: »Fürchte dich nicht, denn ich habe dich erlöst, ich habe dich bei deinem Namen gerufen, du gehörst zu mir. ... Weil du teuer bist in meinen Augen, geachtet bist, und weil ich dich liebe, gebe ich Menschen für dich und Völker für dein Leben.« (Jesaja 43,1b.4 ZÜ)

Christus liebt die himmlischen Wesen, die seinen Thron umgeben. Doch wie lässt sich die große Liebe erklären, mit der er uns liebt? Wir können es nicht verstehen, können aber aufgrund unserer persönlichen Erfahrung wissen, dass es wahr ist. Wenn wir am verwandtschaftlichen Verhältnis zu ihm festhalten, wie zärtlich sollten wir dann mit denen umgehen, die Brüder und Schwestern unseres Herrn sind! Sollten wir nicht immer schnell unsere Pflichten aufgrund der göttlichen Beziehungen erkennen? Sollten wir nicht unseren himmlischen Vater und unsere geistlichen Geschwister ehren, weil wir in die Familie Gottes aufgenommen worden sind?

KAPITEL 34

DIE EINLADUNG

Matthäus 11,28-30

»Kommt her zu mir, alle, die ihr mühselig und beladen seid; ich will euch erquicken.« (Matthäus 11,28) Diese Worte des Trostes waren an die vielen Menschen gerichtet, die Jesus folgten. Der Erlöser hatte ihnen erklärt, dass die Menschen nur durch ihn Gott erkennen könnten. Von seinen Jüngern hatte er gesagt, dass ihnen Erkenntnis über himmlische Dinge gegeben worden sei. Und doch ließ er niemanden mit dem Gefühl zurück, von seiner Fürsorge und Liebe ausgeschlossen zu sein. Alle, die mühselig und beladen sind, dürfen zu ihm kommen.

Schriftgelehrte und Rabbiner, welche die religiösen Formen peinlich genau beachteten, verspürten ein Sehnen, das die Bußübungen niemals zu stillen vermochten. Zöllner und Sünder mochten vorgeben, sie seien mit den sinnlichen und irdischen Dingen zufrieden, doch ihre Herzen waren voller Misstrauen und Angst. Jesus schaute auf die verzweifelten und beladenen Herzen, deren Hoffnungen zunichte gemacht worden waren und die das Verlangen ihrer Seele mit irdischen Freuden zu stillen suchten. Sie alle lud er ein, in ihm Ruhe zu finden.

JESUS WILL UNS UNSERE LAST ABNEHMEN

Liebevoll forderte er die geplagten Menschen auf: »Nehmt auf euch mein Joch und lernt von mir; denn ich bin sanftmütig und von Herzen demütig; so werdet ihr Ruhe finden für eure Seelen.« (Matthäus 11,29)

Mit diesen Worten spricht Christus zu allen Menschen. Ob sie es wissen oder nicht – alle sind müde und beladen. Wir alle werden von schweren Lasten niedergedrückt, die uns nur Christus abnehmen kann. Die schwerste Bürde, die wir tragen, ist die Last der Sünde. Müssten wir sie allein tragen, würde sie uns erdrücken. Aber der Sündlose ist an unsere Stelle getreten. »Der Herr lud auf ihn die Schuld von uns allen.« (Jesaja 53,6 EÜ) Er trug die Last unserer Schuld. Er will die Last von unseren müden Schultern nehmen und uns Ruhe schenken. Er möchte auch die Last unserer Sorgen und Schmerzen tragen und lädt uns ein, all unsere Sorgen auf ihn zu werfen, denn er trägt uns auf seinem Herzen.

Der »ältere Bruder« unseres Menschengeschlechts ist beim ewigen Thron (vgl. Hebräer 2,11). Er schaut auf jeden Menschen, der ihm als dem Erlöser sein Angesicht zuwendet. Er weiß aus Erfahrung, welches die menschlichen Schwächen sind. Er kennt unsere Bedürfnisse und weiß, wo die Macht unserer Versuchungen liegt, denn er wurde in allen Dingen versucht wie wir, blieb aber ohne Sünde (vgl. Hebräer 4,15). Er wacht über dich, verzagtes Gotteskind! Wirst du versucht? Er will dich frei machen. Bist du schwach? Er will dich stark machen. Bist du unverständig? Er will dir Weisheit schenken. Bist du verletzt? Er will dich heilen. Der Herr »zählt die Sterne und nennt sie alle mit Namen« (Psalm 147,4); und doch heilt er »die zerbrochenen Herzens sind, und verbindet ihre Wunden« (Psalm 147,3). Seine Einladung lautet: »Kommt her zu mir!« (Matthäus 11,28a) Wie groß deine Ängste und Anfechtungen auch sein mögen, breite deine Anliegen vor dem Herrn aus! Dein Geist wird gestärkt, damit du durchhalten kannst. Ein Weg wird sich vor dir auftun, damit du von Verlegenheit und Schwierigkeit befreit werden kannst. Je mehr du dir deiner Schwachheit und Hilflosigkeit bewusst bist, desto stärker wirst du in seiner Kraft werden. Je schwerer die Last, desto beglückender ist die Ruhe, wenn du deine Bürde auf den legst, der sie tragen kann. Der Friede, den Christus anbietet, ist an Bedingungen geknüpft, die klar festgelegt sind. Jeder Mensch kann sie erfüllen. Er sagt uns, wie man Ruhe in ihm finden kann.

»MEIN JOCH IST SANFT«

Jesus sagte: »Nehmt auf euch mein Joch.« (Matthäus 11,29a) Das Joch ist ein Werkzeug. Tiere werden für die Arbeit unter ein Joch gespannt. Dieses ist notwendig, damit sie effizient arbeiten können. Mit diesem Beispiel möchte uns Christus zeigen, dass wir zu einem lebenslänglichen Dienst berufen sind. Wir sollen sein Joch auf uns nehmen, damit wir seine Mitarbeiter sein können.

Das Joch, das uns zum Dienst auferlegt ist, ist das Gesetz Gottes. Das große Gesetz der Liebe – im Paradies offenbart, vom Sinai verkündet und im Neuen Bund den Menschen ins Herz geschrieben – bindet den menschlichen Arbeiter an den Willen Gottes. Wäre es uns überlassen, den eigenen Neigungen zu folgen und dorthin zu gehen, wohin uns unser Wille führt, würden wir in die Fallstricke Satans geraten und dessen Charakter annehmen. Darum begrenzt uns Gott auf seinen Willen, der hoch, edel und erhaben ist. Er möchte, dass wir geduldig und weise unseren Pflichten im Dienst nachkommen.

Christus selbst hat als Mensch das Joch des Dienstes getragen. Er sprach: »Deinen Willen, mein Gott, tue ich gern, und dein Gesetz hab ich in meinem Herzen.« (Psalm 40,9) »Denn ich bin vom Himmel gekommen, nicht damit ich meinen Willen tue, sondern den Willen dessen, der mich gesandt hat.« (Johannes 6,38) Die Liebe zu seinem Vater, der Eifer für Gottes Ehre und die Liebe zur gefallenen Menschheit ließen Jesus auf diese Erde kommen, um zu leiden und zu sterben. Dies war die treibende Kraft in seinem Leben. Er fordert uns auf, diese Prinzipien zu übernehmen.

Viele Menschen leiden unter einer drückenden Sorgenlast, weil sie versuchen, einen hohen Lebensstandard zu erreichen. Sie haben sich für den Dienst der Welt entschieden, mit all seinen Schwierigkeiten und Sorgen, und haben dessen Gewohnheiten übernommen. Dadurch wird ihr Charakter verdorben, und ihr Leben wird zum Überdruss. Um ihren Ehrgeiz und ihre Wünsche zufriedenzustellen, verletzen sie ihr Gewissen und belasten sich zusätzlich mit Schuldgefühlen. Die ständige Sorge zehrt an ihren Lebenskräften. Unser Herr wünscht, dass sie dieses Joch der Knechtschaft ablegen. Er lädt sie stattdessen ein, sein Joch auf sich zu nehmen: »Mein Joch ist sanft, und meine Last ist leicht.« (Matthäus 11,30) Er bittet sie, zuerst nach dem Reich Gottes und nach seiner Gerechtigkeit zu trachten. Alles, was weiter für das Leben notwendig ist, so hat er verheißen, werde ihnen zufallen (vgl. Matthäus 6,33). Sorgen machen blind für die Zukunft. Aber Jesus sieht das Ende von Anfang an. Für jede Schwierigkeit hält er einen Ausweg bereit. Unser himmlischer Vater hat tausend Wege, um für uns zu sorgen, nur wissen wir davon nichts. Alle, die Gottes Ehre und dessen Dienst den ersten Platz in ihrem Leben einräumen, werden erleben, wie ihre Ratlosigkeit verschwindet und sich der Weg vor ihren Füßen ebnet.

VON JESUS LERNEN

Jesus sagte: »Lernt von mir; denn ich bin sanftmütig und von Herzen demütig; so werdet ihr Ruhe finden.« (Matthäus 11,29b) Wir sollen in die Schule von Christus eintreten und Sanftmut und Demut von ihm lernen. Erlösung ist jener Prozess, durch den der Mensch für den Himmel zubereitet wird. Diese Erziehung bedeutet, Christus kennen zu lernen und von den Gedanken, Gewohnheiten und Verhaltensweisen aus der Schule des Fürsten der Finsternis befreit zu werden. Der Mensch muss von allem frei werden, was der Treue zu Gott im Wege steht.

Während seines Lebens auf der Erde war im Herzen von Christus, wo völliger Einklang mit Gott herrschte, vollkommener Friede. Beifall machte ihn nie stolz, Kritik und Enttäuschung ließen ihn nie mutlos werden. Inmitten des größten Widerstands und trotz grausamster Behandlung war er guten Mutes. Aber viele, die sich seine Nachfolger nennen, haben ein ängstliches, bekümmertes Herz, weil sie sich davor fürchten, sich Gott anzuvertrauen. Sie übergeben sich ihm nicht völlig, weil sie vor den Folgen zurückschrecken, die eine solche Hingabe mit sich bringen könnte. Aber ohne diese Hingabe kann kein Friede gefunden werden.

Eigenliebe macht unruhig. Sind wir aber von oben geboren, wird der Geist von Jesus in uns wohnen. Es ist derselbe Geist, der Jesus in die Erniedrigung führte, damit wir erlöst werden können. In dieser Gesinnung werden wir uns nicht um den ersten Platz bemühen, sondern gern zu den Füßen von Jesus sitzen, um von ihm zu lernen. Wir werden dann verstehen, dass der Wert unserer Arbeit nicht darin besteht, selbst im Mittelpunkt zu stehen, großes Aufsehen zu erregen und aus eigener Kraft einsatzbereit und eifrig zu sein. Der Wert unserer Arbeit hängt davon ab, in welchem Maß uns der Heilige Geist verliehen wird. Gottvertrauen führt zu höheren geistigen Fähigkeiten, damit wir unsere Seele in Geduld fassen.

Den Ochsen wird ein Joch auferlegt, um ihnen beim Ziehen zu helfen und die Last zu erleichtern. Genauso verhält es sich mit dem Joch von Christus. Wenn unser Wille im Willen Gottes aufgeht und wir seine Gaben zum Segen für andere einsetzen, werden wir die Lasten des Lebens als leicht empfinden. Wer auf Gottes Wegen wandelt und seine Gebote hält, wird von Christus begleitet. Das Herz hat in Gottes Liebe Ruhe gefunden. Als Mose betete: »Lass mich deinen Weg wissen, damit ich dich erkenne«, antwortete der Herr: »Mein Angesicht soll vorangehen; ich will dich zur Ruhe leiten.« (2. Mose 33,13a.14) Von den Propheten kam die Botschaft: »So spricht der Herr: Tretet auf die Wege, seht und fragt nach den Pfaden der Vorzeit, wo denn der Weg zum Guten sei, und geht ihn! So werdet ihr Ruhe finden für eure Seelen!« (Jeremia 6,16a Elb.) Weiter sagte Gott: »Hättest du doch auf meine Gebote geachtet! Dann hättest du im Glück schwimmen können, und Gerechtigkeit hätte dich überflutet wie die Wellen des Meeres.« (Jesaja 48,18 NLB)

Alle, die Christus beim Wort nehmen, ihr Leben seiner Fürsorge anvertrauen und es ihm unterordnen, finden in ihm Ruhe und Frieden. Nichts in der Welt kann sie traurig machen, wenn Jesus sie durch seine Gegenwart glücklich macht. In der völligen Hingabe liegt der vollkommene Frieden. Der Herr verheißt: »Die mit einem festen Sinn umgibst du mit Frieden, weil sie ihr Vertrauen auf dich setzen!« (Jesaja 26,3 NLB) Unser Leben mag verworren erscheinen, doch wenn wir uns dem weisen Lehrmeister anvertrauen, wird er das Lebensmuster und die Charaktereigenschaften hervorbringen, die ihn ehren. Ein solcher Charakter, der die Herrlichkeit des Wesens von Christus widerspiegelt, wird in Gottes Paradies aufgenommen werden. Ein wiederhergestelltes Menschengeschlecht wird in »weißen Kleidern« mit dem Herrn wandeln, »denn sie sind's wert« (Offenbarung 3,4b).

Gehen wir durch Jesus zur Ruhe ein, beginnt schon hier der Himmel. Wir folgen seiner Einladung: »Kommt ... und lernt von mir!« (Matthäus 11,28.29). Indem wir zu ihm kommen, beginnt das ewige Leben. »Himmel« bedeutet Gott durch Christus beständig näherzukommen. Je länger wir an himmlischer Freude teilhaben, desto mehr wird uns die Herrlichkeit offenbart werden; je besser wir Gott kennen lernen, desto glücklicher werden wir sein. Gehen wir mit Jesus durch dieses Leben, werden wir von seiner Liebe erfüllt sein. Seine Gegenwart wird uns tiefe Befriedigung schenken. Alles, was die menschliche Natur fassen kann, dürfen wir schon hier empfangen. Doch was bedeutet das im Vergleich zur Ewigkeit! Die Erlösten sind »vor dem Thron Gottes und dienen ihm Tag und Nacht in seinem Tempel. Und er, der auf dem Thron sitzt, wird über ihnen wohnen. Sie werden nie wieder hungern oder Durst leiden, und sie werden vor der brennenden Sonne und jeder Gluthitze geschützt sein. Denn das Lamm, das in der Mitte auf dem Thron ist, wird ihr Hirte sein und für sie sorgen. Es wird sie zu den Quellen führen, aus denen das Wasser des Lebens strömt. Und Gott wird alle ihre Tränen abwischen« (Offenbarung 7,15-17 NLB).

TEIL 5

GLAUBE UND UNGLAUBE IN GALILÄA

*»Herr, zu wem sonst sollten wir gehen?
Deine Worte bringen das ewige Leben.«*

Johannes 6,68 GNB

KAPITEL 35

»SCHWEIG! SEI STILL!«

*Matthäus 8,23-34; Markus 4,35-41; 5,1-20;
Lukas 8,22-39*

Es war ein ereignisreicher Tag im Leben von Jesus gewesen. Am See Genezareth hatte er seine ersten Gleichnisse erzählt. Anhand bekannter Bilder aus der Natur hatte er seinen Zuhörern erneut das Wesen seines Reiches vor Augen geführt und ihnen erklärt, wie er es errichten wolle. Er hatte sein eigenes Werk mit der Arbeit eines Sämanns, die Entfaltung seines Reiches mit dem Wachstum eines Senfkorns und mit der Auswirkung des Sauerteigs in einem Scheffel Mehl verglichen. Die endgültige Trennung der Gerechten von den Gottlosen am Jüngsten Tag hatte er durch die Gleichnisse von Unkraut und Weizen und dem des Fischernetzes dargestellt. Die außergewöhnliche Kostbarkeit der Wahrheit, die er lehrte, hatte er mit einem Schatz im Acker und einer kostbaren Perle verglichen. Durch das Gleichnis vom Hausverwalter hatte Jesus seine Jünger gelehrt, wie sie als seine Stellvertreter wirken sollten (vgl. Matthäus 13,1-52).

Den ganzen Tag über hatte er gelehrt und geheilt. Als es Abend wurde, drängte sich die Menge immer noch um ihn. Tag für Tag hatte er sich um die Menschen gekümmert und kaum innegehalten, um zu essen oder zu ruhen. Die bösartige Kritik und die Unterstellungen, mit welchen ihn die Pharisäer ständig verfolgten, waren zermürbend und erschwerten seine Arbeit sehr. Jetzt, am Ende des Tages, war er so erschöpft, dass er beschloss, einen einsamen Ort auf der anderen Seite des Sees aufzusuchen, um Ruhe zu finden.

Am östlichen Ufer des Sees Genezareth gab es da und dort einige Dörfer, doch im Vergleich zum westlichen Ufer war es eine trostlose Gegend. In der überwiegend heidnischen Bevölkerung lebten nur wenige Juden, und man unterhielt kaum Beziehungen zu Galiläa. Dort fand Jesus die Abgeschiedenheit, die er suchte. Er lud seine Jünger ein, ihn dorthin zu begleiten.

Nachdem er sich von der Menge verabschiedet hatte, nahmen ihn die Jünger gerade so, »wie er war« (Markus 4,36b Elb.), mit ins Boot und stießen hastig ab. Doch sie taten das nicht allein. Da waren andere Fischerboote, die am Strand lagen. Diese waren schnell mit Menschen gefüllt, die Jesus folgten und begierig darauf waren, ihn noch weiter zu sehen und zu hören. Endlich war Jesus vom Druck der Menge befreit. Überwältigt von Müdigkeit und Hunger legte er sich hinten ins Boot und schlief kurz darauf ein. Der Abend war ruhig und wohltuend. Eine tiefe Stille lag über dem See. Doch plötzlich überzogen dunkle Wolken den Himmel. Ein heftiger Wind kam von den Bergklüften her und fegte am östlichen Seeufer entlang. Es braute sich ein wilder Sturm über dem See zusammen.

DIE JÜNGER GERATEN IN NOT

Die Sonne war bereits untergegangen, und die schwarze Nacht legte sich über den stürmischen See. Von heulenden Winden angetrieben, schlugen die peitschenden Wellen über das Boot der Jünger und drohten es zu verschlingen. Die abgehärteten Fischer hatten ihr ganzes Leben auf dem See zugebracht und ihre Schiffe sicher durch manches Unwetter gesteuert, doch nun nützten ihnen all ihre Kraft und ihr Können nichts. Sie waren den Gewalten des Sturms hilflos ausgeliefert und verloren alle Hoffnung, als sie sahen, wie sich ihr Boot mit Wasser füllte.

Im Kampf ums Überleben hatten sie ganz vergessen, dass Jesus auch mit an Bord war. Als sie nun merkten, dass ihre Rettungsversuche vergebens waren und der sichere Tod auf sie wartete, erinnerten sie sich an den, der ihnen geboten hatte, den See zu überqueren. Jesus war ihre einzige Hoffnung. In ihrer Hilflosigkeit und Verzweiflung schrien sie: »Meister! Meister!« (Lukas 8,24b) Aber die tiefe Finsternis verbarg ihn vor ihren Augen. Das Heulen des Sturmes übertönte ihre Stimmen. Es kam keine Antwort zurück. Angst und Zweifel überfielen sie. Hatte Jesus sie vergessen? War er, der Krankheit, Dämonen und sogar den Tod bezwungen hatte, jetzt machtlos, seinen Jüngern zu helfen? Kümmerte er sich nicht um sie in ihrer Not?

Wieder riefen sie. Doch es kam erneut keine Antwort. Nur das Heulen des tobenden Sturmes war zu hören. Schon begann ihr Schiff zu sinken. Noch einen Augenblick, so schien es, dann würden die hungrigen Wellen sie verschlingen.

Plötzlich erhellte ein Blitzstrahl die Finsternis. Da sahen die Jünger, dass Jesus trotz des starken Unwetters ungestört schlief. Verblüfft und verzweifelt riefen sie aus: »Meister, macht es dir nichts aus, dass wir umkommen?« (Markus 4,38b NGÜ) Wie konnte er so friedlich schlafen, während sie in Gefahr waren und mit dem Tod rangen?

Ihr Schreien weckte Jesus auf. Als Blitzlichter die Nacht erhellten, sahen sie, wie himmlischer Friede auf seinem Angesicht lag. In seinem Blick erkannten sie seine selbstlose, mitfühlende Liebe. Ihre Herzen wandten sich ihm zu, und sie schrien: »Herr, rette uns, wir kommen um!« (Matthäus 8,25b Elb.)

Noch nie war ein solcher Hilferuf ungehört geblieben. Als die Jünger nach ihren Rudern griffen, um einen letzten Versuch zu unternehmen, erhob sich Jesus. Nun stand er mitten unter seinen Jüngern, während das Unwetter tobte und die Wellen über ihnen zusammenschlugen. Grelle Blitze erleuchteten das Angesicht von Jesus. Er hob seine Hand, die schon so oft Taten der Barmherzigkeit vollbracht hatte, und gebot dem stürmischen See: »Schweig! Sei still!« (Markus 4,39b NLB)

Der Sturm ließ nach, und die Wogen glätteten sich. Die Wolken zogen ab, und die Sterne begannen zu leuchten. Sachte schaukelte das Boot auf dem ruhigen See. Jesus aber wandte sich an seine Jünger und fragte sie voller Sorge: »Was seid ihr so furchtsam? Habt ihr noch keinen Glauben?« (Markus 4,40)

Die Jünger wurden ganz still. Nicht einmal Petrus versuchte, die Ehrfurcht, die sein Herz erfüllte, in Worte zu fassen. Die Boote, die hinausgefahren waren, um Jesus zu folgen, befanden sich in derselben Gefahr wie das Boot der Jünger. Angst und Verzweiflung hatten ihre Besitzer ergriffen, aber der Befehl von Jesus hatte den Schrecken beendet. Durch die Heftigkeit des Sturms waren die Boote zusammengetrieben worden, sodass alle, die an Bord waren, das Wunder miterlebt hatten. In der Stille, die folgte, war alle Furcht vergessen. Die Leute flüsterten einander zu: »Wer ist dieser Mann? Sogar Wind und Wellen gehorchen ihm!« (Matthäus 8,27b NLB)

Als Jesus geweckt wurde, um dem Sturm Einhalt zu gebieten, war er innerlich ganz ruhig. Weder in seinen Worten noch in seinem Blick gab es Anzeichen von Angst, denn sein Herz war frei von Furcht. Aber er verließ sich nicht darauf, allmächtige Kraft zu besitzen. Er fand nicht Ruhe, weil er der »Herr der Erde, des Himmels und der Meere« war. Diese Macht hatte er niedergelegt, denn er sagte: »Ich kann nichts von mir aus tun.« (Johannes 5,30a) Er vertraute auf die Macht seines Vaters und ruhte im Glauben an die Liebe und Fürsorge Gottes. Die Kraft des Wortes, die den Sturm stillte, war die Kraft Gottes.

AUF CHRISTUS VERTRAUEN

So wie Jesus im Glauben an die Fürsorge seines Vaters ruhte, sollen auch wir uns in der Fürsorge unseres Erlösers geborgen wissen. Wenn die Jünger dem Herrn vertraut hätten, wären sie ruhig geblieben. Ihre Angst in der Stunde der Gefahr offenbarte ihren Unglauben. In ihrer Anstrengung, sich selbst zu retten, vergaßen sie Jesus. Erst als sie in ihrer Verzweiflung ihre Abhängigkeit erkannten und sich an ihn wandten, konnte er ihnen helfen. Wie oft machen wir dieselbe Erfahrung wie die Jünger. Wenn Stürme der Versuchung aufziehen, grelle Blitze zucken und die Wogen über uns zusammenschlagen, kämpfen wir oft allein gegen diese Macht und vergessen, dass einer da ist, der uns helfen kann. Wir vertrauen auf unsere eigene Kraft, bis wir unsere Hoffnung verlieren und dem Verderben nahe sind. Erst dann erinnern wir uns an Jesus. Rufen wir ihn an, damit er uns errette, wird unsere Bitte nicht vergeblich sein. Er wird traurig unseren Unglauben und unsere Selbstsicherheit tadeln, doch er wird uns immer die Hilfe, die wir brauchen, zuteilwerden lassen. Ob wir auf dem Land oder auf dem Wasser sind; wenn wir Jesus im Herzen haben, brauchen wir uns nicht zu fürchten. Ein lebendiger Glaube an den Erlöser glättet die Wogen des Lebens und rettet uns aus der Gefahr, sodass es zu unserem Besten ist.

Das Wunder von der Stillung des Sturms lehrt uns noch mehr. Die Erfahrung eines jeden Menschen bezeugt die Wahrheit der Worte in der Heiligen Schrift: »Die Gottlosen sind wie das ungestüme Meer, das nicht still sein kann ... Die Gottlosen haben keinen Frieden, spricht mein Gott.« (Jesaja 57,20a.21) Die Sünde hat unseren Herzensfrieden zerstört. Solange unser Ich nicht bezwungen ist, finden wir keine Ruhe. Keine menschliche Kraft kann die mächtigen Begierden des Herzens unter Kontrolle halten. Hier sind wir so hilflos wie die Jünger, die den tobenden Sturm nicht niederringen konnten. Aber er, der den Wogen des Galiläischen Meeres Ruhe gebot, hat jedem Menschen das Wort des Friedens verheißen. Wie heftig der Sturm auch toben mag, wer sich mit dem Hilferuf an Jesus wendet: »Herr, errette mich!«, wird Befreiung finden! Seine Gnade, die uns mit Gott versöhnt, stillt den Sturm der menschlichen Leidenschaft. In seiner Liebe findet unser Herz Ruhe. »Er stillte den Sturm, dass er schwieg und die Wellen sich beruhigten; und jene freuten sich, dass sie sich legten; und er führte sie in den ersehnten Hafen.« (Psalm 107,29.30 Schl.) »Da wir nun durch den Glauben von Gott für gerecht erklärt worden sind, haben wir Frieden mit Gott durch das, was Jesus, unser Herr, für uns tat.« (Römer 5,1 NLB) »Das Werk der Gerechtigkeit wird Friede sein und der Ertrag der Gerechtigkeit Ruhe und Sicherheit für ewig.« (Jesaja 32,17 Elb.)

JESUS BEFREIT BESESSENE

Früh am Morgen – die Sonne ging gleichsam als Zeichen des Friedens am Horizont auf – erreichte Jesus mit seinen Begleitern das Ufer. Aber kaum hatten sie Land unter den Füßen, bot sich ihnen ein Anblick, der schrecklicher als das Toben des heftigen Sturmes war. Aus einem Versteck bei den Gräbern stürzten zwei Wahnsinnige auf sie zu, als wollten sie die Ankommenden in Stücke reißen. Überreste von Ketten, die sie gesprengt hatten, um ihrer Haft zu entfliehen, hingen an ihrem Körper. Weil sie sich selbst mit scharfen Steinen geschnitten hatten, war ihre Haut aufgerissen und blutig. Ihre Augen starrten unter dem langen, verfilzten Haar hervor. Es schien, als hätten die Dämonen, von denen sie besessen waren, alles Menschenähnliche in ihnen ausgelöscht. Sie sahen eher wie wilde Tiere als wie Menschen aus.

Die Jünger und ihre Begleiter flohen vor Entsetzen. Aber sogleich merkten sie, dass Jesus nicht bei ihnen war. Sie kehrten um, um nach ihm zu sehen. Er stand immer noch dort, wo sie ihn verlassen hatten. Er, der den Sturm gestillt hatte, der Satan gegenübergestanden war und ihn überwunden hatte, floh nicht vor diesen Dämonen. Als sich ihm die Besessenen zähneknirschend und mit schäumendem Mund näherten, erhob Jesus die Hand, die den wilden Wellen Einhalt geboten hatte, sodass die Männer nicht näher kommen konnten. Sie standen rasend vor Wut und doch hilflos vor ihm.

Mit Vollmacht gebot er den unreinen Geistern, aus den Männern auszufahren. Seine Worte durchdrangen die umnachteten Sinne der unglücklichen Männer. Sie nahmen undeutlich wahr, dass jemand vor ihnen stand, der sie von den quälenden Geistern erlösen konnte. Sie fielen Jesus zu Füßen, um ihn anzubeten. Doch als sie ihren Mund öffneten und um seine Gnade flehen wollten, sprachen die Dämonen aus ihnen und schrien mit Macht: »Was haben wir mit dir zu tun, Sohn Gottes? Du hast kein Recht, uns jetzt schon, vor dem von Gott festgesetzten Zeitpunkt, zu quälen!« (Matthäus 8,29b NLB)

Jesus fragte: »Wie heißt du?« Und dieser antwortete: »Legion heiße ich; denn wir sind viele.« (Markus 5,9) Die Dämonen, welche diese gequälten Männer als Sprachrohr benutzten, flehten nun Jesus an, sie nicht aus der Gegend zu verweisen. Nicht weit entfernt von ihnen, an einem Berghang, weidete eine große Schweineherde. Die Dämonen baten, in die Schweine fahren zu dürfen. Jesus ließ es geschehen. Augenblicklich brach in der Herde Panik aus. Wild jagten die Tiere auf die Klippen zu, nicht imstande, ihren Lauf zu bremsen. Sie stürzten in den See und ertranken.

Unterdessen ging in den Besessenen eine erstaunliche Veränderung vor sich. Licht erhellte ihren Verstand, und ihr Blick wurde klar. Ihre entstellten Gesichtszüge, die so lange Satans Bild widergespiegelt hatten, wurden plötzlich weich. Die blutbefleckten Hände ruhten nun, und mit freudiger Stimme priesen sie Gott für ihre Befreiung.

JESUS IST NICHT ERWÜNSCHT

Von den Klippen aus hatten die Schweinehirten alles, was sich zugetragen hatte, mit angesehen. Nun eilten sie davon, um ihren Arbeitgebern und allen Leuten die Neuigkeit zu erzählen. Voller Angst und Bestürzung versammelte sich die ganze Bevölkerung, um Jesus zu begegnen. Die beiden Besessenen waren der Schrecken der ganzen Gegend. Niemand war in der Nähe der beiden sicher gewesen. In ihrer dämonischen Wut hatten sie sich auf jeden gestürzt, der an ihnen vorüberging. Nun saßen sie bekleidet und mit klarem Verstand zu den Füßen von Jesus, hörten seinen Worten zu und priesen den Namen dessen, der sie geheilt hatte. Aber die Menschen, die diese wunderbare Veränderung miterlebt hatten, freuten sich nicht darüber. Der Verlust der Schweine erschien ihnen wichtiger als die Befreiung der Gefangenen Satans.

Aus Erbarmen gegenüber den Schweinehaltern war dieser Verlust zugelassen worden. Irdische Dinge hatten sie ganz in Anspruch genommen, und sie kümmerten sich nicht um ihr geistliches Leben. Jesus wünschte sich, ihr Verharren in dieser selbstsüchtigen Gleichgültigkeit durchbrechen zu können, damit sie seine Gnade annehmen. Aber Bedauern und Empörung über ihren irdischen Verlust machten sie für die göttliche Barmherzigkeit blind.

Die Offenbarung übernatürlicher Kraft weckte den Aberglauben der Menschen und flößte ihnen Angst ein. Wenn dieser Fremde noch länger unter ihnen weilen würde, könnten noch weitere Schicksalsschläge folgen. Sie fürchteten ihren finanziellen Ruin und waren entschlossen, Jesus loszuwerden. Jene, die mit Jesus den See überquert hatten, erzählten alles, was in der vergangenen Nacht geschehen war, wie sie im Sturm der größten Gefahr ausgesetzt gewesen waren und wie Jesus dem Wind und dem stürmischen See Einhalt geboten hatte. Aber ihre Worte blieben wirkungslos. Verängstigt drängten sich die Bewohner um Jesus und flehten ihn an, ihre Gegend zu verlassen. Er erfüllte ihre Bitte unverzüglich, bestieg das Boot und fuhr auf die gegenüberliegende Seite des Sees.

Der lebendige Beweis für die Macht und Gnade von Christus wurde den Menschen von Gergesa[60] vor Augen geführt. Sie sahen die Männer, deren Verstand wiederhergestellt worden war. Aber sie fürchteten so sehr, ihre irdischen Belange in Gefahr zu bringen, dass sie den, der vor ihren Augen den Fürsten der Finsternis besiegt hatte, wie einen Eindringling behandelten und das Geschenk des Himmels abwiesen. Wir haben nicht die Möglichkeit,

---

60 Die griechischen Handschriften geben den Namen der Bewohner und damit auch von der Stadt etwas unterschiedlich wieder und lesen »Gerasener«, »Gadarener« oder »Gergesener« (Matthäus 8,28; Markus 5,1; Lukas 8,26.37). Gerasa liegt rund 60 km südöstlich des Sees Genezareth, Gadara etwa 10 km südöstlich und Gergesa unmittelbar am Südostufer.

uns so wie die Einwohner von Gergesa von Christus als Person abzuwenden. Und doch gibt es viele, die sich weigern, seinem Wort zu gehorchen, denn Gehorsam würde bedeuten, weltliche Interessen aufzugeben. Aus Furcht, seine Gegenwart könnte materielle Verluste nach sich ziehen, lehnen viele seine Gnade ab und weisen Gottes Geist von sich.

DIE ERSTEN MISSIONARE IM GEBIET DER ZEHN STÄDTE

Aber ganz anders empfanden die geheilten Besessenen. Es war ihr Wunsch, ihren Erlöser zu begleiten. In seiner Gegenwart fühlten sie sich vor den bösen Geistern sicher, die sie gequält und ihrer besten Kräfte beraubt hatten. Als Jesus ins Boot steigen wollte, drängten sie sich an seine Seite, knieten vor ihm nieder und flehten ihn an, bei ihm bleiben zu dürfen, um stets seinen Worten lauschen zu können. Doch Jesus gebot ihnen, nach Hause zu gehen und den Menschen zu erzählen, was der Herr Großes für sie getan hatte.

Hier hatten sie eine Aufgabe zu erfüllen. Sie sollten in ihre heidnischen Familien zurückkehren und von den Segnungen erzählen, die sie von Jesus erhalten hatten. Es fiel ihnen schwer, sich von ihrem Erlöser zu trennen. Ihnen war bewusst, dass sie im Umgang mit ihren heidnischen Landsleuten mit großen Schwierigkeiten zu rechnen hatten. Weil sie lange Zeit abgesondert von der Gesellschaft gelebt hatten, schienen sie für die Arbeit, die er ihnen aufgetragen hatte, untauglich geworden zu sein. Doch als Jesus sie auf ihre Aufgabe hinwies, gehorchten sie bereitwillig. Sie erzählten nicht nur in ihrem eigenen Zuhause und bei ihren Nachbarn von Jesus. Sie zogen durch die ganze Gegend der zehn Städte und erzählten überall von der rettenden Macht von Jesus und wie er sie von den Dämonen befreit hatte. Auf diese Weise empfingen sie durch ihr Wirken den größeren Segen, als wenn sie bloß zu ihrem eigenen Vorteil bei Jesus geblieben wären. Wir werden Christus näher gebracht, wenn wir mithelfen, die gute Nachricht der Erlösung zu verbreiten.

Die beiden geheilten Besessenen waren die ersten Missionare, die Jesus in das Gebiet der zehn Städte sandte, um die gute Nachricht von der Erlösung zu verkünden. Nur für wenige Minuten hatten sie das Vorrecht gehabt, der Unterweisung von Jesus zuzuhören. Keine einzige Predigt hatten sie von seinen Lippen vernommen. Sie konnten die Menschen nicht belehren, wie es die Jünger taten, die täglich mit Jesus zusammen waren. Doch ihre eigene Person war Beweis genug, dass Jesus der Messias war. Sie konnten das erzählen, was sie wussten, was sie selbst von Christus und seiner Macht gesehen, gehört und erlebt hatten. Jeder, dessen Herz von der Gnade Gottes berührt

»SCHWEIG! SEI STILL!« | 35

worden ist, kann dies tun. Johannes, der Lieblingsjünger, schrieb: »Was von Anfang an war, was wir gehört haben, was wir gesehen haben mit unseren Augen, was wir betrachtet haben und unsere Hände betastet haben, vom Wort des Lebens ... das verkündigen wir auch euch.« (1. Johannes 1,1.3) Als Zeugen von Christus sollen wir verkündigen, was wir wissen, was wir selbst gesehen, gehört und erlebt haben. Wenn wir Jesus Schritt für Schritt gefolgt sind, können wir erzählen, wie es uns auf dem Weg, den er uns geführt hat, ergangen ist. Wir können von seinen Verheißungen erzählen, die wir erprobt und die sich als zuverlässig erwiesen haben. Wir können davon Zeugnis ablegen, auf welche Art wir die Gnade von Christus erlebt haben. Das ist der Zeugendienst, zu dem uns unser Herr aufruft und ohne den die Welt zugrunde geht.

Obwohl die Menschen von Gergesa Jesus nicht angenommen hatten, überließ er sie doch nicht der Finsternis, für die sie sich selbst entschieden hatten. Als ihn die Leute baten, sie zu verlassen, hatten sie seine Worte noch nicht gehört. Sie wussten nicht, was sie damit ablehnten. Darum sandte er ihnen das Licht der Erlösung erneut, aber jetzt durch Boten, denen sie bereitwillig zuhörten.

Mit der Vernichtung der Schweine wollte Satan erreichen, dass sich die Leute vom Erlöser abwenden. Es war seine Absicht, die Verbreitung des Evangeliums in diesem Gebiet zu verhindern. Aber gerade dieses Ereignis rüttelte die Menschen so auf wie kein anderes und lenkte ihre Aufmerksamkeit auf Christus. Nachdem Jesus weggegangen war, blieben die Männer, die er geheilt hatte, als Zeugen seiner Macht zurück. Einst waren sie Werkzeuge des Fürsten der Finsternis gewesen, nun aber wurden sie Lichtträger und Botschafter des Sohnes Gottes. Immer wieder staunten die Menschen, wenn sie die wundersame Nachricht vernahmen. In diesem Gebiet hatte sich eine Tür für das Evangelium aufgetan. Als Jesus in das Gebiet der zehn Städte zurückkehrte, versammelten sich die Menschen um ihn. Drei Tage lang hörten nicht nur die Bewohner einer einzigen Stadt, sondern Tausende aus der ganzen Umgebung die Botschaft von der Erlösung. Sogar die Macht der Dämonen steht unter der Kontrolle unseres Erlösers, und das Werk des Bösen wird zum Guten umgewandelt.

CHRISTUS SCHÜTZT VOR SATANS MACHT

Die Begegnung mit den beiden Besessenen in Gergesa war für die Jünger lehrreich. Sie sahen die tiefe Erniedrigung, in die Satan das ganze Menschengeschlecht hineinziehen möchte, und die Aufgabe von Christus, die

325

Menschen von Satans Macht zu befreien. Jene elenden Geschöpfe, die bei den Gräbern hausten, von bösen Geistern besessen waren und von ungezügelten Leidenschaften und Begierden beherrscht wurden, zeigen uns, was aus der Menschheit werden würde, wenn sie der satanischen Herrschaft ausgeliefert wäre. Satan übt ständig Einfluss auf die Menschen aus, um ihre Sinne abzulenken, ihren Verstand mit Bösem zu beeinflussen und sie zu Gewalt und Verbrechen anzustiften. Er schwächt den Körper, trübt den Geist und erniedrigt die Seele. Jedes Mal, wenn Menschen die Einladung des Erlösers ablehnen, ergeben sie sich Satan. Unzählige Menschen in allen Lebenslagen, in der Familie, im Geschäftsleben und sogar in der Gemeinde, handeln heute so. Darum haben sich Gewalt und Verbrechen in der ganzen Welt verbreitet. Die Finsternis des sittlichen Zerfalls umhüllt einem Leichentuch gleich die Wohnungen der Menschen. Durch seine trügerischen Verlockungen verführt Satan die Menschen zu immer schwereren Sünden. Die Folge davon sind völlige Verdorbenheit und Ruin.

Den einzigen Schutz vor Satans Macht finden wir in der Gegenwart von Jesus. Vor den Menschen und den Engeln wurde es offenbar, dass Satan der Feind und Zerstörer der Menschheit ist. Christus aber wurde als Freund und Erlöser erkannt. Sein Geist wird im Menschen all das hervorbringen, was den Charakter veredelt und dem Wesen Würde verleiht. Er möchte den Menschen zur Ehre Gottes an Leib, Seele und Geist umgestalten. »Denn Gott hat uns nicht gegeben den Geist der Furcht, sondern der Kraft und der Liebe und der Besonnenheit.« (2. Timotheus 1,7) Er hat uns dazu berufen, die »Herrlichkeit« – den Charakter – »unseres Herrn Jesus Christus« zu erlangen (2. Thessalonicher 2,14). Wir sollten dem Bild seines Sohnes gleich sein (vgl. Römer 8,29).

Menschen, die zu Satans Werkzeugen herabgewürdigt worden sind, können auch heute noch durch die Macht von Christus verwandelt und Botschafter der Gerechtigkeit werden. Gottes Sohn wird sie aussenden, um zu verkünden, »welch große Dinge der Herr an dir getan und wie er sich über dich erbarmt hat« (Markus 5,19 Schl.).

KAPITEL 36

LEBENDIGER GLAUBE

Matthäus 9,18-26; Markus 5,21-43; Lukas 8,40-56

Als Jesus von Gergesa an das westliche Ufer des Sees zurückkehrte, erwartete ihn bereits eine große Menschenmenge, die ihn freudig begrüßte. Er blieb noch für einige Zeit am Ufer, lehrte und machte Kranke gesund. Dann begab er sich zum Haus von Levi-Matthäus, um sich an dessen Fest mit den Zöllnern zu treffen. Dort stieß Jairus, der Vorsteher der Synagoge, auf Jesus.

Dieser jüdische Vorsteher kam ganz verzweifelt zu Jesus, warf sich ihm zu Füßen und rief: »Meine Tochter liegt in den letzten Zügen; komm doch und lege deine Hände auf sie, damit sie gesund werde und lebe!« (Markus 5,23) Jesus machte sich sofort auf, und gemeinsam gingen sie zum Haus des Vorstehers. Obwohl die Jünger schon so viele seiner Gnadentaten gesehen hatten, waren sie überrascht, dass Jesus auf die Bitte eines stolzen Rabbiners einging. Doch sie begleiteten ihren Meister und mit ihnen viele Leute, die gespannt und voller Erwartung folgten.

Das Haus des Vorstehers war nicht weit entfernt, aber Jesus und seine Begleiter kamen nur langsam voran, weil die Menge sie von allen Seiten bedrängte. Der besorgte Vater war wegen der Verzögerung ungeduldig. Doch Jesus hielt aus Mitleid zu den Menschen immer wieder an, um da und dort die Not der Leidenden zu lindern oder einen bekümmerten Menschen zu trösten.

Noch unterwegs zum Haus drängte sich ein Bote durch die Menge und überbrachte Jairus die Nachricht, seine Tochter sei gestorben und es mache keinen Sinn, den Meister weiter zu bemühen. Jesus hörte diese Worte und sagte zu Jairus: »Fürchte dich nicht; glaube nur, so wird sie gesund!« (Lukas 8,50)

VOM TOD AUFERWECKT

Jairus drängte sich näher an Jesus heran. Gemeinsam eilten sie zum Haus des Vorstehers. Die angeheuerten Klageweiber und Flötenspieler waren schon da, und man hörte lautes Wehklagen. Die vielen Leute und der Lärm erschütterten Jesus. Er versuchte, sie zum Schweigen zu bringen, und sagte zu ihnen: »Was lärmt und weint ihr? Das Kind ist nicht gestorben, sondern es schläft.« (Markus 5,39) Sie waren über die Worte des Fremden empört, denn sie hatten gesehen, wie das Mädchen vom Tod erfasst worden war. Spöttisch verlachten sie ihn. Jesus aber forderte die Leute auf, das Haus zu verlassen. Mit den Eltern des Mädchens und den drei Jüngern Petrus, Jakobus und Johannes betrat er die Totenkammer.

Jesus näherte sich dem Bett, nahm die Hand des Mädchens in die seine und sagte freundlich in der vertrauten Sprache ihres Heimes: »Talita kum! – das heißt übersetzt: Mädchen, ich sage dir, steh auf!« (Markus 5,41)

Sofort kam Leben in die reglose Gestalt. Der Puls begann wieder zu schlagen, die Lippen bewegten sich zu einem Lächeln, und wie nach einem langen Schlaf öffneten sich die Augen weit. Das Mädchen blickte verwundert auf die Anwesenden und stand auf. Seine Eltern nahmen es in ihre Arme und weinten vor Freude.

EINE SCHWER GEPLAGTE FRAU

Auf dem Weg zum Haus des Synagogenvorstehers näherte sich Jesus im Gedränge eine arme Frau, die seit zwölf Jahren an einer schrecklichen Krankheit litt, die ihr das Leben zur Qual machte. Sie hatte ihr ganzes Vermögen für Ärzte und Heilmittel ausgegeben und wurde schließlich doch für unheilbar erklärt. Als sie aber von den Heilungswundern hörte, die Jesus vollbrachte, erwachte in ihr neue Hoffnung. Sie war fest davon überzeugt, dass sie nur zu Jesus gehen müsse, um geheilt zu werden. Elend und schwach kam sie an das Seeufer, an dem er lehrte. Sie versuchte, durch die Menge zu gelangen, doch vergebens. Sie folgte ihm erneut, als er aus dem Haus von Levi-Matthäus trat. Doch es gelang ihr wieder nicht, ihn zu erreichen. Sie war der Verzweiflung nahe, als Jesus auf seinem Weg durch die Menge in ihre Nähe kam.

Die goldene Gelegenheit war gekommen. Jetzt befand sie sich in unmittelbarer Nähe des großen Arztes! Aber mitten im Lärm konnte sie nicht mit ihm sprechen, sondern nur einen flüchtigen Blick auf ihn werfen. Aus Angst, ihre einzige Gelegenheit auf Heilung zu verpassen, drängte sie sich nach vorn und sagte zu sich selbst: »Wenn ich nur seine Kleider berühren könnte, so würde ich gesund.« (Markus 5,28) Als Jesus an ihr vorüberging, streckte sie ihre Hand aus. Es gelang ihr gerade noch, den Saum seines Gewandes zu berühren. Da wusste sie, dass sie geheilt war. In dieser einen Berührung lag all ihr Glaube. Augenblicklich machten Schmerz und Schwäche der neuen Lebenskraft und einer vollständigen Gesundheit Platz.

Mit dankbarem Herzen versuchte die Frau, sich aus der Menge zurückzuziehen. Doch plötzlich blieb Jesus stehen und mit ihm die Menschen, die ihm folgten. Er wandte sich um und fragte mit einer Stimme, die aus dem Lärm der Menge klar herauszuhören war: »Wer hat mich berührt?« (Lukas 8,45) Die Umstehenden beantworteten diese Frage mit einem verwunderten Blick. Dies war eine seltsame Frage, weil er ja von allen Seiten angerempelt und unsanft herumgestoßen wurde. Petrus, der nie eine Antwort schuldig blieb, sagte zu Jesus: »Du siehst, dass dich die Menge umdrängt, und fragst: Wer hat mich berührt?« (Markus 5,31) Jesus aber sagte: »Es hat mich jemand berührt; denn ich habe gespürt, dass eine Kraft von mir ausgegangen ist.« (Lukas 8,46) Der Erlöser konnte sehr wohl die Berührung, die aus dem Glauben kam, vom zufälligen Kontakt einer achtlosen Menge unterscheiden. Solch ein Vertrauen sollte nicht ohne eine Bemerkung übergangen werden! Jesus wollte der demütigen Frau Trost zusprechen – Worte der Ermutigung, die für sie eine Quelle der Freude und ein Segen für seine Nachfolger bis ans Ende der Zeit sein sollten.

Während Jesus in die Richtung der Frau blickte, wollte er unbedingt wissen, wer ihn angefasst hatte. Als sie merkte, dass sie es nicht verheimlichen konnte, kam sie zitternd nach vorne und warf sich Jesus zu Füßen. Mit Tränen der Dankbarkeit erzählte sie ihre Leidensgeschichte und wie sie Heilung gefunden hatte. Jesus sagte liebevoll zu ihr: »Meine Tochter, dein Glaube hat dir geholfen. Gehe in Frieden. Du bist geheilt.« (Markus 5,34 Hfa) Er ließ dem Aberglauben keinen Raum, dass eine Berührung seines Gewandes genüge, um geheilt zu werden. Nicht durch diesen äußerlichen Kontakt zu Jesus wurde die Frau geheilt, sondern durch den Glauben, mit dem sie seine göttliche Macht für sich in Anspruch genommen hatte.

Die verwunderte Menge, die sich um Christus drängte, verspürte das Wirken dieser lebendigen Kraft nicht. Doch als die leidende Frau ihre Hand ausstreckte, um ihn zu berühren, und glaubte, dass sie gesund würde, spürte sie seine heilende Kraft. So ist es auch in geistlichen Dingen. Es nützt nichts, gelegentlich über Religion zu sprechen und ohne inneres Verlangen und lebendigen Glauben zu beten. Ein bloßes Lippenbekenntnis zu Christus, das ihn lediglich als den Erlöser der Welt annimmt, kann keinem Menschen Heilung bringen. Der erlösende Glaube ist keine rein verstandesmäßige Zustimmung zur Wahrheit. Wer auf vollkommene Erkenntnis wartet, bevor er den Glauben auslebt, kann von Gott nicht gesegnet werden. Es genügt nicht, an das zu glauben, was wir über Christus gehört haben. Wir müssen an Christus glauben. Der einzige Glaube, der uns zum Segen werden kann, ist der Glaube, der ihn als unseren persönlichen Erlöser annimmt und uns seine Verdienste aneignet. Viele denken, der Glaube sei eine Ansichtssache. Doch erlösender Glaube ist ein aktiver Vorgang, bei dem alle, die Christus als ihren Erlöser annehmen, ein Bundesverhältnis mit Gott eingehen. Echter Glaube ist Leben. Lebendiger Glaube bedeutet mehr Lebenskraft und vertrauensvolle Zuversicht, durch die der Mensch zum Überwinder wird.

Nachdem die Frau geheilt worden war, wünschte sich Jesus, sie würde ihre wunderbare Erfahrung vor anderen bekennen. Die Gaben, die uns das Evangelium anbietet, können weder durch List erworben noch im Geheimen genutzt werden. Der Herr fordert uns auf, seine Güte zu bekennen: »Ihr seid meine Zeugen, spricht der Herr, dass ich Gott bin.« (Jesaja 43,12b Schl.)

VON GOTTES GÜTE ERZÄHLEN

Unser Bekenntnis zu Gottes Treue ist das auserwählte Mittel des Himmels, um der Welt Christus zu offenbaren. Wir sollen seine Gnade anerkennen, wie sie durch die gläubigen Menschen in alter Zeit bekanntgemacht wurde. Am wirksamsten aber ist das Zeugnis unserer eigenen Erfahrung. Wir bezeugen Gott, indem das Wirken der göttlichen Macht an uns selbst sichtbar wird. Jeder Mensch führt ein Leben, das sich von allen anderen unterscheidet, und macht Erfahrungen, die ganz anders sind als die der anderen. Gott möchte, dass unser Lob, das zu ihm emporsteigt, von unserer eigenen Persönlichkeit geprägt ist. Diese kostbaren Bekenntnisse zur Ehre seiner herrlichen Gnade, unterstützt durch ein christusähnliches Leben, haben eine unwiderstehliche Kraft, die zur Erlösung von Menschen führt.

Als die zehn Aussätzigen zu Jesus kamen, um geheilt zu werden, gebot er ihnen, sich den Priestern zu zeigen. Auf dem Weg dorthin wurden sie gesund. Aber nur einer kam zurück, um Christus die Ehre zu geben. Die anderen neun zogen ihres Weges und vergaßen den, der sie geheilt hatte (vgl. Lukas 17,12-19). Wie viele handeln heute ebenso! Der Herr wirkt fortwährend zum Wohl der Menschheit. Er teilt uns fortwährend seinen Segen aus. So lässt er Kranke von ihren Betten aufstehen. Er errettet Menschen aus Gefahren, die sie nicht erkennen. Er beauftragt himmlische Engel, sie vor Unglück zu bewahren und sie zu schützen »vor der Pest, die im Finstern schleicht, vor der Seuche, die am Mittag Verderben bringt« (Psalm 91,6). Doch ihre Herzen bleiben unberührt. Er hat alle Reichtümer des Himmels eingesetzt, um sie zu erlösen, und doch verschmähen sie seine große Liebe. Durch ihre Undankbarkeit verschließen sie ihre Herzen vor der Gnade Gottes. »Der wird sein wie ein Dornstrauch in der Wüste und wird nicht sehen das Gute, das kommt, sondern er wird bleiben in der Dürre der Wüste, im unfruchtbaren Land.« (Jeremia 17,6)

Es ist zu unserem eigenen Nutzen, wenn uns jedes Geschenk von Gott lebendig in Erinnerung bleibt. Dadurch wird der Glaube gestärkt, und wir werden immer mehr Gottes Zusagen in Anspruch nehmen und reichlich beschenkt werden. Im geringsten Segen, den wir persönlich von Gott erhalten, liegt eine größere Ermutigung als in allen Berichten, die wir über den Glauben und die Erfahrungen anderer lesen. Wer sich der Gnade Gottes öffnet, wird »wie ein bewässerter Garten« sein (Jeremia 31,12b; vgl. Jesaja 58,11b). Seine »Heilung wird schnelle Fortschritte machen«, sein »Licht wird aufleuchten« in der Dunkelheit, »und die Herrlichkeit des Herrn« wird über ihm aufgehen (Jesaja 58,8 NLB). Lasst uns darum die Güte und Gnade des Herrn und seine große Barmherzigkeit in Erinnerung behalten (vgl. Psalm 69,17). Lasst uns wie das Volk Israel als Zeugen unserer Dankbarkeit Steine aufrichten und die kostbaren Geschichten von dem, was Gott für uns getan hat, darauf schreiben (vgl. Josua 24,26.27). Wenn wir dann auf unserer Pilgerreise zurückblicken und sehen, wie er uns geführt hat, wollen wir von Herzen dankbar sein und ausrufen: »Wie kann ich dem Herrn all das vergelten, was er mir Gutes getan hat? Ich will den Kelch des Heils[61] erheben und anrufen den Namen des Herrn. Ich will dem Herrn meine Gelübde erfüllen offen vor seinem ganzen Volk.« (Psalm 116,12-14 EÜ)

---

61 Es handelt sich hier um den israelitischen Brauch, den sogenannten »Heilsbecher«. Dieser wurde bei einem Festmahl oder bei der Darbringung eines Dankopfers erhoben, um dadurch auf die Wohltaten Gottes hinzuweisen.

KAPITEL 37

DIE ERSTEN EVANGELISTEN

*Matthäus 10; Markus 6,7-11;
Lukas 9,1-6*

Die Apostel waren Mitglieder der Familie von Jesus und hatten ihn zu Fuß auf seinen Reisen durch Galiläa begleitet. Mühen und Nöte, die über ihn gekommen waren, hatten sie stets mit ihm geteilt. Sie hatten den Reden des Sohnes Gottes zugehört, ihn begleitet und mit ihm gesprochen. Durch seine täglichen Anweisungen hatten sie gelernt, zum Wohl der Menschen beizutragen. Während sich Jesus um die riesige Menge kümmerte, die sich um ihn versammelte, bemühten sich seine Jünger eifrig, seinen Anweisungen nachzukommen und seine Arbeit zu erleichtern. Sie halfen ihm, die Menschen in Gruppen einzuteilen, brachten die Kranken zu ihm und sorgten dafür, dass es allen gut ging. Sie hielten Ausschau nach interessierten Zuhörern, erklärten ihnen die heiligen Schriften und sorgten sich auf verschiedenste Weise um deren geistliches Wohl. Sie gaben das weiter, was sie von Jesus gelernt hatten, und wurden täglich reicher an Erfahrungen. Aber sie mussten auch Erfahrungen im Dienst allein machen. Sie brauchten noch immer viel Unterweisung, und oft mangelte es ihnen an Geduld und Einfühlungsvermögen. Während er jetzt noch persönlich bei ihnen war, um sie auf ihre Fehler aufmerksam zu machen, sie zu beraten und zu berichtigen, sandte der Erlöser sie als seine Stellvertreter aus.

Als die Jünger[62] mit Jesus zusammen waren, wurden sie oft durch die Lehren der Priester und Pharisäer verunsichert. Dann gingen sie mit ihren Fragen zu Jesus. Er erklärte ihnen die Wahrheiten der Heiligen Schrift und zeigte ihnen den Gegensatz zur jüdischen Tradition auf. Dadurch stärkte er ihr Vertrauen in Gottes Wort, nahm ihnen weitgehend die Angst vor den Rabbinern und befreite sie von ihrer Gebundenheit an die jüdischen

---

62 Siehe Erklärungen »Jünger von Jesus«, S. 817f.

Überlieferungen. Was die Jünger während ihrer Ausbildung am meisten prägte, waren nicht die bloßen dogmatischen Unterweisungen. Es war das vorbildliche Leben von Jesus. Als sie später von ihm getrennt waren, erinnerten sie sich an jeden seiner Blicke, an den Tonfall seiner Stimme und an seine Worte. Bei Auseinandersetzungen mit den Gegnern des Evangeliums wiederholten sie oft seine Worte und freuten sich sehr, wenn diese bei den Leuten Wirkung zeigten.

VON JESUS BEAUFTRAGT, DIE GUTE NACHRICHT ZU VERBREITEN

Jesus rief die Zwölf zu sich und gebot ihnen, immer zu zweit in die Städte und Dörfer zu gehen. Keiner wurde allein ausgesandt, sondern es ging Bruder mit Bruder und Freund mit Freund. So konnten sie einander raten und helfen, sich gegenseitig ermutigen und gemeinsam beten. Die Kraft des einen vermochte die Schwäche des anderen auszugleichen. Auf die gleiche Weise wurden später auch die Siebzig ausgesandt (vgl. Lukas 10,1). Es war die Absicht von Jesus, dass die Boten des Evangeliums auf diese Weise miteinander verbunden blieben. Auch in unserer Zeit wäre die Verkündigung des Evangeliums viel erfolgreicher, wenn dieses Beispiel mehr beachtet würde.

Die Jünger verkündeten die gleiche Botschaft wie Johannes der Täufer und Jesus: »Kehrt um! Denn das Himmelreich ist nahe.« (Matthäus 3,2 EÜ) Sie sollten nicht mit den Leuten darüber streiten, ob Jesus von Nazareth der Messias war, sondern in seinem Namen dieselben Werke der Barmherzigkeit tun, die er auch getan hatte. Er gebot ihnen: »Heilt Kranke, weckt Tote auf, macht Aussätzige rein, treibt Dämonen aus! Umsonst habt ihr empfangen, umsonst sollt ihr geben.« (Matthäus 10,8 EÜ)

Während der Zeit seines Wirkens verbrachte Jesus mehr Zeit damit, Kranke zu heilen als zu predigen. Seine Wunder bestätigten die Wahrhaftigkeit seiner Worte: Er war »nicht gekommen, um ... zu verderben, sondern zu erretten!« (Lukas 9,56a Schl.). Seine Gerechtigkeit ging vor ihm her, und die Herrlichkeit Gottes folgte ihm (vgl. Jesaja 58,8). Wohin er auch ging, der Ruf seiner Barmherzigkeit eilte ihm voraus. Überall, wo Jesus vorbeigekommen war, erfreuten sich die Menschen ihrer Gesundheit und erprobten ihre neu gewonnene Kraft. Viele Menschen versammelten sich, um von den Geheilten selbst zu erfahren, was der Herr an ihnen getan hatte. Die Stimme von Jesus war für viele der erste Laut, den sie je gehört, sein Name das erste Wort, das sie je ausgesprochen und sein Gesicht das erste, das sie je gesehen hatten.

TEIL 5 | DER SIEG DER LIEBE

Warum sollten sie Jesus nicht lieben und ihn loben? Er zog durch Städte und Dörfer, und es hatte den Anschein, als wäre er wie ein lebendiger Strom, der überall, wo er hinkam, Leben und Freude spendete.

Die Nachfolger von Jesus sollten so arbeiten, wie er es tat. Wir sollen den Hungernden zu essen geben, die Nackten kleiden und die Leidenden und Betrübten trösten. Verzweifelte sollen aufgerichtet und Hoffnungslose ermutigt werden. So wird sich die Verheißung an uns erfüllen: »Deine Gerechtigkeit geht dir dann voraus, und die Herrlichkeit des Herrn folgt dir nach.« (Jesaja 58,8 NLB) Die Liebe von Christus, die im selbstlosen Dienst zum Ausdruck kommt, wird einen Übeltäter mehr verändern, als Schwert oder Gericht es vermögen. Diese sind zwar unumgänglich und für den Gesetzesübertreter eine Warnung, doch ein liebevoller Christ kann mehr ausrichten. Oft wird das Herz durch Tadel und Zurechtweisung verhärtet, die Liebe von Christus aber kann es besänftigen. Ein Nachfolger von Jesus kann nicht nur bei körperlichen Krankheiten helfen, sondern den Sünder zum großen Arzt führen, der die Seele vom Aussatz der Sünde heilen kann. Durch seine Nachfolger, so hat es Gott geplant, sollen die Kranken, die Benachteiligten und jene, die von bösen Geistern besessen sind, seine Stimme hören. Durch seine irdischen Diener und Boten möchte er allen Menschen ein Tröster sein, wie die Welt sonst keinen kennt.

Die Jünger sollten bei ihrer ersten Aussendung »zu den verlorenen Schafen aus dem Hause Israel« (Matthäus 10,6b) gehen. Wenn sie schon jetzt den Heiden oder den Samaritern das Evangelium gepredigt hätten, wäre ihr Einfluss auf die Juden verloren gegangen. Hätten sie das Vorurteil der Pharisäer geweckt, wären sie in Auseinandersetzungen hineingezogen worden, die sie schon am Anfang ihrer Arbeit entmutigt hätten. Sogar die Jünger konnten fast nicht glauben, dass das Evangelium allen Völkern verkündet werden sollte. Solange sie selbst diese Tatsache nicht begreifen konnten, waren sie nicht bereit, unter den Heiden zu arbeiten. Hätten die Juden das Evangelium angenommen, wären diese nach Gottes Absicht als seine Boten zu den Heiden geschickt worden. Darum sollten zuerst die Juden die Botschaft hören.

Überall, wo Christus wirkte, wurde den Menschen bewusst, was ihnen fehlte. Sie hungerten und dürsteten nach der Wahrheit. Die Zeit war gekommen, diesen suchenden Menschen die gute Nachricht von der Liebe Gottes zu verkünden. Die Jünger sollten als Repräsentanten von Jesus zu diesen Menschen gehen. Auf diese Weise würden die Gläubigen sie allmählich als die von Gott eingesetzten Lehrer anerkennen. Wenn Jesus von ihnen genommen würde, blieben seine Nachfolger nicht ohne Lehrer zurück.

HERAUSFORDERUNG IM GLAUBEN ANNEHMEN

Auf dieser ersten Reise sollten die Jünger nur dorthin gehen, wo Jesus bereits gewesen war und Freunde gewonnen hatte. Die Vorbereitungen für die Reise sollten möglichst einfach sein. Durch nichts durften ihre Gedanken von der großen Arbeit abgelenkt werden. In keiner Weise sollte Widerstand geweckt und damit die Tür für die zukünftige Tätigkeit versperrt werden. Sie sollten weder die Gewänder der religiösen Lehrer übernehmen noch Kleider tragen, die sie von den einfachen Bauern unterschieden. Auch sollten sie nicht in die Synagogen gehen und das Volk zum öffentlichen Gottesdienst zusammenrufen. Ihre Arbeit war eine Arbeit von Haus zu Haus. Sie sollten keine Zeit für sinnlose Begrüßungen verlieren oder zwecks Unterhaltung Hausbesuche machen. Doch von all jenen, die es wert waren und die sie herzlich empfingen, als ob sie Christus selbst zu Gast hätten, sollten sie die Gastfreundschaft annehmen. Mit dem schönen Gruß »Friede sei diesem Hause!« (Lukas 10,5b) sollten sie das Gebäude betreten. Dieses Heim würde durch ihre Gebete, ihre Lobgesänge und das Öffnen der heiligen Schriften im Familienkreis gesegnet werden.

Diese Jünger sollten Boten der Wahrheit sein, um den Weg für das Kommen ihres Meisters vorzubereiten. Die Nachricht, die zu überbringen sie aufgefordert wurden, war das Wort des ewigen Lebens. Das Schicksal der Menschen hing davon ab, ob sie diese Botschaft annahmen oder verwarfen. Um den Menschen den Ernst dieser Botschaft bewusstzumachen, forderte Jesus seine Jünger auf: »Wenn jemand euch nicht aufnehmen noch eure Worte hören wird – geht hinaus aus jenem Haus oder jener Stadt und schüttelt den Staub von euren Füßen! Wahrlich, ich sage euch, es wird dem Land von Sodom und Gomorra erträglicher ergehen am Tag des Gerichts als jener Stadt.« (Matthäus 10,14.15 Elb.)

Nun richtete sich der Blick von Jesus in die Zukunft. Er sah das große Arbeitsfeld, auf dem die Apostel nach seinem Tod seine Zeugen sein würden. In seiner prophetischen Vorausschau sah er die Erfahrungen seiner Boten über alle Zeiten hinweg bis zu seiner Wiederkunft. Er zeigte seinen Nachfolgern die Auseinandersetzungen, die ihnen bevorstanden. Er offenbarte ihnen das Wesen und die Grundzüge dieses Kampfes. Auch machte er sie auf die Gefahren aufmerksam, denen sie begegnen mussten und die Selbstverleugnung die von ihnen abverlangt werden würde. Er riet ihnen, die Folgen zu bedenken, damit sie nicht ahnungslos vom Feind überwunden werden. Ihr Kampf würde nicht gegen Fleisch und Blut geführt werden, sondern »gegen unsichtbare Mächte und Gewalten, gegen die bösen Geister, die diese finstere

Welt beherrschen« (Epheser 6,12 GNB). Sie würden zwar gegen übernatürliche Mächte kämpfen müssen, doch ihnen würde übernatürliche Hilfe gewiss sein. Alle intelligenten Wesen des Himmels befinden sich in dieser Armee. Ihren Reihen gehören mehr als nur Engel an. Der Heilige Geist, der Vertreter des »Befehlshaber[s] über das Heer des Herrn« (Josua 5,14.15 Hfa), kommt vom Himmel herab, um selbst die Leitung zu übernehmen. Wir mögen viele Schwächen haben, unsere Sünden und Fehler mögen schwerwiegend sein, aber die Gnade Gottes ist für alle da, die sich voller Reue darum bemühen. Die Allmacht Gottes wirkt für alle, die ihm vertrauen.

»Siehe«, sagte Jesus, »ich sende euch wie Schafe mitten unter die Wölfe. Darum seid klug wie die Schlangen und ohne Falsch wie die Tauben.« (Matthäus 10,16) Christus hielt nie ein Wort der Wahrheit zurück, doch er sagte es immer in Liebe. Er war immer sehr taktvoll, fürsorglich und freundlich im Umgang mit Menschen. Er war nie unhöflich, noch gebrauchte er unnötigerweise ein hartes Wort. Nie fügte er einem empfindsamen Menschen unnötige Schmerzen zu. Menschliche Schwächen tadelte er nicht. Furchtlos deckte er Scheinheiligkeit, Unglauben und Ungerechtigkeit auf. Musste er scharfe Zurechtweisungen äußern, war er oft den Tränen nahe. Er weinte über Jerusalem, über die Stadt, die er so sehr liebte und die ihn – den Weg, die Wahrheit und das Leben (vgl. Johannes 14,6) – nicht annehmen wollte. Obwohl sie ihn als ihren Erlöser ablehnte, betrachtete er diese Stadt immer mit mitleidvoller Zuneigung. Doch der Kummer darüber brach ihm fast das Herz. Jeder Mensch war in seinen Augen kostbar. Christus trat immer in göttlicher Würde auf. Dennoch wandte er sich jedem Mitglied der Gottesfamilie mit freundlicher Wertschätzung zu. In allen Menschen sah er gefallene Seelen, zu deren Rettung er gesandt worden war.

KONFRONTATIONEN WIE JESUS BEGEGNEN

Die Diener von Christus sollen nicht nach den Eingebungen ihres eigenen Herzens handeln. Sie brauchen eine enge Gemeinschaft mit Gott, damit sich ihr Ich, wenn es provoziert wird, nicht erhebt und sie unpassende Worte äußern, die dann nicht mehr dem Tau oder dem sanften Regen gleichen, der die welkenden Pflanzen erfrischt. So möchte es Satan, weil das seine eigene Handlungsweise ist. Der Drache ist zornig. Es ist Satans Geist, der sich in Wut und Anschuldigungen offenbart. Gottes Diener aber sollen Christus darstellen. Gott möchte, dass sie nur die himmlische Währung benutzen, nämlich die Wahrheit, die Gottes Bild widerspiegelt und seine Handschrift trägt. Gottes

Boten sollen das Böse mit der Macht von Christus überwinden. Seine Herrlichkeit ist ihre Stärke. Sie müssen ihre Blicke auf sein liebevolles Wesen richten, damit sie das Evangelium mit göttlichem Taktgefühl und Sanftmut verkünden können. Der Mensch, der auch in der Herausforderung ruhig bleibt, spricht überzeugender für die Wahrheit, als es die beste Beweisführung vermag.

Wer mit den Gegnern der Wahrheit in eine Auseinandersetzung gerät, begegnet nicht nur Menschen, sondern Satan und seinen Engeln. Sie sollen sich an die Worte des Erlösers erinnern: »Siehe, ich sende euch wie Lämmer mitten unter die Wölfe.« (Lukas 10,3) Wenn sie sich in Gottes Liebe geborgen wissen, bleiben sie innerlich ruhig, auch wenn sie persönlich beleidigt werden. Der Herr wird sie mit einer himmlischen Rüstung ausstatten, und sein Heiliger Geist wird ihr Herz und ihren Verstand so beeinflussen, dass ihre Stimme nicht wie das Heulen der Wölfe tönt.

Jesus fuhr mit seiner Unterweisung fort und sagte zu seinen Jüngern: »Hütet euch aber vor den Menschen.« (Matthäus 10,17a) Sie sollten denen, die Gott nicht kennen, nicht vorbehaltlos vertrauen, noch sich mit ihnen beraten. Dies würde Satans Helfer einen Vorteil verschaffen. Menschliche Erfindungen arbeiten Gottes Plänen oft entgegen. Jene, die am Tempel des Herrn bauen, sollen es in Übereinstimmung mit dem Vorbild tun, das Mose auf dem Berg gezeigt wurde – nach dem göttlichen Vorbild (vgl. 2. Mose 25,40). Gott wird entehrt und seine Botschaft verraten, wenn sich seine Diener auf den Rat von Menschen verlassen, die nicht unter der Führung des Heiligen Geistes stehen. Weltliche Weisheit ist Torheit vor Gott (vgl. 1. Korinther 1,20b). Wer sich auf sie verlässt, geht mit Sicherheit in die Irre.

VERTEIDIGUNG VOR GERICHT

»Ihr werdet vor die Richter gezerrt ... Um meinetwillen müsst ihr Statthaltern und Königen Rede und Antwort stehen. Das wird euch Gelegenheit geben, ihnen von mir zu erzählen und so vor der Welt als Zeugen für mich aufzutreten.« (Matthäus 10,17b.18 NLB) Durch Verfolgung wird das Licht des Evangeliums verbreitet. Die Diener von Christus werden vor die Großen dieser Welt gestellt werden, die das Evangelium sonst nie hören würden. Diesen Männern war die Wahrheit falsch dargestellt worden. Sie hatten bis dahin nur falsche Anklagen über den Glauben der Jünger gehört. Darum war für sie das Zeugnis derer, die um ihres Glaubens willen vor Gericht gebracht wurden, häufig die einzige Gelegenheit, das wahre Wesen ihres Glaubens kennenzulernen. Im Verhör wird von den Nachfolgern von Jesus eine Antwort gefordert, und die Richter hören das von ihnen vorgebrachte Zeugnis. Gott wird seinen Dienern Gnade schenken, um den Notsituationen zu begegnen. Der Herr versprach: »Gott wird euch zur rechten Zeit die rechten Worte in den Mund legen. Nicht ihr seid es, die dann reden – nein, der Geist eures Vaters wird durch euch reden.« (Matthäus 10,19b.20 NLB) Wenn Gottes Geist den Verstand seiner Diener erleuchtet, wird die Wahrheit in ihrer göttlichen Kraft und Kostbarkeit dargelegt werden. All jene, welche die Wahrheit ablehnen, werden die Nachfolger von Jesus anklagen und unterdrücken. Selbst unter Niederlagen und Leiden, ja sogar im Angesicht des Todes, sollen die Gläubigen die Sanftmut von Jesus – ihrem göttlichen Vorbild – offenbaren. Auf diese Weise wird der Unterschied zwischen Satans Helfern und den Stellvertretern von Christus deutlich. Jesus Christus wird vor den Völkern und Herrschern der Welt erhöht und geehrt werden.

Die Jünger wurden mit dem Mut und der Standhaftigkeit eines Märtyrers erst dann ausgestattet, als sie diese Gnadengaben nötig hatten. Dann erfüllte sich das Versprechen des Herrn. Als sich Petrus und Johannes vor dem Hohen Rat verantworten mussten, waren die Versammelten »erstaunt, wie furchtlos und sicher Petrus und Johannes sprachen, denn sie konnten sehen, dass sie ganz einfache Männer ohne besondere Bildung waren. Außerdem wussten sie, dass diese Männer dem engsten Kreis um Jesus angehört hatten« (Apostelgeschichte 4,13 NLB). Von Stephanus steht geschrieben: »Als alle, die im Hohen Rat saßen, auf ihn blickten, erschien ihnen sein Gesicht wie das Gesicht eines Engels.« (Apostelgeschichte 6,15 EÜ) »Aber keiner von ihnen hatte der Weisheit und dem Geist des Stephanus etwas entgegenzusetzen.« (Apostelgeschichte 6,10 NLB). Paulus schrieb über sein eigenes Verhör am Hof des römischen Kaisers: »Bei meinem ersten Verhör stand mir niemand bei, sondern sie verließen mich alle. Es sei ihnen nicht zugerechnet. Der Herr aber stand mir bei und stärkte mich, damit durch mich die Botschaft ausgebreitet würde und alle Heiden sie hörten. So wurde ich erlöst aus dem Rachen des Löwen.« (2. Timotheus 4,16.17)

Die Diener von Christus müssen für den Fall, dass sie einmal vor Gericht gebracht werden, keine Rede bereithalten. Ihre Vorbereitung soll täglich darin bestehen, die kostbaren Wahrheiten aus Gottes Wort zu sammeln und durch Gebet ihren Glauben zu stärken. Werden sie dann vor Gericht gestellt, wird ihnen der Heilige Geist genau die Wahrheiten ins Gedächtnis zurückrufen, die sie benötigen.

Ein tägliches, ernsthaftes Streben, Gott und Jesus Christus, den er gesandt hat, besser zu kennen (vgl. Johannes 17,3), verleiht dem Menschen Kraft und macht ihn tüchtig. Das durch fleißiges Suchen in der Heiligen Schrift angeeignete Wissen wird zur rechten Zeit wieder ins Gedächtnis gerufen werden. Wer sich aber nie mit den Worten von Christus vertraut gemacht und nie die Kraft seiner Gnade in Zeiten der Prüfung erprobt hat, darf nicht erwarten, dass ihn der Heilige Geist an die entsprechenden Worte der Heiligen Schrift erinnern wird. Deshalb ist es wichtig, Gott täglich mit ungeteilter Liebe zu dienen und ihm dann zu vertrauen.

LIEBEVOLL UND KOMPROMISSLOS DIENEN

Die Feindschaft gegen das Evangelium wird so erbittert sein, dass sogar die engsten und liebevollsten irdischen Bindungen missachtet werden. Die Nachfolger von Jesus werden dann von ihren eigenen Familienangehörigen zum Tod verraten werden. »Und alle werden euch um meines Namens willen hassen«, sagte Jesus. Er fügte aber hinzu: »Doch diejenigen, die bis zum Ende durchhalten, werden gerettet werden.« (Markus 13,13 NLB) Er befahl ihnen aber, sich nicht unnötigerweise der Verfolgung auszusetzen. Er selbst wechselte oft das Arbeitsgebiet, um denen zu entkommen, die ihm nach dem Leben trachteten. Als man ihn in Nazareth abwies und ihn die Bewohner seiner Heimatstadt töten wollten, ging er nach Kapernaum, wo »die Leute von seiner Lehre überwältigt« waren, »denn er sprach mit Vollmacht« (Lukas 4,32 NLB). So sollen sich auch seine Diener nicht durch Verfolgungen entmutigen lassen, sondern einen andern Ort aufsuchen, an dem sie ungehindert für die Erlösung von Menschen wirken können.

Der Diener steht nicht über seinem Herrn. Der Fürst des Himmels wurde Beelzebub[63] genannt, und seine Jünger werden in gleicher Weise falsch dargestellt werden (vgl. Matthäus 10,25). Welche Gefahr ihnen auch drohen mag – die Nachfolger von Christus müssen zu ihren Grundsätzen stehen und dürfen nichts verheimlichen. Wenn sie die Wahrheit bekennen, können sie nicht in Halbherzigkeiten verharren, bis es eine Garantie für ihre Sicherheit gibt. Sie sind als Wächter eingesetzt, um Menschen vor Gefahren zu warnen. Die von Christus empfangene Wahrheit muss allen offen und frei weitergegeben werden. Jesus sagte: »Was ich euch in der Dunkelheit anvertraue, das sagt am hellen Tag weiter, und was ich euch ins Ohr flüstere, das ruft laut in der Öffentlichkeit aus.« (Matthäus 10,27 GNB)

Jesus erkaufte sich nie den Frieden durch Kompromisse. Sein Herz war voller Liebe für alle Menschen, aber ihren Sünden gegenüber war er nie nachgiebig. Er war zu sehr ihr Freund, als dass er hätte schweigen können,

---

63 Beelzebul (griechisch) oder Beelzebub (semitisch) ist eine Bezeichnung für den Obersten der Dämonen (vgl. Matthäus 12,24; Markus 3,22; Lukas 11,15).

während sie einen Weg verfolgten, der ihre Seelen zerstörte – die Seelen, die er mit seinem eigenen Blut erkauft hatte. Er setzte sich dafür ein, dass der Mensch sich selbst und seinen erhabenen und ewigen Zielen treu blieb. Die Diener von Christus sind zur gleichen Aufgabe berufen und müssen sich davor hüten, die Wahrheit aufzugeben, nur um einen Konflikt zu vermeiden. Sie sollen sich zwar »mit allen Kräften um das bemühen, was zum Frieden beiträgt« (Römer 14,19a NGÜ), aber wahren Frieden kann man niemals erlangen, wenn man auf Kosten von Grundsätzen Kompromisse macht. Und keiner kann diesen Prinzipien treu bleiben, ohne Widerstand zu erregen. Die Kinder des Ungehorsams werden sich einem geisterfüllten Christentum widersetzen. Aber Jesus gebot seinen Jüngern: »Fürchtet euch nicht vor denen, die den Leib töten, doch die Seele nicht töten können.« (Matthäus 10,28a) Wer treu zu Gott hält, braucht die Macht der Menschen und die Feindschaft Satans nicht zu fürchten. In Christus ist ihm das ewige Leben gewiss. Seine einzige Furcht sollte sein, von der Wahrheit abzuweichen und das Vertrauen zu enttäuschen, mit dem Gott ihn geehrt hat.

GOTT NIMMT ANTEIL

Satan erfüllt die Herzen der Menschen mit Zweifel. Er bringt sie dazu, Gott als einen strengen Richter anzusehen. Er verführt sie zur Sünde, und danach redet er ihnen ein, sie seien zu schlecht, um sich ihrem himmlischen Vater zu nähern oder dessen Mitgefühl zu erwecken. Der Herr versteht dies alles. Jesus hat seinen Nachfolgern versichert, dass Gott an all ihren Nöten und Schwachheiten Anteil nimmt. Jeder Seufzer, jeder Schmerz und jeder Kummer, der die Seele durchdringt, berührt das Herz des Vaters.

Die Bibel zeigt uns Gott an seinem hohen und heiligen Ort weder untätig noch schweigend und einsam. Gott ist umgeben von tausendmal Tausend und zehntausendmal Zehntausend heiliger und intelligenter Wesen (vgl. Daniel 7,10), die nur darauf warten, seinen Willen zu tun. Durch Kanäle, die wir nicht erkennen können, steht er mit jedem Teil seines Herrschaftsbereiches in reger Verbindung. Doch genau auf diesen kleinen Flecken Erde, bewohnt von den Menschen, zu deren Erlösung er seinen einzigen Sohn gab, richtet sich seine ganze Aufmerksamkeit und die des gesamten Himmels. Gott beugt sich von seinem Thron herab, um den Ruf der Unterdrückten zu hören. Auf jedes aufrichtige Gebet antwortet er: »Hier bin ich!« Er richtet die Verzweifelten und Unterdrückten auf. In all unserem Leiden leidet er mit. In jeder Versuchung und in jeder Prüfung ist uns »der Engel seines Angesichts« nahe, um uns zu befreien (Jesaja 63,9b Schl.).

Nicht einmal ein kleiner Sperling fällt auf die Erde, ohne dass Gott es bemerkt. Satans Abneigung gegenüber Gott bringt ihn dazu, alles zu hassen, was unter der Fürsorge des Erlösers steht. Er versucht Gottes Schöpfungswerk zu verderben und freut sich sogar, wenn er Tiere vernichtet. Allein durch Gottes schützende Hand werden die Vögel, die uns mit ihrem Gesang erfreuen, erhalten. Nicht einmal die Spatzen vergisst er. »Habt also keine Angst: Ihr seid Gott mehr wert als ein ganzer Schwarm Spatzen!« (Matthäus 10,31 GNB)

CHRISTUS BEKENNEN

Jesus fuhr fort: »Wer sich vor den Menschen zu mir bekennt, zu dem werde ich mich auch vor meinem Vater im Himmel bekennen« und vor seinen Engeln (Matthäus 10,32 Hfa; vgl. Lukas 12,8). Ihr sollt meine Zeugen sein auf Erden – Kanäle, durch die meine Gnade zur Heilung der Welt fließen kann. So werde ich euer Stellvertreter im Himmel sein. Der Vater schaut nicht auf euren fehlerhaften Charakter, sondern sieht euch mit meiner Vollkommenheit bekleidet. Ich bin der Mittler, durch den die Segnungen des Himmels zu euch kommen. Und jeder, der mich bekennt und sich mit mir für die Verlorenen aufopfert, wird als Teilhaber der Herrlichkeit und der Freude der Erlösten anerkannt werden.

Wer Christus bekennen möchte, muss ständig in ihm bleiben. Niemand kann weitergeben, was er nicht empfangen hat. Seine Nachfolger mögen beredt über Glaubenslehren sprechen und die eigenen Worte von Jesus wiederholen. Doch solange sie keine christusähnliche Demut und Liebe besitzen, werden sie ihn nicht bekennen. Ein Geist, der im Widerspruch zum Geist von Christus steht, verleugnet ihn, was immer er bekennen mag. Menschen mögen Christus durch üble Nachrede, törichtes Geschwätz oder unwahre und unfreundliche Worte falsch darstellen. Sie mögen ihn aber auch dadurch verleugnen, dass sie den Lasten des Lebens ausweichen und sündigen Vergnügungen nachgehen. Sie mögen Christus verleugnen, indem sie sich der Welt anpassen, sich unhöflich verhalten, ihre eigenen Meinungen lieben, selbstgerecht sind, Zweifel hegen und sich unnötigen Sorgen und trübsinnigen Gedanken hingeben. Mit all diesem beweisen sie, dass Christus nicht in ihnen wohnt. Dazu sagte er: »Wer aber vor den Menschen nicht zu mir steht, zu dem werde ich auch vor meinem Vater im Himmel nicht stehen.« (Matthäus 10,33 Hfa)

Christus riet seinen Jüngern, nicht darauf zu hoffen, dass die weltliche Feindschaft gegen das Evangelium überwunden und deren Widerstand nach einiger Zeit aufhören würde. Er sagte zu ihnen: »Ich bin nicht gekommen, Frieden zu bringen, sondern das Schwert.« (Matthäus 10,34) Diese Auseinandersetzung wurde nicht durch das Evangelium ausgelöst, sondern ist eine Folge des Widerstands dagegen. Von allen Verfolgungen ist die Entfremdung in der eigenen Familie und die Abwendung von den liebsten Freunden am schwersten zu ertragen. Doch Jesus sagt: »Wer Vater oder Mutter mehr liebt als mich, ist es nicht wert, zu mir zu gehören; und wer seinen Sohn oder seine Tochter mehr liebt als mich, der ist es nicht wert, zu mir zu gehören. Wer sich weigert, sein Kreuz auf sich zu nehmen und mir nachzufolgen, ist es nicht wert, zu mir zu gehören.« (Matthäus 10,37.38 NLB)

Der Dienst der Christus-Nachfolger ist eine große Ehre und eine heilige Verpflichtung. »Wer euch aufnimmt, der nimmt mich auf«, sagte Jesus, »und wer mich aufnimmt, der nimmt den auf, der mich gesandt hat« (Matthäus 10,40). Kein Liebesdienst, der ihnen im Namen von Jesus erwiesen wird, soll unbeachtet oder unbelohnt bleiben. Dieselbe liebevolle Beachtung schenkt er dem Schwächsten und Niedrigsten in der Familie Gottes, wenn er sagt: »Wer einem dieser Geringen« – damit meinte er alle, die noch jung im Glauben und in der Erkenntnis waren – »auch nur einen Becher kalten Wassers zu trinken gibt, weil es ein Jünger ist, wahrlich, ich sage euch: Es wird ihm nicht unbelohnt bleiben« (Matthäus 10,42).

Damit schloss Jesus seine Unterweisung. Die erwählten Zwölf gingen nun in seinem Namen hinaus, wie ihr Meister ausgezogen war, um »zu verkündigen das Evangelium den Armen ... zu predigen den Gefangenen, dass sie frei sein sollen, und den Blinden, dass sie sehen sollen, und den Zerschlagenen, dass sie frei und ledig sein sollen, zu verkündigen das Gnadenjahr des Herrn«[64] (Lukas 4,18.19; vgl. Jesaja 61,1.2).

---

64 Siehe Erklärungen »Gnadenjahr«, S. 817.

KAPITAL 38

»RUHT EIN WENIG!«

Matthäus 14,1.2.12.13; Markus 6,30-32; Lukas 9,7-10

Als die Apostel von ihrer Missionsreise zurückkehrten, versammelten sie sich um Jesus und »verkündeten ihm alles, was sie getan und gelehrt hatten. Und er sprach zu ihnen: Geht ihr allein an eine einsame Stätte und ruht ein wenig. Denn es waren viele, die kamen und gingen, und sie hatten nicht Zeit genug zum Essen« (Markus 6,30.31).

MÜDE VON DER ARBEIT

Die Jünger kamen zu Jesus und erzählten ihm alles. Durch ihre innige Beziehung zu Jesus waren sie ermutigt, ihm ihre guten und schlechten Erfahrungen zu erzählen. Sie berichteten von der Freude über die Erfolge in ihrer Arbeit, vom Kummer über ihre Misserfolge, von ihren Fehlern und Schwächen. Zu Beginn ihrer Arbeit als Evangelisten hatten sie Fehler gemacht. Als sie Jesus frei und offen von ihren Erfahrungen erzählten, erkannte er, dass sie noch viel Unterweisung nötig hatten. Er sah auch, dass sie von ihrer Arbeit erschöpft waren und Ruhe brauchten.

Aber da, wo sie waren, konnten sie nicht ungestört sein, denn »es waren viele, die kamen und gingen, und sie hatten nicht Zeit genug zum Essen« (Markus 6,31b). Die Menschen scharten sich um Jesus, begierig nach seinen Worten und Heilungen. Viele fühlten sich zu ihm hingezogen, denn sie betrachteten ihn als Quelle aller Segnungen. Viele von denen, die sich um Christus drängten, um das kostbare Geschenk der Gesundheit zu empfangen, nahmen ihn als ihren Erlöser an. Viele andere, die wegen der Pharisäer Angst hatten, sich zu ihm zu bekennen, wurden am Pfingstfest nach der Ausgießung des Heiligen Geistes bekehrt und erkannten ihn vor den wütenden Priestern und Führern des Volkes als Sohn Gottes an.

Doch nun sehnte sich Jesus nach Ruhe, um mit seinen Jüngern allein zu sein. Er hatte ihnen viel zu sagen. Während ihrer Arbeit wurden sie durch manche Auseinandersetzungen geprüft und waren auf Widerstand in verschiedenen Formen gestoßen. Bis dahin hatten sie Christus immer um Rat fragen können. Doch nun waren sie einige Zeit allein gewesen und wussten manchmal nicht, wie sie handeln sollten. Christus hatte sie nicht ohne seinen Geist ausgesandt, durch den sie in ihrer Arbeit sehr ermutigt wurden. Im Glauben an ihn hatten sie viele Wunder getan. Aber nun mussten sie sich mit dem »Brot des Lebens« stärken (vgl. Johannes 6,35). Sie brauchten einen Ort der Ruhe, wo sie mit Jesus Gemeinschaft pflegen und Anweisungen für ihren zukünftigen Dienst erhalten konnten.

»Und er sprach zu ihnen: Geht ihr allein an eine einsame Stätte und ruht ein wenig.« (Markus 6,31a) Christus ist voller Mitgefühl und kann sich in die Lage eines jeden versetzen, der in seinem Dienst steht. Er wollte seinen Jüngern zeigen, dass sich Gott keine Opfer, sondern Barmherzigkeit wünscht. Sie hatten ihren Dienst für die Menschen von ganzem Herzen getan und waren dadurch körperlich und seelisch erschöpft; nun war es ihre Pflicht, sich auszuruhen.

Als die Jünger sahen, wie erfolgreich ihre Arbeit gewesen war, standen sie in der Gefahr, sich diesen Erfolg selbst zuzuschreiben, geistlichen Stolz zu hegen und dadurch den Versuchungen Satans zu erliegen. Eine große Aufgabe lag vor ihnen. Als Erstes mussten sie lernen, dass die erforderliche Kraft nicht von ihnen, sondern von Gott kam. So wie Mose in der Wüste Sinai, David in den Bergen von Judäa und Elia am Bach Krit brauchten die Jünger nun Abstand von ihren vielen Beschäftigungen, um Gemeinschaft mit Christus zu haben, in der Natur aufzutanken und sich auf sich selbst zu besinnen.

Während die Apostel auf ihrer Missionsreise gewesen waren, hatte Jesus andere Städte und Dörfer aufgesucht und dort das Evangelium vom Reich Gottes gepredigt. Zu jener Zeit erreichte ihn die Nachricht vom Tod Johannes des Täufers. Dieses Ereignis führte ihm das Schicksal, dem er selbst entgegenging, lebhaft vor Augen. Dunkle Wolken sammelten sich über seinem Weg. Priester und Rabbiner warteten auf eine Gelegenheit, um ihn zu töten. Spione folgten ihm dicht auf den Fersen. Es verschworen sich immer mehr Menschen gegen ihn, um ihn zugrunde zu richten. Berichte über das Wirken der Apostel in ganz Galiläa erreichten Herodes Antipas und machten ihn auf Jesus und dessen Wirken aufmerksam. »Das ist Johannes der Täufer; er ist von den Toten auferstanden, darum tut er solche Taten.« (Matthäus 14,2b) Herodes wollte Jesus sehen. Er lebte in ständiger Angst, ein geheimer Aufstand werde vorbereitet, um ihn vom Thron zu stürzen und die jüdische Nation vom römischen Joch zu befreien. Ein Geist von Unzufriedenheit und Auflehnung machte sich unter dem Volk breit. Es wurde deutlich, dass Jesus sein öffentliches Wirken in Galiläa nicht lange fortführen konnte. Seine Leidenszeit rückte immer näher. Er sehnte sich danach, dem Lärm der großen Menge eine Zeitlang zu entkommen.

Mit traurigen Herzen hatten die Jünger von Johannes dessen sterbliche Überreste begraben, »und sie kamen und verkündeten das Jesus« (Matthäus 14,12). Diese Jünger waren auf Jesus eifersüchtig gewesen, weil sie dachten, er würde das Volk von Johannes abspenstig machen. Gemeinsam mit den Pharisäern hatten sie ihn angegriffen, weil er mit den Zöllnern beim Fest des Matthäus Umgang gepflegt hatte. Sie zweifelten an der göttlichen Mission von Jesus, weil er den Täufer nicht befreit hatte. Aber nun, da ihr Lehrer tot war und sie in ihrem tiefen Kummer nach Trost und Führung für ihr zukünftiges Wirken suchten, kamen sie zu Jesus, um mit ihm zusammenzuarbeiten. Auch sie brauchten eine Zeit der Ruhe, um mit dem Erlöser Gemeinschaft zu pflegen.

KRAFT AUS DER STILLE

In der Nähe von Betsaida, am nördlichen Ufer des Sees Genezareth, lag eine einsame Gegend. Dieser wunderschöne Platz, der im frischen Grün des Frühlings erblühte, bot sich Jesus und seinen Jüngern als willkommener Zufluchtsort an. Dorthin wollten sie gehen. Sie stiegen in ihr Boot und stießen vom Ufer ab. Dort würden sie fernab vom öffentlichen Verkehr und von der Betriebsamkeit und Unruhe der Stadt sein. Allein schon die Umgebung der Natur war eine wohltuende Abwechslung für das Gemüt. Hier konnten sie den Worten von Jesus zuhören, ohne unfreundlich unterbrochen oder von den Pharisäern und Schriftgelehrten zurechtgewiesen und beschuldigt zu werden. Hier konnten sie für kurze Zeit die kostbare Gemeinschaft genießen, vereint mit ihrem Herrn.

Die Ruhe, die sich Jesus und seine Jünger gönnten, war wohlverdient. Sie zogen sich nicht zu ihrem eigenen Vergnügen zurück. Sie sprachen miteinander über den Dienst in Gottes Werk und wie sie wirkungsvoller arbeiten könnten. Die Jünger waren mit Christus zusammen gewesen und verstanden ihn, ohne dass er in Gleichnissen zu ihnen reden musste. Er korrigierte ihre Fehler und machte ihnen deutlich, wie sie am besten auf Menschen zugehen sollten. Er offenbarte ihnen immer mehr die kostbaren Schätze der göttlichen Wahrheit. Auf diese Weise wurden sie durch die göttliche Kraft gestärkt und mit Hoffnung und Mut erfüllt.

Obwohl Jesus Wunder wirken konnte und auch seinen Jüngern diese Macht verliehen hatte, empfahl er seinen erschöpften Mitarbeitern, eine ländliche Gegend aufzusuchen, um dort auszuruhen. Als er ihnen sagte, dass die Ernte groß sei, aber nur wenige Arbeiter zur Verfügung stünden, forderte er sie nicht auf, pausenlos zu arbeiten, sondern fügte hinzu: »Bittet deshalb den Herrn der Ernte, dass er Arbeiter auf sein Erntefeld schickt.« (Matthäus 9,38 NGÜ) Gott hat jedem Menschen eine Aufgabe zugewiesen, die seinen Fähigkeiten entspricht. Er möchte nicht, dass einige wenige mit vielen Verpflichtungen überhäuft werden, während andere kein Verantwortungs- und Pflichtgefühl für das Werk Gottes verspüren. Die mitfühlenden Worte von Jesus, die er damals an seine Jünger richtete, gelten heute seinen Mitarbeitern genauso: »Geht ... an eine einsame Stätte und ruht ein wenig!« (Markus 6,31a) Das sagt er zu jenen, die müde und matt sind. Es ist nicht vernünftig, immer unter dem Druck von Arbeit und Anspannung zu stehen, selbst dann nicht, wenn wir dem geistlichen Wohl anderer dienen. Die eigene Frömmigkeit kann auf diese Weise vernachlässigt und die Kraft des Geistes, des Gemüts und des Körpers überfordert werden. Die Nachfolger von Jesus brauchen Selbstbeherrschung und müssen Opfer bringen, aber es muss auch darauf geachtet werden, dass Satan nicht durch ihren Übereifer Vorteile aus der menschlichen Schwachheit ziehen und so dem Werk Gottes schaden kann.

Nach Ansicht der Rabbiner war der Inbegriff aller Religion eine ständige Betriebsamkeit. Sie verließen sich auf sichtbare Leistungen, um zu zeigen, wie überaus fromm sie waren. Doch damit trennten sie sich von Gott und brüsteten sich in ihrer Selbstgenügsamkeit. Dieselbe Gefahr besteht noch heute. Wenn die Arbeit zunimmt und wir im Werk für Gott erfolgreich sind, laufen wir Gefahr, uns auf menschliche Pläne und Vorgehensweisen zu verlassen. Dann sind wir geneigt, weniger zu beten und weniger auf Gott zu vertrauen. So wie die Jünger stehen auch wir in der Gefahr, unsere Abhängigkeit von Gott aus den Augen zu verlieren und unsere Werke zu unserem Erlöser zu machen. Wir müssen ständig auf Jesus blicken und erkennen, dass es seine Kraft ist, die das Werk Gottes voranbringt. Obwohl wir ernsthaft für die Errettung der Verlorenen arbeiten sollen, müssen wir uns auch Zeit zum Nachdenken, zum Beten und zum Studium des Wortes Gottes nehmen. Nur die Arbeit, die mit viel Gebet ausgeführt wird und durch die Verdienste von Christus geheiligt ist, wird sich am Ende als gut und erfolgreich erweisen.

UNGESTÖRTE ZEIT MIT GOTT

Kein Leben war jemals mit so viel Arbeit und Verantwortung ausgefüllt wie das Leben von Jesus; und doch, wie oft fand man ihn im Gebet! Wie beständig war doch seine Verbindung mit Gott! Immer wieder findet man in der Geschichte seines irdischen Lebens Aussagen wie diese: »Und am Morgen, noch vor Tage, stand er auf und ging hinaus. Und er ging an eine einsame

Stätte und betete dort.« (Markus 1,35) »Es kam eine große Menge zusammen, zu hören und gesund zu werden von ihren Krankheiten. Er aber zog sich zurück in die Wüste und betete.« (Lukas 5,15a.16) »Es begab sich aber zu der Zeit, dass er auf einen Berg ging, um zu beten; und er blieb die Nacht über im Gebet zu Gott.« (Lukas 6,12)

In einem Leben, ganz dem Wohl für andere hingegeben, hielt es der Erlöser für notwendig, die öffentlichen Verkehrswege zu verlassen und sich von der Menge, die ihm täglich folgte, zurückzuziehen. Er musste sich von einem Leben der pausenlosen Arbeit und der ständigen Berührung mit der menschlichen Not abwenden, um Ruhe und ungestörte Gemeinschaft mit seinem Vater zu finden. Als einer von uns, der unsere Bedürfnisse und Schwächen teilte, war er ganz von Gott abhängig. In der Stille bat er um göttliche Kraft, damit er seine Pflichten erfüllen konnte und den Prüfungen gewachsen war. In einer von Sünde geprägten Welt ertrug er seelische Kämpfe und Qualen. In der Gemeinschaft mit Gott konnte er sein Herz ausschütten und sagen, was ihn bedrückte. Hier fand er Trost und Freude.

Durch Christus erreichte der Aufschrei der Menschheit den Vater des grenzenlosen Erbarmens. Als Mensch flehte er vor Gottes Thron, bis seine menschliche Natur von himmlischer Kraft erfüllt war, die die Menschheit mit der Gottheit verband. Durch diese ständige Gemeinschaft empfing er Leben von Gott, um es an die Welt weiterzugeben. Diese Erfahrung soll auch unsere sein.

Er fordert uns auf: »Geht ... an eine einsame Stätte« (Markus 6,31a). Würden wir diesen Worten mehr Beachtung schenken, wären wir stärker und brauchbarer. Die Jünger suchten Jesus auf und erzählten ihm alles. Er ermutigte und unterwies sie. Nähmen wir uns heute die Zeit, zu Jesus zu gehen, um ihm unsere Bedürfnisse vorzubringen, würden wir nicht enttäuscht werden. Er würde uns zur Seite stehen und uns helfen. Wir brauchen mehr Vertrauen und einen einfachen Glauben unserem Erlöser gegenüber. Er, dessen Name »starker Gott, Vater der Ewigkeit, Fürst des Friedens« heißt und von dem geschrieben steht, dass »die Herrschaft auf seiner Schulter ruht«, ist der »wunderbare Ratgeber« (Jesaja 9,5 Elb.). Wir sind aufgefordert, ihn um Weisheit zu bitten, »denn er gibt sie allen gerne, ohne ihnen Vorwürfe zu machen« (Jakobus 1,5b GNB).

Alle, die sich in der Schule Gottes befinden, sollen ein Leben führen, das sich von der Welt mit ihren Bräuchen und Gewohnheiten unterscheidet. Jeder muss persönlich erfahren, wie man den Willen Gottes erkennen kann. Jeder einzelne Mensch muss hören, wie Gott zu seinem Herzen spricht. Wenn jede andere Stimme verstummt ist und wir in Ruhe und Stille vor ihm warten, können wir die Stimme Gottes deutlicher vernehmen. Er sagt: »Seid stille und erkennet, dass ich Gott bin!« (Psalm 46,11a) Bei ihm allein können wir wahre Ruhe finden. Dies ist die wirksamste Vorbereitung für alle, die für Gott arbeiten. Wer sich auf diese Weise stärkt, wird auch inmitten von Hast und Belastungen des täglichen Lebens von einer Atmosphäre des Lichts und des Friedens umgeben sein. Dieses Leben ist wohltuend und offenbart eine göttliche Kraft, welche die menschlichen Herzen erreichen wird.

KAPITEL 39

»GEBT IHR IHNEN ZU ESSEN!«

*Matthäus 14,13-21; Markus 6,32-44;
Lukas 9,10-17; Johannes 6,1-13*

Christus hatte sich mit seinen Jüngern an einen stillen Ort zurückgezogen, aber die so seltene Zeit der friedlichen Ruhe wurde bald wieder unterbrochen. Die Jünger glaubten einen Ort gefunden zu haben, wo sie ungestört sein konnten. Doch sobald die Menschen den göttlichen Lehrer vermissten, erkundigten sie sich, wo er war. Einige von ihnen hatten bemerkt, in welche Richtung Christus mit seinen Jüngern gefahren war. Viele versuchten ihn zu Fuß zu erreichen, während andere ihm mit ihren Booten folgten. Das Passafest stand kurz bevor, und Scharen von Pilgern, die sich auf dem Weg nach Jerusalem befanden, versammelten sich aus nah und fern, um Jesus zu sehen. Immer mehr Menschen kamen dazu, bis sich 5000 Männer versammelt hatten, dazu ihre Frauen und Kinder. Noch bevor Jesus das Ufer erreicht hatte, erwartete ihn bereits eine riesige Menge. Er legte jedoch unbemerkt an und verbrachte eine kurze Zeit allein mit den Jüngern.

JESUS HAT MITLEID MIT DER MENSCHENMENGE

Von einem Hügel aus sah er, wie sich die große Menge vorwärtsbewegte. Sein Herz war von Mitleid ergriffen. Obwohl gestört und seiner Ruhe beraubt, war er dennoch nicht ungehalten. Als er sah, wie immer mehr Menschen herbeiströmten, erkannte er, dass hier Wichtigeres seine Aufmerksamkeit erforderte. »Da ergriff ihn das Mitleid, denn sie waren wie Schafe, die keinen Hirten haben.« (Markus 6,34b GNB) Er verließ seinen Zufluchtsort und fand einen geeigneten Platz, wo er ihnen dienen konnte. Von den Priestern und Obersten erhielten sie keine Hilfe, doch heilendes Lebenswasser ging von Christus aus, als er ihnen den Weg zur Erlösung erklärte.

TEIL 5 | DER SIEG DER LIEBE

Die Menschen lauschten den Worten, die voller Erbarmen waren und so frei von den Lippen des Sohnes Gottes kamen. Sie hörten die gütigen, so einfachen und deutlichen Worte, die für ihre Seelen wie Balsam von Gilead waren (vgl. Jeremia 46,11). Die heilende Kraft, die von seiner göttlichen Hand ausging, brachte den Sterbenden Freude und Leben, den Kranken Erleichterung und Gesundheit. Es kam ihnen vor, als wäre an diesem Tag der Himmel auf die Erde gekommen. Über all dem vergaßen sie ganz, wie lange sie nichts mehr gegessen hatten.

Schon neigte sich der Tag dem Ende zu, und die Sonne sank im Westen, doch die Menge blieb. Jesus hatte den ganzen Tag über gelehrt und geheilt, ohne etwas zu essen oder sich auszuruhen. Sein Gesicht war vor Erschöpfung und Hunger ganz blass. Die Jünger baten ihn, mit seiner Arbeit aufzuhören. Doch Jesus konnte sich nicht von der drängenden Menge zurückziehen.

JESUS STILLT DEN HUNGER

Schließlich kamen die Jünger zu ihm und baten ihn inständig, die Menschen um ihrer selbst willen wegzuschicken. Viele waren von weit her gekommen und hatten seit dem Morgen nichts mehr gegessen. Es wäre ihnen vielleicht möglich gewesen, in den umliegenden Städten und Dörfern Nahrung zu kaufen. Aber Jesus sagte: »Gebt ihr ihnen zu essen!« (Markus 6,37a) Dann wandte er sich an Philippus und fragte ihn: »Wo können wir Brot kaufen, damit alle diese Leute zu essen bekommen?« (Johannes 6,5b GNB) Das sagte er nur, um den Glauben des Jüngers zu prüfen. Philippus ließ seinen Blick über das Meer von Köpfen schweifen und dachte, wie unmöglich es wäre, genügend Essen zu besorgen, um eine derartige Menschenmenge zu sättigen. Darum antwortete er: »200 Silberstücke wären nicht genug, um so viel zu kaufen, dass jeder auch nur einen Brocken abbekommt.« (Johannes 6,7 GNB) Da erkundigte sich Jesus, wer unter der Menge etwas zu essen mitgebracht habe. Von Andreas erfuhr er: »Hier ist ein kleiner Junge mit fünf Gerstenbroten und zwei Fischen. Doch was nützt uns das bei so vielen Menschen?« (Johannes 6,9 NLB) Jesus ordnete an, dass man dies zu ihm bringen solle. Dann beauftragte er die Jünger, dafür zu sorgen, dass sich die Leute auf der Wiese niederließen. Damit einigermaßen Ordnung herrsche und alle sehen konnten, was er nun tun wird, sollten sie sich in Gruppen zu je 50 oder 100 aufteilen. Als dies geschehen war, nahm Jesus die Speise, »blickte hinauf zum Himmel und bat Gott um seinen Segen für das Essen. Dann brach er das Brot in Stücke und gab jedem der Jünger davon, und diese verteilten es an die Menschen. Alle aßen, so viel sie wollten, und

»GEBT IHR IHNEN ZU ESSEN!« | 39

anschließend sammelten sie noch zwölf Körbe mit Resten ein« (Matthäus 14,19b.20 NLB).

Er, der den Menschen den Weg zum wahren Frieden und Glück zeigte, sorgte nicht nur für ihr geistliches, sondern auch für ihr leibliches Wohl. Die Versammelten waren müde und matt. Unter ihnen befanden sich Mütter mit Säuglingen auf den Armen und kleine Kinder, die sich an deren Rockzipfeln festhielten. Viele hatten stundenlang dagestanden. Sie waren von den Worten von Jesus so ergriffen, dass sie gar nicht daran dachten, sich zu setzen. Dazu kam, dass das Gedränge so groß war, dass die Gefahr bestand, sich gegenseitig niederzutrampeln. Jesus wollte ihnen nun die Möglichkeit geben, sich auszuruhen. Er bat sie darum, sich zu setzen. Hier wuchs das Gras reichlich, sodass es sich alle bequem machen konnten.

Christus vollbrachte nie ein Wunder, wenn es nicht um ein echtes Bedürfnis ging. Mit jedem Wunder wollte er die Menschen zum Baum des Lebens führen, dessen Blätter zur Heilung der Völker vorgesehen waren (vgl. Offenbarung 22,2). Die einfache Speise, die von den Jüngern ausgeteilt wurde, enthielt einen ganzen Schatz geistlicher Lehren. Es war ein bescheidenes Mahl, mit dem sie versorgt wurden. Fische und Gerstenbrote waren die tägliche Nahrung der Fischer am Galiläischen Meer. Christus hätte dem Volk auch ein üppiges Mahl vorsetzen können. Doch von einer Speise, bloß wegen der Gaumenfreude zubereitet, hätten sie nichts Nützliches lernen können. Christus lehrte sie damit, dass die natürliche, von Gott vorgesehene Ernährung der Menschen ins Gegenteil verkehrt worden war. Nie zuvor hatten sich Menschen an einem üppigen, für den verwöhnten Gaumen zubereiteten Festmahl so gelabt, wie diese Menschen es taten, die die einfache Speise und die Ruhe genossen, mit der sie Christus fernab von jeder Zivilisation versorgte.

Wären die Menschen heute so schlicht in ihren Gewohnheiten und lebten sie wie Adam und Eva zu Beginn der Weltgeschichte in Übereinstimmung mit den Naturgesetzen, könnte die menschliche Familie mit allem Nötigen ausreichend versorgt werden. Man würde sich weniger Bedürfnisse einbilden, und es gäbe mehr Gelegenheiten, auf Gottes Art und Weise zu wirken. Aber Selbstsucht und die Befriedigung des unnatürlichen Geschmacks haben Sünde und Elend in die Welt gebracht, sodass auf der einen Seite Überfluss und auf der anderen Seite Mangel herrscht.

Jesus versuchte nicht, die Menschen dadurch zu gewinnen, dass er ihrem Wunsch nach Luxus entsprach. Nach einem langen, anstrengenden Tag war die einfache Verpflegung für diese müde und hungrige Menschenmenge nicht nur ein Zeichen seiner Macht, sondern eine Zusage, dass er sich stets liebevoll um ihre Bedürfnisse im täglichen Leben kümmern würde. Der Erlöser hat seinen Nachfolgern nicht den Luxus der Welt versprochen. Ihre Kost mag einfach, ja sogar kärglich, und ihr Los die Armut sein – doch er hat sein Wort gegeben, dass er sie mit allem Nötigen versorgen wird. Er hat ihnen etwas versprochen, was viel besser ist als jedes irdische Gut – den bleibenden Trost seiner persönlichen Gegenwart!

GOTTES GROSSZÜGIGKEIT WEITERGEBEN

Mit der Speisung der 5000 hob Jesus den Schleier weg, der über der Welt mit ihren Naturgesetzen liegt, und offenbarte die Macht, die ständig zu unserem Besten wirkt. Im Heranreifen der irdischen Ernte wirkt Gott täglich ein Wunder. Durch natürliche Vorgänge geschieht dasselbe Werk wie bei der Speisung dieser großen Menge. Zwar bereiten Menschen den Boden vor und säen den Samen aus, aber es ist das Leben von Gott, das den Samen keimen lässt. Gottes Regen, Luft und Sonnenschein bringen zuerst »die Halme« hervor, »dann bilden sich die Ähren und schließlich füllen sie sich mit Körnern« (Markus 4,28b GNB). Es ist Gott, der jeden Tag Millionen von Menschen durch den Ertrag der Erde ernährt. Die Menschen sind aufgerufen, wenn es um den Anbau und das Aufbewahren von Getreide und die Zubereitung von Brot geht, mit Gott zusammenzuarbeiten. Doch weil sie so beschäftigt sind, vergessen sie darüber oft das göttliche Wirken. Sie geben Gott nicht die Ehre, die seinem heiligen Namen gebührt. Das Wirken seiner Macht wird natürlichen Ursachen oder menschlichen Anstrengungen zugeschrieben. So wird der Mensch anstelle von Gott verherrlicht. Gottes gnädige Gaben werden für selbstsüchtige Zwecke missbraucht, und was als Segen gedacht war, wird zum Fluch. Gott trachtet danach, dies alles zu verändern. Er möchte unsere trüben Sinne neu beleben, damit wir seine erbarmungsvolle Güte erkennen und das Wirken seiner göttlichen Macht preisen. Er wünscht sich, dass wir ihn in den Gaben, die er uns schenkt, erkennen, damit sie uns, so wie es Gottes Absicht ist, zum Segen gereichen. Um dieses Ziel zu erlangen, vollbrachte Jesus Wunder.

Nachdem die Menge satt geworden war, blieb noch reichlich von der Speise übrig. Aber er, dem alle Quellen grenzenloser Macht zur Verfügung stehen, gebot: »Sammelt die übrig gebliebenen Brocken, damit nichts verloren geht.« (Johannes 6,12b ZÜ) Diese Worte besagten mehr, als nur die Brotreste in die Körbe zu sammeln. Sie hatten eine zweifache Bedeutung. Nichts soll verschwendet werden, und wir sollen jede günstige Gelegenheit ergreifen und nichts geringachten, was dem menschlichen Leben von Nutzen sein könnte. Lasst uns alles aufsammeln, was die Not der Hungerleidenden in dieser Welt lindern könnte. Dieselbe Sorgfalt gilt auch für geistliche Dinge. Als die Körbe mit den Resten zusammengetragen waren, dachten die Leute an ihre Freunde zu Hause. Sie wünschten sich, dass auch diese am Brot, das Jesus gesegnet hatte, teilhaben können. Darum wurden die Inhalte der Körbe unter die erwartungsvolle Menge verteilt und in die ganze umliegende Gegend mitgenommen. Ebenso sollten diejenigen, die an der Speisung teilgenommen hatten, das Brot, das vom Himmel gekommen war und den Hunger der Seele stillen konnte, an andere weitergeben. Sie sollten wiederholen, was sie über die wunderbaren Dinge Gottes gelernt hatten. Nichts durfte verloren gehen, kein einziges Wort, das ihr ewiges Heil betraf, sollte unnütz auf die Erde fallen.

GOTT KENNT UNSERE NOT

Das Wunder der Brotvermehrung lehrt uns etwas über unsere Abhängigkeit von Gott. Als Jesus die 5000 speiste, gab es in der Nähe nichts zu essen, und offenkundig standen ihm keine Nahrungsquellen zur Verfügung. Da befand er sich nun in einer abgelegenen Gegend, mit 5000 Männern, ihren Frauen und Kindern. Er hatte die große Menge nicht aufgefordert, ihm zu folgen. Sie kamen ohne Einladung oder Befehl. Doch er wusste, dass sie nach den langen Unterweisungen hungrig und müde sein mussten, weil er einer von ihnen war und ihr Verlangen nach Nahrung mitempfinden konnte. Sie waren weit von zu Hause weg, und die Nacht brach herein. Viele von ihnen besaßen kein Geld, um Nahrung zu kaufen. Jesus aber, der um ihretwillen 40 Tage lang in der Wüste gefastet hatte, wollte nicht, dass sie hungrig in ihre Häuser zurückkehrten. Gottes Fügung hatte Jesus an diesen Platz gebracht, und er war darauf angewiesen, dass sein himmlischer Vater für die notwendigen Mittel sorgte, um der Not abzuhelfen.

Auch wir sollten uns auf Gott verlassen, wenn wir in eine schwierige Lebenslage geraten. Wir sollen uns bei jeder Handlung unseres Lebens in Weisheit und im Urteilsvermögen üben, damit wir nicht durch leichtsinnige Taten in Versuchung geraten. Wir sollten uns nicht in Schwierigkeiten stürzen, indem wir die Mittel außer Acht lassen, die Gott für uns bereitgestellt hat, oder die Fähigkeiten missbrauchen, die er uns gegeben hat. Die Mitarbeiter von Christus müssen den göttlichen Anweisungen bedingungslos gehorchen. Es ist Gottes Werk, und wenn wir anderen ein Segen sein wollen, müssen wir seine Pläne befolgen. Unser Ich soll nicht zum Mittelpunkt gemacht oder verehrt werden. Wenn wir nach unseren eigenen Vorstellungen planen, wird Gott uns auch unseren eigenen Fehlern überlassen. Folgen wir aber seinen

Weisungen und geraten dabei in Schwierigkeiten, wird er uns befreien. Wir sollen nicht entmutigt aufgeben, sondern in jeder Notlage um seine Hilfe bitten, denn ihm stehen unbegrenzte Mittel zur Verfügung. Oft werden wir von schwierigen Umständen umgeben sein. Gerade dann müssen wir uns im vollsten Vertrauen auf Gott verlassen. Er wird jeden Menschen bewahren, der in Schwierigkeiten kommt, wenn dieser versucht, Gottes Wege zu gehen.

AM REICH GOTTES MITBAUEN

Christus hat uns durch den Propheten Jesaja beauftragt: »Brich dem Hungrigen dein Brot, und die im Elend ohne Obdach sind, führe ins Haus! Wenn du einen nackt siehst, so kleide ihn.« (Jesaja 58,7a) Er hat uns geboten: »Geht in die ganze Welt und verkündet die Gute Nachricht allen Menschen.« (Markus 16,15 GNB) Doch wie oft sinkt unser Mut und schwindet unser Vertrauen, wenn wir sehen, wie groß die Not ist und wie gering die Mittel sind, die uns zur Verfügung stehen! Wie Andreas, der auf die fünf kleinen Brote und die zwei kleinen Fische sah, erklären wir: »Aber was ist das für so viele?« (Johannes 6,9b) Oft zögern wir und sind nicht bereit, alles zu geben, was wir besitzen. Wir haben Angst davor, Opfer zu bringen oder gar uns selbst für andere hinzugeben. Aber Jesus hat uns geboten: »Gebt ihr ihnen zu essen!« (Markus 6,37b) Sein Gebot ist eine Verheißung. Dahinter steht dieselbe Macht, welche die große Menge am See speiste.

Dadurch, dass Christus das natürliche Bedürfnis einer hungrigen Menge stillte, gab er allen seinen Mitarbeitern eine tiefe geistliche Lehre. Jesus empfing das Brot vom Vater und gab es an seine Jünger weiter. Diese verteilten es an die vielen Menschen, und diese reichten es untereinander weiter. So empfangen alle, die mit Christus verbunden sind, das Brot des Lebens – die himmlische Speise – und geben sie an andere weiter.

Im völligen Vertrauen auf Gott nahm Jesus den kleinen Vorrat an Brot entgegen. Obwohl das Wenige für sich und seine Jünger gereicht hätte, forderte er sie nicht auf zu essen, sondern verteilte das Brot unter sie mit der Bitte, es an die Leute weiterzugeben. Das Brot vermehrte sich in seinen Händen, und die Hände, die die Jünger nach Christus, dem Brot des Lebens, ausstreckten, waren nie leer. Der kleine Vorrat reichte für alle. Nachdem der Hunger der Vielen gestillt war, wurde das Übriggebliebene eingesammelt. Christus und seine Jünger aßen zusammen von der köstlichen, vom Himmel geschenkten Speise.

Die Jünger waren die Werkzeuge der Kommunikation zwischen Christus und den Menschen. Dies sollte heute für die Nachfolger von Christus eine große Ermutigung sein. Christus ist der wahre Mittelpunkt, die Quelle aller Kraft. Seine Nachfolger werden von ihm mit allem Nötigen versorgt. Die Intelligentesten und auch die am meisten geistlich Gesinnten können nur so viel weiterreichen, wie sie selbst empfangen haben. Niemand kann aus eigener Kraft die Bedürfnisse eines Menschen stillen. Wir können nur das weitergeben, was wir von Christus entgegengenommen haben, und wir werden nur etwas empfangen, wenn wir es mit anderen teilen. Solange wir weitergeben, werden wir empfangen, und je mehr wir weitergeben, desto mehr empfangen wir. So dürfen wir fortwährend glauben, vertrauen, empfangen und geben.

Der Aufbau des Reiches Gottes wird vorangehen, auch wenn es scheint, als würde alles langsam geschehen und als würden Schwierigkeiten gegen jeden Fortschritt sprechen. Es ist Gottes Werk! Er wird die Mittel zur Verfügung stellen und Helfer senden: treue und ernsthafte Nachfolger. Auch ihre Hände werden mit Speise für die hungrige Menge gefüllt werden. Gott umsorgt diejenigen, die in Liebe darum bemüht sind, verlorenen Menschen das Wort des Lebens zu schenken. Er achtet auf sie, wenn sie ihrerseits die Hände ausstrecken, um Nahrung für andere hungernde Menschen zu erhalten.

DAS BROT DES EWIGEN LEBENS

In unserer Arbeit für Gott besteht die Gefahr, dass wir uns zu sehr auf das verlassen, was Menschen mit ihren Begabungen und Fähigkeiten leisten können. Dadurch verlieren wir den Blick für den einen Lehrmeister. Allzu oft erkennt der Nachfolger von Christus seine persönliche Verantwortung nicht. Er steht in Gefahr, statt sich auf den zu verlassen, der die Quelle aller Kraft ist, seine Verantwortung auf Organisationen abzuwälzen. Es ist ein großer Fehler, sich im Werk Gottes auf menschliche Weisheit oder auf Zahlen zu stützen. Ein erfolgreicher Dienst für Christus hängt nicht so sehr von Zahlen oder Begabungen ab, sondern von einer lauteren Absicht und einem echten, einfachen und vertrauensvollen Glauben. Persönliche Verantwortungen müssen getragen und Aufgaben übernommen werden. Persönliche Anstrengungen müssen für jene unternommen werden, die Christus nicht kennen. Arbeite gemäß deinen Fähigkeiten und überlass deine Verantwortung nicht jemandem, von dem du denkst, er sei begabter als du!

Wenn du in deinem Herzen denkst: »Wo kaufen wir Brot, damit diese zu essen haben?« (Johannes 6,5b), dann lass dir diese Frage nicht vom Unglauben beantworten. Als die Jünger die Anweisung von Jesus hörten: »Gebt ihr ihnen zu essen!«, machten sie sich nur über die damit verbundenen Schwierigkeiten Gedanken und fragten sich: »Sollen wir denn hingehen und ... Brot

355

kaufen und ihnen zu essen geben?« (Markus 6,37) So ist es auch heute. Wenn den Menschen das Brot des Lebens fehlt, fragen die Kinder Gottes: Sollen wir jemanden von weit her holen, der kommt, um ihnen zu essen zu geben? Was aber sagte Christus? »Sorgt dafür, dass die Leute sich hinsetzen.« (Lukas 9,14b GNB) Und dann gab er ihnen dort zu essen. Bist du von hungernden Menschen umgeben, dann darfst du wissen: Christus ist bei dir! Sprich mit ihm und bring deine Gerstenbrote zu Jesus!

Es mag so aussehen, als würden die Mittel, die wir besitzen, für diesen Dienst nicht ausreichen. Aber wenn wir im Glauben vorwärtsgehen und der unerschöpflichen Kraft Gottes vertrauen, werden sich uns unendlich viele Hilfsquellen eröffnen. Ist das Werk von Gott, wird er selbst für die Mittel sorgen, um es zu vollenden. Er wird einfaches, aufrichtiges Vertrauen belohnen. Das Wenige, das wir klug und sparsam im Dienst für den himmlischen Herrn einsetzen, wird sich gerade durch das Weitergeben vermehren. In der Hand von Christus ging der kleine Vorrat nicht aus, bis die vielen Menschen satt waren. Wenn wir zur Quelle aller Kraft gehen und unsere Hände im Glauben ausstrecken, um zu empfangen, werden wir in unserer Arbeit durchhalten. Dann wird es uns gelingen, auch unter den widrigsten Umständen das Brot des Lebens an andere weiterzureichen.

Jesus sagte: »Gebt, so wird euch gegeben.« (Lukas 6,38a) Der Apostel Paulus schrieb dazu: »Wer wenig sät, wird auch wenig ernten. Und wer reichlich sät, wird reichlich ernten. ... Gott liebt den, der fröhlich gibt. Er hat die Macht, euch mit all seiner Gnade zu überschütten, damit ihr in jeder Hinsicht und zu jeder Zeit alles habt, was ihr zum Leben braucht, und damit ihr sogar noch auf die verschiedenste Weise Gutes tun könnt. In der Schrift heißt es ja von dem, der in Ehrfurcht vor Gott lebt: ›Er teilt mit vollen Händen aus und beschenkt die Bedürftigen; das Gute, das er tut, hat für immer Bestand.‹ [Psalm 112,9] Derselbe Gott, der dafür sorgt, dass es dem Bauern nicht an Saat zum Aussäen fehlt und dass es Brot zu essen gibt, der wird auch euch mit Samen für die Aussaat versehen und dafür sorgen, dass sich die ausgestreute Saat vermehrt und das Gute, das ihr tut, Früchte trägt. Er wird euch in jeder Hinsicht so reich beschenken, dass ihr jederzeit großzügig und uneigennützig geben könnt. Und wenn wir dann eure Spende überbringen, werden die, die sie empfangen, Gott danken.« (2. Korinther 9,6-11 NGÜ)

KAPITEL 40

EINE NACHT AUF DEM SEE

Matthäus 14,22-33; Markus 6,45-52; Johannes 6,14-21

In der Dämmerung des Frühlingsabends saß das Volk auf der Wiese und aß von der Speise, mit der Christus es versorgt hatte. Die Worte, die sie an diesem Tag gehört hatten, waren für sie wie die Stimme Gottes. Die Heilungswunder, die sie miterleben durften, konnte nur Gottes Macht vollbracht haben. Doch das Brotwunder galt jedem Einzelnen dieser großen Menschenmenge, und alle hatten Anteil an diesem Segen. Als Mose lebte, hatte Gott Israel in der Wüste mit Manna ernährt. Und wer anderes als der von Mose Vorhergesagte hatte ihnen an diesem Tag zu essen gegeben? Keine menschliche Macht konnte aus fünf Gerstenbroten und zwei kleinen Fischen genügend Essen schaffen, um damit tausende hungrige Menschen zu sättigen. Sie sagten daher zueinander: »Das ist wahrlich der Prophet, der in die Welt kommen soll.« (Johannes 6,14b)

Den ganzen Tag über wurden die Menschen in dieser Überzeugung bestärkt. Diese krönende Tat gab ihnen die Gewissheit, dass der lang erwartete Befreier unter ihnen weilte. Die Erwartungen der vielen Menschen wurden immer größer: Das ist der Mann, der Judäa zu einem irdischen Paradies machen würde, zu einem Land, in dem Milch und Honig fließt. Jedes Verlangen könnte er stillen, die Macht der verhassten Römer brechen und Judäa und Jerusalem befreien. Er könnte die im Kampf verwundeten Soldaten heilen und ganze Heere mit Nahrung versorgen. Er könnte die Nationen besiegen und Israel die lang ersehnte Vorherrschaft geben.

JESUS SOLL KÖNIG WERDEN

In ihrer Begeisterung war die Menge bereit, Jesus unverzüglich zum König zu krönen. Sie sahen, dass er nichts unternahm, um die Aufmerksamkeit auf sich zu lenken oder sich verehren zu lassen. Darin unterschied er sich ganz wesentlich von den Priestern und Obersten. Darum befürchteten sie, dass er seinen Anspruch auf den Thron Davids nie geltend machen würde. Sie berieten sich untereinander und wurden sich einig, dass sie ihn gewaltsam zum König von Israel ausrufen müssten. Die Jünger stimmten der Menge zu und beteuerten, dass ihr Meister der rechtmäßige Anwärter auf den Thron Davids sei. Nur die Bescheidenheit von Jesus, sagten sie, veranlasse ihn, solche Ehre von sich zu weisen. Möge das Volk seinen Befreier erheben! Die hochmütigen Priester und Obersten sollten gezwungen werden, ihm, der in göttlicher Vollmacht zu ihnen gekommen war, ihre Ehre zu erweisen.

Eifrig trafen sie Vorkehrungen, um diesen Plan auszuführen. Doch Jesus erkannte ihre Absicht und wusste, im Gegensatz zu ihnen, welche Folgen ein solches Handeln haben würde. Die Priester und Obersten trachteten ihm schon jetzt nach dem Leben. Sie beschuldigten ihn, er würde ihnen das Volk abspenstig machen. Ein Versuch des Volkes, ihn auf den Thron zu heben, hätte Auflehnung und Gewalt zur Folge und würde die Arbeit für das geistliche Reich behindern. Dieser Entwicklung musste sofort Einhalt geboten werden. Jesus rief seine Jünger zu sich und befahl ihnen, das Boot zu besteigen und umgehend nach Kapernaum zurückzufahren. Er selbst blieb zurück, um das Volk zu entlassen.

Noch nie schien es den Jüngern so schwer zu fallen, einer Anordnung von Christus Folge zu leisten. Sie hatten schon lange auf eine Volksbewegung gehofft, die Jesus auf den Thron bringen würde. Sie konnten den Gedanken kaum ertragen, dass diese große Begeisterung nun vergeblich gewesen sein sollte. Die Menge, die sich versammelt hatte, um das Passafest zu feiern, war gespannt darauf, den neuen Propheten zu sehen. Seinen Nachfolgern erschien dies als die goldene Gelegenheit, den Thron für ihren geliebten Meister in Israel aufzurichten. In Anbetracht dessen fiel es ihnen sehr schwer, Jesus allein an dem einsamen Ufer zurückzulassen. Als sie sich gegen seine Anordnung auflehnten, sprach Jesus mit solch einer Autorität, wie er sie ihnen gegenüber nie zuvor beansprucht hatte. Da sie wussten, dass weiterer Widerstand zwecklos war, machten sie sich schweigend auf zum See.

Nun gebot Jesus den Menschen, nach Hause zu gehen. Seine Worte waren so bestimmt, dass es niemand wagte, sich dem zu widersetzen. Die Hochrufe und der begeisterte Jubel erstarben auf ihren Lippen. Diejenigen, die sich Jesus näherten, um ihn zu erheben, blieben stehen, und die übereifrige Freude wich von ihren Gesichtern. In der Menge befanden sich willensstarke und fest entschlossene Männer, aber die königliche Würde von Jesus und seine wenigen, ruhigen Befehle besänftigten den Tumult und vereitelten ihre Pläne. Sie erkannten in ihm eine Macht, die über jeder irdischen Autorität stand. Ohne Fragen zu stellen, fügten sie sich.

Als Jesus allein war, »ging er hin auf einen Berg, um zu beten« (Markus 6,46b). Stundenlang flehte er zu Gott. Seine eindringlichen Bitten galten nicht ihm selbst, sondern den Menschen. Er bat um Macht, ihnen den göttlichen Charakter seiner Sendung offenbaren zu können. Satan sollte daran gehindert werden, ihren Verstand zu benebeln und ihr Urteilsvermögen zu trüben. Jesus wusste, dass die Tage seines irdischen Wirkens bald vorüber waren und nur wenige ihn als ihren Erlöser annehmen würden. In einem inneren Kampf und unter Schmerzen betete er für seine Jünger. Schwere Prüfungen standen ihnen bevor. Ihre lang gehegten Hoffnungen, die auf einem weitverbreiteten Irrtum beruhten, sollten auf sehr schmerzhafte und schmachvolle Art und Weise enttäuscht werden. Anstatt seine Erhöhung auf den Thron Davids mitzuerleben, sollten sie Zeugen seiner Kreuzigung werden. Dies würde seine eigentliche Krönung sein. Doch die Jünger erkannten dies nicht. Deswegen würden schwere Versuchungen über sie kommen, die sie jedoch kaum als solche erkennen würden. Ohne den Heiligen Geist, der den Verstand erleuchtet und den Blick weitet, würde ihr Glaube scheitern. Es schmerzte Jesus, dass sich ihre Vorstellungen von seinem Reich fast ausschließlich auf weltliche Erhöhung und Ehre beschränkten. Ihretwegen lag eine schwere Sorgenlast auf seinem Herzen. Unter Qualen und mit bitteren Tränen schüttete er sein Herz im Gebet vor Gott aus.

DIE GEDANKEN DER JÜNGER

Die Jünger stießen ihr Boot nicht sofort vom Ufer ab, wie ihnen Jesus geboten hatte. Sie warteten noch einige Zeit und hofften, er würde auch kommen. Als sie aber sahen, dass es schnell dunkel wurde, stiegen sie »in ein Boot und fuhren über den See nach Kapernaum« (Johannes 6,17a). Sie hatten Jesus mit unzufriedenen Herzen verlassen. Noch nie waren sie so ungeduldig mit ihm gewesen, seit sie ihn als ihren Herrn anerkannt hatten. Sie murrten, weil sie ihn nicht als König hatten ausrufen dürfen, und machten sich Vorwürfe, weil sie seinem Befehl so schnell nachgekommen waren. Sie fragten sich, ob sie ihr Ziel vielleicht erreicht hätten, wenn sie entschlossener vorgegangen wären.

Unglaube ergriff ihr Herz und ihr Denken. Das Streben nach weltlicher Ehre hatte sie verblendet. Sie wussten, dass die Pharisäer Jesus hassten, und wollten ihn unbedingt erhoben sehen, was ihm ihrer Ansicht nach auch gebührte. Einem Lehrer anzugehören, der große Wunder vollbringen konnte, und dennoch als Betrüger beschimpft zu werden, war eine Prüfung, die sie nur schwer ertragen konnten. Sollten sie immer zu den Nachfolgern eines falschen Propheten gezählt werden? Würde Christus niemals seinen Anspruch als König geltend machen? Warum offenbarte er nicht seinen wahren Charakter, wenn er doch solche Macht besaß? Warum machte er ihnen das Leben nicht leichter? Warum hatte er Johannes den Täufer nicht vor dessen gewaltsamem Ende bewahrt? Die Jünger hinterfragten alles, bis sie dadurch sich selbst in große geistliche Finsternis brachten. Sie fragten sich, ob Jesus vielleicht doch ein Betrüger sei, so wie es die Pharisäer behaupteten.

Die Jünger waren an diesem Tag Zeugen der wunderbaren Taten von Christus geworden. Es schien, als sei der Himmel auf die Erde herabgekommen. Die Erinnerung an diesen kostbaren und ruhmreichen Tag hätte sie mit Glauben und Hoffnung erfüllen sollen. Hätten sie sich darüber unterhalten, was ihre Herzen während des Tages so sehr erfüllt hatte, wären sie nicht in Versuchung geraten. Aber die Enttäuschung beherrschte ihre Gedanken. Den Worten von Jesus: »Sammelt die übrig gebliebenen Brocken, damit nichts verloren geht« (Johannes 6,12b ZÜ) schenkten sie keine Beachtung mehr. Es waren segensreiche Stunden für die Jünger gewesen, aber jetzt hatten sie alles vergessen. Sie befanden sich mitten auf dem unruhigen See. Ihre Gedanken waren aufgewühlt und unsinnig. Da gab ihnen der Herr etwas anderes, das ihnen zusetzen und ihre Gedanken in Besitz nehmen würde. So handelt Gott oft, wenn sich Menschen selbst Lasten auflegen und sich Probleme schaffen. Das hätten sich die Jünger alles sparen können, denn die Gefahr kam schnell näher.

DER STURM AUF DEM SEE

Ein heftiges Unwetter zog sich über ihnen zusammen und sie waren nicht darauf vorbereitet. Plötzlich verwandelte sich der wunderbare Tag ins Gegenteil. Als sie vom Sturm erfasst wurden, fürchteten sie sich. Sie vergaßen ihre Unzufriedenheit, ihren Unglauben und ihre Ungeduld. Jeder arbeitete mit, um das Boot vor dem Sinken zu bewahren. Von Betsaida bis zur Stelle, wo sie Jesus treffen wollten, war es nur eine kurze Strecke über den See, und bei gutem Wetter dauerte die Überfahrt nur wenige Stunden. Jetzt aber wurden die Jünger immer weiter von ihrem Ziel abgetrieben. Bis zur vierten Nachtwache[65] mühten sie sich mit Rudern ab. Dann gaben die erschöpften Männer auf und dachten, sie seien verloren. Der See zeigte ihnen durch Sturm und Dunkelheit ihre eigene Hilflosigkeit, und sie wünschten sich sehr, ihr Meister wäre bei ihnen.

---

65 Zwischen drei Uhr und sechs Uhr morgens, gemäß der römischen Einteilung der Nacht in vier Nachtwachen.

Jesus hatte sie nicht vergessen. Der Wächter sah vom Ufer aus die von Angst ergriffenen Männer, wie sie gegen den Sturm ankämpften. Nicht für einen Augenblick hatte er seine Jünger aus den Augen verloren. In tiefster Sorge folgte sein Blick dem vom Sturm umhergetriebenen Boot mit seiner kostbaren Last, denn diese Männer sollten einmal das Licht der Welt sein. Wie eine fürsorgliche Mutter, die liebevoll über ihrem Kind wacht, wachte der barmherzige Meister über seine Jünger. Als ihr Herz gedemütigt und ihr unheiliger Ehrgeiz bezwungen war und sie aufrichtig um Hilfe flehten, wurde ihnen geholfen.

In dem Augenblick, als sie dachten, sie seien verloren, erhellte ein leuchtender Strahl eine geheimnisvolle Gestalt, die sich ihnen auf dem Wasser näherte. Aber sie wussten nicht, dass es Jesus war. Den Einen, der gekommen war, ihnen zu helfen, hielten sie für einen Feind. Angst und Schrecken überwältigten sie. Die Hände, die mit eisernem Griff die Ruder umklammert hielten, verloren ihre Kraft. Das Boot war den Wellen hilflos ausgeliefert. Alle Augen waren wie gebannt auf die Gestalt gerichtet, die auf den schäumenden Wogen des tobenden Sees wandelte.

Sie meinten, es sei ein Gespenst, das ihren Untergang ankündigte. Darum schrien sie in ihrer Angst laut auf. Jesus kam immer näher. Es schien, als würde er an ihnen vorübergehen. Doch sie erkannten ihn und riefen laut um Hilfe. Ihr geliebter Meister wandte sich ihnen zu, und seine Worte vertrieben ihre Angst: »Habt Vertrauen, ich bin es; fürchtet euch nicht!« (Matthäus 14,27b EÜ)

PETRUS GEHT AUF DEM WASSER

Sobald die Jünger diese wundersame Tatsache begriffen hatten, war Petrus außer sich vor Freude. Als ob er es noch immer nicht glauben konnte, rief er aus: »Herr, wenn du es bist, so befiehl, dass ich auf dem Wasser zu dir komme. Jesus sagte: Komm!« (Matthäus 14,28.29a EÜ)

Den Blick auf Jesus gerichtet, ging Petrus sicher über die Wasseroberfläche. Als er aber selbstzufrieden auf seine Gefährten im Boot zurückschaute, verlor er den Erlöser aus den Augen. Der Wind tobte. Die Wellen schlugen an ihm hoch und türmten sich zwischen ihm und Jesus auf. Da überkam ihn große Angst. Für einen Augenblick verlor er Christus aus den Augen, und sein Glaube geriet ins Wanken. Petrus begann zu sinken. Aber während ihn die Wogen mit dem Tod bedrohten, wandte Petrus seinen Blick weg von den tobenden Wassern. Er schaute auf Jesus und flehte: »Herr, rette mich! Jesus streckte sofort die Hand aus, ergriff ihn und sagte zu ihm: Du Kleingläubiger, warum hast du gezweifelt?« (Matthäus 14,30b.31 EÜ)

Sie schritten Seite an Seite – Petrus an der Hand seines Herrn – zum Boot und stiegen ein. Petrus aber war ganz kleinlaut geworden und schwieg. Er hatte keinen Grund, vor seinen Gefährten zu prahlen, weil er wegen seines Unglaubens und seiner Überheblichkeit beinahe das Leben verloren hätte. Sobald er seinen Blick von Jesus abgewandt hatte, verlor er den Halt unter seinen Füßen und versank in den Fluten.

Wie oft gleichen wir doch Petrus, wenn Schwierigkeiten auf uns zukommen! Anstatt unseren Blick fest auf den Erlöser gerichtet zu halten, schauen wir auf die Fluten. Unsere Füße gleiten aus, und die »stolzen Wellen« (Hiob 38,11) schlagen über uns zusammen. Jesus hatte Petrus nicht aufgefordert, zu ihm zu kommen, damit er untergehe. Er fordert auch uns nicht auf, ihm nachzufolgen, um uns dann im Stich zu lassen. »Fürchte dich nicht«, sagt er, »denn ich habe dich erlöst; ich habe dich bei deinem Namen gerufen; du bist mein! Wenn du durch Wasser gehst, will ich bei dir sein, dass dich die Ströme nicht ersäufen sollen; und wenn du ins Feuer gehst, sollst du nicht brennen, und die Flamme soll dich nicht versengen. Denn ich bin der Herr, dein Gott, der Heilige Israels, dein Heiland.« (Jesaja 43,1b-3a)

Jesus kannte den Charakter seiner Jünger. Er wusste, wie schwer ihr Glaube noch geprüft werden sollte. Durch diesen Vorfall auf dem See erhoffte sich Jesus, dass Petrus seine eigenen Schwächen erkennt. Er wollte ihm zeigen, dass seine Sicherheit immer von der göttlichen Macht abhängig ist. Inmitten von Stürmen der Versuchung konnte er nur sicher gehen, wenn er sich frei von überheblichem Selbstvertrauen ganz auf den Erlöser verließ. Gerade da, wo sich Petrus stark fühlte, war er schwach. Erst als er seine eigene Schwäche erkannte, wurde ihm bewusst, wie sehr er auf Christus angewiesen war. Hätte er aus diesem Erlebnis auf dem See gelernt, was Jesus ihm sagen wollte, hätte er in der großen Prüfung, die ihm noch bevorstand, nicht versagt.

Tag für Tag unterweist Gott seine Kinder. Durch die Dinge des täglichen Lebens bereitet er sie darauf vor, größere Aufgaben zu übernehmen – Aufgaben, zu denen er sie in seiner Vorsehung bestimmt hat. Der Ausgang dieser täglichen Prüfungen entscheidet über ihren Sieg oder ihre Niederlage in großen Lebenskrisen.

Wer nicht einsieht, dass er ständig auf Gott angewiesen ist, wird von der Versuchung überwältigt werden. Zum gegenwärtigen Zeitpunkt mögen wir denken, dass wir sicher stehen und nie fallen werden. Wir mögen vertrauensvoll sagen: »Ich weiß, an wen ich glaube, nichts kann meinen Glauben an Gott und sein Wort erschüttern!« Aber Satan bemüht sich ständig, aus unseren ererbten und anerzogenen Charakterzügen Vorteile zu ziehen und uns gegenüber den eigenen Bedürfnissen und Fehlern blind zu machen. Wir sind nur dann auf einem sicheren Weg, wenn wir unsere Schwachheit erkennen und unverwandt auf Jesus schauen. Kaum hatte Jesus im Boot Platz genommen, hörte der Sturm auf. »Und sogleich war das Boot am Land, wohin sie fahren wollten.« (Johannes 6,21b) Auf die Nacht des Schreckens folgte das Licht der Dämmerung. Die Jünger und andere, die mit ihnen im Boot gewesen waren, fielen Jesus dankbar zu Füßen und sprachen: »Du bist wahrhaftig Gottes Sohn!« (Matthäus 14,33)

KAPITEL 41

DIE ENTSCHEIDUNG IN GALILÄA

Johannes 6,22-71

Als Jesus den Menschen verbot, ihn als König auszurufen, wusste er, dass er an einem Wendepunkt seines Lebens angekommen war. Viele von denen, die ihn heute auf den Thron erheben wollten, würden sich morgen von ihm abwenden. Weil ihr ehrgeiziges Streben enttäuscht worden war, würden sich ihre Liebe in Hass und ihre Hochrufe in Flüche verwandeln. Obwohl er dies wusste, unternahm er nichts, um den Konflikt zu verhindern. Von Anfang an hatte er seinen Nachfolgern keine Hoffnung auf irdischen Lohn gemacht. Zu einem Mann, der sein Jünger werden wollte, sagte er: »Die Füchse haben Gruben und die Vögel unter dem Himmel haben Nester; aber der Menschensohn hat nichts, wo er sein Haupt hinlege.« (Matthäus 8,20) Wäre es möglich gewesen, sowohl die Welt als auch Christus zu besitzen, hätten sich ihm Scharen von Menschen angeschlossen. Aber einen solchen Dienst konnte er nicht annehmen. Viele von denen, die zu seinen Nachfolgern gehörten, waren von der Hoffnung auf ein irdisches Königreich beseelt. Sie sollten eines Besseren belehrt werden. Der tiefere Sinn des Brotwunders war nicht verstanden worden. Deshalb musste dies geklärt werden. Diese neue Offenbarung würde aber mit einer noch größeren Prüfung verbunden sein.

Die Nachricht vom Brotwunder wurde überall verbreitet. Schon sehr früh am nächsten Morgen strömten darum die Leute nach Betsaida, um Jesus zu sehen. Sie kamen in großer Zahl auf dem Landweg und auch über den See. Wer ihn am Vorabend verlassen hatte, kehrte zurück und hoffte, ihn dort wieder zu finden. Es hatte nämlich kein Boot mehr gegeben, mit dem er ans andere Ufer hätte fahren können. Doch sie suchten ihn vergeblich. Deshalb zogen viele nach Kapernaum weiter und suchten ihn dort.

In der Zwischenzeit kam Jesus, nachdem er fast einen Tag lang abwesend gewesen war, nach Genezareth. Sobald bekannt wurde, dass er dort angekommen war, eilten die Leute »im ganzen Land umher und fingen an, die Kranken auf Bahren überall dorthin zu tragen, wo sie hörten, dass er war« (Markus 6,55).

AUSEINANDERSETZUNGEN

Einige Zeit danach ging er in die Synagoge. Dort fanden ihn die Leute, die aus Betsaida gekommen waren. Von den Jüngern erfuhren sie, wie Jesus den See überquert hatte. Die Jünger erzählten ihnen vom heftigen Sturm. Stundenlang hatten sie vergeblich versucht, gegen den Wind zu rudern. Dann war ihnen Jesus erschienen und auf dem Wasser entgegen gekommen. Sie hatten sich sehr gefürchtet doch seine Worte beruhigten sie. Sie schilderten der verwunderten Menge das abenteuerliche Erlebnis von Petrus und wie der Sturm plötzlich gestillt worden war, sodass das Boot anlegen konnte. Dies alles wurde der staunenden Menge getreulich berichtet. Viele aber, die damit nicht zufrieden waren, drängten sich um Jesus und fragten ihn: »Rabbi, wie bist du hierher gekommen?« (Johannes 6,25b NLB) Sie hofften, von ihm selbst weitere Einzelheiten über das Wunder zu erfahren.

Jesus ging nicht auf ihre neugierigen Fragen ein. Traurig erwiderte er: »Ihr sucht mich nicht, weil ihr meine Wunder als Zeichen verstanden habt, sondern weil ihr von dem Brot gegessen habt und satt geworden seid.« (Johannes 6,26b GNB) Sie suchten ihn nicht aus einem edlen Beweggrund heraus. Da sie mit Brot gesättigt worden waren, erhofften sie sich noch weitere irdische Vorteile, wenn sie sich ihm anschließen würden. Jesus aber gebot ihnen: »Bemüht euch nicht um vergängliche Nahrung, sondern um wirkliche Nahrung, die für das ewige Leben vorhält.« (Johannes 6,27a GNB) Strebt nicht nur nach materiellem Gewinn! Es soll nicht euer Hauptanliegen sein, für das jetzige Leben zu sorgen, sondern bemüht euch um geistliche Speise, um Weisheit, die bis zum ewigen Leben bestehen bleibt. Allein der Sohn Gottes kann dies schenken, »denn ihn hat Gott, der Vater, als seinen Gesandten bestätigt« (Johannes 6,27b GNB).

Augenblicklich war das Interesse der Hörer geweckt. Sie riefen: »Was sollen wir denn nach dem Willen Gottes tun?« (Johannes 6,28 NLB) Sie hatten viele mühsame Leistungen erbracht, um sich vor Gott angenehm zu machen. Bereitwillig hätten sie jeder neuen Vorschrift zugestimmt, durch die sie sich ein größeres Verdienst hätten sichern können. Ihre eigentliche Frage war: Was sollen wir tun, damit wir uns den Himmel verdienen können? Welchen Preis müssen wir bezahlen, um das künftige Leben zu erlangen?

Jesus erklärte ihnen: »Dies ist der Wille Gottes, dass ihr an den glaubt, den er gesandt hat.« (Johannes 6,29 NLB) Der Preis für den Himmel ist Jesus. Der Weg zum Himmel geht über den Glauben an »Gottes Lamm, das der Welt Sünde trägt« (Johannes 1,29b).

Doch die Menschen wollten diese göttliche Wahrheit nicht annehmen. Jesus hatte genau das getan, was die Weissagungen über die Taten des Messias vorausgesagt hatten. Aber die Menschen vermissten, was sie sich in ihren selbstsüchtigen Hoffnungen als seine Aufgabe vorgestellt hatten. Zwar hatte Christus die Menge einmal mit Gerstenbroten gesättigt. Doch als Mose lebte, wurde Israel 40 Jahre lang mit Manna versorgt. Vom Messias erwartete man noch viel größere Segnungen. In ihren Herzen unzufrieden, fragten sie sich: ›Wenn Jesus so viele wundersame Werke vollbringen konnte, deren Zeugen wir geworden sind, warum konnte er dann nicht seinem ganzen Volk Gesundheit, Kraft und Reichtum schenken, es von seinen Unterdrückern befreien und ihm zu Macht und Ehre verhelfen?‹ Die Tatsache, dass sich Jesus als der Gesandte Gottes ausgab, es aber ablehnte, Israels König zu sein, war ein Geheimnis, das sie nicht ergründen konnten. Seine Ablehnung wurde falsch gedeutet. Viele kamen zum Schluss, er werde es nicht wagen, seine Ansprüche geltend zu machen, weil er selbst am göttlichen Charakter seiner Sendung zweifelte. Dadurch öffneten sie ihr Herz dem Unglauben, und die Saat, die Satan ausgestreut hatte, trug entsprechende Früchte: Missverständnisse und Abfall.

Halb spöttisch fragte ein Schriftgelehrter: »Was tust du für ein Zeichen, damit wir sehen und dir glauben? Was für ein Werk tust du? Unsere Väter haben in der Wüste das Manna gegessen, wie geschrieben steht (Psalm 78,24): ›Er gab ihnen Brot vom Himmel zu essen.‹« (Johannes 6,30.31)

MANNA – DAS HIMMELSBROT

Die Juden verehrten Mose als den Geber des Manna. Damit priesen sie das Werkzeug, verloren aber den, der das Wunder vollbracht hatte, aus den Augen. Ihre Väter hatten gegen Mose gemurrt und dessen göttlichen Auftrag angezweifelt und geleugnet. Mit derselben Einstellung verwarfen nun ihre Nachkommen den, der ihnen die Botschaft Gottes überbrachte. Jesus erklärte ihnen nun: »Wahrlich, wahrlich, ich sage euch: Nicht Mose hat euch das Brot vom Himmel gegeben.« (Johannes 6,32) Der Geber des Manna war nämlich mitten unter ihnen. Christus selbst hatte die Israeliten durch die Wüste geführt und sie täglich mit dem Brot des Himmels versorgt. Diese Speise war ein Sinnbild für das eigentliche Himmelsbrot. Das wahre Manna ist der lebenspendende Geist, der von der unendlichen Fülle Gottes ausgeht. Jesus sagte: »Das Brot Gottes ist der, welcher aus dem Himmel herabkommt und der Welt das Leben gibt.« (Johannes 6,33 Elb.)

Einige Zuhörer dachten immer noch, Jesus weise auf irdische Nahrung hin. Darum riefen sie aus: »Herr, gib uns allezeit solches Brot.« Darauf erwiderte Jesus deutlich: »Ich bin das Brot des Lebens.« (Johannes 6,34.35a)

Das Bild, das Jesus gebrauchte, war den Juden vertraut. Schon Mose hatte unter der Inspiration des Heiligen Geistes den Israeliten gesagt, »dass der Mensch nicht lebt vom Brot allein, sondern von allem, was aus dem Mund des Herrn geht« (5. Mose 8,3b). Und beim Propheten Jeremia heißt es: »Dein Wort ward meine Speise, sooft ich's empfing, und dein Wort ist meines Herzens Freude und Trost.« (Jeremia 15,16a) Die Rabbiner gebrauchten ein Sprichwort, das besagte, dass die geistliche Bedeutung des Brotessens das Studium des Gesetzes und das Vollbringen guter Werke sei. Oft wurde gesagt, dass bei der Ankunft des Messias ganz Israel gespeist würde. Die Lehre der Propheten offenbarte die tiefe geistliche Bedeutung des Brotwunders, und diese Lehre wollte Christus seinen Zuhörern in der Synagoge vermitteln. Hätten sie die heiligen Schriften verstanden, hätten sie auch seine Worte begreifen können, als er zu ihnen sagte: »Ich bin das Brot des Lebens.« (Johannes 6,35a) Es war nur ein Tag vergangen, seit er der hungrigen und müden Volksmenge Brot zu essen gegeben hatte. So wie sie durch dieses Brot körperlich gekräftigt und neu belebt worden waren, hätten sie von Christus geistliche Kraft zum ewigen Leben erhalten können. Er fuhr deshalb fort: »Wer zu mir kommt, den wird nicht hungern; und wer an mich glaubt, den wird nimmermehr dürsten.« Aber er fügte auch hinzu: »Ihr habt mich gesehen und glaubt doch nicht.« (Johannes 6,35.36)

DAS BROT DES LEBENS

Sie hatten Christus durch das Zeugnis des Heiligen Geistes und durch die persönliche Offenbarung Gottes in ihren Herzen »gesehen«. Tag für Tag hatten sie den lebendigen Beweis seiner Macht vor Augen gehabt. Trotzdem verlangten sie nach einem weiteren Zeichen. Wäre ihr Wunsch erfüllt worden, hätten sie wie zuvor in ihrem Unglauben verharrt. Hatte das bisher Gesehene und Gehörte sie nicht überzeugen können, wären auch weitere großartige Taten zwecklos gewesen. Der Unglaube wird immer einen Vorwand zum Zweifeln finden und den eindeutigsten Beweis wegdiskutieren.

Noch einmal appellierte Jesus an die verstockten Herzen: »Wer zu mir kommt, den werde ich nicht hinausstoßen.« (Johannes 6,37b) Alle, die ihn im

Glauben annehmen, so versicherte er, werden das ewige Leben haben. Nicht ein Einziger werde verloren gehen. Weder die Pharisäer noch die Sadduzäer brauchten sich weiterhin über das künftige Leben zu streiten. Und niemand brauchte mehr in hoffnungslosem Leid um seine Toten zu trauern.»Denn das ist der Wille meines Vaters, dass, wer den Sohn sieht und glaubt an ihn, das ewige Leben habe; und ich werde ihn auferwecken am Jüngsten Tag.« (Johannes 6,40)

Aber die Führer des Volkes waren gekränkt und sagten:»Ist dieser nicht Jesus, Josefs Sohn, dessen Vater und Mutter wir kennen? Wieso spricht er dann: Ich bin vom Himmel gekommen?« (Johannes 6,42). Durch ihren verächtlichen Hinweis auf seine niedrige Herkunft versuchten sie Vorurteile zu wecken. Voller Verachtung spielten sie auf sein Leben als galiläischer Arbeiter und auf seine arme und einfache Familie an. Die Behauptungen dieses ungebildeten Zimmermanns – so sagten sie – seien es nicht wert, von ihnen beachtet zu werden. Wegen seiner geheimnisvollen Geburt unterstellten sie ihm, er habe eine zweifelhafte Herkunft. Auf diese Weise stellten sie die Umstände, die zu seiner Geburt geführt hatten, als Schandfleck in seinem Leben dar.

Jesus versuchte nicht, das Geheimnis seiner Geburt zu erklären. Er beantwortete keine ihrer Fragen hinsichtlich seiner himmlischen Herkunft. Genauso wenig antwortete er auf die Frage in Bezug auf die Überquerung des Sees. Er lenkte die Aufmerksamkeit seiner Zuhörer nicht auf die Wunder, die sein Leben prägten. Freiwillig hatte er auf hohes Ansehen verzichtet und stattdessen Knechtsgestalt angenommen. Aber seine Worte und Taten offenbarten seinen Charakter. Alle, die ein offenes Herz für die göttliche Erleuchtung hatten, erkannten in ihm »den einzigen Sohn vom Vater, voll Gnade und Wahrheit« (Johannes 1,14b EÜ).

Die Vorurteile der Pharisäer waren tiefgründiger, als ihre Fragen erkennen ließen. Sie wurzelten in der Verdorbenheit ihres Herzens. Jedes Wort und jede Tat von Jesus erregte ihre Feindseligkeit, denn der Geist, den sie hegten, ließ sich von ihm in keiner Weise beeinflussen.

»Niemand kann zu mir kommen, es sei denn, ihn ziehe der Vater, der mich gesandt hat; und ich werde ihn auferwecken am Jüngsten Tag. In den Propheten steht geschrieben: Und sie werden alle von Gott gelehrt sein; jeder, der auf den Vater gehört und von ihm gelernt hat, kommt zu mir.« (Johannes 6,44.45 ZÜ) Nur derjenige kann zu Christus kommen, der sich von der Liebe des Vaters anziehen lässt. Doch Gott zieht alle Herzen zu sich. Nur wer sich seinem Werben widersetzt, wird sich weigern, zu Christus zu kommen.

Mit den Worten:»Sie werden alle von Gott gelehrt sein« (Johannes 6,45b ZÜ) bezog sich Jesus auf die Weissagung Jesajas:»Alle deine Kinder werden von dem Herrn gelehrt, und der Friede deiner Kinder wird groß sein.« (Jesaja 54,13 Elb.) Dieses Schriftwort, so dachten die Juden, treffe auf sie zu. Sie rühmten sich damit, dass Gott ihr Lehrer sei. Jesus aber zeigte ihnen, wie vergeblich dieser Anspruch war, denn er sagte: »Jeder, der von dem Vater gehört und gelernt hat, kommt zu mir.« (Johannes 6,45b Elb.) Nur durch Christus konnten sie den Vater erkennen. Kein Mensch hätte den Anblick seiner Herrlichkeit ertragen können. Wer von Gott gelernt hatte, hatte auf die Stimme seines Sohnes gehört, und in Jesus von Nazareth würde er den erkennen, der durch die Natur und die Offenbarung den Vater bekanntmachte.

»Amen, amen, ich sage euch: Wer glaubt, hat ewiges Leben.« (Johannes 6,47 ZÜ) Durch Johannes, den Lieblingsjünger, der diesen Worten zugehört hatte, erklärte der Heilige Geist den Gemeinden: »Das ist das Zeugnis, dass uns Gott das ewige Leben gegeben hat, und dieses Leben ist in seinem Sohn. Wer den Sohn hat, der hat das Leben.« (1. Johannes 5,11.12a) Jesus versprach: »Ich werde ihn auferwecken am Jüngsten Tag.« (Johannes 6,44b) Christus wurde eins mit uns im Fleisch, damit wir im Geist mit ihm eins werden. Dank dieser Einheit werden wir einmal aus unserem Grab hervorkommen. Dies wird nicht bloß ein Machtbeweis von Christus sein, sondern ein Zeichen dafür, dass sein Leben durch den Glauben zum unsrigen geworden ist. Wer den wahren Charakter von Christus erkennt und ihn in seinem Herzen aufnimmt, hat das ewige Leben. Durch den Heiligen Geist wohnt Christus in uns. Gottes Geist, den wir durch den Glauben in unser Herz aufgenommen haben, ist der Beginn des ewigen Lebens.

Das Volk hatte Christus auf das Manna hingewiesen, welches ihre Väter in der Wüste gegessen hatten, als wäre dies ein größeres Wunder gewesen als jenes, das Jesus für sie vollbracht hatte. Er aber zeigte, wie gering diese Gabe im Vergleich zu den Segnungen war, die zu schenken er gekommen war. Das Manna konnte nur das irdische Leben erhalten. Es konnte weder den Tod verhindern noch Unsterblichkeit verleihen. Das Himmelsbrot dagegen ernährt den Menschen geistlich bis zum ewigen Leben. Darum sagte Jesus: »Ich bin das Brot des Lebens. Eure Väter haben in der Wüste das Manna gegessen und sind gestorben. Dies ist das Brot, das vom Himmel kommt, damit, wer davon isst, nicht sterbe. Ich bin das lebendige Brot, das vom Himmel gekommen ist. Wer von diesem Brot isst, der wird leben in Ewigkeit.« (Johannes 6,48-51) Diesem Bild fügte Christus noch ein weiteres hinzu. Nur durch sein Sterben konnte er den Menschen ewiges Leben schenken. Mit den folgenden Worten wies er auf seinen Tod hin, der das einzige Mittel zur Erlösung ist, und sagte: »Und dieses Brot ist mein Fleisch, das ich geben werde für das Leben der Welt.« (Johannes 6,51b)

SEIN FLEISCH UND SEIN BLUT

Die Juden bereiteten sich gerade auf das Passafest in Jerusalem vor. Sie feierten es zur Erinnerung an die Nacht der Befreiung des Volkes Israel, als der Todesengel die Häuser der Ägypter schlug. Gott wollte, dass sie im Passalamm das Lamm Gottes sehen und durch dieses Sinnbild den Einen annehmen, der sich selbst für das Leben der Welt hingab. Für die Juden aber war das Symbol zum Allerwichtigsten geworden, während dessen eigentliche Bedeutung unbeachtet blieb. Darum erkannten sie nicht, dass es um den Leib des Herrn ging. Dieselbe Wahrheit, die durch den Passadienst symbolisch zum Ausdruck kam, wurde auch von Jesus gelehrt. Aber sie blieb trotzdem unverstanden.

Nun riefen die Rabbiner verärgert: »Wie kann der uns sein Fleisch zu essen geben?« (Johannes 6,52) Sie taten so, als würden sie seine Worte genauso wörtlich nehmen wie Nikodemus, als er fragte: »Wie kann ein Mensch geboren werden, wenn er alt ist?« (Johannes 3,4a) Teilweise verstanden sie die Bedeutung dessen, was Jesus sagte, doch sie wollten es nicht zugeben. Indem sie seine Worte falsch auslegten, hofften sie, das Volk mit einem Vorurteil ihm gegenüber zu beeinflussen.

Christus schwächte seine symbolische Darstellung nicht ab. Er wiederholte die Wahrheit mit noch deutlicheren Worten: »Wahrlich, wahrlich, ich sage euch: Wenn ihr nicht das Fleisch des Menschensohns esst und sein Blut trinkt, so habt ihr kein Leben in euch. Wer mein Fleisch isst und mein Blut trinkt, der hat das ewige Leben, und ich werde ihn am Jüngsten Tag auferwecken. Denn mein Fleisch ist die wahre Speise, und mein Blut ist der wahre Trank. Wer mein Fleisch isst und mein Blut trinkt, der bleibt in mir und ich in ihm.« (Johannes 6,53-56)

Das Fleisch von Christus zu essen und sein Blut zu trinken bedeutet, ihn als persönlichen Erlöser anzunehmen und daran zu glauben, dass er unsere Sünden vergibt und wir in ihm vollkommen sind. Indem wir seine Liebe betrachten, über sie nachdenken und sie wie einen Trank in uns aufnehmen, werden wir zu Teilhabern seiner Natur. Was Nahrung für den Körper bedeutet, muss Christus für unsere Seele sein. Die Nahrung nützt uns nichts, wenn wir sie nicht essen und sie nicht ein Teil von uns wird. Genauso wertlos ist Christus für uns, wenn er nicht unser persönlicher Erlöser ist. Theoretisches Wissen allein wird uns nichts nützen. Wir müssen uns von ihm ernähren, ihn in uns aufnehmen, damit sein Leben zu unserem Leben wird. Wir müssen uns seine Liebe und Gnade aneignen.

Doch auch diese Bilder können das Vorrecht des gläubigen Menschen, der eine Beziehung zu Christus hat, nur ungenügend beschreiben. Christus sagte:

»Wie mich der lebendige Vater gesandt hat und ich lebe um des Vaters willen, so wird auch, wer mich isst, leben um meinetwillen.« (Johannes 6,57) Wie der Sohn Gottes durch seinen Glauben an den Vater lebte, so sollen auch wir durch den Glauben an Christus leben. Jesus war so völlig dem Willen Gottes ergeben, dass allein der Vater in seinem Leben sichtbar wurde. Obwohl vom Bösen umgeben und in allen Dingen versucht wie wir, stand er makellos vor der Welt da. So sollen auch wir überwinden, wie Christus überwunden hat.

Bist du ein Nachfolger von Christus? Dann ist alles, was über das geistliche Leben geschrieben steht, für dich geschrieben. Du kannst es erlangen, wenn du dich mit Jesus verbindest. Lässt dein Eifer nach? Ist deine erste Liebe erkaltet? Dann nimm aufs Neue die Liebe an, die Christus dir anbietet. Iss sein Fleisch und trink sein Blut, und du wirst mit dem Vater und dem Sohn eins werden.

Die ungläubigen Juden wollten die Aussagen von Jesus nur wortwörtlich verstehen. Das Zeremonialgesetz verbot ihnen, Blut zu trinken. Nun bezeichneten sie diese Worte, über die sie sich untereinander stritten, als gotteslästerlich. Viele und sogar einige Jünger sagten: »Das ist ungeheuerlich. Wie kann man das glauben?« (Johannes 6,60 NLB)

»Jesus wusste, dass seine Jünger sich über seine Worte aufregten; deshalb sagte er zu ihnen: ›Nehmt ihr daran Anstoß? Was werdet ihr dann erst denken, wenn ihr den Menschensohn wieder in den Himmel zurückkehren seht? Es ist der Geist, der lebendig macht. Das Fleisch hat keine Macht. Die Worte aber, die ich euch gesagt habe, sind Geist und Leben.‹« (Johannes 6,61-63 NLB)

GOTTES WORT – UNSER LEBENSBROT

Das Leben von Christus, das der Welt Leben schenkt, finden wir in seinem Wort. Durch sein Wort heilte Jesus Kranke und trieb Dämonen aus. Auf sein Wort hin wurde der Sturm gestillt, und Tote wurden auferweckt. Die Menschen bezeugten, dass sein Wort Kraft besaß. Er redete Gottes Wort, so wie er es auch durch die Propheten und Lehrer des Alten Testaments getan hatte. Die ganze Bibel ist eine Offenbarung von Christus, und der Erlöser wollte den Glauben seiner Nachfolger am Wort festmachen. Wenn sie einst auf seine sichtbare Gegenwart verzichten müssten, wäre allein sein Wort ihre Kraftquelle. Wie ihr Herr sollten auch sie leben »von einem jeden Wort, das aus dem Mund Gottes geht« (Matthäus 4,4b; vgl. 5. Mose 8,3).

Wie die Nahrung unseren Körper erhält, so erhält Gottes Wort unser geistliches Leben. Jeder Mensch soll für sich selbst das Leben aus Gottes Wort empfangen. So wie wir selbst essen müssen, um die notwendigen Nährstoffe zu erhalten, müssen wir auch selbst sein Wort in uns aufnehmen. Wir dürfen es nicht nur durch die Gedanken eines anderen entgegennehmen. Wir sollten die Bibel sorgfältig studieren und Gott um die Hilfe des Heiligen Geistes bitten, damit wir sein Wort verstehen können. Wir sollten uns einen Vers vornehmen und uns ernsthaft darauf konzentrieren, den Gedanken zu erfassen, den Gott für uns dort hineingelegt hat. Bei diesem Gedanken sollten wir so lange verweilen, bis er zu unserem eigenen wird und wir wissen, was der Herr sagt.

Mit seinen Verheißungen und Warnungen wendet sich Jesus ganz persönlich an mich. Gott liebte die Welt so sehr, dass er seinen einzigen Sohn gab, damit auch ich an ihn glaube und nicht verloren gehe, sondern das ewige Leben habe (vgl. Johannes 3,16). Die in Gottes Wort aufgeführten Erfahrungen müssen meine Erfahrungen sein. Gebet und Verheißung, Gebot und Warnung betreffen mich persönlich. »Ich bin mit Christus gekreuzigt, und nicht mehr lebe ich, sondern Christus lebt in mir; was ich aber jetzt im Fleisch lebe, lebe ich im Glauben an den Sohn Gottes, der mich geliebt und sich selbst für mich hingegeben hat.« (Galater 2,19b.20 Elb.) Wenn wir die Grundsätze der Wahrheit im Glauben erfassen und in uns aufnehmen, werden sie Teil unseres Seins und Antriebskraft für unser Leben. Haben wir Gottes Wort in uns aufgenommen, formt es die Gedanken und wirkt sich auf die Entwicklung unseres Charakters aus.

Wenn wir im Glauben beständig auf Jesus schauen, werden wir gestärkt. Gott wird seinem Volk, das sich nach ihm sehnt, kostbare Offenbarungen zuteilwerden lassen. Die Gläubigen werden feststellen, dass Christus ein persönlicher Erlöser ist. Wenn sie aus seinem Wort geistliche Nahrung schöpfen, werden sie entdecken, dass es Geist und Leben ist. Das Wort zerstört ihre natürliche, irdische Natur und verleiht ihnen ein neues Leben in Jesus Christus. Der Heilige Geist kommt als Beistand zu den Menschen. Durch die umwandelnde Macht seiner Gnade wird das Bild Gottes in seinen Nachfolgern wiederhergestellt; sie werden zu einer »neuen Schöpfung« (2. Korinther 5,17b Elb.). Liebe verdrängt den Hass, und das Herz wird dem göttlichen ähnlich. Dies bedeutet, »von einem jeden Wort, das aus dem Mund Gottes geht«, zu leben. (Matthäus 4,4b) Auf diese Weise essen wir das Brot, das vom Himmel herabkommt.

Christus hatte damit eine heilige und ewige Wahrheit über die Beziehung zwischen ihm und seinen Nachfolgern ausgesprochen. Er kannte den Charakter jener, die behaupteten, seine Jünger zu sein. Seine Worte stellten ihren Glauben auf die Probe. Er ließ sie wissen, dass sie seinen Lehren glauben und auch danach leben sollten. Alle, die ihn annähmen, würden Teilhaber seiner

Natur und seinem Wesen ähnlich werden. Dies bedeutete auch, auf langgehegte Träume zu verzichten. Es verlangte eine völlige Übergabe an Christus. Sie waren dazu aufgerufen, sich aufzuopfern und demütig und bescheiden zu sein. Wollten sie an der Gabe des ewigen Lebens und der Herrlichkeit des Himmels teilhaben, mussten sie den schmalen Weg beschreiten, den der Mann von Golgatha ging.

ENTSCHEIDUNGEN

Diese Prüfung war zu schwer. Die Begeisterung derer, die ihn mit Gewalt zum König erheben wollten, ebbte ab. Diese Rede in der Synagoge, so erklärten sie, habe ihnen die Augen geöffnet. Nun seien sie aufgeklärt. Ihrer Meinung nach waren seine Worte ein offenes Bekenntnis, dass er nicht der Messias war. Eine Verbindung mit ihm würde keinen irdischen Vorteil bringen. Seine wunderwirkende Kraft hatten sie gern in Anspruch genommen, und sie wollten von Krankheit und Leid befreit werden. Doch mit seinem selbstlosen, aufopfernden Leben wollten sie nichts zu tun haben. Sie kümmerten sich auch nicht um das geheimnisvolle, geistliche Reich, von dem er sprach. Die unaufrichtigen und selbstsüchtigen Menschen, die ihn aufgesucht hatten, wollten nichts mehr von ihm wissen. Wenn er seine Macht und seinen Einfluss nicht dazu verwenden würde, sie von den Römern zu befreien, wollten sie nichts mehr mit ihm zu tun haben.

Jesus machte ihnen deutlich: »Aber es gibt einige unter euch, die glauben nicht ... darum habe ich euch gesagt: Niemand kann zu mir kommen, es sei ihm denn vom Vater gegeben.« (Johannes 6,64.65) Er wünschte sich, sie würden verstehen, dass, wenn sie sich nicht zu ihm hingezogen fühlen, es daran liegt, dass sie ihre Herzen dem Heiligen Geist nicht öffneten: »Menschen, die Gott nicht kennen, können den Geist Gottes jedoch nicht verstehen. In ihren Ohren klingt alles unsinnig, denn nur die, die der Geist leitet, verstehen, was der Geist meint.« (1. Korinther 2,14 NLB) Durch den Glauben erblickt der Mensch die Herrlichkeit von Jesus. Diese Herrlichkeit bleibt so lange verborgen, bis der Heilige Geist den Glauben im Herzen entfacht.

Durch den öffentlichen Tadel ihres Unglaubens entfernten sich diese Jünger noch mehr von Jesus. Sie waren sehr verärgert und wollten Jesus kränken, um den gottlosen Pharisäern damit eine Freude zu bereiten. So »wandten sich viele seiner Jünger ab« (Johannes 6,66a) und verließen ihn voller Verachtung. Sie hatten sich für die Form ohne Geist und die Hülse ohne Kern entschieden. Ihre Entscheidung machten sie nie mehr rückgängig, denn sie gingen nicht mehr mit Jesus.

Die Schaufel »ist in seiner Hand, und er wird seine Tenne durch und durch reinigen und seinen Weizen in die Scheune sammeln« (Matthäus 3,12a Elb.). Dies bezieht sich auf eine Zeit der Reinigung. Durch die Worte der Wahrheit wurde die Spreu vom Weizen getrennt. Viele wandten sich von Jesus ab, weil sie zu eitel und zu selbstgerecht waren, um eine Belehrung anzunehmen. Sie liebten die Welt zu sehr, als dass sie bereit gewesen wären, ein Leben der Demut auf sich zu nehmen. Auch heute verhalten sich viele Menschen so. Wie jene Jünger in der Synagoge von Kapernaum werden auch heute Menschen geprüft. Findet die Wahrheit Eingang in ihre Herzen, erkennen sie, dass ihr Leben nicht mit Gottes Willen übereinstimmt. Sie verspüren die Notwendigkeit einer vollständigen Veränderung, sind aber nicht bereit, dieses Werk der Selbstverleugnung auf sich zu nehmen. Darum sind sie ungehalten, wenn ihre Sünden aufgedeckt werden. So wie viele Jünger Jesus damals verließen, gehen auch sie beleidigt weg und murren: »Das ist ungeheuerlich. Wie kann man das glauben?« (Johannes 6,60 NLB)

Lob und Schmeichelei wären ihnen angenehm, aber die Wahrheit ist ihnen nicht willkommen. Sie können sie nicht ertragen. Wenn die große Menge folgt, die Massen gespeist werden und Siegesrufe ertönen, dann loben auch sie mit lauter Stimme. Offenbart der prüfende Geist Gottes jedoch ihre Sünden und fordert sie auf, diese zu unterlassen, wenden sie sich von der Wahrheit ab und gehen nicht mehr mit Jesus.

Als die unzufriedenen Jünger Jesus verließen, nahm ein anderer Geist von ihnen Besitz. Obwohl sie einmal von ihm so begeistert gewesen waren, konnten sie nun nichts Anziehendes mehr an ihm finden. Stattdessen suchten sie seine Feinde auf, weil deren Denken und Handeln mit dem ihren übereinstimmte. Sie legten seine Worte und Anweisungen falsch aus und fochten seine Beweggründe an. Ihre Sicht der Dinge untermauerten sie dadurch, dass sie alles sammelten, was sich gegen Jesus verwenden ließ. Diese falschen Berichte lösten eine derartige Entrüstung aus, dass sein Leben in Gefahr stand.

Rasch verbreitete sich die Nachricht, Jesus aus Nazareth habe selbst zugegeben, nicht der Messias zu sein. Und so wandte sich die öffentliche Meinung in Galiläa gegen ihn, wie es ein Jahr zuvor in Judäa geschehen war. Was für ein Leid für Israel! Sie verwarfen ihren Erlöser, weil sie sich nach einem Eroberer sehnten, der ihnen irdische Macht verleihen würde. Sie wünschten sich eine vergängliche Speise und nicht eine, »die für das ewige Leben vorhält« (Johannes 6,27b GNB).

Mit betrübtem Herzen sah Jesus, wie sich viele seiner Nachfolger von ihm, dem »Leben« und »Licht der Menschen« (Johannes 1,4), abwandten. Die Gewissheit, dass sein Erbarmen verkannt, seine Liebe und Gnade verschmäht

und seine Erlösung abgelehnt wurde, erfüllte ihn mit unbeschreiblichem Schmerz. Solche Ereignisse wie diese machten ihn zu einem »Mann der Schmerzen und mit Leiden vertraut«. (Jesaja 53,3b Elb.)
Ohne zu versuchen, jene, die ihn verließen, daran zu hindern, wandte sich Jesus an die Zwölf mit der Frage: »Werdet ihr auch weggehen?« (Johannes 6,67 NLB) Petrus antwortete: »Herr, zu wem sollten wir gehen? Nur du hast Worte, die ewiges Leben schenken.« Und er fügte hinzu: »Wir glauben und haben erkannt, dass du der Heilige Gottes bist.« (Johannes 6,68.69 NLB)

ZU WEM SOLLTEN WIR GEHEN?

»Zu wem sollten wir gehen?« Die Lehrer in Israel waren Sklaven des Formalismus. Die Pharisäer und Sadduzäer[66] standen in einer ständigen Auseinandersetzung. Jesus zu verlassen bedeutete, unter die Verfechter der Riten und Bräuche zu gehen und unter ehrgeizige Männer zu fallen, die ihre eigene Ehre suchten. Seitdem die Jünger Christus angenommen hatten, waren sie viel mehr mit Frieden und Freude erfüllt als je zuvor in ihrem Leben. Wie konnten sie zu jenen zurückgehen, die den Freund der Sünder verachteten und verfolgten? Lange hatten sie nach dem Messias Ausschau gehalten. Nun war er gekommen, und sie konnten sich nicht von ihm abwenden, um sich denen anzuschließen, die ihm nach dem Leben trachteten und ihnen nachstellten, weil sie seine Nachfolger waren.

»Zu wem sollten wir gehen?« Niemals weg von dem, was Christus lehrte. Niemals weg von seinen Unterweisungen über Liebe und Gnade und hin zur Finsternis des Unglaubens und der Bosheit der Welt. Während Christus von vielen verlassen wurde, die Zeugen seiner wunderbaren Werke gewesen waren, drückte Petrus den Glauben der Jünger mit den Worten aus: »Du bist der Heilige Gottes.« Allein der Gedanke, diesen Anker ihres Lebens zu verlieren, erfüllte sie mit Angst und Schmerz. Keinen Erlöser zu haben bedeutete, in der Dunkelheit auf dem stürmischen See zu treiben.

Viele Worte und Taten von Jesus erscheinen dem begrenzten Verstand fremd. Jedes Wort und jede Tat hatte jedoch einen ganz bestimmten Zweck im Werk der Erlösung. Sie alle waren dazu gedacht, ihr eigenes Ergebnis hervorzubringen. Könnten wir seine Absichten verstehen, würden sich alle seine Worte und Taten als wichtig, vollkommen und im Einklang mit seiner Mission erweisen.

Auch wenn wir Gottes Wirken und Wege jetzt nicht verstehen, können wir seine große Liebe erkennen, die seinem Umgang mit uns Menschen

---

66 Siehe Erklärungen »Religionsparteien, jüdische«, S. 819 f.

zugrunde liegt. Wer mit Jesus lebt, versteht viel vom »Geheimnis des Glaubens« (vgl. 1. Timotheus 3,16). Er wird die Barmherzigkeit erkennen, die Zurechtweisungen erteilt, den Charakter prüft und die Absichten des Herzens ans Licht bringt.

Als Jesus diese schwierige Wahrheit vorlegte, die so manche seiner Jünger dazu veranlasste, sich von ihm abzuwenden, wusste er, was die Folge sein würde. Doch er verkündigte eine Botschaft der Gnade. Er sah voraus, dass jeder seiner geliebten Jünger in der Stunde der Versuchung ernsthaft geprüft wird. Sein Todeskampf in Gethsemane, der Verrat und die Kreuzigung würden für sie zur schwersten Prüfung werden. Wären sie nicht schon früher auf die Probe gestellt worden, hätten sich ihnen viele angeschlossen, die sich nur von selbstsüchtigen Beweggründen treiben ließen. Als ihr Herr in der Gerichtshalle verurteilt wurde und ihn das Volk, das ihn freudig als seinen König begrüßt hatte, schmähte und beschimpfte, als die spottende Menge »Kreuzige ihn!« rief, weil ihr weltlicher Ehrgeiz enttäuscht worden war, hätten diese ichbezogenen Anhänger durch ihre Abkehr von Christus den Jüngern ein weiteres bitteres und herzzerbrechendes Leid zugefügt. Und das zusätzlich zu ihrem Kummer und ihrer Enttäuschung über den Untergang ihrer größten Hoffnungen! In jener dunklen Stunde hätte das Beispiel derer, die sich von ihm abwandten, andere mitreißen können. Doch Jesus hatte diese Krise herbeigeführt, als er den Glauben seiner wahren Nachfolger noch durch seine persönliche Gegenwart stärken konnte.

Als mitleidsvoller Erlöser, der genau wusste, welches Schicksal ihn erwartete, ebnete er seinen Jüngern liebevoll den Weg, bereitete sie auf ihre größte Anfechtung vor und stärkte sie für die letzte Prüfung!

KAPITEL 42

DIE ÜBERLIEFERUNGEN

Matthäus 15,1-20; Markus 7,1-23

Die Schriftgelehrten und Pharisäer erwarteten, Jesus auf dem Passafest anzutreffen. Sie wollten ihm eine Falle stellen. Aber Jesus erkannte ihre Absichten und blieb dieser Versammlung fern. »Da kamen zu Jesus Pharisäer und Schriftgelehrte aus Jerusalem.« (Matthäus 15,1) Weil er nicht zu ihnen gegangen war, kamen sie zu ihm. Eine Zeitlang hatte es so ausgesehen, als nähmen die Leute aus Galiläa Jesus als den Messias an und als würde die Herrschaft der religiösen Machthaber in dieser Gegend gebrochen. Die Aussendung der Zwölf, die auf eine Ausweitung der Arbeit von Christus hindeutete, brachte die Jünger in einen direkten Konflikt mit den Rabbinern und erregte erneut die Eifersucht der geistlichen Führer in Jerusalem. Die Spione, die zu Beginn seines Wirkens nach Kapernaum gesandt worden waren, hatten versucht, Jesus eine Klage wegen Übertretung des Sabbatgebotes anzuhängen. Sie mussten zwar beschämt aufgeben, doch die Rabbiner waren fest entschlossen, ihr Vorhaben auszuführen. Nun wurde eine andere Abordnung gesandt, die jede Bewegung von Jesus beobachten sollte, um etwas zu finden, womit sie ihn hätten anklagen können.

Wie schon zuvor war der Grund der Anklage die Missachtung der überlieferten Vorschriften, die Gottes Gesetz zu einer Last machten. Angeblich sollten diese eine Hilfe für das Einhalten des Gesetzes sein. In Wirklichkeit jedoch hielt man sie für heiliger als das Gesetz selbst. Gerieten sie mit den Geboten vom Sinai in Konflikt, gab man den rabbinischen Regeln den Vorrang.

REINIGUNGSZEREMONIEN

Zu den Vorschriften, die am strengsten durchgesetzt wurden, gehörte die zeremonielle Reinigung. Eine Unterlassung dieser formellen Handlungen, die vor dem Essen zu erfüllen waren, galt als abscheuliche Sünde, die sowohl in dieser als auch in der zukünftigen Welt bestraft werden musste. Es wurde sogar als Tugend angesehen, den Übertreter umzubringen.

Die Regeln in Bezug auf die Reinigung waren zahllos. Ein Menschenleben reichte kaum aus, um sie alle kennen zu lernen. Das Leben derer, die ernstlich versuchten, den Anforderungen der Rabbiner nachzukommen, war ein einziger langer Kampf gegen zeremonielle Verunreinigungen, ein endloser Kreislauf von Waschungen und Reinigungen. Während die Menschen ständig mit unbedeutenden Besonderheiten und Vorschriften, die Gott nie gefordert hatte, beschäftigt waren, wurde ihre Aufmerksamkeit von den wichtigen Grundsätzen seines Gesetzes abgelenkt.

Christus und seine Jünger beachteten diese zeremoniellen Waschungen nicht, was die Spione der Pharisäer zum Anlass nahmen, ihn anzuklagen. Allerdings griffen sie Jesus nicht offen an, sondern kamen zu ihm und tadelten seine Jünger. Vor der versammelten Volksmenge fragten sie ihn: »Warum übertreten deine Jünger die Satzungen der Ältesten? Denn sie waschen ihre Hände nicht, wenn sie Brot essen.« (Matthäus 15,2)

Immer wenn die Botschaft der Wahrheit die Menschen mit besonderer Kraft erfasst, ruft Satan seine Mitarbeiter auf den Plan, um einen Streit über Nebensächlichkeiten zu entfachen. Auf diese Weise lenkt er die Aufmerksamkeit von der Hauptsache ab. Immer wenn mit einem guten Werk begonnen wird, stehen Kritiker bereit, um über Formalitäten oder Details zu streiten und so von der Realität abzulenken. Wenn sich herausstellt, dass Gott auf eine besondere Art und Weise etwas für sein Volk tun möchte, sollen wir uns nicht auf Streitigkeiten einlassen, welche die Menschen ins Unglück stürzen. Dies sind die Fragen, die für uns von größter Bedeutung sind: Habe ich den rettenden Glauben an den Sohn Gottes? Ist mein Leben im Einklang mit dem göttlichen Gesetz? »Wer an den Sohn glaubt, der hat das ewige Leben. Wer aber dem Sohn nicht gehorsam ist, der wird das Leben nicht sehen.« (Johannes 3,36a) »Und daran merken wir, dass wir ihn kennen, wenn wir seine Gebote halten.« (1. Johannes 2,3)

TRADITIONEN VERDRÄNGEN GOTTES ORDNUNGEN

Jesus versuchte nicht, sich oder seine Jünger zu verteidigen. Er ging nicht auf diese Vorwürfe ein, sondern zeigte weiter auf, welcher Geist diese Menschen beherrschte, die im Übereifer um menschliche Bräuche stritten. Anhand eines Beispiels erklärte er ihnen, was sie selbst wiederholt taten und gerade getan hatten, bevor sie ihn aufsuchten. Er sagte: »Ihr versteht es glänzend, Gottes Gebot außer Kraft zu setzen, um euren eigenen Vorschriften Geltung zu verschaffen! Mose hat zum Beispiel gesagt: ›Ehre deinen Vater und deine Mutter!‹ und: ›Wer Vater oder Mutter verflucht, soll mit dem Tod bestraft werden.‹ Ihr dagegen lehrt, man könne zu seinem Vater oder zu seiner Mutter sagen: ›Alles, was dir eigentlich von mir als Unterstützung zusteht, erkläre ich für Korban.‹ (Das bedeutet: Es ist eine Opfergabe ›für den Tempel‹.) Und auf eine solche Erklärung hin lasst ihr ihn nichts mehr für seinen Vater oder seine Mutter tun.« (Markus 7,9-12 NGÜ) Ohne dass es Konsequenzen gehabt hätte, ließen sie das fünfte Gebot einfach außer Acht. Die Traditionen der Rabbiner aber befolgten sie mit peinlicher Genauigkeit. Diese lehrten die Menschen, dass die Schenkung ihres Besitzes an den Tempel sogar eine heiligere Pflicht sei als die Unterstützung der Eltern. Wie groß die Not auch immer sein mochte, es wurde als Gotteslästerung angesehen, wenn den Eltern ein Teil von dem gegeben wurde, was bereits dem Tempel geweiht worden war. Ein respektloser Nachkomme brauchte nur das Wort »Korban« über seinem Eigentum auszusprechen, und schon hatte er es Gott geweiht. Solange er lebte, durfte er sein Hab und Gut für sich verwenden. Erst nach seinem Tod fiel es an den Tempel. So war man frei, im Leben wie im Sterben, unter dem Deckmantel angeblicher Hingabe an Gott, seine Eltern zu entehren und zu berauben.

DIE LAST DER RABBINISCHEN BRÄUCHE

Niemals – weder durch Worte noch durch Taten – hatte Jesus die Verpflichtung der Menschen, Gott Opfergaben darzubringen, herabgesetzt. Christus selbst gab alle Anweisungen in Bezug auf Zehnten[67] und Gaben. Als er auf Erden war, lobte er die arme Frau, als diese alles, was sie besaß, in den Tempelkasten legte (vgl. Markus 12,41-44). Doch der scheinbare Eifer für Gott, den die Priester und Rabbiner an den Tag legten, war nur ein Vorwand, um ihren Wunsch nach Selbstverherrlichung zu verbergen. Das Volk wurde von ihnen betrogen. Die schweren Lasten, welche die Menschen trugen, waren ihnen nicht von Gott auferlegt worden. Selbst die Jünger von Christus waren nicht gänzlich frei vom Joch, das ihnen durch ererbte Vorurteile und rabbinische Autorität auferlegt worden war. Indem er den wahren Geist der Rabbiner aufdeckte, versuchte Jesus, alle, die wirklich Gott dienen wollten, von der Last der rabbinischen Bräuche zu befreien.

Den scheinheiligen Spionen rief Jesus zu: »Ihr Heuchler! Was Jesaja prophezeit hat, trifft genau auf euch zu: ›Dieses Volk ehrt mich mit den Lippen, aber ihr Herz ist weit von mir entfernt. Ihr ganzer Gottesdienst ist wertlos, denn ihre Lehren sind nichts als Gebote von Menschen.‹« (Matthäus

---

67 Siehe Erklärungen »Zehnten«, S. 821.

15,7-9 NGÜ) Die Worte von Christus waren eine Anklage an das gesamte von den Pharisäern aufgebaute religiöse System. Indem die Rabbiner ihre Vorschriften über die göttlichen Gebote stellten, erhoben sie sich selbst über Gott.

Die Abgesandten von Jerusalem waren rasend vor Wut. Sie konnten Christus nicht als Übertreter des Gesetzes brandmarken, das am Sinai gegeben worden war, weil er als dessen Verteidiger gegen ihre Traditionen sprach. Die großen Richtlinien des Gesetzes, auf die er anspielte, standen in krassem Gegensatz zu den kleinlichen Regeln, die sich Menschen ausgedacht hatten.

Jesus erklärte der Menge und später noch ausführlicher seinen Jüngern, dass die Verunreinigung nicht von außen, sondern aus dem Inneren des Menschen kommt. Reinheit und Unreinheit betreffen die Seele. Nicht die Missachtung von äußerlichen, menschengemachten Zeremonien verunreinigen den Menschen, sondern böse Worte, böse Gedanken und die Übertretung des göttlichen Gesetzes.

Die Jünger bemerkten die Wut der Spione, als deren falsche Lehre bloßgestellt wurde. Sie sahen die zornigen Blicke und hörten die halb gemurmelten Worte voller Missfallen und Rache. Sie hatten vergessen, wie oft ihnen Christus bewiesen hatte, dass er in den Herzen der Menschen wie in einem offenen Buch las, und berichteten ihm, was seine Worte ausgelöst hatten. In der Hoffnung, er würde die empörten Amtsträger beschwichtigen, sagten sie zu ihm: »Weißt du auch, dass die Pharisäer an dem Wort Anstoß nahmen, als sie es hörten?« (Matthäus 15,12)

Jesus antwortete: »Jede Pflanze, die nicht von meinem Vater im Himmel gepflanzt worden ist, wird ausgerissen.« (Matthäus 15,13 NLB) Die Bräuche und Traditionen, auf welche die Rabbiner so großen Wert legten, stammten von dieser Welt und nicht vom Himmel. Wie sehr ihnen das Volk auch Gewicht beimaß, unter der göttlichen Prüfung hatten sie keinen Bestand. Jede menschliche Erfindung, die als Ersatz für Gottes Gebote gedient hat, wird an jenem Tag für wertlos befunden werden, »denn Gott wird alle Werke vor Gericht bringen, alles, was verborgen ist, es sei gut oder böse« (Prediger 12,14).

GOTTES GEBOTE WERDEN WIEDER ENTDECKT

Noch immer werden menschliche Verordnungen an die Stelle der göttlichen Gebote gesetzt. Selbst unter den Christen gibt es Einrichtungen und Gepflogenheiten, die keine bessere Grundlage haben als die Überlieferungen der Väter. Solche Einrichtungen, die nur auf menschlicher Autorität beruhen, haben die göttlichen Ordnungen verdrängt. Die Menschen klammern sich an ihre Traditionen, verehren ihre Gepflogenheiten und hegen Hassgefühle gegen alle, die versuchen, den Irrtum aufzuzeigen. In dieser Zeit, in der wir aufgefordert sind, andere auf »die Gebote Gottes und den Glauben an Jesus« (Offenbarung 14,12) aufmerksam zu machen, erleben wir die gleiche Feindschaft, die damals Christus begegnet ist. Von den »Übrigen« des Volkes Gottes steht geschrieben: »Der Drache [Satan] wurde zornig über die Frau und ging hin, Krieg zu führen mit den Übrigen ihrer Nachkommenschaft, welche die Gebote Gottes halten und das Zeugnis Jesu haben.« (Offenbarung 12,17 Elb.)

»Jede Pflanze, die nicht von meinem Vater im Himmel gepflanzt worden ist, wird ausgerissen.« (Matthäus 15,13 NLB) Gott gebietet uns, anstelle der Vollmacht der sogenannten Kirchenväter das Wort des ewigen Vaters anzunehmen, der Herr über Himmel und Erde ist. Nur hier ist die Wahrheit nicht mit Irrtum vermischt. Der Psalmist schrieb: »Ich habe größere Erkenntnis als meine Lehrer, denn ich denke unablässig über deine Ratschlüsse nach. Ich bin klüger als die Alten, denn ich habe deine Gebote befolgt.« (Psalm 119,99.100 NLB) Mögen doch alle, die einer menschlichen Autorität, den Bräuchen einer Kirche oder den Überlieferungen der Väter zustimmen, die Warnung ernst nehmen, die in den Worten von Christus liegt: »Ihr ganzer Gottesdienst ist wertlos, denn ihre Lehren sind nichts als Gebote von Menschen.« (Matthäus 15,9 NGÜ)

TEIL 6

WACHSENDER WIDERSTAND

»Ich bin das Licht der Welt. Wer mir nachfolgt, der wird nicht wandeln in der Finsternis, sondern wird das Licht des Lebens haben.«

Johannes 8,12

KAPITEL 43

SCHRANKEN WERDEN NIEDERGERISSEN

Matthäus 15,21-28; Markus 7,24-30

Nach der Begegnung mit den Pharisäern verließ Jesus Kapernaum, zog durch Galiläa und begab sich in das hügelige Land an der Grenze zu Phönizien. Wenn er nach Westen schaute, konnte er in der Ebene unten die alten Städte Tyrus und Sidon mit ihren heidnischen Tempeln und prachtvollen Palästen, den großen Märkten sowie dem Hafen mit den vielen Schiffen sehen. Dahinter dehnte sich die blaue Fläche des Mittelmeeres aus, über welches hinweg die Apostel die frohe Botschaft von der Erlösung ins Herz des Römischen Weltreiches tragen sollten. Aber die Zeit war noch nicht reif dafür. Jetzt musste er zuerst seine Jünger auf ihre Aufgabe vorbereiten. Jesus war in diese Gegend gekommen, weil er hoffte, hier Ruhe von der Arbeit zu finden, die er in Betsaida vergeblich gesucht hatte. Doch das war nicht der einzige Grund dieser Reise.

DIE BEHARRLICHE BITTE EINER HEIDNISCHEN FRAU

»Eine kanaanäische Frau kam aus diesem Gebiet und schrie: Ach, Herr, du Sohn Davids, erbarme dich meiner! Meine Tochter wird von einem bösen Geist übel geplagt.« (Matthäus 15,22) Die Einwohner dieser Gegend stammten vom alten Geschlecht der Kanaaniter ab. Sie waren Götzenanbeter und deswegen bei den Juden verachtet und verhasst. Zu diesem Volk gehörte auch die Frau, die zu Jesus kam. Sie war eine Heidin und darum von den Vorrechten, derer sich die Juden täglich erfreuten, ausgeschlossen. Unter den Phöniziern lebten damals viele Juden. Die Neuigkeiten über das Wirken von Christus waren bis in diese Gegend durchgedrungen. Einige Leute hatten ihm schon zugehört und seine wunderbaren Taten miterlebt. Diese Frau hatte vernommen, dass der Prophet alle möglichen Krankheiten heilen könne. Als sie von seiner Macht hörte, keimte Hoffnung in ihr auf. Getrieben von der

Liebe zu ihrem Kind, entschloss sie sich, die Angelegenheit ihrer Tochter vor Jesus zu bringen. Es war ihre feste Absicht, mit ihrem großen Kummer zu Jesus zu gehen. Er musste ihr Kind heilen. Sie hatte Hilfe bei den heidnischen Göttern gesucht, doch es war keine Besserung eingetreten. Es gab Zeiten, da war sie versucht zu denken: Was kann dieser jüdische Lehrer schon für mich tun? Doch man erzählte sich, dass er alle Arten von Krankheiten heilen könne, ohne Rücksicht darauf, ob ein Hilfesuchender arm oder reich war. Darum entschloss sich diese kanaanäische Frau, ihre einzige Hoffnung nicht aufzugeben.

Christus kannte die Notlage dieser Frau. Er wusste, dass sie sich danach sehnte, ihn zu sehen. Darum begab er sich dorthin, wo sie ihm begegnen konnte. Indem er auf ihren Kummer einging, erteilte er seinen Jüngern einen lebendigen Anschauungsunterricht dessen, was er sie zu lehren gedachte. Deswegen war er mit seinen Jüngern in diese Gegend gezogen. Er wünschte sich, dass sie die große Unwissenheit sehen könnten, die in den Dörfern und Städten rund um Israel herrschte. Das Volk, dem Gott jede Gelegenheit gegeben hatte, die Wahrheit zu verstehen, wusste nichts von den Nöten der umliegenden Völker. Niemand bemühte sich darum, Menschen aus ihrer geistlichen Finsternis herauszuführen. Die Schranken, die durch den jüdischen Stolz aufgerichtet worden waren, hielten sogar die Jünger davon ab, mit den Heiden Mitleid zu haben. Aber diese Mauern der Trennung mussten niedergerissen werden.

Jesus ging nicht sofort auf die Bitte der Frau ein. Er begegnete ihr – der Vertreterin eines verachteten Volkes – so, wie es die Juden getan hätten. Er wollte den Jüngern durch diese Begrüßung zeigen, wie kalt und herzlos die Juden eine solche Frau behandelten. Wenn er dann die Bitte der Frau erfüllte, sollten sie auf seine mitfühlende Teilnahme achten und später genauso handeln.

Obwohl Jesus der Frau nicht antwortete, gab sie die Hoffnung nicht auf. Er ging einfach weiter und tat, als habe er sie nicht gehört. Doch sie folgte ihm und wiederholte ihre Bitte. Die Jünger ärgerten sich darüber, dass die Frau so aufdringlich war, und forderten Jesus auf, sie wegzuschicken. Sie sahen, dass ihr Meister sie gleichgültig behandelte, und nahmen an, dass er das Vorurteil billigte, das die Juden gegen die Kanaaniter hegten. Aber die Frau richtete ihre Bitte an einen barmherzigen Erlöser. Als Antwort auf die Aufforderung seiner Jünger sagte Jesus: »Ich bin nur gesandt zu den verlorenen Schafen des Hauses Israel.« (Matthäus 15,24) Diese Worte schienen mit dem Vorurteil der Juden übereinzustimmen. Dennoch enthielten sie einen unausgesprochenen Tadel an die Jünger, den sie erst später verstanden, als er sie an

385

das erinnerte, was er ihnen oft gesagt hatte: Er war in die Welt gekommen, um alle zu erlösen, die ihn annehmen.

Immer eindringlicher flehte die Frau Jesus an, warf sich ihm zu Füßen und rief aus:»Herr, hilf mir!« Es schien, als würde Jesus, wie die voreingenommenen, herzlosen Juden, ihre Bitte noch immer abweisen. Er antwortete:»Es ist nicht recht, den Kindern das Brot wegzunehmen und es den Hunden vorzuwerfen.« (Matthäus 15,25.26 NGÜ) Dies bestätigte eigentlich, dass es nicht richtig war, die Segnungen, die Gott doch für sein auserwähltes Volk vorgesehen hatte, an Menschen außerhalb von Israel zu verschwenden. Diese Antwort hätte jeden weniger ernsthaft Suchenden gänzlich entmutigt. Die Frau aber spürte, dass ihre Gelegenheit gekommen war. Hinter der scheinbaren Ablehnung von Jesus erkannte sie ein Mitleid, das er nicht verbergen konnte.»Das stimmt, Herr«, erwiderte sie,»aber immerhin fressen die Hunde die Brotkrumen, die vom Tisch ihrer Herren herunterfallen.« (Matthäus 15,27 NGÜ) Solange die Kinder der Familie vom Tisch ihres Vaters essen, gehen auch die Hunde nicht leer aus. Sie haben Anrecht auf die Brotkrümel, die vom reich gedeckten Tisch fallen. Wenn Israel so viele Segnungen empfangen hatte, gab es dann nicht auch einen Segen für sie? Wenn sie mit einem Hund verglichen wurde, hatte sie dann nicht wenigstens auch das Anrecht eines Hundes auf die Krümel der Wohltaten Gottes?

EIN ARBEITSFELD AUSSERHALB VON JUDÄA

Jesus hatte gerade den Ort verlassen, an dem er gewirkt hatte, weil ihm die Schriftgelehrten und Pharisäer nach dem Leben trachteten. Sie murrten und beschwerten sich, brachten ihren Unglauben und ihre Bitterkeit zum Ausdruck und lehnten das Heil ab, das ihnen so großzügig angeboten wurde. Hier nun traf Christus einen Menschen aus einem benachteiligten und verhassten Volk, das nicht das Vorrecht hatte, vom Licht des Wortes Gottes erleuchtet zu werden. Doch diese Frau gab sich sofort dem göttlichen Einfluss hin und vertraute vorbehaltlos darauf, dass Jesus ihre Bitte erfüllen könne. Sie bat um die Krümel, die vom Tisch des Herrn fielen. Wenn ihr das Vorrecht eines Hundes gewährt würde, war sie gern bereit, als ein solcher angesehen zu werden. Sie hatte weder nationale noch religiöse Vorurteile und besaß diesbezüglich auch keinen Stolz, der ihr Verhalten beeinflusst hätte. Augenblicklich erkannte sie in Jesus ihren Retter und glaubte, dass er imstande sei, alles zu tun, worum sie ihn bat.

Dies genügte dem Erlöser. Er hatte ihren Glauben an ihn auf die Probe gestellt. Durch den Umgang mit ihr hatte er allen gezeigt, dass sie, die als Ausgestoßene des Volkes Israel galt, nicht länger ein Fremdling, sondern ein Kind der göttlichen Familie war. Als Kind hatte sie das Vorrecht, an den Gaben des Vaters teilzuhaben. Christus erfüllte nun ihre Bitte und beendete damit die Unterweisung seiner Jünger. Indem er sich umwandte und die Frau voller Erbarmen und Liebe anblickte, sagte er zu ihr: »Frau, dein Glaube ist groß! Was du willst, soll geschehen.« (Matthäus 15,28 NGÜ) Von dieser Stunde an war ihre Tochter geheilt. Der Dämon plagte sie nicht mehr. Nun ging die Frau weg, bezeugte Jesus als ihren Erlöser und war glücklich, dass ihre Bitte erhört worden war.

Dies war das einzige Wunder, das Jesus während dieser Reise vollbrachte. Nur dieser Tat wegen war er ins Grenzgebiet von Tyrus und Sidon gegangen. Er wollte die gequälte Frau befreien und gleichzeitig durch diese barmherzige Tat an einem Menschen eines verachteten Volkes seinen Jüngern ein Beispiel für die Zeit hinterlassen, wenn er nicht mehr bei ihnen sein würde. Er hatte das Verlangen, die Jünger von ihrem jüdischen Denken, etwas Besonderes zu sein, wegzuführen, und in ihnen das Interesse für den Dienst an Menschen außerhalb ihres eigenen Volkes zu wecken.

Jesus sehnte sich danach, die tiefen Geheimnisse der Wahrheit zu enthüllen, die Jahrhunderte lang verborgen geblieben waren; nämlich, dass »auch die anderen Völker ... durch Christus das Reich Gottes erben« sollen, »zu seiner Gemeinde gehören und die Zusagen Gottes in Anspruch nehmen, wie es die gute Botschaft sagt« (Epheser 3,6 NLB). Die Jünger konnten diese Wahrheit nur schwer begreifen. Darum unterwies sie der göttliche Lehrer immer wieder. Als er den Glauben des römischen Hauptmanns in Kapernaum belohnte und den Einwohnern von Sychar das Evangelium predigte, hatte er bereits bewiesen, dass er die Intoleranz der jüdischen Führer nicht teilte. Doch die Samariter hatten eine gewisse Gotteserkenntnis, und der Hauptmann war den Israeliten gegenüber wohlgesinnt. Nun aber brachte Jesus die Jünger in Kontakt mit einer Heidin, von der sie dachten, dass sie genauso wenig wie die anderen aus ihrem Volk das Recht habe, von Jesus Wohlwollen zu erwarten. Er aber gab ihnen ein Beispiel, wie solch ein Mensch behandelt werden sollte. Die Jünger hatten gedacht, Jesus verteile seine Gnadengaben zu großzügig. Doch er zeigte ihnen, dass sich seine Liebe nicht auf eine Rasse oder eine Nation beschränkte.

Als Christus sagte: »Ich bin nur gesandt zu den verlorenen Schafen des Hauses Israel« (Matthäus 15,24), sagte er die Wahrheit. Durch das, was er für die kanaanäische Frau tat, erfüllte er seinen Auftrag. Diese Frau war eines der »verlorenen Schafe«, welche Israel hätte retten sollen. Christus erfüllte nun die Aufgabe, die den Juden aufgetragen worden war, der sie jedoch keine Beachtung geschenkt hatten.

Diese Tat öffnete das Verständnis der Jünger noch mehr für das Werk, das sie unter den Heiden erwartete. Sie erkannten ein weites, fruchtbares Arbeitsfeld außerhalb von Judäa. Sie sahen Menschen, die mit Sorgen beladen waren, von denen Bessergestellte nichts wussten.

Unter jenen, die zu verachten sie gelehrt worden waren, fanden sich Menschen, die sich nach der Hilfe des mächtigen Arztes und nach dem Licht der Wahrheit, das den Juden in so reicher Fülle geschenkt worden war, sehnten.

Später lehnten die jüdischen Führer die Jünger immer entschiedener ab, weil diese verkündigten, dass Jesus der Erlöser der Welt sei. Als durch den Tod von Christus die Trennwand zwischen Juden und Heiden niedergerissen wurde, übten diese und ähnliche Beispiele, die auf das Werk des Evangeliums unabhängig von Brauchtum oder Volk hinwiesen, einen starken Einfluss auf die Arbeit der Botschafter von Christus aus.

SEGEN FÜR ALLE

Mit dem Aufenthalt in Phönizien und dem dort vollbrachten Wunder verfolgte der Erlöser noch eine weitere Absicht. Nicht allein wegen der geplagten Frau, wegen der Jünger und wegen jener Menschen, zu deren Wohl sie arbeiten sollten, wurde dieses Wunder vollbracht, sondern auch »damit ihr glaubt, dass Jesus der Christus ist, der Sohn Gottes, und damit ihr durch den Glauben das Leben habt in seinem Namen« (Johannes 20,31b). Dieselben Mächte, die vor 1800 Jahren[68] den Menschen den Weg zu Christus versperrten, sind noch heute am Werk. Der Geist, der die Trennwand zwischen Juden und Heiden aufrichtete, ist nach wie vor tätig. Stolz und Vorurteile haben starke Mauern zwischen unterschiedlichen Gesellschaftsschichten aufgebaut. Christus und sein Auftrag wurden falsch dargestellt, und viele Menschen denken, sie seien vom Segen des Evangeliums ausgeschlossen. Doch gebt ihnen nicht das Gefühl, Christus habe sie verstoßen. Weder Menschen noch Satan können Schranken errichten, die der Glaube nicht überwinden könnte.

Die Frau aus Phönizien stemmte sich im Glauben gegen diese Schranken. Trotz der Entmutigung und des äußeren Scheins, der sie zum Zweifeln hätte bringen können, vertraute sie der Liebe des Erlösers. So wünscht sich Christus, dass auch wir ihm vertrauen. Der Segen der Erlösung gilt jedem Menschen. Nur seine eigene Entscheidung kann einen Menschen daran hindern,

---

68 Die Autorin verfasste dieses Buch Ende des 19. Jahrhunderts.

durch die gute Nachricht Teilhaber an dem zu werden, was Christus durch das Evangelium verheißen hat.

Gott verabscheut es, wenn Menschen in Gesellschaftsklassen eingeteilt werden. Er setzt sich über jedes Ansehen hinweg. In seinen Augen haben alle Menschen den gleichen Wert. »Er hat aus einem einzigen Menschen das ganze Menschengeschlecht erschaffen, damit es die ganze Erde bewohne. Er hat für sie bestimmte Zeiten und die Grenzen ihrer Wohnsitze festgesetzt. Sie sollten Gott suchen, ob sie ihn ertasten und finden könnten; denn keinem von uns ist er fern.« (Apostelgeschichte 17,26.27 EÜ) Ohne Unterschied in Bezug auf Alter, Rang, Nationalität oder religiöse Vorrechte sind alle eingeladen, zu ihm zu kommen, um das ewige Leben zu erhalten. »Wer an ihn glaubt, wird nicht zugrunde gehen. Darin gibt es keinen Unterschied.« (Römer 10,11.12a EÜ) »Es hat darum auch nichts mehr zu sagen, ob ein Mensch Jude ist oder Nichtjude, ob im Sklavenstand oder frei, ob Mann oder Frau.« (Galater 3,28a NGB) »Reiche und Arme begegnen einander; der Herr hat sie alle gemacht.« (Sprüche 22,2) »Alle haben denselben Herrn; aus seinem Reichtum beschenkt er alle, die ihn anrufen. Denn jeder, der den Namen des Herrn anruft, wird gerettet werden.« (Römer 10,12b.13 EÜ)

KAPITEL 44

DAS WAHRE ZEICHEN

Matthäus 15,29-39; 16,1-12; Markus 7,31-37; 8,1-21

» Jesus verließ wieder das Gebiet von Tyrus und zog über Sidon zum See von Galiläa, mitten ins Gebiet der Zehn Städte.« (Markus 7,31 GNB) In der Gegend der Dekapolis[69] waren die Besessenen aus Gergesa geheilt worden. Hier hatten die Leute Jesus gezwungen, das Land zu verlassen, weil sie über die Vernichtung der Schweine aufgebracht waren (vgl. Matthäus 8,28-34). Doch als sie seinen Boten zuhörten, die er zurückgelassen hatte, kam in ihnen der Wunsch auf, ihn wiederzusehen. Als Jesus nochmals in diese Gegend kam, scharten sich viele Menschen um ihn. Man brachte »zu ihm einen, der taub und stumm war«. Jesus heilte diesen Mann nicht nach seiner Gewohnheit nur durch ein Wort. Er nahm ihn beiseite, legte seine Finger in die Ohren des Kranken und berührte seine Zunge. Er sah auf zum Himmel und seufzte über alle Ohren, die sich der Wahrheit nicht öffnen wollten, und über alle Zungen, die sich weigerten, ihn als Erlöser zu bekennen. Auf das Wort hin: »Tu dich auf!« konnte der Taubstumme wieder sprechen. Anstatt aber der Aufforderung von Jesus nachzukommen und niemandem davon zu erzählen, machte er seine Heilung überall bekannt (vgl. Markus 7,32-37).

DIE SPEISUNG DER 4000

Jesus stieg auf einen Berg, und die Menge versammelte sich um ihn. Sie brachten ihre Kranken und Lahmen zu ihm und legten sie ihm zu Füßen. Er heilte sie alle, und die Menschen priesen den Gott Israels, obwohl sie Heiden waren. Drei Tage lang drängten sie sich um Jesus. Nachts schliefen sie unter freiem Himmel. Während des Tages waren sie begierig, die Worte von Jesus zu hören und seine Werke zu sehen. Am Ende der drei Tage war ihr Essen aufgebraucht. Jesus wollte sie nicht hungrig wegschicken und rief seine Jünger zu sich. Sie sollten den Menschen zu essen geben. Doch wieder offenbarten sie ihren Unglauben. In Betsaida hatten sie miterlebt, wie der kleine Vorrat durch den Segen von Christus den vielen Menschen zur Nahrung gedient

---

69   Siehe Erklärungen »Dekapolis«, S. 815.

hatte. Dennoch brachten sie jetzt nicht alles, was sie hatten, zu ihm und vertrauten nicht auf seine Kraft, dass er dies für die hungrige Menge vermehren könne. Zudem waren die Menschen, die er in Betsaida gespeist hatte, Juden, diese hier aber waren Ungläubige und Heiden. Das jüdische Vorurteil ihnen gegenüber beherrschte immer noch das Denken der Jünger. Deshalb antworteten sie: »Wo sollen wir hier in dieser verlassenen Gegend genügend zu essen für alle hernehmen?« (Matthäus 15,33 NLB) Doch aus Gehorsam seinem Wort gegenüber brachten sie ihm, was sie bei sich hatten. Es waren sieben Brote und zwei Fische. Die Menge wurde gesättigt. Sieben große Körbe voller Brotbrocken blieben übrig. Nachdem 4000 Männer mit ihren Frauen und Kindern gestärkt worden waren, entließ sie Jesus mit frohen und dankbaren Herzen.

Danach bestieg Jesus mit seinen Jüngern ein Boot. Sie fuhren über den See nach Magdala, das am südlichen Ende der Ebene von Genezareth lag. An der Grenze zu Tyrus und Sidon war er durch das kindliche Vertrauen der kanaanäischen Frau aus Syrophönizien ermutigt worden. Die heidnischen Bewohner der Dekapolis hatten ihn mit Freuden aufgenommen. Nun kam er einmal mehr nach Galiläa, wo sich seine Kraft unmissverständlich gezeigt hatte. Hier hatte er gelehrt und die meisten seiner Wunder vollbracht. Doch jetzt begegnete man ihm mit Verachtung und Unglauben.

»GIB UNS EIN ZEICHEN!«

Vertreter der reichen und hochmütigen Sadduzäer, Angehörige der Priesterschaft, Skeptiker und Aristokraten der Nation hatten sich den Abgesandten der Pharisäer angeschlossen. Diese beiden Parteien waren bittere Feinde. Die Sadduzäer buhlten um die Gunst der regierenden Macht, um ihre eigene Stellung und Autorität aufrechtzuerhalten. Die Pharisäer dagegen schürten den Hass gegen die Römer im Volk, das sich danach sehnte, das Joch der Unterdrücker abzuwerfen. Nun aber taten sich die Pharisäer und Sadduzäer zusammen und stellten sich gemeinsam gegen Christus. Gleich und Gleich gesellt sich gern! Das Böse verbindet sich, wo immer es auftritt, mit dem Bösen, um das Gute zu vernichten.

So kamen nun die Sadduzäer und Pharisäer zu Christus und verlangten ein Zeichen vom Himmel. Als sich in den Tagen Josuas das Volk Israel nach Bet-Horon aufmachte, um gegen die Kanaaniter zu kämpfen, stand auf seinen Befehl hin die Sonne still, bis der Sieg errungen war (vgl. Josua 10,12.13). Viele ähnliche Wunder waren in der Geschichte Israels geschehen. Ein solches Zeichen wurde nun von Jesus verlangt. Aber diese Zeichen waren nicht das, was die Juden brauchten. Keine rein äußerlichen Beweise konnten ihnen etwas nützen. Sie hatten keine geistige Erkenntnis nötig, sondern eine geistliche Erneuerung.

»Ihr Heuchler!«, sagte Jesus zu ihnen. »Über das Aussehen des Himmels könnt ihr urteilen« – dadurch konnten sie das Wetter vorhersagen –, »könnt ihr dann nicht auch über die Zeichen der Zeit urteilen?« (Matthäus 16,3) Die Worte von Christus, gesprochen in der Kraft des Heiligen Geistes, der ihnen über ihre Sünden die Augen öffnete, waren das Zeichen, das ihnen Gott zu ihrer Rettung gegeben hatte. Unmittelbare Hinweise vom Himmel waren gegeben worden, um die Sendung von Jesus zu bestätigen: Der Gesang der Engel bei den Hirten in Bethlehem, der Stern, der die Weisen führte, die Taube und die Stimme vom Himmel bei der Taufe von Jesus – sie alle waren seine Zeugen.

Jesus »seufzte tief auf und sagte: Was fordert diese Generation ein Zeichen?« (Markus 8,12a EÜ) »Es wird ihr kein anderes gegeben werden als das Zeichen des Propheten Jona. Denn wie Jona drei Tage und drei Nächte im Bauch des Fisches war, so wird auch der Menschensohn drei Tage und drei Nächte im Inneren der Erde sein.« (Matthäus 12,39b.40 EÜ) So wie die Predigt von Jona für die Bewohner Ninives ein Zeichen war, war auch die Predigt von Jesus ein solches für seine Generation. Doch wie unterschiedlich nahmen sie das Wort auf! Die Bewohner der großen, heidnischen Stadt Ninive zitterten, als sie die Warnung Gottes hörten. Könige und Fürsten demütigten sich. Hohe und Niedrige schrien gemeinsam zum himmlischen Gott, und seine Gnade wurde ihnen zuteil. Jesus sagte: »Die Einwohner Ninives werden sich am Tag des Gerichts gegen euch erheben und euch verurteilen, denn sie haben Reue gezeigt, nachdem sie Jonas Predigt gehört hatten. Und nun ist einer bei euch, der weit größer ist als Jona – aber ihr weigert euch zu bereuen.« (Matthäus 12,41 NLB)

Jedes Wunder, das Jesus vollbrachte, war ein Zeichen seiner Göttlichkeit. Er erfüllte genau die Aufgabe, von der vorausgesagt worden war, dass der Messias sie tun werde. Aber die Pharisäer empfanden dieses Werk der Barmherzigkeit als ausgesprochenes Ärgernis. Die jüdischen Führer schauten mit herzloser Gleichgültigkeit auf das menschliche Leid. Vielfach hatten ihre Selbstsucht und Unterdrückung das Leid verursacht, das Christus nun heilte. Darum waren seine Wunder ein Vorwurf an sie.

Genau das, was die Juden dazu veranlasste, das Wirken des Erlösers abzulehnen, war der stärkste Beweis für seinen göttlichen Charakter. Die größte Bedeutung seiner Wunder lag in der Tatsache, dass sie den Menschen zum Segen dienten. Der stärkste Beweis seiner göttlichen Herkunft bestand darin, dass sein Leben den Charakter Gottes offenbarte. Er tat Gottes Werke und redete Gottes Worte. Solch ein Leben ist das größte aller Wunder.

DAS WAHRE ZEICHEN

Wenn heute die Botschaft der Wahrheit verkündigt wird, rufen viele wie einst die Juden: »Gebt uns ein Zeichen! Tut für uns ein Wunder!« Christus aber vollbrachte kein Wunder, als er von den Pharisäern dazu aufgefordert wurde. Auch in der Wüste wirkte er auf Satans Einflüsterungen hin kein Wunder. Er verleiht uns nicht Kraft, damit wir uns selbst rechtfertigen oder die Ansprüche von Unglauben und Stolz befriedigen können. Dennoch bleibt das Evangelium nicht ohne Zeichen seiner göttlichen Herkunft. Ist es nicht ein Wunder, dass wir uns von den Fesseln Satans losreißen können? Die Feindschaft gegen Satan ist für das menschliche Herz nicht etwas Natürliches, sondern wird uns durch Gottes Gnade eingepflanzt. Wenn jemand, beherrscht von einem launischen und eigensinnigen Willen, davon frei wird und sich voll und ganz dem göttlichen Einfluss hingibt, ist dies ein Wunder. Dasselbe geschieht, wenn jemand, der einer schweren Täuschung verfallen ist, plötzlich anfängt, moralische Grundsätze zu verstehen. Immer wenn sich ein Mensch bekehrt und lernt, Gott zu lieben und seine Gebote zu halten, erfüllt sich Gottes Verheißung: »Ich will euch ein neues Herz und einen neuen Geist in euch geben.« (Hesekiel 36,26a) Die Veränderung im menschlichen Herzen und die Umgestaltung seines Charakters ist ein Wunder, das einen ewig lebenden Erlöser offenbart, der daran arbeitet, Menschen zu erretten. Ein beständiges Leben in Christus ist ein großes Wunder. Bei der Verkündigung des Wortes Gottes ist das Zeichen, das jetzt und immer offenbar gemacht werden soll, die Gegenwart des Heiligen Geistes, der das Wort für all jene, die darauf achten, zu einer erneuernden Kraft werden lässt. Auf diese Weise bezeugt Gott vor der Welt die göttliche Sendung seines Sohnes.

Die Menschen, die sich ein Zeichen von Jesus wünschten, besaßen durch ihren Unglauben so verstockte Herzen, dass sie Gottes Ebenbild in seinem Charakter nicht wahrnahmen. Sie wollten nicht wahrhaben, dass sich mit seiner Sendung die Heilige Schrift erfüllte. Im Gleichnis vom reichen Mann und armen Lazarus sagte Jesus von den Pharisäern: »Wenn sie nicht auf Mose und die Propheten hören, dann werden sie sich auch nicht überzeugen lassen, wenn einer von den Toten aufersteht.« (Lukas 16,31b NLB) Kein Zeichen, das man im Himmel oder auf Erden hätte erbringen können, wäre für sie von Nutzen gewesen.

DER SAUERTEIG DER SÜNDE

Jesus »seufzte tief auf« (Markus 8,12b EÜ), wandte sich von den Nörglern ab und bestieg mit seinen Jüngern wieder das Boot. Bekümmert und ohne etwas zu sagen, überquerten sie erneut den See. Sie kehrten jedoch nicht an den Ort zurück, den sie verlassen hatten, sondern fuhren in Richtung Betsaida, ganz in die Nähe, wo die Speisung der 5000 stattgefunden hatte. Als sie das Ufer erreichten, sagte Jesus: »Seht euch vor! Nehmt euch in Acht vor dem Sauerteig der Pharisäer und Sadduzäer!« (Matthäus 16,6 NLB) Seit den Tagen Moses waren es die Juden gewohnt, während des Passafestes allen Sauerteig aus ihren Häusern zu schaffen. Dadurch wurden sie gelehrt, im Sauerteig ein Sinnbild für die Sünde zu sehen. Doch die Jünger verstanden Jesus nicht. Wegen ihrer überstürzten Abreise aus Magdala hatten sie vergessen, mehr Brot mitzunehmen. Sie hatten nur einen einzigen Laib bei sich und glaubten, Jesus wolle sie in diesem Zusammenhang davor warnen, von einem Pharisäer oder Sadduzäer Brot zu kaufen. Ihr schwacher Glaube und ihr Mangel an geistlicher Erkenntnis hatten sie schon oft dazu verleitet, die Worte von Jesus falsch zu verstehen. Jesus tadelte sie wegen ihrer Auffassung, dass derjenige, der mit ein paar Fischen und Gerstenbroten Tausende gesättigt hatte, mit dieser ernsten Warnung nur vergängliche Nahrung meinte. Es bestand die Gefahr, dass seine Jünger durch das heimtückische Denken der Pharisäer und Sadduzäer ganz mit Unglauben durchsäuert würden. Dies würde auch dazu führen, dass sie die Wundertaten von Christus geringachteten.

Die Jünger waren geneigt zu denken, dass ihr Lehrmeister die Forderung nach einem Zeichen vom Himmel hätte erfüllen sollen. Sie waren überzeugt, dass es ihm leicht möglich gewesen wäre, dies zu tun, und dass ein solches Zeichen seine Gegner zum Schweigen gebracht hätte. Sie merkten nicht, dass diese Nörgler nur heuchelten.

Monate später »waren die Menschen zu Tausenden herbeigeströmt; das Gedränge war so groß, dass sie sich gegenseitig auf die Füße traten.« Da wiederholte Jesus dieselbe Lehre. Er »wandte sich zunächst an seine Jünger [und] sagte: Hütet euch vor dem Sauerteig der Pharisäer – vor der Heuchelei!« (Lukas 12,1 NGÜ)

Wird der Sauerteig ins Mehl gegeben, beginnt er unmerklich zu arbeiten und durchdringt den ganzen Teig. Ebenso ist es mit der Heuchelei. Wird sie im Herzen zugelassen, durchdringt sie den Charakter und das Leben. Ein eindrückliches Beispiel pharisäischer Heuchelei hatte Jesus bereits getadelt, als er den »Korban«-Brauch verurteilte. Dabei wurde die Pflicht der Kinder gegenüber ihren Eltern unter dem Vorwand missachtet, den Tempel großzügig zu unterstützen. Die Schriftgelehrten und Pharisäer führten unmerklich trügerische Grundsätze ein. Sie verschwiegen die wahre Absicht ihrer Glaubenslehren und nahmen jede Gelegenheit wahr, sie dem Geist ihrer Zuhörer geschickt einzuprägen. Diese falschen Prinzipien – einmal angenommen – wirkten wie Sauerteig und durchdrangen und veränderten den Charakter. Diese irreführenden Lehren machten es dem Volk überaus schwer, den Worten von Christus zu glauben.

Derselbe Einfluss wirkt auch heute noch durch die, die versuchen, Gottes Gesetz in einer Weise auszulegen, dass es ihr eigenes Verhalten rechtfertigt. Diese Menschen greifen das Gesetz nicht offen an, sondern stellen Mutmaßungen an, die dessen Prinzipien aushöhlen. Sie erklären es auf eine Art und Weise, dass es seine Kraft verliert.

DIE FRÜCHTE DER SELBSTSUCHT

Die Heuchelei der Pharisäer war das Ergebnis von Selbstsucht. Selbstverherrlichung war das Ziel ihres Lebens. Dies führte sie dazu, die Schrift zu verdrehen und falsch anzuwenden. Es machte sie hinsichtlich des Auftrags von Christus blind. Sogar die Jünger standen in der Gefahr, dieses schleichende Übel zu pflegen. Diejenigen, die sich selbst zu den Nachfolgern von Jesus zählten, aber nicht alles aufgegeben hatten, um seine Jünger zu sein, ließen sich stark von der Denkweise der Pharisäer beeinflussen. Oft schwankten sie zwischen Glauben und Unglauben und erkannten die Schätze der Weisheit nicht, die in Christus verborgen waren. Sogar die Jünger, die nach außen hin alles für Jesus aufgegeben hatten, hörten in ihren Herzen nicht auf, nach hohen Stellungen zu streben. Aus dieser Gesinnung heraus stritten sie miteinander, wer der Größte unter ihnen sei. Das war gleichsam ein Keil zwischen ihnen und Christus. Dadurch wurden sie gegenüber seiner selbstaufopfernden Aufgabe gleichgültig und konnten das Geheimnis der Erlösung nur schwer nachvollziehen. So wie Sauerteig, den man gewähren lässt, alles zersetzt und verdirbt, so verunreinigt und zerstört auch Selbstsucht, wenn sie gehegt wird, den Menschen.

Wie weit verbreitet ist doch diese schwer durchschaubare und verführerische Sünde unter den heutigen Nachfolgern des Herrn! Es ist genauso wie damals. Wie oft ist unser Dienst für Christus und die Gemeinschaft untereinander durch den geheimen Wunsch nach Selbstverherrlichung getrübt! Wie schnell sind wir doch bereit, uns selbst zu loben und nach dem Beifall anderer Ausschau zu halten! Eigennutz und der Wunsch nach einem einfacheren Weg als dem, den Gott festgelegt hat, führen dazu, dass die göttlichen Gebote durch menschliche Ansichten und Überlieferungen ersetzt werden.

Die folgenden Worte der Warnung waren an seine eigenen Jünger gerichtet: »Hütet euch vor dem Sauerteig der Pharisäer!« (Lukas 12,1c NGÜ)

Die Religion von Christus zeichnet sich durch absolute Aufrichtigkeit aus. Der Eifer um die Ehre Gottes ist der Beweggrund, den der Heilige Geist ins Herz pflanzt. Nur er kann das tun. Gottes Kraft allein kann Selbstsucht und Heuchelei vertreiben. Diese Veränderung ist das Zeichen für sein Wirken. Wenn der Glaube, den wir angenommen haben, unser eigennütziges Streben und unsere Heuchelei zerstört und uns dazu führt, nach Gottes und nicht nach unserer Ehre zu trachten, dürfen wir wissen, dass wir auf dem richtigen Weg sind. »Vater, verherrliche deinen Namen!« (Johannes 12,28a) war der Leitgedanke im Leben von Christus. Folgen wir ihm, wird es auch in unserem Leben so sein. Wir sind aufgerufen zu »leben, wie Christus es vorgelebt hat« (1. Johannes 2,6b NLB). »Wie können wir sicher sein, dass wir Gott kennen? Es zeigt sich daran, dass wir seine Gebote befolgen.« (1. Johannes 2,3 NGÜ)

KAPITEL 45

IM SCHATTEN DES KREUZES

Matthäus 16,13-28; Markus 8,27-38; Lukas 9,18-27

Der Dienst von Christus auf Erden näherte sich schnell seinem Ende. Klar umrissen lagen die Ereignisse vor ihm, denen er entgegenging. Bereits bevor er die menschliche Natur angenommen hatte, konnte er die ganze Wegstrecke überblicken, die er gehen musste, um zu retten, was verloren war. Er wusste um jeden Schmerz, der ihm das Herz brechen, um alle Beleidigungen, mit denen man ihn überhäufen würde und um jede Entbehrung, die er ertragen müsste. Dies alles hatte er vorausgesehen, noch ehe er seine Krone und sein königliches Gewand ablegte und den himmlischen Thron verließ, um seine Gottheit mit der menschlichen Natur zu bekleiden. Er sah den Weg von der Krippe bis nach Golgatha vor sich. Er wusste um das Leid, das über ihn kommen würde. Er wusste das alles, und dennoch sagte er: »Siehe, ich komme; im Buch ist von mir geschrieben: Deinen Willen, mein Gott, tue ich gern, und dein Gesetz habe ich in meinem Herzen.« (Psalm 40,8.9)

Jesus hatte den Erfolg seiner Sendung stets vor Augen. Obschon sein irdisches Leben voller Mühe und Selbstaufopferung war, wurde er durch die Aussicht ermutigt, dass sein Werk nicht vergeblich sein werde. Indem er sein Leben für das Leben der Menschen gab, würde er die Welt wieder für die Treue zu Gott gewinnen. Obwohl er zuerst die Bluttaufe empfangen und die Sündenlast der Welt ohne eigenes Verschulden tragen musste, und obwohl der Schatten eines unsäglichen Leides auf ihm lag, entschied er sich dafür, »den Tod der Schande am Kreuz zu sterben, weil er wusste, welche Freude ihn danach erwartete« (Hebräer 12,2b NLB).

Den auserwählten Jüngern, die in seinem Dienst standen, waren die kommenden Ereignisse noch verborgen, doch die Zeit war nahe, da sie seinen Todeskampf mitansehen mussten. Sie würden erleben, wie er, den sie liebten und dem sie vertrauten, in die Hände seiner Feinde ausgeliefert und ans Kreuz von Golgatha geschlagen wird. Bald würde er sie verlassen, und sie mussten ohne den Trost seiner Gegenwart der Welt entgegentreten. Jesus wusste, wie bitterer Hass und Unglaube sie quälen würden. Darum wollte er sie auf diese Prüfungen vorbereiten.

Jesus und seine Jünger kamen in eine Stadt in der Nähe von Cäsarea Philippi. Diese lag außerhalb von Galiläa, in einer Gegend, in der man Götzendienst trieb. Hier waren die Jünger dem herrschenden Einfluss des Judentums nicht ausgesetzt und kamen in engeren Kontakt mit dem heidnischen Kult. Sie waren von verschiedenen Arten des Aberglaubens umgeben, die es in allen Teilen der Welt gab. Jesus wünschte sich, dass die Jünger durch diese Begegnung ihre Verantwortung den Heiden gegenüber spüren sollten. Während ihres Aufenthalts in dieser Gegend versuchte er, sich von seinem öffentlichen Dienst an den Menschen zurückzuziehen und sich ganz seinen Jüngern zu widmen.

Er wollte sie auf die Leiden vorbereiten, die ihn erwarteten. Aber zuerst zog er sich allein zurück und betete, dass ihr Herz bereit sein möge, seine Worte aufzunehmen. Als er zu ihnen zurückkehrte, teilte er ihnen nicht sofort mit, was er auf dem Herzen hatte. Zuerst wollte er ihnen die Gelegenheit geben, ihren Glauben an ihn zu bekennen, damit sie für die kommende Prüfung gestärkt wären. Er fragte sie: »Für wen halten die Leute den Menschensohn?« (Matthäus 16,13b EÜ)

Traurig mussten die Jünger eingestehen, dass Israel seinen Messias nicht erkannt hatte. Wohl hatten ihn einige, als sie seine Wunder sahen, als Davids Sohn bezeichnet. Auch wollte ihn die Menge, deren Hunger er in der Nähe von Betsaida gestillt hatte, zum König von Israel ausrufen. Manche waren bereit, ihn als Propheten anzuerkennen, doch sie glaubten nicht, dass er der Messias war.

DAS BEKENNTNIS VON PETRUS

Jesus stellte ihnen nun eine weitere Frage: »Ihr aber, für wen haltet ihr mich? Simon Petrus antwortete: Du bist der Messias, der Sohn des lebendigen Gottes!« (Matthäus 16,15.16 EÜ)

Petrus hatte von Anfang an geglaubt, dass Jesus der Messias war. Viele andere, die durch die Predigt des Täufers überzeugt worden waren und Christus angenommen hatten, begannen an der Sendung des Johannes zu zweifeln, als dieser eingekerkert und hingerichtet wurde. Und nun bezweifelten sie, dass Jesus der Messias war, nachdem sie schon so lange nach ihm Ausschau gehalten hatten. Viele Jünger, die begeistert darauf gewartet hatten, dass Jesus den Thron Davids besteigen würde, verließen ihn, als sie merkten, dass er dies gar nicht vorhatte. Nur Petrus und seine Begleiter blieben Jesus treu.

IM SCHATTEN DES KREUZES | 45

Der Wankelmut derer, die ihn gestern gepriesen hatten und heute verdammten, konnte den Glauben eines wahren Nachfolgers von Jesus nicht zerstören. Petrus erklärte: »Du bist der Messias, der Sohn des lebendigen Gottes!« (Matthäus 16,16 EÜ) Er wartete nicht darauf, bis sein Herr mit königlichen Ehren gekrönt wurde, sondern nahm ihn in seiner Niedrigkeit an.

Petrus bekundete den Glauben der Zwölf. Trotzdem waren die Jünger noch weit davon entfernt, die Aufgabe von Christus zu verstehen. Obwohl der Widerstand und die Unterstellungen der Priester und Würdenträger sie nicht von Christus trennen konnten, wurden sie dennoch sehr verunsichert. Die Jünger konnten ihren Weg nicht deutlich erkennen. Der Einfluss ihrer früheren Erziehung, die Lehren der Rabbiner und die Macht der Tradition trübten immer noch ihren Blick für die Wahrheit. Von Zeit zu Zeit erhellten kostbare Strahlen des Lichts, das von Jesus ausging, ihren Weg. Oft aber waren sie wie Menschen, die im Dunkeln tappen. Doch an diesem Tag, als sie noch vor ihrer großen Glaubensprüfung standen, ruhte die Kraft des Heiligen Geistes auf ihnen. Für kurze Zeit waren ihre Augen vom »Sichtbaren« abgewandt, um das »Unsichtbare« zu schauen (vgl. 2. Korinther 4,18). Hinter seiner menschlichen Gestalt erkannten sie die Herrlichkeit des Sohnes Gottes.

Jesus antwortete Petrus und sprach: »Glücklich bist du zu preisen, Simon, Sohn des Jona; denn nicht menschliche Klugheit hat dir das offenbart, sondern mein Vater im Himmel.« (Matthäus 16,17 NGÜ)

Die Wahrheit, zu der sich Petrus hier bekannte, ist die Glaubensgrundlage der Christen. Jesus selbst erklärte, dass darin das ewige Leben bestehe. Doch diese Erkenntnis war kein Grund, sich selbst zu rühmen. Sie wurde Petrus nicht durch eigene Weisheit oder Güte offenbart. Menschen können niemals aus sich selbst heraus göttliche Erkenntnis erlangen. Sie »ist höher als der Himmel: Was willst du tun?, tiefer als die Hölle: Was kannst du wissen?« (Hiob 11,8). Nur der Geist, der uns »zu Söhnen und Töchtern gemacht« hat (Römer 8,15b NGÜ), kann uns die Tiefe der göttlichen Dinge offenbaren, die »kein Auge gesehen hat und kein Ohr gehört hat und in keines Menschen Herz gekommen« sind (1. Korinther 2,9b). Gott aber hat sie »uns durch seinen Geist offenbart ... Sein Geist weiß alles und schenkt uns einen Blick selbst in die tiefsten Geheimnisse Gottes« (1. Korinther 2,10). »Alle, die den Herrn ernst nehmen, zieht er ins Vertrauen und enthüllt ihnen das Geheimnis seines Bundes.« (Psalm 25,14 GNB) Die Tatsache, dass Petrus die Herrlichkeit von Christus erkannte, war ein Beweis dafür, dass er »von Gott gelehrt« war (Johannes 6,45b). Ja, in der Tat, »glücklich bist du zu preisen, Simon, Sohn des Jona; denn nicht menschliche Klugheit hat dir das offenbart, sondern mein Vater im Himmel« (Matthäus 16,17 NGÜ).

DER FELS UNSERES HEILS

Jesus sprach weiter: »Du bist Petrus, und auf diesen Felsen will ich meine Gemeinde bauen, und die Pforten der Hölle sollen sie nicht überwältigen.« (Matthäus 16,18) Das Wort »Petrus« bedeutet Stein – ein rollender Stein! Petrus war nicht der Fels, auf dem die Gemeinde gegründet wurde. Die »Pforten der Hölle« überwältigten ihn, als er seinen Herrn unter Fluchen und Schwören verleugnete. Die Gemeinde wurde auf den Einen gebaut, den die »Pforten der Hölle« nicht überwältigen konnten.

Schon Jahrhunderte bevor Christus kam, hatte Mose auf den Fels des Heils für Israel hingewiesen (vgl. 5. Mose 32,4). Der Psalmist hatte vom »Fels meiner Stärke« (Psalm 62,8b) gesungen, und bei Jesaja steht geschrieben: »Darum spricht Gott, der Herr: Siehe, ich lege in Zion einen Grundstein, einen bewährten Stein, einen kostbaren Eckstein, der fest gegründet ist.« (Jesaja 28,16a) Petrus selbst bezog diese Weissagung auf Jesus, als er – inspiriert vom Heiligen Geist – schrieb: »Denn ihr habt erfahren, wie gütig der Herr ist. Kommt zu ihm, dem lebendigen Stein, der von den Menschen verworfen, aber von Gott auserwählt und geehrt worden ist. Lasst euch als lebendige Steine zu einem geistigen Haus aufbauen.« (1. Petrus 2,3-5a EÜ)

»Einen anderen Grund kann niemand legen als den, der gelegt ist, welcher ist Jesus Christus.« (1. Korinther 3,11) »Auf diesen Felsen will ich meine Gemeinde bauen« (Matthäus 16,18b), sagte der Herr. In der Gegenwart Gottes und aller himmlischen Wesen sowie in der Gegenwart der unsichtbaren Heere Satans gründete Christus seine Gemeinde auf den lebendigen Felsen. Dieser Felsen ist er selbst – sein Leib, der für uns gebrochen und durchbohrt worden ist. Die Pforten der Hölle werden eine Gemeinde, die auf diesen Grund gebaut wurde, nicht überwältigen.

Wie schwach erschien die Gemeinde, als Jesus diese Worte sprach! Es gab nur einige wenige Gläubige, gegen die sich die ganze Macht der Dämonen und der bösen Menschen richtete. Und doch sollten sich die Nachfolger von Christus nicht fürchten. Gebaut auf dem Fels ihrer Stärke konnten sie nicht überwunden werden.

Seit rund 6000 Jahren gründet sich der Glaube auf Christus, und seither haben Stürme und die Brandung satanischer Wut gegen den Felsen unseres Heils (vgl. Psalm 95,1b) gekämpft. Aber er steht unverrückbar da.

DER SCHLÜSSEL ZUM HIMMELREICH

Petrus hatte die Wahrheit, die das Fundament des christlichen Glaubens ist, zum Ausdruck gebracht. Nun ehrte ihn Christus als den Vertreter der gesamten Gemeinschaft der Gläubigen. Er sagte zu ihm: »Ich will dir die Schlüssel des Himmelreichs geben: Alles, was du auf Erden binden wirst, soll auch im Himmel gebunden sein, und alles, was du auf Erden lösen wirst, soll auch im Himmel gelöst sein.« (Matthäus 16,19) »Die Schlüssel des Himmelreichs« sind die Worte von Christus. Alle Worte der Heiligen Schrift sind seine Worte und werden hier miteinbezogen. Sie haben die Kraft, den Himmel zu öffnen und zu schließen. Sie legen die Bedingungen fest, unter welchen Menschen aufgenommen oder abgewiesen werden. Dadurch ist das Werk jener, die Gottes Wort predigen, ein Anreiz zum Leben oder zum Tod (vgl. 2. Korinther 2,16). Sie vollziehen einen mit ewigen Auswirkungen beladenen Dienst.

Der Erlöser hatte die Verkündigung des Evangeliums nicht nur Petrus anvertraut. Zu einem späteren Zeitpunkt wiederholte er die Worte, die er zu Petrus gesagt hatte, und wandte sie unmittelbar auf die Gemeinde an (vgl. Matthäus 18,18). Inhaltlich wurde dasselbe auch zu den Zwölfen gesagt, die als Vertreter aller Gläubigen galten (vgl. Johannes 20,23). Hätte Jesus einem der Jünger eine besondere Vollmacht verliehen, würden sich die Jünger nicht so oft darüber gestritten haben, wer wohl der Größte unter ihnen sei. Sie hätten sich dem Willen ihres Meisters gefügt und den geehrt, den er auserwählt hatte.

Anstatt einen zu ihrem Oberhaupt zu ernennen, sagte Jesus zu seinen Jüngern: »Ihr sollt euch nicht Rabbi nennen lassen ... und ihr sollt euch nicht Lehrer nennen lassen; denn einer ist euer Lehrer: Christus.« (Matthäus 23,8a.10)

»Christus [ist] das Haupt eines jeden Mannes.« (1. Korinther 11,3a) Gott, der dem Erlöser alles unterstellt hat, »hat Christus als Herrn über die Gemeinde eingesetzt. Die Gemeinde aber ist sein Leib, und sie ist erfüllt von Christus, der alles ganz mit seiner Gegenwart erfüllt« (Epheser 1,22b.23 NLB). Die Gemeinde ist auf Christus gebaut. Er ist ihr Fundament, und sie soll ihm als ihrem Haupt gehorchen. Sie soll sich nicht auf Menschen verlassen oder von Menschen beherrscht werden. Viele meinen, eine Vertrauensstellung in der Gemeinde gäbe ihnen das Recht, anderen vorzuschreiben, was sie zu glauben und zu tun hätten. Diesem Anspruch stimmt Gott nicht zu, denn Jesus erklärte: »Ihr aber seid alle Brüder.« (Matthäus 23,8b) Alle sind Versuchungen ausgesetzt und laufen Gefahr, zu versagen. Wenn es um Führung geht, können wir uns auf kein sterbliches Wesen verlassen. Der Fels des Glaubens in der Gemeinde ist die lebendige Gegenwart von Christus. Darauf kann sich der Schwächste verlassen. Diejenigen, die sich für die Stärksten halten, werden sich als die Schwächsten erweisen, außer wenn sie Christus zu ihrer Stärke machen. »Fluch über alle, die sich von mir abwenden und stattdessen auf die Hilfe vergänglicher Menschen vertrauen!« (Jeremia 17,5 GNB) Der Herr »ist ein Fels. Seine Werke sind vollkommen« (5. Mose 32,4a). »Wohl allen, die auf ihn trauen!« (Psalm 2,12b)

DER MENSCHENSOHN MUSS ERHÖHT WERDEN

Nach dem Bekenntnis von Petrus gebot Jesus den Jüngern, niemandem zu sagen, dass er der Christus sei. Diese Anweisung gab er ihnen, weil die Schriftgelehrten und Pharisäer so hartnäckigen Widerstand leisteten. Außerdem hatten das Volk und sogar die Jünger eine solch falsche Vorstellung vom Messias, dass ihnen eine öffentliche Bekanntmachung kein richtiges Bild von seinem Wesen und Wirken vermitteln würde. Doch Tag für Tag offenbarte er sich ihnen als Erlöser. Er wollte ihnen damit ein treffendes Bild von sich als Messias geben.

Die Jünger erwarteten immer noch, Christus würde bald als weltlicher Fürst regieren. Obwohl er seine Pläne so lange verschwiegen hatte, würde er, so glaubten sie, nicht für immer arm und unbekannt bleiben, sondern in nächster Zeit sein Königreich aufrichten. Dass der Hass der Priester und Rabbiner die Oberhand behalten und Christus von seiner eigenen Nation verworfen, als Betrüger verurteilt und als Verbrecher gekreuzigt werden könnte – darüber hatten sich die Jünger nie Gedanken gemacht. Aber die Stunde der finsteren Macht rückte immer näher, und Jesus musste seine Jünger über den bevorstehenden Konflikt aufklären. Die schwere Prüfung, die er vorhersah, machte ihn traurig.

Bis dahin hatte er es unterlassen, ihnen etwas über sein Leiden und seinen Tod zu erzählen. Im Gespräch mit Nikodemus hatte er gesagt: »Wie Mose in der Wüste die Schlange erhöht hat, so muss der Menschensohn erhöht werden, damit alle, die an ihn glauben, das ewige Leben haben.« (Johannes 3,14.15) Aber die Jünger hatten diese Worte nicht gehört und hätten sie auch nicht verstanden, wenn sie sie vernommen hätten. Doch nun waren sie mit Jesus so lange zusammen gewesen, hatten seinen Worten gelauscht und seine Taten gesehen, dass sie trotz der Bescheidenheit, die Jesus umgab, und trotz der ablehnenden Haltung der Priester und des Volkes dem Bekenntnis von Petrus zustimmen konnten: »Du bist der Messias, der Sohn des lebendigen Gottes!« (Matthäus 16,16b EÜ) Nun war die Zeit gekommen, in der der Schleier, der die Zukunft verbarg, zurückgezogen werden sollte. »Von da an begann Jesus, seinen Jüngern zu erklären, er müsse nach Jerusalem gehen und ... vieles erleiden; er werde getötet werden, aber am dritten Tag werde er auferstehen.« (Matthäus 16,21 EÜ)

»GEH WEG VON MIR, SATAN!«

Sprachlos vor Erstaunen und tief bekümmert hörten ihm die Jünger zu. Christus hatte eben das Bekenntnis von Petrus bejaht, dass er der Sohn Gottes sei. Und nun waren seine Worte, die auf sein Leiden und Sterben hinwiesen, unfassbar für sie. Petrus konnte nicht schweigen. »Das soll Gott verhüten, Herr!«, rief er aus und hielt ihn fest, als wolle er ihn vor dem drohenden Unheil bewahren. »Das darf nicht mit dir geschehen!« (Matthäus 16, 22 EÜ)

Petrus liebte seinen Herrn. Doch Jesus lobte ihn nicht dafür, dass er den Wunsch, seinen Herrn vor dem Leiden zu bewahren, auf diese Weise zum Ausdruck brachte. Die Worte von Petrus waren für Jesus in Bezug auf die bevorstehende große Prüfung weder Trost noch Hilfe. Diese Worte stimmten weder mit Gottes gnädiger Absicht überein, eine verlorene Welt zu retten, noch mit der beispielhaften Selbstverleugnung von Jesus, die er ihnen durch sein Leben nahebringen wollte. Petrus wollte das Kreuz im Dienst von Christus nicht sehen. Der Eindruck, den seine Worte hinterließen, stand in krassem Gegensatz zu dem, was Christus seinen Nachfolgern verständlich machen wollte. Dies veranlasste den Erlöser, eine der schärfsten Zurechtweisungen, die je über seine Lippen kamen, auszusprechen: »Geh weg von mir, Satan! Denn du meinst nicht, was göttlich, sondern was menschlich ist.« (Markus 8,33b)

Satan versuchte, Jesus zu entmutigen und ihn von dessen Aufgabe abzubringen. Und Petrus sprach in seiner blinden Liebe diese Versuchung aus. Der Fürst des Bösen war der Urheber des Gedankens, er war der Anstifter dieses ungestümen Ausrufs. Unter der Bedingung, dass Christus den Weg der Erniedrigung und Opferbereitschaft aufgibt, bot ihm Satan in der Wüste die Weltherrschaft an. Nun trat er mit derselben Versuchung an den Jünger von Jesus heran. Er versuchte, den Blick von Petrus auf weltliche Ehre zu lenken, damit er das Kreuz, auf das Jesus dessen Augen richten wollte, nicht sehen konnte.

Durch Petrus brachte Satan Jesus erneut in Versuchung. Doch Jesus schenkte ihr keine Beachtung. Seine Gedanken waren bei seinem Jünger. Satan hatte sich zwischen Petrus und dessen Meister gestellt, damit das Herz des Jüngers nicht vom Gedanken berührt würde, dass sich Christus seinetwegen so sehr erniedrigte. Die Worte, die Jesus sprach, galten nicht Petrus, sondern dem, der versuchte, ihn von seinem Erlöser zu trennen: »Geh weg von mir, Satan!« (Markus 8,33b) Stell dich nicht länger zwischen mich und meinen irrenden Diener! Lass mich Petrus persönlich gegenübertreten, damit ich ihm das Geheimnis meiner Liebe offenbaren kann!

DAS KREUZ AUF SICH NEHMEN

Es war eine bittere Lehre für Petrus. Er begriff nur langsam, dass der Weg von Christus durch unerträgliches Leid und Erniedrigung führte. Der Jünger schreckte davor zurück, am Leiden seines Herrn teilzuhaben. Doch in der Hitze des Feuerofens sollte er den Segen dieser Teilnahme erfahren. Lange Zeit danach, als er von den langjährigen Lasten seines Wirkens gezeichnet war, schrieb er: »Meine lieben Freunde, erschreckt nicht über die schmerzhaften Prüfungen, die ihr jetzt durchmacht, als wären sie etwas Ungewöhnliches. Freut euch darüber, denn dadurch seid ihr im Leiden mit Christus verbunden, und ihr werdet euch auch sehr darüber freuen, wenn er in seiner Herrlichkeit erscheint.« (1. Petrus 4,12.13 NLB)

Nun erklärte Jesus seinen Jüngern, dass sein Leben, das von Selbstverleugnung geprägt war, ein Beispiel dafür sei, wie ihr Leben sein sollte. Dann rief er die Jünger und die Leute, die sich in seiner Nähe aufhielten, zu sich und sagte zu ihnen: »Will mir jemand nachfolgen, der verleugne sich selbst und nehme sein Kreuz auf sich und folge mir.« (Matthäus 16,24) Das Kreuz verband man damals mit der Macht Roms. Es war das Instrument, um einen Menschen auf eine höchst grausame und erniedrigende Art umzubringen. Die schwersten Verbrecher mussten das Kreuz selbst zur Hinrichtungsstätte tragen. Wenn es auf ihre Schultern gelegt wurde, setzten sie sich mit verzweifelter Gewalt zur Wehr, bis man sie überwältigt hatte und der Marterpfahl auf ihnen festgebunden war. Jesus aber gebot seinen Nachfolgern, das Kreuz auf sich zu nehmen und ihm zu folgen. Für die Jünger waren seine Worte, obwohl nur undeutlich verstanden, ein Hinweis auf ihren Gehorsam, trotz tiefster Erniedrigung. Es bedeutete, um Christi willen gehorsam zu sein, sogar bis zum Tod. Die Worte des Erlösers hätten keine größere Hingabe ausdrücken können. Aber all das hatte er ihretwegen auf sich genommen. Jesus betrachtete den Himmel nicht als einen erstrebenswerten Ort, solange wir Menschen verloren waren. Er verließ die himmlischen Höfe für ein Leben der Vorwürfe und Beleidigungen, für einen schmachvollen Tod. Er, der durch die unvergleichlichen Schätze des Himmels reich war, wurde arm, damit wir durch seine Armut reich würden. Wir sollen ihm auf dem Weg, den er vorausgegangen ist, nachfolgen.

Menschen zu lieben, für die Jesus gestorben ist, bedeutet, die Selbstsucht zu kreuzigen. Ein Kind Gottes sollte sich von nun an als Glied jener Kette sehen, die zur Rettung der Welt herabgelassen wurde. Es sollte eins sein mit Christus in seinem Gnadenplan und mit ihm vorangehen, um »zu suchen und zu retten, was verloren ist« (Lukas 19,10 Elb.). Ein Christ muss sich stets bewusst sein, dass er sich Gott geweiht hat und er durch seinen Charakter der Welt Christus offenbaren soll. Die Selbstaufopferung, das Mitgefühl und die Liebe, die im Leben von Christus zum Ausdruck kamen, sollten auch im Leben eines Mitarbeiters Gottes erkennbar sein.

»Wer versucht, sein Leben zu wahren, wird es verlieren. Wer aber sein Leben um meinetwillen und um der guten Botschaft willen verliert, wird es retten.« (Markus 8,35 NLB) Selbstsucht bedeutet Tod. Kein Organ des Körpers kann leben, wenn es nur sich selbst dient. Wenn das Herz das Blut nicht in die Hand und in den Kopf pumpen würde, verlöre es schnell seine Kraft. So wie das Blut unseren ganzen Körper durchdrungen hat, durchdringt die Liebe von Christus alle Teile seines geheimnisvollen Leibes [seine Gemeinde]. Wir sind Glieder untereinander. Wer es ablehnt, weiterzugeben, wird sterben.

»Was nützt es einem Menschen, wenn er die ganze Welt gewinnt, dabei aber sein Leben einbüßt? Um welchen Preis kann ein Mensch sein Leben zurückkaufen?« (Matthäus 16,26 EÜ)

DIE JÜNGER SIND BEDRÜCKT

Über seine gegenwärtige Armut und Erniedrigung hinaus verwies Jesus seine Jünger auf sein Kommen in Herrlichkeit – nicht in der Pracht eines irdischen Thrones, sondern mit der Herrlichkeit Gottes und mit den himmlischen Heerscharen: »Und dann wird er einem jeden vergelten nach seinem Tun.« (Matthäus 16,27b) Um sie zu ermutigen, versprach er ihnen: »Wahrlich, ich sage euch: Es stehen einige hier, die werden den Tod nicht schmecken, bis sie den Menschensohn kommen sehen in seinem Reich.« (Matthäus 16,28) Doch die Jünger verstanden seine Worte nicht. Die Herrlichkeit, von der Jesus gesprochen hatte, schien weit entfernt zu sein. Ihre Augen waren auf das Naheliegende gerichtet, auf das irdische Leben in Armut, Erniedrigung und Leid. Mussten sie ihre heißersehnten Erwartungen vom messianischen Königreich aufgeben? Könnten sie nicht miterleben, wie ihr Herr auf den Thron Davids erhöht würde? War es möglich, dass Christus wie ein einfacher, heimatloser Wanderer leben musste, um schlussendlich als ein Verachteter und Verworfener umgebracht zu werden? Sie waren traurig, und ihre Herzen waren bedrückt, denn sie liebten ihren Meister. Auch Zweifel plagten sie. Für sie war es unfassbar, dass der Sohn Gottes so grausam erniedrigt werden sollte. Sie fragten sich, warum er freiwillig nach Jerusalem gehen sollte, um so behandelt zu werden, wie er es ihnen geschildert hatte. Wie konnte er ein solches Los auf sich nehmen und sie in einer noch größeren Dunkelheit herumtappen lassen als vor der Zeit, in der er sich ihnen offenbart hatte?

In der Gegend von Cäsarea Philippi, so überlegten die Jünger, hätten Herodes und Kaiphas keinen Zugriff auf Jesus. Dort hätte er weder den Hass der Juden noch die Macht der Römer zu fürchten. Warum konnte er nicht dort wirken, weit entfernt von den Pharisäern? Warum musste er sich selbst dem Tod ausliefern? Und wenn er sterben musste, wie konnte dann sein Reich so fest gegründet werden, dass es nicht von den Pforten der Hölle überwältigt werden kann? Für die Jünger war dies wirklich ein Geheimnis.

Gerade jetzt zogen sie am Ufer des Galiläischen Meeres entlang und näherten sich der Stadt, in der all ihre Hoffnungen zerschlagen werden sollten. Sie wagten es nicht, sich bei Christus zu beschweren. Untereinander aber sprachen sie leise und tief besorgt darüber, wie die Zukunft wohl aussehen werde. Bei all ihren Fragen und Zweifeln klammerten sie sich an den Gedanken, irgendein unvorhergesehener Umstand würde das Schicksal abwenden, das ihren Herrn erwartete. So trauerten und zweifelten, hofften und bangten sie sechs trübselige Tage lang.

KAPITEL 46

DIE VERKLÄRUNG

Matthäus 17,1-8; Markus 9,2-8; Lukas 9,28-36

Der Abend brach herein, als Jesus drei seiner Jünger – Petrus, Jakobus und Johannes – zu sich rief. Er führte sie durch Felder und dann über einen felsigen Weg weit hinauf auf einen einsamen Berg. Der Erlöser und seine Jünger hatten den Tag mit Reisen und Lehren zugebracht, und der Aufstieg auf den Berg ermüdete sie zusätzlich. Christus hatte viele Menschen von ihren seelischen und körperlichen Belastungen befreit und ihre geschwächten Körper neu belebt. Doch ganz von menschlicher Natur umhüllt, ermüdete der Aufstieg auch ihn wie seine Jünger.

Das Licht der untergehenden Sonne mit ihrer schwindenden Pracht beleuchtete noch immer den Gipfel des Berges und vergoldete den Pfad, den sie hinaufstiegen. Doch schon bald verblasste das Licht über den Hügeln und Tälern. Die Sonne sank im Westen, und die Dunkelheit der Nacht umhüllte die einsamen Wanderer. Es schien, als würde die hereinbrechende Nacht zu ihrem sorgenvollen Leben passen – von Wolken umgeben, die langsam heraufzogen und sich zusammenballten.

Die Jünger wagten nicht, Christus nach dem Ziel und Zweck dieser Wanderung zu fragen. Er hatte schon oft ganze Nächte betend in den Bergen verbracht. Er, der die Berge und Täler mit seinen Händen geformt hatte, war in der Natur zuhause und liebte die Stille. Die Jünger folgten Christus auf dem Weg, doch sie wunderten sich, warum ihr Meister diesen beschwerlichen Aufstieg unternahm, wo sie doch so müde waren und er selbst Ruhe nötig gehabt hätte.

JESUS IM GEBET

Kurz danach forderte Jesus die Jünger auf, nicht mehr weiterzugehen. Er entfernte sich etwas von ihnen und schüttete dann sein Herz vor Gott aus. Der »Mann der Schmerzen« (Jesaja 53,3 Elb.) schrie unter Tränen zu Gott. Er bat um Kraft, damit er die Prüfung, die er für die Menschheit auf sich genommen hatte, ertragen könnte. Er selbst musste neuen Halt in der Allmacht Gottes finden, denn nur so konnte er sich der Zukunft stellen. Er flehte für seine Jünger, dass ihr Glaube in der Stunde, wenn sich Satans Macht offenbarte, nicht Schiffbruch erleiden würde. Der Tau legte sich schwer auf seine niedergebeugte Gestalt, doch er achtete nicht darauf. Die Schatten der Nacht wurden immer düsterer um ihn her, aber er schenkte der Finsternis keine Beachtung. Langsam zerrannen die Stunden. Zuerst blieben die Jünger in aufrichtiger Hingabe mit Jesus im Gebet verbunden, doch nach einer Weile übermannte sie die Müdigkeit. Sie versuchten zwar, am Geschehen teilzunehmen, schliefen aber trotzdem ein. Jesus hatte ihnen von seinen Leiden erzählt. Er nahm sie mit, damit sie im Gebet für ihn einstehen konnten. Sogar jetzt betete er für sie. Der Erlöser hatte bemerkt, wie bedrückt seine Jünger geworden waren. Er sehnte sich danach, ihren Schmerz durch die Zusicherung zu lindern, dass ihr Glaube nicht vergeblich war. Nicht alle seine Jünger, nicht einmal alle von den Zwölf, konnten die Offenbarung, die er ihnen schenken wollte, empfangen. Nur diese drei, die in Gethsemane Zeugen seiner Qualen werden sollten, hatte er auserwählt, um mit ihm auf dem Berg zu sein. Nun flehte er darum, dass ihnen Einblick gewährt würde in die »Herrlichkeit«, die er bei seinem Vater »hatte, bevor die Welt erschaffen wurde« (Johannes 17,5 Hfa). Er bat, sein Reich möge den menschlichen Augen offenbar werden, sodass seine Jünger durch das Schauen gestärkt würden. Er flehte, dass sie eine Offenbarung seiner Göttlichkeit miterleben könnten, damit sie in der Stunde seiner größten Qualen mit der Erkenntnis getröstet würden, dass er wahrhaftig der Sohn Gottes war und sein schmachvoller Tod zum Erlösungsplan gehörte.

Sein Gebet wurde erhört. Während er sich in der Einsamkeit auf dem steinigen Boden vor Gott beugte, öffnete sich plötzlich der Himmel. Die goldenen Tore der Stadt Gottes gingen weit auf. Ein heiliger Glanz fiel auf den Berg und umhüllte die Gestalt des Erlösers. Das Göttliche in ihm leuchtete durch das Menschliche und begegnete der von oben kommenden Herrlichkeit. Christus erhob sich vom Boden, wo er ausgestreckt lag, und stand nun in gottähnlicher Majestät da. Sein innerer Kampf war vorbei. »Sein Angesicht leuchtete wie die Sonne, und seine Kleider wurden weiß wie das Licht.« (Matthäus 17,2b)

MOSE UND ELIA

Die Jünger erwachten und sahen den Glanz der Herrlichkeit, der den ganzen Berg erleuchtete. Ängstlich und mit großem Erstaunen starrten sie auf die strahlende Gestalt ihres Meisters. Als sich ihre Augen an das wunderbare Licht gewöhnt hatten, sahen sie, dass Jesus nicht allein war. Neben ihm standen zwei himmlische Wesen, die vertraut mit ihm sprachen. Der eine war Mose, der auf dem Sinai mit Gott geredet hatte, der andere war Elia, der das große Vorrecht hatte, niemals unter die Macht des Todes zu geraten. Dieses Vorrecht wurde außer ihm nur noch einem einzigen Nachkommen Adams zuteil – Henoch (vgl. 1. Mose 5,24).

15 Jahrhunderte vorher hatte sich Mose auf dem Berg Pisga befunden und in das verheißene Land geschaut. Aber wegen der Sünde, die er bei Meriba begangen hatte, durfte er es nicht betreten. Die Freude, das Volk Israel in das Land seiner Väter zu führen, sollte ihm nicht zuteilwerden. Seine verzweifelte Bitte: »Lass mich hinübergehen und sehen das gute Land jenseits des Jordan, dies gute Bergland und den Libanon« (5. Mose 3,25) wurde nicht erhört. Die Hoffnung, die 40 Jahre lang die Dunkelheit der Wüstenwanderung erhellt hatte, wurde nicht erfüllt. Am Ende jener Jahre der drückenden Last und Sorge blieb nur noch ein Grab in der Wüste. Doch er, der »unendlich viel mehr tun kann, als wir erbitten oder uns ausdenken können« (Epheser 3,20b EÜ), hatte genau auf diese Weise die Bitte seines Dieners erhört. Mose kam zwar unter die Herrschaft des Todes, aber er musste nicht im Grab bleiben. Christus selbst rief ihn heraus zum Leben. Weil Mose gesündigt hatte, machte Satan, der Verführer, den Anspruch auf dessen Leichnam geltend. Aber Christus, der Retter, befreite ihn aus dem Grab (vgl. Judas 9).

Auf dem Verklärungsberg war Mose Zeuge für den Sieg von Christus über Sünde und Tod. Mose stand dort stellvertretend für all jene, die einmal bei der Auferstehung der Gerechten aus den Gräbern hervorgehen werden. Elia, der verwandelt und in den Himmel aufgenommen worden war, ohne den Tod gesehen zu haben, stellte jene dar, die bei der Wiederkunft von Christus auf der Erde leben. Von ihnen heißt es, dass sie »verwandelt werden; und das plötzlich, in einem Augenblick, zur Zeit der letzten Posaune« (1. Korinther 15,51b.52a), wenn »dies Verwesliche anziehen wird die Unverweslichkeit« (1. Korinther 15,54a). Jesus war mit der Herrlichkeit des Himmels bekleidet. So wird er auch erscheinen, wenn er wiederkommen wird – »nicht mehr wegen der Sünde, sondern um denen Rettung zu bringen, die auf ihn warten« (Hebräer 9,28b NGÜ). Und er kommt »in der Herrlichkeit seines Vaters mit den heiligen Engeln« (Markus 8,38b). Das Versprechen, das Jesus seinen Jüngern gegeben hatte (vgl. Markus 9,1), war nun erfüllt. Auf dem Berg wurde das zukünftige Reich der Herrlichkeit in Miniatur dargestellt: Christus als König, Mose stellvertretend für die auferstandenen Gläubigen und Elia stellvertretend für all jene, die einmal zu Lebzeiten verwandelt werden.

TEIL 6 | DER SIEG DER LIEBE

DAS KREUZ UND DIE KRONE

Die Jünger verstanden noch nicht, was sie eben sahen. Doch sie freuten sich darüber, dass der geduldige Lehrer, der Eine, der bescheiden und sanftmütig und als hilfloser Fremdling hin- und hergewandert war, von den Bevorzugten des Himmels geehrt wurde. Sie glaubten, Elia sei gekommen, um die Herrschaft des Messias bekanntzugeben und zu verkünden, dass das Reich Gottes nun auf der Erde errichtet werde. Die Erinnerung an ihre Furcht und Enttäuschung sollte für immer vergessen sein. Da, wo die Herrlichkeit Gottes offenbart wurde, wollten sie bleiben. Petrus rief begeistert aus: »Herr, hier ist gut sein! Willst du, so will ich hier drei Hütten bauen, dir eine, Mose eine und Elia eine.« (Matthäus 17,4) Die Jünger waren davon überzeugt, dass Mose und Elia gesandt worden waren, um ihren Herrn zu beschützen und seine Macht als König zu begründen.

Doch vor der Krone musste das Kreuz kommen. Nicht der Amtsantritt von Christus als König, sondern sein Tod, der in Jerusalem erfolgen musste, war Gegenstand ihrer Unterredung mit Jesus. Beladen mit menschlicher Schwachheit, Kummer und Sünde, wandelte Jesus allein mitten unter den Menschen. Als ihn das Dunkel der bevorstehenden Prüfung bedrängte, fühlte er sich einsam und allein in einer Welt, die ihn nicht kannte. Sogar seine geliebten Jünger, ganz von ihren eigenen Zweifeln, Sorgen und ehrgeizigen Hoffnungen in Anspruch genommen, verstanden das Geheimnis seiner Mission nicht. Er hatte inmitten der Liebe und Gemeinschaft des Himmels gewohnt, aber in der Welt, die er geschaffen hatte, war er einsam. Nun hatte der Himmel seine Boten zu Jesus gesandt. Es waren keine Engel, sondern Menschen, die auch Kummer und Leid ertragen hatten und mit dem Erlöser in den Prüfungen seines irdischen Lebens mitempfinden konnten. Mose und Elia waren Mitarbeiter von Christus gewesen. Sie hatten seine Sehnsucht nach der Erlösung der Menschen geteilt. Mose hatte für Israel gefleht: »Vergib ihnen doch ihre Sünde; wenn nicht, dann tilge mich aus deinem Buch, das du geschrieben hast.« (2. Mose 32,32) Elia hatte die innere Einsamkeit kennengelernt, als er während der dreieinhalb Jahre Hungersnot den Hass und das Leid Israels ertragen musste. Auf dem Berg Karmel hatte er allein auf Gottes Seite gestanden und war dann voller Angst und Verzweiflung in die Wüste geflohen. Diese Männer, welche Gott vorrangig vor allen Engeln um den Thron erwählte, waren gekommen, um mit Jesus über seinen Leidensweg zu sprechen. Sie trösteten ihn, indem sie ihm versicherten, dass der Himmel mit ihm mitfühle. Die Hoffnung der Welt und die Erlösung jedes Menschen waren Gegenstand dieser Unterredung.

Weil die Jünger eingeschlafen waren, hörten sie wenig von dem, was zwischen ihrem Meister und den himmlischen Boten gesprochen wurde. Weil sie es versäumt hatten, wach zu bleiben und zu beten, empfingen sie nicht das, was ihnen Jesus schenken wollte: das Verständnis für sein Leiden und für die darauffolgende Herrlichkeit. Sie verloren den Segen, den sie empfangen hätten, wenn sie an der Selbstaufopferung von Jesus Anteil genommen hätten. Diesen Jüngern fiel es »schwer zu glauben« (Lukas 24,25b NLB). Sie zeigten nur geringe Dankbarkeit für die Schätze, mit denen der Himmel sie reich machen wollte.

Dennoch empfingen sie großes Licht. Ihnen wurde versichert, dass der ganze Himmel die Sünde kannte, deren sich die jüdische Nation schuldig machte, indem sie Christus verwarf. Sie erhielten einen klareren Blick für das Werk des Erlösers. Sie sahen mit ihren eigenen Augen und hörten mit ihren eigenen Ohren Dinge, die den menschlichen Verstand überstiegen. Sie hatten »seine Majestät mit eigenen Augen gesehen« (2. Petrus 1,16b NLB). Sie begriffen, dass Jesus tatsächlich der Messias war, von dem die Patriarchen und Propheten Zeugnis gegeben hatten, und dass er als solcher vom ganzen himmlischen Universum anerkannt wurde.

DER VATER BEKENNT SICH ZUM SOHN

Während die Jünger immer noch wie gebannt auf das Geschehen auf dem Berg schauten, »kam plötzlich eine leuchtend helle Wolke und warf ihren Schatten auf sie, und aus der Wolke sprach eine Stimme: Dies ist mein geliebter Sohn. An ihm habe ich Freude und auf ihn sollt ihr hören!« (Matthäus 17,5b NGÜ) Als sie die Wolke der Herrlichkeit sahen, heller als die Wolke, die einst vor den Stämmen Israels in der Wüste hergezogen war, und sie die Stimme Gottes vernahmen, die mit Ehrfurcht gebietender Majestät die Berge erzittern ließ, fielen sie überwältigt zu Boden. Sie lagen dort und verbargen ihr Gesicht, bis Jesus zu ihnen kam und sie anrührte. Seine wohlvertraute Stimme vertrieb ihre Angst: »Steht auf! Ihr braucht euch nicht zu fürchten.« (Matthäus 17,7b) Als sie es wagten, ihre Augen zu öffnen, war die himmlische Herrlichkeit vergangen. Mose und Elia waren verschwunden, und sie standen allein mit Jesus auf dem Berg.

KAPITEL 47

ZUM DIENEN BERUFEN

Matthäus 17,9-21; Markus 9,9-29; Lukas 9,37-45

Jesus und die drei Jünger hatten die ganze Nacht auf dem Berg verbracht. Als die Sonne aufging, stiegen sie hinab in die Ebene. Die Jünger, ganz in Gedanken versunken, schwiegen tief beeindruckt. Sogar Petrus sagte kein Wort. Gerne wären sie noch länger an diesem heiligen Ort geblieben, der vom Licht des Himmels berührt worden war. Hier hatte der Sohn Gottes seine Herrlichkeit offenbart, doch dort unten gab es ein Werk, das getan werden musste, denn die Menschen suchten Jesus bereits überall.

HERRLICHKEIT UND ERNIEDRIGUNG

Am Fuß des Berges hatte sich bereits eine große Menge versammelt. Die Jünger, die zurückgeblieben waren, hatten sie dorthin geführt, denn sie wussten, wohin sich Jesus zurückgezogen hatte. Als der Erlöser in die Nähe der Menge kam, befahl er seinen drei Begleitern, über das Erlebte zu schweigen, und sagte: »Erzählt niemandem, was ihr gesehen habt, bis der Menschensohn von den Toten auferstanden ist.« (Matthäus 17,9b NLB) Die Jünger sollten das ihnen Offenbarte in ihren eigenen Herzen bewegen und nicht in die Öffentlichkeit tragen. Hätten sie der Menge davon erzählt, wären sie ausgelacht worden oder hätten damit unnötigerweise die Neugier der Leute geweckt. Sogar die neun anderen Jünger würden dieses Ereignis erst nach der Auferstehung begreifen können. Wie schwer sogar die drei Jünger, die mit Jesus am engsten verbunden waren, das Geschehen auf dem Berg verstehen konnten, zeigt die Tatsache, dass sie sich – ungeachtet dessen, was Jesus ihnen von dem ihm bevorstehenden Leidensweg gesagt hatte – untereinander stritten, was die Auferstehung der Toten zu bedeuten habe. Dennoch baten sie Jesus nicht um eine Erklärung. Seine Worte über die Zukunft hatten sie so traurig gestimmt, dass sie keine weiteren Enthüllungen wünschten. Sie hofften sogar, dass all diese Ereignisse niemals eintreten würden.

Als die in der Ebene versammelten Menschen Jesus erblickten, liefen sie ihm entgegen und begrüßten ihn freudig und voller Ehrfurcht. Dennoch erkannte er mit einem Blick, dass sie ganz verwirrt waren. Die Jünger schienen aufgewühlt, denn eben war etwas vorgefallen, was sie bitter enttäuscht und auch gedemütigt hatte.

Während sie am Fuß des Berges warteten, hatte ein Vater seinen Sohn zu ihnen gebracht, damit sie ihn von einem Geist befreiten, der ihn quälte und stumm machte. Als Jesus die Zwölf ausgesandt hatte, um in ganz Galiläa zu predigen, hatte er ihnen die Vollmacht verliehen, unreine Geister auszutreiben. Als sie ausgegangen waren, stark im Glauben, gehorchten ihnen diese aufs Wort. Nun hatten sie dem quälenden Geist im Namen von Jesus befohlen, sein Opfer zu verlassen. Doch der Dämon verspottete sie nur, indem er seine Macht aufs Neue bewies. Die Jünger, die nicht imstande waren, ihre Niederlage zu erklären, spürten, dass sie sich und ihrem Meister Unehre bereitet hatten. In der Menge befanden sich auch Schriftgelehrte, die diese Gelegenheit benutzten, um die Jünger zu demütigen. Sie drängten sich um sie, bearbeiteten sie mit Fragen und versuchten zu beweisen, dass sie und ihr Meister Betrüger waren. Hier, erklärten die Rabbiner triumphierend, handle es sich um einen bösen Geist, den weder die Jünger noch Christus besiegen konnten. Die Leute waren geneigt, sich auf die Seite der Schriftgelehrten zu stellen, und in der Menge machten sich Verachtung und Hohn breit.

Doch plötzlich verstummten die Anklagen. Als sie Jesus und seine drei Jünger kommen sahen, schlug die Stimmung um, und die Menschen strömten ihnen entgegen. Die Gemeinschaft mit der himmlischen Herrlichkeit in der letzten Nacht hatte bei Jesus und seinen Begleitern Spuren hinterlassen. Auf ihren Gesichtern lag ein Glanz, der die Zuschauer mit Ehrfurcht erfüllte. Eingeschüchtert zogen sich die Schriftgelehrten zurück, während das Volk Jesus willkommen hieß.

Als ob er das soeben Vorgefallene miterlebt hätte, erschien der Erlöser auf dem Schauplatz, wo sie sich stritten. Er richtete seinen Blick auf die Schriftgelehrten und fragte sie: »Was streitet ihr mit meinen Jüngern?« (Markus 9,16 GNB)

Doch die vorher so kühnen und unverschämten Stimmen waren verklungen. Alle Umstehenden schwiegen betreten. Nun bahnte sich der leidgeprüfte Vater einen Weg durch die Menge, fiel Jesus zu Füßen und schüttete sein Herz vor ihm aus, indem er all seine Not und Enttäuschung erzählte.

»Lehrer«, sagte er, »ich habe meinen Sohn hergebracht, damit du ihn heilst. Er kann nicht sprechen, weil er von einem bösen Geist besessen ist, der ihn nicht reden lässt. Immer wenn dieser böse Geist ihn packt, wirft er ihn gewaltsam zu Boden ... Ich habe deine Jünger gebeten, den Dämon auszutreiben, aber sie konnten es nicht.« (Markus 9,17.18 NLB)

Jesus sah auf die von Ehrfurcht ergriffene Menge, die nörgelnden Schriftgelehrten und die ratlosen Jünger. Er sah den Unglauben all dieser Herzen und rief mit sorgenerfüllter Stimme: »Was ist das für eine Generation, die Gott nichts zutraut! Wie lang soll ich noch bei euch aushalten und euch ertragen?« Dann gebot er dem bedrückten Vater: »Bring den Jungen her!« (Markus 9,19 NLB) Der Knabe wurde zu ihm gebracht. Als ihn Jesus ansah, warf der böse Geist den Jungen in schmerzhaftem Zucken zu Boden. Mit Schaum vor dem Mund wälzte er sich auf der Erde. Seine unheimlichen Schreie zerrissen die Stille.

Erneut standen sich der Fürst des Lebens und der Fürst der Mächte der Finsternis auf dem Kampfplatz gegenüber: Christus war gekommen, um seinen Auftrag zu erfüllen, »den Gefangenen zu verkünden, dass sie frei sein sollen ... den Unterdrückten die Freiheit zu bringen« (Lukas 4,18b NGÜ), doch Satan wollte sein Opfer fest in seiner Gewalt behalten. Unbemerkt drängten sich Engel des Lichts und Scharen böser Engel dicht heran, um die Auseinandersetzung mitanzusehen. Einen Augenblick lang erlaubte Jesus dem bösen Geist, seine Kraft zu zeigen, damit die anwesende Menge die folgende Befreiung besser erfassen konnte.

Die Menge schaute mit angehaltenem Atem zu, während der Vater zwischen Hoffnung und Angst bangte. Jesus fragte ihn: »Wie lange geht das schon so?« (Markus 9,21a NLB) Der Vater erzählte ihm die Geschichte von den langen Jahren des Leidens. Dann rief er aus, wie wenn er dies nicht mehr länger ertragen könnte: »Hab Erbarmen mit uns und hilf uns! Tu etwas, wenn du kannst!« (Markus 9,22b NLB) »Wenn du kannst«, hatte er gesagt. Sogar jetzt zweifelte der Vater an der Macht von Christus.

»Was soll das heißen: ›Wenn ich kann‹?«, fragte Jesus. »Alles ist möglich für den, der glaubt.« (Markus 9,23 NLB) Es lag nicht an der unzureichenden Macht von Christus. Die Heilung des Sohnes hing vom Glauben des Vaters ab. Dieser brach in Tränen aus, als er seine eigene Schwachheit erkannte. Mit dem Schrei: »Ich glaube! Hilf mir heraus aus meinem Unglauben!« (Markus 9,24 NGÜ) verließ er sich ganz auf die Gnade von Christus.

HEILUNG FÜR LEIB UND SEELE

Nun wandte sich Jesus an den Besessenen und sagte: »Du tauber und stummer Geist, ich befehle dir, fahre aus diesem Kind aus und kehre nie wieder zurück!« (Markus 9,25b NLB) Ein Schrei ertönte, und dann gab es einen qualvollen Kampf. Es schien, als würde der Dämon seinem Opfer beim

Ausfahren das Leben entreißen. Dann blieb der Junge regungslos und scheinbar leblos liegen. Die Menschen flüsterten: »Er ist tot.« Jesus aber ergriff seine Hand, richtete ihn auf und übergab ihn – geistig und körperlich vollkommen gesund – seinem Vater. Vater und Sohn priesen den Namen ihres Retters. Die Menge aber war »überwältigt von der Größe Gottes« (Lukas 9,43 NGÜ), während sich die Schriftgelehrten besiegt, niedergeschlagen und missmutig abwandten.

»Wenn du etwas kannst, so habe Erbarmen mit uns und hilf uns!« (Markus 9,22b Elb.) Wie viele sündenbeladene Menschen haben diese Bitte bereits wiederholt! Und die Antwort des barmherzigen Erlösers an alle ist: »Alles ist möglich für den, der glaubt.« (Markus 9,23b NLB) Es ist der Glaube, der uns mit dem Himmel verbindet und uns die Kraft verleiht, den Kampf gegen die Mächte der Finsternis zu führen. Mit Christus hat Gott uns alle Mittel zur Verfügung gestellt, um jeden sündhaften Charakterzug zu bändigen und jeder Versuchung, wie stark sie auch sein mag, zu widerstehen. Aber viele spüren, dass ihnen der Glaube fehlt, und verharren deshalb in der Gottesferne. Ermutigt diese Menschen, sich in ihrer Hilflosigkeit und Unwürdigkeit ganz auf die Barmherzigkeit ihres mitfühlenden Erlösers zu verlassen! Schaut nicht auf euch selbst, sondern auf Christus! Er, der die Kranken heilte und die bösen Geister austrieb, als er unter den Menschen wandelte, ist auch heute derselbe mächtige Erlöser. Der Glaube kommt durch das Wort Gottes. Halte dich an seiner Verheißung fest: »Wer zu mir kommt, den werde ich nicht hinausstoßen.« (Johannes 6,37b) Wirf dich Jesus zu Füßen und rufe: »Ich glaube, Herr; hilf du mir heraus aus meinem Unglauben!« (vgl. Markus 9,24 NLB) Wenn du dies tust, wirst du nicht umkommen – niemals!

Innerhalb von ganz kurzer Zeit schauten die drei bevorzugten Jünger die größte Herrlichkeit und die tiefste Erniedrigung. Sie sahen, wie sich die menschliche Natur ins Ebenbild Gottes verklärte und wie sie zum Abbild Satans entwürdigt wurde. Sie erlebten mit, wie Jesus vom Berg hinunterstieg, wo er mit himmlischen Boten gesprochen und ihn die Stimme aus der strahlenden Herrlichkeit als Sohn Gottes verkündet hatte, um dann dem größten Schmerz und dem widerlichsten Anblick entgegenzutreten. Er begegnete dem besessenen Jungen, der, von Anfällen geplagt, mit verzerrtem Gesicht mit seinen Zähnen knirschte und dem keine menschliche Macht helfen konnte. Dieser mächtige Erlöser, der nur einige Stunden zuvor verherrlicht vor seinen verwunderten Jüngern gestanden hatte, bückte sich nun, um das Opfer Satans, das sich auf dem Boden krümmte, aufzurichten und gesund an Leib und Seele seinem Vater und seiner Familie zurückzugeben.

415

WAS GLAUBE VERMAG

Das Erlebte war ein Anschauungsunterricht für die Erlösung, wie der Göttliche aus der Herrlichkeit des Vaters herabkam, um die Verlorenen zu retten. Es stellt auch die Aufgabe seiner Nachfolger dar. Die Diener von Christus sollten ihr Leben nicht nur in Stunden geistlicher Erleuchtung mit Jesus auf dem Berggipfel verbringen. Es gibt Aufgaben unten im Tal zu erfüllen. Menschen, die Sklaven Satans geworden sind, warten auf Worte, die ihren Glauben stärken, und auf Gebete, die sie frei machen.

Die neun Jünger dachten immer noch über die bittere Erfahrung ihres eigenen Versagens nach. Als sie mit ihrem Herrn wieder allein waren, fragten sie ihn: »Warum konnten wir ihn nicht austreiben?« Jesus antwortete ihnen: »Wegen eures Kleinglaubens. Denn wahrlich, ich sage euch: Wenn ihr Glauben habt wie ein Senfkorn, so könnt ihr sagen zu diesem Berg: Heb dich dorthin!, so wird er sich heben; und euch wird nichts unmöglich sein. Aber diese Art fährt nur aus durch Beten und Fasten.« (Matthäus 17,19-21; vgl. Markus 9,29) Ihr Unglaube, der ein tieferes Verständnis für Christus verhinderte, und ihre Sorglosigkeit, mit der sie die ihnen anvertraute, heilige Aufgabe betrachteten, waren der Grund ihres Versagens in der Auseinandersetzung mit den Mächten der Finsternis.

Die Worte, mit denen Christus auf seinen Tod hingewiesen hatte, hatten sie traurig gemacht und zweifeln lassen. Die Auswahl der drei Jünger, die Jesus auf den Berg begleiten sollten, hatte die Eifersucht der anderen neun geweckt. Anstatt durch Gebet und Nachdenken über die Worte von Christus ihren Glauben zu stärken, grübelten sie über ihre Entmutigungen und ihren persönlichen Kummer. In dieser Niedergeschlagenheit hatten sie den Kampf mit Satan aufgenommen.

Um in einem solchen Kampf erfolgreich zu sein, mussten sie mit einem anderen Geist an die Sache herangehen. Ihr Glaube musste durch inbrünstiges Beten, durch Fasten und durch ein demütiges Herz gestärkt werden. Sie mussten frei sein von Selbstsucht, erfüllt mit dem Heiligen Geist und der Kraft Gottes. Allein ein ernstes und beharrliches Flehen im Vertrauen zu Gott – ein Glaube, der zu völliger Abhängigkeit von Gott und zu einer vorbehaltlosen Hingabe an sein Werk führt – kann dazu beitragen, dass Menschen in ihrem Kampf die Hilfe des Heiligen Geistes erfahren. Nur so kann der Kampf »gegen die bösen Mächte und Gewalten der unsichtbaren Welt, gegen jene Mächte der Finsternis, die diese Welt beherrschen, und gegen die bösen Geister in der Himmelswelt« (Epheser 6,12b NLB) gewonnen werden.

»Wenn ihr Glauben habt wie ein Senfkorn«, sagte Jesus, »so könnt ihr sagen zu diesem Berg: Hebe dich dorthin!, so wird er sich heben.« (Matthäus

17,20b) Obwohl das Senfkorn so klein ist, enthält es dasselbe geheimnisvolle Lebenselement, das es zu einem mächtigen Baum heranwachsen lässt. Wenn das Senfkorn in die Erde gelegt wird, nimmt der winzige Keim die Grundstoffe, die Gott als seine Nahrung vorgesehen hat, in sich auf. So entwickelt es sich schnell, wird kräftig und groß. Wenn unser Glaube diesem Senfkorn gleicht, werden wir Gottes Wort in Anspruch nehmen und uns alle Mittel und Kräfte zu eigen machen, die der Schöpfer zu unserer Hilfe bereitgestellt hat. So wird unser Glaube gestärkt, und durch ihn steht uns die Macht des Himmels bei. Die Hindernisse, die uns Satan in den Weg gestellt hat und die so unüberwindbar wie die ewigen Berge erscheinen, werden der Forderung des Glaubens weichen. »Euch wird nichts unmöglich sein.« (Matthäus 17,20c)

KAPITEL 48

WER IST DER GRÖSSTE?

*Matthäus 17,22-27; 18,1-20;
Markus 9,30-50; Lukas 9,46-48*

Als Jesus nach Kapernaum zurückkehrte, begab er sich nicht an die altbekannten Orte, wo er das Volk gelehrt hatte, sondern suchte mit seinen Jüngern unauffällig das Haus auf, in dem er vorübergehend wohnen sollte. In der Zeit, die ihm noch in Galiläa blieb, wollte er sich mehr der Unterweisung seiner Jünger widmen, als unter dem Volk zu wirken.

Als sie durch Galiläa zogen, versuchte Jesus erneut, seine Jünger innerlich auf die kommenden Ereignisse vorzubereiten. Er sagte ihnen, dass er nach Jerusalem gehen müsse und dort getötet werde. Doch werde er wieder auferstehen. Dann fügte er hinzu, dass er verraten und an seine Feinde ausgeliefert werden würde. Diese Ankündigung klang seltsam und ernst. Nicht einmal jetzt verstanden die Jünger seine Worte. Obwohl ihr Zusammensein von großen Sorgen überschattet war, begann sich in ihren Herzen ein Geist der Rivalität breitzumachen. Sie stritten darüber, wer im Königreich der Größte sein würde. Weil sie diesen Streit vor Jesus verbergen wollten, gingen sie nicht wie gewöhnlich dicht an seiner Seite, sondern schlenderten hinter ihm her, sodass er vor ihnen in Kapernaum ankam. Jesus aber las ihre Gedanken und sehnte sich danach, sie zu unterweisen und zu beraten. Doch dazu wartete er auf einen ruhigen Moment, an dem ihre Herzen bereit wären, seine Worte aufzunehmen.

DIE TEMPELSTEUER

Kaum hatten sie die Stadt erreicht, kam ein Mann, der das Tempelgeld einzog, auf sie zu und fragte Petrus: »Zahlt euer Meister keine Tempelsteuer?« (Matthäus 17,24b NLB) Es handelte sich dabei nicht um eine staatliche Steuer, sondern um einen Beitrag, den jeder Jude jährlich für den Unterhalt des Tempels zu bezahlen hatte.[70] Wer sich weigerte, dieses Geld beizusteuern, galt als untreu gegenüber dem Tempel. In den Augen der Rabbiner war dies ein äußerst schweres Vergehen. Die Einstellung des Erlösers gegenüber den rabbinischen Gesetzen und seine deutlichen Zurechtweisungen, die er wiederholt an die Verfechter der jüdischen Tradition richtete, waren der Beweggrund für den Vorwurf, er wolle den gesamten Tempeldienst umstürzen. Nun sahen seine Feinde eine Möglichkeit, ihn in Verruf zu bringen. Im Steuereinnehmer fanden sie einen bereitwilligen Verbündeten.

Petrus erkannte in der Frage dieses Mannes eine versteckte Andeutung, welche die Treue von Christus gegenüber dem Tempel anzweifelte. Bestrebt, die Ehre seines Meisters zu verteidigen, antwortete er übereilt und ohne ihn um Rat zu fragen, dass Jesus die Abgabe bezahlen werde.

Doch Petrus hatte die Absicht dieser Frage nur teilweise verstanden. Es gab einzelne Gesellschaftsschichten, die von der Zahlung dieser Beiträge ausgenommen waren. In der Zeit von Mose, als die Leviten zum Dienst am Heiligtum berufen wurden, konnten sie nicht wie andere aus dem Volk Land erben. Der Herr hatte gesagt: »Deshalb haben die Leviten keinen Anteil und kein Erbe unter den übrigen israelitischen Stämmen. Der Herr selbst ist ihr Erbteil.« (5. Mose 10,9a NLB) Auch als Christus auf dieser Erde lebte, galten die Priester und Leviten immer noch als besonders geweiht für den Dienst am Heiligtum und mussten darum keine jährlichen Abgaben zur Unterstützung des Tempels entrichten. Auch Propheten waren von diesen Zahlungen ausgenommen. Indem die Rabbiner den Tempelgroschen von Jesus forderten, lehnten sie seinen Anspruch ab, ein Prophet oder Lehrer zu sein, und behandelten ihn wie eine gewöhnliche Person. Hätte er sich geweigert, die Abgabe zu entrichten, wäre ihm dies als Untreue gegenüber dem Tempel ausgelegt worden. Hätte er aber bezahlt, wäre ihre Ablehnung, ihn als Propheten anzuerkennen, gerechtfertigt worden.

Kurz zuvor hatte Petrus bestätigt, dass Jesus der Sohn Gottes ist. Nun aber verpasste er eine Möglichkeit, auf das Wesen seines Meisters aufmerksam zu machen. Mit seiner Antwort an den Steuereinnehmer, dass Jesus seine Abgabe bezahlen werde, hatte Petrus die falsche Vorstellung über Jesus, welche die Priester und geistlichen Oberhäupter zu verbreiten suchten, eigentlich unterstützt.

Als Petrus das Haus betrat, erwähnte der Erlöser nichts von dem, was vorgefallen war, sondern fragte nur: »Was meinst du, Simon? Von wem nehmen die Könige auf Erden Zoll oder Steuern: von ihren Kindern oder von den

---

70   Es geht hier um die jährlich zu zahlende Halbschekel- oder Doppeldrachmensteuer zugunsten des Tempels (vgl. 2. Mose 30,11-16).

Fremden?« Petrus antwortete: »Von den Fremden.« Jesus entgegnete ihm: »So sind die Kinder frei.« (Matthäus 17,25b.26) Während die Bürger eines Landes Steuern für den Unterhalt ihres Königs entrichten mussten, waren die Kinder des Monarchen davon ausgenommen. So war es auch in Israel. Das Volk, das sich zu Gott bekannte, war verpflichtet, den Tempeldienst zu unterstützen. Jesus aber, der Sohn Gottes, war dem nicht unterworfen. Die Priester und Leviten waren aufgrund ihrer Verbindung zum Tempel von der Steuer ausgenommen – wie viel mehr erst Jesus, für den der Tempel das Haus seines Vaters war.

Hätte Jesus die Abgabe stillschweigend bezahlt, hätte er gewissermaßen die Richtigkeit dieser Forderung anerkannt und dadurch seine Göttlichkeit verleugnet. Während er es einerseits für gut befand, dieser Forderung nachzukommen, bestritt er andererseits den Anspruch, auf dem sie beruhte. Durch die Art und Weise, wie er den Steuerbetrag bereitstellte, bewies er seine göttliche Natur. Es wurde offenbar, dass er eins mit Gott war. Darum stand er nicht wie ein gewöhnlicher Bürger des Königreichs unter der Steuerpflicht.

Jesus forderte Petrus auf: »Damit wir ihnen aber keinen Anstoß geben, geh an den See und wirf die Angel aus. Nimm den ersten Fisch, den du fängst, und öffne ihm das Maul. Du wirst darin ein Vierdrachmenstück[71] finden. Nimm es und bezahle damit die Tempelsteuer für mich und für dich!« (Matthäus 17,27 NGÜ)

Obwohl Jesus seine Göttlichkeit mit der menschlichen Gestalt umhüllt hatte, offenbarte er durch dieses Wunder seine Herrlichkeit. Es war offensichtlich, dass er derjenige war, der durch David erklärt hatte: »Alles Wild im Wald ist mein und die Tiere auf den Bergen zu Tausenden. Ich kenne alle Vögel auf den Bergen; und was sich regt auf dem Feld, ist mein. Wenn mich hungerte, wollte ich dir nicht davon sagen; denn der Erdkreis ist mein und alles, was darauf ist.« (Psalm 50,10-12)

Während Jesus deutlich machte, dass er keiner Zahlungspflicht unterlag, begann er nicht mit den Juden darüber zu streiten, weil sie seine Worte falsch ausgelegt und gegen ihn verwendet hätten. Um niemanden durch eine Zahlungsverweigerung zu beleidigen, tat er das, was von Rechts wegen nicht von ihm verlangt werden konnte. Dies sollte zudem für seine Jünger eine wertvolle Lehre sein. Denn schon bald würde es außerordentliche Veränderungen im Zusammenhang mit dem Tempeldienst geben. Darum riet ihnen Christus, sich nicht unnötigerweise gegen die bestehende Ordnung aufzulehnen. Sie sollten es möglichst vermeiden, irgendeinen Anlass zu geben, durch den ihr Glaube falsch dargestellt werden konnte. Obwohl Christen keinen einzigen

---

71   Wörtlich ein »Stater«, eine Silbermünze im Wert von vier Drachmen.

Grundsatz der Wahrheit aufgeben dürfen, sollten sie dennoch möglichst jeder Auseinandersetzung aus dem Weg gehen.

WER IST DER GRÖSSTE IM HIMMELREICH?

Als Petrus zum See gegangen war und sich Jesus mit den anderen Jüngern allein im Haus befand, rief er sie zusammen und fragte sie: »Was habt ihr auf dem Weg verhandelt?« (Markus 9,33b) Die Anwesenheit von Jesus und seine Frage stellten die Angelegenheit, über die sie vorher auf dem Weg miteinander gestritten hatten, in ein völlig anderes Licht. Weil sie sich schämten und schuldig fühlten, schwiegen sie. Jesus hatte ihnen mitgeteilt, dass er um ihretwillen sterben werde. Ihr selbstsüchtiges Streben stand nun in schmerzlichem Gegensatz zu seiner selbstlosen Liebe.

Als ihnen Jesus von seinem Tod und seiner Auferstehung erzählte, versuchte er im Hinblick auf ihre große Glaubensprüfung mit ihnen ins Gespräch zu kommen. Wenn sie bereit gewesen wären, das zu hören, was er ihnen mitteilen wollte, wären ihnen bittere Angst und Verzweiflung erspart geblieben. Seine Worte hätten sie in der Stunde der Trauer und Enttäuschung getröstet. Obwohl er ihnen so deutlich gesagt hatte, was ihn erwartete, hatte die Bemerkung über seine bevorstehende Reise nach Jerusalem erneut ihre Hoffnung geweckt, dass das Reich nun bald aufgerichtet werden würde. Dies hatte dazu geführt, dass sie sich fragten, wer wohl das höchste Amt bekleiden würde. Als Petrus vom See zurückkehrte, erzählten ihm die Jünger, was der Erlöser sie gefragt hatte. Schließlich wagte einer von ihnen Jesus zu fragen: »Wer ist der Größte im Himmelreich?« (Matthäus 18,1b NLB)

Jesus versammelte seine Jünger um sich und erwiderte: »Wer der Erste sein will, soll der Letzte von allen und der Diener aller sein.« (Markus 9,35 EÜ) Diese Worte klangen ernst und eindringlich, doch die Jünger verstanden sie überhaupt nicht. Das, was Christus wahrnahm, konnten sie nicht sehen. Sie verstanden das Wesen seines Reiches nicht, und diese Unkenntnis war offenbar der Grund für ihren Streit. Doch die eigentliche Ursache lag tiefer. Dadurch, dass Christus ihnen das Wesen seines Reiches erklärte, konnte er ihren Streit vorübergehend schlichten. Doch damit war das Grundproblem nicht gelöst. Selbst als sie über alles Bescheid wussten, hätte die Frage nach der Rangordnung den Streit jederzeit neu entfachen können. Dadurch wäre nach dem Weggang von Christus Unheil über die Gemeinde gekommen. Im Streit um den ersten Platz offenbarte sich derselbe Geist, der den großen Kampf im Himmel begonnen und auch Christus zum Sterben auf die Erde gebracht hatte. Im Geist sah Jesus Luzifer vor sich, den »schönen Morgenstern« (Jesaja 14,12), der an Herrlichkeit alle Engel überstrahlte, die den Thron Gottes umgaben, und der eine tiefe Verbundenheit mit dem Sohn Gottes pflegte. Luzifer hatte gesagt: »Ich will ... gleich sein dem Allerhöchsten.« (Jesaja 14,14) Dieser Wunsch nach Selbsterhöhung hatte den Streit im Himmel ausgelöst und viele der Heerscharen Gottes aus seiner Gegenwart verbannt. Hätte Luzifer wirklich dem Allerhöchsten gleich sein wollen, hätte er nie den ihm zugewiesenen Platz verlassen, weil sich das Wesen des Allerhöchsten in selbstlosem Dienst offenbart. Luzifer wünschte sich zwar Gottes Macht, aber nicht dessen Charakter. Für sich selbst suchte er den höchsten Platz aus. Jedes Lebewesen, das von seinem Geist getrieben ist, wird dasselbe tun. Dadurch werden Entfremdung, Unfriede und Streit unvermeidbar. Die Herrschaft fällt dem Stärksten zu. Das Reich Satans ist ein Reich der Gewalt. Jeder sieht im Anderen ein Hindernis für sein eigenes Vorankommen oder ein Sprungbrett, um selbst eine höhere Stellung zu erreichen.

Während Luzifer es für erstrebenswert hielt, Gott gleich zu sein, entäußerte sich Christus, der Erhöhte, »und wurde wie ein Sklave und den Menschen gleich. Sein Leben war das eines Menschen; er erniedrigte sich und war gehorsam bis zum Tod, bis zum Tod am Kreuz« (Philipper 2,7b.8 EÜ). Nun stand das Kreuz unmittelbar vor ihm, und seine eigenen Jünger waren so selbstsüchtig, was genau den Prinzipien des satanischen Reiches entsprach. So konnten sie weder mit ihrem Herrn mitempfinden noch ihn verstehen, als er von seiner Erniedrigung um ihretwillen sprach.

Überaus sanft, aber mit ernstem Nachdruck, versuchte Jesus das Übel zu beheben. Er zeigte den Jüngern, welches Prinzip im Himmelreich herrscht und worin nach himmlischem Maßstab wahre Größe besteht. Jene, die von Stolz und Ehrsucht getrieben werden, denken nur an sich selbst und an ihren vermeintlichen Lohn. Sie fragen nicht danach, wie sie Gott die verliehenen Gaben zurückerstatten könnten. Solche Menschen werden keinen Platz im himmlischen Reich haben, weil sie sich damit als Satans Anhänger ausweisen.

Der Ehre geht die Demut voraus. Der Himmel wählt denjenigen für ein hohes Amt vor den Menschen, der sich, wie Johannes der Täufer, vor Gott erniedrigt. Der Jünger, der einem Kind am ähnlichsten ist, kann für Gott am erfolgreichsten wirken. Die himmlischen Wesen können mit demjenigen zusammenarbeiten, der nicht danach strebt, sich selbst zu erhöhen, sondern Menschen zu retten. Wer die Abhängigkeit von der göttlichen Hilfe am stärksten verspürt, wird inständig darum bitten, und der Heilige Geist wird dessen Augen öffnen, damit er Jesus erkennen kann und dadurch erbaut wird. Gestärkt durch die Gemeinschaft mit Christus wird er vorangehen, um für die Menschen zu wirken, die in ihren Sünden zugrunde gehen. Er ist zu diesem Dienst berufen und erreicht sein Ziel, wo viele Gelehrte und intellektuell Gebildete scheitern.

Aber bei jenen Menschen, die sich selbst erhöhen und meinen, dass der große göttliche Plan ohne sie nicht gelingen könne, sorgt der Herr dafür, dass sie beiseite gesetzt werden. Dann wird deutlich, dass Gott nicht von ihnen abhängig ist. Das Werk wird durch ihr Ausscheiden nicht aufgehalten, sondern mit noch größerer Kraft vorangehen.

WERDEN WIE DIE KINDER

Für die Jünger reichte es nicht aus, dass sie von Jesus über das Wesen seines Reiches unterrichtet wurden. Was sie benötigten, war eine Veränderung ihres Herzens. Das würde sie mit den Prinzipien seines Reiches in Einklang bringen. Darum rief Jesus ein kleines Kind zu sich, stellte es mitten unter sie, nahm es liebevoll in seine Arme und sagte: »Wenn ihr nicht umkehrt und werdet wie die Kinder, so werdet ihr nicht ins Himmelreich kommen.« (Matthäus 18,3) Die Einfachheit, Selbstvergessenheit und vertrauensvolle Liebe eines kleinen Kindes sind Eigenschaften, die der Himmel wertschätzt. Dies sind Merkmale wahrer Größe.

Erneut erklärte Jesus den Jüngern, dass sein Reich nicht von irdischer Würde und Zurschaustellung geprägt ist. Zu seinen Füßen waren all diese Unterschiede vergessen. Reiche und Arme, Gelehrte und Ungebildete kamen hier zusammen, ohne an Gesellschaftsschichten oder weltliche Vorrangstellungen zu denken. Alle versammelten sich hier als Menschen, die durch das Blut von Jesus freigekauft wurden und gleichermaßen von dem Einen, der sie für Gott erlöst hat, abhängig waren.

In Gottes Augen ist der aufrichtige und reumütige Mensch kostbar. Er drückt den Menschen sein Siegel nicht aufgrund ihrer Stellung, ihres Reichtums oder ihrer Geisteskraft auf, sondern weil sie Christus angehören. Der Herr der Herrlichkeit ist mit denen zufrieden, die von Herzen sanftmütig und demütig sind. David sagte: »Du gabst mir den Schild deines Heils ... deine Herabneigung [Demut]« – als ein Element des menschlichen Charakters – »machte mich groß.« (Psalm 18,36 Elb.)

»Wer dieses Kind aufnimmt in meinem Namen«, sagte Jesus, »der nimmt mich auf; und wer mich aufnimmt, der nimmt den auf, der mich gesandt hat.« (Lukas 9,48a) »So spricht der Herr: Der Himmel ist mein Thron und die Erde der Schemel meiner Füße! ... Ich sehe aber auf den Elenden und auf den, der zerbrochenen Geistes ist und der erzittert vor meinem Wort.« (Jesaja 66,1.2)

NIEMAND SOLL ABGEWIESEN WERDEN

Durch die Worte des Erlösers begannen sich die Jünger zu hinterfragen. Jesus hatte mit seiner Antwort nicht einen von ihnen direkt gemeint. Dennoch veranlasste sie Johannes zur Frage, ob er in einem bestimmten Fall richtig gehandelt hatte. Mit dem Gemüt eines Kindes brachte er sein Anliegen vor Jesus: »Meister, wir sahen einen, der trieb böse Geister in deinem Namen aus, und wir verboten's ihm, weil er uns nicht nachfolgt.« (Markus 9,38)

Jakobus und Johannes glauben für die Ehre ihres Herrn einzutreten, als sie diesem Mann Einhalt geboten. Sie begannen jedoch zu erkennen, dass sie für sich selbst eiferten. Sie bekannten ihren Fehler und nahmen den Tadel von Jesus an: »Ihr sollt's ihm nicht verbieten. Denn niemand, der ein Wunder tut in meinem Namen, kann so bald übel von mir reden.« (Markus 9,39) Niemand, der Jesus in irgendeiner Weise freundlich begegnete, sollte abgewiesen werden. Es gab viele, die durch das Wesen und Wirken von Christus tief bewegt wurden und ihm im Glauben ihre Herzen öffneten. Weil die Jünger aber die Beweggründe dieser Menschen nicht erkennen konnten, mussten sie vorsichtig sein, dass sie sie nicht entmutigten. Wenn Jesus einmal nicht mehr persönlich unter ihnen weilen würde und das Werk in ihren Händen lag, durften sie keinem engherzigen oder kleinlichen Geist nachgeben, sondern sollten dasselbe tiefe Mitgefühl aufbringen, wie sie es bei ihrem Meister gesehen hatten.

Wenn jemand nicht in allen Dingen unseren eigenen Vorstellungen und Meinungen entspricht, berechtigt uns dies nicht, ihm das Wirken für Gott zu verbieten. Christus ist der große Lehrer. Es steht uns nicht zu, zu verurteilen oder zu befehlen. Jeder soll in Demut zu den Füßen des Herrn sitzen und von ihm lernen. Jeder Mensch, den Gott willig gemacht hat, ist ein Werkzeug, durch welches Christus seine vergebende Liebe offenbaren wird. Wir sollten deshalb sehr vorsichtig sein, damit wir keinen Menschen, der Gottes Licht weitergibt, entmutigen und die Strahlen, mit denen er die Welt erleuchten möchte, unterbrochen werden!

Wer als Jünger einem Menschen, den Jesus zu sich zieht, mit Härte oder Lieblosigkeit begegnet – so wie einst Johannes, der jemandem verbot, im Namen von Jesus Wunder zu tun – kann dazu beitragen, dass sich der Zurückgewiesene auf Satans Wege begibt und letztlich verloren geht. Wenn jemand so etwas tut, sagte Jesus, »für den wäre es besser, wenn ein Mühlstein um seinen Hals gelegt und er ins Meer geworfen würde«. Und er fügte hinzu: »Wenn deine Hand dir Anlass zur Sünde gibt, so haue sie ab! Es ist besser für dich, als Krüppel in das Leben hineinzugehen, als mit zwei Händen in die Hölle zu kommen, in das unauslöschliche Feuer. Und wenn dein Fuß dir

Anlass zur Sünde gibt, so haue ihn ab! Es ist besser für dich, lahm in das Leben hineinzugehen, als mit zwei Füßen in die Hölle geworfen zu werden.« (Markus 9,42b-45 Elb.)

Warum diese ernsten Worte, die nicht deutlicher hätten sein können? Weil »der Menschensohn ... gekommen [ist], um Verlorene zu suchen und zu retten« (Lukas 19,10 NLB). Sollten sich seine Jünger weniger um ihre Mitmenschen kümmern als der Herrscher des Himmels? Für jeden Menschen wurde ein unendlich hoher Preis bezahlt. Wie schrecklich ist da die Sünde, einen Menschen von Christus wegzuführen, sodass für ihn die Liebe, die Erniedrigung und der Todeskampf des Erlösers vergeblich waren!

IM DIENST FÜR CHRISTUS

»Wehe der Welt der Verführungen wegen! Denn es ist notwendig, dass Verführungen kommen.« (Matthäus 18,7a Elb.) Die Welt, von Satan beeinflusst, wird zweifellos die Nachfolger von Christus bekämpfen und versuchen, deren Glauben zu zerstören. Aber wehe dem, der den Namen von Christus angenommen hat, daneben aber Satans Werk ausführt! Unser Herr wird durch jene entehrt, die behaupten, ihm zu dienen, seinen Charakter jedoch falsch darstellen. Dadurch werden Menschen scharenweise getäuscht und irregeführt.

Es wäre besser – wie groß das Opfer auch sein mag – jede Gewohnheit oder Handlung, die zur Sünde führt und Christus entehrt, abzulegen. Was Gott entehrt, kann dem Menschen nicht von Nutzen sein. Wer die ewigen Grundsätze des Rechts übertritt, kann keinen Anteil an den Segnungen des Himmels haben. Eine Sünde, die gehegt wird, genügt, um dem Charakter zu schaden und andere irrezuleiten. Müssten Hand oder Fuß abgeschlagen oder gar das Auge ausgerissen werden, um den Körper vor dem Tod zu erretten, wie viel mehr sollten wir da die Sünde aufgeben, welche die Seele tötet! (Vgl. Matthäus 5,29.30)

Bei den rituellen Handlungen im Tempel wurde jedem Opfer Salz beigefügt. Dies wie auch das Darbringen von Weihrauch bedeutete, dass nur die Gerechtigkeit von Christus diesen Dienst vor Gott angenehm machen konnte. Darauf bezog sich Christus, als er sagte: »Zu jeder Opfergabe gehört das Salz ... Zeigt, dass ihr die Kraft des Salzes in euch habt: Haltet Frieden untereinander!« (Markus 9,49.50 GNB) Alle, die sich selbst als ein »Opfer [darbringen], das lebendig, heilig und Gott wohlgefällig ist«, (Römer 12,1b), müssen das rettende Salz erhalten – nämlich die Gerechtigkeit unseres Erlösers. Dann erst werden sie zum »Salz der Erde« (Matthäus 5,13a). Sie halten das

Böse unter den Menschen zurück, so wie das Salz vor dem Verderben schützt. »Wenn nun das Salz nicht mehr salzt« (Matthäus 5,13b), wenn es nur noch ein Bekenntnis zur Frömmigkeit ist, ohne die christliche Liebe, dann fehlt auch die Kraft, Gutes zu tun. Solch ein Leben kann keinen rettenden Einfluss mehr auf die Welt ausüben. Eure Kraft und euer Leistungsvermögen beim Aufbau meines Reiches, sagte Jesus, hängen davon ab, ob ihr meinen Geist empfangt. Ihr müsst an meiner Gnade teilhaben, um »ein Geruch, der auf das Leben hinweist und zum Leben führt«, zu sein (2. Korinther 2,16b NGÜ). Dann wird es keine Rivalität, keine Selbstsucht und kein ehrgeiziges Streben nach der höchsten Stellung mehr geben. Dann werdet ihr mit jener Liebe erfüllt sein, die nicht das Ihre sucht, sondern das Wohl des anderen.

Ermutigt den reumütigen Sünder, auf »Gottes Lamm, das der Welt Sünde trägt« (Johannes 1,29b), zu schauen, denn durch Anschauen wird er verändert. Seine Angst wird sich in Freude und sein Zweifeln in Hoffnung verwandeln. Er wird mit Dankbarkeit erfüllt, und sein steinernes Herz wird aufgebrochen werden. Liebe wird ihn durchströmen. Christus lebt in ihm als Quelle lebendigen Wassers, das ins ewige Leben quillt (vgl. Johannes 4,14). Sehen wir auf Jesus, einen »Mann der Schmerzen und mit Leiden vertraut« (Jesaja 53,3b Elb.), der sich hingab, um die Verlorenen zu retten, der beleidigt, verachtet, verspottet und von Stadt zu Stadt getrieben wurde, bis sein Auftrag erfüllt war! Betrachten wir ihn in Gethsemane, wo er große Blutstropfen schwitzte, und am Kreuz, als er qualvoll starb. Wenn wir all das sehen, schreit unser Ich nicht länger nach Anerkennung. Wenn wir auf Jesus schauen, werden wir uns wegen unserer Gleichgültigkeit, Trägheit und Selbstsucht schämen. Wir sollen bereit sein, alles oder nichts zu sein, damit wir uns von ganzem Herzen für unseren Herrn einsetzen können. Mit Freuden sollen wir das Kreuz auf uns nehmen, Jesus nachfolgen und seinetwegen Versuchung, Schande und Verfolgung ertragen.

»Wir aber, die Starken, sind verpflichtet, die Schwachheiten der Kraftlosen zu tragen und nicht uns selbst zu gefallen.« (Römer 15,1 Elb.) Niemand, der an Christus glaubt, darf gering geachtet werden, mag sein Glaube auch schwach sein und mögen seine Schritte wie die eines kleinen Kindes wanken. Alles, was uns einen Vorteil vor anderen verschafft, sei es Erziehung, Bildung, Charakterstärke, christliche Belehrung oder religiöse Erfahrung, verpflichtet uns dazu, den weniger Bevorzugten, soweit es in unserer Macht steht, zu dienen. Sind wir stark, dann sollen wir die Hände der Schwachen stützen. Prächtige Engel, die »allezeit das Angesicht meines Vaters im Himmel« sehen, freuen sich, diesen Kleinen zu dienen (Matthäus 18,10). Schwache Menschen, die viele störende Wesenszüge aufweisen, stehen unter ihrer besonderen Obhut.

Engel sind immer dort zugegen, wo sie am dringendsten gebraucht werden. Sie begleiten jene, die am härtesten gegen ihr eigenes Ich zu kämpfen haben, und sind bei jenen, deren Umgebung am meisten entmutigend ist. Die wahren Nachfolger von Christus werden in diesem Dienst mitarbeiten.

VOM UMGANG MIT SÜNDERN

Wenn jemand von diesen Kleinen überwunden wird und dir gegenüber ein Unrecht begeht, dann ist es deine Aufgabe, ihm wieder aufzuhelfen. Warte nicht, bis er den ersten Schritt zur Versöhnung macht. »Was meint ihr?«, fragte Jesus. »Wenn ein Mensch hundert Schafe hätte und eins unter ihnen sich verirrte: Lässt er nicht die 99 auf den Bergen, geht hin und sucht das verirrte? Und wenn es geschieht, dass er es findet, wahrlich, ich sage euch: Er freut sich darüber mehr als über die 99, die sich nicht verirrt haben. So ist es auch nicht der Wille bei eurem Vater im Himmel, dass auch nur eines von diesen Kleinen verloren werde.« (Matthäus 18,12-14)

Geh in Sanftmut zu dem, der an dir gefehlt hat, und achte darauf, »dass du nicht auch versucht« wirst (Galater 6,1b), und »weise ihn zurecht zwischen dir und ihm allein« (Matthäus 18,15b). Stell ihn nicht bloß, indem du seine Fehler anderen erzählst. Entehre nicht Christus dadurch, dass du die Sünde oder den Fehler eines Gotteskindes an die Öffentlichkeit trägst. Oft muss einem Irrenden die Wahrheit deutlich gesagt werden, damit er seinen Fehler einsieht und sich ändern kann. Du darfst aber nicht jemanden richten oder verurteilen. Versuche nicht, dich selbst zu rechtfertigen, sondern setze dich mit aller Kraft für seine Besserung ein. Seelische Wunden müssen besonders behutsam und mit äußerstem Feingefühl behandelt werden. Nur die Liebe, die von dem ausgeht, der auf Golgatha litt, kann hier helfen. Wir sollten in großem Erbarmen miteinander umgehen, denn ihr »sollt wissen: Wer einen Sünder, der auf Irrwegen ist, zur Umkehr bewegt, der rettet ihn vor dem Tod und deckt viele Sünden zu« (Jakobus 5,20 EÜ).

Doch auch dieses Bemühen könnte vergeblich sein. Dann sagte Jesus: »Nimm noch einen oder zwei zu dir, damit jede Sache durch den Mund von zwei oder drei Zeugen bestätigt werde.« (Matthäus 18,16b) Es kann sein, dass es gelingt, sich da, wo ein Einzelner erfolglos ist, mit vereinten Kräften durchzusetzen. Wer nicht Teil der Auseinandersetzung ist, wird eher unparteiisch handeln. Und dies wird ihrem Rat an den Irrenden mehr Gewicht verleihen.

Will er auch sie nicht hören, dann, und erst dann, soll die Angelegenheit allen Gläubigen vorgelegt werden. Die Glieder der Gemeinde, als

Repräsentanten von Christus, sollen gemeinsam beten und liebevoll darum flehen, dass der Schuldige wieder zurückgewonnen werden kann. Der Heilige Geist wird durch seine Diener reden und Fürsprache einlegen, damit der verirrte Mensch zu Gott zurückkehrt. Der Apostel Paulus schrieb, erleuchtet vom Heiligen Geist: »Gott selbst ist es, der die Menschen durch uns zur Umkehr ruft. Wir bitten im Namen von Christus: Nehmt die Versöhnung an, die Gott euch anbietet!« (2. Korinther 5,20 NGÜ) Wer dieses gemeinsam erarbeitete Angebot ablehnt, bricht die Verbindung zu Christus ab und schließt sich dadurch von der Gemeinschaft der Gläubigen aus. Künftig, so sagte Christus, »sei er für dich wie ein Heide und Zöllner« (Matthäus 18,17b). Man sollte aber nicht denken, er sei nun von der Gnade Gottes ausgeschlossen. Seine bisherigen Glaubensgeschwister sollen ihn nicht hassen oder außer Acht lassen, sondern ihn gütig und barmherzig behandeln, weil er eines der verlorenen Schafe ist, die Christus immer noch zu seiner Herde zurückzubringen versucht.

Die Anweisung von Christus über den Umgang mit irrenden Menschen wiederholt in noch deutlicherer Weise, was Gott die Israeliten durch Mose gelehrt hatte: »Du sollst deinen Bruder nicht hassen in deinem Herzen, sondern du sollst deinen Nächsten zurechtweisen, damit du nicht seinetwegen Schuld auf dich lädst.« (3. Mose 19,17) Das heißt: Vernachlässigt jemand die Pflicht, die uns Christus auferlegt hat, nämlich Menschen aus Irrtum und Sünde zurückzuführen, so wird er an ihrer Sünde schuldig werden. Für Sünden, die wir hätten verhindern können, sind wir genauso verantwortlich, als hätten wir sie selbst begangen.

Wir sollen jedoch das Unrecht dem Übeltäter selbst vorlegen und die Sache nicht zu einem Gegenstand des Geschwätzes oder der Kritik untereinander werden lassen. Selbst dann, wenn die Angelegenheit bereits der Gemeinde vorgelegt wurde, sind wir nicht frei, anderen davon zu erzählen. Über die Fehler der Christen Bescheid zu wissen, bedeutet für Ungläubige ein Hindernis. Wenn wir bei diesen Dingen verweilen, nehmen wir selbst Schaden, denn durch Anschauen werden wir verändert. Während wir versuchen, das Fehlverhalten eines Bruders zu bereinigen, wird uns der Geist des Herrn dahin leiten, dass wir den Betreffenden soweit wie möglich sogar vor dem Tadel seiner Glaubensgeschwister und noch viel mehr vor jenem der Ungläubigen schützen. Auch wir irren und brauchen die Barmherzigkeit und Vergebung von Christus. So, wie wir uns wünschen, dass Jesus uns behandelt, sollen auch wir miteinander umgehen.

»Was ihr auf Erden binden werdet, soll auch im Himmel gebunden sein, und was ihr auf Erden lösen werdet, soll auch im Himmel gelöst sein.«

(Matthäus 18,18) Ihr handelt wie Botschafter des Himmels. Die Folgen eures Handelns reichen bis in die Ewigkeit.

Diese große Verantwortung müssen wir jedoch nicht alleine tragen. Wo immer man seinem Wort mit aufrichtigem Herzen gehorcht, wohnt Christus. Er ist nicht nur gegenwärtig, wenn sich seine Gemeinde versammelt. Wo immer Gläubige in seinem Namen zusammenkommen – wie wenige es auch sein mögen – wird er unter ihnen sein. Und er versprach: »Wenn zwei von euch hier auf der Erde darin eins werden, eine Bitte an Gott zu richten, dann wird mein Vater im Himmel diese Bitte erfüllen.« (Matthäus 18,19 NLB)

Jesus sagte: »Mein Vater im Himmel«, weil er seine Jünger daran erinnern wollte, dass er zwar durch sein Menschsein mit ihnen verbunden war, an ihren Prüfungen Anteil nahm und ihr Leiden nachempfinden konnte, doch durch seine Göttlichkeit war er zugleich mit dem Thron des Unendlichen verbunden. Welch eine großartige Gewissheit! Die himmlischen Wesen verbinden sich voller Mitgefühl mit den Menschen, um sich mit ihnen für die Errettung der Verlorenen einzusetzen. So verbindet sich die ganze Macht des Himmels mit dem menschlichen Vermögen, Verlorene für Christus zu gewinnen.

KAPITEL 49

AUF DEM LAUBHÜTTENFEST

Johannes 7,1-15. 37-39

Dreimal im Jahr wurde von den Juden verlangt, sich zu religiösen Zwecken in Jerusalem zu versammeln. Der unsichtbare, von der Wolkensäule umhüllte Führer Israels hatte ihnen die Anweisungen bezüglich dieser Treffen gegeben (vgl. 2. Mose 23,14-17; 3. Mose 23; 5. Mose 16,1-17). Während der babylonischen Gefangenschaft konnten diese Zusammenkünfte nicht abgehalten werden. Nachdem die Juden aber in ihr Heimatland zurückgekehrt waren, begannen sie diese Gedenktage wieder einzuhalten. Gott wollte, dass diese jährlichen Feste dem Volk halfen, sich an ihn zu erinnern. Doch mit wenigen Ausnahmen hatten die Priester und Führer der Nation deren Sinn aus den Augen verloren. Er, der diese nationalen Versammlungen angeordnet hatte und deren Bedeutung kannte, wurde nun Zeuge ihrer Entstellung.

DIE BEDEUTUNG DES FESTES

Das Laubhüttenfest war das letzte der jährlichen Feste.[72] Gott wollte, dass diese Zeit vom Volk dazu genutzt wird, um über seine Güte und Barmherzigkeit nachzudenken. Das ganze Land hatte unter seiner Führung gestanden und reichen Segen empfangen. Tag und Nacht hatte er ohne Unterlass darüber gewacht. Sonne und Regen hatten die Erde ihre Früchte hervorbringen lassen. Aus den Tälern und Ebenen von Palästina war die Ernte eingebracht worden. Die Oliven waren gepflückt, und das kostbare Öl war in Schläuche gefüllt. Die Dattelpalme hatte in reicher Fülle Frucht getragen, und die dunklen Weintrauben waren gekeltert.

Das Fest dauerte sieben Tage. Die Bewohner von Palästina und viele Juden aus den umliegenden Ländern verließen ihre Häuser und strömten zu diesen Feierlichkeiten nach Jerusalem. Sie kamen von nah und fern und

---

72 Siehe Erklärungen »Festtage Israels«, S. 815.

trugen Zeichen der Freude in ihren Händen. Alt und Jung, Arm und Reich – sie alle brachten Gaben aus Dankbarkeit dem gegenüber, der das Jahr mit seiner Güte gekrönt und eine reiche Ernte hatte wachsen lassen (vgl. Psalm 65,12 Elb.). Alles, was dem Auge gefiel und der allgemeinen Freude Ausdruck geben konnte, wurde aus den Wäldern gebracht, sodass es schien, als wäre die Stadt ein wunderschöner Wald.

Dieses Fest war nicht nur eine Erntedankfeier, die Israeliten erinnerten sich auch an die bewahrende Fürsorge Gottes während ihrer Wanderung durch die Wüste. Im Rückblick auf das Leben in Zelten, wohnten sie während des Festes in Hütten oder Unterkünften aus grünen Zweigen und Ästen. Diese wurden auf Straßen, in den Tempelvorhöfen oder auf Hausdächern errichtet. Auch die Hügel und Täler, die Jerusalem umgaben, waren mit »Laubhütten« bedeckt und schienen von Menschen zu wimmeln.

Die Versammelten feierten dieses Fest mit geistlichen Liedern und Danksagung. Kurze Zeit vor dem Fest hatte der Große Versöhnungstag stattgefunden, an dem den Menschen – nachdem sie ihre Sünden bekannt hatten – verkündet wurde, dass sie nun mit dem Himmel versöhnt waren. Dadurch wurde der Weg für das Freudenfest frei gemacht. »Danket dem Herrn; denn er ist freundlich, und seine Güte währet ewiglich« (Psalm 106,1), ertönte es triumphierend. Gleichzeitig hörte man alle möglichen Klänge, vermischt mit Hosianna-Rufen, die den gemeinsamen Gesang begleiteten. Mittelpunkt der allgemeinen Freude war der Tempel. Hier fanden die prachtvollen Opferzeremonien statt. Auf beiden Seiten der weißen Marmortreppe des heiligen Gebäudes stand der Chor der Leviten und führte den Gesang an. Scharen von Gläubigen schwenkten ihre Palm- und Myrtenzweige, schlossen sich dem Chor an und wiederholten den Kehrreim. Nah und fern stimmten die Menschen in das Lied ein, bis der Lobgesang von den umliegenden Hügeln widerhallte.

Nachts erstrahlten der Tempel und dessen Vorhöfe in künstlichem Licht. Die Musik, das Wedeln der Palmzweige, die freudigen Hosianna-Rufe, die vielen Anwesenden, über welche sich das Licht der hängenden Lampen ergoss, die Gewänder der Priester und die Pracht der Zeremonien beeindruckten die Zuschauer tief. Doch die eindrücklichste Festhandlung, die den größten Jubel auslöste, war der Augenblick, wenn man eines Ereignisses gedachte, das sich auf der Wüstenwanderung zugetragen hatte.

Im Morgengrauen stießen die Priester mit ihren silbernen Trompeten einen langen und lauten Ton aus, worauf andere Trompeten antworteten. Vermischt mit den Jubelrufen, die aus den Hütten der Menschen drangen, hallten die Klänge von Berg und Tal wider und hießen den festlichen Tag

431

willkommen. Dann schöpfte der Priester mit einer Kanne Wasser aus dem Bach Kidron und stieg unter dem Schall der Trompeten mit erhobener Kanne die breiten Stufen des Tempels hinauf. Langsam und in gleichmäßigem Schritt bewegte er sich zum Takt der Musik vorwärts. Dazu sang er die Psalmworte: »Nun stehen unsere Füße in deinen Toren, Jerusalem.« (Psalm 122,2) Der Priester trug die Kanne zum Altar, der sich in der Mitte des Vorhofes der Priester befand. Auf diesem Altar waren zwei silberne Schalen, vor denen jeweils ein Priester stand. Das Wasser der Kanne wurde in eine der Schalen geleert, in die andere gossen sie eine Kanne Wein. Von dort aus flossen Wasser und Wein durch eine Röhre in den Bach Kidron und gelangten so ins Tote Meer. Dieses Ritual mit dem geweihten Wasser stellte die Quelle dar, die auf Gottes Befehl hin aus dem Felsen schoss, um den Durst der Kinder Israels zu löschen (vgl. 2. Mose 17,6). Anschließend erhoben sich unter großem Jubel die Stimmen der Versammelten: »Meine Stärke und mein Lied ist der Herr ... Ihr werdet Wasser schöpfen voll Freude aus den Quellen des Heils.« (Jesaja 12,2b.3 EÜ)

UNGEDULDIGE BRÜDER

Als nun die Söhne Josefs ihre Vorbereitungen trafen, um am Laubhüttenfest teilzunehmen, stellten sie fest, dass Jesus nichts tat, was darauf hinwies, dass er das Fest besuchen wollte. Sie beobachteten ihn besorgt. Seit der Heilung am Teich Betesda hatte er keines der großen nationalen Feste mehr besucht. Um unnötigen Auseinandersetzungen mit den Obersten in Jerusalem aus dem Weg zu gehen, hatte er seine Arbeit auf Galiläa beschränkt. Seine offensichtliche Vernachlässigung der großen religiösen Versammlungen und die ihm gegenüber zum Ausdruck gebrachte Feindschaft der Priester und Rabbiner waren der Grund für die Ratlosigkeit der Leute, mit denen er zu tun hatte. Selbst seine Jünger und Verwandten verstanden ihn nicht. In seinen Unterweisungen hatte er immer wieder auf die Segnungen hingewiesen, die der Gehorsam gegenüber dem Gesetz Gottes mit sich bringt. Nun schien es so, als wären ihm die von Gott selbst eingesetzten Gottesdienste gleichgültig geworden. Sein Umgang mit Zöllnern und anderen verachteten Menschen, seine Nichtbeachtung der rabbinischen Bräuche sowie die Freiheit, mit der er die herkömmlichen Sabbatvorschriften überging, brachten ihm die Feindseligkeit der religiösen Führung ein und boten Anlass zu vielen Fragen. Seine Brüder hielten es für einen Fehler, die großen und gelehrten Männer des Volkes zu verärgern. Sie glaubten, diese Männer müssten doch im Recht sein, und es sei falsch, dass sich Jesus ihnen widersetzte. Andererseits waren sie

Zeugen seines makellosen Lebens. Obwohl sie sich nicht zu seinen Jüngern zählten, waren sie von seinem Wirken doch tief beeindruckt. Seine Beliebtheit in Galiläa befriedigte ihren Ehrgeiz. Sie hofften immer noch, er werde seine Macht beweisen, damit die Pharisäer sehen könnten, dass Jesus der war, für den er sich ausgab. Was, wenn er tatsächlich der Messias, der Fürst Israels, war? Diese Vorstellung erfüllte sie mit stolzer Genugtuung.

Dies alles machte sie unruhig, sodass sie Christus drängten, nach Jerusalem zu gehen. »Geh von hier fort und zieh nach Judäa, damit auch deine Jünger die Werke sehen, die du vollbringst. Denn niemand wirkt im Verborgenen, wenn er öffentlich bekannt sein möchte. Wenn du dies tust, zeig dich der Welt!« (Johannes 7,3b.4 EÜ) Das »wenn« drückte Zweifel und Unglauben aus. Seine Brüder hielten ihn für feige und schwach. Wenn er davon überzeugt war, der Messias zu sein, warum war er dann so seltsam zurückhaltend und tatenlos? Wenn er wirklich solche Macht besaß, warum ging er dann nicht mutig nach Jerusalem, um seine Ansprüche geltend zu machen? Warum vollbrachte er nicht auch in Jerusalem solch wunderbare Werke, wie sie von ihm aus Galiläa berichtet wurden? Sie forderten ihn auf, sich nicht in abgelegenen Provinzen zu verstecken, wo nur ungebildete Bauern und Fischer aus seinen machtvollen Taten Nutzen ziehen konnten. Er solle sich in der Hauptstadt zeigen, wo er die Unterstützung der Priester und des Hohen Rates gewinnen und die Nation durch die Schaffung des neuen Königreichs einigen könnte.

Diese Brüder urteilten aus einem selbstsüchtigen Beweggrund, der so oft in den Herzen jener gefunden wird, die darauf bedacht sind, sich selbst in den Vordergrund zu stellen. Dieser Geist beherrscht die Welt. Die Brüder nahmen es Jesus übel, dass er sich – anstatt nach einem weltlichen Thron zu streben – als das Brot des Lebens bezeichnete. Sie waren auch sehr enttäuscht, als ihn so viele seiner Jünger verließen. So wandten auch sie sich von ihm ab, um der Schmach zu entgehen, das anzuerkennen, was seine Taten offenbarten, nämlich dass er der Gesandte Gottes war.

»Da spricht Jesus zu ihnen: Meine Zeit ist noch nicht da, aber eure Zeit ist immer bereit. Die Welt kann euch nicht hassen, mich aber hasst sie; denn ich bezeuge von ihr, dass ihre Werke böse sind. Geht ihr hinauf zu diesem Fest; ich gehe noch nicht zu diesem Fest hinauf, denn meine Zeit ist noch nicht erfüllt. Und als er dies zu ihnen gesagt hatte, blieb er in Galiläa.« (Johannes 7,6-9 Schl.) Seine Brüder hatten in gebieterischem Ton mit ihm geredet und ihm vorgeschrieben, welchen Weg er einschlagen sollte. Er gab ihren Vorwurf an sie zurück, indem er sie nicht mit seinen sich selbstverleugnenden Jüngern verglich, sondern mit der Welt gleichsetzte. »Die Welt kann euch nicht hassen«, sagte er. »Mich aber hasst sie, denn ich bezeuge von ihr, dass ihre

Werke böse sind.« (Johannes 7,7 Schl.) Die Welt hasst nicht jene, die mit ihr eines Geistes sind, sondern liebt sie als ihr Eigentum.

Für Jesus war die Welt kein Ort der Bequemlichkeit oder der Selbstverherrlichung. Er wartete auch nicht auf eine Gelegenheit, um ihre Macht und Herrlichkeit in Besitz zu nehmen. Sie hatte ihm keinen solchen Gewinn zu bieten. Die Erde war der Ort, an den ihn sein Vater gesandt hatte. Um den großen Erlösungsplan auszuführen, wurde er für die Welt dahingegeben, damit sie leben möge. Nun war er im Begriff, sein Werk für die gefallene Menschheit zu vollenden. Doch er durfte nicht überheblich sein und sich in Gefahr bringen oder irgendeine Krise vorzeitig auslösen. Während seines Wirkens geschah alles zu seiner Zeit, und er musste geduldig warten. Er wusste, dass er von der Welt gehasst wird und sein Auftrag mit seinem Tod enden würde. Doch es war nicht der Wille seines Vaters, dass er sich dem vorzeitig aussetzte.

Die Berichte über die Wunder von Jesus hatten sich von Jerusalem aus überall dorthin verbreitet, wo die Juden in der Zerstreuung lebten. Und obwohl er viele Monate lang nicht mehr an den religiösen Festen teilgenommen hatte, war das Interesse ihm gegenüber nicht weniger geworden. In der Hoffnung, Jesus zu sehen, waren viele Menschen aus allen Landesteilen zum Laubhüttenfest gekommen. Schon zu Beginn des Festes suchten viele nach ihm. Auch die Pharisäer und die religiösen Führer erwarteten ihn und hofften auf eine Gelegenheit, ihn verurteilen zu können. Eifrig erkundigten sie sich: »Wo ist er?« (Johannes 7,11b) Aber niemand wusste es. Alle beschäftigten sich in Gedanken mit ihm. Aus Furcht vor den Priestern und Obersten wagte es niemand, ihn als Messias anzuerkennen. Doch überall unterhielt man sich leise und doch ernsthaft über ihn. Viele verteidigten ihn als den von Gott Gesandten, während andere ihn als Volksbetrüger brandmarkten.

JESUS BESUCHT DAS FEST

Unterdessen war Jesus unbemerkt in Jerusalem angekommen. Er hatte eine wenig begangene Route gewählt, um den Reisenden auszuweichen, die aus allen Himmelsrichtungen in die Stadt strömten. Hätte er sich einer Karawane angeschlossen, wäre die Öffentlichkeit bei seinem Einzug in die Stadt auf ihn aufmerksam geworden. Bei einer Volkskundgebung zu seinen Gunsten hätte sich die Obrigkeit gegen ihn gewandt. Um dies zu vermeiden, hatte er sich entschlossen, allein nach Jerusalem hinaufzuziehen.

Mitten in der Festwoche, als die Aufregung um Jesus ihren Höhepunkt erreicht hatte, betrat er in Gegenwart der großen Menge den Tempelvorhof.

Weil er nicht zum Fest erschienen war, wurde behauptet, er wage sich nicht in den Machtbereich der Priester und Obersten. Alle waren überrascht und verstummten, als sie ihn sahen. Sie wunderten sich über seine Erhabenheit und seinen Mut, den mächtigen Feinden, die ihm nach dem Leben trachteten, gegenüberzutreten.

Jesus stand da, als Mittelpunkt aller Aufmerksamkeit in dieser riesigen Menschenmenge, und redete zu ihnen, wie dies vorher noch nie ein Mensch getan hatte. Seine Worte offenbarten eine Kenntnis des Gesetzes, der Ordnungen Israels, des Opferdienstes und der Lehren der Propheten, welche die der Priester und Rabbiner weit übertraf. Er durchbrach die Schranken des Formalismus und der Tradition. Eine hoffnungsvolle Zukunft schien vor ihm zu liegen. Er sprach wie einer, der das Unsichtbare geschaut hatte. Er redete mit großer Vollmacht über Irdisches und Himmlisches, Menschliches und Göttliches. Seine Worte waren klar und überzeugend. Und wieder, wie in Kapernaum, »waren die Leute von seiner Lehre überwältigt, denn er sprach mit Vollmacht« (Lukas 4,32 NLB). Auf vielfältige und anschauliche Weise warnte er seine Zuhörer vor dem Unheil, das über sie kommen würde, wenn sie die Segnungen, die zu bringen er gekommen war, ablehnten. Er hatte ihnen jeden möglichen Beweis dafür geliefert, dass er von Gott gesandt war, und jede mögliche Anstrengung unternommen, um sie zur Umkehr zu bewegen. Er wäre nicht von seiner eigenen Nation verworfen und umgebracht worden, wenn er sie vor der Schuld einer solchen Tat hätte bewahren können.

Alle wunderten sich über seine Kenntnisse des Gesetzes und der Propheten und fragten sich: »Woher weiß er das alles, er hat doch die Schrift nicht studiert wie wir?« (Johannes 7,15 NLB) Nur wer in den rabbinischen Schulen studiert hatte, konnte sich als Religionslehrer ausweisen. Darum waren sowohl Jesus als auch Johannes der Täufer als Unkundige hingestellt worden, weil sie diese Ausbildung nicht erhalten hatten. Wer sie aber hörte, war über ihre Schriftkenntnisse erstaunt, denn sie hatten »nicht studiert«. Gewiss, Menschen waren nicht ihre Lehrer gewesen, aber Gott im Himmel hatte sie beide gelehrt. Von ihm hatten sie die höchste Weisheit empfangen.

Als Jesus im Vorhof des Tempels sprach, hörten ihm die Menschen wie gebannt zu. Gerade seine schärfsten Gegner fühlten sich nicht in der Lage, ihm Schaden zuzufügen. Für den Augenblick war alles andere vergessen.

DAS LEBENDIGE WASSER

Jesus lehrte die Menschen nun täglich, bis zum »letzten Festtag, dem Höhepunkt des ganzen Festes« (Johannes 7,37a GNB). An jenem Morgen, als die Menschen von den langen Festlichkeiten schon ermüdet waren, erhob Jesus plötzlich seine Stimme, sodass sie durch die Vorhöfe des Tempels drang. Er rief:

»Wenn jemand Durst hat, soll er zu mir kommen und trinken! Wer an mich glaubt, aus dessen Innerem werden Ströme lebendigen Wassers fließen, wie es in der Schrift heißt.« (Johannes 7,37b.38 NLB) Die Menschen befanden sich in einer Verfassung, in der sie dieser Aufruf überwältigte. Der Glanz der anhaltenden Festlichkeiten hatte sie völlig in Beschlag genommen. Ihre Augen waren von all dem Licht und den Farben geblendet und ihre Ohren mit feinster Musik verwöhnt worden. Aber in all den Zeremonien fand sich nichts, was das Verlangen der Seele und den Durst der Menschen nach Unvergänglichem gestillt hätte. Jesus lud sie ein, zu ihm zu kommen und aus dem Lebensbrunnen Wasser zu schöpfen, das in ihnen »zu einer nie versiegenden Quelle, die unaufhörlich bis ins ewige Leben fließt« (Johannes 4,14b NLB), werden würde.

Gerade an jenem Morgen hatten die Priester die Feierlichkeiten zum Gedenken an das Schlagen des Felsens in der Wüste abgehalten (vgl. 2. Mose 17,6). Dieser Fels deutete auf Christus hin (vgl. 1. Korinther 10,4). Durch seinen Tod würden lebendige Ströme des Heils hervorbrechen, und alle Durstigen könnten davon trinken. Die Worte von Christus waren das Wasser des Lebens. Dort, in Gegenwart der versammelten Menge, gab er sich selbst hin, um geschlagen und getötet zu werden, damit das Wasser des Lebens in die Welt fließen konnte. Satan dachte, dass er den Fürsten des Lebens vernichten könnte, wenn er Jesus schlagen würde. Aber aus dem geschlagenen Felsen brach lebendiges Wasser hervor. Als Jesus so zu den Versammelten sprach, wurden ihre Herzen von einer seltsamen Ehrfurcht ergriffen. Viele waren bereit, mit der Samariterin auszurufen: »Herr, gib mir von diesem Wasser ... dann werde ich keinen Durst mehr haben.« (Johannes 4,15a GNB)

Jesus kennt die Bedürfnisse der Menschen. Weder Pracht noch Reichtum und Ehre können die Sehnsucht des Herzens stillen. »Wenn jemand Durst hat, soll er zu mir kommen!« (Johannes 7,37b NLB) Reiche, Arme, Hohe und Niedrige sind gleichermaßen willkommen. Er verspricht, die Last von der Seele zu nehmen, die Traurigen zu trösten und den Verzweifelten Hoffnung zu schenken. Viele, die Jesus zuhörten, klagten über enttäuschte Hoffnungen oder hegten einen geheimen Kummer. Andere versuchten, ihre ruhelose Sehnsucht durch weltliche Dinge und menschliche Ehre zu stillen. Doch wenn diese Ziele erreicht waren, wurde ihnen bewusst, dass sie sich abgemüht hatten, um schließlich doch nur eine »rissige Zisterne« vorzufinden (vgl. Jeremia 2,13), die ihren Durst nicht löschen konnte. So standen sie unzufrieden und traurig mitten im Glanz des fröhlichen Festes. Der plötzliche Aufruf: »Wenn jemand Durst hat«, schreckte sie aus ihrem sorgenvollen Grübeln auf. Als sie die folgenden Worte hörten, fingen sie in ihrem Innersten wieder zu hoffen an. Durch das Wirken des Heiligen Geistes erkannten sie in der symbolischen Handlung das Angebot des unbezahlbaren Geschenks der Erlösung.

Der Aufruf von Christus an alle durstigen Menschen ertönt auch heute und klingt noch eindringlicher als am letzten Tag des Festes im Tempel. Der Brunnen mit dem lebendigen Wasser steht allen zur Verfügung, und den Müden und Kraftlosen wird der erfrischende Trank des ewigen Lebens angeboten. Jesus ruft noch immer: »Wenn jemand Durst hat, soll er zu mir kommen und trinken!« (Johannes 7,37b NLB) – »Wer durstig ist, der komme. Wer will, soll kommen und umsonst vom Wasser des Lebens trinken!« (Offenbarung 22,17b NLB) – »Wer aber von dem Wasser trinkt, das ich ihm geben werde, der wird niemals mehr Durst haben. Das Wasser, das ich ihm gebe, wird in ihm zu einer nie versiegenden Quelle, die unaufhörlich bis ins ewige Leben fließt.« (Johannes 4,14 NLB)

KAPITEL 50

VON FEINDEN UMGEBEN

Johannes 7,15-36.40-53; 8,1-11

Während der ganzen Zeit, die Christus in Jerusalem auf dem Fest verbrachte, wurde er von Spionen beschattet. Die Priester und Obersten versuchten täglich, ihn auf verschiedenste Art und Weise zum Schweigen zu bringen. Sie stellten ihm immer wieder eine Falle. Sie wollten ihn gewaltsam aufhalten. Aber dies war noch nicht alles. Sie wollten diesen galiläischen Rabbi vor den Menschen demütigen.

Schon am ersten Tag, als Jesus auf dem Fest erschien, kamen die Obersten zu ihm und fragten ihn, in wessen Vollmacht er lehre. Durch die Frage, ob er überhaupt das Recht habe zu lehren, wollten sie die Aufmerksamkeit von ihm weg auf ihre eigene Stellung und Autorität lenken.

EINE HERZENSANGELEGENHEIT

Jesus sagte: »Was ich verkünde, ist nicht meine eigene Lehre; es ist die Lehre dessen, der mich gesandt hat. Wenn jemand bereit ist, Gottes Willen zu erfüllen, wird er erkennen, ob das, was ich lehre, von Gott ist oder ob ich aus mir selbst heraus rede.« (Johannes 7,16.17 NGÜ) Jesus beantwortete die Frage dieser Kritiker nicht, indem er auf ihre Sticheleien einging. Vielmehr enthüllte er vor ihnen die Wahrheit für die Erlösung der Menschen. Die Wahrnehmung und Anerkennung der Wahrheit, erklärte Jesus, sei weniger eine Frage des Verstandes als vielmehr eine Herzenssache. Die Wahrheit muss ins Herz aufgenommen werden, was eine Unterordnung des Willens erfordert. Könnte man die Wahrheit allein mit dem Verstand erfassen, wäre Überheblichkeit kein Hindernis, sie zu erlangen. Doch nur durch das gnädige Wirken Gottes am menschlichen Herzen kann die Wahrheit aufgenommen werden. Voraussetzung dafür ist, dass man sich von jeder Sünde, die Gottes Geist aufdeckt, abwendet. Wenn es um die Erkenntnis der Wahrheit geht, sind die Vorzüge eines Menschen, wie groß sie auch sein mögen, nutzlos, es sei denn, der Mensch öffnet sein Herz, um die Wahrheit zu erfassen, und gibt bewusst jede Gewohnheit und Verhaltensweise auf, die im Gegensatz zu deren Grundsätzen steht. All jenen, die sich auf diese Weise Gott anvertrauen und in ihrem Herzen den aufrichtigen Wunsch tragen, seinen Willen zu erfahren und zu tun, wird die Wahrheit, die zu ihrer Rettung führt, als eine Kraft Gottes offenbart (vgl. Römer 1,16). Solche Menschen werden unterscheiden können, ob jemand im Auftrag Gottes spricht oder aus sich selbst heraus redet. Die Pharisäer hatten ihren Willen nicht dem Willen Gottes unterstellt. Ihnen ging es nicht darum, die Wahrheit zu erkennen – im Gegenteil, sie suchten nach Ausreden, um sie umgehen zu können. Christus machte deutlich, dass dies der Grund dafür war, dass sie seine Lehre nicht verstanden.

Nun zeigte ihnen Jesus, wie ein wahrhaftiger Lehrer von einem Betrüger unterschieden werden konnte: »Wer aus sich selbst heraus redet, dem geht es um seine eigene Ehre. Wem es aber um die Ehre dessen geht, der ihn gesandt hat, der ist glaubwürdig und hat keine unrechten Absichten.« (Johannes 7,18 NGÜ) Wer seine eigene Ehre sucht, spricht nur aus sich selbst heraus. Der Geist der Selbstsucht verrät seine Herkunft. Christus dagegen suchte die Ehre Gottes. Er gab Gottes Worte weiter. Dies war der Beweis für seine Vollmacht als Lehrer der Wahrheit.

Jesus gab den Rabbinern einen Beweis seiner Göttlichkeit, als er ihnen zeigte, dass er ihre Gedanken lesen konnte. Seit der Heilung am Teich Betesda hatten sie immer wieder Pläne geschmiedet, um ihn zu töten. Dadurch übertraten sie selbst das Gesetz, das sie zu verteidigen vorgaben. »Hat nicht Mose euch das Gesetz gegeben?«, fragte er sie. »Und doch lebt keiner von euch nach dem Gesetz. Mit welchem Recht wollt ihr mich also töten?« (Johannes 7,19 NGÜ)

Diese Worte waren für die Rabbiner wie ein kurzer Lichtblitz, der über dem Abgrund des Verderbens aufleuchtete, in den sie zu stürzen drohten. Für einen Augenblick erfüllte sie schreckliche Angst. Sie erkannten, dass sie im Konflikt mit der göttlichen Macht standen. Aber sie schlugen die Warnung in den Wind. Um ihren Einfluss im Volk aufrechtzuerhalten, mussten sie ihre Mordpläne verheimlichen. Indem sie die Frage von Jesus umgingen, erklärten sie: »Du bist von einem Dämon besessen! Wer hat denn die Absicht, dich zu töten?« (Johannes 7,20 NGÜ) Damit unterstellten sie Jesus, dass seine wunderbaren Taten von einem bösen Geist angeregt wurden.

Jesus ging nicht auf diese Unterstellung ein. Er fuhr fort und zeigte, dass die Heilung am Teich Betesda mit dem Sabbatgebot übereinstimmte und sie auch durch die jüdische Auslegung des Gesetzes gerechtfertigt war. Er sagte zu ihnen: »Mose hat euch doch die Beschneidung gegeben ... und ihr beschneidet den Menschen auch am Sabbat.« (Johannes 7,22) Laut Gesetz musste jeder Junge am achten Tag nach der Geburt beschnitten werden. Auch wenn dieser Tag auf einen Sabbat fiel, musste die Zeremonie durchgeführt werden. Wie viel mehr also war es in Übereinstimmung mit dem Gesetz, »am Sabbat den ganzen Menschen gesund« zu machen (Johannes 7,23b). Eindringlich warnte Jesus: »Urteilt nicht nach dem äußeren Schein, sondern bemüht euch um ein gerechtes Urteil!« (Johannes 7,24 NGÜ)

Nun schwiegen die Obersten, und viele aus der Menge riefen: »Ist das nicht der Mann, dem sie nach dem Leben trachten? Aber seht, er redet in aller Öffentlichkeit, und sie verbieten es ihm mit keinem Wort! Sollten unsere führenden Männer etwa zu der Überzeugung gelangt sein, dass er der Messias ist?« (Johannes 7,25.26 NGÜ)

ZWISCHEN ZWEIFEL UND GLAUBE

Viele Zuhörer, die in Jerusalem wohnten und die Ränkespiele der Obersten gegen Christus kannten, fühlten sich durch eine unwiderstehliche Kraft zu ihm hingezogen. Ihnen drängte sich die Überzeugung auf, dass er Gottes Sohn sei. Doch Satan war bereit, Zweifel zu säen. Der Weg dazu war durch ihre falschen Vorstellungen vom Messias und von seinem Kommen bereits vorbereitet. Es wurde allgemein angenommen, der Messias werde in Bethlehem geboren, nach einer gewissen Zeit jedoch wieder verschwinden. Bei seinem zweiten Erscheinen werde niemand wissen, woher er kommt. Nicht wenige dachten, der Messias würde keine natürlichen Verwandtschaftsbeziehungen haben. Da Jesus von Nazareth nicht der weitverbreiteten Vorstellung von der Herrlichkeit des Messias entsprach, meinten viele: »Nun wissen wir allerdings bei diesem Mann, woher er kommt. Doch wenn der Messias auftreten wird, weiß niemand, woher er kommt.« (Johannes 7,27 NGÜ)

Während sie zwischen Zweifeln und Glauben hin- und herschwankten, griff Jesus ihre Gedanken auf und antwortete ihnen: »Ihr meint, mich zu kennen und zu wissen, woher ich komme. Aber ich bin nicht im eigenen Auftrag gekommen; es gibt einen, der mich gesandt hat, und das ist der wahre Gott. Doch den kennt ihr nicht.« (Johannes 7,28 NGÜ) Sie behaupteten zu wissen, woher Christus kommen werde, in Wirklichkeit aber waren sie völlig ahnungslos. Wäre ihr Leben in Übereinstimmung mit Gottes Willen gewesen, hätten sie seinen Sohn erkannt, als er ihnen bekannt gemacht wurde.

Die Zuhörer verstanden die Worte von Christus sehr wohl. Diese waren eine deutliche Wiederholung seines Anspruchs, den er etliche Monate zuvor im Beisein des Hohen Rates erhoben hatte, als er sich als Sohn Gottes zu erkennen gab. Schon damals hatten die Obersten darüber beraten, wie sie ihn töten könnten. Nun wollten sie ihn ergreifen. Doch eine unsichtbare Macht hinderte sie daran, gebot ihrer Wut Einhalt und sagte: Bis hierher und nicht weiter!

»Viele aus dem Volk glaubten an ihn und sprachen: Wenn der Christus kommen wird, wird er etwa mehr Zeichen tun, als dieser getan hat?« (Johannes 7,31) Die Führer der Pharisäer verfolgten das Geschehen mit wachsender Sorge. Sie bemerkten, wie die Anteilnahme gegenüber Jesus im Volk wuchs. Sie eilten zu den Hohenpriestern und planten gemeinsam, wie sie ihn festnehmen könnten. Sie kamen jedoch überein, dass sie ihn ergreifen sollten, wenn er allein war. Sie wagten es nicht, ihn vor dem Volk zu verhaften. Erneut zeigte ihnen Jesus, dass er ihre Absichten kannte. Er sagte zu ihnen: »Ich bin noch eine kleine Zeit bei euch, und dann gehe ich hin zu dem, der mich gesandt hat. Ihr werdet mich suchen und nicht finden; und wo ich bin, könnt ihr nicht hinkommen.« (Johannes 7,33.34) Bald würde er einen Zufluchtsort finden, außerhalb der Reichweite ihrer Verachtung und ihres Hasses. Er würde wieder zu seinem Vater auffahren und von den Engeln verehrt werden. Dorthin könnten ihm seine Mörder niemals folgen.

Höhnisch meinten die Rabbiner: »Er will an einen Ort gehen, wo wir ihn nicht finden können! Wo soll das denn sein? Will er etwa zu den Juden gehen, die im Ausland leben, und am Ende sogar den fremden Völkern seine Lehre bringen?« (Johannes 7,35 NGÜ) Diese Kritiker hätten nicht im Traum daran gedacht, dass sie mit ihren höhnischen Worten exakt den Dienst von Christus beschrieben. Den ganzen Tag lang hatte er der unfolgsamen und widerspenstigen Menge seine Hände einladend entgegengestreckt. Doch er würde von denen gefunden werden, die ihn nicht suchten, und einem Volk offenbart werden, das nicht nach ihm fragte (vgl. Römer 10,20.21).

Viele, die davon überzeugt waren, dass Jesus der Sohn Gottes war, wurden durch die falschen Schlussfolgerungen der Priester und Rabbiner irregeführt. Diese Lehrer hatten mit nachhaltiger Wirkung die Weissagungen der Propheten zitiert, laut derer der Messias »König sein wird auf dem Berg Zion und zu Jerusalem und vor seinen Ältesten in Herrlichkeit« (Jesaja 24,23b) und der »von einem Meer bis zum anderen und vom Euphrat bis zum Ende der Erde« herrschen soll (Psalm 72,8 NLB). Verächtlich verglichen sie nun diese hier geschilderte Herrlichkeit mit der ärmlichen Erscheinung von Jesus. Die klaren prophetischen Aussagen wurden derart verdreht, dass sie den Irrtum bekräftigten. Hätten die Menschen ernsthaft Gottes Wort studiert, wären sie nicht getäuscht worden. Das 61. Kapitel im Buch Jesaja bezeugt, dass Christus genau das tun musste, was er tat. Im Kapitel 53 wird geschildert, wie er verworfen wird und in der Welt leidet. Kapitel 59 beschreibt den Charakter der Priester und Rabbiner.

Gott zwingt die Menschen nicht, ihren Unglauben aufzugeben. Vor ihnen liegen Licht und Finsternis, Wahrheit und Irrtum. Es ist ihre Entscheidung, was sie annehmen wollen. Der menschliche Verstand ist mit der Fähigkeit ausgestattet, zwischen Recht und Unrecht zu unterscheiden. Gott wollte, dass sich die Menschen aufgrund einer genauen Untersuchung der Beweislage und nach sorgfältigem Vergleich der Schriftstellen entscheiden und nicht aus spontanen Regungen heraus. Hätten die jüdischen Gelehrten ihr Vorurteil abgelegt und das prophetische Wort mit den Umständen verglichen, die das Leben von Jesus kennzeichneten, hätten sie die bewundernswerte Übereinstimmung zwischen den Weissagungen und deren Erfüllung im Leben und Wirken des demütigen Galiläers feststellen können.

Viele werden auch heute wie die jüdischen Gelehrten damals auf die gleiche Art und Weise getäuscht. Theologen legen die Bibel nach ihrem eigenen Verständnis oder anhand von Überlieferungen aus. Die Menschen forschen nicht selbst in der Schrift, um beurteilen zu können, was Wahrheit ist. Sie verzichten auf ein eigenes Urteil und verlassen sich ganz auf ihre Führer. Eines der Mittel, die Gott dazu bestimmt hat, um Licht zu verbreiten, ist das Predigen und Lehren seines Wortes. Alles jedoch, was Menschen lehren, muss anhand der Bibel überprüft werden. Jeder, der unter Gebet die Bibel studiert und sich wünscht, die Wahrheit zu erkennen und auf sie zu hören, wird mit göttlichem Licht erleuchtet werden. Er wird Gottes Wort verstehen. »Wenn jemand bereit ist, Gottes Willen zu erfüllen, wird er erkennen, ob das, was ich lehre, von Gott ist oder ob ich aus mir selbst heraus rede.« (Johannes 7,17 NGÜ)

»NOCH NIE HAT EIN MENSCH SO GEREDET!«

Am letzten Tag des Festes kehrten die Knechte, die im Auftrag der Priester und Obersten ausgesandt worden waren, um Jesus zu ergreifen, zurück – jedoch ohne ihn. Zornig fragte man sie: »Warum habt ihr ihn nicht gebracht?« Mit ernster Miene antworteten sie: »Noch nie hat ein Mensch so geredet wie dieser.« (Johannes 7,45b.46)

So verhärtet ihre Herzen auch waren, die Worte von Jesus hatten sie im tiefsten Inneren getroffen. Während er im Vorhof des Tempels redete, hielten sie sich in seiner Nähe auf, um etwas aufzuschnappen, was sie gegen ihn hätten verwenden können. Aber als sie so zuhörten, vergaßen sie, wozu man sie hergeschickt hatte, und standen wie gebannt da. Christus offenbarte sich ihnen persönlich. Sie sahen, was die Priester und Obersten nicht sehen wollten: einen Menschen, durchdrungen von göttlicher Herrlichkeit! Als sie zurückkehrten, waren sie so von seinen Gedanken und Worten erfüllt, dass sie auf die Frage: »Warum habt ihr ihn nicht gebracht?« nur erwidern konnten: »Noch nie hat ein Mensch so geredet wie dieser.« (Johannes 7,45b.46)

Die Priester und Obersten hatten dasselbe verspürt, als sie Jesus zum ersten Mal begegnet waren. Ihre Herzen waren tief berührt worden, und der Gedanke, »noch nie hat ein Mensch so geredet wie dieser«, hatte sich ihnen aufgedrängt. Doch sie hatten das überzeugende Wirken des Heiligen Geistes unterdrückt. Wütend darüber, dass nun sogar Beamte, die für Recht und Ordnung hätten sorgen müssen, von diesem verhassten Galiläer beeinflusst waren, schrien sie: »Habt ihr euch auch verführen lassen? Glaubt denn einer von den Oberen oder Pharisäern an ihn? Nur das Volk tut es, das nichts vom Gesetz weiß; verflucht ist es.« (Johannes 7,47-49)

Wer die Botschaft der Wahrheit gehört hat, fragt selten: »Ist sie wahr?«, sondern: »Wer befürwortet sie?« Die meisten machen ihr Urteil davon abhängig, wie viele Leute dieser Botschaft zustimmen. Und noch immer wird die Frage gestellt: »Haben jemals kluge Männer und religiöse Führer daran geglaubt?« Die Menschen betrachten wahre Frömmigkeit heute nicht wohlwollender als zur damaligen Zeit. Sie streben genauso unermüdlich nach irdischen Gütern und lassen den unvergänglichen Reichtum außer Acht. Es spricht nicht gegen die Wahrheit, dass die breite Masse oder die Berühmtheiten der Welt, ja sogar die religiösen Führer diese nicht annehmen.

Erneut begannen die Priester und Obersten Pläne zu schmieden, um Jesus gefangen zu nehmen. Es wurde darauf gedrängt, ihn nicht länger gewähren zu lassen, denn sonst würde er das Volk den etablierten Führern abspenstig machen. Das einzig Sichere wäre, ihn unverzüglich zum Schweigen zu bringen. Mitten in ihren Beratungen wurden sie plötzlich von Nikodemus unterbrochen, der fragte: »Entspricht es etwa unserem Gesetz, einen Mann zu verurteilen, ehe man ihn angehört und erkannt hat, ob er schuldig ist?« (Johannes 7,51 NLB) Stille erfüllte die Versammlung: Die Worte von Nikodemus richteten sich an ihr Gewissen. Niemand konnte verurteilt werden, ohne vorher angehört zu werden. Aber dies war nicht der einzige Grund, warum die hochmütigen Ratsmitglieder schwiegen. Sie starrten den an, der es gewagt hatte, sich für die Gerechtigkeit einzusetzen. Sie waren überrascht und verärgert, dass einer aus ihrer Mitte so sehr von Jesus beeindruckt war, dass er ihn verteidigte. Als sie ihre Sprache wiedergefunden hatten, fragten sie Nikodemus spöttisch: »Stammst du etwa auch aus Galiläa? Forsche doch in der Schrift nach, dann wirst du es selbst sehen: Aus Galiläa kommt kein Prophet!« (Johannes 7,52 NLB)

Dennoch führte der Einspruch dazu, dass der Hohe Rat die Verhandlungen abbrach. Die Obersten waren nicht in der Lage, ihren Plan durchzuführen und Jesus ohne Verhör zu verurteilen. Für den Augenblick war ihr Vorhaben vereitelt. Darum »gingen sie alle nach Hause. Jesus aber ging zum Ölberg« (Johannes 7,53; 8,1 NGÜ).

Jesus wandte sich vom Trubel und Lärm der Stadt, von der erwartungsvollen Menge und den heimtückischen Rabbinern ab. Er begab sich in die Stille der Olivenhaine am Ölberg, wo er mit Gott allein sein konnte. Aber »früh am Morgen war Jesus wieder im Tempel. Das ganze Volk versammelte sich um ihn, und er setzte sich und begann zu lehren« (Johannes 8,2 NGÜ).

AUF FRISCHER TAT ERTAPPT

Bald darauf wurde er unterbrochen. Einige Pharisäer und Schriftgelehrte kamen auf ihn zu und zerrten eine Frau mit sich, der die Angst ins Gesicht geschrieben stand. Mit strenger und ungeduldiger Stimme beschuldigten sie die Frau, das siebte Gebot übertreten zu haben. Nachdem sie die Frau zu Jesus hingestoßen hatten, sagten sie in scheinheiliger Ehrfurcht: »Meister, diese Frau ist eine Ehebrecherin; sie ist auf frischer Tat ertappt worden. Mose hat uns im Gesetz befohlen, solche Frauen zu steinigen. Was sagst du dazu?« (Johannes 8,4.5 NGÜ)

Hinter ihrer vorgetäuschten Ehrerbietung verbarg sich eine raffinierte Verschwörung, die zum Ziel hatte, ihn zugrunde zu richten. Begierig hatten sie sich diese Gelegenheit zunutze gemacht, um sicherzugehen, dass sie ihn nun verurteilen konnten. Wie immer er entscheiden würde, so dachten sie, könnten sie einen Grund finden, um ihn anzuklagen. Sollte er die Frau freisprechen, könnten sie ihn der Missachtung des mosaischen Gesetzes bezichtigen. Sollte er sie aber für schuldig erklären und damit ihrem Tod zustimmen, könnten sie ihn bei den Römern verklagen, weil er sich etwas angemaßt hatte, das nur ihnen zustand.

Einen Moment lang betrachtete Jesus die Szene. Er sah das Opfer, zitternd in seiner Schande, aber auch die harten Gesichtszüge der unbarmherzigen und unmenschlichen Würdenträger. Jesus, in seiner makellosen Reinheit, schreckte vor diesem Anblick zurück. Er wusste ganz genau, warum sie diese Angelegenheit vor ihn gebracht hatten. Er kannte ihr Herz und ihren Charakter und wusste über die Vergangenheit eines jeden Umstehenden Bescheid. Diese sogenannten Hüter des Gesetzes hatten die Frau selbst zur

Sünde verführt, damit sie Jesus eine Falle stellen konnten. Ohne auf ihre Frage einzugehen, bückte er sich, richtete seinen Blick auf den Boden und begann in den Staub zu schreiben.

Ungeduldig über sein Zögern und seine scheinbare Gleichgültigkeit, kamen die Ankläger näher und drängten ihn, sich der Angelegenheit anzunehmen. Doch als ihre Blicke – den Augen von Jesus folgend – auf den Boden zu seinen Füßen fielen, erbleichten sie. Dort, vor ihnen aufgezeichnet, standen die sündigen Geheimnisse ihres eigenen Lebens zu lesen. Die umstehenden Zuschauer bemerkten die plötzliche Veränderung in ihren Gesichtern und drängten sich näher heran, um herauszufinden, worüber sie so erstaunt und beschämt waren.

Obwohl die Rabbiner vorgaben, das Gesetz in Ehren zu halten, missachteten sie dessen Vorschriften, indem sie die Frau anklagten. Es wäre die Verpflichtung des Ehemanns gewesen, gesetzliche Maßnahmen gegen seine Frau zu ergreifen. Und die beteiligten Schuldigen hätten gleichermaßen bestraft werden müssen. Das Vorgehen der Ankläger entbehrte daher jeder Rechtsgrundlage. Jesus aber schlug sie mit ihren eigenen Waffen. Das Gesetz verlangte, dass bei einer Steinigung die Zeugen des Geschehens den ersten Stein werfen sollten (vgl. 5. Mose 17,7). Als sich Jesus aufrichtete, schaute er die Ankläger an und sagte: »Wer von euch ohne Sünde ist, der soll den ersten Stein auf sie werfen.« (Johannes 8,7b NGÜ) Dann bückte er sich erneut und fuhr fort, in den Staub zu schreiben.

Er hatte weder das mosaische Gesetz übergangen noch das römische Recht verletzt. Die Ankläger dagegen waren besiegt. Das Gewand ihrer vorgetäuschten Heiligkeit fiel jäh von ihnen ab. Nun standen sie selbst schuldig und verurteilt in der Gegenwart der unendlichen Reinheit. Sie zitterten aus Furcht, die verborgene Schuld ihres Lebens könnte vor den vielen Anwesenden ans Licht kommen. Einer nach dem anderen stahl sich mit gesenktem Haupt und niedergeschlagenen Augen davon. Die betroffene Frau ließen sie beim erbarmungsvollen Erlöser zurück.

JESUS VERGIBT

Jesus richtete sich auf, schaute die Frau an und sprach zu ihr: »Wo sind sie, Frau? Hat dich niemand verdammt? Sie antwortete: Niemand, Herr. Und Jesus sprach: So verdamme ich dich auch nicht; geh hin und sündige hinfort nicht mehr.« (Johannes 8,10.11)

Zitternd vor Angst hatte die Frau vor Jesus gestanden. Seine Worte: »Wer von euch ohne Sünde ist, der soll den ersten Stein auf sie werfen« (Johannes

8,7b NGÜ) bedeuteten für sie das Todesurteil. Sie wagte es nicht, dem Erlöser in die Augen zu schauen, sondern erwartete schweigend ihr Ende. Mit Erstaunen sah sie, wie ihre Ankläger sprachlos und bestürzt weggingen. Dann ertönten die hoffnungsvollen Worte: »So verdamme ich dich auch nicht; gehe hin und sündige hinfort nicht mehr.« (Johannes 8,11b) Diese Worte trafen sie im tiefsten Inneren. Schluchzend warf sie sich Jesus zu Füßen, stammelte Worte dankbarer Liebe und bekannte unter bitteren Tränen ihre Sünden.

Für sie begann nun ein neues Leben, ein Leben der Reinheit und des Friedens, treu ergeben im Dienst für ihren Herrn. Indem Jesus diesen gefallenen Menschen aufrichtete, vollbrachte er ein größeres Wunder, als wenn er das schwerste körperliche Leiden geheilt hätte. Er heilte die seelische Krankheit, die unweigerlich zum ewigen Tod geführt hätte. Diese reumütige Frau wurde eine seiner treuesten Nachfolgerinnen. Mit aufopfernder Liebe und Hingabe erwiderte sie seine vergebende Barmherzigkeit.

Als Jesus dieser Frau vergab und sie ermutigte, ein besseres Leben zu führen, leuchtete sein Wesen in der Schönheit vollkommener Gerechtigkeit auf. Obgleich er die Sünde nicht beschönigte noch das Schuldgefühl schmälerte, war er bemüht, nicht zu verurteilen, sondern zu erretten. Die Welt hatte für diese sündige Frau nur Verachtung und Hohn übrig. Jesus aber sprach Worte des Trostes und der Hoffnung. Der Sündlose hatte Erbarmen mit der schwachen Sünderin und streckte ihr helfend seine Hand entgegen. Während die scheinheiligen Pharisäer sie beschuldigten, forderte Jesus sie auf: »Geh hin und sündige hinfort nicht mehr.« (Johannes 8,11b)

Wer sich von den Irrenden abwendet und sie auf dem Weg ins Verderben sich selbst überlässt, ist kein Nachfolger von Christus. Wer schnell dabei ist, andere anzuklagen, und sie mit Eifer zur Rechenschaft zieht, hat im eigenen Leben oft mehr Schuld auf sich geladen als diese. Die Menschen hassen den Sünder und lieben die Sünde; Christus aber hasst die Sünde und liebt den Sünder. Von diesem Geist werden alle seine Nachfolger beseelt sein. Christliche Liebe ist zurückhaltend im Tadeln und erkennt schnell, wenn jemand Reue zeigt. Sie ist bereit zu vergeben, zu ermutigen, den verirrten Wanderer auf den Weg der Heilung zu bringen und ihn auf diesem Weg zu unterstützen.

KAPITEL 51

DAS LICHT DES LEBENS

Johannes 8,12-59; 9,1-41

»Da redete Jesus abermals zu ihnen und sprach: Ich bin das Licht der Welt. Wer mir nachfolgt, der wird nicht wandeln in der Finsternis, sondern wird das Licht des Lebens haben.« (Johannes 8,12)

Als Jesus diese Worte aussprach, befand er sich im Vorhof des Tempels, der in einem besonderen Zusammenhang zum Laubhüttenfest stand. In der Mitte des Vorhofs standen zwei mächtige Säulen mit riesigen Leuchtern darauf. Nach dem Abendopfer wurden alle Lampen angezündet, und ihr Licht leuchtete über die Stadt Jerusalem. Diese feierliche Handlung geschah im Andenken an die Feuersäule, die Israel durch die Wüste geführt hatte, und wies auch auf das Kommen des Messias hin. Am Abend, wenn die Lampen angezündet wurden, jubelten die Menschen im Vorhof. Ergraute Häupter, nämlich die Priester des Tempels und die Mitglieder des Hohen Rates, vereinten sich in festlichen Reigen zu den Klängen der Musik und dem feierlichen Gesang der Leviten.

Die Festbeleuchtung, die Jerusalem erstrahlen ließ, war ein Ausdruck ihrer Hoffnung auf das Kommen des Messias, dessen Licht über Israel aufgehen sollte. Für Jesus jedoch hatte diese Handlung noch eine tiefere Bedeutung. Wie die Lichter des Tempels alles überstrahlten, so wollte auch Christus, der Ursprung des geistlichen Lichts, die Dunkelheit der Welt erhellen. Und dennoch war dieser Vergleich unvollkommen. Das große Licht, welchem er eigenhändig den Platz am Himmelszelt zugewiesen hatte, war ein treffenderes Bild für die Herrlichkeit seiner Sendung.

Es war früh am Morgen. Die Sonne war gerade über dem Ölberg aufgegangen. Ihre Strahlen fielen mit blendender Helligkeit auf die marmornen Paläste und erleuchteten das Gold der Tempelmauern. Indem Jesus darauf zeigte, sagte er: »Ich bin das Licht der Welt.« (Johannes 8,12b)

DAS WAHRE LICHT

Einer, der diese Worte hörte, gab sie viel später in einem großartigen Schriftabschnitt wieder: »In ihm war das Leben, und das Leben war das Licht der Menschen. Und das Licht scheint in der Finsternis, und die Finsternis hat's nicht ergriffen ... Das war das wahre Licht, das alle Menschen erleuchtet, die in diese Welt kommen.« (Johannes 1,4.5.9) Und lange nachdem Jesus in den Himmel aufgefahren war, schrieb Petrus, erleuchtet vom Heiligen Geist, in Erinnerung an das Bild, das Jesus benutzt hatte: »Eine umso festere Grundlage haben wir darum im prophetischen Wort, und ihr tut gut daran, darauf zu achten, wie auf ein Licht, das an einem dunklen Ort scheint, bis der Tag anbricht und der Morgenstern [Christus] aufgeht in euren Herzen.« (2. Petrus 1,19 ZÜ)

Immer, wenn sich Gott seinem Volk offenbarte, war Licht das Zeichen seiner Gegenwart. Auf sein Schöpfungswort hin hatte am Anfang Licht aus der Finsternis hervorgeleuchtet. Tagsüber war das Licht von der Wolkensäule und nachts von der Feuersäule umhüllt worden und hatte die riesigen Heere Israels geleitet. Licht umloderte den Herrn auf dem Berg Sinai mit ehrfurchtgebietender Pracht. Licht lag über dem Gnadenstuhl in der Stiftshütte. Licht erfüllte den Tempel Salomos bei seiner Einweihung. Licht leuchtete über den Hügeln von Bethlehem, als die Engel den wachenden Hirten die Botschaft der Erlösung brachten.

Gott ist Licht, und mit den Worten: »Ich bin das Licht der Welt« (Johannes 8,12b) bekundete Christus seine Einheit mit Gott und seine Verbindung zur gesamten Menschheit. Er selbst hatte ganz zu Beginn veranlasst, dass das »Licht ... aus der Finsternis hervorleuchten« sollte (2. Korinther 4,6b). Er ist das Licht der Sonne, des Mondes und der Sterne. Er war das geistliche Licht, das durch Symbole, Zeichen und Weissagungen Israel erleuchtet hatte. Doch dieses Licht wurde nicht nur der jüdischen Nation geschenkt. Genauso wie die Sonnenstrahlen in die entferntesten Ecken der Erde leuchten, dringt auch das Licht der Sonne der Gerechtigkeit zu jedem Menschen vor.

»Das war das wahre Licht, das alle Menschen erleuchtet, die in diese Welt kommen.« (Johannes 1,9) Die Welt hat große Lehrer erlebt, Männer von überragender Geisteskraft, großartige Forscher – Menschen, deren Äußerungen das Denken angeregt und die Sicht für weite Wissensgebiete geöffnet haben. Sie alle wurden als Führer und Wohltäter der Menschheit geehrt. Aber es gibt einen, der sie alle überragt. »All denen jedoch, die ihn aufnahmen und an seinen Namen glaubten, gab er das Recht, Gottes Kinder zu werden ... Niemand hat Gott je gesehen. Der eingeborene Sohn hat ihn uns offenbart, er, der selbst Gott ist und an der Seite des Vaters sitzt.« (Johannes 1,12.18

DAS LICHT DES LEBENS | 51

NGÜ) Wir können die Linie der großen Lehrer der Welt so weit zurückverfolgen, wie menschliche Aufzeichnungen reichen. Doch das Licht war vor ihnen da. So wie der Mond und die Planeten unseres Sonnensystems das Licht der Sonne widerspiegeln, so sind die großen Denker der Welt, sofern ihre Lehren der Wahrheit entsprechen, ein Abbild der »Sonne der Gerechtigkeit«. Jeder brillante Gedanke und jeder Geistesblitz kommt vom »Licht der Welt«. Heute hört man viel von »höherer Bildung«. Die wahre »höhere Bildung« aber kommt von dem Einen, »in welchem verborgen liegen alle Schätze der Weisheit und der Erkenntnis« (Kolosser 2,3). »In ihm war das Leben, und das Leben war das Licht der Menschen.« (Johannes 1,4) »Wer mir nachfolgt, der wird nicht wandeln in der Finsternis, sondern wird das Licht des Lebens haben.« (Johannes 8,12b)

ANDERS ALS ERWARTET

Mit den Worten: »Ich bin das Licht der Welt« bezeichnete sich Jesus selbst als Messias. Der betagte Simeon hatte im Tempel, in dem Jesus nun lehrte, von ihm als einem »Licht zur Erleuchtung der Heiden und zur Verherrlichung deines Volkes Israel« gesprochen (Lukas 2,32 ZÜ). Mit diesen Worten bezog er sich auf eine Prophezeiung, die in ganz Israel bekannt war. Durch den Propheten Jesaja hatte der Heilige Geist erklärt: »Es genügt nicht, dass du mein Diener bist, nur um die Stämme Israels wieder aufzurichten und Israel zur Umkehr zu führen. Ich mache dich auch zum Licht für die Völker und zur Rettung für die ganze Welt.« (Jesaja 49,6 NLB) Diese Weissagung wurde allgemein auf den Messias bezogen. Als Jesus nun sagte: »Ich bin das Licht der Welt« (Johannes 8,12b), konnte das Volk seinen Anspruch, der Vorausgesagte zu sein, unmissverständlich begreifen.

Für die Pharisäer und Obersten bedeutete dieser Anspruch eine Anmaßung. Dass ein Mensch, der ihnen gleich war, so etwas von sich behauptete, konnten sie nicht ertragen. Sie taten so, als hätten sie seine Worte nicht gehört, und fragten: »Wer bist du denn?« (Johannes 8,25a) Sie wollten ihn dazu zwingen, sich selbst als Messias zu bezeichnen. Seine Erscheinung und sein Wirken aber unterschieden sich so sehr von dem, was die Menschen erwarteten, dass seine hinterlistigen Feinde glaubten, das Volk werde ihn, wenn er sich offen als Messias ausgab, als Hochstapler ablehnen.

Auf ihre Frage: »Wer bist du denn?« antwortete Jesus: »Darüber habe ich doch von Anfang an zu euch gesprochen.« (Johannes 8,25b NGÜ) Was sich in seinen Worten offenbarte, zeigte sich auch in seinem Charakter. Er verkörperte die Wahrheiten, die er lehrte. »Ich tue nichts von mir selbst aus«,

449

versicherte er und fuhr fort: »sondern wie mich mein Vater gelehrt hat, so rede ich. Und der, welcher mich gesandt hat, ist mit mir; der Vater lässt mich nicht allein; denn ich tue allezeit, was ihm wohlgefällt.« (Johannes 8,28b.29 Schl.) Er versuchte nicht, seinen messianischen Anspruch zu beweisen, sondern zeigte seine Einheit mit Gott. Wären die Pharisäer für Gottes Liebe offen gewesen, hätten sie Jesus angenommen.

Viele seiner Zuhörer fühlten sich im Glauben zu ihm hingezogen. Zu ihnen sagte er: »Wenn ihr bleiben werdet an meinem Wort, so seid ihr wahrhaftig meine Jünger und werdet die Wahrheit erkennen, und die Wahrheit wird euch frei machen.« (Johannes 8,31b.32)

Die Pharisäer waren über diese Worte verärgert. Sie ließen die lange Zeit der Unterwerfung des Volkes unter ein fremdes Joch völlig außer Acht und riefen zornig: »Wir sind Abrahams Kinder und sind niemals jemandes Knecht gewesen. Wie sprichst du dann: Ihr sollt frei werden?« (Johannes 8,33) Jesus schaute diese von Rachegedanken beherrschten Männer an, die Sklaven der Bosheit waren, und antwortete betrübt: »Ich versichere euch: Jeder, der sündigt, ist ein Sklave der Sünde.« (Johannes 8,34 NLB) Sie befanden sich in der schlimmsten Art von Gefangenschaft – sie waren vom Geist des Bösen beherrscht.

WAHRE FREIHEIT

Jeder Mensch, der sich Gott nicht übergeben will, wird von einer anderen Macht beherrscht. Er ist nicht sein eigener Herr. Er mag von Freiheit reden, in Wirklichkeit aber lebt er in elendester Knechtschaft. Er darf die Schönheit der Wahrheit nicht sehen, weil sein Verstand unter der Kontrolle Satans steht. Selbstgefällig denkt er, seinem eigenen Urteilsvermögen zu folgen, in Wirklichkeit aber fügt er sich dem Willen des Fürsten der Finsternis. Christus kam, um die Menschen von den Ketten der Sklaverei durch die Sünde zu befreien. »Nur dann, wenn der Sohn euch frei macht, seid ihr wirklich frei.« (Johannes 8,36 NLB) »Denn wenn du mit Jesus Christus verbunden bist, bist du nicht mehr unter dem Gesetz der Sünde und des Todes; das Gesetz des Geistes, der lebendig macht, hat dich davon befreit.« (Römer 8,2 NGÜ)

Im Erlösungswerk gibt es keinen Zwang, es wird auch keine äußere Gewalt angewandt. Unter dem Einfluss des Geistes Gottes steht es dem Menschen frei, selbst zu entscheiden, wem er dienen möchte. Das höchste Gefühl von Freiheit erlebt der Mensch dann, wenn er sein Leben Christus übergibt. Die Absage an die Sünde ist ein Akt, der vom Menschen selbst ausgeführt wird. Doch die Kraft, uns selbst von der Herrschaft Satans zu befreien, haben wir nicht. Wenn wir aber von der Sünde frei werden wollen und in größter Not nach einer Macht außerhalb von uns und über uns rufen, werden die Kräfte unseres Innersten von der göttlichen Macht des Heiligen Geistes so durchdrungen, dass sie den Willen Gottes als ihren eigenen erfüllen. Die Freiheit des Menschen ist nur unter der Bedingung möglich, dass man mit Christus eins wird. »Die Wahrheit wird euch frei machen« (Johannes 8,32b), und Christus ist die Wahrheit (vgl. Johannes 14,6). Die Sünde kann nur dann Erfolg haben, wenn sie den Verstand schwächt und die Freiheit des Menschen zerstört. Unterstellen wir uns jedoch Gott, wird unsere eigene Persönlichkeit wiederhergestellt – zu wahrer Herrlichkeit und Menschenwürde. Das göttliche Gesetz, dem wir unterworfen werden, ist das »Gesetz der Freiheit« (Jakobus 2,12b).

KINDER NACH DEM WESEN GOTTES

Die Pharisäer hatten sich als Abrahams Kinder bezeichnet. Jesus erklärte ihnen, dass sie dies nur behaupten könnten, wenn sie auch die Werke Abrahams täten. Die wahren Kinder Abrahams würden so leben, wie er es getan hatte, im Gehorsam Gott gegenüber. Sie würden nicht versuchen, den zu töten, der die Wahrheit, die ihm Gott gegeben hatte, weitersagte. Indem sich die Rabbiner gegen Christus verschworen, vollbrachten sie nicht die Werke Abrahams. Nur von Abraham abzustammen war wertlos. Ohne eine geistliche Verbindung zu Abraham, die sich darin zeigt, dass man denselben Geist besitzt und dieselben Werke tut, waren sie nicht seine Kinder.

Dieser Grundsatz ist ebenso wichtig bei einer weiteren Frage, welche die Christenheit schon lange beschäftigt: die Frage der apostolischen Nachfolge.[73] Ob jemand von Abraham abstammte, war nicht abhängig von Name oder Stammbaum, sondern von der Ähnlichkeit des Charakters. Darum beruht auch die apostolische Nachfolge nicht auf der Übertragung kirchlicher Macht, sondern auf einer geistlichen Beziehung. Ein Leben, das im Geist der Apostel geführt wird, sowie die Verkündigung der Wahrheit durch Glaube und Lehre, sind der echte Beweis für apostolische Nachfolge. Dadurch werden Menschen zu Nachfolgern der ersten Lehrer des Evangeliums.

Jesus sprach den Juden ab, Kinder Abrahams zu sein. Er sagte:»Ihr tut die Werke eures Vaters.« Voller Spott antworteten sie ihm:»Wir sind nicht durch Hurerei geboren; wir haben einen Vater, Gott.« (Johannes 8,41 Elb.) Mit diesen Worten, die eine Anspielung auf die Umstände seiner Geburt waren, holten sie in Gegenwart derer, die gerade anfingen, an ihn zu glauben,

---

[73] Siehe Erklärungen »Apostolische Nachfolge«, S. 814.

zum Schlag gegen Christus aus. Doch Jesus schenkte dieser niederträchtigen Unterstellung keine Beachtung und erwiderte: »Wenn Gott euer Vater wäre, so würdet ihr mich lieben, denn ich bin von Gott ausgegangen und gekommen.« (Johannes 8,42a Elb.)

Ihre Werke bezeugten ihre Beziehung zu dem, der ein Lügner und Mörder war. »Ihr stammt vom Teufel; der ist euer Vater«, erklärte Jesus. »Und was euer Vater wünscht, das führt ihr bereitwillig aus. Er war von Anfang an ein Mörder und stand nie auf dem Boden der Wahrheit, weil es in ihm keine Wahrheit gibt ... Ich aber sage die Wahrheit, und gerade das ist der Grund, weshalb ihr mir nicht glaubt.« (Johannes 8,44a.45 NGÜ) Weil Jesus die Wahrheit mit solcher Bestimmtheit lehrte, lehnten ihn die jüdischen Führer ab. Es war die Wahrheit, die diese selbstgerechten Männer so wütend machte. Die Wahrheit entlarvte ihre Denkfehler und verurteilte ihr Lehren und Handeln, was ihnen nicht willkommen war. Lieber verschlossen sie ihre Augen vor der Wahrheit, als sich selbst zu demütigen und ihren Irrtum zuzugeben. Sie liebten die Wahrheit nicht und hatten kein Verlangen nach ihr, obwohl es die Wahrheit war.

OHNE SÜNDE

»Wer von euch kann mir eine Sünde nachweisen? Wenn ich die Wahrheit sage, warum glaubt ihr mir nicht?« (Johannes 8,46 EÜ) Drei Jahre lang waren ihm seine Feinde Tag für Tag gefolgt und hatten immer wieder versucht, einen Makel an seinem Charakter zu finden. Satan und all seine Verbündeten hatten versucht, Jesus zu überwinden. Doch sie fanden nichts an ihm, was für sie von Nutzen gewesen wäre. Sogar die Dämonen waren zum Bekenntnis gezwungen: Wir wissen, »wer du bist: der Heilige Gottes« (Markus 1,24b). Vor dem Himmel, den ungefallenen Welten und den sündigen Menschen lebte Jesus nach den Geboten Gottes. Vor Engeln, Menschen und Dämonen hatte er – unwidersprochen – Aussagen gemacht, die aus dem Mund anderer eine Gotteslästerung gewesen wären: »Ich tue allezeit, was ihm [Gott] gefällt.« (Johannes 8,29b)

Obwohl die führenden Juden keine Sünde an Christus finden konnten, wollten sie ihn nicht annehmen. Damit bewiesen sie, dass sie selbst keine Beziehung zu Gott hatten. Sie erkannten Gottes Stimme in der Botschaft seines Sohnes nicht und bildeten sich ein, über Christus urteilen zu können. Indem sie ihn verwarfen, verurteilten sie sich jedoch selbst. »Wer Gott zum Vater hat, der hört Gottes Worte. Dass ihr nicht darauf hört, zeigt, dass ihr nicht Gottes Kinder seid.« (Johannes 8,47 NLB)

Darin liegt eine Lehre für alle Zeiten. Manche Menschen, die andere gern kritisieren, kleinlich sind und versuchen, Aussagen des Wortes Gottes zu hinterfragen, meinen, dass sie damit die Unabhängigkeit ihres Denkens und ihren Scharfsinn unter Beweis stellen. Sie meinen, die Bibel beurteilen zu können, in Wirklichkeit jedoch richten sie sich selbst. Dadurch zeigen sie, dass sie die Wahrheit, die ihren Ursprung im Himmel hat und die Ewigkeit umfasst, nicht zu schätzen wissen. Angesichts der alles überragenden Gerechtigkeit Gottes empfinden sie keine Ehrfurcht. Sie sind ständig damit beschäftigt, irgendwelchen Nichtigkeiten nachzujagen. Sie offenbaren dadurch ihr begrenztes und weltliches Denken und ein Herz, das rasch die Fähigkeit verliert, Gott zu schätzen. Wer jedoch auf die göttliche Berührung von Herzen reagiert, wird nach dem suchen, was seine Gotteserkenntnis erweitert, den Charakter verfeinert und ihn veredelt. Wie sich eine Blume der Sonne zuwendet, damit ihr deren helle Strahlen farbige Schönheit verleihen, wendet sich der Mensch der »Sonne der Gerechtigkeit« zu, damit das Licht des Himmels seinen Charakter mit der Schönheit des Charakters von Christus veredeln kann.

EIN STELLVERTRETENDES OPFER

Jesus setzte seine Rede fort und zeigte den scharfen Gegensatz zwischen dem Verhalten der Juden und demjenigen Abrahams auf: »Euer Vater Abraham jubelte, weil er meinen Tag sehen sollte. Er sah ihn und freute sich.« (Johannes 8,56 EÜ)

Abraham hatte sich sehnlichst gewünscht, den versprochenen Retter zu erblicken. Er bat Gott inständig darum, den Messias noch vor seinem Tod sehen zu können. Und er sah Christus. Er erhielt eine übernatürliche Erleuchtung und anerkannte das göttliche Wesen des Messias. Er sah den Tag von Christus und freute sich. Abraham durfte einen Blick auf das Opfer werfen, das Gott für die Sünde bringen würde. Für dieses Opfer gab es in seinem eigenen Leben ein anschauliches Beispiel. Ihm war befohlen worden: »Nimm deinen Sohn, deinen einzigen, den du lieb hast, den Isaak … und opfere ihn … als Brandopfer.« (1. Mose 22,2a ZÜ) Er legte den Sohn der Verheißung, auf dem all seine Hoffnungen ruhten, auf den Opferaltar. Als er mit erhobenem Messer neben dem Altar wartete, um Gott zu gehorchen, hörte er eine Stimme vom Himmel, die zu ihm sagte: »Lass es sein … Tu dem Kind nichts. Denn jetzt weiß ich, dass du Ehrfurcht vor Gott hast. Du hättest sogar deinen einzigen Sohn auf meinen Befehl hin geopfert.« (1. Mose 22,12 NLB) Diese schreckliche Prüfung war Abraham auferlegt worden, damit er den Tag von Christus sehen und die große Liebe Gottes für die Welt begreifen konnte.

Diese Liebe war so groß, dass Gott seinen einzigen Sohn den schmählichsten Tod sterben ließ, um die Welt vor ihrem Verderben zu erretten.

Abraham erhielt auf diese Weise von Gott die größte Lehre, die je einem Menschen zuteilwurde. Sein Gebet, den Messias noch vor seinem Tod sehen zu dürfen, wurde erhört. Er sah Christus und schaute alles, was ein Mensch sehen konnte, ohne deswegen sterben zu müssen. Weil er sich ganz Gott übergeben hatte, konnte er die Vision von Christus, die ihm gegeben wurde, verstehen. Ihm wurde gezeigt, dass Gott durch die Hingabe seines einzigen Sohnes zur Errettung der Sünder vor dem ewigen Verderben ein größeres und wunderbareres Opfer darbrachte, als es Menschen je erbringen können.

Abrahams Erfahrung beantwortete die Frage: »Womit soll ich mich dem Herrn nahen, mich beugen vor dem hohen Gott? Soll ich mich ihm mit Brandopfern nahen und mit einjährigen Kälbern? Wird wohl der Herr Gefallen haben an viel tausend Widdern, an unzähligen Strömen von Öl? Soll ich meinen Erstgeborenen für meine Übertretung geben, meines Leibes Frucht für meine Sünde?« (Micha 6,6.7) Aus Abrahams Worten: »Gott wird für ein Opferlamm sorgen« (1. Mose 22,8a GNB) und indem Gott ein Opfer anstelle von Isaak bereitstellte, wurde deutlich, dass kein Mensch für sich selbst Sühne leisten kann. Das heidnische Opferwesen war für Gott völlig unannehmbar. Kein Vater sollte jemals seinen Sohn oder seine Tochter als Sühnopfer darbringen. Allein der Sohn Gottes kann die Schuld der Welt tragen.

Durch sein eigenes Leid wurde Abraham fähig, den Opferauftrag des Erlösers zu begreifen. Doch Israel wollte nicht erkennen, was ihren stolzen Herzen so unwillkommen war. In der Aussage von Jesus über Abraham sahen seine Zuhörer keine tiefere Bedeutung. Die Pharisäer fanden darin lediglich einen neuen Grund zur Kritik. Sie antworteten ihm höhnisch, so als wollten sie beweisen, dass er geistesgestört sei: »Du bist noch keine fünfzig Jahre alt und willst Abraham gesehen haben?« (Johannes 8,57 GNB)

Mit feierlichem Ernst antwortete Jesus: »Amen, ich versichere euch: Ich bin – bevor Abraham überhaupt geboren wurde.« (Johannes 8,58 GNB)

Tiefes Schweigen legte sich auf die große Versammlung. Dieser galiläische Rabbi hatte behauptet, sein eigener Name sei der Name Gottes [»Ich bin«], der einst Mose offenbart worden war, um den Gedanken der ewigen Gegenwart zum Ausdruck zu bringen! (vgl. 2. Mose 3,14 Elb.) Er hatte erklärt, der Eine zu sein, der aus sich selbst existiert – jener, der Israel verheißen worden war und dessen »Hervorgehen von Anfang, von den Tagen der Ewigkeit her gewesen ist« (Micha 5,1b Schl.).

Erneut schrien die Priester und Rabbiner auf und nannten Jesus einen Gotteslästerer. Sein Anspruch, mit Gott eins zu sein, hatte sie schon vorher aufgebracht, sodass sie ihn umbringen wollten. Einige Monate später sprachen sie es dann deutlich aus: »Wir steinigen dich nicht wegen einer guten Tat, sondern weil du ein Gotteslästerer bist. Du bist nur ein Mensch und gibst dich als Gott aus.« (Johannes 10,33 GNB) Weil er Gottes Sohn war und sich dazu bekannte, waren sie fest entschlossen, ihn zu töten. Jetzt hoben viele, die auf der Seite der Priester und Rabbiner standen, »Steine auf und wollten ihn töten. Aber Jesus brachte sich in Sicherheit und verließ den Tempel« (Johannes 8,59 GNB). Das Licht schien in der Finsternis, aber »die Finsternis hat's nicht ergriffen« (Johannes 1,5).

EIN BLINDER WIRD SEHEND

»Und Jesus ging vorüber und sah einen Menschen, der blind geboren war. Und seine Jünger fragten ihn und sprachen: Meister, wer hat gesündigt, dieser oder seine Eltern, dass er blind geboren ist? Jesus antwortete: Es hat weder dieser gesündigt noch seine Eltern, sondern es sollen die Werke Gottes offenbar werden an ihm ... Als er das gesagt hatte, spuckte er auf die Erde, machte daraus einen Brei und strich den Brei auf die Augen des Blinden. Und er sprach zu ihm: Geh zum Teich Siloah – das heißt übersetzt: gesandt – und wasche dich! Da ging er hin und wusch sich und kam sehend wieder.« (Johannes 9,1-3.6.7)

Unter den Juden glaubte man ganz allgemein, die Sünde werde bereits zu Lebzeiten bestraft. Darum wurde jede Krankheit als Strafe für ein Fehlverhalten angesehen, das der Leidende selbst oder aber seine Eltern begangen haben mussten. Es ist wahr, dass alles Leid eine Folge der Übertretung des göttlichen Gesetzes ist, doch diese Wahrheit wurde verdreht. Satan, der Urheber der Sünde und all ihrer Folgen, hatte die Menschen dazu gebracht, Krankheit und Tod als von Gott ausgehend anzusehen, die willkürlich über den Sünder verhängt wird. Wer also von einer schweren Krankheit oder einem Schicksalsschlag heimgesucht wurde, stand zusätzlich unter der Belastung, als großer Sünder angesehen zu werden.

Dadurch war der Weg für die Juden vorbereitet, Jesus zu verwerfen. Von ihm heißt es: »Er trug unsere Krankheit und lud auf sich unsere Schmerzen.« Doch gerade deshalb hielten ihn die Juden »für den, der geplagt und von Gott geschlagen und gemartert wäre«, und sie verbargen ihr »Angesicht vor ihm« (Jesaja 53,4.3b).

Um dies zu verhindern, hatte Gott bereits eine Unterweisung gegeben. Die Geschichte Hiobs hatte gezeigt, dass es Satan ist, der Leid zufügt. Gottes Absicht aber ist es, dies durch seine Gnade wieder aufzuheben. Doch Israel verstand diese Lehre nicht. Indem sie Christus verwarfen, begingen sie denselben Fehler wie Hiobs Freunde, die Gott deswegen tadelte (vgl. Hiob 42,7).

Auch die Jünger teilten den Glauben des jüdischen Volkes über die Beziehung von Sünde und Leid. Als Jesus ihre falsche Sichtweise berichtigte, gab er ihnen jedoch keinen Grund an, weshalb der Mann krank geworden war, sondern verwies sie auf die Folgen: Es sollten daran »die Werke Gottes offenbar werden« (Johannes 9,3b). Jesus sagte: »Solange ich in der Welt bin, bin ich das Licht der Welt.« (Johannes 9,5) Nachdem er den Brei auf die Augen des Blinden gestrichen hatte, schickte er ihn zum Teich Siloah, um sich dort zu waschen. Nun konnte der Blinde wieder sehen. Damit beantwortete Jesus die Frage der Jünger auf ganz praktische Art und Weise, wie er es bei den meisten Fragen tat, die aus reiner Neugier gestellt wurden. Es war nicht die Aufgabe der Jünger, darüber zu befinden, wer gesündigt hatte und wer nicht. Viel wichtiger war es, in der Heilung des Blinden Gottes Macht und Barmherzigkeit zu erkennen. Es war offensichtlich, dass weder der Lehmbrei noch das Wasser, mit dem sich der Blinde waschen musste, eine heilende Wirkung besaß. Es war allein die Macht von Christus.

Die Pharisäer konnten über die Heilung nur staunen. Weil er das Wunder an einem Sabbat vollbracht hatte, wurden sie mit Hass erfüllt wie nie zuvor.

Die Nachbarn des jungen Mannes und jene, die ihn vorher gekannt hatten, als er noch blind war, sagten: »Ist das nicht der Mann, der da saß und bettelte?« (Johannes 9,8) Misstrauisch schauten sie ihn an, denn seit er sehen konnte, hatte sich sein Angesicht verändert. Nun strahlte er und schien ein anderer Mensch zu sein. Fragend schauten sich die Leute an. Einige meinten: »Er ist es«, andere wieder: »Nein, aber er ist ihm ähnlich.« Doch er, der so reich gesegnet worden war, antwortete und sagte: »Ich bin's.« (Johannes 9,9) Dann erzählte er ihnen von Jesus und mit welchen Mitteln er geheilt worden war. Daraufhin fragten sie: »Wo ist er? Er antwortete: Ich weiß es nicht.« (Johannes 9,12)

Schließlich brachten sie den Mann vor einen Rat der Pharisäer. Erneut fragten sie ihn, wie er denn sehend geworden sei. Er erwiderte: »Einen Brei legte er mir auf die Augen, und ich wusch mich und bin nun sehend.« Da behaupteten einige Pharisäer: »Dieser Mensch ist nicht von Gott, weil er den Sabbat nicht hält.« (Johannes 9,15.16a) Die Pharisäer hofften, Jesus als Sünder und somit als falschen Messias hinzustellen. Sie wussten nicht, dass er, der den blinden Mann heil gemacht hatte, auch der Schöpfer des Sabbats war und alle damit verbundenen Verpflichtungen kannte. Es schien, als würden sie sich eifrig um die Einhaltung des Sabbats bemühen, aber ausgerechnet an diesem Tag planten sie einen Mord. Viele waren tief berührt, als sie von

DAS LICHT DES LEBENS | 51

diesem Wunder erfuhren. Sie waren überzeugt, dass der Mann, der dem Blinden die Augen geöffnet hatte, mehr war als ein gewöhnlicher Mensch. Auf den Vorwurf, dass Jesus ein Sünder sei, weil er den Sabbat nicht halte, entgegneten sie: »Wie kann ein Mensch, der sündigt, solche Wunder tun?« (Johannes 9,16b NGÜ)

DAS DILEMMA DER PHARISÄER

Die Rabbiner wandten sich erneut an den Blinden: »Dieser Mann, der dir die Augen geöffnet hat – was meinst du, wer er ist?« Der Mann erwiderte: »Er muss ein Prophet sein.« (Johannes 9,17b NLB) Die Pharisäer behaupteten daraufhin, er sei gar nicht blind geboren worden und habe kein neues Augenlicht erhalten. Sie ließen seine Eltern kommen und fragten: »Ist das euer Sohn, von dem ihr sagt, er sei blind geboren?« (Johannes 9,19a)

Nun stand der Mann persönlich da und beteuerte, dass er blind gewesen und dann geheilt worden sei. Die Pharisäer jedoch wollten lieber ihre Augen vor den Tatsachen verschließen, als ihre Fehler zuzugeben. So stark sind Vorurteile und so entstellend ist pharisäische Gerechtigkeit.

Nun blieb den Pharisäern nur noch die Möglichkeit, die Eltern dieses Mannes einzuschüchtern. Scheinbar aufrichtig fragten sie: »Wieso ist er nun sehend?« (Johannes 9,19b) Die Eltern befürchteten, sie könnten sich selbst gefährden, denn es war beschlossen worden, »jeden aus der Synagoge auszuschließen, der sich zu Jesus als dem Messias bekannte« (Johannes 9,22b NGÜ). 30 Tage lang wurde der Schuldige aus der Gemeinschaft der Synagoge ausgeschlossen. Während dieser Zeit konnte in seinem Haus kein Kind beschnitten und keine Totenklage gehalten werden. Diese Strafe wurde als großes Unglück angesehen. Wer nicht bereute, musste mit weit härteren Maßnahmen rechnen. Das große Wunder, das an ihrem Sohn vollbracht worden war, hatte die Eltern überzeugt. Dennoch antworteten sie: »Wir wissen, dass dies unser Sohn ist und dass er blind geboren wurde, aber wir wissen nicht, warum er jetzt sehen kann oder wer ihn geheilt hat. Er ist alt genug, um für sich selbst zu sprechen. Fragt ihn doch selbst.« (Johannes 9,20.21 NLB) Dadurch schoben sie die ganze Verantwortung von sich weg auf ihren Sohn, weil sie nicht wagten, sich zu Christus zu bekennen.

Das Dilemma, in dem sich die Pharisäer befanden, ihre Fragen und Vorurteile sowie ihr Unglaube den Tatsachen gegenüber, öffneten der Menge, besonders aber den einfachen Leuten, die Augen. Jesus hatte seine Wunder häufig auf offener Straße gewirkt und dabei stets Leiden gelindert. Weil die Pharisäer behaupteten, Jesus sei ein Hochstapler, fragten sich viele, ob Gott

457

solch mächtige Wunder durch einen Betrüger wirken würde. So spitzte sich der Kampf auf beiden Seiten zu.

Die Pharisäer merkten, dass sie durch ihr Verhalten die Aufmerksamkeit des Volkes auf Jesus und seine Taten lenkten. Sie konnten das Wunder nicht leugnen. Der Blinde war mit Freude und Dankbarkeit erfüllt. Er betrachtete die erstaunlichen Dinge der Natur und war von der Schönheit des Himmels und der Erde begeistert. Ganz offen erzählte er seine Erfahrung, aber die Pharisäer versuchten erneut, ihn zum Schweigen zu bringen. Sie sagten zu ihm: »Gib Gott die Ehre! Wir wissen, dass dieser Mensch ein Sünder ist.« (Johannes 9,24) Das sollte heißen: Behaupte nicht noch einmal, dass dir dieser Mann das Augenlicht geschenkt habe; es war Gott, der das gemacht hat.

Der Blinde antwortete: »Ob er ein Sünder ist, weiß ich nicht; eins weiß ich, dass ich blind war und jetzt sehe.« (Johannes 9,25 Elb.)

Darauf fragten sie ihn erneut: »Was hat er mit dir getan? Wie hat er deine Augen aufgetan?« (Johannes 9,26) Mit ihren vielen Worten versuchten sie ihn so zu verwirren, dass er meinen sollte, er habe sich getäuscht. Satan und seine bösen Engel standen den Pharisäern zur Seite. Sie vereinten ihre Kräfte und ihren Scharfsinn mit der menschlichen Beweisführung, um dem Einfluss von Christus entgegenzuwirken. Dadurch wurde die Überzeugung, die schon bei vielen Menschen Eingang gefunden hatte, abgeschwächt. Doch auch die Engel Gottes waren anwesend, um den Mann zu stärken, der sein Augenlicht wieder erhalten hatte.

Die Pharisäer merkten nicht, dass sie es auch mit jemand anderem zu tun hatten als nur mit dem ungebildeten Blindgeborenen. Sie erkannten den nicht, gegen den sie kämpften. Göttliches Licht erhellte das Herz des ehemals Blinden. Als diese Heuchler versuchten, ihm den Glauben zu nehmen, half ihm Gott mit klugen und treffenden Antworten, sodass sie ihn nicht verführen konnten. »Das habe ich euch doch bereits erzählt! ... Habt ihr denn nicht zugehört? Warum wollt ihr es noch einmal hören? Wollt ihr auch seine Jünger werden?« Da beschimpften sie ihn und sagten: »Du bist sein Jünger, wir aber sind Jünger Moses. Wir wissen, dass Gott zu Mose gesprochen hat, doch von diesem Mann wissen wir nicht einmal, woher er ist.« (Johannes 9,27-29 NLB)

Der Herr Jesus wusste, durch welche Prüfung der Mann gerade ging, und schenkte ihm die nötige Freundlichkeit und die richtigen Worte, sodass er ein Zeuge für Christus wurde. In seiner Antwort an die Pharisäer lag ein scharfer Tadel. Sie behaupteten, Ausleger der Heiligen Schrift und die religiösen Führer der Nation zu sein. Doch als der Eine aufstand und Wunder vollbrachte, mussten sie sich eingestehen, dass sie weder wussten, woher seine Kraft kam, noch worin sein Wesen und seine Ansprüche bestanden. Der Blindgeborene antwortete: »Das ist wirklich seltsam! Ihr wisst nicht, woher er kommt, und mich hat er sehend gemacht! Wir wissen doch alle, dass Gott das Gebet von Sündern nicht hört. Er hört nur auf die, die ihn ehren und seinen Willen befolgen. Seit die Welt besteht, hat noch niemand von einem Menschen berichtet, der einen Blindgeborenen sehend gemacht hat. Käme dieser Mann nicht von Gott, so wäre er dazu nicht fähig gewesen.« (Johannes 9,30-33 GNB)

Der Mann hatte seine Befrager mit ihren eigenen Waffen geschlagen. Seine Beweisführung war unwiderlegbar. Die Pharisäer waren erstaunt und verstummten. Seine treffenden und entschlossenen Worte machten sie sprachlos. Für einige Zeit herrschte Ruhe. Dann aber rafften die Priester und Rabbiner – stirnrunzelnd, als fürchteten sie, durch eine Berührung mit ihm verunreinigt zu werden – ihre Gewänder zusammen, schüttelten den Staub von ihren Füßen und schleuderten ihm die erniedrigenden Worte entgegen: »Du bist ganz in Sünden geboren und willst uns belehren? Und sie warfen ihn aus der Synagoge.« (Johannes 9,34 NLB)

DER GEHEILTE ERKENNT DEN SOHN GOTTES

Jesus hörte, was geschehen war. Als er den Mann kurz danach fand, fragte er ihn: »Glaubst du an den Sohn Gottes?« (Johannes 9,35b Schl.) Zum ersten Mal blickte der Geheilte in das Gesicht dessen, der ihn sehend gemacht hatte. Vor dem Rat hatte er seine besorgten und verunsicherten Eltern gesehen. Er hatte auch in die finsteren Gesichter der Rabbiner geschaut. Jetzt aber ruhte sein Blick auf dem liebevollen und gütigen Antlitz von Jesus. Dass er ihn als Gesandten Gottes gewürdigt hatte, kam ihn bereits teuer zu stehen. Doch nun wurde ihm eine noch größere Offenbarung zuteil.

Als ihn Jesus fragte: »Glaubst du an den Sohn Gottes?«, antwortete der Blindgeborne fragend: »Wer ist es, Herr, damit ich an ihn glaube?« Jesus erwiderte: »Du hast ihn gesehen, und der mit dir redet, der ist es!« (Johannes 9,35b-37 Schl.) Da warf sich der Mann zu den Füßen von Jesus und betete ihn an. Nicht nur sein natürliches Sehvermögen war wiederhergestellt worden, er verstand jetzt auch geistliche Dinge. Christus hatte sich ihm offenbart, und der Mann nahm ihn als den Gesandten Gottes an.

Eine Gruppe von Pharisäern hatte sich in der Nähe versammelt. Als Jesus sie erblickte, wurde ihm wie nie zuvor bewusst, wie gegensätzlich die Reaktionen auf seine Worte und Taten waren. Er sagte zu ihnen: »Zum Gericht bin ich in die Welt gekommen. Ich bin gekommen, die Blinden sehend zu machen, und denen, die sich für sehend halten, zeige ich, dass sie blind sind.« (Johannes 9,39 NLB) Christus war gekommen, um den Blinden die Augen zu öffnen und denen Licht zu bringen, die im Dunkeln saßen. Er hatte sich selbst als das Licht der Welt bezeichnet, und das Wunder, das er soeben gewirkt hatte, bestätigte diese Sendung. Die Menschen, die das Kommen des Erlösers miterlebten, hatten den Vorteil, dass sie die klarste Offenbarung der Gegenwart Gottes erhielten, derer sich die Welt jemals erfreut hatte. Ihnen wurde eine viel umfassendere Gotteserkenntnis zuteil. Doch gerade diese Offenbarung brachte das Gericht über die Menschen. Ihr Charakter wurde geprüft und ihr Schicksal entschieden.

Die Offenbarung der göttlichen Kraft, die dem Blinden das natürliche Augenlicht und den geistlichen Blick geöffnet hatte, ließ die Pharisäer in noch tieferer Finsternis zurück. Einige seiner Zuhörer, die spürten, dass die Worte von Jesus ihnen galten, fragten: »Willst du damit sagen, dass etwa auch wir blind sind?« (Johannes 9,40 NLB) Jesus antwortete ihnen: »Wenn ihr blind wäret, hättet ihr keine Schuld.« (Johannes 9,41a NGÜ.) Hätte Gott es euch unmöglich gemacht, die Wahrheit zu erkennen, würde eure Unkenntnis keine Schuld bedeuten. Jesus fuhr fort: »Doch ihr sagt: ›Wir können sehen.‹« (Johannes 9,41a NGÜ) Ihr meint, sehen zu können, und lehnt das einzige Mittel ab, das euch den Blick öffnen könnte. Allen, die sich ihres Bedürfnisses bewusst wurden, brachte Christus grenzenlose Hilfe. Die Pharisäer jedoch wollten ihr Bedürfnis nicht eingestehen. Sie weigerten sich, zu Christus zu kommen, und blieben deshalb blind. An dieser Blindheit waren sie selbst schuld. Jesus fügte hinzu: »Darum bleibt eure Schuld bestehen.« (Johannes 9,41b NGÜ)

KAPITEL 52

DER GUTE HIRTE

Johannes 10,1-30

»Ich bin der gute Hirte. Der gute Hirte opfert sein Leben für die Schafe ... Ich bin der gute Hirte; ich kenne meine Schafe, und sie kennen mich, so wie mein Vater mich kennt und ich den Vater. Ich gebe mein Leben für die Schafe.« (Johannes 10,11.14.15 NLB)

Mit Hilfe von wohlbekannten Bildern aus dem täglichen Leben fand Jesus erneut Eingang in die Herzen seiner Zuhörer. Er hatte den Einfluss des Heiligen Geistes in Zusammenhang mit dem kühlen, erfrischenden Wasser gebracht und sich selbst mit dem Licht verglichen – der Quelle des Lebens und der Freude für Natur und Mensch. Nun beschrieb Jesus mit dem wunderschönen Bild des Hirten seine Beziehung zu jenen, die an ihn glauben. Kein Bild war seinen Zuhörern vertrauter als dieses. Mit seinen Worten verband sich Christus für immer mit diesem Bild. Von nun an konnten die Jünger nicht mehr Hirten ihre Herden weiden sehen, ohne sich dabei an die Worte des Erlösers zu erinnern. In jedem treuen Hirten würden sie nun Christus sehen und in jeder hilflos abhängigen Herde sich selbst.

ER SORGT FÜR SEINE SCHAFE

Mit diesem Bild hatte sich der Prophet Jesaja auf die Aufgabe des Messias bezogen. Er schrieb die tröstlichen Worte: »Steig auf einen hohen Berg, du Freudenbotin Zion! Erhebe deine Stimme mit Kraft, du Freudenbotin Jerusalem! Erhebe sie, fürchte dich nicht! Sag den Städten Judas: Seht, euer Gott! ... Wie ein Hirt weidet er seine Herde, die Lämmer sammelt er auf seinen Arm, und er trägt sie an seiner Brust.« (Jesaja 40,9.11a ZÜ) David hatte gesungen: »Der Herr ist mein Hirte, mir wird nichts mangeln.« (Psalm 23,1) Und der Heilige Geist hatte durch Hesekiel verkündet: »Ich will ihnen einen einzigen Hirten erwecken, der sie weiden soll.« »Ich will das Verlorene wieder suchen und das Verirrte zurückbringen und das Verwundete verbinden und das Schwache stärken.« »Ich will einen Bund des Friedens mit ihnen schließen.« »Und sie sollen nicht mehr den Völkern zum Raub werden ... sondern sie sollen sicher wohnen, und niemand soll sie schrecken.« (Hesekiel 34,23a.16a. 25a.28)

Christus bezog diese Vorhersagen auf sich selbst und zeigte damit, wie gegensätzlich sein Charakter zu dem der Führer Israels war. Die Pharisäer hatten eben ein »Schaf« aus der Herde vertrieben, weil es gewagt hatte, die Macht von Christus zu bezeugen (vgl. Johannes 9,34). Sie hatten einen Menschen aus der Synagoge ausgestoßen, den der wahre Hirte zu sich zog. Dadurch gaben sie zu erkennen, dass sie nichts über das Werk wussten, das ihnen anvertraut worden war. Sie erwiesen sich damit des Vertrauens unwürdig, Hirten der Gemeinde zu sein. Jesus zeigte nun den Unterschied zwischen ihnen und dem guten Hirten auf und wies dabei auf sich selbst, den wahren Hirten der Herde Gottes hin. Doch bevor er dies tat, verglich er sich noch mit einem anderen Bild.

JESUS, DIE EINZIGE TÜR

Er sagte: »Wer nicht zur Tür hineingeht in den Schafstall, sondern steigt anderswo hinein, der ist ein Dieb und ein Räuber. Der aber zur Tür hineingeht, der ist der Hirte der Schafe.« (Johannes 10,1.2) Die Pharisäer merkten nicht, dass sich diese Worte gegen sie richteten. Als sie noch über deren Bedeutung nachdachten, fügte Jesus deutlicher hinzu: »Ich bin die Tür; wer durch mich hineingeht, wird gerettet werden; er wird ein- und ausgehen und Weide finden. Der Dieb kommt nur, um zu stehlen, zu schlachten und zu vernichten; ich bin gekommen, damit sie das Leben haben und es in Fülle haben.« (Johannes 10,9.10 EÜ)

Christus ist die Tür zu Gottes Herde. Durch diese Tür haben alle seine Kinder von jeher Eingang gefunden. In Jesus, sahen sie »Gottes Lamm, das der Welt Sünde trägt« (Johannes 1,29b), denn er wurde in verschiedenen Bildern dargestellt – durch den Opferdienst vorgeschattet, in der Offenbarung durch die Propheten bekanntgemacht, in der Unterweisung an seine Jünger enthüllt und durch die Wunder zum Wohl der Menschen erwiesen. Durch ihn wurden sie in den Stall seiner Gnade gebracht. Viele traten auf und boten der Welt anstelle des Glaubens andere Dinge an. Zeremonien und Methoden wurden entwickelt, von denen sich die Menschen erhofften, Rechtfertigung und Frieden von Gott zu erlangen, um dadurch Eingang in seinen Stall zu finden. Die einzige Tür jedoch ist Christus. Alle, die etwas anderes an seine Stelle gesetzt oder versucht haben, auf eine andere Weise den Stall zu betreten, sind nach seinen Worten »Diebe und Räuber« (Johannes 10,1).

Die Pharisäer waren nicht durch die Tür in den Stall hineingegangen. Sie waren anderswo als bei Christus eingestiegen und erfüllten nicht die Aufgabe eines wahren Hirten. Die Priester und Obersten, die Schriftgelehrten und Pharisäer zerstörten die saftigen Weiden und verschmutzten die Quelle des Lebenswassers. Das göttliche Wort beschreibt diese falschen Hirten ganz offen: »Die Schwachen habt ihr nicht gestärkt und das Kranke nicht geheilt und das Gebrochene nicht verbunden und das Versprengte nicht zurückgebracht und das Verlorene nicht gesucht, sondern mit Härte habt ihr über sie geherrscht und mit Gewalt.« (Hesekiel 34,4 Elb.)

Zu allen Zeiten versuchten Philosophen und Gelehrte durch Theorien die seelischen Bedürfnisse der Menschen zu stillen. Jedes heidnische Volk hatte seine großen Lehrer und religiösen Kulte, die anstelle von Christus andere Mittel zur Erlösung anboten. Die Folge davon war, dass die Menschen ihren Blick vom Angesicht des Vaters abwandten und sich vor dem fürchteten, von dem sie nur Segen empfangen hatten. Ihr Wirken entwickelte sich dahingehend, dass sie Gott seines Eigentums beraubten, das ihm durch die Schöpfung und Erlösung zusteht. Diese falschen Lehrer berauben auch die Menschen. Millionen sind durch falsche Religionen gebunden. Sie leben gefangen in sklavischer Angst, verharren in stumpfsinniger Gleichgültigkeit und quälen sich ab wie Lasttiere. Sie sind ohne jede Hoffnung, Freude oder Erwartung in dieser Welt. Das Einzige, was ihnen bleibt, ist eine düstere Angst vor dem Jenseits. Nur das Evangelium von der Gnade Gottes kann Menschen aufrichten. Nichts anderes wird das Herz so berühren und die inneren Kräfte so beleben wie das Nachdenken über die Liebe Gottes, die sich in seinem Sohn offenbart hat. Christus kam in diese Welt, um das Bild Gottes im Menschen wiederherzustellen. Wer immer Menschen dazu bewegt, sich von Christus abzuwenden, nimmt ihnen die Voraussetzung, um sich richtig entfalten zu können. Er betrügt sie um die Hoffnung, den Sinn und die Schönheit des Lebens. Er ist ein »Dieb und Räuber« (Johannes 10,1).

JESUS, DER WAHRE HIRTE

»Der aber zur Tür hineingeht, der ist der Hirte der Schafe.« (Johannes 10,2) Christus ist Tür und Hirte zugleich. Er tritt durch sich selbst ein. Durch sein eigenes Opfer wird er Hirte der Schafe. »Dem macht der Türhüter auf, und die Schafe hören seine Stimme; und er ruft seine Schafe mit Namen und führt sie hinaus. Und wenn er alle seine Schafe hinausgelassen hat, geht er vor ihnen her, und die Schafe folgen ihm nach; denn sie kennen seine Stimme.« (Johannes 10,3.4) Das Schaf ist eines der furchtsamsten und hilflosesten Geschöpfe. Darum kümmerte sich der Hirte im Orient beständig und unermüdlich um seine Herde.

Früher gab es außerhalb der Stadtmauern nur wenig Sicherheit. Räuber aus umherziehenden Sippen oder Raubtiere, die sich in den Felsen versteckt hielten, lauerten darauf, ein Tier aus der Herde zu erbeuten. Der Hirte wachte über die ihm anvertrauten Schafe – wohl wissend, dass sein eigenes Leben dabei auf dem Spiel stand. Jakob, der einst die Herden von Laban auf den Weiden bei Haran hütete, beschrieb diese mühevolle Arbeit folgendermaßen: »Ich litt unter der sengenden Hitze des Tages und unter der Kälte der Nacht, oft konnte ich nicht schlafen.« (1. Mose 31,40 NLB) Und als der junge David die Schafe seines Vaters weidete, kämpfte er allein mit Löwen und Bären und rettete das gestohlene Lamm aus deren Rachen (vgl. 1. Samuel 17,34.35).

Der Hirte führt seine Herde über felsige Hügel, durch Wälder und wilde Schluchten zu den saftigen Weideplätzen an den Ufern der Flüsse. Er durchwacht einsam die Nacht in den Bergen, schützt die Tiere vor Räubern und kümmert sich liebevoll um die verletzten und schwachen Schafe. Auf diese Weise wird sein Leben nach und nach mit dem ihren eins. Eine starke und zärtliche Beziehung verbindet ihn mit den Schafen, die er umsorgt. Er kennt jedes Tier, wie groß die Herde auch sei. Jedes Schaf hat einen Namen und reagiert darauf, wenn der Hirte es ruft.

So wie ein irdischer Hirte kennt auch der göttliche die »Schafe« seiner Herde, die auf der ganzen Welt zerstreut leben: »Ihr sollt meine Herde sein, die Herde meiner Weide, und ich will euer Gott sein, spricht Gott der Herr.« (Hesekiel 34,31) Jesus sagte: »Ich habe dich bei deinem Namen gerufen; du bist mein!« (Jesaja 43,1b) »Siehe, ich habe dich in meine Handflächen gezeichnet.« (Jesaja 49,16a NLB)

Jesus kennt jeden Einzelnen von uns und hat Mitleid mit unseren Schwächen. Er kennt uns alle mit Namen. Er kennt genau das Haus, in dem wir leben, und den Namen jedes Bewohners. Manchmal hat er seine Diener angewiesen, eine bestimmte Straße in einer bestimmten Stadt aufzusuchen, um in einem gewissen Haus eines seiner Schafe zu finden.

Jesus kennt jeden Menschen so genau, als ob dieser der Einzige wäre, für den der Erlöser sein Leben gelassen hat. Die Not jedes Menschen rührt sein Herz, und jeder Hilferuf findet bei ihm Gehör. Er kam, um alle Menschen zu sich zu ziehen (vgl. Johannes 12,32). Allen rief er zu: »Folgt mir!« Sein Geist wirkt an ihren Herzen, um sie zu sich zu ziehen. Viele verschließen sich diesem Einfluss. Jesus weiß um sie. Er kennt aber auch jene, die sein Rufen mit Freuden hören und bereit sind, sich seinem fürsorglichen Schutz anzuvertrauen. Er sagt: »Meine Schafe hören meine Stimme, und ich kenne sie und sie folgen mir.« (Johannes 10,27) Er sorgt für jeden Einzelnen, als wäre dieser allein auf der Welt.

»Er ruft seine Schafe mit Namen und führt sie hinaus ... und die Schafe folgen ihm nach; denn sie kennen seine Stimme.« (Johannes 10,3b.4) Ein orientalischer Hirte treibt seine Herde nicht an. Er wendet weder Gewalt an, noch arbeitet er mit Einschüchterung. Er geht vor ihnen her und ruft sie. Sie kennen seine Stimme und gehorchen seinem Ruf. So macht es auch der Erlöser bei seinen Schafen. Die Bibel sagt: »Wie eine Schafherde hast du dein Volk diesen Weg geführt, Mose und Aaron waren deine Hirten.« (Psalm 77,21 NLB) Und durch den Propheten Jeremia erklärte Jesus: »Ich habe dich je und je geliebt, darum habe ich dich zu mir gezogen aus lauter Güte.« (Jeremia 31,3b) Er zwingt keinen, ihm zu folgen. »Mit menschlichen Seilen habe ich sie gezogen«, sagte er, »mit Stricken der Liebe« (Hosea 11,4a ZÜ).

Die Jünger folgen Jesus nicht aus Angst vor Strafe oder wegen der Hoffnung auf ewigen Lohn. Sie betrachten seine einzigartige Liebe, die sich in seinem ganzen Erdenleben von der Krippe in Bethlehem bis zum Kreuz auf Golgatha offenbart. Sein Anblick zieht sie an, erweicht und überwältigt das Herz. Liebe erwacht in ihren Herzen. Sie hören seine Stimme und folgen ihm.

So wie der Hirte seiner Herde vorausgeht und zuerst den Gefahren auf dem Weg entgegentritt, ist es auch bei Jesus und seinem Volk. »Und wenn er alle seine Schafe hinausgelassen hat, geht er vor ihnen her.« (Johannes 10,4a) Der Pfad zum Himmel ist durch die Fußspuren von Jesus geweiht. Mag er auch steil und rau sein, Jesus ist diesen Weg gegangen. Seine Füße haben die spitzen Dornen niedergetreten, um uns den Weg leichter zu machen. Jede Last, die uns zum Tragen auferlegt wurde, hat er selbst getragen.

EIN MITFÜHLENDER ERLÖSER

Obwohl Jesus in die Gegenwart Gottes aufgefahren ist und den Thron des Universums mit seinem Vater teilt, hat er nichts von seinem barmherzigen Wesen verloren. Auch heute ist dasselbe liebevolle und mitfühlende Herz für alle Nöte der Menschen offen. Heute streckt er seine durchbohrte Hand aus, um sein Volk in der Welt in reichem Maß zu segnen. »Sie werden niemals verloren gehen, und niemand wird sie aus meiner Hand reißen.« (Johannes 10,28b NGÜ) Wer sich Christus übergeben hat, ist in seinen Augen kostbarer als die ganze Welt. Der Erlöser hätte alle Todesqualen von Golgatha erduldet, um auch nur einen einzigen Menschen für sein Reich zu retten. Niemals wird er jemanden aufgeben, für den er gestorben ist. Solange seine Nachfolger sich nicht von ihm abwenden, wird Jesus sie festhalten.

In allen Anfechtungen haben wir einen Helfer, der nie versagt hat. Er lässt uns nicht allein gegen die Versuchung und das Böse kämpfen, sodass wir schließlich von Sorgen und Lasten erdrückt werden. Obwohl er jetzt für das menschliche Auge verborgen ist, vernimmt der Gläubige doch seine Stimme: »Fürchte dich nicht! Ich bin bei dir!« »Ich bin ... der Lebendige. Ich war tot, und siehe, ich bin lebendig von Ewigkeit zu Ewigkeit.« (Offenbarung 1,17b.18a) Ich habe deine Leiden erduldet, deine Kämpfe durchlebt und bin deinen Versuchungen entgegengetreten. Ich kenne deine Tränen; ich habe auch geweint. Ich kenne das Leid, das zu schwer ist, um es einem Menschen anzuvertrauen. Denke nicht, du seist einsam und verlassen. Auch wenn dein Schmerz kein Herz der Welt berührt, schau auf mich und lebe! »Auch wenn Berge weichen und Hügel beben, soll meine Gnade nicht von dir gehen; und der Bund meines Friedens soll niemals wanken, spricht der Herr, der Erbarmen mit dir hat.« (Jesaja 54,10 NLB)

Wie sehr ein Hirte auch seine Herde lieben mag, seine Söhne und Töchter liebt er mehr. Jesus ist nicht nur unser Hirte, sondern unser »Ewig-Vater« (Jesaja 9,5). Er bezeugt: »Ich bin der gute Hirte; ich kenne meine Schafe und sie kennen mich, so wie mein Vater mich kennt und ich den Vater.« (Johannes 10,14.15a NLB) Welch eine Aussage! Das sagt »der Eine, der selbst Gott ist und mit dem Vater in engster Gemeinschaft steht« (Johannes 1,18b GNB). Ihm hat Gott erklärt: Du bist der »Mann, der mir der nächste ist« (Sacharja 13,7b). Und dieses Verhältnis zwischen ihm und seinem himmlischen Vater stellt das Verhältnis zwischen Jesus und seinen Nachfolgern hier auf Erden dar!

Jesus liebt uns, weil wir das Geschenk seines Vaters und der Lohn seines Wirkens sind. Er liebt uns als seine Kinder. Lieber Leser, er liebt dich! Der Himmel selbst kann uns nichts Größeres und nichts Besseres schenken. Darum vertraue ihm!

Jesus dachte an die Menschen auf der ganzen Welt, die von falschen Hirten in die Irre geführt wurden. Jene, die er als Schafe auf seiner Weide sammeln wollte, waren unter Wölfen zerstreut. Darum sagte er: »Ich habe noch andere Schafe, die sind nicht aus diesem Stall; auch sie muss ich herführen, und sie werden meine Stimme hören, und es wird eine Herde und ein Hirte werden.« (Johannes 10,16)

»Der Vater liebt mich, weil ich mein Leben hergebe. Ich gebe es her, um es wieder zu empfangen.« (Johannes 10,17 NGÜ) Damit sagte er: Mein Vater hat euch so sehr geliebt, dass seine Liebe zu mir noch größer wurde, weil ich mein Leben zu eurer Erlösung gab. Weil ich euer Stellvertreter und Bürge wurde, weil ich mein Leben hingab und eure Schuld und Übertretungen auf mich nahm, liebt mich mein Vater so sehr.

»Ich gebe es her, um es wieder zu empfangen. Niemand nimmt es mir; ich gebe es freiwillig her. Ich habe die Macht, es herzugeben, und ich habe die Macht, es wieder zu empfangen.« (Johannes 10,17b.18a NGÜ) Als Mitglied der menschlichen Familie war er sterblich, als Gott war er die Quelle des Lebens für die Welt. Er hätte sich dem nahenden Tod widersetzen und sich weigern können, unter dessen Herrschaft zu kommen. Er aber ließ freiwillig sein Leben, damit er Leben und Unsterblichkeit ans Licht brachte. Er trug die Sünde der Welt und nahm deren Fluch auf sich. Er gab sein Leben als Opfer dahin, damit die Menschen nicht den ewigen Tod sterben müssen. »In Wahrheit aber hat er die Krankheiten auf sich genommen, die für uns bestimmt waren, und die Schmerzen erlitten, die wir verdient hatten … Doch wegen unserer Schuld wurde er gequält und wegen unseres Ungehorsams geschlagen. Die Strafe für unsere Schuld traf ihn, und wir sind gerettet. Er wurde verwundet, und wir sind heil geworden. Wir alle waren wie Schafe, die sich verlaufen haben; jeder ging seinen eigenen Weg. Ihm aber hat der Herr unsere ganze Schuld aufgeladen.« (Jesaja 53,4-6 GNB)

KAPITEL 53

DIE REISE NACH JERUSALEM

Lukas 9,51-56; 10,1-24

Als das Ende seines Dienstes herannahte, änderte Christus seine Arbeitsweise. Bisher hatte er versucht, dem Trubel und der öffentlichen Aufmerksamkeit aus dem Weg zu gehen. Er hatte die Huldigung der Menschen zurückgewiesen. Wenn die Begeisterung seinetwegen außer Kontrolle zu geraten drohte, ging er schnell an einen anderen Ort. Wiederholt hatte er geboten, niemand solle ihn als Christus bekanntmachen.

Jesus war eilig und in aller Stille nach Jerusalem zum Laubhüttenfest gegangen. Von seinen Brüdern gedrängt, sich öffentlich als Messias zu erkennen zu geben, hatte er geantwortet: »Meine Zeit ist noch nicht da.« (Johannes 7,6a) Niemand hatte ihn auf dem Weg nach Jerusalem beobachtet. Er hatte die Stadt betreten, ohne angekündigt oder von der Menge geehrt zu werden. Doch dies war bei seiner letzten Reise anders. Wegen der Bosheit der Priester und Rabbiner hatte er Jerusalem für einige Zeit verlassen. Nun aber wollte er in aller Öffentlichkeit und auf Umwegen zurückkehren. Sein Kommen sollte wie nie zuvor überall angekündigt werden. Er war auf dem Weg zum Schauplatz seines großen Opfers. Darauf musste die Aufmerksamkeit des Volkes gelenkt werden.

»Wie Mose in der Wüste die Schlange erhöht hat, so muss der Menschensohn erhöht werden.« (Johannes 3,14; vgl. 4. Mose 21,8.9) So wie ganz Israel aufgefordert worden war, auf die erhöhte Schlange – das Symbol ihrer Heilung – zu schauen, mussten nun alle Augen auf Christus gerichtet werden – auf das Opfer, das der verlorenen Welt Erlösung brachte.

Eine falsche Vorstellung vom Wirken des Messias und ein mangelnder Glaube an das göttliche Wesen von Jesus hatten seine Brüder dazu veranlasst, ihn zu drängen, auf dem Laubhüttenfest öffentlich aufzutreten. Aus ähnlichen Beweggründen wollten ihn seine Jünger jetzt davon abhalten, nach Jerusalem zu ziehen. Sie erinnerten sich an seine Worte, als er ihnen sagte, was ihn in Jerusalem erwarten würde. Sie wussten um den tödlichen

Hass der religiösen Führer. Sie hätten ihrem Meister gerne ausgeredet, sich dorthin zu begeben. Für Christus war es eine schmerzliche Aufgabe, diesen Weg ohne Rücksicht auf die Ängste, die Enttäuschungen und den Unglauben seiner geliebten Jünger zu gehen. Es fiel ihm schwer, sie weiter nach Jerusalem zu führen, wo Schmerz und Verzweiflung auf sie warteten. Und Satan war immer in der Nähe, um den Menschensohn zu versuchen. Warum sollte er jetzt nach Jerusalem aufbrechen – in den sicheren Tod? Überall um ihn her gab es Menschen, die nach dem Brot des Lebens hungerten. Er war von Kranken und Leidenden umgeben, die alle darauf warteten, auf sein Wort hin geheilt zu werden. Das Werk, das durch die gute Nachricht von seiner Gnade vollbracht werden sollte, hatte doch eben erst begonnen. Und er selbst stand im besten Mannesalter. Warum sollte er nicht mit der Botschaft seiner Gnade und seiner heilenden Kraft in die riesigen Arbeitsfelder der Welt hinausziehen? Warum nicht die Freude selbst erleben, Millionen von Menschen, die in der Finsternis und im Leid lebten, Licht und Erleichterung zu bringen? Warum sollte er das Ernten seinen Jüngern überlassen, die so schwach im Glauben, so schwer von Begriff und so langsam im Handeln waren? Warum sollte er jetzt sterben und das Werk, das noch in seinen Anfängen steckte, verlassen? Der Feind, dem Christus schon in der Wüste gegenübergestanden hatte, griff ihn nun an, indem er ihn bösartig und hinterlistig versuchte. Hätte Jesus nur für einen Moment nachgegeben oder wäre er auch nur im Geringsten von seinem Weg abgewichen, um sich selbst zu retten, hätten Satans Helfer triumphiert. Die Welt wäre verloren gewesen.

BALD KOMMT DIE STUNDE

Doch nun richtete Jesus »sein Angesicht fest darauf, nach Jerusalem zu gehen« (Lukas 9,51b Elb.). Der Wille seines himmlischen Vaters war das einzige Gesetz seines Lebens. Als er einmal in seiner Kindheit mit seinen Eltern den Tempel besuchte, sagte er zu Maria: »Wisst ihr nicht, dass ich sein muss in dem, was meines Vaters ist?« (Lukas 2,49b) Als Maria auf der Hochzeit in Kana den Wunsch äußerte, er möge doch seine wunderwirkende Kraft offenbaren, gab er zur Antwort: »Meine Stunde ist noch nicht gekommen.« (Johannes 2,4b) Mit denselben Worten antwortete er seinen Brüdern, als sie ihn drängten, zum Fest zu gehen (vgl. Johannes 7,6). Denn die Stunde, in der sich Christus selbst für die Sünden der Menschen opfern sollte, war im großen Plan Gottes bereits festgelegt worden. Diese Stunde würde bald kommen. Darum wollte er weder wanken noch verzagen. Sein Weg führte ihn nach Jerusalem, wo seine Feinde schon lange beschlossen hatten, ihn zu töten. Nun galt es, sein Leben zu lassen. Standhaft ging er der Verfolgung, der Verleugnung, der Verwerfung, der Verurteilung und dem Tod entgegen.

VON DEN SAMARITERN ABGEWIESEN

Jesus »schickte Boten voraus; diese kamen in ein Dorf in Samaria[74] und wollten dort eine Unterkunft für ihn besorgen« (Lukas 9,52 NGÜ). Die Samariter aber nahmen ihn nicht auf, weil er auf dem Weg nach Jerusalem war. Daraus schlossen sie nämlich, dass Jesus die Juden, die sie so erbittert hassten, bevorzugte. Wäre er gekommen, um auf dem Berg Garizim den Tempel und die dortige Anbetung wiederherzustellen, hätten sie ihn freudig empfangen. Weil er aber nach Jerusalem zog, wollten sie ihn nicht aufnehmen. Sie begriffen kaum, dass sie der besten Gabe des Himmels die Tür wiesen. Jesus lud die Menschen ein, ihn aufzunehmen. Er bat sie um Gefälligkeiten, um ihnen nahe zu sein, damit er sie reichlich mit seinem Segen beschenken konnte. Jeden Liebesdienst, den man ihm erwies, belohnte er mit einer noch größeren Gunst. Doch all dies ging den Samaritern verloren, weil sie Vorurteile hegten und so engstirnig waren.

Die von Christus ausgesandten Boten Jakobus und Johannes waren äußerst ungehalten darüber, dass ihr Herr so beleidigt wurde. Sie empörten sich sehr, weil die Samariter, die Christus mit seiner Anwesenheit beehrte, so unhöflich waren. Erst kürzlich waren die beiden mit ihm auf dem Verklärungsberg gewesen und hatten gesehen, wie er von Gott verherrlicht und von Mose und Elia geehrt wurde. Nun dachten sie, dass diese offensichtliche Entehrung seitens der Samariter nicht ohne harte Bestrafung hingenommen werden sollte.

Als sie zurückkamen, berichteten sie Jesus, was die Leute gesagt hatten. Sie erzählten ihm, diese hätten es sogar abgelehnt, ihm für die Nacht eine Unterkunft zu gewähren. Sie meinten, man habe ihm damit großes Unrecht angetan. Als sie nun in der Ferne den Berg Karmel erblickten, wo Elia die falschen Propheten getötet hatte, sagten sie: »Herr, willst du, dass wir sagen, dass Feuer vom Himmel herabfallen und sie verzehren soll?« (Lukas 9,54 Elb.) Wie erstaunt waren sie, als sie bemerkten, wie traurig Jesus über ihre Worte war. Noch mehr überraschte sie aber der Tadel, den sie hören mussten: »Wisst ihr nicht, welches Geistes Kinder ihr seid? Der Menschensohn ist nicht gekommen, das Leben der Menschen zu vernichten, sondern zu erhalten.« (Lukas 9,55b.56a Anm.) Daraufhin zog er in ein anderes Dorf.

---

74 Siehe Erklärungen »Samarien/Samariter«, S. 820.

Es ist nicht Teil der Mission von Christus, Menschen zu nötigen, ihn anzunehmen. Satan aber und solche, die sich von seinem Geist leiten lassen, üben Zwang auf das Gewissen aus. Um andere zu ihren religiösen Vorstellungen zu bekehren, bringen Menschen, die sich mit Satans Engeln verbündet haben, unter dem Vorwand, sich für die Gerechtigkeit einzusetzen, Leid über ihre Mitmenschen. Christus aber ist immer barmherzig und versucht die Menschen zu gewinnen, indem er ihnen seine Liebe erweist. Er duldet weder Rivalen im menschlichen Herzen, noch ist er mit einer teilweisen Hingabe zufrieden. Vielmehr sehnt er sich danach, dass wir ihm freiwillig dienen und ihm unser Herz aufgrund seiner unwiderstehlichen Liebe übergeben.

Der überzeugendste Beweis dafür, dass wir dieselbe Gesinnung besitzen wie Satan, zeigt sich in unserer Neigung, Menschen, die unsere Arbeit nicht würdigen oder unseren Vorstellungen nicht entsprechen, zu verletzen oder sie gar zu vernichten.

Jeder Mensch mit Körper, Seele und Geist ist Gottes Eigentum. Christus starb, um alle zu erlösen. Nichts kann Gott mehr kränken als Menschen, die aus religiöser Engstirnigkeit Leiden über jene bringen, die der Erlöser mit seinem Blut erworben hat.

»Jesus brach von dort auf und ging in das Gebiet von Judäa und auf die andere Seite des Jordan. Wieder kamen die Menschen in Scharen zu ihm, und wieder lehrte er sie, wie es seine Gewohnheit war.« (Markus 10,1 NGÜ) Christus verbrachte die meiste Zeit der letzten Monate seines Dienstes in Peräa, einer Provinz auf der anderen Seite des Jordan gegenüber Judäa. Hier drängte sich die Menge um ihn wie während seines frühen Wirkens in Galiläa, und hier wiederholte Jesus viele seiner bisherigen Unterweisungen.

70 JÜNGER WERDEN AUSGESANDT

Wie er die Zwölf ausgesandt hatte, so »bestimmte der Herr noch 70 andere und sandte sie je zwei und zwei vor sich her in alle Städte und Orte, wohin er selbst kommen wollte« (Lukas 10,1 Schl.). Diese Jünger hatten einige Zeit mit ihm verbracht, um für ihre Arbeit ausgebildet zu werden. Als die Zwölf eigenständig für ihren ersten Auftrag ausgesandt wurden, begleiteten andere Jünger Jesus auf seiner Reise durch Galiläa. Dadurch hatten sie das Vorrecht, eng mit ihm verbunden zu sein und von ihm persönlich unterwiesen zu werden. Nun sollte auch diese größere Gruppe ausgesandt werden, um unabhängig von den anderen ihren Auftrag auszuführen.

Die Anweisungen, welche die 70 erhielten, waren jenen ähnlich, die er den Zwölf gegeben hatte. Doch anders als bei den Zwölf untersagte er den Siebzig nicht, eine Stadt der Heiden oder der Samariter zu betreten. Obwohl Christus eben von diesen abgewiesen worden war, blieb seine Liebe zu ihnen unverändert. Als die Siebzig in seinem Namen ausgesandt wurden, suchten sie zuerst die Städte in Samaria auf.

Der Besuch von Jesus in Samaria, etwas später das Lob über den barmherzigen Samariter und auch die große Freude des samaritanischen Aussätzigen, der als einziger von den zehn zurückkam, um sich bei Christus zu bedanken – dies alles war für die Jünger von großer Bedeutung. Die daraus gewonnene Lehre prägte sich tief in ihren Herzen ein. Kurz bevor Jesus in den Himmel auffuhr, beauftragte er seine Jünger, sowohl in Jerusalem und Judäa als auch in Samarien das Evangelium zu verkündigen. Die Unterweisung von Jesus hatte sie dazu befähigt, diesen Auftrag zu erfüllen. Als sie dann im Namen ihres Herrn nach Samarien kamen, war das Volk bereit, sie aufzunehmen. Die Samariter hatten die anerkennenden Worte von Christus gehört und seine Gnadentaten zum Wohl ihres Volkes gesehen. Sie erkannten, dass er, obwohl sie so unfreundlich zu ihm gewesen waren, nur Gedanken der Liebe für sie hatte. Ihre Herzen wurden gewonnen. Nachdem Jesus in den Himmel aufgefahren war, nahmen sie seine Boten herzlich auf. Die Jünger brachten eine kostbare Ernte unter jenen ein, die einst ihre bittersten Feinde waren. »Er wird das geknickte Rohr nicht brechen und den glimmenden Docht nicht auslöschen. Er wird das Recht wahrheitsgetreu ans Licht bringen.« (Jesaja 42,3 NLB) – »Die Heiden werden auf seinen Namen hoffen.« (Matthäus 12,21)

Wie bei der Aussendung der Zwölf gebot der Herr auch den Siebzig, sich nirgends aufzudrängen, wo sie nicht willkommen waren. »Wenn ihr aber in eine Stadt kommt und sie euch nicht aufnehmen, so geht hinaus auf ihre Straßen und sprecht: Auch den Staub aus eurer Stadt, der sich an unsere Füße gehängt hat, schütteln wir ab auf euch. Doch sollt ihr wissen: Das Reich Gottes ist nahe herbeigekommen.« (Lukas 10,10.11) Sie sollten dies nicht tun, weil sie verbittert waren oder ihre Ehre verletzt worden war, sondern um darauf hinzuweisen, wie schwerwiegend es ist, die Botschaft des Herrn oder seine Botschafter abzulehnen. Wer die Nachfolger des Herrn abweist, lehnt Christus selbst ab.

Weiter sagte Jesus: »Selbst der Stadt Sodom wird es am Tag des Gerichts noch besser ergehen als einer solchen Stadt.« (Lukas 10,12 NLB) Dann verweilten seine Gedanken bei den Städten in Galiläa, in denen er längere Zeit gewirkt hatte. Tief betrübt rief er aus: »Welche Schrecken erwarten euch, Chorazin und Betsaida! Denn wenn die Wunder, die ich bei euch getan habe, in Tyrus und Sidon geschehen wären, hätten ihre Einwohner schon längst ihre Schuld bekannt und sich zum Zeichen ihrer Reue in Säcke gehüllt und Asche auf ihre Häupter gestreut. Ja, Tyrus und Sidon werden am Tag des Gerichts immer noch besser dastehen als ihr. Und ihr Bewohner von Kapernaum, ob ihr wohl an diesem Tag in den Himmel gehoben werdet? Ganz sicher nicht. Ihr werdet vielmehr hinunter ins Reich der Toten geworfen.« (Lukas 10,13-15 NLB)

Diesen belebten Städten am See Genezareth waren die reichsten Segnungen des Himmels großzügig angeboten worden. Tag für Tag war der Fürst des Lebens bei ihnen ein- und ausgegangen. Die Herrlichkeit Gottes, welche Propheten und Könige zu sehen begehrten, war über der Menge, die sich um Jesus drängte, aufgeleuchtet. Trotzdem hatten sie die Gabe des Himmels abgelehnt.

JESUS KLOPFT AN DIE HERZENSTÜR

Mit einer groß zur Schau gestellten Vorsicht hatten die Rabbiner das Volk davor gewarnt, die neuartigen Unterweisungen dieses neuen Lehrers anzunehmen, weil dessen Ansichten und Handeln im Gegensatz zu den Lehren der Väter standen. Anstatt selbst zu versuchen, Gottes Wort zu verstehen, vertraute das Volk auf das, was die Priester und Pharisäer lehrten. Statt Gott die Ehre zu geben, ehrten sie die Priester und Obersten und verwarfen die Wahrheit, um an ihren eigenen Überlieferungen festzuhalten. Viele waren beeindruckt und beinahe überzeugt worden. Aber sie handelten nicht nach ihrer Einsicht und stellten sich nicht auf die Seite von Christus. Satan präsentierte seine Versuchungen so lange, bis das Licht wie Finsternis aussah. Auf diese Weise verwarfen viele die Wahrheit, die sie hätte retten können.

Der »treue Zeuge« erklärt: »Siehe, ich stehe vor der Tür und klopfe an.« (Offenbarung 3,14.20a) Mit jeder Warnung, jedem Tadel und jeder Bitte, die wir im Wort Gottes lesen oder durch seine Boten hören, klopft Jesus an unsere Herzenstür. Es ist die Stimme von Jesus, der um Einlass bittet. Mit jedem Klopfen, das unbeachtet bleibt, wird die Bereitschaft zum Öffnen geringer. Wer das Werben des Heiligen Geistes heute außer Acht lässt, wird es morgen nicht mehr so stark wahrnehmen. Der Mensch wird immer unempfänglicher und verfällt in eine gefährliche Ohnmacht, in der das Bewusstsein für die Kürze des Lebens und für die großartige Ewigkeit fehlt. Wir werden im Gericht nicht verurteilt, weil wir uns geirrt haben, sondern weil wir die vom Himmel gesandten Gelegenheiten, die Wahrheit kennen zu lernen, außer Acht gelassen haben.

SATAN – EIN BESIEGTER FEIND

Wie schon die Apostel empfingen auch die 70 für ihren Auftrag übernatürliche Gaben als Zeichen der Bevollmächtigung. Als sie ihre Arbeit beendet hatten, kehrten sie freudig zurück und sagten: »Herr, auch die bösen Geister sind uns untertan in deinem Namen.« Und Christus antwortete ihnen: »Ich sah den Satan vom Himmel fallen wie einen Blitz.« (Lukas 10,17.18)

Jesus sah im Geist die vergangenen und zukünftigen Ereignisse. Er sah, wie Luzifer einst aus dem Himmel geworfen wurde. Er schaute auf seine eigene Leidenszeit voraus, die den Charakter des Erzbetrügers vor allen Welten offenbaren würde. Er hörte den Schrei: »Es ist vollbracht!« (Johannes 19,30b), der ankündigte, dass die Erlösung der verlorenen Menschheit für immer gewiss und der Himmel auf ewig vor den Anklagen, Täuschungen und Ansprüchen Satans sicher ist.

Jesus richtete seinen Blick auf Golgatha, mit all seiner Schmach und Schande, und darüber hinaus auf den letzten großen Tag. Dann wird der Fürst der bösen Mächte, die in der Luft herrschen (vgl. Epheser 2,2), auf der Erde, die er so lange durch seine Rebellion verdorben hatte, vernichtet werden. Jesus sah, wie das Werk des Bösen für immer beendet und Himmel und Erde mit Gottes Frieden erfüllt sein werden.

Von nun an sollten die Nachfolger von Christus Satan als einen überwundenen Feind betrachten. Durch seinen Kreuzestod hat er den Sieg für sie errungen. Er wünschte sich, dass seine Nachfolger diesen Sieg als ihren eigenen anerkennen. »Seht«, sagte er, »ich habe euch Macht gegeben, zu treten auf Schlangen und Skorpione, und Macht über alle Gewalt des Feindes; und nichts wird euch schaden« (Lukas 10,19).

Die allmächtige Kraft des Heiligen Geistes schützt jeden, der bereut. Christus wird nicht zulassen, dass auch nur einer, der reumütig und im Glauben um seinen Beistand bittet, Satans Macht überlassen wird. Der Erlöser steht den Seinen in jeder Versuchung und Prüfung zur Seite. Bei ihm gibt es weder Versagen noch Verlust, weder Unmöglichkeit noch Niederlage. Wir sind allem gewachsen durch den, der uns stark macht (vgl. Philipper 4,13 GNB). Wenn Versuchungen und Prüfungen über euch kommen, dann wartet nicht, bis sich alle Probleme gelöst haben, sondern schaut auf Jesus, euren Helfer.

Manche Christen denken und sprechen viel zu viel über Satans Macht. Sie denken an ihren Widersacher, erwähnen ihn im Gebet und sprechen über ihn. Dadurch wird er jedoch in ihren Vorstellungen immer größer und bedrohlicher. Es ist wahr, dass Satan ein mächtiges Wesen ist. Aber Gott sei Dank haben wir einen noch mächtigeren Erlöser, der den Bösen aus dem Himmel ausgestoßen hat. Satan freut sich, wenn wir von seiner großen Macht reden.

Warum nicht von Jesus reden? Warum nicht seine Kraft und seine Liebe verherrlichen? Der Regenbogen der Verheißung, der den himmlischen Thron umgibt, ist ein unvergängliches Zeugnis, dass Gott die Welt so sehr geliebt hat, »dass er seinen einzigen Sohn hingab, damit jeder, der an ihn glaubt, nicht verloren geht, sondern das ewige Leben hat« (Johannes 3,16 NLB). Der Regenbogen bezeugt vor dem Weltall, dass Gott sein Volk im Kampf gegen das Böse nie im Stich lassen wird. Er sichert uns Kraft und Schutz zu, solange Gottes Thron besteht.

Jesus fügte hinzu: »Doch nicht darüber sollt ihr euch freuen, dass euch die Geister gehorchen. Freut euch vielmehr, dass eure Namen im Himmel aufgeschrieben sind.« (Lukas 10,20 NGÜ) Freuet euch nicht darüber, diese Macht zu besitzen, damit ihr nicht eure Abhängigkeit von Gott aus den Augen verliert. Hütet euch vor Selbstzufriedenheit, sonst dient ihr aus eigener Kraft, statt im Geist und in der Macht eures Meisters. War die Arbeit auch nur irgendwie erfolgreich, ist unser Ich immer bereit, die Anerkennung für sich zu beanspruchen. Es fühlt sich geschmeichelt und wichtig und hinterlässt nicht den Eindruck, als wäre Gott »alles und in allen« (Kolosser 3,11b).

Der Apostel Paulus schreibt: »Wenn ich schwach bin, so bin ich stark.« (2. Korinther 12,10b) Erkennen wir unsere Schwachheit, lernen wir, uns auf eine Kraft zu verlassen, die uns nicht innewohnt! Nichts kann unserem Herzen einen solch festen Halt geben wie das ständige Gefühl unserer Verantwortung Gott gegenüber. Nichts trifft die tiefsten Beweggründe unseres Verhaltens mehr als das Wissen um die vergebende Liebe von Christus. Wir müssen mit Gott in Berührung kommen, dann werden wir von der Kraft des Heiligen Geistes erfüllt werden, die uns befähigt, mit unseren Mitmenschen in Verbindung zu treten. Freue dich dann daran, dass du durch Christus mit Gott verbunden und Mitglied der himmlischen Familie geworden bist! Wenn du über dich selbst hinausblickst, wird dir die Schwachheit der menschlichen Natur stets bewusst sein. Je weniger du das eigene Ich pflegst, umso klarer und völliger wirst du die Erhabenheit deines Erlösers verstehen. Je enger deine Verbindung mit der göttlichen Quelle des Lichts und der Kraft ist, desto heller wird es um dich werden und umso größere Kraft wird dir verliehen, um für Gott zu arbeiten. Freue dich, dass du mit Gott eins bist, eins mit Christus und eins mit der ganzen himmlischen Familie!

DAS KOSTBARE GESCHENK DER ERLÖSUNG

Während die Siebzig den Worten von Christus lauschten, brachte der Heilige Geist ihrem Verstand die göttliche Wirklichkeit lebendig nahe und prägte die Wahrheit ihren Herzen ein. Obwohl sie von einer gewaltigen Volksmenge umgeben waren, hatten sie das Gefühl, mit Gott allein zu sein.

Jesus wusste, dass sie die Bedeutung dieser Stunde erfasst hatten. »Nun begann Jesus, im Heiligen Geist vor Freude zu jubeln; er rief: ›Ich preise dich, Vater, du Herr über Himmel und Erde, dass du das alles den Weisen und Klugen verborgen, den Unmündigen aber offenbart hast. Ja, Vater, so hast du es gewollt, und dafür preise ich dich. Alles hat mir mein Vater übergeben. Niemand weiß, wer der Sohn ist, nur der Vater; und niemand weiß, wer der Vater ist, nur der Sohn – und die, denen der Sohn es offenbaren will.‹« (Lukas 10,21.22 NGÜ)

Die angesehenen Menschen dieser Welt, die sogenannten Großen und Weisen mit all ihrer prahlerischen Klugheit, waren nicht imstande, das Wesen von Christus zu erfassen. Sie beurteilten ihn nach seiner äußeren Erscheinung und nach der Schmach, die er als Mensch zu ertragen hatte. Aber die Fischer und Zöllner durften den Unsichtbaren sehen. Sogar die Jünger konnten nicht alles verstehen, was ihnen Jesus offenbaren wollte. Doch von Zeit zu Zeit, wenn sie sich der Macht des Heiligen Geistes ergaben, wurde ihr Verstand erleuchtet. Dann wurde ihnen bewusst, dass der mächtige Gott, umhüllt mit dem Gewand der Menschlichkeit, unter ihnen weilte. Obwohl die Weisen und Klugen diese Erkenntnis nicht hatten, freute sich Jesus, dass es diesen einfachen Menschen offenbart worden war. Oftmals, wenn er Stellen aus den Schriften des Alten Testaments zitierte und seinen Jüngern zeigte, wie sich diese auf ihn und sein Erlösungswerk bezogen, wurden sie vom Heiligen Geist aufgerüttelt und in eine himmlische Atmosphäre versetzt. Darum hatten sie ein besseres Verständnis für die Wahrheit als die Propheten, die diese verkündigt und selbst niedergeschrieben hatten. Von nun an würden sie die Schriften des Alten Testaments nicht mehr als Lehrmeinungen der Schriftgelehrten und Pharisäer verstehen, auch nicht mehr als Äußerungen kluger Männer, die längst tot waren, sondern als eine neue Offenbarung von Gott. Sie fanden darin den Einen, »den die Welt nicht empfangen kann, denn sie sieht ihn nicht und kennt ihn nicht. Ihr kennt ihn, denn er bleibt bei euch und wird in euch sein« (Johannes 14,17).

Der einzige Weg, auf dem wir ein vollkommeneres Verständnis der Wahrheit erlangen können, besteht darin, offen zu sein und sich dem Geist Gottes unterzuordnen. Unser Herz muss von Eitelkeit und Stolz gereinigt und von allem, was es in Besitz genommen hat, befreit werden, damit Christus darin wohnen kann. Die menschliche Wissenschaft ist zu begrenzt, um die Versöhnungstat von Jesus zu begreifen. Der göttliche Erlösungsplan ist so umfassend, dass ihn keine Philosophie ausloten kann. Er wird stets ein Geheimnis bleiben. Die tiefsinnigsten Gedanken werden ihn nicht ergründen können. Die »Wissenschaft« der Erlösung kann man nicht erklären, man kann sie nur erfahren. Nur wer seine eigene Sündhaftigkeit sieht, kann erkennen, wie kostbar der Erlöser ist.

JESUS REDET IN GLEICHNISSEN

Während Jesus langsam von Galiläa nach Jerusalem zog, lehrte er seine Zuhörer und gab ihnen viele Anweisungen. Sie hörten seinen Worten aufmerksam zu. Wie schon in Galiläa standen auch die Menschen von Peräa weniger stark unter dem Einfluss religiöser Engstirnigkeit als jene in Judäa, und die Lehren von Jesus fanden Eingang in ihre Herzen.

In diesen letzten Monaten seines Dienstes erzählte Christus viele seiner Gleichnisse. Die Priester und Rabbiner verfolgten ihn mit ständig wachsendem Hass. Darum ermahnte er sie anhand von Gleichnissen. So konnten sie seine Andeutungen nicht missverstehen, fanden aber in seinen Worten keinerlei Anhaltspunkte, um ihn anzuklagen. Im Gleichnis vom Pharisäer und Zöllner stand das selbstgerechte Gebet des einen in krassem Gegensatz zur Bitte des Bußfertigen. »Ich danke dir, Gott, dass ich nicht bin wie die anderen Leute«, betete der Pharisäer. Der Zöllner aber sprach reumütig: »Gott, sei mir Sünder gnädig!« (Lukas 18,11.13) Auf diese Weise tadelte Jesus die Heuchelei der jüdischen Führer. Durch die Bilder vom unfruchtbaren Feigenbaum (vgl. Lukas 13,6-9) und vom großen Abendmahl (vgl. Lukas 14,16-24) sagte er den Untergang der reuelosen Nation voraus. All jene, die seine Einladung zum Festmahl verächtlich abgelehnt hatten, hörten die warnenden Worte: »Das aber sage ich euch: Keiner von denen, die eingeladen waren, wird an meinem Mahl teilnehmen.« (Lukas 14,24 EÜ)

Die Anweisungen, die er seinen Jüngern gab, waren sehr kostbar. Das Gleichnis von der hartnäckigen Witwe und vom Freund, der zu mitternächtlicher Stunde um Brot bat (vgl. Lukas 18,1-8; 11,5-8), bekräftigten seine Worte: »Bittet, so wird euch gegeben; suchet, so werdet ihr finden; klopfet an, so wird euch aufgetan.« (Lukas 11,9) Ihr wankender Glaube wurde oft gestärkt, wenn sie sich an die Worte von Christus erinnerten: »Sollte da Gott nicht erst recht dafür sorgen, dass seine Auserwählten, die Tag und Nacht zu ihm rufen, zu ihrem Recht kommen? Und wird er sie etwa warten lassen? Ich sage euch: Er wird dafür sorgen, dass sie schnell zu ihrem Recht kommen.« (Lukas 18,7b.8 NGÜ)

Jesus wiederholte das wunderschöne Gleichnis vom verlorenen Schaf und führte es noch weiter aus, als er vom verlorenen Groschen und vom verlorenen

TEIL 6 | DER SIEG DER LIEBE

Sohn erzählte (vgl. Lukas 15). Zu diesem Zeitpunkt konnten die Jünger noch nicht ganz erkennen, wie viel Kraft in diesen Unterweisungen steckte. Doch nach der Ausgießung des Heiligen Geistes am Pfingstfest, als sie sahen, wie sich viele Heiden zu Christus bekehrten und der Hass der jüdischen Obersten wuchs, verstanden sie die Lehre vom verlorenen Sohn besser. Nun konnten sie den freudigen Worten von Jesus beipflichten: »Wir haben allen Grund zu feiern ... Mein Sohn war tot, jetzt lebt er wieder. Er war verloren, jetzt ist er wiedergefunden.« (Lukas 15,32a.24 Hfa) Als die Jünger dann im Namen ihres Herrn auszogen und Vorwürfe, Armut und Verfolgung auf sich nehmen mussten, fanden sie oft neue Kraft, wenn sie seine Aufforderung wiederholten, die er auf seiner letzten Reise von Galiläa nach Jerusalem an sie gerichtet hatte: »Hab also keine Angst, kleine Herde. Denn es macht eurem Vater große Freude, euch das Reich Gottes zu schenken. Verkauft, was ihr habt, und gebt es den Bedürftigen. Auf diese Weise sammelt ihr euch Schätze im Himmel! Und die Geldbörsen des Himmels haben keine Löcher. Dort ist euer Schatz sicher – kein Dieb kann ihn stehlen und keine Motte ihn zerfressen. Wo immer euer Reichtum ist, da wird auch euer Herz sein.« (Lukas 12,32-34 NLB)

TEIL 7

LETZTE BEGEGNUNGEN

*»Lasst die Kinder zu mir kommen.
Haltet sie nicht zurück! Denn das
Himmelreich gehört ihnen.«*

Matthäus 19,14 NLB

KAPITEL 54

DER BARMHERZIGE SAMARITER

Lukas 10,25-37

Im Gleichnis vom barmherzigen Samariter machte Jesus deutlich, was wahre Religion bedeutet. Er zeigte, dass sie nicht aus religiösen Ordnungen, Glaubensbekenntnissen oder Zeremonien besteht, sondern aus Taten der Nächstenliebe im Einsatz zum Wohl anderer und in aufrichtiger Herzensgüte.

Als Jesus das Volk lehrte, stand einer der Schriftgelehrten auf und »wollte Jesus auf die Probe stellen. ›Meister‹, fragte er, ›was muss ich tun, um das ewige Leben zu bekommen?‹« (Lukas 10,25 NGÜ) In atemloser Spannung wartete die versammelte Menge auf die Antwort. Die Priester und Rabbiner hatten gedacht, Christus mit dieser Frage des Gelehrten in eine Falle zu locken. Doch der Erlöser ließ sich nicht auf eine Auseinandersetzung ein und forderte den Gelehrten auf, die Frage selbst zu beantworten. »Was steht im Gesetz? Was liest du dort?«, fragte Jesus (Lukas 10,26 NGÜ). Die Juden beschuldigten ihn noch immer, er schenke dem Gesetz vom Berg Sinai zu wenig Beachtung. Er aber lenkte die Frage der Erlösung auf das Halten der Gebote Gottes.

Der Schriftgelehrte antwortete: »Du sollst den Herrn, deinen Gott, lieben mit deinem ganzen Herzen und mit deiner ganzen Seele und mit all deiner Kraft und mit deinem ganzen Verstand, und deinen Nächsten wie dich selbst.« Jesus entgegnete ihm: »Recht hast du; tu das, und du wirst leben!« (Lukas 10,27.28 ZÜ)

Der Gelehrte war mit der Einstellung der Pharisäer und deren Werken nicht zufrieden. Er hatte die heiligen Schriften mit dem Verlangen studiert, ihre wahre Bedeutung zu erfahren. Dies war ihm ein großes Anliegen, und er fragte daher aufrichtig: »Was muss ich tun?« (Lukas 10,25b NGÜ) In seiner Antwort bezüglich der Forderungen des Gesetzes überging er die vielen zeremoniellen und rituellen Vorschriften. Diesen maß er keinen Wert bei und erwähnte stattdessen die beiden großen Grundsätze, auf denen das ganze Gesetz und die Propheten ruhten. Christus lobte diese Antwort und brachte sich dadurch bei den Rabbinern in eine bessere Ausgangslage. Schließlich konnten sie ihn nicht dafür verurteilen, dass er etwas guthieß, was ein Rechtsgelehrter bereits unterstützt hatte.

»Tu das, und du wirst leben«, sagte Jesus (Lukas 10,28b ZÜ). Er stellte das Gesetz als eine göttliche Einheit dar und lehrte damit, dass es unmöglich sei, die eine Verordnung zu halten und die andere zu missachten, denn dasselbe Prinzip gilt für alle. Das Schicksal des Menschen wird durch den Gehorsam gegenüber dem ganzen Gesetz bestimmt. Höchste Liebe zu Gott und unparteiische Liebe zu den Mitmenschen sind die Grundsätze, die im Leben umgesetzt werden sollen.

WER IST MEIN NÄCHSTER?

Der Schriftgelehrte merkte, dass auch er das Gesetz übertreten hatte. Die eindringlichen Worte von Christus hatten ihn überführt. Die Gerechtigkeit des Gesetzes, die er zu verstehen glaubte, hatte er nicht umgesetzt. Seinen Mitmenschen hatte er keine Liebe erwiesen. Reue wäre nötig gewesen, doch anstatt zu bereuen, versuchte er sich selbst zu rechtfertigen. Statt die Wahrheit anzuerkennen, versuchte er aufzuzeigen, wie schwierig es sei, das Gesetz zu erfüllen. Damit hoffte er, sein Gewissen zu beruhigen und sich vor dem Volk zu rechtfertigen. Die Worte des Erlösers machten deutlich, wie unnötig seine Frage gewesen war, da er sie ja selbst beantworten konnte. Trotzdem stellte er eine weitere Frage: »Und wer ist mein Nächster?« (Lukas 10,29b ZÜ)

Unter den Juden löste diese Frage endlose Diskussionen aus. In Bezug auf die Heiden und Samariter gab es für sie keinen Zweifel: Das waren Fremde und Feinde. Aber wo sollte die Unterscheidung innerhalb ihres eigenen Volkes und der verschiedenen Gesellschaftsschichten gemacht werden? Wen sollte der Priester, der Rabbiner oder der Älteste als seinen Nächsten ansehen? Ihr ganzes Leben drehte sich um Zeremonien, mit denen sie sich rein machen wollten. Sie lehrten, dass sie sich im Umgang mit ungebildeten und unbekümmerten Menschen verunreinigten und nur durch mühevolle Anstrengungen wieder rein würden. Mussten sie etwa auch einen »Unreinen« als ihren Nächsten betrachten?

Auch jetzt ließ sich Jesus nicht auf eine Auseinandersetzung ein. Er verurteilte nicht die Engstirnigkeit jener, die versuchten, ihn zu verurteilen, sondern erzählte eine einfache Geschichte. Darin beschrieb er seinen Zuhörern die unerschöpflich große Liebe des Himmels. Alle waren tief gerührt, und der Schriftgelehrte musste zugeben, dass dies die Wahrheit war. Um die Dunkelheit zu vertreiben, muss man Licht hereinlassen. So ist es auch mit dem Irrtum. Am besten begegnet man ihm, indem man die Wahrheit aufzeigt. Durch die Offenbarung der Liebe Gottes zeigt sich die Verderbtheit und Sünde des Herzens, das sich selbst zum Mittelpunkt macht.

DAS VERSAGEN DER PRIESTER UND LEVITEN

»Ein Mensch ging von Jerusalem nach Jericho hinab und fiel unter die Räuber. Die zogen ihn aus, schlugen ihn nieder, machten sich davon und ließen ihn halb tot liegen. Zufällig kam ein Priester denselben Weg herab, sah ihn und ging vorüber. Auch ein Levit, der an den Ort kam, sah ihn und ging vorüber.« (Lukas 10,30-32 ZÜ) Dieser Vorfall war nicht erfunden, sondern eine wahre Begebenheit, die genauso bekannt geworden war, wie Jesus sie erzählte. Der Priester und der Levit, die vorübergegangen waren, befanden sich unter den Zuhörern.

Wer von Jerusalem nach Jericho reiste, musste einen Teil der Wüste Judäas durchqueren. Die Straße führte hinab durch eine wilde, felsige Schlucht, in der Leute oft von Räubern überfallen wurden und manches Verbrechen geschah. Hier wurde der Reisende angegriffen und aller seiner Wertsachen beraubt. Er blieb verwundet, geschlagen und halb tot am Wegrand liegen. Als er so dalag, kam ein Priester vorbei, doch dieser warf nur einen flüchtigen Blick auf den verwundeten Mann. Dann erschien ein Levit. Neugierig blieb er stehen und schaute auf den Verletzten. Er wusste genau, was er zu tun hatte, aber diese Pflicht war unangenehm. Er wünschte sich, er wäre nicht diesen Weg gegangen, denn dann hätte er den Verwundeten nicht sehen müssen. Er redete sich ein, dieser Fall gehe ihn nichts an.

Beide Männer bekleideten ein geistliches Amt und behaupteten, Ausleger der heiligen Schriften zu sein. Sie stammten aus der Gesellschaftsschicht, die eigens dafür auserwählt worden war, Gott vor dem Volk zu repräsentieren. Sie sollten mit denen mitfühlen, »die unwissend sind und vom richtigen Weg abkommen« (Hebräer 5,2a NLB), damit die Menschen Gottes große Liebe für die Menschheit erkennen. Sie waren zu derselben Aufgabe berufen worden, die Jesus als seine eigene bezeichnet hatte, als er sagte: »Der Geist des Herrn ruht auf mir, denn der Herr hat mich gesalbt. Er hat mich gesandt mit dem Auftrag, den Armen gute Botschaft zu bringen, den Gefangenen zu verkünden, dass sie frei sein sollen, und den Blinden, dass sie sehen werden, den

Unterdrückten die Freiheit zu bringen, und ein Jahr der Gnade des Herrn auszurufen.« (Lukas 4,18.19 NGÜ)

Die Engel im Himmel sehen das Elend der Familie Gottes auf Erden. Sie sind bereit, mit den Menschen zusammenzuarbeiten, um Unterdrückung und Leid zu lindern. Gott hatte in seiner Vorsehung den Priester und den Leviten den Weg zum Verwundeten geführt, damit sie sehen konnten, dass der ihre Barmherzigkeit und Hilfe brauchte. Der ganze Himmel wartete darauf zu sehen, ob diese Männer für das menschliche Leid Erbarmen empfinden. Der Erlöser selbst hatte die Israeliten in der Wüste unterwiesen. Aus der Wolken- und Feuersäule hatte er sie etwas ganz anderes gelehrt, als die Menschen nun von ihren Priestern und Lehrern empfingen. Die barmherzigen Verordnungen des Gesetzes schlossen auch die Tiere als niedrigere Geschöpfe mit ein, die nicht in der Lage sind, ihre Not und ihr Leid in Worte zu fassen. Mose erhielt diesbezüglich Anweisungen für die Kinder Israels: »Wenn du siehst, dass ein Tier deines Feindes sich verlaufen hat, ein Rind oder ein Esel, dann bring es ihm ohne Zögern zurück! Ist der Esel deines Feindes unter seiner Last zusammengebrochen und du kommst gerade dazu, so geh nicht weiter, sondern hilf ihm, das Tier wieder auf die Beine zu bringen.« (2. Mose 23,4.5 GNB) Doch im Fall des Mannes, der von Räubern verwundet worden war, bezog sich Jesus auf einen leidenden Bruder. Wie viel mehr Mitleid hätten sie doch für ihn empfinden müssen als für ein Lasttier! Durch Mose wurde dem Volk mitgeteilt, der Herr, ihr Gott, ist »der große Gott, der Held und der Furchterregende ... Er verschafft Waisen und Witwen ihr Recht. Er liebt die Fremden ... Auch ihr sollt die Fremden lieben.« (5. Mose 10,17-19 EÜ) – »Du sollst ihn lieben wie dich selbst.« (3. Mose 19,34b)

Hiob sagte: »Der Fremde musste nicht im Freien übernachten, ich öffnete dem Wanderer meine Tür.« (Hiob 31,32 Elb.) Und als die beiden Engel in Menschengestalt nach Sodom kamen, verneigte sich Lot, bis er mit dem Gesicht die Erde berührte, und sprach: »Ihr, meine Herren, kehrt doch ein im Haus eures Dieners, bleibt über Nacht!« (1. Mose 19,2a ZÜ) Der Priester und der Levit kannten alle diese Beispiele, doch sie hatten sie nicht in ihrem alltäglichen Leben umgesetzt. Durch ihre Ausbildung an einer von nationalem und religiösem Fanatismus geprägten Schule waren sie ichbezogen, engherzig und selbstherrlich geworden. Als sie auf den verwundeten Mann blickten, konnten sie nicht sagen, ob er einer aus ihrem Volk war oder nicht. Sie dachten, er könnte ein Samariter sein, und wandten sich ab.

Im Verhalten, wie Christus es beschrieben hatte, sah der Schriftgelehrte nichts Gegensätzliches zu dem, was er über die Bestimmungen des Gesetzes gelernt hatte. Doch dann erzählte Jesus weiter:

TEIL 7 | DER SIEG DER LIEBE

DER BARMHERZIGE MANN AUS SAMARIEN

»Schließlich kam ein Reisender aus Samarien[75] dort vorbei. Als er den Mann sah, hatte er Mitleid mit ihm.« (Lukas 10,33 NGÜ) Er fragte nicht, ob dieser Fremde ein Jude oder ein Heide war. Wäre die Lage umgekehrt gewesen – dies wusste der Samariter genau – hätte ihn der Jude ins Gesicht gespuckt und wäre voller Verachtung an ihm vorübergegangen. Doch dies war für den Samariter kein Grund zu zögern. Er dachte nicht daran, dass er selbst in Gefahr stand, überfallen zu werden, wenn er sich länger an diesem Ort aufhielt. Es genügte ihm, dass ein Mensch vor ihm lag, der litt und Hilfe benötigte. Er zog sein eigenes Gewand aus, um ihn zu bedecken. Das Öl und den Wein, die er für seine eigene Reise bereitgestellt hatte, brauchte er nun zur Heilung und Stärkung des verwundeten Mannes. Er hob ihn auf sein eigenes Tier und ging langsam in gleichmäßigem Schritt voran, damit die Schmerzen des Verwundeten durch die Erschütterung nicht noch größer wurden. Er brachte ihn zu einer Herberge und wachte die Nacht über liebevoll an seinem Bett. Am nächsten Morgen, als es dem Verletzten besser ging, zog der Samariter weiter. Doch zuvor vertraute er ihn dem Wirt zur Pflege an, beglich die Rechnung und hinterlegte noch Geld für den Mann. Doch selbst damit war der Samariter noch nicht zufrieden. Er sorgte für alle weiteren Bedürfnisse und sagte zum Wirt: »Pflege ihn; und wenn du mehr ausgibst, will ich dir's bezahlen, wenn ich wiederkomme.« (Lukas 10,35b)

Hier war die Geschichte zu Ende. Jesus schaute auf den Schriftgelehrten mit einem Blick, der in dessen Seele zu lesen schien, und fragte: »Wer von den dreien war nun deiner Meinung nach der Nächste für den Mann, der von Räubern überfallen wurde?« (Lukas 10,36 NLB)

Nicht einmal jetzt kam das Wort »Samariter« über die Lippen des Schriftgelehrten. Er antwortete: »Der, der Mitleid hatte und ihm half.« (Lukas 10,37a NLB) Darauf erwiderte Jesus: »Dann geh und mach du es ebenso!« (Lukas 10,37b GNB)

Damit ist die Frage: »Wer ist mein Nächster?« (Lukas 10,29b ZÜ) für immer beantwortet. Christus hat gezeigt, dass unser Nächster nicht nur einer ist, der in unsere Gemeinde geht oder sich zum selben Glauben bekennt. Dies hat nichts mit Herkunft, Hautfarbe oder gesellschaftlicher Stellung zu tun. Jeder Mensch, der unsere Hilfe benötigt, ist unser Nächster. Jeder Mensch, der von Satan verletzt und verwundet wurde, ist unser Nächster. Jeder, der Gottes Eigentum ist, ist unser Nächster.

---

75 Siehe Erklärungen »Samarien/Samariter«, S. 820.

JESUS HEILT UNSERE WUNDEN

Jesus benutzte die Geschichte des barmherzigen Samariters, um sich und seine Aufgabe darzustellen. Der Mensch war von Satan betrogen, geschlagen, beraubt und zerstört worden, um zu verderben. Der Erlöser aber hatte Erbarmen mit unserer hoffnungslosen Lage. Er verließ seine Herrlichkeit, um uns zu befreien. Er sah, dass wir dem Tod nahe waren, und nahm sich unser an. Er heilte unsere Wunden und bedeckte uns mit dem Kleid seiner Gerechtigkeit. Er gab uns einen sicheren Zufluchtsort und traf alle Vorkehrungen zu unseren Gunsten auf seine eigenen Kosten. Er starb, um uns zu erlösen. Indem er auf sein eigenes Beispiel hinwies, sagte er zu seinen Nachfolgern: »Ich gebe euch das Gebot, einander zu lieben.« (Johannes 15,17 NLG) »So gebe ich euch ein neues Gebot: Liebt einander. So wie ich euch geliebt habe, sollt auch ihr einander lieben.« (Johannes 13,34 NLB)

Der Schriftgelehrte hatte Jesus gefragt: »Was muss ich tun?« (Lukas 10,25b NGÜ) Und Jesus, der die Liebe zu Gott und den Menschen als die Summe aller Gerechtigkeit verstand, antwortete: »Tu das, und du wirst leben.« (Lukas 10,28b ZÜ) Der Samariter war der Eingebung eines gütigen und liebevollen Herzens gefolgt und hatte sich dadurch als ein »Täter des Gesetzes« (Römer 2,13b Elb.) erwiesen. Christus gebot dem Schriftgelehrten: »Dann geh und mach du es ebenso!« (Lukas 10,37b GNB) Von den Kindern Gottes werden nicht nur Worte, sondern auch Taten erwartet. »Wer behauptet, dass er zu Gott gehört, soll leben, wie Christus es vorgelebt hat.« (1. Johannes 2,6 NLB)

Diese Lehre ist für die Welt heute genauso wichtig wie damals, als sie über die Lippen von Jesus kam. Die Selbstsucht und kalter Formalismus haben das Feuer der Liebe nahezu ausgelöscht und die Gnadengaben zerstört, die den Charakter veredeln sollten. Viele, die sich zum Herrn bekennen, haben vergessen, dass Christen Christus darstellen sollen. Solange wir uns nicht selbst für das Wohl anderer aufopfern – sei es in der Familie, in der Nachbarschaft, in der Kirche und wo immer wir sein mögen – sind wir keine Christen – was immer wir auch bekennen.

Christus hat seine Interessen mit denen der Menschen verbunden und bittet uns, mit ihm in der Errettung der Menschheit eins zu werden. »Umsonst habt ihr's empfangen, umsonst gebt es auch.« (Matthäus 10,8b) Die Sünde ist das größte aller Übel. Es ist unsere Aufgabe, mit dem Sünder Mitgefühl zu haben und ihm zu helfen. Viele geraten auf Abwege und spüren ihre Schande und ihre Unvernunft. Sie sehnen sich nach Worten der Ermutigung. Sie schauen auf ihre Fehler, bis sie fast verzweifeln. Wir dürfen diese Menschen nicht übergehen. Sind wir Christen, werden wir nicht »auf der anderen

Seite vorübergehen« und uns so weit wie möglich von jenen fernhalten, die unsere Hilfe am meisten benötigen. Sehen wir Menschen in einer Notlage, verursacht durch Leid oder Sünde, sollen wir niemals sagen: Das geht mich nichts an.

So »sollt ihr, die ihr euch von Gottes Geist führen lasst, ihm voll Nachsicht wieder zurechthelfen« (Galater 6,1b NGÜ). Drängt die Macht des Feindes durch Glauben und Gebet zurück! Sprecht Worte, die den Glauben stärken und Mut machen! Sie werden für den Zerschlagenen und Verwundeten wie heilender Balsam sein. Viele, sehr viele sind im großen Kampf des Lebens schwach und mutlos geworden. Dabei hätte sie ein freundliches und aufmunterndes Wort gestärkt, sodass sie hätten überwinden können. Nie sollten wir an einem leidenden Menschen vorübergehen, ohne ihm den Trost zuzusprechen, mit dem wir von Gott getröstet werden.

Das alles ist nichts anderes als die Erfüllung des Grundsatzes, der sich im ganzen Gesetz widerspiegelt. Dieses Prinzip wird in der Geschichte vom barmherzigen Samariter anschaulich dargestellt und trat im Leben von Jesus deutlich zutage. Sein Wesen offenbarte den eigentlichen Sinn des Gesetzes und zeigte, was es bedeutet, seinen Nächsten so zu lieben wie sich selbst. Wenn Gottes Kinder allen Menschen in Barmherzigkeit, Freundlichkeit und Liebe begegnen, bezeugen sie damit auch das Wesen des himmlischen Gesetzes. Sie bestätigen: »Das Gesetz des Herrn ist vollkommen, es gibt Kraft und Leben.« (Psalm 19,8a GNB) Wer es versäumt, diese Liebe in die Tat umzusetzen, bricht das Gesetz, das er angeblich verehrt. Denn die Gesinnung, mit der wir unseren Mitmenschen begegnen, zeigt unsere Einstellung gegenüber Gott. Die Liebe Gottes im Herzen ist die einzige Quelle, aus der wir die Liebe für unseren Nächsten schöpfen. »Wenn jemand sagt: ›Ich liebe Gott‹, aber seinen Bruder hasst, dann ist er ein Lügner; denn wer die Menschen nicht liebt, die er doch sieht, wie kann er da Gott lieben, den er nie gesehen hat?« (1. Johannes 4,20 NLB) – »Wenn wir einander lieben, dann bleibt Gott in uns, und seine Liebe kommt in uns zur Vollendung.« (1. Johannes 4,12b NLB)

KAPITEL 55

OHNE ÄUSSERE ANZEICHEN

Lukas 17,20-22

Einige Pharisäer wandten sich an Jesus und fragten: »Wann kommt das Reich Gottes?« (Lukas 17,20a) Mehr als drei Jahre waren vergangen, seitdem Johannes der Täufer jene Botschaft verkündete, die gleich dem Schall einer Trompete im ganzen Land ertönte: »Das Himmelreich ist nahe herbeigekommen!« (Matthäus 3,2b) Doch bis jetzt konnten die Pharisäer keinerlei Anzeichen für die Errichtung dieses Reiches sehen. Viele von denen, die Johannes abgelehnt und sich Jesus ständig widersetzt hatten, deuteten an, dass die Mission von Jesus gescheitert sei.

Jesus antwortete: »Das Reich Gottes kommt nicht so, dass man es an äußeren Anzeichen erkennen kann. Man wird auch nicht sagen können: Seht, hier ist es! Oder: Es ist dort! Nein, das Reich Gottes ist mitten unter euch« [oder andere Lesart: »Das Reich Gottes ist in euch«]. (Lukas 17,20b.21 NGÜ) Das Reich Gottes beginnt im Herzen der Menschen. Sucht nicht hier oder dort nach Zeichen irdischer Macht, die sein Kommen anzeigen.

Jesus wandte sich an seine Jünger und sagte: »Es kommt die Zeit, da werdet ihr euch danach sehnen, den Menschensohn auch nur einen Tag bei euch zu haben, aber es wird euch nicht möglich sein.« (Lukas 17,22 NLB) Ihr steht in der Gefahr, die Herrlichkeit meines Dienstes nicht wahrzunehmen, weil er nicht von weltlicher Pracht begleitet wird. Ihr erkennt euer großes Vorrecht nicht, denjenigen unter euch zu haben, der, obwohl verhüllt in menschlicher Gestalt, Leben und Licht der Menschen ist (vgl. Johannes 1,4). Es werden Tage kommen, an denen ihr euch nach jenen Gelegenheiten, wie ihr sie jetzt erlebt, zurücksehnen werdet, wo ihr mit dem Sohn Gottes zu Fuß unterwegs seid und mit ihm sprecht.

DIE AUGEN DER JÜNGER WERDEN GEÖFFNET

Weil sie selbstsüchtig und weltlich gesinnt waren, konnten nicht einmal die Jünger die geistliche Herrlichkeit, die ihnen Jesus offenbaren wollte, erfassen. Sie konnten das Wesen und den Auftrag des Erlösers erst dann vollumfänglich erkennen, als Christus zu seinem himmlischen Vater aufgefahren und der Heilige Geist auf die Gläubigen ausgegossen worden war. Nachdem sie die Taufe des Heiligen Geistes empfangen hatten, wurde ihnen bewusst, dass sie mit dem Herrn der Herrlichkeit zusammen gewesen waren! Als sie sich an die Worte von Christus erinnerten, öffnete sich ihr Verstand, sodass sie die Prophezeiungen begreifen und die Wunder, die er getan hatte, nachvollziehen konnten. Die Wundertaten seines Lebens zogen an ihnen vorüber, und es erschien ihnen, als wären sie aus einem Traum erwacht. Sie erkannten: »Er, der das Wort ist, wurde Mensch und lebte unter uns. Er war voll Gnade und Wahrheit und wir wurden Zeugen seiner Herrlichkeit, der Herrlichkeit, die der Vater ihm, seinem einzigen Sohn, gegeben hat.« (Johannes 1,14 NLB) Christus war tatsächlich von Gott in eine von Sünde gezeichnete Welt gekommen, um die gefallenen Söhne und Töchter Adams zu retten! Nachdem die Jünger dies verstanden hatten, nahmen sie sich selbst nicht mehr so wichtig wie zuvor. Sie wurden nicht mehr müde, über seine Worte und Taten nachzudenken. Seine Lehren, die sie kaum verstanden hatten, gingen ihnen jetzt wie eine neue Offenbarung auf. Die Schriften des Alten Testaments wurden für sie zu einem neuen Buch.

Als die Jünger die Weissagungen durchforschten, die auf die Ankunft des Messias hinwiesen, vertiefte sich ihre Gemeinschaft mit der Gottheit. Sie lernten von dem, der in den Himmel aufgefahren war, um dort das Werk, das er auf Erden begonnen hatte, zu vollenden. Sie wurden sich der Tatsache bewusst, dass in ihm eine Erkenntnis wohnt, die kein Mensch ohne göttliche Hilfe empfangen kann. Sie selbst hatten die Hilfe dessen nötig, den Könige, Propheten und gläubige Menschen im Voraus angekündigt hatten. Voller Staunen lasen sie immer wieder deren Aussagen über sein Wesen und Wirken. Wie wenig hatten sie doch die Schriften der Propheten verstanden! Wie träge war ihr Auffassungsvermögen gewesen, als es um die großen Wahrheiten ging, die Zeugnis von Christus ablegten! Als sie ihn in seiner Erniedrigung betrachteten, wie er als Mensch unter Menschen lebte, hatten sie weder das Geheimnis seiner Menschwerdung noch die beiden Seiten seiner Natur verstanden. Ihre Augen waren gehalten worden, sodass sie die Göttlichkeit in der menschlichen Natur nicht gänzlich erkannten. Doch wie sehnten sie sich danach, Jesus wieder zu sehen und zu seinen Füßen zu sitzen, nachdem sie vom Heiligen Geist erleuchtet worden waren! Wie sehr wünschten sie sich, sie könnten zu ihm gehen und er würde ihnen die Schriftstellen erklären, die sie nicht verstanden! Wie aufmerksam würden sie dann seinen Worten lauschen! Was hatte Christus wohl gemeint, als er sagte: »Noch vieles habe ich euch zu sagen, doch ihr könnt es jetzt nicht ertragen«? (Johannes 16,12) Wie begierig waren sie nun darauf, alles zu begreifen! Sie waren traurig, weil ihr Glaube so schwach gewesen und ihre Vorstellung so stark vom Ziel abgewichen war. Sie hatten kläglich versagt, die Wirklichkeit zu erfassen.

DIE JÜNGER ERKENNEN IHREN UNGLAUBEN

Gott hatte einen Boten gesandt, um die Ankunft von Christus zu verkünden. Er sollte die jüdische Nation und die ganze Welt auf dessen Auftrag aufmerksam machen, damit sich die Menschen darauf vorbereiten, ihn zu empfangen. Die wunderbare Person, von Johannes angekündigt, hatte mehr als 30 Jahre lang unter ihnen gelebt, doch sie hatten ihn nicht wirklich als den von Gott Gesandten erkannt. Nun hatten die Jünger Gewissensbisse, weil sie es zugelassen hatten, dass der weitverbreitete Unglaube ihre Meinung beeinflusst und ihr Verständnis getrübt hatte. Das Licht für diese dunkle Welt hatte inmitten ihrer Finsternis geschienen, und sie hatten nicht erkannt, woher seine Strahlen kamen (vgl. Johannes 1,5). Sie fragten sich, warum sie eine Richtung eingeschlagen hatten, die es nötig machte, dass Christus sie tadeln musste. Oft wiederholten sie die Gespräche mit ihm und sagten: »Warum nur ließen wir uns durch irdische Überlegungen und den Widerstand der Priester und Rabbiner so verwirren, dass wir nicht gemerkt haben, dass ein Größerer als Mose und der Eine, der weiser war als Salomo, unter uns weilte und uns unterwies? Wie taub waren unsere Ohren, und wie schwach war unser Verständnis!«

Thomas wollte nicht glauben, bevor nicht seine Finger die Wunden betasten konnten, welche die römischen Soldaten Jesus zugefügt hatten (vgl. Johannes 20,25). Petrus hatte seinen Meister verleugnet, als dieser erniedrigt und verworfen wurde (vgl. Matthäus 26,69-75). Schmerzlich erinnerten sie sich an jede Einzelheit. Sie waren wohl mit ihm zusammen gewesen, erkannten und schätzten ihn aber nicht. Wie bewegten diese Dinge jetzt ihre Herzen, als sie ihren Unglauben erkannten!

Als sich die Priester und Obersten nun gegen sie verbündeten, sie vor Ratsversammlungen brachten und ins Gefängnis warfen, freuten sich die Nachfolger von Christus »darüber, dass Gott sie für würdig gehalten hatte, für den Namen von Jesus zu leiden« (Apostelgeschichte 5,41b NLB). Sie freuten sich, vor Menschen und Engeln zu bezeugen, dass sie die Herrlichkeit von Christus erkannt und sich entschieden hatten, ihm nachzufolgen – koste es, was es wolle.

KEIN IRDISCHES REICH

Wie in den Tagen der Apostel ist es auch heute noch wahr, dass kein Mensch ohne die Erleuchtung durch den Heiligen Geist die Herrlichkeit von Christus erkennen kann. Eine Christenheit, die die Welt liebt und mit ihr Kompromisse eingeht, schätzt die Wahrheit und das Wirken Gottes nicht.

Die Nachfolger des Meisters findet man deshalb nicht dort, wo alles leicht geht, wo weltliche Ehre zählt oder wo man sich der Welt anpasst. Ihr Weg ist weit davon entfernt, voller Mühsal, Demütigung und Tadel. An vorderster Front kämpfen sie »mit Mächtigen und Gewaltigen, nämlich mit den Herren der Welt, die in dieser Finsternis herrschen, mit den bösen Geistern unter dem Himmel« (Epheser 6,12b). Und auch heute werden sie wie in den Tagen, als Christus auf dieser Erde wirkte, von den Priestern und Pharisäern ihrer Zeit missverstanden, getadelt und unterdrückt.

Das Reich Gottes kommt nicht so, »dass man es an äußeren Anzeichen erkennen kann« (Lukas 17,20b NGÜ). Die frohe Botschaft von der Gnade Gottes, die von Selbstverleugnung gekennzeichnet ist, kann nie im Einklang mit dem Geist dieser Welt stehen. Diese beiden Prinzipien stehen sich feindlich gegenüber. »Ein Mensch, der Gottes Geist nicht hat, lehnt ab, was von Gottes Geist kommt; er hält es für Unsinn und ist nicht in der Lage, es zu verstehen, weil ihm ohne den Geist Gottes das nötige Urteilsvermögen fehlt.« (1. Korinther 2,14 NGÜ)

Doch in der heutigen religiösen Welt gibt es viele, die meinen und auch daran arbeiten, das königliche Reich von Christus als eine irdische und zeitliche Herrschaft aufzurichten. Sie möchten unseren Herrn zum Herrscher über die Reiche dieser Welt, über deren Gerichtshöfe, Parlamente, Paläste und Handelsplätze machen. Sie erwarten, dass er durch gesetzliche Erlasse regiert, die mit menschlicher Autorität durchgesetzt werden. Weil Christus aber nicht mehr persönlich anwesend ist, handeln sie selbst an seiner Stelle, um die Gesetze seines Reiches durchzusetzen. Die Errichtung eines solchen Reiches hatten sich die Juden in den Tagen, als Christus lebte, gewünscht. Sie hätten ihn angenommen, wäre er bereit gewesen, ein weltliches Reich aufzurichten, um dem Geltung zu verschaffen, was sie für Gottes Gesetze hielten. Er hätte sie dann zu Auslegern seines Willens und zu Vertretern seiner Macht küren sollen. Er aber sagte: »Mein Reich ist nicht von dieser Welt.« (Johannes 18,36b) Er wollte den irdischen Thron nicht annehmen.

Die Herrschaft, unter der Jesus lebte, war bestechlich und gewalttätig. Überall gab es Missstände, die zum Himmel schrien: Erpressung, Unterdrückung und unvorstellbare Grausamkeit. Aber der Erlöser bemühte sich nicht um zivile Reformen. Er griff weder die nationalen Missstände an, noch verurteilte er die Feinde des Volkes. Er mischte sich auch nicht in die Amtsführung der Machthaber ein. Er, unser Vorbild, hielt sich von allen irdischen Regierungen fern. Aber nicht, weil ihm die Nöte der Menschen gleichgültig gewesen wären, sondern weil die Hilfe nicht bloß aus menschlichen und äußerlichen Maßnahmen bestand. Erfolg bringen konnte nur die Heilung des Einzelnen, dessen Herz erneuert werden musste.

GOTT ERRICHTET SEIN REICH DURCH DEN GEIST UND DURCH SEINE NACHFOLGER

Das Reich von Christus wird nicht durch Entscheide von Gerichtshöfen, Ratsversammlungen und Parlamenten oder durch Schirmherrschaften großer Männer dieser Welt errichtet, sondern durch das Wirken des Heiligen Geistes, der dem Menschen die Natur von Christus einprägt. »All denen aber, die ihn aufnahmen und an seinen Namen glaubten, gab er das Recht, Gottes Kinder zu werden. Sie wurden dies weder durch ihre Abstammung noch durch menschliches Bemühen oder Absicht, sondern dieses neue Leben kommt von Gott.« (Johannes 1,12.13 NLB) Darin liegt die einzige Kraft, die in der Lage ist, die Menschheit aufzurichten. Der menschliche Anteil, dieses Werk zu vollenden, besteht darin, Gottes Wort zu lehren und zu praktizieren.

Als der Apostel Paulus in Korinth zu wirken begann – in dieser dichtbesiedelten, wohlhabenden und sündhaften Stadt, die durch unzählige Laster des Heidentums verderbt war –, meinte er: »Ich hatte mich entschlossen, bei euch nichts zu wissen außer Jesus Christus, und zwar als den Gekreuzigten.« (1. Korinther 2,2 EÜ) Später konnte er einigen, die durch die übelsten Sünden verdorben worden waren, schreiben: »Doch jetzt sind eure Sünden abgewaschen, und ihr seid für Gott ausgesondert worden. Ihr wurdet vor Gott gerecht gesprochen durch den Namen von Jesus Christus, dem Herrn, und durch den Geist Gottes.« (1. Korinther 6,11 NLB) – »Ich danke Gott jederzeit euretwegen für die Gnade Gottes, die euch in Christus Jesus geschenkt wurde.« (1. Korinther 1,4 EÜ)

Wie in den Tagen, als Christus über die Erde ging, hat Gott auch heute die Errichtung seines Reiches nicht denen anvertraut, die nach Anerkennung lechzen und Unterstützung bei irdischen Machthabern und menschlichen Gesetzen suchen, sondern denen, die in seinem Namen die geistlichen Wahrheiten verkünden. Alle, die diese annehmen, machen die gleiche Erfahrung wie Paulus: »Ich bin mit Christus gekreuzigt. Nicht mehr ich bin es, der lebt, nein, Christus lebt in mir.« (Galater 2,19b.20a NGÜ) Dann werden sie

TEIL 7 | DER SIEG DER LIEBE

sich wie Paulus für das Wohl der Menschen einsetzen. Er schrieb: »Deshalb treten wir im Auftrag von Christus als seine Gesandten auf; Gott selbst ist es, der die Menschen durch uns zur Umkehr ruft. Wir bitten im Namen von Christus: Nehmt die Versöhnung an, die Gott euch anbietet!« (2. Korinther 5,20 NGÜ)

KAPITEL 56

JESUS SEGNET DIE KINDER

Matthäus 19,13-15; Markus 10,13-16, Lukas 18,15-17

Jesus war immer ein Freund der Kinder. Er nahm ihre kindliche Zuneigung und ihre freimütige, ungekünstelte Liebe gern entgegen. Das frohe Singen von ihren reinen Lippen war Musik in seinen Ohren und belebte seinen Geist, wenn er von hinterhältigen und heuchlerischen Menschen bedrängt wurde. Wohin der Erlöser auch ging, mit seinem gütigen Antlitz und seiner liebenswürdigen und freundlichen Art gewann er immer die Liebe und das Vertrauen der Kinder.

Bei den Juden war es üblich, dass die Kinder zu einem Rabbiner gebracht wurden, der ihnen die Hände auflegte und sie segnete. Die Jünger von Jesus aber dachten, sein Wirken sei zu bedeutsam, um auf diese Weise unterbrochen zu werden. Als dann die Mütter mit ihren Kindern zu Jesus kamen, waren sie darüber ungehalten. Sie dachten, diese Kinder seien zu jung, um aus einer Begegnung mit Jesus einen Nutzen zu ziehen. Sie nahmen an, ihre Anwesenheit würde Jesus missfallen. Doch es war die Einstellung seiner Jünger, die ihm missfiel. Der Erlöser verstand die Sorgen und Nöte dieser Mütter, die versuchten, ihre Kinder nach Gottes Wort zu erziehen. Er hatte ihre Gebete gehört, und er war es, der sie zu sich gezogen hatte.

JESUS HILFT DEN MÜTTERN

Eine Mutter hatte mit ihrem Kind das Haus verlassen, um Jesus aufzusuchen. Unterwegs erzählte sie einer Nachbarin von ihrem Vorhaben. Auch diese wollte ihre Kinder von Jesus segnen lassen. Auf diese Weise kamen mehrere Mütter mit ihren Kindern zusammen. Einige von diesen waren bereits dem Kleinkindalter entwachsen. Es waren ältere Kinder und Jugendliche. Als die Mütter ihre Anliegen vorbrachten, hörte sich Jesus voller Anteilnahme ihre schüchternen und zu Tränen rührenden Bitten an. Doch er wartete, um zu sehen, wie seine Jünger diese Frauen behandeln würden. Als er nun sah, wie sie die Mütter wegschickten, weil sie dachten, ihm damit einen Gefallen zu erweisen, zeigte er ihnen, dass sie im Unrecht waren, indem er sagte: »Lasst die Kinder zu mir kommen und hindert sie nicht, denn solchen gehört das Reich Gottes.« (Lukas 18,16b ZÜ) Er nahm die Kinder in seine Arme, legte ihnen seine Hände auf und gab ihnen den Segen, den zu erhalten sie gekommen waren.

Die Mütter waren getröstet. Sie kehrten gestärkt und durch die Worte von Jesus gesegnet zurück in ihre Häuser. Ermutigt und mit neuer Freude nahmen sie ihre täglichen Pflichten wieder auf und setzten sich zuversichtlich für die Erziehung ihrer Kinder ein. Auch heute dürfen die Mütter die Worte von Jesus im gleichen Vertrauen annehmen. Christus ist heute ebenso wahrhaftig ein persönlicher Erlöser wie damals, als er als Mensch unter Menschen lebte. Er steht den Müttern heute genauso helfend zur Seite wie zu der Zeit, als er in Judäa die Kleinen in seine Arme nahm. Die Kinder, die wir von Herzen lieben, sind ebenso durch sein Blut erkauft wie die Kinder früherer Zeiten.

Jesus kennt die Sorgen, die jede Mutter auf ihrem Herzen trägt. Er, dessen Mutter mit Armut und Entbehrung zu kämpfen hatte, fühlt mit jeder Mutter in ihrer täglichen Arbeit mit. Er, der eine lange Reise auf sich nahm, um einer leidgeprüften Kanaaniterin beizustehen, will sich genauso für die heutigen Mütter einsetzen. Er, der der Witwe aus Nain ihren einzigen Sohn zurückgab und in seinen Qualen am Kreuz an seine eigene Mutter dachte, wird auch heute von jedem Kummer berührt, der auf einer Mutter lastet. In jeder Trauer und Not wird er trösten und helfen.

Lasst die Mütter mit ihren Sorgen zu Jesus kommen! Bei ihm finden sie ausreichend Gnade, die ihnen in der Erziehung ihrer Kinder helfen wird. Für jede Mutter, die ihre Lasten zu den Füßen des Erlösers niederlegt, stehen die Tore offen. Er, der sagte: »Lasst die Kinder zu mir kommen und hindert sie nicht« (Lukas 18,16b ZÜ), lädt die Mütter immer noch ein, ihre Kleinen zu ihm zu bringen, um von ihm gesegnet zu werden. Sogar ein Säugling in den Armen der betenden Mutter kann durch ihren Glauben »unter dem Schatten des Allmächtigen« (Psalm 91,1b) leben. Johannes der Täufer war von Geburt an mit dem Heiligen Geist erfüllt. Leben wir in Gemeinschaft mit Gott, dürfen auch wir erwarten, dass der Heilige Geist unsere Kleinen bereits vom ersten Augenblick an formt.

KINDER – BÜRGER IN GOTTES REICH

Jesus sah in den Kindern, die zu ihm gebracht wurden, Männer und Frauen, die einmal Erben seiner Gnade und Teilhaber seines Reiches werden sollten. Einige von ihnen würden sogar um seinetwillen zu Märtyrern werden. Er wusste, dass diese Kinder auf ihn hören und ihn bereitwilliger als ihren Erlöser annehmen werden als Erwachsene, von denen viele abgeklärt und hartherzig geworden waren. Wenn er die Kleinen lehrte, ließ er sich auf ihre Ebene herab. Er, die Majestät des Himmels, verschmähte es nicht, auf ihre Fragen zu antworten. Er vereinfachte seine wichtigen Lehren, um der kindlichen Auffassung zu begegnen. Er streute den Samen der Wahrheit in ihre Herzen. In späteren Jahren würde dieser aufgehen und Frucht zum ewigen Leben bringen.

Es ist noch immer so, dass Kinder für das Evangelium am empfänglichsten sind. Ihre Herzen sind für den göttlichen Einfluss offen und stark genug, die empfangenen Lehren zu behalten. Kleine Kinder können schon Christen sein und eine ihrem Alter entsprechende geistliche Erfahrung machen. Sie brauchen eine geistliche Erziehung. Die Eltern sollten ihnen jede Möglichkeit bieten, damit ihr Charakter so geformt wird, dass er dem von Christus ähnlich wird.

Väter und Mütter sollten ihre Kinder, die ihnen anvertraut wurden, um für den Himmel ausgebildet zu werden, als jüngere Mitglieder der Familie Gottes sehen. Die Lektionen, die wir selbst von Christus lernen, sollten wir so an unsere Kinder weitergeben, wie es ihrem Auffassungsvermögen entspricht. Dadurch erschließt sich ihnen nach und nach die Schönheit der himmlischen Grundsätze. Auf diese Weise wird das christliche Heim zu einer Schule, wo die Eltern unter der Anleitung von Christus, dem wichtigsten Lehrmeister, ihre Kinder unterweisen.

Wenn wir für die Bekehrung unserer Kinder wirken, sollten wir keine heftigen Gemütsbewegungen erwarten. Sie sind kein maßgebender Beweis für die Sündenerkenntnis. Es ist auch nicht nötig, den genauen Zeitpunkt ihrer Bekehrung zu kennen. Wir sollten sie einfach dazu anleiten, ihre Sünden zu Christus zu bringen, ihn um Vergebung zu bitten und zu glauben, dass er ihnen vergibt. Sie sollten wissen, dass er sie genauso annimmt, wie er die Kinder annahm, als er auf Erden lebte.

Wenn die Mutter ihre Kinder lehrt, aus Liebe ihr gegenüber zu gehorchen, erteilt sie ihnen die erste Lektion des christlichen Lebens. Ein Kind stellt sich die Liebe von Christus wie die Mutterliebe vor. Die Kleinen, die ihrer Mutter vertrauen und gehorchen, lernen zugleich, ihr Vertrauen dem Erlöser zu schenken und ihm gehorsam zu sein.

Jesus war ein Vorbild für die Kinder und auch ein Beispiel für die Väter. Er sprach wie einer, der Vollmacht besaß. Sein Wort hatte Kraft, doch im Umgang mit groben und gewalttätigen Menschen benutzte er nie ein liebloses oder unhöfliches Wort. Christus verleiht dem, dessen Herz mit seiner Gnade erfüllt ist, eine gottgewirkte Würde und ein Gespür für Anstand. Er wird alles mildern, was schroff ist, und alles überwältigen, was anstößig und lieblos erscheint. Er wird Väter und Mütter dazu anleiten, ihre Kinder als kluge Wesen zu behandeln, ganz so, wie sie selbst behandelt werden möchten.

LEHREN AUS DER NATUR

Liebe Eltern, wenn ihr eure Kinder erzieht, dann studiert die Lehren, die euch Gott in der Natur gegeben hat! Wenn ihr eine Nelke, eine Rose oder eine Lilie aufziehen müsstet, wie würdet ihr dies tun? Fragt den Gärtner, welches Verfahren er anwendet, damit jeder Zweig und jedes Blatt so wunderschön aufblüht und sich in Ebenmäßigkeit und Anmut entwickelt. Er wird euch erklären, dass dies ohne unsanfte Berührung und gewaltsame Anstrengung geschieht, denn das würde die zarten Stängel knicken. Es geschieht durch kleine, oft wiederholte Aufmerksamkeiten. Er befeuchtete die Erde und schützte die jungen Triebe vor den rauen Winden und den sengenden Sonnenstrahlen. Und Gott lässt sie gedeihen und in ihrer Anmut erblühen. Wenn ihr eure Kinder erzieht, dann folgt dem Beispiel des Gärtners! Versucht durch behutsame Berührung und liebevolle Fürsorge ihren Charakter nach dem Vorbild von Christus zu formen.

Ermutigt euch gegenseitig, die Liebe einander und Gott gegenüber zum Ausdruck zu bringen! Der Grund dafür, dass es in dieser Welt so viele hartherzige Männer und Frauen gibt, liegt darin, dass echte Zuneigung oft als Schwachheit angesehen, verhindert und unterdrückt worden ist. Die guten Anlagen dieser Menschen wurden bereits in der Kindheit erstickt. Wenn das Licht der göttlichen Liebe ihre kalte Selbstsucht nicht zum Schmelzen bringen kann, wird ihr Glück für immer zerstört sein. Wollen wir, dass unsere Kleinen den sanften Geist von Jesus und dasselbe Mitgefühl besitzen, das Engel uns entgegenbringen, müssen wir die wohlwollenden und liebevollen Züge der Kindheit fördern.

Lehrt die Kinder, Christus in der Natur zu erkennen! Führt sie hinaus an die frische Luft, in den Garten und unter die majestätischen Bäume. Lehrt sie, dass all die wunderbaren Werke der Schöpfung ein Ausdruck von Gottes Liebe sind. Erklärt euren Kindern, dass er die Gesetze, die alles Leben regieren, geschaffen hat; dass er auch Gesetze für uns gemacht hat, die unserem Glück und unserer Freude dienen. Langweilt eure Kinder nicht mit langatmigen Gebeten und lästigen Ermahnungen, sondern lehrt sie durch den Anschauungsunterricht in der Natur, Gottes Gesetz zu gehorchen!

Wenn ihr sie dafür gewinnen könnt, dass sie euch als Nachfolger von Christus vertrauen, wird es einfach sein, ihnen die große Liebe nahezubringen, mit der Jesus uns geliebt hat. Wenn ihr versucht, euren Kindern die Wahrheiten, die mit der Erlösung zusammenhängen, zu erklären und sie auf Christus als ihren persönlichen Erlöser hinzuweisen, werden euch Engel Gottes zur Seite stehen. Der Herr wird den Vätern und Müttern Gnade schenken, wenn sie versuchen, bei ihren Kleinen das Interesse für die kostbaren Geschichten des Kindes von Bethlehem zu wecken, der wahren Hoffnung der Welt.

HINDERT DIE KINDER NICHT!

Als Christus seine Jünger aufforderte, den Kindern nicht zu verwehren, zu ihm zu kommen, sprach er zu seinen Nachfolgern aller Zeiten. Er meinte damit Gemeindeleiter, Pastoren, Helfer und alle Christen. Jesus zieht die Kinder zu sich und gebietet uns: »Hindert sie nicht!« (Lukas 18,16b ZÜ) Es klingt, als würde er sagen: Sie werden kommen, wenn ihr sie nicht daran hindert.

Lasst es nicht zu, dass Jesus durch euren unchristlichen Charakter falsch dargestellt wird. Haltet die Kleinen nicht durch eure Kälte und Strenge von Jesus fern. Lasst sie niemals denken, der Himmel wäre für sie kein angenehmer Ort, wenn ihr dort wäret. Sprecht nicht vom Glauben, als könnten ihn die Kinder nicht verstehen. Tut nicht so, als würde man von ihnen nicht erwarten, dass sie sich schon in ihrer Kindheit für Christus entscheiden! Vermittelt ihnen nicht den Eindruck, Christsein sei eine bedrückende Sache, und wer zum Erlöser kommen möchte, müsse alles aufgeben, was im Leben Freude macht!

Arbeitet mit dem Heiligen Geist zusammen, wenn er an den Herzen der Kinder wirkt! Lehrt sie, dass Jesus sie ruft und es für ihn die größte Freude ist, wenn sie ihm ihr Leben schon in jungen Jahren übergeben!

Jesus schaut mit unendlicher Zärtlichkeit auf die Menschen, die er durch sein Blut erkauft hat. Durch seine Liebe hat er Anspruch auf sie. Er schaut auf sie mit unaussprechlicher Sehnsucht. Er hat nicht nur ein weites Herz für die gut erzogenen Kinder, sondern auch für jene, die unangenehme Charakterzüge geerbt haben. Viele Eltern verstehen nicht, wie sehr sie dafür verantwortlich sind. Es fehlt ihnen an Zärtlichkeit und Weisheit, mit ihren irrenden Kindern richtig umzugehen, die sie doch selbst zu dem gemacht haben, was sie sind. Aber Jesus schaut voller Erbarmen auf diese Kinder. Er kennt die Ursache und deren Wirkung.

TEIL 7 | DER SIEG DER LIEBE

Der christliche Arbeiter kann ein Werkzeug von Christus sein, indem er diese Kinder zum Erlöser führt. Durch Weisheit und Feingefühl kann er ihr Herz gewinnen, ihnen Mut und Hoffnung geben und miterleben, wie durch Gottes Gnade ihr Charakter so verändert wird, dass von ihnen gesagt werden kann: »Solchen gehört das Reich Gottes.« (Lukas 18,16c ZÜ)

KAPITEL 57

»EINES FEHLT DIR«

Matthäus 19,16-22; Markus 10,17-22; Lukas 18,18-23

»Als er weiterziehen wollte, lief ein Mann auf Jesus zu, kniete vor ihm nieder und fragte: ›Guter Lehrer, was soll ich tun, um das ewige Leben zu bekommen?‹« (Markus 10,17 NLB)

Der junge Mann, der mit dieser Frage zu Jesus kam, war einer aus der oberen Schicht. Er war sehr vermögend und bekleidete ein verantwortungsvolles Amt. Er hatte gesehen, mit wie viel Liebe Christus den Kindern, die zu ihm gebracht wurden, begegnete; wie liebevoll er sie empfing und in seine Arme nahm. Dies entfachte in seinem Herzen eine große Liebe zum Erlöser. Er verspürte den innerlichen Wunsch, sein Nachfolger zu werden. Er war so tief gerührt, dass er Christus nachlief, als sich dieser zum Weitergehen aufmachte. Er kniete zu dessen Füßen nieder und stellte Jesus in aller Aufrichtigkeit und Ernsthaftigkeit eine Frage, die für ihn sehr wichtig war und die auch heute noch für jeden Menschen von größter Bedeutung ist: »Guter Lehrer, was soll ich tun, um das ewige Leben zu bekommen?« (Markus 10,17b NLB)

JESUS PRÜFT DEN JUNGEN MANN

Jesus antwortete ihm: »Was nennst du mich gut? Niemand ist gut als Gott allein.« (Markus 10,18) Jesus wollte prüfen, wie ernst es dieser »führende Mann des jüdischen Volkes«[76] (Lukas 18,18a NLB) meinte. Er wollte wissen, warum er ihn für gut hielt. Hatte der junge Mann überhaupt erkannt, dass der, mit dem er sprach, Gottes Sohn war? Wie fühlte er wirklich in seinem Herzen?

Dieser angesehene Mann schätzte seine eigene Gerechtigkeit hoch ein. Er konnte sich schwerlich vorstellen, dass es noch Unvollkommenes in seinem Leben gab. Trotzdem war er nicht ganz zufrieden. Er verspürte eine innere Sehnsucht nach etwas, das ihm fehlte. Könnte Jesus nicht auch ihn segnen wie die kleinen Kinder und sein tiefes Verlangen stillen?

---

76 Das griechische Wort »archon« (Oberster, Führer), das in Lukas 18,18 für diesen jungen Mann steht, bezeichnet einen Beamten oder eine Person in angesehener und einflussreicher Stellung, etwa einen Synagogenvorsteher (Lukas 8,41) oder Richter (Lukas 12,58), oft ein Mitglied des Hohen Rates (Lukas 23,13; Johannes 3,1; 7,26.48).

TEIL 7 | DER SIEG DER LIEBE

In seiner Antwort auf die Frage des vornehmen Mannes sagte Jesus, dass es notwendig sei, Gottes Gebote zu befolgen, wenn er das ewige Leben erlangen möchte. Er zitierte einige der Gebote, welche die Pflichten des Menschen gegenüber seinem Nächsten aufzeigen. Der junge Mann entgegnete ihm: »Meister, das habe ich alles gehalten von meiner Jugend auf.« »Was fehlt mir noch?« (Markus 10,20; Matthäus 19,20)

Christus schaute in die Augen des jungen Mannes, als könnte er darin seine Vergangenheit lesen und seinen Charakter erforschen. Er liebte ihn und sehnte sich danach, ihm den Frieden, die Gnade und die Freude zu schenken, die seinen Charakter grundlegend verändern würden. Er sagte zu ihm: »Eines fehlt dir. Geh hin, verkaufe alles, was du hast, und gib es den Armen, so wirst du einen Schatz im Himmel haben, und komm und folge mir nach!« (Markus 10,21b)

Christus fühlte sich zu diesem jungen Mann hingezogen. Er wusste um dessen Aufrichtigkeit, als dieser versicherte: »Meister, das habe ich alles gehalten von meiner Jugend auf.« (Markus 10,20) Der Erlöser wünschte sich, ihm jenes Wahrnehmungsvermögen zu vermitteln, das ihn die Notwendigkeit der Herzensübergabe und christlichen Güte erkennen ließe. Ihn verlangte danach, bei ihm ein demütiges und reuevolles Herz zu sehen, mit der Erkenntnis, dass unserem Gott die größte Liebe gebührt und die eigenen Mängel durch die Vollkommenheit von Christus bedeckt sind.

Jesus sah in diesem einflussreichen jungen Mann genau die Hilfe, die er benötigte, würde dieser sein Mitarbeiter im Erlösungswerk sein. Würde er sich von Christus führen lassen, könnte er viel Gutes bewirken. Dieser Mann hätte Christus in besonderem Maß darstellen können, weil er Fähigkeiten besaß, die ihn, in Verbindung mit dem Erlöser, zu einer göttlichen Kraft unter den Menschen hätten werden lassen. Christus kannte sein Innerstes und liebte ihn. Ebenso erwachte die Liebe zu ihm im Herzen des jungen Mannes, denn Liebe erzeugt Gegenliebe. Jesus wünschte sich, ihn als Mitarbeiter zu gewinnen. Er sehnte sich danach, diesen Mann sich selbst anzugleichen, zu einem Spiegel, in dem Gottes Bild sichtbar würde. Jesus hätte die vortrefflichen Charaktereigenschaften des jungen Mannes gerne gefördert und geheiligt, um sie für sich, den Meister, einzusetzen. Hätte sich der Vornehme Christus übergeben, wäre er unter dem Einfluss von dessen Gegenwart gewachsen. Hätte er diese Wahl getroffen, wie anders wäre seine Zukunft verlaufen!

»Eines fehlt dir« (Markus 10,21b), sagte Christus zu ihm. »Willst du vollkommen sein, so geh hin, verkaufe, was du hast, und gib es den Armen, so wirst du einen Schatz im Himmel haben; und komm und folge mir nach!« (Matthäus 19,21) Christus las die Gedanken des jungen Mannes. Nur eines fehlte diesem, doch dies eine war ein entscheidendes Prinzip. Er brauchte die göttliche Liebe in seinem Herzen. Würde dieser Mangel nicht behoben werden, hätte dies für ihn verhängnisvolle Auswirkungen. Seine ganze Natur würde verdorben werden. Durch Nachsicht wird die Selbstsucht gestärkt. Um Gottes Liebe zu empfangen, musste er seine ihn beherrschende Eigenliebe aufgeben.

Christus prüfte diesen Mann, indem er ihn aufforderte, sich zwischen dem himmlischen Schatz und weltlicher Größe zu entscheiden. Würde er Jesus nachfolgen, wäre ihm der himmlische Schatz sicher. Doch die Selbstsucht musste weichen und sein Wille Christus unterstellt werden. Gottes besondere Heiligkeit wurde dem jungen Mann angeboten. Er hatte das Vorrecht, ein Kind Gottes und mit Christus Erbe der himmlischen Herrlichkeit zu werden. Doch er musste das Kreuz auf sich nehmen und dem Erlöser auf dem Weg der Selbstverleugnung folgen.

Die Worte, die Christus an den vornehmen Mann richtete, waren nichts anderes als die Aufforderung: »Wählt euch heute, wem ihr dienen wollt!« (Josua 24,15b) Die Entscheidung wurde ganz ihm überlassen. Jesus sehnte sich nach seiner Bekehrung. Er hatte ihm die Schwachstelle seines Charakters aufgezeigt und wartete nun mit größtem Interesse auf die Antwort des jungen Mannes, der die Frage abzuwägen schien. Würde er sich entscheiden, Christus nachzufolgen, müsste er in allen Dingen dessen Worten gehorchen und seine ehrgeizigen Vorhaben aufgeben. Wie ernst und besorgt und mit welch innerem Verlangen schaute der Erlöser auf den jungen Mann, darauf hoffend, dass er doch die Einladung des Heiligen Geistes annehmen würde.

Christus stellte dem einflussreichen Mann nur das zur Bedingung, was ihm ermöglichen würde, einen vollkommenen christlichen Charakter zu entwickeln. Seine Worte waren Worte der Weisheit, obwohl sie ernst und streng klangen. Der Mann konnte nur auf Erlösung hoffen, wenn er diese Worte annahm und ihnen gehorchte. Beinahe unmerklich beeinflussten seine hohe Stellung und sein Besitz seinen Charakter zum Schlechten hin. Wenn er daran festhielte, würde dies die Liebe zu Gott aus seinem Leben verdrängen. Alles, was er Gott vorenthielt – ob viel oder wenig –, würde seine moralische Kraft und seine Leistungsfähigkeit beeinträchtigen. Wer sein Herz an weltliche Dinge hängt – wie unbedeutend und wertlos sie auch sein mögen –, wird schließlich ganz davon beherrscht werden.

DER JUNGE MANN LEHNT DAS ANGEBOT AB

Der einflussreiche Mann erkannte sofort die Tragweite der Worte von Jesus und wurde traurig. Hätte er den Wert des ihm angebotenen Geschenkes erkannt, wäre er unverzüglich einer der Nachfolger von Christus geworden. Er war ein Mitglied des angesehenen jüdischen Hohen Rates. Satan versuchte ihn nun mit schmeichelhaften Zukunftsaussichten zu verführen. Zwar wünschte sich der junge Mann den himmlischen Schatz, doch wollte er ebenso wenig auf die irdischen Vorteile verzichten, die ihm sein Reichtum einbringen würde. Er bedauerte es, dass es solche Bedingungen gab. Er wünschte sich ewiges Leben, war aber nicht bereit, dafür das Opfer zu bringen. Der Preis für das ewige Leben erschien ihm zu hoch. Darum ging er traurig davon, »denn er hatte ein großes Vermögen« (Markus 10,22b NGÜ).

Seine Behauptung, Gottes Gesetz erfüllt zu haben, war ein Trugschluss. Er bewies, dass Reichtum sein Götze war. Er konnte nicht Gottes Gebote halten, während seine ganze Zuneigung den Dingen dieser Welt galt. Er liebte Gottes Gaben mehr als den Geber. Christus hatte dem jungen Mann seine Freundschaft angeboten. »Folge mir nach!« (Matthäus 19,21b) hatte er ihm zugerufen. Doch der Erlöser bedeutete ihm nicht so viel wie sein eigenes Ansehen bei den Menschen oder seine Güter. Seinen irdischen Reichtum, den man sehen konnte, für die unsichtbare himmlische Herrlichkeit aufzugeben, war für ihn ein zu großes Wagnis. Er lehnte das Angebot des ewigen Lebens ab und ging davon. Von nun an würde seine Verehrung auf immer der Welt gehören. Tausende stehen in dieser Zerreißprobe und wägen Christus und die Welt gegeneinander ab. Und viele entscheiden sich für die Welt! Wie der junge Mann wenden sie sich vom Erlöser ab und sagen in ihrem Herzen: Ich möchte diesen Mann nicht zum Führer haben!

EINEN SCHATZ IM HIMMEL SAMMELN

Der Umgang von Christus mit diesem jungen Mann soll als Anschauungsunterricht dienen. Gott hat uns Verhaltensregeln gegeben, denen jeder Christ folgen soll. Dabei geht es um das Befolgen seiner Gebote. Doch dies soll nicht bloß ein gesetzlicher Gehorsam sein, sondern einer, der unser Leben durchdringt und in unserem Charakter sichtbar wird. Gott hat für all jene, die Teilhaber seines Reiches sein werden, seinen eigenen charakterlichen Maßstab gesetzt. Nur wer mit Christus zusammenarbeiten will und sagen kann: »Herr, alles, was ich habe und was ich bin, ist dein«, wird als Sohn oder Tochter Gottes anerkannt werden. Alle sollten bedenken, was es heißt, sich den Himmel herbeizuwünschen und sich dann doch wegen der festgelegten Bedingungen abzuwenden. Denkt daran, was es bedeutet, Nein zu Christus zu sagen. Der junge Mann sagte: »Ich kann dir nicht alles geben!« Sagen wir dasselbe? Der Erlöser bietet uns an, die Arbeit, die Gott uns aufgetragen hat, mit uns zu teilen und die uns von Gott anvertrauten Mittel zu gebrauchen, um sein Werk in der Welt voranzubringen. Nur auf diesem Weg kann er uns retten. Der Reichtum wurde diesem führenden Mann anvertraut, damit er sich als treuer Haushalter erweist. Er hätte diese Güter zum Wohl Notleidender verteilen sollen. Auch heute schenkt Gott den Menschen Mittel, Fähigkeiten und Gelegenheiten, damit sie an seiner Statt den Armen und Leidenden helfen. Wer seine anvertrauten Gaben so gebraucht, wie es Gottes Absicht ist, wird zum Mitarbeiter des Erlösers. Er gewinnt Menschen für Christus, weil er dessen Charakter darstellt.

Jene, die wie der junge Mann hohe Vertrauensstellungen bekleiden und viele Güter besitzen, mögen es als ein zu großes Opfer ansehen, alles aufzugeben, um Christus nachzufolgen. Doch dies ist der Maßstab für alle, die seine Jünger werden wollen. Nichts geringeres als Gehorsam kann angenommen werden. Selbsthingabe ist das Wesentliche der christlichen Lehre. Oft wird dies in einer Art und Weise dargestellt und vorgeschrieben, dass es wie ein Befehl erscheint, aber es gibt keinen anderen Weg zur Errettung des Menschen, als jene Dinge aufzugeben, die das ganze Wesen verderben, wenn man daran festhält.

Wenn die Nachfolger von Christus ihrem Herrn das zurückgeben, was ihm gehört, sammeln sie sich Schätze [im Himmel], die ihnen einmal mit den Worten: »Sehr gut ... du bist ein tüchtiger und treuer Diener ... Komm zum Freudenfest deines Herrn!« (Matthäus 25,23 GNB) überreicht werden. – Jesus »war bereit, den Tod der Schande am Kreuz zu sterben, weil er wusste, welche Freude ihn danach erwartete. Nun sitzt er an der rechten Seite von Gottes Thron im Himmel!« (Hebräer 12,2b NLB) Die Freude darüber, Menschen zu sehen, die erlöst und für immer gerettet sind, ist der Lohn aller, die in den Fußstapfen dessen gehen, der gesagt hat: »Folge mir nach!« (Matthäus 19,21b)

KAPITEL 58

»LAZARUS, KOMM HERAUS!«

Lukas 10,38-42; Johannes 11,1-44

Einer der treuesten Anhänger von Jesus war Lazarus aus Betanien. Von ihrer ersten Begegnung an glaubte er fest an Christus und seine Liebe zu ihm war innig. Auch Jesus hatte ihn sehr lieb. Für ihn vollbrachte er das größte seiner Wunder. Der Erlöser segnete alle, die seine Hilfe suchten. Er liebte alle Menschen, doch mit einigen verband ihn eine besonders innige Freundschaft. Die Familie in Betanien war ihm in besonders herzlicher Liebe zugetan, und für einen von ihnen vollbrachte Jesus seine wunderbarste Tat.

Im Heim von Lazarus hatte Jesus oft Ruhe gefunden, denn er selbst besaß kein eigenes Zuhause. Er war auf die Gastfreundschaft seiner Freunde und Jünger angewiesen. Und oft, wenn er erschöpft war und sich nach Gemeinschaft sehnte, war er froh, Zuflucht in diesem friedlichen Heim zu finden, weg vom Argwohn und Neid der bösartigen Pharisäer. Hier wurde er herzlich willkommen geheißen. Die ihm entgegengebrachte Freundschaft war echt und tief. Hier konnte er in aller Einfachheit und Freiheit reden, mit der Gewissheit, dass seine Worte verstanden und geschätzt wurden.

Unser Erlöser schätzte ein ruhiges Zuhause und interessierte Zuhörer. Er sehnte sich nach menschlicher Wärme, Höflichkeit und Zuneigung. Stets war er bereit, Menschen mit der guten Botschaft vom Himmel zu beschenken. Wer sie aufnahm, wurde reich gesegnet. Während die Menge Christus durch die weiten Felder nachfolgte, enthüllte er vor ihnen die Schönheiten der Natur. Er versuchte ihren Blick zu öffnen, damit sie erkannten, wie Gottes Hand die Welt erhält. Damit sie Gottes Güte und Wohlwollen schätzen lernten, lenkte er die Aufmerksamkeit seiner Zuhörer auf den Tau, der sich leise niederlegte, auf den milden Regen und die leuchtenden Sonnenstrahlen, die gleichermaßen über Gut und Böse scheinen. Er wünschte sich, dass die Menschen besser erkennen würden, wie groß Gottes Anteilnahme an seinen Geschöpfen ist. Doch die Menge war schwer von Begriff, und im Heim von Betanien fand Christus Ruhe nach den ermüdenden Auseinandersetzungen in der Öffentlichkeit.

Hier enthüllte er den verständnisvollen Zuhörern den Umfang der göttlichen Vorsehung. In diesen persönlichen Gesprächen legte er Dinge offen, die er der bunt zusammengewürfelten Menge nicht mitzuteilen versuchte. Bei seinen Freunden war es nicht nötig, in Gleichnissen zu reden.

MARIA UND MARTA

Während Christus seine wunderbaren Lehren vorbrachte, saß Maria zu seinen Füßen und hörte andächtig und hingebungsvoll zu. Einmal ging Marta, die mit der Sorge um die Vorbereitung des Essens beschäftigt war, zu Jesus und sagte: »Herr, kümmert es dich nicht, dass meine Schwester die Bewirtung mir allein überlässt? Sag ihr doch, sie solle mir zur Hand gehen!« (Lukas 10,40b ZÜ) Dies geschah, als Jesus zum ersten Mal in Betanien zu Besuch war. Er und seine Jünger hatten gerade einen beschwerlichen Fußmarsch aus Jericho hinter sich. Marta war sehr um deren Wohlergehen besorgt, vergaß jedoch in all ihren Bemühungen, ihrem Gast die gebührende Höflichkeit entgegenzubringen. Jesus antwortete ihr freundlich und mit Geduld: »Marta, Marta, du sorgst und mühst dich um vieles; doch eines ist nötig: Maria hat das gute Teil erwählt; das soll ihr nicht genommen werden.« (Lukas 10,41.42 ZÜ) Maria nahm die kostbaren Worte aus dem Mund des Erlösers in sich auf. Sie bedeuteten ihr mehr als die wertvollsten Juwelen der Welt.

Das Eine, das Marta fehlte, waren ein ruhiger, andächtiger Geist und ein tieferes Verlangen, mehr über die Zukunft, das ewige Leben und Gottes Gnade, die für das geistliche Wachstum notwendig ist, zu wissen. Sie hätte sich mehr um ewige statt um vergängliche Dinge sorgen sollen. Jesus wollte seine Kinder lehren, jede Gelegenheit zu ergreifen, um sich jenes Wissen anzueignen, das ihnen Heil verschafft. Für Gottes Sache braucht es gewissenhafte und kraftvolle Arbeiter. Es gibt ein großes Wirkungsfeld für alle »Martas«, die sich eifrig um religiöse Belange kümmern. Doch zuerst sollten sie mit Maria zu den Füßen des Heilandes sitzen! Eifer, Bereitwilligkeit und Tatkraft müssen durch die göttliche Gnade geheiligt werden. Dann wird das Leben eine unüberwindbare Kraft für das Gute sein.

LAZARUS WIRD KRANK UND STIRBT

Im friedlichen Zuhause, wo sich Jesus ausgeruht hatte, kehrte Kummer ein. Lazarus wurde plötzlich krank. Da ließen seine Schwestern Jesus ausrichten: »Herr, der, den du lieb hast, ist sehr krank.« (Johannes 11,3b NLB) Sie sahen, wie ernst die Krankheit ihres Bruders war, aber sie wussten auch, dass Christus alle Arten von Krankheiten zu heilen vermochte. Sie waren überzeugt, dass er in ihrer Not Mitleid mit ihnen haben würde. Deshalb drängten sie ihn nicht, sofort zu ihnen zu kommen, sondern sandten ihm die vertrauensvolle Nachricht: »Der, den du lieb hast, ist sehr krank.« Sie dachten, er würde umgehend auf ihre Nachricht antworten und so schnell wie möglich zu ihnen nach Betanien kommen.

Bange warteten sie auf eine Antwort von Jesus. Solange ihr Bruder noch am Leben war, beteten sie und hielten Ausschau nach Jesus. Doch der Bote kehrte ohne ihn zurück, er überbrachte ihnen aber eine Nachricht: »Diese Krankheit führt nicht zum Tod.« (Johannes 11,4b GNB) Und so klammerten sie sich an die Hoffnung, dass Lazarus am Leben bleiben würde. Liebevoll versuchten sie, dem Kranken, der kaum noch bei Bewusstsein war, Mut und Hoffnung zuzusprechen. Als Lazarus starb, waren sie bitter enttäuscht, und doch fühlten sie sich in der Gnade von Christus geborgen. Dies hielt sie davon ab, dem Erlöser Vorwürfe zu machen.

Als Christus die Nachricht vernahm, dachten die Jünger, sie berühre ihn gar nicht. Er zeigte keinerlei Besorgnis, was sie eigentlich verwunderte. Er schaute sie nur an und sagte: »Diese Krankheit führt nicht zum Tod. Sie dient dazu, die Herrlichkeit Gottes offenbar zu machen; denn durch sie wird der Sohn Gottes zu seiner Herrlichkeit gelangen.« (Johannes 11,4b GNB) Er blieb noch zwei Tage am selben Ort. Dieser Aufenthalt war den Jüngern ein Rätsel. Welch einen Trost könnte seine Gegenwart doch dieser trauernden Familie spenden, dachten sie. Sie wussten, wie innig Jesus diese Familie in Betanien liebte, und waren daher überrascht, dass er nicht auf die traurige Nachricht »Der, den du lieb hast, ist sehr krank« (Johannes 11,3 NLB) reagierte.

Weil er während dieser zwei Tage nie von Lazarus sprach, schien es, als hätte Christus die Nachricht aus seinen Gedanken verbannt. Die Jünger mussten an Johannes den Täufer, den Wegbereiter von Jesus, denken. Schon damals hatten sie sich darüber gewundert, dass es Jesus, der die Macht hatte, großartige Wunder zu vollbringen, zuließ, dass Johannes im Kerker schmachtete und eines gewaltsamen Todes sterben musste. Warum hatte er ihm nicht das Leben gerettet, wo er doch solche Macht besaß? Diese Frage hatten die Pharisäer oft gestellt. Sie sahen darin einen unwiderlegbaren Beweis, dass Jesus nicht Gottes Sohn sein konnte, wie er behauptete. Der Erlöser hatte seine Jünger vor Prüfungen, Verlusten und Verfolgungen gewarnt. Würde er sie in Anfechtungen verlassen? Einige fragten sich, ob sie seinen Auftrag vielleicht missverstanden hatten. Alle waren tief bekümmert.

Nachdem er zwei Tage abgewartet hatte, sagte Jesus zu den Jüngern: »Lasst uns wieder nach Judäa ziehen!« (Johannes 11,7) Die Jünger fragten sich, warum Jesus zwei Tage gewartet hatte, bevor er nach Judäa aufbrach. Im Moment waren ihre Gedanken von der Sorge um ihn und sich selbst erfüllt. Auf dem Weg, den er jetzt einschlug, sahen sie nur noch Gefahren. »Meister, eben noch wollten die Juden dich steinigen, und du willst wieder dorthin ziehen? Jesus antwortete: Hat nicht der Tag zwölf Stunden?« (Johannes 11,8.9a) Ich stehe unter der Führung meines Vaters im Himmel. Solange ich seinen Willen tue, ist mein Leben außer Gefahr. Meine zwölf Stunden des Tages sind noch nicht beendet. Ich habe den letzten Abschnitt meines Tages begonnen, und solange der andauert, bin ich sicher.

»Wenn jemand seinen Weg geht, während es Tag ist, stößt er nirgends an«, fuhr Jesus fort, »weil er das Licht dieser Welt sieht« (Johannes 11,9b NGÜ). Wer Gottes Willen tut und auf dem von Gott vorgegebenen Weg geht, kann weder stolpern noch fallen. Durch das Licht von Gottes führendem Geist erhält er eine klare Vorstellung seiner Aufgaben. So wird er recht geführt, bis sein Werk vollendet ist. »Wenn jemand aber in der Nacht unterwegs ist, stößt er sich, weil das Licht nicht in ihm ist.« (Johannes 11,10 NGÜ) Wer auf einem selbstgewählten Weg vorangeht, den Gott nicht gutgeheißen hat, wird straucheln. Für ihn wird der Tag zur Nacht. Wo immer er sich aufhält, ist er doch nicht sicher.

»Das sagte er, und danach spricht er zu ihnen: Lazarus, unser Freund, schläft, aber ich gehe hin, ihn aufzuwecken.« (Johannes 11,11) »Lazarus, unser Freund, schläft.« Welch berührende Worte! Wie viel Anteilnahme drückten sie doch aus! Vor lauter Sorge, ihr Meister würde sich auf dem Weg nach Jerusalem großen Gefahren aussetzen, hatten die Jünger die Hinterbliebenen in Betanien beinahe vergessen. Christus aber dachte an sie. Die Jünger fühlten sich zurechtgewiesen. Sie waren enttäuscht, weil Jesus nicht schneller auf die Mitteilung reagiert hatte. Sie waren versucht zu denken, dass Jesus Lazarus und dessen Schwestern doch nicht so innig liebte, wie sie geglaubt hatten, sonst wäre er bestimmt mit dem Boten zurückgeeilt. Aber die Worte: »Lazarus, unser Freund, schläft« lenkten ihre Gedanken wieder in die richtigen Bahnen. Nun waren sie überzeugt, dass Jesus seine leidgeprüften Freunde nicht vergessen hatte.

»Da sagten seine Jünger zu ihm: Herr, wenn er schläft, dann wird er gesund werden. Jesus hatte aber von seinem Tod gesprochen, während sie meinten, er spreche von dem gewöhnlichen Schlaf.« (Johannes 11,12.13 EÜ) Jesus stellt seinen gläubigen Nachfolgern den Tod als Schlaf dar. Ihr »wahres Leben ist mit Christus in Gott verborgen« (Kolosser 3,3b NLB), und bis zum Schall der letzten Posaune schlafen die Verstorbenen in ihm (vgl. 1. Korinther 15,52).

JESUS ZÖGERT

»Da sagte es ihnen Jesus frei heraus: Lazarus ist gestorben; und ich bin froh um euretwillen, dass ich nicht da gewesen bin, damit ihr glaubt. Aber lasst uns zu ihm gehen!« (Johannes 11,14.15) Thomas konnte in der Reise nach Judäa nur den bevorstehenden Tod seines Meisters sehen. Doch er fasste Mut und sagte zu den anderen Jüngern: »Lasst uns mit ihm gehen, dass wir mit ihm sterben!« (Johannes 11,16) Er kannte den Hass der jüdischen Obersten Jesus gegenüber. Sie hatten die Absicht, ihn zu töten. Doch bislang war ihnen das nicht gelungen, weil die für ihn bestimmte Zeit noch nicht abgelaufen war. Während dieser Zeit stand Jesus unter dem Schutz himmlischer Engel. Selbst in der Gegend von Judäa, wo sich die Rabbiner gegen ihn verschworen hatten, um ihn zu ergreifen und zu töten, konnte man ihm nichts anhaben.

Die Jünger waren über die Worte von Jesus erstaunt: »Lazarus ist gestorben; und ich bin froh ... dass ich nicht da gewesen bin« (Johannes 11,14b.15). Hatte Jesus das Heim seiner leidgeprüften Freunde in Betanien absichtlich gemieden? Dem Anschein nach waren Maria, Marta und der sterbende Lazarus allein gelassen worden, in Wirklichkeit aber waren sie nicht auf sich allein gestellt. Christus beobachtete das ganze Geschehen, und nachdem Lazarus gestorben war, stand er den leidtragenden Schwestern gnädig bei. Als ihr Bruder mit dem mächtigen Feind – dem Tod – rang, war er Zeuge ihrer herzzerreißenden Trauer. Er selbst fühlte ihren tiefen Schmerz, als er seinen Jüngern sagen musste: »Lazarus ist gestorben.« Doch Christus durfte nicht nur an die Geliebten in Betanien denken. Er musste auch Rücksicht auf die Ausbildung seiner Jünger nehmen. Sie sollten seine Repräsentanten in der Welt sein, damit der Segen des Vaters alle Menschen erreichen könnte. Um ihretwillen ließ er es zu, dass Lazarus starb. Hätte er ihn von seiner Krankheit geheilt, wäre das Wunder, das der größte Beweis seines göttlichen Charakters war, nicht erbracht worden.

Wäre Christus im Zimmer des kranken Lazarus gewesen, wäre dieser nicht gestorben, denn Satan hätte keine Macht über ihn gehabt. Der Tod hätte seine Hand nicht in der Gegenwart des Lebensspenders nach Lazarus ausstrecken können. Darum blieb er fern und ertrug es, dass der Gegner seine Macht ausspielte, um ihn dann als besiegten Feind zurückzudrängen. Christus ließ es zu, dass Lazarus unter die Herrschaft des Todes kam und die leidtragenden Schwestern zusehen mussten, wie ihr Bruder ins Grab gelegt wurde. Christus wusste, dass ihr Glaube an ihren Erlöser schwer geprüft wurde, als sie in das tote Gesicht ihres Bruders schauten. Er wusste aber auch, dass sie mit neugestärktem Glauben aus diesem Ringen hervorgehen würden. Er durchlitt jeden Schmerz, den sie zu ertragen hatten. Er liebte sie nicht weniger, weil er so lange wegblieb. Doch er wusste, dass für sie, für Lazarus, für ihn selbst und für seine Jünger ein Sieg errungen werden musste. »Um euretwillen ... damit ihr glaubt.« (Johannes 11,15) Für alle, die sich nach der führenden Hand Gottes ausstrecken, ist der Augenblick der größten Entmutigung zugleich der Moment, in dem die göttliche Hilfe am nächsten ist. Mit Dankbarkeit werden sie auf den dunkelsten Abschnitt ihres Lebens zurückblicken. »Der Herr weiß, wie er die gottesfürchtigen Menschen aus der Versuchung rettet.« (2. Petrus 2,9a NLB) Gott wird sie gestärkt im Glauben und reich an Erfahrungen aus jeder Versuchung und Prüfung hervorgehen lassen.

Indem er seinen Besuch bei Lazarus hinauszögerte, wollte Christus denen, die ihn nicht angenommen hatten, Barmherzigkeit erweisen. Er kam später, damit er durch die Auferweckung des Lazarus seinem halsstarrigen und ungläubigen Volk einen weiteren Beweis geben konnte, dass er wirklich die »Auferstehung und das Leben« (Johannes 11,25) ist. Er war nicht bereit, jede Hoffnung für das Volk – für die armen, umherirrenden Schafe aus dem Haus Israel – aufzugeben. Es brach Jesus das Herz, weil sie so verstockt waren. Aus Erbarmen wollte er ihnen noch einmal einen Beweis dafür liefern, dass er der ist, der alles wiederherstellen kann – der Einzige, der Leben und Unsterblichkeit verleihen kann. Dies sollte ein Beweis sein, den die Priester nicht falsch auslegen könnten. Das war der Grund, warum er die Reise nach Betanien hinausgezögert hatte. Dieses krönende Wunder – die Auferweckung von Lazarus – sollte das Siegel des Allerhöchsten auf sein Werk und seinen göttlichen Anspruch sein.

HERR, WÄRST DU HIER GEWESEN!

Jesus widmete sich auf dem Weg nach Betanien wie gewohnt den Kranken und Notleidenden. Als er das Dorf erreichte, sandte er einen Boten zu den Schwestern, um ihnen seine Ankunft mitzuteilen. Er betrat das Haus nicht sofort, sondern verweilte zuerst an einem stillen Platz, etwas abseits vom Weg. Die große äußerliche Bekundung von Trauer, welche die Juden beim Tod von Freunden oder Verwandten an den Tag legten, stand nicht im Einklang mit dem Geist von Christus. Jesus hörte das Jammern der angeheuerten Klagefrauen und wollte den beiden Schwestern nicht in diesem Trubel begegnen. Unter den Trauernden befanden sich Familienangehörige, von denen einige hohe, verantwortungsvolle Ämter in Jerusalem bekleideten. Einige von ihnen gehörten zu den erbittertsten Feinden von Jesus. Christus kannte ihre Absichten. Darum gab er sich nicht gleich zu erkennen.

Der Bote überbrachte Marta die Nachricht so unauffällig, dass niemand im Raum etwas davon bemerkte. Maria – ganz in ihre Trauer versunken – hörte die Worte nicht. Marta stand sofort auf und ging hinaus – ihrem Herrn entgegen. In der Annahme, ihre Schwester gehe zum Grab ihres Bruders, blieb Maria tief bekümmert sitzen und rührte sich nicht.

Marta eilte auf Jesus zu. Ihr Herz war aufgewühlt, und zwiespältige Gefühle bemächtigten sich ihrer. In seinem ausdrucksvollen Gesicht erkannte sie wie stets zuvor dasselbe Mitgefühl und dieselbe Liebe. Ihr Vertrauen zu ihm war ungebrochen. Doch gleichzeitig dachte sie an ihren innig geliebten Bruder, den Jesus auch geliebt hatte. Ihr Herz war von Schmerz erfüllt, weil Christus nicht früher gekommen war. Aber in der Hoffnung, dass er auch jetzt noch etwas tun werde, um sie zu trösten, sagte sie: »Herr, wärst du hier gewesen, mein Bruder wäre nicht gestorben.« (Johannes 11,21) Immer wieder, mitten im großen Lärm der wehklagenden Frauen, hatten die Schwestern diese Worte wiederholt.

Mit menschlichem und göttlichem Erbarmen blickte Jesus in das traurige, von Kummer gezeichnete Gesicht Martas. Sie wollte das Vergangene nicht noch einmal erzählen. Sie brachte das Geschehene mit den herzergreifenden Worten »Herr, wärst du hier gewesen, mein Bruder wäre nicht gestorben« zum Ausdruck. Und während sie in sein liebevolles Gesicht blickte, fügte sie hinzu: »Aber auch jetzt weiß ich: Was du bittest von Gott, das wird dir Gott geben.« (Johannes 11,21.22)

Jesus ermutigte sie im Glauben und antwortete: »Dein Bruder wird auferstehen.« (Johannes 11,23) Es war nicht seine Absicht, mit dieser Antwort die Hoffnung auf eine sofortige Veränderung zu wecken. Er lenkte ihre Gedanken über eine gegenwärtige Wiederherstellung ihres Bruders hinaus auf die zukünftige Auferstehung der Gerechten. Er tat dies, damit sie in der Auferweckung von Lazarus eine Zusicherung für die Auferstehung aller gläubigen Toten sehen konnten. Und sie sollte die Gewissheit erhalten, dass dies durch seine Macht geschehen werde.

Marta antwortete: »Ich weiß wohl, dass er auferstehen wird – bei der Auferstehung am Jüngsten Tag.« (Johannes 11,24)

Jesus versuchte noch immer, ihren Glauben in die richtigen Bahnen zu lenken, und sagte: »Ich bin die Auferstehung und das Leben.« (Johannes 11,25a) In Christus ist ursprüngliches, nicht verliehenes, sondern ureigenes Leben. »Wer den Sohn hat, der hat das Leben.« (1. Johannes 5,12a) Die Gottheit von Christus bedeutet für den Gläubigen die Gewissheit des ewigen Lebens. »Wer an mich glaubt, der wird leben, auch wenn er stirbt; und wer da lebt und glaubt an mich, der wird nimmermehr sterben. Glaubst du das?«

(Johannes 11,25b.26) Christus schaute hier voraus auf die Zeit seines zweiten Kommens. Dann werden die gerechten Toten »auferweckt in Unvergänglichkeit« (1. Korinther 15,42b Elb.), und die lebenden Gerechten werden, ohne zu sterben, verwandelt und in den Himmel aufgenommen werden. Das Wunder, das Christus mit der Auferweckung von Lazarus vollbringen wollte, war ein Sinnbild für die Auferstehung aller Gerechten. Durch sein Wort und sein Wirken erklärte er sich selbst zum Urheber der Auferstehung. Er, der bald selbst am Kreuz sterben sollte, stand nun da, mit den Schlüsseln des Todes in der Hand, als Überwinder des Grabes, und beteuerte sein Recht und die Macht, ewiges Leben zu verleihen.

Die Frage von Jesus, »Glaubst du das?« (Johannes 11,26b), beantwortete Marta mit dem Bekenntnis: »Ja, Herr, ich glaube, dass du der Christus bist, der Sohn Gottes, der in die Welt gekommen ist.« (Johannes 11,27) Sie verstand seine Worte nicht in ihrer vollen Bedeutung, doch sie bekannte ihren Glauben an seine Göttlichkeit. Sie vertraute darauf, dass er tun konnte, was immer ihm gefiel.

»Als sie das gesagt hatte, ging sie hin und rief ihre Schwester Maria heimlich und sprach zu ihr: Der Meister ist da und ruft dich.« (Johannes 11,28) Sie sprach so leise wie möglich, denn die anwesenden Priester und Obersten standen bereit, Jesus festzunehmen, sollte sich dazu eine günstige Gelegenheit bieten. Das Wehklagen der Frauen jedoch verhinderte, dass ihre Worte gehört wurden.

Kaum hatte Maria die Nachricht vernommen, erhob sie sich eilig und verließ mit erwartungsvollem Blick den Raum. Die Trauernden glaubten, sie begebe sich zum Grab, um zu weinen. Sie folgten ihr. Als Maria den Ort erreichte, wo Jesus wartete, fiel sie zu seinen Füßen nieder und sagte mit bebender Stimme: »Herr, wärst du hier gewesen, mein Bruder wäre nicht gestorben.« (Johannes 11,32b) Das Wehklagen der Frauen quälte sie. Sie sehnte sich danach, von Jesus ganz persönlich ein paar beruhigende Worte zu hören, doch sie kannte den Neid und die Eifersucht auf Christus im Herzen einiger Anwesender und beherrschte sich, um ihren Schmerz nicht zu zeigen.

»Als Jesus die weinende Maria und die Leute sah, die mit ihr trauerten, erfüllten ihn Zorn und Schmerz.« (Johannes 11,33 NLB) Er konnte in die Herzen aller Versammelten sehen und erkannte, dass viele sich heuchlerisch dem Trauerzug angeschlossen hatten. Er wusste, dass einige der Gäste, die scheinheilig Anteil nahmen, schon bald seinen Tod planen würden – nicht nur den Tod des mächtigen Wundertäters, sondern auch den Tod dessen, den er nun von den Toten auferwecken wollte. Christus hätte sie entlarven und ihre gespielte Trauer aufdecken können, doch er hielt seinen gerechten Zorn zurück. Die Worte, die er wahrheitsgemäß hätte aussprechen können, kamen nicht über seine Lippen, weil ein geliebter Mensch in seinem ganzen Schmerz vor ihm kniete und wahrhaft an ihn glaubte.

JESUS WEINT

»Wo habt ihr ihn hingelegt?«, fragte er. Da sagte man ihm: »Herr, komm und sieh es!« (Johannes 11,34) Gemeinsam schritten sie zum Grab. Es war ein trauriger Anblick, denn Lazarus war sehr beliebt gewesen. Seine Schwestern weinten herzzerreißend um ihn. Und auch seine Freunde vergossen Tränen. Dieses menschliche Elend und die Tatsache, dass betrübte Freunde über einen Toten trauern mussten, während der Retter dieser Welt daneben stand, rührte auch Jesus zu Tränen. Er »weinte« (Johannes 11,35 Elb.). Obwohl er Gottes Sohn war, hatte er die menschliche Natur auf sich genommen. Menschliches Leid rührte ihn. Leid weckt stets Mitgefühl in seinem liebevollen und empfindsamen Herzen. Er weint mit den Weinenden und freut sich mit den Fröhlichen (vgl. Römer 12,15).

Aber Jesus weinte nicht nur aus menschlichem Mitgefühl gegenüber Maria und Marta. In seinen Tränen kam ein Schmerz zum Ausdruck, der weit über die menschliche Trauer hinausging – so weit, wie der Himmel höher ist als die Erde. Christus weinte nicht um Lazarus, den er ja bald aus dem Grab herausrufen würde. Er weinte, weil viele von denen, die jetzt um Lazarus trauerten, bald seinen eigenen Tod planen würden, wo er doch die Auferstehung und das Leben war. Wie unmöglich war es doch für diese ungläubigen jüdischen Führer, seine Tränen richtig zu deuten! Einige, die nur die äußerlichen Umstände dieses Geschehens als Grund für seine Trauer sehen konnten, sagten leise: »Siehe, wie hat er ihn lieb gehabt!« (Johannes 11,36) Andere, die versuchten, den Samen des Unglaubens in die Herzen der Anwesenden zu streuen, sagten spöttisch: »Dieser Mann hat doch einen Blinden geheilt. Warum konnte er Lazarus nicht vor dem Tod bewahren?« (Johannes 11,37 NLB) Wenn Christus die Macht hatte, Lazarus zu retten, warum hatte er es dann zugelassen, dass er starb?

Mit vorhersehendem Blick erkannte Christus die Feindseligkeit der Pharisäer und Sadduzäer. Er wusste, dass sie seinen Tod im Kopf hatten. Er wusste auch, dass einige von denen, die nun Mitgefühl vortäuschten, bald für sich selbst die Tür der Hoffnung und die Tore der Stadt Gottes verschließen würden. Bald würde es zu seiner Erniedrigung und Kreuzigung kommen, was schlussendlich die Zerstörung von Jerusalem zur Folge haben würde. Zu der Zeit würde aber niemand die Toten beklagen. Jesus hatte das Strafgericht, das über Jerusalem kommen sollte, deutlich vor Augen. Er sah, wie die Stadt von römischen Legionen eingeschlossen wurde. Er wusste, dass viele, die jetzt um Lazarus weinten, bei der Belagerung der Stadt umkommen würden, und er sah, dass es für sie keinerlei Hoffnung über den Tod hinaus geben würde.

Jesus weinte nicht nur wegen des traurigen Ereignisses in Betanien. Der Schmerz und das Leid aller Zeiten lasteten auf ihm. Er sah die schrecklichen Folgen der Übertretung des göttlichen Gesetzes. Er sah, dass seit Abels Tod ein unaufhörlicher Konflikt zwischen Gut und Böse in der Weltgeschichte ausgetragen wurde. Und wenn er in die Zukunft blickte, sah er, dass Leid, Trauer, Tränen und Tod das Los der Menschheit sein würde. Tief in seinem Herzen verspürte er den Schmerz, den die Menschen der ganzen Welt und aller Zeiten zu ertragen hatten. Das Leid des sündigen Geschlechts bedrückte seine Seele schwer. Als er sich so sehr danach sehnte, all ihrem Elend ein Ende zu bereiten, füllten sich seine Augen mit Tränen.

»WÄLZT DEN STEIN WEG!«

»Während Jesus nun zum Grab ging, erfüllten ihn von Neuem Zorn und Schmerz. Lazarus lag in einem Höhlengrab, dessen Eingang mit einem großen Stein verschlossen war. ›Wälzt den Stein weg!‹, befahl Jesus.« (Johannes 11,38.39a NGÜ) Marta dachte, er wolle nur den Toten sehen. Darum wandte sie ein, dass der Tote schon seit vier Tagen im Grab liege und die Verwesung bereits eingesetzt habe. Diese Aussage, die Marta unmittelbar vor der Auferweckung des Lazarus machte, nahm den Feinden von Christus die Möglichkeit zu behaupten, sie sei eine Täuschung gewesen. In der Vergangenheit hatten die Pharisäer immer wieder falsche Aussagen verbreitet, wenn sie Zeugen von Gottes wunderbarsten Machtbeweisen geworden waren. Bevor Jesus die verstorbene Tochter von Jairus auferweckte, sagte er: »Das Kind ist nicht gestorben, sondern es schläft.« (Markus 5,39b) Die Tochter war nur kurze Zeit krank gewesen und unmittelbar nach ihrem Tod auferweckt worden. Da hatten die Pharisäer behauptet, das Kind sei überhaupt nicht gewesen, denn Jesus habe ja selbst gesagt, dass es nur schlafe. Sie wollten den Anschein erwecken, als könnte Christus keine Krankheiten heilen und als wären seine Wunder nur Täuschungen. Doch in diesem Fall konnte niemand leugnen, dass Lazarus tot war.

Immer wenn der Herr ein Wunder wirken will, veranlasst Satan jemanden, Einwände vorzubringen. Jesus befahl: »Wälzt den Stein weg!« (Johannes 11,39a NGÜ) Bereitet soweit wie möglich alles für mein Wunder vor! Doch nun kam Martas bestimmte und ehrgeizige Art zum Vorschein. Sie wollte den

Körper ihres Bruders, der bereits am Verwesen war, nicht zur Schau stellen. Der Mensch tut sich oft schwer, die Worte von Christus zu verstehen. Darum hatte auch Martas Glaube die wahre Bedeutung seiner Verheißung nicht begriffen.

Christus tadelte Marta zwar, doch seine Worte waren äußerst behutsam: »Habe ich dir nicht gesagt: Wenn du glaubst, wirst du die Herrlichkeit Gottes sehen?« (Johannes 11,40) Warum zweifelst du an meiner Macht? Warum argumentierst du gegen meine Anweisungen? Darauf gebe ich mein Wort! Wenn du glaubst, wirst du die Herrlichkeit Gottes sehen. Auch was von Natur aus unmöglich ist, kann das Werk des Allmächtigen nicht aufhalten. Zweifel und Unglaube sind keine Zeichen von Demut. Bedingungsloser Glaube an die Worte von Christus ist wahre Demut und echte Selbsthingabe.

»Wälzt den Stein weg!« (Johannes 11,39a NGÜ) Christus hätte dem Stein befehlen können, sich wegzubewegen; dieser hätte seiner Stimme gehorcht. Er hätte auch die Engel an seiner Seite bitten können, dies zu tun. Auf seinen Befehl hin hätten unsichtbare Hände den Stein weggewälzt. Doch menschliche Hände sollten den Stein wegrollen. Damit wollte Christus zeigen, dass die Menschen mit Gott zusammenarbeiten sollen. Die göttliche Kraft muss nicht herbemüht werden, wenn etwas aus menschlicher Kraft getan werden kann. Gott verzichtet nicht auf die menschliche Mitarbeit. Er macht den Menschen stark und wirkt in dem Maß mit ihm zusammen, wie dieser seine Kräfte und Fähigkeiten gebraucht.

Auf seinen Befehl hin wurde der Stein weggerollt. Alles geschah öffentlich und wohlüberlegt. Alle hatten die Möglichkeit zu sehen, dass dies keine Täuschung war. Dort im Felsengrab lag der Leichnam von Lazarus, kalt und still im Tod. Das Wehklagen der Frauen war verstummt. Erstaunt und erwartungsvoll standen die Anwesenden um das Grab und warteten darauf, was nun folgen würde.

Ruhig stand Christus vor dem Grab. Ein feierlicher Ernst lag über allen Anwesenden. Jesus trat näher an das Grab heran. Er hob seine Augen auf zum Himmel und sagte: »Vater, ich danke dir, dass du mich erhört hast.« (Johannes 11,41b) Noch kurz zuvor hatten ihn seine Feinde der Gotteslästerung beschuldigt und Steine aufgehoben, um ihn zu töten, weil er behauptet hatte, Gottes Sohn zu sein. Sie hatten ihm auch vorgeworfen, er vollbringe seine Wunder durch Satans Macht. Doch Christus erhob hier erneut den Anspruch, dass Gott sein Vater sei, und erklärte damit in vollem Vertrauen, Gottes Sohn zu sein.

In allem, was Jesus tat, arbeitete er mit seinem Vater zusammen. Er war stets darauf bedacht zu verdeutlichen, dass er nicht unabhängig wirkte. Durch Glauben und Gebet vollbrachte er seine Wunder. Christus wünschte sich, dass alle sehen könnten, welch enge Beziehung er mit seinem Vater pflegte. »Vater«, sprach er, »ich danke dir, dass du mich erhört hast. Ich weiß, dass du mich allezeit hörst; aber um des Volkes willen, das umhersteht, sage ich's, damit sie glauben, dass du mich gesandt hast.« (Johannes 11,41b.42) Hier sollten seine Jünger und das Volk den überzeugendsten Beweis für die Beziehung zwischen Christus und Gott erhalten. Ihnen sollte gezeigt werden, dass der Anspruch von Christus kein Betrug war.

LAZARUS WIRD AUFERWECKT

»Als er das gesagt hatte, rief er mit lauter Stimme: Lazarus, komm heraus!« (Johannes 11,43) Seine klare und deutliche Stimme drang an das Ohr des Toten. Während er sprach, leuchtete seine Göttlichkeit durch seine menschliche Natur. In seinem von Gottes Herrlichkeit erleuchteten Gesicht sahen die Menschen seine Macht bestätigt. Alle Augen starrten wie gebannt auf den Eingang der Höhle. Jedes Ohr konzentrierte sich auf das kleinste Geräusch. Bis aufs Äußerste gespannt warteten alle auf die Bestätigung seiner Göttlichkeit. Diese würde entweder seinen Anspruch, Gottes Sohn zu sein, beweisen oder alle Hoffnungen für immer zunichtemachen.

Da regte sich etwas in der Stille des Grabes. Der, der tot war, erschien im Eingang der Felsengruft. Die Grabtücher, in denen Lazarus zur Ruhe gelegt worden war, behinderten seine Bewegungen. Christus sagte zu den erstaunten Zuschauern: »Löst die Binden und lasst ihn gehen!« (Johannes 11,44b) Wieder wurde ihnen gezeigt, dass der Mensch im Wirken für andere mit Gott zusammenarbeiten soll. Menschen sollen sich für andere einsetzen. Nun stand Lazarus, befreit von den Tüchern, vor den Anwesenden – nicht als Schwacher und als von Krankheit Gezeichneter oder mit zitternden Gliedern, sondern als Mann in den besten Jahren seines Lebens und im vollen Besitz seiner Kräfte. Seine Augen leuchteten voller Verstand und brachten die Liebe seinem Retter gegenüber zum Ausdruck. Anbetend warf er sich vor Jesus nieder.

Zuerst waren die Anwesenden vor Erstaunen sprachlos. Dann aber verwandelte sich der Schauplatz in ein unbeschreibliches Jubel- und Dankesfest. Die Schwestern erhielten ihren Bruder lebendig als ein Gottesgeschenk zurück. Mit Tränen der Freude und stammelnden Worten drückten sie ihrem Retter den Dank aus. Doch während sich der Bruder, die Schwestern und die Freunde über das Wiedersehen freuten, zog sich Jesus von diesem Ort zurück. Als sie wieder nach dem Lebensspender suchten, war er nirgends zu finden.

KAPITEL 59

DIE VERSCHWÖRUNG DER PRIESTER

Johannes 11,47-54

Betanien lag so nahe bei Jerusalem, dass die Nachricht von der Auferweckung des Lazarus schnell die Stadt erreichte. Durch Spione, die das Wunder miterlebt hatten, waren die jüdischen Obersten rasch über den Sachverhalt informiert worden. Um zu entscheiden, was nun weiter getan werden sollte, wurde der Hohe Rat umgehend einberufen. Christus hatte nun ganz deutlich offenbart, dass er Herr über Tod und Grab war. Dieses mächtige Wunder war der krönende Beweis Gottes an die Menschen, dass er seinen Sohn zu ihrer Erlösung in die Welt gesandt hatte. Es war ein Zeichen der göttlichen Macht, das ausreichte, um jeden zu überzeugen, der verständig, vernünftig und vorurteilsfrei war. Viele, die mitansahen, wie Lazarus auferweckt wurde, begannen an Jesus zu glauben. Doch der Hass der Priester auf Jesus verschärfte sich. Sie hatten alle geringeren Beweise seiner Göttlichkeit verschmäht und waren nun über dieses neue Wunder sehr aufgebracht. Der Tote war am helllichten Tag und vor einer großen Schar von Zeugen auferweckt worden. Solch ein Beweis konnte nicht durch eine List geleugnet werden. Genau aus diesem Grund steigerte sich die Feindschaft der Priester ins Unermessliche. Sie waren mehr denn je entschlossen, dem Wirken von Jesus ein Ende zu setzen.

SADDUZÄER UND PHARISÄER [77] VEREINEN SICH GEGEN JESUS

Obwohl die Sadduzäer Christus nicht wohlwollend begegneten, waren sie ihm gegenüber nicht so boshaft wie die Pharisäer. Ihr Hass war nicht so erbittert. Doch jetzt waren sie völlig aufgeschreckt, weil sie nicht an eine Auferstehung der Toten glaubten. Indem sie sich auf sogenannte wissenschaftliche Erkenntnisse beriefen, erklärten sie, es sei unmöglich, dass ein toter Körper

---

[77] Siehe Erklärungen »Religionsparteien, jüdische«, S. 819f.

wieder lebendig werden könne. Doch Christus hatte ihre Theorie mit nur wenigen Worten zunichtegemacht. Es zeigte sich, dass sie weder die heiligen Schriften noch die Kraft Gottes kannten (vgl. Matthäus 22,29). Sie fanden keine Möglichkeit, den Eindruck, den das Wunder auf das Volk machte, abzuschwächen. Wie konnten sich die Menschen wieder von dem Einen abbringen lassen, der das Grab und den Tod besiegt hatte? Falsche Aussagen wurden in Umlauf gesetzt. Doch das Wunder konnte nicht geleugnet werden, und man wusste nicht, wie man den enormen Auswirkungen beikommen konnte. Bis jetzt hatten die Sadduzäer den Plan, Christus zu töten, nicht unterstützt. Doch nach der Auferweckung des Lazarus entschieden sie, dass man seinen unerschrockenen Anklagen gegen sie nur durch seinen Tod ein Ende bereiten könne.

Die Pharisäer glaubten an die Auferstehung und mussten zugeben, dass dieses Wunder ein Beweis dafür war, dass der Messias unter ihnen weilte. Doch sie hatten sich dem Wirken von Christus stets widersetzt. Von Anfang an hatten sie ihn gehasst, weil er ihre heuchlerischen Behauptungen aufdeckte. Er hatte den Deckmantel ihrer strengen Bräuche, der ihre sittliche Verdorbenheit verbarg, weggerissen. Der reine Glaube, den er lehrte, verurteilte ihre leeren Bekenntnisse von Frömmigkeit. Sie lechzten nach Rache, weil er sie immer wieder scharf zurechtgewiesen hatte. Sie hatten versucht, ihn herauszufordern, damit er etwas tun oder sagen würde, anhand dessen sie ihn hätten verurteilen können. Auch hatten sie schon mehrmals versucht, ihn zu steinigen. Doch jedes Mal hatte er sich ihnen still entzogen, sodass sie ihn aus den Augen verloren.

Die Wunder, die er am Sabbat vollbrachte, dienten alle dazu, den Leidenden zu helfen. Die Pharisäer aber wollten ihn deswegen als einen verurteilen, der das Sabbatgebot übertrat. Sie hatten versucht, die Herodianer[78] gegen ihn aufzubringen. Sie stellten es so dar, als wolle er ein Gegenreich aufrichten. Sie berieten sich mit ihnen, wie sie ihn töten könnten. Um die Römer gegen ihn aufzustacheln, hatten sie behauptet, er versuche, deren Herrschaft zu untergraben. Jeder Vorwand war ihnen recht, um seinen Einfluss auf das Volk zu beschränken. Doch bislang waren alle ihre Versuche gescheitert. Die Menge, die seine Gnadentaten miterlebt und seine klaren, heiligen Lehren gehört hatte, wusste, dass dies nicht die Worte und Taten eines Sabbatschänders oder Gotteslästerers waren. Sogar die von den Pharisäern ausgesandten

---

[78] Die genaue Identität der Herodianer ist umstritten. Sie werden nur dreimal im Neuen Testament genannt (Matthäus 22,16; Markus 3,6; 12,13). Entweder gehörten sie zur herodianischen Dynastie oder sie waren, was wahrscheinlicher ist, einflussreiche Juden, die sich politisch »pro-Herodes« stellten und eher als römerfreundlich galten. Damit opponierten sie gegen die religiöse Partei der Pharisäer, die Herodes und die Römer verachteten.

Knechte waren von seinen Worten so beeindruckt, dass sie nicht Hand an ihn legen konnten. Verzweifelt hatten die Obersten der Juden schließlich eine Verordnung erlassen, dass jeder, der sich zu Jesus bekannte, aus der Synagoge ausgeschlossen werden sollte.

RATLOSIGKEIT IM HOHEN RAT [79]

Als sich die Priester, Obersten und Ältesten versammelten, um zu beraten, waren sie fest entschlossen, den, der durch solche Wundertaten alle Menschen zum Staunen brachte, zum Schweigen zu bringen. Die Pharisäer und Sadduzäer fühlten sich mehr denn je einander verbunden. Bis jetzt waren sie geteilter Meinung gewesen, doch nun vereinten sie sich im Widerstand gegen Christus. Weil Nikodemus und Josef in früheren Ratsversammlungen eine Verurteilung von Jesus verhindert hatten, waren sie jetzt nicht eingeladen worden. Im Hohen Rat gab es zwar noch andere einflussreiche Männer, die an Jesus glaubten, doch gegen die böswilligen Pharisäer konnten sie nichts ausrichten.

Trotzdem waren sich die Mitglieder des Hohen Rates nicht alle einig. Dieser Rat war zu jener Zeit kein juristisches Gremium, man ließ ihn aber gewähren. Einige der Mitglieder fragten sich, ob es weise sei, Christus zu töten. Sie fürchteten, dies könnte einen Volksaufstand auslösen, was wiederum die Römer veranlassen könnte, der Priesterschaft weitere Gefälligkeiten vorzuenthalten und ihnen die Macht, die sie noch innehatten, zu entziehen. Die Sadduzäer waren sich in ihrem Hass gegen Christus einig, doch sie wollten lieber vorsichtig vorgehen, weil sie um ihre hohe Stellung bei den Römern fürchteten.

In diesem Rat, der sich versammelt hatte, um den Tod von Christus zu planen, war jener »Zeuge« zugegen, der auch die überheblichen Worte Nebukadnezars gehört hatte. Er war auch beim götzendienerischen Fest Belsazars anwesend und auch, als sich Jesus in Nazareth selbst als Messias ankündigte. Dieser Zeuge führte nun den Obersten ihr eigenes Tun vor Augen. Ereignisse aus dem Leben von Jesus wurden so deutlich in ihnen wachgerufen, dass sie erschraken. Sie erinnerten sich an das Geschehen im Tempel, als der zwölfjährige Jesus vor den Schriftgelehrten stand und ihnen Fragen stellte, über die sie staunten. Das Wunder, das Jesus eben vollbracht hatte, bezeugte, dass er kein geringerer war als der Sohn Gottes. Abschnitte des Alten Testaments, die auf Christus hinwiesen, gingen ihnen in ihrer wahren Bedeutung durch den Kopf. Verlegen und aufgewühlt fragten sie sich: »Was

---

[79] Siehe Erklärungen »Hoher Rat«, S. 817.

DIE VERSCHWÖRUNG DER PRIESTER | 59

tun wir?« (Johannes 11,47b) Die Meinung im Rat war geteilt. Unter dem Einfluss des Heiligen Geistes konnten sich die Priester und Obersten nicht des Gedankens erwehren, dass sie gegen Gott kämpften.

DER RAT DES HOHENPRIESTERS KAIPHAS

Als die Versammelten keinen Rat mehr wussten, erhob sich der Hohepriester Kaiphas. Er war ein stolzer und herzloser Mann, überheblich und unduldsam. In seiner Verwandtschaft gab es Sadduzäer, die stolz, unverschämt, rücksichtslos, ehrgeizig und grausam waren. Dies alles versteckten sie unter dem Deckmantel vorgetäuschter Rechtschaffenheit. Kaiphas hatte die Prophezeiungen studiert. Obwohl er ihre wahre Bedeutung nicht verstand, sprach er mit großer Autorität und Selbstsicherheit. »Ihr wisst nichts und überlegt auch nicht, dass es euch nützlich ist, dass ein Mensch für das Volk sterbe und nicht die ganze Nation umkomme.« (Johannes 11,49b.50 Elb.) Selbst wenn Jesus unschuldig sein sollte, so drängte der Hohepriester, müsse er aus dem Weg geräumt werden. Er sei lästig, ziehe das Volk an sich und untergrabe die Stellung der Obersten. Er sei nur einer, und es wäre besser, er würde sterben, als dass die Befehlsgewalt der Herrscher geschwächt würde. Verlöre das Volk das Vertrauen zu seinen Führern, würde die nationale Macht zerstört werden. Kaiphas warnte vor einem Aufstand, den die Nachfolger von Jesus nach diesem Wunder anzetteln könnten. Dann aber würden die Römer eingreifen, den Tempel schließen, die jüdischen Gesetze abschaffen und sie als Nation vernichten. Was war das Leben dieses Galiläers im Vergleich zum Erhalt der Nation wert? Stünde er dem Wohlergehen Israels im Wege, würde man doch dadurch, dass man ihn beseitigte, Gott einen Dienst erweisen. Es ist besser, dass ein Mensch stirbt, als dass die ganze Nation zerstört wird.

Indem Kaiphas erklärte, dass ein Einzelner für das ganze Volk sterben sollte, zeigte er, dass er etwas von den Weissagungen verstand, auch wenn es nur sehr wenig war. Johannes jedoch griff in seinem Bericht über dieses Ereignis die Prophezeiung auf und legte dar, wie breit und tief deren Bedeutung war. Er schrieb:»Nicht nur für dieses Volk, sondern auch, um die in aller Welt verstreut lebenden Kinder Gottes zusammenzuführen.« (Johannes 11,52 GNB) Obwohl geistlich blind, erkannte der überhebliche Kaiphas doch die Mission des Erlösers.

Auf den Lippen von Kaiphas wurde diese überaus kostbare Wahrheit zur Lüge. Die Verfahrensweise, die er verfocht, beruhte auf einem Grundsatz, der aus dem Heidentum übernommen worden war. Das schwache Bewusstsein

521

unter den Heiden, dass einer für das Menschengeschlecht sterben müsse, hatte dazu geführt, dass sie anfingen, Menschenopfer darzubringen. Deshalb schlug Kaiphas vor, Christus zu opfern, um die schuldige Nation zu retten, allerdings nicht von ihren Übertretungen, sondern in ihren Übertretungen, damit sie weiterhin in Sünde leben konnte. Durch seine Begründung, so dachte er, könne er jene mundtot machen, die es wagten, Vorbehalte anzubringen, dass nichts an Jesus gefunden worden sei, wofür man ihn mit dem Tod hätte bestrafen können.

Bei dieser Versammlung wurden die Feinde von Christus im Innersten ihrer Schuld überführt, denn der Heilige Geist wirkte an ihren Herzen. Doch Satan trachtete danach, die Herrschaft über sie zu gewinnen. Er lenkte ihre Aufmerksamkeit auf die Schwierigkeiten, die sie wegen Christus erfahren hatten. Wie wenig hatte Christus doch ihre Gerechtigkeit gewürdigt! Er bot eine weit größere Gerechtigkeit an, die alle besitzen müssen, wenn sie Gottes Kinder sein wollen. Ohne ihren Formen und Zeremonien Beachtung zu schenken, hatte Jesus die Sünder dazu ermutigt, sich unmittelbar an Gott als ihren barmherzigen Vater zu wenden und ihm ihre Anliegen vorzubringen. Dadurch hatte er ihrer Meinung nach den priesterlichen Dienst abgeschafft. Er hatte sich geweigert, die Theologie der rabbinischen Schulen anzuerkennen, hatte die üblen Gepflogenheiten der Priester aufgedeckt und ihren Einfluss nachhaltig zunichtegemacht. Er hatte die Auswirkung ihrer Regeln und Traditionen geschwächt und deutlich gemacht, dass sie, obwohl sie die rituellen Gesetze mit aller Strenge durchzusetzen versuchten, Gottes Gesetz auf diese Weise aufhoben. All das rief ihnen Satan nun in Erinnerung.

Satan redete ihnen ein, dass sie Jesus umbringen müssten, wenn sie ihre Stellung und ihr Ansehen beibehalten wollten. Diesem Rat folgten sie. Die Befürchtung, dass sie die Macht, die sie ausübten, verlieren könnten, war Grund genug, eine Entscheidung zu treffen. Mit Ausnahme einiger weniger, die es nicht wagten, ihre Meinung auszusprechen, nahm der Hohe Rat die Worte von Kaiphas an, als wären sie von Gott. Die Versammelten waren erleichtert, denn der Streit war nun beigelegt. Sie beschlossen, Christus bei der erstbesten Gelegenheit zu töten. Indem die Priester und Obersten die Beweise der Göttlichkeit von Jesus verwarfen, hatten sie sich selbst in undurchdringliche Finsternis eingeschlossen. Nun standen sie ganz unter Satans Herrschaft, um von ihm über die Schwelle des Abgrunds in das ewige Verderben getrieben zu werden. Doch sie unterlagen einer solch großen Täuschung, dass sie mit sich selbst sehr zufrieden waren. Sie betrachteten sich als Patrioten, die sich um das Heil der Nation bemühten.

JESUS ZIEHT SICH ZURÜCK

Allerdings fürchtete sich der Hohe Rat, vorschnelle Maßnahmen gegen Jesus einzuleiten. Sonst könnte womöglich das Volk aufgebracht werden, und die geplante Gewalttat würde auf sie selbst zurückfallen. Aus diesem Grund zögerte der Rat die Vollstreckung des gefällten Urteils hinaus. Der Erlöser wusste um die Verschwörung der Priester. Er wusste, dass sie ihn beseitigen wollten und sie ihr Ziel bald erreichen würden. Doch es war nicht seine Aufgabe, die Krise zu beschleunigen. Darum verließ er die Gegend und zog sich mit seinen Jüngern zurück. Auf diese Weise bekräftigte Jesus durch sein eigenes Beispiel die Anweisung, die er seinen Jüngern gegeben hatte: »Wenn sie euch aber in einer Stadt verfolgen, so flieht in eine andere.« (Matthäus 10,23a) Es wartete ein großes Feld, in dem sie für die Rettung der Menschen wirken konnten. Darum sollten die Diener des Herrn ihr Leben nicht in Gefahr bringen, außer die Treue ihm gegenüber würde dies verlangen.

Jesus hatte den Menschen auf dieser Welt drei Jahre öffentlichen Dienstes gewidmet. Sein Beispiel von Selbstverleugnung und selbstloser Nächstenliebe war ihnen stets vor Augen. Alle kannten sein reines, von Leid und Hingabe geprägtes Leben. Dennoch war diese kurze Zeitspanne von drei Jahren gerade so lang, wie die Welt die Gegenwart ihres Erlösers ertragen konnte. Das Leben von Jesus war von Verfolgung und Beleidigungen gezeichnet. Von einem eifersüchtigen König aus Bethlehem vertrieben, von seinen eigenen Landsleuten in Nazareth abgelehnt und in Jerusalem grundlos zum Tod verurteilt, fand er mit seinen paar treuen Nachfolgern in einer fremden Stadt vorübergehend Zuflucht. Er, den menschliches Leid stets rührte, der die Kranken heilte und den Blinden das Augenlicht gab, der Taube hörend machte und den Stummen die Stimme schenkte, der die Hungrigen speiste und die Betrübten tröstete, wurde von den Menschen fortgejagt, für deren Erlösung er wirkte. Er, der auf den wogenden Wellen ging, der mit einem Wort dem wütenden Brausen Einhalt gebot, der Teufel austrieb, die ihn als Sohn Gottes anerkannten, der Tote aus ihrem Schlaf aufweckte und Tausende mit seinen weisen Worten begeisterte, war nicht imstande, die Herzen jener zu erreichen, die von Vorurteilen und Hass verblendet waren und hartnäckig das Licht des Lebens von sich wiesen.

KAPITEL 60

DAS GESETZ DES NEUEN KÖNIGREICHS

*Matthäus 20,20-28; Markus 10,32-45;
Lukas 18,31-34*

Als das Passafest näher rückte, reiste Jesus erneut nach Jerusalem. Sein Herz war mit Frieden erfüllt, weil er in vollkommener Übereinstimmung mit dem Willen seines Vaters lebte. Mit entschlossenem Schritt ging er der Opferstätte entgegen. Doch ein Gefühl von Ungewissheit, Angst und Zweifel befiel die Jünger. »Jesus ging ihnen voran. Alle, die dabei waren, wunderten sich; die Jünger aber hatten Angst.« (Markus 10,32b GNB)

Wieder rief Jesus die Zwölf zu sich. Mit Worten, die eindringlicher waren als je zuvor, eröffnete er ihnen, dass er verraten werden würde und leiden müsse. »Wir gehen jetzt nach Jerusalem hinauf; dort wird sich alles erfüllen, was bei den Propheten über den Menschensohn steht: Er wird den Heiden ausgeliefert, wird verspottet, misshandelt und angespuckt werden, und man wird ihn geißeln und töten. Aber am dritten Tag wird er auferstehen. Doch die Zwölf verstanden das alles nicht; der Sinn der Worte war ihnen verschlossen, und sie begriffen nicht, was er sagte.« (Lukas 18,31-34 EÜ)

Hatten sie nicht eben noch überall verkündigt: »Das Himmelreich ist nahe herbeigekommen«? (Matthäus 10,7b) Hatte Christus nicht selbst verheißen, dass viele »mit Abraham und Isaak und Jakob im Himmelreich zu Tisch sitzen« würden (Matthäus 8,11b)? Hatte er nicht allen, die seinetwegen etwas aufgegeben hatten, versprochen, dass er es ihnen in diesem Leben hundertfältig vergelten würde und sie Anteil an seinem Königreich haben würden? (vgl. Matthäus 19,29) Und hatte er nicht den zwölf Jüngern nicht das besondere Versprechen gegeben, dass sie in seinem Reich eine Stellung einnehmen werden, die mit hohen Ehren verbunden sein wird? Würden sie nicht einst »sitzen auf zwölf Thronen und richten die zwölf Stämme Israels« (Matthäus 19,28b)? Eben noch hatte er betont, dass sich alles, was die Propheten über ihn geschrieben hatten, erfüllen werde. Hatten die Propheten nicht den Glanz der messianischen Herrschaft vorhergesagt? Im Licht dieser Überlegungen erschienen die Worte von Jesus über Verrat, Verfolgung und Tod unklar und geheimnisvoll. Trotz aller Schwierigkeiten, die kommen würden, glaubten die Jünger, das Königreich werde bald aufgerichtet werden.

DER WUNSCH VON JAKOBUS UND JOHANNES

Johannes, der Sohn des Zebedäus, war einer der ersten beiden Jünger, die Jesus nachgefolgt waren. Er und sein Bruder Jakobus gehörten zur ersten Gruppe, die alles verlassen hatte, um ihm zu dienen. Freudig hatten sie sich von ihrem Zuhause und ihren Freunden getrennt, damit sie mit Jesus zusammen sein konnten. Sie zogen mit ihm und redeten mit ihm. Sie waren an seiner Seite, wenn er sich in ein Heim zurückzog oder öffentliche Versammlungen abhielt. Er hatte ihre Ängste gestillt, sie aus Gefahren gerettet, von Leiden befreit und sie getröstet, wenn sie traurig waren. Er hatte die Jünger so lange geduldig und liebevoll belehrt, bis es schien, als wären ihre Herzen mit dem seinen verbunden. In inniger Liebe sehnten sie sich danach, ihm in seinem Königreich am nächsten zu sein. Bei jeder Gelegenheit nahm Johannes den Platz neben dem Erlöser ein, und Jakobus wünschte sich nichts sehnlicher, als durch eine enge Beziehung zu ihm geehrt zu sein.

Auch ihre Mutter folgte Jesus nach und hatte ihn großzügig mit dem, was sie besaß, unterstützt. In ihrer mütterlichen Liebe und im Eifer um ihre Söhne begehrte sie für die beiden die ehrenvollsten Plätze im neuen Königreich. Darum ermutigte sie ihre Söhne, die entsprechende Bitte vorzutragen. Deshalb kamen sie gemeinsam zu Jesus und baten ihn, ihnen ein Herzensanliegen zu erfüllen.

»Was soll ich für euch tun?«, fragte er sie (Markus 10,36 NLB). Die Mutter antwortete: »Erlaube doch, dass meine beiden Söhne in deinem Reich neben dir sitzen, der eine an deiner rechten Seite und der andere an deiner linken Seite.« (Matthäus 20,21b NGÜ)

Doch Jesus ging liebevoll mit ihnen um. Er tadelte sie nicht dafür, dass sie sich in ihrer Selbstsucht einen Vorteil gegenüber den anderen Jüngern verschaffen wollten. Er kannte ihre Herzen und wusste, wie sehr sie ihn liebten. Ihre Liebe war nicht nur menschliche Zuneigung. Obwohl diese Liebe durch ihre irdische Natur verunreinigt war, entsprang sie doch der Quelle seiner eigenen erlösenden Liebe. Deshalb wollte er sie nicht tadeln, sondern stärken und läutern. Er fragte: »Könnt ihr den Kelch trinken, den ich trinke, und getauft werden mit der Taufe, womit ich getauft werde?« (Matthäus 20,22a Schl.) Sie erinnerten sich an seine geheimnisvollen Worte, die auf Verfolgung und Leiden hingedeutet hatten. Trotzdem antworteten sie zuversichtlich: »Wir können es!« (Matthäus 20,22b Schl.) Es wäre für sie die größte Ehre gewesen, ihm dadurch ihre Treue zu beweisen, dass sie alles, was ihrem Herrn widerfahren sollte, mit ihm teilten.

»Ihr werdet tatsächlich den gleichen Kelch trinken wie ich und mit der Taufe getauft werden, die mir bevorsteht«, sagte Jesus daraufhin (Markus 10,39b GNB). Anstelle eines Thrones stand ihm ein Kreuz bevor, mit zwei Übeltätern als Leidensgenossen, einer zu seiner Rechten und einer zu seiner Linken. Johannes und Jakobus sollten tatsächlich an den Leiden ihres Meisters teilhaben! Der eine sollte als erster der Brüder durch das Schwert umkommen. Der andere würde am längsten von allen Mühsal, Schande und Verfolgung erdulden müssen.

»Aber ich habe nicht das Recht zu bestimmen, wer einmal neben mir sitzen wird. Mein Vater hat diese Plätze für die bestimmt, die er ausgewählt hat.« (Matthäus 20,23b NLB) Im Reich Gottes erhält man keine Stellung durch Begünstigung. Man verdient sie nicht, noch wird sie einem willkürlich geschenkt. Sie ist das Ergebnis des Charakters. Krone und Thron sind Beweise für einen erlangten Zustand. Es sind die Zeichen der Selbstüberwindung durch unseren Herrn Jesus Christus.

WER WIRD DER GRÖSSTE SEIN?

Lange Zeit später, als Johannes mit Christus durch dessen Leiden gegangen war und sich dadurch eine enge Verbindung mit ihm entwickelt hatte, offenbarte ihm der Herr, was die Bedingung für die Gottesnähe in seinem Königreich ist. Er sagte zu ihm: »Dem, der siegreich aus dem Kampf hervorgeht, werde ich das Recht geben, mit mir auf meinem Thron zu sitzen, so wie auch ich den Sieg errungen habe und jetzt mit meinem Vater auf seinem Thron sitze.« (Offenbarung 3,21 NGÜ) »Den, der siegreich aus dem Kampf hervorgeht, werde ich zu einem Pfeiler im Tempel meines Gottes machen, und er wird seinen Platz für immer behalten. Und auf seine Stirn werde ich den Namen meines Gottes schreiben ... und meinen eigenen neuen Namen.« (Offenbarung 3,12 NGÜ) Oder wie der Apostel Paulus schrieb: »Was mich betrifft, so wurde mein Leben schon als Opfer für Gott ausgegossen, und der Augenblick meines Todes ist nahe. Ich habe den guten Kampf gekämpft, den Lauf vollendet und bin im Glauben treu geblieben. Nun erwartet mich der Preis – der Siegeskranz der Gerechtigkeit, den der Herr, der gerechte Richter, mir am großen Tag seiner Wiederkehr geben wird.« (2. Timotheus 4,6-8a NLB)

Derjenige, der auf Erden am meisten vom Geist seiner selbstaufopfernden Liebe in sich aufgenommen hat, steht Christus am nächsten. Von dieser Liebe heißt es: »Sie prahlt nicht, sie bläht sich nicht auf ... sucht nicht ihren Vorteil, lässt sich nicht zum Zorn reizen, trägt das Böse nicht nach.« (1. Korinther 13,4b.5 EÜ) Diese Liebe ist es, welche einen Jünger – wie einst unseren Herrn – dazu bewegt, alles für die Errettung der Menschen zu geben, zu leben, zu wirken und sich aufzuopfern, sogar bis zum Tod. Dieser Geist wurde im Leben von Paulus sichtbar. Er schrieb: »Für mich ist Christus das Leben« – durch sein Leben konnte Paulus den Menschen Christus offenbaren – »und das Sterben ein Gewinn« (Philipper 1,21 Schl.) – ein Gewinn für Christus. Der Tod selbst würde die Macht von Gottes Gnade sichtbar werden lassen und Menschen dazu führen, Jesus als ihren Erlöser anzunehmen. Sein Wunsch war es, dass »Christus hoch gepriesen wird an meinem Leib, es sei durch Leben oder durch Tod« (Philipper 1,20b Schl.).

Als die anderen Jünger hörten, welchen Wunsch Jakobus und Johannes vorgebracht hatten, waren sie sehr verärgert. Der höchste Platz im Reich Gottes war genau das, was sich jeder von ihnen wünschte. Nun waren sie aufgebracht, weil die beiden ihnen gegenüber scheinbar einen Vorteil hatten.

Es schien, als würde der alte Streit, wer von ihnen wohl der Größte sei, erneut ausbrechen. Doch Jesus rief sie zu sich und sagte zu den empörten Jüngern: »Ihr habt erfahren, dass in dieser Welt die Könige Tyrannen sind und die Herrschenden die Menschen oft ungerecht behandeln. Bei euch sollte es anders sein.« (Markus 10,42.43a NLB)

DIENEN STATT HERRSCHEN

In den weltlichen Reichen bedeuteten Rang und Würde Selbstverherrlichung. Vom Volk wurde erwartet, dass es für das Wohlergehen der Führungsschicht sorgte. Einfluss, Wohlstand und Bildung boten den Herrschern viele Möglichkeiten, zu ihren Gunsten die Kontrolle über die Massen zu gewinnen. Das Denken, das Entscheiden, das Genießen und das Herrschen waren Sache der Oberschicht. Die niedrigen Gesellschaftsschichten hatten zu gehorchen und zu dienen. Wie alle anderen Bereiche war auch die Religion von autoritärem Verhalten geprägt. Vom Volk wurde erwartet, dass es glaubte und ausführte, was die Oberen befahlen. Das Grundrecht eines jeden Menschen, selbstständig zu denken und zu handeln, war überhaupt nicht anerkannt.

Doch Christus errichtete ein Reich mit anderen Grundsätzen. Er rief die Menschen nicht zum Herrschen, sondern zum Dienen auf. Dabei sollte der Starke die Gebrechen des Schwachen tragen. Wer über Macht, Stellung,

Begabung und Bildung verfügte, war in besonderer Weise zum Dienst an seinen Mitmenschen verpflichtet. Zu den geringsten Nachfolgern von Christus wurde gesagt: »Es geschieht alles um euretwillen.« (2. Korinther 4,15a Schl.)

»Selbst der Menschensohn ist nicht gekommen, um sich dienen zu lassen, sondern um anderen zu dienen und sein Leben als Lösegeld für viele Menschen hinzugeben.« (Markus 10,45 NLB) Unter seinen Jüngern war Christus in jeder Hinsicht einer, der seine Mitmenschen umsorgte und ihre Lasten trug. Er teilte ihre Armut und verleugnete sich ihretwegen selbst. Er ging vor ihnen her, um für sie Schwierigkeiten aus dem Weg zu räumen. Und bald würde er sein Werk auf Erden vollenden, indem er sein Leben hingab. Die grundsätzliche Einstellung, nach der Christus handelte, sollte die Glieder der Gemeinde, »die sein Leib ist« (Epheser 1,23 Elb.), anspornen. Das Fundament der Erlösung ist die Liebe. Im Königreich von Christus gelten jene als die Größten, die dem Beispiel von Jesus folgen und wie Hirten handeln, die sich um seine Herde kümmern.

Die Worte von Paulus offenbaren die wahre Würde und Ehre eines christlichen Lebens: »Denn ich bin also frei und keinem Menschen gegenüber zu irgendetwas verpflichtet. Und doch habe ich mich zum Sklaven aller gemacht, um möglichst viele für Christus zu gewinnen.« (1. Korinther 9,19 NGÜ) »Ich bin nicht auf meinen eigenen Vorteil aus, sondern habe die vielen anderen Menschen im Blick; denn ich möchte, dass sie gerettet werden.« (1. Korinther 10,33b NGÜ)

FREI, UM GOTT ZU DIENEN

In Gewissensangelegenheiten muss der Mensch frei bleiben. Niemand darf das Denken eines anderen beherrschen, für jemand anderen urteilen oder jemandem vorschreiben, was er zu tun hat. Gott gewährt jedem Menschen die Freiheit, selbst zu denken und seiner Überzeugung zu folgen. »So wird nun jeder von uns für sich selbst Gott Rechenschaft geben.« (Römer 14,12) Niemand darf seine eigene Persönlichkeit in der eines anderen Menschen aufgehen lassen. In allen Bereichen, in denen Grundsätze eine Rolle spielen, gilt: »Ein jeder sei in seiner Meinung gewiss.« (Römer 14,5b) Im Reich von Christus gibt es keine gebieterische Unterdrückung und keine erzwungene Verhaltensweise. Die himmlischen Engel kommen nicht auf die Erde, um zu herrschen und Ehrerbietung einzufordern, sondern sie kommen als Boten der Barmherzigkeit, um in der Zusammenarbeit mit den Menschen die Menschheit zu erbauen.

Die Prinzipien und die genauen Worte der Lehren des Erlösers blieben in ihrer göttlichen Schönheit seinem geliebten Jünger in Erinnerung. Bis in seine letzten Tage hinein fühlte sich Johannes für die Gemeinden verantwortlich. Er bezeugte: »Das ist die Botschaft, die ihr von Anfang an gehört habt: Wir sollen einander lieben.« (1. Johannes 3,11 NLB) »Christus gab sein Leben für uns hin; daran haben wir erkannt, was Liebe ist. Auch wir müssen deshalb unser Leben für unsere Brüder und Schwestern einsetzen.« (1. Johannes 3,16 GNB)

Dies war der Geist, mit dem die ersten Christen erfüllt waren. Nach der Ausgießung des Heiligen Geistes heißt es: »Die ganze Gemeinde war ein Herz und eine Seele, und nicht einer nannte etwas von dem, was er besaß, sein Eigentum.« (Apostelgeschichte 4,32 ZÜ) »Ja, es gab niemanden unter ihnen, der Not litt.« (Apostelgeschichte 4,34a ZÜ) »Mit großer Kraft legten die Apostel Zeugnis ab von der Auferstehung des Herrn Jesus, und große Gnade ruhte auf ihnen allen.« (Apostelgeschichte 4,33 ZÜ)

KAPITEL 61

ZACHÄUS

Lukas 19,1-10

Auf dem Weg nach Jerusalem zog Jesus durch die Stadt Jericho. Sie lag einige Kilometer vom Jordan entfernt am westlichen Rand des Tales, das sich hier zu einer Ebene ausweitete, inmitten von tropischem Grün und üppiger Schönheit. Mit ihren Palmen und fruchtbaren Gärten, die von sprudelnden Quellen bewässert wurden, glänzte sie wie ein Smaragd neben den Kalksteinhügeln und öden Schluchten, die zwischen Jerusalem und der Stadt lagen.

Viele Reisegruppen zogen auf ihrem Weg zum Passafest durch Jericho. Ihre Ankunft verbreitete stets eine festliche Stimmung. Doch diesmal bewegte ein Ereignis, das von größerem Interesse war, die Bewohner der Stadt. Man wusste, dass sich der galiläische Rabbi, der erst vor kurzem Lazarus zum Leben auferweckt hatte, unter der Menge befand. Und obwohl sich Gerüchte über die Verschwörung der Priester verbreiteten, war die Menge begierig darauf, ihm die Ehre zu erweisen.

DER WUNSCH VON ZACHÄUS GEHT IN ERFÜLLUNG

Jericho gehörte zu den Städten, die von alters her den Priestern zugeteilt waren. Zu jener Zeit hatte eine große Anzahl von ihnen dort ihren Wohnsitz. Doch die Bevölkerung dieser Stadt bestand aus ganz unterschiedlichen Menschen. Jericho war ein großes Handelszentrum. Hier lebten römische Beamte und Soldaten zusammen mit Fremden aus den verschiedensten Gegenden. Gleichzeitig machte das Eintreiben des Wegzolls die Stadt zur Heimat für viele Zöllner.

»Der oberste Zolleinnehmer« (Lukas 19,2 NGÜ) namens Zachäus war Jude und wurde von seinen Landsleuten verachtet. Seine Stellung und sein Reichtum waren die Belohnung für einen Beruf, den sie verabscheuten und mit Ungerechtigkeit und Erpressung gleichsetzten. Doch dieser reiche Zollbeamte war kein so harter Mann, wie es schien. Hinter seinem weltlichen und stolzen Auftreten verbarg sich ein Herz, das für den göttlichen Einfluss empfänglich war. Zachäus hatte von Jesus gehört. Die Berichte über den Einen, der sich auch gegenüber Menschen aus verpönten Gesellschaftsschichten freundlich und höflich verhielt, hatten sich weit verbreitet. Dieser Oberzöllner sehnte sich nach einem besseren Leben. Nur wenige Kilometer von Jericho entfernt, am Jordan, hatte Johannes der Täufer gepredigt. Zachäus hatte den Aufruf zur Umkehr gehört. Obwohl er der Aufforderung an die Zöllner: »Treibt nicht mehr Steuern ein, als die römische Regierung euch vorschreibt!« (Lukas 3,13b NLB) nach außen hin keine Beachtung schenkte, war sie ihm doch zu Herzen gegangen. Er kannte die heiligen Schriften und war davon überzeugt, dass seine Handlungsweise falsch war. Als er nun die Worte hörte, von denen man sagte, dass sie vom großen Lehrer kamen, fühlte er, dass er in Gottes Augen ein Sünder war. Doch was er von Jesus gehört hatte, weckte Hoffnung in seinem Herzen. Umkehr und Erneuerung des Lebens waren möglich, sogar für ihn. War nicht einer der vertrauenswürdigsten Jünger dieses neuen Lehrers selbst Zöllner? Zachäus begann sofort, seine neu gewonnene Überzeugung in die Tat umzusetzen, und zahlte denen, die er betrogen hatte, ihr Geld zurück.

Als in Jericho bekannt wurde, dass Jesus in die Stadt kommen würde, hatte Zachäus bereits begonnen, begangenes Unrecht gutzumachen. Er war fest entschlossen, Jesus zu sehen. Er begann einzusehen, welch bittere Folgen die Sünde mit sich bringt und wie schwierig es ist, auf dem Weg umzukehren, wenn man in die falsche Richtung geht. Als er sich bemühte, seine Fehler zu berichten, stieß er auf Misstrauen, wurde falsch verstanden und verdächtigt. Dies zu ertragen, war schwierig. Der Oberzöllner sehnte sich danach, in das Antlitz des Einen zu schauen, dessen Worte ihm neue Hoffnung gegeben hatten.

Die Straßen waren überfüllt mit Menschen; und weil Zachäus von kleiner Gestalt war, konnte er nicht über die Köpfe der Menschen hinwegsehen. Niemand würde ihm Platz machen. Darum eilte er der Menge ein wenig voraus zu einem Maulbeerfeigenbaum, dessen Äste weit über den Weg hinausragten. Der reiche Zöllner kletterte auf den Baum und setzte sich auf einen Ast, von dem aus er den Umzug überblicken konnte. Die Menge kam näher und zog langsam unter ihm hindurch. Zachäus überflog die Menge mit erwartungsvollem Blick und versuchte, jene Person zu entdecken, die zu sehen er sich so sehr gewünscht hatte.

Trotz all dem Lärm der Priester und Rabbiner und den Willkommensrufen der Menge erreichte der unausgesprochene Wunsch des Oberzöllners das Herz von Jesus. Ganz plötzlich blieb eine Gruppe genau unter dem

Maulbeerfeigenbaum stehen. Die Menschen vor und hinter ihr standen still, und Jesus schaute nach oben. Es schien, als blickte er diesem Menschen ins Herz. Der Mann auf dem Baum traute seinen Ohren nicht, als er Jesus sagen hörte: »Zachäus, komm schnell herunter! Ich muss heute in deinem Haus zu Gast sein.« (Lukas 19,5b NGÜ) Die Menge wich zur Seite, und Zachäus machte sich allen voran und wie im Traum auf den Heimweg. Die Rabbiner aber schauten mit finsterem Blick zu und murrten unzufrieden und verächtlich: »Bei einem berüchtigten Sünder kehrt er als Gast ein.« (Lukas 19,7b NLB)

AUFRICHTIGE REUE

Zachäus war überwältigt, verwundert und sprachlos über die Liebe und Demut von Jesus, der sich ihm, dem Unwürdigen, zuwandte. In Liebe und Ergebenheit seinem neu gefundenen Meister gegenüber brach Zachäus jetzt sein Schweigen. Er wollte sein Geständnis öffentlich ablegen und seine Schuld bekennen. Vor allen Anwesenden stellte er sich »vor den Herrn und sprach: ›Siehe, Herr, die Hälfte von meinem Besitz gebe ich den Armen, und wenn ich jemanden betrogen habe, so gebe ich es vierfach zurück.‹ Jesus aber sprach zu ihm: ›Heute ist diesem Hause Heil widerfahren, denn auch er ist Abrahams Sohn.‹« (Lukas 19,8.9)

Als sich der reiche junge Mann von Jesus abgewandt hatte, verwunderten sich die Jünger über die Worte ihres Meisters: »Wie schwer ist es für die, welche ihr Vertrauen auf Reichtum setzen, in das Reich Gottes hineinzukommen!« Sie hatten einander gefragt: »Wer kann dann überhaupt errettet werden?« (Markus 10,24.26 Schl.) Nun hatten sie einen Beweis für die Wahrheit der Antwort von Jesus: »Was bei den Menschen unmöglich ist, das ist bei Gott möglich.« (Lukas 18,27) Sie sahen nun, dass durch Gottes Gnade auch ein Reicher ins Himmelreich kommen konnte.

Noch bevor Zachäus Jesus begegnet war, hatte er begonnen, das zu tun, was ihn als wirklich reumütig auszeichnete. Noch bevor er von Menschen beschuldigt wurde, hatte er seine Schuld bekannt. Er hatte sich vom Heiligen Geist überführen lassen und angefangen, die Lehren, die für das alte Israel wie auch für uns niedergeschrieben wurden, in seinem Leben umzusetzen. Lange zuvor hatte Gott gesagt: »Wenn einer deiner israelitischen Landsleute verarmt und nicht mehr für seinen Unterhalt aufkommen kann, dann sollst du ihn – wie einen Ausländer oder Gast – unterstützen, damit er bei euch leben kann. Fordere keine Zinsen oder Aufschläge von ihm, sondern habe Ehrfurcht vor deinem Gott und lass deinen Landsmann bei dir leben. Verleih ihm dein Geld nicht gegen Zinsen und fordere deine Lebensmittel nicht mit einem Aufschlag zurück.« (3. Mose 25,35-37 NLB) – »Du sollst deine Landsleute nicht übervorteilen, sondern Ehrfurcht vor deinem Gott haben.« (3. Mose 25,17 NLB) Verhüllt in der Wolkensäule hatte Christus selbst diese Worte ausgesprochen. Zachäus erwiderte die Liebe von Christus zuallererst dadurch, dass er sich der Armen und Leidenden erbarmte.

Unter den Zöllnern gab es eine Vereinbarung, damit sie die Leute unterdrücken und sich gegenseitig in ihren betrügerischen Geschäften unterstützen konnten. Indem sie die Leute erpressten, führten sie nur aus, was schon beinahe zur allgemeinen Gewohnheit geworden war. Selbst die Priester und Rabbiner, die die Zöllner hassten, hatten sich dadurch schuldig gemacht, dass sie sich unter dem Deckmantel ihres heiligen Amtes durch unehrliche Praktiken bereicherten. Doch sobald sich Zachäus dem Einfluss des Heiligen Geistes geöffnet hatte, ließ er von jeder unrechten Handlung ab.

Reue ist nur dann aufrichtig, wenn sie zu einer Erneuerung im Denken und Handeln führt. Die Gerechtigkeit von Christus ist nicht wie ein Mantel, mit dem Sünden zugedeckt werden, die weder bekannt noch aufgegeben sind. Sie ist ein Lebensprinzip, das den Charakter umwandelt und das Verhalten lenkt. Heiligkeit bedeutet, ganz auf Gottes Seite zu stehen, sie ist die völlige Übergabe von Herz und Leben, damit die Prinzipien des Himmels in uns Gestalt gewinnen können.

ZACHÄUS WIRD GESEGNET

Ein Christ sollte der Welt durch sein Geschäftsleben zeigen, auf welche Art und Weise unser Herr ein wirtschaftliches Unternehmen führen würde. In jeder Geschäftshandlung soll deutlich werden, dass Gott sein Lehrmeister ist. »Heilig dem Herrn« sollte auf seiner Tagesordnung, auf seinen Kontoauszügen, Urkunden, Quittungen und Schecks zu lesen sein. Wer vorgibt, ein Nachfolger von Christus zu sein, aber ungerecht handelt, legt ein falsches Zeugnis vom heiligen, gerechten und barmherzigen Wesen Gottes ab. Jeder bekehrte Mensch wird, wenn er wie Zachäus Christus in sein Herz aufgenommen hat, das unredliche Handeln, das vorher sein Leben bestimmt hat, aufgeben. Er wird wie der Oberzöllner seine Ehrlichkeit dadurch beweisen, dass er alles wieder gutmacht. Gott sagt: Wenn aber der Sünder aufhört »zu sündigen und tut, was recht und gerecht ist, indem er einem Schuldner das Pfand zurückgibt, ersetzt, was er gestohlen hat, sich an mein Gesetz hält, das zum Leben führt, und nichts Böses mehr tut, dann wird er ganz sicher am Leben bleiben und nicht sterben. Keine seiner früheren Sünden wird ihm mehr angerechnet werden, denn er hat getan, was recht und gerecht ist, und soll am Leben bleiben« (Hesekiel 33,14b-16 NLB).

Haben wir anderen durch irgendwelche ungerechten Geschäfte Schaden zugefügt, sie übervorteilt oder betrogen, sollten wir – auch wenn wir innerhalb der gesetzlichen Richtlinien gehandelt haben – unser Unrecht bekennen und alles, was in unserer Macht steht, tun, um es wieder gutzumachen. Es ist richtig, wenn wir nicht nur das zurückgeben, was wir genommen haben, sondern auch das, was während der Zeit, in der wir es besessen haben, daraus in einer richtigen und weisen Nutzung hätte gewonnen werden können.

Der Erlöser sagte zu Zachäus: »Heute hat dieses Haus Rettung erfahren.« (Lukas 19,9a NLB) Nicht nur Zachäus selbst war gesegnet worden, sondern sein ganzes Haus mit ihm. Christus kehrte bei Zachäus ein, um ihn in der Wahrheit zu unterweisen und alle in seinem Haus über Gottes Reich zu belehren. Sie waren von den Rabbinern und Gottesdienstbesuchern voller Verachtung aus der Synagoge ausgeschlossen worden, aber nun versammelten sie sich als bevorzugteste Hausgemeinschaft von ganz Jericho um den göttlichen Lehrer und hörten mit eigenen Ohren die Worte des Lebens.

Wer Jesus Christus als seinen persönlichen Erlöser annimmt, wird Teilhaber des Heils. Zachäus hatte Jesus nicht nur als vorübergehenden Gast in sein Haus aufgenommen, sondern als den, der für immer im Innersten seines Herzens wohnen sollte. Pharisäer und Schriftgelehrte beschuldigten Zachäus, ein Sünder zu sein, und sie tadelten Christus, weil er dessen Gast geworden war. Doch der Erlöser erkannte ihn als einen Sohn Abrahams an, denn »die wahren Kinder Abrahams sind ... die, die an Gott glauben« (Galater 3,7 NLB).

KAPITEL 62

DAS FEST IN SIMONS HAUS

*Matthäus 26,6-13; Markus 14,1-11; Lukas 7,36-50;
Johannes 11,55-57; 12,1-11*

Simon aus Betanien galt als einer der Jünger von Jesus. Er war einer der wenigen Pharisäer, die sich öffentlich den Nachfolgern von Christus angeschlossen hatten. Er erkannte Jesus als Lehrer an und hoffte, er wäre der Messias. Doch er hatte ihn nicht als seinen Erlöser angenommen. Sein Charakter und seine Grundsätze hatten sich nicht verändert.

Simon fühlte sich zu Jesus hingezogen, weil dieser ihn vom Aussatz geheilt hatte (vgl. Matthäus 26,6), und wollte nun seine Dankbarkeit zum Ausdruck bringen. Als Christus zum letzten Mal Betanien besuchte, machte Simon für ihn und seine Jünger ein Fest, zu dem sich viele Juden einfanden. Zu dieser Zeit herrschte große Aufregung in Jerusalem. Jesus und sein Wirken erregten das Aufsehen der Menschen wie nie zuvor. Jene, die zum Fest gekommen waren, beobachteten jede seiner Bewegungen, einige von ihnen mit unfreundlichen Blicken.

LAZARUS SOLL AUCH STERBEN

Jesus erreichte Betanien nur sechs Tage vor dem Passafest und wollte sich nach seiner Gewohnheit im Haus von Lazarus ausruhen. Die vielen Mitreisenden, die nach Jerusalem weiterzogen, verbreiteten die Nachricht, Jesus sei auf dem Weg nach Jerusalem und werde den Sabbat in Betanien verbringen. Die Leute waren ganz begeistert, und viele strömten nach Betanien – einige aus Wohlwollen Jesus gegenüber, andere aus reiner Neugier, um den zu sehen, der von den Toten auferweckt worden war.

Viele erwarteten von Lazarus einen großartigen Bericht von dem, was er nach seinem Tod erlebt hatte. Sie waren überrascht, dass er nichts erzählte. Er hatte nichts Derartiges zu berichten, denn das inspirierte Wort Gottes sagt: »Die Toten aber wissen gar nichts ... Ihr Lieben, ihr Hassen, ihre Eifersucht – alles ist mit ihnen gestorben.« (Prediger 9,5b.6a Hfa) Doch Lazarus legte ein wunderbares Zeugnis über das Wirken von Christus ab. Zu diesem Zweck war er von den Toten auferweckt worden. Überzeugt und mit Vollmacht verkündigte er, dass Jesus der Sohn Gottes sei.

Die Berichte, welche die Besucher aus Betanien mit nach Jerusalem brachten, ließen die Aufregung noch größer werden. Die Leute waren begierig, Jesus zu sehen und zu hören. Man fragte sich, ob Lazarus Jesus nach Jerusalem begleiten und der Prophet am Passafest zum König gekrönt werden würde. Die Priester und Obersten sahen, dass ihr Einfluss auf das Volk immer mehr schwand. Darum wurde ihre Wut auf Jesus immer größer. Sie konnten es kaum erwarten, eine Gelegenheit zu finden, bei der sie ihn für immer aus dem Weg räumen konnten. Als die Zeit verstrich, fingen sie an zu bangen, ob er überhaupt nach Jerusalem kommen werde. Sie erinnerten sich daran, wie oft Jesus ihre mörderischen Pläne durchkreuzt hatte, und befürchteten nun, er hätte ihre bösen Absichten durchschaut und würde wegbleiben. Sie konnten ihre Aufregung nur schwer verbergen und fragten sich: »Was meint ihr? Ob er wohl nicht zum Fest kommt?« (Johannes 11,56b ZÜ)

Der Rat der Priester und Pharisäer wurde einberufen. Weil die Menschen seit der Auferweckung von Lazarus Christus sehr wohlwollend gegenüberstanden, war es gefährlich, ihn öffentlich festzunehmen. Darum beschlossen die Machthaber, ihn heimlich zu ergreifen und ihm so unauffällig wie möglich den Prozess zu machen. Sie hofften, die wankelmütige Meinung der Öffentlichkeit würde sich ihnen wieder zuwenden, wenn seine Verurteilung bekannt geworden war.

Auf diese Weise beabsichtigten sie, Jesus zu vernichten. Die Priester und Rabbiner wussten jedoch, dass sie sich nicht in Sicherheit wiegen konnten, solange Lazarus am Leben war. Die bloße Existenz eines Mannes, der vier Tage im Grab gelegen hatte und durch ein Wort von Jesus wieder zum Leben auferweckt worden war, würde früher oder später eine Reaktion auslösen. Das Volk würde sich an ihren Führern rächen, wenn sie ihm, der ein solches Wunder vollbringen konnte, das Leben nähmen. Darum entschied der Hohe Rat, dass auch Lazarus sterben sollte. So weit können Menschen durch Neid und Vorurteile getrieben werden! Der Hass und der Unglaube der jüdischen Führer hatten sich so gesteigert, dass sie sogar jemandem, der durch Gottes Macht aus dem Grab befreit worden war, das Leben nehmen wollten.

MARIA EHRT IHREN HERRN

Während die Verschwörung in Jerusalem ihren Lauf nahm, wurden Jesus und seine Freunde zu Simons Fest eingeladen. Am Tisch saß auf der einen

Seite von Jesus Simon, den er vom Aussatz geheilt hatte, und auf der anderen Seite Lazarus, den er vom Tod auferweckt hatte. Marta bediente die Leute am Tisch, doch Maria hörte andächtig auf jedes Wort, das über die Lippen von Jesus kam. In seiner Barmherzigkeit hatte ihr Jesus die Sünden vergeben und ihren geliebten Bruder aus dem Grab hervorgerufen. All das erfüllte Marias Herz mit Dankbarkeit. Sie hatte ihn über seinen bevorstehenden Tod reden hören. In ihrer tiefen Liebe und Trauer hatte sie sich danach gesehnt, ihm Ehre zu erweisen. Sie hatte persönlich auf vieles verzichtet, sodass sie ein Glas aus Alabaster mit einem Pfund »Salböl von echter, sehr kostbarer Narde« (Johannes 12,3a Elb.) kaufen konnte, um damit seinen Körper zu salben. Doch nun hörte sie von vielen, dass Jesus zum König gekrönt werden sollte. Ihr Kummer verwandelte sich in Freude, und sie wollte die Erste sein, die ihren Herrn ehrte. So zerbrach sie das Gefäß und schüttete dessen Inhalt auf das Haupt und die Füße von Jesus. Weinend kniete sie neben ihm. Mit ihrem langen, wallenden Haar wischte sie ihre Tränen ab, die auf seine Füße gefallen waren.

Maria versuchte, jedes Aufsehen zu vermeiden, und es wäre möglich gewesen, dass niemand etwas bemerkte. Doch der Duft des Salböls erfüllte den ganzen Raum und offenbarte ihre Tat allen Anwesenden. Judas blickte ganz missmutig auf dieses Geschehen. Anstatt abzuwarten, was Jesus dazu sagen würde, begann er leise, sich bei seinen Tischnachbarn zu beschweren und tadelte Jesus, weil dieser eine solche Verschwendung duldete. Hinterlistig machte er Vorschläge, die voraussichtlich Unzufriedenheit hervorrufen würden.

JUDAS BESCHWERT SICH

Judas war der Kassenverwalter der Jünger und hatte für seinen eigenen Gebrauch heimlich von ihrem kleinen Vermögen Geld abgezweigt. Dadurch schrumpften ihre Mittel zu einem kümmerlichen Hungerlohn. Nun war er begierig, alles, was er bekommen konnte, in den Beutel zu stecken. Das Geld der Kasse wurde oft dazu benutzt, um Arme zu unterstützen. Wurde etwas gekauft, was Judas nicht unbedingt für nötig hielt, fragte er, warum das Geld verschwendet und nicht für die Armen in den Beutel gelegt wurde. Diesen trug er stets bei sich. Marias Tat aber stand in einem solch krassen Gegensatz zu seiner Selbstsucht, dass er tief beschämt wurde. Wie gewohnt, versuchte er einen würdigen Grund anzugeben, um etwas gegen ihr Geschenk einzuwenden. Er wandte sich an die Jünger und fragte: »»Warum hat man dieses Öl nicht für 300 Denar verkauft und den Ertrag Armen zugutekommen lassen?‹ Das sagte er aber nicht, weil ihm die Armen am Herzen lagen, sondern weil er ein Dieb war und als Kassenverwalter Einnahmen auf die Seite schaffte.«

(Johannes 12,5.6 ZÜ) Judas hatte kein Herz für Bedürftige. Wäre Marias Salböl verkauft und der Erlös ihm übergeben worden, hätten die Armen keinen Nutzen davon gehabt.

Judas hatte eine hohe Meinung von seinen eigenen Führungsqualitäten. Als Kassenverwalter fühlte er sich den anderen Jüngern weit überlegen; und er hatte es geschafft, dass auch sie ihn in diesem Licht sahen. Er hatte ihr Vertrauen gewonnen und übte einen starken Einfluss auf sie aus. Sein angebliches Mitgefühl Armen gegenüber blendete sie. Seine versteckten Andeutungen ließen sie misstrauisch auf Marias Hingabe blicken. Ein Murren machte am Tisch die Runde: »Wozu diese Vergeudung? Es hätte teuer verkauft und das Geld den Armen gegeben werden können.« (Matthäus 26,8b.9)

Maria hörte die kritischen Worte. Ihr Herz erzitterte. Sie befürchtete, ihre Schwester werde ihr vorwerfen, verschwenderisch zu sein. Auch der Meister könnte sie für leichtsinnig halten. Ohne sich zu verteidigen oder zu entschuldigen, wollte sie sich zurückziehen. Doch dann vernahm sie die Stimme ihres Herrn: »Lasst sie in Ruhe! Warum bringt ihr sie in Verlegenheit?« (Markus 14,6a GNB) Jesus sah, dass sie peinlich berührt und betrübt war. Er wusste, dass sie sich mit dieser Aufmerksamkeit dafür bedanken wollte, dass er ihre Sünden vergeben und ihr den Herzensfrieden geschenkt hatte. Die tadelnden Stimmen wurden übertönt, als er laut sagte: »Sie hat eine gute Tat an mir getan. Arme wird es immer bei euch geben, und ihr könnt ihnen helfen, sooft ihr wollt. Aber mich habt ihr nicht mehr lange bei euch. Sie hat getan, was sie jetzt noch tun konnte: Sie hat meinen Körper im Voraus für das Begräbnis gesalbt.« (Markus 14,6b-8 GNB)

Die wohlriechende Gabe, mit der Maria den Leichnam des Erlösers salben wollte, goss sie auf seine lebende Gestalt. Beim Begräbnis hätte der Wohlgeruch nur das Grab erfüllt, nun aber freute sich Jesus über die Zusicherung ihres Glaubens und ihrer Liebe. Josef von Arimathäa und Nikodemus boten Jesus ihre Gaben nicht an, als er lebte. Unter bitteren Tränen brachten sie ihre kostbaren Öle und Salben zu seinem kalten, leblosen Körper. Die Frauen, die Spezereien zum Grab trugen, mussten erkennen, dass ihr Gang umsonst war, weil er bereits auferstanden war. Maria aber, die den Erlöser mit ihrer Liebe überschüttete, während er ihrer Hingabe bewusst war, salbte ihn für das Begräbnis. Und als Jesus in die Dunkelheit seiner großen Prüfung hinabstieg, trug er die Erinnerung an diese Tat in seinem Herzen. Dies war ein Vorgeschmack auf die Liebe, die ihm seine Erlösten in alle Ewigkeit entgegenbringen werden.

Es gibt viele, die ihre kostbaren Gaben zu den Toten bringen. Wenn sie um den kalten, stummen Leichnam stehen, sprechen sie freimütig liebevolle Worte. Einer, der nichts hören und sehen kann, wird mit Zärtlichkeit,

Wertschätzung und Zuneigung überschüttet. Wären diese Worte doch gesprochen worden, als der erschöpfte Mensch sie so dringend brauchte, als das Ohr noch hören und das Herz noch fühlen konnte. Wie kostbar wäre diese Wohltat gewesen!

Maria war sich der vollen Bedeutung ihrer Liebestat nicht bewusst. Sie konnte denen, die sie rügten, nicht antworten und auch nicht erklären, weshalb sie diese Gelegenheit gewählt hatte, um Jesus zu salben. Der Heilige Geist hatte es für sie so vorgesehen, und sie gehorchte seinem Drängen. Göttliche Eingebung muss sich nicht erklären. Die Gegenwart des Heiligen Geistes ist zwar unsichtbar, spricht aber Herz und Verstand an und bewegt den Menschen zum Handeln. Darin liegt seine eigene Rechtfertigung.

Christus erzählte Maria, was ihre Tat bedeutete, und schenkte ihr damit mehr, als er selbst empfangen hatte. »Sie hat dieses Salböl auf meinen Körper gegossen und hat ihn damit für das Begräbnis vorbereitet.« (Matthäus 26,12 GNB) So wie das Gefäß aus Alabaster zerbrochen wurde und der Wohlgeruch der Salbe das ganze Haus erfüllte, so musste Christus sterben und sein Leib gebrochen werden. Doch er sollte auferstehen aus dem Grab, und der Wohlgeruch seines Lebens würde die ganze Welt erfüllen. Es ist Christus, der »uns geliebt hat, denn er hat sich selbst als Gabe und Opfer für unsere Sünden gegeben. Und Gott hatte Gefallen an diesem Opfer, das wie ein wohlriechender Duft zu ihm aufstieg« (Epheser 5,2b NLB).

»Ich sage euch: Überall in der Welt, wo man das Evangelium verkünden wird, wird man sich auch an sie erinnern und von dem reden, was sie getan hat.« (Matthäus 26,13 NGÜ) Seinen Blick in die Zukunft gerichtet, sprach der Erlöser mit Bestimmtheit über sein Evangelium. Es sollte in der ganzen Welt verkündigt werden. Und so weit, wie sich das Evangelium ausbreitet, würde sich auch der Wohlgeruch von Marias Gabe verteilen. Durch ihr ungekünsteltes Handeln sollten viele Menschen gesegnet werden. Königreiche werden kommen und gehen, Namen von Herrschern und Eroberern in Vergessenheit geraten, aber die Tat dieser Frau wird auf den Seiten der Heilsgeschichte verewigt werden. Dieses zerbrochene Alabastergefäß wird bis ans Ende der Zeit die Geschichte von der grenzenlosen Liebe Gottes zur gefallenen Menschheit erzählen.

JUDAS WIRD DURCHSCHAUT

Marias Tat stand in krassem Gegensatz zur Tat, die Judas bald begehen sollte. Welch scharfe Rüge hätte Christus Judas erteilen können, der den Samen der Kritik und böser Gedanken ins Herz der Jünger gestreut hatte!

Wie gerechtfertigt wäre es gewesen, den Ankläger zu tadeln! Er, der die Beweggründe aller Herzen kennt und jedes Handeln versteht, hätte am Fest, in der Gegenwart aller, die dunklen Kapitel aus Judas Leben aufdecken können. Jesus hätte den hohlen Vorwand, mit dem der Verräter seinen Tadel begründete, offenlegen können. Denn statt mit den Armen Mitleid zu haben, beraubte er sie des Geldes, das für ihre Unterstützung bestimmt war. Weil er die Witwen, Waisen und Tagelöhner unterdrückte, hätte sich Unwillen gegen ihn erhoben. Hätte Christus Judas jedoch entlarvt, hätte man dies später als Grund für dessen Verrat angesehen. Und obwohl Judas als Dieb beschuldigt worden wäre, hätte er doch an Sympathie gewonnen, sogar unter den Jüngern. Der Erlöser tadelte ihn nicht und vermied es dadurch, ihm eine Entschuldigung für seinen Verrat zu liefern.

Doch der Blick, den ihm Jesus zuwarf, überzeugte Judas, dass der Erlöser seine Scheinheiligkeit durchschaut hatte und seinen niedrigen, verachtenswerten Charakter kannte. Indem Jesus Marias Tat, die so schwer verurteilt worden war, lobend erwähnte, tadelte er Judas. Bis dahin hatte ihn Jesus noch nie offen gerügt. Nun aber nagte der Tadel an seinem Innersten, und er war entschlossen, sich zu rächen. Nach dem Abendessen ging er geradewegs zum Palast des Hohenpriesters, wo der Rat versammelt war, und bot ihnen an, Jesus an sie auszuliefern.

Die Priester waren hocherfreut. Diese Obersten Israels hatten das Vorrecht erhalten, Christus als ihren Erlöser anzunehmen, ohne irgendetwas dafür bezahlen zu müssen. Doch sie lehnten das kostbare Geschenk ab, das ihnen in der besten Absicht einer überwältigenden Liebe angeboten wurde. Sie weigerten sich, das Heil, das kostbarer war als Gold, anzunehmen, und kauften stattdessen den Herrn für dreißig Silberlinge.

Judas hatte seiner Geldgier so lange nachgegeben, bis alle seine guten Charaktereigenschaften verdorben waren. Er beneidete Jesus um die Gabe, die ihm [von Maria] dargebracht worden war. Sein Herz war voller Neid, als Jesus ein Geschenk erhielt, das eigentlich irdischen Herrschern zukam. Darum verriet er seinen Herrn zu einem Preis, der viel geringer war als der des Salböls.

JESUS FREUT SICH ÜBER HERZLICHE LIEBE

Die anderen Jünger waren nicht wie Judas. Sie liebten den Erlöser. Aber sie nahmen sein erhabenes Wesen nicht richtig wahr. Hätten sie begriffen, was er für sie getan hatte, hätten sie gespürt, dass nichts vergeudet war, was ihm geschenkt wurde. Die Weisen aus dem Osten, die so wenig über Jesus wussten, hatten ihm mehr Wertschätzung entgegengebracht – so wie es ihm eben gebührte. Als er noch ein kleines Kind war und in einer Krippe lag, brachten sie dem Erlöser kostbare Geschenke, verneigten sich vor ihm und erwiesen ihm Ehrerbietung (vgl. Matthäus 2,11).

Christus schätzt Liebenswürdigkeiten, die von Herzen kommen. Tat ihm jemand einen Gefallen, dann segnete er ihn mit himmlischer Zuvorkommenheit. Nicht einmal die einfachste, von Kinderhand gepflückte Blume, die ihm liebevoll überreicht wurde, wies er zurück. Er nahm die Gaben der Kinder entgegen, segnete die Geber und schrieb ihre Namen in das Buch des Lebens. Marias Salbung von Jesus wird in der Heiligen Schrift erwähnt, um Maria von den anderen Marias zu unterscheiden. Taten der Liebe und Ehrerbietung Jesus gegenüber sind Beweise des Glaubens an ihn als den Sohn Gottes. Der Heilige Geist erinnert an folgende Zeichen, bei denen es um die Ergebenheit von Frauen gegenüber Christus geht: »Wenn sie den Heiligen die Füße gewaschen hat, wenn sie den Bedrängten beigestanden hat, wenn sie allem guten Werk nachgekommen ist.« (1. Timotheus 5,10b)

Christus freute sich darüber, dass sich Maria so ernsthaft darum bemühte, den Willen ihres Herrn zu tun, und nahm die große, ungeteilte Zuneigung gern entgegen. Seine Jünger jedoch verstanden dies nicht und wollten es auch nicht verstehen. Marias Wunsch, ihrem Herrn diesen Dienst zu erweisen, bedeutete ihm mehr als alle köstlichen Salben der Welt, weil darin ihre wertschätzende Anerkennung gegenüber dem Erlöser der Welt zum Ausdruck kam. Es war die Liebe von Christus, die sie dazu bewog (vgl. 2. Korinther 5,14). Die beispiellose Güte seines Wesens erfüllte ihr Herz. Diese Salbe war ein Sinnbild für das Herz des Gebers und der äußerliche Beweis einer Liebe, die von himmlischen Quellen gespeist wurde, bis sie überfloss.

Marias Tat lehrte die Jünger genau das, was sie brauchten. Dadurch wurde ihnen bewusst, dass die Liebe, die sie Jesus gegenüber zum Ausdruck brachten, ihn erfreute. Er bedeutete ihnen alles. Doch sie erkannten nicht, dass sie bald seiner Gegenwart beraubt werden sollten. Dann würden sie ihm ihre Dankbarkeit für seine überaus große Liebe nicht mehr zum Ausdruck bringen können. Die Einsamkeit von Christus, sein Getrenntsein von den himmlischen Höfen und sein Leben als Mensch hatten die Jünger nie in dem Maß verstanden oder geschätzt, wie es hätte sein sollen. Oft war er betrübt, weil ihm seine Jünger nicht das gaben, was er von ihnen hätte empfangen sollen. Er wusste, dass für die Jünger, wären sie unter dem Einfluss der ihn begleitenden Engel des Himmels gestanden, kein Opfer zu groß gewesen wäre, um ihre innere Verbundenheit mit ihm zum Ausdruck zu bringen.

Erst im Nachhinein wurde ihnen bewusst, was sie alles für Jesus, als er noch unter ihnen war, hätten tun können, um ihm ihre herzliche Liebe und Dankbarkeit zu zeigen. Als Jesus nicht mehr unter ihnen weilte, fühlten sie sich tatsächlich wie Schafe ohne Hirten. Sie fingen an zu verstehen, wie sie ihm durch Aufmerksamkeiten hätten Freude bereiten können. Nun machten sie Maria keine Vorwürfe mehr, sondern sich selbst. Oh, könnten sie doch nur ihre tadelnden Worte und die Behauptung zurücknehmen, Marias Gabe wäre für die Armen angemessener gewesen als für Christus! Sie fühlten die Zurechtweisung sehr deutlich, als sie den gemarterten Körper ihres Herrn vom Kreuz nahmen.

DAS OPFER IST ÜBER ALLE MASSEN GROSS

Dieselbe Not ist auch in unserer heutigen Welt sichtbar. Nur wenige wissen das zu schätzen, was Christus für sie bedeutet. Würden sie dies erkennen, brächten sie wie Maria ihre große Liebe zum Ausdruck und würden die Salbung großzügig spenden. Vom kostbaren Salböl würde man nicht sagen, es sei eine Verschwendung. Nichts würde als zu kostbar erachtet werden, um es für Christus hinzugeben. Keine Selbstverleugnung und kein Opfer wären zu groß, um seinetwegen erbracht zu werden.

Die entrüsteten Worte: »Wozu diese Vergeudung?« (Matthäus 26,8b) ließen das größte Opfer, das jemals dargebracht werden sollte, vor den Augen von Christus lebendig werden – das Opfer seiner selbst, zur Versöhnung für eine verlorene Welt. Der Herr war gegenüber seiner menschlichen Familie so großzügig, dass man von ihm nicht sagen kann, er hätte noch mehr tun können. Gott schenkte uns mit Jesus den ganzen Himmel. Aus menschlicher Sicht allerdings war dieses Opfer eine mutwillige Verschwendung. Für unseren menschlichen Verstand ist der ganze Erlösungsplan eine Vergeudung von Gnade und Reichtum. Selbstverleugnung und ernsthafte Hingabe begegnen uns überall. Die himmlischen Heerscharen mögen mit Verwunderung auf die menschliche Familie blicken, die es ablehnt, durch die grenzenlose Liebe, die in Christus zum Ausdruck kommt, erbaut und bereichert zu werden. Es kann gut sein, dass sie ausrufen: Warum diese große Verschwendung?

Aber die Sühne für eine verlorene Welt musste vollständig, umfassend und lückenlos sein. Das Opfer, das Christus erbrachte, war über alle Maßen groß, damit jeder Mensch, den Gott erschaffen hatte, erreicht werden konnte. Es konnte nicht beschränkt werden, damit es nicht unzureichend für die Zahl derer ist, die das bedeutsame Geschenk annehmen. Nicht alle werden gerettet, dennoch ist der Erlösungsplan keine Verschwendung, auch wenn er nicht all das vollbringt, wozu er großzügigerweise vorgesehen ist. Seine Wirksamkeit ist reichlich, ja in überreichem Maß vorhanden!

SIMON SCHÄMT SICH

Simon, der Gastgeber, war durch die Kritik, die Judas über Marias Geschenk geäußert hatte, beeinflusst worden und war nun von der Haltung des Erlösers überrascht. Sein pharisäischer Stolz war verletzt. Er wusste, dass viele seiner Gäste voller Misstrauen und Unwillen auf Jesus schauten. Er dachte bei sich: »Wenn dieser ein Prophet wäre, so wüsste er, wer und was für eine Frau das ist, die ihn anrührt; denn sie ist eine Sünderin.« (Lukas 7,39b)

Durch die Heilung vom Aussatz hatte Jesus Simon vor einem langsamen Tod bewahrt. Doch nun fragte sich Simon, ob der Erlöser wirklich ein Prophet war – einerseits, weil Christus dieser Frau erlaubt hatte, sich ihm zu nähern, und er sie nicht entrüstet als einen Menschen abwies, dessen Sünden zu groß waren, um vergeben zu werden – andererseits, weil er nicht deutlich machte, dass sie eine gefallene Frau war. Deshalb war Simon versucht zu glauben, er sei kein Prophet. Er dachte, Jesus wisse nichts über diese Frau, die so frei in ihrem Umgang war, sonst hätte er ihr nicht erlaubt, ihn zu berühren.

Doch es war Simons Unkenntnis über Gott und Christus, die ihn zu diesen Gedanken verleitete. Er erkannte nicht, dass Gottes Sohn so wie Gott handeln musste – mit Mitgefühl, Zärtlichkeit und Barmherzigkeit. Wäre es nach Simon gegangen, er hätte Marias reuevollen Dienst gar nicht beachtet. Dass sie die Füße von Jesus küsste und sie mit Narde salbte, ärgerte ihn in seiner Hartherzigkeit. Er dachte: Wäre Christus ein Prophet, würde er die Sünder erkennen und zurechtweisen.

Auf diese unausgesprochenen Gedanken antwortete Jesus: »Simon, ich habe dir etwas zu sagen. ... Ein Gläubiger hatte zwei Schuldner. Einer war 500 Silbergroschen schuldig, der andere 50. Da sie aber nicht bezahlen konnten, schenkte er's beiden. Wer von ihnen wird ihn am meisten lieben? Simon antwortete und sprach: Ich denke, der, dem er am meisten geschenkt hat. Er aber sprach zu ihm: Du hast recht geurteilt.« (Lukas 7,40b-43)

Wie einst Nathan bei David verbarg auch Christus seine Rüge in einem Gleichnis und veranlasste dadurch seinen Gastgeber, sich sein eigenes Urteil zu sprechen. Simon selbst hatte die Frau, die er jetzt verachtete, zur Sünde verleitet und ihr damit großes Unrecht angetan. Die beiden Schuldner im Gleichnis stellten Simon und Maria dar. Jesus wollte nicht sagen, dass die beiden Personen ein unterschiedliches Maß an Schuld verspüren sollten, denn beide schuldeten Dank für etwas, das niemals zurückbezahlt werden konnte. Doch Simon hielt sich für gerechter als Maria, und Jesus wünschte sich, Simon würde sehen, wie groß seine eigene Schuld wirklich war. Er wollte ihm zeigen, dass seine Schuld größer war als die von Maria, so viel größer, wie eine Schuld von 500 Silbergroschen jene von 50 übersteigt.

Nun begann Simon, sich in einem neuen Licht zu sehen. Er verstand, wie Maria von jemandem angesehen wurde, der mehr war als nur ein Prophet. Und er erkannte, wie genau Jesus mit seinem prophetischen Blick in Marias Herz schaute, das voller Liebe und Hingabe war. Simon schämte sich und erkannte, dass er sich in der Gegenwart dessen befand, der größer war als er.

Da wandte sich Christus erneut an ihn: »Ich bin in dein Haus gekommen; du hast mir kein Wasser für meine Füße gegeben.« Maria aber hat mit Tränen der Reue, aus Liebe hervorgebracht, meine Füße benetzt und sie mit ihren Haaren getrocknet. Du hast mir keinen Kuss gegeben; diese Frau aber, die du verachtest, »hat, seit ich hereingekommen bin, nicht abgelassen, meine Füße zu küssen« (Lukas 7,44b.45). Christus zählte Simon die Gelegenheiten auf, die er gehabt hätte, um dem Herrn seine Liebe zu beweisen und seine Wertschätzung für das zum Ausdruck zu bringen, was für ihn getan worden war. Deutlich und dennoch sehr höflich versicherte Jesus seinen Jüngern, dass es ihn traurig stimme, wenn seine Kinder es unterlassen, ihm durch liebevolle Worte und Taten ihre Dankbarkeit zu zeigen.

Er, der die Herzen erforscht, kannte die Beweggründe, die Maria zu ihrer Tat veranlassten. Er wusste um den Geist, der Simon umtrieb. »Siehst du diese Frau?«, fragte er ihn (Lukas 7,44b). Sie ist eine Sünderin. Aber ich sage dir: »Ihre vielen Sünden sind vergeben, denn sie hat viel Liebe gezeigt; wem aber wenig vergeben wird, der liebt wenig.« (Lukas 7,47)

Simons Kälte und Gleichgültigkeit gegenüber Jesus zeigten, wie wenig er die Barmherzigkeit schätzte, die er erhalten hatte. Er dachte, mit der Einladung in sein Haus würde er Jesus Ehre erweisen. Aber nun erkannte er, wie er wirklich war. Während er sich einbildete, seinen Gast beurteilen zu können, hatte dieser ihn selbst beurteilt. Er sah, wie richtig ihn Christus einschätzte. Seine Religion war die eines Pharisäers. Er hatte das Erbarmen von Jesus verachtet und nicht erkannt, dass dieser der Repräsentant Gottes war. Maria war eine Sünderin, die Vergebung erlangt hatte, doch er war ein Sünder ohne Vergebung. Die unbeugsame Regel der Gerechtigkeit, die er bei ihr durchzusetzen gedachte, verurteilte ihn nun selbst.

Die Freundlichkeit von Jesus berührte Simon, weil dieser ihn nicht öffentlich vor den Gästen rügte. Man behandelte ihn nicht so, wie er selbst mit Maria umgehen wollte. Er erkannte, dass es nicht die Absicht von Jesus war, ihn wegen seiner Schuld vor den anderen bloßzustellen, sondern dass er durch die wahrheitsgetreue Darlegung seines Falles seinen Verstand überzeugen und durch freundliche Güte sein Herz gewinnen wollte. Eine strenge Zurechtweisung hätte Simons Herz verhärtet und seine Reue erschwert. Aber die geduldige Ermahnung überzeugte ihn von seinem Fehlverhalten. Er erkannte das Ausmaß seiner Schuld dem Herrn gegenüber. Sein Stolz wurde gedemütigt, und er bereute. Aus dem stolzen Pharisäer wurde ein bescheidener, sich selbst aufopfernder Jünger.

HOFFNUNG FÜR MARIA

Maria galt als große Sünderin, doch Christus kannte die Umstände, die ihr Leben geprägt hatten. Er hätte jeden Funken Hoffnung in ihrem Herzen auslöschen können, doch er tat es nicht. Er war es, der sie aus der Verzweiflung und dem Verderben aufrichtete. Siebenmal hatte sie gehört, wie Jesus die Dämonen bedrohte, die ihren Geist und ihr Gemüt beherrschten (vgl. Lukas 8,2). Auch das laute Flehen, das Jesus ihretwegen an seinen Vater richtete, vernahm sie. Sie wusste, wie abstoßend die Sünde für seine unbefleckte Reinheit war, und sie überwand durch seine Kraft.

Während die Menschen dachten, Maria sei ein hoffnungsloser Fall, erkannte Christus in ihr die Fähigkeit, Gutes zu tun. Er sah die schöneren Züge ihres Charakters. Der Erlösungsplan hat der Menschheit großartige Möglichkeiten verliehen, und durch Maria sollten diese verwirklicht werden. Durch seine Gnade wurde sie zur Teilhaberin der göttlichen Natur (vgl. 2. Petrus 1,4). Die Gefallene, deren Verstand zur Behausung von Dämonen geworden war, wurde in die unmittelbare Nähe des Erlösers gebracht, in seine Gemeinschaft und in seinen Dienst. Es war Maria, die zu seinen Füßen saß, um von ihm zu lernen. Und es war ebenfalls Maria, die das kostbare Öl auf sein Haupt goss und seine Füße mit ihren Tränen netzte. Sie war es, die am Fuß des Kreuzes stand und Jesus bis zur Grabstätte begleitete. Maria war auch die Erste, die nach seiner Auferstehung beim Grab war und den anderen verkündete, dass der Erlöser auferstanden sei.

WER BITTET, WIRD EMPFANGEN

Jesus kennt die Lebensumstände eines jeden Menschen. Vielleicht sagst du von dir: »Ich bin sündig, sehr sündig.« Das mag sein. Doch je größer deine Schuld ist, desto mehr brauchst du Jesus. Er wendet sich von keinem ab, der unter Tränen bereut, und er erzählt niemandem etwas über das Verborgene der Seele, obwohl er es offenlegen könnte. Stattdessen bittet er jeden bangenden Menschen, Mut zu fassen. Er wird allen großzügig verzeihen, die zu ihm kommen, um Vergebung und Heilung zu erfahren.

Christus könnte die Engel beauftragen, die Schalen seines Zornes über unsere Erde auszugießen, um alle zu vernichten, die Gott hassen. Er könnte diesen dunklen Fleck aus dem Universum wegwischen, aber er tut es nicht. Heute steht er am Räucheraltar und bringt Gott die Gebete jener dar, die um seine Hilfe bitten.

Wer bei Jesus Zuflucht und Rettung sucht, wird über Anklagen und Wortgefechte erhoben. Kein Mensch und kein gefallener Engel kann diese Menschen beschuldigen. Christus verbindet sie mit seiner eigenen göttlich-menschlichen Natur. Sie stehen im Licht, das vom Thron Gottes ausgeht, neben dem großen Sündenträger. »Wer wagt es, gegen die Anklage zu erheben, die von Gott auserwählt wurden? Gott selbst ist ja der, der sie gerecht spricht. Wer sollte uns verurteilen? Christus Jesus selbst ist ja für uns gestorben. Mehr noch, er ist der Auferstandene. Er sitzt auf dem Ehrenplatz zur rechten Seite Gottes und tritt für uns ein.« (Römer 8,33.34 NLB)

TEIL 8

HÖHEPUNKTE IN JERUSALEM

»Und als er näher kam und die Stadt sah,
da weinte er über sie«

Lukas 19,41 ZÜ

KAPITEL 63

»DEIN KÖNIG KOMMT!«

*Matthäus 21,1-11; Markus 11,1-10; Lukas 19,29-44;
Johannes 12,12-19*

»Juble laut, du Volk von Zion! Freut euch, ihr Bewohner von Jerusalem! Seht, euer König kommt zu euch. Er ist gerecht und siegreich, und doch ist er demütig und reitet auf einem Esel – ja, auf dem Fohlen eines Esels, dem Jungen einer Eselin.« (Sacharja 9,9 NLB)

500 Jahre bevor Jesus geboren wurde, hatte der Prophet Sacharja mit diesen Worten dem Volk Israel das Kommen seines Königs vorausgesagt. Diese Weissagung sollte sich jetzt erfüllen. Er, der so lange königliche Ehren abgelehnt hatte, kam nun als der verheißene Erbe des Thrones Davids nach Jerusalem.

Es war am ersten Tag der Woche, als Christus mit großem Triumph in Jerusalem einzog. Scharen von Menschen, die nach Betanien geströmt waren, um ihn zu sehen, begleiteten ihn jetzt und wollten unbedingt seinen Empfang miterleben. Viele Menschen waren auf dem Weg in die Stadt, um das Passafest zu feiern. Auch sie schlossen sich der Menge an, die auf Jesus wartete. Die ganze Schöpfung schien sich zu freuen. Die Bäume waren in zartes Grün gekleidet, und ihre Blüten erfüllten die Luft mit köstlichem Duft. Neues Leben und Freude beseelte die Menschen. Wieder erwachte die Hoffnung auf das neue Königreich.

JESUS REITET AUF EINEM ESELFOHLEN

Jesus beabsichtigte, in Jerusalem einzuziehen, und hatte zwei seiner Jünger beauftragt, ihm eine Eselin mit deren Fohlen zu bringen. Schon bei seiner Geburt war der Erlöser von der Gastfreundschaft Fremder abhängig gewesen. Die Krippe, in der er einst gelegen hatte, war ausgeliehen gewesen. Und auch jetzt – obwohl ihm alles Vieh auf den umliegenden Hügeln gehörte – war er auf die Freundlichkeit eines Fremden angewiesen, der ihm ein Tier lieh, auf dem er als König in die Stadt Jerusalem einziehen konnte. Doch erneut offenbarte sich seine Göttlichkeit, selbst in den kleinsten Anweisungen, die er seinen Jüngern diesbezüglich gab. So, wie er es vorausgesagt hatte, wurde der Bitte: »Der Herr bedarf ihrer« (Matthäus 21,3b) bereitwillig entsprochen. Jesus wählte für sich das Fohlen aus, auf dem noch nie jemand gesessen hatte. Ganz begeistert legten die Jünger ihre Kleider auf den Rücken des Tieres und halfen ihrem Meister, sich darauf zu setzen. Weil Jesus bisher stets zu Fuß gegangen war, hatten sich die Jünger darüber gewundert, dass er lieber reiten wollte. Doch der freudige Gedanke, dass er nun in die Hauptstadt einziehen, sich zum König ausrufen lassen und seine königliche Macht bekunden würde, erfüllte ihre Herzen mit Hoffnung. Auf ihrem Botengang teilten sie den Freunden von Jesus ganz begeistert ihre Erwartungen mit. Überall machte sich Aufregung breit, die Spannung der Menschen steigerte sich ins Unermessliche.

Beim königlichen Einzug hielt sich Jesus an den jüdischen Brauch. Das Tier, auf dem er ritt, war – wie bereits bei den israelitischen Königen – ein Esel (vgl. 2. Samuel 16,2; 1. Könige 1,33.38). Die Propheten hatten vorausgesagt, dass der Messias auf diese Weise in sein Reich einziehen werde (vgl. Sacharja 9,9). Kaum saß Jesus auf dem Tier, zerriss lautes Triumphgeschrei die Luft. Die Menge begrüßte ihn freudig als Messias, als ihren König. Jesus nahm nun die Ehrerbietung an, die er vorher nie zugelassen hatte. Die Jünger sahen dies als Beweis dafür, dass ihre freudige Hoffnung nun in Erfüllung gehen würde und sie zusehen könnten, wie ihr Herr den Thron Israels aufrichtete. Die Menge war überzeugt, dass die Stunde ihrer Befreiung kurz bevorstand. Sie bildeten sich ein, das römische Heer würde aus Jerusalem vertrieben, und Israel würde einmal mehr zu einer unabhängigen Nation werden. Alle waren fröhlich und begeistert. Die Menschen versuchten, sich in der Ehrerbietung, die sie Jesus entgegenbrachten, gegenseitig zu übertreffen. Sie konnten zwar nicht mit äußerlichem Prunk aufwarten, doch sie verehrten ihn mit ihren frohen Herzen. Es war ihnen nicht möglich, ihn mit kostspieligen Gaben zu beschenken, aber sie breiteten ihre Obergewänder als Teppich auf seinem Weg aus und bestreuten diesen mit Oliven- und Palmzweigen. Der triumphale Umzug konnte nicht nach königlichem Maßstab ausgeführt werden, doch die Leute schnitten breitgefächerte Palmzweige ab und schwenkten sie als Siegeszeichen der Natur, begleitet von lautem Beifall und Hosiannarufen.

Je weiter sich der Zug vorwärtsbewegte, desto länger wurde er. All jene, die hörten, dass Jesus unterwegs war, eilten herbei, um sich dem Zug anzuschließen. Neugierige mischten sich unter die Menge und fragten: »Wer ist dieser?« (Matthäus 21,10b Elb.) Sie fragten sich auch, was denn dieser Tumult bedeuten sollte. Sie hatten alle von Jesus gehört und erwartet, er werde nach Jerusalem kommen. Doch sie wussten, dass er bis dahin jede Anstrengung, ihn auf den Thron zu erheben, verhindert hatte. Sie waren darum höchst erstaunt, als sie merkten, dass er es tatsächlich war. Sie fragten sich, was ihn wohl zu dieser Sinnesänderung bewogen haben könnte, da er doch erklärt hatte, sein Reich sei nicht von dieser Welt.

GEPRIESEN SEI DER SOHN DAVIDS!

Ihre Fragen gingen im lauten Triumphgeschrei unter. Immer wieder hörte man die Jubelrufe der erwartungsvollen Menge. Jene, die weiter weg waren, stimmten in die Jubelrufe ein, sodass diese von den umliegenden Hügeln und Tälern widerhallten. Und nun stieß der Umzug auf die Menge, die von Jerusalem her kam. Von den Scharen von Menschen, die sich zum Passafest versammelt hatten, zogen Tausende Jesus entgegen, um ihn willkommen zu heißen. Sie begrüßten ihn mit wedelnden Palmzweigen und lautem, geistlichem Gesang. Zur selben Zeit bliesen die Priester im Tempel die Posaune zum Abendgottesdienst, doch nur wenige folgten der Einladung. Die obersten Würdenträger waren bestürzt und sagten zueinander: »Alle Welt läuft ihm nach!« (Johannes 12,19b)

Nie zuvor hatte Jesus während seines Erdenlebens eine solche Kundgebung erlaubt. Er sah die Folgen klar voraus. Dies würde ihn ans Kreuz bringen. Doch es war seine Absicht, sich öffentlich als Erlöser vorzustellen. Er wollte die Aufmerksamkeit auf das Opfer lenken, das sein Wirken für eine gefallene Welt krönen sollte. Während sich das Volk in Jerusalem versammelte, um das Passafest zu feiern, weihte er sich selbst, das wahre Lamm Gottes, freiwillig als Opfergabe. In allen künftigen Zeiten würde es für seine Gemeinde notwendig sein, grundlegend und tief über seinen sühnenden Tod für die Welt nachzudenken. Alle damit verbundenen Ereignisse sollten ohne jeden Zweifel bestätigt werden können. Darum war es wichtig, dass der Blick des ganzen Volkes auf ihn gelenkt wurde. Die Ereignisse, die seinem großen Opfer vorausgingen, mussten so sein, dass sie die Aufmerksamkeit auf das Opfer selbst lenkten. Nach einer solchen Kundgebung, die seinen Einzug in Jerusalem begleitete, würden nun alle Menschen die rasche Entwicklung der abschließenden Geschehnisse verfolgen.

Ereignisse, die mit diesem triumphalen Einzug im Zusammenhang standen, würden in aller Munde sein, und jeder müsste an Jesus denken. Nach seiner Kreuzigung würden sich viele an diese Ereignisse im Zusammenhang mit seinem Verhör und seinem Tod erinnern. Dadurch würden sie veranlasst, die Weissagungen zu überprüfen. Sie würden zur Überzeugung gelangen, dass Jesus der Messias ist. In allen Ländern würde sich die Zahl derer, die zum Glauben an ihn kommen, vervielfachen.

Bei diesem einzigen triumphalen Ereignis seines irdischen Lebens hätte der Erlöser in Begleitung himmlischer Engel und durch die Posaune Gottes angekündigt erscheinen können. Doch ein derartiger Auftritt hätte dem Zweck seiner Mission und dem Gesetz, das sein Leben bestimmte, widersprochen. Seinem bescheidenen Los, das er auf sich genommen hatte, blieb er treu. Die Last des Menschseins musste er so lange tragen, bis sein Leben für das Leben der Welt dahingegeben war.

Dieser Tag, der den Jüngern wie die Krönung ihres Lebens erschien, wäre schnell von dunklen Wolken überschattet worden, hätten sie gewusst, dass dieser fröhliche Schauplatz nur der Auftakt für das Leiden und den Tod ihres Meisters war. Obwohl er ihnen wiederholt von seinem sicheren Opfertod erzählt hatte, vergaßen sie im fröhlichen Siegeszug seine bekümmerten Worte und sahen seiner erfolgreichen Herrschaft auf dem Thron Davids freudig entgegen.

Immer mehr Menschen schlossen sich dem Umzug an. Die meisten wurden von den Wogen der Begeisterung mitgerissen und stimmten in die Hosiannarufe ein, die von Hügeln und Tälern widerhallten. Fortwährend ertönten die Rufe: »Hosianna dem Sohn Davids! Gelobt sei, der da kommt im Namen des Herrn! Hosianna in der Höhe!« (Matthäus 21,9b)

Noch nie zuvor hatte die Welt einen solchen Triumphzug erlebt. Er glich nicht dem Einzug berühmter Welteroberer. Kein Tross von traurigen Gefangenen wurde als Beute der königlichen Heldentaten in diesem Geschehen zur Schau gestellt. Der Erlöser war vielmehr von den glorreichen Siegestrophäen seines Dienstes der Liebe für die sündige Menschheit umgeben. Da waren die Gefangenen, die er aus Satans Macht befreit hatte und die Gott jetzt für ihre Errettung priesen. Die Blinden, denen Jesus das Augenlicht zurückgegeben hatte, führten den Zug an. Stumme, deren Zunge er gelöst hatte, riefen am lautesten »Hosianna«. Gelähmte, die er geheilt hatte, sprangen vor Freude, brachen die meisten Palmzweige ab und schwenkten sie vor dem Erlöser hin und her. Witwen und Waisen priesen Jesus dafür, dass er ihnen Barmherzigkeit erwiesen hatte. Die Aussätzigen, die er rein gemacht hatte, breiteten ihre fleckenlosen Kleider über seinen Weg aus und jubelten ihm als König der Herrlichkeit zu. Auch jene, die durch seine Stimme aus dem Todesschlaf auferweckt worden waren, befanden sich in der Menge. Lazarus, dessen Körper im Grab bereits am Verwesen gewesen

553

war, sich nun aber der Stärke eines prächtigen Mannes erfreute, führte das Tier, auf dem Jesus ritt.

Viele Pharisäer waren Zeugen dieses Geschehens. Voller Neid und Arglist bemühten sie sich, die momentane Stimmung im Volk zu wenden. Mit ihrer ganzen Autorität versuchten sie, die Leute zum Schweigen zu bringen. Aber ihre Aufrufe und Drohungen ließen die Begeisterung nur noch ansteigen. Sie befürchteten, die Masse, die in so großer Überzahl war, werde Jesus zum König ausrufen. Nun blieb ihnen nur noch ein Ausweg. Sie zwängten sich durch die Menge bis zum Erlöser hin und belästigten ihn mit tadelnden und drohenden Worten: »Meister, weise doch deine Jünger zurecht!« (Lukas 19,39) Sie erklärten, dass solch lärmige Kundgebungen widerrechtlich und von den Behörden nicht erlaubt seien. Aber die Antwort von Jesus ließ sie verstummen: »Ich sage euch: Wenn diese schweigen werden, so werden die Steine schreien.« (Lukas 19,40) Gott selbst hatte diesen triumphalen Einzug in seinem Plan festgelegt. Dies wurde bereits durch den Propheten vorhergesagt, und Menschen waren machtlos, Gottes Absicht zu durchkreuzen. Hätten sie Gottes Plan nicht ausgeführt, hätte er den leblosen Steinen eine Stimme verliehen. Diese hätten seinem Sohn dann mit Beifall und Lob zugejubelt. Als sich die zum Schweigen gebrachten Pharisäer zurückzogen, stimmten hunderte von Menschen in die Worte des Propheten Sacharja ein: »Juble laut, du Volk von Zion! Freut euch, ihr Bewohner von Jerusalem! Seht, euer König kommt zu euch. Er ist gerecht und siegreich, und doch ist er demütig und reitet auf einem Esel – ja, auf dem Fohlen eines Esels, dem Jungen einer Eselin.« (Sacharja 9,9 NLB)

JESUS WEINT ÜBER JERUSALEM

Als der Umzug die Hügelkuppe erreicht hatte und im Begriff war, in die Stadt hinunter zu ziehen, hielt Jesus an und mit ihm die ganze Menge. Vor ihnen lag Jerusalem in seiner ganzen Pracht und erstrahlte im Licht der untergehenden Sonne. Der Tempel zog alle Blicke auf sich. In seiner stattlichen Erhabenheit überragte er alles andere, und es schien, als würde er zum Himmel zeigen, um das Volk auf den einzig wahren und lebendigen Gott hinzuweisen. Schon seit langer Zeit war der Tempel der ganze Stolz und Ruhm der jüdischen Nation. Selbst die Römer brüsteten sich mit seiner Herrlichkeit. Ein durch die Römer eingesetzter König hatte sich mit den Juden geeinigt, ihn umzubauen und zu verzieren, und der römische Kaiser sandte kostbare Geschenke für den Tempel in Jerusalem. Seine Erhabenheit, sein Reichtum und seine Pracht ließen ihn zu einem der Weltwunder werden.

Während die Sonne langsam im Westen sank und den Himmel in Feuer verwandelte, ließen ihre Strahlen den reinen, weißen Marmor der Tempelmauern rot aufleuchten, und die mit Gold verzierten Säulen glänzten. Vom Gipfel des Hügels aus, wo Jesus und seine Nachfolger standen, schien es, als wäre der Tempel ein gewaltiges Bauwerk aus Schnee, besetzt mit goldenen Zinnen. Am Eingang des Tempels stand ein von den geschicktesten Künstlern geschaffener Weinstock aus Gold und Silber mit grünen Blättern und großen Trauben. Dieses Werk stellte Israel als fruchtbaren Weinstock dar. Gold, Silber und lebendiges Grün waren von auserlesenem Geschmack und in ausgezeichneter Kunstfertigkeit miteinander verarbeitet worden. Seine Ranken wanden sich anmutig um die weißen, gleißenden Säulen und verbanden sich mit deren goldenen Ornamenten. Der Glanz der untergehenden Sonne ließ den Weinstock erstrahlen, als hätte ihm der Himmel seine Herrlichkeit verliehen.

Die Augen von Jesus schweiften über die Ebene. Die riesige Menge stand wie gebannt, und die Jubelrufe verstummten beim Anblick solch unerwarteter Schönheit. Alle Augen richteten sich auf den Erlöser. Sie erwarteten, dass sich auf seinem Angesicht dieselbe Bewunderung breitmachen werde, die sie selbst empfanden. Stattdessen bemerkten sie einen bekümmerten Ausdruck in seinem Gesicht. Sie waren überrascht und enttäuscht, als sie sahen, wie sich seine Augen mit Tränen füllten und sein Körper hin- und herschwankte wie ein Baum vor dem herannahenden Sturm. Wie aus der Tiefe eines gebrochenen Herzens kam ein gequältes Seufzen über seine bebenden Lippen. Welch ein Anblick war es für die Engel, ihren geliebten Befehlshaber qualvoll weinen zu sehen! Welch ein Anblick für die fröhliche Menge, die ihn mit Jubelrufen und wedelnden Palmzweigen, in der sehnlichsten Hoffnung, er werde dort seine Herrschaft antreten, zur prächtigen Stadt begleitet hatte! Jesus hatte am Grab von Lazarus geweint, doch dies geschah aus göttlichem Schmerz heraus, aus Mitgefühl menschlichem Leid gegenüber. Dieser unerwartete Kummer aber war wie ein klagender Ton in einem großen Jubelchor. Mitten in diesem freudigen Geschehen, wo ihn alle ehrten, stand der König Israels und weinte. Es waren keine stillen Freudentränen, sondern Tränen und Seufzer aus einer Qual heraus, die nicht unterdrückt werden konnte. Plötzlich machte sich eine drückende Stimmung in der Menge breit. Der Jubel war verstummt. Viele weinten aus Mitgefühl mit einem Kummer, den sie nicht nachvollziehen konnten.

Jesus weinte nicht in der Vorahnung auf sein eigenes Leiden. Gleich unterhalb von ihm lag Gethsemane, wo ihn bald die Schrecken einer großen Finsternis überschatten würden. Von dort aus konnte man auch das Schaftor sehen, durch welches jahrhundertelang die Tiere zur Opferung geführt wurden. Dieses Tor sollte schon bald geöffnet werden – für ihn, das große eigentliche Opfer[80] für die Sünden der Welt, auf das all diese Tieropfer symbolisch hingewiesen hatten. Nicht weit davon entfernt lag Golgatha, der Schauplatz seiner bevorstehenden Todesqualen. Doch der Erlöser weinte nicht und litt nicht an Seelenangst, weil all diese Dinge ihn an seinen grausamen Tod denken ließen. Sein Schmerz kam nicht aus einem eigennützigen Grund. Der Gedanke an das eigene Leiden konnte sein edles, selbstaufopferndes Wesen nicht einschüchtern. Es war der Anblick von Jerusalem, der ihn ins Herz traf – der Stadt, die den Sohn Gottes verworfen und seine Liebe verschmäht hatte, die es abgelehnt hatte, sich durch seine machtvollen Wunder überzeugen zu lassen, und nun im Begriff war, ihn zu töten. Jesus sah, wie es um sie stand. Er sah, wie sie ihren Erlöser verwarf und damit Schuld auf sich lud. Er wusste, was sie hätte sein können, wenn sie den Erlöser, der allein ihre Wunden hätte heilen können, angenommen hätte. Er war gekommen, Jerusalem zu retten. Wie konnte er es aufgeben?

Israel war ein bevorzugtes Volk. Gott hatte ihren Tempel zu seiner Wohnung gemacht. Dieser war »eine Freude für die ganze Welt« (Psalm 48,3b GNB) und bezeugte die über 1000 Jahre währende Fürsorge von Christus und die herzliche Liebe, wie sie ein Vater seinem einzigen Kind erweist. In diesem Tempel hatten die Propheten ihre ernsten Warnungen ausgesprochen. Hier wurden die Räuchergefäße geschwenkt, während der Weihrauch mit den Gebeten der Gläubigen zu Gott emporstieg. Hier floss das Blut der Opfertiere als Sinnbild für das Blut von Jesus, und hier offenbarte Jahwe seine Herrlichkeit über dem Gnadenthron. Hier versahen die Priester ihren Dienst, und hier fanden die prunkvollen, symbolischen Zeremonien seit Jahrhunderten statt. Doch all das sollte nun ein Ende haben.

JERUSALEM VOR DEM UNTERGANG

Jesus erhob seine Hand, jene Hand, die so oft Kranke und Leidende gesegnet hatte. Indem er auf die dem Untergang geweihte Stadt zeigte, rief er mit schmerzerfüllter Stimme aus: »Wenn doch auch du erkannt hättest, wenigstens noch an diesem deinem Tag, was zu deinem Frieden dient!« (Lukas 19,42a Schl.) Hier hielt der Erlöser inne. Die Worte blieben unausgesprochen, wie die Sache für Jerusalem ausgegangen wäre, wenn es die Hilfe, die Gott in der Gabe seines geliebten Sohnes zu geben wünschte, in Anspruch genommen

---

[80] Die Autorin verwendet hier den Fachbegriff »Antitypus« (Erfüllung, Gegenbild). Siehe dazu den Eintrag zu »Typologie« bei den Erklärungen, S. 821.

hätte. Wenn Jerusalem sein Vorrecht erkannt und auf das vom Himmel gesandte Licht geachtet hätte, hätte es im Stolz seines Wohlstands hervortreten können. Als Königin der Königreiche wäre es, dank der von Gott verliehenen Macht, frei geblieben. Keine bewaffneten Soldaten wären an seinen Toren gestanden, und keine römischen Fahnen hätten an seinen Mauern geweht. Der Sohn Gottes sah vor seinen Augen die wunderbare Vorsehung, mit der Jerusalem gesegnet worden wäre, hätte es seinen Erlöser angenommen. Er sah, dass die Stadt durch ihn von ihrer schweren Krankheit geheilt und aus der Knechtschaft befreit, zur mächtigsten Metropole der Welt hätte werden können. Von ihren Mauern wären die Friedenstauben zu allen Völkern geflogen, und Jerusalem wäre zum kostbarsten Diadem der Welt geworden (vgl. Jesaja 62,3).

Aber das herrliche Bild dessen, was Jerusalem hätte sein können, verblasste vor den Augen des Erlösers. Er erkannte, wie es um die Stadt stand, die vom römischen Joch unterdrückt, bei Gott in Ungnade gefallen und dem Untergang durch das göttliche Gericht der Vergeltung geweiht war. Dann fuhr er mit seiner Klage fort: »Jetzt aber bleibt es vor deinen Augen verborgen. Denn es werden Tage über dich kommen, da werden deine Feinde einen Wall um dich aufwerfen und dich umzingeln und dich von allen Seiten bedrängen; und sie werden dich samt deinen Kindern zerschmettern, und sie werden keinen Stein in dir auf dem anderen lassen, weil du die Zeit der Zuwendung nicht erkannt hast.« (Lukas 19,42b-44 ZÜ)

Jesus kam, um die Stadt Jerusalem und deren Kinder zu retten. Doch pharisäischer Stolz, Heuchelei, Eifersucht und Bosheit hatten ihn daran gehindert, sein Ziel zu erreichen. Jesus wusste, welch schreckliche Vergeltung die todgeweihte Stadt heimsuchen würde. Er sah, wie die Mauern Jerusalems von Armeen eingeschlossen und die Einwohner der belagerten Stadt in den Hungertod getrieben wurden. Er sah, wie Mütter die toten Körper ihrer eigenen Kinder verzehrten und wie sich Eltern und Kinder gegenseitig um den letzten Bissen stritten, weil die natürliche Zuneigung durch den quälenden Hunger zerstört worden war. Er sah, dass die Juden in derselben Halsstarrigkeit, wie sie seine Rettung ausgeschlagen hatten, auch eine Unterwerfung unter die angreifende Armee zurückweisen würden. Er sah den Hügel Golgatha, auf dem »der Menschensohn erhöht werden« sollte (Johannes 3,14), übersät mit Kreuzen wie die Bäume eines Waldes. Er sah das Elend der Einwohner, wie sie gefoltert und gekreuzigt und ihre wunderschönen Paläste zerstört wurden. Er erblickte den Tempel, wie er in Trümmern lag, wie von seinen ehemals mächtigen Mauern kein Stein auf dem anderen geblieben war und wie die Stadt einem gepflügten Acker glich. Es ist verständlich, dass der Erlöser in Anbetracht dieser furchtbaren Szenen von Schmerz erfüllt weinte.

Jerusalem war das Kind seiner besonderen Fürsorge. Wie ein liebevoller Vater über seinen widerspenstigen Sohn klagt, so weinte Jesus über die geliebte Stadt. »Wie kann ich dich aufgeben? Wie kann ich zusehen, wenn du dem Untergang geweiht bist? Muss ich dich gehen lassen, um die Schale deiner Bosheit aufzufüllen?« Ein einziger Mensch ist so wertvoll, dass im Vergleich dazu Welten bedeutungslos werden. Hier aber ging eine ganze Nation verloren! Mit der rasch untergehenden Sonne würde auch Jerusalems Gnadenzeit zu Ende gehen. Als der Zug auf der Höhe des Ölbergs anhielt, war es für Jerusalem noch nicht zu spät, um umzukehren. Der Engel der Barmherzigkeit faltete bereits seine Flügel, um vom goldenen Thron herabzusteigen und der Gerechtigkeit und dem schnell hereinbrechenden Gericht Platz zu machen. Doch das Herz von Jesus, das mit großer Liebe erfüllt war, flehte immer noch um die Stadt, die seine Gnadentaten verschmäht und seine Warnungen verachtet hatte, und nun im Begriff stand, ihre Hände mit seinem Blut zu beflecken. Wenn Jerusalem doch nur bereuen würde! Noch war es nicht zu spät. Könnte nicht, während die letzten Strahlen der untergehenden Sonne auf den Tempel, die Türme und Zinnen fielen, ein guter Engel die Stadt zu ihrem liebevollen Erlöser führen und ihren Untergang abwenden? Die wunderschöne aber unheilige Stadt, die die Propheten gesteinigt und den Sohn Gottes verworfen hatte, legte sich nun selbst durch ihre Verstocktheit die Fesseln der Knechtschaft an. Ihre Gnadenzeit war so gut wie abgelaufen!

Noch einmal sprach Gottes Geist zu Jerusalem. Bevor der Tag zu Ende ging, wurde ein weiteres Zeugnis für Christus gelegt. Die Zeugnis gebende Stimme wurde als Antwort auf den Ruf aus einer prophetischen Vergangenheit erhoben. Sollte Jerusalem den Ruf hören und den Erlöser aufnehmen, der durch ihre Tore eintrat, wäre noch Rettung möglich.

JESUS, DER VORHERGESAGTE MESSIAS

Berichte darüber, dass sich Jesus mit einer großen Menge der Stadt näherte, erreichten die Obersten in Jerusalem. Doch sie hießen den Sohn Gottes nicht willkommen. Voller Angst gingen sie ihm entgegen und hofften, sie könnten die Menschenmenge vertreiben. Als sich der Festzug anschickte, den Ölberg hinunterzugehen, wurde er von den Obersten aufgehalten. Sie erkundigten sich nach dem Grund der ungestümen Freude. »Wer ist dieser?« (Matthäus 21,10b Elb.), wollten sie wissen. Vom Geist der Eingebung erfüllt, beantworteten die Jünger die Frage. Beredt zitierten sie die folgenden messianischen Weissagungen:

Adam wird euch sagen: Er ist der Nachkomme der Frau, welcher der Schlange den Kopf zertreten soll (vgl. 1. Mose 3,15).

Fragt Abraham, er wird euch sagen: Er ist »Melchisedek, der König von Salem«, der König des Friedens (1. Mose 14,18a).

Jakob wird euch sagen: Er ist »Schilo« aus dem Stamm Juda (vgl. 1. Mose 49,10 Elb.).

Jesaja wird euch sagen: Er ist »Immanuel!« (Jesaja 7,14b) Und er heißt: »Wunder-Rat, Gott-Held, Ewig-Vater, Friede-Fürst.« (Jesaja 9,5b).

Jeremia wird euch sagen: Er ist der Spross Davids, »der Herr unserer Gerechtigkeit« (Jeremia 23,6b).

Daniel wird euch sagen: Er ist der Messias (vgl. Daniel, 9,25-27).

Hosea wird zu euch sagen: Er »ist der Gott Zebaoth, Herr ist sein Name« (Hosea 12,6).

Johannes der Täufer wird euch sagen: Er ist »das Lamm Gottes, das die Sünde der Welt hinwegnimmt« (Johannes 1,29b ZÜ).

Gott selbst hat vom Himmel herab verkündigt: »Dieser ist mein geliebter Sohn.« (Matthäus 3,17b Elb.)

Wir, seine Jünger, bekennen: Dieser Jesus ist der Messias, der Fürst des Lebens, der Erlöser der Welt!

Sogar der Fürst der Mächte der Finsternis erkannte ihn an, indem er sagte: »Ich weiß, wer du bist: der Heilige Gottes!« (Markus 1,24b)

KAPITEL 64

EIN VOLK STEHT VOR DEM UNTERGANG

Markus 11,11-14.20.21; Matthäus 21,17-20; Lukas 13,6-9

Der triumphale Einzug von Christus in Jerusalem war nur ein kleiner Vorgeschmack auf sein Kommen in den Wolken des Himmels mit großer Kraft und Herrlichkeit, inmitten der Siegesfreude der Engel und des Jubels der Heiligen. Dann werden sich die Worte von Christus erfüllen, die er an die Priester und Pharisäer gerichtet hatte: »Ihr werdet mich von jetzt an nicht sehen, bis ihr sprecht: Gelobt sei, der da kommt im Namen des Herrn!« (Matthäus 23,39) Dem Propheten Sacharja war jener Tag des abschließenden Triumphes in einem Gesicht gezeigt worden. Gleichzeitig hatte er das Schicksal derer gesehen, die Christus bei seinem ersten Kommen abgelehnt hatten: »Sie werden auf mich blicken, den sie durchbohrt haben, und werden über ihn wehklagen, wie man über den einzigen Sohn wehklagt, und werden bitter über ihn weinen, wie man bitter über den Erstgeborenen weint.« (Sacharja 12,10b Elb.) Dieses Geschehen sah Jesus auch voraus, als er die Stadt erblickte und über sie weinte. In der bevorstehenden Zerstörung von Jerusalem sah er die endgültige Vernichtung jener Menschen, die am Blut des Sohnes Gottes schuldig geworden waren.

DIE LETZTE WARNUNG BLEIBT UNBEACHTET

Die Jünger bemerkten den Hass der Juden auf Christus. Doch sie begriffen noch nicht, wohin dies führen wird. Sie erkannten noch nicht den wahren Zustand des jüdischen Volkes und hatten keine Ahnung von der Vergeltung, die Jerusalem heimsuchen wird. Christus erklärte ihnen dies anhand eines aussagekräftigen Gleichnisses. Die letzte Warnung war vergeblich an Jerusalem ergangen. Die Priester und Obersten hatten auf ihre Frage: »Wer ist der?« (Matthäus 21,10b) das prophetische Zeugnis aus der Vergangenheit noch einmal von der Menge gehört, doch sie erkannten dies nicht als göttliche Eingebung an. Zornig und bestürzt versuchten sie, die Volksmenge zum Schweigen zu bringen. Sie beschuldigten Jesus vor den römischen Beamten, die sich unter der Menge befanden, er sei der Anführer eines Aufstandes. Sie stellten es so dar, als wolle er nun den Tempel einnehmen und dann als König in Jerusalem herrschen.

Doch die ruhige Stimme von Jesus beschwichtigte die lärmende Menge für einen Augenblick, als er erneut erklärte, dass er nicht gekommen sei, eine weltliche Herrschaft aufzurichten. Er werde bald zu seinem Vater auffahren, und seine Ankläger würden ihn nicht mehr sehen, bis er in Herrlichkeit wiederkommt. Dann erst, wenn es für ihre Errettung zu spät sei, würden sie ihn anerkennen. Jesus war betrübt, als er dies sagte, doch er redete mit außerordentlicher Vollmacht. Die römischen Beamten waren überwältigt und schwiegen. Obwohl ihnen der göttliche Einfluss fremd war, waren sie tief bewegt wie nie zuvor. Im ruhigen und ernsthaften Gesichtsausdruck von Jesus sahen sie Liebe, Güte und stille Würde. Sie empfanden ein Mitgefühl, das sie sich nicht erklären konnten. Statt Jesus festzunehmen, waren sie eher geneigt, ihm Ehre zu erweisen. Sie wandten sich an die Priester und Obersten und warfen ihnen vor, den Aufruhr verursacht zu haben. Besiegt und verärgert richteten diese Würdenträger ihre Beschwerden nun an das Volk und stritten wütend untereinander.

In der Zwischenzeit ging Jesus unbemerkt zum Tempel. Dort war es ganz still, denn das Geschehen auf dem Ölberg hatte die Menschen angezogen. Für kurze Zeit verweilte er beim Tempel. Er betrachtete ihn mit sorgenvollem Blick. Dann kehrte er mit seinen Jüngern nach Betanien zurück. Als ihn die Menschen suchten, um ihn zum König zu küren, konnten sie ihn nirgends finden.

EINE ZEICHENHAFTE GERICHTSANKÜNDIGUNG

Die ganze Nacht verbrachte Jesus im Gebet. Am Morgen ging er wieder zum Tempel. Unterwegs kam er an einem Obstgarten mit Feigenbäumen vorbei. Er hatte Hunger, und »da sah er in einiger Entfernung einen Feigenbaum, der schon Blätter trug. Er ging hin, um zu sehen, ob nicht Früchte an ihm wären. Aber er fand nichts als Blätter, denn es war nicht die Jahreszeit für Feigen« (Markus 11,13 GNB).

In dieser Jahreszeit gab es noch keine reifen Feigen, außer in bestimmten Gegenden. In Bezug auf das höher gelegene Gebiet um Jerusalem konnte man jedenfalls sagen: »Es war nicht die Jahreszeit für Feigen.« Aber im

Obstgarten, in den Jesus kam, schien ein Baum allen anderen voraus zu sein. Seine Äste waren bereits voller Blätter. Es liegt in der Natur des Feigenbaums, dass zuerst die wachsende Frucht erscheint, bevor sich die Blätter öffnen. Weil dieser Baum voller Blätter war, erwartete man eigentlich eine Menge gut ausgereifter Früchte. Aber der Schein trog. Als Jesus den Baum vom untersten Ast bis zur höchsten Spitze nach Früchten absuchte, fand er »nichts als Blätter«. Es handelte sich bloß um ein vielversprechendes Blätterwerk, weiter nichts.

Da verfluchte Christus den Baum und sprach: »Nie wieder soll jemand von deinen Früchten essen!« (Markus 11,14a NLB) Am nächsten Morgen, als er mit seinen Jüngern wieder auf dem Weg in die Stadt war, fielen ihnen die verdorrten Zweige und die verwelkten Blätter auf. Petrus sagte verwundert: »Sieh doch, Rabbi! Der Feigenbaum, den du verflucht hast, ist vertrocknet!« (Markus 11,21b NLB)

Dass Christus diesen Feigenbaum verfluchte, überraschte die Jünger. Es schien, als stünde diese Tat im Gegensatz zu seinem sonstigen Tun und Handeln. Oft hatten sie ihn sagen hören, dass er nicht gekommen sei, die Welt zu verdammen, sondern zu erlösen. Sie dachten an seine Worte: »Der Menschensohn ist nicht gekommen, das Leben der Menschen zu vernichten, sondern zu erhalten.« (Lukas 9,56a Anm.) Sein wunderbares Handeln hatte stets dazu beigetragen wiederherzustellen, niemals aber zu zerstören. Die Jünger hatten ihn immer als den erlebt, der erneuerte und heilte. Diese Tat war so ganz anders. Darum fragten sie sich, was er wohl damit beabsichtigte.

Gott »hat Gefallen an Gnade« (Micha 7,18 Elb.). »Aber der Herr, der mächtige Gott, sagt: So gewiss ich lebe, mir macht es keine Freude, wenn ein Mensch wegen seiner Vergehen sterben muss.« (Hesekiel 33,11a GNB) Für ihn ist das Vernichten und Verurteilen »befremdend«. Es heißt: »Befremdend ist sein Werk und ... seltsam ist seine Arbeit« (Jesaja 28,21b Elb.). Aus Erbarmen und Liebe lüftete er das Geheimnis der Zukunft und offenbarte den Menschen die Folgen ihrer sündigen Wege.

EIN BAUM OHNE FRÜCHTE

Das Verfluchen des Feigenbaums war eine gleichnishafte Handlung. Dieser unfruchtbare Baum, der unmittelbar vor Jesus sein üppiges Laubwerk zur Schau stellte, war ein Sinnbild für die jüdische Nation. Jesus wollte seinen Jüngern damit deutlich machen, was die Ursache für Israels sicheren Untergang war. Zu diesem Zweck stattete er den Baum mit moralischen Eigenschaften aus, damit er die göttliche Wahrheit darstellen konnte. Die Juden unterschieden sich von allen anderen Nationen, denn sie bekannten sich zum Bündnis mit Gott. Sie waren von Gott besonders bevorzugt worden und erhoben den Anspruch, gerechter zu sein als alle anderen Völker. Doch die Liebe zur Welt und die Gier nach Gewinn hatten sie verdorben. Sie prahlten mit ihrer Erkenntnis, wussten jedoch nichts von Gottes Forderungen und waren durch und durch scheinheilig. So wie der unfruchtbare Baum streckten auch sie ihre Äste protzig in die Höhe. Diese sahen zwar üppig aus und waren für das Auge schön anzusehen, doch sie brachten nichts als Blätter hervor. Die jüdische Religion mit ihrem prachtvollen Tempel, ihren geweihten Altären, ihren edel gekleideten Priestern und den beeindruckenden Zeremonien war äußerlich zwar schön anzusehen, doch Demut, Liebe und Güte fehlten.

Auch alle anderen Bäume im Obstgarten trugen keine Früchte, doch diese blätterlosen Bäume weckten keine Erwartungen und führten deshalb auch zu keiner Enttäuschung. Diese Bäume stellten die Heiden dar. So wie den Juden fehlte auch ihnen die Frömmigkeit. Doch sie hatten nicht vorgegeben, Gott zu dienen, und erhoben nicht den vermessenen Anspruch, gut zu sein. Sie waren blind für Gottes Wirken und kannten seine Wege nicht. Für sie »war nicht die Zeit für Feigen« (Markus 11,13) angebrochen. Sie warteten noch immer auf den Tag, der ihnen Licht und Hoffnung bringen würde. Das Volk Israel aber, das größere Segnungen von Gott erhalten hatte, würde Rechenschaft ablegen müssen für den Missbrauch dieser Gaben. Die Vorrechte, auf die sie so stolz waren, ließen ihre Schuld nur größer werden.

Jesus war hungrig zum Feigenbaum gekommen und hoffte, etwas Essbares zu finden. Genauso war er zum Volk Israel gekommen, hungernd nach Früchten der Gerechtigkeit. Er hatte sie mit seinen Gaben überhäuft und gehofft, dass sie Früchte zum Segen der Welt erbringen würden. Jede Gelegenheit und jedes Vorrecht wurde ihnen gewährt. Als Gegenleistung suchte er nach ihrem Mitgefühl und ihrer Mitarbeit in seinem Gnadenwerk. Er sehnte sich danach, in ihnen Aufopferungsbereitschaft, Mitgefühl und Begeisterung für Gott zu sehen, sowie das tiefe Verlangen des Herzens nach der Erlösung ihrer Mitmenschen. Hätten sie Gottes Gesetz gehalten, wären sie in ihrem Tun ebenso selbstlos gewesen wie Christus. Doch die Liebe zu Gott und zu den Mitmenschen wurde von Stolz und Selbstzufriedenheit in den Hintergrund gedrängt. Dadurch, dass sie sich weigerten, anderen zu dienen, brachten sie Unglück über sich selbst. Die Schätze der Wahrheit, die ihnen Gott anvertraut hatte, gaben sie nicht an die Welt weiter. Am Beispiel des unfruchtbaren Feigenbaums konnten sie ihre Sünde und deren Bestrafung erkennen. Unter dem Fluch des Erlösers verwelkt und bis an die Wurzel vertrocknet, stand der Feigenbaum da und wies auf den Zustand des jüdischen

Volkes hin, wenn ihm Gottes Gnade entzogen würde. Weigerten sie sich, den Segen weiterzugeben, würden sie diesen auch nicht länger empfangen. »›Es ist dein Untergang, Israel, dass du dich gegen mich, deinen einzigen Helfer, gewandt hast‹, sagte der Herr.« (Hosea 13,9 GNB)

DIE LETZTE MÖGLICHKEIT WIRD AUSGESCHLAGEN

Die Warnung gilt für alle Zeiten. Der durch Christus ausgesprochene Fluch über den Baum, den er aus eigener Macht erschaffen hatte, ist eine Warnung an alle Kirchen und Christen. Niemand kann Gottes Gesetz erfüllen, ohne dem Nächsten zu dienen. Aber es gibt viele, die nicht wie Christus ein barmherziges und selbstloses Leben führen. Einige, die sich selbst für ausgezeichnete Christen halten, verstehen nicht, was der Dienst für Gott alles umfasst. Sie überlegen und streben danach, sich selbst zu gefallen, und handeln nur in ihrem eigenen Interesse. Zeit bedeutet ihnen nur dann etwas, wenn sie diese zu ihrem eigenen Nutzen einsetzen können. In allen Lebensbereichen ist das ihr einziges Ziel. Sie dienen nicht anderen, sondern nur sich selbst. Gott aber erschuf sie für eine Welt, in der ein selbstloser Dienst getan werden muss. Er bestimmte sie dazu, ihren Mitmenschen auf jede nur mögliche Art und Weise zu helfen. Doch ihr Ich ist so groß, dass sie nichts anderes sehen können. Sie haben keine Beziehung zu den Menschen. Wer auf diese Weise nur für sich selbst lebt, gleicht dem Feigenbaum, der so vielversprechend aussah, aber unfruchtbar war. Solche Menschen halten zwar die Formen des Gottesdienstes ein, doch ohne Reue und ohne Glauben. Sie geben vor, Gottes Gesetz zu ehren, doch es mangelt ihnen an Gehorsam. Sie reden nur und handeln nicht. Im Urteil, das Christus über den Feigenbaum aussprach, zeigte er auf, wie abscheulich in seinen Augen dieser aufgeblasene Anspruch ist. Er machte deutlich, dass jemand, der für alle sichtbar sündigt, weniger Schuld hat als einer, der vorgibt, Gott zu dienen, aber keine Frucht zu dessen Ehre hervorbringt.

Das Gleichnis vom Feigenbaum, das Jesus bereits vor seinem Besuch in Jerusalem erzählt hatte (vgl. Lukas 13,6-9), stand in direktem Zusammenhang mit der Lehre, die er ihnen vermittelte, als er den fruchtlosen Baum verfluchte. Im Gleichnis bat der Gärtner für den unfruchtbaren Baum: »Herr, lass ihn noch dieses Jahr, bis ich um ihn grabe und ihn dünge; vielleicht bringt er doch noch Frucht; wenn aber nicht, so haue ihn ab.« (Lukas 13,8.9) Dieser unfruchtbare Baum musste besser gepflegt werden. Er sollte in den Genuss jedes Vorteils kommen. Würde er trotzdem keine Frucht bringen, könnte ihn nichts vor der Vernichtung bewahren. Im Gleichnis wurde nichts über den Erfolg des Gärtners vorausgesagt. Das hing ganz von den Leuten ab, zu denen Christus diese Worte sprach. Der unfruchtbare Baum stellte sie dar, und es lag an ihnen, über ihr eigenes Schicksal zu entscheiden. Jede Annehmlichkeit, die der Himmel zu geben vermochte, wurde ihnen geschenkt, doch sie zogen keinen Nutzen aus dem vermehrten Segen. Als Christus den nutzlosen Feigenbaum verfluchte, wurde das Ergebnis sichtbar. Sie hatten ihren eigenen Untergang festgelegt.

Mehr als 1000 Jahre lang hatte die jüdische Nation Gottes Barmherzigkeit verschmäht und dadurch sein Gericht heraufbeschworen. Sie hatten seine Warnungen abgelehnt und seine Propheten umgebracht. Als Jesus auf dieser Erde wirkte, machten sich die Menschen dieser Sünden ebenfalls schuldig, indem sie denselben Weg einschlugen. Die Schuld dieser Generation lag darin, dass sie die Segnungen und Warnungen ihrer Zeit verwarf. Die Fesseln, die die Nation Jahrhunderte lang geschmiedet hatte, legte sie sich nun selbst an.

In jedem Zeitalter werden den Menschen Tage des Lichts und der Vorrechte gewährt, eine Prüfungszeit, in der sie sich mit Gott versöhnen können. Doch diese Gnadenzeit hat eine Grenze. Die Gnade mag jahrelang inständig bitten und dennoch geringgeschätzt und verworfen werden. Aber es kommt eine Zeit, in der der Ruf der Gnade zum letzten Mal ertönt. Das Herz kann so verhärtet werden, dass es aufhört, auf Gottes Geist zu antworten. Dann wird der Sünder nicht mehr von der freundlichen, gewinnenden Stimme angefleht. Belehrungen und Warnungen verstummen.

Für Jerusalem war diese Zeit nun gekommen. Jesus weinte vor Schmerz über die dem Untergang geweihte Stadt, doch er konnte sie nicht retten. Er hatte alle Möglichkeiten ausgeschöpft. Indem Israel die Warnungen des Heiligen Geistes zurückwies, lehnte es die einzig mögliche Hilfe ab. Es gab keine andere Macht, die es noch hätte retten können.

DIE WAHRHEIT BLEIBT VERBORGEN

Die jüdische Nation war ein Sinnbild der Menschen aller Zeitalter, welche die Bitten der unendlichen Liebe Gottes verachten. Die Tränen, die Jesus über Jerusalem weinte, galten den Sünden aller Zeiten. In den Gerichten, die Israel angekündigt wurden, können alle, die die Ermahnungen und Warnungen des Heiligen Geistes ablehnen, ihre eigene Verurteilung erkennen.

In dieser Generation gibt es viele Menschen, die denselben Weg einschlagen wie einst die ungläubigen Juden. Ihnen wird die Macht Gottes offenbart, und der Heilige Geist spricht zu ihren Herzen. Doch sie halten an ihrem

Unglauben und Widerstand fest. Gott lässt sie warnen und zurechtweisen; doch sie wollen ihre Fehler nicht eingestehen. Sie lehnen seine Botschaft ab und weisen seine Boten zurück. Gerade die Mittel, die Gott zu ihrer Rettung einsetzt, werden für sie zum Stein des Anstoßes.

Gottes Propheten wurden vom abgefallenen Israel gehasst, weil sie dessen verborgene Sünden ans Licht brachten. König Ahab betrachtete Elia als seinen Feind, weil der Prophet gewissenhaft seine geheimen Sünden tadelte. So ergeht es auch heute denen, die Christus dienen. Wer die Sünde anprangert, erntet Verachtung und Ablehnung. Die biblische Wahrheit und der christliche Glaube kämpfen gegen eine starke Strömung von sittlichem Zerfall. Die Vorurteile in den Herzen der Menschen sind heute sogar noch größer als in der damaligen Zeit. Christus entsprach nicht den Erwartungen der Menschen. Sein Leben war ein stetiger Vorwurf gegen ihre Sünden. Deshalb verwarfen sie ihn. So stimmt auch heute die Wahrheit aus Gottes Wort nicht mit dem Verhalten und den natürlichen Neigungen der Menschen überein. Darum lehnen Tausende das Licht der Wahrheit ab. Von Satan beeinflusst, zweifeln Menschen an Gottes Wort und wollen lieber unabhängig urteilen. Sie wählen lieber die Dunkelheit als das Licht und gefährden dadurch ihre Erlösung. Jene, die damals an den Worten von Christus Anstoß nahmen, fanden ständig neuen Anlass zur Kritik, bis sie sich von der Wahrheit und dem Leben abwandten (vgl. Johannes 14,6). So ist es auch heute. Gott hat nicht die Absicht, jeden Einwand zu beseitigen, den ein weltlich gesinnter Mensch gegen die Wahrheit vorbringen mag. Wer sich den kostbaren Strahlen des Lichts, welche die Finsternis erhellen, verschließt, dem bleibt das Wort Gottes für immer ein Geheimnis. Ihm bleibt die Wahrheit verborgen. Er läuft blind umher und erkennt das Verderben nicht, das ihm bevorsteht.

Von der Anhöhe des Ölbergs aus überschaute Christus die Welt und all ihre Zeitalter. Seine Worte gelten jedem Menschen, der die Fürsprache der göttlichen Gnade geringschätzt. Heute wendet er sich an dich, wenn du ein Spötter seiner Liebe bist: »Wenn du doch nur erkannt hättest, was dir Frieden bringt!« (Lukas 19,42 Hfa) Christus vergießt bittere Tränen für dich, der du keine Tränen für dich selbst hast. Diese verhängnisvolle Hartherzigkeit, welche die Pharisäer ins Verderben führte, zeigt sich bereits in deinem Herzen. Jeder Beweis der göttlichen Gnade und jeder Lichtstrahl, der von Gott ausgeht, wird das Herz entweder erweichen und überwältigen oder in seiner hoffnungslosen Verstocktheit bestärken.

Christus sah voraus, dass die Einwohner Jerusalems starrsinnig und verstockt bleiben würden. Doch all die Schuld und die Folgen der zurückgewiesenen Barmherzigkeit Gottes lagen in ihrer Verantwortung. So wird es allen Menschen ergehen, die denselben Weg wählen. Gott sagte: »Es ist dein Untergang, Israel, dass du dich gegen mich, deinen einzigen Helfer, gewandt hast.« (Hosea 13,9a GNB) Und: »Die ganze Erde soll es hören: Ich will Unheil bringen über dieses Volk, es ist der gerechte Lohn für ihre Machenschaften. Denn sie haben meine Worte in den Wind geschlagen und meine Weisungen missachtet.« (Jeremia 6,19 Hfa)

KAPITEL 65

DER TEMPEL WIRD ERNEUT GEREINIGT

*Matthäus 21,12-16.23-46; Markus 11,15-19.27-33; 12,1-12;
Lukas 19,45-48; 20,1-19*

Zu Beginn seines Dienstes hatte Christus all jene aus dem Tempel vertrieben, die diesen durch ihren gottlosen Handel entheiligten (vgl. Kapitel 16 in diesem Buch). Sein ernstes, göttliches Auftreten hatte die gerissenen Händler in Angst und Schrecken versetzt. Nun, am Ende seines Wirkens, kam er erneut in den Tempel und fand ihn genauso entweiht vor wie früher. Die Zustände waren sogar noch schlimmer geworden. Der Vorhof des Tempels glich einem riesigen Viehmarkt. Das Schreien der Tiere und das laute Klimpern der Münzen vermischten sich mit dem Lärm der zornig feilschenden Händler. Dazwischen hörte man die Stimmen der Priester, die ihren heiligen Dienst versahen. Selbst die Würdenträger des Tempeldienstes widmeten sich dem Kaufen und Verkaufen und tätigten Wechselgeschäfte. Völlig beherrscht von ihrer Gewinnsucht, waren sie in den Augen Gottes nicht besser als Diebe.

EIN HERZLOSER DIENST

Wie wenig erkannten die Priester und Obersten doch den Ernst des Amtes, das sie zu erfüllen hatten! An jedem Passa- und Laubhüttenfest wurden Tausende von Tieren geopfert; ihr Blut wurde von den Priestern aufgefangen und auf den Altar gegossen. Die Israeliten hatten sich an die Blutopfer gewöhnt und die Tatsache beinahe aus den Augen verloren, dass es die Sünde war, die dieses ganze Blutvergießen der Tiere nötig machte. Sie erkannten nicht, dass es das Blut des geliebten Gottessohns versinnbildete, welches für das Leben der Welt vergossen werden sollte. Das Darbringen der Opfer sollte die Menschen auf den gekreuzigten Erlöser hinweisen.

Jesus blickte auf die unschuldigen Opfertiere und sah, wie die Juden diese großen Veranstaltungen zum Schauplatz des Blutvergießens und der Unmenschlichkeit gemacht hatten. Anstatt demütig ihre Sünden zu bereuen,

DER TEMPEL WIRD ERNEUT GEREINIGT | 65

hatten sie die Tieropfer vervielfacht, so als könnte Gott durch einen herzlosen Dienst geehrt werden. Die Priester und Obersten hatten ihre Herzen durch Eigennutz und Habgier verhärtet. Gerade jene Symbole, die auf das Lamm Gottes hinwiesen, hatten sie benutzt, um sich zu bereichern. Auf diese Weise war die Heiligkeit des Opferdienstes in den Augen des Volkes weitgehend zerstört worden. Jesus war empört darüber, denn er wusste, dass sein Blut, das er bald für die Sünden der Welt vergießen sollte, von den Priestern und Obersten genauso wenig geschätzt werden würde wie das Blut der Tiere, das sie unaufhörlich fließen ließen.

Christus hatte sich bereits durch die Propheten deutlich gegen diese Handlungsweisen ausgesprochen. Samuel sagte: »Hat der HERR so viel Lust an Brandopfern und Schlachtopfern wie daran, dass man der Stimme des HERRN gehorcht? Siehe, Gehorchen ist besser als Schlachtopfer, Aufmerken besser als das Fett der Widder.« (1. Samuel 15,22 Elb.) Jesaja, der in einer prophetischen Vision den Abfall des jüdischen Volkes sah, redete sie als Herrscher von Sodom und Gomorra an: »Hört das Wort des Herrn, ihr Herrscher von Sodom! Vernimm die Weisung unseres Gottes, du Volk von Gomorra! Was soll ich mit euren vielen Schlachtopfern?, spricht der Herr. Die Widder, die ihr als Opfer verbrennt, und das Fett eurer Rinder habe ich satt, das Blut der Stiere, der Lämmer und Böcke ist mir zuwider. Wenn ihr kommt, um mein Angesicht zu schauen – wer hat von euch verlangt, dass ihr meine Vorhöfe zertrampelt? ... Wascht euch, reinigt euch! Lasst ab von eurem üblen Treiben! Hört auf, vor meinen Augen Böses zu tun! Lernt, Gutes zu tun! Sorgt für das Recht! Helft den Unterdrückten! Verschafft den Waisen Recht, tretet ein für die Witwen!« (Jesaja 1,10-12.16.17 EÜ)

Christus, der diese Weissagungen selbst gegeben hatte, wiederholte die Warnung nun zum letzten Mal. Als das Volk Jesus zum König von Israel ausgerufen hatte, war die Vorhersage in Erfüllung gegangen. Er hatte die Ehrerbietung empfangen und das Amt als König angenommen. In dieser Rolle musste er nun handeln. Er wusste, dass seine Anstrengungen, eine korrupte Priesterschaft zu erneuern, vergeblich sein würden. Trotzdem musste sein Auftrag ausgeführt werden. Einem ungläubigen Volk musste bewiesen werden, dass sein Auftrag von Gott war.

PRIESTER UND HÄNDLER FLIEHEN

Wieder ließ Jesus seinen durchdringenden Blick über den entweihten Vorhof schweifen. Alle Augen waren auf ihn gerichtet. Priester und Oberste, Pharisäer und Heiden blickten erstaunt und ehrfürchtig zu ihm auf, der in der

Majestät des himmlischen Königs vor ihnen stand. Die Göttlichkeit leuchtete durch seine menschliche Natur und verlieh ihm eine Würde und Herrlichkeit, die er nie zuvor offenbart hatte. Jene, die ihm am nächsten standen, wichen so weit zurück, wie es die Menge zuließ. Mit Ausnahme einiger seiner Jünger stand Jesus allein da. Jeder Laut war verstummt. Die tiefe Stille schien unerträglich. Und nun sprach Christus mit einer Vollmacht, die das Volk wie ein gewaltiger Sturm erfasste: »Es heißt in der Schrift: ›Mein Haus soll ein Haus des Gebetes sein.‹ Ihr aber macht eine Räuberhöhle daraus!« (Matthäus 21,13 NGÜ; vgl. Jesaja 56,7) Seine Stimme schallte wie eine Posaune durch den Tempel. Das Missfallen auf seinem Angesicht schien wie ein verzehrendes Feuer. Mit Vollmacht befahl er: »Schafft das fort von hier!« (Johannes 2,16b ZÜ)

Drei Jahre zuvor waren die Obersten des Tempels sehr beschämt darüber gewesen, dass sie auf den Befehl hin vor Jesus geflohen waren. Seitdem hatten sie sich über ihre Furcht und über ihren widerspruchslosen Gehorsam diesem einen, demütigen Mann gegenüber gewundert. Ihnen war klar geworden, dass sich ein solch unwürdiger Abgang nicht wiederholen durfte. Doch jetzt war ihre Angst größer als zuvor, sodass sie seine Anweisungen noch hastiger ausführten. Niemand wagte es, seine Autorität in Frage zu stellen. Priester und Händler flohen, ihr Vieh vor sich her treibend, aus seiner Gegenwart.

Auf ihrer Flucht aus dem Tempel begegneten sie einer Gruppe von Menschen, die ihre Kranken zum großen Arzt bringen wollten. Der Bericht, den die Fliehenden gaben, veranlasste jedoch einige, wieder umzukehren. Sie fürchteten sich davor, diesem Mächtigen gegenüberzutreten, dessen Blick die Priester und Obersten aus seiner Gegenwart vertrieben hatte. Doch viele drängten sich voller Sehnsucht durch die davoneilende Menge, um den zu erreichen, der ihre einzige Hoffnung war. Sie gesellten sich zu denen, die im Tempel zurückgeblieben waren, als viele diesen fluchtartig verließen. Erneut war der Vorhof des Tempels voll von Kranken und Sterbenden, und einmal mehr kümmerte sich Jesus um sie.

KINDER LOBEN GOTT

Einige Zeit später wagten sich die Priester und Obersten zurück in den Tempel. Als sich ihre panische Angst gelegt hatte, wollten sie unbedingt wissen, was Jesus als Nächstes tun würde. Sie erwarteten, dass er den Thron Davids einnehmen würde. Als sie leise zum Tempel zurückkehrten, hörten sie, wie Männer, Frauen und Kinder Gott priesen. Sie traten ein, blieben stehen

DER TEMPEL WIRD ERNEUT GEREINIGT | 65

und schauten wie gebannt auf das großartige Geschehen. Sie sahen, wie die Kranken geheilt wurden. Blinde konnten wieder sehen, Taube wieder hören und Lahme hüpften vor Freude. Am meisten freuten sich die Kinder, denn Jesus hatte ihre Krankheiten geheilt. Er hatte sie in seine Arme geschlossen und nahm die Küsse ihrer dankbaren Zuneigung entgegen. Einige von ihnen waren, während er das Volk lehrte, an seiner Brust eingeschlafen. Nun erhoben die Kinder ihre fröhlichen Stimmen zu seiner Ehre. Sie riefen Hosianna wie am Tag zuvor und schwenkten triumphierend ihre Palmzweige vor dem Erlöser hin und her. Ihre Jubelrufe widerhallten im ganzen Tempel: »Gelobt sei, der da kommt im Namen des Herrn!« (Psalm 118,26a) – »Siehe, dein König kommt zu dir, ein Gerechter und ein Helfer.« (Sacharja 9,9b) – »Hosianna dem Sohn Davids!« (Matthäus 21,9b)

Der Klang dieser fröhlichen und ungehemmten Stimmen war eine Beleidigung für die Obersten des Tempels, und sie begannen diese Bekundungen zu stoppen. Sie sagten den Leuten, Gottes Haus sei durch die Füße der Kinder und durch die Freudenrufe entweiht worden. Als sie merkten, dass ihre Worte keinen Eindruck auf die Leute machten, wandten sie sich an Jesus und fragten ihn: »Hörst du, was die da rufen?« Jesus sagte zu ihnen: »Gewiss! Habt ihr denn nie gelesen, was in den Heiligen Schriften steht: ›Du, Gott, sorgst dafür, dass die Unmündigen und die kleinen Kinder dich preisen‹?« (Matthäus 21,16; vgl. Psalm 8,3) Durch Propheten war vorausgesagt worden, dass Christus zum König ausgerufen werden würde. Dieses Wort musste erfüllt werden. Die Priester und Obersten von Israel weigerten sich, seine Herrlichkeit zu verkünden. Darum bewegte Gott die Herzen der Kinder, ihn zu bezeugen. Wären die Stimmen der Kinder still geblieben, hätten sogar die Säulen des Tempels die Ehre des Retters verkündigt.

Die Pharisäer waren völlig verblüfft und beunruhigt. Hier befahl einer, den sie nicht einschüchtern konnten. Jesus hatte seine Stellung als Wächter des Tempels eingenommen. Nie zuvor war er mit einer solch königlichen Autorität aufgetreten, und nie zuvor hatten seine Worte und Taten eine solch großartige Kraft besessen. Jesus hatte in ganz Jerusalem erstaunliche Werke vollbracht, aber nie zuvor auf eine so feierliche und eindrückliche Art und Weise. Im Beisein der vielen Menschen, die diese wunderbaren Taten miterlebt hatten, wagten es die Priester und Obersten nicht, ihm ihre Feindseligkeit offen zu zeigen. Es war ihnen nicht möglich, an diesem Tag Weiteres gegen ihn zu unternehmen, obwohl sie über seine Antwort aufgebracht und bestürzt waren.

Am nächsten Morgen beriet man im Hohen Rat erneut, wie man gegen Jesus vorgehen könnte. Drei Jahre zuvor hatten sie ein Zeichen seiner

Messianität gefordert. Seitdem hatte er im ganzen Land mächtige Wunder gewirkt. Er hatte Kranke geheilt und auf wundersame Weise Tausende gespeist. Er war auf den Wellen gegangen und hatte dem aufgewühlten Meer geboten, still zu werden. Wiederholt hatte er in menschliche Herzen geblickt, die wie ein offenes Buch vor ihm lagen. Er hatte Dämonen ausgetrieben und Tote zum Leben erweckt. Damit hatten die religiösen Führer ausreichende Beweise dafür, dass er der Messias war. Nun beschlossen sie, keine weiteren Zeichen seiner Vollmacht mehr zu fordern, sondern ihm ein Zugeständnis oder ein Wort zu entlocken, aufgrund dessen sie ihn verurteilen könnten.

DIE NIEDERLAGE DER PHARISÄER

Als sie sich wieder zum Tempel begaben, wo Jesus lehrte, fragten sie ihn weiter: »Woher nimmst du dir das Recht, hier so aufzutreten? Wer gab dir die Vollmacht dazu?« (Markus 11,28 Hfa) Sie erwarteten, er würde behaupten, seine Autorität komme von Gott. Eine solche Aussage würden sie bestreiten. Doch Jesus stellte ihnen eine Gegenfrage, bei der es scheinbar um ein ganz anderes Thema ging, und er machte seine Antwort von ihrer Antwort auf seine Gegenfrage abhängig: »Geschah die Taufe des Johannes im Auftrag Gottes oder war es nur die Tat eines Menschen? Antwortet mir!« (Markus 11,30 NLB)

Die Priester erkannten, dass sie in einem Dilemma waren und kein Täuschungsmanöver ihnen hier heraushelfen konnte. Hätten sie gesagt, die Johannestaufe sei vom Himmel gewesen, wäre ihre Widersprüchlichkeit offenbar geworden. Dann hätte Christus sie gefragt: Warum habt ihr dann nicht an ihn geglaubt? Johannes hatte in Bezug auf Jesus verkündet: »Seht her! Da ist das Lamm Gottes, das die Sünde der Welt wegnimmt!« (Johannes 1,29b NLB) Würden die Priester dem Zeugnis des Täufers glauben, wie konnten sie dann leugnen, dass Jesus der Messias war? Hätten sie ihre wahre Überzeugung zugegeben, wonach das Lehramt des Täufers von Menschen stammte, wäre ein Sturm der Entrüstung über sie hereingebrochen, denn das Volk glaubte, dass Johannes ein Prophet gewesen war.

Gespannt wartete die Menge auf eine Antwort. Alle wussten, dass sich die Priester zum Werk des Johannes bekannt hatten, und erwarteten nun von ihnen ohne zu zögern eine Bestätigung, dass Johannes von Gott gesandt worden war. Nachdem die Priester heimlich darüber beraten hatten, beschlossen sie, sich nicht festzulegen. Heuchlerisch gaben sie vor, unwissend zu sein, und sagten: »Wir wissen es nicht.« Da entgegnete Jesus: »Dann sage ich euch auch nicht, woher ich die Vollmacht habe, so zu handeln.« (Markus 11,33)

DER TEMPEL WIRD ERNEUT GEREINIGT | 65

Die Schriftgelehrten, Priester und Obersten waren alle verstummt. Fassungslos, enttäuscht und mit gesenktem Blick standen sie da und wagten es nicht, Jesus weitere Fragen zu stellen. Wegen ihrer Feigheit und Unentschlossenheit hatten sie beim Volk schon viel von ihrem Ansehen eingebüßt. Die Leute, die dabeistanden, waren über die Niederlage der stolzen und selbstgerechten Männer belustigt.

All diese Worte und Taten von Christus waren bedeutsam. Ihr Einfluss sollte nach seiner Kreuzigung und Himmelfahrt in viel größerem Maß spürbar werden. Viele von denen, die gespannt auf die Antwort von Jesus gewartet hatten, wurden später seine Nachfolger. An jenem ereignisreichen Tag fühlten sie sich zum ersten Mal durch seine Worte zu ihm hingezogen. Ihre Erinnerungen an das Geschehen im Tempelhof sollten nie mehr verblassen. Der Gegensatz zwischen Jesus und dem Hohenpriester wurde deutlich, als sie miteinander sprachen. Der stolze Würdenträger des Tempels war in prächtige und teure Gewänder gehüllt. Auf seinem Haupt trug er einen Kopfbund mit einem funkelnden Diadem (vgl. 2. Mose 29,6 Elb.). Sein Auftreten war majestätisch. Sein Haar und sein wallender Bart hatten sich mit dem Alter silbergrau verfärbt. Seine Erscheinung erfüllte die Zuschauer mit ehrfürchtiger Scheu. Vor dieser erhabenen Persönlichkeit stand die Majestät des Himmels, schlicht und ohne jeden Schmuck. Das Gewand, das Jesus trug, war von der Reise schmutzig. Auf seinem blassen Gesicht lag ein Ausdruck von Geduld und Traurigkeit. Dennoch drückte es Erhabenheit und Güte aus. Dies stand in sonderbarem Gegensatz zum stolzen, selbstbewussten und gereizten Gebaren des Hohenpriesters. Viele von denen, die die Worte und Werke von Jesus im Tempel miterlebten, verehrten ihn von da an in ihrem Herzen als einen Propheten Gottes. Je mehr sich jedoch das Wohlwollen des Volkes ihm zuwandte, desto größer wurde der Hass der Priester auf Jesus. Die Klugheit, mit der er sich immer wieder aus den Schlingen befreite, die ihm die Pharisäer legten, bewies erneut seine Göttlichkeit, lieferte jedoch auch neuen Zündstoff für ihren Zorn.

In seiner Auseinandersetzung mit den Rabbinern war es nicht die Absicht von Jesus, seine Widersacher zu demütigen. Er freute sich nicht darüber, sie in einer misslichen Lage zu sehen. Doch musste er ihnen eine wichtige Lektion erteilen. Er hatte seine Feinde gedemütigt, indem er zuließ, dass sie sich in dem Netz verfingen, das sie für ihn ausgelegt hatten. Dadurch, dass sie ihre Unwissenheit bezüglich der Taufe des Johannes eingestanden, hatte Jesus die Möglichkeit, sich zu äußern. Er nutzte die Gelegenheit, um ihnen ihre wirkliche Lage bewusst zu machen, und den vielen Warnungen, die er bereits an sie gerichtet hatte, noch eine weitere hinzuzufügen.

DIE ANKLÄGER VERURTEILEN SICH SELBST

»Was meint ihr aber?«, fragte Jesus. »Es hatte ein Mann zwei Söhne und ging zu dem ersten und sprach: Mein Sohn, geh hin und arbeite heute im Weinberg. Er antwortete aber und sprach: Nein, ich will nicht. Danach reute es ihn, und er ging hin. Und der Vater ging zum zweiten Sohn und sagte dasselbe. Der aber antwortete und sprach: Ja, Herr! und ging nicht hin. Wer von den beiden hat des Vaters Willen getan?« (Matthäus 21,28-31a)

Diese unerwartete Frage überrumpelte seine Zuhörer. Sie waren dem Gleichnis aufmerksam gefolgt und antworteten nun sofort: »Der erste.« (Matthäus 21,31b) Indem er seinen ruhigen Blick auf sie richtete, erwiderte Jesus mit ernster und feierlicher Stimme: »Ich versichere euch: Die Zolleinnehmer und die Prostituierten werden eher in die neue Welt Gottes kommen als ihr. Der Täufer Johannes ist gekommen und zeigte euch, was ihr jetzt tun müsst, um Gottes Willen zu erfüllen; aber ihr habt ihm nicht geglaubt. Die Zolleinnehmer und die Prostituierten haben ihm geglaubt! Aber ihr – nicht einmal als ihr das saht, habt ihr euch besonnen und ihm Glauben geschenkt.« (Matthäus 21,31c.32 GNB)

Den Priestern und Obersten blieb nichts anderes übrig, als korrekt auf die Frage von Jesus zu antworten; und so äußerten sie ihre Meinung zugunsten des ersten Sohnes. Dieser Sohn stellte die Zolleinnehmer dar, die von den Pharisäern verachtet und gehasst wurden. Die Zöllner hatten sich sehr unmoralisch verhalten und das Gesetz Gottes tatsächlich übertreten. Ihr Leben war von einem entschlossenen Widerstand gegen Gottes Forderungen gekennzeichnet. Sie waren undankbar und unheilig. Als sie aufgefordert wurden, im Weinberg des Herrn zu arbeiten, lehnten sie es verächtlich ab. Als aber Johannes kam und zur Umkehr und Taufe aufrief, nahmen sie seine Botschaft an und ließen sich taufen.

Der zweite Sohn stellte die Führer der jüdischen Nation dar. Einige der Pharisäer hatten sich bekehrt und sich von Johannes taufen lassen. Doch die Führer Israels wollten nicht zugeben, dass Johannes von Gott gesandt war. Seine Warnungen und Anklagen führten nicht zu einer Erneuerung. Sie »lehnten hochmütig Gottes Hilfe ab. Sie ließen sich nicht von Johannes taufen« (Lukas 7,30 Hfa). Sie verschmähten seine Botschaft und handelten wie der zweite Sohn, der zwar ja sagte, als er aufgerufen wurde, dann aber doch nicht hinging. Auch die Priester und Ratsmitglieder gaben vor, gehorsam zu sein, handelten aber unfolgsam. Sie legten großartige Gelübde ihrer Frömmigkeit ab und behaupteten, Gottes Gesetz zu gehorchen, doch sie leisteten nur einen falschen Gehorsam. Die Zöllner wurden von den Pharisäern als

Ungläubige verurteilt und verflucht. Durch ihren Glauben und ihre Werke zeigten sie aber, dass sie eher ins Himmelreich eingehen würden als diese selbstgerechten Männer, die so viel Licht empfangen hatten, deren Werke jedoch nicht mit der Frömmigkeit übereinstimmten, die sie vorgaben.

Die Priester und Obersten waren nicht gewillt, diese eindringliche Wahrheit anzunehmen. Sie blieben still und hofften, Jesus werde etwas sagen, was sie gegen ihn verwenden könnten. Stattdessen aber mussten sie sich noch mehr anhören.

DAS GLEICHNIS VOM WEINBERG

»Hört ein anderes Gleichnis: Es war ein Hausherr, der pflanzte einen Weinberg und zog einen Zaun darum und grub eine Kelter darin und baute einen Turm und verpachtete ihn an Weingärtner und ging außer Landes. Als nun die Zeit der Früchte herbeikam, sandte er seine Knechte zu den Weingärtnern, damit sie seine Früchte holten. Da nahmen die Weingärtner seine Knechte: Den einen schlugen sie, den zweiten töteten sie, den dritten steinigten sie. Abermals sandte er andere Knechte, mehr als das erste Mal; und sie taten mit ihnen dasselbe. Zuletzt aber sandte er seinen Sohn zu ihnen und sagte sich: Sie werden sich vor meinem Sohn scheuen. Als aber die Weingärtner den Sohn sahen, sprachen sie zueinander: Das ist der Erbe; kommt, lasst uns ihn töten und sein Erbgut an uns bringen! Und sie nahmen ihn und stießen ihn zum Weinberg hinaus und töteten ihn. Wenn nun der Herr des Weinbergs kommen wird, was wird er mit diesen Weingärtnern tun?« (Matthäus 21,33-40)

Jesus hatte alle Anwesenden angesprochen, doch die Priester und Ratsmitglieder antworteten: »Er wird diese heimtückischen Mörder einen schrecklichen Tod sterben lassen und den Weinberg an andere Bauern verpachten, die ihm nach jeder Ernte seinen Anteil geben.« (Matthäus 21,41 NLB) Zunächst hatten sie die Bedeutung dieses Gleichnisses nicht verstanden; doch nun erkannten sie, dass sie sich eben ihr eigenes Urteil gesprochen hatten. Im Gleichnis wurde Gott mit dem Weinbergbesitzer dargestellt, und der Weinberg war die jüdische Nation. Der Zaun bedeutete Gottes Gesetz und diente zu ihrem Schutz. Der Turm versinnbildete den Tempel. Der Weinbergbesitzer hatte alles Erdenkliche für die Fruchtbarkeit des Weinbergs getan. »Was hätte ich für meinen Weinberg noch mehr tun können, das ich nicht getan habe?«, fragte er (Jesaja 5,4a NLB). Auf diese Weise wurde Gottes unermüdliche Fürsorge für Israel ausgedrückt. So wie die Weingärtner ihrem Herrn einen gebührenden Anteil an den Früchten des Weinbergs zurückzugeben hatten, so sollte Israel Gott durch eine Lebensführung ehren, die seinen heiligen Vorrechten entsprach. Doch so wie die Weingärtner die Knechte töteten, die der Besitzer zu ihnen gesandt hatte, um nach den Früchten zu sehen, hatte auch das Volk Israel immer wieder die Propheten umgebracht, die Gott zu ihnen gesandt hatte, um sie zur Umkehr aufzurufen. Ein Bote nach dem anderen wurde ermordet. Bis hierhin konnte die Bedeutung des Gleichnisses nicht in Frage gestellt werden, und das, was nun folgte, war nicht weniger einleuchtend. Im geliebten Sohn, den der Herr des Weinberges letztendlich zu seinen ungehorsamen Knechten schickte, den sie ergriffen und erschlugen, erkannten die Priester und Obersten ein eindeutiges Abbild von Jesus und seinem bevorstehenden Schicksal. Sie planten ja bereits, denjenigen zu töten, den der Vater als letzten Mahnruf zu ihnen gesandt hatte. Die Strafe, die über die undankbaren Weingärtner verhängt wurde, stellte den Untergang derer dar, die für den Tod von Christus verantwortlich sein würden.

DIE WARNUNG VON JESUS WIRD VERSTANDEN

Voller Mitleid blickte der Erlöser auf sie und fuhr fort: »Habt ihr nie in den Schriften gelesen: ›Der Stein, den die Bauleute verworfen haben, dieser ist zum Eckstein geworden; von dem Herrn her ist er dies geworden, und er ist wunderbar in unseren Augen‹? Deswegen sage ich euch: ›Das Reich Gottes wird von euch weggenommen und einer Nation gegeben werden, die ihre Früchte bringen wird. Und wer auf diesen Stein fällt, wird zerschmettert werden; aber auf wen er fallen wird, den wird er zermalmen.‹« (Matthäus 21,42-44 Elb.)

Diese Prophezeiung hatten die Juden oft in den Synagogen wiederholt und auf den kommenden Messias bezogen. Christus war der »Eckstein« der jüdischen Heilsordnung und des ganzen Erlösungsplans. Jetzt waren die jüdischen Baumeister, also die Priester und Obersten, im Begriff, dieses Fundament zu verwerfen. Der Erlöser machte sie auf die Weissagungen aufmerksam, die auf die Gefahr hinwiesen, in der sie sich selbst befanden. Mit allen ihm zur Verfügung stehenden Mitteln versuchte er ihnen klarzumachen, welch verhängnisvolle Tat sie zu tun im Begriff waren.

Mit seinen Worten verfolgte er noch eine weitere Absicht. Die Frage: »Wenn nun der Herr des Weinbergs kommen wird, was wird er mit diesen Weingärtnern tun?« (Matthäus 21,40) war dazu gedacht, dass sie die Pharisäer so beantworten würden, wie sie dies auch getan hatten. Jesus wollte, dass sie sich selbst das Urteil sprechen. Seine Warnungen, die sie nicht zur

DER TEMPEL WIRD ERNEUT GEREINIGT | 65

Umkehr bewegen konnten, würden ihren Untergang besiegeln, doch er wollte sie erkennen lassen, dass sie das Verderben über sich selbst gebracht hatten. Es war seine Absicht, ihnen Gottes Gerechtigkeit dadurch nahezubringen, dass er ihnen ihre nationalen Rechte entzog. Dieser Prozess hatte bereits begonnen und würde nicht nur mit der Zerstörung des Tempels und ihrer Stadt zu Ende gehen, sondern mit der Zerstreuung des ganzen Volkes.

Die Zuhörer verstanden die Warnung. Aber trotz des Urteils, das sie selbst über sich ausgesprochen hatten, waren die Priester und Obersten bereit, das Bild vom Weinberg zu erfüllen, indem sie erklärten: »Das ist der Erbe; kommt, lasst uns ihn töten!« (Matthäus 21,38b) »Und sie trachteten danach, ihn zu ergreifen; aber sie fürchteten sich vor dem Volk« (Matthäus 21,46), denn das Volk war Jesus gegenüber freundlich gesinnt.

Als Christus die Weissagung vom verworfenen Eckstein zitierte, bezog er sich auf eine Begebenheit, die sich in Israels Geschichte tatsächlich zugetragen hatte. Sie stand im Zusammenhang mit dem Bau des ersten Tempels und hatte eine besondere Bedeutung für das erste Kommen von Christus. Dieses Beispiel hätte die jüdischen Obersten besonders tief beeindrucken sollen. Auch heute soll es uns eine Lehre sein.

Bei der Errichtung des salomonischen Tempels wurden die riesigen Steine für das Fundament und das Mauerwerk bereits im Steinbruch fertig zugehauen. Einmal beim Bauplatz angekommen, durften sie mit keinem Werkzeug mehr bearbeitet werden. Die Arbeiter mussten sie nur noch in die richtige Lage bringen. Für das Fundament wurde ein Stein von ungewöhnlicher Größe und Form gebracht. Die Arbeiter aber konnten keinen Platz für ihn finden und nahmen ihn deshalb nicht an. Der nutzlose Stein war ihnen im Weg und beeinträchtigte sie in ihrer Arbeit. So blieb der verworfene Stein lange liegen. Doch als die Bauleute den Eckstein legen mussten, suchten sie lange nach einem passenden Stein, der genügend groß und stark war und die entsprechende Form besaß, um diesen besonderen Platz einzunehmen und das immense Gewicht zu tragen, das einmal auf ihm ruhen würde. Hätten sie für diesen wichtigen Platz den falschen Stein ausgewählt, wäre die Sicherheit des ganzen Gebäudes gefährdet gewesen. Sie mussten einen Stein finden, der dem Einfluss der Sonne, des Frostes und des Sturms standhalten konnte. Verschiedentlich hatten sie schon Steine ausgesucht, doch alle barsten unter dem ungeheuren Druck des gewaltigen Gewichtes. Andere hielten den unvorhergesehenen Veränderungen des Klimas nicht stand. Schließlich wurde man auf den Stein aufmerksam, der so lange unbeachtet dagelegen hatte. Er war lange der Sonne, dem Wind und dem Unwetter ausgesetzt gewesen, ohne dass er den kleinsten Riss aufgewiesen hätte. Die Bauleute untersuchten diesen Stein. Bis dahin hatte er, bis auf einen, alle Beweise erbracht, dass er der richtige Stein war. Sollte er den Belastungstest des enormen Drucks bestehen, wollten sie ihn als Eckstein verwenden. Der Versuch wurde gemacht. Der Stein wurde für gut befunden. Man schaffte ihn an die vorgesehene Stelle, fügte ihn ein und stellte fest, dass er genau passte.

CHRISTUS, DER ECKSTEIN

In einer Vision wurde dem Propheten Jesaja gezeigt, dass dieser Stein ein Sinnbild für Christus war. Er schrieb: »Den Herrn der Heere sollt ihr heilig halten; vor ihm sollt ihr euch fürchten, vor ihm sollt ihr erschrecken. Er wird das Heiligtum sein für die beiden Reiche Israels: der Stein, an dem man anstößt, der Felsen, an dem man zu Fall kommt. Eine Schlinge und Falle wird er sein für alle, die in Jerusalem wohnen. Viele stolpern darüber, sie fallen und zerschellen; sie verstricken und verfangen sich.« (Jesaja 8,13-15 EÜ) In die Zeit des ersten Advents entrückt, sah der Prophet in einer Vision, dass Christus Prüfungen und Versuchungen durchstehen musste. Diese waren bereits in der Belastung des Ecksteins am salomonischen Tempel versinnbildlicht worden. »So spricht Gott, der Herr: ›Seht her, ich lege einen Grundstein in Zion, einen harten und kostbaren Eckstein, ein Fundament, das sicher und fest ist: Wer glaubt, der braucht nicht zu fliehen.‹« (Jesaja 28,16 EÜ)

In seiner unendlichen Weisheit wählte Gott den Grundstein aus und legte ihn selbst. Gott nannte ihn »ein Fundament, das sicher und fest ist«. Mag auch die ganze Welt mit ihren Lasten und ihrem Kummer darauf liegen – dieser Stein kann alles tragen. Mit größter Zuversicht kann man darauf bauen. Christus ist ein »harter und kostbarer Eckstein«. Er enttäuscht keinen, der ihm vertraut. Er ertrug jede Prüfung. Er hielt dem Druck von Adams Schuld und der seiner Nachkommen stand. Aus jeder Prüfung ging er als glorreicher Überwinder der Mächte des Bösen hervor. Er nahm die Lasten auf sich, die ihm alle reumütigen Sünder auferlegt hatten. In Christus findet der schuldbeladene Mensch Erleichterung und Befreiung, denn er ist das sichere Fundament. Wer sich auf ihn verlässt, ruht in völliger Sicherheit.

In Jesajas Prophezeiung wurde Christus als der sichere Grund und als ein Stein des Anstoßes beschrieben. Der Apostel Petrus schrieb unter der Eingebung des Heiligen Geistes, für wen Christus ein sicherer Grund und für wen er ein Stein des Anstoßes ist:

»Denn ihr habt erfahren, wie gütig der Herr ist. Kommt zu ihm, dem lebendigen Stein, der von den Menschen verworfen, aber von Gott auserwählt und geehrt worden ist! Lasst euch als lebendige Steine zu einem geistigen

Haus aufbauen, zu einer heiligen Priesterschaft, um durch Jesus Christus geistige Opfer darzubringen, die Gott gefallen. Denn es heißt in der Schrift: Seht her, ich lege in Zion einen auserwählten Stein, einen Eckstein, den ich in Ehren halte; wer an ihn glaubt, der geht nicht zugrunde. Euch, die ihr glaubt, gilt diese Ehre. Für jene aber, die nicht glauben, ist dieser Stein, den die Bauleute verworfen haben, zum Eckstein geworden, zum Stein, an den man anstößt, und zum Felsen, an dem man zu Fall kommt. Sie stoßen sich an ihm, weil sie dem Wort nicht gehorchen.« (1. Petrus 2,3-8 EÜ)

Für alle, die glauben, ist Christus der sichere Grund. Sie sind es, die auf den Fels fallen und zerschellen. Wer sich Christus unterwirft und ihm vertraut, wird hier so beschrieben. Auf den Felsen zu fallen und zu zerschellen bedeutet, seine Selbstgerechtigkeit aufzugeben und sich demütig wie ein Kind an Christus zu wenden, seine Übertretungen zu bereuen und der vergebenden Liebe von Christus zu vertrauen. So bauen wir also im Vertrauen und Gehorsam auf Christus, der unser Fundament ist.

Auf diesen lebendigen Stein können Juden und Heiden in gleicher Weise bauen. Dies ist der einzige Grund, auf den wir sicher bauen können. Er ist breit genug für alle und genügend stark, um das Gewicht und die Last der ganzen Welt zu tragen. Durch die Verbindung mit Christus, dem lebendigen Stein, werden alle, die auf diesen Grundstein bauen, selbst lebendige Steine werden. Viele Menschen haben sich durch eigene Bemühungen behauen, poliert und verschönert. Trotzdem können sie keine »lebendigen Steine« (1. Petrus 2,5 EÜ) werden, weil sie nicht mit Christus verbunden sind. Ohne diese Verbindung kann niemand gerettet oder erlöst werden. Wenn Christus nicht in uns lebt, können wir den Stürmen der Versuchung nicht widerstehen. Unser ewiges Heil hängt davon ab, ob wir auf den sicheren Grund gebaut haben. Heute bauen viele Menschen auf Fundamente, die nicht erprobt worden sind. Wenn der Regen fällt, der Sturm tobt und die Fluten steigen, wird ihr Haus einstürzen, weil es nicht auf den ewigen Felsen gebaut worden ist, den auserwählten Eckstein: Jesus Christus.

Allen, die »sich an ihm stoßen, weil sie dem Wort nicht gehorchen«, wird Christus zu einem Stein des Anstoßes (1. Petrus 2,8 EÜ). Doch »dieser Stein, den die Bauleute verworfen haben«, ist »zum Eckstein geworden« (1. Petrus 2,7b EÜ). Wie dieser verworfene Stein hat auch Christus in seinem Erdenleben Verachtung und Schande ertragen. »Er war der Allerverachteteste und Unwerteste, voller Schmerzen und Krankheit. Er war so verachtet, dass man das Angesicht vor ihm verbarg; darum haben wir ihn für nichts geachtet.« (Jesaja 53,3) Aber schon bald sollte er verherrlicht werden. Durch seine Auferstehung von den Toten wurde er als »Sohn Gottes in Macht« (Römer 1,4b ZÜ) bezeichnet. Bei seinem zweiten Kommen wird er als Herr des Himmels und der Erde offenbart werden. Diejenigen, die ihn ans Kreuz brachten, werden einmal seine Größe erkennen. Vor dem ganzen Universum wird dieser verworfene Stein zum Eckstein werden.

DER STEIN ZERSTÖRT DIE NATION

»Der Stein wird jeden zermalmen, auf den er fällt.« (Matthäus 21,44b NLB). Die Menschen, die Christus damals ablehnten, mussten bald erleben, wie ihre Stadt und ihre Nation vernichtet wurden. Ihre Herrlichkeit sollte vergehen und wie Staub im Wind verstreut werden. Was zerstörte die jüdische Nation? Es war dieser »Felsen«. Hätten sie auf ihn gebaut, wären sie in Sicherheit gewesen. Gottes Güte aber wurde verachtet, seine Gerechtigkeit verschmäht und seine Gnade geringgeschätzt. Menschen machten sich selbst zu Feinden Gottes. Alles, was zu ihrem Heil hätte dienen können, brachte ihnen Vernichtung. Alles, was Gott für sie zum Leben bestimmt hatte, gereichte ihnen zum Tod. Mit der Kreuzigung von Christus besiegelten die Juden die Zerstörung Jerusalems. Das Blut, das auf Golgatha vergossen wurde, war die Last, die sie für diese wie auch die zukünftige Welt untauglich machte. So wird es auch am Jüngsten Tag sein. Alle, die Gottes Gnade verworfen haben, werden in das Gericht Gottes kommen. Christus, ihr »Stein des Anstoßes«, wird ihnen dann als ein Berg der Vergeltung erscheinen. Die Herrlichkeit seines Angesichts, die für die Gläubigen Leben bedeutet, wird für die Gottlosen ein verzehrendes Feuer sein. Der Sünder wird vernichtet werden, weil er Gottes Liebe zurückgewiesen und dessen Gnade missachtet hat.

Mit vielen Bildern und wiederholten Warnungen wies Jesus auf die Folgen hin, mit denen die Juden rechnen mussten, wenn sie Gottes Sohn verwarfen. Diese Worte richten sich an alle Menschen in jedem Zeitalter, die Jesus nicht als ihren Erlöser annehmen wollen. Jede Warnung gilt auch ihnen. Der entweihte Tempel, der ungehorsame Sohn, die untreuen Weingärtner und die hochmütigen Baumeister – sie alle finden ihr Gegenstück im Leben eines jeden Sünders. Ohne Reue und Umkehr wird auch ihn das Verderben treffen, das all diese Bilder ankündigen.

KAPITEL 66

AUSEINANDER-SETZUNGEN

Matthäus 22,15-46; Markus 12,13-40; Lukas 20,20-47

Die Priester und Obersten hatten sich den scharfen Tadel von Christus schweigend angehört, konnten seine Anklagen jedoch nicht widerlegen. Sie waren nur umso entschlossener, ihn zu ergreifen. Zu diesem Zweck schickten sie Spione zu ihm, die so tun sollten, als wären sie fromm, »um ihn bei einem Wort zu fassen, damit sie ihn der Obrigkeit und der Gewalt des Statthalters ausliefern könnten« (Lukas 20,20 Schl.). Doch sie schickten nicht die alten Pharisäer zu ihm, denen Jesus schon oft begegnet war, sondern junge Leute, die eifrig und begeistert waren und von denen sie dachten, Christus werde sie nicht erkennen. Diese wurden von einigen Männern des Herodes begleitet. Sie sollten sich die Worte von Christus anhören, um bei seinem Strafprozess gegen ihn aussagen zu können. Die Pharisäer und die Herodianer waren eigentlich erbitterte Feinde, doch in der Feindschaft gegenüber Jesus waren sie sich einig.

JESUS UND DIE STEUERN

Die Pharisäer[81] hatten sich stets gegen das Eintreiben der Steuern durch die Römer aufgelehnt und dachten, die Tributzahlungen stünden im Widerspruch zu Gottes Gesetz. Nun sahen sie darin eine Möglichkeit, Christus eine Falle zu stellen. Die Spione kamen zu ihm und fragten scheinbar aufrichtig, als wollten sie nur wissen, was ihre Pflicht sei: »Meister, wir wissen, dass das, was du sagst und lehrst, richtig ist und du dich nicht von der Meinung anderer beeinflussen lässt. Du lehrst die Wege Gottes, und was du sagst, ist wahr. Sage uns nun: Ist es richtig, dem Kaiser Steuern zu zahlen, oder nicht?« (Lukas 20,21.22 NLB)

Hätten sie die Worte: »Wir wissen, dass das, was du sagst und lehrst, richtig ist« ehrlich gemeint, wäre dies ein wunderbares Bekenntnis gewesen. Ihre Aussage war zwar richtig, wurde jedoch nur dazu ausgesprochen, um Jesus zu

---

81 Siehe Erklärungen »Religionsparteien, jüdische«, S. 819f.

TEIL 8 | DER SIEG DER LIEBE

täuschen. Die Pharisäer wussten sehr wohl, dass er die Wahrheit sagte und lehrte. Aufgrund ihrer eigenen Aussage werden sie einmal gerichtet werden. Jene, die Jesus die Frage stellten, meinten, ihre Absicht sei ausreichend getarnt. Jesus aber las in ihren Herzen wie in einem offenen Buch und erkannte ihre Heuchelei: »Warum stellt ihr mir eine Falle?«, fragte er. Indem er ihre verborgene Absicht aufdeckte, gab er ihnen ein Zeichen, um das sie nicht gebeten hatten. Sie wurden noch verlegener, als er hinzufügte: »Reicht mir eine Silbermünze.« Sie gaben ihm eine. »Wessen Bild und Name ist darauf?«, fragte er. Sie antworteten: »Das Bild und der Name des Kaisers.« Da wies Jesus auf die Inschrift auf der Münze hin und sagte: »Dann gebt dem Kaiser, was dem Kaiser gehört, und gebt Gott, was Gott gehört!« (Markus 12,15-17 NGÜ) Die Spione hatten erwartet, dass Jesus ihre Frage sofort bejahen oder verneinen würde. Hätte er gesagt, dass es rechtswidrig sei, dem Kaiser Steuern zu zahlen, hätten sie ihn bei den römischen Behörden angezeigt und er wäre wegen Anstiftung zum Aufruhr verhaftet worden. Hätte er aber gesagt, das Entrichten der Steuern sei rechtens, hätten sie ihn vor dem Volk beschuldigt, dem Gesetz zu widersprechen. Nun aber waren sie verblüfft und fühlten sich geschlagen. Ihre Pläne waren durchkreuzt. Er beantwortete ihre Frage derart treffend, dass sie nichts mehr entgegnen konnten.

Jesus war damit ihrer Frage nicht ausgewichen, sondern hatte sie aufrichtig beantwortet. In seiner Hand hielt er die römische Münze, in welche der Name und das Bild des Kaisers eingeprägt waren. Er erklärte ihnen, dass sie – weil sie unter der schützenden Macht Roms lebten – auch die von ihr geforderte Unterstützung erbringen sollten, solange dies nicht mit höheren Verpflichtungen in Konflikt geriet. Doch während sie sich als friedliche Bürger den Gesetzen des Landes unterwarfen, sollte ihre Treue zu Gott stets an erster Stelle stehen.

Mit den Worten: »Dann ... gebt Gott, was Gott gehört« (Markus 12,17b NGÜ) wies Jesus die hinterhältigen jüdischen Führer scharf zurecht. Wären sie ihren Verpflichtungen Gott gegenüber gewissenhaft nachgekommen, wäre ihre Nation nicht auseinandergebrochen, und sie hätten sich keiner fremden Macht unterwerfen müssen. Dann hätte keine römische Flagge über Jerusalem geweht, keine römische Wache an ihren Toren gestanden und kein römischer Statthalter innerhalb ihrer Mauern geherrscht. Dies war der Preis, den die jüdische Nation als Folge ihres Abfalls von Gott bezahlte.

Als die Pharisäer die Antwort von Christus hörten, »waren sie so verblüfft, dass sie Jesus in Ruhe ließen und weggingen« (Matthäus 22,22 NGÜ). Er hatte ihre Heuchelei und Anmaßung gerügt und dabei einen wichtigen Grundsatz aufgestellt, der die menschlichen Verpflichtungen gegenüber einer zivilen Regierung und Gott festlegt. Damit war für viele eine umstrittene Frage geklärt. Von da an hielten sie sich an den richtigen Grundsatz. Obwohl viele unzufrieden weggingen, hatten sie erkannt, dass das Prinzip, welches dieser Frage zugrunde lag, damit deutlich aufgezeigt worden war. Sie staunten über das weitsichtige Urteilsvermögen von Christus.

DIE SKEPTISCHEN SADDUZÄER [82]

Kaum waren die Pharisäer zum Schweigen gebracht, traten die Sadduzäer mit ihren arglistigen Fragen an ihn heran. Diese beiden Parteien waren erbitterte Feinde. Die Pharisäer waren unnachgiebige Verfechter der Traditionen. Sie hielten sich streng an äußerliche Zeremonien. Die Waschungen, Fastenzeiten und langen Gebete wurden genau eingehalten. Ihre Almosen gaben sie für jeden sichtbar. Christus aber erklärte, sie würden Gottes Gesetz wirkungslos machen, indem sie menschliche Vorschriften als verbindliche Lehren ausgaben. Sie gehörten zu einer fanatischen und scheinheiligen Religionspartei. Dennoch gab es unter ihnen auch wahrhaft fromme Menschen, die die Lehren von Christus annahmen und seine Jünger wurden. Die Sadduzäer aber lehnten die Überlieferungen der Pharisäer ab. Sie behaupteten zwar, den größeren Teil der heiligen Schriften für wahr zu halten und diesen als Richtschnur für ihr Handeln anzusehen. In Wirklichkeit aber waren sie Skeptiker und Materialisten.

Die Sadduzäer leugneten die Existenz der Engel, die Auferstehung der Toten und auch die Lehre von einem zukünftigen Leben mit seinen Belohnungen und Strafen (vgl. Apostelgeschichte 23,8). In all diesen Punkten unterschieden sie sich von den Pharisäern. Besonders die Frage um die Auferstehung bot immer wieder Anlass zu Auseinandersetzungen zwischen den beiden Parteien. Die Pharisäer hatten immer fest an die Auferstehung geglaubt, doch in diesen Diskussionen gerieten ihre Ansichten über den künftigen Zustand des Menschen durcheinander. Der Tod wurde für sie zu einem unerklärlichen Geheimnis. Weil sie unfähig waren, den Einwänden der Sadduzäer zu begegnen, gab es immer wieder Streit. Die Diskussionen zwischen den beiden Parteien hatten meistens heftige Auseinandersetzungen zur Folge und ließen die Kluft zwischen ihnen nur noch größer werden.

Zahlenmäßig waren die Sadduzäer ihren Widersachern weit unterlegen. Auch im einfachen Volk hatten sie keine große Anhängerschaft. Doch viele von ihnen waren wohlhabend und deshalb einflussreich. Die meisten Priester kamen aus ihren Reihen, und gewöhnlich wurde aus ihrer Mitte der Hohepriester

---

[82] Siehe Erklärungen »Religionsparteien, jüdische«, S. 819 f.

gewählt. Dies geschah jedoch mit der ausdrücklichen Bedingung, dass sie ihre kritischen Ansichten nicht in den Vordergrund stellten. Weil die Pharisäer in der Überzahl und beim Volk beliebt waren, mussten sich die Sadduzäer, wenn sie ein priesterliches Amt innehatten, nach außen hin den Lehren der Pharisäer anpassen. Doch allein die Tatsache, dass sie berechtigt waren, ein solches Amt zu bekleiden, verschaffte ihren Irrtümern Einfluss.

Die Sadduzäer verwarfen die Lehren von Jesus, denn er war von einem Geist beseelt, den sie so, wie er sich kundtat, nicht anerkennen wollten. Dazu kam, dass sich seine Lehren und ihre eigenen Vorstellungen in Bezug auf Gott und das zukünftige Leben widersprachen. Sie glaubten, Gott sei das einzige dem Menschen übergeordnete Wesen, waren aber der Ansicht, dass eine alles bestimmende Vorsehung und eine göttliche Voraussicht dem Menschen den freien Willen entzieht und ihn auf die Stufe eines Sklaven erniedrigt. Sie glaubten, Gott habe den Menschen, nachdem er ihn erschaffen hatte, sich selbst überlassen, unabhängig von einem höheren Einfluss. Sie waren überzeugt, dass der Mensch in völliger Freiheit sein eigenes Leben lenken und die Ereignisse der Welt gestalten könne und sein Schicksal in seinen eigenen Händen liege. Sie bestritten, dass Gottes Geist durch menschliche Bemühungen oder auf natürliche Weise wirke. Dennoch hielten sie daran fest, dass der Mensch durch den richtigen Gebrauch seiner natürlichen Kräfte erhoben und erleuchtet und sein Leben durch strenge und enthaltsame Anforderungen veredelt werden könne.

Ihre Vorstellungen von Gott prägten ihren eigenen Charakter. So wie sich Gott ihrer Meinung nach nicht für den Menschen interessierte, nahmen auch sie nur wenig Rücksicht aufeinander und hatten keinen großen Zusammenhalt. Weil sie sich weigerten, den Einfluss des Heiligen Geistes auf das Handeln des Menschen anzuerkennen, fehlte ihnen seine Kraft in ihrem Leben. Wie alle anderen Juden brüsteten sie sich sehr mit ihrem Geburtsrecht als Nachkommen Abrahams und prahlten mit ihrer Gesetzestreue. Doch der wahre Geist des Gesetzes, der Glaube und die Güte Abrahams fehlten ihnen. Ihre natürliche Zuneigung beschränkte sich auf einen kleinen Umkreis. Sie glaubten, alle Menschen könnten die Annehmlichkeiten und Segnungen des Lebens erlangen. Darum wurden ihre Herzen nicht von den Bedürfnissen und vom Leid anderer berührt. Sie lebten nur für sich selbst.

DIE AUFERSTEHUNG DER TOTEN

Christus legte durch seine Worte und Taten Zeugnis ab von einer göttlichen Macht, die Übernatürliches bewirkt, von einem zukünftigen Leben, das über das gegenwärtige hinausreicht und von Gott, der als Vater aller

Menschenkinder deren wahre Interessen immer aufmerksam im Auge behält. Jesus machte deutlich, wie die göttliche Kraft durch Güte und Mitgefühl wirkt, und rügte die selbstsüchtige Abgehobenheit der Sadduzäer. Er lehrte, dass Gott durch den Heiligen Geist am Herzen des Menschen wirkt, sowohl zu dessen irdischem wie auch ewigem Wohl. Er wies auf den Irrtum hin, wonach durch das Vertrauen auf die menschliche Kraft der Charakter verändert werde, was aber nur durch Gottes Geist bewirkt werden kann.

Die Sadduzäer waren entschlossen, diese Lehren in Verruf zu bringen. Auch wenn sie die Verurteilung von Jesus nicht herbeiführen konnten, waren sie überzeugt, dass ein Streitgespräch mit ihm seinen Ruf schädigen würde. Sie beschlossen, ihn über die Auferstehung zu befragen. Stimmte er ihnen zu, würde er die Pharisäer noch mehr kränken, sollte er einen anderen Standpunkt vertreten als sie, wollten sie seine Lehre lächerlich machen.

Die Sadduzäer argumentierten: Falls der Leib im unsterblichen wie im sterblichen Zustand aus derselben Materie bestehe, müsse er nach der Auferstehung wieder Fleisch und Blut haben und in der ewigen Welt das auf der Erde unterbrochene Leben wieder aufnehmen. In diesem Fall, so schlussfolgerten sie, würden irdische Beziehungen weiter bestehen, Mann und Frau wieder zusammenkommen und Ehen geschlossen werden. Alles ginge so weiter wie vor dem Tod. Auch die Schwächen und Leidenschaften dieses Lebens würden im Jenseits weiter bestehen.

Mit seiner Antwort auf ihre Frage hob Jesus den Schleier vom künftigen Leben. Er sagte: »In der Auferstehung werden sie weder heiraten noch sich heiraten lassen, sondern sie sind wie Engel im Himmel.« (Matthäus 22,30) Dadurch machte er deutlich, dass die Ansicht der Sadduzäer falsch war. Sie gingen von falschen Voraussetzungen aus. »Ihr irrt euch«, fügte er hinzu, »weil ihr die Schrift nicht kennt und auch nicht die Macht Gottes!« (Matthäus 22,29 NLB) Er beschuldigte sie nicht, Heuchler zu sein wie die Pharisäer, machte ihnen aber klar, dass sie im Irrtum waren.

Die Sadduzäer hatten sich damit gebrüstet, dass sie sich von allen Menschen am strengsten an die heiligen Schriften hielten. Jesus aber wies ihnen nach, dass sie deren wahre Bedeutung nicht verstanden hatten. Erst durch die Erleuchtung des Heiligen Geistes kann der Mensch zur wahren Erkenntnis finden. Ihre mangelnde Schriftkenntnis und ihre Unwissenheit über die göttliche Macht, so erklärte Christus, seien die Ursache für ihren verwirrten Glauben und ihre geistige Umnachtung. Sie versuchten, die göttlichen Geheimnisse mit ihrem begrenzten Verstand zu erfassen. Christus rief sie dazu auf, ihre Herzen für jene heiligen Wahrheiten zu öffnen, die ihre Erkenntnis erweitern und festigen können. Tausende werden zu Ungläubigen, weil ihr begrenzter

Verstand die Geheimnisse Gottes nicht begreifen kann. Sie können sich die wunderbare Entfaltung der göttlichen Macht in seiner fürsorglichen Vorsehung nicht erklären. Deshalb lehnen sie die Beweise einer solchen Macht ab und schreiben sie lieber natürlichen Umständen zu, die sie noch weniger verstehen können. Der einzige Schlüssel zu den Geheimnissen, die uns umgeben, besteht darin, in all diesen die Gegenwart und Macht Gottes zu erkennen. Die Menschen müssen Gott als den Schöpfer des Universums anerkennen, als den Einen, der alles gebietet und ausführt. Sie benötigen ein tieferes Verständnis von seinem Wesen und von den Geheimnissen seines Wirkens.

Christus erklärte seinen Zuhörern, dass ihnen die Heilige Schrift, an die zu glauben sie vorgaben, nichts nützen würde, wenn es keine Auferstehung der Toten gäbe. Er sagte:»Habt ihr denn nicht gelesen von der Auferstehung der Toten, was euch gesagt ist von Gott, der da spricht: Ich bin der Gott Abrahams und der Gott Isaaks und der Gott Jakobs? Gott ist nicht ein Gott der Toten, sondern der Lebenden.« (Matthäus 22,31.32; vgl. 2. Mose 3,6) Gott betrachtet die Dinge, die gar nicht sind, als wären sie da. Er sieht das Ende von Anfang an und kennt das Ergebnis seines Wirkens, als ob es bereits abgeschlossen wäre. Die kostbaren Entschlafenen – von Adam bis zum letzten Gläubigen, der einmal sterben wird – werden alle die Stimme des Sohnes Gottes hören und zu ewigem Leben aus ihren Gräbern hervorkommen. Gott wird ihr Gott und sie werden sein Volk sein. Zwischen Gott und den Auferstandenen wird eine innige, liebevolle Beziehung bestehen. Diesen von ihm beabsichtigten Zustand nimmt er vorweg, indem er ihn so betrachtet, als ob er bereits Wirklichkeit wäre. Die Toten leben im Hinblick auf ihn.

Die Worte von Christus ließen die Sadduzäer verstummen. Sie konnten ihm nicht antworten. Er hatte kein einziges Wort geäußert, das auch nur im Geringsten zu seiner Verurteilung hätte beitragen können. Seine Gegner hatten nichts erreicht, außer dass sie nun vom Volk verachtet wurden.

LIEBE GOTT UND DEINEN NÄCHSTEN

Die Pharisäer hatten noch nicht aufgegeben, Jesus zu einer Aussage zu verleiten, die gegen ihn verwendet werden konnte. Sie konnten einen überzeugten Schriftgelehrten dazu gewinnen, Jesus zu fragen, welches von den Zehn Geboten das wichtigste sei.

Die Pharisäer maßen den ersten vier Geboten, die auf die Pflichten des Menschen gegenüber seinem Schöpfer hinweisen, viel mehr Bedeutung zu als den sechs anderen, die das Verhalten des Menschen zu seinem Mitmenschen regeln. Dies hatte zur Folge, dass ihnen die praktische Frömmigkeit fehlte. Jesus hatte das Volk bereits auf sein großes Defizit aufmerksam gemacht. Er hatte es auf die Notwendigkeit der guten Werke hingewiesen und erklärt, dass man den Baum an seinen Früchten erkenne (vgl. Matthäus 7,16-20). Aus diesem Grund warf man ihm vor, er stelle die letzten sechs Gebote über die ersten vier.

Ein Schriftgelehrter näherte sich Jesus mit einer direkten Frage: »Welches von allen Geboten ist das wichtigste?« (Markus 12,28b NLB) Christus antwortete unverzüglich und auf eindringliche Art und Weise: »Das wichtigste Gebot ist dies: ›Höre, o Israel! Der Herr, unser Gott, ist der einzige Herr. Und du sollst den Herrn, deinen Gott, von ganzem Herzen, von ganzer Seele, mit all deinen Gedanken und all deiner Kraft lieben.‹« (Markus 12,29.30 NLB; vgl. 5. Mose 6,4.5) Das zweite Gebot sei, so sagte Christus, dem ersten gleich, weil es aus dem ersten hervorgehe: »›Liebe deinen Nächsten wie dich selbst.‹ Kein anderes Gebot ist wichtiger als diese beiden.« (Markus 12,31 NLB; vgl. 3. Mose 19,18) – »An diesen zwei Geboten hängt das ganze Gesetz und die Propheten.« (Matthäus 22,40 Elb.)

Die ersten vier der Zehn Gebote werden in einem großen Gebot zusammengefasst: »Du sollst den Herrn, deinen Gott, lieb haben von ganzem Herzen.« (5. Mose 6,5) Die letzten sechs sind im zweiten enthalten: »Liebe deinen Nächsten wie dich selbst.« (3. Mose 19,18 NLB) Diese beiden Gebote bringen das Prinzip der Liebe zum Ausdruck. Weder kann das erste gehalten und das zweite gebrochen, noch das zweite beachtet und das erste übertreten werden. Räumen wir Gott den ihm gebührenden Platz in unserem Herzen ein, erhält auch unser Mitmensch den Platz, der ihm zusteht. Wir werden ihn so lieben, wie wir uns selbst lieben. Nur wenn wir Gott über alles lieben, können wir auch unseren Nächsten unvoreingenommen lieben.

Da sämtliche Gebote in der Liebe zu Gott und zum Nächsten zusammengefasst sind, kann kein einziges Gebot übertreten werden, ohne diesen Grundsatz zu verletzen. Christus lehrte seine Zuhörer also, dass Gottes Gesetz nicht aus vielen Einzelvorschriften besteht, von denen einige von großer Wichtigkeit und andere weniger bedeutend sind und somit straflos ignoriert werden können. Unser Herr stellte die ersten vier und die letzten sechs Gebote als ein göttliches Ganzes dar und lehrte, dass sich die Liebe zu Gott im Gehorsam gegenüber allen seinen Geboten zeigt.

DER SCHRIFTGELEHRTE IST BEEINDRUCKT

Der Schriftgelehrte, der Jesus befragte, kannte sich im Gesetz gut aus und war über diese Worte erstaunt. Er hatte nicht erwartet, dass Jesus ein so tiefes und vollkommenes Wissen über die Schrift bekunden würde. Nun aber war sein Blick für die Prinzipien, die den heiligen Geboten zugrunde liegen, erweitert worden. Vor den versammelten Priestern und Obersten gab er offen zu, dass Christus das Gesetz richtig ausgelegt hatte. Er sagte: »Du hast vollkommen Recht, Lehrer! Es ist so, wie du sagst: Nur einer ist Gott, und es gibt keinen Gott außer ihm. Ihn zu lieben von ganzem Herzen, mit ganzem Verstand und mit aller Kraft und unsere Mitmenschen zu lieben wie uns selbst, das ist viel wichtiger als alle die Brandopfer und anderen Opfer, die wir ihm darbringen.« (Markus 12,32.33 GNB)

Die weise Antwort von Christus hatte den Schriftgelehrten überzeugt. Er wusste, dass die Religion der Juden mehr aus äußerlichen Zeremonien als aus innerer Frömmigkeit bestand. Er ahnte, dass bloße zeremonielle Opfer wertlos waren und das Vergießen von Blut keine Sünden tilgen konnte, wenn der Glaube fehlte. Die Liebe zu Gott und der Gehorsam ihm gegenüber sowie eine selbstlose Hinwendung zu den Mitmenschen erschienen ihm wertvoller als all diese Rituale. Die Bereitschaft dieses Mannes, die Richtigkeit der Argumentation von Christus anzuerkennen, und seine entschiedene und prompte Antwort vor allen Anwesenden offenbarten eine Gesinnung, die sich vom Geist der Priester und Obersten deutlich unterschied. Jesus wandte sich voller Erbarmen diesem ehrlichen Schriftgelehrten zu, der es gewagt hatte, den finsteren Blicken der Priester und den Drohungen der Ratsmitglieder entgegenzutreten und seine Herzensüberzeugung auszusprechen. »Jesus sah, mit welcher Einsicht der Mann geantwortet hatte, und sagte zu ihm: ›Du bist nicht weit vom Reich Gottes entfernt.‹« (Markus 12,34a NGÜ)

Der Schriftgelehrte war dem Reich Gottes nahe, weil er erkannt hatte, dass Taten der Gerechtigkeit Gott angenehmer sind als Brand- und Schlachtopfer, aber er musste noch den göttlichen Charakter von Christus erkennen, um durch den Glauben an ihn die Kraft zu erhalten, die Werke der Gerechtigkeit zu vollbringen. Solange die rituellen Handlungen nicht mit einem lebendigen Glauben an Christus verbunden waren, blieben sie wertlos. Selbst das Moralgesetz verfehlt seinen Zweck, wenn es nicht in seiner Beziehung zum Erlöser verstanden wird. Christus hatte wiederholt darauf hingewiesen, dass das Gesetz seines Vaters mehr umfasste als nur verbindliche Gebote. Das Gesetz verkörpert dasselbe Prinzip, das im Evangelium offenbart wird. Es weist den Menschen auf seine Pflichten hin und zeigt ihm seine Schuld. Doch wer Vergebung erlangen und die Kraft erhalten will, das zu tun, was das Gesetz vorschreibt, muss auf Christus schauen.

DER SOHN DAVIDS

Die Pharisäer standen ganz nahe bei Jesus, als er die Frage des Schriftgelehrten beantwortete. Nun wandte er sich an sie und fragte: »Was denkt ihr über den Messias? Wessen Sohn ist er?« (Matthäus 22,42a EÜ) Mit dieser Frage wollte er ihren Glauben an den Messias prüfen. Ihre Antwort sollte zeigen, ob sie ihn nur für einen Menschen oder für den Sohn Gottes hielten. Wie aus einem Mund antworteten sie: »Der Sohn Davids.« (Matthäus 22,42b EÜ) Das war der Titel, den die Propheten dem Messias gegeben hatten. Als Jesus Kranke heilte, Tote auferweckte und die machtvollen Wunder seiner Göttlichkeit offenbarte, hatte sich das Volk gefragt: »Ist er etwa der Sohn Davids?« (Matthäus 12,23b EÜ) Die kanaanäische Frau, der blinde Bartimäus und viele andere hatten ihn mit dem Titel um Hilfe angefleht: »Hab Erbarmen mit mir, Herr, du Sohn Davids!« (Matthäus 15,22b EÜ) Bei seinem Einzug in Jerusalem wurde er mit den Jubelrufen begrüßt: »Hosianna dem Sohn Davids! Gelobt sei, der da kommt in dem Namen des Herrn!« (Matthäus 21,9b) Und die kleinen Kinder im Tempel hatten an jenem Tag diesen Namen freudig wiederholt. Viele aber, die Jesus als Sohn Davids bezeichneten, erkannten seine Göttlichkeit nicht. Sie begriffen nicht, dass Davids Sohn auch der Sohn Gottes war.

Als Antwort auf die Aussage der Pharisäer, dass der Messias der Sohn Davids sei, fragte Jesus: »Wie kommt es dann, dass David, geleitet vom Heiligen Geist, ihn ›Herr‹ nennt? David sagt nämlich: ›Der Herr sprach zu meinem Herrn: Setze dich an meine rechte Seite, bis ich deine Feinde unter deine Füße gelegt habe.‹ Wenn der Messias also von David ›Herr‹ genannt wird, wie kann er dann Davids Sohn sein? Keiner konnte ihm darauf eine Antwort geben. Und von diesem Tag an wagte niemand mehr, ihm eine Frage zu stellen.« (Matthäus 22,43-46 NGÜ; vgl. Psalm 110,1)

KAPITEL 67

»WEH EUCH SCHRIFTGELEHRTEN UND PHARISÄERN ...«

Matthäus 23; Markus 12,41-44; Lukas 20,45-47; 21,1-4

Es war der letzte Tag, an dem Christus im Tempel lehrte. Die Aufmerksamkeit der riesigen Menschenmenge, die sich in Jerusalem versammelt hatte, war auf ihn gerichtet. Die Vorhöfe des Tempels waren mit Menschen überfüllt, die die laufende Auseinandersetzung mitverfolgten. Gespannt nahmen sie jedes Wort von Jesus auf, das über seine Lippen kam. Nie zuvor hatte man so etwas gesehen. Da stand der junge Galiläer, ganz ohne irdischen Glanz und ohne königliche Ehrenzeichen! Er war umgeben von Priestern in ihren reichen Gewändern, von Obersten in ihrer Amtskleidung, die mit Abzeichen verziert war, was auf ihre hohe Stellung hindeutete, und von Schriftgelehrten mit Pergamentrollen in den Händen, auf die sie häufig verwiesen. Gelassen und in königlicher Würde stand Jesus vor ihnen. Ausgestattet mit der Vollmacht des Himmels blickte er unerschrocken auf seine Feinde, die seine Lehren verworfen und verachtet hatten und ihm nach dem Leben trachteten. Sie hatten ihn häufig angegriffen, doch ihre Pläne, ihn zu fassen und zu verurteilen, waren stets gescheitert. Jeder Herausforderung war er entgegengetreten, indem er die reine, leuchtende Wahrheit darstellte, die im Gegensatz zur geistlichen Finsternis und zu den Irrtümern der Priester und Pharisäer stand. Er hatte diesen Führern ihren wahren Zustand vor Augen geführt und auch die mit Sicherheit folgende Vergeltung, wenn sie in ihren bösen Taten verharrten. Sie waren unmissverständlich gewarnt worden. Doch nun stand Jesus eine andere Aufgabe bevor. Es galt noch ein weiteres Ziel zu erreichen.

Das Interesse des Volkes an Christus und seinem Wirken hatte ständig zugenommen. Die Menschen waren von seinen Lehren begeistert, doch gleichzeitig auch sehr verunsichert. Bisher hatten sie die Priester und Rabbiner wegen ihrer Klugheit und scheinbaren Frömmigkeit geachtet. In allen religiösen Angelegenheiten waren sie der Obrigkeit stets bedingungslos und gehorsam gefolgt. Doch nun merkten sie, wie diese Männer versuchten, Jesus, den Lehrer, dessen Reinheit und Weisheit nach jedem Angriff noch heller aufleuchteten, in Verruf zu bringen. Die Menschen betrachteten die finsteren Mienen der Priester und Ältesten und sahen, wie diese peinlich berührt und verwirrt waren. Sie waren erstaunt darüber, dass die Obersten nicht an Jesus glauben wollten, da seine Lehren doch so klar und einfach waren. Sie selbst wussten nicht, was sie tun sollten. Ungeduldig und besorgt beobachteten sie das Verhalten jener, deren Rat sie stets befolgt hatten.

Mit den Gleichnissen, die Christus erzählte, wollte er einerseits die Obersten warnen und andererseits Menschen unterweisen, die bereit waren zu lernen. Doch dazu musste er noch deutlicher werden. Die Menschen waren zu Sklaven geworden, weil sie die Tradition verehrten und einer korrupten Priesterschaft blind vertrauten. Christus musste diese Ketten aufbrechen. Das wahre Wesen der Priester, Obersten und Pharisäer musste noch klarer offenbar werden.

DIE GELEHRTEN WERDEN ENTLARVT

Christus sagte: »Das Lehramt des Mose haben heute die Schriftgelehrten und die Pharisäer inne. Richtet euch daher nach allem, was sie euch sagen, und befolgt es. Doch richtet euch nicht nach dem, was sie tun; denn sie reden zwar, handeln aber nicht danach.« (Matthäus 23,2.3 NGÜ) Die Schriftgelehrten und Pharisäer erhoben den Anspruch, ähnlich wie Mose mit göttlicher Vollmacht ausgestattet zu sein. Sie erdreisteten sich, seinen Platz als Ausleger des Gesetzes und Richter des Volkes einzunehmen. Als solche forderten sie von den Leuten größte Ehrerbietung und völligen Gehorsam. Jesus forderte seine Zuhörer auf, alles zu tun, was die Rabbiner dem Gesetz entsprechend lehrten, nicht aber ihrem Beispiel zu folgen, weil sie selbst nicht nach ihren eigenen Lehren handelten.

Sie lehrten vieles, was den Lehren der Heiligen Schrift widersprach. Deshalb sagte Jesus: »Sie binden schwere und unerträgliche Bürden und legen sie den Menschen auf die Schultern; aber sie selbst wollen keinen Finger dafür krümmen.« (Matthäus 23,4) Die Pharisäer hatten viele Vorschriften eingeführt, die sich lediglich auf Traditionen stützten und die persönliche Freiheit auf unvernünftige Weise beschränkten. Bestimmte Teile des Gesetzes legten sie so aus, dass dem Volk Pflichten auferlegt wurden, die sie selbst heimlich unbeachtet ließen. Sie behaupteten, davon befreit zu sein, wenn es ihren Zwecken diente.

Sie waren stets darauf bedacht, ihre Frömmigkeit zur Schau zu stellen. Nichts war ihnen zu heilig, um dieses Ziel zu verfolgen. In Bezug auf seine Gebote hatte Gott zu Mose gesagt: »Du sollst sie zum Zeichen auf deine Hand binden, und sie sollen dir zum Erinnerungszeichen über den Augen sein.« (5. Mose 6,8 Schl.) In diesen Worten liegt eine tiefe Bedeutung. Der ganze Mensch wird zum Guten hin verändert, wenn er über das Wort Gottes nachdenkt und es befolgt. Durch rechtschaffenes und barmherziges Handeln offenbaren die Hände – einer Unterschrift gleich – die Prinzipien des göttlichen Gesetzes. Sie werden sich weder mit Bestechung noch mit all dem verunreinigen, was unehrlich und verdorben ist. Stattdessen werden sie Täter der Liebe und Barmherzigkeit sein. Die Augen, die auf ein edles Ziel gerichtet sind, blicken klar und wahrhaftig. Der makellose Charakter eines Menschen, der Gottes Wort liebt und ehrt, kommt in seinem Gesicht und seinen Augen zum Ausdruck. Doch bei den damaligen jüdischen Führern war dies nicht ersichtlich. Die Weisung an Mose wurde dahingehend ausgelegt, dass diese Gebote buchstäblich am Leib getragen werden mussten. Zu diesem Zweck schrieb man sie auf Pergamentstreifen und band sie für alle sichtbar um den Kopf und die Handgelenke. Aber dies bewirkte nicht, dass Gottes Gesetz einen nachhaltigeren Einfluss auf Herz und Geist ausübte. Diese Pergamentstreifen wurden lediglich als Abzeichen getragen und sollten für Aufmerksamkeit sorgen. Sie waren dazu gedacht, die Träger als besonders fromm erscheinen zu lassen, was den Leuten Ehrerbietung abringen sollte. Dieser nutzlosen Vortäuschung versetzte Jesus einen schweren Schlag, als er sagte:

»Alle ihre Werke aber tun sie, damit sie von den Leuten gesehen werden. Sie machen ihre Gebetsriemen breit und die Quasten an ihren Kleidern groß. Sie sitzen gern obenan bei Tisch und in den Synagogen und haben's gern, dass sie auf dem Markt gegrüßt und von den Leuten Rabbi genannt werden. Aber ihr sollt euch nicht Rabbi nennen lassen; denn einer ist euer Meister; ihr aber seid alle Brüder. Und ihr sollt niemanden unter euch Vater nennen auf Erden; denn einer ist euer Vater, der im Himmel ist. Und ihr sollt euch nicht Lehrer nennen lassen; denn einer ist euer Lehrer: Christus.« (Matthäus 23,5-10) Mit diesen deutlichen Worten offenbarte Jesus das selbstsüchtige, immer auf Macht und Ansehen bedachte Streben, das sich scheinbar demütig gibt, tatsächlich aber voller Habgier und Neid ist. Bei einem Fest wurden die Gäste ihrer gesellschaftlichen Stellung entsprechend platziert. Denjenigen, die den ehrenvollsten Platz erhielten, wurde die größte Aufmerksamkeit und ein besonderes Wohlwollen entgegengebracht. Die Pharisäer waren stets bemüht, derartige Ehrungen zu erheischen. Jesus tadelte dieses Verhalten.

DAS STREBEN NACH EHRE UND ANSEHEN

Er rügte auch ihre Eitelkeit, die sich in ihrer Versessenheit auf die Titel »Rabbi« oder »Meister« äußerte. Solch ein Titel, erklärte er, stehe nicht Menschen zu, sondern Christus. Priester, Schriftgelehrte, Oberste, Ausleger und Verwalter des Gesetzes seien alle Brüder, Kinder eines Vaters. Jesus schärfte den Leuten ein, dass sie keinem Menschen einen Ehrentitel geben sollten, der andeutete, dieser Mensch dürfe ihr Gewissen oder ihren Glauben beherrschen.

Wäre Christus heute auf Erden, umgeben von Menschen, die den Titel »Hochwürden« und »Seine Exzellenz« tragen, würde er nicht seine Worte wiederholen, »lasst euch nicht Meister nennen; denn einer ist euer Meister: der Christus« (Matthäus 23,10 Elb.)? Die Schrift sagt über Gott: »Heilig und ehrfurchtgebietend[83] ist sein Name.« (Psalm 111,9b NGÜ) Welchem Menschen würde wohl eine solche Ehrenbezeichnung zustehen? Wie wenig der dafür erforderlichen Weisheit und Gerechtigkeit wird doch durch Menschen sichtbar! Wie viele von denen, die diesen Titel annehmen, stellen Gottes Namen und Charakter falsch dar! Ja, wie oft verbergen sich unter einem bestickten Gewand eines hohen und heiligen Amtsträgers weltliches Streben, Willkür und übelste Sünden! Jesus fuhr fort:

»Wer unter euch am größten ist, soll euer Diener sein. Denn wer sich selbst groß macht, wird von Gott gedemütigt, und wer sich selbst gering achtet, wird von ihm zu Ehren gebracht.« (Matthäus 23,11.12 GNB) Immer wieder hatte Christus gelehrt, dass wahre Größe an moralischen Werten gemessen werden muss. Nach himmlischer Beurteilung besteht Charaktergröße darin, zum Wohl unserer Mitmenschen zu leben und Taten der Liebe und Barmherzigkeit zu vollbringen. Christus, der König der Herrlichkeit, war selbst ein Diener der gefallenen Menschheit.

»Weh euch, Schriftgelehrte und Pharisäer, ihr Heuchler, die ihr das Himmelreich zuschließt vor den Menschen! Ihr geht nicht hinein, und die hinein wollen, lasst ihr nicht hineingehen.« (Matthäus 23,13) Durch ihre Verdrehung der Schrift verblendeten die Priester und Gesetzeslehrer den Verstand jener, die andernfalls eine Erkenntnis des Reiches von Christus und des inwendigen geistlichen Lebens empfangen hätten, was grundlegend ist für echte Heiligkeit.

»Weh euch, ihr Schriftgelehrten und Pharisäer, ihr Heuchler! Ihr bringt die Witwen um ihre Häuser und verrichtet lange, scheinheilige Gebete.

---

83 Für »ehrfurchtgebietend« steht in der englischen King-James-Bibel das Wort »reverend«, das im Englischen auch als ehrenvolle Anrede für Geistliche und Bischöfe in den Titeln »Reverend« (»Hochwürden«) und »Right Reverend« (»Seine Exzellenz«) Verwendung findet.

Deshalb wird das Urteil, das euch erwartet, umso härter sein.« (Matthäus 23,14 EÜ) Die Pharisäer übten einen großen Einfluss auf das Volk aus und nutzten ihn für ihre eigenen Interessen. Sie gewannen das Vertrauen gottesfürchtiger Witwen und verpflichteten diese, ihr Eigentum religiösen Zwecken zu weihen. Verfügten diese gerissenen Leute dann über das Vermögen dieser Frauen, verwendeten sie es zu ihrem eigenen Vorteil. Um ihre Unehrlichkeit zu vertuschen, sprachen sie öffentlich lange Gebete und machten ein großes Aufheben um ihre Frömmigkeit. Diese Heuchelei, so erklärte Christus, werde ihnen eine umso härtere Verurteilung einbringen. Auch in unserer Zeit müssen viele, die mit ihrer Frömmigkeit prahlen, in gleicher Weise getadelt werden. Ihr Leben wird durch Selbstsucht und Habgier entehrt, doch all dies überdecken sie mit einem Gewand scheinbarer Reinheit und können so ihre Mitmenschen eine Zeitlang täuschen. Gott aber können sie nichts vormachen. Er kennt alle verborgenen Absichten im Herzen des Menschen und wird jeden nach seinen Taten richten.

Christus verurteilte die Missbräuche schonungslos, doch er achtete sorgfältig darauf, die Verpflichtungen des Menschen nicht zu mindern. Er tadelte den Eigennutz, der Witwen dazu zwang, ihre Gaben herzugeben, die sie dann veruntreuten. Gleichzeitig lobte er die Witwe, die ihre Opfergabe in die Schatzkammer Gottes brachte. Der Missbrauch von Spenden konnte den Segen, den Gott für den Geber bereithielt, nicht schmälern.

DIE FREIGEBIGE WITWE

Jesus stand im Vorhof des Tempels, wo die Opferkästen standen, und beobachtete die Leute, die ihre Gaben einwarfen. Viele der Wohlhabenden brachten große Summen, die sie in auffallender Weise in den Kasten legten. Jesus sah ihnen traurig zu, sagte jedoch nichts zu ihrem großzügigen Opfer. Als sich aber eine arme Witwe zögerlich näherte, so als fürchtete sie, beobachtet zu werden, hellte sich sein Blick auf. Als die Reichen und Hochmütigen an ihr vorübergingen, um ihre Gaben einzulegen, schreckte sie zurück und wagte es kaum, näher zu treten. Dennoch wünschte sie sich, etwas für die Sache zu tun, die sie so sehr liebte, auch wenn es nur wenig war. Die Frau schaute auf die Gabe in ihrer Hand. Es war im Vergleich zu den Gaben der anderen sehr wenig, doch es war alles, was sie besaß. Sie wartete auf eine günstige Gelegenheit, warf ihre beiden Münzen in den Kasten und ging eilends davon. Dabei begegnete sie dem Blick von Jesus, der fest auf sie gerichtet war.

Der Erlöser rief seine Jünger zu sich und machte sie auf die Armut der Witwe aufmerksam. Dann sprach er die lobenden Worte: »Ich versichere euch: Diese arme Witwe hat mehr in den Opferkasten gelegt als alle anderen.« (Markus 12,43b NGÜ) Als sie diese Worte hörte, spürte sie, dass ihre Tat verstanden und geschätzt wurde. Ihre Augen füllten sich mit Tränen der Freude. Viele hätten ihr geraten, ihre kleine Gabe für sich zu behalten, da sie in den Händen der wohlgenährten Priester unter den vielen reichen Gaben, die in den Opferkasten gelegt wurden, nichts bedeutete. Doch Jesus verstand ihren Beweggrund. Sie war überzeugt, dass der Tempeldienst von Gott eingesetzt war, und bemühte sich, ihr Möglichstes zu tun, um diesen zu unterstützen. Sie tat, was sie konnte. Ihr Handeln sollte als ein Denkmal für alle Zeit an sie erinnern und ihr in der Ewigkeit Freude bringen. Sie hatte von Herzen gegeben; und ihre Gabe wurde nicht nach dem Wert der Münzen beurteilt, sondern nach der Liebe zu Gott und nach der Anteilnahme an seinem Werk, die sie zum Geben veranlasst hatte.

Jesus sagte von der armen Witwe, sie habe »mehr in den Opferkasten gelegt als alle anderen« (Markus 12,43b NGÜ). Die Reichen hatten von ihrem Überfluss gegeben; und viele gaben nur, um von anderen gesehen und geehrt zu werden. Ihre großen Gaben hatten sich weder auf ihre Annehmlichkeiten noch auf ihren Luxus nachteilig ausgewirkt. Es war für sie kein wirkliches Opfer. Ihre Spende konnte nicht mit dem Wert der kleinen Gabe der Witwe verglichen werden.

Es ist der Beweggrund, der den Charakter unserer Taten bestimmt und sie als schändlich oder moralisch hochstehend auszeichnet. Gott bewertet nicht die großen Dinge, die jedes Auge sieht und jede Zunge lobt, als kostbar. Gerade die kleinen, mit Freude erfüllten Pflichten und die bescheidenen Gaben, die kein Aufsehen erregen und dem menschlichen Auge wertlos erscheinen, schätzt Gott oft am meisten. Ein Herz voller Vertrauen und Liebe ist Gott mehr wert als die kostbarste Gabe. Die arme Witwe gab mit dem Wenigen, das sie brachte, »alles, was sie zum Leben nötig hatte« (Markus 12,44b NGÜ). Sie verzichtete auf das Essen, um diese beiden Münzen für das zu spenden, was ihr am Herzen lag. Sie tat es im Glauben und vertraute darauf, dass der himmlische Vater sie in ihrer großen Not nicht übergehen werde. Diese selbstlose Einstellung und dieser kindliche Glaube fanden bei Jesus Anerkennung.

Es gibt viele unter den Armen, die das Verlangen haben, Gott für seine Gnade und Wahrhaftigkeit ihre Dankbarkeit zum Ausdruck zu bringen. Es ist ihr großer Wunsch, gemeinsam mit ihren wohlhabenderen Geschwistern Gottes Werk zu unterstützen. Diese Menschen sollten nicht abgewiesen werden. Lasst sie ihre kleinen Gaben bei der himmlischen Bank anlegen. Wird aus einem liebevollen, gotterfüllten Herzen gegeben, werden diese scheinbaren

Kleinigkeiten zu geweihten und unbezahlbaren Opfergaben, die Gott mit Wohlwollen betrachtet und segnet.

Als Jesus von der Witwe sagte, dass sie »mehr als sie alle eingelegt« (Lukas 21,3b) habe, waren seine Worte nicht nur in Bezug auf den Beweggrund wahr, sondern auch auf die Auswirkungen ihrer Gabe. Sie warf »zwei kleine Kupfermünzen[84] hinein« (Markus 12,42b NGÜ) und brachte damit eine viel größere Gabe dar als alle Spenden der reichen jüdischen Führer. Der Einfluss dieser kleinen Opfergabe war wie ein Strom, der am Anfang klein, im Laufe der Jahrhunderte aber immer größer und breiter wurde. Auf vielerlei Weise hat das Beispiel dieser selbstlosen Witwe zur Unterstützung der Armen und zur Verbreitung des Evangeliums beigetragen und eine Wirkung auf Tausende Herzen in allen Ländern und zu allen Zeiten gehabt. Sie beeinflusste damit Reiche und Arme, und deren Opfer erhöhte den Wert ihrer Gabe. Der Segen Gottes, der auf den beiden Münzen der Witwe lag, machte die kleine Gabe zu einer reichen Segensquelle. So ist es mit jeder Gabe, die gegeben, und mit jeder Handlung, die mit dem aufrichtigen Verlangen getan wird, die Ehre Gottes zu vermehren. Sie entsprechen den Absichten des Allmächtigen. Ihre segensreichen Folgen kann kein Mensch ermessen.

VOM SCHWÖREN UND ZEHNTENGEBEN

Christus setzte seine Anklagen gegen die Schriftgelehrten und Pharisäer fort: »Ihr blinden Anführer! Schlimm wird es euch ergehen! Ihr behauptet, es habe keine Bedeutung, ›beim Tempel Gottes‹ zu schwören – einen solchen Eid könne man ruhig brechen. Und im selben Atemzug behauptet ihr: Wenn man aber ›beim Gold im Tempel‹ schwört, müsse man sich daran halten. Ihr verbohrten Dummköpfe! Was ist wichtiger, das Gold oder der Tempel, durch den das Gold erst heilig wird? Ihr sagt, ein Schwur ›beim Altar‹ dürfe ruhig gebrochen werden, ein Eid ›bei den Opfergaben auf dem Altar‹ aber sei bindend! Ihr seid blind! Was ist wichtiger, die Opfergabe auf dem Altar oder der Altar, durch den die Opfergabe erst heilig wird?« (Matthäus 23,16-19 NLB) Die Priester legten Gottes Forderungen nach ihren eigenen falschen und begrenzten Richtlinien aus. Sie maßten sich an, hinsichtlich der Schwere einer Schuld bei verschiedenen Sünden feine Unterschiede zu machen. Dabei gingen sie über einzelne Vergehen leichtfertig hinweg und behandelten andere, die vielleicht kleinere Auswirkungen gehabt hätten, so, als könnten sie nicht vergeben werden. Gegen Bezahlung entbanden sie Menschen von deren

---

84 Das waren damals die kleinsten im Umlauf befindlichen Geldmünzen.

Gelübden. Verschiedentlich waren sie sogar bereit, für hohe Geldsummen schwere Verbrechen zu übergehen. Gleichzeitig aber verhängten dieselben Priester und Obersten in anderen Fällen für unbedeutende Übertretungen harte Strafen.

»Wehe euch, ihr Schriftgelehrten und Pharisäer, ihr Heuchler! Ihr gebt den zehnten Teil von Kräutern wie Minze, Dill und Kümmel und lasst dabei die viel wichtigeren Forderungen des Gesetzes außer Acht: Gerechtigkeit, Barmherzigkeit und Treue. Diese Forderungen solltet ihr erfüllen und das andere nicht außer Acht lassen.« (Matthäus 23,23 NGÜ) Christus verurteilte mit diesen Worten erneut den Missbrauch heiliger Verpflichtungen, aber die Verpflichtungen selbst hob er nicht auf. Wie man mit dem Zehnten[85] verfahren sollte, hatte Gott selbst angeordnet, und dies wurde schon seit frühester Zeit eingehalten. Abraham, der Vater der Gläubigen, zahlte den Zehnten von allem, was er besaß (vgl. 1. Mose 14,20). Die jüdischen Obersten erkannten zu Recht die Pflicht des Zehntenzahlens an, aber sie überließen es nicht dem Einzelnen, nach seinem eigenen Pflichtbewusstsein zu handeln. Für jeden Fall wurden willkürliche Regeln festgelegt. Die Vorschriften waren inzwischen so kompliziert geworden, dass es den Leuten unmöglich war, diese einzuhalten. Niemand wusste, wann seine Verpflichtungen erfüllt waren. So wie sie Gott gegeben hatte, war die Zehntenordnung sinnvoll und gerecht. Die Priester und Rabbiner aber hatten sie zu einer schweren Last gemacht.

Alles, was Gott geboten hat, hat seine Bedeutung. Jesus betrachtete das Geben des Zehntens als eine Pflicht, machte aber darauf aufmerksam, dass dies keineswegs die Vernachlässigung anderer Pflichten entschuldigte. Die Pharisäer nahmen es sehr genau mit dem Verzehnten von Gartenkräutern wie Minze, Dill und Kümmel. Das kostete sie wenig, verschaffte ihnen aber den Ruf von Genauigkeit und Frömmigkeit. Gleichzeitig unterdrückten sie mit ihren nutzlosen Einschränkungen das Volk und zerstörten dadurch die Achtung vor dem heiligen Zehntenwesen, das Gott selbst angeordnet hatte. Ihre nichtigen Unterscheidungen nahmen die Gedanken der Menschen gefangen und lenkten von wichtigen Wahrheiten ab. Die bedeutenderen Inhalte des mosaischen Gesetzes – Gerechtigkeit, Barmherzigkeit und Ehrlichkeit – wurden jedoch missachtet. Darum sagte Jesus: »Diese Forderungen solltet ihr erfüllen und das andere nicht außer Acht lassen.« (Matthäus 23,23b NGÜ)

Andere Gesetze waren von den Rabbinern auf ähnliche Weise verdreht worden. In den durch Mose gegebenen Anweisungen war es verboten, etwas Unreines zu essen. Der Genuss von Schweinefleisch und dem Fleisch bestimmter anderer Tiere war untersagt, weil dadurch das Blut verunreinigt

---

85 Siehe Erklärungen »Zehnten«, S. 821.

und das Leben verkürzt werden kann. Die Pharisäer jedoch beließen diese Einschränkungen nicht, wie Gott sie angeordnet hatte, sondern trieben es eigenmächtig bis zum Extrem. Unter anderem wurden die Leute aufgefordert, alles Wasser vor dem Gebrauch zu sieben, damit auch nicht ein kleinstes Insekt, das zu den unreinen Tieren zählen könnte, darin verbliebe. Jesus verglich diese belanglosen Forderungen der Pharisäer mit dem Ausmaß ihrer wirklichen Sünden und sagte zu ihnen: »Ihr wollt die Menschen führen und seid selbst blind. Die winzigste Mücke fischt ihr aus dem Becher, aber Kamele schluckt ihr unbesehen hinunter.« (Matthäus 23,24 GNB)

WIE GESCHMÜCKTE GRÄBER

»Weh euch, ihr Schriftgelehrten und Pharisäer, ihr Heuchler! Ihr seid wie die Gräber, die außen weiß angestrichen sind und schön aussehen; innen aber sind sie voll Knochen, Schmutz und Verwesung!« (Matthäus 23,27 EÜ) Wie die weiß übertünchten und schön geschmückten Gräber die verwesenden Überreste bedeckten, so lag hinter der äußerlichen Heiligkeit der Priester und Obersten ihre Bosheit verborgen.

Jesus fuhr fort: »Weh euch, Schriftgelehrte und Pharisäer, ihr Heuchler, die ihr den Propheten Grabmäler baut und die Gräber der Gerechten schmückt und sprecht: Hätten wir zu Zeiten unserer Väter gelebt, so wären wir nicht mit ihnen schuldig geworden am Blut der Propheten! Damit bezeugt ihr von euch selbst, dass ihr Kinder derer seid, welche die Propheten getötet haben.« (Matthäus 23,29-31) Um ihre Wertschätzung den verstorbenen Propheten gegenüber zum Ausdruck zu bringen, waren die Juden eifrig darum bemüht, deren Gräber zu verschönern. Doch sie beherzigten weder deren Lehren, noch beachteten sie deren Zurechtweisungen.

In der damaligen Zeit pflegte man die Grabstätten mit abergläubischer Hochachtung und gab große Geldsummen aus, um sie zu schmücken. In Gottes Augen war das Götzendienst. Mit ihrer übertriebenen Verehrung der Verstorbenen zeigten die Menschen, dass sie weder Gott über alles liebten noch ihren Nächsten wie sich selbst. Auch heute findet dieselbe Totenverehrung in großem Ausmaß statt. Viele machen sich dadurch schuldig, dass sie Witwen und Waisen, Kranke und Arme vernachlässigen, um den Toten kostbare Grabsteine errichten zu können. Zeit, Geld und Arbeit werden hierfür bereitwillig aufgewendet, während die Verpflichtungen gegenüber den Lebenden versäumt werden, obgleich sie Christus deutlich angeordnet hat.

Die Pharisäer errichteten die Grabstätten der Propheten, schmückten sie und sagten zueinander: Wenn wir in den Tagen unserer Väter gelebt hätten,

hätten wir nicht mit ihnen gemeinsam das Blut der Diener Gottes vergossen. Doch gleichzeitig schmiedeten sie Pläne, um den Sohn Gottes zu töten. Das sollte auch uns eine Lehre sein. Es sollte unsere Augen öffnen, damit wir erkennen, mit welcher Macht Satan den Verstand jener täuschen kann, die sich von dem Licht der Wahrheit abwenden. Viele beschreiten dieselben Wege wie die Pharisäer. Sie verehren die, die für ihren Glauben gestorben sind. Sie wundern sich über die Blindheit der Juden, Christus zu verwerfen, und erklären: Hätten wir zu seiner Zeit gelebt, würden wir seine Lehren mit Freuden angenommen haben. Wir wären niemals mit denen schuldig geworden, die ihn ablehnten. Wenn aber der Gehorsam zu Gott Demütigung und Selbstverleugnung erfordert, sind es gerade diese Menschen, die ihre Überzeugungen verleugnen und den Gehorsam verweigern. Dadurch offenbaren sie denselben Geist wie einst die Pharisäer, die Christus verurteilten.

Wie wenig erkannten die jüdischen Obersten, welch schreckliche Verantwortung sie mit der Ablehnung von Jesus auf sich nahmen! Seit der Zeit, als erstmals unschuldiges Blut vergossen wurde, als der gerechte Abel durch die Hand Kains fiel, wiederholte sich dasselbe Geschehen immer wieder mit zunehmender Schuld. Zu jeder Zeit hatten Propheten ihre Stimme gegen die Sünden der Könige, der Herrscher und des Volkes erhoben. Sie gaben weiter, was ihnen Gott aufgetragen hatte, und gehorchten seinem Willen auf die Gefahr hin, ihr Leben zu verlieren. Von Generation zu Generation hatte sich ein schreckliches Strafmaß über jene angehäuft, die das Licht und die Wahrheit verwarfen. Diese Strafe brachten nun die Feinde von Christus über sich selbst. Die Sünde der Priester und Obersten war größer als die irgendeiner früheren Generation, denn mit der Verwerfung des Erlösers machten sie sich selbst für das Blut aller erschlagenen Gerechten von Abel bis Christus verantwortlich. Sie waren im Begriff, den Kelch ihrer Missetaten zum Überlaufen zu bringen. Schon bald sollte dieser in vergeltender Gerechtigkeit über ihrem Haupt ausgegossen werden. Davor warnte sie Jesus:

»Deshalb werdet ihr schuldig gesprochen werden für die Ermordung aller gottesfürchtigen Menschen, angefangen mit dem gerechten Abel, bis zu Secharja ... den ihr im Tempel zwischen Altar und Heiligtum ermordet habt. Ich versichere euch: Die Strafe für all das wird über diese Generation hereinbrechen.« (Matthäus 23,35.36 NLB)

Die Schriftgelehrten und Pharisäer, die Jesus zuhörten, wussten, dass er die Wahrheit sagte. Sie wussten, wie der Prophet Secharja getötet worden war. Während die warnenden Worte von Gott über seine Lippen kamen, wurde der abtrünnige König von satanischer Wut ergriffen, und auf seinen Befehl hin töteten sie den Propheten (vgl. 2. Chronik 24,20.21). Sein Blut

599

TEIL 8 | DER SIEG DER LIEBE

hatte unauslöschliche Spuren auf den Steinen des Tempelhofs hinterlassen und zeugte gegen das abgefallene Israel. Solange der Tempel bestand, würden die Blutspuren dieses Gerechten zu Gott um Vergeltung schreien. Als Jesus auf diese furchtbaren Sünden hinwies, erschauderte die Menge vor Entsetzen.

Indem Jesus vorausschaute, erklärte er, dass die Juden auch weiterhin unbußfertig und intolerant gegenüber Gottes Dienern sein würden wie in der Vergangenheit. Er sagte zu ihnen: »Hört gut zu! Ich werde euch Propheten, weise Männer und echte Gesetzeslehrer schicken. Ihr werdet einige von ihnen töten, andere ans Kreuz bringen, wieder andere in euren Synagogen auspeitschen und von Stadt zu Stadt verfolgen.« (Matthäus 23,34 GNB) Propheten und weise Männer, voller Glauben und erfüllt mit dem Heiligen Geist wie Stephanus, Jakobus und viele andere, würden verurteilt und getötet werden. Mit zum Himmel erhobener Hand und von einem göttlichen Licht umgeben, sprach Christus als Richter zu jenen, die vor ihm standen. Die Stimme, die so oft gütig und bittend geklungen hatte, sprach jetzt tadelnd und verurteilend, sodass die Zuhörer erschauderten. Niemals sollte der Eindruck seiner Worte und seines Blickes wieder ausgelöscht werden!

Die Entrüstung des Erlösers richtete sich gegen die Heuchelei, gegen die schwerwiegenden Sünden, mit denen die Menschen ihr eigenes Leben zerstörten, das Volk verführten und Gott entehrten. In der trügerischen und irreführenden Beweisführung der Priester und Obersten erkannte er das Wirken satanischer Kräfte. Scharfsinnig und eindringlich prangerte er die Sünde an, doch ohne ein Wort der Vergeltung. Er war mit heiligem Zorn gegen den Fürsten der Finsternis erfüllt, zeigte jedoch keine gereizte Stimmung. So wird auch der Christ, der in Einklang mit Gott lebt sowie Liebe und Barmherzigkeit besitzt, eine gerechte Entrüstung gegen die Sünde empfinden. Er wird sich aber nicht im Zorn dazu hinreißen lassen, jene zu verunglimpfen, die ihn beleidigen. Selbst wenn er Menschen begegnet, die von einer satanischen Macht zur Falschheit gedrängt werden, wird er durch Christus Ruhe und Selbstbeherrschung bewahren.

DIE GEDULDIGE LIEBE GOTTES

Ein Ausdruck von göttlichem Mitleid lag auf dem Angesicht des Sohnes Gottes, als er noch einmal seinen Blick auf dem Tempel und dann auf seinen Zuhörern verweilen ließ. Mit einer von Seelenqualen und bitteren Tränen erstickten Stimme rief er aus: »Jerusalem, Jerusalem, die du tötest die

Propheten und steinigst, die zu dir gesandt sind! Wie oft habe ich deine Kinder versammeln wollen, wie eine Henne ihre Küken versammelt unter ihre Flügel; und ihr habt nicht gewollt!« (Matthäus 23,37) Dies ist der Trennungskampf. In der Klage des Erlösers schüttet Gott sein eigenes Herz aus! Es ist der geheimnisvolle Abschied der langmütigen Liebe der Gottheit.

Die Pharisäer und Sadduzäer waren zum Schweigen gebracht. Jesus rief seine Jünger herbei und machte sich auf, den Tempel zu verlassen. Er ging nicht als Besiegter oder als ein durch die Gegenwart seiner Feinde Bezwungener weg, sondern als einer, dessen Werk vollendet war. Er zog sich als Sieger aus dem Kampf zurück.

Viele Menschen bewahrten die Perlen der Wahrheit, die an jenem ereignisreichen Tag über die Lippen von Christus kamen, in ihren Herzen. Neue Gedanken erfüllten ihr Leben, neue Hoffnungen keimten in ihnen auf, und eine neue Geschichte begann. Diese Menschen traten nach der Kreuzigung und Auferstehung von Christus offen hervor und erfüllten ihren göttlichen Auftrag mit einer Weisheit und einem Eifer, die der Größe dieser Aufgabe entsprachen. Sie verkündeten eine Botschaft, die an die Herzen der Menschen appellierte und den Aberglauben schwächte, der das Leben Tausender so lange hatte verkümmern lassen. Durch ihr Zeugnis wurden die menschlichen Theorien und Philosophien zu nutzlosen Fabeln. Machtvoll wirkten die Worte des Erlösers, die er an jene verwunderte und erschütterte Menge im Tempel von Jerusalem gerichtet hatte.

Doch Israel als Nation hatte sich von Gott getrennt. Die natürlichen Zweige des Ölbaums waren abgebrochen (vgl. Römer 11,11.17-20). Indem er einen letzten Blick in das Innere des Tempels warf, sagte Jesus mit bewegter Stimme: »Seht, euer Haus wird verlassen sein und verwüstet daliegen. Denn ich sage euch: Von jetzt an werdet ihr mich nicht mehr sehen, bis ihr ruft: Gesegnet sei er, der im Namen des Herrn kommt!« (Matthäus 23,38.39 NGÜ) Bis dahin hatte er den Tempel als das Haus seines Vaters bezeichnet. Doch jetzt, da er als Sohn Gottes diese Mauern verließ, zog sich Gottes Gegenwart für immer von dem zu seiner Herrlichkeit erbauten Tempel zurück. Künftig würden seine Zeremonien bedeutungslos und seine Gottesdienste ein Hohn sein.

KAPITEL 68

IM VORHOF DES TEMPELS

Johannes 12,20-50

»Auch einige Griechen waren anwesend – sie gehörten zu den Pilgern, die beim Fest Gott anbeten wollten. Sie traten an Philippus heran, der aus Betsaida in Galiläa stammte, und sagten zu ihm: Herr, wir möchten Jesus sehen. Philippus ging und sagte es Andreas; Andreas und Philippus gingen und sagten es Jesus.« (Johannes 12,20-22 EÜ)

Zu diesem Zeitpunkt sah es so aus, als würde das Werk von Christus eine schreckliche Niederlage erleiden. Jesus war zwar als Sieger aus der Auseinandersetzung mit den Priestern und Pharisäern hervorgegangen, doch es war offensichtlich, dass er von ihnen nie als Messias anerkannt werden würde. Die endgültige Trennung war gekommen. Für die Jünger schien die Lage hoffnungslos, doch Christus näherte sich der Vollendung seines Werkes. Das große Ereignis, das nicht nur die jüdische Nation, sondern die ganze Welt betraf, stand nahe bevor. Als Christus die inständige Bitte: »Wir möchten Jesus sehen« (Johannes 12,21b EÜ) vernahm, in welcher das sehnsüchtige Verlangen der ganzen Welt zum Ausdruck kam, hellte sich sein Gesicht auf, und er sagte: »Die Stunde ist gekommen, dass der Menschensohn verherrlicht wird.« (Johannes 12,23b EÜ) In der Bitte der Griechen sah er einen Vorgeschmack von dem, was sein großes Opfer bewirken würde.

Wie einst am Anfang seines irdischen Lebens die Weisen aus dem Osten zu Christus gekommen waren, so kamen jetzt am Ende seines Lebens Männer aus dem Westen zu ihm. Als Jesus geboren wurde, war das jüdische Volk so sehr mit den eigenen ehrgeizigen Plänen beschäftigt, dass es nichts von seiner Ankunft bemerkte. Weise Männer aus einem heidnischen Land kamen mit ihren Geschenken zur Krippe, um den Erlöser anzubeten. Desgleichen erschienen jetzt diese Griechen als Vertreter der Nationen, Stämme und Völker der Welt, um Jesus zu sehen. In gleicher Weise werden die Völker aller Länder und aller Zeiten durch das Kreuz des Erlösers angezogen werden. »Viele

Menschen werden aus der ganzen Welt herbeiströmen und mit Abraham, Isaak und Jakob im Himmelreich zu Tisch sitzen.« (Matthäus 8,11 NLB)

Die Griechen hatten vom triumphalen Einzug von Jesus in Jerusalem gehört. Manche nahmen an – und sie hatten diesen Bericht auch verbreitet –, dass Jesus die Priester und Obersten aus dem Tempel gejagt hatte und den Thron Davids einnehmen würde, um als König über Israel zu herrschen. Die Griechen hatten das Verlangen, die Wahrheit über die Aufgabe dieses Jesus zu erfahren. »Wir möchten Jesus sehen« (Johannes 12,21b EÜ), sagten sie. Ihr Wunsch wurde erfüllt. Als Jesus von ihrer Bitte erfuhr, befand er sich gerade in einem Teil des Tempels, in dem sich nur Juden aufhalten durften, doch er ging hinaus in den äußeren Vorhof,[86] um persönlich mit ihnen zu sprechen.

EINE GROSSE ERNTE STEHT BEVOR

Die Stunde der Verherrlichung von Christus war gekommen. Er stand bereits im Schatten des Kreuzes, und das Verlangen der Griechen bestätigte ihm, dass sein bevorstehendes Opfer viele Söhne und Töchter zu Gott bringen würde. Er wusste auch, dass ihn die Griechen bald in einer Lage sehen würden, wie sie es nie erwartet hätten. Sie würden ihn neben Barabbas sehen, einem Räuber und Mörder, der dem Sohn Gottes vorgezogen und freigelassen wurde. Sie würden auch hören, wie sich das Volk unter dem Einfluss der Priester und Ratsmitglieder entschieden hatte. Auf die Frage des Pilatus: »Was soll ich denn machen mit Jesus, von dem gesagt wird, er sei der Christus?« würden sie antworten: »Lass ihn kreuzigen!« (Matthäus 27,22). Christus wusste, dass durch sein Sühneopfer für die Sünden der Menschen sein Reich vollendet und sich über die ganze Welt ausdehnen wird. Er selbst würde alles wiederherstellen, und sein Geist würde siegen. Für einen Augenblick schaute er in die Zukunft und hörte Stimmen in allen Teilen der Erde ausrufen: »Seht her! Da ist das Lamm Gottes, das die Sünde der Welt wegnimmt!« (Johannes 1,29b NLB) Diese Fremden bedeuteten für ihn die Verheißung einer großen Ernte, wenn die Mauer der Trennung[87] zwischen Juden und Heiden niedergerissen ist und alle Nationen, Sprachen und Völker die Heilsbotschaft hören. Diese Erwartung – die Erfüllung seiner Hoffnungen – drückte er mit folgenden Worten aus: »Die Stunde ist gekommen, dass der Menschensohn

---

86 Dieser äußere Teil des Tempelkomplexes, der von Säulenhallen umgeben war, wurde auch »Vorhof der Heiden« genannt, weil dort auch Nichtjuden Zutritt hatten.

87 Das Sprachbild der Mauer spielt auf den herodianischen Tempel an, in dem der Vorhof der Heiden von den inneren Vorhöfen, zu denen ausschließlich Juden Zutritt hatten, durch eine halbhohe Mauer getrennt war.

verherrlicht wird.« (Johannes 12,23 EÜ) Doch Jesus hatte stets vor Augen, auf welche Art und Weise diese Verherrlichung geschehen musste. Das Sammeln der Heiden würde nach seinem bevorstehenden Tod beginnen, denn nur durch seinen Tod konnte die Welt gerettet werden. Wie ein Weizenkorn musste der Menschensohn in die Erde gelegt werden. Er musste sterben und unbeachtet begraben werden, doch dann sollte er wieder leben.

DAS STERBENDE WEIZENKORN BRINGT FRUCHT

Christus enthüllte nun seine Zukunft. Dabei stützte er sich auf Beispiele aus der Natur. Die Jünger sollten verstehen, dass die wahre Frucht seines Auftrags nur durch seinen Tod reifen konnte. »Ich versichere euch: Ein Weizenkorn muss in die Erde ausgesät werden. Wenn es dort nicht stirbt, wird es allein bleiben – ein einzelnes Samenkorn. Sein Tod aber wird viele neue Samenkörner hervorbringen – eine reiche Ernte neuen Lebens.« (Johannes 12,24 NLB) Wenn das Weizenkorn in die Erde fällt und stirbt, geht es auf und bringt seine Frucht. So würde auch der Tod von Christus Früchte für das Reich Gottes hervorbringen. In Übereinstimmung mit den Gesetzmäßigkeiten des Pflanzenreichs sollte aus seinem Tod Leben hervorgehen.

Ein Bauer, der die Erde umgräbt, hat dieses Bild stets vor Augen. Jahr für Jahr hebt er sich einen Vorrat an Getreide auf, doch es scheint, als würde er den auserlesensten Teil davon wegwerfen. Eine Zeitlang muss das Korn unter der Erde des Ackers verborgen liegen, wo es von Gott bewacht wird. Dann »sprießt ein Halm, dann bilden sich die Ähren und zum Schluss reift das Korn heran.« (Markus 4,28b NLB). Diese Entwicklung aber geschieht erst, wenn das Korn, für unsere Augen verborgen, in die Erde gelegt ist, so als würde es zugrunde gehen.

Die in der Erde verborgenen Samen bringen Frucht, die dann ihrerseits wieder ausgesät wird. Auf diese Weise wird die Ernte ständig vervielfacht. So wird auch der Tod von Christus auf Golgatha Frucht zum ewigen Leben bringen. Für jene Menschen, die durch dieses Gnadengeschenk in alle Ewigkeit leben werden, wird das Nachsinnen über das für sie gebrachte Opfer Herrlichkeit bedeuten.

Das Weizenkorn, das sein eigenes Leben bewahrt, kann keine Frucht bringen und bleibt allein. Christus hätte sich vor dem Tod retten können, wenn er dies gewollt hätte. Doch hätte er dies getan, wäre er allein geblieben und hätte Gott keine Söhne und Töchter bringen können. Nur indem er sein Leben gab, konnte er den Menschen Leben verleihen. Nur weil er in die Erde sank und starb, konnte er zum Samen jener reichen Menschenernte werden, die aus allen Nationen, Geschlechtern, Sprachen und Völkern zu Gottes Ehre erlöst wird.

Mit dieser Wahrheit verband Christus seine Aussage über die Selbstaufopferung, die alle lernen sollten: »Wer sein Leben in dieser Welt liebt, wird es verlieren. Wer sein Leben in dieser Welt gering achtet, wird es zum ewigen Leben bewahren.« (Johannes 12,25 NLB) Wer als Mitarbeiter von Christus Frucht bringen möchte, muss erst in die Erde fallen und »sterben«. Das Leben muss einem Samen gleich auf den Acker der weltlichen Not geworfen werden. Eigenliebe und Selbstsucht müssen absterben, denn nur wer sich selbst aufopfert, wird sein eigenes Leben erhalten. Der Bauer bewahrt sich sein Korn dadurch, dass er es wegwirft. So ist es auch im menschlichen Leben. Geben heißt leben! Das Leben, das erhalten bleibt, ist das Leben, das freiwillig in den Dienst für Gott und die Menschen gestellt wird. Wer sein Leben wegen Christus in dieser Welt opfert, wird es für das ewige Leben bewahren.

Das selbstsüchtige Leben gleicht einem Korn, das gegessen wird. Es verschwindet auch, vermehrt sich jedoch nicht. Ein Mensch mag alles für sich selbst sammeln, für sich selbst leben, denken und planen. Doch sein Leben zerrinnt, und für ihn bleibt nichts übrig. Das Gesetz der Selbstsucht ist das Gesetz der Selbstzerstörung.

»Wer mein Jünger sein will, muss sich aufmachen und mir nachfolgen«, sagte Jesus, »denn mein Diener wird da sein, wo ich bin. Wer mir nachfolgt, den wird der Vater ehren.« (Johannes 12,26 NLB) Alle, die mit Jesus das Kreuz der Aufopferung getragen haben, werden mit ihm an seiner Herrlichkeit teilhaben. In seiner Erniedrigung und seinem Schmerz empfand Christus Freude darüber, dass seine Nachfolger mit ihm verherrlicht werden sollten. Sie sind die Frucht seiner Selbstaufopferung. Die Widerspiegelung seines eigenen Charakters und Geistes im Leben seiner Nachfolger ist sein Lohn und wird in Ewigkeit seine Freude sein. Diese Freude teilen sie mit ihm, wenn sich die Frucht ihrer Arbeit und ihrer Opfer im Herzen und im Leben anderer zeigt. Sie sind Mitarbeiter des Herrn, und der Vater wird sie so ehren, wie er seinen Sohn ehrt.

GOTT BESTÄTIGT SEINEN SOHN

Durch die Botschaft der Griechen, die eine Vorankündigung für die Sammlung der Heiden war, wurde Jesus an seine umfassende Mission erinnert. Das Erlösungswerk von der Zeit an, als es im Himmel geplant wurde, bis zu seinem baldigen Tod zog an seinem geistigen Auge vorüber. Eine geheimnisvolle Wolke, deren Schatten die Umstehenden bemerkten, schien den Sohn Gottes zu umgeben, während er in Gedanken versunken dasaß. Schließlich brach er das Schweigen und sagte traurig: »Jetzt ist meine Seele erschüttert. Was soll ich sagen: Vater, rette mich aus dieser Stunde?« (Johannes 12,27a EÜ) Christus kostete schon im Voraus den bitteren Kelch, und seine menschliche Natur schreckte vor der Stunde der Verlassenheit zurück, da er allem Anschein nach sogar von Gott verlassen sein würde, für alle sichtbar »bestraft, von Gott geschlagen und niedergebeugt« (Jesaja 53,4b Elb.). Er schreckte vor einer öffentlichen Bloßstellung zurück – davor, als schlimmster Verbrecher behandelt zu werden und einen schändlichen und unehrenhaften Tod zu sterben. Eine Vorahnung von seinem Kampf mit den Mächten der Finsternis sowie ein Gefühl von der furchtbaren Last aller menschlichen Übertretungen und vom Zorn seines Vaters über die Sünde ließen Jesus beinahe ohnmächtig werden. Sein Gesicht war totenblass.

Dann aber beugte er sich gottgeweiht dem Willen seines Vaters und sprach: »Aber deshalb bin ich in diese Stunde gekommen. Vater, verherrliche deinen Namen!« (Johannes 12,27b.28a EÜ) Nur durch den Tod von Christus konnte Satans Herrschaft gestürzt, der Mensch erlöst und Gott verherrlicht werden. Jesus willigte in den Todeskampf ein und nahm das Opfer auf sich. Die Majestät des Himmels war bereit, als Sündenträger zu leiden. »Vater, verherrliche deinen Namen!«, bat der Erlöser. Als Christus diese Worte sprach, kam eine Antwort aus der Wolke, die über seinem Haupt schwebte: »Ich habe ihn schon verherrlicht und werde ihn wieder verherrlichen.« (Johannes 12,28b EÜ) Sein ganzes Leben lang – von der Krippe an bis zu dem Zeitpunkt, als diese Worte gesprochen wurden – hatte Christus Gott verherrlicht. Und in der kommenden Prüfung würden seine göttlich-menschlichen Leiden den Namen seines Vaters aufs Neue preisen.

Als die Stimme vom Himmel ertönte, fuhr ein Lichtstrahl aus der Wolke und umgab Jesus, als würden die Arme einer riesigen Macht ihn wie eine feurige Mauer umfangen. Das Volk schaute mit Schrecken und größtem Erstaunen auf dieses Geschehen. Niemand wagte zu reden. Schweigend und mit angehaltenem Atem standen alle da, ihre Augen auf Christus gerichtet. Nachdem das Zeugnis des Vaters gegeben war, hob sich die Wolke und löste sich am Himmel auf. Bis auf Weiteres endete damit die sichtbare Gemeinschaft zwischen dem Vater und dem Sohn.

»Die Menge, die dabeistand und das hörte, sagte: ›Es hat gedonnert.‹ Andere sagten: ›Ein Engel hat zu ihm geredet.‹« (Johannes 12,29 EÜ) Doch die fragenden Griechen sahen die Wolke, hörten die Stimme, verstanden deren

Bedeutung und erkannten wahrhaftig Christus, der ihnen als der Gesandte Gottes offenbart worden war.

Zu Beginn seines Wirkens hatte man Gottes Stimme bei der Taufe von Jesus gehört und erneut bei seiner Verklärung auf dem Berg. Jetzt, am Ende seines Dienstes, wurde sie zum dritten Mal von einer großen Volksmenge und unter besonderen Umständen vernommen. Jesus hatte eben die ernsteste Wahrheit über den Zustand der Juden ausgesprochen. Er hatte zum letzten Mal an sie appelliert und ihren Untergang angekündigt. Nun besiegelte Gott erneut die Sendung seines Sohnes und bestätigte den Einen, den Israel verworfen hatte. »Nicht mir galt diese Stimme, sondern euch.« (Johannes 12,30 EÜ) Diese Stimme war der krönende Beweis seiner Messianität und das Zeichen des Vaters, dass Jesus die Wahrheit gesprochen hatte und der Sohn Gottes war.

WENDEPUNKT FÜR DIE WELT

»Jetzt wird Gericht gehalten über diese Welt; jetzt wird der Herrscher dieser Welt hinausgeworfen werden. Und ich, wenn ich über die Erde erhöht bin, werde alle zu mir ziehen. Das sagte er, um anzudeuten, auf welche Weise er sterben werde.« (Johannes 12,31-33 EÜ) Dieses Ereignis sollte der Wendepunkt für die Welt werden. Wenn er die Sünden der Menschen sühnt, wird die Welt erleuchtet, Satans Vorherrschaft über die Menschen gebrochen und das entstellte Bild Gottes im Menschen wiederhergestellt werden. Schließlich wird eine Familie von Gläubigen in die himmlische Heimat einziehen. Dies wird das Ergebnis des Todes von Christus sein. Ganz in Gedanken versunken, sah der Erlöser den Siegesjubel vor sich. Er erblickte das Kreuz, dieses grausame und schmachvolle Zeichen, mit all seinen Schrecken, wie es in Herrlichkeit erstrahlte.

Doch nicht nur die Erlösung für die Menschen wird durch das Kreuz erlangt. Die Liebe Gottes wird dadurch dem ganzen Universum offenbart. Der Fürst dieser Welt wird ausgestoßen. Die Anklagen Satans gegen Gott sind widerlegt und die Vorwürfe, die er gegen den Himmel erhoben hatte, für immer entkräftet. Sowohl Engel als auch Menschen werden zum Erlöser hingezogen werden. »Und ich, wenn ich über die Erde erhöht bin, werde alle zu mir ziehen.« (Johannes 12,32 EÜ)

Viele Menschen waren um den Herrn versammelt, als er diese Worte sprach. »Die Menge jedoch hielt ihm entgegen: ›Wir haben aus dem Gesetz gehört, dass der Messias bis in Ewigkeit bleiben wird. Wie kannst du sagen, der Menschensohn müsse erhöht werden? Wer ist dieser Menschensohn?‹ Da sagte Jesus zu ihnen: ›Nur noch kurze Zeit ist das Licht bei euch. Geht euren Weg, solange ihr das Licht habt, damit euch nicht die Finsternis überrascht. Wer in der Finsternis geht, weiß nicht, wohin er gerät. Solange ihr das Licht bei euch habt, glaubt an das Licht, damit ihr Söhne des Lichts werdet.‹« (Johannes 12,34-36 EÜ)

»Obwohl Jesus so viele Zeichen vor ihren Augen getan hatte, glaubten sie nicht an ihn.« (Johannes 12,37 EÜ) Einst hatten sie Jesus gefragt: »Was tust du für ein Zeichen, damit wir sehen und dir glauben?« (Johannes 6,30) Unzählige Zeichen waren gegeben worden; aber sie hatten ihre Augen vor ihnen verschlossen und ihre Herzen verhärtet. Sogar jetzt, da der Vater selbst geredet hatte und sie kein weiteres Zeichen verlangen konnten, weigerten sie sich zu glauben.

»Dennoch kamen sogar von den führenden Männern viele zum Glauben an ihn; aber wegen der Pharisäer bekannten sie es nicht offen, um nicht aus der Synagoge ausgestoßen zu werden. Denn sie liebten das Ansehen bei den Menschen mehr als das Ansehen bei Gott.« (Johannes 12,42-43 EÜ) Sie schätzten Menschenlob höher als das Wohlgefallen Gottes. Um sich selbst vor Tadel und Schande zu bewahren, verleugneten sie Christus und lehnten das Angebot des ewigen Lebens ab. Wie viele haben in den folgenden Jahrhunderten das Gleiche getan! Ihnen allen gilt die Warnung des Erlösers: »Wer an seinem Leben hängt, verliert es.« (Johannes 12,25 EÜ) »Wer mich verachtet und meine Worte nicht annimmt, der hat schon seinen Richter: Das Wort, das ich gesprochen habe, wird ihn richten am Letzten Tag.« (Johannes 12,48 EÜ)

Wie schmerzlich für all jene, welche die Zeit ihrer Heimsuchung nicht erkannt haben! Langsam und kummervoll verließ Jesus für immer das Gelände des Tempels.

KAPITEL 69

AUF DEM ÖLBERG

Matthäus 24; Markus 13; Lukas 12,35-46; 21,5-38

Die Worte von Christus: »Seht, euer Haus wird verlassen sein und verwüstet daliegen« (Matthäus 23,38 NGÜ) hatten die Priester und Obersten mit großer Furcht erfüllt. Sie taten so, als wäre es ihnen gleichgültig, doch im Innersten fragten sie sich immer wieder, was diese Worte wohl bedeuteten. Eine unsichtbare Gefahr schien sie zu bedrohen. Könnte es sein, dass der herrliche Tempel, der Ruhm der jüdischen Nation, schon bald in Schutt und Asche liegen würde? Auch die Jünger waren von einer bösen Vorahnung erfüllt und warteten ängstlich darauf, dass sich Jesus deutlicher ausdrücken würde. Als sie mit ihm den Tempel verließen, lenkten sie seine Aufmerksamkeit auf dessen Stärke und Schönheit. Die Steine des Tempels waren aus reinstem Marmor, blendend weiß. Einige von ihnen waren unbeschreiblich groß. Ein Teil der Mauer hatte sogar der Belagerung durch Nebukadnezars Heer standgehalten (588-586 v. Chr.). Das Mauerwerk war so makellos ineinandergefügt, dass man den Eindruck bekommen konnte, es wäre ein einziger massiver Block, der aus dem Steinbruch herausgebrochen worden war. Die Jünger konnten nicht verstehen, wie es jemals möglich wäre, diese mächtigen Mauern zu überwinden.

Welche unausgesprochenen Gedanken mussten Christus, den Verworfenen, wohl bewegt haben, als er auf die Pracht des Tempels aufmerksam gemacht wurde! Der Anblick, der sich ihm bot, war wirklich wunderschön, doch er sagte mit trauriger Stimme: Ich sehe das alles! Die Bauwerke sind wahrhaftig eindrucksvoll. Ihr zeigt auf diese scheinbar unzerstörbaren Mauern. Doch hört auf meine Worte: Es kommt der Tag, da wird hier »kein Stein auf dem anderen bleiben. Alles wird bis auf den Grund zerstört werden.« (Matthäus 24,2b GNB).

EINE REDE MIT ZWEI BRENNPUNKTEN

Christus hatte diese Worte vor vielen Menschen ausgesprochen. Nun aber, da er allein auf dem Ölberg saß, traten Petrus, Johannes, Jakobus und

Andreas zu ihm und fragten: »Sag uns, wann wird das geschehen, und woran können wir erkennen, dass du wiederkommst und das Ende der Welt da ist?« (Matthäus 24,3b GNB) In seiner Antwort an die Jünger ging Jesus nicht gesondert auf die Zerstörung Jerusalems und auf den großen Tag seiner Wiederkunft ein. Er verflocht die Beschreibung dieser beiden Ereignisse miteinander. Hätte Jesus seinen Jüngern das zukünftige Geschehen so geschildert, wie er es vor sich sah, wären sie unfähig gewesen, dies zu ertragen. Aus Erbarmen ihnen gegenüber verknüpfte er die Beschreibung dieser beiden großen und entscheidenden Ereignisse und überließ es den Jüngern, deren Bedeutung selbst herauszufinden. Als Jesus über die Zerstörung Jerusalems sprach, reichten seine prophetischen Worte über dieses Ereignis hinaus bis zum abschließenden Tag, an dem die Welt mit Feuer gereinigt wird – jener Tag, an dem sich der Herr aufmachen und die Welt für ihre Bosheit bestrafen wird, wenn die Erde alles vergossene Blut ans Licht bringen und die Erschlagenen nicht mehr bedecken wird. Diese ausführliche Rede war nicht nur für die Jünger gedacht, sondern für alle, die in den letzten Tagen der Weltgeschichte leben werden.

DIE KOMMENDEN EREIGNISSE

Christus wandte sich an die Jünger und sprach: »Lasst euch von niemandem etwas weismachen. Viele werden in meinem Namen auftreten und behaupten: ›Ich bin der Christus‹, und sie werden viele irreführen.« (Matthäus 24,4.5 NLB) Viele falsche Messiasse werden auftreten. Sie werden behaupten, Wunder zu vollbringen, und erklären, die Zeit für die Befreiung der jüdischen Nation sei gekommen. Sie werden viele Menschen irreführen. Die Worte von Christus erfüllten sich. In der Zeit zwischen seinem Tod und der Belagerung von Jerusalem traten viele falsche Messiasse auf. Doch diese Warnung von Jesus gilt auch den Menschen in unserer Zeit. Dieselben Täuschungen, die vor der Zerstörung Jerusalems geschehen sind, geschahen durch alle Zeitalter hindurch, und sie werden erneut geschehen.

»Ihr werdet hören von Kriegen und Kriegsgeschrei; seht zu und erschreckt nicht. Denn das muss so geschehen; aber es ist noch nicht das Ende da.« (Matthäus 24,6) Bereits vor der Zerstörung Jerusalems kämpften Männer um die Vorherrschaft. Herrscher wurden ermordet und vermeintliche Nachfolger erschlagen. Da war von Kriegen und Kriegsgeschrei zu hören. »Denn es muss geschehen«, sagte Christus, »aber es ist noch nicht das Ende [des jüdischen Volkes als politische Nation]. Denn es wird sich Nation gegen Nation erheben und Königreich gegen Königreich, und es werden Hungersnöte und

Erdbeben da und dort sein. Alles dies aber ist der Anfang der Wehen.« (Matthäus 24,6b-8 Elb.) Der Herr sagte: Wenn die Rabbiner diese Zeichen sehen, werden sie erklären, diese seien die Gottesurteile über die Nationen dafür, dass sie sein auserwähltes Volk unterdrücken. Und sie werden behaupten, dies seien die Zeichen, welche die Ankunft des Messias ankündigen. Lasst euch nicht täuschen! Diese Zeichen sind der Anfang der göttlichen Gerichte. Die Menschen haben auf sich selbst geschaut, ihre Sünde nicht bereut und sich nicht bekehrt, sodass ich sie nicht heilen konnte. Die Zeichen, die sie als Beweis ihrer Befreiung aus der Knechtschaft ansehen, sind in Wirklichkeit Zeichen ihres Verderbens.

»Dann werden sie euch an die Gerichte ausliefern, euch misshandeln und töten. Die ganze Welt wird euch hassen, weil ihr euch zu mir bekennt. Wenn es so weit ist, werden viele vom Glauben abfallen und sich gegenseitig verraten und einander hassen.« (Matthäus 24,9.10 GNB) Dies alles mussten die Christen erleiden. Eltern verrieten ihre Kinder, Kinder ihre Eltern, und Freunde lieferten einander an den Hohen Rat aus. Die Verfolger vollendeten ihr Vorhaben und töteten Stephanus, Jakobus und andere Christen.

Gott gab dem jüdischen Volk durch seine Diener eine letzte Gelegenheit zur Umkehr. Er selbst offenbarte sich durch seine Zeugen, wenn sie gefangengenommen, verhört und eingekerkert wurden. Dennoch wurden sie von ihren Richtern zum Tod verurteilt. Die Welt war ihrer nicht wert. Indem die jüdischen Obersten sie töteten, wurde Gottes Sohn aufs Neue gekreuzigt. So wird es wieder geschehen. Die Regierungen werden Gesetze erlassen, um die religiöse Freiheit einzuschränken. Sie werden sich ein Recht anmaßen, das allein Gott zusteht. Sie meinen, sie könnten das menschliche Gewissen beherrschen, das allein Gott lenken darf. Der Anfang dazu ist bereits gemacht. Man wird mit dieser Unterdrückung fortfahren, bis eine Grenze erreicht ist, die nicht überschritten werden kann. Gott selbst wird dann zugunsten seines treuen Volkes, das seine Gebote hält, eingreifen.

Bei jeder Verfolgung entscheiden sich diejenigen, die sie als Zeugen miterleben, für oder gegen Christus. Jene, die den zu Unrecht Verurteilten ihr Mitleid ausdrücken, zeigen auf diese Weise, dass sie mit Christus verbunden sind. Andere sind verärgert, weil sich die Grundsätze der Wahrheit nicht mit ihren Gewohnheiten vereinbaren lassen. Viele stolpern und fallen und sagen sich vom Glauben los, für den sie einmal eingestanden sind. Jene, die in Zeiten der Prüfung vom Glauben abfallen, werden um ihrer eigenen Sicherheit willen ein falsches Zeugnis ablegen und ihre Glaubensfreunde verraten. Christus hat uns davor gewarnt, damit wir von der unnatürlichen, herzlosen Handlungsweise derer, die das Licht verwerfen, nicht überrascht werden.

DIE FLUCHT DER CHRISTEN

Christus gab seinen Jüngern ein Zeichen für die herannahende Zerstörung Jerusalems und sagte ihnen, wie sie ihr entfliehen könnten: »Wenn ihr Jerusalem von feindlichen Heeren eingeschlossen seht, dann seid gewiss: Seine Zerstörung steht bevor. Dann sollen die Bewohner Judäas in die Berge fliehen! Wer in der Stadt ist, soll sie schnell verlassen, und die Leute vom Land sollen nicht in die Stadt gehen! Denn dann kommen die Tage der Vergeltung, an denen alles in Erfüllung geht, was in den Heiligen Schriften vorausgesagt ist.« (Lukas 21,20-22 GNB) Diese Warnung wurde gegeben, damit sie 40 Jahre später bei der Zerstörung Jerusalems beachtet würde. Die Christen folgten diesem Aufruf. Nicht ein einziger von ihnen kam bei der Einnahme der Stadt ums Leben.

Jesus fuhr fort: »Betet darum, dass ihr nicht im Winter oder an einem Sabbat fliehen müsst.« (Matthäus 24,20 EÜ) Christus, der den Sabbat eingesetzt hatte, schaffte ihn nicht ab, indem er ihn ans Kreuz heftete. Der Sabbat wurde durch den Tod von Jesus nicht für nichtig erklärt, sondern sollte auch 40 Jahre nach seiner Kreuzigung noch heiliggehalten werden. 40 Jahre lang sollten die Christen dafür beten, dass ihre Flucht nicht an einem Sabbat geschehe.

DIE ZEIT BIS ZUR WIEDERKUNFT

Von der Zerstörung Jerusalems kam Christus rasch auf das größere Ereignis zu sprechen, das letzte Glied in der Kette dieser Weltgeschichte: die Wiederkunft des Sohnes Gottes in großer Kraft und Herrlichkeit. Christus sah, dass zwischen diesen beiden Ereignissen lange, dunkle Jahrhunderte lagen – Jahrhunderte, die für seine Gemeinde von Blut, Tränen und Qualen gekennzeichnet waren. Die Jünger hätten es zu diesem Zeitpunkt nicht ertragen, wenn Jesus näher auf dieses Geschehen eingegangen wäre. Deshalb überging er es und begnügte sich mit einer kurzen Andeutung: »Denn es wird eine so große Not kommen, wie es noch nie eine gegeben hat, seit die Welt besteht, und wie es auch keine mehr geben wird. Und wenn jene Zeit nicht verkürzt würde, dann würde kein Mensch gerettet; doch um der Auserwählten willen wird jene Zeit verkürzt werden.« (Matthäus 24,21.22 EÜ) Mehr als 1000 Jahre lang sollte eine solche Verfolgung über die Nachfolger von Christus kommen, wie sie die Welt noch nie erlebt hatte. Millionen und Abermillionen seiner treuen Zeugen würden getötet werden. Hätte Gott nicht schützend die Hand über sein Volk gehalten, wären alle ums Leben gekommen. »Doch um der Auserwählten willen wird jene Zeit verkürzt werden.« (Matthäus 24,22b EÜ)

DIE VORBOTEN DER WIEDERKUNFT

Nun sprach Jesus unmissverständlich von seinem zweiten Kommen und warnte vor den Gefahren, die seiner Wiederkunft vorausgehen werden: »Wenn dann jemand zu euch sagt: ›Seht her, hier ist Christus, der versprochene Retter!‹, oder: ›Dort ist er!‹ – glaubt ihm nicht. Denn es werden so manche mit dem Anspruch auftreten, der versprochene Retter oder ein Prophet zu sein. Sie werden sich durch große und Aufsehen erregende Wunder ausweisen und würden damit sogar die von Gott Erwählten irreführen, wenn das möglich wäre. Denkt daran, dass ich es euch vorausgesagt habe! Wenn also die Leute zu euch sagen: ›Draußen in der Wüste ist er‹, dann geht nicht hinaus! Oder wenn sie sagen: ›Er ist hier und hält sich in einem Haus verborgen‹, dann glaubt ihnen nicht! Denn der Menschensohn wird für alle sichtbar kommen, wie ein Blitz, der von Ost nach West über den Himmel zuckt.« (Matthäus 24,23-27 GNB) Eines der Zeichen der Zerstörung Jerusalems beschrieb Christus mit den Worten: »Zahlreiche falsche Propheten werden auftreten und viele von euch irreführen.« (Matthäus 24,11 GNB) Tatsächlich kamen falsche Propheten auf, verführten das Volk und lockten viele in die Wüste. Zauberer und Magier, die den Anspruch erhoben, übernatürliche Kräfte zu besitzen, veranlassten das Volk, ihnen in die Einsamkeit der Berge zu folgen. Doch diese Vorhersage gilt auch für die letzten Tage der Weltgeschichte. Die geschilderten Ereignisse sind als Zeichen der nahen Wiederkunft von Christus gegeben worden. Schon jetzt vollbringen falsche Christusse und falsche Propheten Zeichen und Wunder, um die Gläubigen zu verführen. Hören wir nicht den Ruf: »Siehe, er ist in der Wüste«? Sind nicht Tausende diesem Ruf gefolgt und in die Wüste gezogen, in der Hoffnung, Christus zu finden? Ertönt nicht in Tausenden von Zusammenkünften, wo Menschen vorgeben, mit den Geistern Verstorbener in Verbindung zu treten, der Ruf: »Siehe, er ist drinnen im Haus«? Dies ist genau der Anspruch, den der Spiritismus erhebt. Doch was sagte Jesus? »Glaubt ihnen nicht! Denn der Menschensohn wird für alle sichtbar kommen, wie ein Blitz, der von Ost nach West über den Himmel zuckt.« (Matthäus 24,26b.27 GNB)

Der Herr gab uns Zeichen seiner Wiederkunft – ja, mehr noch, er legte die Zeit fest, wann das erste dieser Zeichen geschehen sollte. »Sofort nach den Tagen der großen Not wird sich die Sonne verfinstern, und der Mond wird nicht mehr scheinen; die Sterne werden vom Himmel fallen, und die Kräfte der Himmel werden erschüttert werden. Danach wird das Zeichen des Menschensohnes am Himmel erscheinen; dann werden alle Völker der Erde jammern und klagen, und sie werden den Menschensohn mit großer Macht und Herrlichkeit auf den Wolken des Himmels kommen sehen. Er wird seine

Engel unter lautem Posaunenschall aussenden, und sie werden die von ihm Auserwählten aus allen vier Windrichtungen zusammenführen, von einem Ende des Himmels bis zum anderen.« (Matthäus 24,29-31 EÜ) Am Ende der großen päpstlichen Verfolgungen sollten Sonne und Mond ihren Schein verlieren. Dann sollten die Sterne vom Himmel fallen.[88] Jesus fügte hinzu: »Lernt vom Feigenbaum: Wenn seine Knospen weich werden und die Blätter zu sprießen beginnen, wisst ihr, dass der Sommer kommt, ohne dass es euch jemand sagt. Wenn ihr also seht, wie alle diese Dinge passieren, dann wisst ihr, dass die Wiederkunft des Menschensohnes vor der Tür steht.« (Matthäus 24,32.33 NLB)

Christus hat uns Zeichen für sein Kommen gegeben, damit wir erkennen können, wann seine Ankunft nahe ist und sogar, wann sie kurz bevorsteht. Er sagt über jene Menschen, die diese Zeichen sehen: »Diese Generation wird nicht vergehen, bis das alles geschehen ist.« (Matthäus 24,34 NGÜ) Diese Zeichen sind erschienen. Jetzt wissen wir gewiss, dass des Herrn Wiederkunft nahe ist. »Himmel und Erde werden vergehen; aber meine Worte werden nicht vergehen.« (Matthäus 24,35)

Christus wird mit den Wolken des Himmels kommen, mit großer Herrlichkeit. Eine große Zahl leuchtender Engel wird ihn begleiten. Er wird kommen, um die Toten aufzuwecken und die lebenden Gerechten zu verwandeln – von einer Herrlichkeit zur anderen. Er wird wiederkommen, um die zu ehren und zu sich zu nehmen, die ihn geliebt und seine Gebote gehalten haben. Er hat weder sie noch seine Verheißung vergessen. Familien werden wieder miteinander vereint werden. Wenn wir an unsere Toten zurückdenken, dürfen wir an den Morgen glauben, an dem die Posaune Gottes ertönen wird, an dem »die Toten mit einem unvergänglichen Körper auferstehen, und wir Lebenden werden verwandelt werden, sodass wir nie mehr sterben« (1. Korinther 15,52b NLB). Nur noch kurze Zeit, und wir werden den König in seiner Herrlichkeit sehen. Nicht mehr lange, und er wird alle Tränen von unseren Augen abwischen. Bald schon wird er uns »vor seine Herrlichkeit tadellos mit Jubel« hinstellen (Judas 24b Elb.). Darum sagte Christus, als er von den Zeichen seiner Wiederkunft sprach: »Wenn all das anfängt, dann richtet euch auf und hebt den Blick, denn eure Erlösung ist ganz nahe!« (Lukas 21,28 NLB)

Den Tag aber und die Stunde seiner Wiederkunft hat Christus nicht offenbart. Er sagte seinen Jüngern deutlich, dass er selbst ihnen den Tag oder

---

88 Die Verfasserin sah eine Erfüllung dieser Zeichen im sogenannten »Dark Day« (dunklen Tag) des 19. Mai 1780, an dem eine dramatische Finsternis die Sonne und den Mond über Neuengland verdunkelte, und dem großen Meteorschauer vom 13. November 1833, bei dem angeblich bis zu 200 000 Meteore in der Stunde niedergingen. (Vgl. im Band »Vom Schatten zum Licht« [Textausgabe] dieser Serie Kapitel 17, S. 275–289, und Kapitel 18, S. 290–312).

die Stunde seines zweiten Kommens nicht bekannt geben könne: »Von dem Tag aber und von der Stunde weiß niemand, auch die Engel im Himmel nicht, auch der Sohn nicht, sondern allein der Vater.« (Matthäus 24,36) Wäre es ihm freigestanden, ihnen die genaue Zeit zu offenbaren, warum sollte er sie dann ermahnt haben, in ständiger Erwartung zu bleiben? Es gibt Menschen, die behaupten, genau zu wissen, an welchem Tag und zu welcher Stunde Christus erscheinen wird. Ernsthaft bemühen sie sich darum, den Ablauf der Zukunft festzulegen. Doch der Herr hat sie davor gewarnt, diesen Grund zu betreten. Der genaue Zeitpunkt der Wiederkunft des Menschensohnes ist Gottes Geheimnis.

DIE WELT VOR DER WIEDERKUNFT

Christus setzte seine Rede fort, indem er auf den Zustand der Welt vor seinem Kommen hinwies: »Bei der Wiederkunft des Menschensohnes wird es wie in den Tagen Noahs sein. Damals vor der großen Flut aßen und tranken die Menschen, sie heirateten und wurden verheiratet – bis zu dem Tag, an dem Noah in die Arche ging. Sie merkten nichts, bis die Flut hereinbrach und sie alle hinwegraffte. So wird es auch bei der Wiederkunft des Menschensohnes sein.« (Matthäus 24,37-39 NGÜ) Jesus führt uns hier kein tausendjähriges Reich auf Erden vor Augen, in dem sich alle auf die Ewigkeit vorbereiten. Er zeigt uns, dass es bei seiner Wiederkunft genauso sein wird wie zur Zeit Noahs.

Wie war es denn zu jener Zeit? »Der Herr sah, dass die Menschen auf der Erde völlig verdorben waren. Alles, was aus ihrem Herzen kam, ihr ganzes Denken und Planen, war durch und durch böse.« (1. Mose 6,5 GNB) Die Bewohner der vorsintflutlichen Welt wandten sich von ihrem Schöpfer ab und weigerten sich, seinem heiligen Willen zu gehorchen. Sie folgten lieber ihren eigenen, unheiligen Vorstellungen und verderbten Gedanken. Wegen ihrer Bosheit wurden sie vernichtet. Heute geht die Welt denselben Weg. Es gibt keine schmeichelhaften Anzeichen für eine tausendjährige Herrlichkeit. Die Übertreter des Gesetzes Gottes füllen die Erde mit ihrer Bosheit. Ihre Wetten, ihre Pferderennen, ihr Glücksspiel, ihre Verschwendung, ihre begehrlichen Gewohnheiten und ihre unbezähmbaren Leidenschaften breiten sich rasch und gewaltsam über die Welt aus.

In der Weissagung von der Zerstörung Jerusalems sagte Christus: »Die Gesetzlosigkeit wird immer mehr überhandnehmen und die Liebe wird bei vielen erkalten. Doch wer bis zum Ende durchhält, wird gerettet werden. Die Botschaft vom Reich Gottes wird auf der ganzen Welt gepredigt werden, damit alle Völker sie hören, und dann erst wird das Ende kommen.« (Matthäus

24,12-14 NLB) Diese Weissagung wird sich noch einmal erfüllen. Die große Bosheit jener Tage und die Erfüllung der verheißenen Verkündigung des Evangeliums spiegeln sich in unserer Generation wider. Unter dem Einfluss des Heiligen Geistes stellte Paulus vor dem Fall Jerusalems fest, dass das Evangelium »in der ganzen Schöpfung unter dem Himmel gepredigt worden ist« (Kolosser 1,23b). So muss nun auch vor der Wiederkunft von Christus das ewige Evangelium »allen Nationen und Stämmen und Sprachen und Völkern« (Offenbarung 14,6b) verkündigt werden.

Gott hat »einen Tag festgesetzt, an dem er den Erdkreis richten will« (Apostelgeschichte 17,31a). Christus teilte uns mit, wann diese Zeit eingeleitet wird. Er sagte nicht, dass sich die ganze Welt bekehren wird, sondern »die Botschaft vom Reich Gottes wird auf der ganzen Welt gepredigt werden, damit alle Völker sie hören, und dann erst wird das Ende kommen« (Matthäus 24,14 NLB). Durch die Verkündigung des Evangeliums liegt es in unserer Macht, die Wiederkunft von Christus zu beschleunigen. Wir sollen nicht nur »diesen Tag, an dem Gott kommt«, erwarten, sondern auch »alles dazu [tun], dass er nicht mehr lange auf sich warten lässt« (2. Petrus 3,12 Hfa). Hätte seine Gemeinde ihr Werk ausgeführt, wie es vom Herrn angeordnet worden war, wäre die ganze Welt schon längst gewarnt worden und der Herr Jesus wäre bereits mit Macht und großer Herrlichkeit zur Erde zurückgekehrt.

WACHSAM BLEIBEN!

Nachdem Jesus ihnen die Zeichen seines Kommens genannt hatte, fuhr er fort: »Wenn ihr seht, dass dies alles geschieht, so wisst, dass das Reich Gottes nahe ist.« »So seid allezeit wach und betet.« (Lukas 21,31.36a) Gott warnte die Menschen immer vor kommenden Gerichten. Diejenigen, die der Warnungsbotschaft Gottes für ihre Zeit vertrauten und im Glauben seinen Geboten gegenüber gehorsam lebten, blieben vor dem Gericht verschont, das über die Ungehorsamen und Ungläubigen hereinbrach. Zu Noah wurde gesagt: »Geh mit deiner ganzen Familie in das Schiff, denn unter allen Menschen auf der Erde bist du in meinen Augen der einzige, der gerecht ist.« (1. Mose 7,1 NLB) Noah gehorchte und wurde gerettet. Lot erhielt die Botschaft: »Schnell, verlasst die Stadt! Denn der Herr wird sie zerstören.« (1. Mose 19,14b NLB) Lot stellte sich unter den Schutz der himmlischen Boten und wurde bewahrt. Auch die Jünger wurden von Christus über die Zerstörung Jerusalems unterrichtet. Jene, die auf das Zeichen des nahenden Untergangs achteten und aus der Stadt flohen, entgingen der Vernichtung. So sind auch uns Warnzeichen für die Wiederkunft von Christus und für das Verderben, das über die Welt hereinbrechen soll, gegeben worden. Wer diese Warnung ernst nimmt, wird gerettet werden.

Da wir den genauen Zeitpunkt seines Kommens nicht wissen, sind wir aufgefordert, wachsam zu bleiben. »Glücklich zu preisen sind die Diener, die der Herr wach und bereit findet, wenn er kommt.« (Lukas 12,37a NGÜ) Alle, die auf das Kommen des Herrn warten, bleiben nicht untätig. Die Erwartung auf die Wiederkunft von Christus soll die Menschen dazu veranlassen, vor dem Herrn Ehrfurcht zu haben und seine Gerichte über die Sünde zu fürchten. Dadurch sollen sie sich der großen Sünde, Gottes Gnadenangebote abzulehnen, bewusst werden. Jene, die auf das Erscheinen des Herrn warten, läutern ihre Herzen dadurch, dass sie der Wahrheit gehorsam sind. Sie verbinden ihr aufmerksames Wachen mit ernsthaftem Wirken. Weil sie wissen, dass das Kommen des Herrn nahe vor der Tür steht, werden sie in ihrer Begeisterung beflügelt, um mit den göttlichen Wesen für die Erlösung der Menschen zusammenzuarbeiten. Dies sind die treuen und umsichtigen Diener, die der ganzen Dienerschaft des Herrn »zur gegebenen Zeit das Essen« austeilen (Lukas 12,42b NGÜ). Sie verkündigen die Wahrheit, die besonders auf unsere heutige Zeit zutrifft. Wie Henoch, Noah, Abraham und Mose die Wahrheit für ihre Zeit verkündigten, so haben die Diener von Christus auch heute ihrer Generation eine besondere Warnungsbotschaft mitzuteilen.

DAS SCHICKSAL DER UNTREUEN

Doch Christus weist noch auf eine andere Menschengruppe hin: »Wenn jener Diener aber ein böser Mensch ist und sich sagt: ›Mein Herr kommt noch lange nicht!‹ und anfängt, die anderen Diener zu schlagen, während er selbst mit Trunkenbolden schwelgt und prasst, dann wird sein Herr an einem Tag kommen, an dem er ihn nicht erwartet.« (Matthäus 24,48-50a NGÜ)

Der untreue Knecht denkt in seinem Herzen: »Mein Herr kommt noch lange nicht.« Er sagt nicht, dass Christus überhaupt nicht kommen wird, und spottet auch nicht über den Gedanken seiner Wiederkunft. Doch durch sein Denken, Reden und Handeln macht er deutlich, dass sich die Ankunft des Herrn verzögert. Er raubt den anderen die Gewissheit der baldigen Wiederkunft. Sein Einfluss verleitet Menschen dazu, selbstzufrieden und sorglos in den Tag hineinzuleben. Sie fühlen sich in ihrem weltlichen, berauschenden Leben bestärkt. Irdische Leidenschaften und verdorbene Gedanken nehmen ihr Denken gefangen. Der untreue Knecht isst und trinkt mit den Betrunkenen und strebt gemeinsam mit der Welt nach Vergnügen. Er quält seine Mitknechte, indem er jene anklagt und verurteilt, die ihrem Meister treu ergeben sind. Er schließt sich der Welt an und verstrickt sich, so wie diese, immer tiefer in die Sünde. Es ist ein gefährliches Anpassen. Mit der Welt tappt er in eine Falle. »Dann wird sein Herr an einem Tag kommen ... zu einem Zeitpunkt, an dem er es nicht vermutet. Er wird den Diener in Stücke hauen und dorthin bringen lassen, wo die Heuchler sind.« (Matthäus 24,50b.51a NGÜ) »Wenn du aber nicht wachen wirst, werde ich kommen wie ein Dieb und du wirst nicht wissen, zu welcher Stunde ich über dich kommen werde.« (Offenbarung 3,3b) Die falschen Lehrer werden überrascht sein, wenn Jesus wiederkommt. Sie sagen: »Friede und Sicherheit!« (1. Thessalonicher 5,3a Elb.) Wie die Priester und Schriftgelehrten vor dem Fall Jerusalems betrachten auch sie die Gemeinde als Mittel, um irdisches Wohlergehen und weltlichen Ruhm zu genießen, und legen die Zeichen der Zeit in diesem Sinn aus. Doch was sagt das von Gott eingegebene Wort über solche Menschen? »Dann kommt ein plötzliches Verderben über sie.« (1. Thessalonicher 5,3b Elb.) Über alle Bewohner der Erde, über alle, die diese Welt zu ihrer Heimat machen, wird der Tag Gottes wie ein Fallstrick kommen. Er wird überraschend wie ein Dieb kommen, der auf seine Beute aus ist.

Die von Gewalt und gottlosem Vergnügen erfüllte Welt schläft und wiegt sich in menschlicher Sicherheit. Die Wiederkunft des Herrn wird von den Menschen in weite Ferne gerückt, und sie lachen über die Warnungsbotschaften. In stolzer Überheblichkeit sagen sie: »Soweit ein Mensch nur zurückdenken kann, ist doch alles genauso geblieben, wie es immer schon war, seit die Welt erschaffen wurde« (2. Petrus 3,4b NLB), und es »soll morgen sein wie heute und noch viel herrlicher« (Jesaja 56,12b). Wir wollen uns noch viel ausgelassener ins Vergnügen stürzen! Christus aber sagt: »Siehe, ich komme wie ein Dieb.« (Offenbarung 16,15a) Die Zeichen der Zeit erfüllen sich genau dann, wenn die Welt verächtlich fragt: »Was ist nun mit der Verheißung seines Kommens?« (2. Petrus 3,4a ZÜ) Während sie rufen: »Friede und Sicherheit«, bricht »ein plötzliches Verderben über sie« herein (1. Thessalonicher 5,3 Elb.). Wenn sich die Spötter und jene, welche die Wahrheit ablehnen, erheben, wenn die alltäglichen Geschäfte in den verschiedenen Erwerbszweigen ohne Rücksicht auf Einhaltung ehrenwerter Grundsätze betrieben werden und wenn der Gelehrte überall eifrig nach Wissen sucht, außer in seiner Bibel, dann kommt Christus wie ein Dieb.

WAS WIRD DIE ZUKUNFT BRINGEN?

Die ganze Welt ist im Aufruhr. Die Zeichen der Zeit sind bedrohlich, und kommende Ereignisse werfen ihre Schatten voraus. Gottes Geist zieht sich immer mehr von der Erde zurück. Eine Katastrophe folgt der anderen auf dem Wasser und auf dem Land. Es gibt Stürme, Erdbeben, Feuersbrünste, Überschwemmungen und Gewalttaten aller Art. Wer weiß, was die Zukunft bringt? Wo gibt es Sicherheit? Weder Menschliches noch Irdisches bietet Sicherheit. Eilig flüchten sich die Menschen unter das von ihnen auserwählte Banner und verfolgen voller Unruhe die Handlungen ihrer Führer. Doch da sind auch die anderen, die auf das Kommen ihres Herrn warten, danach Ausschau halten und darauf hinwirken. Wieder andere stellen sich unter das Kommando des ersten großen Abtrünnigen. Nur wenige glauben von Herzen daran, dass wir den Untergang zu fürchten, aber einen Himmel zu gewinnen haben.

So kommt die Krise allmählich näher. Die Sonne scheint am Himmel und kreist auf ihrer gewohnten Bahn. Die Himmel erzählen nach wie vor von Gottes Herrlichkeit. Noch immer essen und trinken die Menschen. Sie pflanzen und bauen, heiraten und lassen sich verheiraten; und noch immer kaufen und verkaufen die Händler. Die Menschen, einer gegen den anderen, drängeln sich im Kampf um den höchsten Platz. Vergnügungssüchtige füllen noch immer Theater, Tribünen von Rennbahnen und Spielhöllen. Was Menschen zu höchster Begeisterung führt, hat Erfolg. Die Gnadenzeit jedoch geht schnell ihrem Ende entgegen, und das Schicksal jedes Einzelnen wird bald auf ewig entschieden sein. Satan sieht, dass er nur noch wenig Zeit hat. Er hat alle seine Kräfte eingesetzt, damit die Menschen getäuscht und betrogen, erobert und berauscht werden, bis die Gnadenzeit vorüber ist und sich die Tür der Barmherzigkeit für immer geschlossen hat.

Die warnenden Worte, die unser Herr auf dem Ölberg ausgesprochen hat, dringen über all die Jahrhunderte hinweg ernst und feierlich an unser Ohr: »Seid wachsam! Lasst euch nicht von zu viel Essen und Trinken und den Sorgen des Alltags gefangen nehmen, damit euch dieser Tag nicht unvorbereitet trifft.« (Lukas 21,34 NLB) »Bleibt wach und hört nicht auf zu beten, damit ihr alles, was noch kommen wird, durchstehen und zuversichtlich vor den Menschensohn treten könnt!« (Lukas 21,36 GNB)

KAPITEL 70

DER GERINGSTE DIESER MEINER BRÜDER

Matthäus 25,31-46

»Wenn der Menschensohn in Herrlichkeit wiederkommt und alle Engel mit ihm, wird er auf seinem Thron der Herrlichkeit sitzen. Alle Völker werden vor ihm zusammengerufen, und er wird sie trennen.« (Matthäus 25,31.32a NLB) Mit diesen Worten beschrieb Christus seinen Jüngern auf dem Ölberg den großen Gerichtstag. Er zeigte ihnen, dass es hierbei um einen ganz entscheidenden Punkt geht. Wenn die Völker vor ihm versammelt sind, wird es nur zwei Menschengruppen geben. Ihr ewiges Schicksal wird allein davon abhängen, was sie für ihn getan oder ihm gegenüber versäumt haben, und zwar in der Gestalt armer und leidender Menschen.

An jenem Tag wird Christus den Menschen nicht zeigen, was für ein großes Werk er durch die Hingabe seines Lebens zu ihrer Erlösung vollbracht hat, sondern er wird den treuen Dienst würdigen, den sie für ihn getan haben. Zu denen, die auf seiner rechten Seite stehen, wird er sagen: »Kommt, ihr seid von meinem Vater gesegnet, ihr sollt das Reich Gottes erben, das seit der Erschaffung der Welt auf euch wartet. Denn ich war hungrig, und ihr habt mir zu essen gegeben. Ich war durstig, und ihr gabt mir zu trinken. Ich war ein Fremder, und ihr habt mich in euer Haus eingeladen. Ich war nackt, und ihr habt mich gekleidet. Ich war krank, und ihr habt mich gepflegt. Ich war im Gefängnis, und ihr habt mich besucht.« (Matthäus 25,34-36 NLB) Doch jene, die Christus loben wird, wissen gar nicht, dass sie ihm gedient haben. Zu ihrer Überraschung wird er ihnen antworten: »Was ihr getan habt einem von diesen meinen geringsten Brüdern, das habt ihr mir getan.« (Matthäus 25,40)

Jesus hatte seinen Jüngern gesagt, dass sie von allen Menschen gehasst, verfolgt und geplagt werden würden. Viele von ihnen würden aus ihren Häusern vertrieben und arm werden. Wieder andere würden durch Krankheit und Entbehrung Not leiden. Viele würden ins Gefängnis geworfen werden. Allen, die seinetwegen Freunde und Angehörige verlassen müssten, versprach er bereits in diesem Leben das Hundertfache (vgl. Matthäus 19,29). Nun sicherte er all jenen, die sich für das Wohl ihrer Glaubensgeschwister einsetzen, einen besonderen Segen zu. In allen Menschen, die meinetwegen leiden müssen, sagte Jesus, sollt ihr mich sehen. So wie ihr mir dienen würdet, sollt ihr für sie da sein! Dies ist der Beweis dafür, dass ihr meine Jünger seid.

CHRISTUS LIEBT ALLE MENSCHEN

Alle, die in die himmlische Familie hineingeboren wurden, sind in speziellem Sinn Geschwister unseres Herrn. Die Liebe von Christus verbindet die Mitglieder seiner Familie, und wo immer diese Liebe zum Ausdruck kommt, wird die Beziehung zu Gott sichtbar. »Wer liebt, der ist von Gott geboren und kennt Gott.« (1. Johannes 4,7b)

Vielleicht haben jene, die Christus im Gericht lobt, nur wenig von Theologie verstanden, seine Grundsätze jedoch haben sie in Ehren gehalten. Durch den Einfluss des Heiligen Geistes waren sie für ihre Umgebung ein Segen. Selbst unter den Heiden gibt es solche, die ihren Mitmenschen gegenüber zuvorkommend handeln. Noch ehe sie das Wort des Lebens zu hören bekamen, haben sie Missionaren Freundschaft erwiesen und ihnen sogar unter Lebensgefahr gedient. Manche Heiden verehren Gott unwissentlich. Niemals wurde ihnen das Licht des Evangeliums durch menschliche Vermittler überbracht. Trotzdem werden sie nicht verlorengehen. Auch wenn sie Gottes geschriebenes Gesetz nicht kennen, haben sie seine Stimme gehört, die durch die Natur zu ihnen sprach, und getan, was das Gesetz verlangt. Ihre Werke beweisen, dass der Heilige Geist ihre Herzen berührt hat, und Gott erkennt sie als seine Kinder an.

Wie überrascht und erfreut werden die Demütigen unter den Nationen und Heiden sein, wenn sie einmal die Worte aus dem Mund des Erlösers vernehmen werden: »Was ihr für einen der Geringsten meiner Brüder und Schwestern getan habt, das habt ihr für mich getan.« (Matthäus 25,40 NLB) Welche Freude wird das Herz dessen, der grenzenlos liebt, erfüllen, wenn seine Nachfolger bei seinen anerkennenden Worten voller Verwunderung und Freude zu ihm aufschauen werden!

Doch die Liebe, die Christus erweist, ist nicht auf irgendeine Menschenklasse beschränkt. Er setzt sich mit jedem Menschenkind gleich. Er wurde Teil der menschlichen Familie, damit wir Mitglieder der himmlischen Familie sein können. Er ist der Menschensohn und damit ein Bruder für jeden Sohn und jede Tochter Adams. Seine Nachfolger dürfen nicht meinen, sie wären losgelöst von der untergehenden Welt, die sie umgibt. Sie sind ein Teil der großen Menschenfamilie. Der Himmel betrachtet sie sowohl als Geschwister der Sünder als auch der Heiligen. Die Liebe in Christus umschließt alle gefallenen, irrenden und sündigen Menschen, und jede gütige und barmherzige Tat, die getan wird, um einem gestrauchelten Menschen aufzuhelfen, wird so angenommen, als hätte sie ihm gegolten.

Die Engel Gottes sind ausgesandt, um denen zu dienen, die Erben des Heils werden sollen. Noch wissen wir nicht, wer dazugehört, und noch ist nicht offenbar, wer überwinden und am Erbe der Heiligen im Licht teilhaben wird. Doch himmlische Engel gehen über die ganze Erde und bemühen sich, die Traurigen zu trösten, die in Gefahr Stehenden zu beschützen und die Herzen der Menschen für Christus zu gewinnen. Niemand wird übersehen oder achtlos übergangen. Gott schaut nicht die Person an, sondern sorgt sich in gleicher Weise um all seine Geschöpfe.

ALLE KÖNNEN DIENEN

Wenn du den armen und leidenden Christen die Tür öffnest, heißt du unsichtbare Engel willkommen. Damit lädst du die Gemeinschaft himmlischer Wesen ein, die eine heilige Atmosphäre von Freude und Frieden verbreiten. Sie kommen mit Lobliedern auf ihren Lippen, und im Himmel wird ihr Gesang freudig erwidert. Jede barmherzige Tat löst im Himmel eine Musik der Freude aus. Der Vater auf seinem Thron zählt die selbstlosen Diener zu seinen kostbarsten Schätzen.

Jene zur Linken von Christus, die ihn in der Gestalt der Armen und Leidenden vernachlässigt haben, sind sich ihrer Schuld nicht bewusst. Satan hatte sie verblendet, sodass sie nicht erkannten, was sie ihren Mitmenschen schuldeten. Sie haben nur an sich selbst gedacht und sich nicht um die Not anderer gekümmert.

Gott hat den Reichen Reichtum gegeben, damit sie seine notleidenden Kinder unterstützen und trösten können. Aber allzu oft zeigen sie kein Empfinden für die Bedürfnisse anderer. Ihren armen Geschwistern gegenüber fühlen sie sich erhaben. Sie versetzen sich nicht in die Lage der Armen, verstehen auch nichts von deren Versuchungen und Kämpfen, und das Erbarmen erstirbt in ihren Herzen. Die Reichen schotten sich in teuren Wohnungen und prächtigen Kirchen von den Armen ab. Die Mittel, die ihnen Gott anvertraut hat, um die Notleidenden zu unterstützen, werden ausgegeben, um ihren Stolz und ihre Selbstsucht zu befriedigen. Auf diese Weise werden die Armen täglich um den Anschauungsunterricht über Gottes liebevolle und barmherzige Zuwendung gebracht – zumal er doch großzügige Vorkehrungen getroffen hat, damit sie mit dem Lebensnotwendigen versorgt werden könnten. Sie werden gezwungen, die Armut zu ertragen, die das Leben einschränkt. Sie sind oft versucht, neidisch, eifersüchtig oder argwöhnisch zu werden. Jene, die selbst nie Not leiden mussten, behandeln Arme oft herablassend und vermitteln ihnen das Gefühl, dass sie minderwertig sind.

Aber Christus sieht alles und sagt: Ich war hungrig und durstig. Ich war der Fremdling. Ich war krank. Ich war im Gefängnis. Während du dich an deiner reich gedeckten Tafel gelabt hast, hungerte ich in einem Schuppen oder auf verlassener Straße. Während du es dir in deiner Luxuswohnung bequem gemacht hast, hatte ich nichts, worauf ich mein Haupt legen konnte. Während dein Schrank die prachtvollen Kleider kaum fassen konnte, fehlte mir etwas zum Anziehen. Während du deinen Vergnügungen nachgingst, schmachtete ich im Gefängnis.

Als du den Hungernden ein wenig Brot gereicht oder ihnen ein leichtes Kleidungsstück gegeben hast, um sie vor der beißenden Kälte zu schützen, hast du dabei daran gedacht, dass du dies für den Herrn der Herrlichkeit tust? Alle Tage deines Lebens war ich in der Person dieser geprüften Menschen ganz in deiner Nähe. Du aber hast mich nicht beachtet. Du wolltest keine Gemeinschaft mit mir eingehen. Ich kenne dich nicht.

Viele halten es für eine besondere Ehre, die Stätten des irdischen Lebens von Jesus aufzusuchen, seinen Wegen nachzugehen, über den See zu blicken, an dessen Ufern er gerne lehrte, und die Berge und Täler zu sehen, über die er so oft seine Blicke schweifen ließ. Wir brauchen jedoch nicht nach Nazareth, Kapernaum oder Betanien zu gehen, um in seine Fußstapfen zu treten. Wir werden seine Fußspuren am Lager der Kranken, in den Hütten der Elendsviertel, in den belebten Straßen der Großstädte und überall dort finden, wo Menschen Trost brauchen. Indem wir handeln, wie Jesus es tat, als er auf Erden war, treten wir in seine Nachfolge.

Alle können etwas finden, das sie tun können. »Arme, um die ihr euch kümmern könnt, wird es immer geben« (Johannes 12,8a NGÜ), sagte Jesus. Niemand muss das Gefühl haben, dass es keinen Platz gibt, an dem er dem Herrn dienen kann. Millionen von Menschen sind dem Verderben ausgeliefert und mit Ketten der Unwissenheit und Sünde gebunden. Niemals haben sie auch nur das Geringste über die Liebe von Christus gehört. Wären wir an ihrer und sie an unserer Stelle, was wünschten wir uns dann wohl von ihnen? Es ist unsere vornehmste Pflicht, all dies, soweit es in unserer Macht steht, für sie zu tun. Die Lebensregel von Christus, durch die alle im Gericht stehen oder fallen werden, lautet: »Alles nun, was ihr wollt, dass euch die Leute tun sollen, das tut ihnen auch!« (Matthäus 7,12)

Christus hat sein kostbares Leben dahingegeben, um eine Gemeinde aufzubauen, die fähig ist, sich um Menschen zu kümmern, die von Sorgen und Versuchungen geplagt werden. Eine Gruppe von Gläubigen mag arm, ungebildet und unbekannt sein, doch durch Christus kann sie in ihren Familien, in der Nachbarschaft, in der Kirche und sogar in der Ferne etwas ausrichten, dessen Auswirkungen bis in die Ewigkeit reichen.

Weil diese Arbeit vernachlässigt wird, kommen so viele, die jung im Glauben sind, nie über das bloße Alphabet der christlichen Erfahrung hinaus. Das Licht, das in ihren eigenen Herzen aufleuchtete, als Jesus zu ihnen sagte: »Deine Sünden sind dir vergeben« (Matthäus 9,2b; Lukas 7,48b), hätten sie dadurch am Leben erhalten können, dass sie anderen in ihrer Not halfen. Der rastlose Tatendrang, der jungen Menschen so oft zur Gefahr wird, könnte so gesteuert werden, dass ein großer Segen davon ausgeht. Durch ernsthaftes Bemühen, anderen Gutes zu tun, würde das eigene Ich in Vergessenheit geraten.

Wer anderen dient, dem wird Christus, »der Oberhirte« (1. Petrus 5,4 Elb.), dienen. Er wird selbst vom Lebenswasser trinken und volle Genüge haben. Er wird sich nicht nach aufregenden Vergnügungen oder nach Abwechslung im Leben sehnen. Sein größtes Ziel wird sein, Menschen zu retten, die dem Verderben nahe sind. Gesellschaftliche Kontakte werden von Nutzen sein, und die Liebe zum Erlöser wird die Herzen der Menschen miteinander verbinden.

WIR SIND GOTTES MITARBEITER

Wenn uns bewusst wird, dass wir Gottes Mitarbeiter sind, werden wir seine Verheißungen nicht gleichgültig aussprechen. Sie werden in unseren Herzen brennen und unsere Lippen bewegen. Als Mose aufgefordert wurde, einem unwissenden, ungehorsamen und rebellischen Volk zu dienen, versprach ihm Gott: »Ich selbst werde mit dir gehen, Mose. Ich will dir Ruhe verschaffen.« (2. Mose 33,14 NLB) Und weiter: »Ich werde mit dir sein.« (2. Mose 3,12a NLB) Diese Zusage gilt allen, die sich an Stelle von Christus für die Betrübten und Notleidenden unter den Seinen einsetzen.

Gottes Liebe wird auf unserer Erde sichtbar, wenn wir uns untereinander lieben. Um diese Liebe in uns einzupflanzen und uns zu Mitgliedern der einen großen Familie zu machen, wurde der König der Herrlichkeit einer von uns. Vor seinem Abschied sagte er zu seinen Jüngern: »Das ist mein Gebot, dass ihr einander liebt, wie ich euch geliebt habe.« (Johannes 15,12 Elb.) Wenn dieses Gebot von uns erfüllt wird, wenn wir die Welt so lieben, wie er sie geliebt hat, dann ist sein Auftrag an uns erfüllt. Wir sind bereit für den Himmel, denn wir tragen ihn in unserem Herzen.

»Befreie, die zum Tod geschleppt werden, und rette, die zur Hinrichtung wanken!« (Sprüche 24,11 ZÜ) »Wenn du sagen wolltest: ›Siehe, wir haben das nicht gewusst!‹ – wird nicht der, welcher die Herzen prüft, es erkennen, und der auf deine Seele achthat, es wahrnehmen und dem Menschen vergelten nach seinem Tun?« (Sprüche 24,12 Schl.) Am großen Gerichtstag wird der Richter der ganzen Erde jene Menschen, die nicht für Christus gewirkt, nur so dahingelebt und ausschließlich an sich gedacht haben, zu jenen stellen, die Übles getan haben. Sie werden das gleiche Urteil empfangen.

Jedem Menschen ist ein Gut anvertraut, und jeden wird der Oberhirte einmal fragen: »Wo bleibt da die Herde, die dir anvertraut war, deine prächtigen Schafe?« (Jeremia 13,20b EÜ) Was wirst du sagen, wenn er dich bestrafen wird?

KAPITEL 71

WIE JESUS DIENEN

Lukas 22,7-18.24; Johannes 13,1-17

Im Obergemach eines Hauses in Jerusalem saß Christus mit seinen Jüngern am Tisch. Sie hatten sich dort versammelt, um das Passafest zu feiern, und der Erlöser sehnte sich danach, dieses Fest mit seinen Jüngern allein zu begehen. Er wusste, dass »seine Stunde«[89] gekommen war (vgl. Johannes 13,1), denn er selbst war das wahre Opferlamm. An dem Tag, an dem das Passa gegessen wurde, sollte er geopfert werden. Nun war er im Begriff, den Zorneskelch zu trinken, und bald würde er die abschließende Leidenstaufe empfangen müssen. Es blieben ihm nur noch wenige Stunden der Ruhe, und diese wollte er zum Wohl seiner geliebten Jünger verbringen.

JESUS SORGT SICH UM SEINE JÜNGER

Das ganze Leben von Jesus zeichnete sich durch selbstloses Dienen aus. Alle seine Taten hatten bezeugt, dass er nicht gekommen war, »um bedient zu werden, sondern um zu dienen« (Matthäus 20,28b Elb.). Seine Jünger jedoch hatten diese Lektion noch nicht gelernt. Bei diesem letzten Passamahl wiederholte Jesus seine Lehre noch einmal anhand eines Beispiels, das sich ihrem Herzen und Sinn für immer einprägen sollte.

Die Gespräche zwischen Jesus und seinen Jüngern, die von allen sehr geschätzt wurden, waren gewöhnlich Momente stiller Freude. Die Passamahlzeiten waren stets besonders bedeutsame Augenblicke gewesen. Doch bei diesem Anlass war Jesus betrübt. Es war ihm schwer ums Herz, und auf seinem Angesicht lag ein Schatten. Als er mit seinen Jüngern im Obergemach zusammenkam, spürten sie, dass ihn etwas sehr bedrückte. Obwohl sie die Ursache nicht kannten, nahmen sie Anteil an seinem Kummer.

Als sie um den Tisch versammelt waren, sprach Jesus mit trauriger Stimme die bewegenden Worte: »Mich hat sehnlich verlangt, vor meinem Leiden mit euch dieses Passalamm zu essen. Denn ich sage euch: Ich werde es nicht mehr essen, bis es seine Erfüllung findet im Reich Gottes. Und er

---

[89] Im Johannesevangelium bezieht sich die »Stunde« von Jesus immer auf die Zeit seines Leidens und Sterbens (vgl. Johannes 2,4; 7,30; 8,20; 12,23.27; 16,32; 13,1; 17,1).

nahm einen Kelch, sprach das Dankgebet und sprach: Nehmt ihn und teilt ihn unter euch. Denn ich sage euch: Von jetzt an werde ich von der Frucht des Weinstocks nicht mehr trinken, bis das Reich Gottes kommt.« (Lukas 22,15-18 ZÜ)

Christus »wusste, dass für ihn die Stunde gekommen war, diese Welt zu verlassen und zum Vater zu gehen. Er hatte die Menschen, die in der Welt zu ihm gehörten, immer geliebt. Jetzt gab er ihnen einen letzten und äußersten Beweis seiner Liebe.« (Johannes 13,1b GNB) Nun stand er im Schatten des Kreuzes, und der Schmerz quälte sein Herz. Ihm war bewusst, dass er in der Stunde seines Verrats verlassen sein und auf die erniedrigendste Weise – wie ein Verbrecher – getötet werden wird. Er kannte die Undankbarkeit und Grausamkeit derer, die zu retten er gekommen war. Ihm war bewusst, wie groß das Opfer war, das er bringen musste und für wie viele es vergeblich sein würde. Das Wissen um all das, was ihm bevorstand, hätte ihn eigentlich beim Gedanken an seine eigene Erniedrigung und sein Leiden überwältigen können. Doch er blickte auf die Zwölf, die ihn als die Seinen begleitet hatten. Nach seiner Schmach und Schande und seiner schrecklichen Behandlung würden sie im Kampf der Welt zurückgelassen werden. Seine Gedanken an sein eigenes kommendes Leiden waren stets mit der Zukunft seiner Jünger verbunden. Er dachte nicht an sich selbst. Es war die Sorge um seine Jünger, die ihn mehr als alles andere beschäftigte.

An diesem letzten Abend mit seinen Jüngern hatte ihnen Jesus viel zu sagen. Wären sie bereit gewesen, das aufzunehmen, was er ihnen mitteilen wollte, wären sie vor herzzerreißender Qual, vor Enttäuschung und Unglauben bewahrt geblieben. Aber Jesus sah, dass sie nicht ertragen konnten, was er ihnen zu sagen hatte. Als er in ihre Gesichter schaute, erstarben die mahnenden und tröstenden Worte auf seinen Lippen. Für einige Momente blieb alles still, und es sah aus, als würde Jesus auf etwas warten. Die Jünger waren verunsichert. Ihre Anteilnahme und ihr Mitgefühl, verursacht durch den Kummer ihres Meisters, waren anscheinend verflogen. Seine traurigen Worte, die auf sein eigenes Leiden hinwiesen, hatten sie nur wenig beeindruckt. Die Blicke, die sie einander zuwarfen, sprachen vielmehr von Eifersucht und Zank.

Es entstand ein »Streit über die Frage, wer von ihnen als der Größte zu gelten habe« (Lukas 22,24 NGÜ). Dieser Streit, den sie auch in der Gegenwart von Jesus fortsetzten, betrübte und verletzte ihn. Die Jünger klammerten sich an ihre Lieblingsidee, dass Christus seine Macht durchsetzen und den Thron Davids besteigen werde. Und im Herzen sehnte sich noch immer jeder danach, der Größte im Reich Gottes zu sein. Sie hatten sich selbst und untereinander beurteilt. Doch anstatt den anderen höher zu achten, hatte sich jeder selbst an die erste Stelle gesetzt. Die Bitte von Jakobus und Johannes, auf der rechten und linken Seite des Thrones von Christus sitzen zu dürfen, hatte die Entrüstung der anderen hervorgerufen. Dass die beiden Brüder es gewagt hatten, um den höchsten Platz im Reich zu bitten, hatte die anderen zehn so sehr verärgert, dass sie sich einander zu entfremden drohten. Sie hatten den Eindruck, falsch beurteilt worden zu sein, und meinten, ihre Treue und ihre Fähigkeiten würden nicht geschätzt. Judas war über Jakobus und Johannes am meisten erzürnt.

Als die Jünger den Abendmahlsraum betraten, waren ihre Herzen mit Groll erfüllt. Judas drängte sich an die linke Seite von Christus, Johannes befand sich auf der rechten. Judas war fest entschlossen, den höchsten Platz – wenn es diesen gab – einzunehmen. Dieser Platz, so dachte man, befinde sich gleich neben Christus. Doch Judas war ein Verräter.

KEINER WILL DIENEN

Es gab noch einen weiteren Grund zur Auseinandersetzung. Bei einem Fest war es Brauch, dass ein Diener den Gästen die Füße wusch, und dafür waren bereits die entsprechenden Vorbereitungen getroffen worden. Krug, Schüssel und Handtuch lagen für die Fußwaschung bereit. Da aber kein Diener anwesend war, gehörte es zur Aufgabe der Jünger, dies zu tun. Doch keiner von ihnen konnte sich dazu entschließen, seinen verletzten Stolz aufzugeben und die Rolle des Dieners zu übernehmen. Ihre Gelassenheit und Gleichgültigkeit erweckten den Anschein, als wäre ihnen nicht bewusst, dass es etwas für sie zu tun gab. Mit ihrem Schweigen weigerten sie sich, sich selbst zu demütigen.

Wie konnte Jesus diese armen Männer dahin bringen, dass Satan keinen entscheidenden Sieg über sie errang? Wie konnte er ihnen zeigen, dass ein bloßes Bekenntnis zur Jüngerschaft sie noch nicht zu Jüngern machte oder ihnen einen Platz in seinem Königreich sicherte? Wie konnte er ihnen deutlich machen, dass wahre Größe in echter Demut und liebevollem Dienst für andere besteht? Wie konnte er Liebe in ihren Herzen entfachen und sie dazu befähigen, das zu verstehen, was er ihnen sagen wollte?

Die Jünger machten keinerlei Anstalten, sich gegenseitig einen Dienst zu erweisen. Jesus wartete eine Weile, um zu sehen, was sie tun würden. Dann erhob er – der göttliche Lehrer – sich selbst vom Tisch. Er legte sein Obergewand ab, das ihn in seiner Bewegung einschränkte, nahm ein Tuch und band es sich um. Erstaunt sahen die Jünger zu und warteten schweigend, was nun geschehen würde. Danach goss er »Wasser in eine Schüssel. Dann fing er an, seinen Jüngern die Füße zu waschen und sie mit dem Tuch abzutrocknen« (Johannes 13,5 GNB). Diese Handlung öffnete den Jüngern die Augen. Sie fühlten sich zutiefst beschämt und gedemütigt. Sie verstanden die unausgesprochene Zurechtweisung und sahen sich selbst in einem ganz neuen Licht. Auf diese Weise drückte Christus seine Liebe zu seinen Jüngern aus. Ihr selbstsüchtiger Geist bekümmerte ihn. Doch er ließ sich in dieser Angelegenheit in keinerlei Auseinandersetzung mit ihnen ein, sondern gab ihnen ein Beispiel, das sie nie vergessen würden. Seine Liebe zu ihnen konnte nicht so leicht erschüttert oder ausgelöscht werden. »Jesus wusste, dass der Vater ihm alles in die Hand gegeben hatte. Er wusste, dass er von Gott gekommen war und bald wieder zu Gott zurückkehren würde.« (Johannes 13,3 GNB). Er war sich seiner Göttlichkeit völlig bewusst, hatte aber seine Königskrone und seine königlichen Gewänder abgelegt und die Gestalt eines Knechtes angenommen. Eine der letzten Handlungen seines Erdenlebens bestand darin, sich wie ein Diener zu gürten und dessen Aufgabe zu übernehmen.

JUDAS ENTSCHEIDET SICH GEGEN JESUS

Vor dem Passafest hatte sich Judas ein zweites Mal mit den Priestern und Schriftgelehrten getroffen und mit ihnen einen Vertrag abgeschlossen, um ihnen Jesus auszuliefern. Dennoch gesellte er sich danach wieder zu den Jüngern, als ob er nichts Unrechtes getan hätte, und zeigte Interesse an den Vorbereitungen des Festes. Die Jünger wussten nicht, was Judas vorhatte, nur Jesus kannte sein Geheimnis. Trotzdem stellte er ihn nicht bloß, denn er sehnte sich danach, ihn zu retten. Seinetwegen empfand er dieselbe Last auf seinem Herzen wie für Jerusalem, als er über die dem Untergang geweihte Stadt weinte. Betrübt rief er aus: »Wie könnte ich dich aufgeben!« (vgl. Hosea 11,8a) Judas spürte die überwältigende Macht dieser Liebe. Als die Hände des Erlösers seine schmutzigen Füße wuschen und mit dem Tuch abtrockneten, durchdrang sein Herz ganz und gar das Verlangen, hier und jetzt seine Sünde zu bekennen. Doch er wollte sich nicht demütigen und verschloss sein Herz gegen die aufkommende Reue. Die alten Regungen, die für einen Augenblick zurückgedrängt waren, beherrschten ihn wieder, und er war verärgert, dass Christus den Jüngern die Füße wusch. Wenn sich Jesus so erniedrigte, dachte er, konnte er nicht Israels König sein! Jede Hoffnung auf weltliche Ehre in einem irdischen Königreich war zerstört. Judas war nun überzeugt, dass man als Nachfolger von Christus nichts gewinnen konnte. Nachdem er gesehen hatte, dass sich Jesus – wie er meinte – selbst entwürdigte, fühlte er sich in seiner Absicht bestärkt, ihn zu verleugnen und zu bekennen, dass er betrogen worden war. Von einem bösen Geist besessen, beschloss er, den Plan, in den er eingewilligt hatte, zu Ende zu führen und seinen Herrn zu verraten!

PETRUS LEHNT DIE FUSSWASCHUNG AB

Judas hatte mit Erfolg versucht, den ersten Platz am Tisch zu erlangen. So kam es, dass Jesus zuerst ihm diente. Johannes, über den Judas so verbittert war, musste bis zuletzt warten. Doch Johannes wertete dies nicht als Tadel oder als einen Ausdruck von Geringschätzung. Die Jünger sahen Jesus zu und waren tief bewegt. Als Petrus an die Reihe kam, rief er überrascht aus: »Herr, du willst mir die Füße waschen?« (Johannes 13,6b NGÜ) Die Herablassung von Jesus zerriss ihm sein Herz. Er schämte sich bei dem Gedanken, dass nicht einer der Jünger zu diesem Dienst bereit gewesen war. Doch Jesus antwortete ihm: »Was ich tue, verstehst du jetzt nicht; aber später wirst du es begreifen.« (Johannes 13,7 NGÜ) Petrus konnte es nicht ertragen, seinen Herrn, von dem er glaubte, dass er Gottes Sohn war, als Diener vor sich zu sehen. Sein Innerstes lehnte sich gegen diese Demütigung auf. Er begriff nicht, dass Christus aus diesem Grund in die Welt gekommen war. Ganz entschieden rief er aus: »Nie und nimmer wäschst du mir die Füße!« (Johannes 13,8a NGÜ)

Voller Ernst erwiderte ihm Jesus: »Wenn ich dich nicht wasche, gehörst du nicht zu mir.« (Johannes 13,8b NLB) Der Dienst, den Petrus verweigerte, war Sinnbild einer höheren Reinigung. Christus war gekommen, um das sündenbefleckte Herz zu reinigen. Indem Petrus es ablehnte, sich von Christus die Füße waschen zu lassen, wies er die höhere Reinigung zurück, die in der niedrigeren enthalten war. Dadurch wies er in Wirklichkeit seinen Herrn zurück. Es ist nicht demütigend für den Herrn, wenn wir ihm gestatten, uns zu reinigen. Wahre Demut besteht darin, jede für uns getroffene Vorkehrung dankbar anzunehmen und von ganzem Herzen für ihn zu wirken.

DIE REINIGUNG DES HERZENS

Bei den Worten: »Wenn ich dich nicht wasche, gehörst du nicht zu mir« (Johannes 13,8b NLB) gab Petrus seinen Stolz und Eigensinn auf. Den Gedanken, von Christus getrennt zu sein, konnte er nicht ertragen. Das hätte für ihn den Tod bedeutet. »Herr, dann nicht nur die Füße«, rief er aus, »sondern auch die Hände und den Kopf!« Jesus erwiderte: »Wer vorher gebadet hat, ist am ganzen Körper rein und braucht sich nur noch die Füße zu waschen.« (Johannes 13,9.10a GNB)

Diese Worte bedeuteten mehr als körperliche Reinheit. Christus sprach hier noch immer von der höheren Reinigung, die durch die geringere sinnbildlich dargestellt wurde. Wer aus dem Bad kam, war rein. Doch die Füße in den Sandalen wurden schnell wieder staubig und mussten erneut gewaschen werden.

Petrus und seine Brüder waren ebenso durch die große Quelle rein geworden. Dort war ihre Sünde und Unreinheit abgewaschen worden, und Christus erkannte sie als die Seinen an. Doch durch die Versuchung hatten sie sich wieder zur Sünde verführen lassen und benötigten deshalb seine reinigende Gnade nach wie vor. Als sich Jesus das Tuch umband, um den Staub von ihren Füßen abzuwaschen, wollte er mit dieser Handlung ihre Herzen von Entfremdung, Eifersucht und Stolz reinigen. Dies war weitaus bedeutsamer als das Waschen ihrer staubigen Füße. Mit der Gesinnung, die sie zu diesem Zeitpunkt hatten, war keiner von ihnen auf die Gemeinschaft mit Christus vorbereitet. Solange ihnen Demut und Liebe fehlten, waren sie nicht bereit, am Passamahl teilzunehmen oder sich an der Gedenkfeier zu beteiligen, die Christus nun einsetzen wollte. Ihre Herzen mussten gereinigt werden. Stolz und Selbstsucht führen zu Uneinigkeit und Hass. Doch all dies wusch Jesus weg, indem er ihre Füße reinigte. Ihre Gesinnung veränderte sich. Als Jesus sie anschaute, konnte er sagen: »Ihr seid rein.« (Johannes 13,10b) Nun waren sie im Herzen eins und liebten einander. Sie waren demütig und lernbereit geworden. Außer Judas war jeder bereit, dem anderen den höchsten Platz zuzugestehen. Mit ergebenen und dankbaren Herzen konnten sie nun die Worte, die Jesus sprach, aufnehmen.

Wie Petrus und seine Brüder sind auch wir im Blut von Christus gewaschen worden. Doch oft wird die Herzensreinheit durch die Berührung mit der Sünde beschmutzt. Wir müssen zu Christus kommen, um seine reinigende Gnade zu empfangen. Petrus schreckte davor zurück, seine schmutzigen Füße von den Händen seines Herrn und Meisters berühren zu lassen. Doch wie oft kommen unsere sündigen und verunreinigten Herzen mit dem Herzen von Jesus in Berührung! Wie sehr schmerzen ihn unsere Unbeherrschtheit, unsere Eitelkeit und unser Stolz! Und dennoch müssen wir all unsere Schwachheit und Unreinheit zu ihm bringen. Er allein kann uns reinwaschen. Wir sind nicht auf die Gemeinschaft mit ihm vorbereitet, wenn wir nicht durch sein Wirken gereinigt sind.

Jesus sagte den Jüngern: »Ihr seid rein, aber nicht alle.« (Johannes 13,10b) Er hatte Judas die Füße gewaschen, doch dieser hatte ihm sein Herz nicht übergeben. Deshalb war er nicht gereinigt. Judas hatte sich Christus nicht unterstellt.

JESUS HAT UNS EIN BEISPIEL GEGEBEN

Nachdem Christus die Füße der Jünger gewaschen, sein Gewand angezogen und sich wieder hingesetzt hatte, sagte er zu ihnen: »Versteht ihr, was ich an euch getan habe? Ihr nennt mich Meister und Herr, und ihr sagt es zu Recht, denn ich bin es. Wenn nun ich als Herr und Meister euch die Füße gewaschen habe, dann seid auch ihr verpflichtet, einander die Füße zu waschen. Denn ein Beispiel habe ich euch gegeben: Wie ich euch getan habe, so tut auch ihr. Amen, amen, ich sage euch: Ein Knecht ist nicht größer als sein Herr und ein Bote nicht größer als der, der ihn gesandt hat.« (Johannes 13,12b-16 ZÜ)

Christus wollte seinen Jüngern verständlich machen, dass seine Würde nicht im Geringsten geschmälert wurde, indem er ihnen die Füße gewaschen hatte. »Ihr nennt mich Meister und Herr, und ihr sagt es zu Recht, denn ich bin es.« (Johannes 13,13 ZÜ) Und gerade weil er ihnen so unendlich überlegen war, verlieh er diesem Dienst Würde und Bedeutsamkeit. Niemand war so erhaben wie Christus, und doch ließ er sich zum geringsten Dienst herab. Er selbst gab ein Beispiel der Demut, damit sich sein Volk nicht durch die Selbstsucht verführen lässt, die im natürlichen Herzen wohnt und stärker wird, wenn man sich selbst dient. Er wollte dieses wichtige Anliegen nicht der Verantwortung von Menschen überlassen. Er betrachtete es als so weitreichend, dass er, der Gott gleich war, seinen Jüngern als Knecht diente. Während sie sich um den höchsten Platz stritten, beugte sich der Eine nieder – er, vor dem sich jedes Knie beugen wird (vgl. Philipper 2,10) und dem zu dienen die Engel als Ehre betrachten. Er wollte denen, die ihn Herr nannten, die Füße waschen. Er wusch sogar die Füße seines Verräters.

Durch sein Leben und seine Unterweisungen hat uns Christus ein vollkommenes Beispiel selbstlosen Dienens gegeben, das seinen Ursprung in Gott hat. Gott lebt nicht für sich selbst. Indem er die Welt schuf und alle Dinge erhält, dient er fortwährend anderen. »Er lässt die Sonne für Böse und Gute aufgehen und sendet Regen für die Gerechten wie für die Ungerechten.« (Matthäus 5,45b NLB) Diesen vorbildlichen Dienst hat der Vater dem Sohn übertragen. Jesus sollte an der Spitze der Menschheit stehen, damit er durch sein Beispiel lehren konnte, was Dienen bedeutet. Sein ganzes Leben stand unter dem Gesetz des Dienstes. Er diente allen und er half allen. So lebte er nach Gottes Gesetz und zeigte durch sein Beispiel, wie wir es befolgen sollen.

Jesus hatte immer wieder versucht, seinen Jüngern diesen Grundsatz einzuprägen. Als ihn Jakobus und Johannes um eine Vorrangstellung baten, antwortete er ihnen: »Wer unter euch groß sein will, der sei euer Diener.« (Matthäus 20,26b) In meinem Reich haben Bevorzugung und Überlegenheit keinen Platz. Die einzige Größe ist die Größe der Demut, und die einzige Auszeichnung besteht darin, anderen hingebungsvoll zu dienen.

Nachdem Jesus den Jüngern die Füße gewaschen hatte, sagte er: »Ein Beispiel habe ich euch gegeben: Wie ich euch getan habe, so tut auch ihr.« (Johannes 13,15 ZÜ) Mit diesen Worten forderte Christus nicht bloß zur Gastfreundschaft auf. Er wollte damit mehr sagen, als dass man den Gästen die Füße waschen sollte, um den Staub der Reise zu beseitigen. Christus setzte hier einen religiösen Dienst ein. Durch das Beispiel unseres Herrn wurde aus dieser erniedrigenden Handlung eine gesegnete Zeremonie. Die Jünger sollten sie befolgen, um die Lehren der Demut und Dienstbereitschaft immer in Erinnerung zu behalten.

DIE VORBEREITUNG AUF DAS ABENDMAHL

Diese Handlung ist die von Christus bestimmte Vorbereitung auf das heilige Abendmahl. Solange wir an Stolz, Uneinigkeit und dem Streben nach der Vorrangstellung festhalten, ist keine Gemeinschaft mit Christus möglich, und wir sind nicht bereit, das Gemeinschaftsmahl seines Leibes und Blutes zu empfangen. Darum hat Jesus bestimmt, dass die Erinnerung an seine Erniedrigung dem Abendmahl vorausgehen soll.

Wenn die Kinder Gottes diese Handlung ausführen, sollen sie sich an die Worte des Herrn der Herrlichkeit und des Lebens erinnern: »Versteht ihr, was ich an euch getan habe? Ihr nennt mich Meister und Herr, und ihr sagt es zu Recht, denn ich bin es. Wenn nun ich als Herr und Meister euch die Füße gewaschen habe, dann seid auch ihr verpflichtet, einander die Füße zu waschen. Denn ein Beispiel habe ich euch gegeben: Wie ich euch getan habe, so tut auch ihr. Amen, amen, ich sage euch: Ein Knecht ist nicht größer als sein Herr und ein Bote nicht größer als der, der ihn gesandt hat. Wenn ihr das wisst – selig seid ihr, wenn ihr es tut.« (Johannes 13,13-17 ZÜ) Der Mensch neigt dazu, sich selbst höher zu achten als seinen Bruder, für sich selbst zu arbeiten und nach dem höchsten Platz zu streben. Daraus entstehen oft üble Verdächtigungen und ein verbitterter Geist. Diese verordnete Handlung, die dem Abendmahl vorausgeht, sollte solche Missverständnisse beseitigen und den Menschen vom Egoismus befreien. Seine Überheblichkeit sollte einer Herzensdemut weichen, die ihn dazu führt, seinem Bruder zu dienen.

Bei dieser Handlung ist der heilige Wächter des Himmels anwesend, um diese Zeit zu einem Moment der Herzenserforschung, der Sündenerkenntnis und der frohen Gewissheit zu machen, dass die Sünden vergeben sind. Christus ist in der Fülle seiner Gnade anwesend, um das Denken zu erneuern und es weg von der Selbstsucht in neue Bahnen zu lenken. Der Heilige Geist regt das Empfindungsvermögen jener an, die dem Beispiel ihres Herrn folgen. Wenn wir an die Erniedrigung denken, die der Erlöser unseretwegen auf sich nahm, reiht sich plötzlich ein Gedanke an den anderen. Viele Erinnerungen werden in uns wachgerufen – Erinnerungen an Gottes große Güte, an das Wohlwollen und die Zuneigung irdischer Freunde. Vergessene Segnungen, missbrauchte Gnadengaben und gering geachtete Freundlichkeiten werden ins Gedächtnis zurückgerufen. Wurzeln der Bitterkeit, die die kostbare Pflanze der Liebe verdrängt haben, kommen zum Vorschein. Wir erinnern uns an Charakterschwächen und versäumte Pflichten, an Undankbarkeit gegenüber Gott und an die Gleichgültigkeit gegenüber unseren Glaubensgeschwistern. Die Sünde erscheint so, wie Gott sie sieht. Wir betrachten uns nicht selbstzufrieden, sondern sind selbstkritisch und demütig. Der Verstand erhält die Kraft, alle Schranken niederzureißen, welche zur Entfremdung geführt haben. Böse Gedanken und üble Nachrede werden aufgegeben. Sünden werden eingestanden und sind verziehen. Die überwältigende Gnade von Christus erfüllt die Seele, und seine Liebe führt die Herzen zusammen, dass sie in ihm gesegnet eins werden.

Lernt man auf diese Weise, was der vorbereitende Dienst sagen will, erwacht der Wunsch nach einem höheren geistlichen Leben. Und Christus, der göttliche Zeuge, wird auf dieses Verlangen eingehen. Der Mensch wird aufgerichtet, und wir können im Bewusstsein, dass unsere Sünden vergeben sind, am Abendmahl teilnehmen. Die Sonne seiner Gerechtigkeit wird das Herz und den Verstand erfüllen, und wir sehen »das Lamm Gottes, das die Sünde der Welt wegnimmt« (Johannes 1,29b NLB).

EINE BESTÄNDIGE UNTERWEISUNG

Für jene, die in diesem Sinn an dieser Handlung teilnehmen, wird sie niemals zu einem bloßen Zeremoniell werden. Sie wird sie beständig lehren: »Durch die Liebe diene einer dem anderen.« (Galater 5,13b) Indem Christus den Jüngern die Füße wusch, bewies er, dass er jeden Dienst tun würde – wie niedrig er auch wäre – um sie zusammen mit ihm zu Miterben seines ewigen Reichtums und der himmlischen Schatzkammern zu machen. Indem seine Nachfolger dieselbe Handlung ausführen, verpflichten sie sich, ihren Mitgläubigen in gleicher Weise zu dienen. Wann immer diese Handlung im richtigen Geist begangen wird, werden die Kinder Gottes in eine heilige Beziehung zueinander gebracht, um einander zu helfen und zu segnen. Sie versprechen, ihr Leben dem selbstlosen Dienst hinzugeben, und dies nicht nur füreinander.

Ihr Arbeitsfeld ist so groß wie das ihres Meisters. Die Welt ist voll von Menschen, die unseren Dienst nötig haben. Arme, Hilflose und Unwissende gibt es überall. Jene, die mit Christus im Obergemach das Abendmahl eingenommen haben, werden hinausgehen, um zu dienen, wie er es getan hat.

Christus, dem im Himmel alle dienten, kam auf die Erde, um allen zu dienen. Und weil er allen diente, werden ihm wiederum alle dienen und ihn ehren. Und jene, die an seinen göttlichen Eigenschaften und an der Freude, die Erlösten zu sehen, teilhaben wollen, müssen seinem Beispiel selbstlosen Dienens folgen.

Dies alles ist in den Worten von Jesus eingeschlossen: »Denn ein Beispiel habe ich euch gegeben: Wie ich euch getan habe, so tut auch ihr.« (Johannes 13,15 ZÜ) Dies war die Absicht der von ihm eingesetzten Handlung. »Wenn ihr das wisst« – wenn ihr die Absicht seiner Lehren kennt – »selig seid ihr, wenn ihr es tut« (Johannes 13,17 ZÜ).

KAPITEL 72

»ZUR ERINNERUNG AN MICH«

*Matthäus 26,20-29; Markus 14,17-25;
Lukas 22,14-23; Johannes 13,18-30*

»In der Nacht, als er verraten wurde, nahm Jesus, der Herr, einen Laib Brot, und nachdem er Dank gesagt hatte, brach er ihn und sprach: ›Das ist mein Leib, der für euch hingegeben wird. Tut das zur Erinnerung an mich.‹ Ebenso nahm er nach dem Abendmahl den Weinkelch und sprach: ›Dieser Kelch ist der neue Bund zwischen Gott und euch, besiegelt durch mein Blut. Wann immer ihr daraus trinkt, tut es zur Erinnerung an mich.‹ Denn jedes Mal, wenn ihr dieses Brot esst und aus diesem Kelch trinkt, verkündet ihr den Tod des Herrn, bis er wiederkommt.« (1. Korinther 11,23b-26 NLB)

Christus stand nun am Übergang zweier Systeme und deren großer Feste. Er, das makellose Lamm Gottes, war im Begriff, sich selbst als Sündopfer darzubringen. Damit sollte er die Sinnbilder und Zeremonien, die 4000 Jahre lang auf seinen Tod hingewiesen hatten, zu Ende bringen. Als Jesus mit seinen Jüngern das Passamahl einnahm, ersetzte er es durch die Gedenkfeier, die an sein eigenes großes Opfer erinnern sollte. Das nationale Fest der Juden verlor für immer seine Bedeutung. Doch die Gedenkfeier, die Christus einführte, sollte in allen Ländern und zu allen Zeiten von seinen Nachfolgern begangen werden.

Das Passafest war als Erinnerungsfeier an die Befreiung Israels aus der ägyptischen Knechtschaft eingesetzt worden. Gott hatte angeordnet, den Kindern Jahr für Jahr diese Geschichte zu wiederholen, wenn sie nach der Bedeutung dieses Brauches fragten. Dadurch sollte allen die wunderbare Befreiung in guter Erinnerung bleiben. Das Abendmahl wurde nun angeordnet, um der großen Befreiung durch den Tod von Christus zu gedenken. Diese Feier soll so lange begangen werden, bis der Herr zum zweiten Mal in Kraft und Herrlichkeit erscheint. Dadurch soll uns seine große, für uns vollbrachte Tat, in lebendiger Erinnerung bleiben.

Zur Zeit ihrer Befreiung aus Ägypten aßen die Israeliten das Passamahl im Stehen. Mit umgürteten Lenden und dem Stab in der Hand waren sie bereit für ihre Reise (vgl. 2. Mose 12,11). Die Art und Weise, wie sie diese Feier begingen, entsprach ihrer damaligen Lage, denn sie standen kurz davor, aus Ägypten auszuziehen und eine mühevolle und schwierige Reise durch die Wüste anzutreten. Doch zur Zeit, als Jesus lebte, waren die Umstände anders. Die Israeliten sollten nicht aus einer fremden Gegend vertrieben werden, sondern wohnten in ihrem eigenen Land. Entsprechend der Ruhe, die ihnen gegeben worden war, (vgl. Josua 1,13), nahm man das Passamahl im Liegen ein. Um den Tisch lagen Kissen verteilt, auf die sich die Gäste niederließen. Indem sie sich auf den linken Arm stützten, hatten sie die rechte Hand zum Essen frei. In dieser Stellung konnte ein Gast seinen Kopf auf die Brust dessen legen, der neben ihm saß. Und die Füße, die am äußeren Rand des Liegekissens waren, konnten von jemandem gewaschen werden, der außen herumging.

UNGESÄUERTES BROT UND UNVERGORENER WEIN

Christus saß noch immer am Tisch, auf dem das Passamahl aufgetragen worden war. Die ungesäuerten Brote, die während der Passazeit gegessen wurden, lagen vor ihm. Auch der unvergorene Passawein stand auf dem Tisch. Diese Sinnbilder verwendete Christus, um sein eigenes, makelloses Opfer darzustellen. Nichts, was durch Gärung – das Symbol für Sünde und Tod – verdorben war, konnte ihn als »unschuldiges, fehlerloses Lamm« (1. Petrus 1,19b Hfa) darstellen.

»Während sie aber aßen, nahm Jesus Brot, sprach den Lobpreis, brach es und gab es den Jüngern und sprach: Nehmt, esst! Das ist mein Leib. Und er nahm einen Kelch und sprach das Dankgebet, gab ihnen den und sprach: Trinkt alle daraus! Denn das ist mein Blut des Bundes, das für viele vergossen wird zur Vergebung der Sünden. Ich sage euch aber: Ich werde von dieser Frucht des Weinstocks nicht mehr trinken von nun an bis zu dem Tag, da ich aufs Neue mit euch davon trinken werde im Reich meines Vaters.« (Matthäus 26,26-29 ZÜ)

Auch Judas, der Verräter, war bei dieser heiligen Gedenkfeier anwesend. Er empfing von Jesus die Symbole seines gebrochenen Leibes und seines vergossenen Blutes. Er hörte die Worte: »Tut das zur Erinnerung an mich.« (1. Korinther 11,24b NLB) Als er dort in der Gegenwart des Lammes Gottes saß, brütete der Betrüger über seinen eigenen, finsteren Absichten und hegte seine düsteren, rachsüchtigen Gedanken.

JESUS ENTLARVT DEN VERRÄTER

Bei der Fußwaschung hatte Jesus einen überzeugenden Beweis dafür gegeben, dass er den Charakter von Judas kannte. »Ihr seid nicht alle rein« (Johannes 13,11b), sagte er. Diese Worte überzeugten den falschen Jünger davon, dass Jesus um seine geheime Absicht wusste. Nun wurde Christus noch deutlicher. Als sie am Tisch saßen, schaute er seine Jünger an und sagte: »Das sage ich nicht von euch allen; ich weiß, welche ich erwählt habe. Aber es muss die Schrift erfüllt werden (Psalm 41,10): Der mein Brot isst, tritt mich mit Füßen.« (Johannes 13,18)

Selbst jetzt hegten die Jünger keinen Verdacht gegen Judas, merkten aber, dass Jesus sehr beunruhigt war. Wie ein Schatten lag die Vorahnung eines schrecklichen Unheils auf ihnen, dessen Wesen sie nicht ergründen konnten. Als sie nun schweigend aßen, sagte Jesus: »Ich versichere euch: Einer von euch wird mich verraten.« (Matthäus 26,21b GNB) Diese Worte überraschten sie und machten sie betroffen. Sie konnten nicht verstehen, wie einer von ihnen so verräterisch mit ihrem göttlichen Lehrer umgehen konnte. Warum sollte ihn jemand verraten? Und an wen? Wessen Herz konnte einen solchen Plan ersinnen? Gewiss keiner von den bevorzugten Zwölf, die vor allen anderen das besondere Vorrecht besaßen, seine Lehren zu hören und seine wunderbare Liebe zu erleben, und denen er solch große Beachtung geschenkt hatte, dass er sie in seine unmittelbare Gemeinschaft miteinbezog!

Als sie aber die Tragweite seiner Worte erkannten und sich daran erinnerten, wie wahr seine Aussagen sonst waren, wurden sie von Angst und Misstrauen gegen sich selbst ergriffen. Sie begannen ihr eigenes Herz zu erforschen, um zu sehen, ob auch nur ein Gedanke gegen ihren Meister dort Eingang gefunden hatte. In schmerzlichster Ergriffenheit fragte einer nach dem anderen: »Herr, bin ich's?« (Matthäus 26,22b) Nur Judas schwieg. Tief traurig fragte Johannes schließlich: »Herr, wer ist's?« (Johannes 13,25b) Jesus antwortete: »Der, der eben mit mir das Brot in die Schüssel getaucht hat, wird mich verraten. Der Menschensohn geht zwar den Weg, der ihm in der Schrift vorausgesagt ist; doch wehe dem Menschen, durch den er verraten wird! Für diesen Menschen wäre es besser, er wäre nie geboren worden.« (Matthäus 26,23.24 NGÜ Anm.) Die Jünger hatten sich gegenseitig prüfend angeschaut, als sie fragten: »Herr, bin ich's?« Nun aber zog Judas durch sein Schweigen alle Blicke auf sich. Wegen der Unruhe, die durch die Fragen und die erstaunten Äußerungen entstanden war, hatte Judas nicht gehört, was Jesus auf die Frage von Johannes geantwortet hatte. Um nun aber den prüfenden Blicken der anderen zu entgehen, fragte er wie sie: »Ich bin es doch nicht etwa, Rabbi?« Jesus erwiderte mit ernster Stimme: »Du selbst hast es ausgesprochen.« (Matthäus 26,25 NGÜ)

Überrascht und bestürzt darüber, dass seine Absicht aufgedeckt worden war, erhob sich Judas hastig, um den Raum zu verlassen. »Jesus sagte zu ihm: ›Beeile dich und tu, was du tun musst!‹ ... Nachdem Judas das Stück Brot gegessen hatte, ging er sofort hinaus. Es war Nacht.« (Johannes 13,27b.30 GNB) Es war Nacht für den Verräter, als er sich von Christus abwandte und in die Dunkelheit hinausging.

Bis zu diesem Zeitpunkt hatte Judas immer noch die Möglichkeit gehabt zu bereuen. Doch als er die Gegenwart seines Herrn und seiner Mitbrüder verließ, war die endgültige Entscheidung gefallen. Er hatte die Grenze überschritten.

Mit welch wunderbarer Langmut war Jesus mit diesem angefochtenen Menschen umgegangen! Nichts, was zur Rettung von Judas hätte getan werden können, blieb unversucht. Nachdem er zweimal vereinbart hatte, seinen Herrn auszuliefern, gab ihm Jesus noch immer die Gelegenheit zur Umkehr. Indem Christus die geheime Absicht im Herzen des Verräters las, gab er Judas den endgültig überzeugenden Beweis seiner Göttlichkeit. Dies war der letzte Aufruf zur Umkehr für den falschen Jünger. Kein Mahnruf, den das göttlich-menschliche Herz von Christus machen konnte, war unterlassen worden. Die Wogen der Barmherzigkeit, die sich am unbeugsamen Stolz von Judas brachen, kamen in einer noch stärkeren Flut überwältigender Liebe zurück. Doch obwohl Judas durch die Aufdeckung seiner Schuld überrascht und bestürzt war, handelte er umso entschiedener. Er verließ das heilige Mahl und ging hinaus, um den Verrat zu vollenden.

Mit seinem Wehruf, den er über Judas aussprach, verfolgte Christus auch eine barmherzige Absicht seinen Jüngern gegenüber. Er schenkte ihnen damit den krönenden Beweis seiner Messianität. »Ich sage euch das schon jetzt, bevor es eintrifft, damit ihr, wenn es dann geschieht, an mich als den glaubt, der ich bin.« (Johannes 13,19 NGÜ) Hätte Jesus geschwiegen – scheinbar unwissend über das, was über ihn kommen würde –, hätten die Jünger denken können, ihr Meister besitze keine göttliche Vorausschau. Sie wären überrascht gewesen und in die Hände der mordgierigen Volksmenge verraten worden. Ein Jahr zuvor hatte Jesus seinen Jüngern erzählt, dass er zwölf erwählt habe und einer von ihnen ein Teufel sei (vgl. Johannes 6,70). Jetzt würden seine Worte an Judas, die zeigten, dass der Meister um dessen Verrat wusste, den Glauben seiner treuen Nachfolger während seiner Erniedrigung stärken. Und nach dem schrecklichen Ende von Judas würden sie sich an den Wehruf erinnern, den Jesus über den Verräter ausgesprochen hatte.

Der Erlöser verfolgte noch eine weitere Absicht. Er hatte seinen Dienst auch dem nicht verweigert, von dem er wusste, dass er ein Verräter war. Die Jünger verstanden weder seine Worte bei der Fußwaschung: »Ihr seid nicht alle rein.« (Johannes 13,11b) noch seine Erklärung bei Tisch: »Der mein Brot isst, tritt mich mit Füßen« (Johannes 13,18b). Doch als ihnen deren Bedeutung später klar wurde, konnten sie über die Geduld und Barmherzigkeit nachdenken, die Gott dem entgegenbrachte, der am schwersten irrte.

Obwohl Jesus Judas von Anfang an kannte, wusch er ihm die Füße, und der Verräter hatte das Vorrecht, gemeinsam mit Christus am Abendmahl teilzunehmen. Ein langmütiger Erlöser bot dem Sünder jede Möglichkeit, ihn anzunehmen, zu bereuen und vom Schmutz der Sünde gereinigt zu werden. Dies ist ein Beispiel für uns. Wenn wir meinen, jemand sei im Irrtum und in Sünde, sollen wir uns nicht von ihm zurückziehen. Wir dürfen ihn nicht durch eine leichtfertige Trennung der Versuchung als Beute überlassen oder ihn auf Satans Schlachtfeld treiben. Dies ist nicht die Vorgehensweise von Christus. Gerade weil die Jünger sündigten und Fehler hatten, wusch er ihnen die Füße. Dadurch wurden alle zur Reue geführt, außer einem der Zwölf.

ALLE SIND EINGELADEN

Das Beispiel von Christus verbietet es, jemanden vom Abendmahl auszuschließen. Es ist wahr, dass offene Sünde den Schuldigen davon ausschließt. Dies lehrt der Heilige Geist deutlich (vgl. 1. Korinther 5,11). Doch darüber hinaus darf niemand ein Urteil fällen. Gott hat es nicht den Menschen überlassen zu bestimmen, wer an solchen Anlässen teilnehmen darf. Denn wer kann das Herz ergründen? Wer kann die Spreu vom Weizen unterscheiden? »Der Mensch prüfe aber sich selbst, und so esse er von diesem Brot und trinke aus diesem Kelch.« (1. Korinther 11,28) Denn »wer daher auf unwürdige Weise das Brot des Herrn isst und von seinem Becher trinkt, macht sich am Leib und am Blut des Herrn schuldig ... Denn wenn ihr esst und trinkt ohne Rücksicht darauf, dass ihr es mit dem Leib des Herrn zu tun habt, zieht ihr euch durch euer Essen und Trinken Gottes Strafgericht zu« (1. Korinther 11,27.29 GNB).

UNSICHTBARE GÄSTE BEIM ABENDMAHL

Wenn sich Gläubige zum Abendmahl versammeln, sind Gesandte anwesend, die für menschliche Augen nicht sichtbar sind. Auch ein Judas mag unter den Versammelten sein. Wenn dem so ist, sind auch Boten des Fürsten der Finsternis zugegen, denn sie begleiten alle jene, die es ablehnen, sich vom Heiligen Geist leiten zu lassen. Himmlische Engel sind anwesend. Diese unsichtbaren Gäste sind bei jedem solchen Anlass gegenwärtig. Es mögen Menschen in die Versammlung kommen, deren Herz nicht von Wahrheit und Heiligkeit erfüllt ist, die aber gerne am Abendmahl teilnehmen möchten. Man sollte es ihnen nicht verwehren. Zeugen sind anwesend, die auch dabei waren, als Jesus die Füße der Jünger und die des Judas wusch. Mehr als menschliche Augen betrachteten dieses Geschehen.

Christus ist durch den Heiligen Geist anwesend, um der von ihm selbst verordneten Feier sein Siegel aufzudrücken. Er ist da, um die Herzen zu überführen und zu berühren. Kein Blick und kein Gedanke der Reue entgeht seiner Aufmerksamkeit. Er wartet auf den Reumütigen, der zerbrochenen Herzens ist. Alles ist bereit, um diesen Menschen zu empfangen. Er, der die Füße von Judas wusch, sehnt sich danach, jeden von den Flecken der Sünde reinzuwaschen.

Niemand sollte dem Abendmahl fernbleiben, nur weil einige daran teilnehmen könnten, die unwürdig sind. Jeder Nachfolger von Christus ist aufgerufen, öffentlich daran teilzunehmen und dadurch zu bezeugen, dass er Christus als seinen persönlichen Erlöser anerkennt. Gerade bei diesen von ihm selbst verordneten Feierlichkeiten begegnet Christus seinem Volk und stärkt es durch seine Gegenwart. Es mögen selbst unwürdige Herzen und Hände das Abendmahl austeilen. Dennoch ist Christus anwesend, um seinen Nachfolgern zu dienen. Alle, die kommen und ihm fest vertrauen, werden reich gesegnet werden. Wer aber diese Augenblicke des göttlichen Segens versäumt, erleidet einen Verlust. Von ihnen mag zu Recht gesagt werden: »Ihr seid nicht alle rein.« (Johannes 13,11b)

DIE BEDEUTUNG DES ABENDMAHLS

Indem Christus mit seinen Jüngern das Brot aß und den Wein trank, versprach er ihnen, ihr Erlöser zu sein. Er vertraute ihnen den neuen Bund an, durch den alle, die ihn annehmen, Gottes Kinder und Miterben von Christus werden. Jeder Segen, den der Himmel für das jetzige und das künftige Leben schenken konnte, wurde ihnen durch diesen Bund zuteil. Dieser Bundesvertrag sollte durch das Blut von Christus rechtsgültig gemacht werden. Und das Austeilen des Abendmahls sollte den Jüngern – als Teil der gesamten, großen und gefallenen Menschheit – ständig das unendlich große Opfer vor Augen führen, das für jeden von ihnen persönlich dargebracht wurde.

Doch das Abendmahl sollte keine Zeit des Trauerns sein. Darin besteht sein Zweck nicht. Wenn sich die Nachfolger des Herrn um seinen Tisch versammeln, sollen sie nicht über ihre Fehler nachdenken und sie beklagen. Sie sollen nicht bei ihrer vergangenen religiösen Erfahrung verweilen, ganz gleich, ob sie erbaulich oder bedrückend war. Sie sollen sich nicht an die Meinungsverschiedenheiten erinnern, die unter ihnen und den Geschwistern bestehen. Dies alles ist bereits im Vorbereitungsdienst[90] miteingeschlossen. Die Selbstprüfung, das Sündenbekenntnis und das Beilegen von Streitigkeiten – dies hat alles schon stattgefunden. Jetzt kommen sie, um Christus zu begegnen. Sie sollen nicht im Schatten des Kreuzes stehen, sondern in seinem rettenden Licht. Sie sollen ihre Herzen den leuchtenden Strahlen der Sonne der Gerechtigkeit öffnen. Mit Herzen, die durch das kostbare Blut von Christus gereinigt worden sind, und im vollen Bewusstsein seiner Gegenwart – obwohl diese unsichtbar ist – sollen sie seine Worte hören: »Ich lasse euch ein Geschenk zurück – meinen Frieden. Und der Friede, den ich schenke, ist nicht wie der Friede, den die Welt gibt.« (Johannes 14,27a NLB)

Unser Herr sagt: Wenn euch eure Sünde bewusst geworden ist, dann denkt daran, dass ich für euch gestorben bin. Wenn ihr um meinetwillen oder um des Evangeliums willen unterdrückt, verfolgt oder angefochten werdet, so erinnert euch an meine Liebe, die so groß ist, dass ich mein Leben für euch gab. Wenn euch eure Pflichten hart und schwierig und eure Lasten zu schwer erscheinen, dann denkt daran, dass ich für euch das Kreuz erduldet und die Schande für nichts erachtet habe (vgl. Hebräer 12,2). Wenn euer Herz vor einer schweren Prüfung zurückschreckt, denkt daran, dass euer Erlöser lebt, um für euch einzutreten (vgl. Hebräer 7,25).

Das Abendmahl weist auf die Wiederkunft von Christus hin. Es sollte diese Hoffnung in den Gedanken der Jünger lebendig erhalten. Wann immer sie zusammenkamen, um seines Todes zu gedenken, erzählten sie einander, wie er den Kelch nahm, dankte, ihnen gab und sprach: »Trinkt alle daraus! Denn das ist mein Blut des Bundes, das für viele vergossen wird zur Vergebung der Sünden. Ich sage euch aber: Ich werde von dieser Frucht des Weinstocks nicht mehr trinken von nun an bis zu dem Tag, an dem ich aufs Neue mit euch davon trinken werde im Reich meines Vaters.« (Matthäus 26,27-29 ZÜ) In ihrer Trübsal fanden sie Trost in der Hoffnung auf die Rückkehr ihres Herrn. Überaus kostbar war ihnen der Gedanke: »Denn jedes Mal, wenn ihr dieses Brot esst und aus diesem Kelch trinkt, verkündet ihr den Tod des Herrn, bis er wiederkommt.« (1. Korinther 11,26 NLB)

Dies sind die Dinge, die wir nie vergessen dürfen. Wir müssen die Liebe von Jesus mit ihrer überwältigenden Kraft in unserer Erinnerung lebendig erhalten. Christus hat diese Gedenkfeier eingesetzt, damit unsere Sinne von

---

90 Das ist die Handlung der Fußwaschung (siehe Kapitel 71 in diesem Buch).

Gottes Liebe angesprochen werden, die er um unseretwillen zum Ausdruck gebracht hat. Es kann keine Verbindung zwischen Gott und uns geben – außer durch Jesus Christus. Die Einheit und die Liebe unter den Geschwistern müssen durch die Liebe von Jesus gefestigt und dauerhaft gemacht werden. Nichts Geringeres als der Tod von Christus konnte seine Liebe für uns wirksam machen. Nur aufgrund seines Todes können wir mit Freuden der Wiederkunft des Herrn entgegensehen. Sein Opfer ist der Mittelpunkt unserer Hoffnung. Daran müssen wir unseren Glauben festmachen.

Die von Gott verordneten Handlungen, die auf die Erniedrigung und das Leiden unseres Herrn hinweisen, werden zu sehr als Formsache angesehen. Sie wurden mit einer bestimmten Absicht eingeführt. Unsere Sinne müssen geschärft werden, um »das Geheimnis, auf das sich unser Glaube gründet«, zu erfassen (vgl. 1. Timotheus 3,16 NGÜ). Es ist das Vorrecht aller, das sühnende Leiden von Christus zu verstehen, und zwar weit mehr, als wir es bereits tun. »Wie Mose in der Wüste die Schlange erhöht hat, so muss der Menschensohn erhöht werden, damit alle, die an ihn glauben, das ewige Leben haben.« (Johannes 3,14.15) Wir müssen unseren Blick auf das Kreuz von Golgatha mit dem sterbenden Erlöser richten. Unser ewiges Heil verlangt, dass wir unseren Glauben an Christus bekennen.

KÖRPERLICHE UND GEISTLICHE NAHRUNG

Jesus sagte: »Wenn ihr das Fleisch des Menschensohnes nicht esst und sein Blut nicht trinkt, habt ihr das Leben nicht in euch. ... Denn mein Fleisch ist die wahre Nahrung, und mein Blut ist der wahre Trank.« (Johannes 6,53.55 NGÜ) Dies trifft auf unseren Körper zu. Selbst dieses irdische Leben haben wir dem Tod von Christus zu verdanken. Das Brot, das wir essen, wurde mit seinem gebrochenen Leib erworben und das Wasser, das wir trinken, mit dem vergossenen Blut von Christus erkauft. Niemand, sei er gerecht oder sündhaft, genießt seine tägliche Nahrung, ohne dass sie durch den Leib und das Blut von Christus gesegnet ist. Das Kreuz von Golgatha ist in jeden Brotlaib eingeprägt und spiegelt sich in jeder Wasserquelle wider. All dies hat uns Christus gelehrt, indem er die Sinnbilder seines großen Opfers einsetzte. Das Licht, das von diesem Abendmahl im Obergemach ausgeht, heiligt auch die Nahrung unseres täglichen Lebens. Der Familientisch wird so zum Tisch des Herrn und jede Mahlzeit zu einem heiligen Mahl.

Doch wie viel mehr treffen die Worte von Christus auf unser geistliches Leben zu! Er erklärte: »Wer mein Fleisch isst und mein Blut trinkt, der hat das ewige Leben.« (Johannes 6,54a) Wenn wir das Leben annehmen, das für uns am Kreuz von Golgatha hingegeben worden ist, können wir ein heiliges Leben führen. Und dieses Leben erhalten wir, wenn wir sein Wort annehmen, indem wir jene Dinge tun, die er geboten hat. Auf diese Weise werden wir eins mit ihm. »Wer mein Fleisch isst«, sagte Jesus, »und mein Blut trinkt, der bleibt in mir, und ich bleibe in ihm. Der Vater, der lebendige Gott, hat mich gesandt, und ich lebe durch ihn. Genauso wird auch der, der mich isst, durch mich leben.« (Johannes 6,56.57 NGÜ) Diese Bibelstelle bezieht sich in besonderer Weise auf das heilige Abendmahl. Betrachtet der Mensch im Glauben das große Opfer unseres Herrn, dann nimmt er das geistliche Leben von Christus in sich auf. Dieser Gläubige wird aus jedem Abendmahl geistliche Kraft schöpfen. Diese Gedenkfeier schafft eine lebendige Beziehung, durch die der Gläubige mit Christus und somit auch mit dem Vater verbunden ist. Sie schafft in besonderer Weise eine Verbindung zwischen den abhängigen Menschen und Gott.

DEN GEKREUZIGTEN VOR AUGEN

Wenn wir das Brot und den Wein empfangen, welche den gebrochenen Leib von Christus und sein vergossenes Blut darstellen, schließen wir uns in Gedanken dem Abendmahlsgeschehen im Obergemach an. Wir gehen im Geist durch den Garten, der durch den Todeskampf dessen geweiht wurde, der die Sünden der Welt trug. Wir werden Zeugen des Kampfes, durch den unsere Versöhnung mit Gott erlangt worden ist. Christus ist uns als der Gekreuzigte »vor die Augen gemalt« (Galater 3,1b).

Schauen wir auf den gekreuzigten Erlöser, dann begreifen wir viel umfassender die Größe und Bedeutung des Opfers, das die Majestät des Himmels für uns gebracht hat. Der Erlösungsplan wird vor uns verherrlicht, und der Gedanke an Golgatha weckt in unseren Herzen lebendige und heilige Empfindungen. Lobpreis zu Gott und dem Lamm wird in unseren Herzen und auf unseren Lippen sein, denn Stolz und Selbstverehrung können sich in keiner Seele ausbreiten, der das Geschehen auf Golgatha in lebendiger Erinnerung ist.

Wer die beispiellose Liebe des Erlösers betrachtet, dessen Gedanken werden veredelt, dessen Herz wird gereinigt und dessen Charakter wird verwandelt werden. Er wird hinausgehen, um für die Welt ein Licht zu sein und diese geheimnisvolle Liebe in gewissem Maß widerzuspiegeln. Je mehr wir über das Kreuz von Christus nachdenken, desto mehr werden wir die Worte des Apostels beherzigen: »Was mich betrifft, so bewahre Gott mich davor, mit irgendetwas anzugeben. Rühmen will ich mich nur einer Sache: des Kreuzes von Jesus Christus, unserem Herrn, durch den mein Interesse an dieser Welt gestorben ist, wie auch das Interesse der Welt an mir.« (Galater 6,14 NLB Anm.)

KAPITEL 73

»EUER HERZ ERSCHRECKE NICHT!«

Johannes 13,31-17,26

Christus sah seine Jünger voll göttlicher Liebe und innigstem Mitgefühl an und sagte: »Jetzt wird der Menschensohn in seiner Herrlichkeit offenbart, und durch ihn wird Gott selbst in seiner Herrlichkeit offenbart.« (Johannes 13,31b NGÜ) Judas hatte das Obergemach verlassen, und Christus war mit den elf Jüngern allein. Nun wollte er über seine herannahende Trennung von ihnen sprechen. Doch zuvor wies er auf das große Ziel seiner Aufgabe hin. Dies hatte er stets vor Augen gehabt. Er freute sich, dass all seine Erniedrigung und seine Leiden den Namen des Vaters verherrlichen würden, und er lenkte die Gedanken seiner Jünger zuerst darauf.

Dann nannte er sie liebevoll »meine Kinder« und sagte zu ihnen: »Ich bin nur noch kurze Zeit bei euch. Ihr werdet mich suchen, aber was ich schon den Juden gesagt habe, das sage ich jetzt auch euch: Da, wo ich hingehe, könnt ihr nicht hinkommen.« (Johannes 13,33 NGÜ)

Die Jünger konnten sich nicht freuen, als sie dies hörten. Angst überkam sie. Sie drängten sich näher an Jesus heran. Ihr Meister und Herr, ihr geliebter Lehrer und Freund, war ihnen lieber als ihr Leben! In all ihren Schwierigkeiten hatten sie bei ihm Hilfe und Trost in ihren Sorgen und Enttäuschungen gesucht. Nun werde er sie verlassen, eine einsame, unselbstständige Schar. Düstere Vorahnungen erfüllten ihre Herzen.

WOHNUNGEN IM HIMMEL

Doch die Worte, die der Erlöser an sie richtete, waren voller Hoffnung. Er wusste, dass der Feind sie angreifen würde und Satans Wirken bei denen am erfolgreichsten ist, die von Schwierigkeiten bedrückt sind. Deshalb lenkte er ihre Gedanken vom Sichtbaren auf das Unsichtbare, vom irdischen Exil auf die himmlische Heimat (vgl. 2. Korinther 4,18).

»Euer Herz erschrecke nicht!«, sagte er. »Glaubt an Gott und glaubt an mich! In meines Vaters Haus sind viele Wohnungen. Wenn's nicht so wäre, hätte ich dann zu euch gesagt: Ich gehe hin, euch die Stätte zu bereiten? Und wenn ich hingehe, euch die Stätte zu bereiten, will ich wiederkommen und euch zu mir nehmen, damit ihr seid, wo ich bin. Und wo ich hingehe, den Weg wisst ihr.« (Johannes 14,1-4) Mit anderen Worten: Um euretwillen bin ich in die Welt gekommen und euretwegen wirke ich. Wenn ich weggehe, werde ich weiterhin ernstlich für euch wirken. Ich kam in die Welt, um mich euch zu offenbaren, damit ihr glauben könnt. Ich gehe zum Vater, um gemeinsam mit ihm für euch zu wirken. – Mit seinem Weggang beabsichtigte Christus das Gegenteil von dem, was die Jünger befürchteten. Es gab keine endgültige Trennung. Christus ging hin, um einen Platz für sie vorzubereiten, damit er wiederkommen konnte, um sie zu sich zu nehmen. Während er Wohnungen für sie bereitmachte, sollten sie gottähnliche Charaktere entwickeln.

Die Jünger waren noch immer verwirrt. Thomas, der stets zweifelte, fragte: »Herr, wir wissen nicht einmal, wohin du gehst! Wie sollen wir dann den Weg dorthin kennen?« (Johannes 14,5 GNB) Jesus antwortete ihm: »Ich bin der Weg, die Wahrheit und das Leben. Niemand kommt zum Vater außer durch mich. Wenn ihr erkannt habt, wer ich bin, dann habt ihr auch erkannt, wer mein Vater ist. Doch von nun an kennt ihr ihn und habt ihn gesehen!« (Johannes 14,6-7 NLB)

Es führen nicht viele Wege zum Himmel. Man kann nicht seinen eigenen Weg auswählen. Christus sagte: »Ich bin der Weg ... Niemand kommt zum Vater außer durch mich.« Seit der ersten Evangeliumsverkündigung im Garten Eden, die besagte, dass der Nachkomme Evas der Schlange den Kopf zertreten wird (vgl. 1. Mose 3,15), war Christus bereits als *der Weg, die Wahrheit* und *das Leben* hoch erhoben worden. Er war der Weg, als Adam lebte und Abel das Blut des geschlachteten Lammes als Sinnbild für das Blut des Erlösers Gott darbrachte. Christus war der Weg, durch den Patriarchen und Propheten gerettet wurden. Er ist der einzige Weg, durch den wir Zugang zu Gott haben können.

Jesus fuhr fort: »Wenn ihr erkannt habt, wer ich bin, dann habt ihr auch erkannt, wer mein Vater ist. Doch von nun an kennt ihr ihn und habt ihn gesehen!« (Johannes 14,7 NLB) Aber noch immer verstanden ihn die Jünger nicht. Philippus bat: »Herr, zeig uns den Vater, dann sind wir zufrieden.« (Johannes 14,8 NLB)

Erstaunt darüber, wie schwer von Begriff sie waren, fragte Jesus schmerzlich überrascht: »Nun bin ich so lange mit euch zusammen gewesen, Philippus, und du kennst mich immer noch nicht?« Kann es sein, dass du den Vater in den Werken, die er durch mich tut, nicht erkennst? Glaubst du nicht, dass ich gekommen bin, um den Vater zu bezeugen? »Wie kannst du dann sagen: ›Zeige uns den Vater‹?« – »Wer mich gesehen hat, hat den Vater gesehen.« (Johannes 14,9 GNB) Christus hatte nicht aufgehört, Gott zu sein, als er Mensch wurde. Obwohl er sich erniedrigt und die menschliche Natur angenommen hatte, war er immer noch Gott. Allein Christus konnte der Menschheit den Vater darstellen. Und die Jünger hatten das Vorrecht, diese Darstellung mehr als drei Jahre lang zu sehen.

»Glaubt es mir, dass ich im Vater bin und dass der Vater in mir ist. Wenn ihr immer noch nicht davon überzeugt seid, dann glaubt es doch aufgrund von dem, was durch mich geschieht.« (Johannes 14,11 NGÜ) Die Gewissheit ihres Glaubens beruhte auf dem Beweis der Werke von Christus. Diese Taten bezeugten seine Göttlichkeit. Durch ihn war der Vater offenbart worden.

Wenn die Jünger dieser lebendigen Verbindung zwischen Vater und Sohn vertraut hätten, würde ihr Glaube sie nicht verlassen haben, als sie mitansehen mussten, wie Christus litt und für die Rettung einer untergehenden Welt starb. Er suchte sie aus dem Zustand ihres schwachen Glaubens zu jener Erfahrung zu führen, die sie machen konnten, wenn sie begriffen, wer er wirklich war: Gott in menschlicher Gestalt. Er wünschte, sie könnten erkennen, dass sie ihr Vertrauen ganz auf Gott setzen und dort verankert sein mussten. Wie ernsthaft und beharrlich versuchte unser mitfühlender Erlöser, seine Jünger auf die Versuchung vorzubereiten, die bald wie ein Sturm über sie hereinbrechen sollte! Er wollte sie mit ihm in Gott geborgen wissen.

Als Christus diese Worte sprach, leuchtete die Herrlichkeit Gottes auf seinem Angesicht. Alle Anwesenden empfanden eine heilige Ehrfurcht, als sie wie gebannt seinen Worten lauschten. Ihre Herzen wurden noch entschiedener zu ihm hingezogen. Indem sie sich in noch größerer Liebe mit Christus verbanden, kamen sie sich auch untereinander näher. Sie spürten, dass der Himmel sehr nahe war und die Worte, die sie hörten, eine Botschaft des himmlischen Vaters an sie enthielt.

GROSSES VOLLBRINGEN

»Amen, ich versichere euch: Wer im Glauben mit mir verbunden bleibt, wird die gleichen Taten vollbringen, die ich tue. Ja, er wird noch größere Taten vollbringen.« (Johannes 14,12a GNB) Der Erlöser bemühte sich ernstlich, seinen Jüngern verständlich zu machen, zu welchem Zweck sich seine Göttlichkeit mit der Menschlichkeit verbunden hatte. Er war in die Welt gekommen, um die Herrlichkeit Gottes darzustellen, damit der Mensch durch deren erneuernde Kraft aufgerichtet würde. Gott offenbarte sich in ihm, damit er – Christus – in ihnen offenbart würde. Jesus besaß keine Eigenschaften und verfügte über keinerlei Kräfte, welche die Menschen durch den Glauben an ihn nicht auch haben könnten. Alle seine Nachfolger können sein vollkommenes Menschsein besitzen, wenn sie sich Gott so unterordnen, wie er es getan hat.

»Ja, er wird noch größere Taten vollbringen, denn ich gehe zum Vater.« (Johannes 14,12b GNB) Damit meinte Christus nicht, dass das Werk der Jünger erhabener sein wird als sein eigenes, sondern dass es ein größeres Ausmaß annehmen würde. Er bezog sich damit nicht nur auf das Vollbringen von Wundertaten, sondern auf alles, was durch das Wirken des Heiligen Geistes geschehen wird.

Nach der Himmelfahrt des Herrn nahmen die Jünger die Erfüllung seines Versprechens wahr. Die Ereignisse der Kreuzigung, der Auferstehung und der Himmelfahrt von Christus waren für sie zu einer lebendigen Wirklichkeit geworden. Sie sahen, dass sich die Prophezeiungen buchstäblich erfüllt hatten. Sie durchforschten die heiligen Schriften und nahmen deren Lehre mit einem Vertrauen und einer Gewissheit an, die sie zuvor nicht gekannt hatten. Sie waren davon überzeugt, dass der göttliche Lehrer all das war, was er von sich behauptet hatte. Als sie ihre Erfahrungen weitererzählten und Gottes Liebe begeistert verkündeten, wurden die Herzen der Menschen berührt und überwältigt, und viele glaubten an Jesus.

Die Verheißung des Erlösers an seine Jünger ist zugleich ein Versprechen an seine Gemeinde bis ans Ende der Zeit. Es war nicht Gottes Absicht, dass sein wundervoller Erlösungsplan nur unbedeutenden Erfolg haben sollte. Wer an die Arbeit geht und nicht auf sich selbst vertraut, sondern auf das, was Gott für und durch ihn wirken kann, wird mit Sicherheit die Erfüllung seines Versprechens erfahren: Ihr werdet »noch größere Taten vollbringen, denn ich gehe zum Vater« (Johannes 14,12b GNB).

IM NAMEN VON JESUS BITTEN

Bis dahin waren die Jünger weder mit den unbegrenzten Möglichkeiten noch mit der Macht von Christus vertraut. Da sagte er zu ihnen: »Bisher habt ihr um nichts gebeten in meinem Namen.« (Johannes 16,24a) Er erklärte ihnen, das Geheimnis ihres Erfolges liege darin, dass sie in seinem Namen um Kraft und Gnade bitten. Er selbst werde vor seinem Vater stehen und für sie bitten. Das Gebet des demütig Bittenden werde er zugunsten dieses

Beters als seinen eigenen Wunsch vorbringen. Jedes aufrichtige Gebet findet im Himmel Gehör. Es mag nicht flüssig gesprochen sein, doch wenn es von Herzen kommt, wird es in das Heiligtum emporsteigen, wo Jesus dient. Er wird es seinem Vater ohne ein einziges unbeholfenes oder gestammeltes Wort darbringen, schön und wohlriechend, versehen mit dem Weihrauch seiner eigenen Vollkommenheit.

Der Weg der Aufrichtigkeit und Rechtschaffenheit ist nicht frei von Hindernissen, doch in jeder Schwierigkeit sollen wir eine Aufforderung zum Gebet erkennen. Es gibt niemanden, der irgendeine Kraft besitzt, die er nicht von Gott empfangen hätte, und die Quelle, aus der diese Kraft fließt, ist selbst für den schwächsten Menschen zugänglich. »Alles, worum ihr dann in meinem Namen bittet, werde ich tun, damit durch den Sohn die Herrlichkeit des Vaters offenbart wird. Wenn ihr mich in meinem Namen um etwas bitten werdet, werde ich es tun.« (Johannes 14,13.14 NGÜ)

Christus forderte seine Jünger auf, in seinem Namen zu bitten. In seinem Namen sollen seine Nachfolger vor Gott treten. Durch die Größe des für sie dargebrachten Opfers sind sie in den Augen Gottes wertvoll. Wegen der ihnen zugerechneten Gerechtigkeit von Christus werden sie als kostbar erachtet. Wegen Christus vergibt der Herr denen, die ihn fürchten. Er sieht in ihnen nicht die Abscheulichkeit des Sünders. Er erkennt in ihnen das Abbild seines Sohnes, an den sie glauben.

Der Herr ist enttäuscht, wenn sich seine Kinder selbst geringachten. Er möchte, dass sich seine auserwählten Erben nach dem Preis bewerten, den er für sie bezahlt hat. Gott hat Verlangen nach ihnen, sonst hätte er seinem Sohn nicht einen solch kostspieligen Auftrag zu ihrer Erlösung erteilt. Er möchte sie gebrauchen und freut sich sehr, wenn sie die höchsten Erwartungen an ihn stellen, um seinen Namen zu verherrlichen. Sie dürfen Großes erwarten, wenn sie seinen Verheißungen vertrauen.

NACH GOTTES WILLEN LEBEN

Aber im Namen von Christus zu beten bedeutet viel. Es schließt ein, dass wir seinen Charakter annehmen, seine Wesensart aufweisen und seine Werke tun. Die Verheißung des Erlösers wurde unter der Bedingung gegeben: »Wenn ihr mich liebt, so werdet ihr meine Gebote halten.« (Johannes 14,15 Elb.) Er errettet die Menschen nicht in Sünde, sondern von Sünde, und jene, die ihn lieben, werden ihre Liebe durch Gehorsam zum Ausdruck bringen.

Wahrer Gehorsam kommt aus dem Herzen. Auch bei Christus war es eine Herzenssache. Geben wir unsere Einwilligung, dann wird er sich so sehr unseren Gedanken und Zielen gleichsetzen und unser Herz und Denken so sehr mit seinem Willen in Übereinstimmung bringen, dass wir im Gehorsam ihm gegenüber nichts anderes tun, als unsere eigenen Absichten auszuführen. Für einen veredelten und geheiligten Willen wird es die größte Freude sein, in seinem Dienst zu wirken. Wenn wir Gott so kennen, wie wir ihn vorzugsweise kennen dürfen, wird unser Leben ein Leben anhaltenden Gehorsams sein. Wenn wir den Charakter von Christus wertschätzen und mit Gott Gemeinschaft pflegen, wird uns die Sünde verhasst werden.

So wie Christus als Mensch das Gesetz auslebte, können es auch wir, sofern unsere Kraft aus dem Festhalten an ihm, dem Starken, kommt. Doch wir dürfen die Verantwortung für unsere Pflicht nicht anderen auferlegen und erwarten, dass sie uns sagen, was wir tun sollen. Wir können uns nicht auf den Rat von Menschen verlassen. Der Herr wird uns ebenso gerne auf unsere Pflichten hinweisen, wie er dies bei allen anderen tut. Wenn wir uns vertrauensvoll an ihn wenden, wird er uns seine Geheimnisse persönlich wissen lassen. Unser Herz wird oft in uns brennen, wenn sich der Eine naht, um mit uns zu sprechen, wie er es mit Henoch tat. Wer sich dafür entscheidet, in keinerlei Weise etwas zu tun, was Gott missfällt, wird – nachdem er Gott sein Anliegen vorgebracht hat – wissen, welchen Kurs er einschlagen soll. Er wird nicht nur Weisheit, sondern auch Kraft empfangen. Wie von Christus versprochen wird ihm die Kraft zum Gehorsam und zum Dienst verliehen werden. »Alles«, was Christus vom Vater gegeben wurde (vgl. Johannes 17,7), um den Bedürfnissen der gefallenen Menschen abzuhelfen, wurde ihm als Haupt und Vertreter der Menschheit gegeben. Deshalb heißt es: »Was wir bitten, werden wir von ihm empfangen; denn wir halten seine Gebote und tun, was vor ihm wohlgefällig ist.« (1. Johannes 3,22)

DER VERHEISSENE BEISTAND

Bevor er sich selbst als Opfer hingab, wollte Christus seinen Nachfolgern die wichtigste und vollkommenste Gabe verleihen – eine Gabe, welche die unbegrenzten Schätze seiner Gnade in ihre Reichweite bringt. »Ich will den Vater bitten«, sagte er zu ihnen, »und er wird euch einen anderen Tröster geben, dass er bei euch sei in Ewigkeit: den Geist der Wahrheit, den die Welt nicht empfangen kann, denn sie sieht ihn nicht und kennt ihn nicht. Ihr kennt ihn, denn er bleibt bei euch und wird in euch sein. Ich will euch nicht als Waisen zurücklassen; ich komme zu euch.« (Johannes 14,16-18)

Der Heilige Geist war schon zuvor in der Welt gewesen. Seit Beginn des Erlösungswerks hatte er an den Herzen der Menschen gewirkt. Doch solange Christus auf der Erde war, hatten die Jünger kein Verlangen nach einem anderen Beistand. Erst wenn Jesus nicht mehr gegenwärtig wäre, würden sie das Bedürfnis nach dem Heiligen Geist verspüren. Dann würde er kommen.

Der Heilige Geist ist der Stellvertreter von Christus, ohne jedoch in menschliche Gestalt gekleidet oder von ihr abhängig zu sein. Christus konnte, bedingt durch seine menschliche Gestalt, nicht an jedem Ort persönlich anwesend sein. Deshalb war es gut für seine Jünger, dass er zum Vater ging und den Heiligen Geist als seinen Nachfolger auf die Erde sandte. Auf diese Weise konnte niemand irgendeinen Vorteil aufgrund seines Aufenthaltsortes oder seines persönlichen Umgangs mit Christus haben. Durch den Heiligen Geist ist der Erlöser für alle Menschen erreichbar. In diesem Sinn würde Jesus ihnen näher sein, als wenn er nicht in den Himmel aufgefahren wäre.

»Wer meine Gebote hat und hält sie, der ist's, der mich liebt. Wer mich aber liebt, der wird von meinem Vater geliebt werden, und ich werde ihn lieben und mich ihm offenbaren.« (Johannes 14,21) Jesus kannte die Zukunft seiner Jünger. Er sah, wie einer aufs Schafott geführt, ein anderer ans Kreuz gebracht und ein dritter auf eine einsame Felseninsel verbannt wurde. Andere wurden verfolgt und umgebracht. Er ermutigte sie mit der Verheißung, dass er in aller Verfolgung bei ihnen sein werde. Dieses Versprechen hat nichts von seiner Bedeutung verloren. Der Herr weiß alles über seine treuen Diener, die um seinetwillen im Gefängnis sitzen oder auf einsame Inseln verbannt sind. Er tröstet sie mit seiner Gegenwart. Wenn sich der Gläubige um der Wahrheit willen vor einem ungerechten Gericht verantworten muss, steht ihm der Herr zur Seite. Alle Beschuldigungen, die gegen ihn erhoben werden, fallen auf Christus; so wird er in der Person seines Jüngers von Neuem verurteilt. Ist jemand im Gefängnis eingekerkert, erfreut Jesus dessen Herz mit seiner Liebe. Wenn jemand um seinetwillen den Tod erleidet, sagt Christus: Ich bin »der Lebendige. Ich war tot, aber jetzt lebe ich in alle Ewigkeit, und ich habe die Schlüssel zum Tod und zum Totenreich.« (Offenbarung 1,18 NGÜ) Das Leben, das für mich [Christus] geopfert wird, wird für die ewige Herrlichkeit aufbewahrt.

Zu allen Zeiten und an allen Orten, in allen Sorgen und in aller Bedrängnis, wenn der Ausblick düster und die Zukunft verworren erscheint oder wenn wir uns hilflos und einsam fühlen, wird uns der Tröster als Antwort auf unsere vertrauensvollen Gebete gesandt. Äußere Umstände mögen uns von jedem irdischen Freund trennen. Aber kein Umstand und keine Entfernung kann uns vom himmlischen Beistand scheiden. Wo immer wir sind, wo immer wir hingehen, er ist uns stets zur Seite, um uns beizustehen, zu stärken, zu unterstützen und aufzumuntern.

Die Jünger verstanden die Worte von Christus in ihrer geistlichen Bedeutung immer noch nicht, und er erklärte sie ihnen erneut. Durch den Geist, so sagte er, werde er sich ihnen kundtun. »Der Beistand aber, der Heilige Geist, den der Vater senden wird in meinem Namen, der wird euch alles lehren und euch an alles erinnern, was ich euch gesagt habe.« (Johannes 14,26 Elb.) Dann werdet ihr nicht mehr sagen: Ich kann es nicht verstehen. Ihr werdet auch nicht länger »ein unklares Bild wie in einem trüben Spiegel« sehen (1. Korinther 13,12a GNB). Stattdessen werdet ihr »mit allen Heiligen begreifen, welches die Breite und die Länge und die Höhe und die Tiefe ist, auch die Liebe Christi erkennen, die alle Erkenntnis übertrifft« (Epheser 3,18.19a).

Die Jünger sollten das Leben und Wirken von Christus bezeugen. Durch ihr Wort wollte er zu allen Menschen auf dem ganzen Erdenrund sprechen. Doch durch die Erniedrigung und den Tod von Christus würden sie schwere Anfechtung und Enttäuschung erleiden. Damit ihr Zeugnis auch nach diesen Erfahrungen zuverlässig bleiben würde, verhieß ihnen Jesus: Der Beistand »wird euch alles lehren und euch an alles erinnern, was ich euch gesagt habe.« (Johannes 14,26b)

DER GEIST DER WAHRHEIT

»Ich hätte euch noch so vieles zu sagen«, sprach Jesus weiter, »aber ihr könnt es jetzt nicht ertragen. Doch wenn der Geist der Wahrheit kommt, wird er euch in alle Wahrheit leiten. Er wird nicht seine eigenen Anschauungen vertreten, sondern euch sagen, was er gehört hat. Er wird euch von dem erzählen, was kommt. Er wird mich verherrlichen, indem er euch alles offenbart, was er von mir empfängt.« (Johannes 16,12-14 NLB) Jesus hatte seinen Jüngern ein weites Spektrum von Wahrheiten eröffnet, doch es fiel ihnen äußerst schwer, seine Unterweisungen von den Überlieferungen und Prinzipien der Schriftgelehrten und Pharisäer zu unterscheiden. Sie waren dazu erzogen worden, die Lehre der Rabbiner als Stimme Gottes anzunehmen, und noch immer übte dies einen großen Einfluss auf ihr Denken und Empfinden aus. Irdische Vorstellungen und weltliche Dinge nahmen in ihren Gedanken nach wie vor einen breiten Raum ein. Obwohl er es ihnen so oft erklärt hatte, begriffen sie die geistliche Art des Reiches von Christus nicht. Sie waren verwirrt und verstanden den Wert der Schriftstellen nicht, die Jesus anführte. Viele seiner Lehren schienen sie gar nicht aufzunehmen. Er erkannte, dass sie die wahre Bedeutung seiner Worte nicht erfassten. Erbarmungsvoll versprach er, dass ihnen der Heilige Geist diese Reden ins Gedächtnis zurückrufen werde. Außerdem hatte er vieles, was die Jünger noch nicht verstehen konnten, unausgesprochen gelassen. Auch dies würde ihnen der Heilige Geist erschließen. Der Geist würde ihr Verständnis beleben, damit sie himmlische Dinge wertschätzen könnten. »Wenn der Geist der Wahrheit kommt, wird er euch in alle Wahrheit leiten.« (Johannes 16,13a NLB)

Der Beistand wird »der Geist der Wahrheit« genannt. Seine Aufgabe ist es, die Wahrheit des Evangeliums zu erläutern und zu erhalten. Zuerst wohnt er als Geist der Wahrheit im Herzen. Dadurch wird er zum Tröster. In der Wahrheit liegen Trost und Frieden, in der Unwahrheit dagegen können weder wahrer Friede noch Trost gefunden werden. Gerade durch falsche Theorien und Traditionen gewinnt Satan Macht über den Verstand. Indem er die Menschen zu falschen Prinzipien lenkt, verunstaltet er ihren Charakter. Der Heilige Geist aber spricht durch die Heilige Schrift zum Verstand des Menschen und prägt ihm die Wahrheit ein. Dadurch deckt er den Irrtum auf und vertreibt ihn aus dem Menschen. Durch den Geist der Wahrheit, der durch Gottes Wort wirkt, macht sich Christus sein auserwähltes Volk untertan.

DIE WERTVOLLSTE GABE: DER HEILIGE GEIST

Indem er seinen Jüngern die Aufgabe des Heiligen Geistes beschrieb, wollte Jesus in ihnen die Freude und Hoffnung wachrufen, mit der sein eigenes Herz erfüllt war. Er freute sich über die ergiebige Hilfe, die er für seine Gemeinde vorbereitet hatte. Der Heilige Geist war die wertvollste aller Gaben, die Jesus von seinem Vater zur Erhöhung seines Volkes erbitten konnte. Der Geist sollte als erneuernde Kraft wirken, denn ohne ihn wäre das Opfer von Christus vergeblich gewesen. Die Macht des Bösen hatte im Laufe der Jahrhunderte an Kraft zugenommen. Es war unglaublich, wie sich die Menschen dieser satanischen Knechtschaft unterwarfen. Nur durch das mächtige Wirken der dritten Person der Gottheit war es möglich, der Sünde zu widerstehen und sie zu überwinden. Sie sollte nicht mit begrenzter Kraft, sondern in der ganzen Fülle göttlicher Macht in die Welt kommen. Dieser Geist macht erst wirksam, was der Erlöser der Welt vollbracht hat. Durch den Geist wird das Herz rein gemacht. Durch ihn wird der Gläubige ein »Teilhaber der göttlichen Natur« (vgl. 2. Petrus 1,4 Elb.). Christus hat seinen Geist als eine göttliche Kraft gegeben, um alle ererbten und erworbenen Neigungen zum Bösen zu überwinden und um seine Gemeinde nach seinem eigenen Charakter zu prägen.

Über den Heiligen Geist sagte Jesus weiter: »Er wird mich verherrlichen.« (Johannes 16,14a NLB) Der Erlöser kam, um den Vater zu verherrlichen, indem er seine Liebe darstellte. So sollte der Geist Christus verherrlichen, indem er der Welt seine Gnade offenbarte. Das genaue Bild Gottes soll im Menschen wiederhergestellt werden. Die Ehre des Vaters sowie die Ehre von Christus gehen mit der Vervollkommnung des Charakters seines Volkes einher.

»Wenn er kommt, wird er der Welt die Augen auftun über die Sünde und über die Gerechtigkeit und über das Gericht.« (Johannes 16,8) Die Verkündigung von Gottes Wort wird ohne die beständige Gegenwart und Hilfe des Heiligen Geistes erfolglos sein. Dieser ist der einzige verlässliche Lehrer der göttlichen Wahrheit. Nur wenn die Wahrheit auf dem Weg in unser Herz vom Heiligen Geist begleitet ist, wird sie das Gewissen anregen und das Leben verändern. Jemand mag das Wort Gottes buchstabengetreu auslegen können und mit allen Geboten und Verheißungen der Bibel vertraut sein. Doch wenn der Heilige Geist diese Wahrheit nicht in Herz und Sinn schreibt, wird kein Mensch auf den »Eckstein« fallen und daran »zerschellen« (vgl. Lukas 20,17.18). Kein Maß an Bildung und keine Vorteile, wie groß sie auch sein mögen, können jemanden ohne das Mitwirken des Geistes Gottes zu einem Kanal des Lichts machen. Die Aussaat des Evangeliums wird nur dann erfolgreich sein, wenn der Himmelstau das Samenkorn belebt. Bevor auch nur ein Buch des Neuen Testaments geschrieben und eine einzige Evangeliumspredigt nach der Himmelfahrt von Christus gehalten wurde, kam der Heilige Geist auf die betenden Apostel. Dann bezeugten ihre Feinde: »Ihr habt Jerusalem erfüllt mit eurer Lehre.« (Apostelgeschichte 5,28b)

Christus hat seiner Gemeinde die Gabe des Heiligen Geistes versprochen, und diese Verheißung gilt uns ebenso wie den ersten Jüngern. Doch wie jede andere Verheißung wurde auch sie unter bestimmten Bedingungen gegeben. Es gibt viele, die an die Zusagen von Christus glauben und behaupten, sie in Anspruch zu nehmen. Sie sprechen über Christus und über den Heiligen Geist, haben aber keinen Nutzen davon. Sie übergeben ihr Herz nicht der göttlichen Führung und Leitung. Wir können nicht den Heiligen Geist gebrauchen, der Geist möchte uns gebrauchen. Durch den Geist bewirkt Gott in seinem Volk »nicht nur das Wollen, sondern auch das Vollbringen, so wie es ihm gefällt« (Philipper 2,13b GNB). Doch viele wollen sich dem nicht unterordnen. Sie wollen ihr Leben in eigener Regie führen. Deshalb empfangen sie die himmlische Gabe nicht. Nur wer demütig auf Gott wartet und auf dessen Führung und Gnade achtet, erhält den Heiligen Geist. Die Macht Gottes wartet darauf, dass nach ihr verlangt und sie dann auch angenommen wird. Wird dieser verheißene Segen im Glauben angenommen, bringt er alle anderen Segnungen mit sich. Er wird nach dem Reichtum der Gnade von Christus gegeben, und er ist bereit, jeden Gläubigen entsprechend seinem Aufnahmevermögen zu versorgen.

Jesus machte in seiner Rede an die Jünger keine traurige Andeutung über seine eigenen Leiden und seinen Tod. Was er ihnen zuletzt hinterließ, war ein Vermächtnis des Friedens. Er sagte zu ihnen: »Ich lasse euch ein Geschenk zurück – meinen Frieden. Und der Friede, den ich schenke, ist nicht wie der Friede, den die Welt gibt. Deshalb sorgt euch nicht und habt keine Angst.« (Johannes 14,27 NLB)

Bevor sie das Obergemach verließen, stimmte der Erlöser mit seinen Jüngern ein Loblied an. Seine Stimme hörte sich nicht traurig oder klagend an, vielmehr sang er die fröhliche Melodie des Passa-Hallelujas: »Lobt den Herrn, all ihr Völker. Lobt ihn, alle Menschen auf Erden. Denn seine Gnade ist groß und seine Treue besteht für alle Zeit. Halleluja!« (Psalm 117 NLB)

PETRUS ÜBERSCHÄTZT SICH

Nach dem Loblied gingen sie hinaus. Sie bahnten sich einen Weg durch die überfüllten Straßen und gingen durch das Stadttor zum Ölberg. Sie kamen nur langsam voran, denn jeder war mit seinen eigenen Gedanken beschäftigt. Als sie begannen, in die Richtung des Ölbergs hinunterzugehen, sagte Jesus mit tieftrauriger Stimme: »Heute Nacht werdet ihr euch alle von mir abwenden. Denn es heißt in der Schrift: ›Ich werde den Hirten töten, und die Schafe der Herde werden sich zerstreuen.‹« (Matthäus 26,31 NGÜ, vgl. Sacharja 13,7) Bekümmert und verwundert hörten die Jünger zu. Sie erinnerten sich daran, wie sich Christus in der Synagoge von Kapernaum als Brot des Lebens bezeichnet hatte und sich viele danach empört von ihm abgewandt hatten. Aber die Zwölf waren ihm treu geblieben. Petrus, der für seine Brüder sprach, hatte damals Christus gegenüber seine Treue bekundet. Darauf hatte der erwidert: »Ich habe euch zwölf auserwählt, aber einer von euch ist ein Teufel.« (Johannes 6,70 NLB) Und im Obergemach hatte Jesus gesagt, dass ihn einer der Zwölf verraten und Petrus ihn verleugnen werde. Doch nun schlossen seine Worte alle ein.

Nun hörte man die leidenschaftliche Stimme von Petrus, der einwandte: »Auch wenn alle sich von dir abwenden – ich nicht!« (Markus 14,29 NGÜ)

Oben im Raum hatte er erklärt: »Ich will mein Leben für dich lassen.« (Johannes 13,37b) Jesus hatte ihn gewarnt, er werde noch in derselben Nacht seinen Erlöser verleugnen. Jetzt wiederholte er seine Warnung: »Ich sage dir: Noch heute Nacht, bevor der Hahn zweimal kräht, wirst du mich dreimal verleugnen.« Petrus aber verteidigte sich »mit aller Entschiedenheit: ›Und wenn ich mit dir sterben müsste – ich werde dich niemals verleugnen!‹ Das Gleiche beteuerten auch alle anderen.« (Markus 14,30.31 NGÜ) Selbstsicher stritten sie die wiederholte Aussage des Einen ab, der über alles Bescheid wusste. Sie waren auf die Prüfung nicht vorbereitet. Wenn die Versuchung sie überwinden sollte, würden sie ihre eigene Schwachheit erkennen.

Als Petrus sagte, er werde seinem Herrn ins Gefängnis und in den Tod folgen, meinte er jedes Wort aufrichtig und ehrlich. Doch er kannte sich selbst nicht. In seinem Herzen verborgen schlummerten böse Neigungen, die durch besondere Umstände leicht geweckt werden konnten. Brächte man ihm diese Gefahr nicht deutlich zum Bewusstsein, würde ihn dies unweigerlich in sein ewiges Verderben führen. Der Erlöser erkannte in ihm Eigenliebe und Selbstsicherheit, die sogar seine Liebe zu Jesus überwältigen würden. Große Schwäche und nicht überwundene Sünde, geistliche Gleichgültigkeit, ein ungeheiligtes Temperament und eine Sorglosigkeit gegenüber Versuchungen waren in seinem Leben sichtbar geworden. Die ernste Mahnung des Erlösers war eine Aufforderung zur Selbstprüfung. Petrus musste lernen, sich selbst zu misstrauen und mehr auf Christus zu vertrauen. Hätte er die Warnung demütig angenommen, hätte er den Hirten der Herde gebeten, seine Schafe zu bewahren. Als er damals auf dem See Genezareth zu versinken drohte, hatte er ausgerufen: »Herr, rette mich!« (Matthäus 14,30b Elb.) Dann hatte Christus seine Hand ausgestreckt, um die seine zu erfassen. So wäre er auch jetzt bewahrt geblieben, hätte er sich mit der Bitte: Rette mich vor mir selbst! an Jesus gewandt. Aber Petrus dachte, ihm werde misstraut. Er empfand es als gefühllos. Er war bereits verletzt und beharrte nun noch mehr auf seinem Selbstvertrauen.

Jesus blickte voller Mitgefühl auf seine Jünger. Er konnte sie nicht vor der Versuchung bewahren, aber er ließ sie nicht ohne Trost. Deshalb versicherte er ihnen, dass er die Fesseln des Grabes sprengen werde. Seine Liebe zu ihnen werde niemals aufhören: »Doch wenn ich von den Toten auferstanden bin, werde ich euch nach Galiläa vorausgehen und euch dort treffen.« (Matthäus 26,32 NLB) Schon vor der Verleugnung hatten sie die Gewissheit der Vergebung. Nach seinem Tod und seiner Auferstehung wussten sie, dass ihnen vergeben war und sie von Jesus geliebt wurden.

JESUS, DER WEINSTOCK

Jesus und seine Jünger befanden sich auf dem Weg nach Gethsemane, am Fuß des Ölbergs, an einen abgelegenen Platz, den er oft aufgesucht hatte, um zu beten und nachzudenken. Der Erlöser hatte seinen Jüngern immer wieder seinen Auftrag für die Welt erklärt und über die geistliche Beziehung gesprochen, die sie zu ihm aufrechterhalten sollten. Nun wollte er die Lehre bildlich darstellen. Der Mond schien hell und leuchtete auf einen blühenden Weinstock. Jesus lenkte die Aufmerksamkeit der Jünger auf dieses Gewächs und benutzte es als Sinnbild.

»Ich bin der wahre Weinstock« (Johannes 15,1a), sagte er. Statt einer anmutigen Palme, einer stattlichen Zeder oder einer starken Eiche wählte Jesus den Rebstock mit seinen sich festklammernden Ranken, um sich selbst zu beschreiben. Palmen, Zedern und Eichen stehen allein und brauchen keine Stütze. Der Wein aber umrankt den Zaun und klettert himmelwärts. So war Christus als Mensch von Gottes Kraft abhängig. »Ich kann nichts von mir aus tun« (Johannes 5,30a), erklärte er.

»Ich bin der wahre Weinstock.« Die Juden hatten den Weinstock stets als die edelste Pflanze angesehen und ihn als Sinnbild für alles genommen, was stark, herrlich und fruchtbar war. Israel war selbst mit einem Weinstock, den Gott im Gelobten Land gepflanzt hatte, verglichen worden. Die Juden gründeten die Hoffnung auf ihr Heil auf ihre Verbundenheit mit Israel. Doch Jesus sagte: »Ich bin der wahre Weinstock.« Denkt nicht, dass ihr durch eine Verbindung zu Israel Teilhaber am göttlichen Leben und Erben seiner Verheißungen werden könnt. Allein durch mich empfangt ihr geistliches Leben.

»Ich bin der wahre Weinstock, und mein Vater ist der Weingärtner.« (Johannes 15,1 NLB) Unser himmlischer Vater hatte diesen stattlichen Weinstock auf den Hügeln Palästinas gepflanzt. Er selbst war der Weingärtner. Viele waren von der Schönheit dieses Stocks angezogen worden und hatten seinen himmlischen Ursprung bezeugt. Doch für die Führer Israels sah er aus wie eine »Wurzel aus dürrem Erdreich« (Jesaja 53,2b). Sie nahmen den Weinstock, verunstalteten ihn und zertraten ihn mit ihren unheiligen Füßen. Sie gedachten, ihn für immer zu vernichten. Doch der himmlische Weingärtner ließ seinen Weinstock nie aus den Augen. Als die Menschen dachten, ihn vernichtet zu haben, nahm er ihn und pflanzte ihn erneut auf der anderen Seite der Mauer. Der Weinstock sollte nicht länger zu sehen sein und blieb verborgen, geschützt vor den groben Übergriffen der Menschen. Aber seine Reben hingen über die Mauer und wiesen wiederum auf den Weinstock hin. Durch sie konnten immer noch Sprösslinge mit dem Weinstock verbunden werden. Auch sie brachten Frucht, welche von den Vorübergehenden gepflückt wurde.

»Ich bin der Weinstock, ihr seid die Reben« (Johannes 15,5a), sagte Christus zu seinen Jüngern. Obwohl er bald von ihnen genommen werden würde, sollte ihre geistliche Verbindung zu ihm unverändert bleiben. Die Verbindung einer Rebe mit dem Weinstock, so sagte er, veranschauliche die Beziehung, die sie zu ihm aufrechterhalten sollten. Der junge Trieb wird in den lebendigen Weinstock eingepfropft. Auf diese Weise verwachsen Faser um Faser und Ader um Ader mit dem Weinstock. Das Leben des Weinstocks wird zum Leben der Rebe. So erhält der Mensch, der wegen seiner Übertretungen und Sünden geistlich tot ist (vgl. Epheser 2,1), neues Leben durch die Verbindung mit Christus, die durch den Glauben an ihn als den persönlichen Erlöser hergestellt wird. Der Sünder vereint seine Schwachheit mit der Stärke von Christus, seine Leere mit dessen Fülle und seine Gebrechlichkeit mit dessen ewig währender Kraft. Dann besitzt er die Gesinnung von Jesus. Die menschliche Natur von Christus hat unsere Menschlichkeit berührt, und unsere menschliche Natur hat die Göttlichkeit berührt. So wird der Mensch durch das Wirken des Heiligen Geistes »Teilhaber der göttlichen Natur« und ist »begnadigt ... in dem Geliebten« (2. Petrus 1,4; Epheser 1,6b Elb.).

IN CHRISTUS BLEIBEN

Ist diese Verbindung mit Christus einmal hergestellt, muss sie aufrechterhalten werden. Der Herr sagte: »Bleibt in mir, und ich werde in euch bleiben. Denn eine Rebe kann keine Frucht tragen, wenn sie vom Weinstock abgetrennt wird, und auch ihr könnt nicht, wenn ihr von mir getrennt seid, Frucht hervorbringen.« (Johannes 15,4 NLB) Dies ist keine zufällige Berührung und keine gelegentliche Beziehung. Die Rebe wird ein fester Teil des lebendigen Weinstocks. Die Wurzel führt der Rebe ungehindert und beständig Leben, Kraft und Fruchtbarkeit zu. Getrennt vom Weinstock kann die Rebe nicht leben. Auch ihr könnt nicht länger ohne mich leben, sagte Jesus zu seinen Nachfolgern. Das Leben, das ihr von mir empfangen habt, kann nur durch eine ständige Verbundenheit bewahrt bleiben. Ohne mich könnt ihr keine einzige Sünde überwinden und auch nicht einer Versuchung widerstehen.

»Bleibt in mir, und ich werde in euch bleiben.« (Johannes 15,4a NLB) In Christus zu bleiben bedeutet ein fortwährendes Empfangen seines Geistes und ein Leben vorbehaltloser Hingabe an seinen Dienst. Der Kommunikationsweg zwischen dem Menschen und seinem Gott muss immer frei bleiben. Wie die Rebe unaufhörlich den Saft aus dem lebenden Weinstock zieht, so sollen wir uns an Jesus festhalten und durch den Glauben von ihm die Stärke und Vollkommenheit seines eigenen Charakters empfangen.

Die Wurzel befördert ihre Nährstoffe durch den Ast bis hin zum äußersten Zweig. So lässt Christus jedem Gläubigen beständig seine geistliche Kraft zufließen. Solange der Mensch mit Christus verbunden ist, besteht keine Gefahr, dass er verkümmert oder zugrunde geht. Das Leben des Weinstocks wird sich deutlich an den herrlichen Früchten zeigen, die an seinen Zweigen hängen. Jesus sagte: »Wer in mir bleibt und ich in ihm, wird viel Frucht bringen. Denn getrennt von mir könnt ihr nichts tun.« (Johannes 15,5b NLB) Leben wir im Glauben an den Sohn Gottes, werden die Früchte des Geistes an uns sichtbar sein. Keine einzige davon wird fehlen.

»Mein Vater ist der Weinbauer. Er entfernt jede Rebe an mir, die keine Frucht bringt.« (Johannes 15,1b.2a GNB) Eine Rebe mag äußerlich mit dem Weinstock verbunden sein und dennoch keine lebendige Verbindung haben. Dann wird es weder Wachstum noch Frucht geben. So kann es auch eine scheinbare Verbindung zu Christus geben, ohne durch den Glauben wirklich mit ihm eins zu sein. Ein Glaubensbekenntnis macht die Menschen wohl zu Mitgliedern einer Kirche, aber erst der Charakter und die Verhaltensweise zeigen, ob sie wirklich mit Christus verbunden sind. Bringen sie keine Frucht, sind sie unechte Reben. Durch ihre Trennung von Christus werden sie so vollständig verderben, wie es anhand der verdorrten Rebe aufgezeigt wurde. »Wer nicht in mir bleibt, wird fortgeworfen wie eine nutzlose Rebe und verdorrt. Solche Reben werden auf einen Haufen geworfen und verbrannt.« (Johannes 15,6 NLB)

»Eine Rebe aber, die Frucht trägt, schneidet er zurück; so reinigt er sie, damit sie noch mehr Frucht hervorbringt.« (Johannes 15,2b NGÜ) Von den auserwählten Zwölf, die Jesus nachfolgten, gab es einen, der kurz davor stand, einer verdorrten Rebe gleich abgeschnitten zu werden. Die Übrigen sollten unter das Winzermesser härtester Prüfungen kommen. Liebevoll und ernstlich erklärte Jesus die Absicht des Weingärtners. Das Beschneiden verursacht Schmerzen, aber es ist der Vater, der das Messer führt. Er arbeitet nicht mit liederlicher Hand oder gleichgültigem Herzen. Manche Zweige ranken auf dem Boden. Sie müssen von irdischen Stützen, die ihre Ranken umklammern, losgelöst werden, sich dem Himmel entgegenstrecken und ihren Halt bei Gott finden. Die überschüssigen Blätter, die der Frucht die Lebenskraft entziehen, müssen entfernt und nutzlose Triebe herausgeschnitten werden, damit die heilenden Strahlen der Sonne der Gerechtigkeit eindringen können. Der Weingärtner schneidet den schädlichen Wuchs ab, damit die Früchte schöner und voller gedeihen können.

»Darin wird mein Vater verherrlicht, dass ihr viel Frucht bringt.« (Johannes 15,8a) Gott möchte die Heiligkeit, die Güte und das Mitgefühl seines eigenen Charakters durch uns offenbaren. Doch der Erlöser gebot den Jüngern nicht, sich abzumühen, um Frucht zu bringen. Er sagte ihnen nur: Bleibt in mir. »Wenn ihr mit mir verbunden bleibt und meine Worte in euch bleiben, könnt ihr bitten, um was ihr wollt, und es wird euch gewährt werden!« (Johannes 15,7) Durch das Wort bleibt Christus in seinen Nachfolgern. Dies ist dieselbe lebendige Verbindung, die durch das Essen seines Fleisches und das Trinken seines Blutes zum Ausdruck kommt (vgl. Johannes 6,53-56). Die Worte von Christus sind Geist und Leben. Wer sie aufnimmt, empfängt das Leben des Weinstocks. Wir leben »von jedem Wort, das aus Gottes Mund kommt« (Matthäus 4,4b NGÜ). Das in uns wohnende Leben von Christus erzeugt dieselben Früchte wie in ihm selbst. Wenn wir in Christus leben, uns an ihm festhalten, von ihm gestützt werden und unsere Nahrung von ihm nehmen, bringen wir die gleichartige Frucht wie er hervor.

DIE LIEBE UNTEREINANDER

Bei diesem letzten Zusammensein mit seinen Jüngern brachte Jesus den großen Wunsch zum Ausdruck, dass sie einander lieben, wie er sie geliebt hatte. Immer wieder sprach er davon. »Dies ist mein Gebot«, wiederholte er immer wieder, »dass ihr einander liebt.« (Johannes 15,12a Elb.) Allein mit ihnen im Obergemach war seine erste Aufforderung an sie: »So gebe ich euch nun ein neues Gebot: Liebt einander. So wie ich euch geliebt habe, sollt auch ihr einander lieben.« (Johannes 13,34 NLB) Für die Jünger war dieses Gebot neu, denn sie hatten einander nicht so geliebt, wie Jesus sie liebte. Jesus erkannte, dass sie von neuen Gedanken und Motiven geleitet werden sollten und nach neuen Prinzipien handeln müssten. Durch sein Leben und Sterben sollten sie eine neue Vorstellung von »Liebe« bekommen. Das Gebot, einander zu lieben, erhielt im Licht seiner Selbstaufopferung eine neue Bedeutung. Das ganze Wirken der Gnade ist ein einziger, beständiger Dienst aus Liebe, Selbstverleugnung und Selbstaufopferung. In jedem Augenblick seines Erdenlebens gingen unbändige Ströme der Liebe Gottes von Christus aus. Alle, die von seinem Geist durchdrungen sind, werden so lieben, wie er geliebt hat. Dasselbe Prinzip, das Jesus beseelte, wird auch sie in ihrem Handeln untereinander antreiben.

Diese Liebe ist der Beweis ihrer Jüngerschaft: »An eurer Liebe zueinander werden alle erkennen, dass ihr meine Jünger seid.« (Johannes 13,35 NGÜ) Wenn Menschen nicht aus Zwang oder Eigennutz, sondern aus Liebe miteinander verbunden sind, macht sich in ihrem Leben das Wirken einer Macht bemerkbar, die über jedem irdischen Einfluss steht. Wo diese Einheit besteht, ist sie ein Beweis dafür, dass Gottes Bild im Menschen wiederhergestellt wird und ihm ein neuer Lebensgrundsatz eingepflanzt worden ist. Sie zeigt, dass die göttliche Natur die Kraft besitzt, den übernatürlichen Mächten des Bösen zu widerstehen, und dass Gottes Gnade die im natürlichen Herzen wohnende Selbstsucht besiegt.

ALLE HINDERNISSE KÖNNEN ÜBERWUNDEN WERDEN

Wird diese Liebe in der Gemeinde sichtbar, erregt sie mit Sicherheit den Zorn Satans. Christus hat seinen Jüngern keinen leichten Weg gezeigt. Er sagte zu ihnen: »Wenn die Welt euch hasst, dann denkt daran, dass sie mich schon gehasst hat, ehe sie euch gehasst hat. Die Welt würde euch lieben, wenn ihr zu ihr gehören würdet, aber das tut ihr nicht. Ich habe euch erwählt, aus der Welt herauszutreten; deshalb hasst sie euch. Denkt an das Wort, das ich euch gesagt habe: ›Ein Diener ist nicht größer als sein Herr.‹ Da sie mich verfolgt haben, werden sie auch euch verfolgen. Und wenn sie auf mein Wort gehört haben, werden sie auch auf euch hören! Die Menschen in der Welt werden gegen euch sein, weil ihr zu mir gehört, denn sie kennen Gott nicht, der mich gesandt hat.« (Johannes 15,18-21 NLB) Das Evangelium muss in energischem Kampf inmitten von Widerstand, Gefahr, Verlust und Leiden verbreitet werden. Aber jene, die dieses Werk auf sich nehmen, folgen lediglich den Fußstapfen ihres Meisters.

Als Erlöser der Welt begegnete Christus ständig scheinbarem Misserfolg. Er, der auf unsere Welt gesandte Bote der Barmherzigkeit, schien nur wenig von dem Dienst zu tun, den er gerne zur Erbauung und Errettung der Menschen getan hätte. Satanische Einflüsse waren ständig am Werk, um sich ihm auf seinem Weg entgegenzustellen. Doch er ließ sich nicht entmutigen. Durch die Weissagung des Jesaja erklärte er: »Ich aber hatte gedacht: Ich habe mich vergeblich abgemüht und meine Kraft umsonst und nutzlos verbraucht! Doch steht mein Recht bei dem Herrn und mein Lohn bei meinem Gott. ... Israel aber wurde nicht gesammelt, und doch wurde ich geehrt in den Augen des Herrn, und mein Gott war meine Stärke.« (Jesaja 49,4.5b Schl.) Christus wurde das Versprechen gegeben: »So spricht der Herr, der Erlöser Israels, sein Heiliger, zu dem ganz und gar Verachteten, zu dem Verabscheuten der Nation ... Ich werde dich behüten und dich zum Bund des Volkes machen, das Land aufzurichten, die verödeten Erbteile auszuteilen, den Gefangenen zu sagen: Geht hinaus!, und zu denen, die in Finsternis sind: Kommt ans Licht! ... Sie werden nicht hungern und nicht dürsten, und weder Wüstenglut noch Sonne wird sie treffen. Denn ihr Erbarmer wird sie leiten und wird sie zu Wasserquellen führen.« (Jesaja 49,7-10 Elb.)

Auf dieses Wort verließ sich Jesus, er gab Satan keinen Vorteil. Als Christus die letzten Schritte seiner Erniedrigung gehen musste und tiefstes Leid seine Seele bedrückte, sagte er zu seinen Jüngern: »Es kommt der Fürst dieser Welt. Er hat keine Macht über mich.« (Johannes 14,30b) »Der Fürst dieser Welt [ist] gerichtet.« (Johannes 16,11) »Jetzt wird der Herrscher dieser Welt hinausgeworfen werden.« (Johannes 12,31b NGÜ) Mit prophetischem Blick verfolgte Christus die Ereignisse seines letzten großen Kampfes. Er wusste, dass bei seinem Ausruf: »Es ist vollbracht!« (Johannes 19,30b) der ganze Himmel freudig triumphieren wird. Sein Ohr vernahm bereits die fernen Klänge der Musik und der Siegesrufe in den himmlischen Höfen. Er wusste, dass dann die Totenglocke für Satans Reich läuten und der Name von Christus im ganzen Universum von Welt zu Welt gepriesen werden wird.

Christus freute sich, dass er für seine Nachfolger mehr tun konnte, als sie zu bitten oder zu ahnen vermochten. Er sprach mit Gewissheit und im Bewusstsein, dass ein allmächtiger Ratschluss gefasst worden war, noch bevor die Welt geschaffen wurde. Er wusste, dass die Wahrheit – gerüstet mit der Allmacht des Heiligen Geistes – im Kampf mit dem Bösen siegen und das blutgetränkte Banner im Triumph über seinen Nachfolgern wehen werde. Er wusste, dass das Leben seiner ihm vertrauenden Jünger dem seinigen gleich sein werde – eine ununterbrochene Reihe von Siegen, auf Erden jedoch nicht als solche wahrgenommen, doch erkannt in der Ewigkeit.

»Ich habe euch das alles gesagt, damit ihr in mir Frieden habt. Hier auf der Erde werdet ihr viel Schweres erleben. Aber habt Mut, denn ich habe die Welt überwunden.« (Johannes 16,33 NLB) Christus versagte nicht und ließ sich nicht entmutigen. Darum sollten auch seine Nachfolger einen ebenso beständigen Glauben bekunden. Sie sollen leben, wie er lebte, und wirken, wie er wirkte, weil sie von ihm, dem großen Meister, abhängig sind. Sie müssen Mut, Tatkraft und Ausdauer besitzen und in seiner Gnade vorangehen, auch wenn sich ihnen anscheinend unüberwindbare Hindernisse in den Weg stellen. Anstatt über Schwierigkeiten zu klagen, sind sie aufgerufen, diese zu überwinden. Sie sollen an nichts verzweifeln und auf alles hoffen. Christus hat sie mit der goldenen Kette seiner unbegreiflichen Liebe an Gottes Thron gebunden. Es ist seine Absicht, dass ihnen der größte Einfluss des Universums, der von der Quelle aller Macht ausgeht, zur Verfügung steht. Sie sollen Macht haben, dem Bösen zu widerstehen – solche Macht, dass weder die Erde, noch der Tod, noch die Hölle sie überwältigen können. Eine Kraft, die sie befähigt, zu überwinden, wie Christus überwunden hat.

TEIL 8 | DER SIEG DER LIEBE

CHRISTUS VOLLENDET DAS WERK

Christus möchte, dass die himmlische Ordnung, die himmlische Regierungsform und die göttliche Eintracht durch seine Gemeinde auf Erden dargestellt werden. Auf diese Weise wird er durch seine Kinder verherrlicht. Durch sie wird die Sonne der Gerechtigkeit in ungetrübtem Glanz die Welt erleuchten. Christus hat seine Gemeinde reichlich mit Gaben ausgestattet, sodass ihm sein erlöstes und erkauftes Eigentum große Ehre einbringen kann. Er hat sein Volk mit Fähigkeiten und Segnungen beschenkt, damit es bezeugen kann: Seine Hilfe ist stets ausreichend. Die Gemeinde, ausgestattet mit der Gerechtigkeit von Christus, ist der Verwahrungsort, wo die Reichtümer seiner Barmherzigkeit, seine Gnade und seine Liebe zur vollen und endgültigen Entfaltung kommen sollen. Christus blickt auf sein Volk in seiner Reinheit und Vollkommenheit. Dies ist der Lohn für seine Erniedrigung und trägt zu seiner Herrlichkeit bei. Christus ist der große Mittelpunkt, von dem alle Herrlichkeit ausstrahlt.

Mit überzeugenden und hoffnungsvollen Worten schloss Christus seine Unterweisung ab. Dann schüttete er sein Herz, das mit der Sorge um seine Jünger belastet war, im Gebet vor Gott aus. Seine Augen zum Himmel erhoben, sagte er: »Vater, die Stunde ist da: Verherrliche deinen Sohn, damit der Sohn dich verherrliche; denn du hast ihm Macht gegeben über alle Menschen, damit er das ewige Leben gebe allen, die du ihm gegeben hast. Das ist aber das ewige Leben, dass sie dich, der du allein wahrer Gott bist, und den du gesandt hast, Jesus Christus, erkennen.« (Johannes 17,1-3)

Christus hatte das Werk vollendet, das ihm aufgetragen worden war. Er hatte Gott auf der Erde verherrlicht. Er hatte den Namen des Vaters offenbart und die Männer erwählt, die sein Werk unter den Menschen fortsetzen sollten. Und er sagte: »Durch sie wird meine Herrlichkeit sichtbar. Ich bin jetzt auf dem Weg zu dir. Ich bleibe nicht länger in der Welt, aber sie bleiben in der Welt. Heiliger Vater, bewahre sie in deiner göttlichen Gegenwart, die ich ihnen vermitteln durfte, damit sie eins sind, so wie du und ich eins sind.« (Johannes 17,10b.11 GNB) »Ich bete nicht nur für sie, sondern auch für alle, die durch ihr Wort von mir hören und zum Glauben an mich kommen werden. Ich bete darum, dass sie alle eins seien. ... Ich lebe in ihnen, und du lebst in mir; so sollen auch sie vollkommen eins sein, damit die Welt erkennt, dass du mich gesandt hast und dass du sie, die zu mir gehören, ebenso liebst wie mich.« (Johannes 17,20.21a.23 GNB)

Mit diesen Worten, die seiner göttlichen Autorität entsprachen, legte Christus seine auserwählte Gemeinde in die Hände des Vaters. Als geweihter Hoherpriester tritt er für sein Volk ein. Als treuer Hirte versammelt er seine

Herde unter dem Schatten des Allmächtigen in der starken und sicheren Zuflucht. Auf ihn aber wartete der letzte Kampf mit Satan. Er ging hin, um ihn aufzunehmen.

TEIL 9

DIE PASSION

»Aber er ist um unsrer Missetat willen verwundet und um unsrer Sünde willen zerschlagen. Die Strafe liegt auf ihm, auf dass wir Frieden hätten, und durch seine Wunden sind wir geheilt. .«

Jesaja 53,5

KAPITEL 74

GETHSEMANE

*Matthäus 26,36-56; Markus 14,32-50;
Lukas 22,39-53; Johannes 18,1-12*

Von seinen Jüngern begleitet ging der Erlöser langsam seinen Weg zum Garten Gethsemane. Der Vollmond der Passazeit schien hell vom wolkenlosen Himmel, und die Zeltstadt der Pilger lag schweigend da, von Stille umhüllt.

Jesus hatte ernstlich mit seinen Jüngern gesprochen und sie unterwiesen. Doch als er sich nun Gethsemane näherte, wurde er seltsam still. Er hatte diesen Ort oft zum Nachdenken und Beten aufgesucht, doch nie war sein Herz so voller Kummer wie in dieser Nacht seines letzten Ringens. Während seines ganzen Erdendaseins war er im Licht der Gegenwart Gottes gewandelt. Selbst in der Auseinandersetzung mit Menschen, die von Satans Geist getrieben waren, konnte er sagen: »Er, der mich gesandt hat, ist bei mir. Er lässt mich nie allein, denn ich tue immer, was ihm gefällt.« (Johannes 8,29 NGÜ) Jetzt aber schien er vom Licht der stärkenden Gegenwart Gottes ausgeschlossen zu sein und wurde nun zu den Übeltätern gezählt (vgl. Jesaja 53,12). Er musste die Schuld der gefallenen Menschheit tragen. Auf ihn, »der von keiner Sünde wusste«, musste die Ungerechtigkeit von uns allen gelegt werden (vgl. 2. Korinther 5,21). Die Sünde erschien ihm so schrecklich und die Last der Schuld, die er zu tragen hatte, so schwer, dass er versucht war zu fürchten, für immer von der Liebe seines Vaters ausgeschlossen zu werden. Er spürte, wie furchtbar Gottes Zorn gegen die Sünde ist, und rief aus: »Meine Seele ist sehr betrübt, bis zum Tod.« (Matthäus 26,38a Elb.)

Als sie sich dem Garten näherten, bemerkten die Jünger, dass sich ihr Meister verändert hatte. Nie zuvor hatten sie ihn so überaus traurig und still gesehen. Je weiter er ging, desto tiefer wurde diese seltsame Traurigkeit, doch sie wagten nicht, ihn nach dem Grund zu fragen. Sein Körper schwankte, so als würde er hinfallen. Als sie den Garten erreicht hatten, suchten die Jünger besorgt seinen gewohnten Ruheplatz auf, damit sich ihr Meister ausruhen könnte. Jeder Schritt, den er nun machte, geschah unter größter Anstrengung. Er stöhnte laut, so als würde ihn eine unerträgliche Last bedrücken.

Zweimal musste er von seinen Gefährten gestützt werden, sonst wäre er zu Boden gefallen.

In der Nähe des Garteneingangs hatte Jesus alle Jünger zurückgelassen und sie aufgefordert, für sich selbst und für ihn zu beten – außer Petrus, Jakobus und Johannes. Gemeinsam mit ihnen zog er sich in die Abgeschiedenheit des Gartens zurück. Diese drei Jünger waren seine engsten Begleiter. Sie hatten seine Herrlichkeit auf dem Verklärungsberg geschaut und gesehen, wie Mose und Elia mit ihm sprachen. Sie hatten die Stimme vom Himmel gehört, und nun wünschte sich Christus, sie in seinem großen Kampf in seiner Nähe zu haben. Schon oft hatten sie die Nacht mit ihm an diesem abgeschiedenen Ort verbracht. Bei diesen Gelegenheiten waren sie gewöhnlich nach einer Weile des Wachens und Betens unweit ihres Meisters ruhig eingeschlafen, bis er sie am Morgen aufweckte, um erneut an die Arbeit zu gehen. Nun aber wünschte er, sie würden die Nacht mit ihm im Gebet verbringen. Dennoch konnte er es nicht ertragen, dass selbst sie seinen Leidenskampf, den er zu erdulden hatte, mitansehen sollten.

DIE ENTSCHEIDENDE AUSEINANDERSETZUNG

»Bleibt hier«, sagte er ihnen, »und wacht mit mir!« (Matthäus 26,38b) Er entfernte sich einige Schritte von ihnen, gerade so weit, dass sie ihn noch sehen und hören konnten. Er fiel zu Boden und lag ausgestreckt da. Die Last der Sünde trennte ihn nun von seinem Vater – das spürte er. Die Kluft war so breit, so dunkel und so tief, dass seine Seele davor zurückschreckte. Er durfte seine göttliche Macht nicht benutzen, um diesem Kampf zu entrinnen. Als Mensch musste er die Folgen der Sünde der Menschheit erdulden, und als Mensch musste er Gottes Zorn über die Verfehlungen ertragen.

Die Stellung von Christus war jetzt eine andere als jemals zuvor. Sein Leiden kann am besten mit den Worten des Propheten beschrieben werden: »Schwert, mach dich auf über meinen Hirten, über den Mann, der mir der nächste ist, spricht der Herr Zebaoth.« (Sacharja 13,7a) Christus erduldete nun als Stellvertreter und Bürge der sündhaften Menschheit die göttliche Gerechtigkeit und erkannte nun deren ganzen Umfang. Bisher war er ein Fürsprecher für andere gewesen, jetzt sehnte er sich danach, selbst einen Fürsprecher zu haben.

Als Christus spürte, dass seine Einheit mit dem himmlischen Vater unterbrochen war, befürchtete er, in seiner menschlichen Natur unfähig zu sein, den kommenden Konflikt mit den Mächten der Finsternis zu bestehen.

Schon bei der Versuchung in der Wüste war das Schicksal der Menschheit auf dem Spiel gestanden, doch Christus war Sieger geblieben. Jetzt war der Versucher für das letzte schreckliche Ringen gekommen, auf das er sich während der ganzen drei Jahre, in denen Christus tätig gewesen war, vorbereitet hatte. Für Satan stand nun alles auf dem Spiel. Verlor er hier, war seine Hoffnung auf die Vorherrschaft zunichte. Die Reiche der Welt würden schließlich Christus gehören, und er selbst würde überwältigt und ausgestoßen werden. Ließe sich Christus aber überwinden, würde die Erde zu Satans Reich werden und die Menschheit für immer in seiner Gewalt bleiben. Die Folgen dieses Konfliktes vor Augen, war das Herz von Christus mit Grauen über die Trennung von Gott erfüllt. Satan redete ihm ein, dass er als Bürge einer sündigen Welt auf ewig von Gott getrennt, mit Satans Reich verbunden und nie mehr mit dem Vater eins sein werde.

UNBESCHREIBLICHE QUALEN

Was war durch dieses Opfer zu gewinnen? Wie hoffnungslos erschienen die Schuld und die Undankbarkeit der Menschen! Satan malte dem Erlöser die Lage in den schlimmsten Farben vor Augen: Das Volk, das den Anspruch erhebt, ihre Mitmenschen in irdischen und geistlichen Dingen zu überragen, hat dich verworfen. Es sucht dich zu vernichten, dich, der du das Fundament, der Mittelpunkt und das Siegel aller Verheißungen bist, die ihm als einem auserwählten Volk gegeben wurden. Einer deiner eigenen Jünger, der deine Anweisungen gehört hat und ein führender Mitarbeiter im Gemeindedienst war, wird dich verraten. Einer deiner eifrigsten Nachfolger wird dich verleugnen. Alle werden dich verlassen! – Das ganze Wesen von Christus verabscheute diesen Gedanken. Dass jene, die zu retten er versprochen hatte und die er so sehr liebte, nun gemeinsame Sache mit Satan machen sollten, verletzte ihn im Innersten. Der Kampf war schrecklich. Sein Ausmaß war durch die Schuld seiner Nation, durch seine Ankläger, seinen Verräter und durch eine im Verderben liegende Welt bestimmt. Die Sünden der Menschen lasteten schwer auf Christus, und das Empfinden von Gottes Zorn über die Sünde drohte sein Leben zu vernichten.

Seht ihn den Preis erwägen, der für die menschliche Seele bezahlt werden muss! In seiner Todesangst klammerte er sich am kalten Boden fest, so als wollte er verhindern, noch weiter von seinem Vater weggezogen zu werden. Der unangenehm kalte Tau der Nacht legte sich auf seine hingestreckte Gestalt, doch er beachtete es nicht. Ein qualvoller Schrei kam über seine farblosen Lippen: »Mein Vater! Wenn es möglich ist, lass den Kelch des Leides an mir vorübergehen.« Doch er fügte selbst hinzu: »Aber nicht wie ich will, sondern wie du willst.« (Matthäus 26,39b NGÜ)

Im Leiden sehnt sich das menschliche Herz nach Anteilnahme. Diese Sehnsucht verspürte Christus bis ins Tiefste seines Inneren. In seiner größten Qual und mit einem sehnlichen Verlangen, einige tröstende Worte von ihnen zu hören, kam er zu seinen Jüngern, die er so oft gesegnet, getröstet und in Sorgen und Nöten beschützt hatte. Er, der immer Worte des Mitgefühls für sie gehabt hatte, erduldete nun übermenschliche Qualen und sehnte sich nach der Gewissheit, dass sie für ihn und für sich selbst beteten. Wie dunkel schien die Bosheit der Sünde! Ungeheuer groß war die Versuchung, die Menschheit die Folgen ihrer eigenen Schuld selbst tragen zu lassen, während er als Unschuldiger vor Gott stand. Hätte er nur gewusst, dass seine Jünger dies verstanden und schätzten, wäre er gestärkt worden.

DIE JÜNGER SCHLAFEN

Mit mühevoller Anstrengung erhob er sich und taumelte zu dem Platz, wo er seine Getreuen zurückgelassen hatte. Aber er »fand sie schlafend« (Matthäus 26,40b). Wie hätte es ihm geholfen, wenn er sie betend vorgefunden hätte! Hätten sie Zuflucht bei Gott gesucht, um nicht von satanischen Mächten überwältigt zu werden, wäre er durch ihren standhaften Glauben getröstet worden. Doch sie hatten seine mehrmalige Ermahnung: »Wachet und betet!« (Matthäus 26,41a) nicht beherzigt. Zuerst waren sie sehr darüber bekümmert gewesen, ihren Meister, der sonst so ruhig und würdevoll auftrat, mit einem Leid ringen zu sehen, das jegliches Fassungsvermögen überstieg. Sie hatten gebetet, als sie die lauten, qualvollen Rufe des Leidenden hörten. Es war nicht ihre Absicht, ihren Herrn im Stich zu lassen, doch sie waren wie gelähmt. Diese Benommenheit hätten sie abschütteln können, wenn sie beständig im Gebet mit Gott verbunden gewesen wären. So aber erkannten sie nicht die Notwendigkeit der Wachsamkeit und des ernstlichen Betens, um der Versuchung widerstehen zu können.

Kurz bevor Jesus seine Schritte zum Garten lenkte, hatte er zu seinen Jüngern gesagt: »Heute Nacht werdet ihr euch alle von mir abwenden.« (Matthäus 26,31a NGÜ) Die Jünger hatten ihm mit allem Nachdruck versichert, dass sie mit ihm ins Gefängnis und in den Tod gehen würden. Und der bedauernswerte, selbstbewusste Petrus hatte hinzugefügt: »Und wenn alle sich von dir abwenden – ich niemals!« (Matthäus 26,33 NGÜ) Doch die Jünger vertrauten auf sich selbst. Sie blickten nicht auf den mächtigen Helfer, wie Christus ihnen geraten hatte. Deshalb fand er sie schlafend, als er ihrer Anteilnahme und Gebete am meisten bedurfte. Selbst Petrus schlief.

Auch Johannes, der liebevolle Jünger, der sich an die Brust von Jesus gelehnt hatte, war eingeschlafen. Gewiss, die Liebe zu seinem Meister hätte ihn wach halten sollen. Seine ernsten Gebete hätten sich mit denen seines geliebten Erlösers zur Zeit der äußersten Leiden verbinden sollen. Christus hatte in langen, einsamen Nächten für seine Jünger gebetet, dass ihr Glaube nicht aufhören möge. Hätte er jetzt an Jakobus und Johannes die Frage gerichtet, die er ihnen einmal gestellt hatte: »Könnt ihr auch aus dem bitteren Leidenskelch trinken, den ich trinken werde?« (Matthäus 20,22b NLB), hätten sie es nicht gewagt, noch einmal zu antworten: »Ja, das können wir.« (Matthäus 20,22c)

Die Jünger erwachten, als sie die Stimme von Jesus vernahmen, doch sie erkannten ihn kaum, so sehr hatte die Qual sein Angesicht verändert. Jesus wandte sich an Petrus und fragte ihn: »Simon, du schläfst? Konntest du nicht einmal eine einzige Stunde wach bleiben? Wacht und betet, damit ihr nicht in Versuchung geratet! Der Geist ist willig, aber die menschliche Natur ist schwach.« (Markus 14,37b.38 NGÜ) Die Schwachheit seiner Jünger weckte das Mitgefühl von Jesus. Er befürchtete, dass sie die Prüfung, die durch den Verrat an ihm und durch seinen Tod über sie kommen würde, nicht bestehen könnten. Er tadelte sie nicht, sondern sagte: »Wacht und betet, damit ihr nicht in Versuchung geratet!« Selbst in seinem schweren Todeskampf suchte er ihre Schwachheit zu entschuldigen. »Der Geist ist willig«, sagte er, »aber die menschliche Natur ist schwach.«

Erneut wurde der Sohn Gottes von übermenschlicher Qual ergriffen. Völlig entkräftet und beinahe ohnmächtig taumelte er an seinen Platz zurück. Seine Qual wurde noch größer als zuvor, und in der Todesangst seiner Seele fiel sein Schweiß wie große Blutstropfen auf die Erde (vgl. Lukas 22,44). Die Zypressen und Palmen waren stille Zeugen seines Ringens. Von ihren blätterreichen Zweigen fielen schwere Tautropfen auf seine Gestalt, so als würde die Natur über ihren Schöpfer weinen, der einsam mit den Mächten der Finsternis kämpfte.

Noch kurz zuvor war Jesus wie eine mächtige Zeder dagestanden und hatte dem Sturm des Widerstands, der sich wütend gegen ihn erhob, getrotzt. Sture Menschen und gottlose, verschlagene Herzen hatten vergeblich versucht, ihn zu verwirren und zu überwältigen. In göttlicher Majestät als Sohn Gottes war er unbeugsam stehen geblieben. Jetzt aber glich er einem Schilfrohr, das vom wütenden Sturm gepeitscht und niedergedrückt wurde. Er war der Vollendung seiner Aufgabe wie ein Held entgegengegangen. Mit jedem Schritt errang er einen Sieg über die Mächte der Finsternis. Als einer, der bereits verherrlicht war, hatte er die Einheit mit Gott beansprucht. Mit fester

Stimme hatte er seine Loblieder erklingen lassen und seine Jünger ermutigt und getröstet. Doch jetzt war die Stunde der Macht der Finsternis über ihn hereingebrochen. Nun war seine Stimme in der stillen Abendluft zu hören, nicht in Klängen des Triumphs, sondern voller menschlicher Qual. Die Worte des Erlösers drangen an die Ohren der schlaftrunkenen Jünger: »Mein Vater, wenn es nicht anders sein kann und ich diesen Kelch trinken muss, dann geschehe dein Wille!« (Matthäus 26,42 GNB)

Der erste Gedanke der Jünger war, zu ihm hinzugehen, doch der Herr hatte ihnen geboten, an ihrem Platz zu bleiben, zu wachen und zu beten. Als Christus erneut zu ihnen kam, fand er sie »abermals schlafend« (Markus 14,40a). Wieder hatte er sich nach seinen Jüngern gesehnt, nach einigen Worten von ihnen, die ihn entlasten und den Bann der Finsternis, der ihn beinahe überwältigte, brechen würden. Doch »sie konnten die Augen vor Müdigkeit nicht offen halten und wussten nicht, was sie ihm antworten sollten« (Markus 14,40b NGÜ). Seine Anwesenheit weckte sie auf. Sie blickten in sein Angesicht, das vom blutigen Schweiß seines Todeskampfes gekennzeichnet war, und fürchteten sich. Sie konnten seine inneren Qualen nicht verstehen. »So entstellt war sein Aussehen, mehr als das irgendeines Mannes, und seine Gestalt mehr als die der Menschenkinder.« (Jesaja 52,14b Elb.)

DIE GROSSE ENTSCHEIDUNG

Jesus wandte sich ab und suchte erneut seinen Zufluchtsort auf. Dann fiel er ausgestreckt nieder, überwältigt vom Schrecken einer großen Finsternis. Die menschliche Natur des Sohnes Gottes erzitterte in dieser schweren Stunde. Er betete jetzt nicht für seine Jünger, dass ihr Glaube nicht aufhören möge, sondern für seine eigene versuchte und gequälte Seele. Der schicksalsschwere Augenblick war gekommen – jener Moment, der über die Zukunft der Welt entscheiden sollte! Das Geschick der Menschenkinder hing in der Schwebe. Noch hätte sich Christus weigern können, den Kelch zu trinken, der für die Sünder bestimmt war; noch war es nicht zu spät. Er hätte den blutigen Schweiß von seiner Stirne wischen und die Menschen in ihrer Schuld umkommen lassen können. Er hätte sagen können: Lass doch den Übertreter die Strafe für seine Schuld empfangen, ich will zu meinem Vater zurückgehen. Wird der Sohn Gottes den bitteren Kelch der Erniedrigung und Todesqual trinken? Wird der Unschuldige die Folgen des Fluches der Sünde erleiden, um die Schuldigen zu retten? Die Worte kamen zitternd über die bleichen Lippen von Jesus: »Mein Vater, wenn es nicht anders sein kann und ich diesen Kelch trinken muss, dann geschehe dein Wille!« (Matthäus 26,42 GNB)

Dreimal hatte er dieses Gebet ausgesprochen. Dreimal war er in seiner Menschlichkeit vor dem letzten, krönenden Opfer zurückgeschreckt. Doch nun ging dem Weltenerlöser die Geschichte der Menschheit durch den Sinn. Er sah, dass die Übertreter des Gesetzes – wären sie sich selbst überlassen – untergehen müssten. Er erkannte die Hilflosigkeit der Menschen und die Macht der Sünde. Das Leid und die Wehklagen einer verurteilten Welt stiegen vor ihm auf. Er sah ihr drohendes Schicksal. Sein Entschluss stand fest: Er werde die Menschen retten, koste es ihn, was es wolle. Er nahm die Bluttaufe auf sich, damit Millionen von Sterbenden ewiges Leben erlangen können. Er hatte die himmlischen Höfe verlassen, wo alles Reinheit, Freude und Herrlichkeit war, um das eine verlorene Schaf zu retten – die eine Welt, die durch Übertretung gefallen war. Er ließ sich durch nichts von seinem Auftrag abbringen. Er war bereit, für ein Geschlecht, das in die Sünde eingewilligt hatte, zum Sühneopfer zu werden. Nun drückte sein Gebet nur noch Ergebenheit aus: »So geschehe dein Wille!« (Matthäus 26,42b)

Nachdem er die Entscheidung getroffen hatte, fiel er wie leblos zu Boden, von dem er sich halbwegs aufgerichtet hatte. Wo waren nun seine Jünger, um ihre Hände liebevoll unter das Haupt ihres entkräfteten Meisters zu legen, um jene Stirn abzuwischen, die mehr entstellt war als die anderer Menschen? Christus trat die Weinkelter allein, und niemand aus den Völkern war bei ihm (vgl. Jesaja 63,3).

DER HIMMEL NIMMT ANTEIL

Aber der Vater im Himmel litt mit seinem Sohn, und die Engel waren Zeugen vom Todeskampf des Erlösers. Sie sahen, wie ihr Herr von Legionen satanischer Mächte umgeben war und seine Natur von einer schaudernden, geheimnisvollen Angst niedergedrückt wurde. Im Himmel herrschte tiefe Stille; kein Harfenklang ertönte. Hätten Sterbliche die Bestürzung der Engelscharen sehen können, als sie in stiller Trauer zusahen, wie der himmlische Vater seinem geliebten Sohn die Strahlen des Lichts, der Liebe und der Herrlichkeit entzog, dann würden sie besser verstehen, wie anstößig in seinen Augen die Sünde ist.

Die nicht gefallenen Welten und die himmlischen Engel hatten mit großem Interesse zugeschaut, wie sich der Konflikt seinem Ende näherte. Satan und seine Verbündeten, Legionen von Abgefallenen, beobachteten gespannt diese Stunde der Entscheidung im ganzen Heilsgeschehen. Die Mächte des Guten und des Bösen warteten darauf, wie die Antwort auf die dreimalige Bitte von Jesus lauten würde. Die Engel hatten sich danach gesehnt, dem göttlichen Dulder Hilfe zu bringen, doch dies durfte nicht geschehen. Es gab keinen Ausweg für Gottes Sohn. In diesem schrecklichen Augenblick der Entscheidung, als alles auf dem Spiel stand und der geheimnisvolle Kelch in der Hand des Leidenden zitterte, öffnete sich der Himmel. Ein Licht erstrahlte inmitten der tiefen Finsternis dieser Entscheidungsstunde, und der mächtige Engel, der in Gottes Gegenwart steht und den Platz innehat, den Satan verlor, trat an die Seite von Jesus. Er kam nicht, um ihm den Leidenskelch abzunehmen, sondern um ihn mit der Zusicherung der Liebe des Vaters zu stärken, damit er den Kelch trinke. Er kam, um dem göttlich-menschlichen Bittsteller Kraft zu spenden. Er zeigte ihm den offenen Himmel und sprach mit ihm über die Menschen, die als Ergebnis seines Leidens gerettet würden. Er versicherte ihm, dass sein Vater größer und mächtiger als Satan ist, dass sein Tod zur alles vernichtenden Niederlage Satans führen und das Königreich dieser Welt den Heiligen des Allerhöchsten übergeben werde (vgl. Daniel 7,27). Und er sagte ihm, dass »er das Licht schauen und die Fülle haben« werde, »weil seine Seele sich abgemüht hat« (Jesaja 53,11a). Er werde sehen, wie eine große Schar des Menschengeschlechts gerettet wird, gerettet für alle Ewigkeit.

Der große Seelenschmerz von Christus ließ nicht nach, doch seine Niedergeschlagenheit und Entmutigung verschwanden. Der Sturm in seinem Inneren war in keiner Weise abgeklungen. Doch Christus, gegen den das Wüten gerichtet war, fühlte sich gestärkt, dem allem zu widerstehen. Ruhig und gefasst ging Christus aus diesem Kampf hervor. Himmlischer Friede lag auf seinem blutbefleckten Angesicht. Er hatte erduldet, was kein Mensch jemals ertragen könnte. Er hatte die Leiden des Todes für alle Menschen geschmeckt (vgl. Hebräer 2,9).

Die schlafenden Jünger waren vom Licht, das den Meister umstrahlte, plötzlich aufgeweckt worden. Sie sahen, wie sich der Engel über ihren ausgestreckt daliegenden Meister beugte. Sie sahen, wie er den Kopf des Erlösers auf seinen Schoß nahm und zum Himmel zeigte. Sie hörten seine Stimme, die wie liebliche Musik klang, und vernahmen seine Worte des Trostes und der Hoffnung. Die Jünger erinnerten sich an die Ereignisse auf dem Verklärungsberg. Sie erinnerten sich auch an die Herrlichkeit, von der Jesus im Tempel umgeben war, und an die Stimme Gottes, die aus der Wolke gesprochen hatte. Nun wurde dieselbe Herrlichkeit erneut offenbart, und sie hatten nun keine Angst mehr um ihren Meister. Er stand nun unter Gottes Fürsorge, der einen mächtigen Engel gesandt hatte, um ihn zu beschützen. Doch wieder ergaben sich die Jünger ihrer Müdigkeit, jener ungewöhnlichen Benommenheit, die sie übermannte. Und nochmals fand sie Jesus schlafend vor.

TEIL 9 | DER SIEG DER LIEBE

Betrübt blickte er auf sie und sagte: «Schlaft ihr immer noch und ruht euch aus? Die Stunde ist gekommen; jetzt wird der Menschensohn den Sündern ausgeliefert.« (Matthäus 26,45 EÜ)

VON JUDAS VERRATEN

Noch während er diese Worte sprach, hörte er die Schritte der Meute, die ihn suchte. Er sagte:»Steht auf, wir wollen gehen! Seht, der Verräter, der mich ausliefert, ist da.« (Matthäus 26,46 EÜ) Als Jesus aufstand, um seinem Verräter entgegenzutreten, waren keinerlei Spuren seines eben ausgestandenen Leidenskampfes zu sehen. Vor seinen Jüngern stehend, fragte er:»Wen sucht ihr?« Sie antworteten:»Jesus von Nazareth.« Er entgegnete:»Ich bin's!« (Johannes 18,4.5) Nachdem diese Worte ausgesprochen waren, trat der Engel, der Jesus eben noch gedient hatte, zwischen ihn und die Meute. Ein göttliches Licht erleuchtete das Angesicht des Erlösers, und eine taubenähnliche Gestalt überschattete ihn. Die mörderische Meute konnte die Gegenwart dieser göttlichen Herrlichkeit keinen Augenblick lang ertragen. Sie taumelte zurück. Die Priester, Ältesten und Soldaten, selbst Judas, fielen wie tot zu Boden.

Als sich der Engel zurückzog, verblasste das Licht. Jesus hätte fliehen können, doch er blieb gefasst und selbstbeherrscht stehen. Als Verherrlichter stand er inmitten dieser rohen Menge, die nun niedergestreckt und hilflos zu seinen Füßen lag. Die Jünger schauten staunend und ehrfurchtsvoll zu.

Doch das Bild änderte sich schnell. Die Menge sprang auf. Die römischen Soldaten, die Priester und Judas umringten Christus. Es sah so aus, als würden sie sich für ihre Schwäche schämen und fürchten, er könnte noch entkommen. Erneut stellte der Erlöser die Frage:»Wen sucht ihr?« Sie hatten zwar den Beweis erhalten, dass der Mensch, der vor ihnen stand, Gottes Sohn war, doch sie wollten sich nicht überzeugen lassen. Auf die Frage»Wen sucht ihr?« gaben sie erneut zur Antwort:»Jesus von Nazareth.« (Johannes 18,7) Darauf sagte er:»Ich habe euch doch gesagt, dass ich es bin ... Wenn ich der bin, den ihr sucht, dann lasst die anderen hier gehen« (Johannes 18,8 NGÜ), und wies dabei auf seine Jünger. Er wusste, wie schwach deren Glauben war, und er wollte sie vor Versuchungen und Anfechtungen bewahren. Er war bereit, sich selbst für sie zu opfern.

Judas, der Verräter, vergaß nicht, welche Rolle er zu übernehmen hatte. Als die Meute den Garten betrat, hatte er sie angeführt, dicht gefolgt vom Hohenpriester. Mit den Verfolgern von Jesus hatte er ein Zeichen vereinbart und zu ihnen gesagt:»Der, den ich küssen werde, der ist es; nehmt ihn fest.«

(Matthäus 26,48 EÜ) Nun tat er so, als hätte er nichts mit ihnen zu tun. Er ging auf Jesus zu, ergriff freundschaftlich dessen Hand, küsste ihn wiederholt mit den Worten: »Sei gegrüßt, Rabbi!« (Matthäus 26,49b) und tat so, als weine er aus Mitleid mit ihm in seiner gefahrvollen Lage.

Jesus sprach zu ihm: »Mein Freund, dazu bist du gekommen?« (Matthäus 26,50a) Seine Stimme zitterte vor Schmerz, als er hinzufügte: »Judas, verrätst du den Menschensohn mit einem Kuss?« (Lukas 22,48) Dieser Ausruf hätte das Gewissen des Verräters wachrütteln und sein verstocktes Herz berühren müssen. Doch er hatte Ehrgefühl, Treue und menschliches Empfinden verloren. Kühn und herausfordernd stand er da und zeigte keine Bereitschaft einzulenken. Er hatte sich Satan übergeben und besaß keine Kraft, sich ihm zu widersetzen. Jesus aber wies den Kuss des Verräters nicht zurück.

JESUS LÄSST SICH FESTNEHMEN

Die Verfolger wurden frech, als sie sahen, wie Judas die Person berührte, die eben vor ihren Augen verherrlicht worden war. Nun ergriffen sie Jesus und begannen seine edlen Hände, die immer nur Gutes getan hatten, zu fesseln.

Die Jünger hatten gedacht, ihr Meister werde sich nicht ergreifen lassen. Denn dieselbe Macht, welche die Meute dazu veranlasst hatte, wie tot hinzufallen, hätte diese hilflos zusehen lassen können, bis Jesus und seine Begleiter entkommen wären. Sie waren enttäuscht und entrüstet, als sie die Stricke sahen, die gebracht wurden, um die Hände dessen zu binden, den sie liebten. Unbedacht in seinem Zorn, zog Petrus sein Schwert und versuchte seinen Meister zu verteidigen. Doch er schlug nur ein Ohr des hohepriesterlichen Dieners ab. Als Jesus sah, was geschehen war, befreite er seine Hände, obwohl sie von den römischen Soldaten festgehalten wurden, und sagte: »Halt! Hört auf!« (Lukas 22,51b NGÜ) Er berührte das verwundete Ohr, und es wurde augenblicklich heil. Dann sagte er zu Petrus: »Stecke dein Schwert an seinen Ort! Denn wer das Schwert nimmt, der soll durchs Schwert umkommen. Oder meinst du, ich könnte meinen Vater nicht bitten, dass er mir sogleich mehr als zwölf Legionen Engel schickte?« (Matthäus 26,52.53) – stellvertretend für jeden einzelnen Jünger eine Legion![91] Warum nur, dachten die Jünger, rettet er sich nicht selbst und uns? Indem er ihre unausgesprochene Frage beantwortete, fügte er hinzu: »Doch wenn ich das täte, wie sollte sich dann erfüllen, was in der Schrift vorausgesagt wird und nun eintreten muss?«

---

91 Eine römische Legion bestand zur Zeit von Kaiser Tiberius aus etwa 5600 Soldaten. Das stehende Heer unter Kaiser Augustus (63 v. bis 14 n. Chr.) umfasste 25 Legionen.

(Matthäus 26,54 NLB) «Soll ich den Kelch nicht trinken, den mir mein Vater gegeben hat?« (Johannes 18,11b)

Ihre amtliche Würde hatte die jüdischen Obersten nicht davon abgehalten, an der Verfolgung von Jesus teilzunehmen. Seine Gefangennahme war eine zu wichtige Angelegenheit, um Untergebenen anvertraut zu werden. Die hinterlistigen Hohenpriester und Ältesten hatten sich der Tempelwache und dem lärmenden Pöbel angeschlossen und waren Judas nach Gethsemane gefolgt. Mit welch einer Gesellschaft hatten sich jene Würdenträger zusammengeschlossen! Mit einem Pöbel, der nach Sensation hungerte und mit allerlei Werkzeugen bewaffnet war, als würden sie ein wildes Tier verfolgen!

Christus wandte sich an die Hohenpriester und Ältesten und blickte sie durchdringend an. Die Worte, die er zu ihnen sprach, sollten sie ihr Leben lang nicht mehr vergessen. Sie waren wie scharfe Pfeile des Allmächtigen. »Bin ich ein Schwerverbrecher«, fragte er würdevoll, »dass ihr mit Schwertern und Knüppeln bewaffnet anrückt, um mich zu verhaften? Warum habt ihr mich nicht im Tempel verhaftet? Ich war doch jeden Tag dort.« (Lukas 22,52b.53a NLB) Die Nacht eignet sich besser für euer Werk. »Dies ist eure Stunde, die Zeit, in der die Macht der Finsternis die Oberhand hat.« (Lukas 22,53b NLB)

Die Jünger waren entsetzt, als sie sahen, dass sich Jesus festnehmen und binden ließ. Sie ärgerten sich, weil er es zuließ, dass er und sie so gedemütigt wurden. Sie konnten sein Verhalten nicht verstehen und tadelten ihn, weil er sich der Meute unterwarf. In ihrer Angst und Entrüstung schlug Petrus vor, sich selbst in Sicherheit zu bringen. Auf seinen Vorschlag hin »ließen ihn alle seine Jünger im Stich und flohen« (Markus 14,50 NGÜ). Doch Christus hatte dieses Verlassen vorausgesagt: »Die Stunde kommt, ja, sie ist schon da, dass man euch auseinandertreiben wird. Jeder wird nur noch an sich denken, und mich werdet ihr allein lassen. Trotzdem bin ich nicht allein, weil mein Vater bei mir ist.« (Johannes 16,32 GNB)

KAPITEL 75

JESUS VOR HANNAS UND KAIPHAS

Matthäus 26,57-75; 27,1; Markus 14,53-72; 15,1;
Lukas 22,54-71; Johannes 18,13-27

Sie trieben Jesus über den Bach Kidron, an Gärten und Olivenhainen vorbei, durch die stillen Straßen der schlafenden Stadt. Mitternacht war vorüber, und das höhnende Geschrei des Pöbels, der ihm folgte, zerriss die Stille der Nacht. Der Erlöser war gefesselt und wurde streng überwacht. Das Fortbewegen bereitete ihm Schmerzen, doch seine Häscher trieben ihn in aller Eile zum Palast des ehemaligen Hohenpriesters Hannas.

VOR DEM HOHENPRIESTER HANNAS

Hannas war das Oberhaupt der amtierenden Priesterfamilie. Aus Hochachtung vor seinem Alter wurde er vom Volk als Hoherpriester anerkannt. Sein Rat war gefragt und wurde ausgeführt, als wäre es die Stimme Gottes. Darum musste Jesus als Gefangener der Priester zuerst zu Hannas gebracht werden. Dieser musste bei seinem Verhör anwesend sein, denn man befürchtete, der noch wenig erfahrene Kaiphas könnte ihre ausgeklügelte Anklage zum Scheitern bringen. In diesem Fall musste man sich die Geschicklichkeit, List und Spitzfindigkeit von Hannas zunutze machen, um die Verurteilung von Jesus unter allen Umständen sicherzustellen.

Nach der Voruntersuchung durch Hannas musste Jesus offiziell vor dem Hohen Rat verhört werden. Unter der römischen Herrschaft konnte dieser kein Todesurteil vollstrecken. Sie durften einen Gefangenen nur verhören und gegebenenfalls verurteilen, doch das Urteil musste durch die römischen Behörden bestätigt werden. Deshalb musste man Anklagepunkte gegen Christus vorbringen, die von den Römern als Straftaten angesehen wurden. Gleichzeitig musste eine Anschuldigung gefunden werden, die seine Verurteilung in den Augen der Juden rechtfertigte. Viele der Priester und Obersten waren von dem, was Jesus lehrte, überzeugt worden, und nur die Angst, ihr Amt zu verlieren und ausgegrenzt zu werden, hinderte sie daran, sich zu ihm zu bekennen. Die Priester erinnerten sich sehr wohl an die Frage von Nikodemus: »Entspricht es etwa unserem Gesetz, einen Mann zu verurteilen, ehe man ihn angehört und erkannt hat, ob er schuldig ist?« (Johannes 7,51 NLB) Diese Frage hatte die Ratsversammlung vorübergehend gespalten und ihre Pläne vereitelt. Darum wurden Nikodemus und Josef von Arimathäa auch nicht eingeladen. Doch es gab noch andere, die es wagen könnten, für Recht und Gerechtigkeit einzutreten. Das Verhör musste so geführt werden, dass die Mitglieder des Hohen Rats Christus einstimmig verurteilten. Die Priester wollten zwei Anklagen vorbringen. Könnte Jesus Gotteslästerung nachgewiesen werden, würde ihn das jüdische Volk verurteilen. Würde es gelingen, ihn als Anstifter eines Aufruhrs zu überführen, wäre seine Verurteilung durch die Römer gewiss. Hannas versuchte die zweite Anklage zuerst zu begründen. Er fragte Jesus über seine Jünger und seine Lehren aus und hoffte, der Angeklagte würde etwas sagen, was gegen ihn verwendet werden konnte. Er dachte, so würde er auf eine Aussage stoßen, mit der er beweisen könnte, dass Jesus die Gründung eines Geheimbundes anstrebte, dessen Absicht die Errichtung eines neuen Königreichs war. Dann könnten ihn die Priester als Unruhestifter und Aufrührer eines Aufstandes an die Römer ausliefern.

Christus durchschaute die Absicht des Priesters. Als würde er die innersten Gedanken des Fragenden lesen, wies er die Anschuldigung zurück, dass es zwischen ihm und seinen Jüngern irgendein geheimes Bündnis gebe oder er sie heimlich in der Dunkelheit versammelt habe, um seine Pläne zu verbergen. Er hatte nie ein Geheimnis aus seinen Zielen oder Lehren gemacht. »Ich habe immer offen vor aller Welt gesprochen«, sagte er. »Ich habe in den Synagogen und im Tempel gelehrt, wo sich alle Juden treffen, und habe niemals etwas im Geheimen gesagt.« (Johannes 18,20 GNB)

Der Erlöser verglich seine eigene Arbeitsweise mit den Methoden seiner Ankläger. Monatelang hatten sie Jagd auf ihn gemacht und versucht, ihn in eine Falle zu locken, um ihn vor ein geheimes Gericht zu stellen. Sie hofften, durch Meineid das zu erreichen, was durch faire Mittel nicht möglich war. Nun führten sie ihre Absicht aus. Die mitternächtliche Festnahme durch den Pöbel, der Spott und die Misshandlung, bevor er verurteilt oder überhaupt angeklagt war, entsprachen ihrer Vorgehensweise und nicht der seinigen. Ihr Handeln verstieß gegen das Gesetz. Ihre eigenen Vorschriften verlangten, dass jeder so lange als unschuldig behandelt werden musste, bis seine Schuld erwiesen war. Somit wurden die Priester durch ihre eigenen Gesetze verurteilt.

Indem sich Jesus an den Fragenden wandte, sagte er: »Warum fragst du mich?« (Johannes 18,21 EÜ) Hatten nicht die Priester und Obersten Spione geschickt, um sein Tun zu beobachten und jedes seiner Worte zu berichten? Waren nicht diese bei jeder Versammlung dabei gewesen und hatten nicht sie alle Informationen über seine Worte und Taten den Priestern überbracht? »Frag doch die, die mich gehört haben, was ich zu ihnen gesagt habe«, antwortete Jesus. »Sie wissen, was ich geredet habe.« (Johannes 18,21 EÜ)

Diese entschiedene Antwort ließ Hannas verstummen. Aus Furcht, Christus würde etwas über seine eigene Handlungsweise sagen, die er lieber verbergen wollte, sagte er nun nichts mehr zu ihm. Einer seiner Diener wurde sehr zornig, als er sah, dass Hannas zum Schweigen gebracht worden war. Er schlug Jesus ins Gesicht und fragte: »Redest du so mit dem Hohenpriester?« (Johannes 18,22 EÜ)

Christus antwortete ruhig: »Wenn es nicht recht war, was ich gesagt habe, dann weise es nach; wenn es aber recht war, warum schlägst du mich?« (Johannes 18,23 EÜ) Er sprach keine harschen Worte der Vergeltung. Seine ruhige Antwort kam geduldig und freundlich aus einem sündlosen Herzen, das sich nicht herausfordern ließ.

JESUS ERDULDET ALLES

Christus litt sehr unter den Misshandlungen und Beleidigungen. Aus den Händen derer, die er selbst geschaffen hatte und für die er ein grenzenloses Opfer brachte, nahm er jede erdenkliche Demütigung entgegen. Und er litt entsprechend seiner vollkommenen Heiligkeit und seiner Abscheu vor der Sünde. Sein Verhör durch Menschen, die sich wie Teufel aufführten, war für ihn ein fortwährendes Opfer. Von Menschen umgeben zu sein, die unter Satans Herrschaft standen, war für ihn abscheulich. Er wusste, dass er durch das Aufleuchten seiner göttlichen Macht seine grausamen Peiniger auf der Stelle hätte in den Staub werfen können. Gerade das machte die Prüfung noch schwerer erträglich.

Die Juden hielten nach einem Messias Ausschau, der sich durch äußerlichen Glanz offenbaren würde. Sie erwarteten von ihm, er werde durch ein Aufleuchten seines überwältigenden Willens die Gedanken der Menschen verändern und diese dazu zwingen, seine Übermacht anzuerkennen. Dadurch, so meinten sie, würde er seine hohe Stellung sichern und ihre ehrgeizigen Hoffnungen zufriedenstellen. Deshalb überkam Christus, als er nun so verächtlich behandelt wurde, die starke Versuchung, sein göttliches Wesen kundzutun. Durch ein Wort oder einen Blick hätte er seine Verfolger zwingen können, ihn als Herrn über Könige und Fürsten, über Priester und Tempel anzuerkennen. Doch es war seine schwierige Aufgabe, an dem Platz auszuharren, den er ausgewählt hatte, um mit der Menschheit eins zu sein.

Die Engel im Himmel waren bei jeder Handlung, die sich gegen ihren geliebten Befehlshaber richtete, zugegen. Wie gerne hätten sie ihn jetzt befreit! Unter Gottes Führung besitzen Engel unbegrenzte Gewalt. Sie hatten einmal auf den Befehl von Christus hin in einer Nacht 185.000 Mann der assyrischen Armee geschlagen (vgl. 2. Könige 19,35). Wie leicht hätten die Engel, die dieses schmähliche Geschehen beim Verhör von Christus mitansahen, ihre Empörung zum Ausdruck bringen und die Gegner Gottes vernichten können! Doch sie erhielten keinen Befehl, dies zu tun. Er, der seine Feinde hätte zum Tod verurteilen können, ertrug deren Grausamkeiten. Die Liebe zu seinem Vater und sein Versprechen vor der Grundlegung der Welt, die Sünden der Menschheit auf sich zu nehmen, ließen ihn, ohne zu klagen, die rohe Behandlung jener erdulden, die zu retten er gekommen war. Es war Teil seiner Mission, als Mensch alle Schmähungen und Misshandlungen, die ihm Menschen zufügen konnten, auf sich zu nehmen. Die einzige Hoffnung der Menschheit bestand darin, dass Christus sich all dem unterwarf, was er durch menschliche Hände und Herzen ertragen konnte.

AUF DER SUCHE NACH EINER ANKLAGE

Christus hatte nichts gesagt, woraus seine Ankläger einen Vorteil hätten ziehen können. Trotzdem war er gefesselt – als Zeichen, dass er bereits verurteilt war. Um aber den Schein der Gerechtigkeit zu wahren, musste die Form eines rechtmäßigen Gerichtsverfahrens eingehalten werden. Die Obrigkeit war entschlossen, rasch zu handeln. Sie wusste, wie sehr Jesus beim Volk angesehen war, und befürchtete, dass man, wenn seine Festnahme bekannt würde, versuchen könnte, ihn zu befreien. Würde andererseits das Verfahren nicht schnellstens zum Abschluss gebracht werden, müssten die Verhandlung und Vollstreckung wegen der Feier des Passafestes um eine Woche verschoben werden. Dies aber hätte ihre Pläne vereiteln können. Um die Verurteilung von Jesus sicherzustellen, verließen sie sich auf das Geschrei der Meute, die hauptsächlich aus Jerusalems Gesindel bestand. Sollte sich alles um eine Woche verzögern, würde sich die ganze Aufregung legen und wahrscheinlich eine Gegenbewegung einsetzen. Der größere Teil des Volkes würde sich zu Gunsten von Jesus erheben. Viele würden als Zeugen zu seiner Verteidigung aufstehen und die mächtigen Taten, die er vollbracht hatte, ans Licht bringen. Dies würde eine allgemeine Empörung gegen den Hohen Rat zur Folge haben; dessen Vorgehensweise würde verurteilt und Jesus auf freien Fuß gesetzt werden, um erneut vom Volk verehrt zu werden. Die Hohenpriester und Obersten waren deshalb entschlossen, Jesus an die Römer auszuliefern, noch bevor ihre Absicht bekannt werden konnte.

Zuerst mussten sie eine Anklage finden, doch bis dahin hatten sie noch nichts erreicht. Hannas befahl, Jesus zu Kaiphas zu bringen. Kaiphas gehörte zu den Sadduzäern, von denen einige die erbittertsten Feinde von Jesus waren. Obwohl er keine Charakterstärke besaß, war er genauso hart, unbarmherzig und gewissenlos wie Hannas. Er würde nichts unversucht lassen, um Jesus zu vernichten. Es war jetzt früh am Morgen und noch sehr dunkel. Im Licht der Fackeln und Laternen ging die bewaffnete Schar mit ihrem Gefangenen weiter zum Palast des Hohenpriesters. Während sich dort die Mitglieder des Hohen Rats versammelten, vernahmen Hannas und Kaiphas Jesus erneut, doch ohne Erfolg.

DIE RATLOSIGKEIT DES KAIPHAS

Nachdem der Rat in der Gerichtshalle zusammengekommen war, nahm Kaiphas seinen Platz als Vorsitzender ein. Auf beiden Seiten standen die Richter und jene, die ein besonderes Interesse am Verhör hatten. Die römischen Soldaten standen auf einem Podest unterhalb des Vorsitzenden. Zu Füßen dieses Richterstuhls stand Jesus. Alle Blicke waren auf ihn gerichtet. Die Spannung war groß. Von allen Anwesenden blieb er als Einziger ruhig und gelassen. Die Atmosphäre in seiner unmittelbaren Nähe schien von einem heiligen Einfluss durchdrungen zu sein.

Kaiphas hatte Jesus als seinen Rivalen angesehen. Das Verlangen des Volkes, den Erlöser zu hören, und die spürbare Bereitschaft, seine Lehren anzunehmen, hatten die erbitterte Eifersucht des Hohenpriesters geweckt. Doch als Kaiphas nun auf den Gefangenen sah, empfand er große Bewunderung für dessen edles und würdevolles Verhalten. Er kam zur Überzeugung, dass dieser Mann gottähnlich war. Doch schon im nächsten Augenblick wies er diesen Gedanken verächtlich von sich. Sogleich war seine spöttische und überhebliche Stimme zu hören, die verlangte, Jesus solle vor ihnen eines seiner mächtigen Wunder vollbringen. Doch der Erlöser tat, als hätte er die Worte nicht gehört. Die Leute verglichen das aufgeregte und bösartige Benehmen von Hannas und Kaiphas mit dem ruhigen und majestätischen Verhalten von Jesus. Selbst in den Gemütern dieser abgebrühten Menge kam die Frage auf: Darf dieser Mann von solch gottähnlicher Erscheinung als Verbrecher verurteilt werden?

Kaiphas bemerkte den Einfluss, der sich breitmachte, und beschleunigte das Verhör. Die Feinde von Jesus waren in großer Verlegenheit. Sie waren entschlossen, ihn zu verurteilen, doch sie wussten nicht, wie sie dies erreichen konnten. Die Ratsmitglieder setzten sich aus Pharisäern und Sadduzäern zusammen. Zwischen ihnen herrschte erbitterte Feindschaft. Aus Angst vor einer Auseinandersetzung wagten sie gewisse Streitfragen gar nicht anzusprechen. Mit wenigen Worten hätte Jesus ihre gegenseitigen Vorurteile anheizen und so ihren Zorn von sich abwenden können. Kaiphas wusste dies und wollte einen Streit vermeiden. Es gab genug Zeugen, die nachweisen konnten, dass Christus die Priester und Schriftgelehrten bloßgestellt und sie Heuchler und Mörder genannt hatte. Doch diese Aussagen hier zu erwähnen, wäre nicht zielführend gewesen. Die Sadduzäer hatten in ihren heftigen Auseinandersetzungen mit den Pharisäern ähnliche Ausdrücke gebraucht. Und solche Aussagen wären auch von den Römern als bedeutungslos angesehen worden, denn sie waren selbst von den Anmaßungen der Pharisäer angewidert. Es waren genügend Beweise vorhanden, dass Jesus die Überlieferungen der Juden missachtet und sich vielen ihrer Vorschriften gegenüber respektlos geäußert hatte. Doch in Bezug auf die Traditionen standen sich die Pharisäer und Sadduzäer feindlich gegenüber. Auch dieser Beweis hätte die Römer keineswegs beeindruckt. Die Feinde von Christus wagten es nicht, ihn wegen Übertretung des Sabbatgebots anzuklagen, weil sie fürchteten, eine Untersuchung würde das göttliche Wesen seines Wirkens offenbaren. Würden seine Heilungswunder ans Licht gebracht, wäre die wahre Absicht der Hohenpriester vereitelt worden.

Falsche Zeugen waren bestochen worden, um Jesus wegen Anstiftung zum Aufstand und wegen des Versuchs anzuklagen, eine eigenständige Regierung einzusetzen. Doch ihre Aussagen erwiesen sich als unklar und widersprüchlich und im Verhör widerlegten sie ihre eigenen Behauptungen.

Zu Beginn seines Dienstes hatte Christus gesagt: »Brecht diesen Tempel ab und in drei Tagen will ich ihn aufrichten.« (Johannes 2,19) In der bildhaften Sprache der Prophezeiung hatte er damit seinen eigenen Tod und seine Auferstehung vorhergesagt: »Er aber redete von dem Tempel seines Leibes.« (Johannes 2,21) Die Juden aber hatten diese Aussage wörtlich verstanden, als würde sie sich auf den Tempel von Jerusalem beziehen. In allem, was Jesus gesagt hatte, konnten die Priester nichts finden, was sie gegen ihn hätten verwenden können, außer diesem einen Punkt. Indem sie diese Worte falsch auslegten, hofften sie, einen Vorteil zu gewinnen. Die Römer hatten mitgeholfen, den Tempel zu erneuern und zu verschönern, und waren sehr stolz darauf. Jede Geringachtung des Tempels würde mit Sicherheit ihren

Unmut erregen. Hierin konnten Römer und Juden, Pharisäer und Sadduzäer übereinstimmen, denn alle hielten den Tempel hoch in Ehren. Zu diesem Anklagepunkt wurden zwei Zeugen gefunden, deren Aussagen nicht so widersprüchlich waren wie die der anderen. Einer von ihnen, der bestochen worden war, um Jesus zu beschuldigen, erklärte: »Er hat gesagt: Ich kann den Tempel Gottes abbrechen und in drei Tagen aufbauen.« (Matthäus 26,61) Auf diese Weise wurden die Worte von Christus verdreht. Wären sie genauso wiedergegeben worden, wie er sie gesagt hatte, hätten sie nicht einmal im Hohen Rat zu einer Verurteilung geführt. Wäre Jesus, wie die Juden behaupteten, nur ein Mensch gewesen, hätte seine Erklärung nur auf eine unvernünftige und überhebliche Gesinnung hingewiesen. Aber sie hätte nicht als Gotteslästerung ausgelegt werden können. Selbst in der verzerrten Darstellung der falschen Zeugen enthielten seine Worte nichts, was von den Römern als todeswürdiges Verbrechen angesehen werden konnte.

JESUS BRICHT SEIN SCHWEIGEN

Geduldig hörte sich Jesus die widersprüchlichen Aussagen an, sagte aber kein Wort zu seiner Verteidigung. Schließlich verstrickten sich seine Ankläger in Widersprüche, waren verwirrt und verärgert. Sie kamen im Verhör nicht weiter, und es schien, als würde ihre Verschwörung scheitern. Kaiphas war verzweifelt. Nun gab es nur noch einen Ausweg: Christus musste gezwungen werden, sich selbst schuldig zu sprechen. Der Hohepriester sprang mit wutverzerrtem Gesicht von seinem Richterstuhl auf. Seine Stimme und sein Gebaren machten deutlich, dass er den vor ihm stehenden Gefangenen niedergeschlagen hätte, wäre es ihm möglich gewesen. »Antwortest du nichts auf das, was diese gegen dich bezeugen?« (Matthäus 26,62), rief er aus.

Jesus blieb ganz ruhig. »Er wurde misshandelt, aber er beugte sich und tat seinen Mund nicht auf, wie ein Lamm, das zur Schlachtbank geführt wird, und wie ein Schaf, das verstummt vor seinem Scherer und seinen Mund nicht auftut.« (Jesaja 53,7 Schl.) Schließlich erhob Kaiphas seine rechte Hand zum Himmel und wandte sich wie bei einem feierlichen Eid an Jesus: »Ich beschwöre dich bei dem lebendigen Gott, sag uns: Bist du der Messias, der Sohn Gottes?« (Matthäus 26,63 EÜ)

Bei dieser Aufforderung konnte Jesus nicht länger schweigen. Es gibt eine Zeit zum Schweigen und eine Zeit zum Reden (vgl. Prediger 3,7). Er hatte nichts gesagt, bis er direkt gefragt wurde. Er wusste: Jetzt zu antworten würde seinen sicheren Tod bedeuten. Doch die Aufforderung wurde von der höchsten, anerkannten Obrigkeit der Nation und im Namen des Allerhöchsten an ihn gerichtet. Christus wollte es nicht versäumen, dem Gesetz den nötigen Respekt zu erweisen. Zudem wurde seine eigene Beziehung zum Vater in Frage gestellt. Nun musste er sein Wesen und seine Mission offen darlegen. Er hatte seinen Jüngern gesagt: »Wer nun mich bekennt vor den Menschen, den will ich auch bekennen vor meinem himmlischen Vater.« (Matthäus 10,32) Jetzt wiederholte er diese Lehre durch sein eigenes Beispiel.

Alle hörten gespannt hin. Jeder Blick war auf ihn gerichtet, als er antwortete: »Es ist, wie du sagst.« (Matthäus 26,64a NLB) Ein himmlisches Licht schien sein blasses Gesicht zu erleuchten, als er hinzufügte: »Ich sage euch: Von nun an werdet ihr den Menschensohn an der rechten Seite des Allmächtigen sitzen sehen, und ihr werdet sehen, wie er auf den Wolken des Himmels kommt.« (Matthäus 26,64b NGÜ)

Für einen Moment leuchtete die göttliche Natur von Christus durch seine menschliche Gestalt. Der Hohepriester erschauderte vor den durchdringenden Blicken des Erlösers. Dieser Blick schien seine verborgenen Gedanken zu lesen und sich in seinem Herzen einzubrennen. Er würde diesen forschenden Blick des verfolgten Gottessohnes sein Leben lang nie mehr vergessen.

»Von nun an«, sagte Jesus, »werdet ihr den Menschensohn an der rechten Seite des Allmächtigen sitzen sehen, und ihr werdet sehen, wie er auf den Wolken des Himmels kommt.« (Matthäus 26,64b NGÜ) Mit diesen Worten schilderte Christus das Gegenteil des damaligen Geschehens. Er, der Herr des Lebens und der Herrlichkeit, wird einst zur Rechten Gottes sitzen und über die ganze Erde richten. Gegen seine Entscheidung wird es keine Berufung geben. Dann werden im Licht der Gegenwart Gottes alle Geheimnisse zum Vorschein kommen. Und über jeden Menschen wird entsprechend seinen Werken das Urteil gesprochen werden (vgl. Offenbarung 20,12.13).

DER HOHEPRIESTER ZERREISST SEIN GEWAND

Der Hohepriester war über diese Worte entsetzt. Der Gedanke, dass es eine Auferstehung geben wird, nach der alle Menschen vor dem Richterstuhl Gottes stehen und nach ihren Werken gerichtet werden, war für Kaiphas schrecklich. Er wollte nicht glauben, dass er einst, seinen Werken entsprechend, ein Urteil empfangen wird. In seinem Geist leuchteten Bilder von den Ereignissen des Jüngsten Gerichts auf. Einen Augenblick lang sah er das beängstigende Schauspiel, wenn sich die Gräber öffnen und ihre Toten herausgeben werden, mit all den Geheimnissen, von denen er hoffte, dass sie für alle Zeit verborgen bleiben würden. Er fühlte sich so, als würde er selbst vor dem ewigen Richter stehen, der ihn mit einem Blick, dem alle Dinge offenbar sind, durchschaut und all seine Geheimnisse ans Licht bringt, von denen er geglaubt hatte, sie wären bei den Toten verborgen.

Die Bilder verschwanden wieder vor den Augen des Hohenpriesters. Die Worte von Christus trafen ihn, den Sadduzäer, im tiefsten Inneren. Kaiphas leugnete die Lehre von der Auferstehung, dem Gericht und dem zukünftigen Leben. Nun wurde er von satanischer Wut erfasst. Sollte dieser Mann, der als Gefangener vor ihm stand, seine liebgewordenen Theorien angreifen? Er zerriss sein Gewand, damit alle Anwesenden sein angebliches Entsetzen sehen konnten, und befahl, den Angeklagten ohne weitere Verhandlungen wegen Gotteslästerung zu verurteilen. »Was bedürfen wir weiterer Zeugen?«, rief er. »Siehe, jetzt habt ihr die Gotteslästerung gehört. Was ist euer Urteil?« (Matthäus 26,65b.66a) Da verurteilten sie ihn alle zum Tod.

Überzeugung, vermischt mit Leidenschaft, bewogen Kaiphas zu dem, was er tat. Er war wütend auf sich selbst, weil er den Worten von Christus glaubte. Anstatt jedoch sein Herz unter dem tiefen Eindruck der Wahrheit zu demütigen und Jesus als den Messias anzuerkennen, zerriss er sein priesterliches Gewand, entschlossen, ihm zu widerstehen. Diese Handlung war höchst bedeutsam. Kaiphas aber war sich dessen kaum bewusst. Mit dieser Tat, die er beging, um die Richter zu beeinflussen und die Verurteilung von Christus sicherzustellen, verurteilte sich der Hohepriester selbst. Nach dem Gesetz Gottes war er für das Priesteramt untauglich geworden und hatte sich selbst das Todesurteil gesprochen.

Ein Hoherpriester durfte sein Gewand nicht zerreißen. Dies war nach dem levitischen Gesetz unter Todesstrafe verboten. Unter keinen Umständen und bei keiner Gelegenheit durfte ein Priester das tun. Unter den Juden war es Brauch, beim Tod eines Freundes sein Gewand zu zerreißen, doch die Priester waren davon ausgeschlossen. Christus hatte durch Mose dazu ausdrückliche Anweisungen gegeben. »Lasst euer Haar nicht als Zeichen eurer Trauer offen und ungekämmt hängen und zerreißt nicht eure Kleider. Ihr müsst sonst sterben.« (3. Mose 10,6b NLB)

Alles, was der Priester trug, musste unversehrt und makellos sein. Durch diese schönen Amtskleider wurde der Charakter des großen Vorbildes – Jesus Christus – dargestellt. Allein die Vollkommenheit in Kleidung und Haltung, in Wort und Sinn, konnte Gott annehmen. Gott ist heilig, und seine göttliche Herrlichkeit und Vollkommenheit mussten durch den irdischen Dienst versinnbildlicht werden. Nur etwas Vollkommenes konnte die Heiligkeit des himmlischen Dienstes in geeigneter Weise darstellen. Der sterbliche Mensch mag sein eigenes Herz zerreißen, indem er sich reuevoll und demütig zeigt. Dies wird Gott erkennen. Doch ein priesterliches Gewand durfte nicht zerrissen werden, denn dies würde die Darstellung himmlischer Dinge entstellen. Der Hohepriester, der es wagte, mit einem zerrissenen Gewand sein heiliges Amt anzutreten, um den Dienst im Heiligtum auszuüben, wurde angesehen, als hätte er sich von Gott getrennt. Indem er sein Gewand zerriss, schloss er sich selbst davon aus, eine vorbildliche Person zu sein. Er wurde von Gott nicht länger als amtierender Priester anerkannt. Diese Handlungsweise, wie sie Kaiphas an den Tag legte, verriet menschliche Leidenschaft und Unvollkommenheit.

Durch das Zerreißen seiner Kleider folgte Kaiphas menschlichen Traditionen und setzte damit Gottes Gesetz außer Kraft. Ein von Menschen gemachtes Gesetz sah vor, dass ein Priester im Fall von Gotteslästerung sein Gewand aus Abscheu vor der Sünde zerreißen durfte und dabei unschuldig blieb. Auf diese Weise wurde Gottes Gesetz durch die Gesetze der Menschen ungültig gemacht.

Jede Handlung des Hohenpriesters wurde vom Volk mit großem Interesse verfolgt, und Kaiphas wollte hiermit seine Frömmigkeit zur Schau stellen. Doch mit dieser Handlung, die als Anklage gegen Christus gedacht war, schmähte er den, von dem Gott gesagt hatte: »Mein Name ist in ihm.« (2. Mose 23,21b ZÜ) Er selbst beging eine Gotteslästerung. Während er selbst unter dem Verdammungsurteil Gottes stand, verurteilte er Christus als Gotteslästerer.

Die Tat von Kaiphas war bedeutungsvoll. Sie zeigte an, welche Stellung die jüdische Nation in Zukunft vor Gott einnehmen würde. Das einst bevorzugte Volk Gottes trennte sich selbst von Gott und wurde nun rasch zu einer Nation, die der Herr nicht mehr als sein Eigentum betrachtete. Als Christus am Kreuz ausrief: »Es ist vollbracht!« (Johannes 19,30b) und der Vorhang im Inneren des Tempels in zwei Teile zerriss, erklärte der heilige Wächter, dass das [damalige] jüdische Volk den verworfen hatte, der die Erfüllung all seiner Sinnbilder[92] war und die Hauptsache aller »Schattenbilder«. Israel hatte sich von Gott getrennt. Kaiphas konnte zu Recht seine Amtsgewänder zerreißen, die seinen Anspruch zum Ausdruck brachten, Stellvertreter des großen Hohenpriesters zu sein, denn sie hatten von nun an keine Bedeutung mehr, weder für ihn noch für das Volk. Der Hohepriester mochte seine Gewänder zerreißen, aus Entsetzen über sich selbst und über die Nation!

---

92 Die Autorin verwendet hier die Fachbegriffe »Antitypus« (Erfüllung, Gegenbild) und »Typus« (Sinnbild, Vorbild). Siehe dazu die Erklärung »Typologie« auf Seite 821.

Der Hohe Rat sprach Jesus des Todes schuldig, doch es war gegen das jüdische Gesetz, einen Häftling nachts zu verhören. Eine rechtmäßige Verurteilung konnte nur am Tag und vor einer Vollversammlung des Hohen Rats erfolgen. Dennoch wurde der Erlöser wie ein verurteilter Verbrecher behandelt und zur Misshandlung den Niedrigsten und Widerwärtigsten der Menschheit übergeben. Der Palast des Hohenpriesters war von einem offenen Hof umgeben, wo sich Soldaten und eine große Menschenmenge versammelt hatten. Durch diesen Hof wurde Jesus zum Wachzimmer gebracht, wo er von allen Seiten wegen seines Anspruchs, Gottes Sohn zu sein, verspottet wurde. Seine eigenen Worte: »Von nun an werdet ihr den Menschensohn an der rechten Seite des Allmächtigen sitzen sehen, und ihr werdet sehen, wie er auf den Wolken des Himmels kommt« (Matthäus 26,64b NGÜ) wurden höhnisch wiederholt. Nun wartete er schutzlos in diesem Raum auf sein rechtmäßiges Verhör. Der gemeine Pöbel hatte gesehen, wie er vor dem Hohen Rat grausam behandelt worden war. Darum erlaubten sie sich nun, all den satanischen Zügen ihrer menschlichen Natur freien Lauf zu lassen. Das überaus würdevolle und gottähnliche Verhalten von Christus trieb sie zum Wahnsinn. Seine Demut, seine Unschuld und seine majestätische Geduld erfüllten sie mit teuflischem Hass. Barmherzigkeit und Gerechtigkeit wurden mit Füßen getreten. Nie wurde ein Verbrecher in solch unmenschlicher Weise behandelt wie der Sohn Gottes.

PETRUS VERLEUGNET JESUS

Doch eine noch größere Qual zerriss Jesus das Herz. Den Schlag, der ihm den größten Schmerz zufügte, hätte keine feindliche Hand austeilen können. Während Christus im Verhör vor Kaiphas verspottet wurde, verleugnete ihn einer seiner eigenen Jünger.

Nachdem die Jünger ihren Meister im Garten verlassen hatten, hatten es zwei von ihnen gewagt, in einiger Entfernung der Meute zu folgen, die Jesus gefangen wegführte. Diese beiden Jünger waren Petrus und Johannes. Johannes war den Priestern als ein Jünger von Jesus sehr wohl bekannt. Sie ließen ihn in die Halle, in der Hoffnung, er würde sich beim Anblick der Demütigungen seines Lehrers von der Vorstellung, dass so einer Gottes Sohn sei, lossagen. Johannes setzte sich für Petrus ein, sodass auch er eintreten durfte.

Im Hof hatte man ein Feuer angezündet, denn es war, kurz bevor der Tag anbrach, die kälteste Stunde der Nacht. Eine Gruppe drängte sich um das Feuer, und Petrus stellte sich dreist zu ihnen. Er wollte nicht als Jünger von

Jesus erkannt werden. Indem er sich leichtsinnig unter die Menge mischte, hoffte er, für einen von denjenigen gehalten zu werden, die Jesus zur Halle gebracht hatten.

Doch als das Licht auf sein Gesicht fiel, warf die Türhüterin einen prüfenden Blick auf ihn. Sie hatte bemerkt, dass er mit Johannes hereingekommen war, sah seinen niedergeschlagenen Ausdruck im Gesicht und dachte, er könnte ein Jünger von Jesus sein. Sie gehörte zu den Mägden im Haus des Kaiphas, war sehr neugierig und fragte Petrus: »Bist du nicht auch einer von den Jüngern dieses Menschen?« (Johannes 18,17) Petrus war überrascht und verlegen. Die Blicke aller richteten sich augenblicklich auf ihn. Er gab vor, sie nicht verstanden zu haben, doch sie bestand darauf und sagte zu den Umstehenden, dieser Mann sei mit Jesus zusammen gewesen. Petrus fühlte sich genötigt, eine Antwort zu geben, und erwiderte ärgerlich: »Frau, ich kenne ihn nicht.« (Lukas 22,57b) Das war die erste Verleugnung, und sofort krähte der Hahn. Oh, Petrus, so schnell schämst du dich für deinen Meister! So schnell verleugnest du deinen Herrn!

Johannes hatte beim Betreten der Gerichtshalle gar nicht erst versucht, die Tatsache zu verheimlichen, dass er ein Nachfolger von Jesus war. Er hatte sich nicht unter das grobe Volk gemischt, das seinen Herrn mit Schmähungen überhäufte. Ihm wurden keine Fragen gestellt, weil er sich nicht verstellte und sich dadurch nicht verdächtig machte. Er suchte eine stille Ecke auf, wo er sicher war, nicht von der Menge bemerkt zu werden, und wo er doch so nahe wie möglich bei Jesus sein konnte. Hier konnte er alles sehen und hören, was beim Verhör seines Herrn vor sich ging.

Petrus hatte sich nicht zu erkennen geben wollen. Indem er so tat, als wäre er gleichgültig, begab er sich auf feindlichen Boden und wurde so zu einer leichten Beute der Versuchung. Wäre er für seinen Meister zum Kampf aufgerufen worden, wäre er ein tapferer Kämpfer gewesen. Doch als spöttisch mit dem Finger auf ihn gezeigt wurde, erwies er sich als Feigling. Viele, die den offenen Kampf für ihren Herrn nicht scheuen, werden durch Spott dazu getrieben, ihren Glauben zu verleugnen. Durch den Umgang mit jenen, die sie meiden sollten, begeben sie sich selbst auf den Weg der Versuchung. Sie laden den Feind ein, sie zu versuchen, und sagen und tun das, woran sie unter anderen Umständen niemals schuldig geworden wären. Der Nachfolger von Christus, der in unseren Tagen seinen Glauben aus Angst vor Leiden oder Schande versteckt, verleugnet seinen Herrn genauso wie Petrus in der Gerichtshalle.

Petrus versuchte, kein Interesse am Verhör seines Meisters zu zeigen. Doch sein Herz war tief bekümmert, als er die grausamen Schmähungen hörte und die Misshandlungen sah, die Jesus zu ertragen hatte. Mehr als das: Er war überrascht und verärgert darüber, dass Jesus sich und seine Nachfolger so demütigte, indem er sich einer solchen Behandlung fügte. Um seine wahren Gefühle zu verbergen, versuchte er, sich den Verfolgern von Jesus in ihren unpassenden Witzeleien anzuschließen. Doch sein Auftreten war unnatürlich und sein Handeln unaufrichtig. Obwohl er versuchte, unbekümmert zu reden, gelang es ihm nicht, seine Entrüstung über die Schmach zu unterdrücken, mit der sein Meister überhäuft wurde.

Jetzt richtete sich die Aufmerksamkeit zum zweiten Mal auf ihn. Er wurde erneut beschuldigt, ein Nachfolger von Jesus zu sein. Nun erklärte er unter Eid: »Ich kenne den Menschen nicht.« (Matthäus 26,72b) Er erhielt noch eine weitere Gelegenheit. Eine Stunde war vergangen, da fragte ihn einer der Diener des Hohenpriesters, der ein naher Verwandter des Mannes war, dessen Ohr Petrus abgeschlagen hatte: »Sah ich dich nicht im Garten bei ihm?« (Johannes 18,26b) »Wahrhaftig, du bist einer von denen; denn du bist auch ein Galiläer.« (Markus 14,70b) »Denn deine Sprache verrät dich.« (Matthäus 26,73b) Nun war Petrus außer sich vor Wut. Die Jünger von Jesus waren dafür bekannt, dass sie anständig sprachen. Doch um seine Befrager gänzlich zu täuschen und seine Heuchelei zu rechtfertigen, verleugnete Petrus seinen Meister nun mit Fluchen und Schwören. Wiederum krähte der Hahn. Diesmal hörte ihn Petrus, und er erinnerte sich an die Worte von Jesus: »Bevor der Hahn zwei Mal kräht, wirst du mich drei Mal verleugnen.« (Markus 14,30b NLB)

Noch während die entwürdigenden Schwüre über die Lippen von Petrus kamen und das gellende Krähen des Hahnes in seinen Ohren klang, wandte sich der Erlöser von den finster blickenden Richtern ab und schaute direkt auf seinen armseligen Jünger. Im selben Moment wurden die Augen von Petrus zu seinem Meister hingelenkt. In jenem freundlichen Angesicht las er tiefes Mitleid und große Trauer, jedoch keinen Groll.

BITTERE REUE

Der Anblick dieses bleichen, gequälten Angesichts, jener bebenden Lippen und jenes mitleidsvollen und vergebenden Blickes durchbohrte sein Herz wie ein Pfeil. Das Gewissen war erwacht, die Erinnerung wurde lebendig. Petrus dachte an sein Versprechen, das er wenige Stunden zuvor gegeben hatte, seinen Herrn ins Gefängnis, ja sogar in seinen Tod zu begleiten! Er erinnerte sich an seinen Kummer, als ihm der Erlöser beim Abendmahl erzählte, dass er in dieser Nacht seinen Herrn dreimal verleugnen werde. Eben erst hatte

Petrus erklärt, Jesus nicht zu kennen. Nun aber wurde ihm schmerzlich bewusst, wie gut ihn der Herr kannte und wie genau er in seinem Herzen jene Falschheit gelesen hatte, die ihm selbst unbekannt war.

Eine Flut von Erinnerungen überkam Petrus. Die Barmherzigkeit des Erlösers, seine Freundlichkeit und Langmut, seine Güte und Geduld seinen irrenden Jüngern gegenüber – all das wurde ihm bewusst. Er erinnerte sich auch an die Warnung: »Simon, Simon, Satan hat euch alle haben wollen. Er wollte euch durchsieben wie Weizen. Doch ich habe für dich gebetet, dass dein Glaube nicht aufhöre.« (Lukas 22,31.32a NLB) Er dachte mit Entsetzen an seine eigene Undankbarkeit, seine Lügen und seinen falschen Eid. Noch einmal blickte er zu seinem Meister und sah, wie ein Missetäter seine Hand erhob, um Jesus ins Gesicht zu schlagen. Unfähig, diesen Anblick länger zu ertragen, und mit gebrochenem Herzen verließ er eiligst die Halle.

Petrus lief hinaus in die Dunkelheit und Einsamkeit. Er wusste nicht wohin, doch dies kümmerte ihn nicht. Schließlich fand er sich im Garten Gethsemane wieder. Die Ereignisse einige Stunden zuvor standen ihm wieder lebhaft vor Augen. Er sah das gequälte Gesicht seines Herrn vor sich, das mit blutigem Schweiß bedeckt und vor Angst verzerrt war. In tiefer Reue dachte er daran, wie Jesus geweint und allein im Gebet gerungen hatte, während sie, die ihm in dieser Stunde der Prüfung hätten beistehen sollen, schliefen! Er erinnerte sich an seine ernste Aufforderung: »Bleibt wach und betet! Sonst wird euch die Versuchung überwältigen.« (Matthäus 26,41a NLB) Noch einmal durchlebte er das Geschehen in der Gerichtshalle. Für sein wundes Herz war es eine Qual zu wissen, dass er selbst zur Erniedrigung und zum Kummer des Erlösers den größten Beitrag geleistet hatte. An demselben Platz, an dem sich Jesus in Todesangst seinem himmlischen Vater anvertraut hatte, fiel Petrus auf sein Angesicht und wünschte sich, sterben zu können.

Indem er schlief, als ihn Jesus aufforderte, zu wachen und zu beten, ebnete Petrus den Weg für seine große Sünde. Alle Jünger erlitten einen schweren Verlust, weil sie in dieser entscheidenden Stunde schliefen. Christus kannte die Feuerprobe, durch die sie gehen müssten. Er wusste, wie Satan arbeiten würde, um ihre Sinne zu lähmen, damit sie nicht auf die Prüfung vorbereitet wären. Aus diesem Grund hatte er sie gewarnt. Hätten sie in jenen Stunden im Garten Gethsemane gewacht und gebetet, wäre Petrus nicht seiner eigenen Schwachheit überlassen gewesen und hätte seinen Herrn nicht verleugnet. Hätten die Jünger mit Christus während seines Ringens im Garten gewacht, dann wären sie bereit gewesen, sein Leiden am Kreuz mit anzusehen. Sie hätten das Ausmaß seiner überwältigenden Qual etwas besser verstanden. Sie wären fähig gewesen, sich wieder an seine Worte, die seine Leiden, seinen Tod und seine Auferstehung voraussagten, zu erinnern. Inmitten der Finsternis dieser schwersten Stunde hätten einige Strahlen der Hoffnung die Dunkelheit erhellt und ihren Glauben gestärkt.

NOCHMALS VOR DEM HOHEN RAT

Sobald es Tag war, trat der Hohe Rat erneut zusammen. Wieder wurde Jesus in den Versammlungsraum gebracht. Er hatte erklärt, der Sohn Gottes zu sein, und sie hatten seine Worte in eine Anklage gegen ihn verkehrt. Doch sie konnten ihn nicht verurteilen, denn viele Ratsmitglieder waren beim nächtlichen Verhör nicht anwesend gewesen und hatten seine Worte nicht gehört. Sie wussten, dass das römische Gericht an diesen Worten nichts finden würde, was eine Todesstrafe rechtfertigen könnte. Würde jedoch jeder diese Worte noch einmal aus dem Mund von Jesus hören, könnten sie ihr Ziel erreichen. Seiner Behauptung, der Messias zu sein, würden sie eine aufrührerische, politische Absicht unterstellen.

»Wenn du der Messias bist, dann sag es uns!«, drängten sie ihn. Aber Jesus schwieg. Sie drangen mit Fragen auf ihn ein. Schließlich antwortete er mit trauriger Stimme: »Auch wenn ich es euch sage – ihr glaubt mir ja doch nicht; und wenn ich euch etwas frage, antwortet ihr nicht.« Damit sie aber keine Entschuldigung hätten, fügte er die ernste Warnung hinzu: »Von nun an wird der Menschensohn zur Rechten des allmächtigen Gottes sitzen.« »Du bist also der Sohn Gottes«, fragten sie alle wie aus einem Mund. Er antwortete ihnen: »Ihr sagt es – ich bin es.« Sie aber riefen: »Was brauchen wir noch Zeugenaussagen? Wir haben es selbst aus seinem eigenen Mund gehört.« (Lukas 22,67-71 EÜ)

So wurde Jesus zum dritten Mal von der jüdischen Obrigkeit zum Tod verurteilt. Alles, was nun noch nötig war, dachten sie, waren die Bestätigung des Urteils durch die Römer und seine Auslieferung an sie.

Nun wurde Jesus zum dritten Mal vom unwissenden Pöbel misshandelt und geschmäht, noch übler als zuvor. Dies geschah alles in Gegenwart und mit der Unterstützung der Priester und Obersten. Sie hatten jedes Gefühl für Anteilnahme und Menschlichkeit verloren. Reichten ihre Argumente nicht aus, um seine Stimme zum Schweigen zu bringen, hatten sie andere Mittel, die in allen Jahrhunderten gebraucht wurden, um Ketzer zum Schweigen zu bringen: Leiden, Gewalt und Tod.

Als die Richter das Urteil über Jesus sprachen, wurden die Anwesenden von satanischer Wut ergriffen. Das Geschrei ihrer Stimmen glich dem Brüllen wilder Tiere. Die Menge stürzte sich auf Jesus und rief: »Er ist des Todes schuldig.« (Matthäus 26,66b) Wären nicht die römischen Soldaten dagewesen, hätte Jesus nicht überlebt, um ans Kreuz von Golgatha gebracht zu werden. Er wäre vor seinen Richtern in Stücke zerrissen worden, hätte nicht die römische Obrigkeit eingegriffen und mit Waffen das gewalttätige Vorgehen des Pöbels verhindert.

Heidnische Männer waren über die rücksichtslose Behandlung eines Menschen, dem keine Schuld nachgewiesen werden konnte, aufgebracht. Die römischen Offiziere erklärten, die Juden hätten mit der Verurteilung von Jesus nicht nur gegen die römische Macht verstoßen, sondern auch gegen das jüdische Gesetz, das eindeutig verbiete, einen Menschen aufgrund seiner eigenen Aussage zum Tod zu verurteilen. Durch dieses Einschreiten geriet das Verfahren vorübergehend ins Stocken, aber die jüdischen Anführer verspürten weder Mitleid noch Scham.

Priester und Oberste vergaßen die Würde ihres Amtes und beleidigten den Sohn Gottes mit üblen Schimpfwörtern. Sie verhöhnten ihn wegen seiner Herkunft und behaupteten, dass sein Anspruch, der Messias zu sein, den schmachvollsten Tod verdiene. Die zuchtlosesten Männer halfen mit, den Erlöser auf höchst entehrende Weise zu misshandeln. Ein altes Gewand wurde über seinen Kopf geworfen. Seine Verfolger schlugen ihm ins Gesicht und riefen: »Messias, du bist doch ein Prophet! Sag uns: Wer hat dich geschlagen?« (Matthäus 26,68 EÜ) Als ihm das Gewand wieder abgenommen wurde, spuckte ihm ein armseliger Kerl ins Gesicht.

Gottes Engel verzeichneten sorgfältig jeden beleidigenden Blick, jedes Wort und jede Tat, die gegen ihren geliebten Herrn gerichtet waren. Eines Tages werden die niederträchtigen Männer, die das stille, bleiche Angesicht von Christus verhöhnt und besudelt haben, es in seiner Herrlichkeit sehen, die heller leuchtet als die Sonne.

KAPITEL 76

JUDAS

Matthäus 27,3-10

•

Die Geschichte von Judas zeigt das traurige Ende eines Lebens, das von Gott hätte anerkannt werden können. Wäre Judas vor seiner letzten Reise nach Jerusalem gestorben, hätte man ihn als einen Mann angesehen, der würdig war, einen Platz unter den Zwölf einzunehmen, und man hätte ihn sehr vermisst. Die Verachtung, die sich über all die Jahrhunderte mit seinem Namen verband, wäre ohne die Charakterzüge, die sich am Ende seines Lebens offenbarten, gar nicht aufgekommen. Doch sein wahres Wesen wurde der Welt zu einem bestimmten Zweck offengelegt: Es sollte all jenen zur Warnung dienen, die wie er heilige Güter in ihrer Verwahrung missbrauchen.

Kurz vor dem Passafest hatte Judas seinen Vertrag mit den Priestern, ihnen Jesus auszuliefern, erneuert. Es wurde vereinbart, dass er an einem seiner Zufluchtsorte, wo er sich gewöhnlich zum Nachdenken und Beten aufhielt, gefangengenommen werden sollte. Seit dem Fest in Simons Haus hatte Judas die Möglichkeit, sein Vorhaben, zu dem er sich verpflichtet hatte, zu überdenken. Doch seine Absicht blieb unverändert. Für 30 Silberlinge – dies war der Preis für einen Sklaven – überantwortete er den Herrn der Herrlichkeit der Schande und dem Tod.

Judas hatte von Natur aus eine besondere Vorliebe für Geld. Doch er war nicht immer so bestechlich gewesen, um eine solche Tat wie diese zu begehen. Er hatte den üblen Geist der Habsucht so lange genährt, bis dieser zur beherrschenden Antriebskraft in seinem Leben wurde. Seine Liebe zum Geld wurde stärker als die Liebe zu Christus. Indem er Sklave eines Lasters wurde, übergab er sich Satan und wurde zu allen möglichen Sünden angestiftet.

Judas hatte sich den Jüngern angeschlossen, als eine große Menge Jesus folgte. Die Lehren des Erlösers bewegten die Herzen der Menschen. Wie gebannt lauschten sie seinen Worten, die er in der Synagoge, am Seeufer und auf dem Berg zu ihnen sprach. Judas sah, wie Kranke, Lahme und Blinde aus den Dörfern und Städten zu Jesus strömten. Er erlebte mit, wie ihm Sterbende zu Füßen gelegt wurden. Er war Zeuge der großartigen Wunder, die Jesus tat – Krankenheilungen, Teufelsaustreibungen und Totenauferweckungen.

Er verspürte an sich selbst die Macht von Christus und war sich bewusst, dass die Lehren von Jesus alles übertrafen, was er bisher gehört hatte. Er liebte den großen Lehrer und sehnte sich danach, bei ihm zu sein. Er hatte das Verlangen, dass sein Charakter und sein Leben verändert würden, und er hoffte, dies zu erleben, indem er sich Jesus anschloss. Der Erlöser wies Judas nicht ab. Er gab ihm einen Platz unter den Zwölf, vertraute ihm die Aufgabe eines Evangelisten an und rüstete ihn mit der Kraft aus, Kranke zu heilen und Teufel auszutreiben. Dennoch kam Judas nie an den Punkt, wo er sich völlig Christus übergab. Er gab weder seinen weltlichen Ehrgeiz noch seine Liebe zum Geld auf. Obgleich er die Stellung eines Dieners von Christus annahm, überließ er sich nicht dem göttlichen Einfluss. Er war der Ansicht, er könne sich ein eigenes Urteil und eine eigene Meinung bewahren, und neigte dazu, andere zu tadeln und zu beschuldigen.

JUDAS ÜBERSCHÄTZT SICH

Judas wurde von den Jüngern sehr geschätzt und übte einen großen Einfluss auf sie aus. Er selbst hatte eine hohe Meinung von seinen eigenen Fähigkeiten und glaubte sich seinen Brüdern an Urteilskraft und Können weit überlegen. Er meinte, sie würden die sich ihnen bietenden Möglichkeiten nicht erkennen und die gegebenen Umstände nicht zu ihren Gunsten nutzen. Die Gemeinde werde mit so kurzsichtigen Männern an der Spitze nie Erfolg haben. Petrus war ungestüm. Er handelte oft, ohne zu überlegen. Johannes, der die Lehren von Christus aufnahm und bewahrte, war in den Augen von Judas ein schlechter Haushalter. Matthäus, dessen Ausbildung ihn gelehrt hatte, in allen Dingen sorgfältig und genau zu sein, legte größten Wert auf Ehrlichkeit. Er wog die Worte von Christus stets genau ab und vertiefte sich derart darin, dass ihm – so dachte Judas – keine Aufträge anvertraut werden konnten, die Scharfsinn und Weitblick verlangten. Auf diese Weise nahm sich Judas alle Jünger vor und schmeichelte sich selbst damit, dass die Gemeinde oft ratlos und verlegen gewesen wäre, hätte es ihn als Leiter mit seinem Können nicht gegeben. Judas betrachtete sich selbst als fähig, als jemanden, der nicht überboten werden konnte. Seiner eigenen Einschätzung nach war er eine Ehre für das Werk. Dementsprechend verhielt er sich auch.

Judas war blind für seine eigenen Charakterschwächen. Doch Christus wies ihm einen Platz zu, an dem es ihm möglich gewesen wäre, diese zu erkennen und zu korrigieren. Als Kassenverwalter der Jünger war er dazu aufgerufen, für die Bedürfnisse dieser kleinen Gemeinschaft zu sorgen und die Not der Armen zu lindern. Als ihm Jesus beim Passamahl sagte: »Beeile dich und tu, was du tun musst!« (Johannes 13,27b GNB), dachten die Jünger, Jesus habe ihn gebeten, etwas für das Fest einzukaufen oder den Armen etwas zu geben. Im Dienst für andere hätte Judas eine selbstlose Gesinnung entwickeln können, doch obwohl er täglich den Unterweisungen von Christus zuhörte und Zeuge von dessen selbstlosem Leben war, gab er seiner habgierigen Veranlagung nach. Die kleinen Beträge, die durch seine Hände gingen, waren für ihn eine ständige Versuchung. Wenn er Christus einen kleinen Dienst erwies oder Zeit für religiöse Aufgaben einsetzte, bezahlte er sich oft selbst einen Lohn aus dieser bescheidenen Kasse. Solche Gelegenheiten dienten ihm als Vorwand, um seine Handlungsweise zu entschuldigen. In Gottes Augen aber war er ein Dieb.

JUDAS ÄRGERT SICH

Die von Christus oft wiederholten Aussagen, sein Reich sei nicht von dieser Welt, ärgerten Judas. So hatte er bereits einen Plan entworfen und erwartete von Jesus, dass er danach handelte. Er hatte vor, Johannes den Täufer aus dem Gefängnis zu befreien. Doch Johannes blieb eingekerkert und wurde enthauptet. Und Jesus zog sich, statt sein königliches Recht durchzusetzen und den Tod von Johannes zu rächen, mit seinen Jüngern an einen ländlichen Ort zurück. Judas verlangte eine entschlossenere Vorgehensweise. Er glaubte, dass ihre Arbeit erfolgreicher wäre, wenn Jesus sie nicht immer daran hindern würde, ihre eigenen Pläne zu verwirklichen. Er bemerkte die zunehmende Feindseligkeit der jüdischen Obersten und musste miterleben, wie ihr Verlangen, von Christus ein Zeichen vom Himmel zu sehen, keine Beachtung fand. Sein Herz war für den Unglauben offen, und der Feind versorgte ihn mit Gedanken des Zweifels und des Aufruhrs. Warum hielt sich Jesus so lange mit Dingen auf, die entmutigend waren? Warum sagte er für sich und seine Jünger Prüfungen und Verfolgung voraus? Die Aussicht auf eine hohe Stellung im neuen Königreich hatte Judas dazu bewogen, das Werk von Christus zu unterstützen. Sollten seine Hoffnungen enttäuscht werden? Judas war nicht der Meinung, dass Jesus nicht Gottes Sohn sei, aber er zweifelte und suchte nach Erklärungen für dessen mächtige Taten.

Ungeachtet dessen, was der Erlöser selbst lehrte, verbreitete Judas wiederholt den Gedanken, dass Christus als König in Jerusalem herrschen werde. Bei der Speisung der 5000 versuchte er, dies zu veranlassen. Bei dieser Gelegenheit half er mit, das Essen an die hungrige Menge auszuteilen. Hier hatte er die Gelegenheit mitzuerleben, welcher Segen es war, anderen etwas weitergeben zu können. Er empfand eine Genugtuung, die man im

Dienst für Gott immer verspürt. Auch half er mit, die Kranken und Leidenden, die sich in der Menge befanden, zu Christus zu bringen. Er sah, welche Erleichterung, wie viel Freude und welches Glück durch die heilende Kraft des Erlösers in die Herzen der Menschen kamen. Hier hätte Judas die Handlungsweise von Christus verstehen lernen können, doch seine selbstsüchtigen Wünsche verblendeten ihn. Judas war der Erste, der die Begeisterung der Menge über das Speisungswunder ausnutzen wollte. Er war es gewesen, der die ersten Schritte dazu unternahm, um Christus mit Gewalt zum König zu machen. Seine Hoffnungen waren groß. Umso bitterer war seine Enttäuschung.

Die Rede von Christus in der Synagoge von Kapernaum über das Brot des Lebens brachte die Wende in der Geschichte von Judas. Er hörte die Worte: »Wenn ihr nicht das Fleisch des Menschensohnes esst und sein Blut trinkt, so habt ihr kein Leben in euch.« (Johannes 6,53b) Da erkannte Judas, dass Christus geistliche und nicht weltliche Güter anbot. Er hielt sich selbst für weitsichtig und glaubte zu erkennen, dass Jesus keine weltliche Ehre erlangen würde und seinen Nachfolgern keine angesehene Stellung verschaffen könnte. Deshalb beschloss er, sich Christus nur ein Stück weit anzuschließen, damit er sich jederzeit wieder zurückziehen konnte. Er nahm sich vor, wachsam zu sein. Und das war er auch!

UNBEACHTETE WARNUNGEN

Von nun an äußerte er Zweifel, was die Jünger verwirrte. Er warf Streitfragen auf und verbreitete irreführende Ansichten, indem er die von den Schriftgelehrten und Pharisäern gebrauchten Argumente gegen die Ansprüche von Jesus wiederholte. All die kleinen und großen Unannehmlichkeiten, Nöte und Schwierigkeiten und die scheinbaren Hindernisse bei der Ausbreitung des Evangeliums deutete Judas als Beweis gegen die Wahrhaftigkeit der göttlichen Botschaft. Er führte Schriftstellen an, die mit den Wahrheiten, die Christus verkündigte, nichts zu tun hatten. Diese aus dem Zusammenhang gerissenen Texte verunsicherten die Jünger, und die Entmutigung, unter der sie stets litten, wurde noch größer. Doch all das tat Judas in einer Art und Weise, dass es schien, als wäre er äußerst gewissenhaft. Während die Jünger nach Beweisen suchten, um die Worte des großen Lehrers zu bestätigen, führte sie Judas fast unmerklich auf eine andere Bahn. In einer sehr frommen und scheinbar klugen Weise stellte er Dinge in einem anderen Licht dar, als Jesus es getan hatte, und fügte dessen Worten eine Bedeutung hinzu, welche dieser nicht vermittelt hatte. Seine Andeutungen weckten fortwährend ehrgeizige Wünsche nach weltlicher Größe und lenkten die Jünger von den wichtigen Dingen ab, die sie hätten beachten sollen. Der Streit darüber, wer von ihnen der Größte sei, wurde gewöhnlich von Judas angezettelt.

Als Jesus dem reichen, jungen Schriftgelehrten die Bedingung für eine Nachfolge aufzeigte, war Judas unzufrieden und glaubte, man habe einen Fehler gemacht. Würden sich solche Männer wie dieser Oberste mit den Gläubigen verbinden, könnten sie dazu beitragen, das Werk von Christus zu fördern. Hätte man nur ihn als Ratgeber genommen, so dachte Judas, hätte er viele Vorschläge zum Wohl der kleinen Gemeinde machen können. Seine Grundsätze und Methoden würden sich zwar etwas von denen unterscheiden, die Christus vertrat, doch in diesen Angelegenheiten hielt er sich für klüger.

In allem, was Christus seinen Jüngern sagte, gab es etwas, dem Judas innerlich nicht zustimmte. Unter seinem Einfluss begann der Sauerteig der Unzufriedenheit schnell zu wirken. Die Jünger erkannten den wahren Urheber von all dem nicht, doch Jesus sah, dass Satan Judas so sehr beeinflusste, dass dieser dessen Eigenschaften annahm. Dadurch fand Satan einen Weg, auch die anderen Jünger in seinen Bann zu ziehen. Bereits ein Jahr vor dem Verrat hatte Jesus erklärt: »Ich habe euch zwölf auserwählt, aber einer von euch ist ein Teufel.« (Johannes 6,70 NLB)

Doch Judas wandte sich nicht offen gegen den Erlöser. Er schien auch dessen Lehren nicht anzuzweifeln. Er murrte nicht nach außen hin – bis zum Fest in Simons Haus. Als Maria die Füße des Erlösers salbte, wurde seine habsüchtige Gesinnung sichtbar. Als ihn Jesus deshalb tadelte, wurde sein Herz sehr verbittert. Verletzter Stolz und das Verlangen nach Rache ließen alle Dämme brechen, und die langgehegte Habgier beherrschte ihn nun ganz. Dies wird die Erfahrung eines jeden werden, der beharrlich mit der Sünde spielt. Schlechte Wesenszüge, die weder bekämpft noch überwunden werden, verleiten dazu, den Versuchungen des Bösen nachzugeben. Auf diese Weise wird der Mensch zum Gefangenen von Satans Willen.

Judas war aber für Gottes Geist noch nicht völlig unempfänglich geworden. Selbst nachdem er sich zweimal vorgenommen hatte, den Erlöser zu verraten, hätte er noch Gelegenheit zur Umkehr gehabt. Beim Abendmahl bewies Christus seine Göttlichkeit, indem er die Absicht des Verräters offenbarte. Er bezog Judas liebevoll in den Dienst mit ein, den er seinen Jüngern erwies. Doch auch der letzte Aufruf der Liebe blieb unbeachtet. Danach war Judas' Fall entschieden. Die Füße, die Jesus gewaschen hatte, eilten hinaus, um den Verrat zu vollenden.

JUDAS TÄUSCHT SICH

Wenn Jesus dazu bestimmt war, gekreuzigt zu werden, so schlussfolgerte Judas, dann musste es geschehen. Sein eigener Verrat am Erlöser würde nichts an dieser Tatsache ändern. Sollte Jesus jedoch nicht sterben, würde es ihn nur dazu zwingen, sich selbst zu befreien. Auf jeden Fall aber würde Judas durch seinen Verrat etwas gewinnen. Er rechnete damit, dadurch ein gutes Geschäft zu machen.

Judas glaubte allerdings nicht, dass sich Jesus gefangen nehmen lassen würde. Als er ihn auslieferte, wollte er Jesus eine Lektion erteilen und ihn dazu veranlassen, ihn in Zukunft mit gebührender Achtung zu behandeln. Doch Judas wusste nicht, dass er Jesus damit dem Tod überantwortete. Wie oft waren Schriftgelehrte und Pharisäer von den treffenden Bildern gepackt worden, als Jesus in Gleichnissen lehrte! Wie oft hatten sie sich selbst verurteilt! Wenn die Wahrheit ihre Herzen traf, waren sie oftmals zornig geworden. Sie hatten Steine aufgehoben und auf ihn geworfen. Doch immer wieder war er ihnen entkommen. Weil er schon so manchen Anschlägen entgangen war, nahm Judas an, dass er sich gewiss nicht festnehmen lassen werde.

Judas beschloss, es darauf ankommen zu lassen. War Jesus wirklich der Messias, würde sich das Volk, für das er so viel getan hatte, um ihn scharen und ihn zum König ausrufen. Dies würde viele Menschen, die jetzt noch unsicher waren, für immer im Glauben festigen. Judas würde dafür geehrt werden, den König auf Davids Thron gebracht zu haben; und diese Tat würde ihm im neuen Königreich den höchsten Platz neben Christus sichern.

Der unaufrichtige Jünger spielte seine Rolle, indem er Jesus verriet. Als er im Garten Gethsemane zu den Anführern des Pöbels sagte: »Der, den ich küssen werde, der ist es; nehmt ihn fest.« (Matthäus 26,48b EÜ), war er fest davon überzeugt, Christus werde ihnen entkommen. Wenn sie ihn dann beschuldigen würden, könnte er sagen: Habe ich euch nicht gesagt, ihr sollt ihn festhalten?

Judas schaute zu, wie die Soldaten auf sein Wort hin Jesus festbanden. Erstaunt sah er, wie sich der Erlöser wegführen ließ. Beunruhigt folgte er ihm vom Garten zum Verhör vor den jüdischen Obersten. Bei jeder Bewegung wartete er darauf, dass Jesus seine Feinde überraschen, vor ihnen als Sohn Gottes erscheinen und all ihre Anschläge und ihre Macht zunichtemachen werde. Als jedoch Stunde um Stunde verging und Jesus alle Misshandlungen über sich ergehen ließ, überkam den Verräter eine schreckliche Angst, dass er seinen Meister tatsächlich verkauft und dem Tod ausgeliefert hatte.

DIE GROSSE VERZWEIFLUNG

Als sich das Verhör dem Ende näherte, konnte Judas die Qual seines schuldbeladenen Gewissens nicht länger ertragen. Plötzlich durchdrang ein heiserer Schrei, der alle Herzen mit Schrecken erschaudern ließ, die Gerichtshalle: Er ist unschuldig! Gib ihn frei, Kaiphas!

Nun sah man, wie sich die hochgewachsene Gestalt von Judas durch die erstaunte Menge drängte. Sein Gesicht war bleich und verstört, und auf seiner Stirn standen große Schweißtropfen. Er stürzte auf den Richterstuhl zu, warf die dreißig Silberlinge – den Preis für seinen Verrat – dem Hohenpriester vor die Füße, ergriff in ungeduldiger Hast das Gewand von Kaiphas und flehte ihn an, Jesus freizugeben. Er erklärte, dass dieser nichts getan habe, was den Tod rechtfertige. Erbost schüttelte ihn Kaiphas ab, weil er verwirrt war und nicht wusste, was er sagen sollte. Die Heimtücke der Priester war nun klar sichtbar geworden, denn es war offensichtlich, dass sie den Jünger bestochen hatten, um seinen Meister zu verraten.

»Ich habe gesündigt«, schrie Judas, »ich habe euch einen unschuldigen Menschen ausgeliefert.« Doch der Hohepriester, der seine Selbstbeherrschung wiedergewonnen hatte, erwiderte verächtlich: »Was geht das uns an? Das ist deine Sache.« (Matthäus 27,4 EÜ) Die Priester waren bereit gewesen, Judas zu ihrem Werkzeug zu machen, verachteten aber gleichzeitig seine Niederträchtigkeit. Als er sich mit seinem Geständnis an sie wandte, wiesen sie ihn ab.

Nun warf sich Judas Jesus zu Füßen, erkannte ihn als Sohn Gottes an und flehte ihn an, sich selbst zu befreien. Der Erlöser machte seinem Verräter keine Vorwürfe. Er wusste, dass Judas nicht wirklich bereute. Das Geständnis, das sich seiner schuldbeladenen Seele entrang, entsprang der schrecklichen Angst vor der Verdammung und dem kommenden Gericht. Er verspürte jedoch keinen tiefen, herzzerreißenden Schmerz darüber, dass er den schuldlosen Sohn Gottes verraten und den Heiligen Israels verleugnet hatte. Trotzdem verurteilte ihn Jesus mit keinem Wort. Voller Mitleid schaute er auf Judas und sagte: Wegen dieser Stunde bin ich in die Welt gekommen.

Ein überraschtes Raunen ging durch die Versammlung. Verwundert sahen sie, wie nachsichtig Jesus mit seinem Verräter umging. Erneut waren sie überzeugt, dass dieser Mann mehr als ein sterblicher Mensch war. Aber wenn er Gottes Sohn war, so fragten sie sich weiter, warum befreite er sich nicht von seinen Fesseln und triumphierte über seine Ankläger?

Als Judas erkannte, dass sein Bitten und Flehen erfolglos blieb, rannte er aus der Halle und schrie laut: Es ist zu spät! Es ist zu spät! Er spürte, dass er es nicht ertragen konnte, mitanzusehen, wie Jesus gekreuzigt wurde. Verzweifelt ging er hinaus und erhängte sich (vgl. Matthäus 27,5).

Später am selben Tag wurde auf dem Weg vom Palast des Pilatus nach Golgatha das Geschrei und Gespött der bösartigen Menschen, die Jesus zur Kreuzigungsstätte begleiteten, jäh unterbrochen. An einer einsamen Stelle erblickten sie am Fuß eines abgestorbenen Baumes den Leichnam von Judas. Was für ein schrecklicher Anblick! Das schwere Gewicht seines Körpers hatte den Strick, mit dem er sich am Baum erhängt hatte, zerrissen. Durch den Fall war sein Körper schrecklich entstellt worden (vgl. Apostelgeschichte 1,18). Nun fraßen ihn die Hunde auf. Seine Überreste wurden unverzüglich weggeschafft und begraben. Nun ließ der Spott unter der Menge nach, und manches bleiche Gesicht offenbarte die Gedanken des Herzens. Es schien so, als würden diejenigen, die am Blut von Jesus schuldig geworden waren, schon jetzt Vergeltung empfangen.

KAPITEL 77

VOR PILATUS

*Matthäus 27,2.11-31; Markus 15,1-20; Lukas 23,1-25;
Johannes 18,28-40; 19,1-16*

Gefangen, gebunden und von Soldaten bewacht, stand Christus in der Gerichtshalle des römischen Statthalters Pilatus. Der Raum füllte sich schnell mit Schaulustigen. Unmittelbar vor dem Eingang hatten sich die Richter des Hohen Rats, Priester, Ratsmitglieder, Älteste und der Pöbel eingefunden.

Nach der Verurteilung von Jesus hatten sich die Mitglieder des Hohen Rats auf den Weg zu Pilatus gemacht, um das Urteil bestätigen und vollstrecken zu lassen. Die jüdischen Amtsträger wollten jedoch die Gerichtshalle nicht betreten, da sie sich gemäß ihrem Zeremonialgesetz dadurch verunreinigt hätten und nicht am Passafest hätten teilnehmen können. In ihrer Blindheit erkannten sie nicht, dass mörderischer Hass ihre Herzen bereits verunreinigt hatte. Sie begriffen nicht, dass Jesus das wahre Passalamm war. Weil sie ihn abgelehnt hatten, verlor das große Fest für sie seine Bedeutung.

JESUS STEHT VOR PILATUS

Als der Erlöser in die Gerichtshalle gebracht wurde, blickte ihn Pilatus unfreundlich an. Der römische Statthalter war in aller Eile aus seinem Schlafgemach gerufen worden. Er war entschlossen, diesen Fall so schnell wie möglich zu Ende zu bringen und wollte dem Angeklagten mit amtlicher Härte begegnen. Mit strengem Blick wandte er sich dem Angeklagten zu, um zu sehen, wer der Mann war, den er verhören sollte und um dessentwillen er zu so früher Stunde aufgeweckt worden war. Er wusste, dass es jemand sein musste, den die jüdischen Obersten unverzüglich verhört und bestraft haben wollten.

Pilatus schaute zu den Männern, die Jesus bewachten. Dann ließ er seinen Blick prüfend auf Jesus ruhen. Er hatte schon mit Verbrechern aller Art zu tun gehabt, doch noch nie war ein Mann zu ihm gebracht worden, der so viel Güte und Würde ausstrahlte. In seinem Angesicht fand er keinerlei Anzeichen von Schuld, keinen Ausdruck von Angst, Verwegenheit oder Trotz. Er sah einen Mann vor sich, der Ruhe und Erhabenheit ausstrahlte und dessen Gesicht keine Spuren eines Verbrechers trug, sondern himmlische Wesenszüge aufwies.

Die Erscheinung von Christus machte auf Pilatus einen positiven Eindruck und weckte das Gute in ihm. Er hatte von Jesus und dessen Werken gehört. Auch seine Frau hatte ihm von den wunderbaren Taten dieses galiläischen Propheten erzählt, der Kranke heilte und Tote auferweckte. Wie in einem Traum wurde ihm dies alles wieder bewusst. Er erinnerte sich an Gerüchte, die er von verschiedenen Seiten gehört hatte. Darum beschloss er, die Juden zu fragen, welche Anklage sie gegen den Gefangenen vorzubringen hätten.

»Wer ist dieser Mann, und weshalb habt ihr ihn hergebracht?«, fragte er sie. »Was werft ihr ihm vor?« Die jüdischen Obersten waren verwirrt. Weil sie genau wussten, dass sie ihre gegen Christus gerichteten Anklagen nicht beweisen konnten, wünschten sie keine öffentliche Untersuchung. Sie antworteten deshalb, er sei ein Betrüger und werde Jesus von Nazareth genannt.

Pilatus fragte noch einmal: »Welche Anklage erhebt ihr gegen diesen Mann?« (Johannes 18,29b GNB) Die Priester beantworteten seine Frage nicht, doch mit den Worten: »Wenn er kein Verbrecher wäre, hätten wir ihn dir nicht übergeben« (Johannes 18,30 GNB), brachten sie ihre Verärgerung zum Ausdruck. Wenn die Mitglieder des Hohen Rats, dem die höchsten Männer der Nation angehörten, einen Mann überführten, den sie des Todes für würdig hielten, war es dann noch nötig, nach einer Anklage gegen ihn zu fragen? Sie hofften, Pilatus mit ihrer Wichtigkeit zu beeindrucken, sodass er ihrem Wunsch entsprechen würde, ohne dabei weitere Untersuchungen anzustellen. Sie waren erpicht darauf, ihr Urteil umgehend bestätigt zu sehen, denn sie wussten, dass das Volk, das die wunderbaren Taten von Christus miterlebt hatte, Dinge erzählen konnte, welche sich von den Lügengeschichten, die sie nun selbst vorbrachten, grundlegend unterschieden.

Die Priester dachten, ihre Pläne beim schwachen und unschlüssigen Pilatus ohne Schwierigkeiten durchsetzen zu können. Bis dahin hatte er Todesurteile vorschnell unterzeichnet und dadurch Menschen dem Tod überantwortet, von denen sie wussten, dass sie den Tod nicht verdient hatten. In seinen Augen galt das Leben eines Gefangenen wenig. Ob jemand schuldig oder unschuldig war, spielte keine besondere Rolle. Darum hofften die Priester, dass Pilatus die Todesstrafe über Jesus verhängen werde, ohne ihn anzuhören. Diesen Gefallen erbaten sie sich anlässlich ihres großen nationalen Festes.

Doch der Gefangene hatte etwas an sich, was Pilatus zurückhielt. Er wagte es nicht, ihn zu verurteilen. Er erkannte die Absicht der Priester und erinnerte sich daran, wie Jesus kurz zuvor Lazarus auferweckt hatte, einen Mann, der bereits vier Tage tot gewesen war. Bevor er das Todesurteil unterschrieb, beschloss er deshalb, herauszufinden, welche Anklagen man gegen ihn erhob und ob diese bewiesen werden konnten.

Wenn euer Urteil ausreicht, sagte er, warum bringt ihr diesen Mann dann noch zu mir? »Nehmt ihr ihn doch ... und verurteilt ihn nach eurem eigenen Gesetz!« (Johannes 18,31a GNB) Auf diese Weise in die Enge getrieben, sagten die Priester, sie hätten ihn bereits verurteilt. Doch damit ihr Urteil Rechtskraft erlangte, mussten sie eine Bestätigung von Pilatus haben. »Wie lautet euer Urteil?«, fragte Pilatus. »Wir haben ihn zum Tod verurteilt«, antworteten sie, »doch es ist uns nach dem römischen Gesetz nicht erlaubt, jemanden hinzurichten«. Sie baten Pilatus, auf ihr Wort hin die Schuld von Christus anzuerkennen und ihr Urteil zu vollstrecken. Die Verantwortung für die Folgen würden sie auf sich nehmen.

DIE ANKLAGE DER PRIESTER

Pilatus war weder ein gerechter noch ein gewissenhafter Richter. Obwohl moralisch schwach, weigerte er sich, ihrer Bitte nachzukommen. Er wollte Jesus erst verurteilen, nachdem eine Anklage gegen ihn erhoben worden war.

Die Priester gerieten in große Verlegenheit. Sie erkannten, dass sie ihre Heuchelei unter allen Umständen verbergen mussten und keinesfalls den Anschein erwecken durften, als sei Christus aus religiösen Gründen festgenommen worden. Mit einer solchen Beweisführung würden sie bei Pilatus nichts erreichen. Sie mussten die Sache so darstellen, als würde Jesus gegen das öffentliche Gesetz handeln. Nur so konnte er als politischer Straftäter belangt werden. Aufruhr und Widerstand gegen die römische Staatsgewalt gab es unter den Juden oft. In solchen Fällen griffen die Römer sehr hart durch und waren stets darauf bedacht, alles zu unterdrücken, was zu einem Aufstand führen konnte.

Erst wenige Tage zuvor hatten die Pharisäer versucht, Christus eine Falle zu stellen. Sie hatten ihn gefragt: »Sage uns nun: Ist es richtig, dem Kaiser Steuern zu zahlen, oder nicht?« (Lukas 20,22 NLB) Doch Christus hatte ihre Heuchelei durchschaut. Die Römer, die dabeistanden, hatten gesehen, wie die Verschwörer kläglich versagten und wie unbehaglich sie sich fühlten, als Jesus antwortete: »Dann gebt dem Kaiser, was dem Kaiser gehört. Und gebt Gott, was Gott gehört.« (Lukas 20,25 NLB)

Nun versuchten die Priester, es so darzustellen, als hätte Christus bei dieser Gelegenheit das gelehrt, was sie zu hören gehofft hatten. In größter Not riefen sie falsche Zeugen zu Hilfe und brachten »ihre Anklage gegen ihn vor; sie sagten: ›Wir haben festgestellt, dass dieser Mensch unser Volk verführt, es davon abhält, dem Kaiser Steuern zu zahlen, und behauptet, er sei der Messias und König.‹« (Lukas 23,2 EÜ) Alle diese drei Anklagen entbehrten jeder Grundlage. Dies wussten die Priester, doch sie waren bereit, einen Meineid zu leisten, nur um ihr Ziel zu erreichen.

Bist du der König der Juden?

Pilatus durchschaute ihre Absichten. Er glaubte nicht, dass der Gefangene eine Verschwörung gegen den Staat hatte anzetteln wollen. Dessen ruhiges und bescheidenes Auftreten stimmte ganz und gar nicht mit ihrer Anklage überein. Pilatus war davon überzeugt, dass es hier um eine niederträchtige Verschwörung ging und ein unschuldiger Mann, der den jüdischen Würdenträgern im Weg stand, umgebracht werden sollte. Er wandte sich an Jesus und fragte: »Bist du der König der Juden?« Der Erlöser antwortete: »Du sagst es.« (Matthäus 27,11) Als er sprach, leuchtete sein Angesicht, als würde es von einem Sonnenstrahl erhellt.

Als Kaiphas und seine Begleiter diese Antwort hörten, forderten sie Pilatus auf, selbst zu bestätigen, dass Jesus die ihm angelastete Straftat zugegeben habe. Mit lauten Zurufen verlangten die Priester, Schriftgelehrten und Obersten, er solle zum Tod verurteilt werden. Die Rufe wurden vom Pöbel aufgenommen, und der Lärm war ohrenbetäubend. Pilatus war bestürzt. Als er sah, dass Jesus seinen Anklägern nicht antwortete, sagte er zu ihm: »›Antwortest du nichts? Siehe, wie hart sie dich verklagen!‹ – Jesus aber antwortete nichts mehr.« (Markus 15,4.5a)

Christus, der hinter Pilatus stand und von allen in der Gerichtshalle gesehen werden konnte, hörte die Beschimpfungen, doch er antwortete mit keinem Wort auf all die falschen Anschuldigungen, die gegen ihn vorgebracht wurden. Sein ganzes Verhalten bewies, dass er sich seiner Unschuld bewusst war. Unbewegt stand er da, inmitten des Sturms der Entrüstung, der ihm entgegenschlug. Es war, als würden die Fluten des Zorns immer höher steigen und die Wogen des tobenden Ozeans über ihm zusammenschlagen, jedoch ohne ihn zu berühren. Schweigend stand er da – doch sein Schweigen sprach Bände! Es war, als ob ein Licht aus ihm hervorleuchtete.

Pilatus war über das Verhalten von Jesus erstaunt. Missachtete dieser Mann das Gerichtsverfahren, weil er sein Leben nicht retten wollte?, fragte er sich. Er schaute auf Jesus, der Beleidigungen und Spott ertrug, ohne sich dagegen aufzulehnen, und spürte, dass dieser Mann nicht so unaufrichtig und ungerecht sein konnte wie die wütenden Priester. In der Hoffnung, die Wahrheit von ihm zu erfahren und dem Tumult der Menge zu entgehen, nahm er Jesus zur Seite und fragte ihn erneut: »Bist du der König der Juden?« (Johannes 18,33b)

MEIN REICH IST NICHT VON DIESER WELT

Jesus beantwortete diese Frage nicht sofort. Er wusste, dass der Heilige Geist an Pilatus wirkte, und gab ihm Gelegenheit, seine Überzeugung zu bekennen. »Bist du selbst auf diesen Gedanken gekommen, oder haben andere dir das über mich gesagt?« (Johannes 18,34 NGÜ) Mit anderen Worten: Waren es die Anschuldigungen der Priester, die Pilatus zu dieser Frage bewogen, oder war es das Verlangen, mehr Licht von Christus zu erhalten? Pilatus verstand, was Christus sagen wollte, doch der Stolz regte sich in seinem Herzen. Er wollte nicht zu seiner Überzeugung stehen, die ihn innerlich bewegte. »Bin ich etwa ein Jude?«, gab er zurück. »Die führenden Männer deines eigenen Volkes und die Hohenpriester haben dich hergebracht, damit ich dich verurteile. Was also hast du getan?« (Johannes 18,35 Hfa)

Pilatus hatte die kostbare Gelegenheit verpasst. Dennoch schenkte ihm Jesus weitere Erkenntnis. Obwohl er die Frage von Pilatus nicht direkt beantwortete, erklärte er ihm deutlich seine eigene Mission. Er gab Pilatus zu verstehen, dass er keinen irdischen Thron begehrte.

Jesus sagte zu Pilatus: »Mein Reich ist nicht von dieser Welt. Wenn es so wäre, hätten meine Diener für mich gekämpft, als ich verhaftet wurde. Aber mein Königreich ist nicht von dieser Welt.« Pilatus entgegnete: »Dann bist du also doch ein König?« »Du sagst es: Ich bin ein König; du hast Recht«, erklärte Jesus. »Dazu bin ich geboren. Ich bin gekommen, um der Welt die Wahrheit zu bringen. Wer die Wahrheit liebt, wird erkennen, dass meine Worte wahr sind.« (Johannes 18,36.37 NLB)

Christus bestätigte damit, dass sein Wort selbst ein Schlüssel ist, der jenen, die bereit sind, es anzunehmen, das Geheimnis erschließt. Dieses Wort entfaltet eine in ihm selbst liegende Kraft und ist das Geheimnis, dass sich sein Reich der Wahrheit so weit auszudehnen vermag. Er wollte Pilatus zeigen, dass dessen verdorbene Natur nur erneuert werden konnte, wenn er bereit wäre, die Wahrheit anzunehmen und zu verinnerlichen.

Pilatus wünschte, die Wahrheit kennen zu lernen, doch er war innerlich verwirrt. Erwartungsvoll nahm er die Worte des Erlösers auf. Sein Herz wollte unbedingt erfahren, was wirklich Wahrheit ist und wie er sie erlangen konnte. »Was ist Wahrheit?« (Johannes 18,38a), fragte er. Doch er wartete nicht auf eine Antwort. Der Lärm draußen erinnerte ihn an die Bedeutung dieser Stunde, denn die Priester begehrten lautstark die sofortige Entscheidung. Er ging hinaus zu den Juden und erklärte entschieden: »Ich finde keine Schuld an ihm.« (Johannes 18,38b)

Diese Worte eines heidnischen Richters waren eine scharfe Zurechtweisung für die doppelzüngigen und falschen Obersten Israels, die den Erlöser verklagten. Als die Priester und Ältesten die Worte von Pilatus hörten, kannten ihre Wut und ihre Enttäuschung keine Grenzen mehr. Lange hatten sie Pläne geschmiedet und auf diese Gelegenheit gewartet! Als sie nun die Möglichkeit einer Freilassung kommen sahen, hätten sie Jesus am liebsten in Stücke gerissen. Mit lauter Stimme klagten sie Pilatus an und drohten ihm mit einem Verweis der römischen Regierung. Sie warfen ihm vor, er habe sich geweigert, Jesus zu verurteilen, der sich – wie sie behaupteten – gegen den Kaiser erhoben habe.

Wütende Stimmen wurden jetzt laut, die behaupteten, der aufrührerische Einfluss von Jesus sei im ganzen Land bekannt. Die Priester riefen: »Mit seiner Lehre, die er im ganzen jüdischen Land verbreitet, hetzt er das Volk auf. Angefangen hat er damit in Galiläa, und jetzt ist er bis hierher gekommen.« (Lukas 23,5b NGÜ)

PILATUS FÜRCHTET DAS VOLK

Zu diesem Zeitpunkt hatte Pilatus nicht die Absicht, Jesus zu verurteilen, denn er wusste, dass die Anklage der Juden gegen ihn nur ihrem Hass und Vorurteil entsprang. Er wusste um seine Pflicht. Die Gerechtigkeit verlangte, dass Jesus augenblicklich freigelassen wurde. Doch Pilatus fürchtete die Feindseligkeit des Volkes. Würde er sich weigern, Jesus auszuliefern, gäbe es einen Aufstand, und diesen scheute er. Als er hörte, dass Jesus aus Galiläa stammte, beschloss er, ihn zu Herodes zu senden, dem Herrscher jener Provinz, der sich gerade in Jerusalem aufhielt. Pilatus hoffte auf diese Weise, die Verantwortung für das Gerichtsverfahren auf Herodes abzuwälzen. Zudem sah er darin eine gute Gelegenheit, einen alten Streit zwischen sich und Herodes beizulegen. Und so geschah es. Während der Erlöser verhört wurde, schlossen die beiden Richter Freundschaft.

HERODES FORDERT JESUS HERAUS

Pilatus übergab Jesus erneut den Soldaten. Unter Spottrufen und Schmähungen des Pöbels wurde er eilends zur Gerichtshalle von Herodes gebracht.

»Herodes war hocherfreut, Jesus endlich zu Gesicht zu bekommen.« Noch nie zuvor war er dem Erlöser begegnet, doch »er hatte sich seit langer Zeit gewünscht, ihn einmal zu sehen, nachdem er schon viel von ihm gehört hatte. Nun hoffte er, Jesus würde in seiner Gegenwart ein Wunder tun.« (Lukas 23,8 NGÜ) Dies war nämlich jener Herodes, dessen Hände mit dem Blut von Johannes dem Täufer befleckt waren. Als er zum ersten Mal von Jesus hörte, erschrak er zu Tode und sagte: »Es ist Johannes. Ich habe ihn enthaupten lassen, und jetzt ist er auferstanden.« (Markus 6,16 NGÜ) »Darum kann er solche Wunder tun.« (Matthäus 14,2b NLB) Doch Herodes wollte Jesus sehen. Nun bot sich ihm die Gelegenheit, das Leben dieses Propheten zu retten. Der König hoffte, auf diese Weise die Erinnerung an das blutige Haupt, das ihm auf einer Schale gereicht worden war, aus seinem Gedächtnis zu tilgen. Darüber hinaus wollte er unbedingt seine Neugier befriedigen und dachte, dass Christus, wenn man ihm irgendeine Aussicht auf Freilassung gäbe, bestimmt alles tun würde, worum man ihn bäte.

Eine große Schar Priester und Ältester hatte Jesus zu Herodes begleitet. Als der Erlöser in den Palast geführt wurde, brachten diese Würdenträger aufgeregt ihre Anklagen gegen ihn vor. Herodes jedoch schenkte ihren Anklagen wenig Beachtung. Er gebot ihnen zu schweigen, denn er wollte Christus selbst befragen. Er befahl, man solle diesem die Fesseln abnehmen. Er warf dessen Feinden vor, Jesus grob zu behandeln. Voller Mitgefühl blickte er in das ruhige Angesicht des Welterlösers, und alles, was er darin lesen konnte, waren Weisheit und Reinheit. Wie Pilatus war auch er davon überzeugt, dass Jesus nur aus Bosheit und Neid angeklagt worden war.

Herodes stellte Christus viele Fragen, doch der Erlöser hüllte sich die ganze Zeit über in tiefgründiges Schweigen. Auf Verlangen des Königs wurden Gebrechliche und Verkrüppelte hereingerufen, und Christus wurde aufgefordert, seinen Anspruch durch ein Wunder zu beweisen. »Man sagt, du könnest Kranke heilen«, bemerkte Herodes. »Ich bin gespannt darauf, ob dein weitverbreiteter Ruhm den Erwartungen entspricht.« Als Jesus nicht antwortete, forderte ihn Herodes erneut heraus: »Wenn du für andere Wunder tun kannst, dann wirke sie jetzt in deinem eigenen Interesse; zu deinem eigenen Nutzen.« Erneut befahl er: »Zeige uns ein Zeichen, dass du die Macht besitzt, welche dir nachgesagt wird.« Doch Christus schien nichts zu hören und nichts zu sehen. Der Sohn Gottes hatte die menschliche Natur auf sich genommen und musste sich auch so verhalten wie Menschen in der gleichen Lage. Er wollte kein Wunder wirken, um sich dadurch dem Leid und der Erniedrigung zu entziehen, die Menschen unter ähnlichen Umständen erdulden mussten.

Herodes versprach Christus, ihn freizulassen, wenn er in seiner Gegenwart ein Wunder vollbringe. Die Ankläger von Christus hatten die großartigen Taten, die er durch seine Macht vollbracht hatte, mit ihren eigenen Augen gesehen. Sie hatten gehört, wie er dem Grab befahl, seinen Toten herauszugeben. Sie hatten gesehen, wie der Tote seiner Stimme gehorchte und herauskam. Panik ergriff sie beim Gedanken, dass er jetzt ein Wunder vollbringen könnte, denn sie befürchteten nichts mehr als eine Bekundung seiner Macht. Ein derartiger Machterweis hätte ihre Pläne zunichte gemacht und sie vielleicht das Leben gekostet! Tief beunruhigt brachten die Priester und Obersten erneut ihre Anklagen gegen Jesus vor. Mit lauter Stimme erklärten sie: »Er ist ein Verräter, ein Gotteslästerer! Er vollbringt seine Wunder durch die Macht von Beelzebub, durch den Fürsten aller Teufel.« In der Halle herrschte große Verwirrung. Alle schrien durcheinander.

JESUS SCHWEIGT

Das Gewissen von Herodes war bei weitem nicht mehr so empfindsam wie damals, als er bei der Bitte von Herodias um das Haupt von Johannes dem Täufer vor Entsetzen erzitterte. Eine Zeitlang hatten ihn wegen dieser grausamen Tat schwere Gewissensbisse geplagt. Doch sein ausschweifendes Leben hatte im Laufe der Zeit sein moralisches Empfinden immer mehr abgestumpft. Jetzt war sein Herz so verhärtet, dass er sogar mit der Strafe prahlte, die er über Johannes verhängt hatte, weil dieser es gewagt hatte, ihn zu tadeln. Nun drohte er Jesus, indem er ihm wiederholt deutlich machte, dass er die Macht habe, ihn freizulassen oder zu verurteilen. Doch Jesus gab durch nichts zu erkennen, dass er auch nur ein Wort gehört hatte.

Herodes ärgerte sich über dieses Schweigen. Es machte den Eindruck, als wäre Jesus die Autorität des Königs völlig gleichgültig. Für den eitlen und hochmütigen Herrscher wäre ein aufrichtiger Tadel weniger beleidigend gewesen, als auf diese Weise übergangen zu werden. Erneut drohte er Jesus wütend, doch dieser blieb still und ungerührt. Die Aufgabe von Christus in dieser Welt bestand nicht darin, bloße Neugierde zu befriedigen. Er kam, um zerbrochene Herzen zu heilen. Hätte er ein Wort sagen können, um die Wunden der sündenkranken Menschen zu heilen, wäre er nicht still geblieben. Doch für jene, die die Wahrheit nur mit ihren unheiligen Füßen treten würden, hatte er keine Worte übrig.

Christus hätte Worte an Herodes richten können, die den hartgesottenen König bis ins Innerste getroffen hätten. Es hätte ihn mit Furcht und Zittern erfüllt, hätte er ihm die ganze Schuld seines Lebens und den Schrecken seines nahenden Untergangs aufgezeigt. Doch das Schweigen von Christus war die stärkste Zurechtweisung, die er ihm geben konnte. Herodes hatte die Wahrheit, die ihm der größte aller Propheten kundgetan hatte, verworfen, und nun sollte er keine weitere Botschaft empfangen. Nicht ein einziges Wort hatte die Majestät des Himmels noch für ihn übrig. Das Ohr, das für das menschliche Leid immer offen gewesen war, blieb den Befehlen von Herodes verschlossen. Die Augen, die stets in barmherziger und vergebender Liebe auf dem reumütigen Sünder geruht hatten, schenkten Herodes keinen Blick. Die Lippen, welche die eindrucksvollsten Wahrheiten verkündet und mit höchst liebevoller Stimme für die Sündigsten und Verachtetsten gefleht hatten, blieben dem hochmütigen König, der kein Verlangen nach einem Erlöser verspürte, verschlossen.

VON HERODES ZU PILATUS

Das Gesicht von Herodes verfinsterte sich, und Zorn stieg in ihm auf. Er wandte sich an die Menge und beschuldigte Jesus wütend, ein Hochstapler zu sein. Dann sagte er zu ihm: »Wenn du deine Behauptung nicht beweisen willst, werde ich dich an die Soldaten und an das Volk ausliefern! Sie werden dich bestimmt zum Reden bringen! Bist du ein Betrüger, ist durch sie zu sterben das Einzige, was du verdienst. Wenn du aber der Sohn Gottes bist, dann rette dich selbst durch ein Wunder!«

Kaum hatte er diese Worte ausgesprochen, brach ein Sturm gegen Christus los. Wie wilde Tiere stürzte sich die Menge auf ihre Beute. Jesus wurde hin- und hergerissen, und auch Herodes folgte der Menge, mit der Absicht, den Sohn Gottes zu demütigen. Hätten die römischen Soldaten nicht eingegriffen und die rasende Menge zurückgedrängt, wäre der Erlöser in Stücke gerissen worden.

»Als aber Herodes mit seinen Soldaten ihn geringschätzend behandelt und verspottet hatte, warf er ihm ein glänzendes Gewand um.« (Lukas 23,11 Elb.) Die römischen Soldaten halfen bei diesen Übergriffen mit. Alles, was sich diese boshaften und verderbten Soldaten – von Herodes und den jüdischen Würdenträgern unterstützt – ausdenken konnten, wurde dem Erlöser angetan. Dennoch verlor er nicht seine göttliche Geduld.

Die Verfolger von Christus hatten versucht, sein Wesen an ihrem eigenen Charakter zu messen. Sie hatten ihn genauso abscheulich dargestellt, wie sie selbst waren. Doch abgesehen vom gegenwärtigen Schauspiel drängte sich ein anderes Geschehen auf – ein Bild, das sie eines Tages in seiner ganzen

Herrlichkeit sehen würden. Es gab einige, die in der Gegenwart von Christus zitterten. Während sich die rohe Menge spöttisch vor ihm verbeugte, wandten sich einige, die mit derselben Absicht hervorgetreten waren, angsterfüllt und schweigend ab. Selbst Herodes war sich seiner Schuld bewusst. Die letzten Strahlen barmherzigen Lichts fielen auf sein durch die Sünde verstocktes Herz. Er fühlte, dass Jesus kein gewöhnlicher Mensch war, denn Göttlichkeit leuchtete durch seine menschliche Natur. In diesem Augenblick, als Christus von Spöttern, Ehebrechern und Mördern umringt wurde, glaubte Herodes, einen Gott auf dessen Thron zu erblicken.

So gefühllos Herodes auch war, wagte er es nicht, das Urteil über Jesus zu bestätigen. Er wollte sich dieser schrecklichen Verantwortung entledigen und schickte Jesus zum römischen Gerichtshaus zurück.

Pilatus war enttäuscht und sehr verärgert. Als die Juden mit ihrem Gefangenen zurückkehrten, fragte er sie ungeduldig, was er ihrer Meinung nach noch tun solle. Er erinnerte sie daran, dass er Jesus bereits verhört und keine Schuld an ihm gefunden hatte. Auch sagte er ihnen, dass sie ihn zwar angeklagt hätten, ohne jedoch in der Lage gewesen zu sein, auch nur einen Anklagepunkt zu beweisen. Er habe Jesus zu Herodes gesandt, dem Vierfürsten über Galiläa, einem Mann aus ihrer eigenen Nation, doch auch er habe nichts an ihm finden können, was den Tod verdient hätte. Da sagte Pilatus zu ihnen: »Deshalb lasse ich ihn jetzt auspeitschen und gebe ihn frei.« (Lukas 23,16 GNB)

Hier zeigte Pilatus seine Schwäche. Er hatte Jesus für unschuldig erklärt und war dennoch bereit, ihn auspeitschen zu lassen, um seine Ankläger zu beschwichtigen. Er war bereit, Gerechtigkeit und Grundsätze zu opfern, um mit dem Pöbel einen Kompromiss zu schließen. Doch dies war zu seinem Nachteil. Die Menge nützte seine Unentschlossenheit aus und verlangte umso mehr den Tod des Gefangenen. Wäre Pilatus von Anfang an fest geblieben und hätte er sich geweigert, einen Menschen zu verurteilen, den er für unschuldig hielt, wäre er der verhängnisvollen Verkettung von Gewissensbissen und Schuldgefühlen entgangen, die ihn nun sein Leben lang gefangen halten sollten. Hätte er gemäß seiner Überzeugung von Recht und Gerechtigkeit gehandelt, wären die Juden nicht so anmaßend geworden, ihm Vorschriften zu machen. Christus wäre auch dann getötet worden, doch die Schuld hätte nicht auf Pilatus gelastet. Pilatus hatte Schritt für Schritt gegen sein Gewissen gehandelt. Er hatte es unterlassen, mit Gerechtigkeit und Fairness zu urteilen, und fand sich nun nahezu hilflos in den Händen der Priester und Obersten wieder. Sein Wankelmut und seine Unentschlossenheit führten ihn schließlich ins Verderben.

»LASS DIE HÄNDE VON DIESEM GERECHTEN!«

Selbst jetzt hätte Pilatus nicht unbedacht handeln müssen. Eine von Gott gesandte Botschaft warnte ihn vor der Tat, die zu tun er im Begriff stand. Als Antwort auf eine Bitte von Christus war die Frau von Pilatus von einem himmlischen Engel aufgesucht worden. In einem Traum hatte sie den Erlöser gesehen und mit ihm gesprochen. Die Frau des Pilatus war keine Jüdin, doch als sie Jesus in ihrem Traum sah, zweifelte sie weder an seinem Wesen noch an seiner Sendung. Sie erkannte in ihm den Fürsten Gottes. Sie sah, wie er in der Gerichtshalle verhört wurde. Sie sah, wie seine Hände, einem Verbrecher gleich, gefesselt waren und wie entsetzlich er von Herodes und seinen Soldaten behandelt wurde. Sie hörte die Priester und Obersten ihn wütend, voller Neid und Bosheit, anklagen und vernahm die Worte: »Wir haben ein Gesetz und nach diesem Gesetz muss er sterben.« (Johannes 19,7a GNB) Sie sah auch, wie ihn Pilatus auspeitschen ließ, nachdem er erklärt hatte: »Ich finde keine Schuld an ihm.« (Johannes 18,38b) Sie hörte, wie Pilatus das Todesurteil verkündete, und sah auch, wie er Christus seinen Mördern übergab. Sie sah, wie das Kreuz auf Golgatha aufgerichtet wurde. Sie erblickte die Erde in Finsternis gehüllt und hörte den geheimnisvollen Schrei: »Es ist vollbracht!« (Johannes 19,30b) Dann schaute sie noch ein anderes Bild. Sie sah, wie Christus auf der großen, weißen Wolke saß, während die Erde im Weltraum hin- und hertaumelte und seine Mörder aus der Gegenwart seiner Herrlichkeit flohen. Mit einem Schrei des Entsetzens wachte sie auf, und unverzüglich schrieb sie Pilatus eine Warnungsbotschaft.

Während Pilatus noch überlegte, was er nun tun solle, drängte sich ein Bote durch die Menge und überreichte ihm den Brief seiner Frau. Darin hieß es: »Lass die Hände von diesem Gerechten, denn seinetwegen habe ich heute im Traum viel gelitten!« (Matthäus 27,19b ZÜ)

BARABBAS ODER JESUS

Pilatus erbleichte. Er wurde von seinen Gefühlen hin- und hergerissen. Doch während er noch zögerte, hetzten die Priester und Obersten das Volk weiter auf. Pilatus war zum Handeln gezwungen. Da erinnerte er sich an einen Brauch, der ihm nützlich sein könnte, um Christus freizulassen. Es war üblich, anlässlich des Passafestes einen Gefangenen, den das Volk auswählen konnte, freizugeben. Dieser Brauch war eine heidnische Erfindung und hatte nichts mit Gerechtigkeit zu tun. Dennoch wurde er von den Juden sehr geschätzt. Zu diesem Zeitpunkt hielten die römischen Machthaber einen Mann namens Barabbas fest, der zum Tod verurteilt worden war. Dieser Mann hatte sich als Messias ausgegeben und behauptet, er habe die Macht, eine neue Ordnung aufzurichten, um die Welt zu verbessern. Unter satanischem Einfluss sagte er, dass alles, was er durch Diebstahl und Raub erlangt hatte, ihm gehöre. Mit Hilfe satanischer Werkzeuge hatte er große Dinge vollbracht. Er hatte im Volk Anhänger gefunden und einen Aufstand gegen die römische Obrigkeit angezettelt. Hinter frommer Begeisterung verbarg sich ein abgebrühter und äußerst gefährlicher Verbrecher, der zu Aufstand und Grausamkeit entschlossen war. Indem Pilatus das Volk vor die Wahl stellte, sich zwischen diesem Mann und dem unschuldigen Erlöser zu entscheiden, wandte er sich an ihren Gerechtigkeitssinn. Er hoffte, trotz des Widerstandes der Priester und Obersten, das Mitgefühl des Volkes für Jesus zu wecken. Er fragte die Menge in großem Ernst: »Wen soll ich euch freigeben, Barabbas oder Jesus, den sogenannten Messias?« (Matthäus 27,17b ZÜ)

Dem Brüllen wilder Tiere gleich antwortete die Meute: »Weg mit ihm! Gib uns Barabbas frei!« (Lukas 23,18b NGÜ) Immer lauter wurde das Geschrei: Barabbas! Barabbas! In der Meinung, das Volk habe seine Frage nicht verstanden, fragte Pilatus noch einmal: »Wollt ihr, dass ich euch den König der Juden freilasse?« Doch sie schrien erneut: »Nein! Nicht diesen Mann, sondern Barabbas!« (Johannes 18,39b.40a NLB) Pilatus fragte weiter: »Und was soll ich mit Jesus tun, von dem es heißt, er sei der Messias?« (Matthäus 27,22a NGÜ) Wieder brüllte die aufgebrachte Menge wie von Dämonen besessen. Tatsächlich befanden sich solche in menschlicher Gestalt unter der Menge. Was anderes konnte daher erwartet werden als die Antwort: »Ans Kreuz mit ihm!« (Matthäus 27,22b NGÜ)

Pilatus war bestürzt. Dass es so weit kommen würde, hatte er nicht gedacht. Er schreckte davor zurück, einen unschuldigen Menschen dem schändlichsten und grausamsten Tod, der jemandem zugefügt werden konnte, zu überantworten. Als das Toben der Menge nachließ, wandte er sich an das Volk und fragte: »Was für ein Verbrechen hat er denn begangen?« (Matthäus 27,23a NGÜ) Doch verhandeln konnte man nicht mehr, denn die Sache war bereits außer Kontrolle geraten. Man verlangte nicht nach einem Beweis für die Unschuld von Christus, sondern seine Verurteilung.

Noch immer versuchte Pilatus, ihn zu retten. Deshalb sprach er »ein drittes Mal« zu ihnen: »Was hat er denn verbrochen? Ich habe bei ihm kein Vergehen entdeckt, auf das die Todesstrafe steht. Deshalb lasse ich ihn jetzt auspeitschen und gebe ihn frei.« (Lukas 23,22 GNB) Doch allein die Erwähnung seiner Freilassung machte das Volk rasend. »Kreuzige ihn! Kreuzige ihn!«, schrien sie (Markus 15,13b.14b). Der Aufruhr, den Pilatus durch seine Unentschlossenheit ausgelöst hatte, wurde immer heftiger.

Jesus – ermattet, schwach und mit Wunden bedeckt – wurde gepackt und vor den Augen der Menge ausgepeitscht. »Die Soldaten brachten Jesus in den Innenhof des Palastes, der dem Statthalter als Amtssitz diente, und riefen die ganze Mannschaft zusammen. Sie hängten ihm einen purpurfarbenen Mantel um, flochten eine Krone aus Dornenzweigen und setzten sie ihm auf. Dann fingen sie an, ihn zu grüßen: ›Hoch lebe der König der Juden!‹ Sie ... spuckten ihn an, knieten vor ihm nieder und huldigten ihm wie einem König.« (Markus 15,16-19 GNB) Gelegentlich ergriff eine böse Hand das Rohr, das man ihm in die Hand gegeben hatte, und schlug damit auf die Krone, sodass die Dornen in seine Schläfen drangen und das Blut über sein Gesicht und seinen Bart lief.

Wundere dich, Himmel! Und staune, Erde! Seht die Unterdrücker und den Unterdrückten! Der Weltenerlöser – umgeben von einer wutentbrannten Menschenmenge! Spott und Hohn vermischten sich mit groben Flüchen und Gotteslästerungen. Die gefühllose Meute machte sich über seine einfache Herkunft und sein bescheidenes Leben lustig. Sein Anspruch, Gottes Sohn zu sein, wurde verhöhnt. Geschmacklose Witze und beleidigender Spott machten die Runde.

JESUS ERDULDET ALLES IN WÜRDE

Satan selbst führte den grausamen Pöbel an, der den Erlöser misshandelte. Er wollte Jesus nach Möglichkeit dazu bringen, sich zu rächen oder ein Wunder zu vollbringen, um sich selbst zu befreien und damit den Erlösungsplan zunichte zu machen. Ein einziger Makel in seinem Leben, ein einmaliges Versagen seiner menschlichen Natur beim Erdulden der schrecklichen Prüfung, und das Lamm Gottes wäre kein vollkommenes Opfer gewesen. Die Erlösung der Menschheit wäre gescheitert. Aber er, der auf einen Befehl hin die himmlischen Heerscharen hätte zu Hilfe rufen können, er, der durch die Offenbarung seiner göttlichen Majestät die Menge hätte veranlassen können, in panischem Schrecken vor seinem Angesicht zu fliehen – unterwarf sich in vollkommenem Schweigen den hässlichsten Beschimpfungen und Gewalttaten.

Die Feinde von Christus hatten als Beweis seiner Göttlichkeit ein Wunder gefordert. Nun erhielten sie weitaus größere Beweise, als sie verlangt hatten. So wie die Grausamkeit seine Peiniger menschenunwürdig und zu Satans Ebenbild machte, so verherrlichten Sanftmut und Geduld Jesus über alles

Menschliche hinaus und bewiesen damit seine Verwandtschaft mit Gott. Seine Demütigung war das Pfand für seine Erhöhung. Die Blutstropfen der Qual, die von seinen verwundeten Schläfen über Gesicht und Bart rannen, waren die Garantie für seine Salbung mit dem »Freudenöl« (Hebräer 1,9) als unser großer Hoherpriester.

Satans Zorn war groß, als er erkennen musste, dass bei all den gegen den Erlöser gerichteten Misshandlungen nicht die geringste Äußerung über dessen Lippen kam. Obwohl er die menschliche Natur angenommen hatte, war er von einer göttlichen Stärke getragen und wich in keiner Weise vom Willen seines Vaters ab.

Als Pilatus Jesus der Geißelung und Verspottung auslieferte, meinte er, damit das Mitleid der Menge wecken zu können. Er hoffte, sie würden sich mit dieser Strafe zufrieden geben. Selbst der Hass der Priester, so dachte er, wäre dann gestillt. Doch die Juden erkannten augenblicklich den Schwachpunkt einer derartigen Bestrafung gegenüber einem Mann, der als unschuldig erklärt worden war. Sie durchschauten den Versuch von Pilatus, das Leben des Gefangenen zu retten, und waren überzeugt davon, dass Jesus nicht freigelassen werden sollte. Pilatus habe ihn nur auspeitschen lassen, um ihnen einen Gefallen zu erweisen und sie zufriedenzustellen, so dachten sie, und wenn sie darauf drängten, würden sie mit Sicherheit ihr Ziel erreichen.

Nun ließ Pilatus Barabbas zum Gerichtshaus bringen. Dann stellte er die beiden Gefangenen nebeneinander. Er zeigte auf Jesus und sagte mit ernster Stimme: »Seht, welch ein Mensch!« (Johannes 19,4b) »Ich bringe ihn euch hier heraus, damit ihr seht, dass ich keinen Grund zu seiner Verurteilung finden kann.« (Johannes 19,4b GNB)

Da stand der Sohn Gottes, angetan mit einem Spottgewand und einer Dornenkrone. Bis zur Hüfte entblößt, zeigte sein Rücken lange, entsetzliche Striemen, aus denen viel Blut floss. Sein Gesicht war blutverschmiert und von Erschöpfung und Schmerz gezeichnet. Doch nie erschien es herrlicher als jetzt. Der Erlöser stand nicht mit verzerrtem Angesicht vor seinen Feinden. Jeder Gesichtszug drückte Güte und Ergebenheit aus und war von herzlichem Erbarmen für seine grausamen Feinde geprägt. Sein Auftreten war in keinerlei Weise feige, sondern ein stilles Ertragen in Kraft und Würde. In auffälligem Gegensatz dazu stand der Gefangene neben ihm. Jeder Gesichtszug von Barabbas offenbarte ihn als Gewalttäter, der er wirklich war. Jeder Zuschauer bemerkte diesen Gegensatz. Einige der Schaulustigen weinten. Als sie auf Jesus blickten, wurden ihre Herzen von Mitgefühl überwältigt. Selbst den Priestern und Obersten wurde bewusst, dass er all das war, was er zu sein behauptet hatte.

Nicht alle römischen Soldaten, die Christus umgaben, waren abgebrüht. Einige suchten in seinem Gesicht aufrichtig nach einem Hinweis, ob er vielleicht ein Verbrecher oder ein gefährlicher Mensch sei. Von Zeit zu Zeit drehten sie sich zu Barabbas um und warfen ihm einen verächtlichen Blick zu. Es bedurfte keiner besonderen Menschenkenntnis, um ihn zu durchschauen. Wieder wandten sie sich dem Einen zu, der angeklagt war. Sie blickten mit tiefem Mitgefühl auf den leidenden Gottessohn. Die stille Unterwerfung von Christus prägte sich ihnen wie ein Bild tief ein – ein Bild, das niemals mehr verlöschen würde, bis sie ihn entweder als Messias anerkannten oder verwarfen und damit ihr eigenes Schicksal besiegelten.

Pilatus war über die grenzenlose Geduld des Erlösers höchst erstaunt. Er hatte nicht daran gezweifelt, dass der Anblick dieses Mannes – im Gegensatz zu Barabbas – das Mitgefühl des Volkes wecken würde. Doch er konnte den fanatischen Hass der Priester dem gegenüber, der als das Licht der Welt ihre Finsternis und ihren Irrtum offenbar gemacht hatte, nicht nachvollziehen. Sie hatten die Meute bis zum Wahnsinn aufgehetzt. Wieder schrien die Priester, Obersten und das Volk die entsetzlichen Worte: »Lass ihn kreuzigen! Lass ihn kreuzigen!« (Johannes 19,6b NGÜ) Da verlor Pilatus alle Geduld mit ihrer vernunftwidrigen Grausamkeit und rief verzweifelt aus: »Nehmt ihn doch selbst und kreuzigt ihn! ... Ich jedenfalls kann keine Schuld an ihm finden.« (Johannes 19,6c NGÜ)

JESUS ENTLASTET PILATUS

Obwohl der römische Statthalter grausame Szenen gewohnt war, verspürte er Mitleid mit dem leidenden Gefangenen, der verurteilt und ausgepeitscht, mit blutender Stirn und zerschundenem Rücken immer noch einem König auf seinem Thron glich. Doch die Priester erklärten: »Wir haben ein Gesetz ... und nach diesem Gesetz muss er sterben, weil er behauptet hat, er sei Gottes Sohn.« (Johannes 19,7 NGÜ)

Pilatus erschrak. Er hatte keine klare Vorstellung von Christus und dessen Mission, doch ganz verschwommen regte sich in ihm ein Glaube an Gott und an übermenschliche Wesen. Ein Gedanke, der ihn schon einmal beschäftigt hatte, nahm jetzt deutlich Gestalt an. Er fragte sich, ob dieser Mensch, der im purpurnen Spottgewand und mit Dornen gekrönt vor ihm stand, nicht doch ein göttliches Wesen war.

Erneut ging er zurück in die Gerichtshalle und fragte Jesus: »Woher bist du?« (Johannes 19,9b) Doch Jesus gab ihm keine Antwort. Der Erlöser hatte offen mit Pilatus gesprochen und ihm seinen Auftrag als Zeuge für die

Wahrheit erklärt. Doch Pilatus hatte dem Licht keine Beachtung geschenkt. Er missbrauchte das hohe Richteramt, indem er seine Grundsätze und seine Macht auf Drängen des Pöbels aufgab. Jesus hatte kein weiteres Licht für ihn. Über das Schweigen von Jesus verärgert, sagte Pilatus hochmütig:

»Sprichst du nicht mit mir? ... Weißt du denn nicht, dass ich die Macht habe, dich freizulassen oder dich zu kreuzigen?« Jesus antwortete: »Du hättest keine Macht über mich, wenn sie dir nicht von oben gegeben wäre. Deshalb hat der, der mich dir ausgeliefert hat, die schwerere Sünde begangen.« (Johannes 19,10.11 NLB)

Auf diese Weise entschuldigte der mitleidvolle Erlöser mitten in seinem Leiden und Schmerz soweit wie möglich die Handlungsweise des römischen Statthalters, der ihn zur Kreuzigung auslieferte. Was für ein Bild wurde hier der Welt für alle Zeiten überliefert! In welchem Licht erscheint hier der Charakter dessen, der aller Welt Richter ist!

»Deshalb hat der, der mich dir ausgeliefert hat, die schwerere Sünde begangen.« (Johannes 19,11b NLB) Damit meinte Jesus Kaiphas, der als Hoherpriester die jüdische Nation repräsentierte. Sie kannten die Grundsätze, von denen sich die römischen Machthaber leiten ließen. Durch die Prophezeiungen, die sich auf Christus bezogen, sowie durch seine Lehren und Wunder hatten sie Licht erhalten. Die jüdischen Richter hatten den unmissverständlichen Beweis für die Gottheit desjenigen bekommen, den sie zum Tod verurteilten. Und entsprechend ihrer Erkenntnis werden sie gerichtet werden.

Die schwerste Schuld und die größte Verantwortung lasteten auf jenen, welche in der jüdischen Nation die höchsten Stellungen bekleideten, auf den Hütern der heiligen Wahrheiten, die sie nun schmählich verleugneten. Pilatus, Herodes und die römischen Soldaten wussten verhältnismäßig wenig über Jesus. Indem sie ihn misshandelten, dachten sie, den Priestern und Obersten einen Gefallen zu tun. Sie besaßen nicht das Licht, das der jüdischen Nation in so reichem Maß zuteilgeworden war. Wären die Soldaten mit diesem Licht beschenkt worden, hätten sie Christus nicht auf so grausame Weise behandelt, wie sie es taten.

PILATUS UNTER DRUCK

Erneut schlug Pilatus vor, den Erlöser freizulassen. Die Juden aber schrien laut: »Wenn du ihn freilässt, bist du kein Freund des Kaisers.« (Johannes 19,12a EÜ) Dadurch gaben diese Heuchler vor, für die Herrschaft des Kaisers einzutreten. In Wirklichkeit waren sie jedoch die erbittertsten Gegner der römischen Macht. Fühlten sie sich sicher, setzten sie ihre nationalen und religiösen Forderungen rücksichtslos durch. Wollten sie aber irgendeine schändliche Absicht verwirklichen, dann rühmten sie die Macht des Kaisers. Damit sie Christus vernichten konnten, gaben sie vor, der fremden Macht, die sie in Wirklichkeit hassten, ergeben zu sein.

»Jeder, der sich als König ausgibt, lehnt sich gegen den Kaiser auf« (Johannes 19,12b EÜ), fügten sie hinzu. Diese Worte berührten Pilatus an einem wunden Punkt, denn er stand bei der römischen Regierung bereits unter Verdacht und wusste, dass ein solcher Bericht seinen Untergang bedeuten würde. Er wusste auch, dass sich der Zorn der Juden gegen ihn richten würde, falls er ihre Pläne vereitelte. Sie würden nichts unversucht lassen, um sich zu rächen. Er sah sich einem besonderen Fall von Hartnäckigkeit gegenüber, mit der sie dem Einen, den sie grundlos hassten, nach dem Leben trachteten.

Pilatus setzte sich nun auf seinen Richterstuhl, stellte Jesus noch einmal vor das Volk und sagte: »Seht, das ist euer König!« Wieder schrien sie wütend: »Weg, weg mit dem! Kreuzige ihn!« Da fragte Pilatus so laut, dass ihn alle hören konnten: »Soll ich euren König kreuzigen?« Über gottlose, lästernde Lippen kamen die Worte: »Wir haben keinen König als den Kaiser.« (Johannes 19,14b.15)

Dadurch, dass sich die jüdische Nation zu einem heidnischen Herrscher bekannte, hatte sie sich von der Gottesherrschaft losgesagt und Gott als ihren König verworfen. Von nun an hatten sie keinen Befreier mehr, keinen König, außer dem Kaiser. Derart weit hatten die Priester und Lehrer das Volk gebracht! Sie waren verantwortlich für die furchtbaren Folgen, die daraus erwuchsen. Sünde und Verderben einer ganzen Nation wurden von den religiösen Führern verschuldet.

»Pilatus sah, dass er so nicht weiterkam und dass sich ein Tumult anbahnte. Da ließ er sich eine Schüssel mit Wasser bringen und wusch sich vor den Augen der Menge die Hände mit den Worten: ›Ich bin unschuldig am Blut dieses Mannes. Die Verantwortung liegt bei euch!‹« (Matthäus 27,24 NLB) Bange und sich selbst verurteilend schaute Pilatus auf den Erlöser. Von den zahllosen Gesichtern, die auf ihn gerichtet waren, strahlte nur das Gesicht von Jesus inneren Frieden aus. Von seinem Haupt schien ein sanftes Licht auszugehen. Pilatus dachte in seinem Herzen: Er ist ein Gott! Dann wandte er sich an die Menge und erklärte: »Ich bin unschuldig an seinem Blut. Nehmt ihr ihn und kreuzigt ihn! Aber denkt daran, ihr Priester und Obersten, ich erkläre ihn für einen gerechten Menschen! Möge der, den er als seinen Vater anruft, euch und nicht mich für diesen Tag zur Rechenschaft ziehen!« Dann wandte er sich an Jesus und sagte: »Vergib mir diese Tat; ich kann dich nicht retten.« Nachdem er Jesus noch einmal hatte auspeitschen lassen, übergab er ihn zur Kreuzigung.

Pilatus hatte das Verlangen, Jesus freizulassen. Doch er erkannte, dass er dies nicht tun konnte, wenn er seine Stellung und sein Ansehen bewahren wollte. Lieber opferte er ein unschuldiges Leben, als seine irdische Macht zu verlieren. Wie viele geben auf dieselbe Weise ihre Grundsätze auf, um Verlust oder Leiden zu entgehen! Das Gewissen und die Pflicht weisen in die eine Richtung, die eigenen Interessen jedoch in eine andere. Die Strömung zieht in die falsche Richtung, und wer sich mit dem Bösen auf Kompromisse einlässt, wird vom Strudel mitgerissen, in die finstere Tiefe der Schuld.

Pilatus gab den Forderungen des Pöbels nach. Er lieferte Jesus lieber zur Kreuzigung aus, als seine Stellung aufs Spiel zu setzen. Doch trotz seiner Vorsichtsmaßnahmen kam genau das, wovor er sich so gefürchtet hatte, später über ihn. Er wurde seiner Ehre beraubt und seines hohen Amtes enthoben. Nicht lange nach der Kreuzigung nahm er sich – von Gewissensbissen geplagt und in seinem Stolz verletzt – das Leben. So werden alle, die mit der Sünde liebäugeln, nur Sorgen und Verderben ernten. »Mancher Mensch hält seinen Weg für den richtigen, aber am Ende führt er ihn in den Tod.« (Sprüche 14,12 GNB)

»SEIN BLUT KOMME ÜBER UNS!«

Als Pilatus erklärte, dass er am Blut von Jesus unschuldig sei, antwortete Kaiphas herausfordernd: »Sein Blut komme über uns und unsere Kinder!« Diese schrecklichen Worte wurden von den Priestern und Obersten aufgegriffen und fanden bei der Menge in einem unmenschlichen Gebrüll lauten Widerhall. Alle riefen: »Sein Blut komme über uns und unsere Kinder!« (Matthäus 27,25b)

Das Volk Israel hatte seine Wahl getroffen. Es hatte auf Jesus gezeigt und geschrien: »Weg mit ihm! Gib uns Barabbas frei!« (Lukas 23,18b NGÜ) Barabbas, ein Räuber und Mörder, war der Vertreter Satans; Christus aber vertrat Gott. Christus wurde abgelehnt; Barabbas jedoch wurde erwählt. Nun sollten sie Barabbas haben. Mit dieser Wahl entschieden sie sich für den, der von Anfang an ein Lügner und Mörder war. Nun war Satan ihr Führer. Als Nation würden sie nach seiner Weisung handeln. Sie würden seine Werke tun und seine Herrschaft ertragen müssen. Jene Menschen, die Barabbas statt Christus erwählten, sollten bis ans Ende der Zeit die Grausamkeit von Barabbas zu spüren bekommen.

Als die Juden auf das gemarterte Lamm Gottes blickten, schrien sie: »Sein Blut komme über uns und unsere Kinder!« (Matthäus 27,25b) Dieser entsetzliche Schrei stieg zum Thron Gottes auf. Dieses Urteil, das sie über sich selbst sprachen, wurde im Himmel niedergeschrieben. Ihre Bitte wurde erhört. Das Blut des Sohnes Gottes kam über ihre Kinder und Kindeskinder, ein fortwährender Fluch.

Auf schreckliche Weise erfüllte sich dieser Fluch bei der Zerstörung Jerusalems. Nicht weniger schrecklich zeigte er sich 18 Jahrhunderte lang[93] im Zustand der jüdischen Nation: eine vom Weinstock getrennte Rebe, ein abgestorbener, dürrer Zweig, nur noch da, um aufgelesen und verbrannt zu werden. Von Land zu Land und durch die ganze Welt, von Jahrhundert zu Jahrhundert war sie tot – tot in Übertretung und Sünde!

Ebenso schrecklich wird sich dieser Ausruf am Jüngsten Tag erfüllen. Wenn Christus wieder zur Erde zurückkehren wird, werden ihn die Menschen nicht als einen von einem Pöbelhaufen umgebenen Gefangenen, sondern als König des Himmels sehen. Christus wird in seiner eigenen Herrlichkeit, in der Herrlichkeit seines Vaters und in der Herrlichkeit der heiligen Engel kommen. Zehntausende und Abertausende von Engeln, jene schönen und siegreichen Söhne Gottes, die eine alles übertreffende Anmut und Pracht besitzen, werden ihn auf seinem Weg begleiten. Dann wird er auf dem Thron seiner Herrlichkeit sitzen, und alle Völker werden sich vor ihm versammeln. »Alle werden ihn sehen – sogar die, die ihn durchbohrt haben.« (Offenbarung 1,7b NLB) Anstelle einer Dornenkrone wird er eine Krone der Herrlichkeit tragen – eine Krone innerhalb einer anderen Krone. Anstelle jenes alten, purpurfarbenen Königsgewandes wird er mit Kleidern aus reinstem Weiß angetan sein, wie sie niemand auf Erden so weiß machen kann (vgl. Markus 9,3). Und auf seinem Gewand und auf seiner Hüfte wird ein Name geschrieben sein: »König aller Könige und Herr aller Herren.« (Offenbarung 19,16b) Jene, die ihn verhöhnt und misshandelt haben, werden dort sein. Die Priester und Obersten werden noch einmal das Geschehen in der Gerichtshalle erleben. Alle Einzelheiten dieser Vorgänge werden, wie mit feurigen Lettern geschrieben, vor ihnen erscheinen. Dann werden jene, die gefordert hatten: »Sein Blut komme über uns und unsere Kinder« (Matthäus 27,25b), die Antwort auf ihre Bitte erhalten. Dann wird die ganze Welt wissen, verstehen und erkennen, gegen wen sie als arme, schwache und sterbliche Wesen gekämpft haben. In Todesangst und Schrecken werden sie zu den Bergen und Felsen rufen: »Fallt auf uns und verbergt uns vor dem Angesicht dessen, der auf dem Thron sitzt, und vor dem Zorn des Lammes. Denn der große Tag ihres Zorns ist gekommen, und wer wird ihn überleben?« (Offenbarung 6,16.17 NLB)

---

93 Die Autorin verfasste dieses Buch Ende des 19. Jahrhunderts.

KAPITEL 78

GOLGATHA

*Matthäus 27,31-53; Markus 15,20-38;
Lukas 23,26-46; Johannes 19,16-30*

»Als sie kamen an die Stätte, die da heißt Schädelstätte, kreuzigten sie ihn dort.« (Lukas 23,33a) »So litt und starb auch Jesus außerhalb der Stadttore, um sein Volk durch sein vergossenes Blut zu heiligen.« (Hebräer 13,12 NLB) Weil Adam und Eva Gottes Gesetz übertreten hatten, wurden sie aus dem Garten Eden verbannt. Nun sollte Christus, unser Stellvertreter, außerhalb der Mauern Jerusalems leiden. Er starb dort, wo Verbrecher und Mörder hingerichtet wurden, draußen vor dem Tor. Wie bedeutungsvoll sind doch die Worte:»»Christus hat uns vom Fluch des Gesetzes gerettet; am Kreuz nahm er den Fluch auf sich.« (Galater 3,13a NLB)

Eine riesige Menschenmenge folgte Jesus von der Gerichtshalle nach Golgatha. Die Nachricht von seiner Verurteilung hatte sich in ganz Jerusalem verbreitet, und Menschen aller Klassen und jedes Standes versammelten sich auf dem Platz, wo er gekreuzigt werden sollte. Die Priester und Obersten hatten versprechen müssen, dass sie, sollte Christus an sie ausgeliefert werden, seine Anhänger nicht belästigen würden. Daher schlossen sich auch die Jünger und die Gläubigen aus der Stadt und der Umgebung der Menge an, die dem Erlöser folgte.

Nachdem Jesus das Tor des Gerichtshauses von Pilatus durchschritten hatte, wurde das für Barabbas vorbereitete Kreuz auf seine geschundenen und blutenden Schultern gelegt. Zusammen mit Jesus sollten zwei Gefährten von Barabbas hingerichtet werden. Auch ihnen wurden Kreuze auferlegt. Aber für den Erlöser war die Last in seinem geschwächten und leidenden Zustand zu schwer, denn er hatte seit dem Passamahl mit seinen Jüngern weder gegessen noch getrunken. Im Garten Gethsemane hatte er mit den Mächten der Finsternis gerungen. Er hatte den Schmerz des Verrats ertragen und zugesehen, wie ihn seine Jünger verließen und flohen. Er war von Hannas zu Kaiphas, von diesem zu Pilatus, dann zu Herodes und wieder zu Pilatus geführt worden. Beschimpfungen, Misshandlungen, Spott und Hohn und die Qualen der zweimaligen Geißelung – die ganze Nacht hatten sich die Ereignisse überstürzt und waren dazu angetan, einen Menschen bis aufs Äußerste zu prüfen. Doch Christus hatte nicht versagt. Er hatte kein Wort gesagt, das nicht zur Ehre Gottes gewesen wäre. Während des ganzen Verhörs, das einem erbärmlichen Schauspiel glich, war er standhaft und würdevoll geblieben. Als ihm aber nach der zweiten Geißelung das Kreuz auferlegt wurde, vermochte die menschliche Natur dies nicht mehr zu ertragen. Ohnmächtig brach er unter der Last zusammen.

SIMON VON KYRENE

Die Menschenmenge, die Jesus folgte, sah seine kraftlosen, taumelnden Schritte, doch sie zeigte kein Mitleid. Sie verhöhnten und verspotteten ihn, weil er das schwere Kreuz nicht tragen konnte. Wieder wurde diese Last auf ihn gelegt, und wieder fiel er entkräftet zu Boden. Da erkannten seine Peiniger, dass es ihm unmöglich war, diese Bürde noch weiter zu tragen. Sie waren ratlos, wer diese demütigende Handlung übernehmen sollte. Ein Jude durfte es nicht tun, denn die damit verbundene Verunreinigung hätte ihn vom Passamahl ausgeschlossen. Selbst von der Menge, die ihm folgte, wollte sich niemand herablassen, das Kreuz zu tragen.

In diesem Moment traf ein Fremder namens Simon von Kyrene, der gerade vom Feld kam, auf die Menschenmenge. Er hörte, wie der Pöbel spottete und lästerte und wie die Worte: »Macht Platz für den König der Juden!« verächtlich wiederholt wurden. Bestürzt blieb er stehen. Als er sein Mitgefühl zum Ausdruck brachte, ergriffen sie ihn und legten das Kreuz auf seine Schultern.

Simon hatte schon von Jesus gehört. Seine Söhne glaubten an den Erlöser (vgl. Markus 15,21; Römer 16,13), aber er selbst gehörte nicht zu den Jüngern. Dass er das Kreuz nach Golgatha tragen durfte, war für Simon ein Segen. Seit diesem Tag war er immer dankbar für diese Fügung. Dies führte ihn dazu, dass er das Kreuz von Christus freiwillig auf sich nahm und diese Last stets freudig trug.

MITGEFÜHL

Unter der Menge, die dem unschuldig Verurteilten zur Kreuzigungsstätte folgte, befanden sich nicht wenige Frauen. Ihre Aufmerksamkeit war ganz auf Jesus gerichtet. Einige von ihnen hatten ihn zuvor schon einmal gesehen. Manche hatten ihre Kranken und Leidenden zu ihm gebracht oder waren selbst geheilt worden. Sie erzählten sich, was geschehen war, und wunderten sich über die Menge, die dem Menschen, dem sie so zugetan waren und für den sie bereit waren, sich aufzuopfern, mit so viel Hass begegnete.

Ungeachtet der rasenden Menge und trotz der zornigen Worte der Priester und Obersten drückten diese Frauen ihr Mitgefühl aus. Als Jesus ohnmächtig unter dem Kreuz zusammenbrach, begannen sie laut zu wehklagen.

Diese Anteilnahme war das Einzige, was die Aufmerksamkeit von Christus erregte. Obwohl er schwer litt, während er die Sünden der Welt trug, ließ ihn dieser Ausdruck von Trauer nicht kalt. Liebevoll und voller Mitgefühl schaute er diese Frauen an. Sie glaubten nicht an ihn, und er wusste, dass sie ihn nicht als den von Gott Gesandten beweinten, sondern von menschlichem Mitgefühl bewegt waren. Er wies ihre Teilnahme nicht zurück; vielmehr erweckte es in seinem Herzen ein noch tieferes Mitgefühl für sie. »Ihr Töchter von Jerusalem«, sagte er zu ihnen, »weint nicht über mich, sondern weint über euch selbst und über eure Kinder« (Lukas 23,28). Von dem, was um ihn herum geschah, blickte Christus voraus auf die Zeit der Zerstörung Jerusalems. Viele von denen, die nun weinten, würden während jener schrecklichen Zeit mit ihren Kindern umkommen.

In Gedanken ging Jesus vom Untergang Jerusalems noch zu einem weiteren Gericht. In der Zerstörung der unbußfertigen Stadt sah er ein Sinnbild für die endgültige Zerstörung, die über die Welt kommen wird. Daher fuhr er fort: »Dann wird man zu den Bergen sagen: ›Fallt auf uns herab!‹ und zu den Hügeln: ›Begrabt uns!‹ Denn wenn man schon mit dem grünen Holz so umgeht, was wird dann erst mit dem dürren geschehen?« (Lukas 23,30.31 NGÜ) Mit dem grünen Holz meinte Jesus sich selbst, den unschuldigen Erlöser. Gott ließ es zu, dass sein Zorn gegen die Übertretung auf seinen geliebten Sohn fiel. Jesus sollte für die Sünden der Menschen gekreuzigt werden. Wie viel Leid wird dann der Sünder tragen müssen, der in der Sünde verharrt? Alle Unbußfertigen und Ungläubigen werden ein Leid und ein Elend erfahren, das mit Worten nicht beschrieben werden kann.

Viele aus der Menge, die dem Erlöser nach Golgatha folgten, hatten ihn bei seinem triumphalen Einzug in Jerusalem mit freudigen Hosianna-Rufen und wedelnden Palmzweigen begrüßt. Viele, die ihn damals laut gepriesen hatten, weil alle es taten, stimmten jetzt leidenschaftlich mit ein in den Ruf: »Kreuzige ihn! Kreuzige ihn!« (Lukas 23,21b NLB) Als Christus in Jerusalem einzog, hatten die Hoffnungen der Jünger ihren Höhepunkt erreicht. Sie hatten sich dicht an ihren Meister herangedrängt und die Verbundenheit zu ihrem Meister als große Ehre empfunden. Jetzt, wo er gedemütigt wurde, folgten sie ihm in einiger Entfernung. Sie waren tief bekümmert und bedrückt, weil ihre Hoffnungen enttäuscht worden waren. Wie hatten sich die Worte von Jesus doch bewahrheitet: »In dieser Nacht werdet ihr alle Ärgernis nehmen an mir. Denn es steht geschrieben (Sacharja 13,7): ›Ich werde den

Hirten schlagen, und die Schafe der Herde werden sich zerstreuen.‹« (Matthäus 26,31)

JESUS WIRD GEKREUZIGT

Nachdem sie bei der Hinrichtungsstätte angekommen waren, wurden die Gefangenen an das Marterholz gebunden. Die beiden Diebe wanden sich in den Händen derer, die sie aufs Kreuz legten, doch Jesus leistete keinen Widerstand. Die Mutter von Jesus war, gestützt von Johannes, dem Lieblingsjünger, ihrem Sohn nach Golgatha gefolgt. Sie hatte mitangesehen, wie er unter der Last des Kreuzes zusammenbrach. Sie hatte sich danach gesehnt, sein verwundetes Haupt mit ihren Händen zu stützen und die Stirn, die einst an ihrer Brust geruht hatte, abzuwischen. Aber dieses traurige Vorrecht wurde ihr vorenthalten. Gemeinsam mit den Jüngern hoffte sie noch immer, Jesus werde seine Macht offenbaren und sich aus den Händen seiner Feinde befreien. Doch ihr Mut sank erneut, als sie sich an die Worte erinnerte, mit denen er genau die Ereignisse vorausgesagt hatte, die jetzt geschahen. Als die Übeltäter ans Kreuz gebunden wurden, sah sie in qualvoller Erwartung zu. Würde er, der Tote zum Leben erweckt hatte, sich kreuzigen lassen? Würde sich der Sohn Gottes auf so grauenvolle Weise umbringen lassen? Musste sie ihren Glauben aufgeben, dass Jesus der Messias war? Musste sie Zeugin seiner Schmach und seiner Schmerzen sein, ohne ihm in seiner Not beistehen zu dürfen? Sie sah seine ausgestreckten Hände auf dem Kreuz. Sie sah, wie Hammer und Nägel gebracht wurden. Als die Metallstifte durch das feine Gewebe getrieben wurden, trugen die zutiefst erschütterten Jünger die ohnmächtig gewordene Mutter von Jesus vom grausamen Schauplatz weg.

Kein Laut der Klage kam über die Lippen des Erlösers. Sein Gesicht blieb ruhig und gelassen, doch große Schweißtropfen standen auf seiner Stirn. Keine mitleidsvolle Hand wischte den Todesschweiß von seinem Gesicht, und keine Worte des Erbarmens und der ungebrochenen Treue trösteten sein Herz. Während die Soldaten ihr furchtbares Werk ausführten, betete Jesus für seine Feinde: »Vater, vergib ihnen; denn sie wissen nicht, was sie tun!« (Lukas 23,34a) Seine Gedanken beschäftigten sich nicht mit seinem eigenen Leiden, sondern mit den Sünden seiner Peiniger und mit der schrecklichen Vergeltung, die sie erwartete. Er fluchte nicht über die Soldaten, die ihn so grob behandelten, und schwor den Priestern und Obersten, die sich hämisch über das Gelingen ihrer Pläne freuten, keine Rache. Christus bemitleidete sie in ihrer Unwissenheit und Schuld. Flüsternd bat er nur, dass ihnen vergeben werde, »denn sie wissen nicht, was sie tun«.

Wäre ihnen bewusst gewesen, dass sie den Einen folterten, der gekommen war, die sündige Menschheit vor dem ewigen Verderben zu erretten, wären sie von Gewissensbissen und Schrecken überwältigt worden. Doch ihre Unwissenheit hob ihre Schuld nicht auf, denn sie hatten das Vorrecht gehabt, Jesus als ihren Erlöser zu erkennen und anzunehmen. Einige von ihnen würden dennoch ihre Sünde erkennen, bereuen und sich bekehren; andere hingegen würden in ihrer Unbußfertigkeit verharren und es dadurch unmöglich machen, dass sich die Fürbitte von Jesus an ihnen erfüllte. Dennoch ging Gottes Plan seiner Vollendung entgegen. Jesus war im Begriff, sich das Recht zu erwerben, Fürsprecher der Menschen in der Gegenwart des Vaters zu werden.

Dieses Gebet, das Christus für seine Feinde sprach, schloss die ganze Welt mit ein, jeden einzelnen Sünder, der bereits gelebt hatte oder noch leben würde, vom Anfang der Welt bis ans Ende der Zeit. Auf allen liegt die Schuld, Gottes Sohn gekreuzigt zu haben. Allen wird Vergebung bereitwillig angeboten. »Wer da will« (Offenbarung 22,17b), kann Frieden mit Gott haben und das ewige Leben erben.

DIE INSCHRIFT AM KREUZ

Sobald Jesus ans Kreuz genagelt war, hoben es kräftige Männer an und stießen es mit aller Kraft in das dafür vorbereitete Loch. Das bereitete dem Sohn Gottes die heftigsten Schmerzen. Pilatus ließ über dem Haupt von Jesus eine Inschrift in Hebräisch, Griechisch und Lateinisch ans Kreuz anbringen. Darauf war zu lesen: »Jesus von Nazareth, der König der Juden« (Johannes 19,19b). Die Führer der Juden waren über diese Inschrift verärgert. Im Gerichtshaus von Pilatus hatten sie gerufen: »Kreuzige ihn! ... Wir haben keinen König als den Kaiser.« (Johannes 19,15) Sie hatten jeden als Verräter bezeichnet, der sich zu einem anderen König bekannte. Pilatus schrieb nur das hin, was sie selbst zum Ausdruck gebracht hatten. Es bestand keine andere Anklage gegen Jesus als die, der König der Juden zu sein. Diese Inschrift war eigentlich eine Bestätigung der jüdischen Treuepflicht gegenüber der römischen Macht. Sie besagte, dass jeder, der den Anspruch erhob, König von Israel zu sein, des Todes würdig war. Die Priester waren zu weit gegangen. Als sie über den Tod von Jesus berieten, hatte es Kaiphas für ratsam gehalten, dass ein Mensch sterben solle, um die ganze Nation zu retten. Nun wurde ihre Heuchelei offenbar, denn um Christus zu vernichten, waren sie sogar bereit gewesen, ihre nationale Existenz aufs Spiel zu setzen.

Die Priester erkannten, was sie getan hatten, und baten Pilatus, die Inschrift zu ändern. Sie sagten zu ihm: »Schreib nicht: ›Der König der Juden‹, sondern dass dieser Mann behauptet hat: ›Ich bin der König der Juden.‹« Doch Pilatus war über sich selbst wütend, weil er vorher Schwäche gezeigt hatte, und verachtete die eifersüchtigen und hinterhältigen Priester und Obersten. Er erwiderte kalt: »Was ich geschrieben habe, habe ich geschrieben.« (Johannes 19,21.22 GNB)

Diese Inschrift war unter dem Einfluss einer höheren Macht als der des Pilatus oder der Juden über dem Haupt von Jesus angebracht worden. Nach göttlicher Vorhersehung sollten die Menschen dadurch zum Nachdenken und zum Erforschen der Heiligen Schrift angeregt werden. Der Ort der Kreuzigung lag nahe bei der Stadt. Tausende von Menschen aus allen Ländern befanden sich gerade in Jerusalem, und die Inschrift, die Jesus von Nazareth als Messias bezeichnete, würde von vielen bemerkt werden. Sie war eine lebendige Wahrheit, niedergeschrieben von einer Hand, die Gott geführt hatte.

ERFÜLLTE WEISSAGUNGEN

Durch die Leiden von Christus am Kreuz erfüllten sich viele Prophezeiungen. Jahrhunderte vor der Kreuzigung hatte der Erlöser alles, was ihm widerfahren würde, vorausgesagt: »Wie ein Rudel Hunde umkreisen mich meine Feinde und eine Rotte von Bösen treibt mich in die Enge. Sie haben mir Hände und Füße durchbohrt. Alle meine Knochen kann ich zählen. Meine Gegner sehen mich schadenfroh an. Sie teilen meine Kleider unter sich auf und würfeln um mein Gewand.« (Psalm 22,17-19 NLB) Die Vorhersage, die sich auf seine Kleider bezog, erfüllte sich weder auf Anraten von Freunden des Gekreuzigten, noch weil sich seine Feinde einmischten. Die Soldaten, die ihn gekreuzigt hatten, erhielten seine Gewänder. Christus hörte, wie sie miteinander zankten, als sie die Kleider unter sich teilten. Sein Untergewand war ohne Naht aus einem Stück gewoben. Deshalb sagten sie: »Wir wollen es nicht zerreißen, sondern darum würfeln.« (Johannes 19,24a NLB)

In einer anderen Weissagung hatte der Erlöser erklärt: »Die Schmach bricht mir das Herz, ich bin zutiefst verwundet. Ich habe auf Mitgefühl gewartet, doch niemand hat es mir erwiesen. Ich habe einen gesucht, der mich tröstet, und keinen Einzigen gefunden. Statt Nahrung haben sie mir Gift gereicht, mir Essig angeboten, um meinen Durst zu löschen.« (Psalm 69,21.22 GNB) Es war erlaubt, denen, die am Kreuz starben, einen betäubenden Trank zu geben, um ihre Schmerzen zu lindern. Ein solches Getränk wurde auch Jesus angeboten. Doch als er es gekostet hatte, wies er es zurück. Er wollte nichts zu sich nehmen, was seinen Verstand trüben würde. Sein Vertrauen musste fest in Gott verankert bleiben! Das war seine einzige Stärke. Seine Sinne zu betäuben würde Satan einen Vorteil verschaffen.

»WENN DU GOTTES SOHN BIST ...«

Noch am Kreuz ließen seine Feinde ihre Wut an Jesus aus. Priester, Oberste und Schriftgelehrte verhöhnten gemeinsam mit dem Pöbel den sterbenden Erlöser. Bei der Taufe und bei der Verklärung von Jesus hatte man Gottes Stimme gehört, die Christus als seinen Sohn verkündete. Auch kurz bevor Christus verraten wurde, hatte der Vater gesprochen und dessen Göttlichkeit bezeugt. Doch jetzt schwieg die Stimme vom Himmel. Kein Zeugnis zugunsten von Jesus war zu vernehmen. Ganz allein ertrug er die Misshandlungen und den Spott der bösen Menschen.

»Wenn du Gottes Sohn bist«, riefen sie, dann »steig herab vom Kreuz!« (Matthäus 27,40b) »Soll er sich jetzt doch selbst retten, wenn er wirklich Gottes Auserwählter, der Christus, ist.« (Lukas 23,35b NLB) Bei der Versuchung in der Wüste hatte Satan gesagt: »Wenn du der Sohn Gottes bist, dann verwandle diese Steine in Brot ... Wenn du der Sohn Gottes bist, dann spring hinunter« von der Zinne des Tempels (Matthäus 4,3.6a NLB). Auch beim Kreuz waren Satan und seine Engel in menschlicher Gestalt anwesend. Der Erzfeind und seine Heerscharen arbeiteten mit den Priestern und Obersten zusammen. Die Lehrer hatten das unwissende Volk aufgewiegelt, ein Urteil über den Einen zu fällen, den viele zuvor noch nie gesehen hatten, bis sie gezwungen waren, gegen ihn auszusagen. Die Priester, Obersten, Pharisäer und die abgebrühte Meute hatten sich in satanischer Raserei zusammengefunden. Religiöse Führer hatten sich mit Satan und seinen Engeln verbunden. Sie taten, was er ihnen befahl.

In seinem Leiden und Sterben hörte Jesus jedes Wort, als die Priester erklärten: »Anderen hat er geholfen ... aber sich selbst kann er nicht helfen! Wenn er wirklich der König Israels ist, dann soll er doch vom Kreuz herabsteigen. Dann werden wir an ihn glauben!« (Matthäus 27,42 NLB) Christus hätte vom Kreuz herabsteigen können. Doch er wollte nicht sich selbst retten, sondern sicherstellen, dass der Sünder auf die Vergebung und Gunst Gottes hoffen kann.

Als sie den Erlöser verspotteten, wiederholten die Männer, die behaupteten, Ausleger der prophetischen Schriften zu sein, genau jene Worte, die sie nach der Vorausschau des göttlich inspirierten Wortes bei dieser Gelegenheit sprechen sollten. Doch in ihrer Blindheit erkannten sie nicht, dass sie damit die Weissagung erfüllten. Jene, die höhnend ausriefen: »Er hat doch auf Gott vertraut; der soll ihm jetzt helfen, wenn ihm etwas an ihm liegt. Er hat ja behauptet: ›Ich bin Gottes Sohn‹« (Matthäus 27,43 GNB), ahnten nicht, dass ihre Aussage über all die Jahrhunderte hinweg nachklingen würde. Obwohl diese Worte spöttisch gemeint waren, wurden viele Menschen dadurch veranlasst, wie nie zuvor in den Schriften zu forschen. Weise Menschen hörten davon, forschten, dachten darüber nach und beteten. Es gab welche, die nie müde wurden und Schriftstelle mit Schriftstelle verglichen, bis sie herausfanden, was die Sendung von Christus bedeutete. Nie zuvor war Jesus so allgemein bekannt gewesen wie jetzt, als er am Kreuz hing. Die Herzen vieler, die das Geschehen der Kreuzigung miterlebt und die Worte von Christus gehört hatten, wurden mit dem wahrhaftigen Licht erleuchtet.

DIE BITTE EINES VERBRECHERS

In seiner Todesqual am Kreuz erhielt Jesus ein wenig Trost durch die Bitte eines reumütigen Diebes. Beide Männer, die mit Jesus gekreuzigt worden waren, hatten ihn zuerst gelästert. Besonders der eine wurde durch seine Schmerzen immer verbitterter und trotziger. Doch sein Gefährte war anders. Dieser Mann war kein abgebrühter Verbrecher. Er war durch schlechte Gesellschaft auf Abwege geraten und hatte weniger Schuld auf sich geladen als viele Umstehende, die den Erlöser schmähten. Er hatte Jesus gesehen und gehört und war von dessen Lehre überzeugt worden, doch er ließ sich von den Priestern und Obersten wieder davon abbringen. Indem er seine gewonnene Überzeugung zu unterdrücken versuchte, hatte er sich immer mehr in Sünde verstrickt, bis man ihn schließlich festnahm, als Verbrecher überführte und zum Kreuzestod verurteilte. Im Gerichtssaal und auf dem Weg nach Golgatha war er mit Jesus zusammen gewesen. Er hatte Pilatus sagen hören: »Ich finde keine Schuld an ihm.« (Johannes 18,38b) Er hatte das göttliche Verhalten von Jesus bemerkt und erlebt, wie er seinen Peinigern voller Mitleid vergab.

Vom Kreuz herab sah er, wie zahlreiche bedeutende fromme Männer verächtlich die Zunge herausstreckten und sich über den Herrn lustig machten. Er sah, wie sie den Kopf schüttelten, und hörte das Schimpfen seines mitschuldigen Gefährten: »Bist du nicht der Christus? Hilf dir selbst und uns!« (Lukas 23,39b) Er vernahm aber auch, wie manche, die vorbeigingen, Jesus verteidigten. Er hörte, wie sie seine Worte wiederholten und von seinen Wundern erzählten. Erneut wurde er davon überzeugt, dass dieser der Messias war. Er wandte sich an den anderen Verbrecher und rief ihm zu: »Fürchtest du Gott auch jetzt noch nicht, wo du doch ebenso schlimm bestraft worden bist wie dieser Mann und wie ich?« (Lukas 23,40 NGÜ) Die beiden dem Tod geweihten Übeltäter hatten nichts mehr von Menschen zu befürchten. Doch der eine kam immer mehr zur Überzeugung, dass es einen Gott gibt, den man fürchten muss, und eine Zukunft, die einen erzittern lässt. Nun stand er, sündenbefleckt, wie er war, am Ende seines Lebens: »Wir haben für unsere Vergehen den Tod verdient, aber dieser Mann hat nichts Unrechtes getan.« (Lukas 23,41 NLB)

Es gab für ihn nun keine Frage mehr. Er hatte keine Zweifel und machte keine Vorwürfe. Als er für sein Verbrechen verurteilt worden war, versank der Dieb in Hoffnungslosigkeit und Verzweiflung. Doch nun begannen seltsame, teilnahmsvolle und zarte Gedanken in ihm zu keimen. Er dachte an all das zurück, was er von Jesus gehört hatte, wie er Kranke geheilt und Sünden vergeben hatte. Er hatte die Worte derer gehört, die an Jesus glaubten und ihm weinend gefolgt waren. Er hatte die Inschrift über dem Haupt des Erlösers gelesen und gehört, wie die Vorübergehenden diese Worte wiederholten, einige gequält und mit zitternden Lippen, andere scherzend und spöttisch. Nun erleuchtete der Heilige Geist seinen Verstand, und nach und nach wurden die Beweisstücke zu einem Ganzen zusammengefügt. Er erkannte in dem geschundenen, verspotteten und gekreuzigten Jesus das Lamm Gottes, das der Welt Sünde trägt. Als sich dieser hilflose, sterbende Mensch dem sterbenden Erlöser übergab, klang Hoffnung aus seiner gequälten Stimme: »Jesus, denk an mich, wenn du deine Herrschaft als König antrittst!« (Lukas 23,42 NGÜ)

DIE ANTWORT DES ERLÖSERS

Die Antwort kam rasch. Mit sanfter und wohlklingender Stimme hörte er die liebevollen, mitfühlenden und stärkenden Worte: »Wahrlich, ich sage dir heute, du wirst mit mir im Paradies sein« (vgl. Lukas 23,43).

Lange, qualvolle Stunden waren vergangen, in denen Spott und Hohn an die Ohren von Jesus gedrungen waren. Während er am Kreuz hing, hörte er noch immer, wie sie ihn verfluchten und verspotteten. Von Herzen sehnte er sich danach, von seinen Jüngern ein Wort des Glaubens zu vernehmen. Doch er hörte nur die verzagten Worte: »Wir hatten gehofft, er sei der Christus, der Israel retten und erlösen wird.« (Lukas 24,21a NLB) Wie wohltuend waren für den Erlöser deshalb das Vertrauen und die Liebe, die ihm der sterbende Übeltäter entgegenbrachte. Während ihn die Obersten der Juden verleugneten und selbst die Jünger an seiner Gottheit zweifelten, nannte ihn dieser arme, an der Schwelle zur Ewigkeit stehende Dieb »Herr« (Lukas 23,42 Schl.). Als er Wunder wirkte, waren viele bereit gewesen, ihn »Herr« zu nennen, auch nachdem er von den Toten auferstanden war. Aber niemand außer dem reumütigen Dieb, der um die elfte Stunde[94] gerettet wurde, bekannte sich zu ihm, als er sterbend am Kreuz hing.

Die Umstehenden hörten, wie der Übeltäter den Gekreuzigten »Herr« nannte. Die Stimme des reumütigen Sünders ließ sie aufhorchen. Selbst die Soldaten, die sich am Fuß des Kreuzes um die Kleider von Christus stritten und das Los über sein Gewand warfen, hielten inne, um zuzuhören. Ihre wütenden Stimmen verstummten. Mit klopfendem Herzen schauten sie auf Christus und warteten, dass eine Antwort über dessen sterbende Lippen kam.

Als Jesus die verheißungsvollen Worte sprach, wurde die dunkle Wolke, die das Kreuz zu verhüllen schien, von einem hell aufleuchtenden Licht durchbrochen. Vollkommener Friede erfüllte den reumütigen Übeltäter, denn er fühlte sich von Gott angenommen. Christus wurde in seiner Erniedrigung verherrlicht. Er, den alle anderen für besiegt hielten, war in Wirklichkeit der Sieger. Er wurde als der anerkannt, der die Sünde trägt. Den Menschen war es zwar möglich, Macht über seinen menschlichen Körper auszuüben. Sie konnten den heiligen Schläfen die Dornenkrone aufdrücken. Sie konnten ihm sein Gewand ausziehen und um dessen Aufteilung streiten. Doch seine Macht, Sünden zu vergeben, konnten sie ihm nicht nehmen. Noch im Sterben bezeugte er seine eigene Göttlichkeit und die Herrlichkeit des Vaters. Sein Ohr ist nicht taub, dass er nicht hören könnte, sein Arm nicht zu kurz, um nicht zu retten (vgl. Jesaja 59,1). Es ist sein königliches Recht, jeden für immer zu retten, der durch ihn zu Gott kommen will (vgl. Hebräer 7,25).

»Ich versichere dir heute:[95] Du wirst mit mir im Paradies sein« (vgl. Lukas 23,43). Christus versprach dem Übeltäter nicht, dass er noch am selben Tag mit ihm im Paradies sein werde. Er selbst ging an jenem Tag auch nicht ins Paradies ein. Er schlief im Grab, und am Auferstehungsmorgen sagte er zu Maria: »Rühre mich nicht an! Denn ich bin noch nicht aufgefahren zum Vater.« (Johannes 20,17a) Doch am Tag seiner Kreuzigung, dem Tag der scheinbaren Niederlage und Finsternis, wurde das Versprechen gemacht: »Heute«, versicherte Christus dem armen Sünder, während dieser als Übeltäter am Kreuz starb: »Du wirst mit mir im Paradies sein.«

---

94 Die »elfte Stunde« ist ein Sprachbild für die letzte Gelegenheit. Sie geht auf Jesus zurück, der in seinem Gleichnis von den Arbeitern im Weinberg die »elfte Stunde« als überraschende, allerletzte Möglichkeit zur Anstellung nannte (vgl. Matthäus 20,6.9). Sie will hier nicht als buchstäbliche Zeitangabe verstanden werden.

95 Der griechische Text des Neuen Testaments enthielt ursprünglich keine Satzzeichen; die Setzung des Doppelpunktes vor oder nach dem »Heute« ist eine Sache der Interpretation.

Die Diebe, die mit Jesus gekreuzigt wurden, erhielten ihren Platz, »einen zur Rechten und einen zur Linken« von Jesus (Lukas 23,33b). Dies geschah auf Anordnung der Priester und Obersten. Dass Christus zwischen den Übeltätern hing, sollte andeuten, dass er der schlimmste Verbrecher von den dreien war. Dadurch wurde die Schrift erfüllt, dass er »sich zu den Verbrechern zählen ließ« (Jesaja 53,12b Elb.). Doch die Priester erkannten nicht die ganze Tragweite ihres Handelns. So wie Jesus in der Mitte der Übeltäter gekreuzigt wurde, so wurde sein Kreuz mitten in einer sündenbeladenen Welt aufgerichtet. Und die vergebenden Worte, die er zum reumütigen Verbrecher sprach, zündeten ein Licht an, das bis in die entferntesten Winkel der Erde schien. Mit Verwunderung sahen die Engel die grenzenlose Liebe von Jesus, der trotz schwerster leiblicher und seelischer Qualen nur an andere dachte und reumütige Menschen zum Glauben ermutigte. In seiner Erniedrigung hatte er als Prophet die Töchter Jerusalems angesprochen. Als Priester und Fürsprecher hatte er beim Vater um Vergebung für seine Mörder gefleht, und als liebevoller Erlöser hatte er die Sünden des reumütigen Verbrechers vergeben.

JESUS SORGT FÜR SEINE MUTTER

Als Jesus seinen Blick über die vor ihm liegende Menge gleiten ließ, wurde er auf eine Gestalt aufmerksam. Am Fuß des Kreuzes stand, von Johannes gestützt, seine Mutter. Sie konnte es nicht ertragen, ihrem Sohn fern zu sein. Johannes, der wusste, dass das Ende von Jesus nahe war, brachte sie erneut zum Kreuz. Christus dachte in seiner Todesstunde an seine Mutter. Er blickte in ihr kummervolles Gesicht, und indem er seine Augen auf Johannes richtete, sagte er zu ihr: »Frau, siehe, das ist dein Sohn!« Und zu Johannes gewandt, sprach er: »Siehe, das ist deine Mutter!« (Johannes 19,26b.27a)

Johannes verstand die Worte von Christus und übernahm die ihm anvertraute Aufgabe. Er brachte Maria sogleich in sein Haus und sorgte von jener Stunde an mit rührender Liebe für sie. Welch ein mitfühlender, liebender Heiland! Trotz all seiner körperlichen Qualen und seines seelischen Schmerzes dachte er fürsorglich an seine Mutter! Er besaß kein Geld, um für ihr Wohlergehen zu sorgen. Aber er besaß einen Platz im Herzen von Johannes, und ihm vertraute er seine Mutter als kostbares Vermächtnis an. Damit gab er ihr das, was sie am dringendsten brauchte: Das liebevolle Mitgefühl eines Menschen, der ihr zugetan war, weil sie Jesus liebte. Dadurch, dass Johannes sie als kostbares Vermächtnis bei sich aufnahm, wurde er reichlich gesegnet. Sie erinnerte ihn fortwährend an seinen geliebten Meister.

Das vollkommene Vorbild der Sohnesliebe von Christus leuchtet in ungetrübtem Glanz durch das Dunkel aller Zeiten. Fast 30 Jahre lang hatte Christus durch seine tägliche Arbeit geholfen, die Lasten der Familie zu tragen. Und sogar jetzt in seiner Todesqual sorgte er für seine trauernde, verwitwete Mutter. Dieselbe Gesinnung wird sich in jedem Nachfolger unseres Herrn offenbaren. Wer Christus nachfolgt, wird es als Teil seines Glaubens ansehen, seine Eltern zu achten und für sie zu sorgen. Wer die Liebe von Jesus im Herzen bewahrt, wird es nicht versäumen, seine Eltern rücksichtsvoll zu behandeln und ihnen liebevolles Verständnis entgegenzubringen.

CHRISTUS IN DER FINSTERNIS

Nun starb der Herr der Herrlichkeit als Lösegeld für die Menschheit. Während er sein kostbares Leben dahingab, hielt ihn keine triumphierende Freude aufrecht. Über allem lag eine bedrückende Finsternis. Doch es war nicht die Angst vor dem Tod, die auf ihm lastete. Es war weder der Schmerz noch die Schande des Kreuzes, die ihm so unbeschreibliche Qualen bereiteten. Christus war der Fürst der Leidenden, doch sein Schmerz wurde durch das Bewusstsein von der Bösartigkeit der Sünde verursacht, von dem Wissen, dass durch den Umgang mit der Sünde der Mensch für deren Abscheulichkeit blind geworden war. Christus sah, wie tief das Böse im menschlichen Herzen verwurzelt ist und wie wenige bereit sind, mit dessen teuflischer Macht zu brechen. Er wusste, dass die Menschheit ohne Gottes Hilfe untergehen wird, und er sah zahllose Menschen umkommen, obwohl sie ausreichend Hilfe hätten haben können.

Auf Christus, unseren Stellvertreter und Bürgen, wurde alle unsere Schuld geladen (vgl. Jesaja 53,6). Er wurde zu den Missetätern gezählt (vgl. Jesaja 53,12), um uns von der Verurteilung, die durch das Gesetz geschieht, zu erlösen (vgl. Galater 4,5). Die Schuld eines jeden Nachkommens von Adam lastete schwer auf seinem Herzen. Gottes Zorn über die Sünde, die schreckliche Bekundung seiner Abscheu vor der Ungerechtigkeit erfüllte das Herz seines Sohnes mit Bestürzung. Während seines ganzen Lebens hatte Jesus einer gefallenen Welt die gute Nachricht von der Gnade und der vergebenden Liebe des Vaters verkündigt. Seine Botschaft lautete: Rettung für den größten Sünder! Niedergedrückt jedoch von der schrecklichen Last der Schuld, konnte er das versöhnende Antlitz seines Vaters nicht sehen. Kein Mensch kann den Schmerz nachempfinden, der sein Herz durchdrang, als sich Gottes Angesicht in dieser Stunde höchster Not vom Erlöser abwandte. Diese Qual war so groß, dass er die körperlichen Schmerzen kaum wahrnahm.

Satan bedrückte das Herz von Jesus, indem er ihn heftig versuchte. Der Blick des Erlösers konnte die Pforten des Grabes nicht durchdringen. Nichts ließ ihn darauf hoffen, dass er als Sieger aus dem Grab hervorgehen und der Vater sein Opfer annehmen werde. Er befürchtete, die Sünde sei für Gott so abscheulich, dass sie auf ewig getrennt sein würden. Christus fühlte die Seelenqual, die der Sünder einmal verspüren wird, wenn die erlösende Gnade nicht mehr länger für die schuldige Menschheit eintritt. Es war die auf ihm ruhende Sündenlast, die den Zorn des Vaters über ihn als den Stellvertreter der Menschheit brachte und die den Leidenskelch so bitter machte, dass das Herz des Sohnes Gottes brach.

Bestürzt verfolgten die Engel den verzweifelten Todeskampf des Erlösers. Die himmlischen Heerscharen verhüllten ihr Angesicht vor diesem schrecklichen Anblick. Die unbelebte Natur trauerte um ihren geschmähten und sterbenden Schöpfer. Die Sonne hielt ihren Schein zurück, um nicht Zeugin dieses grausamen Geschehens zu sein. Noch um die Mittagszeit hatten ihre hellen Strahlen die Erde erleuchtet, doch mit einem Mal schien sie wie ausgelöscht. Vollständige Dunkelheit umhüllte – einem Leichentuch gleich – das Kreuz. »Von der sechsten Stunde an kam eine Finsternis über das ganze Land bis zur neunten Stunde.«[96] (Matthäus 27,45) Es war keine Sonnenfinsternis oder irgendeine andere Naturerscheinung, welche diese Dunkelheit verursachte, die so schwarz war wie die Mitternacht, ohne Mond und ohne Sterne. Es war ein wunderbares Zeugnis, das Gott gegeben hatte, um den Glauben der nachfolgenden Generationen zu stärken.

In dieser undurchdringlichen Dunkelheit verbarg sich Gottes Gegenwart. Er machte die Finsternis zu seinem Zelt (vgl. Psalm 18,12) und verhüllte seine Herrlichkeit vor den Augen der Menschen. Gott und seine heiligen Engel waren neben dem Kreuz. Der Vater war bei seinem Sohn. Doch seine Gegenwart wurde nicht offenbar. Hätte seine Herrlichkeit aus der Wolke hervorgeleuchtet, wäre jeder Augenzeuge vernichtet worden. In dieser schrecklichen Stunde durfte Christus nicht durch die Gegenwart des Vaters getröstet werden. Er trat die Kelter allein, und »niemand aus den Völkern war mit ihm« (vgl. Jesaja 63,3).

In dieser dichten Finsternis verhüllte Gott den letzten menschlichen Leidenskampf seines Sohnes. Alle, die Christus hatten leiden sehen, waren von seiner Göttlichkeit überzeugt worden. Wer jenes Angesicht einmal gesehen hatte, konnte es niemals mehr vergessen. Wie das Gesicht Kains seine Schuld als Mörder ausdrückte, so offenbarte das Angesicht von Jesus Unschuld,

---

96 Nach der heutigen Stundeneinteilung von ca. 12:00 Uhr bis 15:00 Uhr.

Lauterkeit und Güte – das Ebenbild Gottes. Doch seine Ankläger achteten nicht auf das Zeichen des Himmels. Während langer, qualvoller Stunden war Christus von der höhnenden Menge angestarrt worden. Doch nun wurde er gnädig von Gottes Mantel verhüllt.

Es schien, als hätte sich Grabesstille über Golgatha ausgebreitet. Unbeschreibliches Entsetzen befiel die Menge, die um das Kreuz versammelt war. Das Fluchen und Schimpfen brach mitten im Satz ab. Männer, Frauen und Kinder stürzten zu Boden. Grelle Blitze zuckten hin und wieder aus den Wolken und erleuchteten für kurze Augenblicke das Kreuz mit dem gekreuzigten Erlöser. Priester, Oberste, Schriftgelehrte, Henkersknechte und das Volk glaubten, die Stunde ihrer Vergeltung sei gekommen. Nach einer Weile flüsterten einige, Jesus werde nun vom Kreuz herabsteigen. Andere versuchten, sich auf die Brust schlagend und heulend vor Angst, sich zurück in die Stadt zu tasten.

Um drei Uhr wich die Finsternis von den Versammelten und hüllte nur noch den Erlöser ein. Sie war ein Zeichen für das Grauen und die Qual, die auf seinem Herzen lasteten. Kein Auge konnte durch die Dunkelheit schauen, die das Kreuz umgab, und niemand vermochte die noch tiefer liegende Finsternis zu durchdringen, welche die leidende Seele von Christus umhüllte. Die zornigen Blitze schienen auf ihn, der am Kreuz hing, geschleudert zu werden. Dann »schrie Jesus laut: Eli, Eli, lama asabtani? Das heißt: Mein Gott, mein Gott, warum hast du mich verlassen?« (Matthäus 27,46b) Als sich die Dunkelheit um den Erlöser herum verdichtete, riefen viele Stimmen: Die Rache des Himmels lastet auf ihm! Die Blitze des göttlichen Zorns werden auf ihn geschleudert, weil er behauptete, Gottes Sohn zu sein. Viele, die an ihn glaubten, hörten seinen verzweifelten Schrei, und alle Hoffnung verließ sie. Wenn selbst Gott Jesus verlassen hatte, worauf konnten seine Nachfolger dann noch vertrauen?

Als die Finsternis die niedergedrückte Seele von Christus verließ, verspürte er wieder seine körperlichen Schmerzen und rief: »Ich habe Durst!« (Johannes 19,28b NGÜ) Ein römischer Soldat, der beim Anblick der ausgedörrten Lippen von Mitleid gerührt war, nahm einen Schwamm, steckte ihn auf einen Ysopzweig, tauchte ihn in Essig und reichte ihn Jesus. Die Priester jedoch spotteten über dessen Qualen. Als noch Finsternis die Erde bedeckte, hatten sie große Angst gehabt. Doch sobald ihr Schrecken nachließ, befürchteten sie erneut, Jesus werde ihnen doch noch entkommen. Seinen Ausruf »Eli, Eli, lama asabtani?« hatten sie falsch verstanden. Mit größter Verachtung und voller Hohn sagten sie: »Der ruft nach Elia« (Matthäus 27,47b). Die letzte Gelegenheit, seine Leiden zu lindern, lehnten sie ab und sagten: »Lass ihn in Ruhe. Wir wollen sehen, ob Elia kommt und ihn rettet.« (Matthäus 27,49 NLB)

DER RETTER STIRBT

Der Sohn Gottes, unbescholten und makellos, hing am Kreuz. Sein Körper war mit vielen Striemen bedeckt. Die Hände, die er so oft segnend ausgestreckt hatte, waren ans Holz genagelt. Die Füße, die unermüdlich Wege der Liebe gegangen waren, hatte man ans Kreuz geheftet. Das königliche Haupt war von der Dornenkrone verwundet, und die bebenden Lippen waren vor Schmerz verzogen. Die von seinem Haupt, seinen Händen und Füßen fallenden Blutstropfen, die Schmerzen, die seinen Körper quälten, und die unaussprechliche Seelenqual, als der Vater sein Antlitz vor ihm verbarg – alles, was er ertrug, spricht zu jedem Menschen und sagt: Für dich war der Sohn Gottes bereit, jene Schuldenlast zu tragen. Für dich durchbricht er die Macht des Todes und öffnet die Tore zum Paradies. Er, der den wütenden Wellen Einhalt gebot und über schäumende Wogen schritt, der Teufel erzittern ließ und Krankheiten verbannte, der den Blinden die Augen öffnete und den Toten neues Leben schenkte, opferte sich selbst am Kreuz, weil er dich liebt! Er, der Sündenträger, ertrug den Zorn göttlicher Gerechtigkeit und wurde um deinetwillen »zur Sünde gemacht« (2. Korinther 5,21b).

Schweigend warteten die Anwesenden auf das Ende dieses schrecklichen Geschehens. Die Sonne schien wieder, doch das Kreuz war noch in Dunkelheit gehüllt. Priester und Oberste blickten nach Jerusalem und bemerkten, wie sich die dunkle Wolke über der Stadt und der Ebene von Judäa zusammenzog. Die Sonne der Gerechtigkeit, das Licht der Welt, zog nun seine Strahlen von der einst bevorzugten Stadt Jerusalem zurück. Die zuckenden Blitze des Zornes Gottes waren nun gegen die dem Untergang geweihte Stadt gerichtet.

Plötzlich lichtete sich das Dunkel um das Kreuz, und mit heller, klarer Stimme, die durch die ganze Schöpfung zu hallen schien, rief Jesus aus: »Es ist vollbracht!« (Johannes 19,30b) »Vater, ich befehle meinen Geist in deine Hände!« (Lukas 23,46a) Ein Licht umstrahlte das Kreuz, und das Angesicht des Erlösers leuchtete im Glanz der Herrlichkeit auf, hell wie die Sonne. Dann neigte er sein Haupt auf die Brust und verschied.

Mitten in der schrecklichen Finsternis, scheinbar von Gott verlassen, hatte Christus den Leidenskelch der Menschheit bis zur Neige geleert. In diesen furchtbaren Stunden hatte er sich ganz auf die ihm vorher gegebenen Zusagen, dass ihn der Vater annehmen werde, verlassen. Er kannte den Charakter seines Vaters und verstand dessen Gerechtigkeit, Erbarmen und große Liebe. Im festen Glauben ruhte er in ihm, dem er stets freudig gehorcht hatte. Als er sein Leben nun demütig Gott anvertraute, schwand das Gefühl, er habe die Gunst seines Vaters verloren. Durch den Glauben wurde Christus Sieger.

DER OPFERDIENST VERLIERT SEINE BEDEUTUNG

Noch nie hatte die Welt etwas Derartiges erlebt. Die Menge stand wie gelähmt und starrte mit angehaltenem Atem auf den Erlöser. Erneut wurde es finster über der Erde. Ein lautes Grollen wie schwerer Donner war zu hören, und die Erde bebte heftig. Die Menschen wurden umhergeworfen, es entstand ein wildes Durcheinander, und Panik machte sich breit. In den umliegenden Bergen zerbarsten die Felsen und stürzten donnernd in die Tiefe. Gräber taten sich auf und Tote wurden herausgeworfen (vgl. Matthäus 27,51). Es schien, als würde die ganze Schöpfung in kleinste Teile zerfallen. Priester, Oberste, Soldaten, Henkersknechte und das Volk, sie alle lagen stumm vor Schreck auf dem Boden.

Als der laute Schrei »Es ist vollbracht!« (Johannes 19,30b) über die Lippen von Christus kam, wurde im Tempel gerade das Abendopfer dargebracht. Das Opferlamm, das den Messias darstellte, wurde hereingeführt, um geschlachtet zu werden. In sein bedeutungsvolles, prächtiges Gewand gekleidet, erhob der Priester sein Messer – so wie einst Abraham, als er im Begriff war, seinen Sohn zu opfern. Gebannt verfolgte das Volk diese Handlung. Doch plötzlich zitterte und bebte die Erde, denn der Herr selbst näherte sich. Mit durchdringendem Geräusch wurde der innere Vorhang des Tempels von einer unsichtbaren Hand von oben bis unten zerrissen (vgl. Matthäus 27,51), und das Allerheiligste, das einst von der Gegenwart Gottes erfüllt gewesen war, lag offen da, frei für die Blicke der Menge. Hier hatte die Schechina geweilt und hier hatte Gott seine Macht über dem Gnadenthron offenbart. Allein der Hohepriester durfte den Vorhang beiseiteschieben, der diesen Raum vom übrigen Tempel trennte. Einmal im Jahr ging er dort hinein, um die Sünden des Volkes zu sühnen. Doch nun war dieser Vorhang in zwei Teile zerrissen! Das Allerheiligste des irdischen Heiligtums war nicht mehr länger heilig.

Überall herrschte Entsetzen und Verwirrung. Der Priester wollte gerade das Opferlamm töten, da fiel ihm das Messer aus seiner kraftlosen Hand, und das Opferlamm entkam. Das Symbol und die Wirklichkeit trafen im Tod des Sohnes Gottes zusammen. Das große Opfer war nun vollbracht. Der Weg ins Allerheiligste stand offen. Ein neuer und lebendiger Weg war nun allen erschlossen. Sündige und sorgenvolle Menschen mussten nicht länger auf den Hohenpriester warten. Von nun an würde der Erlöser selbst als Priester und Fürsprecher der Menschen im höchsten Himmel dienen. Es war, als hätte eine lebendige Stimme den Anbetenden gesagt: All die Opfer und Gaben für die Sünde haben nun ein Ende. Der Sohn Gottes kam, wie er versprochen hatte: »Siehe, ich komme – im Buch steht von mir geschrieben –, dass ich tue, Gott, deinen Willen.« (Hebräer 10,7) Er ist »mit seinem eigenen Blut ein für alle Mal in das Heiligtum hineingegangen und hat uns eine ewige Erlösung erworben.« (Hebräer 9,12b Elb.)

KAPITEL 79

»ES IST VOLLBRACHT!«

Jesus gab sein Leben nicht auf, bevor er das Werk, das zu tun er gekommen war, ausgeführt hatte. Mit seinem letzten Atemzug rief er aus: »Es ist vollbracht!« (Johannes 19,30b) Der Kampf war gewonnen. »Seine Rechte und sein heiliger Arm« (Psalm 98,1b Elb.) hatten für ihn den Sieg errungen. Als Sieger richtete er sein Banner auf den ewigen Höhen auf. Herrschte da nicht Freude unter den Engeln? Der ganze Himmel triumphierte über den Sieg des Erlösers. Satan war bezwungen und wusste, dass sein Reich verloren war.

Für die Engel und die nicht gefallenen Welten war der Ausruf: »Es ist vollbracht!« von tiefer Bedeutung. Dies war für sie und ist für uns das Zeichen, dass das große Erlösungswerk vollendet ist. Gemeinsam mit uns haben auch sie Anteil an den Früchten des Sieges von Christus. Erst der Tod von Christus offenbarte den Engeln und den nicht gefallenen Welten den wahren Charakter von Satan. Der Erzfeind hatte sich so geschickt verstellt, dass sogar heilige Wesen weder seine Prinzipien verstanden, noch die Art seiner Auflehnung durchschauten.

LUZIFER, DER REBELL

Als ein Wesen, das mit wunderbarer Kraft und Herrlichkeit ausgestattet war, hatte sich Luzifer gegen Gott erhoben. Über ihn sagte Gott: »Du warst das Abbild der Vollkommenheit, voller Weisheit und über die Maßen schön.« (Hesekiel 28,12b) Luzifer hatte als schirmender Cherub[97] im Licht der Gegenwart Gottes gestanden. Er war das höchste aller Geschöpfe gewesen und es war seine Aufgabe gewesen, dem Universum die Absichten Gottes zu offenbaren. Weil er eine bevorzugte Stellung beim Vater innehatte, war seine betrügerische Macht, nachdem er gesündigt hatte, umso größer und die Enthüllung seines Charakters umso schwieriger.

Gott hätte Satan und seine Anhänger so leicht zugrunde richten können, wie wenn man einen Kieselstein auf die Erde wirft. Doch er tat es nicht. Rebellion konnte nicht mit Gewalt überwunden werden. Zwangsmaßnahmen

---

97 Siehe Erklärungen »Cherub/Cherubim«, S. 814.

findet man nur unter Satans Herrschaft. Die Grundsätze des Herrn sind anders. Seine Autorität beruht auf Güte, Barmherzigkeit und Liebe. Diese Prinzipien sollen nach seinem Willen zur Anwendung kommen. Gottes Regierung ist untadelig und wird von Wahrheit und Liebe bestimmt.

Es war Gottes Absicht, alle Dinge auf eine ewige, sichere Grundlage zu stellen. Im himmlischen Rat wurde beschlossen, Satan Zeit zu geben, um die Grundsätze, welche das Fundament seiner Herrschaft bildeten, zu entfalten. Er hatte behauptet, diese Prinzipien seien denen von Gott überlegen. Daher wurde der Entfaltung der satanischen Grundsätze Zeit gegeben, damit die Auswirkungen von der himmlischen Welt erkannt werden konnten.

Satan verführte die Menschen zur Sünde. Daraufhin wurde der Erlösungsplan in Gang gesetzt. 4000 Jahre lang wirkte Christus, um die Menschheit aufzurichten, während sich Satan bemühte, sie zu erniedrigen und zu vernichten. Die himmlische Welt beobachtete dies alles.

Als Jesus auf die Erde kam, wandte sich Satans Macht gegen ihn. Von der Zeit an, als er als Kindlein in Bethlehem erschien, kämpfte der Thronräuber darum, ihn zu vernichten. Er versuchte mit allen Mitteln, Jesus daran zu hindern, sich zu einem vollkommenen Kind, zu einem untadeligen Mann, zu einem heiligen Diener und zu einem makellosen Opfer zu entwickeln. Doch er unterlag. Er konnte Jesus nicht zur Sünde verleiten. Er konnte ihn weder entmutigen noch von der Aufgabe abbringen, um derentwillen er auf diese Erde gekommen war. Von der Wüste bis nach Golgatha tobte Satans Zorn wie ein Sturm um ihn her. Doch je erbarmungsloser ihn der Böse angriff, desto fester klammerte sich der Sohn Gottes an die Hand seines Vaters und drängte auf dem blutbefleckten Pfad vorwärts. Alle Anstrengungen Satans, ihn zu unterdrücken und zu überwinden, ließen seinen makellosen Charakter nur umso heller erscheinen.

Der ganze Himmel und die nicht gefallenen Welten waren Zeugen der Auseinandersetzung. Mit welch großem Interesse verfolgten sie nun den zu Ende gehenden Konflikt! Sie sahen, wie der Erlöser den Garten Gethsemane betrat und durch den Schrecken einer großen Finsternis in die Knie gezwungen wurde. Sie hörten seinen schmerzerfüllten Aufschrei: »Mein Vater! Wenn es möglich ist, lass den Kelch des Leides an mir vorübergehen!« (Matthäus 26,39b NLB) Als sich die Gegenwart des Vaters zurückzog, sahen sie ihn in einem bitteren Leiden, das größer war als der letzte Kampf mit dem Tod. Blutiger Schweiß drang aus seinen Poren und fiel in schweren Tropfen auf die Erde. Dreimal entrang sich seinen Lippen ein Gebet um Errettung. Der Himmel konnte diesen Anblick nicht länger ertragen und sandte einen Boten, um den Sohn Gottes zu trösten.

Der Himmel sah, wie das Opfer in die Hände des mörderischen Pöbels verraten und mit Spott und Gewalt von einer Gerichtsverhandlung zur anderen getrieben wurde. Der Himmel hörte die höhnischen Rufe der Verfolger, die sich über seine einfache Herkunft lustig machten. Er hörte, wie ihn einer seiner liebsten Jünger unter Fluchen und Schwören verleugnete. Der Himmel sah, wie Satan tobte und sich der Herzen der Menschen bemächtigte. Was für ein schreckliches Schauspiel! Der Erlöser wurde um Mitternacht in Gethsemane gefangen genommen, zwischen Palast und Gerichtshalle hin- und hergeschleppt, zweimal vor die Priester gestellt, zweimal vor den Hohen Rat, zweimal vor Pilatus und einmal vor Herodes. Er wurde verhöhnt, ausgepeitscht, verurteilt und dann – mit der schweren Bürde des Kreuzes beladen – unter dem Wehklagen der Töchter Jerusalems und dem Gejohle der Meute zur Kreuzigung hinausgeführt.

SATAN IST ENTLARVT

Voller Kummer und Bestürzung sah der Himmel Christus am Kreuz hängen. Blut floss aus seinen verwundeten Schläfen, und blutig gefärbter Schweiß stand auf seiner Stirn. Von seinen Händen und Füßen tropfte das Blut auf den Felsen, in den das Kreuz eingelassen war. Die von den Nägeln gerissenen Wunden wurden durch das Gewicht des Körpers immer größer. Sein Atem ging tief und stoßweise, als er unter der Sündenlast der Welt aufseufzte. Der ganze Himmel war von Verwunderung erfüllt, als Christus mitten in seinem schrecklichen Leiden betete: »Vater, vergib ihnen; denn sie wissen nicht, was sie tun!« (Lukas 23,34a) Dort standen doch Menschen, die nach Gottes Bild geschaffen waren und nun mithalfen, das Leben seines einzigen Sohnes zu vernichten. Welch ein Anblick für die himmlische Welt!

Alle Mächte und Gewalten der Finsternis waren um das Kreuz versammelt und überschatteten die Herzen der Menschen mit ihrem teuflischen Unglauben. Als der Herr diese Wesen schuf, damit sie vor seinem Thron stehen, waren sie schön und herrlich. Ihre Anmut und ihre Heiligkeit entsprachen ihrer hohen Stellung. Sie waren mit Gottes Weisheit ausgestattet und mit dem Schmuck des Himmels angetan. Sie waren die Diener Jahwes. Doch wer konnte jetzt noch in den gefallenen Engeln die herrlichen Seraphim erkennen, die einst in den himmlischen Höfen gedient hatten?

Satanische Kräfte verbanden sich mit den bösen Menschen und ließen das Volk glauben, Christus sei verabscheuungswürdig und der Anführer der Sünder. Alle jene, die ihn am Kreuz verspotteten, waren mit dem Geist des ersten großen Rebellen erfüllt. Er ließ sie niederträchtige und widerliche

Reden führen und regte sie zu Sticheleien an. Doch durch all das erreichte er nichts.

Wäre Christus nur einmal schuldig geworden und hätte nur im Geringsten dem Versucher nachgegeben, um den schrecklichen Qualen zu entgehen, dann hätte der Feind Gottes und der Menschen triumphiert. Christus neigte sein Haupt und starb, aber er hatte an seinem Glauben und seiner Hingabe an Gott festgehalten. »Dann hörte ich eine laute Stimme durch den Himmel rufen: ›Jetzt ist es geschehen: Die Rettung und die Kraft und das Reich unseres Gottes und die Macht seines Christus sind da! Denn der Ankläger unserer Brüder, der sie Tag und Nacht vor unserem Gott verklagte, wurde auf die Erde hinabgeworfen.‹« (Offenbarung 12,10 NLB)

Satan erkannte, dass seine Maske heruntergerissen war. Seine Führungsweise wurde den ungefallenen Engeln und der himmlischen Welt offenbar. Er hatte sich selbst als Mörder zu erkennen gegeben. Indem er das Blut des Sohnes Gottes vergoss, hatte er selbst das Wohlwollen der himmlischen Wesen verspielt. Von nun an war er in seinem Wirken eingeschränkt. Welche Haltung er auch einnahm, er konnte die Nachfolger von Christus wegen ihrer befleckten und durch die Sünde verunreinigten Kleider nicht mehr länger vor den Engeln verklagen, wenn sie aus den himmlischen Höfen kamen. Das letzte Band der Zuneigung zwischen der himmlischen Welt und Satan war zerrissen.

GOTT IST BARMHERZIG UND GERECHT

Dennoch wurde Satan damals nicht vernichtet. Selbst jetzt verstanden die Engel noch nicht ganz, worum es beim großen Kampf ging. Die auf dem Spiel stehenden Prinzipien mussten noch deutlicher offenbar werden, und um der Menschen willen musste Satans Existenz erhalten bleiben. Die Menschen wie die Engel sollten den Gegensatz zwischen dem Fürsten des Lichts und dem Fürsten der Finsternis erkennen. Jeder muss sich entscheiden, wem er dienen will.

Zu Beginn der großen Auseinandersetzung hatte Satan erklärt, dass Gottes Gesetz nicht gehalten werden könne, dass Gerechtigkeit und Barmherzigkeit unvereinbar seien und dass es, sollte das Gesetz übertreten werden, für den Sünder unmöglich sei, Vergebung zu erlangen. Jede Sünde müsse bestraft werden, verlangte Satan, und wenn Gott die Strafe erlassen würde, wäre er kein Gott der Wahrheit und der Gerechtigkeit. Als die ersten Menschen Gottes Gesetz übertraten und sich seinem Willen widersetzten, jubelte Satan. Er behauptete, dies sei der Beweis dafür, dass Gottes Gesetz nicht befolgt und den Menschen nicht vergeben werden könne. Weil er nach seinem Aufruhr aus dem Himmel verbannt worden war, müsse auch das Menschengeschlecht für immer von Gottes Gunst ausgeschlossen werden. Er betonte, Gott könne nicht zugleich gerecht und dem Sünder gnädig sein.

Doch selbst als Sünder war der Mensch in einer anderen Ausgangslage als Satan. Luzifer hatte im Himmel, im Licht der Herrlichkeit Gottes, gesündigt. Ihm war die Liebe Gottes wie keinem anderen Geschöpf offenbart worden. Er kannte Gottes Charakter und dessen Güte. Dennoch entschied sich Satan, seinem eigenen selbstsüchtigen und unabhängigen Willen zu folgen. Diese Entscheidung war endgültig. Gott konnte nichts mehr tun, um ihn zu retten. Der Mensch aber wurde getäuscht. Sein Verstand wurde von Satans ausgeklügelten Spitzfindigkeiten getrübt. Er kannte die Höhe und Tiefe der Liebe Gottes nicht. Für ihn bestand Hoffnung, wenn er sie erkennen würde. Würde er Gottes Charakter betrachten, könnte er vielleicht wieder zu Gott gezogen werden.

Durch Jesus wurde den Menschen Gottes Barmherzigkeit offenbart. Doch Barmherzigkeit hebt die Gerechtigkeit nicht auf. Das Gesetz zeigt die Eigenschaften von Gottes Charakter. Nicht ein Jota oder ein Pünktchen davon kann verändert werden, um dem Menschen in seinem gefallenen Zustand entgegenzukommen. Gott änderte sein Gesetz nicht, aber er opferte sich selbst in Jesus Christus zur Erlösung der Menschen. »Gott war in Christus und versöhnte so die Welt mit sich selbst.« (2. Korinther 5,19a NLB)

Das Gesetz fordert Gerechtigkeit – ein gerechtes Leben, einen vollkommenen Charakter; und dies kann der Mensch nicht erbringen. Er kann den Ansprüchen von Gottes heiligem Gesetz nicht genügen. Doch Christus, der als Mensch auf die Erde kam, führte ein heiliges Leben und entwickelte einen vollkommenen Charakter. Dieses Leben und diesen Charakter bietet er allen, die dies für sich in Anspruch nehmen wollen, als ein freies Geschenk an. Sein Leben steht für das Leben der Menschen. So erfahren sie durch die Langmut Gottes Vergebung ihrer vergangenen Sünden. Mehr noch: Christus erfüllt die Menschen mit den Eigenschaften Gottes. Er formt den menschlichen Charakter nach dem Vorbild des göttlichen und verleiht ihm geistliche Stärke und Schönheit. Auf diese Weise ist die ganze Gerechtigkeit des Gesetzes in dem erfüllt, der an Christus glaubt. Somit beweist Gott, »dass er gerecht ist und den gerecht macht, der an Jesus glaubt« (Römer 3,26b EÜ).

Gottes Liebe hat sich in seiner Gerechtigkeit nicht weniger bekundet als in seiner Gnade. Gerechtigkeit ist die Grundlage seiner Herrschaft (vgl. Psalm 89,15) und die Frucht seiner Liebe. Satan wollte die Gnade von der Wahrheit und der Gerechtigkeit trennen. Er versuchte zu beweisen, dass die

Gerechtigkeit des Gesetzes Gottes dem Frieden widerspricht. Christus aber zeigte, dass sie nach Gottes Plan untrennbar miteinander verbunden sind und das eine nicht ohne das andere bestehen kann. »Gnade und Wahrheit sind sich begegnet, Gerechtigkeit und Frieden haben sich geküsst« (Psalm 85,11 Elb.)

Durch sein Leben und Sterben bewies Christus, dass Gottes Gerechtigkeit seine Barmherzigkeit nicht zunichte macht, sondern dass die Sünde vergeben wird, Gottes Gesetz gerecht ist und gänzlich befolgt werden kann. Damit waren Satans Anklagen widerlegt. Gott hatte den Menschen einen eindeutigen Beweis seiner Liebe gegeben.

DER KAMPF UM GOTTES GESETZ

Nun versuchte es Satan mit einer anderen Täuschung. Er erklärte, dass Barmherzigkeit die Gerechtigkeit zunichte gemacht und der Tod von Christus das Gesetz des Vaters aufgehoben habe. Wäre es möglich gewesen, Gottes Gesetz zu verändern oder aufzuheben, hätte Christus nicht sterben müssen. Doch das Gesetz außer Kraft zu setzen würde bedeuten, die Übertretungen zu verewigen und die Welt Satans Herrschaft zu unterstellen. Weil Gottes Gesetz unveränderlich ist und der Mensch nur durch den Gehorsam gegen seine Gebote gerettet werden kann, wurde Christus am Kreuz erhöht. Doch genau die Mittel, durch welche Jesus das Gesetz aufrichtete, stellte Satan so dar, als würden sie das Gesetz zunichtemachen. Daran wird sich der letzte Konflikt in der großen Auseinandersetzung zwischen Christus und Satan entzünden.

Satan behauptet jetzt, das von Gott selbst verkündete Gesetz sei fehlerhaft und einige seiner Gebote seien aufgehoben worden. Dies ist der letzte große Betrug, den er der Welt beschert. Er braucht nicht das ganze Gesetz anzugreifen. Kann er die Menschen dazu verleiten, nur ein Gebot zu missachten, hat er sein Ziel erreicht. »Denn wenn jemand das ganze Gesetz hält und sündigt gegen ein einziges Gebot, der ist am ganzen Gesetz schuldig.« (Jakobus 2,10) Indem sich die Menschen darauf einlassen, eines dieser Gebote zu übertreten, geraten sie unter Satans Gewalt. Satan versucht die Welt zu beherrschen, indem er das göttliche Gesetz durch ein menschliches ersetzt. Dieses Vorgehen wurde bereits prophetisch vorausgesagt. Von der großen abtrünnigen Macht, welche Satans Stellvertreter ist, wird gesagt: »Er wird überhebliche Reden gegen den Höchsten führen und das heilige Volk des Höchsten vernichten. Er wird alles daransetzen, ihre Festzeiten abzuschaffen und das Gesetz zu ändern, und sie werden ihm ... ausgeliefert sein« (Daniel 7,25 NLB).

Die Menschen werden ihre eigenen Gesetze erlassen, um Gottes Gesetzen entgegenzuwirken. Sie werden versuchen, Zwang auf das Gewissen anderer auszuüben. In ihrem Eifer, diese Vorschriften durchzusetzen, werden sie ihre Mitmenschen unterdrücken.

Der Kampf gegen Gottes Gesetz, der im Himmel begann, wird bis zum Ende der Zeit andauern. Jeder Mensch wird geprüft werden. Gehorsam oder Ungehorsam, das ist die Frage, die von der ganzen Welt entschieden werden muss. Alle werden dazu aufgerufen, zwischen Gottes Gesetz und menschlichen Geboten zu wählen. Hier wird die Trennungslinie gezogen werden. Es wird nur zwei Klassen geben. Jeder Charakter wird vollständig entwickelt sein, und alle werden zeigen, ob sie sich für die Seite der Treue oder die Seite der Rebellion entschieden haben.

Dann wird das Ende kommen. Gott wird sein Gesetz rechtfertigen und sein Volk befreien. Satan und alle, die sich seiner Rebellion angeschlossen haben, werden hinweggerafft. Sünde und Sünder werden umkommen, und es werden »weder Wurzel noch Zweig« (Maleachi 3,19b) übrig bleiben. Satan ist die Wurzel, seine Anhänger sind die Zweige. Das Wort des Herrn wird sich am Fürsten des Bösen erfüllen: »Weil sich dein Herz überhebt, als wäre es eines Gottes Herz …, verstieß ich dich vom Berge Gottes und tilgte dich, du schirmender Cherub, hinweg aus der Mitte der feurigen Steine … Alle, die dich kannten unter den Völkern, haben sich über dich entsetzt, dass du so plötzlich untergegangen bist und nicht mehr aufkommen kannst.« (Hesekiel 28,6.16.19) – »Dann ist der Gottlose nicht mehr da. Du schaust dich nach ihm um, aber da ist niemand mehr.« (Psalm 37,10 NGÜ). »Sie werden sein, als wären sie nie gewesen.« (Obadja 16b Elb.)

Dies ist keine willkürliche Handlung Gottes. Alle, die seine Gnade zurückgewiesen haben, ernten, was sie gesät haben. Gott ist die Quelle des Lebens. Wer sich für den Dienst der Sünde entscheidet, trennt sich von Gott und schneidet sich dadurch selbst vom Leben ab. »Abgeschnitten haben sie sich vom Leben, das Gott gibt.« (Epheser 4,18b ZÜ). Christus erklärt: »Alle, die mich hassen, lieben den Tod.« (Sprüche 8,36b)[98] Gott lässt sie eine Zeitlang gewähren, damit sie ihren Charakter entwickeln und ihre Grundsätze offenbaren können. Ist dies geschehen, ernten sie die Folgen ihrer eigenen Entscheidung. Durch ihr rebellisches Leben haben sich Satan und alle seine Anhänger so sehr von Gott getrennt, dass allein schon seine Gegenwart für sie ein verzehrendes Feuer ist (vgl. Hebräer 12,29). Die Herrlichkeit dessen, der Liebe ist, wird sie vernichten.

---

98 In Sprüche 8 äußert sich die personifizierte Weisheit. Aufgrund einiger Aussagen in den Versen 22 bis 36 erkennen darin einige Ausleger – so auch die Autorin – ein Sinnbild für den Sohn Gottes.

GOTTES WESEN WIRD OFFENBAR

Zu Beginn der großen Auseinandersetzung verstanden die Engel dies nicht. Hätten Satan und seine Heerscharen zu jener Zeit schon alle Auswirkungen ihrer Übertretung ernten müssen, wären sie umgekommen. Die himmlischen Wesen hätten nicht erkannt, dass dies die unvermeidliche Folge der Sünde ist. In ihren Herzen wäre ein Zweifel an Gottes Güte als übles Samenkorn zurückgeblieben und hätte eine tödliche Frucht von Sünde und Leid hervorgebracht.

Doch am Ende der großen Auseinandersetzung wird es nicht so sein. Wenn der Erlösungsplan vollendet ist, wird Gottes Charakter allen vernunftbegabten Geschöpfen offenbar sein. Die Vorschriften seines Gesetzes werden sich als vollkommen und unveränderlich erweisen. Dann ist das Wesen der Sünde und Satans Charakter offengelegt. Dann wird die Ausrottung der Sünde Gottes Liebe bestätigen und seine Ehre vor dem Weltall wiederherstellen, dessen Wesen freudig seinen Willen tun und sein Gesetz in ihren Herzen tragen.

So konnten sich die Engel freuen, als sie auf den Erlöser am Kreuz blickten. Auch wenn sie noch nicht alles verstanden, wussten sie doch, dass die Vernichtung der Sünde und des Teufels für alle Zeiten gewiss, die Erlösung der Menschen gewährleistet und das Universum auf ewig gerettet ist. Christus selbst wusste genau, was sein Opfer auf Golgatha bewirken würde. Dies alles hatte er vor Augen, als er am Kreuz ausrief: »Es ist vollbracht!« (Johannes 19,30b)

TEIL 10

ER IST AUFERSTANDEN

»Nun aber ist Christus auferstanden von den Toten als Erstling unter denen, die entschlafen sind.«

1. Korinther 15,20

KAPITEL 80

IN JOSEFS GRAB

*Matthäus 27,54-66; Markus 15,39-47;
Lukas 23,50-56; Johannes 19,31-42*

Nun ruhte Jesus endlich. Der lange Tag der Schande und Qual war vorüber. Als die letzten Strahlen der untergehenden Sonne den Sabbat ankündigten, lag der Sohn Gottes still in Josefs Grab. Seine Aufgabe vollendet, seine Hände friedlich ineinander gefaltet, ruhte er während der heiligen Stunden des Sabbats.

DIE RUHE NACH DEM ERLÖSUNGSWERK

Am Anfang, nach ihrem Schöpfungswerk, hatten der Vater und der Sohn am Sabbat geruht. Als »die Schöpfung des Himmels und der Erde mit allem, was dazugehört, vollendet« war (1. Mose 2,1 NLB), freute sich der Schöpfer mit allen himmlischen Wesen bei diesem herrlichen Anblick. »Damals sangen alle Morgensterne, die Gottessöhne jubelten vor Freude!« (Hiob 38,7 GNB) Nun ruhte Jesus vom Erlösungswerk aus, und trotz der Trauer derer, die ihn auf Erden liebten, herrschte Freude im Himmel. In den Augen der himmlischen Wesen erschien die Verheißung der Zukunft wunderbar. Eine wiederhergestellte Schöpfung, eine erlöste Menschheit, die niemals mehr fallen kann, weil sie die Sünde überwunden hat – so sahen Gott und die Engel das Endergebnis des von Christus vollendeten Werkes. Mit dieser Freude ist der Tag, an dem Jesus im Grab ruhte, für immer verbunden, denn »seine Werke sind vollkommen« (5. Mose 32,4b) und »alles, was Gott tut, das besteht für ewig« (Prediger 3,14a). Auch »zu den Zeiten der Wiederherstellung aller Dinge, von denen Gott durch den Mund seiner heiligen Propheten von jeher geredet hat« (Apostelgeschichte 3,21b Elb.), wird der Schöpfungssabbat, der Tag, an dem Jesus in Josefs Grab ruhte, noch immer ein Tag der Ruhe und Freude sein. Himmel und Erde werden vereint Gott loben, wenn sich die Völker der Erlösten »einen Sabbat nach dem anderen« (Jesaja 66,23b) in freudiger Anbetung vor Gott und dem Lamm beugen werden.

VIELE ERKENNEN DEN SOHN GOTTES

Die letzten Ereignisse am Tag der Kreuzigung bewiesen erneut, dass sich die Vorhersagen erfüllt hatten. Die Göttlichkeit von Christus wurde abermals bezeugt. Als die Dunkelheit vom Kreuz wich und der Sterberuf des Erlösers verklungen war, hörte man unmittelbar darauf eine Stimme sagen:»Wahrlich, dieser ist Gottes Sohn gewesen!« (Matthäus 27,54b) Diese Worte wurden nicht mit leiser Stimme ausgesprochen. Alle drehten sich um und wollten sehen, woher sie kamen. Wer hatte das gesagt? Kein anderer als der Hauptmann, der römische Soldat. Die göttliche Geduld des Erlösers und sein plötzlicher Tod mit dem Siegesruf auf seinen Lippen hatten diesen Heiden sehr beeindruckt. Der Hauptmann erkannte in der verwundeten und gebrochenen Gestalt am Kreuz den Sohn Gottes. Er konnte nicht anders, er musste seinen Glauben bekennen! So wurde ein weiterer Beweis dafür erbracht, dass unser Erlöser »um der Mühsal seiner Seele willen ... Frucht sehen« sollte (Jesaja 53,11a Elb.). An seinem Todestag bekannten drei Männer, die sich sehr voneinander unterschieden, ihren Glauben: der Befehlshaber der römischen Wache, Simon, der das Kreuz des Erlösers trug, und der Übeltäter am Kreuz, der an seiner Seite starb.

Als es Abend wurde, lag eine unheimliche Stille über Golgatha. Die Menge zerstreute sich, und viele von denen, die nach Jerusalem zurückkehrten, hatten seit dem Morgen einen großen Sinneswandel durchlebt. Viele waren aus reiner Neugier zur Kreuzigung gekommen und nicht weil sie Christus hassten. Dennoch glaubten sie den Anschuldigungen der Priester und betrachteten Christus als Übeltäter. Von der unnatürlichen Begeisterung der Masse angestachelt, hatten sie in die Schmährufe gegen ihn mit eingestimmt. Als die Erde jedoch plötzlich in Finsternis gehüllt wurde und ihr Gewissen sie anklagte, verspürten sie die Schuld eines großen Unrechts. Während dieser schrecklichen Finsternis hörte man keinerlei Scherze oder spöttisches Gelächter mehr, und als sich das Dunkel lichtete, gingen sie ernst und schweigend nach Hause. Nun waren sie überzeugt, dass die Beschuldigungen der Priester falsch gewesen waren und Jesus kein Betrüger war. Als Petrus einige Wochen später an Pfingsten predigte, befanden auch sie sich unter den Tausenden, die sich zu Christus bekehrten.

Die jüdischen Führer jedoch blieben von den Ereignissen, die sie erlebt hatten, unberührt. Ihr Hass auf Jesus hatte nicht nachgelassen. Die Dunkelheit, welche die Erde während der Kreuzigung umhüllt hatte, war nicht tiefer gewesen als die geistliche Finsternis, die noch immer den Verstand der Priester und Obersten umhüllte. Bei seiner Geburt hatte der Stern Christus erkannt und die Weisen zur Krippe geführt, in der er lag. Die himmlischen

Heerscharen hatten ihn erkannt und über den Ebenen von Bethlehem zu seiner Ehre gesungen. Der See hatte seine Stimme wahrgenommen und seinem Befehl gehorcht. Krankheit und Tod hatten seine Vollmacht anerkannt und ihm ihren Raub überlassen. Die Sonne hatte ihn erkannt und beim Anblick seiner Todesqualen ihr leuchtendes Angesicht verborgen. Die Felsen hatten ihn erkannt und waren bei seinem Aufschrei zersprungen. Die unbelebte Natur hatte Christus erkannt und seine Göttlichkeit bezeugt. Die Priester und Obersten Israels jedoch erkannten den Sohn Gottes nicht.

DIE ANGST DER JÜDISCHEN FÜHRER

Die jüdischen Führer fanden keine innere Ruhe. Zwar hatten sie ihr Ziel erreicht und Christus getötet, doch die von ihnen erwartete Siegesfreude blieb aus. Selbst in der Stunde ihres offensichtlichen Triumphes quälte sie die Ungewissheit, was wohl als Nächstes geschehen werde. Sie hatten den Aufschrei:»Es ist vollbracht!« (Johannes 19,30b) und die Worte:»Vater, ich lege meinen Geist in deine Hände!« gehört (Lukas 23,46a NLB). Sie hatten gesehen, wie die Felsen zerbarsten, und gespürt, wie stark die Erde bebte. Dies alles beunruhigte sie sehr und machte sie unsicher.

Als Christus noch lebte, hatten sie ihn um seinen Einfluss, den er beim Volk hatte, beneidet. Sogar als er tot war, waren sie eifersüchtig auf ihn. Sie fürchteten den toten Christus noch weit mehr, als sie den lebenden je gefürchtet hatten. Sie hatten Angst, die Aufmerksamkeit des Volkes werde sich weiterhin auf die Ereignisse richten, die rund um seine Kreuzigung stattgefunden hatten. Sie fürchteten sich vor den Folgen ihres Handelns an jenem Tag. Sein Leichnam durfte auf keinen Fall während des Sabbats am Kreuz hängen bleiben. Der Sabbat stand kurz bevor, und die Heiligkeit dieses Tages würde durch die am Kreuz hängenden Körper verletzt werden. Unter diesem Vorwand baten die jüdischen Obersten Pilatus, den Tod der Opfer zu beschleunigen, damit ihre Leiber noch vor Sonnenuntergang vom Kreuz abgenommen werden konnten.

Pilatus wollte ebenso wenig wie sie, dass der Körper von Jesus am Kreuz hängen blieb. Nachdem er seine Zustimmung gegeben hatte, wurden die Beine der beiden Übeltäter gebrochen, um deren Tod zu beschleunigen. Doch Jesus war bereits gestorben. Die rohen Soldaten waren durch alles, was sie von Christus gesehen und gehört hatten, milde gestimmt worden. Darum verzichteten sie darauf, ihm die Beine zu brechen. So erfüllte sich in der Opferung des Gotteslammes die Anweisung für das Passa: »Sie sollen nichts davon übrig lassen bis zum Morgen, auch keinen Knochen davon zerbrechen und sollen es ganz nach der Ordnung des Passa halten.« (4. Mose 9,12)

JESUS STIRBT UNERWARTET SCHNELL

Die Priester und Obersten waren überrascht, dass Christus schon gestorben war. Der Kreuzestod war ein sehr langsamer Prozess, und es war schwierig festzustellen, wann der Tod eingetreten war. Es war außergewöhnlich, dass jemand schon sechs Stunden nach der Kreuzigung verschied. Die Priester aber wollten sicher sein, dass Jesus tot war. Auf ihre Veranlassung hin stieß ein Soldat dem Erlöser einen Speer in die Seite. Aus der dadurch entstandenen Wunde flossen Wasser und Blut. Alle Umstehenden bemerkten dies, und Johannes berichtete sehr genau über den Vorfall: »Einer der Soldaten bohrte jedoch einen Speer in seine Seite, und Blut und Wasser flossen heraus. Dieser Bericht stammt von einem Augenzeugen. Alles, was er sagt, ist zuverlässig und wahr; er berichtet darüber, damit auch ihr zum Glauben findet. Diese Dinge sind geschehen, damit sich erfüllt, was in der Schrift vorausgesagt ist: ›Nicht einer seiner Knochen wird zerbrochen werden‹, und: ›Sie werden auf den schauen, den sie durchbohrt haben.‹« (Johannes 19,34-37 NLB; vgl. 2. Mose 12,46; Sacharja 12,10)

Nach der Auferstehung verbreiteten die Priester und Obersten das Gerücht, Christus sei nicht am Kreuz gestorben, sondern bloß ohnmächtig geworden. Man habe ihn später wiederbelebt. Auch wurde behauptet, dass nicht ein wirklicher Körper aus Fleisch und Knochen ins Grab gelegt worden sei, sondern nur etwas Körperähnliches. Die Tat der römischen Kriegsknechte widerlegte jedoch diese Lügen. Sie brachen seine Beine nicht, weil er bereits gestorben war. Nur um die Priester zufriedenzustellen, stießen sie ihm den Speer in die Seite. Wäre sein Leben nicht schon erloschen gewesen, hätte diese Verletzung augenblicklich zum Tod geführt.

Doch weder der Speerstich noch die Schmerzen am Kreuz hatten den Tod von Jesus verursacht. Jener laute Aufschrei im Augenblick seines Todes (vgl. Matthäus 27,50; Lukas 23,46) sowie das aus seiner Seite herausfließende Wasser und Blut bewiesen, dass er an einem gebrochenen Herzen gestorben war. Seelenqualen hatten ihm das Herz gebrochen. Die Sünde der Welt hatte ihn getötet.

JOSEF VON ARIMATHÄA UND NIKODEMUS

Mit dem Tod von Christus schwanden die Hoffnungen der Jünger. Sie schauten auf seine geschlossenen Augenlider, auf das geneigte Haupt, auf sein mit Blut getränktes Haar und seine durchbohrten Hände und Füße. Ihr Schmerz war unbeschreiblich. Bis zuletzt hatten sie nicht geglaubt, dass er sterben werde. Sie konnten es kaum fassen, dass er wirklich tot war. Von Trauer überwältigt, erinnerten sie sich nicht an seine Worte, mit denen er genau dieses Geschehen beschrieben hatte. Nichts von dem, was er ihnen gesagt hatte, konnte sie nun trösten. Sie sahen nur das Kreuz und das blutende Opfer. Die Zukunft erschien dunkel, und sie waren verzweifelt. Ihr Glaube an Jesus war verlorengegangen. Doch nie zuvor hatten sie ihren Herrn so sehr geliebt wie jetzt. Nie zuvor hatten sie so stark empfunden, wie viel er ihnen bedeutete und wie sehr sie seine Gegenwart benötigten.

Selbst der Leichnam von Christus war den Jüngern überaus kostbar. Sie sehnten sich danach, ihm ein würdiges Begräbnis zu bereiten, doch sie wussten nicht, wie sie dies tun sollten. Jesus war wegen Verrats an der römischen Regierung verurteilt worden. Wer aufgrund einer solchen Anklage hingerichtet worden war, den schaffte man auf einen eigens für diese Verbrecher angelegten Begräbnisplatz. Der Jünger Johannes war mit den Frauen aus Galiläa beim Kreuz geblieben. Sie konnten den Leichnam ihres Herrn nicht den gefühllosen Soldaten überlassen, die ihn in einem unehrenhaften Grab beerdigen würden. Und doch konnten sie es nicht verhindern, denn die jüdischen Behörden waren ihnen nicht wohlgesonnen, und auf Pilatus hatten sie keinen Einfluss.

In dieser Notlage kamen den Jüngern Josef von Arimathäa und Nikodemus zu Hilfe. Beide waren Mitglieder des Hohen Rats und mit Pilatus bekannt. Sie waren wohlhabend, besaßen großen Einfluss und waren fest entschlossen, Jesus ein würdiges Begräbnis zu verschaffen.

Josef ging mutig zu Pilatus und bat ihn um den Leichnam von Jesus. Jetzt erst erfuhr Pilatus, dass Jesus wirklich gestorben war. Bisher hatten ihn widersprüchliche Berichte über die Ereignisse um die Kreuzigung erreicht, doch die Nachricht, dass Christus tot war, hatte man absichtlich vor ihm verheimlicht. Die Priester und Obersten hatten Pilatus gewarnt, die Jünger von Christus würden ihn im Zusammenhang mit dessen Leichnam betrügen. Als er nun Josefs Bitte hörte, schickte er deshalb nach dem Hauptmann, der am Kreuz Wache hielt, und erfuhr von ihm, dass Jesus mit Sicherheit tot war. Er ließ sich von ihm auch einen Bericht über die Ereignisse auf Golgatha geben, der Josefs Aussagen bestätigte.

So kam man Josefs Bitte nach. Während sich Johannes noch um das Begräbnis seines Meisters sorgte, kehrte Josef mit der Anordnung von Pilatus zurück, sich um den Leichnam von Christus zu kümmern. Nikodemus brachte für seine Einbalsamierung eine kostbare Mischung aus Myrrhe und Aloe mit, die etwa hundert Pfund[99] wog. Dem Angesehensten in ganz Jerusalem hätte zu seinem Tod keine größere Ehre erwiesen werden können. Die

---

99 100 Pfund (griech: 100 »Litrai«) entsprechen etwa 33 kg.

Jünger waren sehr erstaunt, dass diese wohlhabenden Obersten genauso am Begräbnis ihres Herrn interessiert waren wie sie.

Weder Josef von Arimathäa noch Nikodemus hatten sich öffentlich zum Erlöser bekannt, als er noch lebte. Sie wussten, dass ein solcher Schritt sie vom Hohen Rat ausgeschlossen hätte. Sie hofften jedoch, ihn durch ihren Einfluss in den Ratsversammlungen schützen zu können. Eine Zeitlang hatten sie offenbar Erfolg, doch dann bemerkten die verschlagenen Priester ihr Wohlwollen Christus gegenüber und durchkreuzten ihre Pläne. Jesus war in ihrer Abwesenheit verurteilt und zur Kreuzigung ausgeliefert worden. Jetzt, da er gestorben war, verbargen sie ihre Zuneigung zu ihm nicht länger. Während sich die Jünger fürchteten, öffentlich als seine Nachfolger aufzutreten, kamen ihnen Josef und Nikodemus mutig zu Hilfe. Die Unterstützung dieser reichen und ehrwürdigen Männer war in dieser Stunde äußerst wertvoll. Sie konnten für ihren toten Meister das tun, was für die armen Jünger nicht möglich gewesen wäre, und ihr Einfluss und ihr Reichtum schützten sie weitgehend vor den bösen Machenschaften der Priester und Obersten.

Vorsichtig und voller Ehrfurcht nahmen sie den Leichnam von Jesus mit eigenen Händen vom Kreuz. Sie weinten voller Mitleid, als sie seinen geschlagenen und verwundeten Körper betrachteten. Josef besaß ein neues Grab, das in einen Felsen gehauen war. Dies hatte er für sich selbst vorgesehen. Da es aber nahe bei Golgatha lag, richtete er es nun für Jesus her. Der Leichnam wurde zusammen mit den von Nikodemus gebrachten Spezereien sorgfältig in ein Leinentuch gewickelt. So wurde der Erlöser zu Grabe getragen. Dort streckten die drei Jünger seine gekrümmten Glieder und falteten die zerstochenen Hände über der leblosen Brust. Die Frauen aus Galiläa kamen, um zu sehen, ob für den leblosen Körper ihres geliebten Lehrers das Möglichste getan worden war. Dann sahen sie zu, wie der schwere Stein vor den Eingang der Grabhöhle gewälzt wurde. Nun ließ man den Erlöser ruhen. Die Frauen waren die Letzten am Kreuz gewesen, und jetzt waren sie auch die Letzten am Grab von Christus. Die Schatten des Abends waren bereits lang geworden, als Maria aus Magdala und die anderen Marias immer noch am Grab ihres Herrn verweilten. Tief bekümmert weinten sie über das Schicksal dessen, den sie liebten. »Sie kehrten aber um ... und den Sabbat über ruhten sie nach dem Gesetz.« (Lukas 23,56)

EIN UNVERGESSLICHER SABBAT

Dies war ein unvergesslicher Sabbat für die trauernden Jünger, aber auch für die Priester, Obersten, Schriftgelehrten und für das Volk. Als am Ende des Rüsttages die Sonne unterging, erschollen die Trompeten als Zeichen dafür, dass der Sabbat begonnen hatte. Man feierte das Passafest, wie man es Jahrhunderte lang getan hatte, während der, auf den es hinwies, von ruchlosen Händen getötet worden war und in Josefs Grab lag. Am Sabbat waren die Vorhöfe des Tempels mit Gläubigen gefüllt. Der Hohepriester, der von Golgatha zurückgekehrt war, stand da mit seinen prächtigen Priestergewändern bekleidet. Priester mit weißen Turbanen gingen eifrig ihren Pflichten nach. Doch einige der Anwesenden waren beunruhigt, als das Blut der Ochsen und Ziegen als Opfer für die Sünde dargebracht wurde. Sie erkannten nicht, dass das Sinnbild der Opfer ihre Erfüllung[100] gefunden hatte, und ein ewiges Opfer für die Sünden der Welt erbracht worden war. Auch wussten sie nicht, dass alle Rituale ihres zeremoniellen Dienstes keinen Wert mehr hatten. Noch nie zuvor hatte man an diesem Gottesdienst mit solch widersprüchlichen Gefühlen teilgenommen. Die Posaunen, die Musikinstrumente und die Stimmen der Sänger klangen so hell und klar wie immer. Und doch lag etwas Befremdendes über der Feier.

Einer nach dem anderen erkundigte sich über das seltsame Ereignis, das stattgefunden hatte. Das Allerheiligste, das bisher geschützt gewesen war, lag nun offen vor aller Augen. Der schwere Wandvorhang aus reinem Leinen, bestickt mit Gold, Scharlach und Purpur, war von oben bis unten zerrissen. Der Ort, an dem Jahwe dem Hohenpriester gegenübergetreten war, um seine Herrlichkeit kundzutun, der Ort, der Gottes heiliger Raum der Begegnung war, lag nun offen vor aller Augen – ein Ort, den der Herr nicht länger anerkannte. Mit dunklen Vorahnungen dienten die Priester vor dem Altar. Die Enthüllung des göttlichen Geheimnisses im Allerheiligsten erfüllte sie mit Furcht vor dem kommenden Unheil.

Die Gedanken vieler waren noch mit den Ereignissen auf Golgatha beschäftigt. Vom Zeitpunkt der Kreuzigung bis zur Auferstehung durchforschten viele, ohne zu schlafen, unermüdlich die Prophezeiungen. Einige taten dies, um die volle Bedeutung des Festes, das sie gerade feierten, zu verstehen. Andere suchten nach Hinweisen, dass Jesus nicht der war, für den er sich ausgegeben hatte. Wieder andere suchten mit bekümmerten Herzen Beweise dafür, dass er der wahre Messias war. Obwohl sie mit unterschiedlichen Zielen forschten, wurden sie doch alle von derselben Wahrheit überzeugt: Die Weissagungen hatten sich in den Ereignissen der letzten Tage erfüllt, und der Gekreuzigte war der Erlöser der Welt! Viele, die bei diesem Gottesdienst anwesend waren, nahmen nie mehr an einem Passafest teil. Selbst viele Priester erkannten den wahren Charakter von Jesus. Ihre Suche in den

---

100 Die Autorin verwendet hier erneut die Fachbegriffe »Typus« (Sinnbild, Vorbild) und »Antitypus« (Erfüllung, Gegenbild). Siehe dazu den Eintrag zu »Typologie« bei den Erklärungen, S. 821.

Prophezeiungen war nicht vergeblich gewesen; und nach seiner Auferstehung anerkannten sie ihn als den Sohn Gottes.

Als Nikodemus Jesus am Kreuz erhöht sah, erinnerte er sich an dessen Worte in der Nacht auf dem Ölberg: »Wie Mose in der Wüste die Schlange erhöht hat, so muss der Menschensohn erhöht werden, damit alle, die an ihn glauben, das ewige Leben haben.« (Johannes 3,14.15; vgl. 4. Mose 21,4-9) An jenem Sabbat nun, als Jesus im Grab ruhte, hatte Nikodemus Gelegenheit, darüber nachzudenken. Ein helleres Licht erleuchtete jetzt seinen Verstand, und die Worte, die Jesus damals zu ihm geredet hatte, blieben ihm nicht länger geheimnisvoll. Er spürte, dass er vieles versäumt hatte, weil er sich dem Erlöser nicht angeschlossen hatte, als er noch lebte. Nun erinnerte er sich an die Ereignisse auf Golgatha. Das Gebet von Christus für seine Mörder und seine Antwort auf die Bitte des sterbenden Übeltäters gingen dem gelehrten Ratsmitglied zu Herzen. Noch einmal sah er den Erlöser in seiner Qual vor sich, und noch einmal hörte er diesen letzten Aufschrei wie aus dem Mund eines Siegers: »Es ist vollbracht!« (Johannes 19,30b) Erneut sah er die taumelnde Erde, den verfinsterten Himmel, den zerrissenen Vorhang und die berstenden Felsen. Sein Glaube blieb nun für immer fest. Gerade jenes Ereignis, das die Hoffnungen der Jünger zerstörte, überzeugte Josef und Nikodemus von der Göttlichkeit von Jesus. Ihre Ängste wurden durch den Mut eines festen und unerschütterlichen Glaubens überwunden.

KRANKE SUCHEN DEN ARZT

Nie hatte Christus die Aufmerksamkeit der Menge so auf sich gezogen wie jetzt, als er im Grab lag. Wie gewohnt, brachten die Menschen ihre Kranken und Leidenden in die Tempelhöfe und fragten: »Wer kann uns sagen, wo Jesus von Nazareth ist?« Viele waren von weit her gekommen, um den zu finden, der Kranke geheilt und Tote auferweckt hatte. Überall hörte man den Ruf: »Wir wollen zu Christus, dem großen Arzt!« Bei dieser Gelegenheit wurden all jene von den Priestern untersucht, bei denen man glaubte, Anzeichen von Aussatz gefunden zu haben. Viele mussten mit anhören, wie ihre Männer, Frauen oder Kinder für aussätzig erklärt und aus der Obhut ihrer Familie und aus ihrem Freundeskreis ausgeschlossen wurden, um jeden Fremden mit dem traurigen Ruf »Unrein, unrein!« zu warnen. Die gütigen Hände von Jesus von Nazareth hatten sich nie geweigert, die ekelerregenden Aussätzigen mit heilender Kraft zu berühren. Jetzt lagen sie gefaltet auf seiner Brust. Seine Lippen, welche die Bitte des Aussätzigen mit den tröstlichen Worten beantwortet hatten: »Ich will's tun; sei rein!« (Matthäus 8,3b), waren nun verstummt. Viele Menschen flehten die Hohenpriester und Obersten an, Mitleid mit ihnen zu haben und ihnen zu helfen, doch vergeblich. Es war offensichtlich – sie wollten den lebendigen Christus wieder in ihrer Mitte haben! Ernst und beharrlich verlangten sie nach ihm und ließen sich nicht abweisen. Doch man vertrieb sie aus den Tempelhöfen, und Soldaten wurden an den Toren aufgestellt, um die Menge, die mit ihren Kranken und Sterbenden um Einlass bat, zurückzuhalten.

Die Leidenden, die gekommen waren, um vom Erlöser geheilt zu werden, wurden bitter enttäuscht. Die Straßen füllten sich mit Klagenden, und Kranke starben, weil die heilende Hand von Jesus sie nicht mehr berühren konnte. Ärzte wurden vergeblich um Rat gefragt. Keiner besaß die Fähigkeit des Mannes, der nun in Josefs Grab lag.

Das Wehklagen der Leidenden machte Tausenden von Menschen bewusst, dass ein großes Licht die Welt verlassen hatte. Ohne Christus war es finster und schwarz auf der Erde. Viele von denen, die in den Ruf »Kreuzige ihn! Kreuzige ihn!« (Lukas 23,21b NLB) eingestimmt hatten, erkannten nun das Unheil, das über sie gekommen war. Hätte er noch gelebt, sie hätten genauso ungeduldig gerufen: »Gebt uns Jesus!«

Als die Menschen erfuhren, dass Jesus durch die Priester umgebracht worden war, wollte man Näheres über seinen Tod wissen. Die Einzelheiten über sein Verhör hielt man so geheim wie möglich. Doch während er im Grab ruhte, war sein Name in aller Munde. Berichte über seinen Schauprozess und über die Unmenschlichkeit der Priester und Obersten machten überall die Runde. Gebildete Männer riefen die Priester und Obersten dazu auf, ihnen die Weissagungen des Alten Testaments über den Messias auszulegen. Während diese versuchten, einige unwahre Antworten zu formulieren, machte es immer mehr den Anschein, als hätten sie den Verstand verloren. Sie konnten die Prophezeiungen, die auf das Leiden und Sterben von Christus hinwiesen, nicht erklären. Viele Fragende gelangten zur Überzeugung, dass sich die Schrift erfüllt hatte.

DIE VORAHNUNG DER PRIESTER

Die Rache, von der die Priester dachten, sie sei süß, hatte sich bereits in Bitterkeit verwandelt. Sie wussten, dass sie mit schweren Vorwürfen vonseiten des Volkes rechnen mussten und dass ausgerechnet diejenigen, die sie gegen Jesus aufgehetzt hatten, nun über ihr eigenes schändliches Werk entsetzt waren. Diese Priester hatten die Ansicht verbreiten wollen, dass Jesus ein Betrüger war, doch vergebens. Einige von ihnen hatten am Grab von Lazarus gestanden und gesehen, wie der Tote wieder zum Leben erweckt wurde. Sie zitterten aus Angst, Christus könnte selbst von den Toten auferstehen und wieder vor ihnen erscheinen. Sie hatten gehört, wie er erklärte, dass er Macht habe, sein Leben hinzugeben und es wieder zu nehmen (vgl. Johannes 10,17.18). Sie erinnerten sich, dass er gesagt hatte: »Zerstört diesen Tempel, und in drei Tagen werde ich ihn wieder aufbauen.« (Johannes 2,19 NLB) Judas hatte ihnen die Worte von Jesus wiederholt, die er auf dem letzten Weg nach Jerusalem zu seinen Jüngern gesagt hatte: »Wir gehen jetzt nach Jerusalem. Dort wird der Menschensohn den Hohenpriestern und Schriftgelehrten ausgeliefert werden. Man wird ihn zum Tod verurteilen und denen übergeben, die Gott nicht kennen. Die werden ihn verspotten, auspeitschen und ans Kreuz schlagen. Aber am dritten Tag wird er von den Toten auferstehen.« (Matthäus 20,18.19 Hfa) Über diese Worte hatten sie damals gespottet und gelacht. Doch jetzt fiel ihnen auf, dass sich die Vorhersagen von Christus bisher stets erfüllt hatten. Er hatte gesagt, er werde am dritten Tag auferstehen. Wer konnte sagen, dass sich dies nicht auch erfüllen werde? Gerne hätten sie diese Gedanken verdrängt, doch es gelang ihnen nicht. Wie ihr Vater, der Teufel, glaubten sie und zitterten (vgl. Johannes 8,44; Jakobus 2,19).

Die große Aufregung hatte sich gelegt, doch die Erinnerung an Christus nahm ihre Gedanken gefangen. Sie sahen, wie er ruhig und ohne zu klagen vor seinen Feinden stand und ihren Spott und ihre Misshandlungen wortlos ertrug. Sie erinnerten sich noch einmal an all die Ereignisse während seines Verhörs und seiner Kreuzigung. Mit einem Mal wurden sie von der Gewissheit überwältigt – er war Gottes Sohn! Sie spürten, dass er jeden Augenblick wieder vor ihnen stehen könnte, nicht mehr als Angeklagter, sondern als Kläger, und nicht mehr als Verurteilter, sondern als Richter. Der Getötete würde Gerechtigkeit fordern und den Tod seiner Mörder verlangen.

DAS GRAB WIRD VERSIEGELT

Die Priester konnten an diesem Sabbat nur wenig Ruhe finden. Obwohl sie sonst die Türschwelle eines heidnischen Hauses nicht überschritten, weil sie befürchteten, sich dadurch zu verunreinigen, kamen sie doch zusammen, um über den Leichnam von Jesus zu beraten. Tod und Grab durften den, den sie gekreuzigt hatten, nicht wieder hergeben. Darum »kamen die führenden Priester und die Pharisäer miteinander zu Pilatus und sagten: ›Herr, uns ist eingefallen, dass dieser Schwindler, als er noch lebte, behauptet hat: Nach drei Tagen werde ich vom Tod auferweckt werden. Gib deshalb Anweisung, das Grab bis zum dritten Tag zu bewachen! Sonst könnten seine Jünger kommen, die Leiche stehlen und dann dem Volk erzählen: Er ist vom Tod auferweckt worden. Dieser letzte Betrug wäre dann noch schlimmer als alles andere vorher.‹ ›Da habt ihr eine Wache‹, sagte Pilatus. ›Geht und sichert das Grab, so gut ihr könnt!‹« (Matthäus 27,62-65 GNB)

Die Priester gaben Anweisungen, wie das Grab gesichert werden sollte. Ein großer Stein war vor den Grabeingang gewälzt worden. Über diesen spannte man Seile, deren Enden im massiven Fels verankert und nach römischem Recht versiegelt wurden. So konnte der Stein nicht bewegt werden, ohne das Siegel zu brechen. Zudem wurde eine Wache von 100 Soldaten um das Grab aufgestellt, damit es vor Unbefugten geschützt war. Die Priester taten alles, was sie konnten, um den Leichnam von Christus dort zu behalten, wo er hingelegt worden war. Der Tote wurde so sicher in seinem Grab verwahrt, als müsste er für alle Zeiten dort bleiben.

So berieten und planten schwache Menschen. Diesen Mördern war kaum bewusst, wie sinnlos ihre Bemühungen waren. Doch durch ihr Handeln wurde Gott verherrlicht, denn gerade die Anstrengungen, die gemacht wurden, um die Auferstehung von Christus zu verhindern, sind die überzeugendsten Beweise für deren Glaubwürdigkeit. Je größer die Anzahl der Soldaten war, die das Grab bewachten, desto stärker würde die Bekundung seiner Auferstehung sein. Jahrhunderte bevor Christus starb, hatte der Heilige Geist durch den Psalmisten erklärt: »Warum toben die Völker, warum machen die Nationen vergebliche Pläne? Die Könige der Erde stehen auf, die Großen haben sich verbündet gegen den Herrn und seinen Gesalbten ... Doch er, der im Himmel thront, lacht, der Herr verspottet sie.« (Psalm 2,1-4 EÜ) Römische Soldaten und römische Waffen waren machtlos, den Herrn des Lebens im Grab festzuhalten. Die Stunde seiner Befreiung war nahe.

KAPITEL 81

DER HERR IST AUFERSTANDEN!

Matthäus 28,2-4.11-15; 27,52.53

Die Nacht des ersten Wochentages[101] ging allmählich zu Ende. Es war um die dunkelste Stunde, kurz vor Tagesanbruch. Christus befand sich noch immer als Gefangener in seinem engen Grab. Der große Stein lag an seinem Platz, das römische Siegel war ungebrochen, und die römischen Soldaten hielten ihre Wache. Auch unsichtbare Wächter waren anwesend. Scharen böser Engel hatten sich an diesem Ort versammelt. Wäre es möglich gewesen, dann hätte der Fürst der Finsternis mit seinem Heer von Abgefallenen das Grab, das den Sohn Gottes festhielt, für immer versiegelt gehalten. Aber auch eine himmlische Schar umgab die Grabstätte. Engel, deren Stärke alles übertraf, bewachten das Grab und warteten darauf, den Fürsten des Lebens willkommen zu heißen.

»Plötzlich entstand ein gewaltiges Erdbeben; denn ein Engel des Herrn kam vom Himmel herab.« (Matthäus 28,2a EÜ) Bekleidet mit der Rüstung Gottes, hatte dieser Engel die himmlischen Höfe verlassen. Die hellen Strahlen der Herrlichkeit Gottes gingen vor ihm her und erleuchteten seinen Weg. »Seine Gestalt leuchtete wie ein Blitz und sein Gewand war weiß wie Schnee. Die Wächter begannen vor Angst zu zittern und fielen wie tot zu Boden.« (Matthäus 28,3.4 EÜ)

JESUS VERLÄSST DAS GRAB

Ihr Priester und Obersten, wo blieb die Macht eurer Wachen? Tapfere Soldaten, die sich nie vor menschlicher Macht gefürchtet hatten, waren jetzt plötzlich ohne Schwert und Lanze zu Gefangenen gemacht worden. Das Angesicht, in das sie blickten, war nicht das Gesicht eines sterblichen Kriegers. Sie schauten in das Angesicht des Mächtigsten im Heer des Herrn. Dieser

---

101 Das ist die Nacht von Samstagabend auf Sonntagmorgen. Nach biblischer Tagesrechnung besteht ein Tag »aus Abend und Morgen« (1. Mose 1,5.8.13 u.a.) bzw. aus »Nacht und Tag« (vgl. Ester 4,16 Elb.) und beginnt mit dem Sonnenuntergang (vgl. Nehemia 13,19; Markus 15,42).

Himmelsbote war kein anderer als der, der Luzifers einstige Stellung eingenommen hatte. Es war derselbe Engel, der über den Hügeln von Bethlehem die Geburt von Christus verkündet hatte. Die Erde erzitterte, als er herannahte. Die Scharen der Finsternis flohen. Als er den Stein wegwälzte, schien es, als würde sich der Himmel zur Erde neigen. Die Soldaten sahen, wie er den Stein wie einen Kiesel zur Seite schob, und hörten, wie er mit lauter Stimme rief: »Du Sohn Gottes, komm heraus: Dein Vater ruft dich!« Nun sahen sie Jesus aus dem Grab hervorkommen und hörten, wie er über dem leeren Grab ausrief: »Ich bin die Auferstehung und das Leben.« (Johannes 11,25a) Als er in Majestät und Herrlichkeit erschien, verneigte sich die Engelschar in Anbetung vor dem Erlöser und begrüßte ihn mit Lobliedern.

Ein Erdbeben kennzeichnete die Stunde, als Christus sein Leben hingab, und ein weiteres Beben bezeugte den Augenblick, als er es triumphierend wieder aufnahm. Er, der den Tod und das Grab überwunden hatte, kam im Schritt eines Siegers aus dem Grab hervor. Dabei bebte die Erde, Blitze zuckten, und der Donner rollte. Wenn er wieder auf die Erde zurückkehrt, wird er »nicht nur die Erde, sondern auch den Himmel erschüttern« (Hebräer 12,26b NLB). »Wie ein Betrunkener taumelt die Erde, sie schwankt wie eine wacklige Hütte.« (Jesaja 24,20a EÜ) »Der Himmel wird wie eine Schriftrolle zusammengerollt werden.« (Jesaja 34,4b NLB) »Die Himmelskörper verglühen im Feuer, und die Erde und alles, was auf ihr ist, wird zerschmelzen.« (2. Petrus 3,10b GNB) »Doch für sein Volk wird der Herr ein Zufluchtsort sein und ein Schutz für die Kinder Israels.« (Joel 4,16b NLB)

Als Jesus starb, hatten die Soldaten mitangesehen, wie die Erde am hellen Mittag in Finsternis gehüllt wurde; bei seiner Auferstehung aber sahen sie, wie der Glanz der Engel die Nacht erleuchtete. Sie hörten die große Freude und den Jubel der himmlischen Scharen, als sie sangen: »Du hast Satan und die Mächte der Finsternis überwunden! Du hast den Tod verschlungen in den Sieg!« (Vgl. 1. Korinther 15,54.)

Christus kam verherrlicht aus dem Grab hervor, und die römischen Wachen sahen ihn. Sie konnten ihre Augen nicht vom Angesicht dessen, den sie vor Kurzem noch verspottet und verhöhnt hatten, abwenden. In diesem verklärten Wesen erkannten sie den Gefangenen, den sie in der Gerichtshalle gesehen und dem sie eine Dornenkrone geflochten hatten. Dies war der Eine, der widerstandslos vor Pilatus und Herodes gestanden hatte und dessen Körper durch die grausame Geißelung zerschunden worden war. Das war der Mann, den man ans Kreuz genagelt hatte, über den die Priester und Obersten voller Selbstgefälligkeit ihre Köpfe geschüttelt und ausgerufen hatten: »Anderen hat er geholfen, aber sich selbst kann er nicht helfen.« (Matthäus

27,42 NGÜ) Ihn hatte man ins neue Grab von Josef gelegt. Doch auf Befehl des Himmels wurde der Gefangene befreit. Hätte man auch Berge über Berge über seinem Grab aufgetürmt, nichts hätte ihn daran hindern können, es zu verlassen.

DIE AUFERSTEHUNG SOLL VERHEIMLICHT WERDEN

Beim Anblick der Engel und des verherrlichten Erlösers waren die römischen Soldaten ohnmächtig geworden und lagen wie tot am Boden. Als das himmlische Gefolge vor ihren Augen verborgen wurde, erhoben sie sich und rannten, so schnell ihre zitternden Glieder sie tragen konnten, zum Ausgang des Gartens. Taumelnd wie Betrunkene eilten sie in die Stadt und erzählten allen, denen sie begegneten, die wunderbare Neuigkeit. Sie waren auf dem Weg zu Pilatus. Doch ihr Bericht war bereits der jüdischen Obrigkeit überbracht worden. Darum ließen die Hohenpriester und Obersten sie zuerst zu sich holen. Diese Soldaten boten einen seltsamen Anblick. Zitternd vor Furcht und mit bleichen Gesichtern bezeugten sie die Auferstehung von Christus. Sie erzählten alles genau so, wie sie es gesehen hatten. Sie hatten gar keine Zeit gehabt, sich etwas anderes als die Wahrheit auszudenken oder weiterzugeben. Schmerzlich berührt sagten sie: »Es war der Sohn Gottes, der gekreuzigt wurde! Wir hörten, wie ihn ein Engel als Majestät des Himmels und als König der Herrlichkeit ankündigte.«

Die Gesichter der Priester wurden totenblass. Kaiphas versuchte zu sprechen. Seine Lippen bewegten sich, doch er brachte keinen Ton heraus. Die Soldaten wollten den Ratssaal gerade wieder verlassen, als sie zurückgerufen wurden. Kaiphas hatte endlich seine Stimme wiedergefunden. »Wartet, wartet!«, rief er. »Erzählt niemandem, was ihr gesehen habt!«

Nun wurden die Soldaten beauftragt, einen Lügenbericht weiterzugeben. »Erzähl den Leuten«, so sagten ihnen die Priester, »seine Jünger sind bei Nacht gekommen und haben ihn gestohlen, während wir schliefen« (Matthäus 28,13 EÜ). Damit entlarvten sich die Priester selbst. Wie konnten die Wächter sagen, die Jünger hätten den Leichnam gestohlen, während sie schliefen? Wie konnten sie wissen, was sich während ihres Schlafes zugetragen hatte? Und wenn man den Jüngern hätte nachweisen können, den Körper von Christus entwendet zu haben, hätten dann nicht die Priester die Jünger sofort verurteilt? Oder wenn die Wachen wirklich am Grab geschlafen hätten, wären die Priester nicht die Ersten gewesen, um sie bei Pilatus anzuklagen?

Die Soldaten erschraken beim Gedanken, sich selbst zu beschuldigen, auf ihrem Posten geschlafen zu haben. Auf dieses Vergehen stand die Todesstrafe. Sollten sie lügen, das Volk betrügen und ihr eigenes Leben in Gefahr bringen? Hatten sie nicht ihren ermüdenden Dienst mit größter Aufmerksamkeit verrichtet? Wie konnten sie selbst um des Geldes willen das kommende Verhör bestehen, wenn sie einen Meineid leisteten?

Damit der Bericht, dessen Bekanntwerden sie fürchteten, verschwiegen blieb, versprachen die Priester, für die Sicherheit der Wächter zu sorgen. Sie sagten, Pilatus wünsche sich ebenso wenig wie sie, dass solche Berichte verbreitet würden. So verkauften die römischen Soldaten ihre Unbescholtenheit für Geld an die Juden. Sie waren mit einer aufsehenerregenden, aber wahren Botschaft zu den Priestern gekommen. Nun gingen sie wieder hinaus, zwar mit Geld in den Händen, auf ihren Lippen jedoch mit einer Lüge, welche die Priester für sie erfunden hatten.

In der Zwischenzeit war die Nachricht über die Auferstehung von Christus zu Pilatus gelangt. Obwohl er dafür verantwortlich war, dass Christus sterben musste, machte ihn dies nicht sonderlich betroffen. Da er den Erlöser nur widerwillig verurteilt und dabei Mitleid für ihn empfunden hatte, war er bis jetzt ohne Gewissensbisse geblieben. Nun aber schloss er sich entsetzt in sein Haus ein und wollte niemanden sehen. Die Priester verschafften sich trotzdem Eingang, erzählten ihm von ihrer erfundenen Lügengeschichte und drängten ihn, über das Pflichtversäumnis der Wachen hinwegzusehen. Bevor Pilatus jedoch einwilligte, befragte er heimlich die Wächter. Diese fürchteten um ihre eigene Sicherheit und wagten es nicht, etwas zu verheimlichen. Auf diese Weise erfuhr Pilatus alles, was sich zugetragen hatte. Er ließ die Angelegenheit auf sich beruhen, doch von diesem Zeitpunkt an fand er keinen inneren Frieden mehr.

CHRISTUS, DIE ERSTLINGSFRUCHT DER AUFERSTEHUNG

Als Jesus ins Grab gelegt wurde, triumphierte Satan. Er gab sich der Hoffnung hin, dass der Erlöser sein Leben nicht wieder erlangen werde. Er beanspruchte den Leichnam des Herrn für sich, stellte seine Wachen um das Grab und versuchte, Christus gefangen zu halten. Er war sehr erzürnt, als seine Engel beim Herannahen des himmlischen Boten flohen. Und als er Christus siegreich aus dem Grab herauskommen sah, wusste er, dass sein Reich zu Ende gehen wird und er schließlich sterben muss.

Die Priester hatten sich durch die Hinrichtung von Christus zu Satans Werkzeugen gemacht. Nun standen sie voll und ganz unter seiner Gewalt.

Sie waren in einer Schlinge verstrickt, aus der es kein Entrinnen zu geben schien, außer sie setzten ihren Kampf gegen Christus fort. Als sie den Bericht von seiner Auferstehung hörten, fürchteten sie sich vor dem Zorn des Volkes. Sie spürten, dass ihr eigenes Leben in Gefahr war. Ihre einzige Hoffnung bestand darin, Christus als Betrüger hinzustellen, indem sie seine Auferstehung leugneten. Sie bestachen die Soldaten, nahmen Pilatus das Versprechen ab zu schweigen, und verbreiteten ihre Lügenberichte nah und fern. Aber es gab Zeugen, die sie nicht zum Schweigen bringen konnten. Viele hatten den Bericht der Soldaten über die Auferstehung von Christus gehört. Und einige der Verstorbenen, die mit Christus auferweckt worden waren, erschienen vielen Menschen und bezeugten, dass er auferstanden war (vgl. Matthäus 27,52.53). Den Priestern wurden Berichte von denen überbracht, die diese Auferstandenen gesehen und deren Aussagen gehört hatten. Die Priester und Obersten fürchteten ständig, auf den Straßen oder in der Zurückgezogenheit ihrer eigenen Häuser plötzlich Christus gegenüberzustehen. Sie fühlten sich nirgends mehr sicher. Schlösser und Riegel waren ein armseliger Schutz vor dem Sohn Gottes. Tag und Nacht verfolgte sie jenes schreckliche Geschehen in der Gerichtshalle, als sie gerufen hatten: »Sein Blut komme über uns und unsere Kinder!« (Matthäus 27,25b) Nie mehr würde die Erinnerung an dieses Geschehen in ihrem Geist verblassen, und niemals würden sie wieder friedlich schlafen können.

Als die Stimme des mächtigen Engels an der Gruft von Christus rief: »Dein Vater ruft dich!«, kam der Erlöser durch das ihm innewohnende Leben aus dem Grab hervor. Dies war der Beweis dafür, dass er die Wahrheit gesagt hatte: Ich gebe mein Leben hin, »um es wiederzuerlangen ... Ich habe die Macht, es hinzugeben, und ich habe die Macht, es wieder zu nehmen.« (Johannes 10,17.18a NLB) Nun hatte sich die Vorhersage erfüllt, die er den Priestern und Obersten gegeben hatte: »Zerstört diesen Tempel, und in drei Tagen werde ich ihn wieder aufbauen.« (Johannes 2,19 NLB)

Am offenen Grab von Josef hatte Christus triumphierend ausgerufen: »Ich bin die Auferstehung und das Leben.« Diese Worte konnten nur von der Gottheit selbst ausgesprochen werden. Alle erschaffenen Wesen leben durch den Willen und die Macht Gottes und sind davon abhängig, fortwährend Leben von Gott zu empfangen. Vom höchsten Seraph bis zum niedrigsten Lebewesen werden alle von der Quelle des Lebens gespeist. Nur er, der mit Gott eins ist, konnte sagen: »Ich habe die Macht, es hinzugeben, und ich habe die Macht, es wieder zu nehmen.« (Johannes 10,18a NLB) In seiner Göttlichkeit besaß Christus die Macht, die Fesseln des Todes zu sprengen.

Christus erstand von den Toten als Erstlingsfrucht derer, die schlafen. Er war das Gegenbild[102] zur Darbringung der »ersten Garbe« am Fest der ungesäuerten Brote, denn seine Auferstehung geschah am selben Tag, an dem die Erstlingsgarbe dem Herrn dargebracht werden sollte (vgl. 3. Mose 23,10-14). Mehr als 1000 Jahre lang war diese symbolkräftige zeremonielle Handlung durchgeführt worden. Die ersten reifen Kornähren wurden auf dem Erntefeld geschnitten, und wenn das Volk zum Passafest nach Jerusalem hinaufzog, wurde diese Erstlingsgarbe als Dankopfer vor dem Herrn emporgehoben. Nicht eher, als bis sie dem Herrn dargebracht war, durfte die Sichel ans Korn gelegt und dieses in Garben gebunden werden. Die gottgeweihte Garbe war ein Sinnbild für die Ernte. Auf diese Weise stellte Christus als Erstlingsfrucht die große geistliche Ernte dar, die für das Reich Gottes eingebracht werden soll. Seine Auferstehung ist das Vorbild und die Zusicherung für die Auferstehung aller Gerechten. »Wenn Jesus – und das ist unser Glaube – gestorben und auferstanden ist, dann wird Gott durch Jesus auch die Verstorbenen zusammen mit ihm zur Herrlichkeit führen.« (1. Thessalonicher 4,14 EÜ)

AUFERSTANDEN FÜR DIE EWIGKEIT

Als Christus auferstand, brachte er eine große Anzahl von denen, die in den Gräbern gefangen waren, mit sich. Das Erdbeben bei seinem Tod hatte ihre Gräber geöffnet, und als er auferstand, kamen sie mit ihm hervor. Sie gehörten zu denen, die Gottes Mitarbeiter gewesen waren und unter Einsatz ihres Lebens für die Wahrheit Zeugnis abgelegt hatten. Nun sollten sie Zeugen für den sein, der sie von den Toten auferweckt hatte.

Während seines Wirkens hatte Jesus Tote zum Leben zurückgeholt. Er hatte den Sohn der Witwe aus Nain, die Tochter des Obersten Jairus und Lazarus auferweckt. Doch ihnen wurde keine Unsterblichkeit verliehen, denn nach ihrer Auferweckung waren sie immer noch dem Tod unterworfen. Jene aber, die bei der Auferstehung von Jesus aus den Gräbern hervorkamen, waren zu ewigem Leben berufen. Sie fuhren als Zeichen seines Sieges über Tod und Grab mit dem Herrn in den Himmel auf. Christus erklärte damit: Diese sind nicht länger Gefangene Satans, denn ich habe sie erlöst. Ich habe sie als Erstlingsfrüchte meiner Macht aus dem Grab hervorgebracht, damit sie dort sind, wo ich bin, und nie mehr den Tod sehen oder Leid erfahren.

Diese Auferstandenen gingen in die Stadt Jerusalem, erschienen vielen und berichteten, dass Christus und auch sie von den Toten auferstanden

---

102 Die Autorin verwendet hier den Fachbegriff »Antitypus« (Erfüllung, Gegenbild). Siehe dazu den Eintrag zu »Typologie« bei den Erklärungen, S. 821.

waren. Auf diese Weise wurde die heilige Wahrheit von der Auferstehung unsterblich gemacht. Die auferstandenen Heiligen bezeugten die Wahrheit der Worte: »Herr, deine Toten werden wieder leben, die Leichen meines Volkes werden auferstehen!« Ihre Auferstehung veranschaulichte die Erfüllung der Weissagung: »Ihr alle, die ihr in der Erde liegt, wacht auf und jubelt vor Freude! Du, Herr, bist wie der belebende Tau; darum gibt die Erde die Toten heraus.« (Jesaja 26,19 GNB)

Für die Gläubigen ist Christus die Auferstehung und das Leben. Durch unseren Erlöser wurde das Leben, das durch die Sünde verloren gegangen war, wiederhergestellt, denn er hat das Leben in sich selbst und kann beleben, wen er will. Er besitzt das Recht, Unsterblichkeit zu verleihen. Das Leben, das er als Mensch niedergelegt hatte, nahm er wieder auf, um es der Menschheit zu schenken. »Ich bin gekommen«, sagte er, »damit sie das Leben haben und es in Fülle haben.« (Johannes 10,10b EÜ) »Wer aber von dem Wasser trinkt, das ich ihm geben werde, wird nie mehr Durst haben. Ich gebe ihm Wasser, das in ihm zu einer Quelle wird, die bis ins ewige Leben weitersprudelt.« (Johannes 4,14 GNB) »Wer mein Fleisch isst und mein Blut trinkt, hat das ewige Leben, und ich werde ihn am letzten Tag vom Tod erwecken.« (Johannes 6,54 GNB)

Für den Gläubigen ist der Tod eine Kleinigkeit. Christus sprach davon, als wäre er nur ein kurzer Augenblick. »Ich sage euch: Wer mein Wort hält, der wird den Tod nicht sehen in Ewigkeit ..., der wird den Tod nicht schmecken in Ewigkeit.« (Johannes 8,51.52b) Für die Christen ist der Tod nur ein Schlaf, ein Augenblick der Stille und der Dunkelheit. Ihr Leben ist verborgen mit Christus in Gott, und wenn »Christus, euer Leben, in seiner Herrlichkeit erscheint, wird sichtbar werden, dass ihr an seiner Herrlichkeit teilhabt« (Kolosser 3,4 NGÜ).

Die Stimme, die vom Kreuz rief: »Es ist vollbracht!« (Johannes 19,30b), wurde von den Toten gehört. Sie durchdrang die Mauern der Gräber und gebot den Schlafenden aufzustehen. So wird es auch sein, wenn die Stimme von Christus vom Himmel erschallen wird. Diese Stimme wird die Gräber durchdringen und sie entriegeln. Dann werden die Toten, die an Christus geglaubt haben, auferstehen. Bei der Auferstehung des Erlösers waren nur wenige Gräber geöffnet worden. Bei seiner Wiederkunft aber werden alle kostbaren Toten seine Stimme hören und zu herrlichem, unsterblichem Leben hervorkommen. Dieselbe Macht, die Christus vom Tod auferweckte, wird auch seine Gemeinde auferwecken und mit ihm verherrlichen, »über alle Reiche, Gewalt, Macht, Herrschaft und alles, was sonst einen Namen hat, nicht allein in dieser Welt, sondern auch in der zukünftigen« (Epheser 1,21).

KAPITEL 82

»WAS WEINST DU?«

*Matthäus 28,1.5-10; Markus 16,1-11;
Lukas 24,1-12; Johannes 20,1-18*

Die Frauen, die die Kreuzigung mitverfolgt hatten, warteten darauf, dass die Stunden des Sabbats vorübergingen. Am ersten Tag der Woche machten sie sich sehr früh auf den Weg zum Grab und nahmen kostbare Öle mit, um den Leib des Erlösers zu salben. Sie dachten nicht daran, dass er von den Toten auferstanden sein könnte. Die Sonne ihrer Hoffnung war untergegangen, und in ihren Herzen war es Nacht geworden. Auf dem Weg wiederholten sie zwar die tröstlichen Worte von Christus und sprachen über seine barmherzigen Taten, doch sie erinnerten sich nicht an sein Versprechen: »Ich will euch wiedersehen.« (Johannes 16,22b)

Sie hatten keine Ahnung, was gerade geschah, als sie sich dem Garten näherten. Sie fragten sich: »Wer wird uns den Stein vom Eingang des Grabes wegwälzen?« (Markus 16,3b ZÜ) Sie wussten, dass sie den großen Stein nicht bewegen konnten, aber sie gingen weiter. Doch plötzlich wurde der Himmel von einem Glanz erleuchtet, der nicht von der aufgehenden Sonne kam. Die Erde bebte. Sie sahen, dass der große Stein zur Seite gewälzt war. Das Grab war leer!

»ER IST AUFERSTANDEN!«

Die Frauen waren nicht alle aus derselben Richtung zum Grab gekommen. Maria Magdalena hatte als erste die Stätte erreicht. Als sie sah, dass der Stein entfernt war, eilte sie davon, um es den Jüngern zu berichten. Inzwischen hatten auch die anderen Frauen den Garten betreten. Ein Licht erhellte das Grab, doch der Leichnam von Christus war nicht da. Als sie noch etwas verweilten, bemerkten sie plötzlich, dass sie nicht allein waren. Ein junger Mann, in leuchtende Gewänder gekleidet, saß beim Grab. Es war der Engel, der den Stein weggerollt hatte. Er hatte die Gestalt eines Menschen angenommen, um die Freunde von Jesus nicht zu erschrecken. Trotzdem war seine Gestalt noch immer vom Licht der himmlischen Herrlichkeit umhüllt, sodass sich die Frauen fürchteten. Sie wollten fliehen, doch die Worte des Engels hielten sie zurück. »Fürchtet euch nicht! Ich weiß, dass ihr Jesus, den Gekreuzigten, sucht. Er ist nicht mehr hier. Er ist auferstanden, wie er es vorhergesagt hat. Kommt und seht euch die Stelle an, wo er gelegen hat. Dann beeilt euch, geht zu seinen Jüngern und sagt ihnen, dass Jesus von den Toten auferstanden ist.« (Matthäus 28,5-7a Hfa) Sie schauten erneut in die Grabhöhle, noch einmal hörten sie die wunderbare Botschaft. Ein anderer Engel in Menschengestalt war dort und sagte zu ihnen: »Warum sucht ihr den Lebenden bei den Toten? Er ist nicht hier! Er ist auferstanden! Erinnert ihr euch nicht, wie er euch in Galiläa sagte, dass der Menschensohn in die Hände sündiger Menschen übergeben und gekreuzigt werden muss und dass er am dritten Tag wieder auferstehen wird?« (Lukas 24,5b-7 NLB)

»Er ist auferstanden! Er ist auferstanden!« Die Frauen wiederholten diese Worte immer wieder. Nun brauchten sie die wohlriechenden Salböle nicht mehr! Der Erlöser lebte und war nicht mehr tot! Nun erinnerten sie sich daran, dass er, als er von seinem Tod sprach, gesagt hatte, er werde wieder auferstehen. Was für ein Tag für die Welt! »Sogleich verließen sie das Grab und eilten voll Furcht und großer Freude zu seinen Jüngern, um ihnen die Botschaft zu verkündigen.« (Matthäus 28,8 EÜ).

Maria Magdalena hatte die freudige Nachricht noch nicht gehört. Sie war auf dem Weg zu Petrus und Johannes, um ihnen die traurige Nachricht zu überbringen: »Sie haben den Herrn weggenommen aus dem Grab, und wir wissen nicht, wo sie ihn hingelegt haben.« (Johannes 20,2b) Die Jünger eilten zum Grab und fanden es vor, wie Maria gesagt hatte. Sie sahen die Leichentücher und »das Tuch, das den Kopf von Jesus bedeckt hatte« (Johannes 20,7a NLB), aber ihren Herrn sahen sie nicht. Doch selbst hier fanden sie einen Beweis dafür, dass er auferstanden war. Die Grabtücher waren nicht achtlos beiseite geworfen worden, sondern lagen sorgfältig zusammengefaltet auf ihrem Platz. Johannes »sah und glaubte« (Johannes 20,8b). Noch verstand er die Schriftstellen nicht, die davon sprachen, dass Christus von den Toten auferstehen müsse. Doch jetzt erinnerte er sich an die Worte des Erlösers, mit denen er seine Auferstehung vorausgesagt hatte.

Christus selbst hatte die Leichentücher fein säuberlich an ihren Platz gelegt. Als der mächtige Engel zum Grab herabkam, schloss sich ihm ein anderer an, der mit seiner Schar den Leichnam des Herrn bewacht hatte. Als der Engel vom Himmel den Stein wegrollte, betrat der andere die Grabkammer und befreite Jesus von den Tüchern, mit denen sein Körper eingewickelt worden war. Aber es war die Hand des Erlösers gewesen, die jedes Tuch zusammengefaltet und an seinen Platz gelegt hatte. In den Augen dessen, der die Sterne genauso lenkt wie die Atome, ist nichts unwichtig. Ordnung und Vollkommenheit sind in all seinen Werken sichtbar.

MARIA BEGEGNET JESUS

Maria war Johannes und Petrus zum Grab gefolgt. Als die beiden nach Jerusalem zurückkehrten, blieb sie zurück. Als sie in die leere Grabkammer schaute, füllte sich ihr Herz mit Trauer. Doch als sie genauer hinschaute, erblickte sie die beiden Engel. Der eine stand dort, wo das Haupt von Jesus gelegen hatte, der andere dort, wo seine Füße gewesen waren. »›Warum weinst du?‹, fragten die Engel. ›Weil sie meinen Herrn weggenommen haben‹, erwiderte sie, ›und ich nicht weiß, wo sie ihn hingelegt haben.‹« (Johannes 20,13 NLB)

Dann wandte sie sich ab, sogar von den Engeln, und dachte, sie müsste jemanden finden, der ihr sagen könnte, was mit dem Leichnam von Jesus geschehen war. Da wurde sie von einer anderen Stimme angesprochen: »Frau, warum weinst du? Wen suchst du?« Als Maria ihre verweinten Augen aufhob, sah sie die Gestalt eines Mannes und meinte, es sei der Gärtner. Sie sagte: »Herr, wenn du ihn fortgenommen hast, dann sag mir, wo du ihn hingelegt hast. Ich will hingehen und ihn holen.« (Johannes 20,15 GNB) Sollte die Grabstätte dieses reichen Mannes zu ehrenvoll für Jesus gewesen sein, würde sie sich selbst um einen Platz für ihn kümmern. Es gab ein Grab, das durch die eigene Stimme von Christus leer geworden war, das Grab, in dem Lazarus gelegen hatte. Könnte sie nicht dort einen Platz für ihren Herrn finden? Sich um seinen kostbaren, gekreuzigten Leichnam zu kümmern, wäre für sie in ihrem Schmerz ein großer Trost gewesen, das spürte sie.

Doch plötzlich sagte Jesus in der ihr so wohlbekannten Stimme zu ihr: »Maria!« (Johannes 20,16a) Auf einmal wusste sie, dass es kein Fremder war, der sie auf diese Weise anredete. Als sie sich umdrehte, sah sie Christus lebendig vor sich stehen. In ihrer Freude vergaß sie, dass er gekreuzigt worden war. Sie stürzte auf ihn zu, als wollte sie seine Füße fest umschlingen, und rief aus: »Rabbuni!, das heißt: Meister!« (Johannes 20,16b) Jesus aber erhob seine Hand und sagte zu ihr: »Halte mich nicht fest; denn ich bin noch nicht zum Vater hinaufgegangen. Geh aber zu meinen Brüdern und sag ihnen: Ich gehe hinauf zu meinem Vater und zu eurem Vater, zu meinem Gott und zu eurem Gott.« (Johannes 20,17 EÜ) Maria machte sich auf den Weg zu den Jüngern, um ihnen die freudige Nachricht mitzuteilen.

Jesus weigerte sich, von seinen Anhängern Huldigungen entgegenzunehmen, bevor er nicht die Gewissheit hatte, dass sein Opfer vom Vater angenommen war. So fuhr er zu den himmlischen Höfen auf und erhielt von Gott selbst die Zusicherung, dass sein Sühnopfer für die Sünden der Menschheit ausreichend war, sodass alle Menschen durch sein Blut ewiges Leben erlangen können. Der Vater bestätigte den Bund, den er mit Christus geschlossen hatte, dass er reumütige und gehorsame Menschen annehmen und sie so lieben werde wie seinen eigenen Sohn. Christus musste sein Werk vollenden und sein Versprechen erfüllen, »dass ein Mann kostbarer sein soll als feinstes Gold und ein Mensch wertvoller als Goldstücke aus Ofir« (Jesaja 13,12). Alle Macht im Himmel und auf Erden wurde dem Fürsten des Lebens übergeben. Dann kehrte er zu seinen Nachfolgern in eine sündige Welt zurück, um sie an seiner Macht und Herrlichkeit teilhaben zu lassen.

BOTSCHAFTEN FÜR SEINE JÜNGER

Während der Erlöser in Gottes Gegenwart Gaben für seine Gemeinde entgegennahm, dachten die Jünger an sein leeres Grab, trauerten und weinten. Der Tag, den der ganze Himmel als Freudentag feierte, war für die Jünger ein Tag der Ungewissheit, der Bestürzung und der Ratlosigkeit. Ihr Unglaube gegenüber den Aussagen der Frauen bewies, wie tief ihr Glaube gesunken war. Die Nachricht von der Auferstehung von Christus war so ganz anders als das, was sie erwartet hatten. Sie konnten es einfach nicht glauben. Sie dachten, es sei zu schön, um wahr zu sein. Sie hatten so viel über die Lehren und die sogenannten wissenschaftlichen Theorien der Sadduzäer gehört, dass sie sich von der Auferstehung kein klares Bild mehr machen konnten. Sie wussten kaum noch, was die Auferstehung von den Toten überhaupt bedeutete, und waren unfähig, dieses großartige Thema zu erfassen.

»Und nun geht«, so hatte der Auftrag der Engel an die Frauen gelautet, »und sagt seinen Jüngern, vor allem Petrus: ›Er geht euch nach Galiläa voraus. Dort werdet ihr ihn sehen, genau wie er es euch gesagt hat.‹« (Markus 16,7 GNB) Diese Engel hatten Christus während seines ganzen Erdenlebens schützend begleitet. Sie hatten sein Verhör und seine Kreuzigung miterlebt und die Worte von Christus an seine Jünger gehört. Das ging aus ihrer Botschaft an die Jünger hervor und hätte sie eigentlich von deren Echtheit überzeugen sollen. Solche Worte konnten nur von den Boten ihres auferstandenen Herrn kommen.

»Sagt [es] seinen Jüngern, vor allem Petrus«, geboten die Engel. Seit dem Tod von Christus war Petrus von Gewissensbissen geplagt worden und niedergeschlagen. Seine schmähliche Verleugnung des Herrn und der liebevolle und zugleich schmerzbewegte Blick des Erlösers standen ihm stets vor

Augen. Von all den Jüngern hatte er am meisten gelitten. Nun wurde ihm versichert, dass seine Reue angenommen wurde und seine Sünde vergeben war. Er wurde namentlich erwähnt!

»Sagt seinen Jüngern, vor allem Petrus: ›Er geht euch nach Galiläa voraus. Dort werdet ihr ihn sehen.‹« Alle Jünger hatten Jesus verlassen, und die Aufforderung, ihm wieder zu begegnen, schloss alle mit ein. Er hatte sie nicht verstoßen. Als ihnen Maria Magdalena erzählte, sie habe den Herrn gesehen, wiederholte sie auch die Aufforderung, ihn in Galiläa zu treffen. Noch ein drittes Mal wurde ihnen diese Botschaft überbracht. Nachdem er zum Vater aufgefahren war, erschien Jesus den anderen Frauen und sagte: »›Seid gegrüßt!‹ Die Frauen warfen sich vor ihm nieder und umfassten seine Füße. ›Habt keine Angst!‹, sagte Jesus zu ihnen. ›Geht und sagt meinen Brüdern, sie sollen nach Galiläa gehen. Dort werden sie mich sehen.‹« (Matthäus 28,9.10 GNB)

VERZWEIFELT NICHT! JESUS LEBT!

Nach seiner Auferstehung bestand die erste Tat von Jesus auf dieser Erde darin, seine Jünger von seiner ungeschmälerten Zuneigung und liebevollen Fürsorge zu überzeugen. Er wollte ihnen beweisen, dass er ihr lebendiger Erlöser war, dass er die Fesseln des Grabes gesprengt hatte und ihn der Feind, der Tod, nicht länger halten konnte. Sie sollten erkennen, dass er dasselbe liebende Herz besaß wie vorher, als er als ihr geliebter Lehrer unter ihnen weilte. Deshalb erschien er ihnen immer wieder und schlang das Band der Liebe noch enger um sie. »Verkündigt es meinen Brüdern, dass sie mich in Galiläa treffen werden.« Als die Jünger diese mit solcher Bestimmtheit gegebene Anordnung hörten, begannen sie sich an die Worte von Jesus zu erinnern, die seine Auferstehung voraussagten. Doch auch jetzt freuten sie sich nicht. Sie konnten ihre Zweifel und ihre Ratlosigkeit nicht abschütteln. Selbst als ihnen die Frauen mitteilten, dass sie den Herrn gesehen hatten, wollten es die Jünger nicht glauben. Sie meinten, die Frauen seien einer Täuschung erlegen.

Ein Ungemach schien dem anderen zu folgen. Am sechsten Tag der Woche hatten sie mitangesehen, wie ihr Meister starb. Am ersten Tag der neuen Woche glaubten sie sich seines Leichnams beraubt und wurden selbst beschuldigt, ihn gestohlen zu haben, um auf diese Weise das Volk zu täuschen. Sie zweifelten daran, sich jemals von diesem Verdacht befreien zu können, der sich immer stärker gegen sie zu richten begann. Sie fürchteten die Feindschaft der Priester und den Zorn des Volkes und sehnten sich nach der Gegenwart von Jesus, der ihnen aus jeder Verlegenheit geholfen hatte.

Oft wiederholten sie die Worte: »Wir hatten gehofft, er sei der Christus, der Israel retten und erlösen wird.« (Lukas 24,21a NLB) Einsam und tief traurig erinnerten sie sich an seine Worte: »Denn wenn man schon mit dem grünen Holz so umgeht, was wird dann erst mit dem dürren geschehen?« (Lukas 23,31 NGÜ) Sie trafen sich im Obergemach, schlossen die Türen und verriegelten sie, denn sie wussten, dass das Schicksal ihres geliebten Meisters sie jederzeit treffen konnte.

Und dabei hätten sich die Jünger doch schon die ganze Zeit im Wissen um den auferstandenen Erlöser freuen können! Maria hatte weinend im Garten erlebt, wie Jesus ganz in ihrer Nähe stand. Ihre Augen waren so voller Tränen, dass sie ihn nicht erkannte. Doch die Herzen der Jünger waren derart bekümmert, dass sie weder der Botschaft der Engel noch den Worten von Christus zu glauben vermochten.

Wie viele handeln noch immer so wie diese Jünger damals! Wie viele rufen genauso verzweifelt wie Maria: »Sie haben meinen Herrn weggenommen, und ich weiß nicht, wohin sie ihn gebracht haben.« (Johannes 20,13b NGÜ) Zu wie vielen könnte man die Worte des Erlösers sagen: »Warum weinst du? Wen suchst du?« (Johannes 20,15a) Er ist ihnen nahe, doch ihre verweinten Augen erkennen ihn nicht. Er spricht zu ihnen, aber sie verstehen es nicht.

Mögen sich doch die gesenkten Häupter heben, damit die Augen geöffnet werden, um ihn zu sehen, und die Ohren seine Stimme vernehmen! »Beeilt euch, geht zu seinen Jüngern und sagt ihnen, dass Jesus von den Toten auferstanden ist!« (Matthäus 28,7a Hfa) Bittet sie, ihren Blick nicht auf Josefs neues Grab zu richten, das mit einem schweren Stein verschlossen und mit dem römischen Siegel gesichert wurde. Christus ist nicht dort! Schaut auch nicht in das leere Grab! Trauert nicht wie solche, die keine Hoffnung haben und hilflos sind! Jesus lebt, und weil er lebt, werden auch wir leben. Aus dankbarem Herzen und von Lippen, die vom heiligen Feuer brennen, soll der Jubelgesang erschallen: Christus ist auferstanden! Er lebt, um für uns einzutreten! (vgl. Römer 8,34) Ergreife diese Hoffnung! Sie wird deine Seele wie ein sicherer und bewährter Anker festhalten. Glaube und du wirst die Herrlichkeit Gottes sehen!

KAPITEL 83

AUF DEM WEG NACH EMMAUS

Lukas 24,13-33, Markus 16,12.13

Am späten Nachmittag des Auferstehungstages waren zwei Jünger auf dem Weg nach Emmaus, einer kleinen Stadt, die etwa zwölf Kilometer von Jerusalem entfernt lag. Diese beiden Jünger hatten keine besondere Stellung im Werk von Christus innegehabt, glaubten jedoch von ganzem Herzen an ihn. Sie waren in die Stadt gekommen, um das Passafest zu feiern, und waren über die Vorfälle, die sich eben ereignet hatten, sehr bestürzt. Sie hatten die Neuigkeit des Morgens vernommen, wonach der Leichnam von Christus aus dem Grab weggeschafft worden war, und hatten den Bericht der Frauen gehört, welche Engel gesehen hatten und Jesus begegnet waren. Nun kehrten sie nach Hause zurück, um darüber nachzudenken und zu beten. Traurig zogen sie in der Dämmerung ihres Weges und unterhielten sich über das Verhör und die Kreuzigung. Noch nie waren sie so entmutigt gewesen. Verzweifelt und vom Glauben verlassen, schritten sie im Schatten des Kreuzes dahin.

DIE UNTERHALTUNG MIT DEM FREMDEN

Sie waren noch nicht weit gekommen, als sich ein Fremder zu ihnen gesellte. Sie waren so von ihrer Schwermut und Enttäuschung gefangen, dass sie ihn nicht näher betrachteten. Sie setzten ihre Unterhaltung fort und brachten zum Ausdruck, was ihre Herzen bewegte. Sie sprachen über das, was Christus gelehrt hatte, das sie aber offenbar nicht verstanden hatten. Als ihre Unterhaltung wieder auf die jüngsten Ereignisse zurückkam, sehnte sich Jesus danach, sie zu trösten. Er hatte ihren Kummer gesehen und verstand die gegensätzlichen und verwirrenden Gedanken, die in ihnen die Frage aufkommen ließ: Konnte dieser Mann, der so tief gedemütigt und erniedrigt worden war, der Messias sein? Sie konnten ihren Kummer nicht zurückhalten und weinten. Jesus wusste, dass sie ihn von Herzen liebten. Er sehnte sich danach, ihre Tränen abzuwischen und sie mit Glück und Freude zu erfüllen. Doch zuerst musste er sie etwas lehren, was sie nie wieder vergessen sollten.

»Jesus fragte sie: ›Worüber redet ihr denn so erregt unterwegs?‹ Da blieben sie stehen und blickten ganz traurig drein, und der eine – er hieß Kleopas – sagte: ›Du bist wohl der Einzige in Jerusalem, der nicht weiß, was dort in diesen Tagen geschehen ist?‹« Da erzählten sie ihm von ihrer Enttäuschung mit ihrem Meister: »Er war ein Prophet; in Worten und Taten hat er vor Gott und dem ganzen Volk seine Macht erwiesen. Unsere führenden Priester und die anderen Ratsmitglieder haben ihn zum Tod verurteilt und ihn ans Kreuz nageln lassen.« Schweren Herzens, voller Enttäuschung und mit bebenden Lippen fügten sie hinzu: »Und wir hatten doch gehofft, er sei der erwartete Retter, der Israel befreien soll! Aber zu alledem ist heute auch schon der dritte Tag, seitdem dies geschehen ist!« (Lukas 24,17-21 GNB)

Merkwürdig, dass sich die Jünger nicht an die Worte von Christus erinnerten und erkannten, dass er die Ereignisse, die geschehen waren, bereits vorausgesagt hatte. Es war ihnen nicht bewusst, dass sich der letzte Teil seiner Vorhersage genauso erfüllen würde wie der erste, und dass er schließlich am dritten Tag auferstehen sollte. Daran hätten sie denken sollen. Die Priester und Obersten hatten es jedoch nicht vergessen. »Am nächsten Tag – es war der Sabbat – kamen die führenden Priester und die Pharisäer miteinander zu Pilatus und sagten: ›Herr, uns ist eingefallen, dass dieser Schwindler, als er noch lebte, behauptet hat: ‚Nach drei Tagen werde ich vom Tod auferweckt werden.'‹« (Matthäus 27,62.63 GNB) Doch die Jünger erinnerten sich nicht an diese Worte.

»Da sagte er zu ihnen: ›Begreift ihr denn nicht? Wie schwer fällt es euch, alles zu glauben, was die Propheten gesagt haben. Musste nicht der Messias all das erleiden, um so in seine Herrlichkeit zu gelangen?‹« (Lukas 24,25.26 EÜ) Die Jünger fragten sich, wer dieser Fremde war, der ihr Innerstes ergründen konnte, der so ernst, liebevoll, mitfühlend und hoffnungsvoll zu ihnen sprach. Zum ersten Mal, seit Christus verraten wurde, schöpften sie wieder etwas Hoffnung. Immer wieder warfen sie ihrem Begleiter einen ernsten Blick zu und dachten, dass er genau dieselben Worte wählte, die auch Christus verwendet hätte. Sie wunderten sich, und ihre Herzen begannen in freudiger Erwartung zu pochen.

CHRISTUS ERKLÄRT DAS ALTE TESTAMENT

Angefangen bei Mose, dem Beginn der biblischen Geschichte, erklärte ihnen Christus alle Schriftstellen, die sich auf ihn bezogen. Hätte er sich ihnen gleich zu erkennen gegeben, wären sie sofort zufrieden gewesen. In ihrer überschwänglichen Freude würden sie nichts weiter verlangt haben. Und doch war es für sie notwendig, die Sinnbilder und Weissagungen des Alten Testaments, die auf ihn hindeuteten, zu verstehen. Darauf musste sich ihr Glaube gründen. Christus tat kein Wunder, um sie zu überzeugen, sondern erklärte ihnen zunächst die Schriften. Mit seinem Tod sahen sie alle ihre Hoffnungen untergehen. Doch nun zeigte er ihnen aus den Schriften der Propheten, dass gerade dies der stärkste Beweis für ihren Glauben war.

Indem er sie unterwies, zeigte Jesus diesen Jüngern die Bedeutung des Alten Testaments als ein Zeugnis seiner Sendung. Heutzutage lehnen viele bekennende Christen das Alte Testament ab und behaupten, es sei nicht mehr von Bedeutung. Doch das lehrte Christus nicht. Er schätzte es so hoch, dass er einmal sagte: »Wenn sie auf Mose und die Propheten nicht hören, werden sie sich auch nicht überzeugen lassen, wenn einer von den Toten aufersteht.« (Lukas 16,31b EÜ)

Es ist die Stimme von Christus, die durch den Mund der Patriarchen und Propheten von den Tagen Adams an bis zu den letzten Ereignissen der Zeit spricht. Der Erlöser wird im Alten Testament ebenso deutlich offenbart wie im Neuen. Gerade das Licht der prophetischen Vergangenheit lässt das Leben von Christus und die Lehren des Neuen Testaments in ihrer Klarheit und Schönheit aufleuchten. Die Wunder von Christus sind ein Beweis für seine Göttlichkeit, doch einen weit stärkeren Beweis dafür, dass er der Erlöser der Welt ist, findet man bei einem Vergleich der alttestamentlichen Prophezeiungen mit den Berichten des Neuen Testaments.

Anhand der Vorhersagen gab Christus seinen Jüngern ein genaues Bild davon, was er als Mensch sein musste. Ihre Erwartung eines Messias, der seinen Thron und seine königliche Herrschaft den menschlichen Wünschen entsprechend aufrichtet, war irreführend gewesen. Dadurch wurde ihr Verständnis von seiner Erniedrigung – von der höchsten bis hin zur niedrigsten Stellung, die überhaupt eingenommen werden konnte – beeinträchtigt. Christus wünschte, dass die Vorstellungen seiner Jünger in allen Einzelheiten rein und wahr sind. Sie sollten alles, was mit dem ihm zugeteilten Leidenskelch zu tun hatte, so gut wie möglich verstehen. Er zeigte ihnen, dass der schreckliche Kampf, den sie noch nicht begreifen konnten, die Erfüllung des Bundes bedeutete, der bereits vor der Grundlegung der Welt geschlossen worden war. Christus musste sterben, so wie jeder Übertreter des Gesetzes sterben muss, wenn er in der Sünde verharrt. Dies alles musste so geschehen. Doch es sollte nicht in einer Niederlage enden, sondern in einem herrlichen, ewigen Sieg! Jesus erklärte ihnen, dass jede mögliche Anstrengung unternommen werden muss, um die Welt von der Sünde zu erretten. Seine

Nachfolger müssen so leben, wie er gelebt hat, und wirken, wie er gewirkt hat, mit inständigem, beharrlichem Bemühen.

So redete Christus mit seinen Jüngern und öffnete ihren Geist, damit sie die heiligen Schriften verstehen konnten. Wohl waren die Jünger erschöpft, doch die Unterhaltung blieb rege. Worte des Lebens und der Gewissheit kamen über die Lippen des Erlösers. Aber noch wurden ihre Augen gehalten. Als er ihnen von der Zerstörung Jerusalems erzählte, schauten sie weinend auf die dem Untergang geweihte Stadt. Sie ahnten noch kaum, wer ihr Weggefährte war. Sie dachten nicht, dass der, von dem sie sprachen, an ihrer Seite ging, denn Christus sprach über sich selbst, als wäre er eine andere Person. Sie hielten ihn für einen der Besucher, die zum großen Fest [zum Passafest] gekommen waren und nun wieder nach Hause zogen. Er schritt so wie sie vorsichtig über die groben Steine und legte mit ihnen ab und zu eine kurze Rast ein. So schritten sie auf der bergigen Straße voran, während der Eine sie begleitete, der bald seine Stellung zur Rechten Gottes einnehmen würde und der von sich sagen konnte: »Mir ist gegeben alle Gewalt im Himmel und auf Erden« (Matthäus 28,18b).

»BLEIB DOCH BEI UNS!«

Unterdessen war die Sonne untergegangen, und bevor die Reisenden ihr Ziel erreichten, hatten die Bauern ihre Arbeit auf dem Feld niedergelegt. Als die Jünger ihr Haus betreten wollten, verhielt sich der Fremde so, als wolle er weitergehen. Die Jünger aber fühlten sich zu ihm hingezogen. Ihr Innerstes hungerte danach, mehr von ihm zu hören. »Bleib doch bei uns«, baten sie. Doch es machte den Anschein, als wollte er die Einladung nicht annehmen. Darum drängten sie ihn: »Es wird bald Abend, der Tag hat sich schon geneigt.« Nun gab Christus ihrer Bitte nach. »Da ging er mit hinein, um bei ihnen zu bleiben.« (Lukas 24,29 EÜ)

Hätten die Jünger nicht mit Nachdruck auf ihrer Einladung bestanden, hätten sie nie erfahren, dass ihr Weggefährte der auferstandene Herr war. Christus drängt seine Gesellschaft nie jemandem auf. Er nimmt sich all jener an, die ihn brauchen. Gern tritt er in die bescheidenste Hütte und erfreut das Herz des Allergeringsten. Sind die Menschen jedoch zu gleichgültig, um an den himmlischen Gast zu denken oder ihn zu bitten, bei ihnen zu bleiben, geht er weiter. Auf diese Weise erleiden viele einen großen Verlust. Sie kennen Christus nicht besser als jene Jünger, mit denen er damals unterwegs war.

Das einfache Abendbrot war schnell zubereitet. Sie setzten es dem Gast vor, der am oberen Ende des Tisches Platz genommen hatte. Dann streckte er seine Hände aus und segnete das Essen. Die Jünger schreckten erstaunt zurück. Ihr Begleiter breitete die Hände auf genau dieselbe Weise aus, wie es ihr Meister getan hatte. Sie schauten nochmals hin, und siehe da, sie erkannten die Nägelmale an seinen Händen! Beide riefen augenblicklich aus: »Es ist der Herr Jesus! Er ist von den Toten auferstanden!«

Sie sprangen auf, wollten sich zu seinen Füßen niederwerfen und ihn anbeten, doch er war verschwunden. Sie schauten auf den Platz, an dem der Eine gesessen hatte, dessen Körper noch vor Kurzem im Grab gelegen hatte, und sagten zueinander: »Brannte es nicht wie ein Feuer in unserem Herzen, als er unterwegs mit uns sprach und uns den Sinn der Heiligen Schriften aufschloss?« (Lukas 24,32 GNB)

DIE GROSSARTIGSTE BOTSCHAFT AN DIE WELT

Mit dieser großartigen Nachricht konnten sie nicht sitzen bleiben und weiterreden. Sie mussten es anderen mitteilen! Ihre Müdigkeit und ihr Hunger waren vergessen. Sie ließen ihre Mahlzeit unberührt stehen, brachen sofort auf und liefen voller Freude denselben Weg zurück, auf dem sie eben gekommen waren. Sie eilten in die Stadt, um den Jüngern diese Neuigkeiten zu erzählen. Einige Stellen des Weges waren gefährlich, doch sie kletterten über die Abhänge und rutschten über die glatten Felsen. Sie sahen und wussten es nicht, dass sie von dem Einen beschützt wurden, der vorher diesen Weg mit ihnen gegangen war. Mit ihrem Stab in der Hand eilten sie vorwärts, vom Wunsch beseelt, noch schneller zu gehen, als sie es jetzt schon wagten. Sie kamen vom Weg ab, fanden ihn jedoch wieder. Manchmal rennend, dann wieder stolpernd, eilten sie vorwärts, neben sich den ganzen Weg entlang den unsichtbaren Begleiter.

Die Nacht war finster, aber die »Sonne der Gerechtigkeit« (Maleachi 3,20) leuchtete über ihnen. Ihr Herz hüpfte vor Freude. Sie fühlten sich wie in einer neuen Welt. Christus ist ein lebendiger Erlöser! Sie trauerten nicht länger um den, der tot war. Christus ist auferstanden! Immer wieder wiederholten sie es. Dies war die Botschaft, die sie den Trauernden überbringen wollten. Die wunderbare Geschichte von ihrem Gang nach Emmaus mussten sie ihnen erzählen. Sie mussten ihnen berichten, wer sie auf dem Weg begleitet hatte. Sie überbrachten die großartigste Botschaft, die der Welt jemals gegeben wurde, eine frohe Botschaft, auf der die Hoffnung der menschlichen Familie für Zeit und Ewigkeit ruht.

KAPITEL 84

»FRIEDE SEI MIT EUCH!«

Lukas 24,33-49; Johannes 20,19-29

Die beiden Jünger erreichten Jerusalem und betraten die Stadt durch das Osttor, das bei festlichen Anlässen nachts geöffnet blieb. In den Häusern war es dunkel und still, doch im Schein des aufgehenden Mondes fanden die Wanderer ihren Weg durch die engen Gassen. Sie gingen zum Obergemach, wo Jesus die Stunden des letzten Abends vor seinem Tod verbracht hatte. Sie wussten, dass sie hier ihre Brüder finden würden. Sie wussten auch, dass die Jünger – obwohl es schon spät geworden war – nicht eher ruhen würden, bis sie Gewissheit erlangt hätten, was mit dem Leichnam ihres Herrn geschehen war. Die Tür zum Raum war fest verschlossen. Sie klopften, um eingelassen zu werden, doch niemand antwortete. Alles blieb still. Dann nannten sie ihre Namen, und endlich wurde die Tür vorsichtig entriegelt. Sie traten ein und mit ihnen noch ein anderer, unsichtbarer Gast. Dann wurde die Tür wieder verschlossen, um Spionen den Eingang zu verwehren.

JESUS ERSCHEINT ERNEUT

Die Reisenden sahen, dass alle überrascht und aufgeregt waren. Die Stimmen derer, die sich im Raum versammelt hatten, begannen immer wieder Lobes- und Dankeslieder anzustimmen, und riefen aus: »Der Herr ist wahrhaftig auferstanden und Simon [Petrus] erschienen.« (Lukas 24,34) Die beiden Wanderer erzählten – von ihrem eiligen Marsch noch ganz außer Atem – die wundersame Geschichte, wie ihnen Jesus erschienen war. Kaum hatten sie ihren Bericht beendet – und einige sagten noch, sie könnten dies nicht glauben, weil es zu schön sei, um wahr zu sein –, als plötzlich eine andere Gestalt vor ihnen stand. Alle Augen richteten sich auf den Fremden. Niemand hatte angeklopft und um Einlass gebeten. Auch hatte man keinerlei Schritte gehört. Die Jünger erschraken und fragten sich, was das wohl zu bedeuten habe. Doch dann hörten sie eine Stimme, die keinem anderen gehörte als ihrem Meister. Klar und deutlich kamen die Worte über seine Lippen: »Friede sei mit euch!« (Lukas 24,36b)

»Sie erschraken und fürchteten sich; denn sie meinten, einen Geist zu sehen. Aber er sagte: ›Warum seid ihr so erschrocken? Warum kommen euch solche Gedanken? Schaut mich doch an, meine Hände, meine Füße, dann erkennt ihr, dass ich es wirklich bin! Fasst mich an und überzeugt euch; ein Geist hat doch nicht Fleisch und Knochen wie ich!‹ Während er das sagte, zeigte er ihnen seine Hände und seine Füße.« (Lukas 24,37-40 GNB)

Sie schauten auf die Hände und Füße, die von den schrecklichen Nägeln durchbohrt worden waren. Sie erkannten auch seine Stimme, die ihnen wie keine andere in Erinnerung geblieben war. »Da sie aber noch nicht glaubten vor Freude und sich verwunderten, sprach er zu ihnen: Habt ihr etwas zu essen hier? Da reichten sie ihm ein Stück gebratenen Fisch und etwas Wabenhonig. Und er nahm es und aß vor ihnen.« (Lukas 24,41-43 Schl.) »Da wurden die Jünger froh, dass sie den Herrn sahen.« (Johannes 20,20b) Glaube und Freude traten an die Stelle des Unglaubens. Mit Gefühlen, die nicht mit Worten zu beschreiben sind, bekannten sie sich zu ihrem auferstandenen Erlöser.

Bei der Geburt von Jesus hatten die Engel den Menschen Frieden und Wohlgefallen verkündigt (vgl. Lukas 2,14). Als der Erlöser nun nach seiner Auferstehung zum ersten Mal den Jüngern erschien, begrüßte er sie mit dem Segenswort: »Friede sei mit euch!« (Lukas 24,36b) Jesus ist immer bereit, jenen Menschen Frieden zuzusprechen, die von Zweifeln und Ängsten geplagt werden. Er wartet darauf, dass wir ihm unsere Herzenstür öffnen und zu ihm sagen: Bleibe bei uns! Er sagt: »Merkst du nicht, dass ich vor der Tür stehe und anklopfe? Wer meine Stimme hört und mir öffnet, zu dem werde ich hineingehen, und wir werden miteinander essen – ich mit ihm und er mit mir.« (Offenbarung 3,20 NGÜ)

Die Auferstehung von Jesus ist ein Vorbild für die endgültige Auferstehung all jener, die in ihm ruhen. Das Angesicht des auferstandenen Erlösers, sein Auftreten und seine Sprache waren seinen Jüngern bestens vertraut. Wie Jesus vom Tod auferstand, so werden jene auferweckt, die im Glauben an ihn schlafen. Wir werden unsere Freunde erkennen, so wie die Jünger Jesus erkannten. Auch wenn sie in diesem irdischen Leben entstellt, krank oder verkrüppelt waren, werden sie ebenmäßig und vollkommen gesund auferstehen. Und doch wird ihre Persönlichkeit im verherrlichten Leib vollständig erhalten bleiben. Dann werden wir erkennen, so wie wir jetzt schon erkannt sind (vgl. 1. Korinther 13,12). In den Gesichtern der Erlösten, die vom Glanz des Angesichts von Jesus leuchten, werden wir die Züge derer wiedererkennen, die wir lieben.

»IHR SEID ZEUGEN!«

Als Jesus seinen Jüngern erschien, erinnerte er sie an die Worte, die er vor seinem Tod zu ihnen gesprochen hatte, nämlich dass alle Dinge erfüllt werden müssten, die im Gesetz des Mose, in den Propheten und in den Psalmen über ihn geschrieben stehen.»Und er half ihnen, die Heiligen Schriften richtig zu verstehen. ›Hier steht es geschrieben‹, erklärte er ihnen: ›Der versprochene Retter muss leiden und sterben und am dritten Tag vom Tod auferstehen. Und den Menschen aller Völker muss verkündet werden, dass ihnen um seinetwillen Umkehr zu Gott und Vergebung der Schuld angeboten wird. In Jerusalem muss der Anfang gemacht werden. Ihr seid Zeugen geworden von allem, was geschehen ist, und sollt es überall bezeugen!‹« (Lukas 24,45-48 GNB)

Nun begannen die Jünger das Wesen und das Ausmaß ihrer Aufgabe zu begreifen. Sie sollten der Welt die großartigen Wahrheiten verkünden, die ihnen Jesus anvertraut hatte: die Ereignisse seines Lebens, seinen Opfertod und seine Auferstehung, die Prophezeiungen, die auf diese Geschehnisse hinwiesen, die Heiligkeit des Gesetzes Gottes, die Geheimnisse des Erlösungsplans und die Macht von Christus, Sünden zu vergeben. Von alledem waren sie Zeugen geworden, und nun sollten sie dies der Welt mitteilen. Sie sollten das Evangelium des Friedens verkünden und der Rettung durch Reue und die Kraft des Erlösers.

VERGEBUNG IM NAMEN VON CHRISTUS

»Nachdem er das gesagt hatte, hauchte er sie an und sprach zu ihnen: Empfangt den Heiligen Geist! Wem ihr die Sünden vergebt, dem sind sie vergeben; wem ihr die Vergebung verweigert, dem ist sie verweigert.« (Johannes 20,22.23 EÜ) Der Heilige Geist hatte sich noch nicht völlig manifestiert, denn die Verherrlichung von Christus stand noch bevor. Die Verleihung des Heiligen Geistes in einem umfassenderen Ausmaß fand erst nach der Himmelfahrt von Christus statt (vgl. Apostelgeschichte 2,33). Bevor sie diesen nicht empfangen hatten, konnten sie den Auftrag, der Welt das Evangelium zu verkünden, nicht erfüllen. Nun jedoch erhielten sie den Heiligen Geist aus einem besonderen Grund. Bevor die Jünger ihren offiziellen Dienst in Bezug auf die Gemeinde ausüben konnten, hauchte sie Christus mit seinem Geist an. Er war dabei, ihnen eine besonders heilige Aufgabe anzuvertrauen. Er wollte ihnen die Tatsache vor Augen führen, dass dieser Dienst ohne den Heiligen Geist nicht ausgeführt werden konnte.

Der Heilige Geist ist der Atem des geistlichen Lebens im Menschen. Jemanden mit dem göttlichen Geist auszurüsten, bedeutet, ihn mit dem Leben von Christus zu erfüllen. Wer den Geist empfängt, wird von den Wesenszügen von Christus geprägt. Nur jene, die auf diese Weise von Gott unterwiesen werden, an deren Herz der Geist wirkt und in deren Leben sich das Leben von Christus offenbart, können als seine Repräsentanten gelten und zum Wohl der Gemeinde dienen.

»Wem ihr die Sünden vergebt«, sagte Christus, »dem sind sie vergeben; wem ihr die Vergebung verweigert, dem ist sie verweigert.« (Johannes 20,23 EÜ) Christus gab damit niemandem die Freiheit, über andere zu urteilen. Bereits in der Bergpredigt hatte er dies untersagt, denn das Richten steht allein Gott zu. Der Gemeinde als Organisation aber ist vom Herrn eine Verantwortung für jedes einzelne Mitglied auferlegt. Die Gemeinde hat die Pflicht, jene, die in Sünde fallen, zu warnen, zu unterweisen und nach Möglichkeit wieder aufzurichten. »In aller Geduld und mit guter Lehre sollst du die Menschen zurechtweisen, tadeln und ermutigen« (2. Timotheus 4,2b NLB), spricht der Herr. Gehe mit Fehlverhalten gewissenhaft um! Warne jeden Menschen, der in Gefahr ist, und lass es nicht zu, dass sich jemand selbst betrügt! Nenne die Sünde beim Namen! Verkündige, was Gott über Lüge, Sabbatübertretung, Diebstahl, Götzendienst und jedes andere Übel gesagt hat, denn »die solches tun, werden das Reich Gottes nicht erben« (Galater 5,21b). Wenn sie aber in der Sünde verharren, wird das Urteil, das du ihnen aus der Heiligen Schrift angekündigt hast, im Himmel über sie ausgesprochen werden. Indem sie die Sünde wählen, lehnen sie Christus ab. Die Gemeinde muss zeigen, dass sie ihre Taten nicht gutheißt, oder sie selbst entehrt ihren Herrn. Sie muss über die Sünde so urteilen, wie Gott das tut, und mit ihr so umgehen, wie Gott es angeordnet hat, dann wird ihr Handeln im Himmel gutgeheißen werden. Wer die Autorität der Gemeinde verachtet, lehnt die Autorität von Christus selbst ab.

Doch diese Darstellung hat eine frohere Kehrseite. »Wem ihr die Sünden vergebt, dem sind sie vergeben.« (Johannes 20,23a EÜ) Lasst uns diesen Gedanken immer wieder vergegenwärtigen! Wer sich für Irrende einsetzt, soll immer auf Christus schauen. Ihr Hirten, kümmert euch liebevoll um die Herde auf der Weide des Herrn und erzählt den Irrenden von der vergebenden Barmherzigkeit des Erlösers! Ermutigt den Sünder, umzukehren und an den zu glauben, der vergeben kann! Verkündet in der Vollmacht des Wortes Gottes: »Wenn wir aber unsere Sünden bekennen, so ist er treu und gerecht, dass er uns die Sünden vergibt und reinigt uns von aller Ungerechtigkeit.« (1. Johannes 1,9) Alle, die bereuen, haben die Zusicherung: »Er wird sich wieder über uns erbarmen, alle unsere Sünden zertreten und alle unsere Verfehlungen ins tiefe Meer werfen!« (Micha 7,19 NLB) Die Gemeinde ihrerseits soll die Reue des Sünders mit dankbarem Herzen annehmen! Führt den Reumütigen aus der Finsternis des Unglaubens in das Licht des Glaubens und der Gerechtigkeit und legt seine zitternde Hand in die liebevolle Hand von Jesus! Eine solche Vergebung wird im Himmel gutgeheißen. Nur in diesem Sinn hat die Gemeinde die Vollmacht, den Sünder von seiner Schuld freizusprechen. Sündenvergebung kann nur durch die Verdienste von Christus erlangt werden. Weder ein Mensch noch eine Gemeinschaft hat die Macht, einen Menschen von Schuld zu befreien. Christus beauftragte seine Jünger, allen Völkern zu verkünden, dass sie in seinem Namen Vergebung der Sünden haben. Sie selbst jedoch waren nicht bevollmächtigt, auch nur die geringste Sünde wegzunehmen. »Bei niemand anderem ist Rettung zu finden; unter dem ganzen Himmel ist uns Menschen kein anderer Name gegeben, durch den wir gerettet werden können.« (Apostelgeschichte 4,12 NGÜ).

THOMAS KOMMT ZUM GLAUBEN

Als Jesus seinen Jüngern zum ersten Mal im Obergemach begegnete, war Thomas nicht bei ihnen. Wohl hörte er die Berichte der anderen und erhielt genügend Beweise für die Auferstehung von Jesus, doch sein Herz war von Schwermut und Unglaube erfüllt. Als er hörte, wie die Jünger über die wunderbaren Erscheinungen des auferstandenen Erlösers erzählten, wurde er nur noch verzweifelter. Wenn Jesus wirklich von den Toten auferstanden war, dann konnte es keine Hoffnung auf ein tatsächlich irdisches Königreich mehr geben. Zudem verletzte es seinen Stolz, wenn er daran dachte, dass sich sein Meister außer ihm allen anderen Jüngern offenbart haben sollte. Er war entschlossen, das Gehörte nicht zu glauben, und brütete eine ganze Woche lang über seinem Elend, das im Gegensatz zur Hoffnung und zum Glauben seiner Brüder umso dunkler erschien.

Während dieser Zeit erklärte er wiederholt: »Das glaube ich nicht, es sei denn, ich sehe die Wunden von den Nägeln in seinen Händen, berühre sie mit meinen Fingern und lege meine Hand in die Wunde an seiner Seite.« (Johannes 20,25b NLB) Er war weder bereit, mit den Augen seiner Brüder zu sehen, noch einen Glauben in Anspruch zu nehmen, der sich auf ihr Zeugnis stützte. Er liebte seinen Herrn innig, doch er ließ es zu, dass Eifersucht und Misstrauen von seinem Verstand und seinem Herzen Besitz ergriffen.

Einigen Jüngern diente das vertraute Obergemach als vorläufige Unterkunft. Abends versammelten sich dort alle, außer Thomas. Eines Tages entschloss sich auch Thomas, die anderen aufzusuchen. Trotz seines Unglaubens hegte er die schwache Hoffnung, dass die gute Nachricht doch wahr sein könnte. Während des Abendessens sprachen die Jünger über die Beweise, die ihnen Christus in den Weissagungen gegeben hatte. »Die Türen waren verschlossen; doch plötzlich stand Jesus, genau wie zuvor, in ihrer Mitte. Er sprach: ›Friede sei mit euch!‹« (Johannes 20,26b)

Dann wandte er sich an Thomas und sagte: »Lege deine Finger auf diese Stelle hier und sieh dir meine Hände an. Lege deine Hand in die Wunde an meiner Seite. Sei nicht mehr ungläubig, sondern glaube!« (Johannes 20,27 NLB) Diese Worte zeigten, dass er die Gedanken und Äußerungen von Thomas kannte. Der zweifelnde Jünger wusste, dass niemand seiner Mitbrüder Jesus in der vergangenen Woche gesehen hatte. Sie hatten ihrem Meister nichts von seinem Unglauben erzählen können. Da erkannte er den Einen, der vor ihm stand, als seinen Herrn und verlangte nicht länger nach Beweisen. Voller Freude warf er sich Jesus zu Füßen und rief aus: »Mein Herr und mein Gott!« (Johannes 20,28b)

Jesus nahm sein Bekenntnis an, tadelte ihn aber behutsam wegen seines Unglaubens: »Thomas, du glaubst, weil du mich gesehen hast; glückselig sind, die nicht sehen und doch glauben!« (Johannes 20,29 Schl.) Christus hätte sich mehr über seinen Glauben gefreut, wenn Thomas bereit gewesen wäre, das Zeugnis seiner Brüder anzunehmen. Würde die Welt heute dem Beispiel von Thomas folgen, würde niemand an die Erlösung glauben, denn alle, die Christus annehmen, müssen sich auf das Zeugnis anderer verlassen.

Viele, die zum Zweifeln neigen, entschuldigen sich mit der Begründung, sie würden auch glauben, wenn sie denselben Beweis hätten, den Thomas von seinen Gefährten erhielt. Sie erkennen nicht, dass sie weitaus mehr haben als diesen Beweis. Viele warten wie Thomas darauf, dass ihnen jeder Grund zum Zweifeln genommen wird, doch ihr Wunsch wird sich nie erfüllen. So sehen sie sich Schritt für Schritt in ihrem Unglauben bestätigt. Jene, die sich selbst dazu erziehen, die Schattenseiten ihres Lebens zu betrachten, sich beklagen und jammern, wissen nicht, was sie tun. Sie säen Zweifel und werden Zweifel ernten. Daher werden viele in einer Zeit, in der Glaube und Vertrauen unentbehrlich sind, feststellen, dass sie weder hoffen noch glauben können.

Durch sein Verhalten Thomas gegenüber wollte Jesus seine Nachfolger etwas lehren. Sein Beispiel zeigt uns, wie wir mit jenen umgehen sollen, die im Glauben schwach geworden sind und sich von ihren Zweifeln lenken lassen. Jesus überhäufte Thomas weder mit Vorwürfen, noch ließ er sich auf eine

Diskussion ein. Er offenbarte sich selbst dem Zweifelnden. Thomas hatte äußerst unvernünftig gehandelt, als er die Bedingungen definierte, unter welchen er glauben würde. Jesus aber durchbrach mit seiner großherzigen Liebe und Rücksicht sämtliche Schranken. Der Unglaube wird selten durch Wortgefechte beseitigt. Er greift gewöhnlich zur Selbstverteidigung und findet immer neue Unterstützung und Rechtfertigung. Zeigt den Menschen Jesus in seiner Liebe und Barmherzigkeit als den gekreuzigten Erlöser! Dann wird man von vielen einst unwilligen Lippen das Bekenntnis von Thomas hören: »Mein Herr und mein Gott!« (Johannes 20,28b)

KAPITEL 85

NOCH EINMAL AM SEE GENEZARETH

Johannes 21,1-23

Jesus hatte die Absicht, seine Jünger in Galiläa zu treffen. Bald nach der Passawoche machten sie sich auf den Weg dorthin. Hätten sie Jerusalem während des Festes der ungesäuerten Brote verlassen, wäre ihnen dies als Distanzierung und religiöses Fehlverhalten ausgelegt worden. Darum blieben sie bis zum Ende. Doch sobald das Fest zu Ende war, machten sie sich freudig auf den Heimweg, um ihren Meister zu treffen, so wie er es ihnen aufgetragen hatte.

Sieben der Jünger waren gemeinsam unterwegs. Sie trugen die schlichten Kleider der Fischer. Wohl waren sie arm an irdischen Gütern, doch reich in der Erkenntnis und im Umgang mit der Wahrheit. Dies zeichnete sie in den Augen des Himmels mit dem höchsten Rang aus – Lehrer zu sein. Sie hatten zwar keine Prophetenschulen besucht, waren aber drei Jahre lang vom besten Erzieher, den die Welt je kannte, unterwiesen worden. Unter seiner Anleitung waren sie edler, verständiger und vollkommener geworden – zu Werkzeugen, durch welche die Menschen zur Erkenntnis der Wahrheit geführt werden konnten.

Während seines Wirkens hatte Christus viel Zeit am See Genezareth verbracht. Als sich die Jünger nun an einem Ort versammelten, wo sie kaum gestört werden konnten, sahen sie sich immer wieder durch die Umgebung an Jesus und seine mächtigen Taten erinnert. Damals, als sich ihre Herzen fürchteten und der wütende Sturm sie dem Untergang entgegentrieb, war Jesus auf diesem See über die Wellen gegangen, um sie zu retten. Hier war der Sturm auf sein Wort hin gestillt worden. Sie konnten den Strand überblicken, wo mehr als 10 000 Menschen mit einigen kleinen Broten und Fischen gespeist worden waren. Nicht weit davon entfernt lag Kapernaum, der Schauplatz so vieler Wunder. Als die Jünger die Gegend betrachteten, waren ihre Gedanken ganz bei den Worten und Taten ihres Erlösers.

»WERFT DAS NETZ NOCH EINMAL AUS!«

Der Abend war angenehm lau, und Petrus, der immer noch eine Vorliebe für Boote und das Fischen hatte, schlug vor, auf den See hinauszufahren und die Netze auszuwerfen. Sie waren alle einverstanden, denn sie brauchten Nahrung und Kleidung, und der Erlös aus einem erfolgreichen nächtlichen Fischzug würde ihnen dazu verhelfen. So fuhren sie mit ihrem Boot hinaus, doch sie fingen nichts. Sie mühten sich die ganze Nacht ab, doch ohne Erfolg. Während dieser beschwerlichen Nachtstunden unterhielten sie sich über ihren abwesenden Herrn und erinnerten sich an die großartigen Erlebnisse, die sie während seines öffentlichen Wirkens am See miterlebt hatten. Sie fragten sich, was ihnen die Zukunft wohl bringen werde. Beim Ausblick auf die kommende Zeit wurden sie ganz traurig.

Die ganze Zeit über folgten ihnen die Blicke eines einsamen Beobachters am Ufer, der jedoch selbst unsichtbar blieb. Schließlich dämmerte der Morgen. Als das Boot nicht mehr weit vom Ufer entfernt war, sahen die Jünger einen Fremden am Strand stehen. Er fragte sie: »Meine Kinder, habt ihr nicht etwas zu essen?« Als sie die Frage verneinten, sagte er zu ihnen: »Werft das Netz auf der rechten Seite des Bootes aus, und ihr werdet etwas fangen. Sie warfen das Netz aus und konnten es nicht wieder einholen, so voller Fische war es.« (Johannes 21,5.6 EÜ)

Johannes erkannte den Fremden und rief Petrus zu: »Es ist der Herr!« (Johannes 21,7a) Petrus war so begeistert und glücklich, dass er sich in seinem Eifer ins Wasser stürzte und schon bald neben seinem Herrn stand. Die anderen Jünger fuhren mit ihrem Boot heran und zogen das mit Fischen gefüllte Netz hinter sich her. »Als sie ausstiegen und an Land gingen, sahen sie ein Kohlenfeuer brennen, auf dem Fisch gebraten wurde; dazu gab es Brot.« (Johannes 21,9 NLB)

Sie waren zu erstaunt, um zu fragen, woher das Feuer und das Essen stammten. Da sagte Jesus zu ihnen: »Bringt von den Fischen, die ihr jetzt gefangen habt!« (Johannes 21,10) Da lief Petrus schnell zum Netz, das er hatte fallen lassen, und half seinen Gefährten, es an Land zu ziehen. Nachdem sie die Arbeit getan und die nötigen Vorbereitungen getroffen hatten, bat Jesus die Jünger, herzukommen und zu essen. Er brach das Brot, verteilte es unter sie und wurde von allen Sieben erkannt und gewürdigt. Das Wunder von der Speisung der 5000 am Berghang kam ihnen auf einmal wieder in den Sinn, doch eine merkwürdige Scheu lag über ihnen. Schweigend schauten sie auf den auferstandenen Erlöser.

Sie erinnerten sich lebhaft an die Zeit, als Jesus sie am See aufgefordert hatte, ihm nachzufolgen. Sie dachten daran, wie sie auf sein Geheiß hinausgefahren waren und ihre Netze ausgeworfen hatten und wie der Fischzug eine so reiche Beute eingebracht hatte, dass die Netze zu zerreißen drohten. Dann waren sie von Jesus aufgefordert worden, ihre Fischerboote zu verlassen. Er hatte versprochen, aus ihnen Menschenfischer zu machen. Um ihnen dieses Erlebnis erneut in Erinnerung zu rufen und dessen Eindruck zu vertiefen, hatte er das Wunder noch einmal vollbracht. Seine Tat war eine Erneuerung seines Auftrags an die Jünger. Sie zeigte ihnen, dass ihre Verpflichtung des von ihm aufgetragenen Dienstes mit dem Tod ihres Meisters nicht geringer geworden war. Obwohl sie seine persönliche Gegenwart entbehren und auf die Einkünfte ihres früheren Berufs verzichten mussten, würde sich der auferstandene Erlöser dennoch um sie kümmern. Während sie sein Werk weiterführten, würde er für ihre Bedürfnisse sorgen. Jesus hatte eine bestimmte Absicht, als er sie aufforderte, ihr Netz auf der rechten Seite des Schiffes auszuwerfen. Er selbst stand nämlich dort am Ufer, und dies war die Seite des Glaubens. Arbeiteten sie mit ihm zusammen, indem sich ihre menschlichen Bemühungen mit seiner göttlichen Macht verbanden, würde der Erfolg nicht ausbleiben.

PETRUS WIRD DREIMAL GEPRÜFT

Christus musste ihnen noch eine weitere Lehre erteilen, die besonders Petrus anging. Die Verleugnung seines Herrn stand im schändlichen Gegensatz zu seinen früheren Treuebekenntnissen. Er hatte Christus entehrt und das Misstrauen seiner Brüder entfacht. Diese dachten nun, er dürfe seine frühere Stellung unter ihnen nicht mehr einnehmen. Er selbst spürte, dass er das ihm entgegengebrachte Vertrauen verscherzt hatte. Bevor er nun dazu berufen wurde, sein Apostelamt wieder aufzunehmen, musste er vor ihnen allen den Beweis seiner Reue erbringen. Andernfalls hätte seine Schuld, obwohl er sie bereute, seinen Einfluss als Diener von Christus zunichtemachen können. Der Erlöser schenkte ihm die Gelegenheit, das Vertrauen seiner Brüder zurückzugewinnen und die Schande, die er über das Evangelium gebracht hatte, soweit wie möglich zu beseitigen.

Darin liegt für alle Nachfolger von Christus eine Lehre. Das Evangelium macht keine Kompromisse mit dem Bösen und kann kein Unrecht entschuldigen. Geheime Sünden sollen Gott im Verborgenen bekannt werden, offenkundige Sünden aber erfordern ein öffentliches Bekenntnis. Wenn ein Jünger sündigt, trifft der Vorwurf Christus. Dies veranlasst Satan zum Triumphieren und lässt wankende Menschen straucheln. Der Jünger soll, soweit es in seiner Macht steht, diesen Vorwurf beseitigen, indem er seine Reue beweist.

Am Ufer des Sees, als Christus gemeinsam mit seinen Jüngern aß, sagte der Erlöser zu Petrus: »Simon, Sohn des Johannes, hast du mich lieber, als mich diese haben?« (Johannes 21,15a) Dabei zeigte er auf die Brüder des Petrus, der einst erklärt hatte: »Und wenn alle sich von dir abwenden – ich niemals!« (Matthäus 26,33 NGÜ) Doch jetzt konnte sich Petrus besser beurteilen. »Ja, Herr«, antwortete er, »du weißt, dass ich dich lieb habe.« (Johannes 21,15b) Da gab es keine leidenschaftliche Zusicherung mehr, dass seine Liebe größer sei als die seiner Brüder. Er äußerte nicht einmal seine eigene Meinung über den Wert seiner Hingabe. Vielmehr bat er den, der alle Beweggründe des Herzens kennt, seine Aufrichtigkeit zu beurteilen: »Herr, du weißt, dass ich dich lieb habe.« Da forderte ihn Jesus auf: »Weide meine Lämmer!« (Johannes 21,15b)

Jesus prüfte Petrus noch einmal, indem er seine Frage wiederholte: »Simon, Sohn des Johannes, hast du mich lieb?« (Johannes 21,16a) Diesmal fragte er Petrus nicht, ob er ihn mehr liebe als seine Brüder. Die zweite Antwort glich der ersten und war auch frei von übertriebenen Beteuerungen: »Ja, Herr, du weißt, dass ich dich lieb habe.« Da sagte Jesus zu ihm: »Weide meine Schafe!« (Johannes 21,16b)

Und noch einmal stellte der Erlöser die prüfende Frage: »Simon, Sohn des Johannes, hast du mich lieb?« (Johannes 21,17a) Da wurde Petrus traurig, denn er dachte, Jesus zweifle an seiner Liebe. Er wusste, dass sein Herr allen Grund hatte, ihm zu misstrauen. Schweren Herzens antwortete er: »Herr, du weißt alle Dinge, du weißt, dass ich dich lieb habe.« Erneut sagte Jesus zu ihm: »Weide meine Schafe!« (Johannes 21,17b)

Dreimal hatte Petrus seinen Herrn in der Öffentlichkeit verleugnet, und dreimal verlangte Jesus von ihm die Zusicherung seiner Liebe und Treue. Diese gezielte und mit Nachdruck gestellte Frage drang wie ein spitzer Pfeil in das verwundete Herz von Petrus. Vor den versammelten Jüngern offenbarte Jesus, wie tief Petrus seine Tat bereute, und zeigte, wie überaus demütig der einst prahlerische Jünger nun war.

Petrus war von Natur aus vorlaut und ungestüm. Satan hatte diese Wesenszüge benutzt, um ihn zu Fall zu bringen. Kurz bevor dies geschah, hatte Jesus zu ihm gesagt: »Simon, Simon, Satan hat euch alle haben wollen. Er wollte euch durchsieben wie Weizen. Doch ich habe für dich gebetet, dass dein Glaube nicht aufhöre. Wenn du also später umgekehrt und zu mir zurückgekommen bist, dann stärke deine Brüder.« (Lukas 22,31.32 NLB) Dieser Zeitpunkt war nun gekommen, und die Veränderung, die in Petrus stattgefunden hatte, war offensichtlich. Die eindringlichen, prüfenden Fragen des Herrn hatten keine vorlaute oder überhebliche Antwort zur Folge.

TEIL 10 | DER SIEG DER LIEBE

Seine Demütigung und Reue hatten Petrus besser als je darauf vorbereitet, ein Hirte der Herde zu sein.

DIE VORAUSSETZUNG FÜR JÜNGERSCHAFT UND DIENST

Die erste Aufgabe, die Jesus Petrus anvertraute, als er ihn wieder in den Dienst einsetzte, war das Weiden der Lämmer. Das war eine Aufgabe, in der Petrus bisher nur wenig Erfahrung gesammelt hatte. Sie würde von ihm viel Sorgfalt und Einfühlungsvermögen, viel Geduld und Ausdauer verlangen. Es war der Ruf, denen zu dienen, die noch jung im Glauben waren. Er sollte die Unwissenden belehren, ihnen die Heilige Schrift eröffnen und sie zu nützlichen Mitarbeitern im Dienst von Christus erziehen. Bisher war Petrus weder für diese Arbeit geeignet gewesen, noch hatte er deren Wichtigkeit verstanden. Doch dies war die Aufgabe, mit der ihn Jesus nun beauftragte. Seine Erfahrung des Leidens und der Reue hatten ihn darauf vorbereitet.

Vor seinem Fall hatte Petrus immer wieder unüberlegt und aus dem Augenblick heraus geredet. Er war immer schnell bereit gewesen, andere zu tadeln und zu sagen, was er dachte, bevor er sich völlig im Klaren über das war, was ihn selbst betraf, oder darüber, was er zu sagen hatte. Der bekehrte Petrus war ganz anders. Zwar behielt er seine frühere Begeisterung, doch die Gnade von Christus lenkte seinen Eifer in die richtigen Bahnen. Er war nicht mehr ungestüm, selbstsicher und überheblich, sondern ruhig, selbstbeherrscht und gelehrig. Er konnte nun sowohl die Lämmer als auch die Schafe aus der Herde von Christus weiden.

Die Art und Weise, wie Jesus mit Petrus umging, war eine Lehre für ihn und auch für seine Brüder. Sie sollten lernen, dem Übertreter mit Geduld, Mitgefühl und vergebender Liebe zu begegnen. Obwohl Petrus seinen Herrn verleugnet hatte, wankte die Liebe, die ihm Jesus entgegenbrachte, niemals. Eine solche Liebe sollte der Unterhirte für jene Schafe und Lämmer verspüren, die seiner Obhut anvertraut wurden. Mit seiner eigenen Schwachheit und seinem eigenen Versagen vor Augen sollte Petrus mit seiner Herde genauso liebevoll umgehen, wie Christus mit ihm umgegangen war.

Die Frage von Jesus an Petrus war bedeutsam. Er nannte nur eine Bedingung für die Jüngerschaft und den Dienst: »Hast du mich lieb?« (Johannes 21,17a). Das ist die grundlegende Voraussetzung. Wäre Petrus auch im Besitz aller möglichen Fähigkeiten gewesen – ohne die Liebe zu Christus hätte er kein treuer Hirte der Herde des Herrn sein können. Erkenntnis, Güte,

Redegewandtheit, Dankbarkeit und Begeisterung sind alle zu gutem Werk nütze, doch ohne die Liebe für Jesus im Herzen wird die Arbeit des christlichen Dieners scheitern.

»FOLGE MIR NACH!«

Nun ging Jesus mit Petrus ein Stück allein, denn es gab etwas, was er mit ihm allein besprechen wollte. Vor seinem Tod hatte Jesus zu ihm gesagt: »Wohin ich gehe, dorthin kannst du mir jetzt nicht folgen; du wirst mir aber später folgen.« Darauf hatte Petrus geantwortet: »Herr, warum kann ich dir jetzt nicht folgen? Mein Leben will ich für dich lassen.« (Johannes 13,36b.37) Als er das sagte, ahnte er nicht, über welche Höhen und durch welche Tiefen ihn der Weg mit Christus führen würde. Als die Prüfung kam, versagte Petrus. Nun aber hatte er noch einmal die Gelegenheit erhalten, seine Liebe zu Christus zu beweisen. Um ihn für seine abschließende Glaubensprüfung zu stärken, offenbarte ihm der Erlöser die Zukunft. Er sagte ihm, dass er nach einem erfüllten Leben, wenn seine Kräfte im Alter allmählich nachließen, seinem Herrn tatsächlich folgen werde. Jesus sagte: »›Als du jung warst, hast du dir selbst den Gürtel umgebunden und bist gegangen, wohin du wolltest. Im Alter aber wirst du deine Hände ausstrecken; ein anderer wird dir den Gürtel umbinden und dich dorthin führen, wo du nicht hingehen willst.‹ Damit deutete Jesus an, durch welchen Tod Petrus einmal Gott ehren würde.« (Johannes 21,18.19a Hfa)

So offenbarte Jesus Petrus, auf welche Art und Weise er sterben würde. Er sagte ihm sogar voraus, dass seine Hände am Kreuz ausgebreitet würden. Und erneut forderte er seinen Jünger auf: »Folge mir nach!« (Johannes 21,19b) Petrus ließ sich durch diese Offenbarung nicht entmutigen. Er war bereit, jeden Tod für seinen Herrn zu erleiden.

Bisher hatte Petrus den Herrn »nach rein menschlichen Maßstäben« (vgl. 2. Korinther 5,16 NGÜ) beurteilt, so wie ihn auch heute viele sehen. Doch sein Blick sollte nicht mehr so begrenzt bleiben. Er hatte ihn nun anders kennengelernt als zu der Zeit, da er mit ihm als Mensch verbunden war. Er hatte in Jesus den Menschen geliebt, den vom Himmel gesandten Lehrer. Nun liebte er ihn als Gott. Nach und nach hatte er verstanden, dass Christus für ihn »alles in allem« war (vgl. 1. Korinther 15,28). Nun war er bereit, an dem mit Opfern verbundenen Auftrag seines Herrn teilzunehmen. Als er schließlich hingerichtet werden sollte, wurde er auf seine eigene Bitte hin mit dem Kopf nach unten gekreuzigt. Er hielt es für eine zu große Ehre, auf dieselbe Weise den Tod zu erleiden wie sein Meister.

TEIL 10 | DER SIEG DER LIEBE

Für Petrus waren die Worte: »Folge mir nach!« äußerst lehrreich. Diese Anweisung wurde ihm nicht nur für sein Sterben, sondern für jeden Schritt seines Lebens gegeben. Bisher neigte er dazu, eigenmächtig zu handeln. Anstatt zu warten und Gottes Plan auszuführen, hatte er versucht, von sich aus für Gottes Werk Pläne zu schmieden. Doch er konnte nichts gewinnen, indem er dem Herrn vorauseilte. Jesus forderte ihn auf: »Folge mir nach!« Eil mir nicht voraus! Dann brauchst du den Heeren Satans nicht allein entgegenzutreten. Lass mich vorangehen, und der Feind wird dich nicht überwältigen!

»WAS WIRD AUS JOHANNES?«

Als Petrus neben Jesus einherging, bemerkte er, dass ihnen Johannes folgte. Da kam in Petrus der Wunsch auf, auch dessen Zukunft zu erfahren. Er fragte: »Herr, und was wird aus diesem hier?« Jesus antwortete ihm: »Wenn ich will, dass er am Leben bleibt, bis ich wiederkomme, was geht dich das an? Folge du mir nach!« (Johannes 21,21.22 NGÜ) Petrus hätte bedenken sollen, dass ihm sein Herr alles offenbaren würde, was für ihn gut war. Es ist die Pflicht eines jeden, Christus nachzufolgen, ohne sich unnötig über die Arbeit, die anderen aufgetragen worden ist, Sorgen zu machen. Als Jesus von Johannes sagte: »Wenn ich will, dass er am Leben bleibt, bis ich wiederkomme«, versprach er nicht, dass dieser Jünger bis zur Wiederkunft des Herrn leben werde. Er bekundete bloß seine unumschränkte Macht und zeigte damit, dass dies – sollte es sein Wille sein – das Wirken von Petrus in keinerlei Weise beeinflussen werde. Die Zukunft von Johannes wie auch die von Petrus lag ganz in den Händen ihres Herrn, doch beiden war die Pflicht auferlegt, ihm im Gehorsam nachzufolgen.

Wie viele sind heute wie Petrus! Sie kümmern sich um die Angelegenheiten anderer und sind erpicht darauf, deren Pflichten kennen zu lernen, während sie in der Gefahr stehen, ihre eigenen Aufgaben zu vernachlässigen. Unsere Aufgabe ist es, auf Christus zu schauen und ihm nachzufolgen. Im Leben und im Charakter anderer werden wir Fehler und Mängel entdecken. Schwachheit haftet der menschlichen Natur an, doch in Christus werden wir Vollkommenheit finden. Indem wir auf ihn blicken, werden wir verwandelt.

Johannes wurde sehr alt. Er erlebte den Untergang Jerusalems und die Zerstörung des prächtigen Tempels – ein Sinnbild für den endgültigen Untergang der Welt. Er folgte treu seinem Herrn bis zu seinem Tod. Der wesentliche Inhalt seines Zeugnisses an die Gemeinden war: »Ihr Lieben, wir wollen einander lieben, denn die Liebe kommt von Gott ... Wer in der Liebe lebt, lebt in Gott und Gott lebt in ihm.« (1. Johannes 4,7a.16b GNB)

Petrus war wieder in sein Apostelamt eingesetzt worden, doch die von Christus erhaltene Ehre und Vollmacht bedeuteten keineswegs eine Vorrangstellung seinen Brüdern gegenüber. Dies hatte Christus deutlich gemacht, als er auf die Frage von Petrus: »Was wird aus diesem hier?« antwortete: »Was geht dich das an? Folge du mir nach!« (Johannes 21,21.22 NGÜ) Petrus wurde nicht als Haupt der Gemeinde geehrt. Durch die ihm von Christus erwiesene Gnade, sein Versagen zu vergeben und ihm das Weiden der Herde anzuvertrauen, und durch seine Treue in der Nachfolge von Christus gewann er das Vertrauen seiner Brüder zurück. Er besaß einen großen Einfluss in der Gemeinde. Doch die Lehre, die ihm Christus am See Genezareth erteilt hatte, begleitete ihn sein ganzes Leben lang. Unter dem Einfluss des Heiligen Geistes schrieb er an die Gemeinden:

»Ich wende mich nun an die Ältesten unter euch. Ich bin selbst Ältester der Gemeinde, und ich habe teil an den Leiden von Christus wie an seiner Herrlichkeit, die bald offenbar werden wird. Deshalb ermahne ich euch: Leitet die Gemeinde, die Herde Gottes, die euch anvertraut ist, als rechte Hirten! Kümmert euch um sie, nicht weil es eure Pflicht ist, sondern aus innerem Antrieb, so wie es Gott gefällt. Tut es nicht, um euch zu bereichern, sondern aus Hingabe. In eurem Verantwortungsbereich führt euch nicht als Herren auf, sondern seid euren Gemeinden ein Vorbild. Dann werdet ihr, wenn der oberste Hirt kommt, den Siegeskranz erhalten, der nie verwelkt.« (1. Petrus 5,1-4 GNB)

KAPITEL 86

»GEHT HIN UND LEHRT ALLE VÖLKER!«

Matthäus 28,16-20; Markus 16,15-20

Kurz vor seiner Himmelfahrt und der Besteigung seines himmlischen Throns erklärte Christus seinen Jüngern: »Mir ist alle Macht im Himmel und auf der Erde gegeben«, und gab ihnen den Auftrag: »Darum geht zu allen Völkern und macht sie zu Jüngern.« (Matthäus 28,18.19a NLB) »Geht in die ganze Welt und verkündet allen Menschen die gute Botschaft.« (Markus 16,15 NLB) Mehrfach wurden diese Worte wiederholt, damit die Jünger deren Bedeutung erfassen konnten. Auf alle Bewohner der Erde – ob groß oder klein, reich oder arm – sollte das Licht des Himmels mit hellen, kräftigen Strahlen scheinen. Die Jünger sollten mit ihrem Erlöser im Werk um die Errettung der Welt zusammenarbeiten.

DIE BEGEGNUNG IN GALILÄA

Der Auftrag war den Zwölfen bereits gegeben worden, als Christus mit ihnen im Obergemach zusammengekommen war (vgl. Lukas 24,46-48; Johannes 20,21). Doch nun sollte er auch einer größeren Zahl von Menschen erteilt werden. Alle Gläubigen, die zusammengerufen werden konnten, waren bei diesem Treffen auf einem Berg in Galiläa versammelt. Noch vor seinem Tod hatte Christus selbst den Zeitpunkt und den Ort dieser Zusammenkunft festgelegt. Der Engel am Grab hatte die Jünger an das Versprechen von Jesus, sich mit ihnen in Galiläa zu treffen, erinnert. Diese Zusage wurde gegenüber den Gläubigen wiederholt, die sich während der Passawoche in Jerusalem eingefunden hatten. Durch sie erfuhren es viele Einsame, die den Tod ihres Herrn beklagten. Alle sahen der Begegnung mit großem Interesse entgegen. Auf Umwegen und aus den verschiedensten Richtungen gelangten sie zum Versammlungsort, um bei den eifersüchtigen Juden keinen Verdacht zu erwecken. Staunend kamen sie herbei und berichteten einander tief ergriffen, was sie über Christus erfahren hatten.

Zur festgesetzten Zeit hatten sich etwa 500 Gläubige in kleinen Gruppen am Berghang versammelt und waren gespannt darauf, so viel wie möglich von jenen zu erfahren, die Christus nach seiner Auferstehung gesehen hatten. Die Jünger gingen von Gruppe zu Gruppe und berichteten alles, was sie von Jesus gesehen und gehört hatten. Sie legten die Heilige Schrift aus, so wie es Jesus bei ihnen getan hatte. Thomas sprach von seinem Unglauben und erzählte, wie ihm seine Zweifel genommen wurden. Plötzlich stand Jesus mitten unter ihnen. Niemand konnte sagen, woher oder wie er gekommen war. Viele der Anwesenden hatten ihn noch nie zuvor gesehen, doch sie sahen die Spuren der Kreuzigung an seinen Händen und Füßen. Sein Angesicht war wie das Antlitz Gottes. Als sie ihn erblickten, beteten sie ihn an.

Einige aber zweifelten. So wird es immer sein. Es sind jene, denen es schwerfällt zu glauben. Deshalb stellen sie sich auf die Seite der Zweifelnden. Doch der Verlust aufgrund ihres Unglaubens ist groß.

Dies war die einzige Begegnung, die Jesus nach seiner Auferstehung mit so vielen Gläubigen hatte. Er trat zu ihnen und sagte: »Mir ist alle Macht im Himmel und auf der Erde gegeben.« (Matthäus 28,18 NLB) Die Jünger hatten ihn bereits angebetet, bevor er zu ihnen sprach. Doch als diese Worte über seine Lippen kamen, die während des Todes verstummt waren, wurden die Menschen von einer besonderen Kraft durchdrungen. Er war nun der auferstandene Erlöser! Viele von ihnen hatten gesehen, wie er durch seine Macht Kranke geheilt und Dämonen bezwungen hatte. Sie glaubten, dass er die Macht besaß, sein Reich in Jerusalem aufzurichten, dass es ihm möglich war, jeden Widerstand zu brechen, und er die Elemente der Natur beherrschte. Er hatte den wütenden See gestillt, war auf den weiß gekrönten Wellen gegangen und hatte die Toten zum Leben erweckt. Nun erklärte er, dass ihm alle Vollmacht gegeben sei. Seine Worte lenkten die Gedanken seiner Zuhörer über die irdischen und zeitlichen Belange hinaus zu den himmlischen und ewigen Dingen. Ihnen wurden seine Würde und seine Herrlichkeit in höchstem Maß bewusst.

Die Worte von Christus am Berghang ließen sie erkennen, dass sein für die Menschen erbrachtes Opfer ausreichend und vollkommen war. Die Bedingungen zur Versöhnung waren erfüllt worden. Die Aufgabe, für die er in die Welt gekommen war, hatte er vollendet. Nun war er auf seinem Weg zu Gottes Thron, um von Engeln, Herrschern und Mächten geehrt zu werden. Er hatte sein Mittleramt angetreten. Ausgestattet mit grenzenloser Vollmacht gab er seinen Jüngern den Auftrag: »Darum geht zu allen Völkern und macht sie zu Jüngern. Tauft sie im Namen des Vaters und des Sohnes und des Heiligen Geistes und lehrt sie, alle Gebote zu halten, die ich euch gegeben habe.

Und ich versichere euch: Ich bin immer bei euch, bis ans Ende der Zeit.« (Matthäus 28,19.20 NLB)

Das jüdische Volk war zum Hüter der heiligen Wahrheit bestimmt worden, doch das Pharisäertum hatte es im religiösen Sinn zum exklusivsten aber auch eingebildetsten Volk der Menschheit gemacht. Alles an den Priestern und Obersten – ihre Kleidung, ihre Sitten, die Zeremonien und Traditionen – machte sie unfähig, das Licht der Welt zu sein. Sie betrachteten sich selbst, die jüdische Nation, als die Welt. Doch Christus beauftragte seine Jünger, einen Glauben und eine Anbetung zu verkünden, die nichts mit Gesellschaftsklassen und Ländern zu tun haben – einen Glauben, der für alle Völker, Nationen und Schichten geeignet ist.

DAS WERK DER APOSTEL

Bevor Christus seine Jünger verließ, erklärte er ihnen deutlich das Wesen seines Reiches. Er erinnerte sie an das, was er ihnen früher darüber gesagt hatte, und machte ihnen deutlich, dass es nicht seine Absicht war, in dieser Welt ein zeitliches, sondern ein geistliches Reich zu gründen. Er wollte nicht als weltlicher König auf Davids Thron herrschen. Erneut zeigte er ihnen aus den heiligen Schriften, dass alles, was er durchgemacht hatte, schon im Himmel, in den Ratsversammlungen zwischen ihm selbst und dem Vater, festgelegt worden war. Alles war von Menschen, die vom Heiligen Geist erleuchtet waren, vorausgesagt worden. Ihr seht, sagte er zu ihnen, dass alles eingetroffen ist, was ich euch über meine Verwerfung als Messias offenbart habe. Alles ist in Erfüllung gegangen, was ich euch über die Demütigungen, die ich erlitt, und über den Tod, den ich starb, gesagt habe. Ich bin am dritten Tag auferstanden. Forscht noch sorgfältiger in den Schriften, und ihr werdet erkennen, dass sich die Einzelheiten der Vorhersagen über mich in all diesen Dingen erfüllt haben.

Christus beauftragte seine Jünger, das Werk auszuführen, das er ihnen anvertraut hatte. Sie sollten damit in Jerusalem beginnen. Diese Stadt war der Schauplatz der unglaublichen Erniedrigung gewesen, die er für die Menschheit auf sich genommen hatte. Dort hatte er gelitten, dort war er abgelehnt und verurteilt worden. Judäa war sein Geburtsland. Dort war er in menschlicher Gestalt mit Menschen zusammen gewesen. Doch nur wenige hatten erkannt, wie nahe der Himmel der Erde gekommen war, als er unter ihnen weilte. In Jerusalem musste das Werk der Apostel beginnen.

Im Hinblick auf all das, was Christus dort gelitten hatte, und angesichts all seiner nicht gewürdigten Mühe hätten die Jünger um ein vielversprechenderes Arbeitsfeld bitten können, doch sie äußerten keinen solchen Wunsch. Gerade der Boden, auf dem Jesus bereits den Samen der Wahrheit ausgestreut hatte, sollte von den Jüngern bearbeitet werden. Die Saat würde aufgehen und eine reiche Ernte hervorbringen. Die Jünger würden in ihrem Dienst wegen der Eifersucht und des Hasses der Juden Verfolgungen erleiden. Doch dies hatte auch ihr Meister ertragen. Deshalb sollten sie nicht davor zurückschrecken. Das erste Gnadenangebot sollte den Mördern des Erlösers gemacht werden.

Zudem gab es in Jerusalem viele, die insgeheim an Jesus glaubten, und viele, die von den Priestern und Obersten getäuscht worden waren. Auch sie sollten mit dem Evangelium bekannt gemacht und zur Umkehr aufgerufen werden. Die wunderbare Wahrheit, dass allein durch Christus Vergebung der Sünden erlangt werden konnte, musste deutlich aufgezeigt werden. Solange noch ganz Jerusalem durch die spannenden Ereignisse der letzten Wochen in Aufregung war, würde die Verkündigung des Evangeliums den tiefsten Eindruck hinterlassen.

Aber das Werk durfte dort nicht aufhören. Es sollte bis in die entlegensten Gebiete der Erde getragen werden. Christus sagte zu seinen Jüngern: Ihr seid Zeugen meines selbstaufopfernden Lebens für die Welt gewesen. Auch habt ihr miterlebt, wie ich mich um Israel bemüht habe. Obwohl sie nicht zu mir kommen wollten, um das Leben zu empfangen, obwohl mich die Priester und Obersten behandelten, wie es ihnen gefiel, und mich verwarfen, wie es in den heiligen Schriften vorausgesagt war, sollen sie dennoch eine weitere Gelegenheit haben, den Sohn Gottes anzunehmen. Ihr habt gesehen, dass ich alle bereitwillig annehme, die zu mir kommen und ihre Sünden bekennen. Wer zu mir kommt, den werde ich nicht hinausstoßen (vgl. Johannes 6,37). Jeder, der will, kann mit Gott versöhnt werden und ewiges Leben empfangen. Euch, meinen Jüngern, vertraue ich diese Gnadenbotschaft an. Sie soll zuerst Israel verkündigt werden, danach allen anderen Nationen, Sprachen und Völkern. Juden und Heiden sollen sie empfangen, und alle, die daran glauben, sollen in einer Gemeinde versammelt werden.

DURCH ZEICHEN UND WUNDER BESTÄTIGT

Durch die Gabe des Heiligen Geistes sollten die Jünger mit unvorstellbarer Kraft ausgerüstet werden. Ihre Verkündigung sollte durch Zeichen und Wunder bestätigt werden. Nicht nur die Apostel sollten Wunder vollbringen, sondern auch jene, die ihre Botschaft annehmen. Jesus sagte: »Sie werden in meinem Namen Dämonen austreiben und neue Sprachen sprechen. Sie werden Schlangen anfassen oder etwas Tödliches trinken können, und es wird ihnen nicht schaden. Sie werden Kranken die Hände auflegen und sie heilen.« (Markus 16,17b.18 NLB) In jener Zeit kam es oft vor, dass Menschen vergiftet wurden. Gewissenlose Menschen zögerten nicht, jene, die ihrem Ehrgeiz im Weg standen, auf diese Weise zu beseitigen. Jesus wusste, dass dadurch auch das Leben seiner Jünger gefährdet war. Viele würden meinen, Gott einen Dienst zu erweisen, wenn sie seine Zeugen umbringen. Deshalb versprach er ihnen Schutz vor dieser Gefahr.

Die Jünger sollten dieselbe Macht haben, die Jesus besaß, um »alle Krankheiten und alle Gebrechen im Volk« (Matthäus 4,23b) zu heilen. Wenn sie in seinem Namen die körperlichen Krankheiten heilten, würden sie seine Macht bezeugen, die Seele heilen zu können (vgl. Matthäus 9,6). Doch nun wurde ihnen noch eine zusätzliche Gabe versprochen. Da die Jünger auch in anderen Ländern predigen sollten, würden sie die Macht erhalten, in anderen Sprachen zu reden. Die Apostel und ihre Mitarbeiter waren ungebildete Männer. Doch durch die Ausgießung des Heiligen Geistes am Pfingstfest wurde ihre Rede – sowohl in der Wortwahl wie auch in der Aussprache und ganz gleich, ob in ihrer Muttersprache oder in einer Fremdsprache – klar, einfach und fehlerfrei.

So erteilte Jesus seinen Jüngern ihren Auftrag. Er traf alle Vorkehrungen für die Durchführung seines Werkes und nahm die Verantwortung für den Erfolg auf sich. Solange sie seinem Wort folgten und in Verbindung mit ihm wirkten, konnten sie nicht versagen. Er gebot ihnen, zu allen Nationen zu gehen. Geht in die entferntesten Teile der bevölkerten Welt und wisst, dass auch ich dort sein werde! Wirkt im Glauben und Vertrauen, denn es wird nie eine Zeit geben, wo ich euch verlasse.

EIN AUFTRAG FÜR ALLE NACHFOLGER

Der Auftrag des Erlösers an seine Jünger galt allen Gläubigen. Für alle, die an Christus glauben, ist er verbindlich, bis ans Ende der Zeit. Es ist ein verhängnisvoller Irrtum anzunehmen, die Aufgabe der Seelenrettung falle allein den ordinierten Geistlichen zu. Vielmehr ist allen, denen die himmlische Erkenntnis zuteilgeworden ist, das Evangelium anvertraut. Wer durch Christus neues Leben empfangen hat, ist dazu bestimmt, für die Erlösung seiner Mitmenschen zu wirken. Zu diesem Zweck wurde die Gemeinde gegründet. Alle, die gelobt haben, zur Gemeinschaft der Gläubigen zu gehören, sind damit verpflichtet, Mitarbeiter von Christus zu sein.

»Der Geist und die Braut sprechen: Komm! Und wer es hört, der spreche: Komm!« (Offenbarung 22,17a) Jeder, der die Einladung hört, soll sie weitererzählen. Ungeachtet seiner beruflichen Pflichten sollte es sein erstes Anliegen sein, Menschen für Christus zu gewinnen. Er mag nicht in der Lage sein, vor großen Versammlungen zu sprechen, doch er kann für Einzelne wirken. Ihnen kann er die Anweisungen weitergeben, die er von seinem Herrn erhalten hat. Der Dienst für den Herrn besteht nicht nur aus Predigen. Ihm dient auch, wer Kranke und Leidende tröstet, den Bedürftigen hilft und den Verzagten und Kleingläubigen Trost zuspricht. Es gibt überall Menschen, die durch das Bewusstsein ihrer Schuld niedergedrückt werden. Die Menschheit wird weder durch Bedrängnis noch Mühe oder Armut erniedrigt, sondern durch Schuld und Fehlverhalten, die Unruhe und Unzufriedenheit mit sich bringen. Christus möchte, dass seine Diener für Menschen sorgen, die durch die Sünde krank geworden sind.

Die Jünger sollten ihr Werk dort beginnen, wo sie sich befanden. Das schwierigste und am wenigsten versprechende Feld durfte nicht übergangen werden. So soll jeder Mitarbeiter von Christus dort beginnen, wo er ist. Vielleicht gibt es in unseren eigenen Familien Menschen, die nach Mitgefühl verlangen oder nach dem Brot des Lebens hungern. Vielleicht gibt es Kinder, die für Christus erzogen werden müssen. Es gibt Heiden direkt vor unserer Tür. Deshalb lasst uns die uns am nächsten liegende Aufgabe gewissenhaft erfüllen! Und dann lasst uns unseren Dienst ausdehnen, so weit, wie uns Gottes Hand auf dem Weg leitet! Bei vielen mag das Werk durch Umstände eingeschränkt erscheinen. Wird es jedoch – wo immer es auch verrichtet wird – im Glauben und mit Fleiß getan, wird es bis an die äußersten Enden der Welt zu spüren sein. Als Christus auf dieser Erde wirkte, schien sich seine Tätigkeit nur auf ein kleines Gebiet zu beschränken, und doch hörten Scharen von Menschen aus allen Ländern seine Botschaft. Gott verwendet oft die einfachsten Mittel, um die größten Erfolge zu erzielen. Es ist Gottes Plan, dass jeder Teil seines Werkes von jedem anderen Teil abhängt, so wie ein Rad in das andere greift und alles harmonisch läuft. Auch der einfachste Arbeiter wird – vom Heiligen Geist ergriffen – unsichtbare Saiten berühren, deren Schwingungen sich bis an die Enden der Erde fortsetzen und durch ewige Zeitalter hindurch erklingen werden.

Der Befehl: »Geht in die ganze Welt!« (Markus 16,15a NLB) darf jedoch nie aus den Augen verloren werden. Wir sind dazu aufgerufen, unseren Blick auch auf »andere Orte« (vgl. 2. Korinther 10,16 NLB) zu richten. Christus reißt die Scheidewand, das trennende Vorurteil der Volkszugehörigkeit, nieder und lehrt die Liebe zu allen Angehörigen der menschlichen Familie. Er hebt die Menschen aus dem engen Umkreis heraus, der durch ihre Selbstsucht bestimmt wird. Er beseitigt alle Landesgrenzen und künstlich geschaffenen Gesellschaftsschichten. Er macht keinen Unterschied zwischen Nachbarn und Fremden, zwischen Freunden und Feinden. Er lehrt uns, jeden bedürftigen Menschen als unseren Bruder oder unsere Schwester und die ganze Welt als unser Arbeitsfeld zu betrachten.

AUSGERÜSTET MIT VOLLMACHT

Als der Erlöser gebot: »Geht zu allen Völkern und macht sie zu Jüngern« (Matthäus 28,19a NLB), sagte er auch: »Diese Zeichen werden die begleiten, die glauben: Sie werden in meinem Namen Dämonen austreiben und sie werden neue Sprachen sprechen. Sie werden Schlangen anfassen oder etwas Tödliches trinken können, und es wird ihnen nicht schaden. Sie werden Kranken die Hände auflegen und sie heilen.« (Markus 16,17.18 NLB) Das Versprechen ist so weitreichend wie der Auftrag. Doch nicht alle Gaben werden einem jeden Gläubigen verliehen, denn der Geist »allein entscheidet, welche Gabe jeder Einzelne erhält« (1. Korinther 12,11b NLB). Die Gaben des Geistes sind jedem Gläubigen in dem Maß verheißen, wie er sie im Dienst für das Werk Gottes benötigt. Das Versprechen ist heute noch genauso überzeugend und gültig wie in den Tagen der Apostel. »Diese Zeichen werden die begleiten, die glauben.« (Markus 16,17a NLB) Dies ist das Vorrecht der Kinder Gottes. Im Glauben sollten sie all das in Anspruch nehmen, was ihnen als Bestätigung des Glaubens dienen kann.

»Sie werden Kranken die Hände auflegen und sie heilen.« (Markus 16,18b NLB) Diese Welt ist ein großes Krankenhaus, doch Christus kam, um die Kranken zu heilen und den Gefangenen Satans die Befreiung zu verkünden. Er verkörperte selbst Gesundheit und Stärke. Er schenkte sein Leben den Kranken, den Leidenden und den von Dämonen Besessenen. Er wies keinen ab, der kam, um seine heilende Kraft zu empfangen. Er wusste, dass manche, die ihn um Hilfe baten, durch eigenes Verschulden krank geworden waren; trotzdem weigerte er sich nicht, sie zu heilen. Wenn die armen Menschen dann von seiner Heilkraft erfüllt wurden, erkannten sie ihre Sünden und wurden sowohl von ihrer geistlichen Krankheit als auch von ihren körperlichen Gebrechen geheilt. Das Evangelium besitzt noch immer dieselbe Kraft. Warum sollten wir nicht auch heute dieselben Auswirkungen sehen?

Christus spürt die Not jedes Leidenden. Wenn böse Geister einen menschlichen Leib peinigen, fühlt Christus den Fluch. Wenn Fieber die Lebenskraft verzehrt, empfindet er die Qual. Er ist heute genauso bereit, Kranke zu heilen wie damals, als er selbst auf der Erde weilte. Die Diener von Christus sind seine Repräsentanten, die Werkzeuge seines Wirkens. Durch sie möchte er seine heilende Kraft ausüben.

In der Art und Weise, wie der Erlöser heilte, gab es vieles, was seine Jünger lernen konnten. Bei einer Gelegenheit strich er einem Blinden Lehm auf die Augen und gebot ihm: »Geh zum Teich Siloah ... und wasche dich! Da ging er hin und wusch sich und kam sehend wieder.« (Johannes 9,7) Die Heilung hätte allein durch die Macht des großen Arztes erfolgen können, doch Christus machte Gebrauch von den einfachen Mitteln aus der Natur. Während er für uns damit keinen Freibrief für die Behandlung mit allerlei Medikamenten ausstellte, bejahte er den Einsatz einfacher und natürlicher Heilmittel.

Zu manchen Leidenden, die geheilt worden waren, sagte Jesus: »Sündige nicht mehr, damit dir nicht noch etwas Schlimmeres geschieht.« (Johannes 5,14b NGÜ) Damit lehrte er, dass Krankheit die Folge der Übertretung der göttlichen Gesetze ist, des Natur- und des Moralgesetzes. Hätten die Menschen im Einklang mit dem Plan des Schöpfers gelebt, gäbe es kein so großes Elend auf der Welt.

Christus war der Führer und Lehrer des alten Israel gewesen und hatte das Volk gelehrt, dass Gesundheit die Belohnung für den Gehorsam gegenüber Gottes Gesetzen ist. Der große Arzt, der die Kranken in Palästina heilte, hatte einst aus der Wolkensäule zu den Israeliten gesprochen und ihnen aufgetragen, was sie tun sollten und was Gott für sie tun würde: »Wirst du der Stimme des Herrn, deines Gottes, gehorchen und tun, was vor ihm recht ist, und merken auf seine Gebote und halten alle seine Gesetze, so will ich dir keine der Krankheiten auferlegen, die ich den Ägyptern auferlegt habe; denn ich bin der Herr, dein Arzt.« (2. Mose 15,26) Christus gab den Israeliten genaue Anweisungen für ihre Lebensweise und versicherte ihnen: »Der Herr wird jede Krankheit von dir abwenden.« (5. Mose 7,15a Elb.) Solange sie sich an die Bedingungen hielten, erfüllte sich Gottes Zusage an ihnen: »Nicht einmal Schwache oder Kranke gab es unter ihnen.« (Psalm 105,37b NLB)

Dies gilt auch für uns. Wer gesund bleiben will, muss sich an gewisse Bedingungen halten, und wir alle sollten sie kennen. Der Herr hat keinen Gefallen daran, wenn wir seine Gesetze nicht kennen, seien es natürliche oder geistliche Gesetze. Um die körperliche wie auch die seelische Gesundheit wiederherzustellen, sollen wir mit Gott zusammenarbeiten.

Und wir sollen andere darin unterweisen, wie sie ihre Gesundheit erhalten und wiedererlangen können. Bei den Kranken sollen wir die Heilmittel anwenden, die Gott in der Natur bereitgestellt hat. Wir sollen sie auf den hinweisen, der allein Genesung schenken kann. Es ist unsere Aufgabe, Kranke und Leidende auf den Armen unseres Glaubens zu Christus zu bringen und sie zu lehren, an den großen Arzt zu glauben. Wir sollen an seiner Verheißung festhalten und um die Offenbarung seiner Macht beten. Das eigentliche Wesen des Evangeliums ist die Wiederherstellung. Der Erlöser möchte, dass wir die Kranken, die Hoffnungslosen und die Betrübten auffordern, seine Stärke in Anspruch zu nehmen.

DER UMFASSENDE AUFTRAG VON CHRISTUS

Die Macht der Liebe bekundete sich in jeder von Christus vollbrachten Heilung. Nur wenn wir durch den Glauben an dieser Liebe teilhaben, können wir Werkzeuge in seinem Dienst sein. Versäumen wir es, uns in göttlicher Verbindung mit Christus zu vereinen, kann der Strom der lebenspendenden Kraft nicht in reichem Maß durch uns auf andere Menschen überfließen. Es gab Orte, wo selbst der Erlöser nicht viele machtvolle Wunder vollbringen konnte, weil die Menschen nicht glaubten. Auch heute trennt der Unglaube die Gemeinde von ihrem göttlichen Helfer. Ihr Vertrauen auf ewige Werte ist schwach, und weil es ihr an Glauben mangelt, wird Gott enttäuscht und seiner Herrlichkeit beraubt.

Wenn die Gemeinde das Werk von Christus ausführt, gilt ihr die Zusage seiner Gegenwart: »Geht zu allen Völkern ... und lehrt sie«, sagte Jesus, »und ich versichere euch: Ich bin immer bei euch, bis ans Ende der Zeit.« (Matthäus 28,19.20 NLB) Damit wir seine Kraft erhalten, ist es eine der ersten Bedingungen, sein Joch auf uns zu nehmen. Tatsächlich hängt das Leben einer Gemeinde davon ab, mit welcher Hingabe sie den Missionsauftrag des Herrn erfüllt. Vernachlässigt sie diese Arbeit, wird sie mit Sicherheit ihre geistliche Kraft verlieren und zerfallen. Wo nicht tatkräftig für andere gearbeitet wird, schwindet die Liebe, und der Glaube wird schwach.

Christus möchte, dass seine Diener die Gemeinden in der Verkündigung des Evangeliums ausbilden. Sie sollen die Menschen unterweisen, wie sie die Verlorenen suchen und retten können. Aber tun sie dies wirklich? Leider nicht! Wie viele mühen sich ab, den Lebensfunken einer sterbenden Gemeinde neu zu entfachen! Wie viele Gemeinden werden wie kranke Lämmer von denen gehegt und gepflegt, die eigentlich die verlorenen Schafe suchen sollten! Und die ganze Zeit über kommen Millionen und Abermillionen ohne Christus um.

Gottes Liebe wurde um des Menschen willen bis aufs Äußerste entfacht. Die Engel sind verwundert, wenn sie sehen, wie die Empfänger solch großer

Liebesbeweise so wenig Dankbarkeit zum Ausdruck bringen. Ebenso erstaunt sind sie darüber, wie wenig diese Liebe von den Menschen geschätzt wird. Der Himmel ist empört, wie Menschenseelen vernachlässigt werden. Was würde Christus wohl dazu sagen? Wie würden wohl Eltern empfinden, wenn sie wüssten, dass ihr in Schnee und Kälte verlorengegangenes Kind von den Vorübergehenden, die es hätten retten können, sich selbst und seinem Verderben überlassen wurde? Wären sie nicht schrecklich traurig und höchst entrüstet? Würden sie diese Mörder nicht im Zorn anklagen, der so heiß wie ihre Tränen und so stark wie ihre Liebe ist? Wenn ein Mensch leidet, leidet ein Kind Gottes. Wer seinem sterbenden Mitmenschen keine helfende Hand bietet, fordert Gottes gerechten Zorn heraus – das ist der Zorn des Lammes. Zu jenen, die behaupten, Gemeinschaft mit Christus zu haben, aber gegenüber den Bedürfnissen ihrer Mitmenschen gleichgültig geblieben sind, wird er am Tag des Jüngsten Gerichts sagen: »Ich kenne euch nicht; wo seid ihr her? Weicht alle von mir, ihr Übeltäter!« (Lukas 13,27b)

Im Auftrag an seine Jünger fasste Christus nicht nur ihre Aufgabe, sondern auch ihre Botschaft zusammen: »Lehrt sie, alles zu befolgen, was ich euch aufgetragen habe.« (Matthäus 28,20a GNB) Die Jünger sollten andere das lehren, was Christus sie gelehrt hatte. Dies umfasste nicht nur das, was er persönlich zu ihnen gesagt hatte, sondern auch das, was er durch die Propheten und Lehrer des Alten Testaments verkündigt hatte. Menschliche Lehren sind davon ausgenommen. Da gibt es keinen Platz für Überlieferungen, menschliche Lehrgebäude, Schlussfolgerungen oder kirchliche Gesetze. Auch von kirchlichen Würdenträgern erlassene Gesetze sind nicht in diesem Auftrag enthalten. Die Diener von Christus sollen nichts davon verkündigen. Das »Gesetz und die Propheten«, dazu die Berichte seiner eigenen Worte und Taten sind der Schatz, der den Jüngern anvertraut worden ist und den sie an die Welt weitergeben sollen. Der Name von Christus ist ihre Losung und ihr Erkennungszeichen. Er ist das Band ihrer Einigkeit, die Vollmacht für ihre Handlungsweise und die Quelle ihres Erfolgs. Was nicht seinen Namen trägt, wird in seinem Reich nicht anerkannt werden.

Macht es allen bekannt!

Das Evangelium soll nicht als leblose Theorie dargestellt werden, sondern als eine lebendige Kraft, die das Leben verändert. Gott möchte, dass die Empfänger seiner Gnade zu Zeugen seiner Macht werden. Jene, die den Herrn in ihrem Leben am meisten beleidigt haben, nimmt er bereitwillig an. Wenn sie bereuen, schenkt er ihnen seinen göttlichen Geist, setzt sie in die höchsten Vertrauensstellungen ein und sendet sie zu den Treulosen, damit sie seine grenzenlose Barmherzigkeit verkündigen. Gott möchte, dass seine

Diener bezeugen, dass Menschen durch seine Gnade einen christusähnlichen Charakter besitzen und sich im Wissen um seine große Liebe freuen können. Wir sind aufgerufen, Zeugnis dafür abzulegen, dass er sich nicht eher zufrieden gibt, bis die Menschen zurückgewonnen und wieder als seine Söhne und Töchter mit ihren heiligen Vorrechten eingesetzt sind.

In Christus sind die Fürsorge des Hirten, die Zuneigung der Eltern und die beispiellose Gnade eines mitfühlenden Erlösers vereint. Seine Segnungen bietet er uns mit den verlockendsten Worten an. Er begnügt sich nicht damit, diese Segnungen einfach nur anzukündigen. Er stellt sie uns auf die ansprechendste Art und Weise dar, damit wir sie gern besitzen möchten. So sind auch seine Diener aufgefordert, den Reichtum der Herrlichkeit dieser unbeschreiblichen Gabe zu verkündigen. Die wunderbare Liebe von Christus wird Herzen erweichen und auftun, wo die bloße Wiederholung von Lehrpunkten nichts erreichen würde. »Tröstet, tröstet mein Volk! spricht euer Gott ... Zion, du Freudenbotin, steige auf einen hohen Berg; Jerusalem, du Freudenbotin, erhebe deine Stimme mit Macht; erhebe sie und fürchte dich nicht! Sage den Städten Judas: Siehe, da ist euer Gott; siehe, da ist Gott, der Herr! Er kommt gewaltig, und sein Arm wird herrschen. Siehe, was er gewann, ist bei ihm, und was er sich erwarb, geht vor ihm her. Er wird seine Herde weiden wie ein Hirte. Er wird die Lämmer in seinen Arm sammeln und im Bausch seines Gewandes tragen und die Mutterschafe führen.« (Jesaja 40,1.9-11)

Erzähl den Menschen von dem, der »auserkoren unter vielen Tausenden« ist, denn »alles an ihm ist lieblich« (Hoheslied 5,10b.16b). Worte allein aber können dies nicht ausdrücken. Es soll sich in unserem Wesen widerspiegeln und in unserem Leben offenbaren! Christus lässt in jedem seiner Nachfolger sein Ebenbild entstehen. Jeden hat Gott dazu bestimmt, »seinem Sohn gleich zu werden. Nach dessen Bild sollen sie alle gestaltet werden« (Römer 8,29b GNB). In jedem Einzelnen sollen sich die langmütige Liebe von Christus, seine Heiligkeit, seine Sanftmut, seine Barmherzigkeit und seine Wahrheit der Welt offenbaren.

Die ersten Jünger gingen hinaus, um die Botschaft von Christus zu verkündigen. Sie offenbarten ihn durch ihren Lebenswandel. Der Herr wirkte durch sie »und bestätigte alles, was sie sagten, durch viele wunderbare Zeichen« (Markus 16,20b NLB). Diese Jünger bereiteten sich auf ihre Aufgabe vor. Noch vor Pfingsten kamen sie zusammen und legten allen Zank bei. Sie waren einmütig beisammen und vertrauten auf die Zusage von Jesus, dass sie seinen Segen erhalten würden. Sie beteten im Glauben. Sie baten nicht nur um den Segen für sich selbst, sie spürten auch die Schwere der Last, für die Errettung von Menschen zu wirken. Das Evangelium sollte bis an die äußersten Enden der Erde getragen werden. Darum verlangte es sie danach, mit der Vollmacht ausgerüstet zu werden, die Christus verheißen hatte. Dann wurde der Heilige Geist ausgegossen, und Tausende bekehrten sich an einem Tag.

BEFÄHIGT ZUR VERKÜNDIGUNG

So kann es auch heute sein. Verkündigt Gottes Wort statt menschlicher Mutmaßungen! Christen sollten ihre Streitigkeiten beenden und sich Gott übergeben, um die Verlorenen zu retten. Sie sollten im Glauben um den Segen Gottes bitten, und er wird kommen! Die Ausgießung des Heiligen Geistes in den Tagen der Apostel war der »Frühregen«, und der Ertrag war großartig. Doch der »Spätregen« wird noch reichlicher sein (vgl. Joel 2,23).

Alle, die Körper, Seele und Geist dem Herrn weihen, erhalten ständig neue körperliche und geistige Kraft. Die unerschöpflichen Vorräte des Himmels stehen ihnen zur Verfügung. Christus gibt ihnen den Odem seines eigenen Geistes und das Leben seines eigenen Lebens. Der Heilige Geist bemüht sich mit äußerstem Einsatz, um an Herz und Verstand zu wirken. Durch Gottes Gnade werden ihre Fähigkeiten erweitert und vervielfältigt, und jede Vollkommenheit der göttlichen Natur kommt ihnen im Wirken für verlorene Menschen zu Hilfe. Indem sie mit Christus zusammenarbeiten, sind sie in ihm vollkommen. In ihrer menschlichen Schwachheit sind sie fähig, die Taten des Allmächtigen zu vollbringen.

Der Erlöser sehnt sich danach, seine Gnade zu offenbaren und seinen Charakter der ganzen Welt aufzuprägen. Sie ist sein erkauftes Eigentum. Es ist sein Wunsch, die Menschen frei, rein und heilig zu machen. Auch wenn Satan alles daransetzt, dies zu verhindern, sollen trotzdem durch das für die Welt vergossene Blut Siege errungen werden, die Gott und dem Lamm Ehre bringen. Christus wird nicht eher ruhen, bis der Sieg vollkommen ist. »Weil seine Seele sich abgemüht hat, wird er sich dann an dem, was er zu sehen bekommt, erfreuen.« (Jesaja 53,11a NLB) Alle Völker der Erde sollen die frohe Botschaft von seiner Gnade hören. Zwar werden nicht alle seine Gnade annehmen, doch »kommende Generationen werden ihm dienen; ihnen wird man erzählen, was der Herr getan hat« (Psalm 22,31 NLB). »Das Reich und die Macht und die Gewalt über die Königreiche unter dem ganzen Himmel wird dem Volk der Heiligen des Höchsten gegeben werden« (Daniel 7,27a), und »so wie das Meer voll Wasser ist, wird das Land erfüllt sein von der Erkenntnis des Herrn« (Jesaja 11,9b GNB). »So wird man den Namen des Herrn fürchten, wo die Sonne untergeht, und seine Herrlichkeit, wo die Sonne aufgeht.« (Jesaja 59,19a ZÜ)

TEIL 10 | DER SIEG DER LIEBE

»Was für eine Freude! Über die Berge kommt der Siegesbote herbeigeeilt! Er bringt gute Nachricht, er verkündet Frieden und Rettung, er sagt zur Zionsstadt: ›Dein Gott ist König der ganzen Welt!‹ ... Jubelt vor Freude, ihr Trümmer Jerusalems; denn der Herr hat Erbarmen mit seinem Volk ... Er hat seinen heiligen Arm vor den Augen aller Völker erhoben. Bis in den letzten Winkel der Erde sehen sie, wie unser Gott uns rettet.« (Jesaja 52,7.9.10 GNB)

KAPITEL 87

»ZU MEINEM VATER UND ZU EUREM VATER«

Lukas 24,50-53; Apostelgeschichte 1,9-12

Für Christus war die Zeit gekommen, zum Thron seines Vaters aufzufahren. Als göttlicher Überwinder stand er kurz davor, mit den Siegeszeichen seines Triumphes zu den himmlischen Höfen zurückzukehren. Vor seinem Tod hatte er seinem Vater erklärt: »Ich habe das Werk vollendet, das du mir aufgetragen hast.« (Johannes 17,4a NGÜ) Nach seiner Auferstehung blieb er noch für kurze Zeit auf Erden, damit er seinen Jüngern in seinem auferstandenen und verherrlichten Körper vertraut werden konnte. Doch nun war er bereit, Abschied zu nehmen. Er hatte bewiesen, dass er tatsächlich ein lebendiger Erlöser ist. Seine Nachfolger mussten ihn nicht länger mit dem Grab in Zusammenhang bringen. In Gedanken konnten sie nun bei dem verweilen, der vor der himmlischen Welt verherrlicht worden war.

ZUM LETZTEN MAL AUF DEM ÖLBERG

Als Ort seiner Himmelfahrt wählte Jesus jenen Platz aus, der zu seinen Lebzeiten so oft durch seine Gegenwart geheiligt worden war. Weder der Berg Zion, auf dem die Stadt Davids lag, noch der Berg Morija, auf dem der Tempel stand, sollten auf diese Weise geehrt werden. Dort war Christus verspottet und verworfen worden. Dort waren die Wellen der Gnade, die nach wie vor in einer noch stärkeren Flut der Liebe zurückkehrten, an steinharten Herzen abgeprallt. Von dort war Jesus erschöpft und schweren Herzens weggegangen, um auf dem Ölberg Ruhe zu finden. Als die Herrlichkeit Gottes vom ersten Tempel gewichen war, blieb sie auf dem östlich gelegenen Berg stehen, so als wollte sie die auserwählte Stadt nicht verlassen (vgl. Hesekiel 11,23). Genauso stand Christus nun auf dem Ölberg und überschaute mit wehmütigem Herzen die Stadt Jerusalem. Die Haine und Schluchten des Berges waren durch seine Gebete und Tränen geweiht worden. Von seinen Steilhängen waren die Jubelrufe der Menge widergehallt, als sie Jesus zum König ausriefen. Am Abhang des Berges hatte er bei Lazarus in Betanien ein Heim gefunden. Am Fuß des Berges, im Garten Gethsemane, hatte er allein gebetet und gerungen. Von diesem Berg aus wollte er nun in den Himmel auffahren. Auf diesem Gipfel werden seine Füße stehen (vgl. Sacharja 14,4), wenn er wiederkommt. Dann wird er nicht als ein »Mann der Schmerzen« (Jesaja 53,3 Elb.), sondern als herrlicher und siegreicher König auf dem Ölberg stehen. Das »Halleluja« der Israeliten wird sich mit dem »Hosianna« der Heiden vermischen. Die gewaltige Schar der Erlösten wird in den Lobgesang einstimmen: »Krönt ihn zum Herrn über alles!«

Nun machte sich Jesus mit seinen elf Jüngern auf den Weg zum Berg. Als sie durch das Stadttor von Jerusalem schritten, schauten viele verwundert der kleinen Gruppe nach, die von dem Einen angeführt wurde, den die Obersten nur einige Wochen zuvor verurteilt und gekreuzigt hatten. Die Jünger wussten nicht, dass dies ihre letzte Unterredung mit ihrem Meister sein würde. Jesus unterhielt sich die ganze Zeit über mit ihnen und wiederholte dabei, was er ihnen schon früher mitgeteilt hatte. Als sie sich dann Gethsemane näherten, blieb er stehen, damit sie sich nochmals an all das zurückerinnern konnten, was er sie in der Nacht seines Todeskampfes gelehrt hatte. Noch einmal betrachtete er den Weinstock, durch den er damals die Verbindung seiner Gemeinde mit sich selbst und seinem Vater veranschaulicht hatte, und wiederholte damit bereits enthüllte Wahrheiten. Alles um ihn herum erinnerte ihn an seine unerwidert gebliebene Liebe. Selbst die Jünger, die ihm so nahe standen, hatten ihm in der Stunde seiner Erniedrigung Vorwürfe gemacht und ihn verlassen.

Christus hatte 33 Jahre lang auf dieser Welt gelebt und deren Hohn, Beleidigung und Spott ertragen. Er war abgelehnt und gekreuzigt worden. Nun, da er im Begriff war, zu seinem Thron der Herrlichkeit aufzufahren, dachte er zurück an die Undankbarkeit der Menschen, die zu retten er gekommen war. Würde er ihnen sein Wohlwollen und seine Liebe entziehen? Würde sich seine Zuneigung nicht dorthin wenden, wo er Wertschätzung empfing und wo sündlose Engel auf seine Befehle warteten? Nein! Seinen Geliebten, die er auf der Erde zurückließ, versprach er: »Ich bin immer bei euch, bis ans Ende der Zeit.« (Matthäus 28,20b NLB)

Nachdem sie den Ölberg erreicht hatten, führte sie Jesus über den Gipfel in die Gegend von Betanien. Dort hielt er inne, und seine Jünger versammelten sich um ihn. Als er sie liebevoll anschaute, schienen Lichtstrahlen von seinem Antlitz auszugehen. Er tadelte sie nicht wegen ihrer Fehler und ihres Versagens. Die letzten Worte, die sie aus dem Mund ihres Meisters vernahmen, waren von zutiefst liebevoller Herzlichkeit geprägt. Seine Hände – wie zum Zeichen für das Versprechen, dass er sie beschützen werde – segnend ausgebreitet, fuhr er langsam aus ihrer Mitte auf. Er wurde zum Himmel emporgehoben – von einer Macht, die alle irdische Anziehungskraft übertraf. Als er auffuhr, versuchten die von Ehrfurcht ergriffenen Jünger angestrengt, den letzten Blick ihres auffahrenden Herrn zu erhaschen. Dann verbarg ihn eine herrliche Wolke vor ihren Augen. Als der aus Engeln bestehende Wolkenwagen den Herrn aufnahm, vernahmen die Jünger erneut die Worte: »Ich versichere euch: Ich bin immer bei euch, bis ans Ende der Zeit.« Zugleich hörten sie aus der Höhe die lieblichen, von großer Freude erfüllten Gesänge des Engelchores.

DER TROST DER ENGEL

Während die Jünger immer noch nach oben starrten, wurden sie von Stimmen angesprochen, die wie wunderbare Musik anzuhören waren. Sie wandten sich um und sahen zwei Engel in menschlicher Gestalt, die zu ihnen sagten: »Ihr Männer von Galiläa ... warum steht ihr hier und starrt zum Himmel hinauf? Dieser Jesus, der aus eurer Mitte in den Himmel genommen worden ist, wird wiederkommen, und zwar auf dieselbe Weise, wie ihr ihn habt gehen sehen.« (Apostelgeschichte 1,11 NGÜ)

Diese Engel gehörten zu der Schar jener, die in einer leuchtenden Wolke auf Jesus gewartet hatten, um ihn in seine himmlische Heimat zu begleiten. Die Erhabensten der Engelschar waren jene beiden, die bei der Auferstehung von Christus zum Grab gekommen und während seines ganzen Erdenlebens bei ihm gewesen waren. Mit ungeduldigem Verlangen hatte der ganze Himmel darauf gewartet, dass sein Aufenthalt in einer Welt, die durch den Fluch der Sünde verdorben worden war, ein Ende finde. Nun war der Augenblick gekommen, an dem die himmlische Welt ihren König empfing. Sehnten sich nicht auch die beiden Engel danach, bei der Schar derer zu sein, die Jesus begrüßten? Doch sie blieben in liebevoller Anteilnahme zurück, um denen tröstend beizustehen, die er verlassen hatte. »Die Engel sind alle nur Diener, Wesen der unsichtbaren Welt, die denen zu Hilfe geschickt werden, die am kommenden Heil teilhaben sollen, dem Erbe, das Gott uns schenkt.« (Hebräer 1,14 NGÜ)

Christus war in menschlicher Gestalt gen Himmel gefahren. Die Jünger hatten gesehen, wie ihn die Wolke aufnahm. Derselbe Jesus, der neben ihnen gegangen war, der mit ihnen geredet und gebetet hatte, der mit ihnen das Brot gebrochen hatte, der mit ihnen zusammen in ihren Booten auf dem See gewesen war und der noch an eben diesem Tag mühevoll mit ihnen auf den Ölberg gestiegen war – derselbe Jesus war nun von ihnen gegangen, um mit seinem Vater Teilhaber des Thrones zu werden. Und die beiden Engel versicherten ihnen, dass derselbe Jesus, den sie hatten zum Himmel fahren sehen, so wiederkommen werde, wie er aufgefahren war. Er wird kommen »mit den Wolken, und es werden ihn sehen alle Augen« (Offenbarung 1,7a). »Wenn Gottes Befehl ergeht, der oberste Engel ruft und die himmlische Posaune ertönt, wird Christus, der Herr, selbst vom Himmel kommen. Zuerst werden dann alle, die im Vertrauen auf ihn gestorben sind, aus dem Grab auferstehen.« (1. Thessalonicher 4,16 GNB) »Wenn aber der Menschensohn kommen wird in seiner Herrlichkeit und alle Engel mit ihm, dann wird er sitzen auf dem Thron seiner Herrlichkeit.« (Matthäus 25,31) Auf diese Weise wird sich das Versprechen erfüllen, das er seinen Jüngern selbst gegeben hatte: »Wenn ich gegangen bin und euch den Platz bereitet habe, dann werde ich zurückkommen und euch zu mir nehmen, damit auch ihr seid, wo ich bin.« (Johannes 14,3 GNB) Wie konnten sich die Jünger nun in der Hoffnung auf die Wiederkunft ihres Herrn freuen!

BITTET IN MEINEM NAMEN

Als die Jünger nach Jerusalem zurückkehrten, wurden sie von den Leuten erstaunt angeschaut. Nach der Verurteilung und der Kreuzigung von Christus wurde angenommen, sie würden betrübt und beschämt sein. Ihre Feinde hatten erwartet, sie mit traurigen und niedergeschlagenen Gesichtern zu sehen. Stattdessen strahlten sie Freude und Siegesgewissheit aus. Ihre Gesichter leuchteten vor Glück, das keinen irdischen Ursprung hatte. Sie trauerten nicht über enttäuschte Hoffnungen, sondern lobten und dankten Gott. Mit großer Freude erzählten sie die wunderbare Geschichte der Auferstehung und Himmelfahrt von Christus. Ihr Zeugnis wurde von vielen angenommen.

Die Jünger sorgten sich nicht länger um die Zukunft. Sie wussten, dass Jesus, auch wenn er sich jetzt im Himmel befand, ihnen dennoch zugetan war. Ihnen war bewusst, dass sie einen Freund am Thron Gottes hatten. Deshalb richteten sie ihre eindringlichen Bitten im Namen von Jesus an den Vater. Feierlich und ehrfürchtig beugten sie sich im Gebet und wiederholten die Zusicherung: »Wenn ihr den Vater in meinem Namen um etwas bittet, wird er es euch geben. Bis jetzt habt ihr noch nie in meinem Namen um etwas gebeten. Bittet, und ihr werdet empfangen, damit eure Freude vollkommen sei.« (Johannes 16,23b.24 ZÜ) Sie erhoben die Hand des Glaubens immer höher, denn sie hatten den großartigen Beweis: »Christus Jesus selbst ist ja für uns gestorben. Mehr noch, er ist der Auferstandene. Er sitzt auf dem Ehrenplatz zur rechten Seite Gottes und tritt für uns ein.« (Römer 8,34b NLB) Pfingsten brachte ihnen dann die Fülle der Freude durch die Gegenwart des »Beistandes«, des Heiligen Geistes, wie Christus es versprochen hatte (Johannes 14,26 Elb.).

TRIUMPHALER EINZUG

Der ganze Himmel hatte darauf gewartet, den Erlöser in den himmlischen Höfen willkommen zu heißen. Als er auffuhr, führte er den großen Zug derer an, die in den Gräbern gefangen gewesen und nach seiner Auferstehung befreit worden waren. Das himmlische Heer begleitete diesen Freudenzug mit lauten Lobesrufen und himmlischem Gesang.

Als sie sich der Stadt Gottes näherten, riefen die begleitenden Engel laut: »Erhebt, ihr Tore, eure Häupter, und erhebt euch, ihr ewigen Pforten, dass der König der Herrlichkeit einziehe!« Freudig erwiderten die wartenden Wächter: »Wer ist dieser König der Herrlichkeit?« Das sagten sie nicht, weil sie nicht wussten, wer dieser König war, sondern weil sie die Antwort des begeisterten Lobpreises hören wollten: »Der Herr, stark und mächtig! Der Herr, mächtig im Kampf! Erhebt, ihr Tore, eure Häupter, und erhebt euch, ihr ewigen Pforten, dass der König der Herrlichkeit einziehe!« (Psalm 24,7-9)

Erneut war der Ruf zu hören: »Wer ist dieser König der Herrlichkeit?«, denn die Engel werden niemals müde, den Namen von Christus zu erheben. Die begleitenden Engel erwiderten: »Der Herr der Heerscharen, er ist der König der Herrlichkeit!« (Psalm 24,10)

Dann wurden die Tore der Stadt Gottes weit geöffnet, und die Engelschar zog unter dem Schall mitreißender Musik in die Stadt ein.

DIE LIEBE HAT GESIEGT!

Dort stand der Thron, umgeben vom Regenbogen der Verheißung. Dort waren Cherubim und Seraphim. Die Fürsten der Engelheere, die Söhne Gottes, die Vertreter der nicht in Sünde gefallenen Welten waren versammelt. Die himmlische Ratsversammlung, vor der Luzifer Gott und dessen Sohn angeklagt hatte, die Vertreter jener sündlosen Reiche, über die Satan seine Herrschaft ausdehnen wollte, standen alle bereit, den Erlöser willkommen zu heißen. Sie hatten nur den einen Wunsch: Den Sieg von Christus zu feiern und ihren König zu verherrlichen.

Doch Jesus hielt sie zurück. Es war noch nicht so weit. Er konnte die Ehrenkrone und das königliche Gewand noch nicht entgegennehmen. Er trat in die Gegenwart seines Vaters. Er wies auf sein verwundetes Haupt, seine durchbohrte Seite und die verletzten Füße hin. Er hob seine Hände empor, welche die Spuren von den Nägeln trugen. Er verwies auf die Zeichen seines Sieges und brachte Gott die Erstlingsgarbe dar, jene, die mit ihm auferweckt worden waren – als Vertreter der großen Schar, die bei seiner Wiederkunft aus den Gräbern hervorkommen wird. Dann näherte er sich dem Vater, der sich über einen einzigen Sünder, der bereut und umkehrt, freut, ja diese Freude mit Jubelgesang zum Ausdruck bringt (vgl. Lukas 15,10). Bevor der Welt Grund gelegt wurde, hatten der Vater und der Sohn in einem Bund miteinander beschlossen, den Menschen zu erlösen, sollte er von Satan überwunden werden. Mit einem Handschlag hatten sie feierlich gelobt, dass Christus der Bürge für die Menschheit werden sollte. Dieses Gelübde hatte er nun erfüllt. Als er am Kreuz ausrief: »Es ist vollbracht!« (Johannes 19,30b), hatte er sich an den Vater gewandt. Die Abmachung war vollständig erfüllt worden. Nun sagte er: Vater, es ist vollbracht! Deinen Willen, mein Gott, habe ich getan. Ich habe das Erlösungswerk vollendet. Wenn deiner Gerechtigkeit Genüge getan wurde, dann will ich, »dass, wo ich bin, auch die bei mir seien, die du mir gegeben hast« (Johannes 17,24a).

Da hörte man Gottes Stimme ausrufen, dass der Gerechtigkeit Genüge getan und Satan besiegt ist. Die sich abmühenden und kämpfenden Nachfolger von Christus waren »begnadet ... in dem Geliebten« (Epheser 1,6). Vor den himmlischen Engeln und den Vertretern der ungefallenen Welten wurden sie für gerecht erklärt. Wo der Herr ist, da soll auch seine Gemeinde sein. »Gnade und Wahrheit sind sich begegnet, Gerechtigkeit und Frieden haben sich geküsst.« (Psalm 85,11 Elb.) Die Arme des Vaters umfingen seinen Sohn, und man hörte die Worte: »Es sollen ihn alle Engel Gottes anbeten.« (Hebräer 1,6b)

Mit unaussprechlicher Freude erkannten Herrscher, Fürsten und Mächtige die Oberhoheit des Lebensfürsten an. Das Engelheer warf sich vor ihm nieder, während die himmlischen Höfe vom fröhlichen Ruf erfüllt wurden: »Würdig ist das Lamm, das geschlachtet worden ist. Es ist würdig, Macht und Reichtum entgegenzunehmen und Weisheit und Stärke und Ehre und Herrlichkeit und Lob.« (Offenbarung 5,12b NLB)

Jubellieder mischten sich in die Klänge von Engelsharfen, bis es so aussah, als würde der Himmel vor Freude und Lob überfließen. Die Liebe hatte gesiegt! Das Verlorene war wiedergefunden! Der Himmel war von hellen, melodischen Stimmen erfüllt, die verkündeten: »Lob und Ehre und Herrlichkeit und Macht stehen dem zu, der auf dem Thron sitzt, und dem Lamm für immer und ewig.« (Offenbarung 5,13b NLB)

Von jenem Geschehen himmlischer Freude erreicht uns auf Erden das Echo der eigenen, wunderbaren Worte von Christus: »Ich fahre auf zu meinem Vater und zu eurem Vater, zu meinem Gott und zu eurem Gott.« (Johannes 20,17b) Die himmlische und die irdische Familie sind eins. Unser Herr ist um unseretwillen in den Himmel aufgefahren, und er lebt für uns. »Das ist auch der Grund dafür, dass er alle vollkommen retten kann, die durch ihn zu Gott kommen. Er, der ewig lebt, wird nie aufhören, für sie einzutreten.« (Hebräer 7,25 NGÜ)

ERKLÄRUNGEN

Apostolische Nachfolge/Sukzession: (S. 451) Die apostolische Nachfolge oder apostolische Sukzession ist die Auffassung, dass es eine ununterbrochene, rechtmäßige Aufeinanderfolge von Bischöfen durch die Bischofsweihe bzw. durch Handauflegung gebe, die von den Aposteln über viele Nachfolger bis auf die heutigen Bischöfe reiche. Nach der Sicht der römisch-katholischen Kirche wird durch diese Vollmachtsweitergabe das Bischofsamt in Rom (Papst) rechtmäßig mit der Lehrautorität der Apostel verbunden. In ähnlicher Weise vertreten auch andere Kirchen, dass ihre Würdenämter auf das Apostelamt zurückzuführen seien.

Artaxerxes I.: (S. 215) Artaxerxes I., dem später der griechische Beiname Makrocheir (»Lang-Hand«, lateinisch Longimanus) gegeben wurde, regierte von 465/4–425/4 v. Chr. und erließ in seinem 7. Regierungsjahr (Esra 7,7), also 458/457 v. Chr., den Befehl zur Wiederherstellung der Stadt Jerusalem als politisches und administratives Zentrum der Region, was u. a. die Wiedererrichtung oder Vollendung des Tempels als auch die Schaffung eines Steuer-, Gerichts- und Bildungswesens umfasste (Esra 7,12-26).

Bileam: (S. 45) Bileam lebte in Mesopotamien und zählte offenbar zu den bekannten Wahrsagern (4. Mose 22,5; Josua 13,22). Balak, der König Moabs, sandte nach ihm und bat ihn, das Volk Israel, das an der Grenze zu Moab weilte, durch seine magischen Kräfte mit einem Fluch zu belegen. Obwohl sich Bileam schließlich einverstanden erklärte, sprach er unter dem Einfluss des Geistes Gottes nur Segen über Israel aus und weissagte von einem »Stern«, einem kommenden König oder Messias für Israel. (Mehr zu Bileams Wirken findet sich im Band »Wie alles begann« dieser Buchserie in Kapitel 40, S. 336-345).

Cherub/Cherubim: (S. 14, 97, 739) Cherubim sind Engel, die in der Bibel häufig in der unmittelbaren Nähe Gottes und seines Thrones in Erscheinung treten (2. Könige 19,15; Psalm 80,2; 99,1; Hesekiel 10). Der Begriff »schirmender Cherub« bezeichnet einen besonderen Engelwächter und erinnert an das Allerheiligste des israelitischen Heiligtums, in dem zwei goldene Cherubim die Bundeslade mit ihren Flügeln beschirmten (2. Mose 25,17-22; 1. Könige 6,23-28; 8,6.7) und symbolisch als Teil des Thrones Gottes verstanden wurden (1. Samuel 4,4; 2. Samuel 6,2). Die Stellung von Satan (Luzifer) vor seinem Fall wird als schirmender Cherub beschrieben (Hesekiel 28,14.16).

Christus: (S. 13) Die Verfasserin bezeichnet den Sohn Gottes, selbst ehe er als Mensch auf die Erde kam, häufig mit »Christus« oder mit »Jesus«. Der Name »Christus« (griechisch christos) ist im

Neuen Testament die Übersetzung des hebräischen »Messias« (maschiach) und bedeutet »Gesalbter«. In alttestamentlicher Zeit wurden Könige und Priester gesalbt. Der Begriff »Gesalbter« ist besonders an die alttestamentliche Erwartung eines kommenden Erretters geknüpft, der als gerechter König und Priester das Volk Gottes befreien und ein Friedensreich herbeiführen sollte. Jesus erhielt bei seiner Taufe eine Salbung durch den Heiligen Geist, die ihn damit zum »Gesalbten« werden ließ (vgl. Lukas 3,21-22; 4,16-19 und Kapitel 11 in diesem Buch).

Dekapolis: (S. 280, 390) Der Begriff »Dekapolis« (griechisch »Zehn-Stadt«) bezeichnete ursprünglich zehn Städte östlich des Jordan und des Sees Genezareth. In der Zeit von Jesus galt er als geografische Bezeichnung für das gesamte Ostjordanland.

Festtage Israels: (S. 26, 60, 430) Durch den jährlichen Festkalender, den Gott den Israeliten gegeben hatte (siehe 3. Mose 23 und 4. Mose 28–29), lernten sie, gewisse Zeiten als heilig zu achten. Das betraf sowohl den landwirtschaftlichen Jahreszyklus, an den sich einige der Feste anlehnten, als auch die Heilsgeschichte Gottes mit seinem Volk Israel, an die andere Feiertage erinnern sollten. Die Feste brachten die Israeliten am zentralen Heiligtum zusammen (an ihnen wurden besondere Opfer dargebracht) und stärkten so die Bundesgemeinschaft. Zusammen mit dem Sabbat und den monatlichen Festzeiten, den Neumonden, bildeten sie das Rückgrat oder »Mark« der israelitischen Gesellschaft. Zur Zeit des Tempels waren es die drei Pilgerfeste Pessach, Schawuot und Sukkot, an denen die Gläubigen nach Jerusalem aufbrachen, um dort anzubeten. Es fällt besonders auf, dass Gott seinem Volk durch die Feste die elementaren Abschnitte seines damals noch zukünftigen Erlösungsplans verdeutlichen wollte. Die Feste im Frühjahr symbolisieren das Erlösungswerk, das durch den Tod, die Himmelfahrt und die Einsetzung von Christus als Priester-König vollbracht wurde, während die Herbstfeste die Vollendung der Erlösung darstellen, also die Aktivitäten im himmlischen Heiligtum vor der Wiederkunft von Christus und den Abschluss des Erlösungsplans.

Geburt von Jesus, Zeitpunkt: (S. 33) Die Bibel nennt kein Datum für die Geburt von Jesus. Allerdings können wir aufgrund einiger Hinweise in den Evangelien ein paar vorsichtige Schlüsse ziehen. In Matthäus 2 wird vom Kindermord durch Herodes berichtet, der 37–4 v. Chr. regierte. Jesus wurde also spätestens im Jahr 4 v. Chr. geboren. Die Autorin erwähnt, dass Herodes kurz nach dem Kindermord starb, doch damit gibt sie keine genaue Zeitspanne an.

Einen weiteren Hinweis liefert Lukas 3,23, wo der Evangelist feststellt, dass Jesus zum Zeitpunkt der Taufe zirka 30 Jahre alt war. Die Taufe Jesu fällt laut Lukas 3,1 in das 15. Regierungsjahr von Kaiser Tiberius, der 14–37 n. Chr. im Amt war. Sein Vorgänger Augustus starb am 19.8.14 und Tiberius trat seine Regentschaft sofort an. Je nach Methode oder Rechnung wird das 15. Regierungsjahr des Tiberius irgendwann zwischen 26 n. Chr. und 29 n. Chr. angesiedelt. Folgte Lukas, der nach alter Tradition aus Antiochien in Syrien stammte, der syrischen Rechnung, dann galt die Zeit vom 19. August bis zum Herbst 14 bereits als das 1. Regierungsjahr des Tiberius, was für das 15. Regierungsjahr die Zeit zwischen Herbst 27 bis Herbst 28 ergibt. Lukas 3,1 ist jedenfalls ein Hinweis dafür, dass Jesus schon vor der Zeitenwende geboren wurde.

Leider sind die Zeitangaben in Lukas 2,1-4 (Volkszählung unter Augustus und dem Statthalter Quirinius von Syrien) und Johannes 2,20 (das 46. Jahr des Tempelbaus) nicht hilfreich, weil aus der Geschichte weder die besagte Volkszählung noch das Datum für den Umbau des Tempels genau fixiert werden kann.

Die Autorin erwähnt für Jesus ein Lebensalter von 33 Jahren (siehe S. 639). Entweder ist das eine runde Zahl oder ein Hinweis darauf, dass Jesus im Jahr 4 v. Chr. geboren wurde und knapp vor seinem 34. Geburtstag starb.

Wir müssen heute davon ausgehen, dass Jesus vor dem Beginn der christlichen Zeitrechnung zur Welt kam. Unsere Zeitrechnung stammt aus dem Jahr 525 n. Chr. und geht auf Abt Dionysius Exiguus zurück, dem die Berechnung des Geburtsjahres von Christus nicht exakt gelang.

Auch der genaue Geburtstag von Jesus wird in der Bibel nicht genannt. Die ältesten Belege für den 25. Dezember finden sich Anfang des 3. Jahrhunderts bei den Kirchenvätern Hippolytus und Julius Africanus. Ihre Überlegungen beruhen aber nicht auf biblisch-historischen Hinweisen, sondern hängen wohl mit der Wintersonnenwende zusammen, die im heidnischen Rom als Fest des unbesiegbaren Sonnengottes gefeiert wurde.

Geschwister von Jesus: (S. 69, 303) In Lukas 1,26-38 wird der Jungfrau Maria (verlobt mit dem Zimmermann Josef) angekündigt, dass sie schwanger und einen Sohn (Jesus) gebären wird. Hierbei wird der Heilige Geist als »Erzeuger« angegeben. Jesus ist daher Marias »erstgeborener« Sohn (Lukas 2,7).

Bei einem Predigtbesuch in seiner Heimatstadt Nazareth werden Brüder (Jakobus, Joses/Josef, Judas, Simon) und Schwestern von Jesus erwähnt (Markus 6,3; Matthäus 13,55-56). Anfänglich beggenen uns die Jünger und Brüder von Jesus gemeinsam (Johannes 2,12), doch es fiel den Brüdern von Jesus schwer, an ihn und sein göttliches Werk zu glauben. Sie kritisierten ihn (Johannes 7,1-6) und wollten ihn sogar von seiner Mission abhalten (Markus 3,21). Es wird aufgrund dieses rauen Umgangstons und vor allem aufgrund der Tatsache, dass Jesus am Kreuz die Fürsorge für Maria an einen seiner Jünger übertrug (Johannes 19,25-27) vermutet, dass Josef zu diesem Zeitpunkt bereits gestorben war. Offenbar gab es auch keine jüngeren Brüder von Jesus bzw. Söhne von Maria, die für die Mutter hätten sorgen können. Jesus kümmerte sich um seine Familie, betonte aber speziell die »Verwandtschaft« mit all jenen, die Gottes Worte hören und tun (Matthäus 12,46-47; Markus 3,31-32; Lukas 8,19). Nach der Auferstehung finden wir die Brüder von Jesus mit Maria und den Aposteln einmütig beieinander (Apostelgeschichte 1,14), und sie waren scheinbar in den Gemeinden bekannt (1. Korinther 9,5). Jakobus begegnet uns später in der Jerusalemer Gemeinde (Apostelgeschichte 12,17; 15,13; Galater 1,18-19) und als Schreiber des Jakobusbriefes (Jakobus 1,1 – Knecht von Jesus). Der Bruder Judas gilt als Verfasser des Judasbriefes (Judas 1,1).

Gnadenjahr/Erlassjahr: (S. 194, 342) Das »Gnadenjahr« oder »Erlassjahr« sollte nach jeweils 49 Jahren eine Wiederherstellung der von Gott gewollten Eigentumsverhältnisse und eine Freilassung hebräischer Sklaven gewährleisten (3. Mose 25,8-16.25-55). Es wurde bei Jesaja als Bild für das zukünftige Wirken Gottes, der sein Volk befreien und wiederherstellen wird, verwendet (Jesaja 61,1.2).

Herodes Antipas: (S. 51, 197) Herodes Antipas (20 v. Chr. – 39 n. Chr.), der zweite Sohn Herodes des Großen, regierte in der Zeit von Jesus als Tetrarch über Galiläa und Peräa. Auf einer Reise nach Rom besuchte er seinen Halbbruder Philippus und verliebte sich leidenschaftlich in seine Schwägerin und Nichte Herodias. Antipas ließ sich von seiner Frau, der Tochter des Nabatäerkönigs Aretas IV., scheiden. Auch Herodias verließ ihren Mann, um ihren Geliebten zu heiraten. Das jüdische Volk missbilligte den doppelten Ehebruch. Johannes der Täufer tadelte die Eheschließung öffentlich (vgl. Markus 6, 17.18), denn die Tora verbot, die Frau eines Bruders zu heiraten (3. Mose 18,16; 20,21).

Hoher Rat/Sanhedrin: (S. 114, 185, 213, 520) Sanhedrin (Gr. synedrion) oder Hoher Rat (Hebr. bet din haggadol) bezeichnete zur Zeit von Jesus die höchste politische und religiöse Instanz des jüdischen Volkes mit Sitz in Jerusalem. Unter Berufung auf 4. Mose 11,16 bestand er aus 70 und 1 Mitgliedern, wobei der Hohepriester den Vorsitz hatte. Die Mitglieder stammten aus den Parteien der Sadduzäer und Pharisäer und waren sowohl Priester als auch Laien (vgl. Apostelgeschichte 23,1.6; Markus 15,1). Der Sanhedrin war für Streitfälle und religiöse Fragen, wie auch für die Beziehungen zur römischen Besatzungsmacht zuständig. Er konnte Gesetze erlassen, fungierte als oberster Gerichtshof und verfügte über eine eigene Polizeitruppe. Von 6 bis 66 n. Chr. aber hatte er nicht das Recht inne, Todesurteile zu verhängen.

Jünger von Jesus: (S. 228, 254, 272, 332) Das Wort Jünger kommt vom griechischen »mathetai« und bedeutet Schüler oder Lehrling. In der griechischen Kultur war es üblich, dass Gelehrte wie z.B. Sokrates einen Kreis von Schülern um sich scharten und mit ihnen von Ort zu Ort zogen, um ihnen ihr Wissen zu vermitteln. Dabei verbrachten sie viel Zeit im engen Vertrautenkreis. Jünger werden auch »Nachfolger« genannt. In der jüdischen Tradition, sowie zur Zeit von Jesus gab es Gelehrte, die im Hebräischen »Rabbi«, zu deutsch Meister oder Lehrer, genannt wurden. Sie unterrichteten ihre Schüler anhand der Tora und bildeten Schriftgelehrte aus.

Im Gegensatz zu den griechischen Lehrern, die sich ihre Lehrtätigkeit bezahlen ließen oder den jüdischen Rabbinern, deren Schüler die religiöse Pflicht hatten, sich einem Meister anzuschließen, berief Jesus, der selbst auch Rabbi genannt wurde (Johannes 1,38), seine Jünger persönlich und gründete einen Jüngerkreis nach seiner Wahl (Lukas 6,13).

Die Erwählung der Zwölf war der erste Schritt zur Organisation der neutestamentlichen Gemeinde. Jesus bildete die Zwölf aus und sandte sie als Zeugen zu den Menschen, um von den Taten und Wundern zu erzählen, die er getan hatte. Die Zahl Zwölf stellt eine Parallele zu den zwölf Stämmen des Volkes Israel dar. Somit bilden die zwölf Apostel die Säulen für das neutestamentliche Volk Gottes (Galater 2,9).

Matthäus 4,18-22; Markus 1,16-20; Lukas 5,1-11 berichten, wie Jesus Simon-Petrus, Andreas, Jakobus und Johannes zu »Menschenfischern« machte und sie in die vollzeitliche Nachfolge rief (Matthäus 4,21-22). Auch die Berufungen von Philippus, Nathanael und des Zöllners Matthäus werden genauer berichtet (Johannes 1,43-51; Matthäus 9,9). Die restlichen fünf Jünger (Thomas, Jakobus, der Sohn des Alphäus, Thaddäus, Simon der Kanaanäer und Judas-Iskariot) lassen sich erst in den offiziellen Listen finden (Markus 3,13-19; Lukas 6,12-16).

Nasiräer: (S. 83) Ein Nasiräer war ein Geweihter oder Abgesonderter für Gott. Jeder Mann und jede Frau in Israel konnte ein Nasiräer-Gelübde ablegen, um sich so für eine gewisse Zeit oder für das ganze Leben Gott zu weihen. Die Bestimmungen in 4. Mose 6,1-21 zeigen, was ein solches Gelübde umfasste. Eines der Merkmale war, dass ein Nasiräer »weder Wein noch starkes Getränk« trinken sollte (4. Mose 6,3), was auch von Johannes dem Täufer vorausgesagt wurde (Lukas 1,15), der darin einem Nasiräer glich.

Prophet: (S. 20, 86) Im griechischen Sprachgebrauch war ein »prophetes« ein Verkündiger oder Sprecher. Auch der biblische Prophet ist vor allem ein inspirierter Verkündiger (2. Könige 17,13-14), der für Gott redet (2. Mose 7,1) und an seiner Stelle als Rufer, Mahner und Verheißer wirkt (Jeremia 1,7-9). Nur in wenigen Fällen vertraute Gott einigen Propheten Langzeitvorhersagen an. Gott beruft den Propheten persönlich, um die ihm offenbarte Botschaft an Einzelpersonen bzw. an das Volk weiterzugeben. Der selbsternannte Prophet ist daher stets ein falscher Prophet (Jeremia 14,14).

Wie Gott sich offenbart, variiert stark. Mose erschien der Herr in sichtbarer Form (4. Mose 12,8), andere hörten Botschaften (Audition: Hosea 1,1-2; Joel 1,1; Jona 1,1) oder sahen Visionen im Wach- bzw. Schlafzustand (Daniel 10,4-7; Apostelgeschichte 10,3; Daniel 2,28; 7,1-2). Der Prophet bleibt dabei stets Herr seiner Sinne (1. Korinther 14,32-33). Wenn der Prophet eine Botschaft von Gott empfängt, so ist bei der mündlichen wie auch schriftlichen Weitergabe das Wort des Propheten sogleich Wort Gottes (Jeremia 36,1.4.8.10.11).

Während im Alten Testament wie im Neuen Propheten präsent sind, wird die Gabe der Prophetie auch für die Zeit kurz vor der Wiederkunft von Christus vorhergesagt (Joel 3,1-4; vgl. auch Maleachi 3,23-24; Offenbarung 12,17; 19,10). Die Gläubigen sind aufgefordert, jeden prophetischen Anspruch gründlich zu prüfen (1. Thessalonicher 5,19-21; 1 Johannes 4,1).

Prophetischer Schlüssel (Jahr-Tag-Prinzip): (S. 114, 214/215) Dass ein Tag in der Prophetie – und hier besonders in der biblischen Apokalyptik, im Buch Daniel und in der Offenbarung des Johannes – einem Jahr in der Geschichte entspricht, ist ein Grundsatz der historischen Auslegungsschule. Diese geht in ihrer Deutung von der prophetischen Symbolsprache aus, in der Symbole wie Metalle, Tiere und Hörner Reiche darstellen, die von der Zeit des Propheten bis zur Vollendung der Geschichte reichen (Daniel 2,37–44; 7,17–27).

Zu dieser Symbolik gehören auch die mit der Prophetie von den Weltreichen verknüpften Zeitangaben. So z.B. die 3 ½ Zeiten aus Daniel 7,25, die 42 Monate oder 1260 Tage ausmachen (Offenbarung 11,2.3) und die 2300 Abend-Morgen (Tage) aus Daniel 8,14. Wie die Tiere symbolisch zu verstehen sind, so auch die Zeiten. Ein Tag steht symbolisch für ein Jahr (vgl. 4. Mose 14,34; Hesekiel 4,6). Die bekannteste Zeitweissagung ist die von den 70 Wochen (Daniel 9,24), die von der Wiederherstellung Jerusalems im Jahre 457 v. Chr. bis zur messianischen Zeit reicht (Daniel 9,24b. 25.26a). Sie wurde schon von den Kirchenvätern (Hippolyt, Julius Africanus, Eusebius u.a.) als Zeitraum von 490 Jahren verstanden. Die beste Erklärung ist die nach dem Jahr-Tag Prinzip (490 Tage=Jahre). Martin Luther spricht im Zusammenhang mit dem Propheten Daniel daher von »Engelischen Tagen, das ist, ein Tag ein Jahr«.

Religionsparteien, jüdische: (S. 113, 375, 518, 581/583) Zu den antiken jüdischen Religionsparteien gehören die aus der Bibel bekannten Pharisäer und Sadduzäer, daneben aber auch die in außerbiblischen Quellen umfangreich beschriebenen Essener und Zeloten. Die genauen Hintergründe ihrer Entstehung liegen weitgehend im Dunkeln. Während die Sadduzäer als vorrangig priesterliche Schicht ihre eigene Geschichte teils bis auf den Priester Zadok (z. Zt. der Könige David und Salomo) zurückführten, gilt es hinsichtlich der Pharisäer und Essener zumindest als weitgehend gesichert, dass sie sich spätestens in der ersten Hälfte des 2. Jh. v. Chr. ausprägten, was gewiss dem hellenistischen (und damit religiös sehr liberalen) Einfluss der Seleukidenkönige, insbesondere Antiochus IV. Epiphanes, geschuldet sein dürfte.

Während Sadduzäer dem hellenistischen Gedankengut offen gegenüberstanden und jeden Glauben an ein Leben nach dem Tod verneinten, erkannten sich Pharisäer und Essener zu einem über das Diesseits hinausreichenden reformatorischen Auftrag berufen, das jüdische Volk zur ursprünglichen Tora-Treue zurück (und weit darüber hinaus) zu führen. Dies würde den einzelnen Gläubigen befähigen, vor Gottes Gericht zu bestehen und das ewige Leben zu erlangen. Eine strikte Abgrenzung zu Nicht-Juden und sogar Nicht-Parteianhängern wurde gepflegt, welche sich besonders in Waschungen, aber auch getrennten Wohnplätzen (Essener) ausdrückte. Diese beiden oftmals auch wertneutral als »Sekten« bezeichneten Gruppen besaßen ein starkes Exklusivitätsdenken und eine sehr präsente Naherwartung hinsichtlich des baldigen Eingreifens Gottes zur Befreiung der jüdischen Nation.

Die Zeloten resultierten aus einer Abspaltung von den Pharisäern im Jahre 6 n. Chr., die deutlich stärker nationalistisch und besonders kämpferisch anti-römisch gesinnt war. Mit dem Jüdischen Krieg der Jahre 66–70 n. Chr. verschwanden alle Parteien. Man kann davon ausgehen, dass das rabbinische Judentum, das in der Folgezeit entstand, hauptsächlich pharisäisch geprägt war.

Samarien/Samariter: (S. 165, 470, 486) Nach der Deportation der Nordstämme Israels durch die Assyrer im 8. Jh. v. Chr. bildete sich im Gebiet zwischen Galiläa und Judäa eine assyrisch-israelitische Mischbevölkerung. Diese pflegte sowohl den israelitischen Glauben wie auch den assyrischen Götterkult. Auf diese Weise entstanden die Samariter (2. Könige 17,24-41).

Nach der Rückkehr der Juden aus der babylonischen Gefangenschaft äußerten die Samariter den Wunsch, beim Wiederaufbau des Tempels von Jerusalem mitzuhelfen. Aufgrund ihrer vermischten Religion wurde ihnen dies jedoch nicht erlaubt. Die beiden Parteien feindeten sich gegenseitig an, woraus eine strikte Trennung entstand, die sich bis in die neutestamentliche Zeit hinzog. Da den Samaritern zum Tempel in Jerusalem kein Zugang gewährt wurde, erwählten sie sich als eigene Anbetungsstätte den Berg Garizim, der eine kultische Tradition aufwies (5. Mose 27,12). Als Heilige Schrift anerkannten sie nur die fünf Bücher Mose (»samaritanischer Pentateuch«).

Jesus wirkte der vorherrschenden gesellschaftlichen Kluft entgegen. Er sprach mit einer Samariterin beim Jakobsbrunnen (Johannes 4), würdigte die Samariter im Gleichnis vom barmherzigen Samariter (Lukas 10,25-37) und heilte eine Person aus ihrem Volk (Lukas 17,11-19). So schuf er die Grundlage für die Verkündigung des Evangeliums in Samarien durch die frühe Christengemeinde.

Schilo: (S. 28, 39, 84, 186, 194) Der Begriff »Schilo« ist eine wörtliche Wiedergabe des hebräischen Wortes »schiloh«, das ausschließlich in 1. Mose 49,10 vorkommt. Der Erzvater Jakob weissagte von einem zukünftigen Herrscher, der aus dem Stamm Juda kommen werde und dem »alle Völker gehorchen werden«. Dieser prophetische Spruch hat sich zuerst im Aufstieg des israelitischen Reiches unter König David erfüllt, weist aber typologisch auf eine weitere, größere Erfüllung hin: auf den königlichen Messias. Somit ist Schilo einer der messianischen Begriffe des Alten Testaments, unter denen Jesus Christus vorhergesagt wurde, der die Herrschaft über alle Völker durch seine Wiederkunft erlangen wird.

Typologie: (S. 39, 556, 688, 756, 766) Typologie beschreibt die Beziehung von einem »Typus« (lateinisch, abgleitet von griechisch »tupos«, was »Muster«, »Vorbild« oder »Modell« bedeutet) zu einem entsprechenden Gegenstück, dem »Antitypus« (»Gegenbild«). Typologische Verbindungen können zwischen Personen (z. B. Mose – Christus), Einrichtungen (Priesterdienst im alttestamentlichen Heiligtum – Priesterdienst von Christus im himmlischen Heiligtum) und Ereignissen existieren (Opfer am israelitischen Heiligtum – Opfer von Christus am Kreuz). Alttestamentliche Personen, Einrichtungen und Ereignisse schatten also Zukünftiges voraus, das sich häufig in Christus erfüllt.

Weise aus dem Morgenland: (S. 45) Der biblische Bericht (Matthäus 2,1-12) spricht einzig von mehreren Weisen aus dem Morgenland. Er verrät uns nicht, wie viele es waren und welchen Stand sie hatten. Erst im 3. Jh. spricht der Kirchenlehrer Origenes von den Dreien, vermutlich weil die Bibel drei Geschenke erwähnt. Im Verlauf der kirchlichen Traditionsbildung wurden sie im 6. Jh. als Könige und Heilige bezeichnet und erst 300 Jahre später erhielten sie ihre Namen.

Das griechische Wort »magoi« (davon stammt der deutsche Begriff Magier) steht für Weise, Gelehrte der Astrologie und Sternkunde, Priester oder königliche Berater aus Mesopotamien oder Arabien. Sie mussten von der Vorhersage Bileams gewusst haben, wonach »ein Stern aus Jakob« hervorgehen werde (4. Mose 24,17) und dachten womöglich an die Worte Daniels, der die Hoffnung auf das Kommen des einen Welterlösers weitergab (vgl. Daniel 9).

Zehnten: (S. 379, 597) Gott ist Schöpfer und Erhalter. Alles kommt von ihm und gehört ihm. Er hat den Menschen bei der Schöpfung zum Verwalter über die Erde eingesetzt. Dem Volk Israel machte er die Vorgabe, ihm zehn Prozent der Ernte und aller sonstigen Einkünfte zurückzugeben (3. Mose 27,30-33). Die Abgabe des Zehnten drückte Dankbarkeit und Vertrauen aus, dass Gott den Geber segnen und es ihm an nichts mangeln werde. Im Alten Testament wurde der Zehnte für die Versorgung der Priester und des Heiligtums verwendet. Daneben gab es einen weiteren Zehnten für die Armen (5. Mose 14,28-29). Das Gebot des Zehnten ist zeitlos. Schon vor der Gesetzgebung am Sinai, hat Abraham den Zehnten entrichtet (1. Mose 14,18-20) und im Neuen Testament bekräftigte Jesus dieses alte Gebot (Matthäus 5,17-19; 23,23). Auch heute geben viele Christen den Zehnten als freiwillige Gabe für ihre Kirche und erfahren dabei, dass Gott zu seiner Segensverheißung steht (Maleachi 3,10).

LIEBEVOLL UND LEIDENSCHAFTLICH JESUS BEZEUGEN:

ELLEN G. WHITE – LEBEN UND WERK (1827–1915)

Im sonnigen Napa Valley, einem Tal im nördlichen Kalifornien, das von vielen Weinbergen durchzogen ist, befand sich Ellen G. Whites Altersruhesitz. Als sie 1915 in ihrem Haus starb, blieb sie ihren Nachbarn – zumeist geschäftige und wohlhabende Weinbauern, die viel arbeiteten und wenig Zeit hatten – als die kleine alte Dame mit dem weißen Haar in Erinnerung, die sich Zeit nahm und »immer so liebevoll von Jesus sprach.« Jesus und seine Erlösung für uns Menschen beschäftigten Ellen G. White ein Leben lang. 1896 schrieb sie: »Ich spreche so gern über Jesus und seine einzigartige Liebe ... Komm doch zu ihm so wie du bist ... dann wird er für dich alles sein, was du dir wünschst.« Als leidenschaftliche christliche Rednerin, Schriftstellerin, Reformerin und Visionärin hat sie Jesus Christus, den erniedrigten Erlöser am Kreuz und den in Herrlichkeit wiederkommenden Richter und König, immer wieder ins Zentrum ihrer Verkündigung gerückt. Ihm hat sie ihre besten und wichtigsten Werke gewidmet. Bis zu ihrem Tod erschienen aus ihrer Feder 26 Bücher und nahezu 5.000 Artikel und Beiträge in verschiedenen Zeitschriften. Ihr literarisches Erbe ist beeindruckend. Ellen G. White zählt heute zu den meist gelesenen Autorinnen der Welt. Schätzungen zufolge liegt sie in der Weltrangliste der meist übersetzten Autoren – je nach Zählweise – hinter W. I. Lenin auf Platz zwei. Ihre Bücher wurden in über 160 Sprachen übersetzt, allen voran ihr Klassiker »Der Weg zu Christus« (Steps to Christ), eines ihrer schönsten Bücher über die Nachfolge Jesu. Unberücksichtigt in der Zählung ist natürlich die Bibel, die insgesamt sowie auch in Teilen in wesentlich mehr Sprachen übersetzt worden ist.

Das literarische Schaffen Ellen G. Whites umfasst neben der christozentrischen Ausrichtung ein weites Spektrum an Themen über Glaube und Religion, Bibel, Prophetie und Weltgeschichte, Erziehung, Charakter und Bildung, Ehe und Familie, Gesundheit, Ernährung und Mäßigkeit bis hin zu Mission und Evangelisation. Allen Bereichen liegt ein pragmatisches, ganzheitliches Menschenbild zugrunde. Ihr leicht verständlicher Schreibstil ist erbaulich, didaktisch und erwecklich zugleich und lässt oft die Seelsorgerin, Mahnerin und Trösterin erkennen mit einem tiefen Einblick in die Seele des Menschen. In ihren Schriften verarbeitete sie auch viele Texte, die aus Büchern zeitgenössischer Autoren stammen, wenn sie passend und trefflich das zum Ausdruck brachten, was sie beschreiben wollte. Es ging ihr bei historischen Schilderungen nicht darum, eigene akademische Nachforschungen anzustellen. Sie verließ sich auf den Wissensstand ihrer Zeit. So mögen aus heutiger Sicht da und dort manche historische Angaben als unvollständig erscheinen. Das ändert jedoch nichts an der geistlichen Intention ihrer Darstellung.

In der nun vorliegenden neubearbeiteten monumentalen Reihe »Geschichte der Hoffnung« spürt Ellen G. White in faszinierender Weise dem göttlichen Heilsplan in der Weltgeschichte nach. Mit prophetischem Ernst greift sie darin das umfassende Thema auf, das zum bedeutungsvollsten in ihrer gesamten Verkündigung werden sollte. Sie beschreibt anschaulich die von Anbeginn an grundlegende, tragische Auseinandersetzung zwischen Licht und Finsternis, Gut und Böse, Gott und Satan. Ellen G. White sah darin einen geistlich-weltanschaulichen Konflikt von kosmischer Dimension, den »Großen Kampf« (Great Controversy, auch als Buchtitel), der sich in der Geschichte der Menschheit bis zur Wiederkunft Jesu verdichtet und keinen Lebensbereich unberührt lässt. Jeder von uns ist – ob er nun will oder nicht – in diesen existenziellen Kampf hineingestellt. Doch die Liebe und Gnade des Erlösers Jesu Christi, der sein Leben am Kreuz opferte, vermag dem Menschen jetzt schon Halt und Trost im Sturm der Zeit zu geben. Vollendet und gewonnen ist der »Große Kampf« für uns Menschen aber erst durch die Machtübernahme Jesu Christi bei seiner Wiederkunft, die Ellen G. White bald erwartete und auf die sie ihre ganze Hoffnung setzte. Dann wird für immer offenbar, dass »Gott Liebe ist«. Es darf nicht vergessen werden, dass dieser Kampf, so schrecklich er auch sein mag, letztlich eingebettet ist in Gottes souveräner Heilsgeschichte, die zu einem guten Ende führen wird.

Als Mitbegründerin der »Zweiten Adventbewegung« (von lateinisch »adventus« – Wiederkunft oder Ankunft Jesu) in Nordamerika, aus der später die weltweite Freikirche der Siebenten-Tags-Adventisten hervorgegangen ist, stellte für Ellen G. White die bevorstehende Wiederkunft Christi dieses »gute Ende« dar, die endgültige »Erfüllung der christlichen Hoffnung und Sehnsucht«. So besteht in ihren Augen die wichtigste Aufgabe der Adventisten darin, einer untergehenden Welt Hoffnung zu machen auf das kommende, ewige und bessere Reich Christi. Gott wird die Welt, die seine Schöpfung darstellt, nicht im Chaos versinken lassen, sondern einen neuen Kosmos schaffen. Für dieses »gute Ende« lohnt es sich zu leben und alles einzusetzen. Aus dieser Gewissheit heraus konnte Ellen G. White am Ende ihres Lebens bezeugen: »Jesus sehen ... welch unaussprechliche Freude ... jene Hände segnend nach uns ausgestreckt zu sehen, die einst zu unserer Erlösung durchbohrt wurden. Was tut's, dass wir uns hier abmühen und leiden, wenn wir nur an der Auferstehung zum Leben teilhaben!« Endzeitliche Dringlichkeit, Glaubensgehorsam und Hoffnungsgewissheit prägten in besonderer Weise ihr religiöses Denken.

BERUFUNG UND DIENST

Ellen Gould Harmon (White) und ihre Zwillingsschwester Elisabeth wurden am 26. November 1827 auf einer Farm in der Nähe von Gorham (Maine, USA) geboren. Sie war eines von acht Kindern. Kurz nach ihrer Geburt zog der Vater nach Portland, wo er als Hutmacher sein Auskommen fand. Ellen war schon als Kind tiefreligiös und schloss sich 1842 der Methodistenkirche an. Besonderen Einfluss auf ihr religiöses Denken übte der Baptistenprediger William Miller (1782–1849) aus, der eine zunächst überkonfessionell-orientierte Erweckungsbewegung ins Leben gerufen hatte und aufgrund einer Fehldeutung biblischer Prophetie die Wiederkunft Christi im Herbst des Jahres 1844 erwartete. Die Enttäuschung war groß, besonders auch bei Ellen G. Harmon und ihrer Familie, als Jesus wider Erwarten nicht wieder gekommen war. Die »Erste Adventbewegung« um Miller zerbrach. An ihre Stelle traten mehrere Nachfolgebewegungen, unter denen die »Siebenten-Tags-Adventisten« (Zweite Adventbewegung) die größte Bedeutung erlangen sollten.

Die Adventisten hatten erkannt, dass sich Millers Deutung der biblischen Prophetie (Daniel 8,14) auf ein anderes Ereignis als die Wiederkunft Jesu bezog, nämlich auf einen Höhe- und Wendepunkt des heilsgeschichtlichen Wirkens Jesu als Fürsprecher im Himmel. Außerdem gelangten sie zu der Überzeugung, dass sich für die Parusie (Wiederkunft Jesu) kein Termin berechnen ließe. Trotzdem hielten sie am baldigen Kommen Jesu fest. Wie der seit 1860 gewählte Name (»Seventh-day Adventist Church«) der Freikirche zum Ausdruck bringt, gehörte der Glaube an die baldige Wiederkunft Christi von Anfang an zur grundlegenden Kernbotschaft der Siebenten-Tags-Adventisten. Mit der biblischen Lehre vom »Sabbat« (»siebenter Tag«), dem von Gott im Dekalog gebotenen Ruhetag, setzten Adventisten ein Zeichen dafür, dass nur ein konsequent gelebtes und gehorsames Christentum vor Gott bestehen kann.

Ellen G. Harmon spielte von Anfang an eine entscheidende Rolle in der Entwicklung der neuen Bewegung. Schon im Dezember 1844 erlebte sie als 17-Jährige eine göttliche Berufung, als sie die erste von vielen Visionen erlebte, die ihre Mitgläubigen und Weggefährten als geistliche Wegweisung »von oben« deuteten. Mit prophetischer Vollmacht zeigte sie einen Ausweg aus der Sackgasse, in die die enttäuschten Anhänger William Millers geraten waren. Im August 1846 heiratete Ellen den milleritischen Laienprediger und Volksschullehrer James White (1821–1881), dessen religiöser Eifer nur noch von seiner Armut übertroffen wurde. Zusammen mit dem Schiffskapitän Joseph Bates, ebenfalls ein ehemaliger Mitstreiter Millers und leidenschaftlicher Evangelist, begann das junge Ehepaar seinen Dienst der Verkündigung und Mission – mit äußerst geringen Mitteln, aber mit um so größerem persönlichen Einsatz und in der unerschütterlichen Gewissheit, eine besondere endzeitliche Botschaft in die Welt tragen zu müssen. Nach und nach schlossen sich der Gruppe weitere prägende Persönlichkeiten an wie John N. Andrews, Uriah Smith, Stephen N. Haskell, John N. Loughborough u. a.

1863 veranlassten sie die organisatorische Gründung der Freikirche. Ihnen allen, besonders aber der um Identität und Einheit ringenden Ellen G. White, ist es zu verdanken, dass aus einer kleinen Schar enttäuschter Milleriten eine weltweite dynamische protestantische Missionskirche mit über 16 Millionen Mitgliedern (Stand 2009) entstanden ist, deren missionarisches und sozial-karitatives Engagement Tausende von Bildungs-, Sozial- und Gesundheitseinrichtungen hervorgebracht hat und deren Credo »Unser Herr kommt!« heute in allen Teilen und Winkeln der Erde verkündet wird.

Dabei verlor Ellen G. White in den sieben Jahrzehnten ihres Wirkens das zentrale Anliegen – die persönliche christliche Nachfolge in der Auseinandersetzung zwischen Gott und Satan und in der Vorbereitung auf Jesu baldige Wiederkunft – nie aus den Augen, ganz gleich ob sie nun in Nordamerika, Europa oder Australien mithalf, Gemeinden, Verlagshäuser, Kliniken oder Schulen zu gründen und Gemeindeleiter mit Rat und Tat zu begleiten, oder ob sie in Briefen oder persönlichen Gesprächen zahlreiche Einzelpersonen betreute und sie für Jesus Christus zu gewinnen suchte. Immer lag ihr daran, Jesus zu verherrlichen und seinem Charakter nachzueifern, selbst wenn sie an ihre eigenen Grenzen stieß oder Schwächen in ihrem Leben eingestehen musste: »Sage dir vielmehr: Jesus ist gestorben, damit ich lebe! Er liebt mich und will nicht, dass ich verlorengehe ... verzage nicht, blicke auf ihn.« Um ihre ständig am Glauben zweifelnde Zwillingsschwester Elisabeth bemühte sich Ellen G. White ein Leben lang, allerdings nahezu erfolglos. 1891 schrieb sie ihr aus tiefstem Herzen: »Jedem, der mich fragt: ›Was muss ich tun, um gerettet zu werden?‹ antworte ich: Glaube an den Herrn Jesus Christus! Zweifle keinen Augenblick daran, dass er dich so retten möchte, wie du bist ... Nimm Jesus beim Wort und klammere deine hilflose Seele an ihn.«

WELTMISSION UND WIEDERKUNFTSHOFFNUNG

Von 1855 bis 1881 lebte Ellen G. White mit kürzeren Unterbrechungen in Battle Creek, Michigan, dem frühen Zentrum der Adventisten. Die kalten Wintermonate nutzte sie für ihr literarisches Schaffen, in den Sommermonaten ging sie auf Reisen und besuchte »Camp Meetings«, manchmal bis zu 28 (!) in einem Sommer. 1876 sprach sie bei einer Zeltversammlung in Groveland, Massachusetts, zu 20.000 Besuchern. Ihr Ehemann James White, dem sie vier Kinder schenkte, bemühte sich um die organisatorische Festigung der jungen Kirche. Die vielen Aufgaben als Verlagsleiter, Autor, Prediger und Vorsteher der Generalkonferenz, dem kirchlichen Führungsgremium der Adventisten, zehrten an seiner Gesundheit – James White hatte seit 1865 fünf Schlaganfälle erlitten – und führten zu seinem frühen Tod im Jahr 1881. Noch sechzehn Jahre nach seinem Tod bekannte Ellen G. White: »Niemand kann ermessen, wie sehr er mir fehlt! Ich sehne mich nach seinem Rat und seinem Weitblick.«

Nach dem Tod ihres Mannes zog Ellen G. White an die Westküste des Kontinents und lebte abwechselnd, wenn sie nicht auf Reisen war, in Healdsburg und in Oakland, im nördlichen Kalifornien. Seit 1874 hatten die Siebenten-Tags-Adventisten ihren weltweiten Missionsauftrag in vollem Umfang erkannt und bereits in Europa Fuß gefasst. Ellen G. White besuchte die junge Mission in Europa (England, Schweiz, Norwegen, Frankreich, Deutschland, Italien) in den Jahren von 1885 bis 1887 und ermutigte die weit verstreut lebenden Glieder zu Einheit und treuer Nachfolge. Die Betonung des persönlichen Glaubens an Christus, das Bekenntnis zur Bibel als dem verbindlichen Wort Gottes und das Festhalten an der Hoffnung auf die baldige Wiederkunft Jesu standen im Mittelpunkt ihrer Predigten und Ansprachen. Die meiste Zeit hielt sie sich in Basel auf, wo die Adventisten ein Verlagshaus errichtet hatten. Begleitet wurde sie u. a. von Ludwig R. Conradi, der ihr als Übersetzer und Berater zur Seite stand. In dem Ort Tramelan, Schweiz, war bereits 1867 durch das selbständige Wirken Michael B. Czechowskis die erste adventistische Gemeinde außerhalb Nordamerikas entstanden. 1886 hielt Ellen G. White dort die Einweihungspredigt für die neu erbaute Kapelle. Für die jungen Gemeinden in Europa bedeutete ihr Besuch »in der Diaspora« besondere geistliche Stärkung und Trost. Ein weiterer langjähriger Übersee-Aufenthalt in Australien (1891–1900), der zur Gründung einer Missionsschule bei Sydney (»Avondale College«) führte, zeugt ebenfalls von ihrem weltumspannenden missionarischen Engagement.

So nachhaltig wie Verkündigung und Missionsreisen, wirkten sich auch ihre schriftstellerische Arbeit und ihr prophetisches Sendungsbewusstsein auf den Fortgang der Freikirche aus. Mit klarem christozentrischen Blick und dem Bewusstsein, dass alle echte prophetische Rede allein dem Wort Gottes dient, brachte sie sich immer wieder in theologische Auseinandersetzungen ein, die den Adventismus vor eine »Zerreißprobe« stellten. So auch im Jahr 1888 anlässlich der Generalkonferenzversammlung in Minneapolis, als sie den Teilnehmern zurief: »Wir wollen über Jesus Christus sprechen, über seine Liebe und Stärke, denn wir haben nichts Besseres, worüber wir sprechen könnten ... Ich erkenne seinen unvergleichlichen Zauber.«

Die adventistischen Glaubensväter hatten anfänglich ihre erstrangige Aufgabe darin gesehen, von der Christenheit vergessene oder vernachlässigte Glaubenslehren (Sabbatlehre oder baldige Parusie) zu verkünden. Sicherlich geschah dies zur Begründung der eigenen Existenz als Freikirche. Doch diese einseitige Verkündigung war – nach Aussage Ellen G. Whites – nicht nur »trocken wie die Hügel von Gilboa«, sondern drohte auch in gesetzliche Betriebsamkeit umzuschlagen. Die junge Gemeinde benötigte dringend ein neues, lebendiges Christusbild. Ellen G. White unterstützte daher von ganzem Herzen die jungen Prediger E. J. Waggoner und A. T. Jones, die während der Konferenz eine christozentrische

Wende im Denken der Adventisten forderten, indem sie in ihren Ansprachen Kreuz und Rechtfertigung in die Mitte des Glaubens rückten. Sie selbst begann in den nun folgenden Jahren unter dem Eindruck der Erweckung von Minneapolis ihre bedeutendsten Werke über das Leben und Wirken Jesu zu schreiben. Die Konferenz führte auch zu mannigfachen missionarischen Impulsen, so dass sich die Zahl der Gemeindeglieder zwischen 1888 und 1901 verdreifachte.

Die Gewissheit der Liebe Gottes, seiner rettenden Gnade und seines baldigen Wiederkommens blieben das Fundament ihres gesamten Lebens und Wirkens. Dabei war ihr das Studium der Heiligen Schrift von größter Bedeutung: Wenn ich erfahren will, wer Jesus war und was er für mich als Erlöser getan hat, muss ich mich an das göttliche Wort der Bibel halten. Dort hat sich Jesus den Menschen offenbart. »Das Wort Gottes«, so schreibt sie an anderer Stelle, »ist ausreichend, um den dunkelsten Verstand zu erleuchten; es kann von allen verstanden werden, die den Wunsch haben, es zu verstehen ...« Ihren prophetischen Anspruch stellte Ellen G. White immer unter das ewig gültige Wort Gottes, denn »Gottes Wort ist der untrügliche Maßstab.«

1909 im hohen Alter von 81 Jahren trat Ellen G. White zum letzten Mal an einer Generalkonferenzversammlung auf. Viele Vertreter der Weltkirche waren anwesend. Nachdem sie die letzte von elf Ansprachen und Predigten gehalten hatte und das Podium verlassen wollte, drehte sie sich plötzlich noch einmal um, hob die Bibel mit zittriger Hand empor und rief der Versammlung zu: »Brüder und Schwestern, ich empfehle euch dieses Buch!« Kein Wort über ihre zahlreichen Bücher, kein Verweis auf ihre Ratschläge und Mahnungen. »Ich empfehle euch dieses Buch!« – im Grunde wollte Ellen G. White doch sagen: Im Christentum geht es nicht so sehr um uns, als vielmehr um »Jesus für uns«. Am 9. Juli 1915 flüsterte sie auf dem Totenbett ihrem Sohn William zu: »Ich weiß, an wen ich geglaubt habe.«

Jesus verherrlichen und sein Wort über alles leuchten lassen, gilt als Vermächtnis ihres Lebens. Den Lesern ihrer Bücher bleibt zu wünschen, dass auch sie Jesus Christus als den Herrn ihres Lebens erkennen mögen. Denn Jesus allein schenkt Hoffnung, Geborgenheit und Trost. Die Herren dieser Welt gehen, unser Herr aber kommt!

Dr. Daniel Heinz

Verwendete Bibelübersetzungen

In diesem Buch wird aus folgenden Bibelübersetzungen zitiert:
Bibeltexte ohne Quellenangabe

	Die Bibel nach der Übersetzung Martin Luthers in der revidierten Fassung von 1984, durchgesehene Ausgabe in neuer Rechtschreibung, 1999.	NGÜ	Neue Genfer Übersetzung, Neues Testament und Psalmen © 2011, Genfer Bibelgesellschaft/Deutsche Bibelgesellschaft.
Elb.	Die Bibel, aus dem Grundtext übersetzt, Elberfelder Bibel, revidierte Fassung, R. Brockhaus Verlag, 1985.	NLB	Neues Leben. Die Bibel, © 2002, 2006 SCM Hänssler im SCM-Verlag GmbH & Co. KG, Holzgerlingen. Originaltitel: Holy Bible, New Living Translation, © 1996, 2004, 2007 by Tyndale House Publishers Inc., Wheaton, Illinois, USA.
EÜ	Einheitsübersetzung der Heiligen Schrift, Verlag Katholisches Bibelwerk, 1980.		
GNB	Gute Nachricht Bibel, revidierte Fassung der »Bibel in heutigem Deutsch«, Deutsche Bibelgesellschaft, 2000.	Schl.	Die Bibel, übersetzt von Franz Eugen Schlachter, Genfer Bibelgesellschaft, 2002.
Hfa	Hoffnung für alle, Die Bibel, Brunnen Verlag, Basel, Gießen 1996; revidierte Fassung in neuer deutscher Rechtschreibung 2002.	ZÜ	Zürcher Bibel, Genossenschaft Verlag der Zürcher Bibel beim Theologischen Verlag Zürich, 2007.

HopeKurse

HÖR NIE AUF ZU ENTDECKEN!
www.hopekurse.de | www.hopekurse.at

Die Bibel entdecken!

Die Bibel ist ein besonderes Buch. Sie schenkt Kraft und Freude. Kann man sie heute noch verstehen? Ja, denn die Bibel ist zeitlos. Sie hat jedem Menschen etwas zu sagen! Wir begleiten Sie gerne kostenlos und unverbindlich bei Ihrer Entdeckungsreise durch das „Buch der Bücher".

LIEBE

HOFFNUNG

GLAUBE

INSPIRIEREND – MOTIVIEREND – EINZIGARTIG

DIE GESCHICHTE DER HOFFNUNG
VON ELLEN G. WHITE

Dieses fünfbändige Werk der bekannten christlichen Schriftstellerin Ellen G. White ist ein einzigartiger Begleiter durch die gesamte Geschichte der Bibel. Die wichtigsten Stationen von der Schöpfung bis zur Neuschöpfung der Welt werden in anschaulicher Sprache lebendig nachgezeichnet.

BEZUGSADRESSEN

Schweiz
Advent-Verlag Schweiz
info@advent-verlag.ch
www.advent-verlag.ch
0041 (0) 33 511 11 99

Österreich
Top Life Wegweiser-Verlag
info@toplife-center.com
www.toplife-center.com
0043 (0) 1 2294000

Deutschland
Advent-Verlag Lüneburg
info@advent-verlag.de
www.advent-verlag.de
0049 (0) 4131 9835 02

INFOS: Hardcover, Format 14 x 21 cm, Umfang insgesamt 3280 Seiten

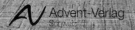

WIE ALLES BEGANN
Von der Schöpfung bis zum König David

Band eins führt zu den Anfängen der Geschichte. Damit verknüpft sind die drängenden Grundfragen nach Leid und Tod, Ursprung, Sinn und Ziel des Lebens. Anhand packender Lebensgeschichten der alten Patriarchen, Propheten und ihrer Familien bis zu den ersten Monarchen Israels werden die Prinzipien für ein glückliches Leben sichtbar und das Handeln Gottes in jenen Tagen begreifbar.

MACHT UND OHNMACHT
Das geteilte Israel und die große Verheißung

Band zwei lässt unvergessliche Persönlichkeiten und Ereignisse aus der bewegten Geschichte Israels seit König Salomo lebendig werden. Welche Konsequenzen hatten der Glaube und das Handeln der großen Männer und Frauen jener Epoche für das Schicksal einer ganzen Nation? In jener Zeit des Niedergangs offenbarte Gott die größten Verheißungen für die gesamte Menschheit.

DER SIEG DER LIEBE
Das Leben von Jesus Christus

Band drei beschreibt in einzigartiger Schönheit die Person und das Wirken des Jesus von Nazareth. Angefangen bei der Geburt in Bethlehem, über sein öffentliches Wirken in Palästina bis hin zum Tod am Kreuz und der Auferstehung am dritten Tag. Das Buch verdeutlicht, weshalb Jesus Christus bis heute für Millionen von Menschen Hoffnung und neues Leben bedeutet.

GUTE NACHRICHT FÜR ALLE
Das Evangelium durchdringt das römische Reich

Band vier nimmt uns hinein in die ereignisreiche Zeit des frühen Christentums. Die Apostel von Jesus Christus tragen das Evangelium in die Welt des römischen Reiches. Sie verbreiten im ganzen Imperium den Geist der Nächstenliebe und der Hoffnung auf das kommende Reich Gottes. Die frühe Gemeinde zeigt bis heute, wie lebendiger Glaube wächst und unter Gottes Leitung kirchliche Arbeit fruchtbar wird.

Vom Schatten zum Licht
Der große Kampf zwischen Gut und Böse

Band fünf liefert einen eindrucksvollen Abriss der Geschichte des christlichen Abendlandes bis zur Vollendung der Welt. Mit prophetischem Scharfblick werden die tieferen Zusammenhänge im langen Konflikt zwischen Wahrheit und Irrtum, Licht und Finsternis aufgedeckt. Blut und Tränen bleiben nicht das unabwendbare Schicksal der Menschheit. Der Kampf ist vorüber, wenn das verheißene Reich Gottes die Heilsgeschichte vollendet.

HopeTV

AM LEBEN INTERESSIERT

Der christliche TV-Sender

Auch als App erhältlich

HOPETV.DE